中国年鉴精品工程
High Quality Project of China's Yearbook

XI'AN YEARBOOK

西安年鉴

2023

西安市地方志编纂委员会　编

方志出版社
Publishing House of Local Records

图书在版编目（CIP）数据

西安年鉴. 2023 / 西安市地方志编纂委员会编.—
北京 ：方志出版社, 2023.12
ISBN 978-7-5144-6087-2

I. ①西... II. ①西... III. ①西安—2023—年鉴
IV. ①Z524.11

中国国家版本馆 CIP 数据核字（2023）第 253100 号

责任编辑：李静
责任校对：张玉霞
责任印制：梅中英
出 版 者：方志出版社
地　　址：北京市朝阳区潘家园东里 9 号（国家方志馆 4 层）
邮　　编：100021
网　　址：http://www.zgfzcb.cn
发　　行：方志出版社图书营销中心（010-67110500）
印　　刷：陕西中财印务有限公司
开　　本：889 毫米×1194 毫米　1/16
印　　张：30.5
字　　数：1800 千字
版　　次：2023 年 12 月第 1 版
印　　次：2023 年 12 月第 1 次印刷
定　　价：360.00 元

《西安年鉴》编辑委员会

《西安年鉴（2023）》编辑部

序

国务院办公厅2015年8月印发的《全国地方志事业发展规划纲要（2015—2020年）》（以下简称《规划纲要》）要求，到2020年要做到地方综合年鉴一年一鉴，公开出版，实现省、市、县三级综合年鉴全覆盖。《规划纲要》还要求，坚持存真求实，正确处理质量与进度的关系，将精品意识贯穿于年鉴编纂出版工作全过程。2015年12月，中国地方志指导小组办公室启动中国年鉴精品工程，将其与先期实施的中国志书精品工程视为姊妹工程，一道作为加强地方志质量建设的重要抓手。

实施中国年鉴精品工程有助于推动中华优秀传统文化传承发展。近年来，在党中央、国务院的高度重视和关心支持下，全国地方志事业发展迎来最好的发展时期。年鉴编纂发端于欧洲，鸦片战争后被引入我国，在我国走过了100多年的发展历史。在长期的编纂中，年鉴在内容和形式上不断发展，逐渐演变成为适合反映中国国情、具有鲜明中国特色的一种文化载体，并在改革开放后出现了快速发展的局面。2006年5月，国务院《地方志工作条例》颁布施行，明确将地方综合年鉴纳入地方志工作范畴，年鉴工作走上了有法可依的轨道。《规划纲要》出台，为从依法编鉴转变到依法治鉴指明了方向。2016年12月，中国地方志指导小组印发《全国年鉴事业发展规划（2016—2020年）》，更进一步明确了到2020年全国年鉴事业的任务书、时间表、路线图。经过多年的发展，年鉴工作已经成为地方志工作的重要组成部分，成为中华民族优秀文化传统的有机组成部分，其存史、育人、资政作用日益彰显。实施中国年鉴精品工程，是年鉴工作者紧扣时代脉搏、坚持创新发展的一项重要举措，对于坚定文化自信，传承弘扬好中华优秀传统文化意义重大。

实施中国年鉴精品工程有助于为全面建成小康社会提供更多智力支持和历史借鉴。党的十八大作出全面建成小康社会的战略部署。党的十八届五中全会提出到2020年如期实现全面建成小康社会的目标要求。完成《规划纲要》确定的目标任务是年鉴工作者的神圣使命，更是年鉴工作者以自身力量为全面建成小康社会献上的厚礼。一方面，可以更好地利用年鉴这种年度资料性文献，及时记录各地区在全面建成小康社会伟大征程中每年取得的新成绩和新经验、出现的新情况和新问题、涌现的优秀人物和典型事迹等；另一方面，可以更好地积累地情、国情资料，为推动经济社会发展和深化改革提供智力支持，为推进国家治理体系和治理能力现代化提供历史借鉴。

实施中国年鉴精品工程有助于全面推进地方志事业转型升级。地方志不是单纯修志编鉴工作，而是全体方志人“修志问道，以启未来”的一项事业，这项事业包含着巨大的时代担当与使命追求。地方志工作要在“五大建设”总体布局和“四个全面”战略布局中发挥与其自身价值、功能相匹配的作用，就要因时而谋、乘势而上、顺势而为，全面推进地方志事业转型升级。转型升级，当下最重要的目标就是完成“两全”目标，包括“年鉴全覆盖”目标；长远的目标就是基本形成地方志编修体系、理论研究和学科建设体系、质量保障体系、资源开发利用体系、工作保障体系“五位一体”的地方志事业发展综合体系，包括“五位一体”的年鉴事业发展综合体系。

中国年鉴精品工程是一项探索工程，也是一项创新工程，是推进地方志事业转型升级的重要内容。通过实施中国年鉴精品工程，不仅有助于确保年鉴质量，不断编纂出版具有鲜明时代特征、年度特点和地域特色的精品年鉴，也有助于推动年鉴工作适应经济社会发展形势和时代需要，不断改革创新，与时俱进。

多年来，在中国地方志指导小组办公室的指导和全国各级地方志工作机构的共同努力下，年鉴种类数量快速增长，年鉴成果粲然可观，为实施中国年鉴精品工程奠定了坚实的基础。实施中国年鉴精品工程，就是要在全国地方志系统起到示范作用，进一步培育精品意识，打造精品年鉴，以点带面，在提高年鉴质量方面探索出一条切实可行之路，使这项探索工程和创新工程能够积累经验，发挥引领作用。

“万山磅礴，必有主峰；龙衮九章，但挈一领。”实施中国年鉴精品工程，是筑牢地方志事业特别是年鉴事业发展根基之举，其意义与价值不言而喻。但编修出年鉴精品佳作，绝非朝夕之功，需要付出长期艰辛的努力。希望通过实施中国年鉴精品工程，能够进一步推进年鉴质量建设，使年鉴真正成为传承中华民族优秀传统文化的重要载体，成为展示中国国情、地情的重要窗口，成为“为当代提供资政辅治之参考、为后世留下堪存堪鉴之记述”的资源宝库，在全面建成小康社会过程中作出更大贡献。

是为序。

中国社会科学院原副院长
原中国地方志指导小组常务副组长 李培林

编辑说明

一、《西安年鉴》是西安市地方志编纂委员会编纂的年度资料性文献。首卷出版于1993年，本卷为第31卷。

二、《西安年鉴（2023）》以马克思列宁主义、毛泽东思想、邓小平理论、“三个代表”重要思想、科学发展观、习近平新时代中国特色社会主义思想为指导，坚持辩证唯物主义和历史唯物主义的立场、观点和方法，围绕中共西安市委、西安市人民政府的决策部署，旨在全面、客观、系统地记载西安市自然、政治、经济、文化、社会和生态建设等方面的基本面貌和发展情况，力求为各级领导提供决策参考依据，为社会各界和海内外人士了解西安、研究西安提供基本信息，为编修地方史志提供地情史料。

三、本卷记述起讫时间为2022年1月1日至12月31日。为保持内容资料的完整性、连续性，根据记述需要，部分条目和图片内容适当上溯或下延。

四、本卷年鉴记述的地域范围以2022年西安市行政区划为界，部分发生在域外，但与西安关系密切的信息亦酌情收录。区域名称“西安市”“全市”指西安市和所辖各区（县），“城三区”指新城、碑林、莲湖三区，“城六区”指新城、碑林、莲湖、灞桥、未央、雁塔六区。

五、根据本行政区域经济社会发展特点，参照相关分类标准，本卷年鉴采用分类编辑法，设类目、分目、条目三个层次，个别分目下设次分目，条目为记述的基本层次；类目下设综述，宏观介绍各行业年度情况，不同类目下相近或相同内容，以参见法处理。

六、本卷年鉴卷首设“年度热词”“喜迎党的二十大”“非凡十年看西安”“夜间经济”4个图片专题。类目相较上卷作较大幅度调整，增加“‘一带一路’建设”“开放型经济”“数字经济”等8个类目。删除“特载”“统计资料”等4个类目。拆分“工业·建筑业”“交通运输·邮政快递”“文化·旅游”3个类目。对“西安概貌”“纪检监察”“开发区建设”等12个类目进行了更名。并重新编排栏目顺序，依次为：“专记”“大事记”“市情概览”“中国共产党西安市委员会”“西安市人民代表大会”“西安市人民政府”“中国人民政治协商会议西安市委员会”“中共西安市纪律检查委员会·西安市监察委员会”“民主党派·工商联”“群众团体”“法治”“军事”“经济管理”“‘一带一路’建设”“开放型经济”“功能区建设”“数字经济”“农业”“工业”“建筑业”“商贸服务业”“金融业”“旅游业”“房地产业”“交通”“邮政·通信”“城市建设与管理”“乡村振兴”“区域协调发展”“生态环境”“科学技术”“教育”“历史文化名城保护”“文化”“卫生健康”“体育”“社会生活”“应急管理”“区（县）发展”“人物·荣誉”“附录”“索引”。“附录”收录“重要文献”“组织机构及负责人名录”“中央级媒体新闻报道题录”“统计资料”4个部分，记录年度综合资料。

七、本卷年鉴所载录的内容和数据主要由西安地域内各有关部门、区（县、开发区）和行业提供，并经撰稿单位审定。部分特色专题和相关稿件由西安年鉴编辑部组织力量采编、补写。入鉴数据以市统计局公布的统计数字为准，由于统计口径不同，可能存在数据与统计资料不一致的情况。统计数据四舍五入后保留小数点后2位，除表格以外的正文内容不保留小数点后无实质意义的“0”，总项和分项之间可能存在合理区间的误差。一次文献中的数据和计量单位保持原貌。全书数字用法执行国家标准《出版物上数字用法》（GB/T 15835—2011），标点符号用法执行国家标准《标点符号用法》（GB/T 15834—2011）。所有数据单位采用国家技术监督局1993年12月发布的《量和单位》系列国家标准，个别行业遵从习惯用法。入鉴图照，由西安年鉴编辑部向各专业部门和有关摄影家专题征集并署名，或注明供图单位。

八、本卷年鉴正文涉及的单位名称和文件名称，在条目中首次出现用全称并括注简称，再次出现采用规范简称。

九、为方便读者检索，本卷年鉴卷首设有目录，卷末附索引。

十、本卷年鉴全文载入西安地方志网（网址：http://xadfz.xa.gov.cn），可登录后免费浏览。

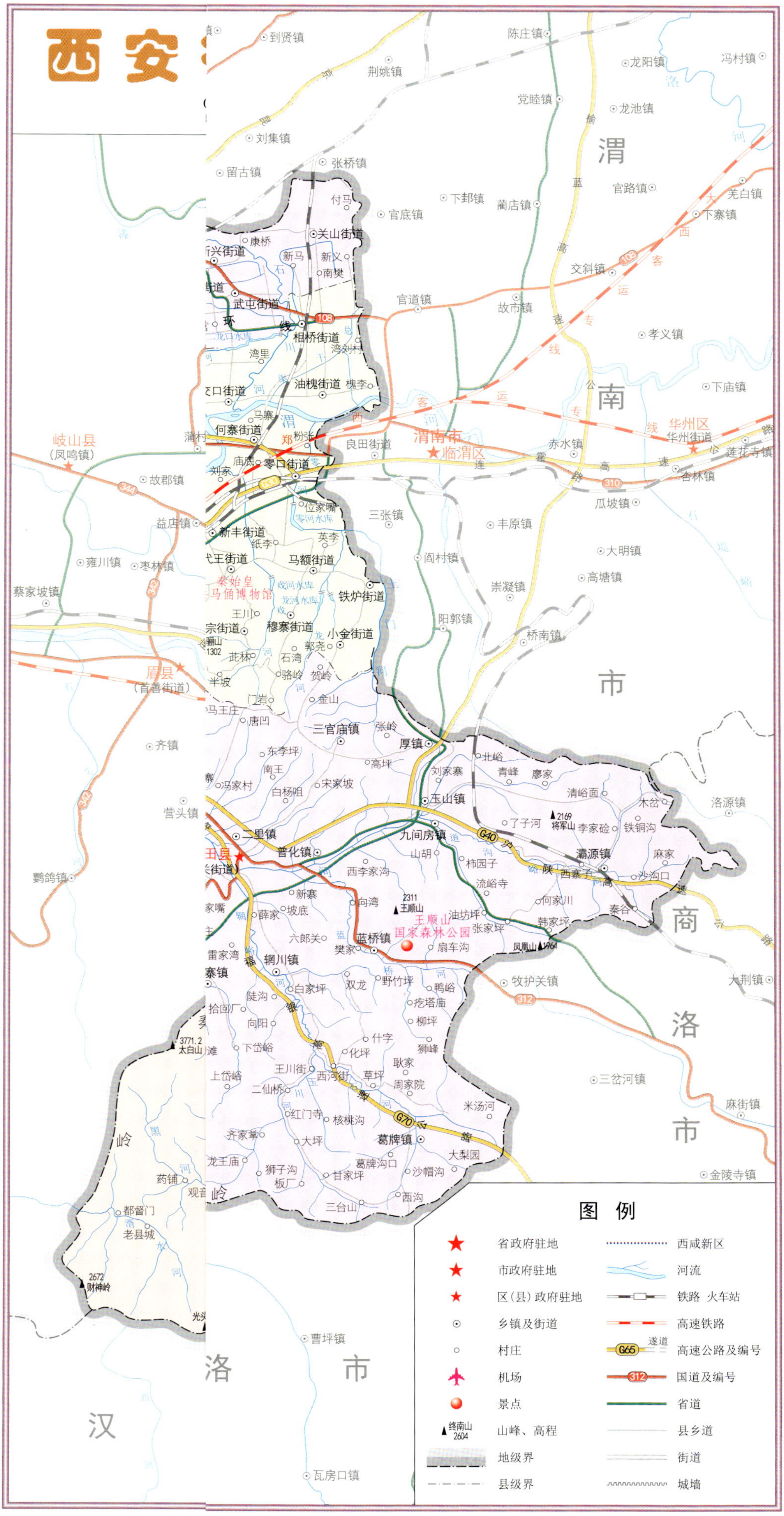

编制单位：中煤地西安地图制印

编制单位：中煤地西安地图制印有限公司　资料截至时间：

荣耀西安

RONGYAO XI'AN

2012

- ★ 中国最具幸福感城市
- ★ 中国十大创新型城市
- ★ 国家知识产权示范城市
- ★ 全国“双拥”模范城市

2013

- ★ 中国最具幸福感城市
- ★ 中国最具投资吸引力城市
- ★ 国家下一代互联网示范城市

2014

- ★ 中国最具幸福感城市
- ★ 中国最具文化软实力城市
- ★ 全球最具发展潜力新兴城市
- ★ 中国十大区域性金融中心城市
- ★ 最佳国内旅游城市
- ★ 中国十大影响力会展城市
- ★ 国家电子商务示范城市
- ★ 国家跨境贸易电子商务服务试点城市
- ★ 国家质量强市示范城市
- ★ 中国最佳营商环境十大城市

2015

- ★ 中国最具幸福感城市
- ★ 全国文明城市
- ★ 国家自主创新示范区（西安高新区）

2016

- ★ 中国最具幸福感城市
- ★ 全国“双拥”模范城市
- ★ 国家质量强市示范城市
- ★ 国家森林城市
- ★ 中国旅游城市数字资产榜 Top10

2017

- ★ 中国最具幸福感城市
- ★ 国家食品安全示范城市
- ★ 全国文明城市
- ★ 国家森林城市
- ★ 中国最具投资潜力城市
- ★ 国家食品安全示范城市

2018

- ★ 中国最具幸福感城市
- ★ 国家中心城市
- ★ 东亚文化之都
- ★ 中国全面小康特别贡献城市
- ★ 中国书店之都
- ★ 全球最具发展潜力新兴城市
- ★ 全国十大正能量城市

2019

- ★ 中国最具幸福感城市
- ★ 东亚文化之都
- ★ 中国国际化营商环境建设标杆城市
- ★ 外籍人才眼中最具吸引力的中国城市
- ★ 2019 国际物流大通道建设突出贡献城市
- ★ 国家公交都市建设示范城市
- ★ 国家文化和科技融合示范基地十强城市
- ★ 夜间经济十强城市

2020

- ★ 中国最具幸福感城市
- ★ 全国“双拥”模范城市
- ★ 国家森林城市
- ★ 中国国际化营商环境建设标杆城市
- ★ 中国快递示范城市
- ★ 2020 年度中国最具影响力会展名城

2021

- ★ 中国营商环境评价标杆城市
- ★ 全国粮食生产先进集体

2022

- ★ 国家食品安全示范城市
- ★ 全国供应链创新与应用示范城市和中国楼宇经济最佳范例城市
- ★ 2022 年度全国热门旅行目的地城市
- ★ 国家知识产权强市建设示范城市
- ★ 2022 年度中国最具影响力会展城市
- ★ 全国绿色出行考核达标城市
- ★ 综合性科学中心和具有全国影响力的科技创新中心城市

数字西安 2022

SHUZI XI'AN

土地面积 **10097** 平方千米

年末常住人口 **1299.59** 万人

全社会总用电量 **531.11** 亿千瓦·时

生产总值 **11486.51** 亿元

第一产业增加值 **323.58** 亿元

第二产业增加值 **4071.56** 亿元

第三产业增加值 **7091.37** 亿元

人均 GDP **88806** 元

社会消费品零售总额 **4642.11** 亿元

进出口总值 **4471.1** 亿元

实际利用外商直接投资 **11.73** 亿美元

地方财政一般预算收入 **834.09** 亿元

地方财政一般预算支出 **1573.13** 亿元

全社会货物运输总量 **26832.02** 万吨

全社会旅客运输总量 **6109.09** 万人次

房地产开发投资 **2585.39** 亿元

商品房销售面积 **1666.87** 万平方米

金融机构人民币存款余额 **31428.29** 亿元

金融机构人民币贷款余额 **32053.67** 亿元

普通高等学校 **63** 所

普通中学 **517** 所

小学 **1174** 所

全年专利授权量 **58045** 件

全体居民人均可支配收入 **40214** 元

城镇常住居民人均可支配收入 **48418** 元

农村常住居民人均可支配收入 **18285** 元

全体居民人均消费支出 **24051** 元

城镇居民人均消费支出 **27431** 元

农村居民人均消费支出 **15016** 元

医院床位数 **7.55** 万张

卫生技术人员数 **13.04** 万人

养老机构 **145** 个

博物馆 **134** 家

年度热词

2022年，西安市贯彻落实“疫情要防住、经济要稳住、发展要安全”总要求，推动全市经济加快恢复、质效提升、动能增强。“北跨”“双中心”“让景于客”“万千行动”等词语高频出现，成为西安经济社会发展的缩影。

大雁塔北广场　　（西安日报社　供图）

1.“北跨”

2022 年 3 月，西安市第十四次党代会上提出“向北跨出工业强市的一大步”，指明西安未来的战略方向要“北跨”

2023 年 2 月 15 日，西安市推进“北跨”发展重点项目集中开工仪式举行。图为项目之一——尚华路东侧规划路项目正式开工（西安日报社　供图）

2023 年 8 月 18 日，作为城市“北跨”的重要交通基础设施，西安地铁 10 号线泾渭河公轨合建桥跨渭河段顺利合龙（西安日报社　供图）

2.“双碳”

2022 年，西安多措并举推动落实“双碳”目标要求，促进绿色生活方式由点及面的传播与推广，着力打造生态宜居的第三城市空间

2022 年 9 月，长安中央公园滈河水系融合水生态景观，打造城市生态公园　　（西安日报社　供图）

2022 年 4 月 9 日，2022“双碳”背景下全球可持续发展青少年科研交流营活动在梁家滩国际学校举行
（西安日报社　供图）

年度热词

3.“双中心”

2022年12月，西安正式获批建设综合性科学中心和科技创新中心，成为全国第四个“双中心”城市

2022年，位于西安高新区的丝路软件城综合能级显著提升　（西安日报社　供图）

2022年，位于高新区的丝路科学城，是全国首个“双中心”核心承载区　（西安日报社　供图）

4.“让景于客”

2023 年初，西安多景区客流量呈现“井喷式”增长，众多市民自发在网络上呼吁“让景于客”，开启文明新风尚

2022 年 5 月，身着汉服的游客在西安城墙景区参观　　（西安日报社　供图）

2022 年 8 月 6 日，游客在西安周至水街烟火巷子游玩　　（西安日报社　供图）

5.“万千行动”

2022 年，西安市抓党建、促乡村振兴，开展“万名干部人才下乡村”和“千企联千村”行动

2022 年 6 月 6 日，西安市“万千行动 与你‘乡’约”启动仪式在长安区藏龙寨村举行
（西安日报社　供图）

2022 年 6 月 30 日，未央区“千企联千村”集中签约仪式在汉城街道楼阁台村举行。图为西安丝路文旅投资有限公司与汉城街道楼阁台村签订共建双赢合作框架意向书　（西安日报社　供图）

喜迎党的二十大

2022 年 10 月 16—22 日，中国共产党第二十次全国代表大会在北京召开。西安市社会各界喜迎党的二十大召开，观看大会盛况，举办形式多样的活动，全市形成学习二十大精神的浓厚氛围。

2022 年 9 月 30 日晚，西安奥体中心上演灯光秀，为党的二十大献礼　　（西安日报社　供图）

2022 年 10 月 16 日，一线建设者收看党的二十大开幕盛况　　（西安日报社　供图）

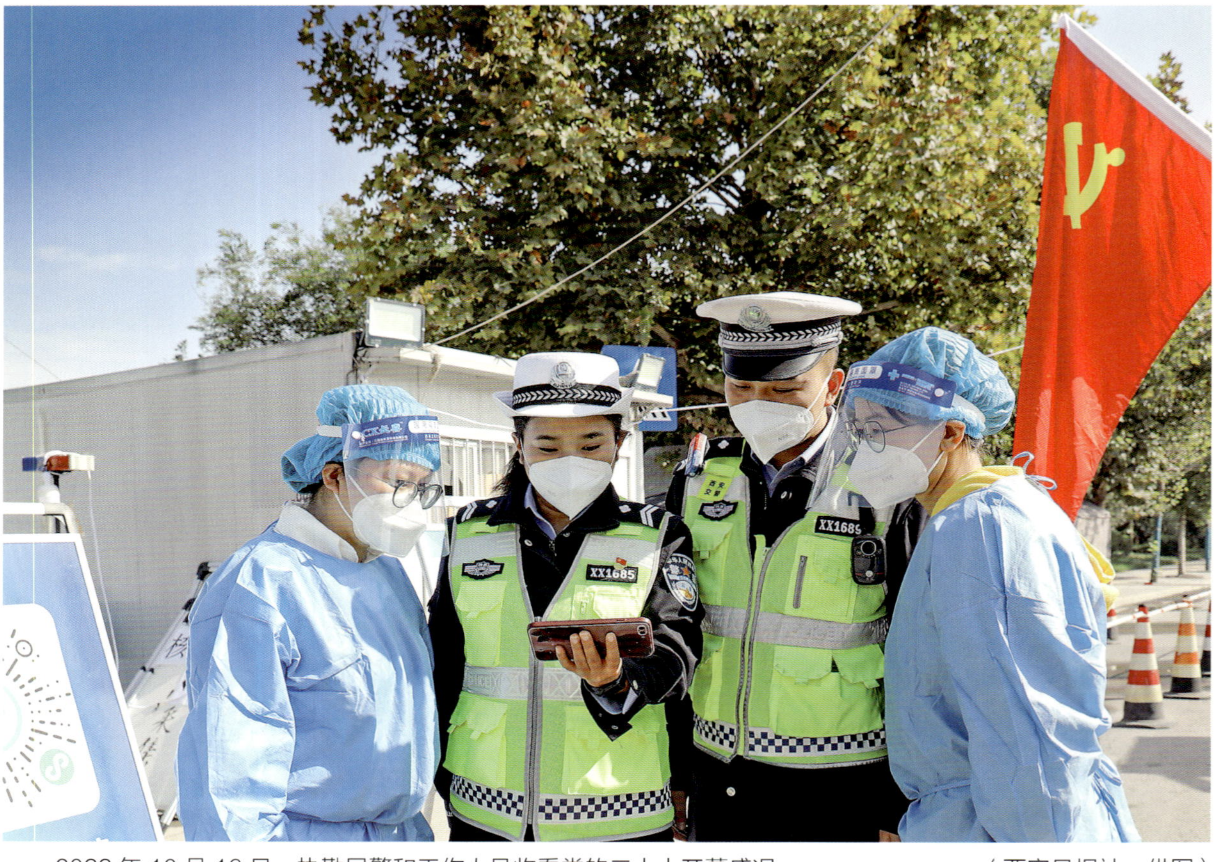

2022 年 10 月 16 日，执勤民警和工作人员收看党的二十大开幕盛况　　（西安日报社　供图）

2022 年 11 月，党的二十大精神主题“车厢党课”（西安日报社　供图）

2022 年 10 月 10 日，“喜迎二十大　奋进新征程”西安市群众宣讲比赛颁奖典礼在西安广播电视台石榴花剧场举行（西安日报社　供图）

2022 年 5 月 26—27 日，“喜迎二十大 奋进新征程”2022 西安高新区“红五月”音乐会举办

（西安日报社 供图）

2022 年 10 月 28 日，市妇联举办西安市各界妇女学习党的二十大精神宣讲报告会 （西安日报社 供图）

非凡十年
看西安

党的十八大以来，西安市牢固树立和贯彻落实新发展理念，抢抓国家重大战略机遇，经济实现跨越式发展，经济规模迈上万亿台阶；创新活力持续迸发，获批建设综合性科学中心和科技创新中心。连续 9 年被评为“中国最具幸福感城市”。经济社会面貌焕然一新，高质量发展迈出坚实步伐，国家中心城市建设踏上新的历史征程。

2022 年 12 月 26 日，西安市灞河国际港务区段被命名为“陕西省幸福河湖”　　（浐灞生态区管委会　供图）

今昔对比

2012 年，比亚迪生产线，人工作业在汽车制造中占较大比重　　（西安日报社　供图）

2022 年，比亚迪西安基地的生产效率大幅提高，从此前 1 分钟下线 1 辆整车到 1 分钟造出 2 辆整车
（西安日报社　供图）

2014 年，周至县集贤镇殷镇村貌　　　　（周至县志办　供图）

2014 年以来，西安市持续推进乡村生态环境整治和基础设施建设，建成美丽村庄示范片区 12 个、市级美丽村庄 76 个。图为周至县集贤镇殷镇新村新貌　　　　（周至县志办　供图）

2012 年，停产多年的西安际华 3511 家纺有限公司车间内外面貌　　（张少娜 供图）

2017 年 9 月 8 日，西安际华 3511 家纺有限公司与上海红坊企业发展有限公司在西安正式签约，共同打造集文创花卉、生鲜超市、餐饮等多元创新业态的际华 3511 文创科技园。图为改造后的西安际华 3511 公司面貌

（张少娜 供图）

2013 年，太华路立交　　（西安日报社　供图）

2020 年，太华路立交改扩建，在既有道路基础上进行扩容，改造全长 1.3 千米，双向 11 车道
（市住建局　供图）

汉长安城未央宫前殿遗址保护前面貌　　　　（汉长安城遗址保管所　供图）

2013 年，西安市人民政府公布实施《汉长安城遗址高度控制规划》和《未央宫遗址管理规划》，逐步开展汉长安城遗址保护工程。2021 年 9 月 1 日，汉长安城未央宫遗址公园一期完成提升改造，正式对外开放

（汉长安城遗址保管所　供图）

2012 年 10 月，中共陕西省委、陕西省政府出台《关于省市共建大西安 加快推进创新型区域建设的若干意见》，提出“建设大西安，带动大关中，引领大西北，构建创新型区域”的工作思路。图为 2012 年拍摄的钟楼夜景（西安日报社 供图）

2013 年 11 月 28 日，国内首个国际货运班列“长安号”从西安发车，驶往哈萨克斯坦。截至 2022 年年底，“长安号”累计开行 1.6 万列，“长安号”常态化运行干线增至 17 条（西安日报社 供图）

2014 年，西安市环境空气质量优良天数 211 天，比 2013 年增加 73 天。2013—2021 年，全市单位 GDP 能耗年均下降 4.30%。2021 年，空气质量优良天数达到 265 天；污水处理率达到 96.87%，比 2012 年提高 7.36 个百分点；生活垃圾无害化处理率 99.98%，提高 5.05 个百分点。图为景色优美的秦岭山水 （西安日报社　供图）

2015 年 2 月 9 日，中兴通讯西安终端生产基地在西安高新区建成投产。“6+5+6+1”现代产业体系逐步壮大成势，形成电子信息、汽车、航空航天、高端装备、新材料新能源 5 个千亿级产业集群　　　（市工信局　供图）

2016 年 5 月 24—26 日，二十国集团妇女会议在西安召开　　　（西安日报社　供图）

2017 年 1 月，西安市整体代管西咸新区，西安一咸阳一体化进程取得重要进展。图为西咸新区风貌
（西安日报社　供图）

2017 年 4 月 1 日，中国（陕西）自由贸易试验区在西安成立　（经开区管委会　供图）

2018 年 2 月，西安正式获批建设国家中心城市。图为大唐不夜城步行街“西安年 · 最中国”活动现场

（曲江新区管委会　供图）

2018 年，西安户籍新政持续改革创新，吸引众多海内外人才落户，累计新增户籍人口破百万。截至 2018 年年底，西安市常住人口为 1000.37 万人。图为庆祝第 75 万名新市民落户欢迎仪式现场　（市公安局　供图）

2019年6月，中国西部科技创新港科创基地建成　　（西咸新区管委会　供图）

2019年5月12日，陕西首条第五航权货运航线首尔—西安—河内全货运航线正式开通。截至2022年年底，国际航线达到101条，初步形成“丝路贯通、欧美直达、五洲相连”格局　　（西安日报社　供图）

2020 年 9 月 9 日，2020 全球创投峰会开幕式在西安举行。大会发布“2020 中国城市科技金融发展指数”，西安居第 9 位

（西安日报社　供图）

截至 2020 年年底，西安市累计 73721 户 25 万人实现脱贫，291 个贫困村全部出列，脱贫攻坚战取得全面胜利。图为蓝田灞源移民安置社区

（蓝田县志办　供图）

2020 年，西安成为西北地区首个 GDP 破万亿城市，并连续 9 年获评最具幸福感城市。图为西安高新区

（西安日报社　供图）

2021 年 9 月 26 日，《西安市推进秦创原创新驱动平台建设实施方案（2021—2023）》印发实施。2022 年，西安在全球“科技集群”排名跃至第 22 位，全球“科研城市百强榜”排名上升至第 29 位。图为秦创原立体联动孵化器总基地

（西咸新区管委会　供图）

2021 年 9 月 15—27 日，中华人民共和国第十四届运动会在西安举办。图为“十四运”主场馆夜景

（市城管局　供图）

截至2021年年底，西安完成2008个老旧小区和599条背街小巷改造，打通断头路144条，建设美丽村庄581个，城乡人居环境大幅改善。图为学府大道中段断头路打通后的面貌　　（市住建局 供图）

2022 年 3 月 25 日,《西安都市圈发展规划》正式获批。图为夕阳下的西安大雁塔

（西安日报社 供图）

2022 年，西安六大支柱产业产值达到 7652.81 亿元，比上年增长 27.9%。图为 12 月 9 日，隆基绿能达产盛典暨庆祝西安隆基乐叶年产值超百亿庆祝仪式

（航天基地融媒体中心 供图）

2022 年，西安市重组、新建全国重点实验室 7 家，国家级孵化载体有 104 个，认定西安电子谷等“三器”示范及特色平台 67 个。图为国家超算西安中心一期　　（西安日报社 供图）

2022 年，中欧班列一站式综合服务平台上线运行，“长安号”全年开行 4639 列，比上年增长 20.8%，核心指标稳居全国第一。图为西安国际港务区中欧班列（西安）集结中心中央商务区企业总部大楼群

（西安日报社 供图）

2022 年，西安全力打造城市社区“15 分钟养老圈”，城市社区养老服务覆盖率 86%，农村互助幸福院覆盖率 85.8%。图为 11 月 17 日，西安市巾帼康养健康照护示范中心北池头站开展爱老敬老活动

（西安日报社　供图）

2022 年，西安市 5500 余套公租房建成分配，筹建保障性租赁住房 11.23 万套（间）。开工老旧小区改造项目 85 个，惠及群众 1 万余户。群众幸福感、获得感进一步增强。图为俯瞰滹沱村公租房小区

（西安日报社　供图）

2022 年，西安文化事业繁荣发展，中国国家版本馆西安分馆、陕西考古博物馆建成开放，全市累计有文化馆 14 个。图为中国国家版本馆西安分馆
（西安日报社 供图）

2022 年，西安市获批国家典型地区再生水利用配置试点，汉城湖水利风景区获评国家水利风景区高质量发展“十大标杆景区”。图为汉城湖景区
（西安日报社 供图）

夜间经济

2022 年，西安市先后出台 6 条措施促进夜间经济恢复发展，“长安夜 · 我的夜”夜游品牌持续发力。从大唐不夜城、易俗社文化街区、长安十二时辰等艺术文化街区，小寨、曲江创意谷、老城根 G-park 等商业聚集区，再到太奥广场、悦天地步行街等夜经济示范街区，西安夜间消费业态愈发丰富，场所、方式也更加多样，形成“食、游、购、娱、体、演”的多元化夜间消费市场。

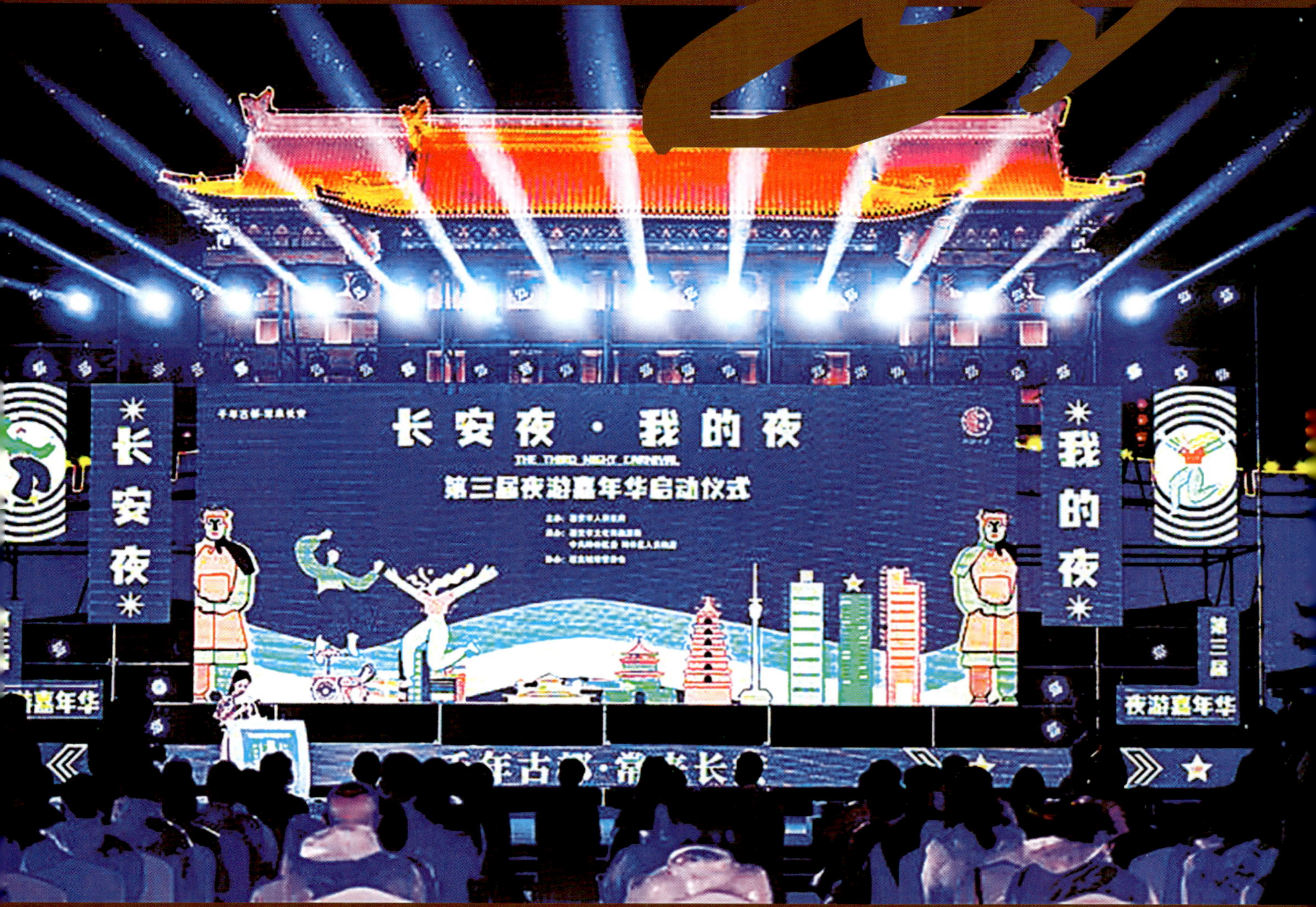

2022 年 6 月 9 日，“长安夜 · 我的夜”第三届夜游嘉年华活动在西安城墙南门广场盛大启幕　（西安日报社 供图）

2023 年 6 月 29 日，2023 年中国城市夜间经济发展峰会暨西安市“长安夜 · 夜未央”夜间消费季活动在大唐不夜城开元广场开幕

（西安日报社　供图）

2022 年 6 月 5 日，游客在西安骡马市商业街附近品尝小吃

（西安日报社　供图）

2023 年 5 月 8 日，游客在西安大唐不夜城游览　（西安日报社　供图）

2022 年 6 月 12 日，游客在“长安十二时辰”中体验唐风唐韵　　（西安日报社 供图）

2023 年 3 月 8 日，游客身着汉服在钟楼下拍照留念　　（西安日报社 供图）

2022 年，舞剧《长恨歌》服装、道具全面更新，舞美、灯光、音效等各方面推陈出新，让游客耳目一新。图为《长恨歌》演出剧照　（西安日报社　供图）

2022 年，大唐不夜城《盛唐密盒》演出剧照　（西安日报社 供图）

目　录

专　记

大 事 记

市情概览

中国共产党西安市委员会

西安市人民政府

中国人民政治协商会议西安市委员会

中共西安市纪律检查委员会・西安市监察委员会

民主党派・工商联

群众团体

法　治

军　事

经济管理

“一带一路”建设

开放型经济

功能区建设

数字经济

农 业

综 述

种 植 业

林 业

畜 牧 业

水 产 业

种 业

农田水利

农业机械化

农业科技

农业产业化经营

农产品质量建设

工 业

综 述

建筑业

商贸服务业

房地产业

交 通

邮政·通信

城市建设与管理

乡村振兴

区域协调发展

生态环境

科学技术

教 育

历史文化名城保护

文　化

社会生活

应急管理

区（县）发展

人物·荣誉

附　录

索　引

Contents

Special Remark

Chronicle of Events

Profile of Xi'an

Xi'an Municipal Committee of the CPC

Xi'an Municipal People's Congress

Xi'an Municipal People's Government

Xi'an Municipal Committee of the Chinese People's Political Consultative Conference

Xi'an Municipal Commission for Discipline Inspection of the CPC Xi'an Municipal Commission for Supervision

Democratic Parties Federation of Industry and Commerce

Mass Organizations

Rule of Law

Military Affairs

Economic Administration

The Belt and Road Initiative

Efforts for Building an Open Economy

Development of Functional Areas

Digital Economy

Agriculture

Industry

Construction Sector

Commerce and Trade Services

Financial Sector

Tourism

Real Estate Sector

Transportation

Postal Service and Communication

Urban Development and Administration

Rural Revitalization

Coordinated Regional Development

Ecological Environment

Scientific Research and Technical Service

Education

Protection of the Historical and Cultural City

Culture

Health Care

Sports

Resident Life

Emergency Management

District（County）Profiles

Figures and Honor

Appendix

全面推进中国式现代化西安实践　奋力谱写高质量发展新篇章

——西安学习贯彻党的二十大精神专记

中共西安市委理论学习中心组

西安市坚持把学习贯彻党的二十大精神作为首要政治任务，紧密结合贯彻落实习近平总书记来陕考察重要讲话重要指示精神，主动把党的二十大提出的决策部署落实到陕西省、西安市第十四次党代会确定的各项工作中，聚焦“六个打造”奋斗目标，着力抓好2023年八个方面重点工作，不断提升、丰富、完善发展思路和工作举措，守正创新，踔厉奋发，为全面建设社会主义现代化国家、全面推进中华民族伟大复兴贡献西安力量。

一、突出政治引领，切实把思想和行动统一到党的二十大精神上来

党的二十大在政治上、理论上、实践上取得了一系列重大成果，就新时代新征程党和国家事业发展制定了大政方针和战略部署，是我们党团结带领人民全面建设社会主义现代化国家、全面推进中华民族伟大复兴的政治宣言和行动纲领。西安市委理论学习中心组集体学习党的二十大精神，学习习近平总书记在瞻仰延安革命纪念地、在陕西省延安市和河南省安阳市考察时的重要讲话，中心组成员结合思想和工作实际谈体会、谋发展，深入研讨交流。邀请省委宣讲团成员作专题辅导报告，进一步深化对党的二十大精神的理解和把握。大家一致认为，党的二十大明确宣示了党在新征程上举什么旗、走什么路、以什么样的精神状态、朝着什么样的目标继续前进，对于全面建设社会主义现代化国家、全面推进中华民族伟大复兴具有十分重要的意义，西安将坚定不移用党的二十大精神统一思想、统一意志、统一行动，切实增强“四个意识”、坚定“四个自信”，把捍卫“两个确立”、做到“两个维护”融入血脉、铸入灵魂，更加坚定地拥戴核心、信赖核心、忠诚核心、维护核心，不断提高政治判断力、政治领悟力、政治执行力，始终在政治立场、政治方向、政治原则、政治道路上同以习近平同志为核心的党中央保持高度一致，确保西安各项工作始终沿着习近平总书记指引的方向阔步前行。

二、推动高质量发展，加快国家中心城市建设步伐

习近平总书记在党的二十大报告中强调：“高质量发展是全面建设社会主义现代化国家的首要任务。”学习贯彻党的二十大精神，一定要认真贯彻落实推动高质量发展的战略部署，把发展质量摆在更突出的位置，坚持以新发展理念引领高质量发展，不断开创经济社会发展新局面。一是更好服务和融入新发展格局，建设更高能级的国家中心城市。西安作为建设中的国家中心城市，在全国发展大局中承担着引领关中平原城市群、带动西北发展的重大使命和责任。锚定产业强市目标不动摇，狠抓支柱产业壮大和产业链水平提升，深入实施产值倍增计划，做强电子信息、汽车等六大支柱产业，做大人工智能、增材制造等五大新兴产业，做优现代化金融、研发设计等六大生产性服务业，推动文化旅游产业深度融合发展，倾力打造高水平现代化产业体系，全面提升产业核心竞争力，打造高质量发展的西部经济强市。坚持通道平台环境一起建、外企外资外贸一起抓，发挥国家向西开放战略支点作用，在推动共建“一带一路”高质量发展中作出更大贡献，打造活力迸发的内陆改革开放高地。加快推进西安—咸阳一体化进程，实质性推进西渭融合，建设现代化西安都市圈，促进关中平原城市群一体化发展，在推动西部大开发形成新格局中展现更大作为。二是深入贯彻落实科教兴国战略，不断塑造发展新动能新优势。坚持科技是第一生产力、人才是第一资源、创新是第一动力，加快打造新动能强劲的国家创新名城。着力强化秦创原“一总两带”发展引领，坚持科教兴市、创新立市、人才强市，建平台、育主体、强转化、促融合，全面复制推广“一院一所一校”模式，努力把科技创新关键变量转化为高质量发展最大增量，让西安的创新“顶天立地”。打造人才集聚强大磁场，实施更加积极更加开放更加有效的人才政策，创建国家吸引集聚人才平台，清单式引进“高精尖缺”人才和高水平团队，千方百计把在校大学生留下来、把在外求学的优秀学子招回来、把各行各业杰出校友引回来。三是强化文化自信自强责任担当，持续彰显千年古都独特魅力。着力传承弘扬中华优秀传统文化，自觉扛起推进文化复兴自强的时代责任，充分发挥千年古都丰富的历史文化资源优势，更好传承中华文明、延续历史文脉，巩固壮大奋进新时代的主流思想舆论，广泛践行社会主义核心价值观，提高城市文明程度，打造彰显中华文明的世界人文之都。加大文物保护力度，加强

秦始皇陵和兵马俑、唐长安城大明宫遗址等世界文化遗产保护，加大城乡建设中历史文化保护传承力度，守护好珍贵的历史文化遗存。丰富城市文化供给，加强公共文化基础设施建设，健全现代公共文化服务体系，不断满足人民日益增长的精神文化需求。积极开展对外文化合作交流，提升国际传播效能，让西安成为中华文化和中华文明的展示窗口。

三、坚持以人民为中心，打造共享美好生活的宜居幸福西安

习近平总书记在党的二十大报告中指出：“为民造福是立党为公、执政为民的本质要求。”学习贯彻党的二十大精神，必须忠诚践行以人民为中心的发展思想，始终把屁股端端地坐在老百姓的这一面，紧紧抓住人民最关心、最直接、最现实的利益问题，采取更多惠民生、暖民心举措，用心、用情为民服务，扎实办好民生实事。一是大力推动绿色发展，努力绘就美丽中国的西安画卷。深刻认识“生态兴则文明兴”的哲理，牢固树立和践行“绿水青山就是金山银山”的理念，站在人与自然和谐共生的高度谋划发展，狠抓生态环境质量提升，持续深入打好蓝天、碧水、净土保卫战，深化城乡人居环境整治，加快推动产业结构、能源结构、交通运输结构等调整优化，推进各类资源集约节约利用，积极发展绿色低碳产业，稳妥推进碳达峰、碳中和西安行动，打造人与自然和谐共生的美丽家园。二是坚定不移贯彻总体国家安全观，建设更高水平的平安西安。更好统筹发展和安全，把维护国家安全贯穿到经济社会发展的各方面、全过程，有效防范和化解各类风险，全面筑牢安全防线。坚定维护政治安全，严厉打击敌对势力渗透、破坏、颠覆、分裂活动。严守意识形态安全，认真落实党管意识形态原则，牢牢掌握意识形态工作的领导权主动权。切实维护公共安全，强化社会治安整体防控，推进扫黑除恶常态化，抓好城市防洪排涝能力提升、安全生产、食品药品安全，遏制重大、特大事故发生。深入推进高效能社会治理，建设人人有责、人人尽责、人人享有的社会治理共同体。三是持续增进民生福祉，倾力创造更高品质生活。千方百计抓就业促增收，深入实施居民收入倍增计划，强化就业优先政策，支持多渠道灵活就业，抓好重点群体就业，促进高质量充分就业。持续优化学校布局建设和资源配置，加快义务教育均衡优质发展和城乡一体化，推进职普融通、产教融合、科教融汇，加快建设高质量教育体系，办好人民满意教育。持续用力补短板、优服务，扎实办好水、电、气、暖、路和城中村改造提升等实事、好事，加大教育、医疗、住房、养老等公共服务高品质供给，建好“一刻钟便民生活圈”，加快补齐城市基础设施建设短板，健全多层次社会保障体系，提高公共服务水平，持续增强均衡性可及性。全面推进乡村振兴，巩固拓展脱贫攻坚成果，加快提升城乡融合发展水平，推动实现农村更富裕、生活更幸福、乡村更美丽。

（摘自2023年2月16日《陕西日报》第六版）

数说十年·西安

——踔厉奋发践行新理念　步履坚实迈向高质量

党的十八大以来，在以习近平同志为核心的党中央坚强领导下，西安市围绕“五位一体”总体布局和“四个全面”战略布局，认真学习贯彻习近平总书记三次来陕考察重要讲话重要指示精神，坚持稳中求进工作总基调，完整、准确、全面贯彻新发展理念，融入和服务新发展格局，贯通落实“五项要求”“五个扎实”，科学应变、主动求变，统筹做好稳增长、促改革、调结构、惠民生、防风险、战疫情、保稳定各项工作，经济社会面貌焕然一新，高质量发展迈出坚实步伐，国家中心城市建设踏上新的历史征程。

一、经济规模实现历史性跨越，综合实力跃入新赛道

十年来，西安市始终牢固树立和贯彻落实新发展理念，抢抓国家重大战略机遇，经济实现跨越式发展，质量效益不断提升，高质量发展加速推进。

（一）经济规模迈上万亿台阶

在转向高质量发展的进程中，经济发展既保持了量的合理增长，也实现了质的稳步提升。特别是2016年以来，全市地区生产总值（GDP）连续跨越5个千亿台阶，2020年成为西北首个GDP破万亿城市，2021年达到10688.28亿元。2013—2021年GDP年均增长7.8%。

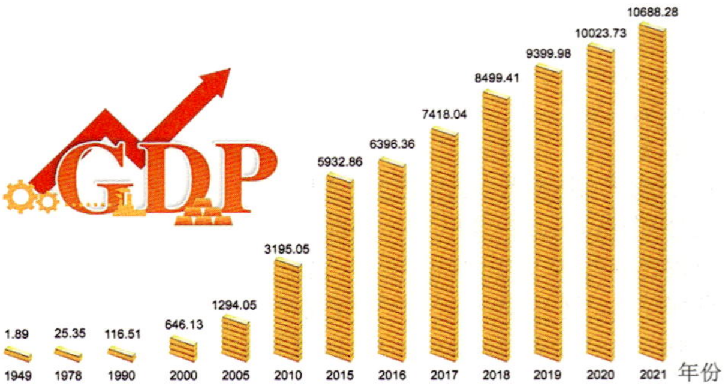

地区生产总值 / 亿元

（二）城市能级实现标志性跃升

获批建设国家中心城市，全面代管西咸新区，城市层级提升，发展空间优化。省内影响力扩大，全市生产总值占全省比重由2012年的30.9%提高到2021年的35.9%。城市吸引力不断增强，2021年末常住人口达到1287.30万人，比2012年末增加373.30万人。城区常住人口超过900万人，跻身特大城市行列。法人单位数成倍增长，达到31.25万个，比2012年增加20.85万个。加快推动关中平原城市群和西安都市圈建设，富阎一体化加速推进，区域协同发展迈出实质性步伐。

（三）发展质量显著提升

持续推动质量、效率和动力“三大变革”，发展质量显著提升。2021年，全市人均GDP突破8万元，达到83689元，是2012年的1.7倍。全社会劳动生产率15.82万元／人，是2012年的1.8倍。一般公共预算收入突破800亿元台阶，达到855.96亿元，年均增长12.5%。城乡居民人均可支配收入年均分别增长7.9%和9.8%；城镇和农村居民家庭恩格尔系数分别为27.0%和28.9%，比2012年下降5.5和4.9个百分点。

二、创新驱动实现引领性成长，城市发展凝聚新优势

十年来，西安市始终坚持把改革创新作为引领发展的第一动力，充分发挥科创资源富集优势，创新活力持续迸发，发展新动能优势凸显。

（一）科创实力持续增强

从打造全球硬科技之都到建设秦创原“一总两带”，科创活力加快释放。全市研究与试验发展经费跨越 300、400、500 亿元三个台阶，2020 年突破 500 亿元大关；投入强度（研究与试验发展经费与地区生产总值之比）5.05%。科研成果丰硕，2021 年，发明专利授权量 1.41 万件，是 2012 年的 4 倍；国家高新技术企业达到 7140 家。

（二）全面创改纵深推进

从坚持下好简政放权“先手棋”到持续深化“放管服”改革，市、区两级政务服务事项网上可办率 90% 以上，多次获评“中国营商环境标杆城市”。市场主体“井喷式”增长，2017 年成为第 7 个市场主体超百万元的副省级城市，2021 年末累计在册各类市场主体达 269.02 万户。深入实施“龙门行动”计划，境内上市公司达到 48 家，比 2012 年末增加 19 家。

（三）新经济加速成长壮大

新产业、新业态、新商业模式加速发展。2020 年，全市“三新”经济增加值占 GDP 的比重为 20.8%，比 2018 年提高 2.7 个百分点，成为经济增长新引擎。2021 年，规模以上工业战略性新兴产业产值占规模以上工业总产值比重 49.9%，比 2015 年提高 12.5 个百分点，年均增长 16.4%，快于规模以上工业总产值年均增速 7.6 个百分点。规模以上科学研究和技术服务业营业收入占规模以上服务业营业收入比重 25.6%，比 2015 年提高 6.2 个百分点，年均增长 13.1%，快于规模以上服务业营业收入年均增速 1.6 个百分点。网上零售额占限额以上单位零售额比重达 27.0%，比 2016 年提高 20.7 个百分点，年均增长 35.4%。

三、经济发展实现结构性转型，统筹协调形成新格局

近年来，西安市坚持以供给侧结构性改革为主线，经济结构不断优化，发展方式加快转变，产业升级持续推进，为推动高质量发展注入强劲动力。

（一）产业结构优化升级

大力推进先进制造业强市建设，加快发展现代金融、现代物流、研发设计等现代服务业，“6+5+6+1”现代产业体系壮大成势。2021 年，全市规模以上工业 6 大支柱产业产值比上年增长 21.0%，占规模以上工业总产值的比重达 79.3%，提升 11.0 个百分点；5 大新兴产业、6 大生产性服务业营业收入分别增长 13.1% 和 8.3%；文化旅游深度融合，多次上榜全国夜经济影响力十强城市，入选首批国家文化和旅游消费试点城市。现代产业体系加快构建，推动三次产业结构调整为 2.89 ∶ 33.54 ∶ 63.57。

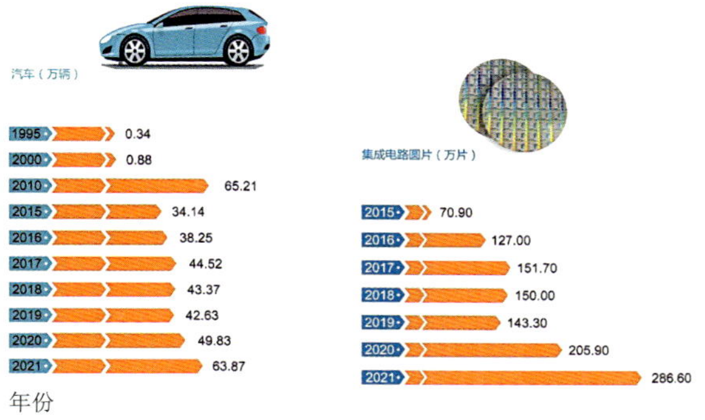

规模以上工业企业主要产品产量

（二）需求结构持续改善

投资发力于基础设施、高技术产业等领域。2021 年，全市基础设施投资占固定资产投资（不含农户）比重 29.0%，比 2015 年提高 9.4 个百分点；高技术产业投资占 11.8%，比 2017 年提高 4.5 个百分点。升级类消费加速提升。汽车类、家用电器和音像器材类、文化办公用品类、通信器材类、化妆品类零售额占限额以上消费品零售额比重比 2012 年均提升 1 个百分点以上，新能源汽车、智能家用电器和音像器材等消费从无到有、从少到多，占限额以上消费品零售额比重分别达到 3.3% 和 1.5%。一般贸易加快发展。一般贸易进出口增长 41.0%，远快于进出口总值增速，占进出口总值比重达到 24.0%。

（三）区域格局转型重塑

市区承载力阶梯式扩容，设立高陵区和鄠邑区，行政区划由 9 区 4 县变为 11 区 2 县，市区土地面积占比比 2012 年扩大 15.6 个百分点，常住人口、GDP 占比分别提高到 80% 和 90% 以上。开发区辐射带动作用明显增强，在开发区高速发展、2017 年代管西咸新区等带动下，2020 年 8 个开发区 GDP 占比首次超过 50%，2021 年进一步提高至 51.4%。

（四）城乡发展协调性增强

2014 年以来，西安市累计实现 73721 户 250414 人脱贫，291 个贫困村全部出列，脱贫攻坚取得决定性胜利。坚持城乡统筹、融合发展，城乡居民收入比由 2017 年的 2.94 降至 2021 年的 2.70。城镇化率由 2012 年的 72.13% 提高到 2021 年的 79.49%，提高 7.36 个百分点。

四、生态文明实现革命性变革，绿色发展已成新风尚

十年来，西安市始终坚定践行“绿水青山就是金山银山”理念，产业绿色转型大力推进，环境质量持续好转，生态文明建设成效显著。

（一）绿色理念融入城市建设

加快实现城市绿色转型，打造宜居、文明城市环境。城市绿色容量加速提升，近三年每年新建和改造提升绿地广场、口袋公园 100 个以上，新增城市绿地 1000 万平方米以上。10 年间，3 次获得“国家森林城市”荣誉称号。城市环境不断优化，城市文明水平不断提升，两次获得“全国文明城市”荣誉称号。

绿地面积 / 公顷

（二）绿色经济形成规模

以“新能源”为代表的产业为绿色经济发展注入活力。2021 年，全市新能源汽车、太阳能电池实现量级提升，产量分别达到 26.90 万辆和 1542.50 万千瓦。能源消费结构逐步优化，规模以上工业主要能源消费品种中，天然气、电力消费量占比提升至 18.7%、15.0%。高标准农田、无公害蔬菜等现代农业加快发展，粮食产量稳定在 135 万吨以上，蔬菜产量达到 362.80 万吨，比 2012 年增加 134.84 万吨。

（三）生态治理取得显著成效

生态修复取得重要进展，秦岭生态环境保护建立长效机

制。大力推进污染防治和节能减排，加快形成能源节约型社会。2013—2021 年，全市单位 GDP 能耗年均下降 4.30%。2021 年，空气质量优良天数达到 265 天；污水处理率达到 96.87%，比 2012 年提高 7.36 个百分点；生活垃圾无害化处理率 99.98%，提高 5.05 个百分点。

五、共建“一带一路”实现战略性突破，开放经济打造新高地

10 年来，西安市始终坚持扩大对外开放水平，打造内陆开放高地，加强对外贸易、对外交流，加速驶入双向开放快车道。

（一）市场开放资源加速流动

市场有序开放，人口、货物、数据等重要元素加速聚集流动。2013—2021 年，全市年末常住人口年均增长 3.9%。2012—2021 年，年均客运量 2.52 亿人次，年均货运量 3.39 亿吨。2021 年，邮政业务总量 88.72 亿元，比 2012 年增长 12.9 倍；邮政业务收入 101.51 亿元，增长 13.1 倍。大力实施数字赋能计划，持续促进数字产业化和产业数字化发展。

（二）金融开放服务不断增能

探索推进丝路金融中心建设，金融业机构、规模双双增长，服务支持经济发展能力持续增强。2020 年，全市金融业增加值突破千亿元，2013—2021 年年均增长 11.4%，快于 GDP 年均增速 3.6 个百分点。2021 年末，金融业法人单位 1468 家，比 2012 年末增加 510 家。金融机构人民币贷款余额年均增长 14.4%。境内上市公司总市值达到 1.37 万亿元。2021 年，保险公司赔款支出和各项给付金额 176.54 亿元，增长 2.7 倍。

（三）外贸开放通道持续拓宽

深度融入共建“一带一路”，中欧班列长安号成为对外开放重要通道。“一带一路”国际商事法律服务示范区“两法庭三中心一基地”建成投运。国际“朋友圈”不断扩大，2021 年末，全市国际友好城市达到 37 个，国际航线通达全球 37 个国家和地区。外商投资法人单位 835 家，增长 46.0%。2021 年，进出口总值 4399.96 亿元，与地区生产总值比值为 41.2%，比 2012 年提高 22.4 个百分点。

六、发展成果共享实现普惠性提升，共同富裕启航新征程

10 年来，西安市始终不忘初心，为民多谋利，为民多解忧，人民群众共享全面小康成果，获得感不断增强，连续 9 年被评为“中国最具幸福感城市”。

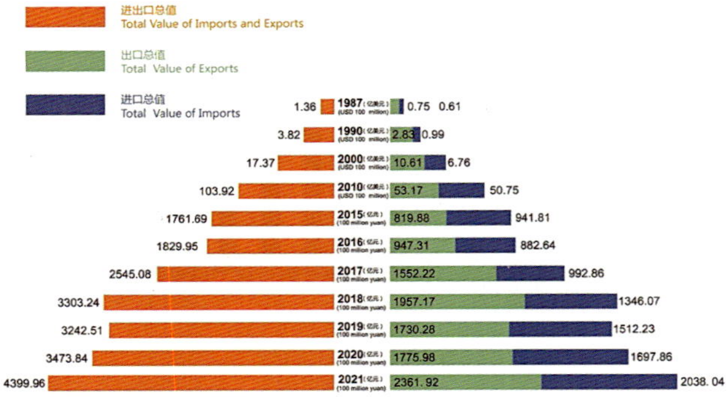

地区生产总值 / 亿元

（一）居民就业收入稳步增长

实施就业优先战略，促进重点群体就业，鼓励创业创新带动就业，激活灵活就业市场。2021 年末，全市全社会从业人员达到 686.53 万人，比 2012 年末增加 171.96 万人。城镇登记失业率稳定在 4% 以下。2017—2021 年，城镇居民人均可支配收入从 35837 元增加至 46931 元，农村居民人均可支配收入从 12190 元增加至 17389 元。

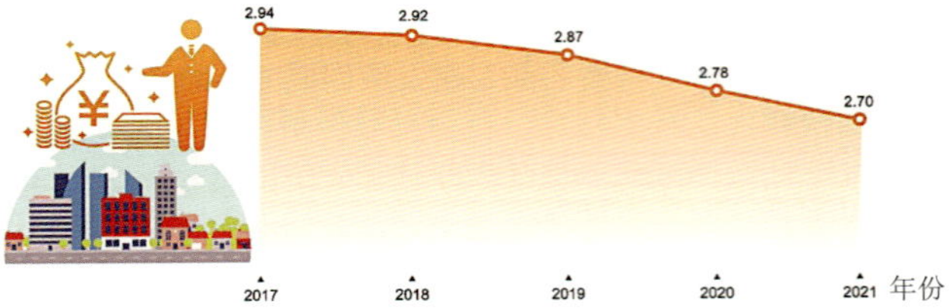

城乡居民收入比（以农村居民人均可支配收入为 1）

（二）基本公共服务有效改善

教育、医疗等公共服务资源规模扩大。2021 年末，全市各类普通教育学校 3736 所、在校学生 277.79 万人，比 2012 年末分别增加 670 所和 68.39 万人。医疗卫生机构床位 7.94 万张，增加 3.52 万张。医疗保险、基本养老保险参保人数分别达到 1094.10 万人和 881.26 万人。城市建设补短板、强功能、提品质。城市迈入“高铁”“地铁”时代，地铁开通里程达到 259 公里，地铁客运量突破 10 亿人次。近 5 年改造 2008 个老旧小区和 599 条背街小巷，打通断头路 144 条，建设美丽村庄 581 个。

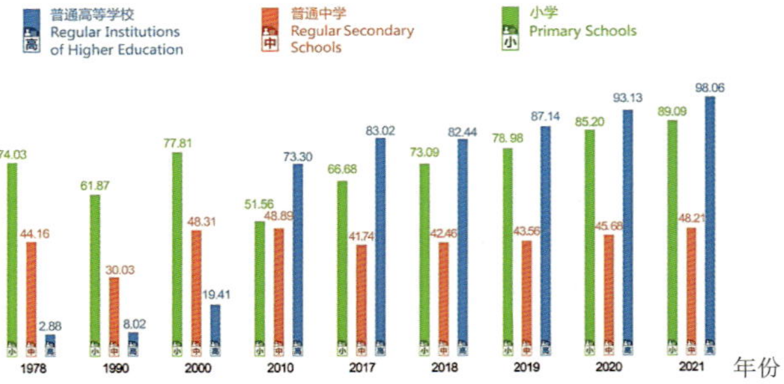

普通教育在校学生 / 万人

（三）社会文化事业活力提升

文化服务惠及全民。着力打造“书香之城”“音乐之城”，2021 年末，全市公共图书馆藏量 8628 千册（件），是 2012 年末的 1.4 倍。电视剧《装台》《大秦赋》，纪录片《红星耀陕甘》，电影《柳青》受到好评。大唐不夜城步行街、易俗文化街区、小雁塔遗址公园等成为文化旅游新地标。全民健身蔚然成风。以“十四运”、西安国际马拉松、城墙马拉松等大型赛事带动全民健身，经常参加体育锻炼人数占总人口 50% 以上。“15 分钟健身圈”在“家门口”呈现，晨晚练点达到 1952 个。

日月不肯迟，四时相催迫。10 年来，西安市加速发展、加快转型，持续加力民生保障，经济社会进入新的发展阶段、站上新的历史起点。蓝图绘就催人奋进，重任在肩加速启航。让我们更加紧密地团结在以习近平同志为核心的党中央周围，坚决做到“两个维护”，以“四个意识”踔厉奋发，以“四个自信”笃行担当，坚持解放思想、深化改革创新，全面加快国家中心城市建设步伐，奋力谱写西安高质量发展新篇章，以优异成绩迎接党的二十大胜利召开！（市统计局）

大 事 记

责任编辑 姚文东

1月

1日 西安首趟经圣彼得堡、穆克兰至曼海姆的中欧班列开行。

7日 西安市疫情防控指挥部办公室印发《关于有序推进商贸服务和邮政快递业复工复业的通知》，决定从5个方面推进商贸服务和邮政快递业复工复业，逐步恢复经济，使社会平稳运行。

15日 西安市出租汽车管理部门决定：市区所有出租汽车经营企业免除企业自有车辆（公户车）承包人2022年1月承包费（或任务金），免除出租汽车个体工商户2022年1月服务费。

20日 西安市医疗保障经办服务中心恢复现场业务办理。

21日 西安市公安局发布《关于加强2022年春节期间烟花爆竹安全管理的通告》：西安市行政区域内全面禁售、禁放烟花爆竹。

22日至2月15日 西安市商务部门举办“2022网上年货节西安专场”活动。

△西安市人民政府新闻办公室召开西安市统筹推进疫情防控和经济社会发展系列新闻发布会介绍，本次疫情发生以来，全市已支出低保、特困等群体各类救助保障资金2.53亿元；设置8个临时救助安置点，救助流浪乞讨人员2212人（次）。

25日 西安市347条公交线路全部恢复运营，并确保车厢满载率不超过50%。

28日 西咸新区举行秦创原总窗口2022年首批项目云签约活动，以视频方式线上签约22个项目，涵盖产业链、平台及孵化器、科技成果转化、金融服务4个方面。

29日 西安市市场监督管理局印发《关于支持复工复产十八条措施的通知》，出台包含优化市场服务、加大知识产权发展、维护市场秩序等方面18条措施。

2月

8日 西安市在高铁东城核心区、数字经济示范区、西安美畅制造基地、国家先进稀有金属材料技术创新中心、新能源汽车电子产业基地举行2022年一季度重点项目集中开工仪式。

8—25日 西安市人力资源和社会保障局举行“迎春送暖促就业，就业援助在西安”——2022年高校毕业生就业专场网络招聘会，提供就业岗位20450个。

9日 华中数控西部中心项目签约落户西咸新区。

11日 西安市人民代表大会常务委员会召开新闻发布会，公布修订的《西安市建筑装饰装修条例》。

△西安市住房和城乡建设局发布《西安市“十四五”保障性租赁住房发展规划》，拟将加快发展保障性租赁住房作为“十四五”住房建设重点任务，新增保障性租赁住房30万套（间），占新增住房供应总量30%以上。

15日 西安市市场监督管理局公布2022年春季中小学生校外托餐场所（小饭桌）食品安全备案登记名单，全市共有食品安全登记备案“小饭桌”4912家。

16日 西安市委、市政府举行“遇见新西安”系列招商活动启动仪式暨产业项目集中签约大会，签约项目212个，总投资2756亿元。

22日 西安沣东新城举办“科创中国·西安学会智创园”揭牌仪式暨秦创原（科创西安）创新合作发展高峰论坛，西安科学家博物馆同时开馆。

△春秋航空西安分公司揭牌。

22日至5月底 西安市全面治理校园及周边、网络平台等面向未成年人无底线营销色情、低俗产品现象。

24日 西安市中心城区与西咸新区互联互通道路集中开工仪式在西咸新区沣东新城举行。

25日 西安市人民政府与中国建筑股份有限公司在西安举行战略合作框架协议签约仪式，拟围绕基础设施建设、城市更新与综合开发、民生工程、新兴领域投资等展开合作。

28日 零时起，西安市启用国家新医保信息平台，合并省、市职工基本医疗保险（含生育保险）。

△西安外环高速公路南段鄠邑至西沣段建成通车。

△西安市贸易促进委员会为陕西美轮机械设备进出口有限责任公司出口韩国的铝包钢项目签发西安市首份RCEP项目原产地证书，涉及签证金额43345.94美元，为企业减免进口国关税3468美元。

△西安咸阳国际机场三期扩建工程北飞行区J2、J3临时联络道工程完成建设。

3月

1日 西安市民政局召开西安市首届公益性海葬活动安排部署会，西安市公益性海葬活动启动。

△西安地铁1号线三期工程进入盾构施工阶段。

1—2日 西安市交通运输局召开107省道涝峪河大桥水毁修复项目竣（交）工验收视频会，8个工程项目全部通过竣（交）工验收。

21日 碑林区、莲湖区、雁塔区、未央区、灞桥区及西安高新技术产业开发区等多个区（县）及开发区中小学、幼儿园恢复线下教学。

28—30日 政协西安市第十五届委

员会在陕西宾馆举行第一次会议，选举产生政协西安市第十五届委员会主席、副主席、秘书长、常务委员。

29—31日 西安市第十七届人民代表大会在陕西宾馆举行第一次会议，选举产生西安市第十七届人民代表大会常务委员会主任、副主任、秘书长、委员，西安市市长、副市长，西安市监察委员会主任，西安市中级人民法院院长，西安市人民检察院检察长。

31日 西安市环保烟火监控系统二期建成并投入试运行。

4月

8日 西安高新区举行秦创原·上市企业园暨二季度招商引资集中签约、重点项目开工仪式。

15日 西安市疫情防控指挥部发布《关于实行临时社会面管控措施的通告》，决定从4月16日零时至19日24时，实行临时性管控措施，在尽量不影响社会正常生产生活秩序的前提下，进一步减少人员流动，降低交叉感染风险，争取早日实现社会面动态清零。

16日 中国航天科技集团公司第六研究院为提供一、二、三级发动机和姿控发动机系统及为大气环境监测卫星提供空间推进系统的“长征四号”丙运载火箭，在太原卫星发射中心将大气环境监测卫星送入预定轨道。

20日 零时起，西安市解除临时性社会面管控，有序恢复正常生产生活秩序。

22日 西安首趟中老铁路国际货运列车——中老铁路（西安—万象）国际货运列车从西安国际港站始发，将经云南磨憨口岸出境，驶往老挝首都万象。

△西安市文化和旅游局在西安图书馆举行“喜迎二十大　书香润长安”全市公共图书馆“西安读书月”活动启动仪式。

24日 “天宫逐梦”——中国航天科技系列巡展首站在西安曲江艺术博物馆展出。

26日 西安高新技术产业开发区新建成道路通车仪式在科技六路（北半幅）举行，33条市政道路通车。

5月

6日 西安市委、市政府在临潼区举行“推广陕鼓模式　深化服务型制造助力产业强市建设”启动仪式，并发布《推广“陕鼓模式”深化服务型制造　助力产业强市建设行动方案》。

10日 西安市农业农村局联合中国联合网络通信有限公司、陕西直播产业研究院举办西安市深化“三变”改革、发展壮大新型农村集体经济云签约活动。

△1时56分，中国航天科技集团公司第六研究院提供全系列动力的“长征七号”遥五火箭，在海南文昌航天发射场将“天舟四号”货运飞船送入预定轨道。

11日 西安市举行招商西投“两链”融合产业基金签约仪式，计划重点聚焦装备制造、新材料、新能源等产业方向，赋能秦创原总窗口项目培育和产业发展，促进创新链、产业链、服务链、资本链高效融合。

12日 西安市雁塔区特殊教育资源中心在雁祥学校揭牌。

13日 西安航空基地管委会和西安市国家航空产业基地企业联合会联合举行主题为“暖企惠企　政策先行”——“政策解读面对面”活动，以发挥政策效能，助力企业高质量发展。

14日 中共西安市委、市政府召开九个方面重点工作调度会，强调要扛起国家中心城市和省会城市的使命担当，以高质量发展推进中国式现代化西安实践。

16日 西安市人民政府印发《西安市推行“亩均论英雄”综合改革实施方案》，拟将围绕建设工业强市目标，把深化“亩均论英雄”综合改革作为转变发展方式、优化经济结构、转换增长动力的有力抓手。

17日 西安市和咸阳市召开推进西安—咸阳一体化发展党政联席会议。

18日 陕西历史博物馆常设专题陈列《大唐遗宝——何家村窖藏出土文物展》提升改造完成，并开始对外开放。

20日 西安市市场监督管理局印发《贯彻落实2022年优化营商环境任务实施方案》。

△智慧轨道交通装备研发基地在西安经济技术开发区揭牌成立。

22日 西安市和渭南市推进融合发展工作会议召开。

24日 西安市防汛抗旱指挥部优化暴雨预警信号，将1小时强雨纳入预警信号发布内容。截至年底，西安市应急指挥中心接入17个部门（单位）的34个系统。

25日 中共西安市委、西安市人民政府决定在全市开展抓党建促乡村振兴“万名干部人才下乡村”行动。

27日 中共西安市委、西安市人民政府决定在全市开展“千企联千村”行动。

28日 西安市住房和城乡建设局等部门发布《关于调整商品住房交易政策有关问题的通知》，从保障合理住房需求、促进二手住房流通、强化住房金融支持、优化各类人群购房政策4个方面对商品房交易政策进行调整。

30日 西安市市场监管局出台“服务市场主体十条举措”，以推行“零见面”审批，鼓励领取电子证照，纸质证照免费邮寄送达，推进市场主体开办实行标准办、网上办、集成办、免费办、便捷办的“五办”模式，全流程尽量压缩在半个工作日办结。

6月

1日 西安市人民政府出台《2022年西安市重点产业链招商若干政策》，符合条件的企业可同时享受“十个支持”政策。

2日 西安市人民政府出台《西安市扎实稳住经济若干政策措施》，提出10个方面的稳定措施37项。

6日 西安市抓党建促乡村振兴“万名干部人才下乡村”和“千企联千村”行动启动仪式在长安区王曲街道藏龙寨村举行。

7日 中国与哈萨克斯坦两国外长在努尔苏丹举行会谈，同意分别在西安和阿克托别互设总领事馆。哈萨克斯坦成为继韩国、泰国、柬埔寨、马来西亚之后第5个在西安设立总领事馆的国家。

9日 第五届“中国创翼”创业创新大赛西安地区选拔赛暨2022年西安创业创新大赛在秦创原人才中心启动。

9—10日 2022年世界城地组织亚太区第一次执行局会议以线上、线下相结合的方式在西安召开。

10日 西安市首届社区运动会在长乐公园启动。本次运动会分区赛设5个大类25个项目，从6月延续到11月。

△西安碑林环大学硬科技创新街区建设启动大会在西安创新设计中心举行。

12—24日 第九届中国秦腔艺术节在西安、宝鸡、渭南等地举行。

14日 西安奕斯伟硅产业基地举行扩产项目开工暨重点项目观摩活动。

15日 西安市发展和改革委员会暨西安市财政局联合印发《2022年西安市产业发展引导专项资金项目（支持物流枢纽和物流企业）申报指南》。

16—18日 2022西部数字经济博览会在西安国际会展中心举行。

21日 首趟“海防—西安—阿拉木图”国际货运班列从西安国际港站开往哈萨克斯坦阿拉木图。

22日 西安市各区（县、开发区）

公布《2022年义务教育学校招生入学工作实施方案》和学区划分方案。

△12时，西安电网全网负荷1000.59万千瓦，较上年同期增长32.01%，首次突破千万大关，成为全国第22个用电负荷达到千万级别的城市。

28日 秦创原高新技术产业高质量发展大会在西安高新国际会议中心举行。

29日 西安市委组织部暨宣传部联合举办革命历史题材话剧《共产党宣言》主题观演活动。

△西安咸阳国际机场三期扩建工程东航站楼混凝土主体结构提前1个月实现封顶。

7月

6日 西安市博览事务中心（欧亚经济论坛秘书处）在山东省青岛市举办欧亚经济论坛经贸合作博览会暨中国(陕西)进出口商品展推介会。

11日 西安交通大学男篮获得第24届CUBA全国大学生篮球联赛一级联赛北区赛亚军。

12日 西安市政府召开“一带一路”建设和中国（陕西）自贸试验区建设工作推进会。

20日 西安市金融工作局、碑林区人民政府联合举办2022年“百家助万企·融资服务登门行”——服务业专场融资对接交流沙龙活动。

21—23日 西安市委组织部、西安市人力资源和社会保障局在西安市人才服务中心举办2022年度海外赤子为国服务行动计划暨第六届中国西安留学回国人才招聘节。

△西安奥体中心游泳跳水馆首次面向市民开放。

22日 西安—靖边首次开行“复兴号”动集动车组列车，结束靖边不通动车的历史。

23日 中国企业评价协会、西安市人民政府、陕西省商务厅在西安国家民用航天产业基地联合举办2021中国新经济企业500强发布会，发布《2021中国新经济企业500强发展报告》及“2021中国新经济企业500强榜单”。

24日 中国航天科技集团公司第六研究院提供全部火箭动力系统和为“问天”实验舱提供轨道控制和姿态控制发动机及其他动力系统配套产品的“长征五号”B遥三运载火箭，成功将“问天”实验舱送入预定轨道。

28日 西安市政府引导基金投资合作暨重点项目签约仪式举行，创新投资基金和抗疫恢复发展基金2只政府引导基金启动，并完成首轮项目签约。

29日 西安高新技术产业开发区海外招才引智联盟成立暨海外人才工作站授牌仪式在西安人才综合服务港举行。

31日 三一智能制造产业园在西咸新区开工建设。

△陕西国铁贸易有限公司入驻西安国际港站后首次开行中欧班列，从西安国际港站始发，经满洲里出境到达俄罗斯莫斯科。

8月

1日 西安市人民政府印发《西安市贯彻落实陕西省〈2022年深化“放管服”改革优化营商环境工作要点〉分工方案》，明确29个方面89个大项117个小项工作要点和拟年底前编制并公布的省、市、县三级行政许可事项清单。

△西安市政府办公厅发布《西安市供排水设施资产移交划转实施方案》。

2日 西安首个智能平板锁停车场在曲江新区投入运营。

2—3日 陕西省有关部门在西安举行“疫情要防住，经济要稳住，发展要安全——全省重点项目观摩活动”。

4日 中国航天科技集团公司第五研究院西安分院承担卫星数传和数传天线分系统研制的我国首颗陆地生态系统碳监测卫星成功发射。

4—6日 第57届中国高等教育博览会在西安举行。

5日 西安市投资合作局举办全市招商引资业务比武交流活动。

5日至10月底 西安市在全市范围内开展安全生产百日行动。

7日 西安市体育局在西安建筑科技大学雁塔校区体育馆举行“庆祝全民健身日·西安市全民健身月”启动仪式。

8—12日 西安先进制造领军人才培养工程——青岛行暨第六期先进制造业企业家培训班在山东省青岛市举行。

10日 12时50分，在太原卫星发射中心，“长征六号”遥十运载火箭将“西安航投一号”等16颗卫星发射升空。

11日 中共西安市第十四届委员会第三次全体会议召开。

14—18日 西安国际会展中心举办第六届丝绸之路国际博览会暨中国东西部合作与投资贸易洽谈会，韩国、泰国、新加坡等73个国家和地区的嘉宾和客商参展参会。展示面积7.2万平方米，参展企业2056家，参展展品20110种。签订合作项目2309个，总投资额1.53万亿元，其中外资项目30个，合同总投资额36.17亿美元；国内联合项目2221个，合同总投资额1.51万亿元。

15日 陕西轨道交通集团与中国铁路西安局集团签署“促进四网融合，推进轨道交通高质量发展合作”框架协议。

16日 西安市政府与中国联合网络通信集团有限公司签署战略合作框架协议。

26日 西安市医疗保障经办服务中心发布《关于新增慢性病定点零售药店的通知》。

30日 西安市政府办公厅发布《进一步支持大学生创新创业若干措施》，通过5大措施，支持大学生创新创业。

31日 我国首趟从土库曼斯坦整列进口甘草中药材品类货物的中欧班列，也是土库曼斯坦——西安的首趟中欧回程专列抵达西安国际港站。

9月

1日 西安市调整儿童乘坐城市公共交通工具免票政策，由“每一名乘客可以免费携带一名身高不足130厘米（含130厘米）的儿童乘车”调整为“每一名成年乘客可以免费携带两名身高不足130厘米(含130厘米)或年龄6周岁(含6周岁）以下儿童乘车”。

△19时09分，“神舟十四号”航天员开启“问天”成功出舱，中国航天科技集团公司第五研究院西安分院为空间站“问天”实验舱研制的中继终端为航天员太空出舱提供全程通信保障。

2日 西安地铁1号线三期工程实现全线贯通。

3日 位于西安市阎良区的中航工业第一飞机设计研究院研制的“启明星50”大型太阳能无人机首飞成功。

15日 西安市“户太10号”葡萄、“丰园29”杏、“庞子牌”猕猴桃获“后稷特别奖”，“秦机26”、“小妙羊牌”有机全脂羊乳粉、“秦宝一号”等18个项目获第29届中国杨凌农业高新科技成果博览会“后稷奖”。

△西安市政府办公厅印发《西安市加强金融支持科创企业健康发展若干措施》，再出10条措施支持科创企业直接融资、探索建立科技信贷服务新模式、创新科技金融服务产品、健全保障体系等方面深化金融供给侧结构性改革，增强金融服务实体经济能力，优化科创企业融资环境。

15—17日 西安国际会展中心举办第十二届中国西部国际物流产业博览会暨第六届中国（西安）智慧交通博览会。

16日 全国首个硬科技仲裁院在西安成立。该院在2022全球硬科技创新大会上揭牌成立。硬科技仲裁院是西安仲裁委员会依托国家级西安硬科技创新示范区，与西安市中科硬科技创新研究院在硬科技创新方面共同合作探索而设立的硬科技领域专业仲裁机构。打造兼具区域特色与品牌特点的创新仲裁法律服务，汇聚全国最优秀的硬科技行业专家、机构，制定灵活、高效、特色的仲裁规则，打造优质专业的仲裁服务平台，共建硬科技领域纠纷多元化解决机制，发挥仲裁在营商环境中的治理功能，促进硬科技领域公平竞争和良性发展，助力深化科技体制改革、促进科技成果转化、实施创新驱动发展战略。

△西安国际港站举行中欧班列“长安号”国际运邮专线首发仪式。

16—18日 西安在第十九届中国中华老字号精品博览会上推出“西安美食中华行”活动。“西安饭庄”“老孙家牛羊肉泡馍”“冰峰”“袁记肉夹馍”“春发芽葫芦头泡馍”“面辣子陕西家乡菜”“太和医室”“裕兴重茯茶”“白水杜康酒”“黄土情”等多家老字号和西安名吃知名企业组团参加。

16—20日 科技部、中共西安市委、西安市政府等主办的2022全球硬科技创新大会在西安高新国际会议中心举行。

17—18日 中共西安市委、西安市政府主办，西安市金融工作局、西安市科学技术局、西安高新技术产业开发区管理委员会及清科创业共同承办以“科创驱动发展·产业链接未来”为主题的2022全球创投峰会，发布《西安市打造创投生态十项举措》和《2022西安未来之星TOP100》《2022西安龙门榜TOP20》《2022投资西安十佳创投机构》榜单，举行西安市政府与北京证券交易所战略合作协议、西安市金融局与投资机构战略合作协议签约仪式。

17—23日 西安举行由文化和旅游部、陕西省人民政府主办，陕西省文化和旅游厅承办的第八届丝绸之路国际艺术节，推出文艺演出、美术展览、线上展播3大板块，并策划拉美艺术季、泰国文化日、国际儿童戏剧周、“非遗”活动展演等专题活动。

10月

1日 西安市住房公积金管理中心通知即日起下调首套个人住房公积金贷款利率。

9—13日 西安市代表团赴韩国参加世界城地组织(UCLG)第七届会员大会。

10日 西安市第一医院·高新区人民医院举行试运行启动仪式，西安高新区告别没有公立三甲医院的历史。

△西安市政府办公厅印发《西安市耕地保护激励奖补暂行办法》，以遏制耕地“非农化”，防止“非粮化”行为，保障粮食安全。

11日 西安—杨凌城际特快旅客列车开行。

13日 6时53分，中国航天科技集团有限公司第五研究院西安分院承担卫星数传分系统和合成孔径雷达（SAR）天线子系统研制的“环境减灾二号05”卫星成功发射。

24—26日 西安市残疾人联合会、西安市体育局联合举办西安市残疾人线上跳绳比赛，89名残疾人选手分7个组别参加比赛。

28日 西安市政府办公厅印发《陕西西安综合改革试验基金设立方案》和《陕西西安综合改革试验基金管理有限公司组建方案》。西安作为国资国企综合改革试验城市，设立规模50亿元的陕西西安综合改革试验基金。

30日 中共中央宣传部公布第十六届精神文明建设“五个一工程”入选作品名单，西安市文艺单位创作出品、参与联合出品的电视剧《功勋》《装台》、话剧《路遥》、电影《柳青》《秀美人生》、广播剧《黑色沃土》6部作品分别入选特别奖和优秀作品奖。

是月 中共西安市委、西安市政府印发《西安市关于全面建立耕地保护田长制的实施方案》。

11月

1日 第33届电视剧“飞天奖”、第27届电视文艺“星光奖”颁奖典礼在北京举行，西安市文化、影视单位创作出品及参与创投的电视剧《功勋》《装台》《理想之城》分别获奖。

2日 金堆城钼业股份有限公司钼材创新研发中心签约落户西安新区沣西新城。

8日 西安市自然资源和规划局发布《西安市国土空间总体规划（2021—2035年）（草案）》，征询公众意见。

11日 西安公安交警会同社会化技术人员共同研发的“第三代智慧可变车道”在北大街—莲湖路十字试点成功，西安在西北地区率先落地应用该技术。

16日 西安市政府与中国民用航空西北地区管理局签署全面推动区域民航业高质量发展合作框架协议，以加快西安国家级临空经济示范区和国家通用航空产业综合示范区建设。

18日 西安航空航天投资股份有限公司秦岭小卫星星座项目启动。

18—20日 第十六届中国新能源国际博览会暨高峰论坛在西安举行。论坛发布《2021—2022中国新能源产业年度报告》，发起新能源装备委员会筹备倡议。

18—30日 政协西安市委员会面向社会公开征集市政协十五届二次会议提案线索。

23日 中国铁路西安局集团有限公司开行首趟家电出口中欧班列。

12月

9日 中国航天科技集团第四研究院提供火箭全部四级固体发动机的“捷龙三号”固体运载火箭将14颗卫星送入预定轨道，我国首次海上热发射试验取得成功。

9日至春节前夕 西安市总工会在全市举行困难职工救助慰问专项行动，重点关注困难职工、农民工、重大贡献职工、节日期间坚守岗位职工等群体。

10日 位于西安的中国航天科技集团公司第六研究院130吨级泵后摆液氧煤油发动机完成不下台第4次试车，刷新我国百吨级系列液氧煤油火箭发动机单台最长试车纪录。

15日 西安市政府以线上方式举行“欧亚经济论坛——2022产业链发展峰会”，邀请嘉宾围绕产业链现状、发展规划、壮大举措等开展深入探讨，务实建言献策，助推产业链高质量发展。

16日 “长征十一号”运载火箭在西昌卫星发射中心将试验“二十一号”卫星送入预定轨道。本次试验是中国航天科技集团第四研究院固体动力在宇航运载领域的第20次、本年度的第8次飞行试验。

26日 陕西省河长制办公室印发《关于命名“陕西省幸福河湖”的决定》，西安市曲江新区曲江池、灞河国际港务区段、沣河西咸新区段（G108国道至3号橡胶坝）3个河湖被命名为“陕西省幸福河湖”。

27—28日 中共西安市第十四届委员会举行第四次全体会议，审议通过《关于深入贯彻落实党的二十大精神全面推进中国式现代化西安实践奋力谱写高质量发展新篇章的决定》。

28日 农业农村部公布全国第七批率先基本实现主要农作物生产全程机械化示范区（县）名单。临潼区成为西安市首家入榜区（县）。

30日 中国东方航空公司全球首架国产C919飞机从上海虹桥国际机场飞抵西安咸阳国际机场。 （蒋书平）

市情概览

责任编辑　曹毅强

自然地理

【地理位置、面积】　西安市位于黄河流域中部关中平原，北纬33°42′～34°45′和东经107°40′～109°49′之间。东以零河和灞源山地为界，与渭南市、商州区、洛南县相接；西以太白山地及青化黄土台塬为界，与眉县、太白县接壤；南至北秦岭主脊，与佛坪县、宁陕县、柞水县分界；北至渭河，东北跨渭河与咸阳市区、杨凌区和三原、泾阳、兴平、武功、扶风、富平等县（市）相邻。辖境东西长204千米，南北宽116千米。总面积10097.01平方千米。

【地形地貌】　西安市地质构造兼跨秦岭地槽褶皱带和华北地台两大单元。距今1.3亿年前燕山运动时期产生横跨境内的秦岭北麓大断裂，自距今约300万年前第三纪晚期以来，大断裂以南秦岭地槽褶皱带新构造运动极为活跃，山体北仰南俯剧烈降升，造就秦岭山脉。与此同时，大断裂以北属于华北地台的渭河断陷继续沉降，在风积黄土覆盖和渭河冲积的共同作用下形成渭河平原。

西安市境内海拔高度差异悬殊位居全国各城市之冠。巍峨峻峭、群峰竞秀的秦岭山地与坦荡舒展、平畴沃野的渭河平原界限分明，构成其地貌主体。秦岭山脉主脊海拔2000～2800米，其中西南端太白山峰巅海拔3867米，是大陆中部最高山峰。渭河平原海拔400～700米，其中东北端渭河河床最低处海拔345米。西安城区便建立在渭河平原的二级阶地上。

【气候】　西安市属暖温带半湿润大陆性季风气候，冷暖干湿四季分明。冬季寒冷、风小、多雾霾、少雨雪；春季温暖、干燥、多风，气候多变；夏季炎热多雨，伏旱突出，多雷雨大风；秋季凉爽，气温速降，秋淋明显。根据近30年（1991—2020年）气候资料统计分析，年平均气温13.5～15.0℃，最冷1月平均气温-1.2～0.7℃，最热7月平均气温26.9～27.5℃，年极端最低气温-21.2℃（蓝田1991年12月28日），年极端最高气温43.3℃（长安2006年6月17日）。年降水量506.1～692.2毫米，年最大降水量954.9毫米（2003年，临潼），年最小降水量277.6毫米（2013年，西安）。日最大降水量138.9毫米（2007年，高陵），9月为明显降水高峰。年日照时数1781.0～2068.9小时。主要气象灾害有干旱、高温、大风、沙尘、雷电、冰雹、暴雨、低温冻害、连阴雨、大雾和霾。

2022年西安市年平均气温14.9℃，较历年（1991—2020年）均值偏高0.7℃。降水量568.8毫米，较历年均值偏少10%。全年灾害性天气多发，主要有大雾和霾、低温冷空气、高温干旱、暴雨、连阴雨、大风、扬沙、浮尘、冰雹等。2022年气温阶段性波动明显，冷空气活动频繁，整体偏高，其中春、夏季偏高明显；春季首场透雨出现在4月28日，较常年（4月12日）偏晚16天，为近9年最晚；夏季高温日数较上年明显偏多，最多为长安47天；华西秋雨开始时间为8月25日，开始早、雨期长，秋雨综合强度属偏强等级，列1961年以来第十位。2022年人工影响天气服务保障中心面向水源地水库蓄水、治污减霾、森林防火、抗旱减灾等方面需求，发布作业指令28次，制作作业计划26期，作业预案26期，作业简报18期。共组织实施人工增雨作业28次，发射增雨火箭弹223枚，燃烧增雨碘化银烟条1438根，飞机作业17架次52小时。有效增加降雨量，在春、秋季水库蓄水以及冬、春季森林防火工作中发挥积极作用。2022年西安市气象局共发布重要天气报告47期，短时临近预报32期，预警信号196期，雨情通报143期，发送天气预报预警手机短信196万余条。

气温　2022年平均气温13.8～16.2℃，蓝田最低，市区最高。与历年均值（1991—2020年）相比，全市均偏高0.3～1.1℃。全市年平均气温14.9℃，较历年均值偏高0.7℃。年内2月、5月、10月和12月气温偏低，最冷12月平均气温0.4℃，最热8月平均气温27.7℃。年极端最高气温41.7℃（8

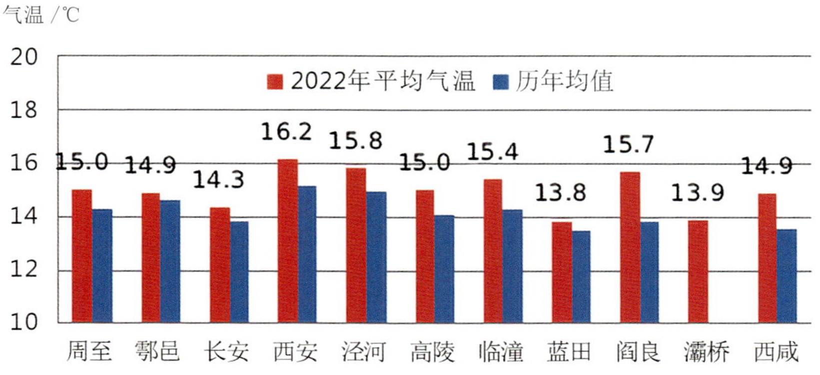

2022年西安市各区（县）年平均气温与历年均值对比图

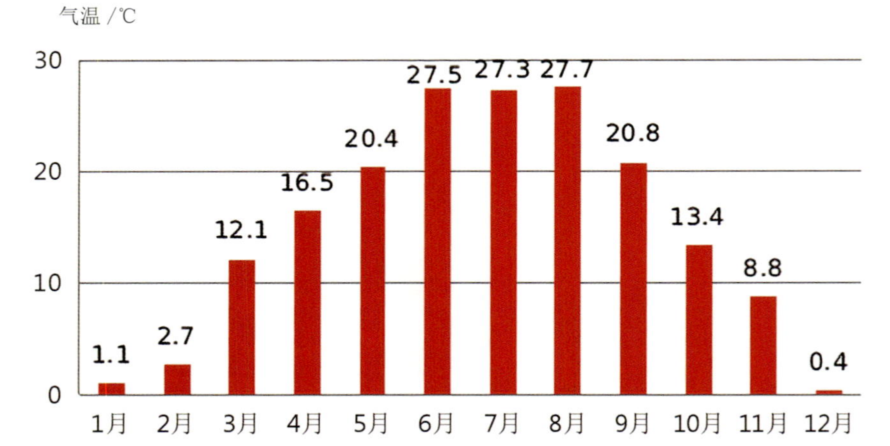

2022 年西安市逐月平均气温图

月 13 日，长安），市区 40.9℃（6 月 24 日）；年极端最低气温 -14.0℃（12 月 18 日，蓝田），市区 -4.5℃（12 月 17 日）。

冬季（2021 年 12 月至 2022 年 2 月）平均气温 0.7 ～ 3.9℃，与历年同期相比，周至偏低 0.1℃，鄠邑、蓝田持平，其余区（县）偏高 0.1 ～ 1.5℃；全市平均气温 2.0℃，较历年同期偏高 0.3℃。其中，1 月平均气温 1.1℃，较历年同期偏高 1.2℃。

春季（3—5 月）平均气温 15.1 ～ 17.6 ℃，与历年同期相比，偏高 0.7 ～ 2.9℃；全市平均气温 16.4℃，较历年同期偏高 1.2℃。其中，3 月平均气温 12.1℃，较历年同期偏高 2.6℃。

夏季（6—8 月）平均气温 25.8 ～ 28.6 ℃，与历年同期相比，偏高 1.2 ～ 2.2℃；全市平均气温 27.5℃，较历年同期偏高 1.5℃。其中，6 月平均气温 27.5℃，较历年同期偏高 2.1℃；8 月平均气温 30.6℃，与历年同期相比偏高 4.6℃。

秋季（9—11 月）平均气温 13.2 ～ 15.3℃，与历年同期相比，鄠邑、蓝田持平，其余区（县）偏高 0.4 ～ 1.4℃；全市平均气温 14.3℃，较历年同期偏高 0.3℃。其中，10 月平均气温 13.4℃，与历年同期相比偏低 0.8℃；11 月平均气温 8.8℃，与历年同期相比偏高 1.7℃。

12 月平均气温 -1.4 ～ 2.5℃，与历年同期相比，市区偏高 0.4℃，其余区（县）偏低 0.1 ～ 1.7℃；全市平均气温 0.4℃。

冷空气过程　1 月 8—9 日长安、临潼、周至、鄠邑 4 站出现中等强度冷空气过程；2 月 6—7 日、17—19 日全市出现大范围雨雪降温天气；3 月冷空气活动频繁，6—8 日、14—18 日、21—23 日、25—28 日共出现 4 次降温、降雨天气，其中 21—23 日鄠邑出现中等强度冷空气；4 月 11—12 日西安市出现明显降温，日平均气温降幅 4.6 ～ 9.7℃。11 月西安市出现 2 次寒潮过程，21—23 日冷空气过程，全市 48 小时降温幅度达 7.8 ～ 9.7℃，此次降温过程 3 站为强冷空气，4 站为中等强度冷空气；11 月 29 日至 12 月 1 日冷空气过程，全市 48 小时降温幅度达 10.6 ～ 13.9℃，此次降温过程 6 站达到寒潮标准；12 月 11 日、17—18 日西安市出现寒潮天气过程，其中 17—18 日的寒潮天气极端最低气温达 -14.0℃，出现在蓝田（18 日），为全年日极端最低气温。

降水　2022 年降水总量 480.6 ～ 650.0 毫米，阎良最少，市区最多。与历年均值相比，西安市区、泾河偏多 10% ～ 20%，临潼、高陵、西咸持平，其余区（县）偏少 10%。日最大降水量 108.2 毫米（7 月 16 日，临潼），市区日最大降水量 79.2 毫米（7 月 16 日）。全市年平均降水量 568.8 毫米，与历年均值相比偏少 10%，属正常略偏少年份。9 月平均降水量最多，为 158.8 毫米；其次为 7 月，为 104.9 毫米；12 月平均降水量最少，为 6.3 毫米。

冬季（2021 年 12 月至 2022 年 2 月）降水量 19.6 ～ 52.4 毫米，与历年同期相比，高陵持平，其余区（县）偏多 10% ～ 120%；全市平均降水量 35.2 毫米，较历年同期偏多 4 成。其中，1 月平均降水量 18.0 毫米，与历年同期相比偏多 1.7 倍。

春季（3—5 月）降水量 75.1 ～ 143.4 毫米，与历年同期相比，周至偏多 10%，西咸持平，其余区（县）偏少 10% ～ 40%；全市平均降水量 102.8 毫米，较历年同期偏少 20%。其中，3 月偏多，

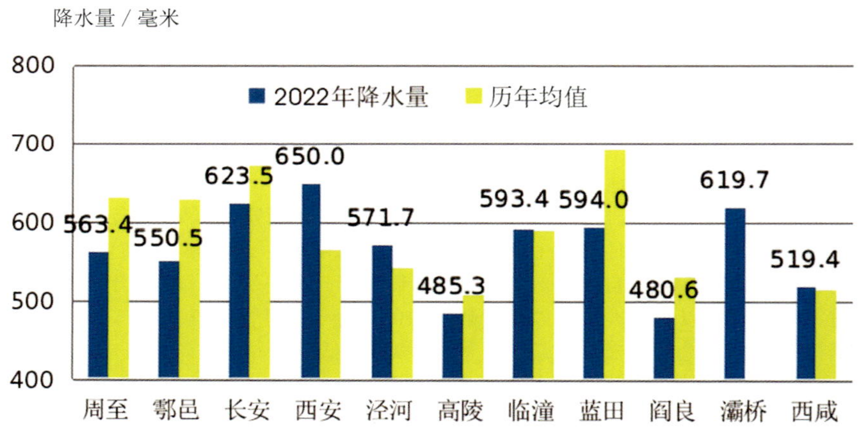

2022 年西安市各区（县）年降水量与历年均值对比图

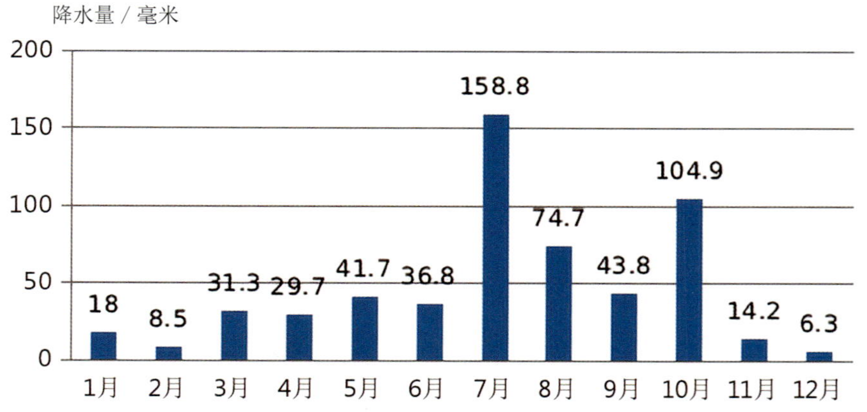

2022 年西安市逐月平均降水量图

4月、5月偏少。

夏季（6—8月）降水量219.5～348.4毫米，与历年同期相比，周至、长安、鄠邑、蓝田偏少10%～20%，其余区（县）偏多10%～40%；全市平均降水量270.3毫米。其中，7月平均降水量158.8毫米，与历年同期相比偏多70%。

秋季（9—11月）降水量115.2～212.1毫米，与历年同期相比，长安持平，其余区（县）偏少10%～30%；全市平均降水量162.9毫米，较历年同期偏少10%多。其中，9月平均降水量43.8毫米，与历年同期相比偏少60%；10月平均降水量104.9毫米，与历年同期相比偏多70%。

12月降水量0.2～10.7毫米，与历年同期相比，西咸新区、临潼、市区、鄠邑、蓝田、长安偏多40%～110%，其余区（县）偏少20%～40%。全市月平均降水量6.3毫米，与历年同期相比偏多30%。

首场透雨、华西秋雨、入冬　2022年春季首场透雨出现时间为4月28日，较常年（4月12日）偏晚16天。2022年西安市秋雨开始时间为8月25日，结束时间为10月7日。8月25—31日、10月1—7日、26—31日出现3个多雨期。秋雨期平均降水量为217.1毫米，较常年秋雨量（189.3毫米）偏多10%多。秋雨时长为67天，较常年秋雨时长（22天）偏长45天，较常年偏早20天，秋雨综合强度指数1.84。11月11—12日西安市各区（县）陆续入冬，入冬时间较历年偏晚3～8天。

日照　2022年总日照时数1906.8～2253.5小时，周至最少，蓝田最多。与历年均值相比，全市均偏多，偏多35.4～227.5小时。全市平均日照时数2057.0小时，与历年均值相比偏多130.7小时。（曲　静）

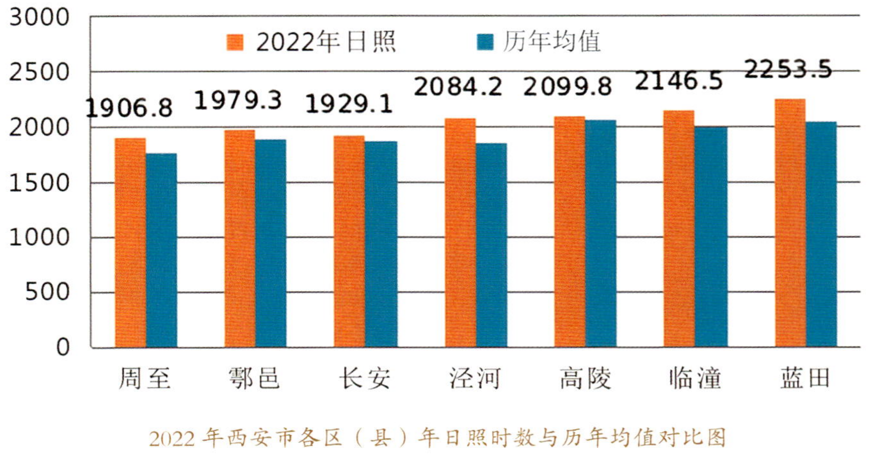

2022年西安市各区（县）年日照时数与历年均值对比图

【水文】　西安市河网密集，有渭河、泾河、灞河、浐河、沣河、潏河、黑河、涝河、石川河、零河等较大河流55条，其中集水面积在100平方千米以上的有36条。绝大多数河流由南向北流经渭河平原注入渭河。黄河流域面积占全市总面积的98.46%。流域面积超过1000平方千米的有黑河、灞河与沣河。上述3条河流的流域面积占全市流域总面积82.37%。

发源于秦岭山地的渭河南侧支流，因秦岭北坡山势陡峭，沟谷深邃，谷峰相间，状若梳齿，使河流具有以下结构特征：流向多呈东南—西北向。河流在秦岭山地沿沟壑曲折南向，出峪后，顺地形斜面自东南流向西北，地质构造断裂带也大致沿东南—西北走向，灞河、浐河、潏河、沣河均沿断裂带走向流动；河道纵向比降大。各条河流上游段流经秦岭山地时，谷深、坡陡、流急。出峪后中游段切穿山前洪积倾斜平原，坡度减小，水流较缓；下游河道横向摆动显著，具有游荡性河流特征。渭河不断向北迁移，灞河由东向西摆动，沣河由西向东演变，潏河、滈河交替泛滥，形成片状展布的古河道、边滩和心滩；上游河道曲折深切，多峡谷险滩。秦岭北侧峪口多达70余处；河床堆积物明显。从河源到河口，随着坡度减小，河流挟沙能力降低，悬移物在下游形成沿河有规律的堆积分布。径流时空分布不均匀是该市河流共同的显著特点。丰水年与枯水年径流量相差4～7倍，一些山区支流年径流量相差达10倍，有的河流下游枯水年甚至基本断流。河流的年内径流量变化也较大，每年2月份枯水期，径流量仅为全年总量2%，时有断流现象，而7—10月汛期径流量占全年总量45%～56%。

（西安水文水资源勘测中心）

【自然资源】

河流、水资源　西安地区自古有“八水绕长安”之美称。市区东有灞河、浐河，南有潏河、滈河，西有皂河、沣河，北有渭河、泾河，此外还有黑河、石川河、涝河、零河等河流。其中绝大多数属黄河流域的渭河水系。渭河横贯西安市境内150千米，年径流量25亿立方米。西安地下水储量估算，总计19.91亿立方米。还另辟有较理想的水源基地。2001年12月，黑河水利枢纽主体工程建成，每年向西安供水4亿立方米，形成日供水能力120万吨，加上地下水资源，市区日供水能力172万吨，基本满足城市生产生活用水。

土壤　土壤分布形成南北两个差异明显的区域，北部的渭河平原以黄褐土、褐土为代表，南部的秦岭山地以黄棕壤、棕壤为代表。据1980—1986年土壤普查，全市有12个土类24个土壤亚类50个土属，计181个土种。土壤类型的复杂多样，为区内农作物的多品种组合提供了有利条件。

动植物　自然植被未遭受第四纪大陆冰川直接侵袭，尚保留若干第三纪古老的孑遗植物，如银杏、水青树、连香、马甲子等。秦岭山地从高海拔向低海拔垂直分布有高山灌丛草甸、针叶林、针阔叶混交林和落叶阔叶林等自然植被类型。自然植被中野生植物资源丰富，计有野生植物138科681属2224种，为中国种子植物的重要基因库之一。渭河平原主要为大田农作物、蔬菜、果园和城市绿化等栽培植物类型。野生动物资源主要分布在秦岭山地，有兽类55种、鸟类177种，有大熊猫、金丝猴、扭角羚秦岭亚种、鬣羚、大鲵、黑鹳、白冠长尾雉、血雉、金鸡等珍稀动物。为保护自然生态系统和珍稀动植物资源，境内已建立3个国家级自然保护区。

矿产资源　境内地层发育复杂，构造类型多样，为各种矿产资源的形成提供有利条件。已发现的矿产资源共47种，其中金属矿产21种、非金属矿产22种、能源矿产2种、其他矿产2种。大部分金属和非金属矿产分布在南部秦岭山区。秦岭以北平原地区具有良好的储存地热水的地质条件，仅城区可以开发的地热面积780平方千米，地下热水可采储量5.39亿立方米。

【自然灾害】

气象灾害　2022年，西安市气象灾害主要为大雾、霾、高温干旱、大风、扬沙、浮尘、冰雹、暴雨等。

大雾、霾　2022年西安市共出现大

雾48天103站次，较上年（40天80站次）偏多8天23站次。其中，1月、10月超过10天，4—6月、8月无大雾天气。从空间分布来看，周至最多，为27天；长安次之为22天，临潼15天，高陵13天，泾河、鄠邑各10天，蓝田6天。2022年西安市共出现霾71天182站次，较上年（64天163站次）偏多7天19站次。其中，1—3月、12月较多，4月、6—8月无霾天气。从空间分布来看，周至最多，为46天；泾河次之为43天，临潼33天，高陵26天，长安24天，蓝田10天，鄠邑无。

高温干旱　2022年全市国家气象站监测到≥35℃的高温日56天309站次，较上年（28天139站次）偏多28天170站次。其中，6月23天127站次、7月12天62站次、8月21天120站次。从空间分布来看，长安47天，临潼、蓝田各45天，鄠邑44天，高陵、周至各43天，泾河42天。37℃以上的高温日35天167站次。其中，6月12天50站次、7月8天46站次、8月15天71站次。40℃以上高温日7天18站次。其中，6月1天4站次、7月2天5站次、8月4天9站次。2022年全市国家气象站监测到≥35℃的高温日数除高陵为建站以来第三多值外，其余区（县）为建站以来仅次于1997年的第二多值年。其中，6月全市国家气象站监测到≥35℃的高温日数（16～21天）均为建站以来第一多值年；8月≥35℃的高温日数（14～20天），长安、高陵为建站以来第一多值年，鄠邑、周至、蓝田为第二多值年，临潼为第三多值年，泾河为第四多值年。

8月1—22日平均气温29.2～31.5℃，与历年同期相比，全市各区（县）均偏高，偏高4.2～5.2℃。全市月平均气温30.6℃，与历年同期相比偏高4.6℃，为1961年以来历史同期最高值年，属异常偏高年份；其间出现35℃以上高温日21天120站次。高温导致农作物受旱，经济林果实膨大受阻、果实日灼等。截至8月24日，全市农作物受旱面积1.32万公顷，其中轻旱0.99万公顷、中旱0.24万公顷、重旱0.09万公顷。

大风、扬沙、浮尘、冰雹　2022年共出现大风天气7天9站次，极大风速为20.2米/秒（7月22日蓝田）。其中，4月共出现大风天气2天3站次，周至2天（11日、27日），鄠邑、蓝田各1天（27日），极大风速达19.1米/秒（11日周至）；5月7日高陵、泾河出现大风天气，极大风速达17.6米/秒（泾河）；6月4日周至出现大风天气，极大风速达17.1米/秒；7月共出现大风天气2天3站次，为22日周至、鄠邑，9日蓝田，极大风速为20.2米/秒（蓝田）；8月18日蓝田、周至、长安出现大风天气，极大风速达19.2米/秒（蓝田）。从空间分布来看，周至5天，蓝田3天，鄠邑2天，泾河、长安、高陵各1天。

2022年共出现扬沙天气3天2站次，分别为3月14—15日泾河，4月11日周至。4月11日周至、长安出现沙尘天气。5月21日翠华山景区、7月9日蓝田出现冰雹天气。

暴雨　2022年全市国家自动站共出现暴雨日2天6站次，较上年（9天21站次）偏少7天15站次。其中，7月出现暴雨日1天4站次，为区域性暴雨天气，极端性强，日最大降水量108.2毫米（临潼16日），其余为泾河73.2毫米、高陵55.7毫米、蓝田53.5毫米；10月出现暴雨日1天2站次，为长安、蓝田，日最大降水量54.7毫米（4日长安），蓝田突破1961年以来10月无暴雨日的历史纪录。2022年全市区域自动站共出现暴雨日10天184站次，较上年（28天292站次）偏少20天108站次。其中，6月2天5站次，日最大降水量为周至板房子103.5毫米（26日）；7月4天107站次，日最大降水量为临潼仁宗森林防火站160.4毫米（16日）；8月1天5站次，日最大降水量为蓝田九间房84.6毫米（18日）；9月1天1站次，日最大降水量为蓝田焦岱66.5毫米（3日）；10月2天66站次，日最大降水量为灞桥区政府100.3毫米（4日）。

（曲　静）

地质灾害　西安市地质灾害主要有崩塌、滑坡、泥石流、地裂缝、地面沉降与塌陷、地震。全市地质灾害高易发区面积1790.73平方千米，占全市总面积的17.74%，地质灾害点494处，灾害点平均密度达0.274处/平方千米。地质灾害隐患点多为滑坡、崩塌、泥石流，占总数的94.6%。截至2022年年底，全市共有地质灾害隐患点482处（不含城内12条地裂缝、地面沉降区）。其中，蓝田县136处，临潼区114处，长安区83处，周至县65处，鄠邑区33处，灞桥区24处，西咸新区14处，浐灞3处，高陵区3处，航天基地6处，雁塔区1处。

（王思颖）

历史人文

【建置沿革】　西安古称长安，位于中国内陆黄河流域中部的关中平原，是中华民族和古老东方文明的发源地之一。早在100万年前，蓝田直立人就在这里繁衍生息；7000年前的仰韶文化时期，先民在这里生活并出现城垣的雏形。西安有3100多年建城史和1100多年国都史，先后有西周、秦、西汉、新、东汉、西晋、前赵、前秦、后秦、西魏、北周、隋、唐13个封建王朝在此建都，又为赤眉、绿林、大齐（黄巢）、大顺（李自成）等农民起义政权都城。自西汉起，西安就成为中国与世界各国进行经济、文化交流和友好往来的重要城市。古“丝绸之路”就是以长安为起点，西至古罗马。西安是闻名世界的历史名城，与世界著名的罗马、雅典、开罗等古城齐名，也是中国六大古都中建都历史最长的一个，长安文化是中华文化的重要组成部分。“西安”之名称始于明代。元至元九年（1272），元世祖封三子忙哥剌（la，音“腊”）为安西王，镇守此地，改京兆府为安西路。元皇庆元年（1312），改安西路为奉元路。明洪武二年（1369），改奉元路为西安府，府城遂称西安，名称一直沿用至今。

五代以后，西安一直是地方行政机关——州、郡、府、路、省和长安、咸宁两县的治所。清宣统三年（1911）辛亥革命爆发后，西安是全国最早响应革命的省会城市之一。民国16年（1927）11月25日，陕西省政府议决设立西安市。民国19年（1930）11月8日，陕西省政府撤销西安市建制，辖区复归长安县。民国21年（1932）3月5日，国民政府决定以长安为陪都，定名西京，并拟成立西京市，后因故未能成立，西京筹备亦随之中止。民国33年（1944）9月1日，西安市重新设立为省辖市。民国36年（1947）8月1日，西安市升格为行政院直辖市，为当时全国12个院辖市之一。

民国25年（1936）12月12日，“西安事变”之后，设在西安的国民革命军第八路军驻陕办事处，为延安革命根据地输送大批青年知识分子和军需物资。党和国家领导人周恩来、邓小平、叶剑英等都曾在此领导过革命斗争。1949年5月20日西安解放后，曾是中央西北局和西北军政委员会（旋改行政委员会）所在地，先后为陕甘宁边区所辖市和中央人民政府直辖市；1954年6月改为省辖市；1984年10月被国务院列为计划单列市；1992年被批准为内陆开放城市；1994年被批准为全国综合配套改革试点城市和副省级城市；2018年被确定为国家中心城市。西安以厚重的历史底蕴、强大的科技实力、门类齐全的工业体系和日益成熟的城市服务体系，成为中国重要的科研、高等教育、国防科技工业和高新技术产业基地及辐射北方中西部地区的金融、科技、教育、旅游、商贸中心。

中华人民共和国成立初期，西安市设12个区，其中城区8个、郊区4个，城区未设立街道行政建制，郊区下设有19个乡。1954年调整行政区划，将12个区和部分新划入的乡镇合并调整为9个区，定名为新城区、碑林区、莲湖区、长乐区、雁塔区、阿房区、未央区、草滩区、灞桥区。1957年4月撤销长乐、未央两区建制，市辖区减为7个。1958年11月将长安、蓝田、临潼、鄠县划归西安市。1960年撤销莲湖、碑林、新城区建制。1961年8月将蓝田、临潼、鄠县划出。1962年恢复新城、碑林、莲湖区建制。1965年撤销灞桥、雁塔、阿房、未央区建制，辖地合并为一个郊区，市辖区减为4个。1966年6月，将临潼县所属阎良镇划归西安市组建为阎良区，将咸阳市（县级市）划归西安市。1966年11月，新城、碑林、莲湖、阎良区更名为东风、向阳、红卫、东红区，1972年恢复原名。1971年11月，经国务院批准，又将咸阳市划出。1980年3月，撤销西安市郊区，恢复灞桥、未央、雁塔区建制。1983年10月，经国务院批准，将渭南地区所属蓝田、临潼县和咸阳地区所属户县、周至县（1964年9月10日，省人委报国务院批准，将鄠县改为户县，盩厔改为周至）、高陵县划归西安市，西安市共辖新城、碑林、莲湖、灞桥、未央、雁塔、阎良7区，长安、蓝田、临潼、周至、户县、高陵6县。1997年8月5日，经国务院批准，撤销临潼县，设立临潼区。2002年6月2日，经国务院批准撤销长安县，设立长安区后，西安市共辖9区4县。2014年12月13日，《国务院关于同意陕西省调整西安市部分行政区划的批复》公布；2015年8月4日，高陵“撤县设区”，并正式挂牌，从此结束2365年的县制历史。2016年12月23日，根据《国务院关于同意陕西省调整西安市部分行政区划的批复》，陕西省人民政府发布《关于同意西安市调整部分行政区划的批复》，同意撤销户县，设立西安市鄠邑区，西安市行政区划由10区3县变为11区2县。

【行政区划】 2022年，西安市有135个街道、41个镇、1453个社区和1904个行政村（以上数字均含西咸新区），有7个国家级开发区（西安高新技术产业开发区、西安经济技术开发区、西安曲江新区、西安浐灞生态区、西安阎良国家航空高技术产业基地、西安国家民用航天产业基地、西安国际港务区），并代管1个国家级新区，即西咸新区，总面积10752平方千米。

表1　2022年西安市行政区划一览表

序号	行政区划名称	行政区划代码	面积（平方千米）	街道（个）	人口（万人）
1	西安市	610100	10097.01	135	1299.59
2	新城区	610102	30.13	9	61.80
3	碑林区	610103	23.36	8	75.68
4	莲湖区	610104	38.32	9	101.91
5	灞桥区	610111	324.50	9	102.03
6	未央区	610112	264.61	12	155.36
7	雁塔区	610113	151.44	10	204.67
8	阎良区	610114	244.55	7	30.33
9	临潼区	610115	915.97	23	37.60
10	长安区	610116	1588.53	25	158.60
11	高陵区	610117	285.03	7	44.18
12	鄠邑区	610118	1279.42	14	57.72
13	蓝田县	610122	2005.95	1	49.20
14	周至县	610124	2945.20	1	55.75

说明：西安市代管西咸新区，2022年底常住人口130.46万人

【历史文化遗存】 80万年前，蓝田古人类建造聚落。7000年前的仰韶文化时期，出现城垣雏形。自西汉起，西安就成为中国与世界各国进行经济、文化交流和友好往来的重要城市。西安文化遗存极为丰富，具有资源密度大、保存好、级别高的特点，在中国旅游资源普查的155个基本类型中，西安旅游资源占据89个。西安周围有“千古一帝”秦始皇的陵墓，周、秦、汉、唐四大都城遗址，大雁塔、钟楼、古城墙等古建筑700多处。

西安是中国文学艺术的重要发源地之一。六七千年前的新石器时代，半坡人就制作出精美的人面鱼纹彩陶盆，表现高超的雕塑艺术和绘画艺术。西周建都丰镐，诞生光辉灿烂的青铜文化。秦始皇统一中国，中国封建社会的文化艺术从此起步。以秦始皇陵兵马俑为标志，秦代的陶塑艺术举世无双。秦代的文学、音乐、舞蹈、美术、书法艺术，可圈可点。西汉随着著名的“丝绸之路”的开通，中原文化和西域文化得到汇合和交融，长安的文化艺术呈现出前所未有的繁荣昌盛的景象。司马迁创作的《史记》，贾谊、司马相如、扬雄的辞赋，以及汉乐府民歌，开拓出中国散文和诗歌创作的新领域。盛唐时期，杜甫、白居易、孟浩然、王维、杜牧、李贺、李商隐等一大批杰出的诗人汇聚长安，古体诗、律诗、绝句都由完备而达于全盛。韩愈、柳宗元以其精练、含蓄、犀利、优美的散文作品，而位列“唐宋八大家”。欧阳询、虞世南、褚遂良、颜真卿、柳公权等一批书法大家，至今仍被奉为典范。以“丹青神化”的阎立本、“吴带当风”的吴道子为代表的一批画家，“丹青之妙”，在中国绘画史上留下璀璨夺目的一笔。唐末以后，西安失去国都地位，但其深厚的历史文化底蕴，使文化艺术源流连绵不绝。五代的绘画，宋代的碑石，元代的杂剧，以及延续不断的长安古乐等，都和汉、唐长安文化一脉相承。明清时期，以秦腔为代表的西安戏剧艺术迅速崛起，成为中国文化艺术宝库中一颗璀璨耀眼的明珠。辛亥革命以后，蓬勃兴起的新文化运动对西安文化艺术产生深刻的影响。西安易俗社的成立，标志着西安秦腔艺术臻于繁荣和昌盛。著名戏剧家孙仁玉、李桐轩、范紫东、高培芝、李约祉、吕南仲、封至模等编创剧本700余个，为秦腔艺术的发展作出巨大贡献。中华人民共和国成立后，西安的文化艺术迎来蓬勃发展的春天。20世纪50年代和60年代前期，西安产生两部史诗般的长篇小说——杜鹏程的《保卫延安》和柳青的《创业史》。石

鲁、赵望云等在西安创立“长安画派”，成为中国画苑一朵飘香溢彩的奇葩。中共十一届三中全会后，西安文化艺术重新焕发生机，形成一支老、中、青相结合的文学艺术队伍，创作和演出许多国内一流的文学艺术精品。1991—2010年，西安文化建设兴起高潮，传统文化赓续发展，现代艺术日渐昌盛，文艺创作呈现精品化、现代化、国际化特点，公共文化服务体系雏形已现，文化产业成为重要支柱产业。

2014年，联合国教科文组织第38届世界遗产大会审议通过我国和哈萨克斯坦、吉尔吉斯斯坦3国跨国联合申报的“丝绸之路：长安—天山廊道的路网”项目，包括西安的汉长安城未央宫遗址、唐长安城大明宫遗址、大雁塔、小雁塔、兴教寺塔等7处遗产点被列入《世界遗产名录》，是西安文化遗产保护利用工作的重大突破和重要成果。截至2022年，西安市拥有国有博物馆136座、文物保护单位428处。

【人口】 2022年底，西安市常住人口1299.59万人，比上年末增加12.29万人。其中，男性人口663.38万人，占51.05%；女性人口636.21万人，占48.95%。性别比为104.27（以女性为100）。城镇人口1034.34万人，城镇化率79.59%。出生人口10.81万人，出生率8.32‰；死亡人口9.80万人，死亡率7.54‰；自然增长率0.78‰。

【民族】 2022年，西安市有55个民族成分，汉族1286.37万人。除独龙族外，中国的55个民族在西安均有分布，其中回族77851人，满族11864人，蒙古族6951人，藏族5123人，土家族4903人，维吾尔族3816人，苗族3443人，壮族3173人，彝族2276人，朝鲜族2088人，侗族1179人，布依族1119人（根据第七次人口普查）。少数民族流动人口8.8万余人。全市少数民族人口分布较广，主要聚居在莲湖、新城、碑林、雁塔四区，形成大分散小聚集的格局。“十三五”期间全国民族特需商品定点生产企业2家。少数民族市人大代表19名、市政协委员25名。

【宗教】 作为多个朝代的古都和世界性的历史文化名城，西安的宗教历史也很悠久。佛教于西汉元寿元年（前2）时期传入西安，在中国和东南亚影响较大的八大宗派中，有6个宗派的祖庭都在西安，主要寺院有大慈恩寺（法相宗祖庭）、大兴善寺（密宗祖庭）、草堂寺（三论宗祖庭）、兴教寺（玄奘长眠之地）、香积寺（净土宗祖庭）、净业寺（律宗祖庭）、广仁寺（藏传黄教）、卧龙寺、青龙寺（日本佛教真言宗祖庭）等。道教于东汉建安二十年（215）传入西安，主要道观有楼观台、八仙宫、重阳宫、东岳庙、城隍庙、老母殿等。伊斯兰教于唐永徽二年（651）传入西安，主要清真寺有化觉巷清真寺、大（小）皮院清真寺、洒金桥清真西（北）寺、大（小）学习巷清真寺等。天主教于明天启五年（1625）传入西安，主要教堂有五星街天主教堂（南堂）、糖坊街天主教堂（北堂）、高陵通远坊天主教堂等。基督新教于清光绪十一年（1885）传入西安，主要教堂有东关礼拜堂、南新街礼拜堂、北大街教堂等。

2022年，西安市（含西咸新区）经政府登记设立的宗教活动场所共457所（佛教138所、道教36所、伊斯兰教27所、天主教99所、基督教157所）；宗教团体26个［省级团体7个，市级团体6个，区（县）团体13个］，另有宗教性质的社会团体2个；宗教活动场所文物保护单位28处（全国重点文物保护单位10处，省级重点文物保护单位12处，市级文物保护单位6处）。（鲁　夫）

【民俗】 西安作为周秦汉唐等朝代的建都之地，是一系列中华民俗文化的诞生之地。千百年来，西安一带的民俗事项不断发展，呈现出千姿百态的特点。

寿诞习俗 孩子出生的翌日，父亲拿着礼物到其舅家去报喜；孩子的外婆于孩子出生的第三天，拿着营养品前去看望产妇。民间给孩子做满月的时间，男孩是30天，女孩是29天。孩子过百天前，村里一些老年妇女，走家串户为孩子凑“百家锁”（又叫长寿锁）给孩子戴上，余下的钱给孩子的祖母。孩子的祖母拿这些钱给孩子买一件有纪念意义的物品。孩子过第一个生日，舅家、姑家等重要亲戚拿着礼品前往祝贺。

婚姻习俗 改革开放之前，男子至婚配年龄，请媒人拿上四重礼物到女方家去，城区等处谓之“发脚”，鄠邑等处谓之“发媒”；待女家同意后定下黄道吉日娶亲。民间忌讳在男女任意一方的本命年完婚，忌讳孕妇参与娶亲、送亲。改革开放初，农村青年自由恋爱迅速形成风气；20世纪末，新娘穿白色婚纱迅速成为时尚；进入21世纪以后，本地姑娘远嫁全国各地、当地小伙娶外地媳妇也成为时尚。

丧葬习俗 父母年迈时，儿子们就为父母置办丧葬所需的寿材（俗称枋、材枋）、寿衣（俗称老衣）以及孝子的孝服等。寿材以柏木为上等，松木次之，桐木等更次之。西安城乡的丧服有孝布（俗称头布，渭北地区男孝子戴孝帽，长子长孙戴有疙瘩的孝帽）、孝袍、孝裙、白褂子、孝衫等。烧纸多在老人断气的翌日，届时死者的娘舅家许多男子参与其中。老人安葬后以“三七”“五七”“百日”“头周年”“二周年”举办的仪式比较隆重，“三周年”（简称三年）最为隆重。三周年时要搭礼棚，请乐人，于前天晚上或当天请大戏或小戏班子演戏，待在坟前谢孝后大宴宾朋。20世纪末，传统土葬逐渐被火葬、树葬、海葬等形式替代；秦岭北麓山脚下及附近原区，建有墓园，可以安埋骨灰。

岁时节令习俗 一年四季里，依二十四节气的交替，西安一带也有长期以来形成的传统习俗。

春分 一般人家清明时到坟地祭奠祖先，若亲属亡故未满三年，则于春分日到新坟烧化纸钱，因此也把春分称为“新坟”（“坟”念阴平与“分”同音）。

谷雨 长安区等处于是日清晨，姑娘们在黄表上画蝎子、蜈蚣、簸箕虫、蛇等毒虫和一把宝剑，题词“谷雨三月中，蝎子到门庭。手执七星剑，斩断蝎子精”，以祈防虫免疫。并去野外收取少量露水，用白矾蘸着擦刀，还要将锈滴洒在黄表上呈土红色，贴于炕头，民间俗信认为这样可以避免毒虫叮咬。

立夏 民间有观看天气阴晴，预卜当年丰歉的习俗。有“立夏十日旱，庄稼汉吃饱饭”的谚语；有“看麦梢黄”的习俗，谚云：“麦梢黄，女看娘；卸去柠架（碌碡架），娘看女冤家。”割小麦前，周至、鄠邑一带，女儿、女婿带上大肉、蒜薹、时令瓜果等礼物去娘家叫作“看忙”，娘家给女儿回赠的礼物一般有烙如锅底大的油饼等。蓝田等地的习俗是女儿、女婿于“三夏”大忙后带上礼物去“看忙罢”。

村会 也叫“亲戚会”。西安市村会的区域在周至黑河以东到临潼西部，一般在阴历三四月到十月间，以阴历六七月最多。多数一村一年一会，少数一村一年两会甚至多会。凡过会，所有的亲戚（因为老人去世后已经约定不再互相来往的“老亲戚”除外）都要带着礼品前来，中午主人以酒肉及臊子面等款待。女儿给父母拿的礼物一般是油塔、点心、挂面、瓜果、蛋奶等，父母给女儿、舅舅给外甥的礼品一般是曲联馍，外加瓜果等。

立秋 西安一带流传着立秋日预卜天气热冷的习俗，当地谚语云：“早上

立了秋，晚上凉飕飕；晌午立了秋，秋后热死牛。”还有以西瓜、菜豆尝新并祭奠祖先的习俗。

立冬及冬至　西安城乡冬至日有吃饺子的习俗，因为饺子形似人耳，民间有“冬至吃饺子，一冬不冻耳朵”的说法。传说名医张仲景每年冬至日施舍以面皮包药、形似饺子、可以煮食的“祛寒饺耳汤”，以防冻耳疮。长安区冬至日有吃豆腐脑的习俗，民间俗信认为吃豆腐脑不冻手脚。

传统节日习俗　西安城乡的岁时节日习俗主要有阴历的春节、青龙节、清明节、端午节、中秋节、重阳节、寒衣节、腊八节、祭灶。

春节　阴历正月初一为春节，这是一年里最隆重、最热闹的节日。大年三十下午，家家户户贴春联、上祖坟。20世纪90年代以来，初一，多数地区很早起来吃饺子，鄠邑城乡的传统则是吃臊子面。晚辈给长辈行礼拜年，邻里之间互相问候，说吉利话。初二至初四，拿上重礼，向丈人家、娘舅家拜年。初五为“破五”，即“驱穷节”，或者吃喝如初一以来那样丰富以示富有，或者打搅团吃，谓之“糊窟窿”以示驱穷。初五以后开始给女婿、外甥家送灯笼，除去要送灯笼，还要拿上礼品。渭河南大部分地区一定要拿一捆（十根）麻花，渭河北地区要拿粽子。元宵节晚上，家家张灯结彩，房前屋后灯火通明，小孩子在街道打着灯笼嬉戏。届时城乡敲锣鼓、耍社火、舞狮子、舞龙灯、跑旱船、玩竹马、扭秧歌，一直到正月二十前后。

青龙节　阴历二月初二为青龙节。俗谚云：“二月二，龙抬头。”是日家家户户炒玉米豆、黄豆、豌豆以及麦面棋子豆等。炒豆是迎接龙抬头的象征，求龙王保佑全年风调雨顺。青龙节还有理发、敬药王等习俗。西安民间讲究翌日给外孙送所炒的玉米豆等。

清明节　清明节在4月5日前后。当地人把清明节叫“寒食节”，有到祖坟烧化纸钱祭奠祖先的习俗。有的地方清明节当天讲究吃凉面皮，这是古代寒食习俗的遗留。届时出嫁闺女回娘家上祖坟，城区居民有踏春的习俗。

端午节　阴历五月初五为端午节。西安城乡讲究吃粽子、喝雄黄酒、戴香包、门上插艾草，给小孩及中青年妇女手腕、脚腕、腰部绑五色线合成的绳子（称“花花绳儿”，高陵叫“百索”），给小孩肛门抹雄黄；因为是日为屈原蒙难日，老师要向学生讲述屈原爱国的故事，以激发他们的爱国主义情怀。节前，出嫁的女儿要给父母送绿豆糕、糖糕（也叫作“油糕”）等，父母要给女儿送粽子、黄瓜等。

中秋节　阴历八月十五为中秋节。中秋节将近，要向舅家、丈人家送月饼，舅家、丈人家要给女婿、外甥送芝麻饼（叫作“送团圆”）及时令水果。鄠邑民间于是日白天烙好芝麻饼（小的）、团圆饼（大的，中间有八卦太极图案）后，晚上月亮出来前要点燃香烛迎月，月亮出来后要拜月。拜月时，要向着月亮点燃香蜡，献上时令瓜果及月饼、芝麻饼、团圆饼等。拜月之后，一家人吃团圆饭。若是日晚有人不在家，则将部分团圆饼挂在通风处，待其回家后食用。

重阳节　阴历九月初九为重阳节。父母要给出嫁女儿送花糕。花糕用上等白面蒸成，圆形、塔状、三四层不等，底层直径一尺多。周围有齿形花边，每层边沿嵌以核桃仁、红枣、栗子，上边有龙、兔、莲等图案，寓意父母希望女儿与女婿恩恩爱爱，白头偕老。渭河以南地区有在重阳节前给女婿、外甥送柿子的习俗。

寒衣节　阴历十月初一，届入冬季，怕已故亲人“受冻”，上坟烧化纸钱让先人买棉衣、棉裤穿。高陵一带讲究在纸糊的棉衣、棉裤里夹籽棉在亲人坟前烧掉，因为籽、子同音，寓意为后继有人。

腊八节　阴历腊月初八为腊八节，有吃腊八粥的习俗。腊八粥是用大米或玉米舂去外皮煮熟的，煮腊八粥时要往里边加上黄豆、花生等。除去自己吃，邻里之间还要互相赠送。鄠邑、长安等处还有将腊八粥加入面条之中（称作腊八面）食用的习俗。届时寺院煮许多腊八粥馈赠众人。

祭灶　腊月二十三是祭灶日，也有二十四晚上祭灶的。有“张王李赵，二十四黑咧（晚上）祭灶”的谚语，家家户户都要把房前屋后打扫得干干净净。民间千百年来的祭灶习俗是主人点燃香蜡，贡上灶糖、灶饼，将旧灶神的灶马部分扯下来烧掉，翌日将灰扔于野外，待除夕下午再将旧灶神及对联换作新的。

【方言】　西安以及西安市境内的周至、鄠邑、蓝田、临潼、高陵方言属于中原官话关中片。从政治、历史、经济、文化等因素看，西安方言是关中地区乃至我国中西部地区的优势方言。西安乃中华民族重要的发祥地，周秦汉唐等王朝曾在此建都，因此，西安方言保留古代汉语的一些特点。

主要特点有：古汉语全浊入声字归阳平，其余入声字归阴平，有大量的重叠词，有逆序词、分音词，有内部曲折等。中华人民共和国成立后，由于国家大力推广普通话，加之外地大批社会主义建设者来到西安，西安方言向普通话过渡的趋势日益明显。20世纪60—70年代以前，北京话zh、ch、sh、r拼合口呼字在西安方言里很普遍地读作pf、pfh、f、v，声母拼洪音，如今中新派甚至不少老派知识分子都读作zhù、chu、shu、ru；原来，北京话zh、ch、sh声母拼开口呼的字在西安方言里分化成z、c、s和zh、ch、sh，如今，中新派方言已经逐渐读作zh、ch、sh；古人声字的声调在中新派方言里逐渐与普通话相一致，如“益”字老派读阴平调，中新派读去声调，“墨”字老派读阳平调，中新派读去声调；主要来自古汉语入声、北京话d、t、n、l、g、k、h、z、c、s声母拼e韵母的字，老派读ei、uo等韵母，中新派读e韵母，北京话b、p、m声母拼ɑi韵母的字，老派读ei韵母，中新派读ai韵母；老派读ui韵母的“内雷磊”等字，新派读ei韵母。在词汇方面，既有向普通话过渡的明显趋势，又有吸收新词语的社会潮流，在语法方面有向普通话过渡的一定趋势。　（孙立新）

经济和社会发展

【经济建设】　2022年，西安市面对疫情超预期影响和经济下行压力，实施“六稳”“六保”和37条稳定经济增长一揽子政策和接续措施，经济加快恢复向好。实现地区生产总值（GDP）11486.51亿元，比上年增长4.4%。其中，第一产业增加值323.58亿元，增长3.7%；第二产业增加值4071.56亿元，增长10.7%；第三产业增加值7091.37亿元，增长1.3%。全社会固定资产投资（不含农户）比上年增长10.5%。地方财政一般公共预算收入834.09亿元，扣除留抵退税因素后增长9.7%，其中，税收收入604.28亿元，比上年增长4.1%。一般公共预算支出1573.13亿元，比上年增长6.7%。全体居民人均可支配收入40214元，比上年增长3.9%。其中，城镇居民人均可支配收入48418元，增长3.2%；农村居民人均可支配收入18285元，增长5.2%。新增城镇就业16.52万人，城镇失业人员再就业3.61万人。新登记市场主体43.8万户，比上年增长7.7%。年末累计在册各类市场主体289.69万户，

2022年6月，陕西考古博物馆正式对外开放　　（市文旅局　供图）

增长7.7%。截至年底，金融机构人民币存款余额31428.29亿元，增长12.0%；人民币贷款余额32053.67亿元，增长10.1%。（朱晓航）

【政治建设】　2022年，西安市持续加强习近平新时代中国特色社会主义思想学习宣传教育，贯彻落实习近平总书记来陕考察重要讲话重要指示精神，完善贯彻落实习近平总书记重要指示批示工作机制，始终确保各项工作正确政治方向。常态化长效化推进党史学习教育，坚持用延安精神滋养初心、淬炼灵魂。加强政治巡察，高质量完成十四届市委首轮巡察。围绕迎接党的二十大，精心谋划主题宣传，周密部署各项工作，营造平稳健康的经济环境、国泰民安的社会环境、风清气正的政治环境。把学习宣传贯彻党的二十大精神作为首要政治任务，市委常委会第一时间传达学习，精心组织新闻宣传，市委常委带头集中宣讲，面向全体党员干部开展多形式、分层次、全覆盖的全员培训，推动党的二十大精神家喻户晓、深入人心。坚持“学思用贯通、知信行统一”，把党的二十大精神和习近平总书记4次来陕考察重要讲话重要指示精神一体贯彻落实，完善市第十四次党代会部署的任务举措，研究推进中国式现代化西安实践的基本特征和实践路径，以实际行动坚定捍卫“两个确立”、坚决做到“两个维护”。加强党的创新理论最新成果宣传阐释，持续推动习近平新时代中国特色社会主义思想入脑、入心。落实意识形态工作责任制，加强阵地建设管理，强化网上正面宣传，建成新时代文明实践中心（所、站）3167个，为高质量发展营造良好氛围。

【文化建设】　2022年，西安市文化事业繁荣发展，中国国家版本馆西安分馆、陕西考古博物馆建成开放，成功举办丝绸之路国际电影节和中国秦腔艺术节，电影《柳青》、话剧《路遥》等6部作品荣获中宣部“五个一工程”奖，电视剧《功勋》《装台》荣获“飞天奖”和“金鹰奖”。坚持保护优先，省部共建汉长安城国家大遗址保护特区深入推进，加快提升秦始皇陵、汉阳陵、大明宫等考古遗址公园保护展示水平，西安霸陵入选“年度全国十大考古新发现”，中国国家版本馆西安分馆落成开馆。强化红色引领，实施八路军西安办事处旧址等红色遗址保护工程，推进西安事变纪念馆等基本陈列提升改造，红色基因得到更好传承。繁荣发展文化事业和文化产业，组建西安市艺术研究院，举办第九届中国秦腔艺术节，话剧《路遥》、电影《柳青》等6部作品获“五个一工程”奖。积极创建国家文化和旅游消费试点城市，加快推进小雁塔历史文化片区等重大文旅项目，“长安十二时辰＋大唐不夜城”唐文化全景展示实践入选全国文化和旅游最佳创新成果，北院门、易俗社文化街区获评国家级夜间文旅消费集聚区。

【社会建设】　2022年，西安市聚焦民生补短板，社会建设取得新进展。落实稳岗扩就业系列政策，创新开展“家门口就业”服务，高校毕业生等重点群体就业帮扶成效明显。5500余套公租房建成分配，筹建保障性租赁住房11.23万套（间），列入全国9个激励支持城市名单。开工老旧小区改造项目85个，惠及群众1万余户。新建和改扩建中小学、幼儿园116所，新增学位10.5万个，38所“公参民”学校全部转公，“新优质学校成长计划”深入实施，优质教育资源供给更加均衡。国家医学中心、国家区域医疗中心创建工作稳步推进，市第一医院迁建、市中心医院经开院区、市疾控中心等22个重点医院、疾控机构项目建成，升级改造基层卫生服务机构240个，建立紧密型县域医共体14个。推动医保利企便民，在副省级城市中率先放开慢性病定点零售药店范围，大力推动异地就医直接结算，医保经办服务窗口覆盖全市所有镇村。新建镇街综合养老服务中心44个，新建和改造提升社区养老服务站327个，养老服务工作获国务院通报表彰，西安入选国家积极应对人口老龄化重点联系城市。夯实社会治理基础。优化社区设置，深化“五社联动”试点，引导社会力量参与社区服务，建强社区服务阵地。加强基层网格治理，推广未央区“小区工作站＋楼栋长”模式，促进基层减负增效。整治物业管理行业突出问题，开展“红色物业”创建活动。加强社会矛盾调解组织建设，开展“一站式”纠纷调处化解。实施“12345”市民热线扩容提升，及时解决群众急难愁盼问题。常态化开展扫黑除恶斗争，构建立体化、信息化社会治安防控体系，不断增强人民群众安全感。

【生态文明建设】　2022年，西安市当好秦岭生态卫士，推进生态文明建设。启动实施秦岭北麓主体山水林田湖草沙一体化保护和修复工程，全面推行林长制，参与秦岭国家公园、大熊猫国家公园建设。加强水源地保护，启动编制《西安水网建设规划》，加快谋划建设金井、车村等重点水库，全力留住秦岭来水。持续优化数字秦岭综合监管平台，初步构成“空天地网”一体化监管体系。出台秦岭生态环境保护《转移支付办法》《综合性补偿办法》，探索形成生态补偿机制“秦岭模式”。大气污染管控能力不断提升，露天焚烧、工地及道路扬尘监管“西安模式”初步形成。深化河湖水系综合治理，深入推进农村黑臭水体整治，新建成污水、污泥处置设施10座，6个国考断面水质全部达标。强化土壤污染源综合防控，土壤环境质量保持稳定。皂河入选中央环保督察整改成效典型案例。实施碳达峰碳中和西安行动，西咸新区入选国家首批气候投融资试点。加快城市增绿工作，全市新增城市绿地面积509万平方米，建成开放仪祉湖等4座城市公园，新建提升口袋公园和绿地广场110个。深入开展城市清洁行动，扎实推进垃圾分类，加快建设“无废城市”。（市委办公厅综合一处）

综 述

【学习宣传贯彻党的二十大精神】2022年，中共西安市委聚焦工作主线，以学习宣传贯彻党的二十大精神贯穿工作始终。围绕迎接党的二十大召开，精心谋划主题宣传，周密部署各项工作，营造平稳健康的经济环境、国泰民安的社会环境、风清气正的政治环境。把学习宣传贯彻党的二十大精神作为首要政治任务，市委常委会第一时间传达学习，组织新闻宣传，市委常委带头集中宣讲，面向全体党员干部开展多形式、分层次、全覆盖的全员培训，推动党的二十大精神家喻户晓、深入人心。坚持学思用贯通、知信行统一，把党的二十大精神和习近平总书记来陕考察重要讲话重要指示精神一体贯彻落实，进一步完善市第十四次党代会部署的任务举措，研究推进中国式现代化西安实践的基本特征和实践路径，以实际行动坚定捍卫“两个确立”、坚决做到“两个维护”。

【推动高质量发展】 2022年，中共西安市委召开市第十四次党代会，科学谋划未来五年把西安建设成为高质量发展的西部经济强市、新动能强劲的国家创新名城、活力迸发的内陆改革开放高地、人与自然和谐共生的美丽家园、彰显中华文明的世界人文之都、共享美好生活的宜居幸福西安等六个奋斗目标，围绕支柱产业壮大和产业链水平提升、秦创原平台建设和创新能力提升、城市综合能级提升、开发区运行机制优化提升、城市建设管理服务水平提升、公共卫生体系完善和应急响应能力提升、外贸提质增量和对外开放水平提升、生态环境质量提升、乡村振兴促城乡融合发展水平提升等九个方面重点工作，打出产业带动、创新驱动、开放牵动、项目拉动、政策联动的组合拳，推动经济社会发展质量整体跃升。实现全年生产总值增长4.4%，规上工业增加值增长13.9%，固定资产投资增长10.5%，一般公共预算收入（扣除留抵退税因素后）增长9.7%。

【产业强市战略】 2022年，中共西安市委坚持产业强市不动摇，突出抓好支柱产业壮大和产业链水平提升。六大支柱产业发展迈出大步伐。实施产值倍增计划，全年规模以上支柱产业增长27.9%，航空产业集群入选全国先进制造业决赛优胜集群。全年规模以上高技术制造业和战略性新兴产业分别增长26.1%和36.6%。全年工业投资增长25.5%。先进制造业百强市排名跃升8位、位居全国第12名。重点产业链优化提升。聚焦19条重点产业链，开展延链补链强链行动，全年新增省级以上制造业单项冠军企业28户、专精特新“小巨人”企业39户、规模以上工业企业179户，新增产值过百亿元工业企业3家、总数达到13家，比亚迪汽车、三星电子2家产业链龙头企业产值首破千亿元，新能源汽车产量增长2.8倍、占全国份额13.8%，集成电路晶圆、单晶组件全球市场占有率排名第1。重大项目高质量推进。开展“高质量项目建设推进年”活动，坚持“一月一调度、一季一观摩”，全年594个市级重点在建项目累计完成投资5835亿元、达到年度计划的116.41%，其中225个先进制造业及研发平台项目，全年完成投资1371.3亿元，达到年度计划的118.64%，三星环新扩能、华天5G封装、华为物联网、隆基绿能中央研究院项目一期等78个高质量产业项目建成或投产。招商引资成效显著。坚持投行思维、链式思维、闭环思维精准招商，推进“遇见新西安”“老朋友、新合作”系列招商活动，全年实际引进内资、利用外资分别增长38.4%、16.5%，新签约产业类合同项目698个、总投资8377亿元，比亚迪增产扩能、中兴智能终端研发生产、奕斯伟硅产业基地二期等产业项目落地建设。

【城市能级品质提升】 2022年，西安市委、市人民政府积极推进城市能级品质提升工程，以城市有机更新为抓手，加快发展方式。推进城市有机更新，加快转变特大城市发展方式。“三区三线”划定成果获批实施，用地空间矛盾有力破解。国土空间总体规划编制初步完成，分区规划、详细规划、村镇规划、专项规划编制加速推进。实施“南控、北跨、西融、东拓、中优”空间发展战略，城市发展空间不断拓展。城市综合承载功能不断增强，机场三期、西安东站、地铁三期、西延高铁等进展顺利，蓝田通用机场建成，西户铁路客运专列、西安—杨凌市域列车开通运营，外环高速全线建成通车，地铁6号线二期开通运营。强力推进电网攻坚，建成投运变电站26座，新增供电能力200万千瓦。启动城市更新片区项目8个，开工老旧小区改造项目85个、惠及群众10326户。《关中平原城市群“十四五”实施方案》《西安都市圈发展规划》获批实施。深入推进西安—咸阳一体化进程，中心城区与西咸新区17条互联互通道路工程加快建设。有效理顺富阎新区体制机制，推进落实西安至渭南城市轨道、富阎产业合作等12个重点事项，西渭融合发展取得新进展。

【重点领域风险隐患化解】 2022年，中共西安市委统筹发展和安全，严密防范和有效化解重点领域风险隐患。坚持把维护政治安全摆在首位，推进“四大工程”和政治安全专项行动，严密防范敌对势力渗透破坏，开展严打暴恐专项行动，有效防范经济社会领域风险向政治领域传播。推进政府隐性债务风险化解和融资平台存量债务处置，全市隐性债务规模呈现下降趋势。坚决落实“保交楼、稳民生”要求，防范化解房地产领域风险，打击非法金融活动，守牢不发生系统性风险底线。开展安全生产“百日行动”，突出抓好消防、燃气、防汛、危化品、自建房、道路交通等排查整治，全年生产安全事故起数和死亡人数同比分别下降 32.82% 和 25.86%。切实保障粮食安全，入选新一轮“国家食品安全示范城市”。深化市域社会治理现代化试点，常态化开展扫黑除恶专项斗争，打击整治养老诈骗，社会大局总体稳定。

【全面从严治党】 2022 年，中共西安市委坚决扛起管党治党政治责任，党组织政治功能和组织功能不断增强。持续提升“民有所呼、我有所行”党建品牌影响力，创新开展“万千行动”，4000 余名干部人才到一线助力乡村振兴。强化党建引领基层治理，25.4 万名党员志愿者下沉到社区服务基层。举办全市首届社区运动会，社区党组织组织力和凝聚力有效增强。全力推进新业态、新就业群体党建工作，国企、高校、非公经济和社会组织等领域党建工作得到持续加强。干部队伍锻造有力。落实新时代好干部标准，完善干部选育管用体系，运用“三项机制”调整干部 1216 人。实施年轻干部加速培育行动，选派年轻干部到基层一线经受历练。扎实开展换届“回头看”，区（县）班子结构优化、整体功能持续增强。坚持论绩效评贡献，党员干部破解难题、改革创新、狠抓落实的能力水平不断提升。作风建设专项行动扎实开展。锲而不舍落实中央八项规定及其实施细则精神，坚决整治形式主义、官僚主义，共查处违反中央八项规定精神问题 510 件、党纪政务处分 831 人、组织处理 171 人。开展“依岗承诺转作风”活动，督促整改民生领域问题 900 余个、解决发现问题 1.6 万余个、履行承诺事项 18 万余件，全市上下人心思干、担当作为的氛围更加浓厚。清廉西安建设深入推进。保持惩治腐败高压态势，聚焦关键少数和重点领域加大查办力度，全年处置问题线索 7256 件，立案 3257 件、处分 2753 人、移送检察机关 73 人。聚焦教育、医疗、住房等 11 个领域开展专项整治，查处群众身边腐败和作风问题 1159 件，处分 1552 人。落实“三个区分开来”，精准运用“四种形态”，其中第一、第二种形态占比 95.4%，筑牢党员干部拒腐防变思想防线。

【统筹疫情防控】 2022 年，中共西安市委面对多轮疫情冲击，坚决打赢疫情防控遭遇战阻击战歼灭战，因时因势优化防控措施，不断提高疫情防控科学性精准性，部分经验做法在全国推广。

（市委办公厅综合一处）

重要会议

【中共西安市第十四次代表大会及十四届一次全会】 2022 年 3 月 13 日，中共西安市第十四次代表大会在陕西大会堂隆重开幕。方红卫代表中国共产党西安市第十三届委员会，向大会作了题为《高举伟大旗帜 勇担时代使命 全面加快国家中心城市建设步伐 奋力谱写西安高质量发展新篇章》的报告。报告共分为四个部分：一，五年砥砺奋进，夯实高质量发展坚实基础；二，牢记领袖嘱托，锚定高质量发展奋斗目标；三，勇担时代使命，加快形成国家高质量发展的重要增长极；四，全面从严治党，筑牢高质量发展坚强政治保证。会议由李明远主持。省委市县乡换届第一指导组组长吴昱到会指导。市人大常委会非中共副主任、市政协非中共副主席应邀参加大会。市级民主党派主要负责人和无党派人士代表，不是本次党代会代表的十三届市委委员、候补委员和市纪委委员，不是本次党代会代表的党政分设的市级部门和有关单位的行政正职等列席会议。

3 月 15 日，中共西安市第十四届委员会举行第一次全体会议。方红卫受中国共产党西安市第十四次代表大会主席团委托主持会议。第十四届市委委员、候补委员出席会议。第十四届市纪委委员列席会议。会议经过认真酝酿和无记名投票，选举产生第十四届市委常务委员会委员。方红卫、李明远、赵璟、康军、王晓林、刘海成、马鲜萍、贠笑冬、和文全、吕来升、王瑞峰、杨建强、姚立军 13 人当选第十四届市委常务委员会委员；方红卫当选市委书记，李明远、赵璟当选市委副书记。会议通过中共西安市第十四届纪律检查委员会第一次全会选举结果的报告。

【中共西安市第十四届委员会第三次全体会议】 2022 年 8 月 11 日，中共西安市第十四届委员会第三次全体会议举行。全会总结上半年工作，部署下半年任务，审议通过《关于贯彻落实省委十四届二次全会精神 开展作风建设专项行动 推进清廉西安建设的实施方案》。全会认为，2022 年，全市上下深入学习贯彻习近平总书记来陕考察重要讲话重要指示精神，紧扣“疫情要防住、经济要稳住、发展要安全”总体要求，全面落实党中央决策部署和省委工作要求，高效统筹疫情防控和经济社会发展工作，全力推进九个方面重点工作，经济运行呈现“持续恢复、稳中向好、质效提升”良好态势，各项工作取得新气象新作为。

全会由市委常委会主持。省委常委、市委书记方红卫讲话。市委副书记、市长李明远部署经济工作。

【中共西安市第十四届委员会第四次全体会议】 2022 年 12 月 27—28 日，中共西安市第十四届委员会第四次全体会

2022 年 3 月 13 日，中国共产党西安市第十四次代表大会召开

（市委办公厅 供图）

议举行。全会全面落实中央经济工作会议精神和省委十四届三次全会部署，听取市委常委会工作报告，总结2022年工作，部署2023年工作，审议通过《中共西安市委关于深入贯彻落实党的二十大精神全面推进中国式现代化西安实践奋力谱写高质量发展新篇章的决定》。全会由市委常委会主持。省委常委、市委书记方红卫讲话并就《决定》作说明。市委副书记、市长李明远部署经济工作。会议期间，与会代表实地观摩2022年九个方面重点工作项目。

【西安市推动开发区高质量发展工作会议】 2022年5月10日，西安市推动开发区高质量发展工作会议召开。会议认真落实中央和省委、省政府关于推进开发区高质量发展的要求，全面部署推动开发区高质量发展工作，以开发区率先高质量发展引领带动全市高质量发展。

【中共西安市委秦岭生态环境保护管理委员会全体会议】 2022年5月19日，中共西安市委秦岭生态环境保护管理委员会召开全体会议，会议认真抓好省秦岭和黄河流域生态保护座谈会、省秦保委全体会议和市第十四次党代会精神落实，全面总结2021年秦岭生态环境保护工作，分析当前形势，部署2022年重点任务。

【西安市保安全工作会议】 2022年9月27日，西安市召开保安全工作会议。会议认真落实全国安全生产电视电话会议精神和省委、省政府部署要求，安排国庆假期及党的二十大前后维稳安保、安全生产、疫情防控等工作，动员全市上下进一步提振精神、担当作为，完成保安全各项任务，为党的二十大胜利召开营造良好氛围。各区（县）、西咸新区、各开发区设分会场。

【中共西安市委人才工作会议】 2022年10月27日，中共西安市委人才工作会议召开，坚持人才引领发展的战略地位，加快打造内陆改革开放人才高地，为奋力谱写西安高质量发展新篇章提供坚强人才支撑。会议以视频会议形式召开。市政府和各区（县）、西咸新区、各开发区设分会场。

（市委办公厅综合一处）

深化改革

【概况】 2022年，西安市深化秦创原建设，创新驱动能力明显增强，获批建设西安综合性科学中心和具有全国影响力的科技创新中心，深化科技成果转化"三项改革"获国务院第九次大督查通报表扬。开发区运行更趋高效，剥离移交社会事务、发展模式创新、人事管理和绩效考核改革有序推进。国企改革三年行动高质量收官，国家区域性国资国企综合改革试验深入实施，新组建商贸物流集团、农投集团、人才集团3家市级平台公司，合并组建陕西轨道交通集团，市属国有资本布局更加优化。

【统筹推进各领域改革】 2022年，中共西安市委统筹推进各领域改革落实落细。全年召开市委深改委会议3次，研究审议重大改革方案11项，听取专项改革汇报9次。全面督查梳理党的十九大以来中央和省委部署的改革任务落实情况，形成专题评估调研报告，被省委改革办评为督查先进单位。33项改革创新做法获省委、省政府主要领导批示肯定，临潼区"提级聘任"监督制度创新改革案例获中央改革办点名表扬，13项改革经验在全省交流推广，5项改革案例被评为全省改革优秀案例，3项改革案例入选中国改革2022年度地方全面深化改革典型案例，改革和发展深度融合高效联动，经济社会发展动力活力不断释放。

【科技创新改革】 2022年，西安市制定秦创原创新驱动平台建设若干政策措施，全力推进秦创原"一总两带"建设。出台《西安市深入推进全面创新改革试验 深化科技成果转化"三项改革"的若干措施》，推广科技成果转化"三项改革"，获得国务院第九次大督查通报表扬。获批建设西安综合性科学中心和具有全国影响力的科技创新中心，荣获首批国家知识产权强市建设示范城市，启动碑林环大学硬科技创新街区国家试点和国家先进技术创新示范基地建设。重组、新建7家全国重点实验室，国家级孵化载体达到104个，认定西安电子谷等"三器"示范及特色平台67个。国家高新技术企业突破1万家，培育入库科技型中小企业1.23万家。全社会研发经费投入强度5.18%，位居全国副省级城市第2。全市技术合同成交额2646.42亿元、增长20%。

【要素市场化配置改革】 2022年，西安市推进土地要素市场化配置，探索实行工业项目"标准地+承诺制"供地方式，推进土地集约高效利用，印发《关于进一步推进"标准地+承诺制"改革工作的实施意见》，全年出让标准地62宗，面积349.51公顷。推进资本要素市场化配置，支持企业上市发展，新增上市企业12家，总数达100家。出台《关于促进股权投资行业发展的若干措施》《西安市打造创投生态十项举措》《关于加快推进西安科创金融改革创新发展的指导意见》，为促进技术转移转化提供更多金融支持。培育发展数据要素市场，印发《西安市"十四五"数字经济发展规划》。

【国资国企改革】 2022年，西安市围绕国资国企改革行动"22345"发展计划，全面完成国资国企改革三年行动计划，市级188户国有企业7527亿元经营性资产实现统一监管。新组建商贸物流集团、农投集团、人才集团3个国有平台公司，市轨道交通集团和省铁路集团合并组建陕西轨道交通集团实行"省属市管"。

2022年10月27日，中共西安市委人才工作会议召开　（柯希飞　摄影）

实施陕西西安区域性国资国企综合改革试验，成立陕西西安国资国企综合改革试验基金管理有限公司，首批50亿元综改基金签约落户，全力构筑区域国资国企“一盘棋”改革示范高地，打造综改试验西安样板。持续推广“陕鼓经验”，出台“支持陕鼓集团开展‘两业融合’试点建设，打造千亿陕鼓”17条支持政策。

【开发区改革】 2022年，西安市印发《关于推进开发区高质量发展的指导意见》，制定开发区与所在区（县）“权责利”清单，建立航空基地与阎良区“政区合一”管理体制。推行“管委会+产业园区”发展模式，对航天基地以运营模式创新推动园区化发展的做法进行提炼并在全市推广。优化开发区内设机构和领导职数设置，推动开发区“编制管理”向“员额管理”转变，为开发区松绑减负，全市开发区内设机构和领导职数分别精简58.5%和37%。出台开发区领导班子薪酬分配、薪酬总额管理办法和重点指标季度考核办法。开发区运行更趋高效，剥离移交社会事务、发展模式创新、人事管理和绩效考核改革有序推进。

（齐凡荣）

组织工作

【概况】 2022年，中共西安市委组织部持续加强政治建设，建设堪当高质量发展重任的干部队伍，增强基层党组织政治功能和组织功能，实施更加积极开放有效人才政策，健全高质量发展考核体系，为西安高质量发展提供坚强组织保证。截至年底，全市党的地方委员会14个（市委1个，区委11个，县委2个），党的地方委员会派出工委213个，各级党组690个，党的基层组织2.59万个。全市党员总数64.52万人，其中女性党员23.26万人，占党员总数的36.05%。大专以上学历37.82万人，占党员总数的58.62%。2022年，新发展党员5191人，其中女性党员2230人。

【党的基层组织建设】 2022年，西安市委组织部多措并举，不断增强基层党组织政治功能和组织力。党建引领乡村振兴，创新开展“万千行动”，推动千万人才、要素、资源在农村汇聚，吸引社会投资5.6亿元，乡村发展动能明显激发。建立村干部职业化“1+5”补贴待遇和村级“三项经费”保障体系，以严管厚爱激励村干部担当作为。牵头组建市委城市基层党建引领基层治理工作专班，深入开展“六个一”攻坚行动，开发“党员（志愿者）社区来报到”软件系统，发动25.4万余人参与社区治理，健全社区工作者职业体系，在全省率先建成社区学院，举办西安市首届社区运动会，得到中组部领导肯定。

在非公经济组织中创新开展“双建双促双提升”活动，在全省率先集中成立6个行业党委，相关工作被省委组织部表扬。在社会组织党建领域，实施“社会组织七项行动”，开展“社会组织进社区”共建共治活动，推动更好服务西安发展。

【非公经济组织党的建设】 2022年，西安市委组织部树立全市非公党建工作“一盘棋”意识，增强全市非公党建工作合力。印发《关于进一步加强全市新业态、新就业群体党建工作的通知》，指导各行业党委结合各自工作实际，分别制定各具特色的党建活动方案，创新开展“党徽闪耀·安‘新’畅行”“红色里程·一路有党”等7大系列党建活动，将党建工作开展到“云”上、“链”上、方向盘上。指导市市场监管局在区（县、开发区）市场管理部门成立17个“小个专”党建工作机构，加强“小个专”党建工作的组织领导。加强与总工会、共青团、妇联等群团组织的联系，出台文件、开展活动，实现“党建带群建、群建促党建”。依托发改、交通、商务、市场监管、邮政等行业管理部门，集中成立市物流、道路运输、出租汽车、商贸物流、外卖送餐和快递6个行业党委，形成组织部门“公转”和行业党委“自转”相结合，条专块统、协同推进的党建工作体系。推动“一区一品”党建品牌逐步形成，先后有23家非公企业入选陕西“双强”民企党建优秀案例，9家非公企业参与“揭榜挂帅”“赛马”活动及产业链供应链创新链党建等中组部试点工作。深入重点企业开展调研并推动成果转化，先后撰写专项调研报告3篇，其中《党建引领西安千亿级汽车产业》在全国非公专委会核心期刊《非公有制企业党建》杂志全文刊载，《“融合式党建”工作法探索新业态、新就业群体党建工作新路径》一文入选《非公有制企业党建》杂志“年度百个两新党建创新案例”。

【干部培养和选拔】 2022年，西安市委组织部开展政治素质和政治表现考核测评，实行考察对象政治标准“负面清单”署名评议，确保干部始终在政治上站得稳、靠得住、信得过，共向市委报批干部任免20批922人。突出实干实绩，及时发现和使用在脱贫攻坚、疫情防控、重大工作中经受考验、表现突出干部。全市各级党委运用“三项机制”调整干部1216人，其中能上能下92人，鼓励激励1124人。突出选优配强，在领导班子调整补充过程中，注重选配政治素质过硬、经受扎实历练、善于驾驭局面的优秀干部。新一届区（县）党政班子成员中，年轻干部占27.3%，研究生及以上学历占51.5%；市管领导干部中，大学及以上学历干部占比超过98%。突出精选优育，制订“1361”计划，动态发现储备2000余名局处科级优秀年轻干部。实施“强基、薪火、育苗、蹲苗”四大工程，引导年轻干部接受基层一线、艰苦环境的锻造打磨，助力成长成才。完善优秀年轻干部培养体系，制定强化

2022年9月15日，西安市社区学院新城分院揭牌仪式暨“结对传帮带”党建品牌创建工作结对仪式举行 （市委组织部 供图）

基层历练措施，实施“秦锐计划”，落实配备提醒预警制度，优化选调生联系帮带制度和驻村管理机制，帮助年轻干部更好成长成才。

【干部管理和监督】 2022年，西安市委组织部突出纪律约束，严格落实干部选拔任用“一报告两评议”、严格执行《领导干部报告个人有关事项规定》以及人事档案专项审核全覆盖要求，开展领导干部经济责任审计工作，制定“一把手”和领导班子监督、领导干部配偶、子女及其配偶经商办企业管理等党内法规细化措施，干部管理监督质量显著提升。抓好干部经常性监督，落实干部个人有关事项报告，全市应报实报11734人，随机抽查核实1097人，重点查核4162人。在115个有选人用人权的市级单位开展“一报告两评议”工作，配合省委巡视专项检查周至县选人用人和干部作风，督导提升选人用人工作质量。推进清廉西安建设，开展作风建设专项行动、干部作风能力提升年活动，搭建“干部作风码上评”平台，坚持“三亮三诺三评”开展好“依岗承诺转作风”活动，化解问题3.4万余个、履行承诺事项38万余件。

【干部教育培训】 2022年，西安市委组织部分级分类开展党的十九届六中全会学习培训，迅速开展党的二十大精神教育培训，在全省党的二十大精神应知应会知识测试中，参与率、合格率均位居前列。开展“名师名教”行动，举办换届后新进区（县）领导班子成员延安精神专题培训班、九个方面重点工作系列培训等市级重点班次96期，调训干部7110人。开发和引进网络培训课程500余门，实现网络培训全员覆盖，“指尖教学”经验做法被中组部宣传推广。

【公务员工作】 2022年，西安市委组织部持续加强和改进公务员工作。用好用足职务职级并行政策，坚持“三三制”原则和“五个优先、五个暂缓”要求，晋升一级调研员314名。依规办理调转任公务员230名，登记备案2049名，重新认定参公管理单位348家，联合市人社局招聘事业人员9168名。稳步推进公务员日常工作清单化管理，试运行公务员管理信息系统，初步实现质效双提升。公开公正招录公务员1380名，为市级单位公开遴选31人，培训2608人，做好从优秀村社区干部中公开招录镇街机关公务员工作。规范公务员津贴补贴、平时考核，完善工资管理，及时调整基本工资标准。突出基层导向考察推荐全国、全省“人民满意的公务员”和“人民满意的公务员集体”。涌现出2名全国“人民满意的公务员”和1个“人民满意的公务员集体”，12名全省“人民满意的公务员”和6个“人民满意的公务员集体”。

【人才工作】 2022年，西安市委组织部创新体制机制，实施新时代人才强市战略，调整市委人才工作领导小组，加强市委对全市人才工作的领导。加快推进“3+N”国家人才集聚平台、“西安国际人才港”等项目建设，组建西安人才集团，完善全市人才分级分类标准，制定新版高层次人才评价确认实施办法。建强载体平台。建立“政府搭台、企业建设、高校助力”合作模式，实施“西安英才计划”，选树培养“新锐西商”青年企业家，设立“西安青年人才驿站”，吸引更多优秀人才到西安创新创业。提升服务质效。建好用好西安人才综合服务港、高端人才服务基地•院士驿站，上线“西安人才”服务小程序，设立“西安市人才发展基金”，构建“3+N”人才安居住房体系，广泛开展西安人才工作系列宣传。

【目标考核】 2022年，西安市委组织部坚持以考促干。做好2021年度省考迎检工作，西安市再获省考“优秀”等次。突出抓好九个方面重点工作考核，完善评价机制，组织观摩测评，推动形成比学赶超良好氛围。以“五大发展理念”为框架设置67项西安市高质量发展考核指标，对区（县）进行分类考核，对开发区实施“一区一方案”进行考核，全面准确反映高质量发展成效。创新开展公众满意度和市级部门满意度调查，收集问题1.3万余条，逐一向相关单位反馈。加快目标责任考核系统建设，开发并使用项目观摩测评、满意度评价等小程序，提升考核工作信息化水平。

【打造“古都先锋”品牌】 2022年，西安市委组织部高效打造“古都先锋”品牌，建成以微信公众号、微信视频号、网站、广播电视栏目、远程教育站点等为载体的“1+N”党建宣传教育全媒体平台，“古都先锋”微信公众号综合影响力跃居全国党建榜第3名，10个月蝉联副省级市党建榜榜首。 （邱梅杰）

宣传工作

【概况】 2022年，西安市委宣传部承担起举旗帜、聚民心、育新人、兴文化、展形象的使命任务，不断巩固全市人民团结奋斗的共同思想基础，为提升国家文化软实力和中华文化影响力贡献西安力量。开展习近平新时代中国特色社会主义思想常态化宣讲，全市累计举办宣讲活动8240余场，听众超过60.62万人（次）。开展全方位立体化宣传，被中央主要媒体选用1240余篇，全网总点击量近78亿次。开展走进百年易俗社体验之旅活动、“走读西安”系列主题沙龙活动，引发世界范围内广泛关注。电视剧《功勋》《装台》、话剧《路遥》、电影《柳青》《秀美人生》、广播剧《黑色沃土》6部作品获中宣部第十六届精神文明建设“五个一工程”奖。成功举办西安文艺界座谈会、第九届中国秦腔艺术节。易点天下、荣信文化2家文化企业在国内主板成功上市，全市7家文化企业在国内主板上市。

【理论学习】 2022年，西安市委宣传部扎实推动理论武装工作。制定《2022年市委理论学习中心组学习安排》，组织市委中心组集体学习13次。印发中心组学习指导意见，编发6期《中心组学习要点》，旁听指导集体学习27次。围绕党的二十大精神、党的十九届六中全会精神内容，组织专家刊发理论文章140余篇，召开“弘扬新时代秦人精神”理论座谈会、学习贯彻党的二十大精神理论研讨会等。聚焦省、市第十四次党代会精神，开办“专家访谈”“理论面对面”等融媒体理论节目。组织“奋进新征程　共创新伟业”党的二十大精神学习打卡活动，引导全市党员干部学深悟透党的二十大精神。

【理论宣传宣讲】 2022年，西安市宣传思想文化战线围绕迎接宣传贯彻党的二十大精神，开展习近平新时代中国特色社会主义思想常态化宣讲，省、市第十四次党代会精神宣讲和“喜迎二十大　奋进新征程”群众宣讲、“殷殷嘱托记心间　感恩奋进谱新篇”主题宣讲等8项重点宣讲工作，全市累计举办宣讲活动8240余场，听众超过60.62万人（次）。在“学习强国”西安学习平台策划推出“践行嘱托谱新篇　喜迎党的二十大”“强国复兴有我”等49个专题，发稿1.1万余篇，被“学习强国”平台采用1100余篇，总阅览量7.07亿次。

【新闻宣传】 2022年，西安市宣传思想文化战线做大做强正面宣传。坚持新闻通气会制度，精心策划组织“奋进新征程 谱写新篇章”“贯彻落实党的二十大精神 全力推动西安高质量发展”等主题系列发布会、组织40场疫情防控工作新闻发布会。在市级媒体开设“奋进新征程 建功新时代”专栏专题，开展“沿着总书记的足迹”“非凡十年”等专题报道，发稿1.5万余篇（条），阅读量2.5亿次。围绕国家中心城市建设、“九方面重点工作”等市委、市政府中心工作，开展全方位立体化宣传，累计发稿38.9万余篇条，被中央主要媒体选用1240余篇，全网总点击量78亿次。

【重大主题报道】 2022年，西安市加强各类重大主题报道。

中共二十大宣传报道 中共二十大召开前，策划推出“十年奋楫向潮头”融媒体系列报道和“殷殷嘱托 家乡作答”“‘六个打造’向未来”等主题采访。会间推出《踔厉奋发 勇毅前行 团结奋斗——党的二十大特别报道》专版专题及《二十大时光》《二十大进行时》等子栏目。会后开设“认真学习宣传贯彻党的二十大精神”专栏和新闻专区，推出《传·习·录》党的二十大精神学习手册和理论创新动漫视频《二十大二十问》。围绕中共二十大的主题宣传贯穿全年，总计发稿1.67万篇（条），阅读量4.68亿次。

市第十四次党代会精神宣传报道 围绕全会确定的“六个打造”奋斗目标和“九项重点任务”，聚焦落实2022年九个方面重点工作，组织“贯彻落实市党代会精神大家谈”主题宣传活动，开设《新思想引领新征程·时代答卷》《贯彻落实市第十四次党代会精神》《西安因你而美》等专栏专题；精心策划“高质量发展走一线”系列宣传报道，推出《聚焦2022年九个方面重点工作 高质量发展走一线》《六个打造向未来 聚焦打造高质量发展的西部经济强市》专栏。围绕重点项目观摩活动，开设《西安市重点项目观摩》《我们的新时代》等专栏，全方位反映全市落实中央关于“疫情要防住、经济要稳住、发展要安全”重大部署要求的情况。总计发稿1.6万余篇（次），阅读量逾5亿次。

文化和大遗址保护报道 围绕陕西考古博物馆和世界博物馆日、自然和文化遗产日，以及第九届中国秦腔艺术节开展多角度、多形式宣传报道。突出大遗址保护宣传，探访大遗址系列报道受到全省文物系统广泛关注，在汉霸陵发掘现场设立西安发布直播点现场直播，微信、微博、抖音、视频号、现场云及第三方平台全域播发，阅读量达到130万次。

【社会主义核心价值观建设】 2022年，西安市宣传思想文化战线深化社会主义核心价值观建设。开展社会主义核心价值观项目建设年活动，推进“六进两融入”，开展“强国复兴有我”群众性主题宣传教育7类19项活动，举办《新时代 新辉煌——西安十年发展成就展》。建立完善社会主义核心价值观入法入规协调机制，先后对《西安市气象灾害防御条例》《西安市城市轨道交通条例》等4部法规进行审查。推荐10名陕西省第七届道德模范候选人，开展“第六届西安市道德模范”推选发布活动，评选发布《西安好人榜》3期113人（组），入选“中国好人”4人、“陕西好人”10人。

【媒体融合发展】 2022年，西安市印发《关于加快推进媒体深度融合发展的工作方案》，多措并举支持主流媒体加快融合发展。推动西安广播电视台改版升级和主持人队伍建设，推动西安发布、原点新闻改版升级，受到市委主要领导充分肯定。建立中、省、市和区（县、开发区）媒体联动机制，打通宣传渠道，形成工作合力。开展“我们的新时代”短视频和摄影作品征集活动，浐灞生态区融媒体中心制作的抗疫原创歌曲MV《和你在一起》获中宣部主办的2022年全国县级融媒体中心优秀作品春赛一等奖。

【城市形象宣传推介】 2022年，西安市开展“搭上长安号 感受西引力”——国际友人走进西安国际港务区活动、“全球美食在西安”海内外线上文化交流活动。组织留学生走进百年易俗社体验之旅活动、“走读西安”系列主题沙龙活动，吸引美联社、日本共同社、韩联社、欧洲新闻网等全球400余家主流媒体关注。开展“兵马俑与古代中国——秦汉文明的遗产文物展”“穿越千年 行走丝路”文物主题宣传等活动，大力推动中华文化走出去。做好西安海外社交媒体账号运营工作，其中海外社交平台账号“IN XI'AN”粉丝突破110万人，视频观看量、点赞、评论及转发等核心数据稳定处于我国同类城市账号头部位置。

（史 帆）

统战工作

【概况】 2022年，西安市委统战部结合民主党派市委政治交接，开展“矢志不渝跟党走·携手奋进新征程”主题教育。在湖南大学举办新一届民主党派市委领导班子和党外代表人士理论研修班，深化政治交接，增进思想共识，提升民主党派参政议政能力。围绕全市中心工作和九个方面重点工作安排协商会8次，充分发挥政党制度效能，参政议政水平得到提升。召开市委统战部同民主党派市委联系会议，听取各党派新一届领导班子工作思路，推动党派工作开展。邀请民主党派市委、无党派代表人士列席市委常委会、市政府常务会，进一步畅通知情明政渠道。制定党外人士资政建言“直通车”制度，丰富参政议政形式，实现民主党派市委意见建议直报中共西安市委、市政府领导，推动多党合作事

2022年5月24日，市委统战部工作人员到民族学校宣讲中央民族工作会议精神
（市统战文化交流中心 供图）

业实现新发展。

【民族、宗教工作】 2022年，西安市委统战部研究制定《关于坚持我国宗教中国化方向做好西安新时代党的宗教工作的实施办法》等文件4份。召开市委民族工作会议暨全市宗教工作会议，组织开展“中央民族工作会议精神大家谈”“迎新春·学习中央民族工作会议精神书画摄影展”“走进西安看西安·我爱秦岭”“中华民族一家亲，同心共筑中国梦”及第14个民族团结进步宣传月等系列宣传教育活动，举办全市各族流动人口民族团结政策法规暨职业技能培训班、“喜迎二十大·推广普通话”民族团结主题演讲活动，铸牢中华民族共同体意识。指导各宗教团体赴富平、照金、宝鸡等地开展爱国主义教育，增强宗教界团结，引导信教群众爱国爱教、正信正行、服务社会。

【非公有制经济统战】 2022年，西安市委统战部组织民营经济人士开展“喜迎二十大·助力西安高质量发展”系列学习教育，指导市新生代企业家联谊会开展“学习贯彻二十大·青春建功新时代”系列主题活动，引导民营经济人士肩负民企责任、体现民企担当，作出民企贡献。对200余名非公有制经济人士进行综合评价，圆满完成市工商联及13个区（县）工商联换届工作，筹备成立西安市光彩事业促进会。畅通政企沟通渠道，召开政企沟通座谈会暨专题民营经济统战工作联席会议，全年实地走访民营企业36家，联系民营经济人士119人次，协调解决实际问题34件。组织民营企业家代表赴杭州对7家企业进行考察调研，学习民营经济发展的先进经验，促进民营企业进一步发展。指导市工商联举办“两防一送”政策解读及交流会、秦创原·陕西西安科技企业先进技术交流对接会、智能无人（机车船）系统企业家沙龙、新能源新材料领域企业家沙龙，举办“建设秦创原‘一总两带’，推进西安高质量发展”网络直播课堂等系列活动。编印出版《“服务专精特新 助力企业发展”相关政策汇编》，帮助民企获得信息，抢抓发展机遇，促进“两个健康”，新时代民营经济统战工作得到进一步加强。

【党外知识分子统战】 2022年，西安市委统战部举办全市无党派人士处级青年干部座谈会，制定《西安市无党派人士认定管理和无党派代表人士培养使用办法》，明确无党派人士推荐、审定、登记、备案、培养、使用等各个环节具体要求，推动无党派人士认定规范化科学化，全年认定无党派人士268人，推进党外知识分子统战工作提质增效。落实《西安市关于加强网络人士统战工作实施方案》，联合网信部门建立西安市（区）164家互联网企业党建工作信息台账，为构建大统战格局建强组织体系。打造3个市级自由职业人员统战工作实践创新基地。制定《关于加强新的社会阶层人士联谊组织建设的实施意见》《关于加强自由职业人员统战工作实施方案》，完善新的社会阶层人士管理机制。

2022年7月5日，市委统战部召开无党派人士青年干部座谈会
（市统战文化交流中心 供图）

【党外人士统战】 2022年，西安市委统战部举办全国首家省市级新生代领军人才研修班，遴选100名民营企业代表分2年2班次参训，培养具有核心竞争力的高素质民营企业家队伍。做好青年科技创新人才储备，选出首批市领军型青年企业家28人、市新锐型青年企业家51人。在区县换届中，加大党外干部使用力度，推荐安排50名党外干部在区县人大、政府、政协等部门担任领导职务，提升党外干部任职比例。

【港澳台统战】 2022年，西安市委统战部广泛开展联谊交友，举办港澳代表人士“迎七一·健步走”、港澳台侨同胞“喜迎二十大·携手新征程”中秋茶话会、台胞“美丽乡村行”“乡村振兴行”及“台湾中小学生暑期研学营”等活动，增进港澳台同胞广泛认同。协同市投资合作局先后在广州、厦门举办面向台商台企的经贸合作交流推介会，邀请150余位台胞参会，助力西安对台经贸合作取得新成效。举办“发现新西安——两岸媒体采访报道”活动，邀请台湾东森卫视、香港卫视等媒体记者，围绕文旅

2022年9月8日，市港澳台侨同胞举行“喜迎二十大·携手新征程”中秋茶话会
（市统战文化交流中心 供图）

融合、智能制造、乡村振兴等内容进行采访报道，提升西安知名度。用心用情做好港澳台调研服务工作，全年走访港澳台企业40余家，排查涉台安全隐患3起，协调处理涉港、涉台纠纷10余起，协助办理港澳台胞子女就学、升学17人。

【统战理论研究和宣传信息】 2022年，中共西安市委统战部联络专家学者，撰写建言献策类信息10余篇，《建议加快战略级部署支持光电子技术突破》被中央统战部内部刊物刊登。支持民主党派深入开展重点课题调研，围绕全市中心工作开展调查研究，确定年度重点课题24个，形成有一定质量的调研报告10余篇，促进市委、市政府科学决策。刊发统战系统成员热议中共二十大精神体会29期，公众号关注量接近1万人。推动“西安统一战线”微信号影响力实现新提升。拍摄《党外人士畅谈贯彻落实二十大精神》视频13期，并在西安电视台、“三秦统战”抖音平台同步播出。（谢国善）

网信工作

【概况】 2022年，西安市网信办围绕迎接服务保障和学习宣传贯彻党的二十大工作为主线，聚焦全市“六个打造”奋斗目标和九个方面重点工作部署，统筹推动网络内容建设、网络综合治理、网络安全保障、信息化和数字经济发展各项工作，全市网络安全和信息化工作不断提质增效。

【网络宣传】 2022年，西安市网信办统筹组织市属网络媒体开设“新思想引领新征程”“在习近平新时代中国特色社会主义思想指引下”等融媒体专栏，推出“沿着总书记的足迹”“足迹·温暖的回响”等主题报道，置顶推送《习近平勉励广大青年：在青春的赛道上跑出当代青年的最好成绩》《习近平关心网信事业发展 强调营造清朗的网络空间》等重点稿件7000余篇，阅读量近4000万次。指导市属网络媒体开设“喜迎二十大”“非凡十年”专题专栏，策划“奋进新征程 建功新时代”“非凡十年”“领航中国”“喜迎二十大”等主题报道，推出《非凡十年 追风赶月启新程 西安综合实力显著增强》《数说十年 创新能力全国十强 有力引领高质量发展》等系列报道，累计推送融媒体作品5391篇、图文视频直播15场次，确保党的二十大精神及时、准确、广泛在网络上传播。

组织开展“观西安·高质量发展谱新篇”“美好IN西安 奋进向未来——高质量发展媒体采风行”等14项网络宣传活动，聚焦秦岭生态保护、秦创原创新驱动平台、乡村振兴等全市九个方面重点工作新成效新亮点，推送各类稿件5000余篇。做好疫情防控和复工复产网上宣传，开设“战疫”频道，推送稿件近万篇，制作海报长图50余件，直播61场。

【网络综合治理体系建设】 2022年，西安市网信办全面梳理、督促推进网络综合治理体系建设，推动92项建设任务全面完成，形成以1个领导管理体系为引领、3个信息化平台为支撑、4支骨干队伍为基础、5场年度重要活动为牵引、30余项制度机制为依据的综合管网治网格局。集中开展打击“养老诈骗”、扫黑除恶斗争等10余项整治行动，指导蓝田县等7个区（县）融媒体中心获得互联网新闻信息服务许可证。督促4家全国性商业网站陕西频道完成申报备案。创新开展“西安市首届清朗先锋号”征集评选，举办“网信开考”网信法规学习提升活动、“网联万家 清朗同行——西安市互联网法律法规‘五进’宣传普及活动”，提升网民网络法治观念。指导督促11个区（县、开发区）成立互联网行业党委。策划开展“行走高质量西安 看城市创新蓝图”网络名人西安行系列主题活动，团结引导网络名人唱响西安高质量发展最强音。

【网络安全保障】 2022年，西安市网信办围绕党的二十大、北京冬奥会、冬残奥会等重要节点做好网络安全保障。精心组织2022年西安市国家网络安全宣传周活动，举办“网络安全大讲堂”和六大主题日等活动，向市民群众宣传普及网络安全知识与技能。指导雁塔区成功获批首批国家网络安全教育产业融合发展试验区，上下协调，聚集融合政策、项目、人才等各方资源，加快推进试验区建设，推进全市网络安全产业高质量发展。（连悦羽）

【网络安全监管】 2022年，西安市公安局网络安全监管部门全面加强网上安全管理工作，为维护网络空间安全作出重要贡献。

网络案件侦办 西安市公安局网络安全监管部门大力开展网安管辖类案件侦办工作。重点围绕侵犯公民个人信息、帮助信息网络犯罪等涉网违法犯罪以及“断号”行动，发挥网安职能，形成工作合力。结合打击治理跨境赌博、电信网络诈骗、打击制售假药劣药等18项重大配侦专项行动，全面加强与相关警种的协作，配合侦办各类刑事案件1683起，其中涉诈骗案件931起、涉毒案件57起、网络赌博案件41起。梳理全市涉及蝙蝠App活动宽带，并整理相应宽带下虚拟身份。发现本地涉诈线索400余条，已核实“电诈”线索236条。有“蝙蝠App”登录动作的宽带201条以及宽带下虚拟身份12405条。

互联网安全管理 西安市公安局网络安全监管部门强化平台管理，筑牢网络安全“防火墙”。截至9月30日，全市完成审核并发放公安备案网站1143家，备案完成率100%，累计备案6686家。下发备案线索数据949条，开展安全评估243家次，整改80家（次）。（邱 春）

政策研究

【概况】 2022年，西安市委政研室坚持以习近平新时代中国特色社会主义思想为指导，认真学习宣传贯彻党的二十大精神，贯彻落实习近平总书记到陕西考察重要讲话重要指示精神，坚决落实党中央决策部署和省委、市委工作要求，聚焦主责主业，主动担当作为，高标准完成各项年度计划任务。

【文稿起草】 2022年，西安市委政研室坚持把综合文稿服务作为履行“三服务”职责的基础，全年起草完成市委综合文稿53份，发挥“以文辅政”职能作用。高质量起草市第十四次党代会相关材料7份，党代会报告受到市委主要领导充分肯定并被多次表扬。完成市委《关于贯彻落实党的二十大精神的思路举措的报告》《八个方面重点工作》《2022年新春祝词》等重要文稿9份，参与完成市委主要领导在市委十四届三次、四次全会，市委第六、七、八次深改委会议，全市领导干部大会，2022全球创投峰会，市委人才工作会议，市委工作务虚会上的讲话等36份讲话材料，完成市委十四届四次全会《关于深入贯彻落实党的二十大精神 全面推进中国式现代化西安实践 奋力谱写高质量发展新篇章的决定》和市委十四届三次全会《关于贯彻省委十四届二次全会精神 开展作风建设专项行动 推进清廉西安建设的实施方案》等市委重要文件起草工作。

【调查研究】 2022年，西安市委政研室围绕“六个打造”和九个方面重点工作，不断提升调查研究水平。全年高标准完成各类调研报告24项。其中，《高新区统筹抓好疫情防控和经济社会发展的做法和启示》《雁塔区创新建立政企“早餐会”制度的探索与实践》获省委主要领导批示肯定并在全省推广，《关于自贸试验区西安区域建设发展情况的调研报告》《关于加速科技成果就地转化 推动秦创原创新驱动平台建设的调研报告》《关于做大做强我市支柱产业的调查与思考》《关于加快建立健全生态产品价值实现机制的对策建议》《关于加强我市社区治理能力现代化建设的对策建议》等14项获市委主要领导批示肯定，《西安市以开发区体制机制优化提升 推动高质量发展裂变释能发轫远航》获省政府领导批示肯定，为市委科学决策提供依据，均转化为推动西安高质量发展的实效。

【决策咨询】 2022年，西安市委政研室充分发挥市委财经办职能作用，围绕中央和省委部署要求抓落实，围绕全市重点经济工作抓协调，围绕全市重大经济事项抓谋划，全市经济决策的科学性、前瞻性、有效性不断增强。圆满完成市决咨委换届改选，全年完成课题11个，编印《决策咨询建议》25期，获市委主要领导批示3次，获市长、副市长批示4次。

【内刊编辑】 2022年，中共西安市委政研室坚持围绕中心服务大局的办刊思路，不断优化栏目设置，聚焦学习宣传贯彻党的二十大精神、创新驱动、生态建设、营商环境、疫情防控、项目推进、社区治理等主题，编发市委党刊《今日西安》12期、《调研参阅》7期，其中《关于拓展我市重点项目资金来源的建议》《关于实施“一区一策”推进跨区公交一体化发展的建议》获市委主要领导批示肯定。在全市筛选68篇调研报告参加全省党政领导干部优秀调研成果评选，获一等奖1篇、二等奖4篇、三等奖8篇。

（杨　乐）

机构编制管理

【概况】 2022年，西安市委机构编制委员会办公室将机构编制工作融入全市发展大局，大力优化机构编制资源配置，为全市高质量发展提供体制机制和机构编制的有力保障。按照省、市《秦岭生态环境保护条例》，修订印发《西安市秦岭生态环境保护责任清单》；加强市秦岭保护局人员力量配备，保障“数字秦岭”综合监管平台的日常维护需求。认真落实习近平总书记关于做好文物保护工作的重要论述，研究提出关于优化调整汉长安城国家大遗址保护特区管理体制和机构编制的意见，增加市文物稽查队人员编制，提升全市文物保护管理能力。创新设立市文艺发展研究院，为传承秦腔艺术的优秀人才和吸引文化艺术顶尖人才提供更好保障。组织实施的《西安市优化开发区运行机制推动高质量发展裂变释能》入选“中国改革2022年度地方全面深化改革典型案例”，经验做法文章《优化编制管理助推公共卫生事业高质量发展》被中央编办《中国机构编制杂志》（2022年第6期）刊发，多篇改革经验文章被省市委深改办、省委编办简报刊发，连续3个季度在开发区运行优化提升工作市级部门考核排名中位列第1。

【机构编制工作组织领导】 2022年，西安市委编办加强党对机构编制工作的领导，制定印发《市委编委2022年工作要点》，全年召开3次市委编委会议、2次市委专题会议，审议通过多项重要改革方案和机构编制管理办法。制定印发《西安市市级议事协调机构规范管理办法》，进行撤并规范，强化党委议事协调机构领导地位。贯彻落实市委编委决策部署。全年组织召开2次全市编办主任会和31次室务会，每季度召开调度会，细化工作到月到周，倒排工期，狠抓落实，工作质量和成效良好。

【助推九个方面重点工作】 2022年，西安市委编办成立支持和保障全市九个方面重点工作领导小组，夯实工作任务和责任处室，每月调度，以九个方面重点工作率先突破，带动全局工作提质增效。

开发区运行机制优化提升　深化开发区改革，去行政化、健全完善市场化激励机制。在全省率先完成开发区机构改革任务，制定印发开发区改革方案及6个市属开发区党工委（管委会）“三定”规定等系列改革文件，市属开发区内设机构精简58.5%，内设机构领导职数精简37.3%。阎良区航空基地积极探索“区政合一”改革，焕发新的发展活力。强化富阎产业合作园区工作机制，形成阎良区、航空基地、富阎合作区一体化领导，优势互补、航空航天产业聚集发展的良好态势；完成西咸新区管理体制优化调整，由三级管理精简为两级管理，形成“新区抓全面、新城强发展、街镇强治理”的工作格局，全面承接省委部署的西安市全面管理西咸新区的重要任务。优化调整西咸新区公安机关机构编制，形成全市统一的公安管理体系；稳步推进开发区剥离社会事务工作，指导经开区和未央区完成试点，西咸新区、高新区、航空基地、国际港务区先后完成有关工作，截至年底，已累计剥离移交2902项社会事务，助力开发区集中精力抓好经济发展。完成各开发区涉及政务服务事项权责清单的修订完善工作，共2844项清单内容在各开发区网站公布，提高办事效率；指导各开发区探索创新“管委会+产业园区”“管委会+公司”模式，航天基地以运营模式创新推动园区化发展，曲江新区构建全链条文旅融合产业生态，经开区设立经发控股集团，增强

2022年11月9日，举行经开区、未央区剥离移交社会事务协议签订仪式
（市委编办　供图）

企业竞争力，浐灞生态区编制《产业园区运营管理参考手册》，综合发展水平进一步提升；区（县）同步清理规范整合开发区管理机构，由改革前的21个精简为13个，印发“三定”规定，机构设置、人员配备、工作机制创新全部到位。《西安市优化开发区运行机制推动高质量发展裂变释能》成功入选“中国改革2022年度地方全面深化改革典型案例”。

完善公共卫生体系　强化市政府领导配备，加强市疫情防控指挥部办公室日常工作。创新备案制管理保障方式，为13个市级新建医院逐步建设投用全面开诊提供人才储备保障。指导区（县）所属公立医院实行人员总量控制备案管理工作，27家公立医院实现全覆盖。做好疾控改革前期准备工作，梳理国家疾控改革职责变化和机构调整情况，了解其他副省级城市疾控改革推进情况以及卫生健康委机关相关事业单位设置，提出疾控改革初步思路。

推进城市管理水平提升　撤销市机动车停放服务中心，破除“停车难”体制机制障碍。优化调整市水务局绿道建设、污泥处置、水务执法监察机构和市城中村（棚户区）改造事务中心、市保障房中心机构编制，保障重点工作顺利实施。整合组建市城市绿化事务中心，推进城市绿化管理体制改革。对市养老服务指导中心进行更名、职责优化和机构编制调整，增加市儿童福利院人员编制，助力完善全市养老托育服务体系。

加大教育强市保障力度　制定《2022年度支持和保障教育事业发展工作方案》，围绕教育“双减”政策落实落地、民办转公办、教育督导体制等多项改革，深入开展调研，重点做好义务教育新建、改扩建学校用编保障，先后完成市宏景小学、市第一实验学校等的教职工编制核定，设立西安市益新中学，设置市政府教育副总督学，为全市技能教育和校外教育培训监管增加机构编制，完成市、区（县）公办中小学教职工全面达标任务。

【行政管理机构改革】　2022年，西安市委编办开展机构改革基础性前瞻性研究。征集安排调研课题59个，聚焦制约全市高质量发展的体制、机制障碍和民生领域热点、难点问题，开展系统性、针对性调研，形成调研报告47篇，做好改革的政策和方案储备。

调整理顺体制机制　将分散在政府部门的行政复议职责调整为市政府统一承担，由司法局具体办理，优化全市行政复议体制；各区（县）行政复议体制总体调整到位。加强粮食安全领导力量，为市发展和改革委调整领导职数，将市救灾仓储中心由市应急管理局划转至市发展和改革委管理，理顺全市救灾仓储管理体制。将实施“权责清单”部门职责由市行政审批局调整至市委机构编制委员会办公室承担，做好“权责清单”前期准备工作。

整合优化机构设置　调整市委办公厅、市公安局、市资源规划局、市国资委等部门机构编制配备，加强市决策咨询服务和市委外办对外友好城市交流服务保障力量。在13个区（县）委办公室增挂“区（县）档案局”牌子，加强区（县）档案管理工作职能。设立区（县）烈士纪念保护管理机构，指导相关区（县）部门完成粮食稽查大队的组建、“双拥”科单设，提高机构编制资源使用效益。

【巩固提升改革成效】　2022年，西安市委机构编制委员会办公室修订印发市委编办“三定”规定，开展“交所合一”改革试点，着力破解基层公安警力不足和广大农村地区交通安全管理力量薄弱问题。指导碑林区完成公益类事业单位改革全国试点的评估验收工作。推进党政机关和国有企事业单位培训疗养改革。组建市住房和城乡建设科技促进中心，推动培训疗养机构管理体制加快转型。巩固5个领域综合执法改革成果，召开专题会解决存在问题，确保涉改部门和人员实际利益得到落实，“一个领域一支执法队伍”格局进一步巩固。13个区（县）应急管理综合行政执法大队机构编制事项全部调整到位。完成对周至县、蓝田县镇体制机制改革专项评估验收。选取莲湖区作为全市深化基层管理体制改革创新试点区。为创建全国市域社会治理现代化试点城市提供体制机制保障，形成基层治理新格局。

【依法管编】　2022年，西安市委编办坚持依法管编，修订完善《机构编制合法合规性审查办法》，按规定清理双法人单位。制定印发《西安市市属事业单位机构编制管理办法（试行）》《西安市市级机关和事业单位编制外聘用人员规范管理办法》，提高工作规范化管理水平。开展新设立事业单位评估，完成机构编制执行情况和使用效益评估试点。对区（县）开展贯彻执行机构编制相关政策法规、法治化建设和规范机构编制管理等情况的专项督查。配合省委编办赴部分区县开展实地督查“回头看”。高质量完成机构编制核查和实名制统计年报，完成公务员及参公人员招录、遴选等各项进人计划的审核。全面完成与组织、财政部门的数据比对和市本级编制外聘用人员的统计等工作，切实发挥好实名制管理在机构编制管理工作中的基础性作用。优化登记服务，全年共审批办理各类法人登记业务511项。强化事业单位监管，完成市本级926家事业单位法人年度报告审核，全年实地核查单位76家。健全事业单位法人履职评估工作和多部门联动监管机制，提升事中事后监管能力和登记管理服务水平。

（贯　赛）

市直机关党建

【概况】　2022年，西安市直属机关工作委员会（简称“市直机关工委”）坚持围绕中心、突出特色、丰富载体，全面提升机关党的建设质量。工委撰写的《关于坚持以人民为中心，积极服务群众，机关党建融入、服务新时代基层治理的经验和启示研究》获评全国机关党建研究优秀奖，《发挥机关党建引领服务新时代基层治理的经验和启示研究》获评全省机关党建重点课题调研一等奖，工委基层职工互助保障工作被中国职工保险互助会评为优秀奖，“七一”党建成果展和“创品牌、创特色”活动受到市委领导批示肯定。截至年底，市直机关有党组织2699个、党员4.4万余人，其中直属机关党委63个、党总支24个、党支部2个，全年新发展党员310名。

【政治建设】　2022年，西安市直机关工委始终把加强党的政治建设放在首位，开展习近平总书记“7·9”重要讲话发表三周年研讨交流活动，集中宣传贯彻落实重要讲话精神经验做法。巩固拓展党史学习教育成果，举办党的十九届六中全会精神研讨班，开展机关党的二十大精神专题宣讲，组织机关党员热学热议，刊发学习体会34期227人。以突出政治机关属性、弘扬伟大建党精神、反映机关党建历程、传播中华传统文化等为主旨，在工委建设机关党建文化长廊，为市直机关党员干部营造“红色家园”。锚定“围绕中心、突出特色、丰富载体”工作目标，制定市直机关《党的建设工作要点》《纪律检查工作要点》，明确“六聚焦六大力”22项重点任务。围绕庆祝建党101周年、机关文化建设等重点工作，先后召开15次专题会议分类推进落实。落实市直部门党组（党委）理论学习中心组“一学一报”，开展16次巡听旁听，通报87个单位半年和年度学习情况。建立工委部门分工联系市直机关党组织机制，综合运用年初立台账、每月

2022 年 5 月 27 日，市直机关工委邀请西安市部分文化界人士和专家学者，围绕传承优秀传统文化、西安红色文化和弘扬秦人精神举行座谈交流

（市直机关工委　供图）

报亮点、季度抓考评、全年赛成绩的方式以考促优。开展抓基层党建述职评议考核和工作考核，指导评议党委（总支）书记 1478 名。发挥机关党建“一网一微、一刊一报”宣传平台作用，升级改版《西安机关党建》内刊，全年刊发党建信息 1700 余篇（条），编发专报 107 期。

【组织建设】　2022 年，西安市直机关工委开展机关党支部标准化规范化建设对标评星活动，评定“五星级”党支部 242 个、“四强”党支部 90 个。跟进做好换届年机关党组织调整，指导审批 36 个机关党组织换届和届中调整。增设部分单位机关纪委专职副书记，加强纪检监察组织力量。严格资格条件和组织程序，高质量做好市直机关党的二十大代表推荐工作，推选省党代会代表 52 名，召开市直机关党代表会议选举市党代会代表 131 名。开展“党员先锋岗”“党员示范岗”创建活动，各授牌命名 50 个。开展“创特色、创品牌”优秀党建案例征集，评审 20 个精品案例、30 个优秀案例。隆重庆祝建党 101 周年，组织机关党员代表重温入党誓词。举办党员发展对象培训班 2 期，培训 410 人。以“弘扬延安精神・赓续红色血脉”为主题开办机关党支部书记示范培训班，参训 89 人。

【党风廉政建设】　2022 年，西安市直机关工委推进清廉机关建设，在机关党建网开设法纪知识、廉政时评、警示教育等专栏，开展纪律教育学习宣传月活动，组织网上答题和案例警示。制定出台《关于加强市直机关年轻党员干部教育管理监督的意见》，举办市直机关大讲堂廉政专题讲座，发放廉洁从政教材，增强年轻干部“免疫力”。制定推进清廉机关建设 13 条措施，按月报送建设进展，开展“依岗承诺转作风”活动，带头整治形式主义、官僚主义，大幅压减文件、会议和不必要工作程序。制定新时代廉洁文化建设《实施意见》，紧盯春节、中秋等节点，发送廉洁提醒短信 8000 余条，明察暗访 54 个单位 182 个处室工作纪律。举办纪检干部业务培训班，召开机关纪委建设座谈会，规范案件审理工作，拟制印发《关于规范市直机关各部门机关纪委案件备案工作的通知》，加强机关纪委监督执纪数据统计，深化以案促改工作，依托《西安机关党建》专刊《以案说纪》栏目，精选常见案例辨析违纪违法行为，全年审理案件并反馈结果 33 件。

【机关群团工作】　2022 年，西安市直机关工委在群团组织中开展“中国梦・劳动美”“学习二十大、永远跟党走、奋进新征程”等教育活动，召开庆祝建团 100 周年座谈会和青年理论学习推进会，开展“学雷锋”志愿服务周、“重家教立家训传家风”系列活动，举办“讲述行业故事”诗歌朗诵比赛和短视频大赛。揭晓市直机关“巾帼文明岗”“青年岗位能手”等先进集体 47 个、个人 81 名。突出“小、快、灵”方式，组建授牌 4 支机关业余文体组织，改革机关假日健身形式，创建示范点，拓宽足球、篮球等服务项目和场地，举行极限飞盘体验日和“党建 + 体育”交流活动。申请专项帮扶和补助 34 人，发放慰问金 29.08 万元、慰问品 251 份，开展“送清凉、保健康、鼓干劲”走访慰问，为市直机关妇女免费进行“两癌”筛查，为党员干部办实事办好事。

【党建与业务工作深度融合】　2022 年，西安市直机关工委举办市党代会宣讲报告会，征集机关部门党组（党委）贯彻党代会精神，抓党建促中心工作高质量发展亮点做法和优秀成果，集中展示交流。围绕中心工作和党建述职评议反馈问题整改，对 101 个党建项目择优立项 30 个，跟进推进落实。开展消费帮扶，申报消费帮扶点 3 个，采购脱贫地区农产品 367 万元。组织 88 个党组织 19986 名党员到 712 个社区报到，认领服务岗位 19817 个，参与社区活动 702 次 4.5 万余人（次），解决问题 343 个。

（刘登峰）

2022 年 5 月 30 日，市直机关工委召开学习贯彻庆祝共青团成立 100 周年大会精神座谈会

（市直机关工委　供图）

老干部工作

【概况】 截至2022年年底，西安市有离休干部1181人。比上年减少277人；平均年龄92.43岁。其中市本级786人、区（县）395人；按革命时期划分，红军时期4人，抗日战争时期98人，解放战争时期1079人。全市离退休干部中，担任过副市级实职以上职务的79人、享受副市级待遇的79人。2022年，中共西安市委老干部工作局被评为“全国青少年普法教育先进单位”“2021—2022年度全省老年教育老干部活动宣传信息工作优秀单位”“‘七五’普法工作先进单位”。

【组织建设】 2022年，西安市委老干局充分发挥离退休干部党支部、老年大学、老干部活动中心、老年社团等阵地作用，利用“西安老干部工作网”“西安老干部”微信公众号等网络平台，开展支部学习、送学上门、辅导报告会、研讨交流等。以党的政治建设为统领，成功举办全市离退休干部党的二十大精神宣讲报告会、国际形势报告会、台海局势报告会等4期“古城金秋”大讲堂。在全市离退休干部中开展“建言二十大”“我看中国特色社会主义新时代”调研和“我看中国特色社会主义新时代”主题征文活动。组织党的二十大精神宣讲暨文化惠民演出进社区活动，向市级离退休干部宣讲党的二十大精神。贯彻落实中办发《关于加强新时代离退休干部党的建设工作的意见》，举办全市离退休干部党建工作培训班，深入临潼区华清社区、新城区西光社区和西电社区等6个社区进行专题调研。推进离退休干部党支部标准化规范化示范创建，评选审定“四星级”离退休干部党支部39个，5个离退休干部党支部获评“全省示范离退休干部党支部”，29个获评“五星级”离退休干部党支部，数量均位居陕西省第1。

【服务管理】 2022年，西安市委老干局全面推行“一人一策”精准服务离休干部工作机制，对全市1181名离休干部情况进行全面摸底调研，逐一问需建档。建立“季联系”机制，每季度第一个月10日联系全市76个区（县），指导督促服务措施落实。严格落实“月问候”制度，机关处级以上领导干部与74名市级老领导“一对一”跟进服务，及时了解生活状况，汇报全市重大工作情况，听取工作建议。春节前慰问74名市级老领导，“七一”前对4名老红军上门关爱慰问，走访慰问4名易地安置离休干部。组织市（局）级离退休干部参观考察西部科技创新港、斗门水库、秦创原综合服务中心，引导老同志为西安经济社会发展建言献策、点赞加油。做好离休干部经费保障和困难帮扶，审核市属企业离休人员医疗统筹经费4352万元，拨付“两项经费”107万元、防暑降温费58.311万元。为157名市属企业去世离休干部无工作遗属核拨生活困难补助金252.55万元，为62名生活困难离退休干部和离休干部遗属核拨特殊困难帮扶金31万元，为610名离休人员及遗属申请拨付困难慰问金18.3万元。

【作用发挥】 2022年，西安市委老干局推进离退休干部党建融入城市基层党建助力基层治理三年行动计划，“十百千万”工程建设成效凸显。建成离退休干部教育基地22个，老党员之家、老党员驿站182个。社区党建工作逐步形成“人员融入、组织融入、阵地融入、活动融入、价值融入”工作格局，经验做法得到中组部老干部局肯定，并在中组部老干部局“离退休干部工作”微信公众号推送。发挥老同志政治优势、威望优势、经验优势，打造银发专家人才600余名，组建880余支志愿服务队，7万余名“五老”走进社区学校、田间地头、厂矿企业开展乡村振兴、基层治理、法律宣传、医疗卫生等志愿服务。组织140余名老干部响应市委“万千行动”号召，到乡村担任专家顾问。指导市关工委办公室组建“五老专家讲师团”开展普法宣传活动，被中国关工委、中央政法委、司法部、共青团中央、中国法学会5部门联合表彰为“全国青少年普法先进集体”。

【老年大学】 2022年，西安市委老干局重视提高老年大学教学质量和办学水平。推进品牌专业建设，从专业前景和定位、课程体系建设、师资队伍培养、教学条件提高、教学质量监控等方面开展品牌专业评选工作。开展品牌专业教学公开课、观摩课，评选教学标兵和教学能手。加强教材编写工作，《素描初级教程——石膏几何体》《口琴入门与提高简明教程》《中老年瑜伽中级教程》《摄影中级教程》等10本教材全部投入教学使用。推动精品网课建设，组建具备网络直播、录播等功能的专业教室，录制《油画基础》《二胡基础》《歌唱气息训练与应用》等品牌课程，打造一批适合老年人线上学习的精品网课。加强招生报名规范化管理，实现网上报名。推动老年大学向社区延伸，利用公园、广场等各类公共资源开设校外教学辅导站20个，涵盖太极拳、舞蹈、葫芦丝等多门课程，方便老同志就近学习和活动。

【老干部活动】 2022年，西安市委老干局紧扣“喜迎二十大”主题，组织引导离退休干部举办“喜迎二十大 奋进新时代”线上舞蹈艺术展演活动，300余名离退休干部参演，在西安电视台二套都市频道播出。同时举办“喜迎二十大 永远跟党走”网络书画摄影展和线上诗词朗诵会、“学习二十大 奋进新征程”线上健步走答题活动等，广大老干部在体验健身快乐的同时，用饱含热情的诗歌、朴实无华的祝福、丰富多彩的文艺展演，表达听党话、跟党走的政治情怀。

2022年6月13—17日，市委老干局在铜川市照金干部学院举办全市离退休干部党支部书记示范培训班 （赵志龙 摄影）

【老干部工作调研】 2022年，西安市

委老干局围绕精准服务、志愿服务、老年教育和未成年教育帮扶等课题开展调研工作，撰写《人口老龄化背景下老干部工作创新思路与对策建议》《“一人一策”精准服务离休干部工作现状及对策探研》《关于新时代离退休干部志愿服务活动的实践与思考》等18篇调研报告，其中《以“五个融入”破解离退休干部党建融入城市基层建设大格局困局》获评全市组织工作改革创新成果二等奖，《社区离退休党支部现状及其对策探研》获评市直机关党建调研活动优秀调研成果二等奖，《西安市国有企业退休干部党员社会化管理现状》《利用信息化技术助推老干部工作提质增效的实践和思考》等7篇获评省委老干部工作优秀调研成果。（钟泽旭）

党校工作

【概况】 2022年，西安市委党校（西安行政学院、西安社会主义学院，以下简称市委党校）发挥干部培训、思想引领、理论建设、决策咨询作用，全年先后开发《习近平谈治国理政》第四卷、“两个确立”、“十个明确”、党的二十大精神、“六个打造”、九个方面重点工作、城市基层干部党建引领基层治理、农村基层干部乡村振兴系列课程75门，其他课程22门。16人次在全市党校（行政学院）系统精品课评选及青年教师讲课竞赛中获奖。《党领导“三农”工作的回顾和展望》获评全省党校（行政学院）系统青年教师讲课竞赛二等奖，中共西安市委党校（行政学院）西安社会主义学院获评优秀组织奖。

【干部教育】 2022年，西安市委党校共举办各类培训班28期，1679人（次）；完成委托培训15期，培训832人（次）；线上培训446人（次）。顺利完成市级领导和市管主要领导干部学习贯彻党的十九届六中全会精神专题研讨班、新任处级领导干部任职培训班、中青年干部培训班、优秀年轻科级干部培训班、习近平新时代中国特色社会主义思想专题研讨班、城市基层干部党建引领基层治理专题研讨班、农村基层干部乡村振兴专题研讨班、新时代全面依法治国专题培训班、全国新录用公务员初任培训班和陕西省新录用公务员初任培训班、民革市委员会党务骨干培训班、民建新会员培训班、民盟市委新盟员及骨干盟员培训班、农工党骨干党员暨新党员培训班、传承中华文化弘扬时代精神专题研讨班、民主党派新成员及骨干成员培训班等培训班次。采取研讨式、案例式、桌面推演式、情景体验式等教学方式。全年共有24位局级干部在主体班授课。共录制7个系列45期“党校微课堂”，先后被“学习强国”西安学习平台、学E西安、古都先锋等平台转载。本校教师接受陕西电视台和西安电视台专题采访13人（次）。编撰学员案例成果《西安奋力谱写新时代　追赶超越新篇章之攻坚克难案例》2册。

【学员管理】 2022年，西安市委党校采取个人自学、集中授课、分组研讨等方式，开展班主任培训周活动。通过加强入学教育、建立建强学员临时党支部（班委会），严格执行请销假制度、学员考核制度，规范学员档案以及开展党性教育活动等措施，推动学员管理工作再上新台阶。全年在主体班共开展16期学员论坛。组织中青班学员集体收看党的二十大开幕会，撰写心得体会63篇、工作案例63篇、咨政报告21篇。根据疫情防控需要，进行封闭式管理、不接触活动、分区域就餐、每日健康检测、及时环境消杀，做好学员管理工作。

【科研咨政】 2022年，西安市委党校组织申报各级课题8批（次）92项，其中立项省部级课题7项、省级部门课题8项、校级课题64项、区（县）课题13项。组织各类学术研讨活动8次，报送科研征文和科研成果评奖17批79项，获奖24项；公开发表理论文章134篇，其中在核心期刊报纸发文10篇、党报发文18篇，《光明日报》1篇，《陕西日报》《西安日报》共17篇；《学习时报》2篇，《中国环境报》1篇；出版专著10部。全年编纂《咨政快讯》12期，2篇咨政报告获市委、市政府领导批示。全年编纂《西安社会科学》4期，收录理论文章78篇48万余字。全年赴机关、企业、社区、街道、学校等地宣讲100余场。

【教师培训】 2022年，西安市委党校组织教职工参加全国党校（行政学院）系统学习贯彻党的二十大精神师资培训班、全国社院系统学习贯彻党的二十大精神专题师资线上培训班3期、中组部举办的“基层教师讲好党的二十大精神”视频直播培训等。先后选派25人参加中央和省、市组织的各类学习培训；组织行政干部参加组织部线上学习15期。安排5名年轻教师跟班学习，选派12人到市级部门和区（县）以及乡村振兴一线进行实践锻炼。组织全校各处部室负责人、四级以上调研员开展学习党的十九届六中全会精神专题研讨交流大会。

【区（县）党校工作】 2022年，西安市委党校制定《全市党校（行政学院）系统“十四五”建设和发展规划》《2022年度业务指导工作要点》和《关于区（县）委党校做好党的二十大精神学习宣传贯彻工作的指导意见》，修订《区（县）委党校业务指导办法》，贯彻校委班子成员联系基层党校制度，指导区（县）委党校规范培训班次设置、学制及教学计划等，指导成立课题组，明确责任人，开发完善相关教学课程。开展送教送学活动；组织全体教职工为长安区委党校和魏寨街道党校捐赠书籍600余册；组织教师近200人次参加各级各类线下、线上学习培训。“结对子”辅导支持区（县）党校教师申报科研课题，11篇论文在全省党校（行政学院）系统第36次理论研讨会上获奖，新城区委党校、长安区委党校获评征文组织工作先进单位，长安区委党校2篇咨政成果获区委书记批示。（市委党校）

2022年7月25日，市委党校组织市（局）级离退休干部考察西咸新区经济社会发展情况（赵志龙　摄影）

综 述

【工作机构和代表构成】 2022年，西安市人民代表大会及其常务委员会坚持党的领导、人民当家作主、依法治国有机统一，践行全过程人民民主，围绕大局、守正创新、依法履职，为加快国家中心城市建设步伐、推进中国式现代化西安实践和高质量发展作出应有贡献。

西安市第十七届人民代表大会及其常委会下设7个专门委员会、2个办事机构、9个工作机构。有代表565名，比上届减少4名。代表构成为：一线工人58名，农民43名，其他基层代表42名，专业技术人员84名，公务员142名，国有和集体企业负责人48名，事业单位负责人34名，非公有制经济人士90名，解放军和武警部队16名，其他8名。

【人大履职】 2022年，西安市人民代表大会十七届二次会议召开，依法选出西安市出席陕西省第十四届人民代表大会代表。围绕群众关切，积极推进监督工作，通过代表建议、人大网站、“西安人大”微信公众号等途径和平台，征集监督工作议题，在执法检查、视察、专题询问等工作中，设立举报电话、开展问卷调查，收集问题线索，听取意见和建议。围绕贯彻中央人大工作会议精神、养老服务、历史文化名城保护等工作，深入基层、深入群众，开展调查研究，形成调研报告，夯实依法履职基础。

【人大自身建设】 2022年，西安市人大常委会落实政治机关、国家权力机关、工作机关、代表机关的定位要求，坚持以政治建设为统领，全面加强自身建设。

贯彻落实新时代党的建设总要求，强化政治机关意识，严明政治纪律和政治规矩，落实全面从严治党主体责任，加强机关党建工作，加强战斗堡垒作用。举办迎接党的二十大、学习贯彻党的十九届六中全会精神等活动，推进党史学习教育常态化、长效化，在学习百年党史中增强历史自觉，加强党性修养，坚定理想信念。

2022年10月26日，市人大常委会机关举行学习贯彻党的二十大精神宣讲报告会
（市人大常委会办公厅　供图）

充实委员会工作力量，为常委会法工委、预算工委、代联工委、农工委各选配13名委员。提高依法履职能力，举办常委会委员及各专门委员会组成人员培训班，举办地方组织法、环境保护法等专题讲座，以增强法治思维能力、调查研究能力、审议建言能力。成立机关青年干部学习小组，定期组织学习交流，建设学习型机关。

贯彻落实中央八项规定及其实施细则精神，弘扬伟大建党精神和延安精神，发扬“勤快严实精细廉”作风，以“思想练兵、业务练兵、实践练兵、身体练兵”为抓手，扎实开展作风建设专项行动，努力打造政治坚定、服务人民、尊崇法治、发扬民主、勤勉尽责的人大工作队伍。

（赵　航）

重要会议

【市十七届人民代表大会第一次会议】 2022年3月29—31日在陕西宾馆举行。会议听取和审议李明远市长作的西安市人民政府工作报告；审查和批准西安市2021年国民经济和社会发展计划执行情况与2022年国民经济和社会发展计划草案的报告，批准西安市2022年国民经济和社会发展计划；审查和批准西安市2021年预算执行情况和2022年预算草案的报告，批准西安市2022年市级预算；听取和审议市人大常委会副主任王凤萍作的西安市人民代表大会常务委员会工作报告，市中级人民法院院长李洪涛作的工作报告，市人民检察院检察长张民生作的工作报告；表决通过市人大各专门委员会的设立及其主任委员、副主任委员、委员。选举韩松为西安市第十七届人民代表大会常务委员会主任，选举卢力群、王凤萍、薛振虎、李宁君、杨宗科为副主任，韩强为西安市第十七

2022 年 3 月 29—31 日，西安市第十七届人民代表大会第一次会议在陕西宾馆举行 （市人大常委会办公厅 供图）

届人民代表大会常务委员会秘书长，丁学俊等 43 人为西安市第十七届人民代表大会常务委员会委员；选举李明远为西安市市长，吕来升、杨建强、孟浩、仵江、张涌、李启全、肖琦为西安市副市长；选举王瑞峰为西安市监察委员会主任，赵雷为西安市中级人民法院院长，陈明为西安市人民检察院检察长（须报经省检察院检察长提请省人大常委会批准）。通过王新法为监察和司法委员会主任委员，周艳利为监察和司法委员会副主任委员，马栓银等 12 人为监察和司法委员会委员；张炳淳为法制委员会主任委员，王海安为法制委员会副主任委员，王宇强等 12 人为法制委员会委员；王武平为财政经济委员会主任委员，王蕾、胡小煜为财政经济委员会副主任委员，马蓉等 12 人为财政经济委员会委员；侯学东为教育科学文化卫生委员会主任委员，徐岗、王晓红为教育科学文化卫生委员会副主任委员，王凤进等 12 人为教育科学文化卫生委员会委员；王学超为城乡建设环境资源保护委员会主任委员，崔锦绣、张宁为城乡建设环境资源保护委员会副主任委员，王天春等 12 人为城乡建设环境资源保护委员会委员；赵寅科为民族宗教侨务外事委员会主任委员，孔令国为民族宗教侨务外事委员会副主任委员，马文宝等 12 人为民族宗教侨务外事委员会委员；苏俊良为社会建设委员会主任委员，裴建潮、赵辉为社会建设委员会副主任委员，王延平等 12 人为社会建设委员会委员。大会收到代表联名所提议案 1 件，交由市人大财政经济委员会审议，并将审议结果向下一次市人民代表大会报告。大会收到代表建议、批评和意见 436 件，由市人大各专门委员会、常委会各工作部门会同有关部门组织办理。

【市十七届人民代表大会第二次会议】 2022 年 12 月 29—30 日，西安市十七届人民代表大会第二次会议在陕西宾馆举行。会议选举丁挑战等 138 人为西安市出席陕西省第十四届人民代表大会代表。

【西安市人大常委会会议】 2022 年，西安市十六届人大常委会召开第四十八至第五十二次会议，西安市十七届人大常委会召开第一至第五次会议（详见表 2）。 （赵 航）

表 2 2022 年西安市人大常委会会议一览表

时 间	会 次	会议主要内容
1 月 27 日 会期 1 天	市十六届人大常委会第四十八次会议	审议通过《西安市土地储备条例（修订草案）》《西安市反餐饮浪费条例（草案）》《西安市人民代表大会常务委员会关于修改和废止部分决议、决定的决定（草案）》《西安市人民代表大会常务委员会关于接受雷英杰辞去西安市第十六届人民代表大会常务委员会委员职务的请求的决定（草案）》。审议市法院、市人大常委会代联工委关于西安市第十六届人民代表大会第六次会议以来代表建议、批评和意见办理情况的 2 个报告。听取审议市人大财经委关于西安市第十六届人民代表大会第六次会议主席团交付审议的第 1 号议案审议结果的报告，市政府关于 2020 年度国有资产管理情况的综合报告、关于西安市第十六届人民代表大会第六次会议以来代表建议、批评和意见办理情况的报告，市人大常委会法工委关于 2021 年备案审查工作情况的报告
2 月 23 日 会期半天	市十六届人大常委会第四十九次会议	审议通过《西安市人民代表大会常务委员会关于西安市第十七届人民代表大会代表名额分配和选举问题的决定（草案）》
3 月 9 日 会期半天	市十六届人大常委会第五十次会议	审议通过《西安市人民代表大会常务委员会关于召开西安市第十七届人民代表大会第一次会议的决定（草案）》《西安市人民代表大会常务委员会关于接受于海夫辞去西安市第十六届人民代表大会常务委员会委员职务的请求的决定（草案）》
3 月 18 日 会期半天	市十六届人大常委会第五十一次会议	审议通过《西安市人民代表大会常务委员会关于推迟西安市第十七届人民代表大会代表选出时间的决定（草案）》《西安市人民代表大会常务委员会关于推迟召开西安市第十七届人民代表大会第一次会议的决定（草案）》
3 月 26 日 会期半天	市十六届人大常委会第五十二次会议	审议通过《西安市人民代表大会常务委员会关于西安市第十七届人民代表大会第一次会议召开时间的决定（草案）》，市十七届人大一次会议建议议程（草案）、主席团和秘书长建议名单（草案）、列席人员名单（草案）、市人大常委会工作报告，市十六届人大常委会代表资格审查委员会关于市十七届人大代表资格审查结果的报告
5 月 31 日 会期 1 天	市十七届人大常委会第一次会议	审议通过《西安市人民代表大会常务委员会关于废止〈西安市流动人口计划生育条例〉的决定（草案）》、有关人事事项。听取审议市政府关于 2021 年环境状况和环境保护目标完成情况的报告、关于 2020 年度市级预算执行和其他财政收支审计查出问题整改情况的报告

续表 2

时　间	会　次	会议主要内容
6 月 28—29 日 会期 1 天半	市十七届人大常委会第二次会议	审议通过《西安市人民代表大会常务委员会关于修改〈西安市制止价格欺诈和牟取暴利条例〉等 8 部地方性法规的决定（草案）》、有关人事事项。审议《西安市城市轨道交通条例（修正草案）》（一审）、《西安市气象灾害防御条例（修订草案）》（一审）。听取审议市人大常委会执法检查组关于检查西安市实施《中华人民共和国环境保护法》《陕西省实施〈中华人民共和国环境保护法〉办法》情况的报告、市政府关于西安市养老服务工作情况的报告。专题询问西安市养老服务工作情况
8 月 30—31 日 会期 1 天半	市十七届人大常委会第三次会议	审议通过《西安市人民代表大会常务委员会关于修改〈西安市城市轨道交通条例〉的决定（草案）》《西安市人民代表大会常务委员会关于批准西安市 2022 年新增地方政府债券收支安排及预算调整方案的决议》、有关人事事项。审议《西安市气象灾害防御条例（修订草案）》（二审），市政府关于 2021 年度国有资产管理情况的综合报告，市人大财经委关于西安市 2022 年新增地方政府债券收支安排及预算调整方案草案审查结果的报告。听取审议市政府关于法治政府建设情况、关于西安市 2022 年上半年国民经济和社会发展计划执行情况、关于西安市 2022 年新增地方政府债券收支安排及预算调整方案草案、关于 2021 年度行政事业性国有资产管理情况、关于西安市企业创新主体培育工作情况的 5 个报告
10 月 20—21 日 会期 1 天半	市十七届人大常委会第四次会议	传达学习习近平总书记代表第十九届中央委员会向党的二十大所作报告的主要精神。审议通过《西安市气象灾害防御条例》《西安市人民代表大会常务委员会关于批准 2021 年决算的决议》、有关人事事项。审议市人大财经委关于西安市 2021 年决算草案审查结果的报告。听取审议市人大常委会执法检查组关于检查西安市实施《陕西省秦岭生态环境保护条例》《西安市秦岭生态环境保护条例》情况、《中华人民共和国中小企业促进法》《陕西省实施〈中华人民共和国中小企业促进法〉办法》情况的 2 个报告，市政府关于西安市 2021 年决算草案和 2022 年以来预算执行情况、西安市 2021 年度市级预算执行和其他财政收支的审计工作、义务教育“双减”工作情况、秦岭生态环境保护工作情况、西安市生活垃圾分类管理工作情况、西安市少数民族流动人口服务管理工作情况、全市安全生产工作情况、西安市水资源保护与利用情况的 8 个报告
12 月 26 日 会期半天	市十七届人大常委会第五次会议	审议通过《西安市人民代表大会常务委员会关于西安市第十七届人民代表大会第二次会议召开时间的决定（草案）》《西安市人民代表大会常务委员会关于批准西安市 2022 年第二批新增地方政府债券收支安排及预算调整方案的决议（草案）》，市十七届人大二次会议建议议程（草案）、主席团和秘书长建议名单（草案）、列席人员名单（草案），市十七届人大常委会代表资格审查委员会关于个别代表的代表资格的报告，有关人事事项。审议市人大财经委关于西安市 2022 年第二批新增地方政府债券收支安排及预算调整方案草案审查结果的报告，市法院、市检察院、市人大常委会代联工委关于市十七届人大一次会议以来代表建议、批评和意见办理情况的 3 个报告。听取审议市人大财经委关于市十七届人大一次会议主席团交付审议的第 1 号议案审议结果的报告，市政府关于西安市 2022 年第二批新增地方政府债券收支安排及预算调整方案草案的报告、关于市十七届人大一次会议以来代表建议、批评和意见办理情况的报告，市人大常委会法工委关于 2022 年备案审查工作情况的报告

人大立法

参见第 77 页“法治”的“地方立法”分目。

决议决定与人事任免

【市人民代表大会决议】 2022 年 3 月 29—31 日，西安市十七届人民代表大会在陕西宾馆举行第一次会议，全体通过《西安市十七届人民代表大会第一次会议关于西安市人民政府工作报告的决议》《西安市十七届人民代表大会第一次会议关于西安市 2021 年国民经济和社会发展计划执行情况与西安市 2022 年国民经济和社会发展计划的决议》《西安市十七届人民代表大会第一次会议关于西安市 2021 年预算执行情况和西安市 2022 年市级预算的决议》《西安市十七届人民代表大会第一次会议关于西安市人民代表大会常务委员会工作报告的决议》《西安市十七届人民代表大会第一次会议关于西安市中级人民法院工作报告的决议》《西安市十七届人民代表大会第一次会议关于西安市人民检察院工作报告的决议》。

【市十六届人大常委会决议决定】 2022 年，西安市十六届人大常委会共召开常委会会议 5 次，作出决议、决定 8 项。

第四十八次会议：西安市人民代表大会常务委员会关于修改和废止部分决议、决定的决定；西安市人民代表大会常务委员会关于接受雷英杰辞去西安市第十六届人民代表大会常务委员会委员职务的请求的决定。

第四十九次会议：西安市人民代表大会常务委员会关于西安市第十七届人民代表大会代表名额分配和选举问题的决定。

第五十次会议：西安市人民代表大会常务委员会关于召开西安市第十七届人民代表大会第一次会议的决定；西安市人民代表大会常务委员会关于接受于海夫辞去西安市第十六届人民代表大会常务委员会委员职务的请求的决定。

第五十一次会议：西安市人民代表大会常务委员会关于推迟西安市第十七届人民代表大会代表选出时间的决定；西安市人民代表大会常务委员会关于推迟召开西安市第十七届人民代表大会第一次会议时间的决定。

第五十二次会议：西安市人民代表大会常务委员会关于西安市第十七届人民代表大会第一次会议召开时间的决定。

【市十七届人大常委会决议决定】 2022 年，西安市十七届人大常委会召开会议 5 次，作出决议、决定 7 项。

第一次会议：西安市人民代表大会常务委员会关于废止《西安市流动人口计划生育条例》的决定。

第二次会议：西安市人民代表大会常务委员会关于修改《西安市制止价格欺诈和牟取暴利条例》等 8 部地方性法规的决定。

第三次会议：西安市人民代表大会常务委员会关于修改《西安市城市轨道交通条例》的决定；西安市人民代表大会常务委员会关于批准西安市 2022 年新增地方政府债券收支安排及预算调整方案的决议。

第四次会议：西安市人民代表大

会常务委员会关于批准2021年决算的决议。

第五次会议：西安市人民代表大会常务委员会关于西安市第十七届人民代表大会第二次会议召开时间的决定；西安市人民代表大会常务委员会关于批准西安市2022年第二批新增地方政府债券收支安排及预算调整方案的决议。

【人事任免】 2022年，西安市人大常委会坚持党管干部原则与依法任免相统一，充分发挥地方国家权力机关的作用，依法任免国家机关工作人员193人（次），确保党委推荐的人选通过法定程序成为国家机关工作人员。不断强化任命人员的法律意识，严格落实《宪法》宣誓制度，组织常委会任命的110名国家机关工作人员进行《宪法》宣誓。

1月27日，西安市十六届人大常委会第四十八次会议，决定免去玉苏甫江·麦麦提市政府副市长职务，任免市法院杨成哲、张鸿相关法律职务。

3月9日，西安市十六届人大常委会第五十次会议，表决通过关于接受于海夫辞去市十六届人大常委会委员职务请求的决定；决定免去贾轶昊市教育局局长、刘军市大数据局局长职务。

5月31日，西安市十七届人大常委会第一次会议，免去贾砚平、张庆东的市人大常委会副秘书长，王武平的市人大常委会研究室主任、解少波的市人大常委会代联工委主任职务；免去万青平、雷晓坤、秦鹏市监委委员职务；免去杜豫苏等5人相关法律职务。任命薛振虎为市十七届人大常委会代表资格审查委员会主任委员，张庆东为副主任委员，王学超、王新法、李美芳、张少纯、张炳淳、张春莹、徐辉为委员；王新法为市人大常委会监察司法工委主任，张炳淳为市人大常委会法工委主任，王武平为市人大常委会预算工委主任，侯学东为市人大常委会教科文卫工委主任，王学超为市人大常委会城建环资工委主任，赵寅科为市人大常委会民宗侨外工委主任，苏俊良为市人大常委会社会工委主任，王晓萍为市人大常委会研究室主任，张庆东为市人大常委会代联工委主任，王芳为市人大常委会农工委主任；王社坤等12人为市十七届人大常委会法工委委员，马天虎等12人为市十七届人大常委会预算工委委员，马敏等12人为市十七届人大常委会代联工委委员，马进等12人为市十七届人大常委会农工委委员。决定任命王建东为市政府秘书长，李西宁为市发展和改革委主任，李红雨为市教育局局长，李志军为市科技局局长，李初管为市工信局局长，李永奇为市民宗委主任，肖西亮为市公安局局长，李平伟为市民政局局长，苏国峰为市司法局局长，王永杰为市财政局局长，卢光文为市人社局局长，冯涛为市资源规划局局长，解宁元为市住建局局长，张健为市交通局局长，董兆为为市水务局局长，裴靖瑜为市农业农村局局长，张选民为市商务局局长，黄瑜晖为市投资局局长，孙超为市文化和旅游局局长、市文物局局长，樊军荣为市卫生健康委主任，惠应吉为市退役军人局局长，姚涌为市应急管理局局长，徐琳茹为市审计局局长，刘三民为市国资委主任，郝生旺为市市场监管局局长，马锐为市体育局局长，张民伟为市统计局局长，段重利为市政府研究室主任，陈博为市人防办主任，张蔚为市信访局局长，冯立文为市医疗保障局局长，张军刚为市乡村振兴局局长，陈晓军为市行政审批局局长，王丽为市金融工作局局长，王健为市秦岭保护局局长。任命张友社、孙宝锋为市监委副主任；任命杜豫苏为市检察院副检察长、检察委员会委员、检察员，朱卫兵为沙坡地区检察院检察长、检察委员会委员、检察员。批准并任命13个区（县）检察院检察长。

6月28日，西安市十七届人大常委会第二次会议，决定免去沈黎萍的市政府副市长职务，决定任命黄强为市政府副市长；任免市法院郭莲枝、市检察院徐永安等人相关法律职务。

8月30日，西安市十七届人大常委会第三次会议，免去张拴仓的市人大常委会办公厅副主任、姚远的市人大常委会预算工委副主任，李红雨的市监委副主任、王雷的市监委委员职务；任命张拴仓、刘岳东为市人大常委会副秘书长，杜维宏为市人大常委会监察司法工委副主任；决定任命沈炳岗为市生态环境局局长；任免市法院王学堂、市检察院郭利君等人相关法律职务。

10月20日，西安市十七届人大常委会第四次会议，任免市法院张乐等人相关法律职务。

12月26日，西安市十七届人大常委会第五次会议，决定免去肖西亮市公安局局长、张蔚市信访局局长职务，任命李启全为市公安局局长、苏继文为市信访局局长；免去廖平市检察院副检察长、检察委员会委员、检察员职务，任命温鸿沛为市检察院副检察长；免去市法院刘长权、市检察院高选良等人相关法律职务。 （赵 航）

2022年3月30日，会议选举出的国家工作人员集体向《宪法》宣誓
（市人大常委会办公厅 供图）

人大监督

【概况】 2022年，西安市人民代表大会及其常务委员会落实全市九个方面重点工作部署要求，立足人大职能定位，围绕经济发展、环境保护、民生保障、城市建设管理等，依法开展监督工作。全年听取和审议专项工作报告27项，开展执法检查5项、专题询问1项、满意度测评9项。

【区域经济与社会发展监督】 2022年，西安市人大常委会对“十四五”教育类重点项目建设情况进行视察，对航空产业链发展、秦创原平台建设、侨资企业参与“一带一路”建设等情况进行调研，为巩固优势产业领先地位、支持企业做大做强建言献策。检查《中华人民共和国乡村振兴促进法》实施情况，视察粮食生产、气象为农服务、农村综合服务社发展等工作，对西安巩固拓展脱贫攻坚成果同乡村振兴有效衔接、种业发展等情况进行调研，推进乡村振兴各项政策措施落地落实。检查《中华人民共和

2022年9月15日，人大代表进行《秦岭生态环境保护条例》执法检查
（市人大常委会办公厅 供图）

国中小企业促进法》《陕西省实施〈中华人民共和国中小企业促进法〉办法》实施情况，指出政务服务、生产要素成本、权益保护等突出问题，提出改进意见和建议。听取审议企业创新主体培育工作报告，提出壮大创新主体规模、提升企业科技创新能力、集聚高端创新创业人才等建议，督促市政府加大企业创新主体培育力度，提升企业创新力和竞争力。组织省人大代表围绕助企纾困政策措施落实情况进行专题调研，配合省人大开展《陕西省优化营商环境条例》执法检查，为企业发展营造良好环境。听取审议安全生产工作报告，强化安全生产法治意识，提出健全综治体系、完善预防机制、提升管理水平等意见建议。听取审议计划、预算、审计及审计整改、国有资产管理等报告，审查批准市级决算、新增地方政府债券收支安排及预算调整方案，推进财政预算执行和财政资金使用管理依法规范高效。

【生态环境保护监督】 2022年，西安市人大常委会听取审议秦岭生态环境保护工作报告，持续开展省市《秦岭生态环境保护条例》执法检查，突出保护规划落实、生态环境保护修复、“五乱”整治等重点，采取明察暗访、邀请专家等方式深入沿山6区（县）和高新区，进企业、看峪口、听意见，筑牢秦岭生态保护法治防线。检查《中华人民共和国环境保护法》《陕西省实施〈中华人民共和国环境保护法〉办法》实施情况，邀请专家详细解读法律，对照法律条文列出重点检查清单，实地查出问题并转交市政府研究处理，持续跟踪监督，执法检查反馈问题已完成整改。听取审议年度环保计划完成、水资源保护与利用情况报告，督促市政府落实环保责任，提升水资源保护能力。

【保障和改善民生监督】 2022年，西安市人大常委会着眼“养老难”问题，听取审议养老服务工作报告，组织开展专题询问。询问前，深入调研找准养老难点、堵点问题；询问中，对市政府有关部门主要负责人应询情况进行满意度测评；询问后，实地跟踪监督，梳理问题，及时反馈给市政府进行整改。2次开展专项工作视察，持续开展专题调研，审议市政府研究处理情况报告并进行满意度测评，提出整改措施。着眼人民群众关注的教育、医疗、就业等热点问题，听取审议义务教育“双减”工作报告，视察基层医疗卫生服务体系建设，调研大学生就业情况，督促市政府办好人民满意教育，推动优质医疗资源下沉到基层，积极做好“稳就业”“保就业”等工作。着眼维护社会安全稳定，听取审议少数民族流动人口服务管理情况报告，对《中华人民共和国消防法》执法检查问题整改情况进行视察，对住房保障、退役军人和残疾人等工作进行调研，助力保障人民群众根本利益。

【城市建设和管理监督】 2022年，西安市人大常委会围绕城市公共交通优化提升和畅行提速工作，组织人大代表专项视察，提出优化公交线网、提高道路交通管理能力、加大交通顽固“堵点”整治力度等建议，列出问题清单。围绕城市精细化管理，听取审议生活垃圾分类管理工作报告，对城市轨道交通规划建设、城市更新、集中供热、地名管理等工作进行视察，督促市政府不断改善群众居住环境、提升城市品质。围绕基层社会治理，召开人大代表座谈会，组织社区一线代表围绕加强社区建设、创新基层治理、提升社区服务水平提出意见和建议，切实将群众智慧转化为推动社区治理的有效举措。对《宗教事务条例》实施情况进行检查，促进市政府提高依法管理宗教事务的能力和水平。

【行政和司法监督】 2022年，西安市人大常委会听取审议法治政府建设工作报告，创新开展人大代表见证社区矫正、未成年人检察等司法活动，对监察监督全覆盖、深化巩固政法队伍教育整顿成果、人民法庭建设等情况进行调研，督促落实执法责任，促进依法行政、公正司法。依法做好控告、申诉案件的转办督办工作，受理群众来信来访400余件（次），推动解决人民群众的操心事、烦心事、揪心事。对机动车停车条例、限制养犬条例实施情况以及社会治安防控体系建设、打击治理电信网络诈骗违法犯罪等工作进行视察，推进提升社会治理法治化水平。弘扬社会主义法治精神，通过新闻发布会、报纸、电视、网络、微信公众号等媒体平台，深入开展法治宣传教育，增强全民法治观念。

（赵 航）

代表工作

【概况】 2022年，西安市人民代表大会及其常务委员会贯彻落实发展全过程人民民主部署要求，不断健全制度机制，畅通民主民意表达渠道，充分发挥人大代表作用，保障人民的知情权、参与权、表达权、监督权。截至年底，实有市人大代表565人，其中男性379人，女性186人；中共党员368人，非中共党员197人；少数民族26名，占4.59%。年龄结构为35周岁以下22名，占3.88%；35周岁至55周岁408名，占72.21%；56周岁以上135名，占23.80%。文化程度为研究生及以上学历246名，占43.54%；大学本科学历197名，占34.74%；其他学历122名，占21.72%。

【人大代表建议督办】 2022年，西安市人民代表大会及其常务委员会以加强代表履职能力、履职平台、履职成效建设为目标，开展“三个一”创建活动，激发代表履职积极性。扎实督办代表建议，完善代表建议提出、办理机制，探索建议办理“承诺制+台账制”，重点督办建议20件，通过组织代表实地“看”、听承办单位“讲”、在绩效评估会现场公开“评”，对事关高质量发展、民生保障的10件建议办理情况进行绩效评估，提高建议办理成效。办结代表建议445件，初步实现建议办理由“答复满意”到“落实满意”的转变。指导5个区（县）、12个镇推行民生实事项目人大代表票决制试点，推动把为人民群众造福的事情办实办好。详见表 3。

【人大代表履职保障】 2022 年，西安市人民代表大会及其常务委员会提升代表履职能力，突出政治培训，做优履职培训，坚持培训对象、需求、内容、形式“四精准”，实现新一届市人大代表首轮培训全覆盖。发挥代表工作室作用，迭代升级代表工作室 441 个，将 7100 余名五级人大代表全部纳入工作室，定期接待群众，听取意见和建议。密切常委会与代表联系，常态化开展主任接待代表日活动，先后与 41 名代表座谈交流，收集意见、建议。邀请代表列席常委会会议，参加执法检查、视察、调研等活动，为代表知情知政提供服务保障。

（赵　航）

2022 年 7 月 26 日，市人大常委会委员与代表座谈交流

（市人大常委会办公厅　供图）

表 3　2022 年西安市人大常委会重点督办建议一览表

序号	建议编号	领衔代表	建　议　标　题	承办单位	督办部门
1	0131	陈卫民	关于进一步提升和加强“律师进社区”的建议	市司法局	市人大监察司法委
2	0321	李俊杰	关于对西安市电动自行车综合施策治理的五条建议	市公安局 市市场监管局	
3	0075	贾合义	关于全力打造西安本土标杆品牌，带动产业链集群高质量发展的建议	市商务局 市农业农村局	市人大财经委
4	0077	王　聪	关于后疫情时期加速推进西安市中小微企业提质增效和助企纾困双向融合的建议	市工信局	
5	0080	陶锦翔	关于强化食品全链条监管，守护好百姓舌尖上的安全的建议	市市场监管局 市农业农村局	
6	0217	任　矿	关于重点推进西安市污水源能综合利用的建议	市发展和改革委 市水务局	
7	0326	谈秦炜	关于加快建设西阎快速路项目的建议	市交通局	
8	0065	刘　强	关于在西安市灞桥区设立秦创原创新驱动平台分窗口的建议	市科技局	市人大教科文卫委
9	0094	刘　涛	关于“双减”政策下加强对家长的宣导工作，防止家长内卷使“双减”政策无法落地的建议	市教育局	
10	0148	解慧明	关于加强中小学劳动教育、培养学生劳动素养的建议	市教育局	
11	0257	孔令国	关于培养中医人才的建议	市卫生健康委	
12	0434	王淑芳	关于推进人文景观“云上”发展的建议	市文化旅游局	
13	0025	冯小琪	关于促进地方房地产业健康持续发展的建议	市住建局 市资源规划局	市人大城建环资委
14	0069	王西娅	关于积极解决垃圾分类投放工作存在问题的建议	市城管局	
15	0168	李小平	关于建立生态保护补偿机制的建议	市生态环境局 市发展和改革委	
16	0197	周相强	关于大力推进跨渭河发展，促进主城区与渭北工业区道路连通的建议	市资源规划局 市住建局 市交通局	
17	0423	王　衍	关于加快西安城市更新的建议	市城（棚）改事务中心 市公安局	
18	0029	孙耀华	关于增加提升体育场地和体育设施的建议	市体育局	市人大社会建设委
19	0158	王淑惠	关于加快完善社区养老助餐服务的建议	市民政局	
20	0221	万光辉	关于加强稳粮增产保丰收促进乡村振兴的建议	市农业农村局	市人大常委会农工委

综　述

【贯彻新发展理念】　2022年，西安市完整准确全面贯彻新发展理念，围绕市第十四次党代会确定的“六个打造”目标，全力做好九个方面重点工作，推动高质量发展迈出新步伐，国家中心城市建设取得新成效。全年地区生产总值11486.51亿元、比上年增长4.4%，规模以上工业增加值增长13.9%，2项增速均位居副省级城市第1。固定资产投资增长10.5%，高于全国5.4个百分点，增速位居副省级城市第2。消费市场逐步回暖，网上零售额增长10.1%。新登记市场主体43.8万户，累计在册289.69万户、增长7.7%。城镇新增就业16.52万人。居民人均可支配收入突破4万元，居民消费价格上涨2.2%。地方一般公共预算收入扣除留抵退税因素后增长9.7%，增速位居副省级城市第1。

917个市级重点项目高效推进，78个高质量产业项目建成投产。闪存芯片、单晶组件市场占有率排名全球第1。新能源汽车产量突破100万辆、占全国份额14.1%，位居全国第1。全社会研发经费投入强度5.18%，位居副省级城市第2。全市技术合同成交额2646.42亿元、比上年增长20%。实际引进内资增长38.4%，外商直接投资增长1.2倍。金融机构存贷款余额均突破3万亿元。3项举措入选“中国改革2022年度地方全面深化改革典型案例”。

【统筹疫情防控和经济发展】　2022年，西安市面对多轮疫情冲击，稳妥有序实施新冠病毒感染“乙类乙管”，科学高效配置资源力量，不断提高疫情防控科学性精准性，提升医疗救治能力，全力保健康、防重症、降病亡，部分经验做法在全国转发推广，最大程度保护人民生命安全和身体健康，最大限度减少疫情对经济社会发展的影响。高效统筹疫情防控和经济社会发展，适时出台应对疫情影响、恢复发展经济的《若干措施》，接续制定稳住经济大盘37条政策及配套文件，保障企业生产经营和物流畅通，减轻企业税费负担和增加现金流540多亿元，新设抗疫恢复、国资综改、创新投资、城市更新等基金带动社会投资3700多亿元。新登记各类市场主体43.8万户，累计登记289.69万户，确保企业疫情防控和生产经营“两不误”。经济加快恢复向好。

【优化营商环境】　2022年，西安市坚持推进“放管服”改革和优化营商环境工作，31项典型经验案例在全国宣传推广。市级7项行政许可事项依法委托区县级行政机关。开展全市“证照分离”改革落地效果评估工作，“证照分离”改革涉企经营许可事项完成147项，在自贸试验区增加实施的改革事项完成40项。市政务服务大厅东厅和公安专厅建成投运，西厅全面改造升级。市级政务服务事项进驻1691项，基本实现“应进必进”。在全省率先推行“周末不打烊”服务，推出政务服务“周末不打烊”事项1902项。常态化开展“一把手走流程、坐窗口、跟执法、处投诉”活动，各级领导干部累计接待企业群众4736人（次），解决各类问题2676个。全面推行招标投标全流程电子化、分阶段办理施工许可。推进“市政通”“标准地”“区域评估”“交房（地）即交证”等改革，一般工业类项目、社会投资小型低风险项目全流程审批时间分别压缩至20个和6个工作日内。推进“双随机、一公开”部门联合监管，实现部门覆盖率、平台入驻率、事项覆盖率和结果公示率4个100%。企业开办0.5个工作日全流程办结率96.5%以上，企业年报“多报合一”、“休眠期”制度、注销便利化等改革落地实施。建成运行新的一体化政务服务平台，95.93%政务事项实现网上可办。推动惠企政策“智能推送、直达快享”，兑现财政类政策资金176.27亿元，其中免申即享资金79.29亿元。推出23个“一件事一次办”事项，并细化为200个主题应用场景，累计办件39.9万件，平均减环节42%、减材料79.6%、减时限50.8%、减跑动42.4%。开展“一证（照）通办”试点改革，市、区两级发布“一证（照）通办”事项1205项。建成标准化基层便民服务中心（站）2316个、政务服务驿站73个，90%以上的公民个人事项实现就近能办、多点可办。　（彭　磊）

【数字政府建设】　2022年，西安市强化基础设施建设，全面推进市级政务数据中心（凤八节点）改造提升。采用“华为投资、联合运营、按需计费”的模式，投资建设新型基础设施云数字底座，9月1日，政务云西咸分节点正式上线并入政务网。推进一体化政务服务平台升级改造，9月30日，市一体化政务服务平台正式上线运行，实现省、市数据对接打通。协调推进省市数据共享、移动端融合，实现省市“互联网+监管”平台互联互通、全国信用信息共享平台（陕西西安）信用数据融合共享。梳理完善一体化政务服务平台建设标准规范、数据交换及服务接口标准规范、电子证照标准规范以及人口库、法人库、电子证照库、信用信息库、宏观经济库、自然资源与空间地理库等6大基础数据库建设标准。推进“四电”（电子印章、电子证明、电子签名、电子材料）改革，完成16个部门43种电子证照归集入库；完成市一体化政务服务平台与省电子印章系统对接打通，依托省电子印章系统实现政府侧电子印章制、发、管、用；制作电子印章1017个，开发11个共享接口对外提供服务。　（石敬才）

【乡村振兴和城乡融合发展】 2022年，西安市争取国家、省级衔接资金25237万元，落实市级财政衔接资金38686万元，安排巩固脱贫攻坚成果与乡村振兴有效衔接项目581个，项目开工率100%。全市脱贫群众“三重保障”报销比例80%以上，农村供水保证率95%，脱贫人口基本医保参保率100%。新增家庭农场59家，规范运行的农民专业合作社6889家、国家级示范社24家。开展各类农业科技培训1528场，培训7.09万人（次），开发公益性岗位5714个，122660名脱贫劳动力外出务工，就业规模总体稳定。搭建社会力量参与乡村振兴需求项目库，入库项目300个。开展“万名干部人才下乡村”“千企联千村”行动，动员4115名干部人才下沉一线，引导478家企业与569个村签署共建协议。争取苏陕协作省级资金1640万元，安排项目13个。持续开展苏陕协作消费帮扶，向太仓等东部地区销售周至县农副产品2.27亿元。通过苏陕协作渠道转移农村劳动力就业1091人。周至太仓创新产业园新增引进落地投产企业5家，到位投资3.69亿元。全面加强改进乡村治理，1镇5村被认定为第二批全省乡村治理示范村镇。创建美丽村庄109个、美丽村庄片区12个，带动建设投资13.7亿元。完成农村危房改造278户、农房抗震改造4620户。开展“百名设计师进镇街”活动，指导300余个村庄完成“三图一集”编制。3个村庄入选中国传统村落名录，4个村庄入选省级传统村落名录，9个村庄列为全省建设示范点。

【人大建议和政协提案办理】 2022年，西安市承办省人大代表建议30件、省政协提案72件，102件省级建议提案全部办结，办复率、公开率和满意率均为100%。市政府系统承办市人大代表建议427件、市政协提案620件，办复率为100%，建议、提案的满意率分别为100%和96%。全年办理国务院办公厅“互联网+”督查平台线索79件，办理人民网“地方领导留言板”省委书记和省长留言共计1064件，办结率均为100%。办理人民网“地方领导留言板”市长留言6343件，办结率99.3%。 （戴晓云）

【文史参事工作】 2022年，西安市共有文史馆员50人，研究员53人。完成介绍西安方言、饮食、建筑、民俗等地域文化的《西安地域文化》专题片录制工作，编辑出版《记忆老西安》第四卷、《西安解放路》、《碑林老字号》及2套《馆员丛书》。《记忆老西安》系列丛书在陕西省文化和旅游厅主办的第十届陕西省阅读文化节上被推荐为“名家笔下的陕西文化旅游名篇佳作”。完成12名政府参事的新聘和3名政府参事续聘工作。开展课题调研8次，报送调研报告6份、参事建议13份，其中5份调研报告、9份参事建议呈送市领导批示后转相关单位参阅落实。 （石敬才）

重要会议

【市政府全体会议】 2022年，西安市人民政府召开全体会议1次。3月16日，市长李明远主持召开市政府全体会议，传达学习习近平总书记在全国“两会”上的重要讲话精神、全国“两会”精神；审议《政府工作报告（讨论稿）》《西安市2021年国民经济和社会发展计划执行情况与2022年国民经济和社会发展计划（送审稿）》《西安市2021年财政预算执行情况和2022年财政预算安排意见（送审稿）》；市政府各直属事业单位、派出机构及其他单位对《政府工作报告》等进行书面审议，征求各方意见、建议；安排部署市政府近期重点工作。

【市政府常务会议】 2022年，西安市人民政府召开常务会议19次（第4、5、8、11、18次会议议题涉密不载）。

第1次常务会议 1月24日召开，以视频会议方式举行。传达学习中央经济工作会议精神和省“两会”精神，听取市卫生健康委、市发展和改革委关于疫情防控、复工复产工作汇报，安排部署当前重点工作。审议并原则同意市疫情防控指挥部办公室《关于给予国务院联防联控机制综合组陕西工作组成员城市“礼遇”的请示》。审议并原则通过《西安市黄河流域生态保护和高质量发展规划》。审议并原则通过《西安市“十四五”农业农村现代化规划》。审议并原则通过《西安市深化巩固违建别墅问题清查整治专项行动方案》。

第2次常务会议 2月14日召开。听取稳增长、电网项目建设和保障性住房建设工作汇报，安排部署下一步工作。审议并原则通过《西安市重大行政决策程序规定》。审议并原则通过《西安市贯彻落实〈“十四五”促进全省城乡居民增收 推动富民惠民的意见〉的实施方案》。审议并通过《科技领域市以下财政事权和支出责任划分改革实施方案》。听取市市场监管局关于全市2021年药品安全工作汇报，安排部署下一步工作。审议并通过《关于废止〈西安市城市地下综合管廊管理办法〉的决定（草案）》。审议并原则通过《陕西秦岭北麓主体山水林田湖草沙一体化保护和修复工程实施方案》。

第3次常务会议 2月28日召开。审议并同意市政府办公厅（市政府参事室）《关于新聘续聘市政府参事的请示》。

第6次常务会议 4月18日召开。分析研判一季度经济形势，安排部署下一步重点工作。审议并原则通过《2022年城市建设维护项目投资计划》。听取市商务局关于中国（陕西）自由贸易试验区西安区域五年建设工作的汇报，审议《关于推进便利化改革创新支持自由贸易试验区高质量发展的若干措施》。审议并原则同意《西安市灾后恢复重建项目市级财政资金支持计划》。审议并同意《关于提请审议废止〈西安市流动人口计划生育条例〉的议案》。

第7次常务会议 5月13日召开。传达学习习近平总书记5月5日在中共中央政治局常委会会议上的重要讲话精神，进一步安排部署贯彻落实工作。传达学习习近平总书记对湖南长沙居民自建房倒塌事故的重要指示和李克强总理批示，进一步安排部署贯彻落实工作。传达学习李克强总理在农业农村部考察并主持召开座谈会时的重要讲话，安排部署贯彻落实工作。传达学习《信访工作条例》，安排部署贯彻落实工作。审议并原则通过《贯彻落实国务院安委会安全生产十五条措施的60条具体举措》。审议并原则通过《西安市蓝天碧水净土2022年保卫战工作方案》。审议并原则通过《关于深入开展爱国卫生运动的实施意见》。审议并原则通过《西安市促进中医药传承创新发展的实施方案》。审议并原则通过《渭河西安段生态区划分调整方案》。

第9次常务会议 6月6日召开。传达学习陕西省第十四次党代会精神、刘国中在省委十四届一次全会上的讲话精神和在参加西安代表团讨论时的讲话精神，进一步安排部署贯彻落实工作。传达学习全国稳住经济大盘电视电话会议精神和全省稳住经济大盘工作推进会议精神，进一步安排部署贯彻落实工作。传达学习全省招商引资工作现场会精神，进一步安排部署贯彻落实工作。审议并原则通过《西安市贯彻落实第二轮中央生态环境保护督察报告整改方案（送审稿）》。审议并原则通过《西安市城市地下管线管理办法（草案）》。审议并原则同意《西安市规范民办义务教育发展2022年工作方案（送审稿）》和市教育局关于做好2022年义务教育招生入学工作的建议。审议并同意《西安市2022年市财政预算内第一批基本建设投资计划安排意见（送审稿）》。

第 10 次常务会议　6 月 20 日召开。陕西省委党校原副校长、教授宦洁讲《习近平法治思想概论》。听取关于房地产等涉众重点领域矛盾化解有关情况汇报。审议并原则通过《西安市“十四五”就业促进实施方案（送审稿）》。传达省委刘国中书记指示精神，安排部署贯彻落实工作。审议并原则通过《西安市气象灾害防御条例（修订草案）》。审议并原则通过《西安市城市轨道交通条例（修正草案）》。审议并原则通过《关于加快推进供销合作社高质量发展的实施方案（送审稿）》。审议并原则通过《关于新时代推进普通高中育人方式改革实施方案（送审稿）》。审议并原则同意《陕西西安综合改革试验基金设立方案》和《陕西西安综合改革试验基金管理有限公司组建方案》。审议并原则同意《西安商贸物流集团有限公司组建方案和章程》。

第 12 次常务会议　7 月 18 日召开。分析研判上半年经济形势，安排部署下一步重点工作。听取市住建局关于全市房地产领域风险防范化解有关情况的汇报。

第 13 次常务会议　8 月 1 日召开。西北大学教授王思锋讲《数据安全法》。审议并原则同意《西安市贯彻落实国家统计局第 10 统计督察组督察反馈意见整改方案》。听取全市政府系统上半年生态环境质量提升暨中央和省生态环境保护督察反馈问题整改工作进展情况汇报。审议并原则同意市妇儿工委《西安市妇女发展规划（2021—2030 年）（送审稿）》《西安市儿童发展规划(2021—2030 年)（送审稿）》。审议并原则同意市发展和改革委《西安市 2022 年市财政预算内第二批基本建设投资计划安排意见》。

第 14 次常务会议　8 月 15 日召开。分析研判近期安全生产、消防安全、燃气安全工作形势，安排部署下一步重点工作。审议并原则同意市应急管理局《推进全市基层应急管理体系和能力建设实施方案》。审议并原则同意《西安市优化营商环境条例（草案）》。审议并原则同意《西安市海绵城市建设条例（草案）》。审议并原则同意市行政审批局《全面实行行政许可事项清单管理通知》《委托一批行政许可事项决定》。审议并原则同意市财政局《西安市人民政府关于西安市 2021 年决算草案和 2022 年上半年预算执行情况的报告（代拟稿）》。强调部署有关工作。

第 15 次常务会议　8 月 29 日召开。陕西省粮食和物资储备局副局长王晓霞讲《粮食流通管理条例》。传达学习习近平总书记对机关事务工作重要指示精神，传达学习全国机关事务工作先进集体和先进个人表彰大会精神，听取市机关事务工作情况汇报，研究贯彻落实工作。传达学习李克强总理关于二季度上半年经济形势和做好下一步经济工作讲话精神，安排部署有关工作。审议并原则同意《西安市“十四五”数字经济发展规划》。听取市司法局《关于 2021 年全市行政复议应诉工作的报告》。审议并原则同意长安区政府、曲江新区管委会《关于报请批准长安区与曲江新区合作共建杜陵遗址保护区及其南侧 10.53 平方千米区域有关事宜的请示》。

第 16 次常务会议　9 月 14 日召开。传达学习中央有关文件精神，安排部署市政府近期重点工作。学习习近平总书记关于知识产权工作的系列重要论述，听取市市场监管局（知识产权局）关于西安市知识产权保护工作的情况汇报，研究贯彻落实意见。审议并原则同意市科技局《西安市加强金融支持科创企业健康发展的若干措施》。审议并原则同意市住建局《关于审定大寨路西段（绕城高速—富源四路）工程设计方案的请示》。审议市国资委《西安航空航天投资集团有限公司组建方案》。

第 17 次常务会议　10 月 26 日召开。传达学习党的十九届七中全会精神、党的二十大精神、党的二十届一中全会精神和省委常委会（扩大）会议精神，安排部署近期重点工作。传达学习国务院领导批示讲话精神和全国气象高质量发展工作电视电话会议等有关精神。审议并原则同意市发展和改革委《西安市城区公共管网供水价格有关事项的通知》。审议并原则同意市发展和改革委《西安市天然气价格改革方案》。审议并原则同意《关于授予蒋正全等 6 人西安市见义勇为模范的请示》。审议并原则同意《西安市防范和惩治统计造假弄虚作假责任制和问责制实施办法（试行）》。审议并原则同意市行政审批局《西安市住宅小区行政执法实施方案》。审议并原则同意市资源规划局《关于处理历史文化区域遗留项目有关问题的意见》。审议并原则同意市资源规划局、市住建局《关于进一步规范企事业单位自有土地建设保障性租赁住房试点的指导意见（送审稿）》。审议并原则同意《西安市全民健身实施计划（2021—2025 年）》。审议并原则同意《西安市产业倍增工作方案（2022—2026 年）》。

第 19 次常务会议　12 月 8 日召开。传达学习《中共中央政治局关于加强和维护党中央集中统一领导的若干规定》《中共中央政治局贯彻落实中央八项规定实施细则》文件精神。审议并原则同意市发展和改革委《西安都市圈建设三年行动计划（2023—2025 年）》。审议并原则同意市发展和改革委《关于深入贯彻落实党的二十大精神全力推动“六个打造”工作的实施意见》。审议市发展和改革委《西安市机动车停车服务收费管理办法》。审议并原则同意市发展和改革委《西安市促进光伏产业高质量发展若干措施》。审议并原则同意市市场监管局《西安市关于贯彻落实〈国家标准化发展纲要〉的实施方案》。审议并原则同意市卫生健康委《西安市关于优化生育政策促进人口长期均衡发展的实施方案》。审议并原则同意市医疗保障局《西安市职工基本医疗保险门诊共济保障机制实施方案》。审议并原则同意市住建局《关于废止〈西安市建筑业劳动保险基金行业统筹管理办法〉的请示》。进一步强调部署有关工作。

（石敬才）

政务服务

【概况】　2022 年，西安市紧扣深化“放管服”改革和打造西安营商环境品牌工作要求，全市行政审批服务各项工作有序推进。在国务院电子政务办开展的省级政府和重点城市一体化政务服务能力评估中，由“中”组别升至“高”组别，其中政务服务事项覆盖度得分位列全国前十；“驿站”服务便民利企案例获评全国“党政信息化最佳实践标杆案例”；推进政务服务“好差评”系统建设和网上中介服务超市经验在全国推广；“西安政策通”推进惠企政策“免申即享”被国家发改委、省职转办简报专门报道；西安市“政务服务”在 6 月发布的 2021 年全省营商环境评价中指标位列全省第 1；“西安市通过网上中介服务超市规范办理建筑许可中介服务”入选陕西省 2022 年第一批优化营商环境典型经验做法清单。

【行政审批】　2022 年，西安市行政审批局积极推进“跨区域通办”。先后与广州、深圳、长沙、西宁等城市签订“跨省通办”协议，已与 16 个省 38 个市（区）建立“跨省通办”合作，实现与省内各地市“跨市通办”。印发《西安市第二批政务服务“全市通办”事项清单》，共推出 389 项“全市通办”事项并完成系统部署。累计办理“跨地区通办”事项 47.15 万件。

实行“周末不打烊”服务　全市政务服务大厅开设“周末不打烊”服务专区，

2022年，市行政审批服务局组织召开"一件事一次办"集成改革专题会议
（市行政审批局　供图）

市、区两级推出周末可线下办理政务服务事项1902项，办件近万个，解决企业群众"工作时间没空办、休息时间没处办"难题。

强化网上中介服务超市建设　制定《西安市网上中介服务超市实施细则》，累计入驻中介机构2257家，梳理确认市区两级中介服务事项183项，实现工建项目"多测合一"业务通过网上中介超市选取中介机构。完成中介交易785笔，交易量比上年增长359.06%。

推行政务服务"好差评"制度　"好差评"系统累计产生评价数据525.53万条，"评价满意度"达99.83%，实名"差评"整改率100%。出台《西安市政务服务电子监察运行规范》，优化电子监察系统功能，对368.03万个办件开展电子监察。

【行政审批制度改革】　2022年，西安市行政审批局提升"一件事一次办"集成改革成效。出台《西安市进一步深化"一件事一次办"集成改革指导意见》，"一件事一次办"办件23.13万件。出台《西安市加快推进"一件事一次办"打造政务服务升级版实施方案》，6个牵头单位已承接15个"一件事"改革任务。

深化"市政通"改革　制定《西安市建设项目"市政通"集成改革实施细则（试行）》，推进水电气暖等市政接入工程涉及的行政审批事项并联办理，平均压减办事材料45%、缩减审批时间84%，完成"市政通"外线审批环节事项310件。制定印发《"西安政策通"运行机制》，优化"西安政策通"服务功能，开展惠企政策直达企业专项行动，实现政策推送直达、兑现快享。归集发布惠企政策730条，企业库纳入市场主体305万家，兑现财政类政策资金91.82亿元，其中免申即享资金44.17亿元。

其他关键领域改革　落实关于抓开发区运行机制优化提升要求，指导各开发区完成权责清单编制。深化"证照分离"改革，组织市级部门确认改革事项313项。在18个行业领域开展"一业一证"改革，实现"一证准营"。

行政审批事项改革　推进市级政务服务事项"应进必进"，印发《关于进一步推进市级政务服务事项进驻市政务大厅有关事宜的函》，推动事项进驻到位、窗口授权到位。除涉及场地限制、不直接面向企业群众暂不进驻的285项外，进驻市政务大厅事项1691项，实现"应进必进"。

事项管理标准化　出台《西安市行政许可事项清单（2022年版）》，规范378项行政许可事项管理标准。出台《西安市政务服务事项管理办法（试行）》，开展政务服务事项标准化精细化梳理，形成市级部门审批服务事项清单、公共服务事项清单和社会化服务事项清单。

【重大项目建设保障】　2022年，西安市行政审批局修订《西安市投资建设项目审批代办服务实施办法》，编制代办工作流程图和代办服务指南，在市政务大厅设立重点项目代办服务专区，通过市区联动、审前辅导、跟踪协调和畅通绿色通道等加快项目手续办理。全市各级代办机构为963个重点项目（其中市级重点项目451个）代办审批事项1548个，协调解决疑难问题700余个。

【市政务服务大厅扩容提升】　2022年，西安市政务中心东厅和公安专厅建成投用。市政务中心东、西两厅总建筑面积1.5万平方米，设置市场准入、民生保障、工程建设等6个服务专区和87个服务窗口，40个市级部门和20个公共服务单位集中进驻。

【市、区两级政务大厅标准化建设】　2022年，西安市强化市区两级政务大厅标准化建设，印发《关于进一步推进全市政务服务大厅标准化建设工作的通知》，指导市、区两级大厅持续完善考核管理、综窗业务、大厅服务、系统应用、后勤管理、应急处置标准。在市、区两级政务大厅布设"办不成事"反映窗口，拓宽诉求表达渠道。

【审批服务便利化】　2022年，西安市行政审批局提升"15分钟政务服务圈"品质。印发《关于进一步深化"15分钟政务服务圈"建设的实施方案》《西安市镇街便民服务中心政务服务事项参考目录》《公民个人全生命周期办事事项清单》，通过委托受理、授权办理等方式推动政务服务向基层延伸，全市镇街平均可办事项170项、社区平均可办事项82项，90%以上公民个人事项"身边可办"。推动121个邮政、银行网点和交通枢纽等第三方机构为市民提供就近政务服务。利用人工智能技术对办件材料进行自动化识别和比对分析，推出115个智能审批事项。搭建线上"云踏勘"平台，实现审批全程"零接触"，上线"无证明城市""一证通办"等业务模块，实现17类事项在线开具证明、

2022年7月25日，西安市政务服务中心（东厅）启用，向企业群众提供更加优质、便捷的服务
（市行政审批局　供图）

市本级 53 个事项“一证通办”。全市 84.72% 政务服务事项实现全程网办。

【提升一体化政务服务能力】 2022 年，西安市行政审批局成立市全面提升一体化政务服务能力工作专班，确定“六横三纵”系统架构和 48 项建设任务、4000 余个功能点，会同市大数据局、市大数据公司及承建单位 200 余人集中办公、通力协作，全市一体化政务服务平台 9 月 30 日正式上线。全面升级西安政务服务网，将市、区（县、开发区）、镇（街）、社区（村）四级 50779 个事项纳入平台。建设市民、企业侧门户，开通特色服务专题 44 个、栏目板块 10507 个。部署市政务服务统一工作门户，接入 50 个业务系统。（胡文忱）

【政务公开】 2022 年，西安市制定《市政府门户网站信息发布制度》，加强市政府门户网站信息发布管理。围绕行政决策、执行、管理、服务、结果“五公开”，在市政府门户网站开设专栏 51 个，发布信息 7747 条；围绕财政资金、政府采购、减税降费等重点领域，开设专栏 26 个，发布信息 5489 条。在市政府门户网站建设规章库及规范性文件库，统一格式集中发布市政府现行有效规章 73 部、规范性文件 44 件。对全市各级各类政府网站与政府系统政务新媒体开展 4 轮全面检查和 9 次专项检查，检查各类页面、链接 820 万个。全年公众向市政府提交政府信息依申请公开 535 件，531 件已办结。办理因信息公开引起的行政复议 22 件、行政诉讼 30 件。在清华大学国家治理研究院发布的《2022 年中国政府网站绩效评估报告》中，西安市人民政府网站居省会城市政府网站第 3 名。全年累计报送《西安政务信息（专报）》259 期。向省政府办公厅上报政务信息 336 期，省政府办公厅采用信息 186 条。向国务院办公厅直报政务信息 29 条，国务院办公厅采用信息 5 条。全年省政府领导批示信息 19 条，其中省政府主要领导批示 8 条，省政府领导批示数量、省政府主要领导批示数量均创历年新高。（彭　磊）

【“12345”市民热线】 2022 年，西安市大数据资源管理局推进“12345”市民热线升级扩能，先后整合全市 50 条政务服务热线，融合网站、微信、App 等渠道，实现“一号运行”“集中受理”，承接互联网+督察、省长信箱、市长信箱、人民网留言等市民投诉渠道 38 个。推动“接诉即办”改革，以“12345”热线平台为核心节点，创新考核评价及工单处理流程，探索热线诉求分类处理、分级响应、直派基层、协同办理机制，完成新城区、阎良区、西咸新区改革试点工作。截至年底，热线话务量 1311.92 万通，其他渠道接件 140 万余件，产生工单约 611 万件，办结 603 万件左右，办结率 98.69%，满意率 92.14%。以 360 名话务员数量，保障民生诉求渠道畅通。（桑春荣）

政务督查

【概况】 2022 年，西安市人民政府办公厅切实抓好中央、省各项督查事项的落实，在国务院“两稳一保”专项督查和国务院办公厅审计查出问题专项检查期间，配合省政府办公厅圆满完成各项保障任务。全年共督办中央领导，省委、省政府主要领导批示事项 90 余件，全部做到“件件有回音，事事有着落”。配合市委开展全市九个方面重点工作、作风建设专项行动、疫情防控等领域督查督办，开展现场督导 30 余次、暗访 30 余次、电话督办 43 次，其中现场督导发现问题并推进解决 28 个。督查督办 32 项市政府主要领导关注的事项，跟踪市政府主要领导批示件 231 件。做好国务院第九次大督查交办事项的督办落实，调研工作安排及问题整改响应速度得到督查组的肯定，养老、复工复产、科技创新、园区建设等工作受到督查组的表扬。按照《陕西省人民政府办公厅关于印发国务院第九次大督查反馈意见整改落实方案的通知》中涉及西安市整改事项相关要求，逐项对照核查，推进整改，涉及西安市的 8 个整改问题，6 个已整改，2 个按计划推进；8 个整改要求任务，6 个已完成，2 个持续推进。

【建议提案督查办理】 2022 年，西安市人民政府办公厅配合完成省人大代表集中视察活动，协调保障省政协历次专题协商会议，完成市人大常委会议和接待代表日活动联系协调工作，组织召开市政府年度政情通报会，组织举办市政府与市政协第一次联席会议。协调落实省市人大、政协会议座谈、视察调研、执法检查、月度协商等活动 103 次。召开建议提案办理协调会 17 次、协商处理疑难件 26 件、督查承办单位 31 个。市政府承办省人大代表建议 30 件、省政协提案 72 件，全部办结，办复率、公开率和满意率均为 100%。市政府系统承办市人大代表建议 427 件、市政协提案 620 件，全部办理完毕，办复率 100%，满意率分别为 100% 和 96%。办理国务院办公厅互联网+督查平台线索 79 件，全部按要求回复办理，办结率 100%；办理人民网“地方领导留言板”省委书记和省长的留言共计 1064 件，办结率 100%；办理人民网“地方领导留言板”市长留言 6343 件，办结率 99.3%。市政府被省人大常委会评为 2022 年度建议先进承办单位，被省政协评为 2022 年度提案先进承办单位。市政府办公厅被评为 2022 年度人民网网上群众工作民心汇聚单位。

【专项督办工作】 2022 年，西安市人民政府办公厅紧盯省市《政府工作报告》，细化任务分解，逐项任务抓落实，以日常督办和季度通报为抓手，对工作进展情况进行跟踪；以实际暗访、检查为途径，印证工作进展和推动任务。紧抓市政府全体会议、市政府党组会议和市政府常务会议确定事项督办落实，以会议纪要确定事项为导向，期期抓落实，并定期开展“回头看”。以人民群众利益为出发点，深入实际，走访群众，全力督促利民实事落实。全年开展实际督查督办 40 余次，印发督查情况 23 期、专报 3 期。围绕党中央“疫情要防住、经济要稳住、发展要安全”重大要求，全面落实全市稳经济部署要求，开展市级部门“两稳一保”工作任务贯彻落实情况专项督查。针对第二轮中央生态环境保护督察报告反馈问题整改情况，对位于蓝田县的鑫陨石英矿生态环境修复项目、天盛采石场生态修复项目、尧柏水泥有限公司小寨水泥用石灰岩矿修复项目生态修复进展情况进行实地督导检查，确保反馈问题整改工作持续推进。落实市委、市政府关于粮食安全工作决策部署，切实做好粮食购销领域专项整治发现问题整改督查工作。参加市级领导带队的稳经济大盘督导工作，督导促进经济运行加快恢复，质量效益持续提升。（石敬才）

外事工作

【概况】 2022 年，西安市外事工作围绕全市九个方面重点工作，统筹协调市领导访问三星电子集团总部，安排市领导会见新加坡丰益国际集团董事局主席兼首席执行官、益海嘉里金龙鱼粮油食品股份有限公司董事长等一行。协调市领导出席“大韩民国国庆招待会”“中国—中亚民间友好论坛”，参加“第七届西安·韩国周启动仪式”“长安共此时——2022 西安市与知名日资企业合作交流会”“走读西安”外宣沙龙等活动，全年安排市级领导外事会见 10 批

2022年5月25—26日，西安易俗社非遗文化留学生体验营活动成功举行
（市外办 供图）

108人（次）。

【涉外管理和领事保护】 2022年，西安市加强领事保护宣传，保障西安在国（境）外人员和在西安外籍人员安全。推进全市“一带一路”安全保障体系建设，建立海外人员和机构（项目）互助联络站和涉外安全工作联络站，配合外交部及驻外大使馆完成西安在乌克兰部分人员安全撤离服务保障工作。制作“出国务工人员安全提醒”动画短片，发至各区（县、开发区）及对外劳务派遣公司等相关单位企业，增强出国市民领事保护意识。西安市委外事办主动承担全市因疫情滞留外籍人员求助服务热线接听处置工作，累计接听回复外籍人员求助热线80余次，协助符合条件的外籍人员离境30余次。全年处置并上报涉外案（事）件28起，处置领事保护事件7起。

【出国服务】 2022年，西安市按照“因事定人、人事相符、计划管理、总量控制”原则，严格审批程序，提升因公出国（境）工作管理水平。优化审批流程，落实“同步办照”和“照随人走”要求，由“串联式”调整为“并发式”，实现审批、政审同时进行。推广运用因公出国（境）任务网络申报系统，让信息多跑路、让群众少跑腿。全年审批出国任务27批61人（次），受理护照团组251批383人次，代办签证32批49人（次），受理外国人来华邀请4批7人（次），受理申办APEC商务旅行卡9批28人（次），代办领事认证129份。

【对外交流】 2022年，西安市举办“一带一路”媒体合作论坛，邀请21个国家26名记者组成的参访团实地感受西安市的新实践、新成就、新经验。举办“云上新春祝福活动”，20余名国外城市市长、政府代表、文化旅游业界代表和市民代表喜聚云端，齐享中国年的喜庆氛围。邀请捷克、巴基斯坦等国家的驻华大使及参赞参加第九届丝绸之路国际电影节，邀请在西安的外籍人士参加主题为“我眼中的中国——智慧生活”短视频大赛和“寻美西安”留学生、外籍人士影像短视频征集展映活动，举办西安易俗社非遗文化留学生体验营活动，进一步推动丝路文化交流、民心相通和文明互鉴。

【友好城市交流与合作】 截至2022年年底，西安市国际友好城市数量38个，友好交流城市65个、友好交流区（县）4对，友城数量位居全国副省级城市前列。与韩国大田市签署建立友好交流城市关系协议书，与哥伦比亚波哥大、格鲁吉亚库塔伊西市、摩洛哥拉巴特市、尼泊尔杜利凯尔市、哈萨克斯坦阿斯塔纳市5城市签署发展友好城市关系意向书。利用视频会议等手段，开展双、多边“云”交流，举办国际友城展、中国—中亚民间友好论坛教育和青年交流分论坛，与阿根廷科尔多瓦市、哥伦比亚波哥大市、日本小浜市等城市举办双边视频洽谈会，涉及文化、教育、青少年交流等领域；参加第18届世界历史都市联盟理事会视频会议、第23届中日韩友好城市交流大会、中日历史文化名城对话会、第3届中意友城合作对话会、中日友城青少年“虚拟互访”交流大会等多边双边交流会议。

【连任世界城地组织联合主席城市】 2022年10月10—14日，西安市代表团出席在韩国大田举办的世界城地组织第七届会员大会，并在换届选举中成功连任世界城地组织联合主席城市，为服务国家总体外交和西安高质量对外开放奠定基础。大会期间，还与韩国大田市合作举办高新产业推介会，与摩洛哥首都拉巴特、哈萨克斯坦首都阿斯塔纳等5个城市开展双边会谈。

【承办世界城地组织会议】 2022年6月9—10日，世界城地组织亚太区执行局会议以线上、线下结合的方式在西安召开。这是西安首次承办世界城地组织机制性会议，来自17个国家70个会员城市的120余名地方和区域领导人参会，市长、世界城地组织联合主席李明远出席大会开幕式、旅游委员会首次会员大会、执行局业务会议并致辞。各行业全年累计参加世界城地组织框架下的线上会议74场，举办12次主场活动，与来

2022年10月10—14日，西安市代表团出席在韩国大田举办的世界城地组织第七届会员大会，西安市连任城地组织联合主席城市 （市外办 供图）

自世界各地的城市和地区交流经验，介绍西安市的治理政策与措施，增进西安市与会员城市间的深度交流，提升西安在世界城地组织中的影响力和美誉度。

【西安领事馆区建设】 2022年9月14日，国家主席习近平对哈萨克斯坦共和国进行国事访问，两国元首决定在西安、阿克托别互设总领事馆。8月13日，西安市成功举办“2022西安浐灞生态区暨西安领事馆区投资环境推介会”，浐灞跨境电商产业园及西部跨境电商服务中心正式揭牌，签约14个重点招商项目，涉及医疗卫生、现代商贸、文化旅游、总部经济、数字经济等多个产业类别，总签约额达138.5亿元。

【落实“中国＋中亚五国”外长第二次会晤成果】 2022年，西安市落实“中国＋中亚五国”外长第二次会晤成果，制定“中亚五国”留学生教育培训计划实施方案，修订完善奖学金管理办法。在中国—中亚民间友好论坛期间，举办主题分论坛，详细介绍奖学金管理办法，为中亚各国在教育领域和青年之间开展交流搭建重要平台。

【国际语言环境建设】 2022年，西安市进一步优化城市国际语言环境，常态化开展公共外语标识规范化工作，开展公共外语标识巡检，筹备公共场所外语标识纠错活动。增补、修订《西安市公共场所标识语英文译写规范》内容。举办2022年第二届西安市“悦西安 阅中国”讲中国故事演讲比赛暨外事口译大赛。 （杜 渐）

2022年9月26日，庆祝香港回归祖国25周年巡回展在西安举办
（市外办 供图）

涉港澳台事务

【概况】 2022年，西安市发挥与香港澳门各界人士的交流平台作用，联系省港澳办，共同建立“在陕西港澳企业服务群”。推进与港澳人士的交流互访，邀请香港贸发局参加2022西部数字经济博览会开幕式暨秦创原·2022数字经济创新发展高峰论坛等相关活动。推动香港特区政府驻陕联络处在西安开展“香港电影音乐艺术”演出系列活动，先后参加香港特别行政区在易俗社文化街区主办的“庆祝香港回归祖国25周年——砥砺奋进廿五载，携手再上新征程”全国巡回图片展开幕式及“庆祝香港回归25周年在陕港人交流座谈会”等活动。中秋佳节与“三胞”亲属和在西安的台胞台属围绕两岸关系发展、对台交往等开展座谈交流。举办“携手喜迎二十大两岸同心向未来”书画摄影展，展出作品85幅。全年审批出境2批4人（次），受理通行证团组2批4人（次）。

【涉港澳台工作调研】 2022年，西安市完成国务院港澳办港澳研究所关于“港澳研究”问卷调研。到相关部门走访，调研港澳台人员来往及经贸投资情况，并就“优化西安市营商环境”涉及港澳台工作进行对接沟通。先后到西安顶益食品有限公司、力成半导体（西安）有限公司、西安汉神百货等台资企业走访调研，了解企业生产经营状况及疫情防控情况，并协调有关部门解决企业复工复产过程中面临的困难和问题。

【西安碑林海峡两岸临书展】 2022年4月6日，2022年陕台重点交流项目“临古开新 共书辉煌——西安碑林海峡两岸临书展”在西安碑林博物馆开幕，临书活动由西安碑林博物馆和“中华翰维文化推广协会”共同承办，面向海峡两岸各界人士共征集临书作品1600余件，评出获奖作品101件，其中大陆作品51件、台湾作品50件，包括一等奖作品6件、二等奖作品12件、三等奖作品18件、优秀奖作品65件。展览除展出以上获奖作品外，还展示两岸15位书法名家为本次活动书写的20幅书法作品。展出作品以临习西安碑林博物馆所藏名碑刻帖为主要内容，涉及篆、隶、楷、行、草等多种书体，展现两岸书法爱好者临习古代名碑刻帖的最新面貌与艺术功底。另外，展览还精选16种西安碑林书法名碑拓片配套展示，为观众设置碑帖临摹、书法拼图等互动体验项目。本展览将在西安碑林博物馆展出1个月，并计划在宝岛台湾进行巡展，在台北、南投两地与台湾观众见面。

【“发现新西安”——两岸媒体采访拍摄活动】 2022年6月25日，“发现新西安”——两岸媒体采访拍摄活动启动。来自台湾中时新闻网、台湾东森电视台、《台湾导报》、《台湾好报》、香港卫视等海峡两岸媒体记者参与活动。拍摄组一行先后在西安奥体中心和在建的10号线公轨合建桥工地，了解西安城市轨道交通规划、智慧地铁建设、技术创新和重难点课题等情况；在曲江新区易俗文化街区、建国路信义巷老菜场、长安十二时辰主题街区等，感受西安文旅融合发展情况；走入高陵源田梦工场，探访美丽乡村建设和乡村振兴模式。岛内多家媒体及香港卫视等平台持续报道此次采访拍摄情况。 （杜 渐）

政策研究

【概况】 2022年，西安市人民政府研究室全年共完成课题调研报告20余篇，参与完成重要文稿起草20余篇，审核相关文件文稿50余份。

【服务决策】 2022年，西安市人民政府研究室与市政府办公厅共同完成西安市《政府工作报告》起草工作。完成市政府主要领导提交全国“两会”代表建议。完成市政府领导署名文章《坚定信心 砥砺奋进 奋力谱写西安高质量发展新篇章 以优异成绩迎接党的二十大胜利召开》等5篇，及年度调研课题和文稿《关中平原城市群一体化背景下西安城市辐射能力研究》《合肥产业投融资招商模式经验及工作启示》等。完成重要信息约稿。向中央办公厅报送《关于忠诚践行以人民为中心的发展思想打造共享美好生活的宜居幸福西安的对策建议》调研信息。向市委宣传部报送理论研讨文章《贯彻落实党的二十大精神奋力打造高质量发展的西部经济强市》约稿。参与完成全市重要文件起草审核。参与《西安市营商环境工作促进条例》《西安市职业教育高质量发展实施方案》起草。办结省市人大建议、政协提案4件。推进市领导决策指示落实落地。与市发展和改革委、市委政研室起草形成《关于深入学习贯彻习近平总书记来陕考察重要讲话重要指示 全力推动“六个打造”走深走实的实施意见》。按照《中共西安市委关于印发省委粮食购销领域专项巡视反馈意见整改方案的通知》，对全市粮食购销领域进行专题调研，形成《西安市粮食储备现状调研报告》，牵头完成2项整改任务。跟踪研究全市经济形势，完成经济形势分析报告和市政府主要领导在全市经济形势会议上的讲话材料等。

【课题研究】 2022年，西安市人民政府研究室紧贴全市九个方面重点工作，开展课题研究。围绕“狠抓支柱产业壮大和产业链水平提升”，形成《关于促进西安跨境电商高质量发展的调研报告》《合肥投行思维招商引资经验及对我市的几点启示》《促进西安市重卡产业链高质量发展的研究报告》《关于深化交流合作推动文旅融合高质量发展的研究报告》等调研课题。围绕“狠抓城市综合能级提升”，形成《从城市商业综合体的视角探析加快我市国际消费中心城市建设路径》《关于我市城市更新情况的调研报告》《关于我市快速路建设情况的调研报告》等调研课题。围绕“狠抓城市建设管理服务水平提升”，形成《关于我市电动汽车充电设施建设情况的调研报告》《关于在我市推广使用纯电动重卡的调研报告》等调研课题。围绕“狠抓公共卫生体系完善和应急响应能力提升”，形成《西安市公共卫生应急管理体系建设研究》《聚焦社区治理能力提升筑牢疫情防控的坚强堡垒》《关于西安市公共卫生中心项目建设基本情况调研报告》等调研课题。围绕“狠抓生态环境质量提升”，形成《关于“双碳”目标下西安绿色建筑高质量发展策略》《关于我市新型能源示范利用情况的调研报告》等调研课题。围绕“狠抓乡村振兴 促城乡融合发展水平提升”，形成《关于高陵区盘活利用低效用地有关情况报告》《以发展乡村旅游为抓手 助推我市乡村振兴调研报告》《乡村振兴背景下鄠邑农民画艺术传承与文化产业发展研究》等调研课题。其中，《关于浐灞河隧道漏水情况的调研报告》《关于在我市推广使用纯电动重卡的调研报告》《在建设国际中心城市背景下就丰富我市商业综合体消费业态的思考》《壮大农村产业发展助力我市乡村振兴的调研——壮大周至县猕猴桃产业的几点思考》等得到市领导的批示。还聚焦民生关切开展调研。针对婴幼儿托育难问题和义务教育“双减”工作，形成《西安构建多元化全覆盖婴幼儿照护托育服务体系的调研报告》《关于“双减”工作成效的调研报告》等。针对全市天然气冬季保供情况，适时提出决策、建议。

【内刊编发】 2022年，西安市人民政府研究室持续做好《经济观察》《西安发展研究》两刊编发，通过拓宽稿源，加强审核，突出特色，两刊质量得到提升，全年编辑发行《经济观察》6期，刊发文章累计115篇，《西安发展研究》37期。创办《调研通讯》，全年发刊14期。

【智库合作】 2022年，西安市人民政府研究室持续做好与国务院发展研究中心产业经济研究部固定调研工作。组织经济运行监测，全年组织7个市级部门和400多家各类企业，按季度完成经济运行监测任务。交流建言，参加国务院发展研究中心组织的“稳经济大盘”政策线上座谈会，及时了解全国经济发展形势，起草市领导发言材料，及时反馈西安市政策建议。配合完成课题调研，受邀参与国研中心年度重点课题《推进低碳转型提升我国产业竞争力》研究，围绕西安市光伏产业特点形成《以全球领先的太阳能科技公司隆基股份公司发展为例——西安市光伏产业促进西安绿色低碳发展的调研报告》，受到国务院发展研究中心肯定。 （张 汶）

人事管理

【概况】 2022年，西安市人力资源和社会保障局加强专业技术人才队伍建设，深化人才分类评价改革，有序开展职业技能等级评价工作。加快构建高标准人力资源市场体系，切实做好军人军属、退役军人和其他优抚对象优待抚恤工作。推进县以下事业单位管理岗位职员等级晋升工作，加大事业单位公开招聘力度，优化事业单位岗位管理。贯彻以增加知识价值为导向的分配政策，做好引才留才待遇保障工作，从严管理全市表彰奖励和示范活动。

【人力资源管理】 2022年3月，西安市人力资源服务产业园被商务部、人社部联合认定为国家首批人力资源服务出口基地；妥善解决军人随军家属就业安置问题，办理完成25名行政、85名事业编制和7名国企身份随军家属转任和企事业单位人员调动、录用手续；审批办理人力资源服务行政许可687家、备案662家，全市人力资源服务机构总数达2872家。人力资源服务业实现营收421.3亿元，服务用人单位81.7万家（次），帮助实现就业、择业和流动2080.7万人（次）。

【人事制度改革】 2022年，西安市人力资源和社会保障局为西安市事业单位招聘工作人员9282人，其中教师类7015人，医疗卫生类1420人，其他各

2022年7月21日，海外赤子为国服务行动计划暨第六届中国西安留学回国人才招聘节在西安曲江启动 （市人社局 供图）

类人才847人；完成564名县以下事业单位管理岗位职员等级晋升工作；落实定期奖励，嘉奖人员762名。优化事业单位绩效工资总量管理，落实义务教育教师工资待遇联动调整机制。

【职称评聘】 2022年，西安市人力资源和社会保障局加强专业技术人才队伍建设，完成工程、教育、卫生系列高级职称及新闻、文物、图书资料等10个系列19家中级职称评审工作；组织做好农业、新闻、群众文化等系列高级职称评审申报和结果批复，先行开展播音主持专业职称制度改革人员过渡专项工作；推行电子职称证书核发制度，申办电子职称证书18764余本；完成职业技能等级评价备案141家，开展等级认定33584人（次）；支持7所职业院校建立"养老护理员"职业技能等级评价机构。

【人才队伍建设】 2022年，西安市人力资源和社会保障局制定《优秀人才和实用储备人才分类评价确认办法》，创新打造"西安青年人才驿站"并吸引入站23933人，硕博人才池累计入池2673人，新增专技人才4.6万人、技能人才3.38万人、市级博士后创新基地10家。与华为签订战略合作协议，强化数字技能人才队伍共建共促。

【评比达标表彰】 2022年，西安市人力资源和社会保障局保障市级2个、区（县）13个表彰项目顺利开展，参与中央、省、市表彰活动24批（次），西安市86个集体、165名个人获得各级表彰奖励；承办市政府系统干部任免19批（次）248人，新一届市政府组建后，完成36个市政府工作部门主要负责人任命工作。指导7个市级承办部门规范开展创建示范活动。 （王　晨）

信访工作

【概况】 2022年，西安市信访形势稳中向好，信访质效全面提升。全年受理网上投诉信访事项53920件，办结53920件。其中，国家投诉办转办信访事项18571件，省投诉办转办信访事项8479件，本级受理3694件，区（县）级受理23176件，全部按时转办。办理来信9408件，办结9408件。其中，国家信访局转（交）办群众来信4727件，省信访局转（交）办群众来信810件，本级受理651件，县级受理3220件，全部按时转办。市信访接待中心被人力资源和社会保障部、国家信访局表彰为"全国信访系统先进集体"。

2022年5月9日，《信访工作条例》宣传月启动仪式在西安市新城广场举行，工作人员在现场发放各种宣传资料，为群众答疑解惑 （市信访局　供图）

【领导干部接访约访下访】 2022年，西安市委、市政府主要领导下基层倾听群众诉求，分析研判案情，明确化解思路，提出工作要求；其他市级领导履行包抓责任，统筹协调、推动问题化解。20名市级领导包抓信访积案80件，推动化解64件。区（县、开发区）领导干部接访群众2559批4850人（次），包抓化解信访案件2522件。

【信访积案化解】 2022年，西安市信访工作联席会议印发《西安市信访重点突出问题"百日攻坚"行动实施方案》，从7月26日至党的二十大结束，利用约100天的时间，集中处理265件房地产领域信访突出问题，全力控增量、减存量。对上级交办件、领导批示件以及西安联合学院、"山川林业"、出租车等影响全市社会的突出问题，市信联办主动搭建对话平台、组织联合接访，反复协调推进、挂牌督办，精准使用信访资金800多万元化解37件"信访积案"，千方百计协调"绿地兰亭""天浩上元郡""颐和府"等项目进入正轨。中央、省信联办分2批交办西安市6017件信访积案已全部化解，化解水平位列全省第1。《西安积极化解信访难案积案》等经验做法被新华社《内参选编》和《法治日报》等平台转发或在全省大会上交流推广。

【学习宣传贯彻《信访工作条例》】 2022年5月1日，《信访工作条例》正式施行。4月21日市委常委会、5月13日市政府常务会对学习宣传贯彻条例进行动员安排。5月9日，省、市信联办在新城广场联合举办《信访工作条例》宣传启动仪式，各层级、多部门联手在广场、地铁口等人流量大的场所摆放宣传展板，发放宣传物品，现场答疑释惑，结合党团活动等形式，推动《信访工作条例》进乡村、进社区、进学校、进企业、进单位。西安广播电视台、《西安日报》等媒体平台持续跟踪报道。市委党校把《信访工作条例》学习列入教育培训计划、作为必修科目。市信访局与西北政法大学在教育、培训、调研等方面开启战略合作，分2批组织专题研讨培训班，开展全员培训。对照《信访工作条例》规定动作，完善配套措施，推动信访工作制度机制和责任体系更加健全。

【建设"一站式"矛盾纠纷调处化解中心】 2022年3月，对照市域社会治理现代化试点城市规范要求，西安市信访局对市信访接待中心进行升级改造。10月16日，"一站式"矛盾纠纷调处化解中心正式建成并对外办公，内设"一办二室三中心"（办公室、公共法律服务室、诉讼服务室、人民群众来访接待中心、多元化解中心、综治网格中心），实现人民调解、行政调解、司法调解资源和力量的有效整合。

【夯实信访工作基层基础】 2022年，西安市信访工作坚持每日流动梳理通报绩效考核指标，逐项分解细化、逐级传导压力、督促落地整改。对外公布市信访局权责清单，加强各级信访接待场所管理，派驻基层经验丰富、善做群众工作的业务骨干到最前沿，开展接谈对话工作，及时回应群众关切，推行"最多访一次"。市信访工作联席会议成员单位由46家增加到53家，185个镇街信访工作联席会议机制全面覆盖，信访事项及时受理率100%、按期答复率99.99%、群众满意率98.94%。 （杨　华）

中国人民政治协商会议西安市委员会

责任编辑　曹毅强

综　述

【依法履职和委员构成】　2022年，政协西安市第十五届委员会及其常委会围绕市第十四次党代会确定的“六个打造”奋斗目标，紧盯全市九个方面重点工作和人民群众普遍关心的热点、难点问题，通过提案履职建言，全年共提出提案719件，经审查立案650件，分别交由92家单位办理，年内已全部办结。截至年底，市十五届政协委员会有委员567名，其中男性405人，女性162人；常委90名，组成单位和界别29个，下设办公厅、研究室和委员工作、提案、经济、农业和农村、人口资源环境、港澳台侨和外事、社会法制和民族宗教、教科卫体、文化文史和学习10个专门委员会。

2022年11月9日，市政协召开十五届四次常委（扩大）会议，学习贯彻党的二十大精神　　（市政协办公厅　供图）

【政协党的建设】　2022年，政协西安市第十五届委员会始终坚持党对政协工作的全面领导，确保市政协工作始终沿着习近平总书记指引的方向勇毅前行。落实“第一议题”制度，建立习近平新时代中国特色社会主义思想学习座谈会制度，推进党史学习教育常态化长效化，始终用党的创新理论凝心铸魂、培元强基。全年召开党组理论学习中心组会议10次、政协党组会议20次、主席会议15次、常委会会议5次、专委会分党组会议48次。

召开市政协常委扩大会议，邀请省委常委、市委主要领导为全市政协组织、全体政协委员作中共二十大精神辅导报告，全面系统、深刻阐释中共二十大精神。成立由各界别29位委员组成的委员宣讲团，主席会议成员带头深入各党派团体、各族各界群众宣讲中共二十大精神，带动委员宣讲进机关、进企业、进校园、进社区、进农村，共开展宣讲66场（次），参与群众4543人（次）。组织委员开展“喜迎二十大　委员在行动”主题活动，与“书香政协”建设、委员工作室建设深度融合。在“学习强国”西安学习平台开设“政声协力”专栏，结合政协会刊、网站、公众号、读书群、履职通等，打造学习宣传矩阵，发出政协好声音。

贯彻中共西安市委围绕九个方面重点工作开展民主监督的要求，加强市政协党的建设，健全专门委员会分党组，将234名中共党员委员编入29个临时党支部。坚持中共党员委员联系党外委员制度，推进“两个全覆盖”落实到位。认真履行全面从严治党主体责任，为政协履职尽责提供坚强政治保证。

【完善工作机制】　2022年，西安市政协办公厅承担“完善民主党派市委会直接向市委、市政府提出意见建议‘直通车’制度，推动政协对口协商常态化”任务，并作为市政协党组书记、主席王吉德领衔包抓的重点任务。4月，市政协办公厅与市委统战部协调，按照省委《关于各民主党派省委会直接向省委提出意见建议的工作机制》要求，市委统战部制定《党外人士资政建言“直通车”制度》。7月，市政协委员工作委员会制定《政协西安市委员会对口协商工作实施细则》，经市政协十五届六次主席会议审议通过，各专门委员会按照年度协商计划，推动对口协商工作常态化落实。市政协办公厅联合市委办公厅、市政府办公厅印发《政协协商成果办理实施办法》，对协商成果报送形式、受理程序、督办方式、反馈时限、通报办法、质量评估等作出详细规范，为协商成果转化落实建立长效机制。11月，贯彻落实中共中央办公厅《关于加强和改进新时代市县政协工作的意见》和陕西省委《关于加强和改进新时代市县政协工作的若干措施》，代市委起草《关于加强和改进新时代市县政协工作措施》，由市委办公厅印发施行。

【政协理论研究】　2022年，西安市政协按照《2022年度西安市人民政协理论研究计划》《西安市政协理论研究课题管理办法》，面向理论研究基地和区（县）

政协征集理论研究课题，确立研究课题10项，并形成《2022年度西安市政协理论研究课题成果汇编》。积极向全国政协、省政协理论研讨会报送理论成果。

【政协新闻宣传】 2022年，西安市政协在中央和省、市各类媒体刊发政协履职新闻稿件344篇，其中《人民政协报》22篇、《陕西日报》2篇、《各界导报》85篇、《华商报》10篇、《三秦都市报》13篇、《西安日报》和《西安晚报》共212篇。在“学习强国”西安学习平台“政声协力”专栏上线稿件242篇，浏览量达700余万人（次）。发布“政协委员眼中的新西安”系列短视频16期，“学习强国”学习平台上点击量达480多万次。组织全市政协委员参加“委员说：陕西这十年”主题征文活动，21篇稿件获奖，列全省第1名。编发《西安政协》12期，用稿350余篇、图片100余幅，共50余万字。向全国政协和省政协报送社情民意信息184篇，省、市领导批示和部门采纳53篇。

【政协文史工作】 2022年，西安市政协邀请陕西省文物局原局长赵荣、历史文化学者李郁和陕西历史博物馆原保管部部长韩建武，编撰出版《西安文化遗产辑录（第三辑）》简明通俗读本，详细介绍渭河桥遗址、长安古寺名塔、周至楼观台等文化遗产，将《西安文化遗产辑录（第二辑）》推送至“学习强国”学习平台及西安学习平台，阅读量达到300万次以上。成立市政协书画院，创建联系省、市文化界人士的新载体。召开全市政协文史工作座谈会，传达全国政协、省政协文史工作座谈会精神，通报十四届市政协文史工作情况和表彰文史工作先进单位、个人及优秀书目，制定《关于加强和改进新时代文史资料工作的实施意见》《2022—2026年文史资料工作规划》，对文史资料工作作出部署。

（张虎峰）

政协会议

2022年3月28—30日，政协西安市第十五届委员会第一次会议召开

（市政协办公厅 供图）

【政协西安市第十五届委员会第一次会议】 2022年3月28—30日在西安举行。应出席委员567人，实到535人。会议审议批准市政协主席岳华峰代表政协西安市第十四届委员会常务委员会所作的工作报告，审议批准市政协副主席张建政代表政协西安市第十四届委员会常务委员会所作的提案工作情况报告，选举产生政协西安市第十五届委员会主席、副主席、秘书长、常务委员。委员们列席西安市第十七届人民代表大会第一次会议，听取、讨论并赞成市长李明远所作的政府工作报告及其他有关报告。会议选举王吉德为政协西安市第十五届委员会主席，选举卢凯、肖西亮、王国根、陈长春、张华俊、姜长智、王晓萍、邢欣为政协西安市第十五届委员会副主席，选举荀继东为政协西安市第十五届委员会秘书长。通过小组讨论、大会发言、提交提案等形式，围绕“六个打造”奋斗目标，紧扣未来五年重点任务，聚焦开局之年九个方面重点工作等展开协商讨论，积极建言献策，围绕《政府工作报告》提出130余条建议，市委、市政府有关领导到会与委员们共商西安发展大计。会间编发简报15期，收到市级各民主党派、工商联、各区（县）政协、市政协各专门委员会及委员个人提交大会发言材料88篇。收到提案496件，立案452件，主要围绕加快全市工业高质量发展、构建多位一体航空航天产业生态圈、进一步落实教育“双减”政策、推进智慧社区建设、推进新能源乘用车产业快速发展、加快全市绿色转型发展、维护新业态劳动者权益、加快西安中心城市路网建设、加快全市康养产业发展、加强县域内紧密型医共体建设、提高西安市地表水环境质量等方面提出意见、建议。

【市政协常务委员会会议】 2022年，政协西安市委员会及其常务委员会积极履行职能，充分发挥专门协商机构作用，共召开5次常务委员会会议。

3月26日，政协西安市第十四届委员会常务委员会第三十三次会议召开，会议传达学习全国两会精神和市第十四次党代会精神；听取市政府关于市政协第十四届五次会议以来提案办理情况的通报；审议通过政协西安市第十五届委员会委员人选建议名单、政协西安市第十四届委员会常务委员会工作报告（草案）及报告人、政协西安市第十四届委员会常务委员会关于提案工作情况的报告（草案）及报告人、各专委会工作汇报；审议通过政协西安市第十五届委员会第一次会议议程（草案）、日程（草案）和《政协西安市第十四届委员会常务委员会关于召开市政协十五届一次会议的决定》《政协西安市第十四届委员会常务委员会关于授权主席会议审议未尽事宜的决定》。

4月12日，政协西安市第十五届委员会常务委员会第一次会议召开，会议传达学习全国两会精神和市第十四次党代会精神；听取市委关于人事事项的说明，协商决定市政协办公厅主任、市政协十五届委员会委员工作委员会主任和各专门委员会主任、副主任；听取《中共政协西安市委员会党组2022年工作要点》《政协西安市委员会2022年工作要点》和《政协西安市委员会2022年协商计划（草案）》起草情况的说明。决定荀继东任政协西安市委员会办公厅主任，邢宏锋任政协西安市第十五届委员会提案委员会主任，张旗任政协西安市第十五届委员会提案委员会副主任（正局长级），杨国胜任政协西安市第十五届委员会经济委员会主任，王强任政协西安市第十五届委员会经济委员会副主任（正局长级），肖争光任政协西安市第十五届委员会农业和农村委员会主任，王海成任政协西安市第十五届委员会农业和农村委员会副主任（正局长级），刘军任政协西安市第十五届委员会人口资源环境委员会主任，杨庆任政协西安市第十五届委员会港澳台侨和外事委员会主任，李健彪任政协西安市第十五届委员会社会法制和民族宗教委员会主任，陆晓延任政协西安市第十五届委员会教科卫体委员会主任，姚敏杰任政协西安市第十五届委员会教科卫体委员会副主任（正局长级），汪涛任政协西安市第十五届委员会文化文史和学习委员会主任，安文中任政协西安市第十五届委员会文化文史和学习委员会副主任（正局长级），张雪琴任政协西安市第十五届委员会委员工作委员会主任。

6月29日，政协西安市第十五届委员会常务委员会第二次会议召开，会议围绕“全面提升市域社会治理能力和水平”开展专题协商，中共西安市委副书记赵璟应邀到会就西安市市域社会治理工作情况作报告。会议还对市政协学习贯彻《中国共产党政治协商工作条例》作出部署。

9月28日，政协西安市第十五届委员会常务委员会第三次会议召开，会议围绕“做大做强新材料产业 进一步壮大经济总量”开展专题协商，市政府副市长孟浩就西安市做大做强新材料产业情况作报告，崔安庆等5位常委作交流发言；会议传达政协陕西省第十二届委员会常务委员会第二十四次会议精神；审议通过市政协《关于做大做强新材料产业 进一步壮大经济总量的调研报告》和有关人事事项；决定吴有亭任政协西安市第十五届委员会副秘书长，吴芳任政协西安市第十五届委员会人口资源环境委员会专职副主任（副局长级）。

11月9日，政协西安市第十五届委员会常务委员会第四次（扩大）会议召开，会议学习贯彻中共二十大精神，协商决定有关人事事项。中共二十大代表、省委常委、市委书记方红卫应邀出席会议并作辅导报告，市委副书记、市长李明远，市人大常委会党组书记、主任韩松列席。会议决定程希文、王小玲、刘凤芹任政协西安市第十五届委员会兼职副秘书长，王文、齐靖、王军、鲍锋、殷亭国、杜琳任政协西安市第十五届委员会提案委员会兼职副主任，刘勇、陈笑、段辉乐、林忠灿、张庚元、马胜利任政协西安市第十五届委员会经济委员会兼职副主任，雷玉山、许永强、郭小卫、张智军、潘长虹、宁小敏任政协西安市第十五届委员会农业和农村委员会兼职副主任，刘岗、张海涵、李稳、张亚凤、吕雅丽、呼延博任政协西安市第十五届委员会人口资源环境委员会兼职副主任，何崇秋、张红林、王勇、张海燕、许亮、王鹏任政协西安市第十五届委员会港澳台侨和外事委员会兼职副主任，张书友、路强、张鹏飞、刘西艳、马贵平、李东锋任政协西安市第十五届委员会社会法制和民族宗教委员会兼职副主任，陈刚、石胜彬、同立军、杨小龙、史建奎、叶连红任政协西安市第十五届委员会教科卫体委员会兼职副主任，柳萍、张青艳、王犇、李醉、赵筱松、何军任政协西安市第十五届委员会文化文史和学习委员会兼职副主任。（张虎峰）

协商议政

【概况】 2022年，政协西安市第十五届委员会以高质量建言助推高质量发展，形成党政出题点题、政协破题解题的议题确立机制，提高协商针对性、建言有效性。紧扣市第十四次党代会提出的“六个打造”奋斗目标、九个方面重点工作和市政府工作报告确定的重点任务，安排17项重点协商议题。协商计划经市委批准，纳入《中共西安市委政治协商工作计划》印发实施。

【协商建言】 2022年，政协西安市第十五届委员会创新平台载体，完善协商体系，形成以全体会议为龙头，专题议政性常委会为重点，专家协商会为品牌、界别协商会为特色，月度协商、对口协商、联动协商、远程协商和提案办理协商为常态的协商议政格局。全体会议围绕全市经济社会发展重大问题，组织委员集中协商；专题议政性常委会就“全面提升市域社会治理能力水平”“做大做强新材料产业”进行2次专题协商；围绕秦创原“一总两带”建设、秦岭北麓历史文化资源保护利用、现代职业教育高质量发展等议题，开展7次月度协商；围绕废旧铅酸蓄电池污染治理、农村闲置房屋开发利用等问题，开展7次对口协商；围绕“口袋公园建设”等议题，开展11次重点提案办理协商。创设“西安协商”平台，线上征集委员意见建议，开展网络议政。以界别为依托，建成委员工作室10个，通过“微协商”服务基层社会治理，推进政协协商与基层协商相衔接。

2022年，政协西安市第十五届委员会把提质增效摆在突出位置，倡导“不调研不建言、无准备不协商”。坚持培训于调研之前，利用网上学习平台推送市情政情，帮助委员了解政策、掌握现状。为开好三季度常委会会议，召开专题协商情况通报会，邀请中国工程院院士、西北有色金属研究院院长张平祥作《新材料产业与成果转化》专题报告。坚持调研于协商之前，整合市政协、区（县）政协、各民主党派和工商联资源力量组成精干调研队伍，深入代表性强的点位开展调研，力求摸清实情、找准症结。二季度常委会之前，常委们围绕市域社会治理主题，细化28个子课题进行调研，提交发言材料49份，为协商做足准备。坚持论证于建言之前，组织相关部门和专家对建议案和调研报告反复论证、修改完善，为市委、市政府提供“可实施、能见效”的意见、建议，推动党政决策科学完善。全年向市委、市政府报送建议案9份、调研报告16份，提出240余条意见、建议，均被认真研究采纳。十五届一次会议期间，市长李明远对大会发言作出批示，市政协将大会发言转化为6期社情民意信息、19件提案。

【调研视察】 2022年，政协西安市第十五届委员会紧扣全市九个方面重点工作和市政府工作报告确定的重点任务，聚焦市“十四五”规划确定的重点任务，围绕教育、医疗、环境、交通、住房、养老等民生领域热点问题，运用调研视察、座谈交流、明察暗访等方式，组织委员开展63次调研视察。经济委员会围绕“推进秦创原‘一总两带’建设，促进经济高质量发展”“加强流动人口服务管理”“抓好经济园区建设推进区域经济发展”“做大做强新材料产业 进一步壮大经济总量”4个选题组织开展专题调研视察，分别形成调研报告；与省政协围绕“亚欧陆海贸易大通道、丝绸之路国家文化公园”开展联合调研。农业和农村委员会围绕“乡村振兴促城乡融合发展水平提升情况”，组织视察组深入长安区、周至县7个社区、村组，了解乡村振兴工作推进情况、巩固拓展脱贫攻坚成果同乡村振兴有效衔接情况以及夏粮生产情况，形成《关于视察我市乡村振兴促城乡融合发展提升情况的报告》，提出6条针对性强的意见、建议供市委、市政府决策参考；协助省政协开展“推进我省种业产业发展”调研工作，报送1份交流材料。人口资源环境委员会围绕“提高城市防洪能力规避风险灾害”“生态环境质量提升”，采取召开情况通报会、实地视察、座谈交流等形式，与民主党派、区（县）政协联动，先后赴城市积水点改造工程项目、浐灞河联合调度指挥中心及水毁点、施工工地大气污染防治、智慧环保指挥中心等8个点位视察3次，形成3份履职成果。港澳台侨和外事委员会围绕“加快建设中欧班列西安集结中心”议题，在市政协主席王吉德、副主席张华俊率领下，深入港务区和部分企业调研，向省委和市委报送《关于进一步提升中欧班列西安集结中心能力水平的意见建议》，并向市委报送《关于加快建设中欧班列西安集结中心 提升我市对外开放水平的建议案》和调研报告，部分建议得到省委办公厅采纳。社会法制和民族宗教委员会围绕“加强社区党建引领完善业主委员会建设”赴省人大、西北政法大学、市公安局、莲湖区、新城区调研，并召开专题调研座谈会，形成《关于加强党建引领　完善业主委员会建设的调研报告》；围绕2022年二季度常委会专题协商议题“全面提升市域社会治理能力和水平”，综合6个联合调研组的调研情况，梳理形成《关于提升我市基层社会治理能力和水平的调研报告》报送市委，得到市委主要领导批示，并获2022年全省政协系统优秀调研成果二等奖。教科卫体委员会围绕“提升社区疫情防控能力和水平”专题开展调研，在市政协副主席王晓萍率领下，赴莲湖区、雁塔区进行实地调研，并形成《关于提升社区疫情防控能力和水平的调研报告》。文化文史和学习委员会围绕“秦岭北麓（西安段）历史文化资源保护、研究和利用”问题，组织委员深入沿山6个区（县）实地调研3次，形成《关于秦岭北麓（西安段）历史文化资源保护、研究和利用的建议案》，得到市委高度重视，将落实工作列入2023年工作计划，在市级层面成立工作机构全面推进；围绕“秦汉栎阳遗址考古保护工作”，联合阎良区政协开展专题调研，组织委员实地查看考古发掘现场和出土文物，并提出意见、建议，以“聚智文化遗产保护　赋能区域品质建设”为题在《西安日报》进行报道。

2022年4月20日，政协委员赴西咸新区考察调研秦创原创新驱动平台建设工作
（市政协办公厅　供图）

【提案办理】　2022年，政协西安市第十五届委员会建立健全以《提案工作条例》为统领，以《提案审查工作实施细则》《提案办理协商办法》等为重点的“1+6”制度体系，创新打造提案提出、审查、办理、督办、评价闭环工作流程。全年提出提案719件，审查立案650件。立案、提案中，委员提案477件、占73.4%，民主党派、人民团体、专门委员会、界别等集体提案173件、占26.6%，分别交由92家单位承办。政治建设方面，围绕加强党的建设、市域社会治理、提升司法公信力等提出提案37件，占立案总数的5.7%；经济建设方面，围绕产业链完善提升、秦创原创新驱动平台建设、对外贸易提质增量等提出提案154件，占立案总数的23.7%；文化建设方面，围绕促进文旅融合发展、推动文化产业高质量发展、加强文化遗产保护利用等提出提案99件，占立案总数的15.2%；社会建设方面，围绕就业、教育、医疗、养老、交通、住房等民生领域问题提出提案323件，占立案总数的49.7%；生态文明建设方面，围绕加强生态环境保护、提升城市环境品质、推动绿色低碳生产生活等提出提案37件，占立案总数的5.7%，年底已全部办结回复。在提案办理中开展清单式办理回复，市公安局、市住建局等32家承办单位对提案建议按照“已经完成”“正在推动”“计划采纳”“不予采纳”等类别逐条回复，推动提案办理工作由“答复型”向“落实型”转变。全年评选优秀提案85件、先进承办单位16个，表彰25名提案工作先进个人。详见表4。（张虎峰）

表4　市政协十五届一次会议以来优秀提案一览表
（共85件　排序不分先后）

序号	提案编号	提案者	案由
1	2	民革西安市委员会	关于加快西安中心城市路网建设的建议
2	13	民革西安市委员会	关于助力西安全域治水　提高水质环境质量的建议
3	159	民革西安市委员会	关于解决西安市人民法院执行难问题的建议
4	16	民盟西安市委员会	关于加快我市高标准农田建设　促进农业提质增效的建议
5	21	民盟西安市委员会	关于全面推行行政执法“三项制度”　加快提升我市法治化营商环境建设水平的建议
6	27	民盟西安市委员会	关于加强地质环境评价　为国家中心城市建设与城市更新提供支撑的建议
7	36	民建西安市委员会	关于提升民营企业经营管理水平的建议
8	41	民建西安市委员会	关于抢抓RCEP发展机遇　加快构建高标准自贸区网络的建议
9	44	民建西安市委员会	关于国际港务区奥体板块发展的建议
10	46	民进西安市委员会	关于进一步完善我市养老服务体系的建议
11	47	民进西安市委员会	关于加强西安职业教育发展的建议
12	53	民进西安市委员会	关于加快推进农业农村现代化的建议
13	61	农工党西安市委员会	关于加快旅游消费转型升级的建议
14	64	农工党西安市委员会	关于金融支持秦创原创新驱动平台建设的建议
15	68	农工党西安市委员会	关于统筹一院多区建设　推进公立医院高质量发展的建议
16	69	农工党西安市委员会	关于进一步加强老年人助餐服务工作的建议

续表 4

序号	提案编号	提 案 者	案 由
17	73	农工党西安市委员会	关于做好疾控能力建设　健全公共卫生应急处置机制的建议
18	81	致公党西安市委员会	关于规范斑马线“礼让行人”的建议
19	82	致公党西安市委员会	关于持续优化营商环境　推进高质量发展的建议
20	97	致公党西安市委员会	关于建设高标准区域协同心血管危重症急救中心的建议
21	101	九三学社西安市委员会	关于推进西安国际消费中心城市建设的建议
22	102	九三学社西安市委员会	关于加快推进文化旅游产业融合发展的建议
23	103	九三学社西安市委员会	关于大力发展科创型中小企业　推动我市经济高质量发展的建议
24	111	九三学社西安市委员会	关于西安市秦岭生态环境保护规划的建议
25	113	九三学社西安市委员会	关于积极践行“双碳”战略　深入推动绿色低碳发展的建议
26	120	市工商业联合会	关于加强青少年体教综合培训服务的建议
27	126	市工商业联合会	关于加大对民营养老机构扶持的建议
28	128	市工商业联合会	关于疫情防控常态化下解决就业难问题的建议
29	130	共青团西安市委员会	关于加强科技创新人才队伍建设的建议
30	132	市妇女联合会	关于加快我市康养产业发展的建议
31	129	市总工会	关于维护新就业形态劳动者劳动保障权益的建议
32	134	市科学技术协会	关于加快新型基础设施建设的建议
33	576	市政协提案委员会	关于优化开发区运行机制的建议
34	586	市政协经济委员会	关于加强流动人口服务管理的建议
35	589	市政协农业和农村委员会	关于加强和创新基层社会治理的建议
36	143	市政协人口资源环境委员会	关于加快提升居民小区物业管理水平的建议
37	144	市政协港澳台侨和外事委员会	关于历史文化街区保护更新的建议
38	579	市政协社会法制和民族宗教委员会	关于提升城市建设管理服务水平的建议
39	575	市政协教科卫体委员会	关于加快推进城市公共卫生中心项目建设的建议
40	148	市政协文化文史和学习委员会	关于深化文化旅游供给侧改革的建议
41	164	田富强等 2 人	关于优化城区学校周边公交车停靠站点的建议
42	167	施韶华	关于完善国有企业市场化薪酬分配机制的建议
43	174	段降龙	关于加强我市传染病流调体系建设的建议
44	182	齐靖	关于推进社区居家养老智慧化建设的建议
45	187	刘西艳	关于加大对餐饮行业扶持力度的建议
46	202	郭怡	关于加快我市中医药发展的建议
47	204	张刚等 3 人	关于秦创原建设中完善高层次人才引育留用机制的建议
48	208	崔琰	关于打造旅游精品线路的建议
49	214	张力	关于调动农民种粮积极性的建议
50	240	许永强	关于加强建筑外墙及附着物安全管理的建议
51	260	杨阳	关于城市道路交通精细化管理的建议
52	261	何崇秋	关于优化教师资源配置　促进教育均衡发展的建议
53	276	张凯华	关于缓解城市交通拥堵的建议
54	283	王文	关于加强智库人才队伍建设的建议
55	293	闫清阁	关于促进和支持西安博物馆文化交流的建议
56	298	张芮	关于优化城市绿地空间　推动口袋公园和绿地广场建设的建议
57	305	沙清华	关于加快推进高水平开放型经济发展　深度融入“双循环”新发展格局的建议
58	307	屈锦薇	关于全力构建多元化通道体系　打造全球物流集结枢纽的建议
59	319	孙文琳	关于推进我市军民融合产业发展的建议

续表 4

序号	提案编号	提案者	案由
60	323	何卫民	关于加快渭河西安段综合整治工作的建议
61	349	吐尔逊江	关于规范我市新能源汽车充电桩设置与管理的建议
62	350	马金燕	关于支持留学人员回国创新创业的建议
63	356	孟祥众等 2 人	关于加强校企地合作　加快发展普惠托育服务体系的建议
64	360	于亚玲	关于加快食品产业高质量发展的建议
65	376	宋颖	关于加强城市更新工作　加快城市高质量发展的建议
66	410	蔺琪	关于调整儿童乘坐城市公共交通工具免票政策的建议
67	411	尤婷	关于进一步优化生育政策　促进人口均衡发展的建议
68	435	陈郁洁	关于加强对快递外卖派送车辆交通安全管理的建议
69	447	张海涵	关于进一步加强秦岭水源地水生态保护的建议
70	456	宋琦	关于加强数字政府建设的建议
71	514	刘红忠	关于深化两链融合发展　加快创新驱动共同体建设的建议
72	520	李向荣	关于传承红色基因　推动党史学习教育常态化的建议
73	523	陈曦	关于推进韧性城市建设　提高风险应对能力的建议
74	530	宣建青	关于解决临潼渭北工业新城招商项目遗留问题的建议
75	532	魏振业	关于促进普惠性民办幼儿园高质量发展的建议
76	552	郭昊	关于加快西安市农产品物流城项目建设的建议
77	553	李斌	关于推动高陵区与港务区合作共建的建议
78	564	李杰	关于进一步为中小微企业和个体工商户纾困的建议
79	565	王炳哲	关于规范高新区东大街办辖区夜市发展的建议
80	568	王珑	关于加强我市青少年健身活动的建议
81	592	宋逸伦	关于推进小区居民生活垃圾分类的建议
82	597	李建军	关于加强城市非户籍常住人口基本保障制度建设的建议
83	598	姚敏杰	关于婴幼儿照护托育产业园建设的建议
84	606	刘勇	关于进一步推进黄河流域生态保护和高质量发展的建议
85	646	曾捷	关于推动我市新材料产业发展壮大的建议

民主监督

【概况】　2022 年，政协西安市第十五届委员会履行民主监督职能，聚焦群众最关心、最直接、最现实的利益问题，以协商式监督助推党政决策落实到位，兑现为惠民举措。将中共西安市委提出的九个方面重点工作，作为综合性民主监督议题，列入协商计划，并经市委批准，纳入《中共西安市委政治协商工作计划》印发实施。把凝聚共识融入综合性民主监督工作全过程，在建言成果、思想收获方面一体设计、一体落实。召开动员部署会议，邀请九个方面重点工作市级各牵头单位负责人通报情况。通过政情通报会、专委会会议和委员读书群、“西安政协”App 等，强化委员增强对市委、市政府工作认同和理解，引导委员深入群众宣传政策、解疑释惑，推动社会各界投身全市重点工作。

【综合性民主监督】　2022 年，政协西安市第十五届委员会创新综合性民主监督工作模式，统筹开展对各单项重点工作调研视察，形成对年度重点工作整体监督合力。市政协办公厅牵头组织，协调综合性民主监督与其他履职活动安排，以及政协与各参加监督单位之间工作安排，避免交叉冲突、扎堆调研。各位副主席分头负责，带领分管专委会成立视察小组，细化方案、抓好实施。吸纳专业委员，联合市级各民主党派、工商联和各区（县）政协，开展联动视察，形成工作合力。围绕支柱产业壮大和产业链水平提升、秦创原平台建设和创新能力提升、公共卫生体系完善和应急响应能力提升等九个方面重点工作，成立 8 个视察组，市政协委员 400 余人（次）赴市级有关部门和区（县、开发区）进行视察监督。

【专项民主监督】　2022 年，政协西安市第十五届委员会各专委会组织开展专项民主监督。围绕“秦岭生态环境保护”，采取市、区（县）政协联动的形式，着重 4 个方面赴 21 个点位进行民主监督视察，形成《关于“秦岭生态环境保护”专项民主监督的情况报告》，市委主要领导对报告作出批示后，市委专题会议进行研究，相关建议被纳入《落实全省秦岭生态环境保护会议工作任务分工方案》一体推进；围绕“大力推广新能源汽车及充电桩（站）配套建设”开展民主监督，形成监督视察报告报市政府办公厅参阅；围绕"农村宅基地使用权改革进展情况"开展专题民主监督视察，了解农村宅基地改革工作基本情况及存在问题，形成《关于视察我市农村宅基地使用权改革进展情况的报告》，为继续提升宅基地使用权改革工作成效献计出力；围绕城市排水防涝工作开展民主监督，形成《关于我市城市排水防涝工作民主监督视察报告》。围绕城市建设管理服务水平提升工作开展民主监督，形成《关于我市城市建设管理服务水平提升工作民主监督视察报告》；围绕"做好人才引育留用　推动创新链产业链融合发展"开展民主监督视察；与灞桥区政协、阎良区政协、临潼区政协围绕"支柱产业壮大和产业链水平提升""秦创原平台建设和创新能力提升"开展民主监督视察，有效提升履职成效。民主监督坚持问题导向、着眼推动落实，肯定成绩简明扼要，指出问题不遮不掩，分上下半年进行"回头看"，为各项工作高效落实助力。

【民主监督实效】　2022 年，政协西安市第十五届委员会着力完善民主监督制度机制，加强民主监督工作的闭环管理，推进制度化、规范化、程序化等功能建设。市政协办公厅联合市委办公厅、市政府办公厅印发《政协协商成果办理实施办法》，对协商成果报送形式、受理程序、督办方式、反馈时限、通报办法、质量评估等进行详细规范，为协商成果转化落实建立长效机制。

始终把协助党政部门解决问题、改进工作、增进团结、凝心聚力作为监督目的，坚持问题导向，发挥监督实效。视察前，做实做细政情通报、学习培训，组织委员认真学习市委、市政府领导同志关于年度重点工作的讲话和分工方案、推进方案等资料，使委员带着政策要求和问题线索去监督，增强监督针对性和有效性。视察中，组织委员深入一线、掌握实情，找准症结、提实建议。视察后，及时组织专家学者对视察报告反复论证、修改完善，做到"肯定成绩简明扼要、指出问题不遮不掩、分析原因深入透彻、提出对策切实可行"，为市委、市政府科学决策、有效施策提供高质量建言。市九个方面重点工作领导小组办公室认真研究政协视察报告，对提出的 25 个问题和 38 条建议，已逐项落实、全面改进。

将中共西安市委主要领导对视察报告的批示和办理情况反馈给全体政协委员。采取"回头看"形式，分上下半年跟踪问效。10 月至 11 月，围绕九个方面重点工作进行复查，重点视察市政协上半年所提意见、建议的采纳情况、各牵头单位根据视察报告制定的工作措施推进情况、有关企业单位获得的政策支持及落实情况、政协委员和各界群众反映的突出问题及意见建议、市级各部门和区（县、开发区）的工作创新、经验和成效。委员们深受鼓舞，又提出出台中国式现代化西安实践的实施方案、持续打造良好营商环境、加快推进"北跨"交通互联互通等 14 个方面有价值的意见、建议。（张虎峰）

委员工作

【概况】　2022 年，政协西安市第十五届委员会及其常委会把协商民主贯穿政协履职全过程，组织政协委员深入调研视察、积极协商建言、开展民主监督，为全市奋力谱写高质量发展新篇章贡献政协智慧和力量。截至年底，实有市政协委员 567 人，其中男性 405 人，女性 162 人；按照 29 个组成单位和界别进行划分，其中中共党员 22 人，民革 20 人，民盟 26 人，民建 24 人，民进 20 人，农工党 17 人，致公党 9 人，九三学社 17 人，无党派 8 人，共青团 7 人，总工会 14 人，妇联 11 人，青联 2 人，科协 10 人，工商联 24 人，侨联 10 人，文艺界 29 人，科技界 43 人，社科界 12 人，经济界 38 人，农业界 13 人，教育界 42 人，体育界 6 人，新闻界 7 人，卫生界 26 人，对外友好人士 2 人，少数民族界 13 人，宗教界 9 人，特邀人士 86 人。

【政协委员提案督办】　2022 年，政协西安市第十五届委员会及其常委会加强提案督办，及时回应委员关切。建立健全以《提案工作条例》为统领，以《提案审查工作实施细则》《提案办理协商办法》等为重点的"1+6"制度体系，创新打造提案提出、审查、办理、督办、评价闭环工作流程。制定出台《闭会期间提案工作实施办法》，完善平时提案征集和履职成果转化提案工作机制，将 85 件高质量的调研报告、大会发言、民主监督报告等协商议政成果转化为平时提案。针对遴选出的 47 件重点提案，由市委书记、市长阅批督办各 5 件，市委常委领衔督办 14 件，副市长领衔督办 12 件，市政协主席、副主席和秘书长领衔督办 10 件，实现市委、市政府、市政协市级领导参与提案督办工作全覆盖，巩固加强市级领导领衔督办政协重点提案工作格局。

【政协委员履职保障】　2022 年，政协西安市第十五届委员会及其常委把协商互动作为必要环节，常委会会议增加小组讨论、增设大会发言，为委员充分表达意见、与党政部门负责人对话互动留足时间，在民主协商中增进共识、促进团结。分 2 期举办全体委员培训班，系统学习党的创新理论、政协基本知识和履职方式方法。每月举办 1 期委员报告会，通过委员讲、委员听、委员议，实现自我教育、共同提高。组建委员学习管理小组、读书微信群，完善"政协书院"智能平台，线上、线下多管齐下抓学习，为新一届委员迅速熟悉政协工作、高效开展履职打下坚实基础。加强委员履职管理，根据界别、特长将委员编入各专委会，实现"全员入委"。坚持每季度召开履职统计专题会议，动态建好履职档案，增强委员责任意识和纪律意识。按照"学习、履职、联系、联谊"四个平台定位，建强委员工作室，发挥凝聚共识的"延伸单元"作用。推进信息化建设，升级视频会议系统，建设无纸化办公系统，完善网络议政、远程协商平台，优化"一网五系统"。开展优秀委员、十佳委员评选活动，充分调动委员履职积极性。（张虎峰）

2022 年 6 月 14 日，政协西安市第十五届委员学习培训班开班
（市政协办公厅　供图）

中共西安市纪律检查委员会·西安市监察委员会

责任编辑　曹毅强

综　述

【推进纪检监察高质量发展】　2022年，中共西安市纪律检查委员会、西安市监察委员会（简称市纪委监委）成立高质量发展专班，统筹推进全市纪检监察高质量发展。加强规范化建设，全面规范班子运行、线索管理、调查措施使用、廉政档案建立等工作。强化对区（县）纪委监委工作指导，采取多种方式督促推动整改，规范基层工作运行。全年13个区（县）和7个开发区立案2848件，查处市本级管理干部210人，分别比上年增长15%、56.7%。规范派驻机构领导体制、工作职责、履职程序。指导西咸新区对新区、新城两级纪检监察机构规范设置。全市派驻机构共立案287件，比上年增长14.3%。探索创新，在全市聘任村（社区）监督员，实现纪检监察监督和村级监督有效衔接。针对“三重一大”事项监督不到位问题，从规范监督内容、方式、程序等方面强措施、明要求，不断提升监督实效。以清理农村集体经济合同为“突破口”，联合市委农办在全市开展规范农村集体“三资”管理专项治理工作。此方法被全省各地学习借鉴。

2022年6月30日，西安市“清风古城号”公交专线发车仪式举行
（市纪委办公厅　供图）

2022年6月29日，市纪委在蓝田县灞源革命纪念馆开展“七一”主题党日活动
（市纪委办公厅　供图）

【推进“清廉西安建设”】　2022年，西安市纪委监委对全市政治生态状况进行深入分析，在市委常委会上进行通报。制定清廉西安建设工作方案，召开推进会，明确134项重点工作任务，指导临潼区、西安职业技术学院、西安城投集团等单位开展清廉单元建设试点。开展第5个纪律教育学习宣传月活动，选取典型案件，分类编印《忏悔录》和《案例剖析》，拍摄《打不通的“120”》等警示教育片，深化以案促改警示教育，不断强化党员干部纪律观念。开通3条“清风古城号”公交专线，征集廉洁文化微电影、微视频60部，上线“掌上家风馆”，营造以清为美、以廉为荣的良好氛围。

【纪检监察机关自身建设】　2022年，中共西安市纪委严格落实民主集中制，重大案件、重要事项集体决定，召开常委会会议26次、理论学习中心组会议14次。严格落实请示报告制度，围绕重大事项、重要问题，向省纪委监委和市委请示报告113次。在市纪委监委机关开展“深学笃行、提质增效”学习研讨活动，查摆突出问题42个，明确改进措施85条，对150余名新晋升干部进行业务能力测试，在各区（县）开展“精品案件”“青年办案能手”评选表彰活动，加大先进典型选树培养力度，市纪委监委第一监督检查室和第十二审查调查室张旋（女）受到中央纪委国家监委表彰。指导各区（县）监委向同级人大常委会报告专项工作，自觉接受各方面监督。坚持刀刃向内、从严要求，全市处置纪检监察干部问题线索82件，处分4人，组织处理18人。（王小红　全翠珍）

重要会议

【中共西安市纪委十四届一次全会】2022年3月15日，中共西安市纪委第十四届一次全会在陕西宾馆召开。会议选举出市纪委委员41名，常委11名。王瑞峰为市纪委书记，张友社、李红雨（女）、陈武、孙宝锋为市纪委副书记。

【中共西安市纪委十四届二次全会】2022年3月26日，中共西安市纪委第十四届二次全会召开。出席全会的有市纪委委员40人，列席86人。全会传达学习习近平总书记重要讲话和中央纪委、省纪委六次全会精神，听取省委常委、市委书记方红卫讲话，审议并通过市委常委、市纪委书记王瑞峰代表市纪委常委会所作的《弘扬自我革命精神，涵养清廉政治生态，为奋力谱写西安高质量发展新篇章提供坚强保障》工作报告。

（王小红　全翠珍）

党风廉政建设

【概况】2022年，西安市纪委监委认真贯彻《党委（党组）落实全面从严治党主体责任规定》，中共中央关于加强“一把手”和领导班子监督的《意见》和省委《实施意见》有关精神，充分发挥协助职能，结合省委十三届十次全会和市第十四次党代会部署要求，围绕“三新一高”、全面深化改革、促进共同富裕、防范和化解重大风险、实施“十四五”规划等重大战略及市委九个方面重点工作，制定《2022年度党风廉政建设考核工作的通知》，把“两个责任”贯通落实作为考核重点，从党委履责、主要负责人履责、班子成员履职、纪委监委履责等方面，细化26项考核指标，发挥考核“指挥棒”和“风向标”作用，推动党委主体责任和纪委监督有效落实。

【落实中央八项规定精神】2022年，西安市纪委监委协助市委开展作风建设专项行动，压紧夯实各级党组织主体责任。坚持破立并举、风腐同治，全市共查处违反中央八项规定精神问题510件，处分831人，组织处理171人。针对改头换面、花样翻新的享乐主义、奢靡之风问题，建立“纪检监察+税务商务+市场监管”工作机制，出台联动联查工作办法，提升精准发现问题能力；针对形式主义、官僚主义易发、多发问题，设立20个作风建设基层观测点，推动解决文山会海、督查检查考核过多、过频等问题。

坚持惩前毖后、治病救人原则，全市运用“四种形态”批评教育帮助和处理9576人次，其中第一和第二种形态分别占70%、25.5%。在新城区、莲湖区、蓝田县开展创建纠“四风”、树新风“示范县（区）”试点，打造具有区位特色的新风“名片”。开展时代新风宣传教育，促进党员干部牢记“三个务必”，践行“勤快严实精细廉”。总结新时代作风建设成效经验，把纠治“四风”实践成果转化为制度规范，推进作风建设常态化、长效化。

【推动“两个责任”贯通联动一体落实】2022年，西安市纪委监委认真贯彻落实省纪委监委《全省县（区）纪委监委工作规范运行指引（试行）》指导意见，制定“两个责任”贯通联动一体落实工作指引，从夯实党委主体责任、发挥纪委协助和监督职责、健全贯通联动一体落实机制3个方面列举30项措施，压紧压实党委主体责任、书记第一责任人责任、班子成员“一岗双责”，推动解决管党治党“最后一公里”问题。指导雁塔区制定《区委常委会重要决策监督评议办法》《区纪委监委廉情抄告工作实施办法》等制度，建立区纪委协助督促区委常委会落实重要事项决策机制主渠道，推动区纪委向区委常委班子成员通报分管部门和单位领导干部遵守党章党规、廉洁自律等情况制度化、规范化。

【健全完善谈话提醒机制】2022年，西安市纪委监委落实《市级领导开展谈话提醒工作安排》，向市“四大班子”主要负责人及相关市级领导致函，提醒市级领导落实廉政谈话提醒制度，切实履行好教育、管理、监督责任。市委主要领导带头履责，针对疫情防控工作暴露出的问题，与西咸新区主要领导开展谈话，督促落实主体责任。9位市级领导开展廉政谈话提醒49人次，其中提醒正局级以上领导18人次。印发《关于开展谈话提醒工作的通知》，要求各级党委（党组）“一把手”和领导班子成员经常性开展任职谈话、监督谈话、谈心谈话。截至年底，各区（县、开发区），市级各部门，市属各企业院校共有1640名领导干部，开展谈话5797人（次）。全市信访举报量同比下降44.7%。

（王小红　全翠珍）

监督执纪

【政治监督】2022年，西安市纪委监委围绕全面从严治党新部署新要求，深入基层开展调研，推动党的二十大战略部署转化为思路举措和实际成效。围绕落实习近平总书记关于西安重要指示批示精神，梳理形成监督清单，定期开展“回头看”。聚焦“七个有之”问题，严明政治纪律和政治规矩，全市立案查处违反政治纪律案件32件，处分29人。

围绕疫情防控畅通全天候信访举报渠道，发现和督促整改责任不落实、层层加码等问题，追责问责261人。围绕稳定经济对减税降费政策落实情况开展监督，严肃查处破坏营商环境问题372件，处分654人。围绕安全发展配合政府部门开展自建房安全隐患排查整治，认真核查违规举债增加隐性债务等问题；紧盯98个“烂尾楼”项目跟进监督，

2022年3月26日，市纪委十四届二次全会召开　（市纪委办公厅　供图）

推动 4.8 万套商品房完工交付。

出台服务保障高质量发展实施意见，对投资相对滞后的 10 个重点项目跟踪问效。围绕九个方面重点工作落实情况开展明察暗访，拍摄暗访内参片，在全市调度会上曝光，推动整改问题 17 个。加强对选人用人监督，严把政治关、廉洁关，市纪委监委严肃审慎回复党风廉政意见 807 人次，提出暂缓或否定性意见 38 人次。

加强对“一把手”和领导班子的监督，协助市委制定贯彻落实措施，推动廉政谈话提醒制度化，全年各级领导干部开展经常性谈话 6251 人次。将雁塔区、未央区、蓝田县作为加强“一把手”和领导班子监督联系点，指导深入开展政治生态研判，探索建立廉情抄告等制度。协助市委组织 8 个区（县、开发区）和市级部门“一把手”在市委常委会（扩大）会议上述责述廉，压紧夯实管党治党政治责任。

【日常监督】 2022 年，西安市纪委监委围绕巩固脱贫攻坚成果、乡村治理等 5 项监督重点开展常态化专项监督，督促各级党委政府对 2021 年以来完成项目开展自查，对利用衔接资金 200 万元以上的项目进行抽查监督，提高乡村振兴项目建设、资金使用的廉洁度。对困难群众救助补助资金审计发现问题开展专项监督，立案 53 人、留置 2 人，挽回损失 560 万元。

整治群众身边腐败和作风问题，持续开展领导包案和重复举报治理工作，纪检监察系统领导班子成员包抓化解信访疑难问题 444 件，治理重复举报 101 件。聚焦民生热点，在教育、医疗、住房、涉水等 11 个领域开展专项治理，全市共查处群众身边腐败和作风问题 1159 件，处分 1552 人。以“12345”政务服务热线为切入点，与媒体组成联合暗访组，探索实施“八个一”工作法，引入第三方评价机制，倒逼行业部门整改。常态化推进扫黑除恶打伞破网，全市共立案查处涉黑涉恶腐败和“保护伞”问题 17 件 34 人，移送检察机关 6 人。

【“三不腐”一体推进】 2022 年，西安市纪检监察机关保持惩治腐败高压态势，共处置问题线索 7256 件，立案 3257 件，处分 2753 人，移送检察机关 73 人，立案数、处分数比上年分别增长 13.4%、2.8%。加大自办案件查办力度，市纪委监委机关立案查处厅局级干部 26 人，增长 62.5%；区（县）纪委监委查处本级管理干部 175 人，增长 33.6%。开展粮食购销领域腐败问题专项整治，立案 94 件 151 人，其中留置 9 人、移送检察机关 14 人。

提升案件查办质效，制定领导包案、整合力量等 13 项措施，坚持“周通报、月点评、季分析”，对重大复杂案件集中研判，对长期未结的案件实行领导包案。编写常见职务犯罪案件证据指引，会同检察院、法院印发全市，统一证据标准、规范取证行为。加强审理内控监督，制定自办案件审理工作规定，编印指导案例和典型案例口袋书，推动精准执纪执法。落实首场谈话制度，常态化开展回访教育工作。

【强化对“一把手”和领导班子监督】 2022 年，西安市纪委监委认真贯彻落实党中央、省委、市委关于加强对“一把手”和领导班子监督工作有关要求，将雁塔区、未央区、蓝田县作为“一把手”和领导班子监督的试点单位，成立专项工作指导组，印发《若干工作措施》，指导区县扎实有序推进“一把手”和领导班子监督工作。针对“一把手”和领导班子监督工作难点问题，认真梳理《中共中央关于加强对“一把手”和领导班子监督的意见》《中共陕西省委关于加强对“一把手”和领导班子监督的实施意见》和《中共西安市委关于加强对“一把手”和领导班子监督的若干措施》有关要求，形成《关于 2022 年对区（县）“一把手”和领导班子成员监督工作督促指导重点内容》，制定《“一把手”和领导班子监督要点清单》，列出 68 条落实措施，作为指导各区（县）加强“一把手”和领导班子监督的重要参考，建立“室地”联动机制，5 次召集雁塔区、未央区、蓝田县相关人员一起研究“一把手”和领导班子监督、“两个责任”贯彻落实方面的具体问题。指导各区（县）科学制定监督措施，督促试点区（县）开展政治生态研判，制定党委、党委书记、常委会其他成员、纪委、组织部“五张责任清单”。健全重点信访举报和重要线索处置报告制度，推动“一把手”和领导班子监督工作走向深入。先后 2 次全面梳理全市“一把手”和领导班子监督工作情况，及时报告省纪委监委。

（王小红　金翠珍）

2022 年 5 月 16 日，市纪委领导深入基层检查外防输入和货车物流管控工作

（市纪委办公厅　供图）

审查调查

【加大自办案件查办力度】 2022 年，中共西安市纪委监委立案查处厅局级干部 26 人，比上年增长 62.5%；区（县）纪委监委查处本级管理干部 175 人，增长 33.6%。聚焦关键少数和重点领域加大查办力度，查处临潼区原副区长刘某某、市卫健委原副主任刘某等领导干部严重违纪违法问题，高陵区阳光村镇银行原行长武某某等金融领域“内鬼”，蓝田县农业农村局原党委书记、局长雷某某等民生领域“蛀虫”，中航工业信息化办公室原主任刘某某等上级指定管辖案件。扎实开展粮食购销领域腐败问题专项整治，立案 94 件 151 人，其中留置 9 人、移送检察机关 14 人，严肃查处临潼区原粮食局副局长周某某，陕西军粮供应公司原副总经理吴某某，以及陕西粮农油脂集团原董事长李某某、原党委书记解某某等严重违纪违法问题。

【审理制度规范化建设】 2022 年，中共西安市纪委按照“深学笃行、提质增效”活动要求，健全审理工作机制，持续完善审理工作程序流程。制定《案件审理工作规定》和《审理案件常用文书规范》，完善提前介入、收案、分案、形式审核、受理、补充调查、退回重新调查、处分决定送达、宣布与执行、案件结案、案卷归档等具体工作流程，健全重大疑难复杂问题研究会商制度，推动审理工作质效不断提高。进一步完善审理内控机制，对市纪委监委审理工作进行全流程规范。

【执纪执法精准化建设】 2022年，中共西安市纪委结合高质量专班工作要求，坚持纪法协同，推动监督执纪和监察执法有效衔接，实现党纪处分和政务处分相互贯通。坚持实事求是原则，牢固树立法治化、规范化、正规化要求。对2018年以来所办案件中存在的主要问题进行系统梳理，从程序方面、取证方面、“纪、法、罪”3类案件证据标准差异性方面、定性方面、处置方面、文书方面等多个角度，以百问百答方式，对办案中出现的问题进行解答；既提“问题”，又给“答案”，做到严之有度、严之有据、严之有理，撰写《西安审理参考（第一期）》，同时还汇总中央纪委国家监委指导性案例，编印《指导案例和典型案例》口袋书，下发各案件承办室和区（县）纪委监委，切实发挥案例在统一执纪执法标准上的引领示范和实践指导作用，推动精准执纪执法。（王小红　全翠珍）

巡察工作

【概况】 2022年，中共西安市委制定十四届市委巡察工作规划，召开全市巡察工作会议，对十三届市委巡察工作进行全面总结，对新一届市委巡察工作进行部署安排。开展十四届市委第一、第二轮巡察，对市住建局等20家单位进行“政治体检”，对西旅集团等2个开发区下属国有企业进行提级巡察。结合十四届市委第一轮巡察，会同审计部门在市财政局、市科技局、市文旅局同步开展“巡审联动”。

【《十四届市委巡察工作规划（试行）》】 2022年6月24日，中共西安市委常委会审议通过《十四届市委巡察工作规划（试行）》（以下简称《规划》）。《规划》明确十四届市委巡察全覆盖对象103个。在开展常规巡察、专项巡察、机动巡察和巡察“回头看”的同时，深化上下联动和交叉巡察。加大对重点部门、重点领域巡察力度，由市委巡察机构统筹安排，适时对区（县）教育、卫健、城市管理、市场监管、农业农村（乡村振兴）、法院、检察院等部门开展上下联动巡察，对区（县）住建、交通、民政、人社等部门开展交叉巡察。要求把对村（社区）巡察全覆盖作为硬任务，明确市委提级或市级统筹下交叉巡察、联动巡察的村（社区）数量原则上不少于总数的5%。《规划》明确要求健全上下联动领导体制，坚持和完善下级巡察机构向上级巡视巡察机构报告、报备、述职和对新任职巡察办主任开展谈话等制度。《规划》从加强巡察监督与纪检监督、监察监督、派驻监督统筹衔接、与有关部门协作配合、与群众监督有机结合等方面作出安排。

2022年6月13日，十四届市委巡察工作领导小组第一次会议召开
（市纪委办公厅　供图）

【完善巡察工作机制】 2022年，中共西安市委巡察办加强组织领导，推动13个区（县）党委书记担任巡察工作领导小组组长、区（县）纪委班子成员担任巡察办主任，指导高新区、国际港务区设立巡察机构。健全市委巡察机构与审计、网信等10个部门协作配合机制。结合十四届市委第二轮巡察，指导区（县）开展教育、住建领域交叉巡察。为深入贯彻落实习近平总书记关于加强指导督导、促进巡视巡察上下联动的重要指示精神，巩固深化省委第二指导督导组对西安开展指导督导的工作成果，西安市委巡察办制定印发《关于深化对村（社区）分类实施巡察监督的实施办法》《市委巡察机构联系区（县）、开发区巡察机构办法》《关于组织开展区（县）交叉巡察工作的实施办法》。以上3个《办法》的出台，为促进区县巡察工作规范提升、高质量发展，推动新一届区（县）党委巡察工作高点起步、良好开局提供规范性的制度保障。

【中共西安市第十四届委员会第一轮巡察工作】 2022年5月6日，中共西安市第十四届委员会第一轮巡察动员部署会召开。市委常委、市委巡察工作领导小组组长王瑞峰出席会议并讲话。市委常委、市委巡察工作领导小组副组长王晓林主持会议。会议宣布巡察授权和任务分工，对十三届市委巡察工作进行回顾总结，对十四届市委第一轮巡察工作进行动员部署。市委派出5个巡察组分别对市住建局、市地震局、市财政局、市民宗委、市人社局、市体育局、市民政局、市科技局、市文旅局、市文物局10个单位党组织开展常规巡察。此轮集中巡察时间为2个月，5月统一进驻被巡察单位开展巡察工作。

10月28日至10月31日，十四届市委第一轮巡察完成反馈。5个市委巡察组分别向市住建局等10个市级部门单位党组织进行“一对一”反馈。市委各巡察组向被巡察党组织主要负责人传达方红卫同志在市委书记专题会议听取十四届市委第一轮巡察情况综合汇报时的讲话精神，通报巡察发现的主要问题，并向领导班子反馈巡察情况。反馈指出巡察发现的突出问题，并对巡察整改工作提出明确要求。市委巡察组收到反映一些领导干部的问题线索，已按有关规定转市纪委监委等有关方面处理。

【中共西安市第十四届委员会第二轮巡察工作启动】 2022年11月15日，西安市召开巡察工作会议暨中共西安市第十四届委员会第二轮巡察动员部署会。会议全面总结十三届市委和十四届市委第一轮巡察工作，安排部署十四届市委第二轮巡察工作。市委派出5个巡察组分别对市发展和改革委、市卫健委、市教育局、市生态环境局、市乡村振兴局5个部门开展为期1个月左右的常规巡察；市委第六巡察组对西安旅游集团有限责任公司开展为期1个月左右的提级巡察。本轮巡察是党的二十大胜利召开后西安市委启动的首轮巡察。

【整改落实】 2022年，中共西安市委巡察办以市委办公厅名义印发《西安市巡察整改和成果运用工作办法》，率先建立巡察建议书制度，该做法被十四届省委巡视工作规划吸收，并在全省巡视巡察工作中推广。邀请市级分管领导参加巡察反馈，并将发现的突出问题在市委常委会（扩大）会议上通报，将发现的13类普遍性问题向全市各级党组织预警提示，持续释放从严从实抓整改的强烈信号。（王小红　全翠珍）

中国国民党革命委员会西安市委员会

【概况】 2022年，中国国民党革命委员会西安市委员会设有社会和法制工作委员会、教科文卫工作委员会、祖国统一工作委员会、妇女工作委员会、经济建设与社会发展委员会5个专门委员会，10个区级工作委员会，10个直属支部，共118个支部。党员总数2088人，平均年龄54岁，其中大学以上学历1447人，占党员总数的69.3%；具有中高级专业技术职称的593人，占党员总数的28.4%。党员中有236人次分别担任全国、省、市、区的人大代表或政协委员，其中全国人大代表1人，省人大代表3人，省政协委员5人，市人大代表10人，市政协委员30人；担任市级部门正职1人，区政协副主席4人，县人大常委会副主任1人。先后获评民革全国宣传思想工作先进集体、民革全国参政议政工作先进集体、民革全国祖统工作先进集体、民革全省宣传思想工作先进集体、民革全省参政议政工作先进集体、民革全省社会服务工作先进集体。

【民革西安市第八次代表大会】 2022年6月7—8日，中国国民党革命委员会西安市第八次代表大会在西安召开，185名党员代表参会。会议听取并审议民革西安市第七届委员会工作报告及监督委员会工作报告，选举产生民革西安市第八届委员会，审议通过民革西安市第八次代表大会决议。选举产生委员53人，常委20人。选举产生民革西安市委员会新一届领导班子，王选当选主任委员，刘朋、郝东文、王一凡、薛晓芹、宋彦佳当选副主任委员，刘凤芹被任命为秘书长。

【组织建设】 2022年，中国国民党革命委员会西安市委员会发展党员78人，平均年龄39.8岁，其中研究生以上学历13人，具有中高级专业技术职称23人，重点领域党员占比62%。持续开展示范支部创建活动，对全市118个支部进行验收，达标率92%。指导基层组织建好、用好党员之家，建成并投入使用党员之家47个。在鄠邑区、西咸新区分别成立支部，对碑林区、灞桥区、曲江新区3个区级工作委员会班子进行调整，领导班子成员年龄结构和专业结构得到优化。对新一届委员和党务骨干开展培训，举办新党员培训班2期，推荐党员参加省委会骨干党员培训班，培训党员175人次。完成内部监督委员会换届工作，组织委员到廉政教育基地参观学习。扎实开展机关作风建设专项行动，明确责任清单和岗位职责。

【思想建设】 2022年，中国国民党革命委员会西安市委员会组织开展中共十九届六中、七中全会和党的二十大精神专题学习39次。推进“书香民革”建设，举办读书分享、诗歌朗诵等活动5次，在党员之家设立民革书屋，配置书籍近7000册。组织开展统战理论研究、“弘扬中共建党精神，继承践行延安精神”和“喜迎二十大，奋进新征程”等主题征文活动，向西安市委统战部和民革陕西省委会报送文章25篇；参加“喜迎二十大，同心绘未来”——民革北方省会城市黄河文化书画展。组织委员、工委和支部班子成员观看党史教育影片3次，参加人数350余人。开通官方微信公众号，注册官方视频号；公众号发布文章42篇，网站发布信息189篇。编印《西安民革》4期，在《团结报》、团结网刊登宣传稿件11篇，在西安统一战线微信公众号刊登稿件15篇，向民革陕西省委会报送稿件102篇。民革西安市委会11个基层组织获评民革陕西省宣传思想工作先进基层组织，11名党员获评民革陕西省宣传思想工作先进个人。

【参政议政】 2022年，中国国民党革

2022年8月19日，民革西安市鄠邑区支部委员会成立
（民革西安市委会 供图）

命委员会西安市委员会向全国、省、市等各级“两会”提交提案和建议310件。向市政协十五届一次会议提交提案52件，其中集体提案17件，包括大会发言《关于提高我市地表水环境质量的建议》。《关于聚焦产业扶贫，助力乡村振兴的建议》等3件集体提案、1件委员提案获市政协十四届五次会议优秀提案。邀请政府相关部门、提案撰写者、人大代表、政协委员和专家学者等召开座谈会，就提案办理情况提出意见、建议，推动提案的落实。完成《优化秦创原创新生态体系建设的研究》《建立青年律师培养机制的研究》等12个调研课题，并形成调研报告，提交市委统战部3篇、民革陕西省委10篇。其中《发挥西安历史文化遗产资源优势，建设城市品牌的调研报告》和《关于秦岭生物多样性建设与保护情况的建议》受到市委统战部表彰。编报社情民意信息85条，其中民革陕西省委采用17条，市政协采用7条。参加中共西安市委政党协商会议，省、市政协月度协商座谈会和各类专题协商会议12次，就推进秦创原“一总两带”建设、促进陕西经济高质量发展等12个议题，形成交流材料25篇。编印《2022年提案和建议选编》《履职工作图集》《优秀调研报告汇编》。参加市政协文化文史专委会组织的“城市综合能级提升情况”民主监督活动3次，筛选8家企业（单位）开展抽样调查，推荐和选送4家交流发言单位。2个工委、2个专委会获民革陕西省参政议政工作先进集体，9名党员获民革陕西省参政议政工作先进个人。

【社会服务】 2022年，中国国民党革命委员会西安市委员会开展“博爱•牵手”活动，看望慰问退休老同志、80岁以上老党员和困难党员等145人次。法律援助工作部主动服务民革党员企业，实施法律援助10例。中山书画院开展迎新春送祝福活动，为市民义写春联400多副；13幅书画作品入选民革中央抗击疫情主题作品展和第三届“香凝如故”全国美术作品展。各基层组织开展关爱抗战老兵和留守儿童、文化下乡、捐资助学、医疗义诊、法律援助等公益活动30余次，受益人数1400余人。6名党员获民革陕西省社会服务工作先进个人。

【对台工作】 2022年，中国国民党革命委员会西安市委员会组织党员学习《台湾问题与新时代中国统一事业》白皮书，明确新时代中国共产党解决台湾问题总体方略。中秋节与“三胞”亲属和在西安的台胞台属围绕两岸关系发展、对台交往及涉台参政议政等开展座谈交流。举办“携手喜迎二十大　两岸同心向未来”书画摄影展，展出作品85幅。1名党员获民革全国祖统工作先进个人。

（谢　芳）

中国民主同盟西安市委员会

【概况】 2022年，中国民主同盟西安市委员会发展95名盟员，共有盟员3361人；有直属基层组织42个，其中工委12个、委员会1个，总支3个，直属支部24个、小组2个。新发展盟员中本科以上学历占77.6%，具有中高级职称盟员占64.3%，教育、文化界别盟员占70%。盟员中担任省人大代表2人，省政协常委1人，省政协委员2人；市人大常委会委员1人，市人大代表7人，市政协常委7人，市政协委员30人；副区长1人，区人大常委会副主任1人，区政协副主席3人。

【民盟西安市第十四次代表大会】 2022年6月7—8日，中国民主同盟西安市第十四次代表大会在西安召开，157名盟员代表参会。会议听取并审议民盟西安市第十三届委员会工作报告及监督委员会工作报告，选举产生民盟西安市第十四届委员会。选举产生常委21人，委员54人。选举产生民盟西安市委新一届领导班子，吴晓军当选主任委员，程希文、李美芳、文静、刘岗、张凯华当选副主任委员。

【组织建设】 2022年，中国民主同盟西安市委员会按照《盟市委关于加强基层代表人士队伍建设的意见》，将素质高、年富力强、群众基础好、有代表性的盟员选入领导班子。协助完成专委会换届工作，充实调整后备干部队伍。开展“盟员之家”规范化建设工作，打造“盟员之家”25个，完成规范化建设、充分展示民盟元素的9个。制定《民盟西安市第十四届委员会领导班子履职办法》《民盟西安市第十四届委员会委员（常委）履职考核办法》，初步建立科学、规范分类评价制度体系。加强内部监督，内部监督委员会完成换届。加强对各直属基层组织监督，将基层组织日常履职、问题线索办理、处置研判、联络沟通及专项监督等纳入监督重点。组织、推荐盟员骨干、新盟员、基层负责人等参加各类培训300余人（次）。

【思想建设】 2022年，中国民主同盟西安市委员会把思想政治建设放在首位，围绕学习中共二十大精神发起“每日一学”“每日一问”在线学习活动，覆盖全体盟员。推进“矢志不渝跟党走、携手奋进新时代”政治交接主题教育。盟市委领导带队，赴民盟12个基层组织开展政治交接主题教育暨调研活动。各基层组织通过召开座谈会、参观“一馆一家一基地”、学习培训、联合开展义诊、举办公益讲座、慰问一线防疫人员、举办书画展、举办诵读会、慰问失能老人等方式丰富主题教育内容，受到民盟中央和盟省委的充分肯定。开展“喜迎二十大，奋进新征程”系列活动，举办线上书画摄影作品展，开展优秀盟员先进事迹专题报道，参加市委统战部组织的主题巡展、征文、读书分享等各类活动60余次，参与盟员2000余人（次）。灞桥区工委制作的《正道沧桑》被西安统一战线成员线上读书分享采用，多位盟员在“百年风雨路・世纪统战情”征

2022年6月7—8日，中国民主同盟西安市第十四次代表大会召开

（民盟西安市委会　供图）

文评比中获奖，盟员高宁忆《我与杨明轩先生的情缘》获一等奖。组织盟员开展统战理论研究，向市委统战部报送7篇高质量理论文章。

【参政议政】 2022年，中国民主同盟西安市委员会积极参加中共西安市委、市政府及市委统战部组织召开的政党协商会、政情通报会，围绕“公共卫生中心运营管理”“科技型企业培训”建言献策。参加市政协组织的对口协商会，先后就“激发农民种粮积极性”“推动我市职业教育高质量发展”“秦岭北麓历史文化资源保护”提出意见、建议。参加市政协组织的“关于开发区运行机制优化提升”调研，并完成相关调研报告。在市政协十五届一次会议上提交大会口头发言1篇，集体提案13篇，《加强地质环境评价为西安城市建设提供支撑》提案获市政府主要领导批示；《关于大力发展数字经济的建议》等3篇集体提案和《关于以“十四运”为契机加快提升我市城市文明建设水平的建议》等4篇委员个人提案获市政协优秀提案表彰，《关于加快我市高标准农田建设促进农业提质增效的建议》等3篇提案被市政协列为“五位一体”督办提案。围绕中共西安市委、市政府重点工作咨政建言，高质量完成市委统战部4项重点调研，其中《关于优化秦创原总平台定位布局，加快西咸沣西科产城一体化发展的建议》获一等奖，《发挥国家中心城市主体作用，推进关中平原城市群协同发展》获二等奖，《关于加强我市富硒产业开发，助力乡村振兴的调研》获三等奖，盟市委获优秀组织奖。聚焦汉长安城文化遗址保护，形成《关于汉长安城遗址保护与民生保障协同发展的建议》调研报告；完成《2021年“53111”工程调研成果汇编》。修订《民盟西安市委会参政议政工作奖励办法》，激发各级盟组织和盟员参政议政积极性和主动性。参加民盟中央副省级城市参政议政工作会议并作交流发言。上报社情民意信息156篇，比上年增长90%；向盟中央上报信息62篇，增长181%；向盟省委上报信息114篇，增长58%，其中3篇被盟中央采纳，3篇被盟省委采纳。向市政协报送信息45篇，17篇被采纳，1篇获市级领导批示。被盟中央评为“反映社情民意工作先进单位”，盟员牛宝茹被评为“盟中央反映社情民意工作先进个人”。向民盟中央第十三届民生论坛和第八届经济论坛征集上报《关于重大突发公共卫生事件对幼儿园管理工作的影响与思考》《关于基层社会治理共同体建设的建议》等4篇论文。盟员王毅撰写的《关于加快西咸一体化制度建设的若干建议》被2022民盟法治论坛评为优秀论文。

【社会服务】 2022年，中国民主同盟西安市委员会持续开展精准扶贫，动员各基层组织及个人实施消费帮扶8万余元；各基层组织开展义诊、助学帮困、捐赠慰问等活动。广大盟员捐款捐物助力疫情防控，长安区、雁塔区、未央区、莲湖区、临潼区工委赴街办社区、基层派出所捐赠矿泉水、降温包、方便面等物资计7万余元；碑林区工委向西藏阿里地区捐赠口罩20万个，价值10万元。在持续做好“烛光行动”“义写春联”等品牌的同时，号召各基层组织开展送教下乡、“六一”儿童节捐赠、高考志愿填报辅导、社区帮困、教师节慰问等形式多样的社会服务活动，捐赠物资价值17万元。 （王耿平）

中国民主建国会西安市委员会

【概况】 2022年，中国民主建国会西安市委员会有基层组织146个、区级工作委员会8个、专门委员会7个；会员2929人，平均年龄55.6岁，经济界会员2080人，具有中高级职称者1126人。调整改选区工委和基层组织11个，新成立陕西煤业化工集团支部；新发展会员125人，平均年龄38.2岁，大学本科以上文化程度105人，具有中高级职称者30人。会员中有全国人大代表2人、全国政协委员3人，省人大代表4人、省政协委员8人，市人大代表10人、市政协委员34人，担任政府及其组成部门、司法机关县处级以上职务36人。获评民建陕西省委会2022年度反映社情民意信息工作先进集体一等奖、民建陕西省委会2022年度参政议政工作先进单位一等奖、民建陕西省委会2022年度新闻宣传工作先进单位、民建陕西省委会2022年度社会服务工作优秀单位、民建陕西省委会2022年度组织建设工作先进单位。

【民建西安市第十二次代表大会】 2022年6月6—8日，中国民主建国会西安市第十二次代表大会在陕西宾馆召开，188名会员代表参加会议。会议审议姜长智代表第十一届委员会所作题为《聚焦新阶段奋力新征程 为谱写西安高质量发展新篇章贡献智慧力量》的工作报告，通过《中国民主建国会西安市第十二次代表大会决议》，选举产生49名委员组成的民建西安市第十二届委员会。选举产生第十二届常务委员会和新一届市委会领导班子及第十二届监督委员会。常务委员会组成人员21人，姜长智当选主任委员，王季、霍炳男、乔伟、张晓晖、程乔漪为副主任委员。

【组织建设】 2022年，中国民主建国会西安市委员会开展“矢志不渝跟党走、携手奋斗新时代”政治交接主题教育，举办专题报告、专题讲座、主题巡展。召开6次主委会议和4次常委会会议，通过《第十二届委员会领导班子工作分工》《专门委员会领导班子名单》。召开基层组织工作会2次，制定《民建西安市委员会关于区工委、直属基层组织调整的方案》，完成灞桥区工委等11个区工委和基层组织调整工作。持续推进“会员之家”建设，建成“会员之家”11个。分别举办新会员、宣传骨干培训班，培训新会员57人、各区工委和基层组织宣传骨干50余人。参加市委统战部组织的市级各民主党派领导班子研修班；选派26名骨干会员及基层组织负责人参加民建中央、省委会组织的专题培训，选派1名会员参加省委统战部举办的中青年干部培训班。制定《民建西安市委作风建设主题活动方案》《民建西安市委机关平时考核办法》，加强作风建设，强化干部平时考核。

【思想建设】 2022年，中国民主建国会西安市委员会召开常委（扩大）会议，传达学习中共二十大精神，制定《民建西安市委学习贯彻中共二十大精神工作方案》，开展学习50次，收到心得体会21篇。开展“喜迎二十大·奋进新征程”主题实践活动：开展“百年风雨路·世纪统战情”征文，征集主题征文48篇，在市委统战部评比中，1篇获一等奖、3篇获三等奖、3篇获优秀奖，市委会获优秀组织奖；开展“追梦新时代·奋进向未来”喜迎二十大主题摄影大赛，征集会员摄影作品220幅，编撰、印制《民建会员主题摄影作品集》；组织“书香统战·阅读阅美”读书分享会4次；组织“互看互学促提升”基层亮点行5次。出版编辑《西安民讯》4期，在民建中央、省委会以及市委会网站发布会务活动报道197篇。各界导报、陕西传媒网等媒体报道活动消息312条。

【参政议政】 2022年，中国民主建国会西安市委员会围绕西安市九个方面重点工作深入开展调查研究，分别成立由副主委担任组长、专家学者执笔的调研组，确定“秦岭生态环境保护相关问题研究”“乡村振兴背景下的西安乡村旅游业高质量发展研究”等5个重点调研课题，开展专题调研18次。依托长安大学黄河学院就“秦岭生态环境保护相关

2022 年 4 月 8 日，民建西安市委会参观鄠邑区乡村振兴示范村
（民建西安市委会　供图）

问题研究”课题进行调研；与市发展改革委、市工信委和民建郑州市委会就跨境电商发展开展联合调研；与市乡村振兴局、市农业农村局等就西安市乡村振兴工作存在的问题进行座谈。形成调研报告 65 篇，政协常委会、协商会发言材料 6 篇。其中 18 篇调研报告被民建省委会采用；在市委统战部 2022 年度优秀调研成果评比工作中，1 篇获一等奖，1 篇获三等奖。在市政协第十五届委员会第一次会议上，提交集体提案 18 件，个人提案 37 件。《关于抢抓工业软件发展机遇，发挥西安优势的建议》等 3 件集体提案、《关于提升老字号餐饮品牌的建议》等 7 件个人提案获评优秀提案，《关于抢抓 RCEP 发展机遇　加快构建高标准自贸网络的建议》《关于国际港务区奥体板块发展的建议》等提案由市级领导重点督办。参加市政协组织的“完善激励政策，激发农民种粮积极性”民主监督调研工作，在市政协的月度协商座谈会上积极建言献策。参加“西安市优化营商环境”“西安市公共卫生中心项目运营管理”等协商会 6 次，2 篇发言材料被市政协采用。向各级组织上报社情民意信息 61 篇，其中《关于加强市、区网络信息安全的建议》被中央统战部《零讯》刊物采用，《关于当前都市文化圈规划范围过大的对策与建议》等 3 篇被民建中央采用，《关于取消核酸检测发放纸贴的建议》等 2 篇得到省级领导批示，《关于规范民主党派领导班子成员职务称呼的建议》等 8 篇被省政协采用，《关于在疫情期间设置儿童就诊专项收治医疗机构的建议》等 14 篇被市政协采用。

【社会服务】　2022 年，中国民主建国会西安市委员会发挥密切联系经济界的特色和优势，走访会员企业 5 次，了解会员企业生产经营状况和需要解决的问题。组织企业会员参加建华课堂 4 期，开展“守望相助、共向未来”互生共赢分享交流活动和“慰问企业会员暖冬活动”；组织企业家会员与会内法律专家召开营商环境座谈会；与市委统战部联合开展助力乡村振兴暖冬慰问活动，赴周至县马召镇开展捐资助学及助力乡村振兴爱心捐赠活动。组织杨庄街办各村民委员会主任及民建企业会员赴乡村振兴示范村鄠邑区栗峪口村参观调研，学习特色经验。会员企业购买、帮助销售脱贫地区农产品价值 8524.67 万元。落实疫情防控工作部署，协助政府做好防控工作，号召全市基层组织、广大会员及会员企业捐款捐物折合 440 万元。

（丁　鑫）

中国民主促进会西安市委员会

【概况】　2022 年，中国民主促进会西安市委员会有区级工作委员会 10 个、直属工作委员会 1 个、总支部 2 个、基层支部 119 个、专门委员会 6 个。会员总数 2256 人，平均年龄 59.8 岁；新发展会员 82 人，平均年龄 39 岁。会员中教育界 1567 人，科技、文艺界 200 人，其他界别 489 人；有大专及以上学历 1938 人，占会员总数的 85.9%；具有中高级职称 1545 人，占会员总数的 68.5%。会员中担任省人大代表 2 人，市、区（县）人大代表 27 人，市人大常委会副主任 1 人、区（县）人大常委会副主任 1 人；担任省政协常委 1 人、省政协委员 1 人，市、区（县）政协委员 169 人，其中区（县）政协副主席 5 人、副区长 1 人；在政府各部门担任处级以上职务 22 人。被民进中央授予民进信息化建设先进集体，宣传思想工作、参政议政工作、机关建设工作均被民进省委会评为专项工作先进单位；被市政协评为 2022 年度反映社情民意信息工作先进集体。

【民进西安市第八次代表大会】　2022 年 6 月 9—10 日，中国民主促进会西安市第八次代表大会在西安召开，160 余名会员代表参加大会。会议审议并通过民进西安市第七届委员会工作报告，选举产生民进西安市第八届委员会，常委 20 人、委员 50 人；选举产生民进西安市新一届领导班子，杨宗科当选主任委员，梁倩、王小玲、梁文辉、高杨杰、李东霖当选副主任委员。

【组织建设】　2022 年，中国民主促进会西安市委员会稳步推进自身建设，完成灞桥区工委班子调整和 102 个支部换届；成立中国民主促进会西安市航天基地直属支部和 8 个基层支部；成立内部监督委员会，出台《中国民主促进会西安市内部监督委员会工作条例》。举办骨干会员履职能力提升培训班、新任委员培训班、新任支部主任培训班和新会员培训班，对近 200 名会员进行能力提升培训。成立西安民进开明画院，碑林区、高新区工委“会员之家”挂牌。在民进中央信息化建设主题年工作中，碑林区、雁塔区、鄠邑区、长安区 4 个工作委员会和西安民进企业界联谊会被民进陕西省委会授予信息化建设先进集体。高新区等 7 个工作委员会和阎良区等 10 个支部委员会被民进陕西省委会评为专项工作先进集体。会员陈荣娟获得“全国群众体育先进个人”荣誉称号，李南颖被授予陕西省教科研工作先进个人，魏颖被省社科院聘为省中小学教育成果评审评委专家和市教育督导评估专家，杨晓静获市“巾帼建功标兵”称号，丁常玲上榜“西安好人”，贺三宁被中共高陵区委、区政府聘为决策咨询委员会委员，靳晓坤篆刻作品在第三届“陕西书法奖”中获三等奖。

【思想建设】　2022 年，中国民主促进会西安市委员会完善政治学习机制，召开主委会会议、常委会会议、理论学习中心组（扩大）会议集中学习中共二十大报告及相关文件。主委带头宣讲中共二十大精神，通过网站和微信公众平台发布会员学习动态，刊发基层组织负责人和骨干会员学习体会文章 30 多篇，发布会员学习视频 11 次。举办“喜迎中共二十大”书画展，参加市委统战部主题展览，选送节目《乳娘》获“喜迎二十大　永远跟党走”市离退休干部线上诗词朗诵会最佳节目奖。围绕“矢志不渝跟党走，携手奋进新时代”政治交接主题教育，组织读书会、朗诵会、宣讲会和赴红色教育基地参观学习等教育活动。开展“书香民进　阅读阅美”经典诵读活动，组织会员撰写征文、创作书画、拍摄视频，16名会员作品在省级和市级宣传平台得到展示；在民进省委会举办的教师节征文活动中，23名会员受到通报表彰。制定《中国民主促进会西安市委员会宣传信息员管理办法》，对32名宣传信息员进行业务培训。出版《西安民进》4期，西安民进微信公众号发布新闻200余条，官方网站发布会务新闻、专题文章220多篇。在民进中央网站、《民主》杂志登载信息文章8篇。在《关注》等省级媒体刊载信息21条，在陕西统一战线微信平台、西安统一战线微信平台发布工作信息12条。

【参政议政】　2022年，中国民主促进会西安市委员会向政协西安市第十五届委员会第一次会议提交大会发言2篇、集体提案15件。大会发言《关于进一步落实“双减”政策的建议》得到市政府主要领导批示；《关于加快推进农业农村现代化的建议》被列为市委书记督办提案，《关于加强西安职业教育发展的建议》等2件被列为市政协领导督办提案，《关于进一步完善我市养老服务体系的建议》等3件被评为优秀提案。《尽快建立我省社区数字化治理新体系的建议》《关于加快推进基层区县“双减”工作落实的建议》获民进省委会参政议政优秀成果奖。会员在各区（县）两会上提交提案、建议150多件，其中16件被评为重点提案。市委会参加政党协商6次，对全市“两会”有关人事安排事项、党风廉政和反腐败工作、经济社会发展思路、市公共卫生中心运营管理工作和加快科技型企业培育提出意见、建议。联合市委统战部赴霸陵考古发掘现场，就建设“霸陵考古文化遗址公园”进行专题调研。运用“直通车”机制向中共西安市委报送《关于推动我市防疫模式转型，尽快建立“发热便民诊疗站”的建议》，得到主要领导批示，被民进中央选用。参加政协协商9次，围绕全面提升市域社会治理能力水平、秦创原建设、激励农民种粮积极性、推动现代职业教育高质量发展、深化乡村振兴和城市建设管理服务水平提升等开展专题调研近10次，提出意见23条。完善课题调研机制，组建课题团队，加强对各基层组织和专委会开题、调研工作的指导；引入第三方评议，邀请市政府、市政协、市社会主义学院专家对各课题组上报的19篇调研报告评审打分，向民进陕西省委会和市委统战部推荐3篇优秀调研成果。向民进陕西省委会和市政协反映社情民意信息50条，22条被采用。

【社会服务】　2022年，中国民主促进会西安市委员会立足自身实际，开展社会服务活动。面对新冠疫情侵袭，长安区、莲湖区、碑林区等工作委员会捐款超10万元，会员捐赠蔬菜、食品、防护用品价值超150万元。在教师节、重阳节等节日开展庆祝慰问活动，向300多名优秀教师会员、老同志和生活困难会员送上节日祝福和组织关心。积极开展公益活动。西安民进企业界联谊会法律服务站成立，为会员、会友提供义务服务。碑林区工委组织会员为希望小学留守儿童捐赠米、面、油及书画作品；高新区等3个工委组织开展“春联万家”活动；雁塔区工委与西咸新区秦汉新城立德思小学联合开展博物馆进校园活动；未央区工作委员会赴经开七中开展“同心·送健康”青少年爱眼护眼大型公益活动；鄠邑区工委举办中高考学生家长考前心理辅导线上公益讲座；高陵区总支部委员会组织会员助力“西安市千场惠民演出”；灞桥区工委在区文化馆开办公益课堂，向群众讲授篆刻艺术和绘画技法。

（任海峰）

2022年7月20日，民进西安市委会赴秦岭警示教育中心参观学习

（民进西安市委会　供图）

中国农工民主党西安市委员会

【概况】　2022年，中国农工民主党西安市委员会有区级工作委员会8个、基层组织80个、专门工作委员会9个。全市党员1741人，其中医药卫生领域1022人，占党员总数的58.7%，人口资源、生态环境领域42人，占2.7%，有中高级职称的党员占到90%以上。党员中有212人分别担任全国、省、市、区（县）人大代表或政协委员，其中全国人大代表1人，市政协副主席1人，区（县）政协副主席3人，副区长1人，区工商联主席1人。

【农工党西安市第十一次代表大会】　2022年6月8—10日，中国农工民主党西安市第十一次代表大会在西安召开。农工党中央副主席、陕西省委会主委、全国人大常委会委员朱静芝出席大会。会议审议批准农工党西安市第十届委员会工作报告、监督委员会工作报告。选举王国根为第十一届委员会主任委员，齐靖、周媛、肖红亮、段降龙、吕雅丽为副主任委员，任命曾捷为秘书长。选举农工党西安市十一届监督委员会组成人员，周媛为监督委员会主任，曾捷、朱伟红、张旗为副主任。

【组织建设】　2022年，中国农工民主党西安市委员会注重组织发展质量，严格组织发展程序，发展新党员72人。完善骨干党员信息库，以代表人士队伍建设为重点，实时动态管理，1名代表被聘为市政府参事。新设立1个工作委员会、1个总支部委员会、10个支部委员会，调整5个区级工委班子成员，完成12个基层组织换届调整，新建立“农工党员之家”3个。召开基层工作会议，参加全省组织工作现场观摩会，承办农工党副省级城市工作会，增强基层组织活力和凝聚力。5名党员获市委统战部

"风雨百年路，世纪统战情"优秀征文奖，27 名党员获农工党陕西省委会"喜迎二十大，奋进新征程"征文活动和党史竞赛优胜奖，市委会获"优秀组织奖"；10 名党员分别获省市科技进步奖、陕西省道德模范称号。卫晓丽获评农工党中央 2018—2022 年先进个人，市委会和红会医院基层委员会获评先进集体。

【思想建设】 2022 年，中国农工民主党西安市委员会参加市委统战部举办的"矢志不渝跟党走，携手奋进新时代"主题教育巡展，制作宣传展板，扩大社会影响。发挥《西安农工》、微信公众号等宣传阵地作用，以党员喜闻乐见的观影、参观、沙龙、微视频等形式，扩大宣传效果。以理论研究推动工作创新，《民主党派参与地方社会治理路径研究》获得市社会科学规划基金统战专项课题立项，理论研究实现新突破。获评农工党陕西省 2017—2022 年宣传思想先进集体，连续 10 年获评农工党中央《前进论坛》发行工作先进单位。

【参政议政】 2022 年，中国农工民主党西安市委员会发挥界别特色和优势，围绕全市九个方面重点工作和人民群众关注的热点、难点问题，聚焦数字西安、技能西安、养老托幼、科技创新、公立医院高质量发展、文旅助力乡村振兴、秦创原人才育留等选题，从征集的 70 多个课题中遴选 18 个重点课题，通过班子成员和常委牵头、课题组成员协作、机关干部跟进、智库专家指导，着力打造参政议政精品。分别与广州、宝鸡市委会围绕"中医药产业发展"和"推动医保改革"联合调研，提高建言质量。完成《文旅助力乡村振兴，打造共同富裕的西安样本》等 20 篇调研报告，向市委统战部报送的《实施"技能西安"，推进现代职业教育高质量发展》等 3 篇调研报告获优秀调研成果一、二等奖，市委会获得重点调研课题组织奖。通过政党协商和政协协商平台，围绕提升疾控应急能力、科技型企业培育、秦创原建设、智慧旅游、做大做强新材料产业等议题发表意见建议。在市政协十五届一次会议上，提交大会发言 3 篇，2 位委员口头发言；集体提案 22 件、委员提案 40 件，立案率 100%。其中，《关于加强疾控能力建设，健全公共卫生应急处置机制的建议》《加快推进秦创园金融体系建设的建议》等 7 件提案分别被列为市委书记、市长及分管副市长批示提案，《关于旅游消费加快转型升级，创建国际消费中心城市的建议》《关于推进老年餐桌建设》等 5 件提案被评为优秀提案。市政协提名十佳政协委员 2 人、优秀委员 5 人。市委会获评农工党陕西省委会 2017—2022 年参政议政先进集体。

【社会服务】 2022 年，中国农工民主党西安市委员会积极投入疫情防控工作。300 多名党员奋战在抗疫一线，2 名骨干党员分别带领省、市医疗队驰援上海、海南。组织党员向杨庄李魏村捐赠价值 6000 余元的防疫药品，向贵州大方县捐赠价值 7 万余元的防护服、N95 口罩等防疫物资。 （孙龙飞）

中国致公党西安市委员会

【概况】 2022 年，中国致公党西安市委员会有 9 个总支部，37 个支部（含总支部所属支部），党员总数 488 人。具有"侨""海"关系的党员占 62%，中高级职称党员占 54%，退休党员占 30%，女党员占 51%，民营经济中的党员占 14%。党员中有 86 人次分别担任全国、省、市、区（县）人大代表或政协委员；有 9 名党员担任市级人民监督员、医保监督员；有 19 人担任特聘专家。

【致公党西安市第七次代表大会】 2022 年 6 月 6—8 日，中国致公党西安市第七次代表大会在西安召开，74 名致公党员代表参会。会议听取并审议致公党西安市第六届委员会工作报告，选举产生致公党西安市第七届委员会，成立致公党西安市第七届委员会监督委员会，通过致公党西安市第七次代表大会决议。选举产生致公党西安市第七届委员会，常委 13 人，委员 26 人。选举产生致公党西安市委会新一届领导班子，张华俊当选主任委员，崔安庆、崔孟娜、张红林、丁学俊、唐小彧当选副主任委员。

【组织建设】 2022 年，中国致公党西安市委员会重视领导班子建设，保障新一届市委会各项工作稳步开展。补充完善领导班子联系专委会负责制等相关制度，不断健全制度体系。换届后，组织对各专门委员会、各基层支部进行调整，设置 12 个专门委员会，任命新一届专委会负责人；新增 1 个支部、换届 4 个支部，优选党内影响大、专业度比较高的党员作为部分专委会顾问人选，提升专委会队伍专业化。推进"致公之家"和"书香支部"建设，提升基层组织活力、向心力和战斗力，新增 2 个"致公之家"，累计授牌 7 个。在市政协首批委员工作室建设中协助成立致公友协无党派界别委员工作室。

【思想建设】 2022 年，中国致公党西安市委员会把提高政治站位、深化思想认识摆在首位。组织新一届领导班子、常委，部分委员、支部负责人及骨干党员近 40 人赴榆林米脂、绥德开展"矢志不渝跟党走 携手奋进新时代"政治交接主题教育，组织党员观看中共党史题材影片《信仰者》。组织基层开展学习"四史"、诵读经典、参观红色教育基地、主题征文等多种形式的活动。在全市统战系统"百年风雨路·世纪统战情"征文评比中，报送作品获二等奖 1 篇、优秀奖多篇。1 名机关干部和 1 名党员获中国致公党宣传思想工作先进个人，市委会获中国致公党宣传思想工作优秀集体。

【参政议政】 2022 年，中国致公党西安市委员会围绕中心服务大局，努力提升议政建言水平。在省政协十二届五次会上，提交集体提案 2 件；在市政协十五届一次会议上，提交集体提案 23 件，大会口头发言 1 篇，书面发言 2 篇，其中 3 件提案得到市政府主要领导批示，1 件被列为市政协重点提案。党内各级人大代表和政协委员围绕中心工作和改善民生参政议政、建言献策，向市"两会"提交个人提案、议案 18 件，向区政协提交个人提案 40 余件。在省政协月度协商会和市政协常委会作《加大招商引资力度，促进新能源汽车产业健康发展的建议》《关于加快西安市动力电池原材料产业发展的建议》的口头发言。提交社情民意信息 31 篇，其中《留学生考"编"不能卡在专业名称不一致上》和《关于退休人员使用长期有效社会保障卡的建议》2 篇被致公党中央采用；5 篇被省委、省政府、省政协办公厅等采用，其中《关于退休人员使用长期有效社会保障卡的建议》《建议西安地铁站名"火车站"改为"西安站"》2 篇被省级领导批示；21 篇被市政协采用。制定党外人士资政建言"直通车"制度，组织党内外专家开展调研并撰写《"双碳"战略驱动下加快我市氢能汽车全产业链布局》调研报告，在市级各民主党派中，率先以"西安市党外人士资政建言'直通车'"名义上报中共西安市委，产生较大影响。在市委统战部的表彰中，市委会获年度重点调研课题二等奖 1 个、三等奖 1 个。

2022年5月30日，致公党鄠邑区支部联合区慈善协会在鄠邑区三泉小学开展“六一”儿童节关爱活动　（致公党西安市委会　供图）

【社会服务】　2022年，中国致公党西安市委员会“致公关爱”志愿队、社会服务专委会、区（县、开发区）支部等先后赴敬老院、儿童康复医院等地开展慰问活动，捐助现金1万元、物资价值43万余元。响应致公党省委会号召，火线支援在阿里开展工作的陕西援藏队伍，9个基层支部捐款1.57万元用于防疫物资采购。先后通过“832”平台和致公电商平台采购扶贫产品1.3万元。“致公关爱”志愿者项目被评为中国致公党社会服务工作优秀成果奖，2名党员被授予中国致公党社会服务工作先进个人。

【联谊服务】　2022年，中国致公党西安市委员会拜会香港特别行政区政府驻陕西联络处并参加“庆祝香港回归祖国25周年巡回展”。主动走访有“侨”“海”背景的党员企业，了解企业投资、生产经营等情况，关心关爱归侨、侨眷及归国留学人员。党员中有1名当选区侨联主席，3名当选区侨联副主席。

（孔　阳）

九三学社西安市委员会

【概况】　2022年，九三学社西安市委员会有新城、碑林、雁塔、莲湖4个区级工作委员会，8个专门委员会，5个工作委员会；有基层组织48个，其中基层委员会1个、支社47个。社员总数1220人，平均年龄56.3岁；具有中、高级职称915人，占社员总数的75%；科技医卫界1109人，占总数的91%，其他界别111人，占总数的9%。社员有124人担任全国、省、市、区（县）人大代表或政协委员。其中，人大代表21人，包括省人大代表4人、市人大代表5人；政协委员103人，包括全国政协委员1人、省政协委员3人、市政协委员19人。还有市专家决策委员1人、市人民陪审员5人、市司法局人民监督员4人、市委政法委执法监督员1人、市青联委员2人。担任市级职务1人，局级职务10人，处级以上职务44人。

【九三学社西安市第七次代表大会】　2022年6月9—10日，九三学社西安市第七次代表大会在西安召开，158名社员代表参会。会议听取并审议九三学社西安市第七届委员会工作报告，选举产生九三学社西安市第八届委员会和出席九三学社陕西省第十二次代表大会代表，审议通过九三学社西安市第七次代表大会决议，选举产生九三学社西安市第八届委员会，常委18人，委员43人；选举产生九三学社西安市委员会新一届领导班子，王晓萍当选主任委员，陈慧、王栓民、李建军、赵勤鹏当选副主任委员，任命张力为秘书长；表决产生九三学社西安市第八届委员会监督委员会，任命陈慧为监督委员会主任。

【组织建设】　2022年，九三学社西安市委员会强化领导班子建设，换届选举产生第八届委员会，班子成员中硕士研究生学历2人、高级职称4人，委员中博士研究生学历3人、硕士研究生学历20人、高级职称22人。发展社员50人。指导6个支社完成换届工作；调整拆分长安支社为长安第一、二、三支社；成立灞桥区及第三医院支社筹备组；建立、健全《社员之家管理办法》，新增7个“社员之家”，并给予资金支持。采用邮寄方式向老年社员和困难社员寄送“双节”慰问品，各基层组织在传统节日组织看望慰问老龄社员。

【思想建设】　2022年，九三学社西安市委员会参与市委统战部“喜迎二十大，奋进新征程”主题征文活动和摄影大赛，征集摄影作品29幅，报送文章6篇。持续深入开展“矢志不渝跟党走、携手奋进新时代”政治交接主题教育，先后推送公众号25期，各类教育、学习、活动稿件50余篇。社员提交各类学习体会、诗文50余篇，统战理论文章19篇。发布新闻宣传信息452条，在“西安九三学社”公众号和社讯《西安九三》上刊发315条，其中3条被中央级媒体网站采用，58条被省市级媒体刊物采用。被九三学社中央评为2022年宣传思想工作先进集体。

【参政议政】　2022年，九三学社西安市委员会立足界别特色和自身优势，深入调查研究，积极建言献策，在全国政协十三届五次会议上7件提案被采纳，在省政协十二届五次会议上2项建议被采用。在市政协十五届一次会议上，立案84件提案，以“围绕碳达峰碳中和目标，加快我市绿色转型发展”为题作大会口头发言，10件提案被列为市级领导重点督办提案，11件被评为优秀提案。开展专题调研和重点提案督办落实，确定17项重点课题，开展调研活动10余次。参加与中共西安市委、市政府、市政协的政治协商，报送调研报告8篇；向社中央、省政协、社省委、市政协报送信息62条，其中6条被社中央采用，3条建议被省政协采用，1条被省委统战部采用，1条被市委统战部采用。

【社会服务】　2022年，九三学社西安市委员会充分发挥在科技、医药卫生和高等教育等领域资源优势，持续拓展社会服务渠道，向市儿童福利院残障儿童捐款4万余元；向1000名学生捐赠价值57.6万元的近视眼镜。投身疫情防控工作，捐赠医疗物资价值数十万元；以定点和对口帮扶地区为重点，为西藏阿里地区疫情防控捐赠物资价值50余万元。持续做好长安区杨庄街办高庙村扶贫帮困、商洛市镇安县达仁镇捐资助学、新城区华山社区孤儿帮困助学等活动。社会服务工作得到社中央肯定，被社中央授予社会服务先进集体。　（王　丹）

西安市工商业联合会

【概况】 2022年，西安市工商业联合会有会员31723个，其中团体会员281个，企业会员23580个，个人会员7862个；有直属商协会132家，其中行业商协会30家，异地商会102家，业务主管商协会75家。被评为全国工商联2022年度民营企业调查点工作先进基层单位、全国工商联系统2022年工作实践创新成果奖和省工商联2022年度会务工作先进单位。

【西安市工商联第十五次代表大会】 2022年7月3日，西安市工商业联合会（总商会）第十五次代表大会在陕西宾馆召开。会议听取并审议市工商联第十四届执委会工作报告，审议通过市工商联第十四届执委会工作报告的决议；选举产生市工商联第十五届执委会，执委249人、常委125人；姜长智当选市工商联（总商会）第十五届执委会主席（会长），孙杏娟当选常务副主席（副会长），刘宝、韩增健当选专职副主席（副会长），26人当选兼职副主席，15人当选兼职副会长。

【组织建设】 2022年，西安市工商业联合会完成市级及13个区（县）工商联换届工作，指导5家商会按时换届，完成53人次组织推荐工作。加强基层党组织建设，成立机关党委，并筹备成立总商会党委，领导和管理商会党建工作，所属74家商会中58家组建党组织。制定《关于促进工商联所属商会改革和发展若干措施工作分工方案》，细化20条工作措施。组织70家商会参加年检，推荐9家商会参加全国“四好”商会认定、10家商会参加省级“四好”商会认定。发展团体会员4家、企业（个人）会员66个；上调老会员慰问金及困难补助标准，发放38240元。

【思想建设】 2022年，西安市工商业联合会突出政治引领，广泛凝聚思想共识。制订《西安市民营经济人士思想政治教育培训计划》，举办学习贯彻市第十四次党代会精神培训讲座，组织开办宣传党的二十大精神网络直播课堂，在线观看人数5万多人（次）。组织“建设秦创原‘一总两带’，推进西安高质量发展”网络直播讲座，吸引近2.4万人（次）收听。加强与《中华工商时报》、西安发布、西安电视台等主要媒体合作，宣传主要工作，展现民企风采，刊发宣传稿件201篇。

【参政议政】 2022年，西安市工商业联合会组织开展民营经济高质量发展座谈会等活动，形成《关于民营企业疫情造成的影响和复工复产意见建议》《发挥新材料龙头企业引领带动作用 做大做强新材料产业规模》等调研报告，为中共西安市委、市政府决策提供依据。上报市委统战部优秀理论成果9篇；撰写团体提案15份。对接市政协和相关部门，组织召开提案办理座谈会，完成15份团体提案答复工作。围绕西安市九个方面重点工作，结合民营企业发展中热点、难点问题开展调查研究，先后4次开展民营企业运行状况调查和万家民营企业评营商环境调查，完成问卷1100余份，被全国工商联评为2022年度民营企业调查点先进基层单位。

【社会服务】 2022年，西安市工商业联合会运用多种手段服务保障民营企业健康发展。每季度向会员企业征集关于银行贷款续贷展期和融资需求情况。办理贷款7笔，融资3710万元。深化与银行合作，开展融资对接工作。与工商银行西安分行共同前往龙腾半导体股份有限公司、陕西正为环境监测股份有限公司等企业了解融资需求。依托市工商联法律服务中心和市总商会人民调解委员会，全力保障企业合法权益，市总商会人民调解委员会在碑林法院、雁塔法院成功调解114起案件。联合市科技装备业商会组织开展秦创原·陕西西安科技企业先进技术交流对接会，分别召开“智能无人（机车船）系统企业家沙龙”和“新能源新材料领域企业家沙龙”，160家民营企业和科研单位参加活动。按照《西安市“新锐西商”青年企业家扶持计划实施方案》要求，完成2021年首批西安市领军型（新锐型）青年企业家推荐申报工作，6名企业家入选首批西安市领军型青年企业家，4人入选首批西安市新锐型青年企业家。与西安文理学院共同举办2022届毕业生综合类专场招聘会，提供就业岗位400多个；“校企合作聚合力 共促企业大发展”活动获评全国工商联系统2022年工作实践创新成果奖。持续跟踪并引导全市民营企业参与乡村振兴文旅类、中医药类、特色产业类等项目16个。参与“万企兴万村”行动民营企业6家，实际到位资金15.5亿元、实施项目34个，购买消费帮扶物资185.7万元，帮助销售农产品195.5万元。在蓝田县玉山镇上陈村召开苍术产业专题推进会，组织人员学习苍术管理工作；谋划村集体经济融资和消费扶贫工作；走访原在册脱贫户，动态检测5户“三类人群”（因病致贫人群、因灾和市场行情变化以后返贫的人员、贫困老人），做好签约村民搬迁工作，落实搬迁29户。

【对外交流与合作】 2022年，西安市工商业联合会履职搭建联动交流平台。与有关部门、单位对接协调，成立武汉市西安商会；与阜阳市工商联（总商会）签署友好工商联（商会）协议，拓宽两地工商联及商会联络范围和渠道。接待澳门西安商会一行13人，召开座谈交流会，参观长安唐村；陪同内蒙古陕西商会一行走访行知文旅协会，就文化旅游等事宜对接交流。组织召开“助推民营企业参与‘一带一路’建设，‘两送一防’（送全政策、送足服务，防好风险）政策解读及工作交流会”；邀请金融机构、律师事务所代表作政策宣讲。

（宋建怀）

2022年5月26日，市工商联举办秦创原·陕西（西安）科技企业先进技术交流对接会
（市工商联 供图）

西安市总工会

【概况】　2022年，西安市总工会辖有区（县）总工会13个，高新区总工会等开发区工会9个，机械冶金建材、建设交通工会等产业工会6个，单列管理单位工会3个。有工人文化宫（6个）、西安工会医院、职工大学、劳动者报社、网络中心等直属单位13个。截至2022年年底，西安市有基层工会41561家、涵盖单位71602家，有工会会员257万人，其中农民工会员106万人。成立物流行业、邮政快递业、网约车（巡游车）行业3家市级工会联合会和蓝骑士配送行业联合工会。新建工会组织2477个，吸纳会员17.9万人，其中新业态劳动者会员8.8万人。

【十五届全委会议】　2022年4月27日，西安市总工会十五届委员会第五次全体会议召开。审议通过《西安市总工会十五届五次全委会工作报告》《西安市总工会经费审查工作报告》和有关人事事项。

2022年9月14日，西安市总工会十五届委员会第六次全体会议召开。通报上半年全市工会工作，安排部署下一步重点任务，选举王雷为市总工会十五届委员会常务副主席，薛关文、陈曦为副主席，王向平为市总工会经费审查委员会主任。

【职工思想建设】　2022年，西安市总工会开展“中国梦·劳动美——喜迎二十大　建功新时代”主题宣传教育，举办“强国复兴有我·红色记忆永存”千名新就业形态劳动者电影党课教育和万名农民工暨新就业形态劳动者学习中共二十大精神主题活动，成立领导干部、劳模党代表、劳模工匠3支宣讲队伍，多层次、多角度宣传中共二十大精神。发挥劳模精神展示馆教育作用，接待参观企事业单位、学校280余家，职工群众超1.5万人（次）、中小学生近700人（次），劳模精神展示馆获评“陕西省首批职工思想政治教育基地”。在人民网、央视网、《光明日报》等中央及省、市媒体刊稿820余篇（条）。

【产业工人队伍建设】　2022年，西安市总工会召开西安市深入推进产业工人队伍建设改革工作会议，成立市总工会产业工人队伍建设改革督查考核组，确定第二批22个试点单位，建立发挥企业推进产业工人队伍建设改革主体作用机制。研究制定贯彻落实《中共中央办公厅国务院办公厅关于加强新时代高技能人才队伍建设的意见》14条措施，为高技能人才培养搭建平台。发挥西安职教联合会作用，用好市职工素质教育培训平台，开展“送文化、送知识、送技能”活动，培训职工3万余人（次）。发布职工创新宣言，开展职工“三绝”（绝招、绝活、绝技）和先进操作（工作）法征集命名活动，激发职工群众创新创效活力。

【劳动关系协调】　2022年，西安市总工会融入全市社会治理工作格局，召开全市工会劳动领域维护政治安全工作会议，逐级签订责任书。创新开展集体协商“要约行动”，签订集体合同30178份，覆盖4.66万家企业，覆盖职工数138.2万人，全市已建会企业集体协商建制率87%，工资集体协商建制率89%。指导邮政快递行业召开首次集体协商会议，实现新就业形态行业集体合同“零突破”。

【就业创业】　2022年，西安市总工会出台《助推稳经济大盘十条措施》，举办线上招聘活动31次，提供就业岗位14.88万个，达成初步就业意向2.35万人（次）。创新开展工会主席直播送岗，走在全国工会前列。返还小微企业工会经费5000万元，投入300万元为失业的困难职工和农民工提供就业技能培训。

【权益维护】　2022年，西安市总工会深化“工会+法院”诉调对接，与市法院签订健全职工权益保障机制合作协议，受理案件928件，调解成功127件，结案873件。上线西安工会法律服务平台；组建全市第一支工会劳动法律监督员队伍；成立快递行业法律援助服务站4家；成立农民工公益法律服务行动队伍7支，推动解决欠薪案件10余件，挽回经济损失174.36万元。信访接待受理职工来信、来访749件，办结率98%；上级交办案件办结率100%；办理法律援助案件72件，追缴社保270个月，为职工追回经济损失85万元。

【帮扶服务】　2022年，西安市各级工会筹集资金6086.44万元，开展夏送清凉、冬送温暖活动，慰问职工53.6万人（次）。推动服务阵地扩面提质，新建、提升母婴关爱室100家；推出“工会自建、政府兴建、社会助建、集成共建”西安模式，新建工会爱心驿站571家，总数累计1029家；10个户外劳动者服务站点入选全国总工会2022年“最美站点”。组织万名农民工免费体检，开展千名农民工子女“观项目·赞发展”“六一”专场活动，现场为农民工子女发放书包、文具套装等礼品，组织建设者代表及子女参观501项目工地现场，引导全社会关心农民工、关爱新就业形态劳动者及其子女。联合区（县、开发区）工会举办青年职工婚恋活动25场，参与青年职工2600余人。开展工会助力消费扶贫专项行动，联合市乡村振兴局确定26个村镇为“工会活动进乡村”消费帮扶点，全市工会乡村旅游、农副产品消费金额超1亿元。开展新就业形态劳动者主题关爱活动，发放30万元礼包，赠送互助

2022 年 6 月 25—26 日，举办西安市首届职工毽球交流赛，44 个代表队同场竞技
（市总工会　供图）

保险 230 万元，增强入会吸引力，建成省级“司机之家”4 家。推进“县级工会加强年”专项工作，开展全市厂务公开职代会“双十佳”单位评选表彰活动；召开全市基层工会规范化建设暨民主管理现场交流会。举办工会干部培训班 17 期，培训 1784 人（次）。

【劳模表彰及服务】　2022 年，西安市总工会从基层一线推荐获评全国“五一”劳动奖章 2 人、全国工人先锋号 2 个、省劳动模范 58 人、省先进工作者 22 人、省先进集体 8 个、“三秦工匠”6 人。命名“市‘五一’劳动奖状”30 个、“市‘五一’劳动奖章”100 个、“市工人先锋号”100 个。制定《西安市劳模服务管理工作办法》，组织 328 名劳模免费体检、40 名劳模疗休养，慰问劳模 3599 人次，发放慰问金、困难劳模专项补助金 791.41 万元。将 5 月设立为“劳模工匠宣传月”，举办庆“五一”线上文艺会演，邀请劳模工匠观看话剧，联合省广播电台推出 15 期“劳模有故事”，在地铁、公交和城墙、奥体中心等西安地标发布宣传海报，在全社会营造“劳动光荣、创造伟大”的社会风尚。

【劳动和技能竞赛】　2022 年，西安市总工会聚焦全市九个方面重点工作，围绕 19 条重点产业链、897 个市级重点建设项目，设立 300 万元竞赛专项资金，开展“喜迎二十大·建功新时代”主题劳动和技能竞赛暨重点项目立功竞赛活动，评选出重点项目立功竞赛示范集体 10 个、优秀集体 30 个、优秀个人 50 人。联合市委组织部、市人社局举办西安市“喜迎盛会　匠心筑梦　技耀古城”高技能人才技能大赛，涵盖 14 大类 66 个工种，参赛职工 63.7 万人（次），通过技能比赛晋升技术等级职工 5050 人（次）。首次组织新就业群体快递员、货车司机、网约车驾驶员参加省级一类竞赛，首次将消防救援类项目纳入市级一类大赛。开展“安康杯”竞赛活动，市总工会获评 2021 年度全国“安康杯”竞赛活动优秀组织单位。

【职工文体活动】　2022 年，西安市总工会以“中国梦·劳动美——喜迎二十大　建功新时代”为主题，举办职工征文比赛、职工书画展、短视频大赛、青年职工歌手大赛等文化体育活动。组织举办西安市首届职工毽球交流赛，44 支队伍 200 余人参加；举办全市职工工装展示暨工间操大赛，决赛采取云直播形式，超 106.4 万人（次）观看。联合“学习强国”学习平台开展线上学习打卡活动，参与 100 余万人（次）；组织开展“西安读书月”全民阅读活动，举办“4·23”西安职工读书月活动线上启动仪式，观看量 10 余万人（次），指导全市各级工会开展读书活动 130 余场。　（董　雯）

中国共产主义青年团西安市委员会

【概况】　2022 年，中国共产主义青年团西安市委员会有下级组织 23517 个，其中团的领导机关 13 个，团委 845 个，团工委 139 个，团支部 18556 个，团总支 409 个，毕业生团组织 3555 个。新增社会领域团组织 5930 个，其中新增非公企业和社会组织 3095 个；发展新团员 22574 人，全市团员总数 273311 人。成立县域团代表联络站 13 个，西安市团代表进站率 95%，进站代表联系团支部 1295 个，进站代表联系团员青年 15704 人。完成转接团员 45071 人，“学社衔接”率 92.5%。

指导新城区、碑林区、雁塔区、灞桥区、周至县团委进行换届；指导成立西安兵器工业基地团工委、西安市国有企业团工委。推进县域共青团基层组织改革，完成碑林区等 4 个区（县）全国县域共青团基层组织改革综合试点，西安市获评全团试点工作省级优秀地市，蓝田县获评全国试点工作优秀县（区）。

【青少年思想建设】　2022 年，中国共产主义青年团西安市委员会做好青年、团员、队员的思想建设，开展青年大学习活动 34 期，学习人数突破 428 万人；开办“红领巾大讲堂”148 场（次），覆盖青少年 8000 余人（次）。开展“喜迎（学习）二十大　永远跟党走　奋进新征程”主题教育实践活动，基层团支部开展中共二十大精神专题学习，覆盖率 99%。举办学习贯彻庆祝中国共产主义青年团成立 100 周年大会精神座谈会，16701 个基层团支部开展主题团日活动，覆盖团员青年 23 万余人。发挥“西安市青年讲师团”作用，邀请青年讲师进社区、进企业、进基层团组织开展宣讲，线上、线下开展主题宣讲活动 67 场（次）。创新开展“团团直播间”宣讲活动，以“如何有效帮助青少年在网络中明辨是非”“珍惜青春时光　远离网络成瘾”“打造学习型家庭　现代家庭的家风建设”“网络清朗　与法同行”为主题开展活动 32 次，观看量 302 万人（次）。利用“西安青年聚”新媒体平台发布党史学习教育和百年青运史信息 38 条，阅读量 14 万余人（次）；基层团支部开展“党的青年运动史”专题学习，覆盖率 99.9%。选树“西安青年‘五四’奖章”个人 15 人、集体 10 个，开展“寻找身边好青年”活动，涌现出西安好青年集体 35 个和好青年个人 100 人。

【青少年法治宣传】　2022 年，中国共产主义青年团西安市委员会以“红领巾法学院”为统揽，打造青少年法治宣传教育品牌。指导 64 所中小学参与市级“红领巾法学院”创建工作，授予 34 所学校市级“红领巾法学院”称号，3 所学校被授予省级荣誉。开展线上、线下“红领巾法学院”创建工作和“模拟法庭”指导活动 122 次，举办市级“红领巾法学院”普法公益宣讲活动 16 场，开展法治实践活动 33 场次，受益人数 1.6 万人次。举办“4·15”全民国家安全教育日普法公开课 7 场，扩大青少年法治宣传教育影响力。以“美好生活　民法典相伴”为主题，举办普法宣传进社区活动

5场，370余名社区居民参加活动。围绕《中华人民共和国宪法》《中华人民共和国民法典》和“两法”（《中华人民共和国未成年人保护法》《中华人民共和国预防未成年人犯罪法》）等与青少年密切相关的法律、法规，开展各级各类普法宣传进社区、进学校活动600余场（次）。开展“禁毒青力量”——青少年毒品预防教育宣传月活动。联合市禁毒办共同承办西安市“汇聚禁毒力量 共创绿色家园”禁毒主题宣传活动，30名禁毒志愿者参与活动并宣誓。设计禁毒宣传海报，指导社会组织开展禁毒宣传进社区、进学校活动，引导广大青少年增强识毒、防毒、拒毒意识。

【青少年权益保护】 2022年，中国共产主义青年团西安市委员会推进西安“12355”青少年服务台建设，接听热线3520个，处理线下个案86起。“12355”父母公益学堂从5月开启，为家长讲解家庭教育，普及心理学知识，覆盖人数1000人以上；开展“为孩子生命安全保驾护航”为主题公益讲座，覆盖人数3000人以上。成立西安市青年法律工作者协会，9月22日，召开第一届第一次会员大会并举办“西安市未成年人权益保护论坛”，邀请8位专家学者和律师围绕“依法维护未成年人权益，关注未成年人健康成长”主题，研讨未成年人权益保护等问题。面向社会组织征集青少年公益项目，组织小火柴志愿者服务中心、小斑马公益慈善中心、先锋青少年活动指导中心等青年社会组织，围绕预防青少年犯罪、秦岭保护、制止校园欺凌、保障未成年人合法权益、“共青团+养老助老”等工作实施政府购买项目15个。推进2022—2023“青少年维权岗”申报工作，收到各行业、系统和各区（县、开发区）申报的市级“青少年维权岗”建设单位32家。探索青少年权益保护新途径，加强对未成年人检察工作社会支持体系的指导，在示范点长安区开展“专业守护 保障未成年人合法权益”项目，完成涉案未成年人社会调查30人次。

【希望工程】 2022年，中国共产主义青年团西安市委员会组织举办西安市希望小学、偏远山村小学骨干教师培训班，培训骨干教师50人。做好“习酒 我的大学”“西格玛”“爱心100”“圆梦大学”“‘9•9’公益日扶智助学”等资助项目，资助低收入家庭优秀学生124人，资助金额54万余元。开展2022年“希望工程1+1——幻方助学计划”，资助周至县1—3年级小学女生175人，发放助学金17.5万元。实施“希望工程”健康守护计划，救助先心病儿童3人。

【青少年文化建设】 2022年1月，中国共产主义青年团西安市委员会开展“烟花向星辰，所愿皆成真”虎年祈福烟花秀网络活动；4月，开展“机器人”竞技、3D打印机等科技课程进校园活动；6月，举办“萌动唐潮嘉年华”活动，演出以直播形式呈现，市青少年宫的师生现场表演少儿舞蹈、小品等32个节目。暑假期间，组织开展为期1个月的西安市年度大学生暑期社会实践活动，吸引北京大学、中国政法大学、四川大学、西安交通大学、西北工业大学等227所高校的873名大学生参加，活动覆盖477个社区、256个村；开展“多彩暑假”“劳动教育课”等系列社会实践活动。9月，组织100余名青联委员开展“青春志愿行 争当秦岭卫士”“铸牢青年中华民族共同体意识”“青春同心 奋勇前行”走进金融机构等主题活动；中秋节前夕，将开学第一堂“劳动教育课”搬进食品厂和敬老院，30名孩子将亲手做的300块“孝心月饼”送到敬老院老人手中。发挥各方资源优势，与区（县）团委、街道办、基层社区及社会组织共同建设“小葵花”青少年公益服务中心，打通服务青少年的“最后一公里”。

【少先队建设】 2022年，中国共产主义青年团西安市委员会贯彻落实构建少先队员阶梯式成长激励体系要求，分批安排入队。落实“少先队辅导员政治素质提升计划”，实现中小学少先队大队辅导员配备100%，大队辅导员培训人数覆盖100%，大队辅导员党团员比例73.37%。聘请校外辅导员16394人，实现每1个大队、每2个中队至少聘请1名校外辅导员目标。加强少先队预备队功能建设，市、区、校三级少先队组织实现红领巾奖章评选全覆盖，907名少先队员获西安市“红领巾奖章”三星章个人，12个少先队大队、32个少先队中队获西安市“红领巾奖章”三星章集体。开展年度“西安市优秀少先队员”选树活动，100名少先队员获此荣誉。深化“红领巾大讲堂”“红领巾讲解员”等活动品牌，引导少先队员传承红色基因，厚植爱党、爱国、爱社会主义情怀。6月1日，举办“喜迎二十大 争做好队员”西安市少先队庆“六一”主题示范活动，200多名新队员宣誓入队。“六一”期间，全市各级少先队结合新队员入队仪式、先进表彰、红色展演、研学实践等形式组织开展“喜迎二十大 争做好队员”主题队日活动。7月1日，在西北人民革命大学旧址博物馆举办西安市“喜迎二十大 争做红领巾讲解员”技能展示活动，来自全市各区（县、开发区）的21名优秀红领巾讲解员进行党史知识竞赛、现场实践讲解、寻访视频3个环节展示。9月14—16日，举办西安市少先队骨干辅导员培训，提升少先队辅导员思想政治理论素养和工作技能。联合市少工委录制市级示范主题少先队中队会1节、红领巾讲解员示范讲解3节、红领巾宣讲团示范课程10节，并集中进行发布、宣讲活动。持续与民族地区少先队队员开展“石榴籽一家亲”结对活动，8所中小学与西藏、新疆地区12所学校结对。

【就业创业】 2022年，中国共产主义青年团西安市委员会举办“情系新青年，筑梦秦创原”高校毕业生及其他未就业青年群体网络招聘会等青年人才就业招聘会4场，1731家企业、2.5万名青年参加。开展青年新职业培训，培训青年

2022年6月1日，团市委在经开第二学校开展“喜迎二十大 争做好队员”庆“六一”主题示范活动，为新入队队员佩戴红领巾 （团市委 供图）

1105人。主办西安市青年创新创业大赛，103个项目报名，通过审核、初筛和初赛，18个项目进入决赛。联合市人社局等单位举办“中国创翼”创业创新大赛西安地区选拔赛。开展西安驻地高校大学生就业意愿调查及毕业生就业助推策略分析及基于秦创原的西安市青年创新创业人才发展状况调研。

推进“新锐西商”青年企业家扶持计划，联合市委组织部等部门开展领军型（新锐型）青年企业家申报评选工作，产生第二批西安市领军型（新锐型）青年企业家73人；举办线上、线下青年创业大讲坛10期，邀请行业专家、创业导师围绕“企业创新的思考路径与方法”“创业公司如何做好股权顶层设计与股权激励”等热点主题进行知识分享；组织青年企业家参加“秦创原西安知识产权强国大讲堂”直播活动、“秦创原·新锐西商”知识产权公益培训；召开银企对接会，邀请多家银行机构结合业务优势，为企业提供融资问题解决思路。联合市委组织部举办青年企业家人才座谈交流活动，与会人员就校企合作培养紧缺人才、差异化人才认定、个税奖励等青年企业家人才关心的问题进行互动交流；联合人行西安分行营业管理部授予秦创原雁塔企业服务攻坚中心全省首个“金融青年服务站”牌匾。组建政策对接青年服务团并开展业务培训，帮助企业对接、掌握和享受西安市惠企政策，帮助各项政策落地见效；举办青年文明号创建集体负责人培训班2期，96家申请创建青年集体参训，10家创建集体就创建过程、创建经验等进行交流。

【志愿者活动】 2022年，中国共产主义青年团西安市委员会深化青年志愿服务行动，开展春运“暖冬行动”、社区便民、生态环保、农村人居环境整治、助残敬老等活动。春运期间，指导各相关行业系统、各级团组织志愿服务队针对西安北站、火车站、地铁站、客运站等重要场所，招募683名青年志愿者围绕秩序维护、引导咨询、便民利民、帮扶旅客、交通安全劝导等方面持续开展春运志愿服务活动，服务时长40988小时。3月5日前后，承办“汇聚青春力量 助力高质量发展”2022年陕西省“社区青春行动”青少年“学雷锋”示范活动，走进新城区华清学府城社区、未央区徐家湾社区、雁塔区212所社区开展灭火演练、文明交通知识宣讲、防疫志愿服务宣传咨询、社区义诊、防范金融诈骗宣传教育等志愿服务活动。动员全市各级团组织以社区“空巢”老人、留守儿童、残疾人等特殊群体为重点，开展学雷锋活动370余场，1万余名群众参与其中。4月，在鄠邑区太平峪设立西安市秦岭生态保护青年志愿服务总站、长安区子午峪设立西安市秦岭生态保护青年志愿者工作站，不定期开展植树增绿、环境清理、水资源保护等秦岭生态保护系列志愿服务主题活动，向群众、游客宣传秦岭生态保护、森林火灾预防知识。5月，在秦岭国家植物园、黑河水库举行“美丽中国·青春行动”暨保护大美秦岭“河”我一起净滩志愿服务市级示范活动。组织成立“河小青”志愿服务队103支，开展“净滩行动”100余场，5000余名志愿者发放宣传品近2000份，捡拾河道垃圾10余吨；开展“当好秦岭生态卫士 共建美丽家园”系列活动，线上宣传植树护绿16场（次），创作文创作品100项，参与人数7000余人（次）。各系统、各领域团组织开展“植树护绿”“秦岭保护”“守护碧水”“碳达峰、碳中和”“垃圾分类”为主题开展生态环保志愿服务活动350余场，参与人数1.5万人。

重阳节，举办敬老爱老志愿服务主题活动暨“暖阳行动”项目启动仪式，活动现场搭建养老主题创意集市，开展健康义诊、手绘金婚照等活动；常态化入户走访多个社区，提供健康咨询、常见病预防、上门义诊等便捷服务。联合市轨道集团、市公交集团第二分公司、雁塔区残健同行助残服务中心开展扶残助残志愿服务活动，30余名青年志愿者帮助残疾人朋友直观感受西安公共交通助残设施建设发展，向全社会宣扬扶残助残公共意识。支持社会组织参与敬老爱老志愿服务活动，指导“民有所呼，我有所行”和随迁老人“融·和”2个志愿服务项目实施落地，开展“手机地图课堂”“科学育儿及慢性病管理课堂”“和谐家庭月月谈”等活动。常态化开展助残敬老志愿服务活动40余场，2000多人参与。举办农村人居环境整治志愿服务市级示范活动，动员青年志愿者每月开展一次集中清理整治活动，组织相关志愿服务活动25场（次）。以开展“美丽中国·青春行动”为契机，动员青年志愿者走进乡村开展志愿服务活动70余场（次），植树7476株，参与5341人（次）；开展“科技引领 农村振兴”百名科技人才农村科技帮扶志愿服务活动，为周边农村农民提供高效种植、科学养殖专业知识。

【交友交流】 2022年，中国共产主义青年团西安市委员会紧盯青年急难愁盼问题，针对单身青年交友难问题，结合新冠疫情防控形势，以“丝路青缘·团聚青春·缘满西安”为主题，开展线上、线下单身联谊活动。开展单身青年联谊活动67期，1.5万人（次）参与其中。指导参与中国儿童中心和生态环境部宣传教育中心主办的COP15模拟联合国环境大会，40多个学校的100余名中小学生参与，先后前往秦岭大熊猫研究中心、秦岭国家植物园、杨凌智慧农业示范园等地了解现代科技手段对生物多样性保护的发展。指导举办“2022联合国世界粮食日海报大赛”，收集各年龄段作品900余幅，于10月16日“世界粮食日”期间进行优秀海报作品展。承办“我心中的东方之珠”陕港少年儿童庆祝香港回归25周年书画征集活动，征集两地书画作品数百幅，并印制“我心中的东方之珠”陕港少年儿童庆祝香港回归25周年明信片，赠送给香港少年儿童。

（田 烨）

西安市妇女联合会

【概况】 2022年，西安市妇女联合会着力提高基层妇联组织负责人工作能力，举办“全市基层妇联组织建设领头雁示范培训班”；将女干部能力提升培训班纳入全市党校主体班，将男女平等基本国策宣讲纳入学校干部教育培训主体班次，成立专家学者组成的理论研究小组，开发培训课程。建立执委轮值制度，拓宽妇联执委联系、服务妇女群众的渠道，创新执委履职服务方式，激发执委履职热情，发挥好执委在基层治理中的独特作用。截至年底，辖区（县）妇联、国际港务区妇联、高新区妇联15个，镇（街道）街妇联183个，村（社区）妇联3188个。有各开发区、西咸新区妇工委6个；各行政机关妇工委3个，党政机关、科教文卫系统妇委会91个，民主党派各市委建有妇委会7个，团体会员3个。有市、区（县）妇联专职干部105人，镇（街道）、村（社区）专兼职妇联干部3909人。

【妇女思想建设】 2022年，西安市妇女联合会围绕“强国复兴有我”主题开展“巾帼心向党·喜迎二十大”群众性宣传教育活动，成立西安市“三八红旗手”宣讲团、巾帼宣讲志愿服务队，举办“巾帼心向党 喜迎二十大”西安巾帼大宣讲、2022年陕西省群众性主题宣传教育、“百千万巾帼大宣讲”“女性大讲堂”“巾帼大宣讲今天我来读”“红心向党 读红色书籍”等活动。参加全国“我奋斗·家国美”故事汇活动直播，首次在全国妇联女性之声、中国妇女报新媒体平台亮相，以《我和我的祖国》微视频展现西安女性良好形象。开展“城乡妇女岗位建功”评选活动，认定市“三八红旗手”78人、市“三八红旗集体”32个、市“巾帼建功标兵”59人、市“巾帼文明岗”26个、市“最美妇联执委”50人，用榜样力量激励广大妇女。

【创业就业】 2022年，西安市妇女联合会举办以“春风送温暖 就业送真情”为主题的网络招聘暨春风行动系列招聘会62场，提供就业岗位13.79万个，达成就业意向5282人。联合市发展和改革委等7部门共同主办“2022年第二届西安女性创新创业大赛”，创建西安首个“巾帼创客空间”。深化校政企合作，指导市女企业家协会与西安文理学院等高校共同开展“女大学生创业就业关爱引领计划”，为女性青年人才搭建、提供高质量就业创业辅导和实践平台。依托西安嘉农环境科技有限公司举办“培育电商人才、助力乡村振兴”高素质女农民培训班6期，培训电商人才1535人。争取省、市民生项目资金35万元，创建巾帼就业创业示范基地6个。与市红会医院、市人民医院（市第四医院）巾帼康养健康照护培训基地合作，开展“特色课程+技能实训+跟踪问效”培训，举办康养健康照护培训班4期，婴幼儿照护技能、养老技能培训各2期，培训学员140人。与市卫健委、市民政局共同创建区（县）巾帼康养示范模式，在雁塔区北池头社区建成“巾帼康养服务示范中心”，组织“巾帼康养培训进社区”活动68期，培训4320人（次），实现岗位就业3520人。依托市家庭服务业协会开展家政员培训10期，培训月嫂、育婴师、家政员、养老护理员、家政经理600余人。开办妇女儿童各类公益培训班约100个，惠及人员5000余人。

【妇女儿童权益维护】 2022年，西安市妇女联合会争取省、市级专项资金，支持16个妇女儿童维权服务站正常运转，全力打造16个集“热线接听、矛盾化解、法律援助、信访代理、紧急救助、心理疏导”六位一体的“一站式”妇女儿童维权服务站点。争取资金33万元，创建省级特色妇女儿童之家示范点2个、省级优秀妇女儿童之家示范点1个、市级妇女儿童之家示范点2个。在西安巾帼创客中心成立陕西省首家女性社会组织孵化基地。成立市婚姻家庭纠纷人民调解委员会，建立各级婚姻家庭纠纷人民调解委员会35个、婚姻家庭纠纷人民调解室80个，调解案件800余件。开展“两癌”贫困妇女救助工作，完成年度中央和省、市级妇女“两癌”救助申报审核发放工作，为111名患病妇女申请救助资金69万元。

【关爱特殊群体】 2022年，西安市妇女联合会开展“逆行有你 守家有我”关爱驰援医护人员家庭行动；为2000多户家庭提供“暖心包、暖心菜、暖心话”服务；向各级妇女组织、广大妇女姐妹及家庭发出倡议，动员基层妇联组织投身一线。联合“西安发布”媒体平台举办第二届“天使的笑脸”儿童关爱巾帼志愿公益活动，让越来越多的妇女儿童普受惠、广受益；联合爱心企业、协会赴经开区、国际会展中心开展“西安因你而美”主题文明实践活动，慰问在酷暑天气坚守一线岗位的保洁工作者。

【家庭家风建设】 2022年，西安市妇女联合会常态化开展“最美家庭”寻找活动，揭晓表扬2021—2022年度“崇廉尚德”“绿色家庭”“书香家庭”“孝老爱亲”“科学教子”等各类“最美家庭”390户；推荐第十三届全国“五好家庭”4户、全国“最美家庭”3户，陕西省第十二届“五好家庭”标兵4户、“五好家庭”16户，三秦“最美家庭”16户；创建“省级绿色家庭示范户”25户、“市级绿色家庭示范户”100户。在群众性活动场所打造家风广场，开设“家庭家教家风”专栏，使家庭教育、家风文化触手可及，建立完成社区（村）站点1034个、社区家长学校1972所，指导服务体系覆盖城乡95.6%。命名15个家长学校示范基地，并遴选其中8家投入民生项目资金，促进全社会协同育人。

【普法宣传教育】 2022年，西安市人民政府颁布《西安市妇女发展规划（2021—2030年）》《西安市儿童发展规划（2021—2030年）》。西安市妇女联合会为推动两个规划启动实施，在西安女性公众号“茜茜说法”专栏刊登原创以案说法11期，在西安妇女网连续刊发《2021—2030年“两个规划”专家解读》，提高群众知晓率。推出4个精品课程，完成2022年省级“性别平等教育进中小学”项目督导工作。成立“西安市妇女联合会志愿者律师民法典讲师团”，开展“三八维权月”“国家安全教育日普法宣传”“美好生活 民法典相伴”“民法典宣传月”等主题活动；举办西安市2022年婚姻家庭纠纷人民调解业务工作培训班；开展《中华人民共和国民法典》暨婚姻家庭领域法律法规公益宣讲活动6场。开展线上、线下宣传活动469场（次），发放各类宣传品4万余份，20多万名群众从中受益。 （陈永超）

2022年8月9日，市妇联在鄠邑区举办首期“培育电商人才、助力乡村振兴”电商培训 （市妇联 供图）

西安市科学技术协会

【概况】 2022年，西安市科学技术协会扎实履行“四服务”（为科技工作者服务、为创新驱动发展服务、为提高全民科学素质服务、为党和政府科学决策服务）职责定位，组织实施2022年学会服务能力（党建工作）提升计划，通过以奖代补方式，评选树立18个优秀科技社团，立项支持10个优秀学会党建项目；围绕西安支柱产业和重点行业，立项资助市铸造学会“中频炉技术铸件均衡凝固技术研讨会”等37项重点学术交流活动项目和西安药学会“你送我检”食用农产品快速检测常态化等15个学会科技服务项目。截至年底，辖有自然科学、工程技术、科学普及等市级社会组织（学会）80个、企事业单位科协85个，灞桥、临潼、周至、鄠邑、蓝田5个独立建制的区县科协，联系全市近20万名各类科技人才，形成覆盖理、工、农、医等自然学科为主的多层次科技群团网络。

【服务地方科技创新发展】 2022年，西安市科学技术协会筛选5个园区开展“科创中国·西安学会智创园”科技服务试点园区建设；承办中国科协“科创中国”创新创业投资大会（2022）西北分会场活动，获最佳组织单位，西安学会服务中心获得“科创中国”全国优秀科技服务团荣誉称号。推进经开区“海智计划”工作基地建设，促成经开区与苏州中科海创联研究院战略合作。服务企业创新发展，开展“院士专家企业行”活动，邀请西安交大教授毛世民等6名专家为西安煤矿机械有限公司等6家企业开展技术创新讲座，培训各类科技工作人员230人。实施“基层科普行动计划”，取得中央和市财政专项资金527万元。中央财政转移支付的“基层科普行动计划”专项资金直接拨付各区（县）并对专项资金使用进行引导约束；市级财政设立的科普专项资金，采取“项目法”立项分配，在区（县）申报推荐、专家评审公示，实施科普惠农计划项目11个、社区科普益民计划5个、主题科普活动3个、特色科普活动32个。加强与基层科协的组织联系，在西安中车永电电气有限公司等11家企事业单位组建基层科协组织。组织21家企事业科协参加省科协“三新三小”创新竞赛，获评“2022年陕西省‘三新三小’创新竞赛优秀组织单位”。

【助力乡村振兴】 2022年，西安市科学技术协会与西安市乡村振兴局联合下发《科技助力乡村振兴行动实施方案》；立项市级科普惠农计划项目11个、涉农主题科普活动项目1个、特色科普活动项目6个，立项区（县）级科普惠农计划、涉农特色科普活动项目37个。动员各涉农区（县）44个基层农村科普组织开展技术培训、专题讲座、新品种推广及各类农村科普活动145场（次），受益农村群众2万余人（次）；制作推广7类种植养殖科普视频，播放量3万余次。

【科技人才队伍建设】 2022年，西安市科学技术协会加强西安新型智库建设，面向学会、高校、企事业单位，选聘学科技术专家、科技管理及科技战略研究等领域专家200余人加入科技智库。发挥院士、专家在创新驱动发展中的高端引领作用，主动听取院士、专家对西安经济社会发展的意见建议，形成《发挥自贸区制度创新优势　推动西安国际人才港建设》等《院士专家建言》6期，报送市委、市政府领导参阅。聚焦《西安市“十四五”发展规划》，组织科技工作者开展年度决策咨询课题研究，分等级对西安交通大学等12个单位的20个课题进行资助。强化对优秀科技人才培养举荐工作，组织实施西安市科协青年人才托举计划，面向全市各高校、科研院所、市级各学会选拔80名青年项目负责人进行周期为2年的资助培养。推荐西安炬光科技股份有限公司刘兴胜并获得“陕西最美科技工作者”荣誉称号；完成7名科协界政协委员推荐考察工作，提升科协届委员数量、质量。

【院士专家工作站建设管理】 2022年，西安市科学技术学会在陕西省建筑科学研究院有限公司等5家单位建立西安市院士专家工作站；支持10家市级院士专家工作站申报省级院士专家工作站，新增省级院士专家工作站8家；组织对2019年成立的27家院士专家工作站考核评定，对评为不合格的3家予以撤站处理；引导院士专家工作站融入秦创原创新驱动平台建设，聚集创新要素，加快科技成果转化。

【科技交流与合作】 2022年，西安市科学技术协会实施《国际民间科技交流服务提升行动计划》，经过专家评审，确定立项西北有色金属研究院申报的“生物医用镁基复合材料及其创伤修复器械国际研讨会”等12项项目，并予以资金资助。联合西安石油大学举办2022年油气AI及新能源国际会议，美国工程院院士周永祖出席会议并讲话，来自美国、澳大利亚、英国以及中国高校、科研单位的8位专家学者作大会主题报告。

【科普宣传】 2022年，西安市科学技术协会印发《西安市贯彻〈全民科学素质行动规划纲要（2021—2035年）〉实施方案》；组织开展第三十届“科技之春”宣传月、陕西省暨西安市2022年全国科普日主题科普活动，组织活动470余项，先后被中国科协评为“2022年全国科普日活动优秀组织单位”、被省科协评为“第30届‘科技之春’宣传月优秀组织单位”；参加在蓝田举办的“三下乡”集中服务活动；开展科普大篷车志愿服务，组织科普宣教活动31场（次），捐赠科普读物1万余册、实验套件120套；组织策划“科技春风拂长安，云上科普筑未来”系列线上活动，参与500余万人（次）。举办西安市科普教育基地展教活动，为20家新认定的基地授牌；临潼区、鄠邑区获批2021—2025年度第二批全国科普示范县（市、区）。市癌症康复协会“每月一次科普讲座”科技志愿服务项目入选中国科协2022年科技志愿服务先进典型。举办第37届西安市青少年科技创新大赛，评选一等奖236项、二等奖390项、三等奖635项；向第36届陕西省青少年科技创新大赛推荐的78个竞赛项目中有33个获评一等奖，13个项目入围国赛；组织西安市青少年科技创新大赛优秀作品巡展；指导基层开展“校园科技节”等青少年科普活动；组织8所高级中学的132名优秀师生代表西安市参加2022年青少年高校科学营。

【西安科技馆筹建】 2022年，西安科技馆入驻国际港务区在建项目“长安云”南馆。市科技局、市科协和国际港务区共同推进项目建设，联合发布《西安市科学技术馆展陈和装饰装修设计方案》竞赛公告，经专家评审及征求意见修改完善后形成《西安市科学技术馆展陈和装饰装修设计方案（送审稿）》报市委、市政府审议。

【社区科普大学】 2022年，西安市社区科普大学13个区（县）分校176个教学点开课2600课次5200课时，听课人数7.8万人（次）。“科技之春”宣

2022年8月6日，举行中车永电科技开放日暨西安科学家博物馆中车永电教育基地揭牌仪式。图为小朋友参与开放日活动　　（市科协　供图）

传月和全国科普日活动期间，与市红十字会联合开展的“急救科普进社区”活动成为品牌。在临潼区举办的西安市社区科普大学2022年度第二课堂活动，对47个先进集体及187名优秀个人进行表彰。

【“全国科技工作者日”系列活动】2022年，西安市科学技术协会围绕“创新争先、自立自强”主题开展2022年“全国科技工作者日”活动。在西安科学家博物馆举办“众心向党　自立自强——党领导下的科学家”主题展览活动，西安科学家博物馆入选教育部、科技部等国家7部委联合发布的2022年度科学家精神教育基地名单；开展“弘扬科学家精神”系列活动，组建由两院院士领衔的“弘扬科学家精神”专家团，面向高校院所、企业、园区、中小学校开展宣讲20余场，并在宣讲的同时为企业提供科技指导服务；组织拍摄主题宣传片《致敬不平凡的他们》，播放阅读量150万次。

【西安市第十九届学术金秋活动】2022年9—11月，西安市科学技术协会举办以“建设科技创新平台，服务西安高质量发展”为主题的西安市第十九届学术金秋活动。主会场采取线下、线上相结合的方式，邀请西安交大公共政策与管理学院教授张胜作题为《建设秦创原“一总两带”，打造高质量龙头引擎》的报告。设立86个专题分会场，部分分会场因疫情影响采取线下、线上相结合或者纯线上模式开展学术交流活动。

（梁西安）

西安市归国华侨联合会

【概况】2022年，西安市归国华侨联合会设有办公室、经济联络部和文化交流部3个职能处室，联系西安市归侨侨眷15万人、海外华侨华人15万人。召开市侨联十一届六次全委（扩大）会议，安排部署工作。推动区（县）侨联组织建设，莲湖区侨联完成换届，周至县、临潼区、灞桥区和未央区先后成立侨联组织。整合侨务资源，建立海外重要社团、海外“四有”人士、侨界代表人士等侨情数据库。市侨商会吸收13名新会员，与宁波市侨商会建立友好商会，被评为西安市AAAA级商会。组织召开由中国侨联国际文化交流基地、省侨联国际文化交流基地、市侨联文化活动中心、海内外华文媒体、涉侨文化企业等27家单位代表参加的西安市侨界文化交流基地联盟联席会议，搭建开放合作工作平台。

【服务地方经济】2022年，西安市归国华侨联合会为新侨创新创业提供支持和保障，2家侨资企业获评陕西省侨联“新侨创新创业基地”，并被推荐申报中国侨联“新侨创新创业基地”。组织80多名新侨代表开展“侨·说”和“喜迎二十大　建功新时代”2场新侨创新创业沙龙分享活动，提供和分享信息资源；邀请40名海内外侨商参加第六届丝博会，推荐5名重要侨商参加2022西安产业合作年会，与省侨联联合举办“投资兴业携手共赢——海内外企业家走进西安经开区招商引资推介会”；促成2名海外委员所属企业成为西安市驻白俄罗斯和南非境外商务代表处并担任总代表，搭建与海外经济科技和文化交流新平台。

【参政议政】2022年，西安市归国华侨联合会参与协商和推荐人大归侨侨眷代表、提名侨联界政协委员人选工作，8名人选全部当选政协西安市第十五届委员会委员。组织侨联界政协委员赴福建省有关地市考察，学习参政议政工作经验；组织答复政协委员提出的《关于建立侨联梯级联络机制为归侨侨眷服务的建议》提案。

【为侨服务】2022年，西安市归国华侨联合会主动联系和实地走访侨企30余家，协调解决实际困难，向侨商、侨企发送相关政策信息60余条。根据国际形势发展和工作实际，建立乌克兰、罗马尼亚、匈牙利、捷克4个国家涉乌撤侨海外会长微信群，为海外侨胞和留学生提供服务和帮助；收集整理西安市涉俄、涉乌企业困难，向市“一带一路”安全保障办等单位进行反馈。建立侨联法律顾问委员会接待日制度，开展现场咨询3次，妥善协调处理华侨、华人和归侨、侨眷维权事宜4起。开展“学习宣传贯彻二十大，践行西迁精神情暖侨心”服务归侨侨眷活动，通过与西安交大西迁老教授建立结对服务机制，开展养老服务、提供法律咨询、进行学术讲座等多项助侨惠侨活动试点，创建服务归侨侨眷新品牌。利用春节、国庆和重阳等节日，走访慰问老归侨100余名，发放慰问金12万元。

【联谊交流】2022年，西安市归国华侨联合会推荐英国、法国等11个海外友好侨商协会代表，成为西安市境外互助联络站负责人。开展“燃情冰雪照金行”活动，增强侨商侨企凝聚力。走访意大利陕西商会、香港西安商会调研，拓展海内外侨社团日常联谊联络。组团到厦门、泉州等重点侨乡和南京、苏州等新侨企业集中城市考察调研，学习重点侨乡在引资引智引技引才，拓展海内外侨社团联络联谊渠道等方面的成功经验。邀请连云港市侨联、商洛市侨联来访，交流基层侨联建设工作。与商洛市侨联建立友好侨联，分享和涵养侨务资源。举办2022“亲情中华·为你讲故事”网上夏令营活动3期，海外华裔青少年360多人次参加。开展“新时代、新丝路侨界人士”访谈，宣传12名侨胞爱国心、报国志、故乡情，节目在陕西交通广播电台和喜马拉雅播出。与省侨联共同主办第二十二届世界华人学生作文大赛陕西区总结会暨颁奖仪式，西安市学子获全国特等奖1人、一等奖24人、二等奖101人、三等奖120人。协助省侨联开展“追梦中华、探寻祖脉”2022海外华文媒体陕西采访行活动；申报并获批永兴坊为新的中国侨联国际文化交流基地；支持西安报业传媒集团“全球美

2022年9月23日，西安市侨联举行“喜迎二十大　建功新时代”新侨创新创业交流活动

（贺　阳　摄影）

食在西安”线上文化交流活动、《中塞建交五十周年》纪录片访谈录制；协调涉侨企业文创产品参加日本东京举办的“2022 陕西民俗文化节”展览；走访调研 10 多家涉侨文化企业，就开展文化交流交换意见。（刘亚军）

西安市文学艺术界联合会

【概况】 截至 2022 年年底，西安市文学艺术界联合会设有办公室、协（学）会工作部、组织联络部 3 个内设部门和西安市文学艺术创作研究室、美文杂志社、西安书学院 3 个直属事业单位。有作家协会、戏剧家协会、美术家协会、书法家协会、音乐家协会、舞蹈家协会、曲艺家协会、摄影家协会、电视艺术家协会、评论家协会、文艺志愿者协会、西安市网络文艺家协会 12 个全市性文艺家协会，29 个艺术学会、研究会、企业文艺协会和 13 个区（县）级文联、高新区开发区文联、市检察官文联，共 56 个团体会员。

【文艺政治建设】 2022 年，西安市文学艺术界联合会党组始终坚持把加强政治建设的部署和要求放在突出位置，严明政治纪律和政治规矩，严肃党内政治生活，严格执行民主集中制各项规定。通过党组会、中心组学习、专家名师辅导、骨干培训班等形式，将党的创新理论转化为推动文艺繁荣发展实践。召开党组会议 13 次，中心组学习 9 次、研讨交流 3 次。“5•23”文艺志愿者服务日前夕，邀请陕西师范大学马克思主义学院教授，以“中国共产党的延安时期和延安精神”为题，为机关、事业单位全体党员干部专题授课；11 月 9 日，邀请党的二十大代表为西安文艺界做党的二十大精神专题宣讲；12 月 12—16 日，举办西安市艺术骨干培训班，邀请若干艺术家现场授课或示范，分享创作体会。《美文》杂志完成全年出刊任务，多篇文章被国内知名媒体转载，2022 年开设的多个专栏、连载文章广受好评。与孔子学院共同开办《孔子学院汉风专刊》，截至年底出刊 86 期，陆续发表来自美国、俄罗斯、日本、古巴、拉脱维亚、伊朗、埃及、以色列、尼泊尔等 50 多个国家的 100 余位作者的文章，在国内外产生广泛影响。《文艺西安》作为文联机关内部资料，坚持正确舆论导向，引导文艺工作者树立爱国、为民、崇德、尚艺的价值观，促进西安文艺事业繁荣发展。文联官网、微信、微博等平台与传统媒体资源融合共享，在各平台发布信息近 400 条，定期向中国文联、市委宣传部报送文联工作和活动信息，被省文联评选为 2022 年度信息报送先进单位，在全省文联系统通报表彰。

【文艺展演活动】 2022 年，西安市文学艺术界联合会围绕纪念《在延安文艺座谈会上的讲话》发表 80 周年，举办西安文艺界纪念毛主席在延安文艺座谈会讲话 80 周年诗歌朗诵音乐会、“到人民中去”文艺惠民演出等系列主题活动。开展“文心战疫　同舟共济——2022 年西安市文艺志愿者服务日主题活动”，组织省、市著名书法家，以“向最美逆行者致敬”为主题创作春联，向疫情防控期间坚守一线的白衣战士、公安干警、下沉干部、社区志愿者以及基层群众送出春联 3 万副，覆盖全市 13 个区（县）及高新开发区。2 月 9—21 日，在易俗社组织 13 场“文艺进万家　健康你我他”学雷锋文艺志愿服务主题活动，涉及戏曲、书法、美术、摄影、朗诵、相声、小品、剪纸、歌曲、舞蹈、杂技、服装走秀等多个艺术领域，2000 余名市民观看演出。3 月 4 日，在阎良区新兴街办举办“文化进万家”文艺演出暨新时代文明实践志愿服务活动，活动由书画摄影展、现场书画创作、文艺演出 3 部分组成。举办“喜迎二十大——西安市优秀文艺作品展演”系列活动，包括“梅花奖”名家演唱会、话剧《路遥》、优秀曲艺作品展演等 4 场专场演出活动；举办“奋进新征程，建功新时代——西安市文艺界宣传贯彻党的二十大精神书法美术摄影作品展”；组织艺术家开展“重点项目巡礼”主题摄影采风活动；举办“西安文艺界宣传贯彻党的二十大精神——助力乡村振兴推进乡风文明”文艺惠民活动；参与组织中国作家“深入生活　扎根人民”新时代文学实践点授牌仪式暨“国之大者•生态秦岭”主题采访采风活动。6 月 10 日，由市文化科技卫生“三下乡”活动领导小组和中共蓝田县委、县政府联合举办的西安市 2022 年文化科技卫生“三下乡”集中示范活动在蓝田县三里镇樊家村举行，10 余名艺术家现场为群众创作书法作品 200 余幅。9 月 8 日，以“我们的节日•中秋”为主题的“话中秋、品月饼、吟诗句、赛歌曲”暨非遗展览进社区活动走进融侨城社区，活动现场展示歌曲、线偶戏、诗词朗诵等节目以及剪纸、精巧面塑、棉絮画、传统古法手工和香、传统地老鼠制作、提线木偶等“非遗”项目。9 月 28 日，由中共西安市委宣传部指导，中共新城区委宣传部等单位策划的“喜迎二十大　共度重阳节——西安市新城区民乐园文化街开街十周年庆暨新城区‘心诚•文化汇’主题文化交流活动”在民乐园文化街南广场举行，现场邀请 3 位青年画家，向劳模、老党员及基层先进工作者代表捐赠书画作品。

【文艺精品创作】 2022 年，西安市文学艺术界联合会聚集精品创作，满足人民群众不断增长的文化需求。书画作品入选国家级展览赛事 18 人（次），入选省级展览赛事 179 人（次），入选市级展览赛事近千次；出版文学著作 13 部，发表文学作品 9 篇；上线网络小说 4 部、网络短剧 1 部，推出电影 1 部；出版书法专著 1 部，发表书法论文 3 篇；曲协理事张珲创作的陕西快板荣获第十二届中国曲艺牡丹奖文学奖，2 人入围第十二届中国曲艺牡丹奖节目奖，2 个节目被《中国曲艺》杂志刊载；多位作家、编辑的多篇作品发表于《人民文学》《新

2022 年 2 月 9—21 日，市文联在易俗社举办“文艺进万家，健康你我他”学雷锋文艺志愿者服务主题活动（王　宏　摄影）

华文摘》《文艺报》《延河》《大家》《作品》《散文海外版》《报刊文摘》《杂文选刊》等文学杂志；文联主席、著名作家贾平凹的长篇笔记小说《秦岭记》出版；文联副主席、著名作家叶广芩的儿童文学《熊猫小四》入选“2022年度影响力图书”童书类榜单；美文杂志社副主编穆涛的历史散文作品集《中国人的大局观》出版，并入选“2022年度影响力图书”文学类榜单；创研室主任吴文莉创作的《路生梅的路》发表于《人民文学》2022年07期；美文杂志社编辑庞洁的诗集《诗面庞》出版；市网络文艺家协会会长紫芒果（李杰）的现实题材网络长篇小说《强国重器》出版；作家袁国燕反映乡村振兴的《指尖上的村色》出版；西安金石诗歌学会副会长周养俊《大山深处的回响》出版；作家杜文娟的长篇报告文学《守边》入选中宣部重点出版图书，并入选“2022年度影响力图书”主题出版类榜单。市舞协参与的大型现实主义题材音乐剧《山河无恙》于9月2日在西安广电大剧院上演；市剧协参与的大型情景文化节目《从延安出发》在中央电视台综艺频道播出，大型新编秦腔历史剧《李白长安行》亮相中央电视台戏曲频道《九州大戏台》。

【文艺人才队伍建设】 2022年2月28日至3月9日，西安市文学艺术界联合网络文艺家协会组织专业电影剧本创作项目培训，打造原创剧本3部，形成较为成熟的梗概故事大纲10多个。4月28日，举办党史和延安精神专题培训，培训邀请陕西师范大学马克思主义学院教授，以“中国共产党的延安时期和延安精神——兼谈延安文艺座谈会的启示意义”为题授课，市文联机关、事业单位全体党员、干部40余人参加。8月，组织协会负责人参加中国文联学习贯彻党的十九届六中全会精神和习近平总书记在中国文联十一大、中国作协十大开幕式上的重要讲话精神网络专题培训班。

【协（学）会工作】 2022年，西安市文学艺术界联合会组织西安市文学艺术界联合会召开2次协（学）会工作例会，完成协（学）会年检工作。指导协（学）会开好年会、主席团会、理事会以及会员（代表）大会工作，完成协（学）会推荐申报百优青年艺术人才推荐工作；完成西安市文化产业发展专项资金支持宣传文化事业补助、奖励申报和“五个一工程”申报工作。新成立西安市双笔书法学会、西安市民族管弦乐学会、西安市吉他学会、西安市金石学会。启动市书法家协会、市美术家协会、市音乐家协会、市评论家协会4家协会和市少儿歌舞学会、市农民书画协会、西安书画学会、市旗袍艺术研究会、西安水彩画学会、市现代书画研究会、西安诗词学会7家学会换届工作。

【协（学）会活动】 2022年，西安市文学艺术界联合会各协（学）会聚焦中心工作，广泛开展丰富多彩的活动。

市戏剧家协会完成换届工作，积极策划组织文艺活动，在中央和省重点创作任务中取得优异成绩，被省文联评为文艺评奖优秀组织单位。市美术家协会开展学术讲座、展览［包含各区（县）美协及各专委会］各类活动256次，参与人数53283人，义务书写春联10050副，创作美术作品28554幅，浏览点击量12万余次；开展5期“西安美协大讲堂”，线上、线下受众用户近万人。市书法家协会先后举办“为人民服务　到群众中去——纪念延安文艺座谈会80周年书法作品网络展”等40余场展览赛事，被省文联评为文艺评奖优秀组织单位。市音乐家协会策划主办“长安风　丝路情”国际音乐艺术周项目；举办5场主题公益音乐会；创作音乐作品15首；策划完成省级部门主题晚会《伟大征程》。市摄影家协会建立摄影家协会会员创作基地；举办“月满环球”“光影蒲城”主题摄影大赛。市网络文艺家协会策划出版的《千年古都　常来长安》获“西安市优秀外宣品（2019—2021年）”称号，入选中宣部中华文化走出去资源库，入围优秀外宣品，入选省委宣传部向中宣部推荐的优秀外文出版物名录；作品《新千里江山图》上线《人民日报》、新华网等平台；影视音乐作品《长安十二时辰》获第四届唱工委音乐奖最佳影视配乐奖；出版多部小说、散文，被“学习强国”学习平台、《西安日报》等媒体报道。

各学会、研究会组织策划学术报告、研讨会、业务培训、艺术大讲堂30余场；开展文化下乡、抗击疫情主题展、纪念延安文艺座谈会80周年展览，喜迎中共二十大、强国复兴有我、文艺志愿“六进”服务、助力乡村振兴近百场文艺活动。

【艺术展览活动】 2022年2月10日，由西安市文学艺术界联合会主办、市书协承办的“千年古都　常来长安”——西安市书法篆刻作品展在西安亮宝楼举行，展出书法作品120余幅。6月1日，由市书协和市群艺馆联合举办的“喜迎党的二十大　强国复兴有我”2022年西安市优秀书法少年评选暨书法少年书法作品展在市群艺馆开幕。8月30日，由市文联指导，西安晚报联合市美协举行的“此间的少年”优秀美术作品网络联展落下帷幕，活动面向陕西中小学生，收到参展作品300余件，参展孩子最大15岁，最小4岁。11月15日，由市委宣传部指导，市文联主办，市书协、市美协、市摄协共同承办的“奋进新征程　建功新时代”西安市文艺界书法美术摄影作品展在崔振宽美术馆举办，展出作品300余幅。12月15日，市书协在西安亮宝楼举办“奋进新征程　建功新时代”书法作品展，展出作品138幅。12月20日，市书协、长春市书协联合承办的“礼赞新时代　翰墨书华章——西安、长春书法名家精品交流展”在亮宝楼开幕，集中展出西安、长春两地书法作品160余幅。

【纪念《在延安文艺座谈会上的讲话》发表80周年系列主题活动】 2022年5月9日，西安市书协举办“为人民服务　到群众中去——纪念延安文艺座谈会80周年书法作品网络展”，展出作品66幅。5月13日，在西安美术馆举办“西安文艺界纪念延安文艺座谈会80周年美术作品展”，展期15天，汇集作品118幅。5月17日，由西安市文联指导、西安市美术家协会主办的西安市文艺界纪念延安座谈会讲话发表80周年美术作品展在西安亮宝楼开幕，参与画家650余人，展出作品120余幅，开幕式现场300人参加。5月18日，由市文联主办、西安市金石诗歌学会承办的“砥砺前行　不负韶华”诗歌朗诵音乐会在高新区清华科技园举办，学会会员及学者160余人参加。5月19日，由市文联主办、阎良区委宣传部承办的强国复兴有我“我们的中国梦”文化进万家“西安因你而美丽”文艺志愿服务活动在阎良区关山街道北冯村新时代文明实践站广场举办，唱响“建功新时代　奋进新征程”主旋律。

（胡江梅）

西安市残疾人联合会

【概况】 截至2022年年底，西安市有残疾人（持证）21.5万人，比上年增加2万人，其中视力残疾2.6万人、听力残疾2.3万人、言语残疾0.3万人、肢体残疾10.5万人、智力残疾1.5万人、精神残疾2.8万人、多重残疾1.5万人。西安市残疾人联合会推进各级残联换届，完成全市3477名残疾人专职委员选聘工作。协调中、省残联将西咸新区残疾人办证数据并入西安市持证残疾人数据库；完成6万张第三代残疾人证（智能化）采购制发工作，办理爱心卡 887 张。指导区县推动残疾人证“跨省通办”工作，优化办证服务流程。稳妥推进市级专门协会社团登记工作，规范完善村（社区）残协 3270 个，召开西安市聋人协会第一次会员大会。开展残疾人基本状况调查，调查 215562 人，App 采集率 98.21%。截至年底，下辖区残联 11 个、县残联 2 个、开发区残疾人工作机构 3 个，有市级残疾人专门协会 5 个、区（县）级残疾人专门协会 66 个。

【残疾人事业规划】 2022 年，西安市残疾人联合会制定、以市政府办公厅名义印发《西安市“十四五”残疾人保障和发展规划》《西安市残疾预防行动计划（2021—2025 年）》等政策文件，强化顶层设计、谋划引领；制定印发《西安市残疾人事业高质量发展 2022 年行动计划》，以 6 个方面 23 项重点工作促进全市残疾人事业发展提升。

【就业创业】 2022 年，西安市残疾人联合会开展残疾人就业宣传年系列活动，举办各类残疾人专场招聘会 12 场次，提供岗位 5556 个，实名制新增残疾人就业 1598 人。开展 2022 年西安市残疾人就业援助项目，合计补助资金 1019.38 万元，惠及用人单位 149 家，受益残疾人 1769 人。为 155 名高校残疾毕业生提供就业服务；开展“梦想家园”残疾人社区就业项目，建成西安市首个便民驿站；开展按比例安排残疾人就业联网认证工作，实现“跨省通办”“全程网办”。创新培训项目，各类残疾人职业培训人数 3988 人（次）。创立西安市残疾人创业孵化基地暨莲湖区残疾人创业孵化服务中心，创新经验得到全国政协专题调研组充分肯定。西安市残疾人网创空间、残疾人直播带货窗口得到中央主流媒体关注报道，被称为“西安经验”。

【康复服务】 2022 年，西安市残疾人联合会开展精准康复服务，完成残疾少年儿童康复救助 7263 例，救助标准和救助范围居陕西省第一位，实现全市 0～16 岁残疾少年儿童救助全覆盖目标；持证残疾人运动功能障碍康复救助 3496 人次；精神残疾人康复救助 18549 人，其中服药救助 14942 人、住院救助 3607 人；接受家庭医生签约服务 83508 人，综合康复覆盖率 98.31%。优化实施辅助器具适配补贴项目，为 11290 名残疾人适配各类辅具 15475 件，为 26 名重度听障儿童实施人工耳蜗手术植入，为 477 名听障人士验配助听器 488 台，为 11 名残疾大学生适配功能性轮椅，为 366 人完成听力言语康复训练。制定印发《西安市残疾人康复定点服务机构管理意见》，委托第三方机构对新申请机构评估打分，联合相关部门开展评审工作 2 批次，提升康复服务定点（培育）机构管理水平，新增定点机构 35 家。开展康复辅具产业综合创新试点，在临潼区、蓝田县、西咸新区创建 3 个示范基地，满足多层次、多样化的康复辅助器具服务需求。

【扶贫助残】 2022 年，西安市残疾人联合会建立易返贫致贫人口动态监测预警和帮扶机制，稳固残疾人脱贫攻坚成果与乡村振兴有效衔接，完成 8688 户“一户多残”农户信息数据报送工作。持续促进残疾人就业增收，创建残疾人就业助残基地 13 个，自强绿色行动项目扶持农村残疾人 1725 人，阳光增收项目扶持建档立卡残疾人 256 人。抓好驻村帮扶，投入产业帮扶资金 32.5 万元，开展消费扶贫助力乡村振兴活动，建成残疾人辅具服务站和康复服务室。开展自行助学活动和残疾人远程学历教育资助项目，资助义务段残疾学生和残疾人子女 1000 人，资助 58 名残疾学生免费完成高等学历教育。

【社会保障和托养】 2022 年，西安市残疾人联合会配合民政部门为 122696 名残疾人发放困难残疾人生活补贴和重度残疾人护理补贴 10206 万元，实现重度残疾人护理补贴对象覆盖全部一、二级残疾人；为 2167 人发放燃油补贴 56.342 万元。为符合条件的 2963 名重度残疾人提供居家托养服务，为 257 人提供日间照料服务。挂牌成立并投入运营集中托养机构 14 家，为 1100 名精神、智力及重度残疾人提供寄宿制托养服务。开展双节走访探视、慰问残疾人活动，走访慰问残疾人家庭 8139 户。

【无障碍建设】 2022 年，西安市残疾人联合会推进社会环境无障碍建设，协调市政府残工委各成员单位力量，在乡村振兴行动、城市更新行动、城镇老旧小区改造和居住社区建设中统筹推进无障碍设施建设与改造，解决公共服务场所无障碍设施建设“最后 20 米”的问题。政务新媒体、政务服务平台和网上办事大厅信息无障碍建设得到提升。900 户残疾人家庭获得无障碍改造服务。

【残疾人权益保障】 2022 年，西安市残疾人联合会健全完善信访工作制度，畅通市、区两级法援中心服务渠道，完善“两站一室”（残疾人法律维权工作站、残疾人消费维权工作站、信访接待室）建设，实行信访接访制度和签约专业律师驻会接访制度，主动摸排化解矛盾，保障残疾人合法权益。接访 456 人（次）（5 人以上残疾人集体 1 次）；接待困难流浪残疾人 4 人（次）；转办各类残疾人信访件 43 件；办理“12345”热线工单办理 76 个，办结率 100%。

【宣传及文体活动】 2022 年，西安市残疾人联合会加强残疾人事业宣传，播发新闻宣传稿件 203 篇，向省残联报送评选作品 7 篇，获奖 6 篇。组织开展“奋进新征程 喜迎二十大”主题残疾人文化周活动，以文学艺术培训、交流、展览、征文、采风等形式，营造团结和谐向上的文化环境。实施残疾人文化进家庭“五个一”（读一本书、看一场电影、游一次园、参观一次展览、参加一次文化活动）项目，组织 180 户残疾人家庭开展文化活动；在西安图书馆创建市级盲人阅览室。组织残疾人参加特殊体育项目

2022 年 9 月 30 日，市残联举办“学党史 感党恩 强体魄 促共享”西安市残健融合啦啦操培训
（市残联 供图）

和健身活动，建立西安市残疾人体育人才库；为在残奥会、冬残奥会、残特奥会获奖的65名运动员争取市财政奖励资金1162.42万元。残疾人运动员刘子旭在北京冬残奥会上获得中国代表团首金，创造陕西省、西安市运动员在冬残奥会比赛新纪录。

【西安市残疾人事业高质量发展研究院成立】 2022年4月15日，西安市残疾人联合会与西北大学公共管理学院合作共建的西安市残疾人事业高质量发展研究院揭牌成立，为全国首个市级残联和省属高校联合成立的残疾人事业研究机构。研究院主要聚焦7个方面课题，创造性开展全局性、战略性和前瞻性研究，旨在为残联系统提供政策咨询和科学决策，组织开展学术会议交流以及残疾人就业技能和创业创新等培训服务，以新型高端智库助推残疾人事业高质量发展。 （苟旭峰）

西安市红十字会

2022年"5·8"世界红十字日，红十字救护讲师讲解心肺复苏操作流程和动作要领 （市红十字会 供图）

【概况】 2022年，西安市红十字会指导规范雁塔区小寨路街道大唐社区等5个中国红十字会城市社区博爱家园示范点建设，做好结项工作；发展西安国际医学中心医院、西安雁塔华厦眼科医院成为团体会员单位。组织西安庆华医院为社区居民义诊；在西北政法大学社区开展"全国爱眼日"眼健康义诊宣传活动。新增基层组织17个，发展个人会员2816人。选树先进典型，会员马丽获中国红十字会"会员之星"称号，徐雅诗等5名会员获陕西省红十字会"会员之星"称号；西北政法大学社区、莲湖区郝家巷小学、西安庆华医院获评"全国红十字模范单位"。截至年底，有区（县）红十字会13个，教育系统红十字会1个，乡镇（街道）、社区（村）、学校等基层红十字组织1184个，团体会员单位125个，红十字志愿服务队伍56支。有个人会员23465人、志愿者11934人。

【捐赠救助】 2022年，西安市红十字会接收来自全国各地的疫情防控专项捐赠款物价值3.57亿元（市本级3.11亿元，其中捐赠物资价值8745万余元），全部按照捐赠方意愿和市、区（县）疫情防控指挥部要求及时拨付至抗疫一线和指定单位，实现物资"零库存"、资金"零余额"，并主动向社会公开信息，接受陕西省红十字会、民政、审计和纪检部门的监督。

开展"红十字博爱送温暖"活动筹集物资37.88万元；开展博爱送万家活动，惠及困难家庭2000余户；开展"天使计划"项目，争取资金162万元，救助白血病、先天性心脏病患儿49人；开展"红十字博爱童行"活动，募集资金7.45万元，资助74名中小学生完成学业；募集资金6.9万元，定向资助11名受疫情影响的大学新生；携手平安养老保险陕西分公司投入1万余元用于援建定点帮扶的安康市平利县河川平安希望小学购买教学设备等。

【救护培训】 2022年，西安市红十字会联系市直机关工委、市教育局、市应急局等职能部门联合开展"关爱生命、救在身边"活动，推动应急救护"进社区、进农村、进学校、进企业、进机关"，向群众宣传普及红十字运动理念和现场应急救护知识。全市红十字会系统建成应急救护培训基地2个，成立救援队2支，在公共场所增设AED 63台。培训持证红十字救护员8047人，开展"红十字'救'在你身边"户外知识和主题宣讲260余场，惠及人口11.52万人。指导成立救援队的区（县）红十字会开展专业化业务培训，并支持配备部分装备。

【红十字精神宣传】 2022年，西安市红十字会结合"清明节缅怀纪念""5·8"世界红十字日等开展宣传活动5次，在官方网站发布信息167篇、微信公众号推送消息218条、官方微博发布消息132条，被"学习强国"学习平台、《中国红十字报》等中央、陕西省、西安市媒体报道250余次。2名职工撰写的《岁月长河中的那一抹红》《信仰的力量》入选中国红十字会总会报刊社《博爱》杂志优秀文章；组织选送14部作品参加省红十字会短视频大赛，其中《关爱生命 博爱莲湖》获最佳剪辑奖，市红十字会获得优秀组织奖。市红十字会还获评中国红十字会总会报刊宣传先进集体特等奖、陕西省红十字会宣传工作先进集体特等奖。

【"三献"工作】 2022年，西安市新增遗体器官捐献登记志愿者1.6万人，成功捐献遗体、眼角膜189例。市红十字会与市中心血站联合开展造血干细胞志愿者血样采集工作，招募造血干细胞志愿者1017人，在中华骨髓库录入采样者信息3万余条。志愿者何婧琪捐献造血干细胞成功挽救一位11岁小男孩生命，成为陕西省第249例成功实施造血干细胞捐献志愿者。开展人体器官捐献缅怀纪念月、造血干细胞捐献志愿者招募等"三献"宣传活动12次，各级媒体宣传报道40余次。

【志愿服务】 2022年，西安市红十字会开展"5·8"世界红十字日、"世界急救日"、"蓝精灵"应急救援与安全、2022年安全生产月、2022年全国爱眼日等志愿服务活动8次。推广"中国红十字志愿者"平台应用，注册志愿者7680人，新成立红十字志愿服务队3支。"我为全运添光彩，奔跑的红十字'救'在你身边"急救知识万人学项目获"十四运"暨残特奥会最佳社会志愿服务项目表彰。市红十字会系统10名志愿者获评陕西省红十字会2021年度优秀志愿者，5名志愿者获评陕西省红十字会二星级志愿者。市退役大学生士兵红十字"三献"志愿服务队的"青伴夕阳"大学生智慧助老志愿服务项目获陕西省第一届志愿服务项目大赛一等奖。 （闫 宇）

中国国际贸易促进委员会西安市分会

2022年6月30日至7月4日，第十三届西安国际汽车工业展览会暨第三届西安国际摩托车博览会在西安国际会展中心举办　（市贸促会　供图）

【概况】　中国国际贸易促进委员会西安市分会是中共西安市委领导的群团组织和西安市人民政府联系的贸易投资促进机构。除内设工作部门外，还设有中国国际商会西安商会、中国贸促会西安调解中心、中国贸促会西安市经贸摩擦预警中心、中国贸促会自贸协定（西安）服务中心、中国—阿联酋·商务理事会西安联络办公室、中国—捷克·商务理事会西安联络办公室、西安市促进企业国际化经营工作专班等组织和机构。西安国际商会与中国大陆、港澳台地区近百家商（协）会建立长期合作关系；同100多个国家（地区）的工商界开展经贸往来，与80多个对口境外组织签订合作协议。截至2022年底，西安国际商会有直属会员440余家、间接会员2300余家，涉及国际贸易、制造业、新能源、交通物流、文化旅游、现代农业等诸多行业。2022年，中国国际贸易促进委员会西安市分会发挥贸易投资促进平台作用，提升重大经贸活动组织水平，举办会展、洽谈、座谈活动7场（次），组织企业参加博览会等大型会展活动4场（次），帮助西安企业开拓国内外市场。优化政策服务，发放贸易促进活动奖补资金96万元，支持企业“走出去、引进来”。成立市贸促会服务外资企业工作专班，开通外资企业服务“专项通道”，帮助企业实时了解经贸动态；实施便利服务措施，帮助企业办理各类商事认证；成立西安市贸促会商事法律专家委员会，搭建西安商事法律公共服务平台。

【展会活动】　2022年，中国国际贸易促进委员会西安市分会组织企业参加会展大讲堂、博览会等大型会展活动4场（次）。

6月30日至7月4日，与中国摩托车商会联合举行2022第十三届西安国际汽车工业展览会暨第三届西安国际摩托车博览会，展出面积7万平方米，470余家汽车、摩托车相关品牌参展，展出车辆2000余台，有30余款新车现场首发，展期总成交额近40亿元。

9月15—17日，承办的第十二届中国西部国际物流产业博览会暨第六届中国（西安）智慧交通博览会在西安国际会展中心举行。博览会设置物流产业和智慧交通2大展区，重点展示现代物流、中欧班列、多式联运、物流装备、交通运输、交通建设、智慧交通等内容。展览面积1.6万平方米，参与单位100多家。首次以线下展示、线上直播的方式召开，并配套举办多场主题论坛。

10月19—28日，由中国贸促会主办、中国国际商会承办的2022中国—中东及北非国际贸易数字展在线举行。展会有1000余家企业注册参展，展品数量1.3万件，涵盖医疗器械、建材五金、办公用品、家具家居、礼品、电子消费品、机电、家电、纺织服装、农业、防疫物资等，近万名海内外采购商和专业观众上线浏览参会。市贸促会组织陕西省万安药业有限公司、西安云佳天海贸易有限公司、西安迈特五金工具有限公司等13家企业参会，涉及阀门制造、石油、机械电子、生物医疗、农业食品、五金机电等多个行业，部分企业通过数字展览平台分别与中东及北非买家进行在线交流洽谈。

【贸易投资洽谈】　2022年，中国国际贸易促进委员会西安市分会加强与境内外商协会、投资机构及企业联系，组织13家企业参加2022中国—中东及北非国际贸易数字展，参加2022第四届广州世界农业食品博览会、第20届中国—东盟食品糖酒博览会、第7届世界石油天然气装备博览会暨买家见面会、2022世界地理标志产品博览会等会展活动，组织企业通过线上形式参加“白俄罗斯线上投资贸易分享会”“孟加拉国皮革行业及皮革制品线上洽谈会”“日本—陕西（西安）经贸投资项目推介会”“墨中商务合作促进推介会暨墨中建交50周年特别专刊发布会”“中韩贸易馆线上快消品商务对接会”“助力陕西外贸企业拓展中东非市场线上交流会”“助力外贸企业线上活动”等多场投资洽谈活动，为外贸企业“走出去”搭建平台。通过走访开发区、企业，对接商协会，接待国内外商务机构及视频电话联系等形式与多家国内外商务机构及商协会沟通交流，为外贸企业寻找商机。

8月14日，举办2022第八届国际商协会贸易与投资洽谈会。中国日本商会、中国越南商会、中国捷克商会、中国墨西哥商会、马来西亚投资发展局等30余家境内外商务机构相关负责人及陕西鼓风机（集团）有限公司等100余家西安企业、机构参会。洽谈活动通过“推介＋参观”的方式，为中外贸易投资主体提供更多专业信息。参会企业与外方进行一对一项目对接，外方10余个商（协）会、境外企业的20多个项目与西安参展企业进行接洽，涉及农业、汽车科技、医疗、贸易投资、生态园林、食品茶叶等领域。

10月19日，组织召开罗兰贝格—秦创原·数字云城项目座谈会。市发展和改革委等市级部门与罗兰贝格管理咨询有限公司、西安城市发展（集团）有限公司、西安城市发展资源信息有限公司代表参加座谈，与会代表针对项目情况进行交流，提出指导性意见、建议作为项目策划依据。

【商事服务】　2022年，中国国际贸易促进委员会西安市分会建立与陕西省工作专班、市政府办公厅的联动机制，确保外资企业诉求第一时间上报，收到4个批次共12家17条外资企业诉求，并全部办理完毕，形成成果案例5个。先后召开外资企业座谈会4场，对接外资企业、商协会90余家。通过各区（县）、开发区招商部门收集到1460家外资企业基本信息。

依托“西安政务服务网”开通贸易促进活动奖补资金线上申报功能，拨付奖补资金96万元。组织企业参加《中国企业视角看俄罗斯—乌克兰事件相关制裁措施的影响》线上培训、俄乌冲突对中国企业的影响等系列培训会，为企业开展国际贸易提供分析及应对方案。通过门户网站、公众号、企业群等平台及时发送经贸预警、会议活动、招商政策等相关信息，发布预警信息1157条，收集整理并发布区（县）、开发区招商引资相关政策18条。

成立贸促会商事法律专家委员会，发挥专家“参谋智囊”作用。成立贸促会一体化政务服务能力工作专班，帮助企业办理各类商事认证，办理一般原产地证3802份、优惠原产地证706份、商事证明书566份，代办领事认证205份、出境ATA单证册2份。推出便利化服务措施，开展融缺办理业务，开通电子发票，为194家企业开通自主打印功能。为外贸企业适时在线解答相关政策法规、业务办理、涉法咨询1000余次。举办“RCEP政策解读及应用线上培训会涉法培训交流研讨会”“2022年出证认证业务线上培训班”“企业涉外投资服务与法律风险防范交流会”“疫情影响下涉外企业投资与贸易法律风险应对学术研讨会”“知识产权争议商事调解规则解读与应用线上培训会”“商事调解多元化解纠纷实务培训会”6场商事法律相关活动，提高外贸企业依法经营能力。

【2022西安会展大讲堂】 2022年9月6日，中国国际贸易促进委员会西安市分会主办的2022西安会展大讲堂在西安临空会展中心举办。国际展览联盟会员代表、西安各区（县）会展部门负责人等众多会展行业人士参会。大讲堂聘请中国电子商会秘书长彭李辉、中国生物工程学会秘书长张宏翔等6人为2022年西安市“招展引会大使”；聘请《中国会展》杂志社社长倪玮、中国会展经济研究会会长袁再青等9人为西安市“会展智库专家”。会上还举行“西安市十大品牌展会”授牌仪式，发布第二批西安市会议型酒店名单。同期还举办“2022会展产业展洽会”。 （孙 涛）

2022年6月30日，西安市法学会与“一带一路”国际投资法律研究会组织召开“疫情影响下涉外企业投资与贸易法律风险应对”学术研讨会 （市法学会 供图）

西安市法学会

【概况】 2022年，西安市法学会起草制定《关于进一步加强法学会建设的实施办法》，制定4个层面、23项具体工作任务，助推西安市法学会系统全面建设。截至年底，有区（县）法学会13个、团体会员单位113个、个人会员5210人，下设专业研究会16个、研究中心1个；市法学会第四届理事会有理事120人，常务理事46人，兼职副会长12人；学会机关编制8人、实际配备干部5人，设秘书处、学术研究部2个内设机构。

【法学研究】 2022年，西安市法学会开展涉外法律服务机构和涉外企业调研工作，起草完成《浅议政法机关推进“一带一路”国际商事法律服务示范区建设的几点思考》调研报告。与市社科院合作，围绕法治建设中的热点、难点、痛点、堵点问题，将法学研究课题纳入市社科基金研究项目，立项年度西安市社会科学规划基金法学研究专项课题7项（含重点项目3项、一般项目4项），内容涵盖习近平法治思想创新价值研究、新时代“枫桥经验”促进西安市域社会治理现代化研究、市政府应急决策的法治保障研究等。编辑印刷《法治建设研究报告2020—2021》1册，编辑出版学会刊物《长安法治论坛》6期。

【法律咨询专家制度建设】 2022年，西安市法学会印发《关于在全市法学会系统推行首席法律咨询专家制度的实施方案的通知》，要求各区（县）法学会于2023年3月前完成建立法律咨询专家库和选聘首席法律咨询专家工作。截至年底，首席法律咨询专家的遴选工作初步完成；组织推荐20名相关领域专家学者申报市司法局行政复议咨询委员会专家、市委宣传部社会主义核心价值观入法入规审查咨询专家、市司法局立法咨询和行政规范性文件合法性审核备案审查专家库专家。

【参与市域社会治理】 2022年，西安市法学会充分发挥工作职能作用，主动参与市域社会治理工作。将市法学会社会治理法律研究中心《重视并防范在线调解+司法确认中的虚假调解》《完善平安乡村建设的建议》等系列研究成果呈送领导阅示并转发相关政法单位参阅。结集出版法治理论优秀研究成果丛书，将17篇涉及习近平法治思想、基层社会治理、公共卫生、立法实践、公益诉讼、禁毒等多个领域的优秀研究成果汇编成《西安市法学会社会治理优秀论文集（2021年度）》，编辑《和美古都 善治长安——西安社会治理工作情况调研》资料图册，并赠阅相关单位。

【法治宣传】 2022年，西安市法学会组织法学法律工作者和青年普法志愿者开展“双百”（百名法学家百场报告会）、“六进”（法治宣讲进单位、进企业、进工厂、进学校、进社区、进农村）等法治宣传活动，联合市司法局、团市委共同印发《关于开展“2022年青年普法志愿者法治文化基层行”活动的通知》，动员青年法学法律工作者走进企业、社区、学校和农村，集中开展普法宣传、法律咨询和法律服务活动，组织法治课堂10余场次，开展矛盾调解150余次。

【法学交流】 2022年，西安市法学会开展第5届中国法学优秀成果奖、第17届西部法治论坛、第10届关中—天水经济区法治论坛、第34届全国副省级城市法治论坛、第5届法治陕西论坛征文初评及推荐工作，征集论文457篇，获奖41篇。组织专家、学者就《西安市城市轨道交通条例（修正草案）》《西安市气象灾害防御条例（修订草案）》等地方性法规进行论证并向市人大法工委反馈意见建议。市法学会与“一带一路”国际投资法律研究会共同举办“疫情影响下涉外企业投资与贸易法律风险应对”学术研讨会。 （龚 辉）

地方立法

【概况】 2022 年，西安市人大常委会坚持科学立法、民主立法、依法立法，发挥人大在立法中的主导作用，突出地方立法特色，提升立法质量和效率。全年修改《西安市城市轨道交通条例》《西安市气象灾害防御条例》地方性法规 2 部，废止 1 部，共清理废止《西安市制止价格欺诈和牟取暴利条例》《西安市黑河饮水系统保护条例》等地方性法规 8 部；听取审议备案审查工作报告，全年备案审查规范性文件 8 件。

【提高立法质量】 2022 年，西安市人大常委会坚持党委领导、人大主导、政府依托、各方参与的立法工作格局，健全完善法规草案，公开征求意见和公众意见采纳情况反馈机制，充分发挥人大代表、立法专家库、基层立法联系点的作用，扩大公民有序参与立法途径，提高公众参与立法的积极性。科学编制立法规划，面向社会公开征集立法规划建议项目，召开论证会、专题会广泛征求各部门、各党派及人大代表、专家学者意见，为科学制定 5 年立法规划打下良好基础。扎实推进立法实践，修改《西安市城市轨道交通条例》，促进公共交通供给质量和效率提升，缓解城市交通拥堵；修改《西安市气象灾害防御条例》，促进灾害防御和应急响应处置能力提升，避免、减轻气象灾害造成的损失；废止《西安市流动人口计划生育条例》；对农产品地理标志保护、社区治理、中等职业教育和物业管理等进行立法调研。

【探索“小切口”立法】 2022 年，西安市人大常委会针对海绵城市建设、优化营商环境、养老服务工作中的突出问题，深入开展调研，吃透市情，力争使立法更精准、更务实、更管用，省委主要领导对西安市开展“小切口”立法的做法给予充分肯定。

【修改《西安市城市轨道交通条例》《西安市气象灾害防御条例》】 2022 年，西安市人大常委会修改《西安市城市轨道交通条例》《西安市气象灾害防御条例》地方性法规 2 部。

《西安市城市轨道交通条例（修正）》（以下简称《条例》）于 2022 年 8 月 31 日经西安市第十七届人民代表大会常务委员会第三次会议审议通过，陕西省第十三届人民代表大会常务委员会第三十六次会议于 2022 年 9 月 29 日批准，2022 年 11 月 17 日公布施行。原《西安市城市轨道交通条例》于 2011 年出台，历经 3 次修改，2019 年西安市政府机构改革，不再单独设置市轨道办，城市轨道交通建设及相关职责划入市住建局，城市轨道交通运营行业管理职责划入市交通局，《条例》原有的轨道交通管理体制已经不符合当前西安市城市轨道交通管理实际。市人大常委会法工委于 2022 年 6 月正式启动《条例》修正工作，通过实地调研、征求部门意见、专家论证、公开征求社会意见等程序，形成《条例》修正草案。《条例》包含 8 章，共 80 条内容，对城市轨道交通规划与建设、保护区及设施保护、运营、综合开发、安全应急、法律责任等方面都做出具体规定。《条例》厘清政府部门职责，授予轨道交通运营单位行政执法权，强化控制保护区施工活动监督管理等，极具地方特色及可操作性。

《西安市气象灾害防御条例》（以下简称《条例》）于 2022 年 10 月 21 日经西安市第十七届人民代表大会常务委员会第四次会议修订通过，陕西省第十三届人民代表大会常务委员会第三十七次会议于 2022 年 12 月 1 日批准，2023 年 3 月 1 日公布施行。原《条例》自 2007 年 7 月实施以来，在完善西安市

6 责编 彭城 视觉编辑 白刚 组版 杨艳 校对 田云 马珊

条 例

西安日报 www.xiancn.com 2022年11月24日 星期四

西安市人民代表大会常务委员会
公 告

〔十七届〕第22号

《西安市人民代表大会常务委员会关于修改〈西安市城市轨道交通条例〉的决定》，已经西安市第十七届人民代表大会常务委员会第三次会议于2022年8月31日通过，陕西省第十三届人民代表大会常务委员会第三十六次会议于2022年9月29日批准，现予以公布，自公布之日起施行。

西安市人民代表大会常务委员会
2022年11月17日

西安市人民代表大会常务委员会关于修改《西安市城市轨道交通条例》的决定

（2022年8月31日西安市第十七届人民代表大会常务委员会第三次会议通过 2022年9月29日陕西省第十三届人民代表大会常务委员会第三十六次会议批准）

西安市城市轨道交通条例

（2011年5月25日西安市第十四届人民代表大会常务委员会第三十次会议通过 2011年7月22日陕西省第十一届人民代表大会常务委员会第二十四次会议批准

根据2016年12月22日西安市第十五届人民代表大会常务委员会第三十六次会议通过 2017年3月30日陕西省第十二届人民代表大会常务委员会第三十三次会议批准的《西安市人民代表大会常务委员会关于修改〈西安市保护消费者合法权益条例〉等49部地方性法规的决定》第一次修正

2018年10月30日西安市第十六届人民代表大会常务委员会第十五次会议修订通过 2018年11月30日陕西省第十三届人民代表大会常务委员会第八次会议批准

根据2020年10月21日西安市第十六届人民代表大会常务委员会第三十七次会议通过 2020年11月26日陕西省第十三届人民代表大会常务委员会第二十三次会议批准的《西安市人民代表大会常务委员会关于修改〈西安市保护消费者合法权益条例〉等65部地方性法规的决定》第二次修正

根据2022年8月31日西安市第十七届人民代表大会常务委员会第三次会议通过 2022年9月29日陕西省第十三届人民代表大会常务委员会第三十六次会议批准的《西安市人民代表大会常务委员会关于修改〈西安市城市轨道交通条例〉的决定》第三次修正）

目 录

第一章 总 则
第二章 规划与建设
第三章 保护区及设施保护
第四章 运 营
第五章 综合开发
第六章 安全应急
第七章 法律责任
第八章 附 则

第一章 总 则

2022 年 11 月 24 日，《西安日报》第 6 版刊登修正后的《西安市城市轨道交通条例》（西安日报 供图）

气象灾害防御机制、提高气象防灾减灾能力方面发挥重要作用，但在此期间，《中华人民共和国气象法》修正2次，国务院《气象灾害防御条例》修订1次，国家对气象灾害防御提出很多新要求，《条例》有些规定与上位法不一致，已不能适应经济社会发展需要。市人大常委会法工委于6月28日启动修订工作，经过实地调研、广泛征求意见、专家论证、集中修改等程序，经西安市人大常委会会议三审通过。《条例》从总则、预防、监测预报和预警、应急处置、隐患排查与治理、法律责任等方面对西安市气象灾害防御工作进行规范，共7章57条。《条例》设置气象灾害防御重点单位管理制度，新增“隐患排查与治理”一章内容，明确大雾、霾、暴雨、水隐患、大风、高温等气象灾害防御和农业生产、旅游景区、交通、大型群众性活动等特殊领域气象灾害防御的部门责任和重点防御措施，调整并完善破坏气象灾害防御设施、违规发布灾害性天气警报和气象灾害预报预警信息等行为的法律责任。

（赵　航）

2022年4月26日，西安市召开全市打击整治养老诈骗专项行动动员部署会议

（市委政法委　供图）

政法委与综治

【概况】　2022年，西安市政法系统以维护国家安全、防范化解重大风险、服务保障中心工作、高标准完成市域社会治理现代化试点任务、全面深化政法改革、巩固政法队伍教育整顿成果为重点，忠诚履职，完成政法工作各项任务。开展公益诉讼质量提升年活动，创建“一山八水古都蓝”公益诉讼品牌，14件案件入选全国检察机关首批千案展示案例。依法维护市场经济秩序，妥善审理金融合同、民间借贷等案件，鹤壁国龙物流案入选最高人民法院“助推民营经济高质量发展十大典型案例”。优化“互联网+政法政务服务”措施，194项公安政务服务纳入全市一体化政务服务平台。市公共法律服务中心建成启用，为群众提供法律服务8万件（次），减免各类费用600余万元。西安市被国家禁毒委列为全国禁毒示范创建城市。

【政法体制改革】　2022年，西安市政法系统贯彻落实中央和省、市全面深化改革部署，制定《全市司法体制改革工作要点》，推进四级法院审级职能定位改革试点，法院一审案件判决发改率创2015年以后同期最低。制定《加强新时代检察机关法律监督工作措施》，制定下发各类检察建议1802份，采纳率100%。深化“放管服”改革，在户籍、交通、出入境等方面推出一系列便民利民措施。推进行政复议体制改革，完成行政复议调处中心建设，办理行政复议案件919件，行政机关出庭率100%。发挥党委政法委监督职能，制定《加强新时代检察机关法律监督工作措施》，出台《侦查监督与协作配合机制实施办法》。开展执法规范化检查和纪律督查，先后对41个基层政法单位执法司法情况进行检查督查，查纠整改问题33条。

【依法治市】　2022年，西安市定期召开中共西安市委全面依法治市委员会会议，将党政主官履行法治建设第一责任人职责情况列入年终述职内容，组织党委（党组）书记点评法治工作，举办市管干部学习习近平法治思想研讨班2批（次）。开展法治政府建设示范创建活动，莲湖区“推行自然人、法人全生命周期政务服务模式”获评第二批全国法治政府建设示范项目。推进“八五”普法工作，组建讲师团，建立1200余人的普法志愿者队伍。推进“六好司法所”创建，培训村（社区）“法律明白人”7896人（次），开展“乡村振兴、法治同行”普法宣传2100场（次）。

（万志龙）

【社会安全保障】　2022年，西安市政法系统突出风险精准管控，建立红、黄、蓝三色风险管控机制，对红色风险问题进行集中交办。落实重点建设项目风险评估。制定出台《西安市政法机关服务保障全市重点工作九项措施》。优化“互联网+政法政务服务”措施，194项公安政务服务纳入全市一体化政务服务平台，123项审判辅助职能的市级诉讼服务中心和公共法律服务中心建成启用。

（吴鸿涛）

【“平安西安”建设】　2022年，西安市政法系统打击各类违法犯罪，加强社会治安综合治理，推进平安西安建设。开展打击整治养老诈骗专项行动，打掉团伙65个，追赃挽损2.81亿元，出台规范性文件和行业标准20个，立破案数、起诉及审判案件数均居陕西省第1位。开展“夏季治安打击整治百日行动”“云剑”“断卡”等专项行动，集中整治社会治安重点地区，破获电信诈骗案件，挽回经济损失2.66亿元。刑事立案和治安案件受理数比上年分别下降10.3%、11.3%，社会治安满意率97.84%。制定《完善矛盾纠纷多元化解机制大调解工作格局实施方案》，建立多元化解程序衔接机制，建成“一站式”矛盾纠纷化解平台205个；开展“无讼社区”创建活动，形成未央区社会治理“323”模式、雁塔区“诊所式”解纷机制、蓝田县“枫桥+乡约”警务模式等一批亮点经验。

【政法队伍建设】　2022年，西安市政法系统执行请示报告、派员列席民主生活会等制度，督导区（县）及时选优配强镇（街）政法委员。开展岗位练兵、技能比武活动，举办比武竞赛67场次，开展实战演练395场次。不断巩固深化政法队伍教育整顿成果，落实《新时代政法干警“十个严禁”》，开展作风建设专项行动和“清廉西安”建设。组织2022年度全省人民群众满意的政法单位和政法干警评选表彰活动，西安市8个单位、18名干警受到省委政法委表彰，

3 名干警入选全国“双百政法英模”。

（万志龙）

法治政府建设

【概况】 2022 年，西安市以建设高水平法治西安为目标，制定并印发《西安市法治政府建设实施方案（2021—2025 年）》。政府常务会集体学法 5 次，修订《西安市重大行政决策程序规定》，编制《2022 年度西安市政府重大行政决策建议事项目录》，审改法规规章草案 5 部，合法性审核重大行政决策、行政规范性文件和市政府涉法事项、行政许可事项等 693 件。实施“法治规划全面落实行动”，开展党委（党组）书记点评法治工作，率先在陕西省建立市委总法律顾问制度，聘请中国法学会副会长徐显明担任市委总法律顾问。构建行政复议“1+3”（发挥行政复议化解行政争议的主渠道作用，健全完善特约调解、专家评议和法律援助 3 项工作制度）工作机制。建立法治督察与纪检监察、政治巡察监督协作配合机制。开展学习贯彻习近平法治思想暨法治政府建设法治督察，举办 2 批（次）市管干部习近平法治思想专题研讨班。设立西安仲裁委员会知识产权仲裁院秦创原工作站、知识产权纠纷调解室。化解国际商事纠纷案件 30 多件，办理涉及知识产权纠纷、案件 3500 余件，涉及金额近 15 亿元。加强基层依法治理，将区（县）法治建设议事协调机构办事机构建设作为法治政府建设示范创建硬性任务重点推进，解决区（县）法治建设议事协调机构办事机构未单独设立，以及机制不畅、作用发挥不到位等问题。全市“六好司法所”创建比例 100%。全市司法行政系统调解矛盾纠纷 1.6 万件。全市有 8 个区（县）、25 个项目参加陕西省法治政府建设示范创建活动，莲湖区“推行自然人、法人全生命周期 树政务服务模式”获评“全国法治政府建设示范项目”。 （戴晓云 贺 萌）

【行政立法】 2022 年，西安市人民政府发挥立法专家库和 27 个立法联系点作用，广泛听取企业、行业协会商会及有关组织的意见，制定《西安市政府规章立法前评估办法》《西安市政府立法草案委托第三方起草工作规则》等工作制度，提请西安市人大常委会审议《西安市城市轨道交通条例》等 5 部地方性法规草案。根据上位法立改废情况，对 73 部政府规章进行清理，开展“不合理罚款事项”“生育保险”“碳达峰、碳中和”等专项清理，制定、修改、废止《西安市城市地下管线管理办法》等 4 部政府规章。

【规范性文件备案审查】 2022 年，西安市人民政府遵守公众参与、专家论证、风险评估、合法性审查、集体讨论决定等决策程序，修订完善《西安市重大行政决策程序规定》，将“西安市国土空间总体规划（2021—2035 年）”等 11 个项目列为市政府 2022 年度重大决策事项，依法向社会公布并接受社会监督。实施规范性文件统一登记、统一编号、统一发布的“三统一”制度，合法性审核重大行政决策、行政规范性文件和涉法事项 174 件，市级发布规范性文件 13 部。

【行政执法】 2022 年，西安市人民政府健全以“互联网 + 监管”和“双随机、一公开”监管为基本手段的新型监管机制，对秦创原创新驱动平台建设等新产业、新业态、新模式实施包容审慎监管，对疫苗、药品、特种设备、危险化学品等重点行业实施重点监管，公示“红黑名单”信息 77.6 万条。制定《关于进一步规范行政执法行为 提升行政执法能力的实施意见》，开展委托执法审核和案卷评查，并对食品安全、殡葬服务、养老服务、社会组织管理等重点执法领域进行监督检查，对征地拆迁、劳资纠纷等重点领域开展行政执法问题排查梳理，推广运用说服教育、劝导示范、警示告诫、指导约谈等方式。市级各部门“一把手跟执法”活动经验被陕西省营商办在全省推广。

【行政复议与行政应诉】 2022 年，西安市人民政府全面完成行政复议体制改革，建立强化行政复议主渠道作用、健全特约调解、专家评议和法律援助“1+3”工作机制，市级办理行政复议案件 1533 件，比上年增长 105%，综合纠错率从 25.7% 降至 16.2%，市级一审行政诉讼案件败诉率降至 19.6%，法院通知行政机关负责人出庭率 100%，行政诉讼败诉率高、行政机关负责人出庭率低问题得到破解。

【法律顾问及公职律师建设】 2022 年，西安市人民政府推行政府法律顾问常态化列席政府常务会、开发区管委会主任会议制度，注重在行政决策过程中听取法律顾问意见，在陕西省率先实现党政机关、国有企事业单位法律顾问全覆盖。发展壮大公职律师队伍，增加公职律师 608 人。

【营商环境法治化建设】 2022 年，西安市人民政府将法治政府建设贯穿于行政审批制度改革和优化政务服务全过程，推动“放管服”和“一件事一次办”向纵深发展，平均压减办事材料 45%、缩减审批时间 84%，203 个事项实现“一件事一次办”，并与全国 16 个省（市、区）36 个市（区）达成“跨省通办”协议，与省内 14 个区（县、开发区达）成“跨市通办”协议。全市所有区（县、开发区）均可办理“跨区通办”业务。“工程建设项目审批服务”“国际铁路联运提单融资”“知识产权全链条保护”等改革经验获得省政府主要领导批示肯定。

【行政权力制约监督】 2022 年，西安市人民政府自觉接受人大监督和政协民主监督，向西安市人大常委会报告法治政府建设等工作情况，市政府系统办理人大代表建议 434 件、政协委员提案 620 件，办结率、回复率均为 100%。配

2022 年 4 月 29 日，市司法局开展“六好司法所”学习观摩活动（朱 祎 摄影）

合开展检察监督，出台《关于强化协作配合推动行政争议实质性化解的工作意见》等文件，办理、回复涉及规划、交通、生态环境、安全生产等多个重点行业的检察建议1100余份。推进行政决策、执行、管理、服务、结果“五公开”，在市政府门户网站开设专栏51个，发布涉及公众利益的政府信息1万余条。

（贺 萌）

公 安

【概况】 2022年，西安市公安机关围绕全年50个重要节点，部署开展38个专项行动，防范和维护社会治安稳定，确保西安的城市安全。完成省、市党代会、两会、第十一届APEC中小企业技展会开幕式和陕西考古博物馆开馆仪式等26项113场（次）重要会议活动安保任务。破获现发刑事案件15398起。办理黑社会性质组织、恶势力犯罪集团及恶势力团伙案件12起，配合、组织开展“一案三查”，核查涉黑恶、涉警问题线索18条，给予党纪政务处分13人。开展2022年追逃春节行动、2022追逃“飓风”行动、命案积案逃犯缉捕追逃行动等专项追逃行动，抓获在逃人员2000余人。

【刑事案件侦查】 2022年，西安市公安局刑侦部门破获现发刑事案件15398起。严打严重暴力违法犯罪，快侦快破现行命案及故意伤害致人重伤、强奸、抢劫等8类严重暴力犯罪。现发命案全部告破，细致梳理命案积案。开展“雷霆2022破小案、暖民心”专项行动，严厉打击盗窃等传统侵财案件，破获盗窃案件5669起（入室盗窃类案件765起），盗窃案件发案率持续下降。开展“云剑2022”专项行动，破获现发电信网络诈骗案件3652起，抓获涉诈犯罪嫌疑人18820人，挽回经济损失2.668亿元。开展打击养老诈骗专项行动，侦破涉养老诈骗案件411起，打掉团伙65个，抓获犯罪嫌疑人865人，刑拘602人，追赃挽损2.8亿元。开展“鹰”之系列打击文物违法犯罪专项行动，破获涉文物违法案件70起，起诉99人，收缴文物1363件，文物案件发案率持续下降。开展打拐专项行动，破获拐卖妇女案件3起，解救智力残疾妇女3人，抓获嫌疑人5人；破获拐卖儿童案件立案2起。开展追逃工作，抓获逃犯2432人，其中历年逃犯114人。

【经济案件侦查】 2022年，西安市公安局经侦部门防范化解经济涉稳风险，打击各类经济犯罪活动，破获各类经侦案件264起，刑拘183人，逮捕128人，起诉114人，挽回经济损失3.2亿元。其中，开展打击经济犯罪“百日行动”，立案经济案件218起，破案160起，追赃2.5亿元。在打击虚开骗税犯罪专项行动中，破获“6·28”“5·31”“8·15”3起特大虚开增值税专用发票案；在打击金融领域犯罪中，破获被公安部列为督办案件的孙某等人系列保险诈骗案，涉案金额200万元；在打击商贸领域犯罪中，破获被公安部列为督办案件孟某等人非法经营案，涉案金额6000余万元。在“猎狐2022专项行动”中，规劝潜逃至老挝的非法吸收公众存款犯罪嫌疑人拜某投案自首。开展防范化解商品房延期交房资金追缴工作，向27个问题楼盘追缴资金14.4亿元。打击非法集资，化解非法集资积案35起，打击处理犯罪嫌疑人328人（次），新发案件数比上年下降45.76%。

【禁毒工作】 2022年，西安市公安禁毒部门实施“清源断流”春季攻势暨“虎啸行动”和“夏季战役暨吸毒人员大收戒”，开展夏季治安打击整治“百日行动”。发挥集群打零经验，实施集群作战、精准打击，成功侦办“2·23”团伙贩毒案等5起集群打零专案。破获一系列大要案件，特别是侦破“3·3”金某某等人贩卖毒品案，全链条铲除一个活跃在西安多个区（县）的毒品犯罪组织，抓获主要犯罪嫌疑人8人，缴获咖啡因106千克。坚持“以案定钉”“以案拔钉”，围绕“钉子”对象循线进行大数据分析研判，抓获2名藏匿于缅北的部督“钉子”逃犯。强化警种协作，堵截毒品的渗透内流，拓宽侦查思路和打击范围，提升全市入口检查站查缉能效，办理案件协作手续63条，涉及毒品种类12种。同时构建“警邮联动”的禁毒格局，侦办物流寄递渠道毒品案件34起。组织开展禁毒宣传教育553场，在各级媒体发布信息305篇，受教育人数达千万人次。西安被国家禁毒委列为第二批次全国禁毒示范创建城市。

【社会治安防控】 2022年，中共西安市委办公厅、西安市政府办公厅下发《西安市创建全国社会治安防控体系建设示范城市工作方案》，西安市公安局组成工作专班，制定《西安市公安局社会治安防控体系建设示范城市创建工作方案》和《西安市公安局社会治安防控体系建设“十四五”规划》，完善社会治安防控实战应用平台建设。细化梳理394项工作任务、9项负面清单。全年建成904个智慧社区警务室、3617个智慧安防小区、534个各类矛调中心、40个市域边界智能卡口、8个交通数字警务室。开发完成西安市社会治安防控实战应用系统824项系统功能，各警种部门新增需求尚在开发当中，实现“全域覆盖、全网共享、全时可用、全程可控”目标。集中开展5次夏夜治安巡查宣防统一行动，发动群防群治力量167万余人次。组织民警进社区、进工厂、进企业，化解各类矛盾、纠纷3万余起。（邱 春）

【扫黑除恶】 2022年，西安市政法系统常态化推进扫黑除恶，印发全市《2022年常态化扫黑除恶斗争重点任务清单》，制定“十件实事”任务分工，细化分解18项具体任务。开展教育、金融放贷、市场流通等行业领域整治，排查校园安全隐患955处，停业整顿地方金融机构

2022年7月，碑林区公安局在辖区开展夏夜治安巡查 （市公安局 供图）

9家，打击捣毁传销窝点114个。落实“一案一整治”要求，制发“三书一函”158份，整治到位率100%。组织全市扫黑除恶成员单位学习贯彻《中华人民共和国反有组织犯罪法》，开展培训490场（次），参训4万余人（次）。新立案办理涉黑恶案件23件，新立案办理案件总数连续两年位居陕西省第一，扫黑除恶满意率达97.19%。（万志龙）

【户政管理】 2022年，西安市公安局户籍管理部门落实户口迁移“跨省通办”工作，组织“跨省通办”工作宣传300多场、参与13500人，共办理“跨省通办”业务4265笔。落实“易地扶贫”搬迁工作，已迁移至安置点60户262人。调整完善出生日期更改与户口补录业务审批工作。开展流动人口居住登记，提升流动人口登记数据准确率，凡已离开居住登记地址的人，即注销该人登记信息，登记流动人口65万人（次）。做好居住证申领、签注、补领、换领和变更工作，制发居住证32万余张。开展出租房屋登记，签订“治安责任保证书”，夯实房屋出租人治安责任；加强流动人口和出租房屋清查核查，发现、打击和震慑各类违法犯罪活动。

【出入境管理】 2022年，西安市公安局出入境管理部门优化出入境服务直通车。通过走访、“送政上门”等方法对接企业需求，为参与“一带一路”建设的企业，在市重点院校、重大外资引进项目的工作人员提供“加急办证”“加班办证”“集中办证”服务。提供直通车服务54人次，走访入户172次，解决企业困难16件，并为西北工业大学能动学院、隆基绿能、西安蓝晓科技等30余家企业、院校提供送政上门服务。推进办证大厅互联网自助打印、涉外单位网上备案、电子照片下载3项便民服务举措。全市19个出入境大厅均设立自助打印、自助复印窗口，为群众提供服务。涉外单位网上备案系统试运行期间，有27家企业运用该系统进行网上备案。发挥外管联络员的作用，通过电话、微信等网络手段对600多家涉外单位的外籍人才进行了解。召集相关单位现场宣讲政策或上门集中宣讲政策，走访单位164家，向3000余名外籍工作人员宣讲有关政策。受理各类因私出国（境）证件申请26528证次，为境外人员办理各类证件9099证次，比上年下降44.6%，登记处置各类案（事）件278起。

【道路交通安全管理】 2022年，西安市公安交通管理部门全年受理各类警情114.9万起，查处各类交通违法行为599.7万例。启动“畅行交通”年度攻坚行动，以“云端比武”擂台赛形式，完成城市道路堵点交通治理66处。推动绕城高速早晚高峰载货汽车限行政策落地，对群众关注度高的88处堵点交通实施治理71处。开展交通安全“百日行动”，开展“不系安全带”“开车接打手机”“违反一盔一带”等专项查处，加强国省干线公路8处超限检测站联合执法，纠处各类交通违法行为为599.7万例。在疫情防控期间，建立快速查验放行机制，合理设置引导标志和语音提示，做好物流运输保通保畅工作。构建全预约交管便民服务网，推行“网上自助办+线下预约办”车驾管业务便民服务新模式，32项车驾管业务实现网上自助办理。办理各项车驾管业务274.4万笔、驾驶人业务93.9万件。西安交警微信订阅号、今日头条累计发布信息590多条，总点击量超1亿人（次）。西安交警抖音、快手、视频号官方账号发布270余条抖音短视频，浏览量超2.6亿人（次），点赞量超340万人（次）。

【公安信息化建设】 2022年，西安市公安信息通信部门推进“智慧公安”项目建设重点工程，在上年基本完成硬件安装基础上，推进基础资源建设和数据整合治理。实现对全警各业务应用系统提供包括人脸识别、车辆识别、身份证识别、护照识别、地图服务、语音服务、可视化服务等常用共性服务。抓好公安通信系统的运维工作，确保视频会议“零差错”。召开视频会议332次，实现无线通信保障“无差错”。“雪亮工程”通过验收投入使用，建成1个市级总中心、7个区域分中心、21个应用分平台、186个应用客户端等应用平台。实现重点公共区域“全域覆盖、全网共享、全时可用、全程可控”的目标。（邱 春）

检 察

【概况】 2022年，西安市检察机关办理各类案件19866件。其中，逮捕案件4174件，审查起诉案件8942件，刑事、民事、行政控告申诉案件601件，民事行政案件1471件，公益诉讼案件1281件，诉讼活动违法监督案件3400件；批准逮捕各类刑事犯罪嫌疑人3251人、起诉7070人。起诉危害国家安全、邪教组织类犯罪嫌疑人28人，起诉严重暴力、多发性侵财犯罪嫌疑人1684人。起诉涉黑恶案件93人，移交“保护伞”线索23条，办理全国督办的安某某涉黑案；深化重点行业整治，制发检察建议10份。处置重点领域重大风险，起诉涉众型经济犯罪嫌疑人95人，提前介入涉房领域风险案件11件；打造一站式“12309”检察服务平台，处理群众信访6431件，领导包案办理首次访301件。落实市人大常委会监督司法工作、组织代表见证司法活动等实施办法，两级人大常委会听取专题汇报32次，调研检察工作28次；邀请754名代表委员监督各类检务活动174次，走访代表委员348人。拓展监督途径，邀请人民监督员578人次参与履职办案436件，聘请7名党外人士担任特约检察员。每季度向社会公布主要办案数据，公布案件程序和重要信息15141条，公开法律文书1566份。市检察院被中央政法委评为“全国优秀政法新媒体先进单位”。

【刑事检察】 2022年，西安市检察机关落实“少捕慎诉慎押”刑事司法政策和认罪、认罚从宽制度，批捕各类犯罪嫌疑人3251人、起诉7070人，分别比上年下降52.6%、35.5%。推进侦监协作办公室全国品牌建设，形成实质化、规范化、体系化运行的“西安模式”，提前介入案件379件，监督立案32件，撤案42件，5起案件入选省检察院典型案例，经验做法获最高人民检察院推广。拓展看守所和社区矫正巡回检察，建立人才库并引入食药监、卫生、审计等“外脑”力量，发现监管执法和派驻检察履职问题232个，制发纠违意见和检察建议104件。

【民事检察】 2022年，西安市检察机关围绕群众急难愁盼问题，着力提升民事诉讼法律监督质效，受理生效裁判监督458件，提抗19件，抗诉5件，提出再审建议19件，法院裁定再审13件；加强审判违法和执行监督，提出检察建议699件，法院采纳率100%。畅通救济渠道，开展“办小案暖民心”、民事支持起诉等专项工作，支持起诉41件。开展虚假诉讼监督，办理22件，临潼区检察院运用大数据筛查金融机构汽车贷款虚假诉讼线索，向相关单位制发检察建议，督促行业监管治理。

【行政检察】 2022年，西安市检察机关发挥行政检察监督“一手托两家”的作用，开展依法护航民生民利、保障劳动者权益、行政违法行为、行政非诉执行监督等专项工作。制发检察建议411件，开展行政争议实质性化解行动，处理案件45件，与行政机关建立协作机制21项，临潼区、鄠邑区检察院办理的2

件土地执法查处领域行政非诉执行监督案入选最高人民检察院优秀案件，长安区、鄠邑区检察院和周至县检察院办理的“三件一体化”履职案入选省检察院典型案例，行政检察监督促进法治建设相关经验被最高人民检察院推广。

【公益诉讼检察】 2022年，西安市检察机关立足“当好党委法治助手”，守护西安美好明天，打造“一山八水古都蓝”公益诉讼品牌集群；健全与行政部门协作机制，聘任84名行政机关专业人员担任特邀检察官助理，以“我管”促“都管”，发现各类线索1311件，立案1281件，制发检察建议1098份，起诉9件，8件入选省检察院典型案例，14件入选全国检察为民办实事展示案例。雁塔区检察院办理的督促整治占用代征路建设用地行政公益诉讼案、长安区检察院办理的督促保护明秦王陵墓群行政公益诉讼案，分别入选最高人民检察院国财保护、黄河流域保护典型案例。市检察院公益诉讼检察部获得“全省法治建设先进集体”“全省人民满意政法单位”“全市河湖长制工作先进集体”荣誉称号。

【未成年人司法保护】 2022年，西安市检察机关推动成立专门教育委员会，畅通矫正对象接收渠道。坚持最有利于未成年人原则和双向保护理念，起诉侵害未成年人犯罪299人，对涉罪未成年人不批捕188人，附条件不起诉117人，3件入选省检察院典型案例。发出家庭教育令、督促监护令155份，推进“司法保护”关口前移。制发《全市未成年人检察工作白皮书》，落实社会调查、跟踪帮教、犯罪记录封存、强制报告等制度，构建“六大保护”综合体系。打造以市检察院“长安花”为中心的未检品牌阵地，开展未检主题直播及法治宣传近100场，全国及省、市人大常委会调研指导时给予充分肯定。市检察院未成年人检察部获评“全国维护妇女儿童权益先进集体”，获得集体二等功。

【经济领域检察监督】 2022年，西安市检察机关出台服务西安高质量发展和国家中心城市建设29项具体措施。设立秦创原知识产权检察保护中心，与西咸新区等签署《关于强化秦创原知识产权司法协同保护合作框架协议》，制定保护名录，建立41个保护站点和“高新区都市法律空间”检务平台，起诉相关犯罪嫌疑人56人，打造“企业需求＋法律研究＋司法实务”综合保护体系。新城区检察院办理国家版权局等5部委督办的制售假冒“冰墩墩”侵犯著作权案。市检察院及临潼区检察院办理的2起保护企业权益案件入选省检察院典型案例。市检察院与市工商联等9部门会签文件，建立第三方监评机构，形成监督、评估、听证“三重”监管模式，办理合规案件14件，让企业放心投资、安心经营、专心创业；雁塔区检察院对某涉案企业适用合规监管，引导企业依法经营、如期上市。紧盯复工复产，维护竞争有序的市场环境，起诉破坏市场经济秩序犯罪358人，化解涉企行政争议25件。完善与税务、海关等协作机制，起诉相关犯罪嫌疑人29人，依法保障自贸区和保税区良性发展。市检察院普通刑事检察部获评“全国打击环资领域犯罪专项行动先进集体”。

【腐败犯罪案件检察监督】 2022年，西安市检察院与市监委、市人民法院联合出台《常见职务犯罪证据指引》，规范监察调查与刑事司法证据标准衔接，提前介入54件，合力把控前端证据质量。打造西安检察重大职务犯罪审查办案中心，创新采用“1+3+4”工作模式，提升职务犯罪案件办理专业化、规范化水平。市检察院职务犯罪检察部被确定为西北地区唯一的全国检察机关首批重大职务犯罪案件办理团队（基地）。受理监委移送职务犯罪80人，起诉西藏自治区政府原副主席张某某、省监狱管理局原党组书记刘某某等一批重大案件，以及粮食领域周某某、纪某某玩忽职守案等侵害民生、民利腐败案件。依法查办司法工作人员相关职务犯罪，立案侦查涉嫌滥用职权、玩忽职守等犯罪嫌疑人15人，相关经验在全省检察系统交流推广。

【民生领域检察监督】 2022年，西安市检察机关起诉涉食药安全、窨井盖、电信诈骗等犯罪606人，莲湖区检察院办理的特大跨国电信诈骗案被中央电视台报道。坚持追赃挽损、洗钱审查、反诈宣传“三个贯穿全程”，斩断养老诈骗幕后黑手，起诉43人，涉案金额1.5亿元，追赃挽损6200余万元；碑林区检察院办理的以“养老服务”实施非法集资案，全额追赃5600余万元；未央区等检察院办理的2件涉虚假理财、保险业务养老诈骗案，入选省检察院典型案例。围绕食药、环保、文化等领域立案615件，制发检察建议543件，市检察院和周至县检察院办理的“中国传统村落——老县城村”公益诉讼案，保护传统文化。严惩涉农领域违法犯罪，起诉拒不支付劳动报酬、非法占用农用地等犯罪7人，蓝田县检察院办理的村干部利用职务便利侵占土地流转费案，维护村民集体利益。开展涉耕地资源、农业面源污染、农村人居环境等领域公益诉讼，办理案件348件。当好农民工的检察“护薪人”，化解31件涉农薪酬行政检察监督案，帮助540余名农民工追回欠薪930余万元。开展乡村振兴、困难群体等司法救助专项工作，办理司法救助529件，发放救助金556.9万元，灞桥、长安、新城区检察院办理的3起司法救助案入选省检察院典型案例，新城区检察院为残疾人、困难妇女等31名被骗保洁员申领救助金26.32万元，救助困难妇女工作被最高人民检察院、全国妇联充分肯定。

【检察体制改革】 2022年，西安市检察机关制定《2022年司法体制改革工作实施方案》，配合省检察院完成沙坡地区检察院职能划转和人员转隶，做好西咸新区刑事案件指定管辖，完善内部监督制约机制25项。推进侦监协作办公室、知识产权检察保护、企业合规监管、公益诉讼、家庭教育指导中心5个项目入选全省检察机关改革创新项目。

【检察社会治理体系建设】 2022年，西安市检察机关探索检察业务与社会治理融合创新，主动融入“共建共治共享”社会治理新格局。市检察院与市委社会治理办制定《西安市检察业务与社会治理融合试点工作方案》，在未央、雁塔、阎良、鄠邑4个区成立融合办公室，在长安区检察院设立区社会治理检察分中心，把法律监督职能嵌入综网中心和网格化服务管理体系，以检力下沉推动诉源治理。受理线索128件，立案49人，督促行政机关落实检察建议9次，化解行政争议7件，相关做法获最高人民检察院、省委政法委肯定，中省媒体报道。建成由律师、专家等98人组成的听证员库，对590起有争议、有影响的疑难案件开展听证，畅通诉求表达渠道。出台《关于进一步加强检察建议办理工作依法促进全市社会治理法治化的措施》，将检察建议纳入法治建设、平安建设市考指标。全市检察机关制发检察建议1802份，回复率98.8%，采纳率100%，4件分别入选最高人民检察院、全省优秀检察建议监督案例，为检察建议“陕西模式”提供“西安经验”。

【“数字检察”建设】 2022年，西安市检察机关以“数字检察”工作推进法律监督，制定《全市“数字检察”五年规划》，运用智慧侦监、职务犯罪备案审查和数据分析、案件质量评查等智能化数字系统，助力法律监督提质增效。围绕数字化办案思维和能力提升，开展

2022年9月27日至10月13日，市检察院开展西安市检察机关首届大数据法律监督模型竞赛
（市检察院　供图）

大数据法律监督模型竞赛应用工作，6件模型作品在全省检察系统竞赛中获得多个奖项。雁塔区检察院与西北政法大学成立检察大数据研究中心，长安区、雁塔区检察院参与全省政法机关跨部门大数据办案平台建设试点，办案187件。启动市检察院"省级数字档案室"创建项目。

【检察队伍建设】　2022年，西安市检察机关强化作风转变，抓实自身建设。

高素质检察人才培养　制定《构建全市检察人才培养和使用新格局的若干意见》，通过轮岗培训、业务竞赛、实绩积分、实践锻炼等模式，构建"打破机制壁垒、优化整合资源、分类分层实施、动态调整管理"的人才培养新格局。深化检校合作，市检察院被最高人民检察院确定为陕西省唯一国家检察官学院教学实践示范基地，7家区（县）检察院与西安交通大学、西北政法大学等高校建立合作机制，6名优秀检察官获聘高校实务导师。举办全市首届检察大数据、公益诉讼快速检测技能竞赛、检察理论实务论坛及第八届公诉人竞赛，5人获评全省十佳公诉人，3人包揽全省公益诉讼竞赛前三名，21人入选全国、全省检察人才库，发现储备百名优秀人才。

基层检察院建设　落实、落细"市院主抓、基层院主建"责任，专题分析全省基层院建设评价指标、短板弱项、目标定位，推进脱薄争先、"一院一品"创建工程。6家区（县）检察院获评全省基层院建设优秀单位，临潼区检察院"书田精神耀检徽"获评全省首届检察文化品牌。配合地方党委选拔补充基层院班子成员36人，遴选员额检察官20人，与党政机关、政法等单位交流人员21人。

市检察院建设　落实最高人民检察院《检察人员考核指引》，研究制定《考核实施方案》，实现检察人员全员、全时考核，9名优秀干警被提拔为中层领导，31人被晋升职级。狠抓防止干预司法"三个规定"（《领导干部干预司法活动、插手具体案件处理的记录、通报和责任追究规定》《司法机关内部人员过问案件的记录和责任追究规定》《关于进一步规范司法人员与当事人、律师、特殊关系人、中介组织接触交往行为的若干规定》）的落实，记录报告570件。

（张有进）

法　院

【概况】　2022年，西安市中级人民法院下辖13区（县）级法院，全市13个基层法院设有人民法庭45个。全年法院受理各类案件50.92万件，占全省受理案件总数的44.1%；审执结45.39万件，占全省结案总数的42.5%；收结案比分别比上年上升13.4%和19%，结收比1.03。其中，市中院受理案件4.51万件，下降2.8%；审执结4.19万件，上升5.4%；结收比1.09，在15个副省级城市中院中居第一名。法院审执质效数据呈现出"结案数上升、结收比上升、发改率下降、未结数下降"的"两升两降"态势，基本指标升至前列，核心指标冲至首位，有6项指标位居全省法院第一，审判执行质效取得近5年最好成绩，有68个集体和82名个人获得国家级、省级表彰奖励。依法接受人大监督，人大代表、政协委员参加重大活动、旁听重大案件、现场监督执行21人次。走访全国人大代表23人、市人大代表和市政协委员190人（次）。办理代表建议、委员提案11件，满意率100%。依法接受检察监督，公正审理抗诉案件5件。广泛接受社会监督，邀请各界群众走进法院了解司法、建言献策，真心诚意听取意见，司法公开平台更加成熟定型，网络庭审直播实现常态化。

【刑事审判】　2022年，西安市两级法院审结各类刑事案件8674件。市中院连续3年获评全市"平安建设先进集体"。

维护社会安全稳定　依法审理危害国家安全犯罪案件、涉黑涉恶案件68件211人，收缴"黑财"2277.39万元。开展打击整治养老诈骗专项行动，依法快审、快判养老诈骗案件31件，2件案件入选全省法院典型案例。审结毒品犯罪案件192案248人，市中院刑一庭被评为"全市禁毒工作先进集体"。制定常见职务犯罪证据指引，审结贪污、贿赂等职务犯罪案件8件9人，追缴赃款8423.14万元。市中院办理的1件职务犯罪案件受到中纪委表扬。

保护群众生命财产安全　审结杀人、放火、抢劫、强奸、绑架等严重暴力犯罪案件216件，危害食品药品安全犯罪案件7件，"盗抢骗"案件208件，谭某某盗窃案入选全市优秀侦办案件。审结电信网络诈骗犯罪案件245件，依法审理范某某等105人特大跨国电信诈骗案。市中院审理的李某等破坏计算机信息系统案入选联合国环境规划署数据库中国司法案例。

加强人权司法保障　坚持罪刑法定、疑罪从无，贯彻宽严相济刑事政策，落实认罪认罚从宽制度，保障被告人诉讼权利。对1565名罪行轻微的被告人适用非监禁刑，对19人免予刑事处罚，依法宣告6名被告人无罪。市中院审结的崔常亮正当防卫案，依法判决崔常亮无罪，彰显"鼓励公民同违法犯罪行为作斗争"的价值导向，入围全国"新时代推动法治进程2022年度十大案件"，得到中央电视台《今日说法》等栏目深度报道。

【民商事审判】　2022年，西安市两级法院审结民商事案件27.81万件。

服务创新驱动发展　审结著作权、商标权、专利权等知识产权纠纷案件3274件，1件案例入选最高人民法院反垄断和反不正当竞争典型案例。市中院与西咸新区管委会签订合作框架协议，设立西北首个知识产权巡回审判庭，入选"陕西十大法治事件"；服务秦创原创新驱动平台建设，"三个一+"工作模式被《最高人民法院简报》刊登推广。推行知识产权案件"三审合一"机制，市中院与公安、检察、市场监管、海关等部门协调对接，加强关键核心技术和原始创新成果保护。破解知识产权维权“举证难、周期长、赔偿低、成本高”等难题。

融入共建“一带一路” 市中院与最高人民法院第二国际商事法庭、第六巡回法庭和司法部“三个中心”对接，加强与“一带一路”国际商事调解中心西安调解室、中国国际经济贸易仲裁委员会丝绸之路中心、省市贸促会等单位工作衔接，加快构建多元化商事争端解决平台，突出“互联网+”线上司法模式，助推“一带一路”国际商事法律服务示范区建设。运用“融解决”方式，成功调处全省首例国际商事争端案件，开辟涉外纠纷解决新途径，入选“2022年陕西‘一带一路’建设十大亮点”。

优化法治营商环境 制定优化营商环境、助力西安高质量发展20条措施，评选十大典型案例。出台《助力中小微企业健康发展意见》，帮助企业纾困解难。市中院与中国证监会陕西监管局签署合作协议，发布《加强中小投资者司法保护意见》，在证券期货领域建立案件通报、证据调取、信息共享、业务培训等合作机制，打击损害中小投资者权益侵权行为，构建中小投资者保护机制。审结延安必康、金花股份等证券虚假陈述案件3499件，赔付金额1.79亿元。审结破产案件299件，推动“僵尸企业”有序出清，落实破产重整制度，使3家有发展前景的企业重新投产。全市法院优化营商环境2项典型经验被陕西省营商办推广，入编国家发改委《优化营商环境百问百答》和《中国营商环境报告》。长安区法院获评“西咸新区法治化营商环境先进工作单位”。

化解重点领域风险 围绕“保交楼、保民生、保稳定”目标，开展“停贷断供”专项问题防范处置，受理恒大集团房地产纠纷及关联案件1687件，审结1080件，促进停工烂尾房地产项目复工建设。制定涉“双减”案件工作预案，开展教育培训机构退费摸底登记，通过诉前调解、速裁等途径，化解涉“双减”教育培训合同纠纷3534件。认真甄别民间借贷、P2P平台融资活动，审结金融纠纷案件2151件。

司法裁判传递社会价值导向 依法审结人格权纠纷2330件，雁塔区法院发出全省首份人格权侵害禁令。审结可视门铃侵犯邻居隐私权案，明确安装监控设备不得侵扰他人生活安宁。制止网络暴力，敦促微信群侮辱人格案被告赔礼道歉、赔偿损失。依法惩治电商平台大数据“杀熟”行为，规范直播带货、外卖快递、网约服务。维护英烈尊严，雁塔区法院审理的叶挺烈士近亲属诉西安摩摩公司名誉侵权案，入选全国法院涉英烈权益保护十大典型案例。

【执行工作】 2022年，西安市两级法院开展“三秦飓风·2022”“大干九十天、奋力提升执行质效”系列专项行动，受理执行案件16.94万件，执结15.68万件，执结到位金额321.12亿元，长期未结案大幅减少89.98%。加强执行联动，完善“总对总”“点对点”机制，建成覆盖全市的机动车查封系统，实现信息共享。打击逃避执行和抗拒执行行为，试行向被执行人送达“拒执风险告知书”，移送追究拒执行人10人，司法拘留8人，罚款68.55万元。加强信用联合惩戒，发布失信被执行人信息9436条，限制高消费9.88万人。推进执行指挥中心实体化运行，提高执行智慧化水平。推行网络司法拍卖，解决“变现难”问题。

【审判改革创新】 2022年，西安市法院系统从多方面推进审判工作改革创新。

创新管理理念 推行案件“全生命周期”精细化管理，列出权责清单，事前明确标准，事中提示预警，事后评查奖惩，实现全流程、全要素、全覆盖的案件质量闭环管控，形成制约有效、监督到位、权责统一的新型审判权力运行机制。突出对“四类案件”重点监督，构建案件质量监控体系，做到监督管理自动触发、全程留痕、实时查询、有效追溯。落实发改案件“双向评查、异议反馈”制度，开展市中院业务庭带案指导基层法院工作，统一裁判尺度，全市法院一审案件发改率连续6个月环比下降，创2015年以后最优纪录，6件案件入选全省法院年度“十大审判执行案件”。

优化工作方法 开展“双进”（纵向有进步、横向有进位）工作，严格审限管理，推动均衡结案。推进案件繁简分流、轻重分离、快慢分道，市中院设立速裁审判中心，速裁快审取得明显成效，二审民事案件分流率43.59%。全市法院员额法官人均结案达484件，超全省法院平均数214件，超全国法院平均数211件；案件结收比比上年提高15.7个百分点；案件平均审理时间63.3天，缩短6.9天。

落实重大部署 推进四级法院审级职能定位改革试点工作，完善类型化、标准化的级别管辖相关配套机制，做到有序放权与有效监督相统一。推进西咸新区统一司法管辖工作，实施西咸新区西安直管区范围内案件指定管辖和法庭划转移交，按照省、市要求，倒排工期，压实责任，接轨西安—咸阳一体化战略，优化西安国家中心城市法治布局。

创建司法品牌 制定《“六个院”考核实施方案》，推进“政治建院”“业务强院”“团结治院”“活力兴院”“文化融院”“幸福在院”，打造西安法院司法品牌。“六个院”建设做法被《法治日报》和《人民法院报》整版报道；《中国报道》《中国审判》《西安日报》以及最高人民法院公众号、陕西政法、西安发布等多家媒体刊载西安法院司法为民、公正司法的多项成果，其中国家级媒体报道938次。市中院官方微博2次进入中央政法委“四个一百”优秀政法新媒体榜单，“社会主义核心价值观与司法裁判实践融合工程”获评全省法院文化建设优秀品牌。

【司法为民服务活动】 2022年，西安市两级法院建立追薪维权“绿色通道”，帮助农民工追回“血汗钱”3.7亿元，“24小时追回800万元欠薪案”等一批案件被《西安日报》、“西安发布”微信公众号等多家媒体报道。注重对家庭成员人格、安全、情感的保护，探索将家暴防治延伸到结婚前、离婚后及精神暴力等情形。妥善化解赡养纠纷案件180件，对不赡养老人的子女判令履行义务并予以训诫。开展“法佑童年·护航成长”活动，预防校园霸凌行为。签发家庭教育令5份，促进家长“依法带娃”，市中院少年庭被评为“全国法院少年法庭工作先进集体”。开通网上申诉平台和视频接访系统，畅通群众诉求表达“直通车”，通过领导干部接访、公开听证等方式，化解信访积案166件。对符合条件的刑事受害人、申请执行人发放司法救助金938.24万元，依法为214名困难群众减缓免诉讼费1940.49万元。

【府院联动机制创新】 2022年，西安市中级人民法院与市政府联合制定《关于建立府院联动机制的意见》，统筹行政资源、司法资源、社会资源，构建多元共治、多点联动工作格局。构建“法院+行政部门+社会各界”的专业化、行业化调解格局。市中院会同市发展和改革委、市住建局、市妇联、市总工会、市退役军人局，针对价格争议、物业纠纷、家事纠纷、职工权益纠纷等制定专门实施意见，共建“诉前调解+司法确认”多元解纷机制。市中院与西京医院等8家大型医院合作，为化解医患纠纷提供前端多元司法服务，推进“平安医院”建设。全市创建“无讼社区”“无讼园区”“无讼村庄”示范点75个，建立婚姻家事调解中心、医疗调解中心等争端解决平台。诉源治理效果明显，两

2022 年 8 月 23 日，市中院诉讼服务中心工作人员耐心为群众答疑解惑
（市中院　供图）

级法院新收案件增幅由上年的 20% 下降到 4.4%。雁塔区法院诉源治理联动机制获评全国法院“十大最受欢迎一站式建设改革创新成果”。

【法庭建设】　2022 年，西安市中级人民法院推进新时代人民法庭标准化规范化建设。新设人民法庭 2 个，撤销 1 个，更名 5 个，改建和修缮 36 个。截至年底，全市有人民法庭 45 个。推动人民法庭融入城乡社会治理体系，打通司法服务基层社会治理“最后一米”，做到“小事情不出社区、大纠纷不出法庭”。对标全国先进地区，创建“枫桥式人民法庭”13 个、省级“示范法庭”“达标法庭”16 个。鄠邑区法院草堂法庭被评为“全市依法治理创建活动先进单位”，临潼区法院雨金法庭入选全国法院《新时代人民法庭建设案例选编》。

【“智慧法院”建设】　2022 年 7 月，西安中级人民法院新诉讼服务中心投入使用，集成 12 大审判业务区和 123 项辅助职能，并与科大讯飞等科技企业达成战略合作，将多渠道案件一键导入线上调解平台，通过集中排期、集约电子送达等服务，实现调解案件分流、劝调、排期、送达、鉴定及保全导入、司法确认等，顺利调解的，形成数字档案，同步至法院内网；需要诉讼的，快速导入速裁或普通诉讼程序，实现诉调无缝对接，并自动触发材料流转，减少群众再次提交的诉累。大力推行“移动微法院”应用和诉讼全流程“掌上办理”，实现在线立案 12.56 万件、跨域立案 40 件、在线调解 6.06 万件、电子送达 32.69 万次。推进电子卷宗随案同步生成，深化庭审语音识别、文书智能纠错、“法信”智能推送等应用。建成以“全业务网上办理、全流程依法公开、全方位智能服务”为主要特征的“智慧法院”。

【审判队伍建设】　2022 年，西安市中级人民法院制定《西安法院人才建设三年行动规划》，对 13 个基层法院领导班子和市中院 28 个部门、251 名干部开展综合研判、精准画像。为全市法院 147 名干部晋升职务职级，遴选员额法官 62 人，招录法官助理 53 人，招聘书记员 143 人，提高临聘书记员待遇，充实审判力量，稳定办案队伍。市中院与西北大学、西北政法大学、西安文理学院签署战略合作协议，建立“法治建设创新平台”和“法官干警培训基地”。加强司法调研，全市法院案例、论文、调研报告在全国法院各类评比中获奖 24 篇，在全省法院各类评比中获奖 30 篇。市中院被评为全省法院调研工作先进集体、调研报告组织工作先进单位、案例工作先进集体。开展作风建设专项行动，深化“依岗承诺转作风”活动，承诺事项 875 项，完成承诺 737 项，解决实际问题 2891 个。落实中央八项规定精神和新时代政法干警“十个严禁”，开展司法作风突出问题集中整治，对 116 名干警批评教育、提醒谈话，整改问题 219 个。

（杨凤生）

司法行政

【概况】　2022 年，西安市司法局监督管理律师 6607 人，公证员 132 人，基层法律服务工作者 432 人，司法鉴定从业者 1028 人。全年排查调处各类矛盾纠纷 24058 件，调解成功 22422 件，成功率 93.2%，有效防止群体性事件苗头 20 件。律师办案 110587 件，业务收费 18.9 亿元；公证机构办理各类公证 9.4 万件，收费 9104.5 万元；司法鉴定机构办理各类鉴定 27370 件，收费 5271.31 万元；法律援助机构受理各类法律援助案件 17394 件。16 家律师事务所获评“全省优秀律师事务所”，30 名律师获评“全省优秀律师”；5 个村、社区被民政部和司法部命名为第九批全国“民主法治示范村（社区）”。

【普法宣传】　2022 年，西安市司法局推进“八五”普法，组建“八五”普法讲师团和普法志愿者队伍，开展普法宣讲以及“3·8”妇女维权、消费者权益保护、秦岭生态环境保护、反有组织犯罪法、全民国家安全教育日、国家宪法日、中国水周、民法典宣传月等法治宣传活动 1200 余场（次），开展民法典、校园暴力、网络诈骗网络直播活动 32 次，在《西安晚报》开办《以案释法》栏目，推出典型案例 15 期，在各类普法平台发送信息 4755 条，阅读量 1.2 亿人（次）。加强基层依法治理，培训村（社区）“法律明白人”7896 人次，开展“乡村振兴、法治同行”普法宣传 2100 场（次），推动各区（县、开发区）提升 56 处规模以上法治文化阵地（基地）的建设水平，重点规划设计并建成投用市级法治文化阵地 3 处和法治文化景观 15 处，“六好司法所”创建率 100%。市司法局“今日头条”和“法治西安”抖音账号获评陕西省“优秀政法新媒体账号”。

【律师事务】　2022 年，西安市有律师事务所 331 家，执业律师 6607 名；109 名律师担任各级党代表、人大代表和政协委员。组建成立“‘双减’法律服务团”，疫情防控法律服务团，市人大代表、市政协委员和市党代表法律服务团，服务全市经济社会发展和法治建设。安排 26 家律师事务所的 33 名律师在市信访接待中心值班，全年接待信访群众 720 批（次）、940 人（次）；安排 29 家律师事务所的 59 名律师在市中院值班，全年接待信访群众 852 人（次）。全市 1249 个社区 1922 个村均配备法律顾问，覆盖率达 100%，建立村社区法律服务惠民微信群 2794 个，覆盖率达 88.1%。加大律师培训力度，举办各类培训 50 余场，提升律师专业素养。涉外法律专业委员会联合“一带一路”国际商事争端解决中心，举办涉外法律人才培训班 4 期。举办以“奋进新征程、献礼二十大”为主题的西安青年律师辩论赛，全市 51 家律师事务所的 176 名律师组成 44 支代表队参加比赛。开展律师事务所年度检查考核和律师执业年度考核备案，309 家律师事务所被评定为“合格”，5028 名律师被评定为“称职”，10 名律师被评定为“基本称职”。

【公共法律服务】 2022 年，西安市司法局促进公共法律服务中心建设提档升级，依托市政务服务中心建成市公共法律服务中心，推出公证、仲裁等法律服务便民、利民、惠民举措 135 条，律师担任 7426 家企业法律顾问，比上年增长 20.77%，指派和承办法律援助案件 17394 件，各法律服务机构办理律师代理案件 110587 件、司法鉴定案件 27370 件、公证事项 96193 件，案件总量再创历史新高。出台《关于服务保障秦创原创新驱动平台建设的意见》，设立西安仲裁委员会知识产权仲裁院秦创原工作站、知识产权纠纷调解室，成立融商法律服务创新中心和自贸区公共法律服务中心。

【涉外及香港法律服务】 2022 年，西安市司法局发挥中国—上合组织法律服务委员会西安中心等“三个中心”平台效应，推动西安仲裁委员会进驻“一带一路”国际商事法律服务示范区。落实涉外法律服务业工作奖补政策，实施涉外法律人才培养“引领计划”，培训政府部门和涉外企业代表、涉外律师等 2500 余人。西安市从事涉外法律服务业务的律师事务所增至 18 家，涉外律师增至 105 人，其中入选司法部、全国律协涉外人才库的律师有 40 人。支持西安仲裁委拓展涉外业务，加强与新加坡仲裁中心、香港国际仲裁中心等仲裁机构的合作交流，开设“国际仲裁公开课”，选聘我国港澳和外籍仲裁员 154 人，建立国际商事争端诉讼、仲裁、调解“融解决”机制，化解“法国著名软件公司起诉陕西某企业关于著作权侵权纠纷案”等国际商事纠纷案件 30 多件，组织编印《“一带一路”共建国家法律法规汇编》《中国—上合组织成员国法律环境简介》等涉外法律服务研究成果和《涉外法律服务研究专报》18 期，收集、编纂英文、俄文版俄乌冲突信息 51 期以及其他研究参考 21 期，为司法部以及陕西省、西安市有关部门和涉外企业开展相关专项工作提供第一手资料，对此司法部国际合作局专门致信肯定。11 月 24 日，《法治日报》头版头条以《跃动的法治脉搏助力“一带一路”建设》为题，对“一带一路”国际商事法律服务示范区打造涉外法律服务“西安模式”专题报道。

2022 年 4 月 21 日，市司法局、市法律援助中心、陕西瑞拓律师事务所相关工作人员现场接听“我为群众办实事”的“法律援助在你我身边”主题民生热线，为市民答疑解惑（市司法局 供图）

【法律职业资格考试】 2022 年，西安市司法局完成国家法律职业资格考试客观题考试。西安考区考试报名人数 14695 人，参加考试人数 10501 人，参考率 71.46%。客观题考试通过人数 3991 人，通过率 38%；主观题确认考试报名人数 5539 人。开展法律职业资格审核、发证工作，经过审核授予法律职业资格 2276 人，集中发放法律职业资格证书 2147 人。

【调解组织建设】 2022 年，西安市在市妇联、市消费者协会、市人力资源和社会保障局成立婚姻家庭、消费纠纷、农民工工资 3 个市级行业性人民调解组织。举办人民调解员培训班，建立人民调解员信息库。碑林区人民调解员陈晓军走进《法治西安》直播间。树立莲湖区周建玲、高新区张兴无、碑林区邓菊梅等一批金牌调解员，其中人民调解员周建玲当选为中共二十大代表（全国人民调解员二十大代表有 4 名）。全市有各类人民调解组织 3548 个，人民调解员 13826 人。3 件人民调解案例入选司法部案例库。碑林区司法局创新推出人民调解“365”模式。阎良区司法局成立西安首家公共法律服务中心人民调解委员会。

【矛盾纠纷调解】 2022 年，西安市司法局开展“矛盾纠纷大化解、喜迎党的二十大”专项活动，加强特殊人群和法律服务从业人员教育，组建防范化解重大风险隐患专项法律服务团，参与全市重大风险隐患个案处理，组织全市司法行政系统调解矛盾纠纷 1.6 万余件，组织市行政争议预防调处中心调处涉及大棚房整治、棚户区改造、征地拆迁、疫情防控等行政争议案件 397 件。在帮教期内的刑满释放人员 12094 人，落实帮教措施 12049 人，社区矫正对象均未出现异常情况。

【社区矫正】 截至 2022 年底，西安市各区（县）、各镇（街）均成立社区矫正委员会，实现市、区（次）、镇（街、社区）全覆盖。7 月 13 日，西安市社区矫正委员会召开第一次会议，审议通过《西安市社区矫正委员会工作规则》《西安市社区矫正委员会办公室工作规则》《西安市社区矫正委员会成员单位工作职责》。市司法局建立社区矫正中心 14 个、教育基地 39 个、公益活动基地 98 个、就业基地 39 个。各区（县、开发区）与心理咨询机构全方位合作，组织开展社区矫正对象心理咨询、心理危机干预 1178 人次。全年接收社区矫正对象 2.65 万人，解除社区矫正对象 2.3 万人，社区矫正对象再犯罪 3 人，再犯罪率 0.051%，远低于全国 0.2% 的平均水平。

【司法行政队伍建设】 2022 年，西安市司法局围绕“三到三看三破”（考察干部到基层、到工作一线、到项目现场，评价干部看实绩、看潜绩、看担当，使用干部破隐形台阶、破论资排辈、破“潜规则”）选用干部办法和“四个一线”（干部在一线培养、一线推优、一线考察、一线使用）工作机制，晋升选拔各层级干部 77 人，推进处级领导干部、处级非领导、一般干部职工交流轮岗，比例分别为 80%、80.43%、142.1%。狠抓市委巡察反馈意见整改落实，先后修订完善工作制度 8 项，新建制度 17 项，问责 105 人次，立案 3 人次。开展作风建设专项行动，建立完善领导干部下基层、督查督导督办、通报提醒约谈等相关制度。

（贺 萌）

仲 裁

【概况】 西安仲裁委员会是改革开放后西安市人民政府重新组建的西北首家新型仲裁机构，也是全国第一批组建的7个试点机构之一。截至2022年年底，有在册仲裁员1118人，遍布全国24个省（自治区、直辖市），包括中国香港、中国澳门、中国台湾地区及美国、英国、法国、日本、新加坡等41个国家，涵盖国内贸易、国际贸易、建设工程、房地产、金融、知识产权、文化旅游、PPP项目等专业领域。全年受理案件数量3715件，标的75.83亿元，受案数量、案件标的、办案质量保持全国仲裁机构综合排名前列。

【仲裁制度建设】 2022年，西安仲裁委员会先后制定《仲裁员履职注意事项》《案件秘书履职注意事项》《仲裁案件审理程序指引》《委托鉴定工作管理办法》《摇号选定鉴定机构规则》《鉴定工作程序规范（试行）》《仲裁文书核阅审批规定》《仲裁文书评审实施细则》《专家咨询会议实施细则》《裁后答疑工作实施意见（试行）》等12项制度，聘请金融、建筑、影视文化、知识产权评审专家68人，通过"双盲"方式提供评审、咨询意见，确保公正仲裁。

【仲裁体制改革】 2022年12月2日，西安仲裁委员会召开第三届委员会第三次会议，通过《西安仲裁委员会体制机制改革实施方案》《西安仲裁委员会换届工作实施方案》《西安仲裁委员会仲裁规则》《西安仲裁委员会仲裁员守则》《西安仲裁委员会增聘仲裁员名单》。

在修订《西安仲裁委员会仲裁规则》过程中，成立仲裁规则修订小组，先后组织西安交通大学、西北政法大学、西北大学的专家学者以及公司法务、律师、仲裁员、仲裁机构工作人员举办多场交流研讨会，听取各仲裁参与方意见，借鉴国内及国际知名仲裁机构的仲裁规则，吸收国内外最新理论实践成果。修订历时21个月，经过走访调研、文本起草、会议研讨、意见征求、模拟推演等环节，收集修改意见千余条，前后形成12稿修改草案，最终形成内容共81条，收入次年实施的《西安仲裁委员会规则（2023版）》。

2022年10月8日，西安仲裁委员会整体入驻西安国际港务区"一带一路"国际商事法律服务示范区，并对外办公 （西安仲裁委 供图）

【仲裁调解机制建设】 2022年，西安仲裁委员会制定规范诉前调解流程和调解中心调解规则，完善与法院等部门的联席例会制度。与西安市灞桥区人民法院签订备忘录，进入法院诉前调解平台。做好信访接待回复工作，处理省司法厅信访2件、市司法局转信访件15件，接待当事人来访来信73件，回复率100%。

【仲裁服务体系建设】 2022年，西安仲裁委员会提升仲裁专业领域服务水平，在突出国际商事仲裁院、金融仲裁院、自贸区仲裁院、临空经济仲裁院、体育商事仲裁院、军工仲裁院的专业优势基础上，成立硬科技仲裁院、文化产业仲裁院和韩城旅游纠纷仲裁调解试点。军工仲裁院作为全国首家专业服务于军民融合领域的仲裁机构，推动军工市场公平竞争和良性发展，对通过仲裁制度解决军民融合发展合同纠纷的推行起到示范和标杆作用；硬科技仲裁院为全国首家设立的该领域专业仲裁机构，依托国家级西安硬科技创新示范区，汇聚硬科技不同行业、专业领域的专家，制定分行业、分专业的特色仲裁规则，为不同行业的当事人提供适合其行业需要的仲裁法律服务。制定《网上开庭工作指引》，启用网上预立案，实施仲裁员电子签章和在线考评，开通"微办案"小程序，统一分配集团案件，司法送达文书，摇号选定鉴定机构，线上办理四级审核，开展审限督促，提高仲裁质效。

【仲裁队伍建设】 2022年，西安仲裁委员会加强仲裁队伍管理，严格执行市仲裁委仲裁员和案件秘书履职规定；对境内外1300余名仲裁业务人员分地区、专业及行业量化考核；建立仲裁员仲裁案件跟踪表，实时记录审理案件情况；完善新聘仲裁员基础材料。加强仲裁员和仲裁秘书培训，举办专题讲座3期10节课程。西安仲裁委员会分别与西北政法大学、西安工程大学、西北大学联合开设27个课时的《商事仲裁实务课程》；联合香港国际仲裁中心、西北政法大学国际法学院开设8个课时的《国际仲裁公开课》。举办第二届"西仲杯"国际商事仲裁模拟仲裁庭竞赛和3场专题讲座、6场（次）沙龙论坛及专题宣讲，与中国仲裁法学研究会合作编写《仲裁动态》8期。

【西安仲裁委入驻"一带一路"国际商事法律服务示范区】 2022年10月8日，西安仲裁委员会整体入驻西安国际港务区"一带一路"国际商事法律服务示范区，在西安港国际采购中心3至6层对外办公。该示范区总面积8359平方米，整体设计现代、综合功能丰富、内部设施齐备、布局结构合理。设有立案大厅、办公区、多个仲裁庭以及各类报告厅，能够满足仲裁业务开展需求，符合国际仲裁中心建设的功能性与拓展性要求。"一带一路"国际商事法律服务示范区全域范围内初步形成以国际商事法庭项目大楼、西安仲裁委所在的国际仲裁中心项目大楼等区域为主的4个法律服务聚集区，"一站式"国际商事法律服务要素体系初步建成。

（高雪皎）

军　事

责任编辑　赵　全

西安警备区

【概况】　2022年，西安警备区坚持从思想政治上引领部队，思想政治建设不断深入。召开警备区党委全体（扩大）会议，党委班子和干部队伍建设稳中有进。警备区党委由33人组成，其中常委6人，第一书记由省委常委、中共西安市委书记方红卫兼任，刘海成任书记，魏宏任副书记。稳步提升应战应急能力和民兵队伍整体建设质量，积极推进全市基层武装部建设，圆满完成男兵、女兵和直招军士征集任务，持续做好“双拥”共建工作。（顾星昊　王　冰）

【党委全体（扩大）会议】　2022年1月14日，西安警备区以视频会议形式召开党委全体（扩大）会议，传达学习军委国防动员部、省军区党委扩大会议主要精神，警备区党委作工作报告，宣读2021年度表彰奖励通令通报，书面印发警备区纪委工作报告，组织警备区党委委员书面述责述廉、接受评议。（顾星昊）

【应急处突】　2022年，西安警备区深入贯彻新时代军事战略方针，坚持党委领战，抓建为战，稳步提升应战应急能力。军地联合制定《组织民兵参加抢险救灾行动规范》和《建立军地应急联调联动若干机制》，推进将民兵应急力量纳入地方应急管理体系，形成军地共抓共建、优势资源共享的长效机制。常态担负“神舟”十四号、十五号载人飞船应急搜救备勤任务；完成应急力量、救援分队基地轮训任务，战备秩序进一步规范。发挥警备区、人民武装部在抢险救灾中的“补缺、补弱、补位”作用，依托蓝田县组织“抢险救灾行动指挥保障演练”，先后5次修订方案、开展6轮推演，圆满完成演练示范观摩和示范片录制，蓝田县人民武装部被陕西省军区表彰为军事训练先进单位。（顾星昊　罗　军）

【专武干部队伍建设】　2022年，西安警备区为推进全市基层武装部建设，提高专武干部履职尽责能力，组织开展专武干部培训，依托省军区集训组织西安市新任职基层武装部副部长和专武干部开展为期12天的任职培训，使专武干部熟练掌握基层武装工作的基本程序、内容、方法和要求，并依据培训考核成绩对专武干部进行资格认证。（贺延长）

【兵员征集】　2022年，西安警备区丰富征兵宣传方法手段，逐级建立征兵工作包抓责任制和“日报告、周通报、月讲评”制度。坚持以兵员质量为核心，紧盯体检、政考、役前训练等环节，严格审查把关，精准遴选调控，狠抓廉洁征兵制度落实，认真开展定向培养军士、文职人员招录和直招军官体检政考工作。鼓励大学毕业生报名应征，市征兵办公室（以下简称市征兵办）指导各区（县）、各高校普遍召开征兵宣传动员大会，开展“政策法规咨询周”“国防教育宣讲进高校”和“征兵宣传月”等活动，围绕毕业生群体开展宣传发动。西安航空职业技术学院、西安工商学院、西安外事学院等院校利用毕业招聘会时机，成立退役大学生士兵征兵宣传队展开宣讲，取得较好效果。市征兵办督导各区（县）对大学毕业生、高级技工学校毕业生逐人宣传动员。各高校对留校应征的大学生提供食宿保障，新城、莲湖、灞桥、阎良、临潼、鄠邑、高陵7个区出台大学生参军报销返校路费、提供食宿保障等优惠政策，激发大学生参军热情。为了营造良好的宣传氛围，市征兵办利用公众媒体发布征兵信息，西安电视台播

2022年8月16日，西安市开展女兵初审初检工作。图为工作人员向网上通过初选的女青年宣讲政策
（西安警备区　供图）

2022 年 5 月 16 日，西安警备区召开 2022 年度西安市民兵应急营整组点验大会
（西安警备区　供图）

放“征兵宣传片”600 余次，市出租汽车管理处利用 4000 辆出租车顶灯播放征兵宣传标语，100 余个商场的显示屏滚动播放征兵宣传图片，全市设置征兵宣传点 172 个，张贴征兵宣传标语海报 1000 余幅，制作发放征兵宣传单 50 万份。长安区、未央区征兵办被省征兵办表彰为征兵工作先进单位。

（顾星昊　朱殿国）

【民兵建设】　2022 年，西安警备区认真贯彻民兵建设“十四五”规划，联合市政府召开民兵任务部署会、整组点验大会，对本年度民兵建设任务进行部署，加强民兵队伍组织建设。开展 2 个波次民兵整组业务培训、3 个波次整组潜力数据汇审，协调市财政资金推进市民兵训练基地升级改造，强化军地联合检查考评，抽查基层武装部和村（社区）民兵连，拉动全市民兵应急连和部分民兵新质力量分队，完成基干民兵编组调整任务，民兵队伍整体建设质量得到提升。

（顾星昊　孙　文）

【国防动员】　2022 年，西安警备区持续挖潜赋能，着眼聚焦实战、保障打赢，大力提升国防动员准备质效。开展潜力调查，采取分时段、分单位、分层级方式，统计基础类和重点类潜力数据，为平时动员准备和战时精准动员提供数据支撑。完成基干民兵编组调整任务；完成男兵、女兵和直招军士征集任务，扎实推进国防动员准备工作。（顾星昊　贺延长）

【双拥共建】　2022 年，西安市巩固深化“全国双拥模范城”成果，为 1800 余名军人子女解决入学入托问题，对 381 名军人子女给予中考教育优待，办理 138 名随军家属工作随调，妥善解决 2 名烈士遗属善后问题，完成 16 所中小学“全国国防教育示范学校”评比创建工作。抓好脱贫村帮扶工作，推进巩固拓展脱贫攻坚成果同乡村振兴有效衔接，西安警备区帮建的周至县骆峪村被国家列入“百县千乡万村”乡村振兴示范村。

（顾星昊　马　骏）

人民防空

【概况】　2022 年，西安市人民防空办公室以推进人防工程管理维护为重点，以提高应急应战能力素质为目标，以践行人民防空为人民为宗旨，不断提高履行战时防空、平时服务、应急支援使命任务的能力。启动《西安市人民防空建设规划（2021—2035）》编修，推进重要经济目标综合防护体系试点建设和人防科普教育馆建设。18 个人防政务服务事项全部进入西安市行政审批局政务服务中心办理，实现人防政务服务事项 100% 全程网办。举办全市人防工程业务培训班、人防工程质监监察业务培训会，提升人防工程审批验收、管理水平，增强人防工程管理人员业务能力；汇编整理《说法立行》，推进人防系统学法守法用法常态化。

【人防工程建设和管理】　2022 年，西安市人民防空办公室收缴易地建设费 6999 万元。开展创建人防工程维护管理达标年活动，督促使用管理单位落实维护管理制度，对辖区内人防工程维护管理情况进行逐一检查，全市（除航天基地外）19 个区县、开发区的人防工程维护管理达标率达 90% 以上。开展人防工程安全隐患排查整治，以老旧人防工程隐患排查为重点，对发现的一般安全隐患进行整改。印发《关于规范人防工程标识标牌设置的通知》，将人防工程标识设置作为工程备案的必备条件，进一步规范人防工程标识标志的设置和管理，指导管理使用单位对 2022 年以前建成的人防工程加装各类标识标牌，方便群众准确识别。针对违规销售人防车位、破坏侵占人民防空工程设施、人防工程标识设置不全等问题，开通投诉举报热线和信箱，做好物业服务领域群众反映问题的受理、解答、登记工作，接收和处置完成群众反映问题 315 件，其中转办市住建局 6 件。

【人防工程平战转换管理】　2022 年，西安市人民防空办公室持续强化人防工程和直属经营点的安全监督管理。结合重大节日及季节特点，先后印发《关于做好冬春季火灾防控工作的通知》《关于认真开展人防工程安全隐患排查整治工作的通知》和《关于做好全市人防系统安全工作的通知》，进行工作部署。全年组织安全督促检查 10 余次，及时发现整治安全问题 9 个，排查安全隐患 13 处，确保直属人防工程经营场所安全无事故。人防工程 6 个集水坑土建工程，主体工程基本完工。扎实抓好平战备案登记工作，除蓝田县没有项目未进行备案登记外，其余 19 个区（县、开发区）备案登记平时开发利用项目 × 个。为 3 家人防工程使用人减免一季度人防工程使用费共计 22.2 万元。

【人防指挥通信建设】　2022 年，西安市人民防空办公室印发《西安市人防指挥通信业务训练流程及用语规范》。以遭遇大面积暴雪冰冻致通信中断为背景，组织人防通信应急救援队 44 人、车辆 16 台赴秦岭北麓山脚进行集中训练，着力提升极端复杂困难条件下应急通信保障能力；组织人防机动指挥系统跨区检验性演练，开展快速集结、信息采集、长途奔袭、互联互通等针对性演练活动。先后组织抢险救灾军地联合指挥保障演练、人防通信应急救援队训练、人防疏散示范演练等各级各类集中训练演练 12

2022年春节后，市人防办组织市人防通信应急救援队在秦岭北麓山脚集中训练
（市人防办　供图）

等多种形式，宣传普及人民防空工程体系、人民防空指挥体系等知识，增强群众国防观念和人民防空意识，活动发放防空防灾知识教育读本数千册。10月，为纪念中国人民防空创立72周年，市人防办组织开展为期1个月的“牢记使命担当、铸强护民之盾”主题宣传月活动。各区（县）人防办通过组织疏散逃生演练、深入企业讲解法律法规知识、播放防空避险宣传片、参加网络人防知识有奖问答活动和征文投稿等形式展开宣传。其中，鄠邑区人防办联合区教科局开展“2022年中小学生国防教育知识竞赛”活动，全区4万余名学生参加，共征集儿童画、手抄报等优秀书画作品269幅。

（蔡晓峰）

次，组织信息化专业训练15次。

【人防工程质监与执法】 2022年，西安市人民防空办公室推动实现人防工程质量监督手续、建筑工程质量监督手续和施工许可证合并办理，申报材料从11项压缩至7项，办理时限从5个工作日压缩为即办。人防工程质监任务完成情况良好，全年受理质监申报项目175个；质监出勤1139人次，工程质监技术交底153次，检查问题下发整改通知单585份；完成人防竣工核查并出具《西安市人防工程质量监督报告书》的结建项目210个；稳步推进地铁6号线二期、地铁15号线的质量监督和竣工核查工作。严格落实行政执法“三项制度”（行政执法公示制度、全过程记录制度、重大执法决定法制审核制度），开展“双随机、一公开”（在监管过程中随机抽取检查对象、随机选派执法检查人员、抽查情况及查处结果及时向社会公开）抽查7批38家企业，受理投诉举报120余次，违法立案查处5起，申请法院强制执行3起，收缴罚款110万元，追缴人防易地建设费260万元。

【人防专业队集中训练暨点验】 2022年，西安市人民防空办公室提升应急应战能力，加强人防专业队伍建设与管理。9月7—9日采取理论授课、研讨交流、点验和授旗等方式组织来自市级部门、市直属企事业单位和区（县）人防办的抢险抢修、医疗救护、防化防疫、治安、消防、通信等人防专业队骨干进行集中训练，加强人防专业队伍建设与管理，增强履职使命感，并在9日举行西安市人防专业队点验暨授旗仪式。

【人防工程惠民服务】 2022年，西安市人民防空办公室发挥人防工程为民服务作用，对西安人防纳凉中心进行升级改造，并于6月20日至9月10日向市民群众开放，共计接待纳凉群众近20万人次。开放期间，为市民免费提供饮用水、电视、无线网络、娱乐棋牌、急救药品等设施设备，受到群众、媒体好评，新华社、《光明日报》等媒体进行多频次报道。

【防空警报鸣放】 2022年9月18日上午10时至10时15分，西安市人民防空办公室组织2022年度防空警报试鸣，全面检验全市防空警报设备和控制系统的完好率。未央区谭家街道保利中央公园社区配合防空警报试鸣安全有序组织群众进入人防工程疏散隐蔽；高陵区结合防空警报试鸣开展人防“进社区、进校园”宣传活动。12月6日，在江泽民同志追悼大会默哀时组织防空警报鸣响3分钟。

【人防宣传教育】 2022年，西安市人民防空办公室利用多个时间节点，开展主题丰富、形式多样的宣传教育活动。5月12日，西安市人防系统组织防空防灾知识宣传活动，活动围绕“减轻灾害风险、守护美好家园”“关注身边灾害隐患、增强防灾减灾意识”等主题，通过在广场、社区和公园等地现场咨询答疑、悬挂条幅、发放宣传资料、电子屏播放

退役军人事务

【概况】 2022年，西安市退役军人事务系统以“退役军人获得感成色更足”为主线，建立“精准帮扶全员联系、精心化解全员包抓、精细管理全面提升”工作机制，破解突出矛盾问题，着力提高服务保障能力，扎实推进“军人退役一件事”集成改革工作，实现自主就业退役士兵报到线上、线下同步办理。退役军人服务社会作用进一步彰显，全市退役军人志愿者积极投身疫情防控、公益服务等社会治理活动，努力打造具有特色的退役军人志愿服务品牌。7名退役军人获评2022年度“陕西最美退役军人”。

【退役军人保障体系建设】 2022年，西安市退役军人工作行政机构、服务体系、社会力量“三驾马车”同向发力格局不断完善。首次落实市、县、乡、村“四级书记”自上至下抓退役军人工作要求，由省委常委、市委书记担任市委退役军人事务工作领导小组第一组长，市委副书记、市长担任组长，全市、区（县）两级党委先后召开领导小组会议17次。累计建成市级“红色退役军人服务站”16家，规范型及以上退役军人服务中心（站）3143家。社会力量充分融入，西安市退役军人服务协会以“崇军荟”为平台引导社会资源参与退役军人公益性服务，新增优惠优待清单650余条；西安市英烈褒扬促进会围绕宣扬英烈精神，组织爱心企业、社会团体和个人开展英烈事迹宣讲教育、文艺演出及志愿服务等公益活动。

2022 年 4 月 22 日，西安市退役军人和其他优抚对象优待证首发仪式在新城区民乐园万达广场举行
（市退役军人事务局　供图）

【退役军人接收安置】　2022 年，西安市实行“阳光安置”，圆满完成全市 100 余名转业军官安置工作，安置到行政或参公岗位的比例达到 98.94%；500 余名退役士兵和退出消防员选定就业岗位。平稳完成首批逐月领取退役金退役军人接收安置工作，及时发放退役金。市退役军人事务局强化后续追踪，建立完善安置跟踪回访工作制度，综合运用开发岗位、利用年度剩余计划等多种方式解决退役士兵安置遗留问题。

【退役军人就业创业】　2022 年，西安市落实退役军人就业扶助政策，完善退役军人就业基础信息，完成劳动年龄段自主就业退役士兵就业实名制登记 6.32 万人，建立市—区（县）—乡镇—村（社区）四级监测点 1290 个。开展就业服务季活动，组织退役军人线上、线下招聘会 43 场，动员企业 1489 家，提供岗位 3.5 万余个。帮助 287 名退役军人落实免试专升本政策，强化教育培训，为 551 名退役士兵提供技能培训，开展全员适应性培训 26 场（次）、受训 2000 余人（次）。

【军休服务管理】　2022 年，西安市高质量完成 2020—2022 年军队师级以下离休退休干部、退休士官移交安置任务，接收安置军休人员 1000 余名，收到部队赠送锦旗 40 面。军休干部政治待遇和生活待遇落实到位，为 348 名老党员颁发“光荣在党 50 年”纪念章；在春节、元旦、“八一”建军节等节日期间开展走访慰问；组织 9800 余名军休干部进行健康体检。改善休养环境，完成 8 家军休机构老旧小区改造项目和 11 家军休机构 24 个大中修改造项目。

【退役军人权益保障】　2022 年，西安市坚持维护退役军人合法权益并做好关爱帮扶工作，为 274 名退役军人发放关爱基金 263 万元；依托全市 16 个退役军人法律援助服务站，为 386 名退役军人提供法律咨询服务和帮助。

【双拥工作】　2022 年，西安市开展多样化的“双拥”创建活动。举办省市联合共庆建军 95 周年“永不褪色”“双拥”文艺演出，全市举办各类庆祝活动合计 39 场（次）。持续深化走访慰问工作，强化荣誉激励，慰问驻边官兵家庭 533 户；为义务兵（含预备消防士）发放家庭优待金；为立功受奖现役军人送去慰问金；市退役军人事务局配合完成退役士兵返乡运输和疫情防控工作。

【优抚工作】　2022 年，西安市高效完成优待抚恤对象确认工作，落实优抚政策，推进优待证申领发放，全市申请数量为 30 万余人。拓展优待优惠领域，落实军队离退休干部士官与“三属”（烈士遗属、因公牺牲军人遗属、病故军人遗属）以及残疾军人免费乘坐市内公共交通工具政策，办理拥军卡 1.2 万张；推进健康服务工作，将 13 家市属公立医院全部纳入定点示范医院范围，为军人军属、退役军人和其他优抚对象提供优先挂号、取药、缴费、检查、住院、医保结算“六优先”服务，并免收普通门诊挂号费。

【褒扬工作】　2022 年，西安市积极开展褒扬纪念活动，各级纪念场馆接待群众 9.2 万人（次），网上英烈祭扫 9 万余次；市退役军人事务局承办 2022 年陕西省暨西安市烈士公祭活动。弘扬英烈精神，高规格举行 3 名烈士的恭迎和安葬仪式；解决烈士遗属困难，协调解决烈属住房、就业及子女入学等问题；成立英烈故事“五进”（进机关、进学校、进社区、进企业、进军营）宣讲团，遴选讲解员 69 名，开展宣讲及公益会演活动 40 余次。提升烈士纪念设施管理水平，联合多部门建立烈士纪念设施管理保护机制；推动西安烈士陵园建设项目；完成西安市 9 处县级以下纪念设施整修工程项目；通过迁葬、原址保护、绘制分布图等方式对 116 座零散烈士墓进行保护管理。（彭　欧）

2022 年 5 月 7 日，“颂英烈　传真情”英烈故事“五进”系列公益宣讲活动启动
（市退役军人事务局　供图）

宏观经济调控

【概况】 2022年，《西安都市圈发展规划》获批实施，是国家批复的第5个都市圈规划，也是西北地区唯一一个。西安市综合性科学中心和科技创新中心获批建设，成为继北京、上海、粤港澳大湾区之后中国第四个"双中心"城市。招投标优化营商环境指标获得"国家标杆城市""进步较快城市"；成功入选国家积极应对人口老龄化重点联系城市；生产服务型国家物流枢纽入选"国家队"；深入推进全面创新改革科技成果转化"三项改革"（职务科技成果单列管理、技术转移人才评价和职称评定、横向科研项目结余经费出资科技成果转化）任务相关经验做法受到国务院表扬，发展改革各项工作取得新进展、新成效。全市实现生产总值11486.51亿元，比上年增长4.4%，高于全国、全省1.4和0.1个百分点，增速位列副省级城市和国家中心城市第1，总量在全国城市中列第22位，前进2位；规模以上工业增加值增长13.9%，连续9个月保持副省级城市和国家中心城市第1；全社会固定资产投资增长10.5%；社会消费品零售总额为4642.11亿元，下降5.2%；一般公共预算收入完成834.09亿元，扣除留抵退税因素后增长9.7%；城乡居民人均可支配收入分别为48418元和18285元，分别增长3.2%和5.2%；居民消费价格指数上涨2.2%。

【年度计划编制与执行】 2022年，西安市发展和改革委员会统筹协调经济社会发展，组织研究并提出年度全市国民经济和社会发展计划。起草《西安市2021年国民经济和社会发展计划执行情况与2022年国民经济和社会发展计划草案的报告》和《西安市2022年国民经济和社会发展计划主要指标（草案）》，提交市人大十七届一次会议审议通过，印发《西安市2022年国民经济和社会发展计划》。起草完成《西安市人民政府关于西安市2022年上半年国民经济和社会发展计划执行情况的报告》，并提交市人大常委会审议通过。围绕九个方面重点工作抓好落实，先进制造业较快增长，服务业稳健恢复，现代农业高质高效发展，创新驱动发展汇聚新动能，推动扩大内需实现新质效。全市实现生产总值11486.51亿元，比上年增长4.4%；社会消费品零售总额为4642.11亿元，比上年下降5.2%；一般公共预算收入完成834.09亿元，扣除留抵退税因素后增长9.7%；城乡居民人均可支配收入分别为48418元和18285元，比上年分别增长3.2%和5.2%。

【经济运行监测】 2022年，西安市发展和改革委员会组织建立市、区（县）两级经济稳增长专班，每季分解下达目标任务书和任务清单，贯穿全年实施周调度、月分析、季通报制度，强化对重点指标、重点项目精准监测调度和协调保障。统筹专班成员单位，对工业、商贸业、建筑业等支撑性强、挖潜空间大的重点企业，实行"一对一"包抓服务，"一企一策"助力企业稳产扩能，推动主要指标逐季回升。坚持政策靠前发力、适时加力，强化政策供给，定期评估、适时调整、强化落实，提振市场信心，稳住经济大盘。经济增速位列副省级城市和国家中心城市第1，总量居全国城市第22位，比上年前进2位。

【产业结构调整】 2022年，西安市发展和改革委员会编制完成《西安市"十四五"产业发展规划》和六大支柱产业专项规划，制定实施《西安市产业倍增工作方案（2022—2026年）》《西安市促进工业经济平稳增长工作方案》，推动六大支柱产业产值比上年增长27.9%。推进"两业"融合试点，试点建设有关经验做法被国家发改委推广。培育高技术及战略性新兴产业，更新储备秦创原平台、新基建、数字经济重点项目102个，推动三星、唐晶量子、美光、奕斯伟等企业集成电路制造项目获批开工，全市高技术制造业和战略性新兴产业产值比上年分别增长22.2%、37.1%。加快推进氢能产业链建设，印发《西安市打造氢能产业集群工作方案》，完善市氢能产业链全景图谱，绘制和细化14张清单。为27个服务业聚集区上门授牌，建立生产性服务业重点行业联系机制，持续跟进监测、帮扶，六大生产性服务业营收3522.46亿元、增长7.6%，新增规模以上服务业企业298家。（薛 举）

【固定资产投资】 2022年，西安市全社会固定资产投资（不含农户）比上年增长10.5%。第一产业投资比上年下降20.5%；第二产业投资增长26.0%，其中工业投资增长25.5%；第三产业投资增长7.8%。民间投资下降1.2%，基础设施投资增长0.7%。全年完成房地产开发投资2585.39亿元，比上年增长6.5%。商品房销售面积1666.87万平方米，下降10.2%。市发展和改革委员会发挥有效投资对经济恢复发展的关键性作用，对标重点领域，支持符合国家战略部署的高质量项目。聚焦国务院19条接续政策，积极争取中央和陕西省预算内资金、专项债券、政策性开发性金融工具、制造业中长期贷款和贷款贴息等资金支持。全年争取中央和省级预算内资金33.14亿元，其中中央预算内资金17.51亿元、省级预算内资金15.63亿元。发行政府专项债430.43亿元，支持项目131个，主要用于保障性安居工程、产业园区基础设施建设、交通基础设施、社会事业等领域。政策性开发性金融工具2期共投放基金25.36亿元，成功发行8支企业债券61.2亿元，新能源公共充电站项

表 5 2022 年西安市固定资产投资统计表

项 目	同比增长率 / %
固定资产投资（不含投资）	10.5
# 民间投资	-1.2
# 基础设施投资	0.7
# 工业投资	25.5
# 工业企业技改投资	-41.4
1. 按所有制分	
公有制经济	30.1
非公有制经济	-8.2
2. 按报表种类分	
项目投资	12.7
房地产开发	6.5
3. 按产业结构分	
第一产业	-20.5
第二产业	26.0
第三产业	7.8
本年新增固定资产	50.2

说明：# 表示其中项

目列入国家借用外国政府贷款备选项目规划，争取法国开发署贷款 1.5 亿欧元。分两批下达市预算内基建资金，涉及资金共 14.57 亿元。推进融资平台整合升级工作，全市融资平台由原 54 家压缩至 47 家，资产由 14501 亿元达到 17306 亿元，获得市场化融资 5173 亿元。

（薛 举 朱晓航）

【重点项目建设】 2022 年，西安市发展和改革委员会扎实开展高质量项目建设推进年活动，细化“五个一批”（谋划一批、签约一批、开工一批、投产一批、增资一批）项目任务清单，坚持手续办理“日更新、周通报”、进度“月调度”，先后组织开展 7 次市级重点项目、配合完成 3 次全省开工和观摩活动，成立加快推进重点项目建设专项工作组，不断提升项目建设的速度和质效。225 个新项目 9 月底前全部开工，594 个市级重点在建项目全年完成投资 5835 亿元，超年计划 16.4%，比亚迪 20 千兆瓦时新型动力电池、隆基绿能中央研究院一期等 78 个产业项目建成投产，新增产值 1200 亿元，带动就业 3 万余人。在重点项目带动下，全市固定资产投资增长 10.5%，居 15 个副省级城市第 2 位。完成西安东站开工建设。外环高速 270 千米全线贯通，西户铁路公交化客运专列开通运营，西安主城区与西咸新区互联互通市政道路建设扎实推进，地铁 6 号线二期开通运营，全市地铁运营总里程达到 279 千米。电网攻坚成效显著，两批共建成变电站 26 座，在建 31 座，330 千伏滈河、西郊 2 座关键工程相继投运，新增供电能力 200 万千瓦，较上年提高 22%。新型基础设施加快布局，航天基地国家超算（西安）中心建成投运，雁塔区未来人工智能计算中心算力达到每秒 3×10^{17} 次哈希，位列全国第二。

（薛 举）

自然资源管理

【概况】 2022 年，西安市编制成片开发方案 31 个，上报省级待批方案 14 个，市级在审 17 个。上报建设用地 3886.67 公顷，省政府已批准 2740 公顷，新增建设用地 1526.67 公顷。供应各类建设用地 4346.67 公顷，土地供应收入 1372.6 亿元，比上年增长 10.4%。调整住宅用地供应规则，供应房地产开发用地 1320 公顷；落实租购并举，供应保障房用地 369.4 公顷，比上年增长 25.3%，努力实现住有所居。盘活存量土地 2193.33 公顷，未央区、鄠邑区被自然资源部认定为首批自然资源节约集约示范县（区）。协调解决耕地易地占补平衡指标 1953.33 公顷，保障重大项目用地需求。“三区三线”划定成果获得自然资源部批复，划定永久基本农田保护面积 90195.2 公顷，生态保护红线 3795.65 平方千米，城镇开发边界 1410.77 平方千米。成功申报秦岭北麓主体山水林田湖草沙一体化保护和修复工程，获得中央和省级财政 26 亿元专项资金支持。开展打击“洗洞”盗采金矿专项整治行动，加强矿业权监督管理，完成 72.47 公顷生态修复治理任务。持续推进安全生产专项整治三年行动，提升安全防范意识。全面推行“标准地 + 承诺制”的土地供给模式，助推企业“拿地即开工”。国家新型基础测绘建设西安试点顺利通过自然资源部验收，可为全市提供统一的数字空间底座。

【土地利用总体规划修编】 2022 年，西安市“三区三线”划定成果获得自然资源部批复。其中，城镇开发边界内新增城镇建设用地面积 2.72 万公顷，划定耕地保护面积 13.5 万公顷，较原土地利用总体规划确定的耕地保护目标减少 8.67 万公顷，将城镇集中建设区及周边范围的 1.66 万公顷的永久基本农田进行举证调出，有力破解用地空间矛盾，为全市以后 15 年的长远空间发展格局奠定坚实基础。形成《西安市国土空间总体规划（2021—2035 年）》草案公示文件，12 月中旬通过市规划委员会审议通过，并依程序逐级上报审查。

【土地储备】 2022 年，西安市自然资源和规划局全面推行“标准地 + 承诺制”的土地供给模式，以“标准地”模式出让工业用地 62 宗 349.51 公顷，占试点区域新批工业用地的 76.5%，超额完成 2022 年度“标准地 + 承诺制”出让 40% 的改革任务，助推企业“拿地即开工”。

【矿产资源管理】 2022 年，西安市自然资源和规划局加快推进秦岭矿业权退出补偿工作，已退补矿权资金 4.52 亿元。印发《打击“洗洞”盗采金矿专项整治行动工作方案》，按照自然资源部下发底数排查的需永久封堵 28 个洞口和自行排查需永久封堵 112 个洞口已全部完成封堵。

【测绘管理】 2022 年，西安市强化测绘地理信息管理，印发《西安市“多测合一”信息平台运行及管理规则》《关于进一步促进测绘行业高质量发展的通知》，集中开展工程建设领域成果质量检查整顿，检查 35 家测量单位 432 个项目，持续推动测绘行业健康发展。以 114 平方千米二维传统数据改造和 64 平方千米实景三维数据生产为基础，搭建实景三维西安服务平台，为全市提供统一的数字空间底座，高质量完成国家新型基础测绘建设试点任务。西安市国土空间基础信息平台和“一张图”实施监督系统通过自然资源部系统功能评定，将过渡期规划、“三区三线”“双评价”等 84 个矢量数据图层等纳入“一张图”统一管控。“一张图”系统智能选址和合规性审查模块在 50 余家市级部门推广

使用，全力推进全市建设项目生成和协同选址。（魏梦瑶）

【新型基础测绘试点城市建设】 2022年，西安市制定《地理空间数据管理办法》，规范时空数据共建共享共用及对外开放，提升时空数据资源利用率。推进国家新型基础测绘试点城市建设，继上海、武汉之后，完成115平方千米二维地理信息实体化改造和新生产65平方千米“实景三维”数据，建成全市辖域10752平方千米的城市地形级“实景三维”。推动以“实景三维”数据为基础，建设CIM基础平台数字孪生底座，服务全市业务应用及智慧城市管理需求。持续推进“雪亮工程”建设，推动各类监控视频资源整合汇聚和共享，构建“全域覆盖、全网共享、全时可用、全程可控”的公共安全视频监控联网应用体系，累计接入摄像头9万余路，实现城市重点区域视频监控全覆盖。拓展视频资源共享应用场景，为城市管理、社会治理、环境保护、应急管理等提供重要支撑。（桑春荣）

【不动产登记】 2022年，西安市完成各类不动产登记577165件。优化不动产登记工作，提出新建商品房“交房即交证”举措，印发《新建商品房“交房即交证”的指导意见》，有41个1.8万户商品房项目实现“交房即交证”，经验做法在全省复制推广。推行购房人自行申请办理商品房所有权转移登记，办结238个项目1.5万余户登记手续。印发《关于处理不动产登记遗留问题的具体措施（试行）》《西安市城棚改安置住房遗留问题整改工作方案》，强力推进155个处置遗留问题项目和三年攻坚行动2022年98个任务项目的首次登记。

【自然资源统一确权登记】 2022年，西安市持续推进农村宅基地及集体土地所有权确权登记成果更新汇交工作，安排部署全市集体土地所有权确权登记成果更新汇交工作。宅基地与集体建设用地应汇交571154宗，完成权调数据汇交605879宗，权调数据汇交率104.96%。

【自然资源执法监察】 2022年，西安市严格资源规划执法督察，强力推进796个督察反馈问题整改。压茬推进农村乱占耕地建房整治、扫黑除恶、卫片执法检查、秦岭区域“五乱”整治、秦岭生态环境保护专项整治、打击破坏野生动植物专项整治、林业种苗“双打”等行业整治专项行动，立案查处违法用地行为53起，认定城乡规划违法建设1299处，拆除构筑物、建筑物2.32万平方米，没收构筑物、建筑物85.89万平方米，责令退还土地4.49公顷，罚没款1588.78万元，落实党政纪处分24人。年度违法占用耕地比例降至2.71%，低于15%问责标准，比上年明显下降。

【自然资源调查监测】 2022年2月22日，西安市第三次全国国土调查成果经市委、市政府和省三调办批准后，在市自然资源和规划局官网发布。梳理完善三调工作文字报告、数据库成果、表格数据及图件成果等三调成果数据，提交省级备案。2021年度国土变更调查成果通过省、部验收，对60638个疑似变化图斑严格按照国土变更调查技术规程开展外业调查举证，建立变更数据库。完成354个耕地资源质量监测样点采样，形成13个区（县）的耕地资源质量分类更新数据库，3个区（县）的耕地资源质量监测数据库。

【自然资源管理信息化建设】 2022年，西安市持续推进地下管线平台相关工作，为“一张图”平台增加“地下管线预审模块”，实现与“一张图”平台数据互通共享。市自然资源和规划局负责实施的国家新型基础测绘建设西安试点顺利通过自然资源部验收。试点以114平方千米二维传统数据改造和64平方千米实景三维数据生产为基础，搭建实景三维西安服务平台，为全市提供统一的数字空间底座。持续开展西安2000坐标系维护服务，为国土空间规划数据坐标转化提供技术保障。深化“一码管地”改革，实现系统与政务服务网、市工建系统、“多测合一”平台等互联互通。“一码管地”系统被评为2021年度数字西安建设优秀成果和最佳实践案例，被《中国自然资源报和全国优化营商环境简报》报道推广。（魏梦瑶）

国有资产监督管理

【概况】 2022年，西安市国有企业资产总额2.76万亿元，比上年增长11.9%；所有者权益7254亿元，比上年增长8.0%；1—12月实现营业收入2055亿元，比上年增长9.8%；工业总产值329亿元，比上年增长4.4%；完成固定资产投资820亿元，比上年增长36.9%。2022年，市国有资产监督管理委员会以管资本为主加强国有企业管理，高效统筹疫情防控和国资国企改革发展各项任务，围绕九个方面重点工作，合力攻坚，国企改革三年行动圆满收官，区域性国资国企综合改革试验成效明显，企业重组整合取得实质突破，市属国资国企高质量发展迈上新的台阶。

【国企改革】 2022年，西安市国企改革三年行动圆满收官，共完成9大类43项主体任务。优化人才、交通、农业等领域的国有资本配置，国有资本布局结构调整卓有成效；企业活力效率进一步跃升，334户市属企业626名经理层成员全部实现任期制和契约化管理，7户子企业市场化选聘职业经理人13名，管理人员竞聘上岗634人，占比36.5%。三年行动改革成果被省改革办评定为A级，6项案例入选陕西省优秀改革案例，作为唯一地市在全省推广改革经验。

【国有资产重组】 2022年，西安市市属国资国企同类业务专业化横向整合力度不断加大，国有资本活力充分释放。市轨道交通集团有限公司和省铁路集团有限公司合并组建陕西轨道交通集团有限公司，新组建西安商贸物流集团有限公司、西安人才集团有限公司、西安农业投资（集团）有限公司等3个国有资本投资公司。完成西安人才集团有限公司与西安人才市场有限公司、西安农业投资（集团）有限公司与西安西粮实业有限公司和西安嘉农实业集团有限公司等2组5家企业的重组整合。按照优化布局、补齐短板的原则，研究拟定全市国有企业改革重组方案，推进国有资本和国有企业做强、做优、做大。

【区域性国资国企综合改革试验】 2022年，陕西省、西安市两级协同配合，建立综合改革专班，形成“一盘棋”推进综改试验的工作机制。正式注册西安国资国企综合改革试验基金（有限合伙），完成基金公司组建，落实总规模100亿元的西部第一个国家级综改试验基金，储备“一盘棋”优质合作项目113项，完成签约总额近5000亿元。统筹推进全省高速铁路、城际铁路、市域（郊）铁路和城市轨道交通“四网融合”发展，实现全省轨道交通“一盘棋”建设、运营。落地航空产业配套服务和风电装备制造项目，培育分布式能源取得积极进展，出台17条政策聚力打造“千亿陕鼓”。在陕鼓集团成立西安市国有企业管理人员培训基地，76名企业管理人员完成培训。

【国企法人治理结构调整】 2022年，西安市国有资产监督管理委员会坚持把党的领导融入公司治理，市属企业全部制定党委前置研究讨论重大事项清单，全面实现董事会应建尽建、配齐建强；创新建立“外部董事库”，公开、择优遴选优秀人才84名。为西安水务集团、西安城投集团等11户监管企业聘任外部董事33名，董事会运作更加规范高效。市属企业实行全面公开招聘、全员绩效考核，全部市场化、契约化管理，以岗定薪、易岗易薪的市场化考核、薪酬、评价机制逐步形成。

【央地融合发展】 2022年，西安市国有资产监督管理委员会首创施行央地合作“接待日”“月例会”“信息互通”三项机制，解决驻地央企长期难以解决的棘手问题45项。推动央地合作互利共赢工作经验，被国务院国资委重点推广。“国企之家”影响力快速提升，成员单位由2018年组建时的90户增加到412户。央企在西安投资项目76个，总投资2086亿元。

【国资国企监管】 2022年，西安市国有资产监督管理委员会健全监管制度。建成运行“一张网、二中心、三系统、四特色、18应用”（一张网是国资监管专网；二中心是数据交互中心和国资信息中心；三系统是业务监管系统、决策分析系统、视频监测系统；四特色是“一网贯通一盘棋、核心业务高对标、智慧服务全维度以及一企一策一体化”；18应用包括OA行政办公、产权管理、财务监管、企业基本信息查询、政策法规、国企之家、国资智库、投资监管、三重一大、业绩考核、企业改革、责任追究、大额资金、科技创新、企业领导人管理、法人治理、内审监督、安全生产）独具西安特色的国资监管信息系统，完成与中央、省、市各级国资监管机构及各监管企业的精准对接和互联互通，实现智能化、信息化、全时域、全覆盖动态监管。修订市国资委权责清单9大类31项，为企业高质量发展赋能、减压。从国有资产保值增值、企业负责人年度考核、国有资本经营预算编制执行、现代企业制度建设、上市公司管理5个方面梳理、明晰委托开发区管理企业监管事项，夯实管理责任，提高监管效能。

【国资国企风险防范】 2022年，西安市国有资产监督管理委员会在全省率先印发实施国有企业落实“三重一大”决策制度指导意见，有效防范企业决策风险。率先以出资人身份开展监管企业审计，首次完成资产总量2000亿元、涉及各级企业121户的审计工作。建立“631”偿还机制（即提前6个月制订到期还款计划，提前3个月落实资金来源，提前1个月账上备足偿债资金），严防企业债务违约风险。压紧压实直管企业安全生产主体责任，组织开展消防安全“明白人”培训，有效防范安全生产风险，确保企业平稳、有序、健康、安全发展。

（严　挺）

财　政

【概况】 2022年，西安市一般公共预算收入834.09亿元，扣除留抵退税因素后增长9.7%；一般公共预算支出1573.13亿元，增长6.7%。政府性基金预算收入1262.94亿元，下降13.5%。政府性基金预算支出1687.1亿元，增长14.8%。财政实力稳步提升，稳经济大盘政策质效明显，一般公共预算收入、支出增幅分别居全国15个副省级城市第一位、第五位。

【财政政策落实】 2022年，西安市精准落实各级财政政策，完善直达资金落实机制，全市直达资金234.29亿元，全部分配下达，确保精准滴灌、惠企利民。全面落实中央和陕西省减税降费政策，下达减税降费转移支付资金129.47亿元，基层退税资金得到充分保障。落实新的组合式税费支持政策541.94亿元，其中增值税留抵退税376.85亿元；新增减税降费121.25亿元；阶段性缓缴税费43.84亿元。政府采购连续推出面向中小企业采购、提高评审价格优惠比例等措施，专门面向中小企业采购91.8亿元，占采购总额的56.4%，提供政府采购贷款6.27亿元比上年翻一番，助企纾困成效显著。根据中央相关要求，开展清理规范公务员工资津贴补贴工作。统筹调整政府专职消防员、社区工作者、聘用制书记员的薪酬标准。争取省级周转金50亿元，管理上实行年初借、年底还、循环使用，全年向14个区（县、开发区）调度49亿元，有效缓解征地拆迁资金压力，实现财政资金良性循环。

【一般公共预算收支】 2022年，西安市围绕九方面重点工作，重点针对中央、省级确定的重点项目，争取各类资金1030.42亿元，比上年增加365.02亿元，增长54.9%。其中，一般性转移支付156.54亿元，增加100.84亿元；新增地方政府债券464.67亿元，增加134.1亿元。加强财政存量资金盘活，统筹安排资金用于经济社会发展亟须资金的领域和项目，全年盘活各类存量资金244.6亿元，盘活率100%。硬化预算约束，把严把紧预算支出关口，从严控制预算调剂事项。及时收回未下达市级专项资金和不需按原用途使用资金28.8亿元，统筹用于亟须支持的领域。落实政府过紧日子要求，市本级压减一般性支出3.2亿元，收回资金28.8亿元。克服经济下行、疫情防控和新的组合式税费支持政策等多重因素影响，通过强

表6　2022年西安市财政收支统计表

收支项目	绝对量/亿元	同比增长率/%
财政总收入	1706.99	-7.8
一般公共预算收入	834.09	9.7
#税收收入	604.28	4.1
#国内增值税	188.88	12.7
企业所得税	76.09	-5.4
个人所得税	34.61	5.1
一般公共预算支出	1573.13	6.7
#一般公共服务	140.69	-0.5
公共安全	93.94	8.1
教育	246.79	-3.6
科学技术	52.79	-8.0
文化旅游体育与传媒	28.50	-40.7
社会保障与就业	169.71	9.1
卫生健康	173.00	15.4
节能环保	84.05	63.8
城乡社区	154.62	-15.7
农林水	62.75	20.7
交通运输	38.09	-6.7
政府性基金预算收入	1262.94	-13.5
政府性基金预算支出	1687.07	14.8

说明：#为其中项目

化重点税源监控、积极争取免抵调库指标、推进土地增值税清算、加强税务稽核、强化非税收入征管等多种方式，确保全市财政收入及时、均衡入库。积极发挥财政职能作用，强化资金保障，下达九个方面重点工作资金827.88亿元，全力保障九个方面重点工作顺利推进。兜牢兜实“三保”底线，下达区（县、开发区）各类转移支付资金570.9亿元，不断增强基层财政保障能力。全市“三保”支出704.18亿元，有力保障基本民生、工资发放和机构运转支出需求。全市一般公共预算收入834.09亿元，扣除留抵退税因素后增长9.7%，其中税收收入604.28亿元，税收占比72.4%。全市一般公共预算支出1573.13亿元，增长6.7%。一般公共预算收入、支出增幅分别位居全国15个副省级城市第1位、第5位。

【支持产业发展】 2022年，西安市财政系统贯彻落实《关于加快建设先进制造业强市的实施意见》《西安市加快建设先进制造业强市补充政策》文件要求，安排工业（中小企业）发展专项资金10亿元，增长100%。支持稳定宏观经济大盘，制定推动工业稳定增长、加大外资引进力度相关财政支持政策，支持工业企业稳产增产和投资扩能、专精特新中小企业培育，助力中小企业纾困解难。安排工业（中小企业）发展专项资金2.56亿元，其中兑付292个工业类项目奖补资金2.53亿元；积极争取中央、省级工业转型升级、新能源汽车、中小企业发展等工业类专项资金60.62亿元，比上年增长121.6%；安排招商引资专项资金7788.17万元，用于兑付15户企业2021年度总部企业奖励和7个区（县、开发区）2021年度招商引资先进区（县、开发区）奖励。财政资金引领作用明显，产业倍增势头良好，项目建设高效推进，产业生态持续优化。安排外经贸发展专项资金1.8亿元，对外向型企业运费、境外承包工程等多个领域的项目给予资金支持。配合市商务局在市政府出台的《西安市扎实稳住经济若干政策措施》等政策中调整出口信保，增加支持跨境电商、服务贸易等政策。按照《西安市加快推进新时代对外开放补充政策》《全面推进枢纽经济门户经济流动经济发展工作方案》文件要求，安排外经贸发展专项资金预算1.8亿元，支持全市外贸企业奖补政策兑付和相关会展类活动开展。拨付1.13亿元对251个外向型企业运费、出口信保、境外承包工程等多个领域给予支持。支持重点产业链招商引资和促消费工作，联合市投资合作局制定并印发《西安市关于加强招商引资支持高质量发展若干政策》《西安市加强招商引资支持高质量发展若干政策实施细则》，支持积极有效利用外资，鼓励符合条件的外商投资企业早进资、多进资，对符合条件的综合型总部、区域型总部、成长型总部给予奖励，对年度招商引资工作排名前三位的区（县、开发区）给予奖励。配合市商务局开展重点消费百日行动，制定提振消费市场活力相关财政支持政策，对商贸企业开展促消费活动给予一定比例补助，发放1亿元汽车专用消费券，稳定增加汽车等大宗商品消费。

【支持农业农村建设】 2022年，西安市加大支持“三农”工作力度，全年安排农业专项资金10.72亿元，支持保障粮食安全和重要农产品有效供给，促进农业生产发展、新型经营主体培育、农业灾害防控等。落实粮食安全责任制，将高标准农田建设亩均财政投入提高至1500元，及时兑付耕地地力保护、农机购置和种粮农民一次性补贴，不断提高粮食综合生产能力。市财政预算安排衔接推进乡村振兴补助资金3.87亿元，全部拨付下达至有关区（县、开发区）、西咸新区。中央和省级下达西安市财政衔接推进乡村振兴补助资金2.66亿元，比上年增加5844万元。持续推进脱贫县财政涉农资金统筹整合试点，周至县整合各级财政涉农资金3.15亿元，其中产业类项目资金占比59.48%，比上年增加4.06%。争取中央和省级农村综合改革转移支付资金1.09亿元，下达市级农村综合改革转移支付9000万元。支持西安农投集团组建，一次性拨付注册资本金10亿元，以后年度以“拨改投”方式统筹市级相关部门涉农资金，逐年注入，支持市农投集团做大做强，加快全市农业农村现代化进程。

【支持社会保障制度体系建设】 2022年，西安市财政系统大力支持社会保障制度体系建设。市财政拨付公立医院建设资金49.1亿元，支持市红会医院高铁新城院区、市儿童医院经开院区、市第三医院二期、市中医医院南院区、市第八医院新址、市疾控中心新址、市第九医院改扩建等项目，有力推进全市卫生健康事业重点项目建设进度。下达基本公共卫生补助资金9.26亿元；下达基本药物制度补助资金1.60亿元；下达高龄老人健康补贴4.61亿元；下达计生奖励扶助补助资金1.62亿元。促进基本公共卫生服务均等化，筑牢“三保”底线，支持辖区居民免费享受12项基本公共卫生服务。基本公共卫生服务经费人均财政补助标准为84元（基层12类74.5元，其他17类9.5元），比上年标准再次提高5元。健全分层分类的社会救助体系，支持区（县）做好城乡低保、特困人员、孤儿等特殊群体的救助保障工作。强化社会救助体系建设，安排四批价格补贴3761.46万元，惠及困难群众81.53万人，保障特殊时期困难群众的基本生活。制定《西安市最低生活保障工作规程》，完善最低生活救助补助工作程序。安排城市和农村最低生活保障补助、城市特困人员救助供养支出、临时救助和孤儿教育生活费等资金3.14亿元，争取中央和省级困难群众救助补助资金5.63亿元。安排养老服务资金4.71亿元，全市“养老兜底保障、发展普惠性养老服务、完善社区居家养老服务网络”工作，获国务院办公厅通报嘉奖，在国家层面推广经验做法，并明确在中央预算内投资下达专项资金5000万元用于支持全市相关工作。省政府在中央安排5000万元基

2022年5月26日，市财政局在蓝田县三里镇秦家寨村开展“三农”工作调研
（市财政局　供图）

础上，再安排1500万元予以配套奖励。全面落实各项优抚安置政策，及时拨付各类优抚安置资金31亿元。

【财政改革】 2022年，西安市财政系统积极配合做好省以下财政体制改革工作。组织相关市级部门、西安财金公司召开“拨改投”工作推进会，明确专项资金“拨改投”工作要求，研究完善思路。全年拨付“拨改投”资金1.35亿元，支持10家企业。联合市委军民融合办、市商务局、市投资局制发军民融合发展、商贸流通发展、外经贸发展、招商引资专项资金“拨改投”项目征集指南，启动产业发展类专项资金“拨改投”工作，在财政支持产业发展新路径方面作出积极探索。助力国有资本结构布局优化，参与农业产业投资集团、西安人才集团、西安航空航天投资集团、商贸物流集团等公司组建工作；协调推动陕西西安区域性国资国企综合改革试验基金设立，确定基金出资事宜，促进中央和省级、市级国资国企协同合作发展；拨付资金365.74万元，支持市国资委推进综改试验、秦创原等重点任务。加大国有企业资本金注入力度，拨付资金41548万元，投向重要行业和关键领域。建立健全全市国有企业名录，198户一级企业纳入企业名录，1626户企业纳入国有企业经济效益月度快报系统。完成国家安全领域中央与地方财政事权与支出责任划分改革，理顺西安警备区和武警支队经费管理体制。完善全市法院检察院统管机制及公用经费保障标准和公车运行维护标准。推进调研成果转化，优化公用经费、聘用制书记员等经费保障机制。将全市法检两院聘用制书记员薪酬基数从6.3万元/（人·年）提升至9.93万元/（人·年），保障基层社会治理人员待遇提升。

【政府债务管控】 2022年，西安市财政系统引导金融机构采取适当展期、债务重组等方式，缓释隐性债务，向省财政厅争取提高西安市到期债务再融资比例，缓解全市政府债务压力。下达区（县、开发区）各类转移支付资金570.9亿元，全方位、多渠道提高基层财政保障能力。将市以下均衡性转移支付补助资金规模从2021年6.28亿元提高至7.28亿元，促进各区（县、开发区）均衡发展。从2022年起，3年内补助蓝田、周至各3亿元用于新型城镇化建设，两县财政运行情况明显改善，人均财力稳步提高。市财政对1988年以来的市本级暂付款进行清理核销，减轻区（县）运行负担，对原西安工业资产经营公司2008年1亿元暂付款，转增为西安工业投资集团有限公司资本金，支持国有企业发展。持续加强市级国有金融资本管理，实施企业财务管理专项核查，盘活回收涉企财政性沉淀资金9549.13万元，指导全市77家国有金融企业守住防范金融风险底线。

政府债券 分2批下达新增地方政府一般债券34.24亿元，比上年32.34亿元增长5.88%，支持项目125个，主要用于疾控中心、公立医院、北客站枢纽工程、小型水库维修和市政道路类项目建设等。分9批下达新增地方政府专项债券430.43亿元，比上年增长44.33%，支持项目135个，主要用于支持交通基础设施、保障性安居工程、公立医院、农林水等项目建设。

政府债务 全年西安市政府债务限额为3899.97亿元。其中，一般债务限额1174.83亿元，专项债务限额2725.14亿元。各级政府债务余额均未突破政府债务限额。市财政局组织各级债务单位做好政府债券还本付息工作，全市政府债券还本付息525.44亿元，确保政府债券不出现违约风险。

防范化解隐性债务风险 组织全市各级部门开展防范政府债务风险领域财经秩序专项整治行动，通过自查自纠、重点复查等方式，对新增隐性债务、漏报隐性债务、隐性债务化解不实和专项债券资金使用等方面存在的问题进行重点核查。稳妥化解隐性债务，督促市级有关部门和各区（县、开发区）按照隐性债务化解方案逐项目落实偿债责任。开展3次隐性债务化解“线上+线下”核查，核查债务化解数据352条，坚决杜绝虚假化债、数字化债等问题，确保债务化解数据准确、程序规范、凭证有效、链条完整。

【预算管理】 2022年，西安市财政局建立健全预算绩效管理制度体系，完善涵盖预算事前绩效评估、绩效目标管理、绩效运行监控、绩效评价和结果应用等各环节的管理办法和业务流程，基本建成以绩效目标为导向、以绩效评价为手段、以结果应用为保障的预算绩效管理机制。探索重大项目支出事前评估机制，指导部门结合预算评审、项目审批等方式，按照“谁支出、谁评审”的原则，对新出台重大政策、新出台专项资金及新建重大项目开展事前绩效评估。规范绩效目标管理，依托“财政云”预算管理一体化系统，对市级部门所有项目支出和专项资金绩效目标实施全面审核，实现项目、专项资金、部门整体绩效目标管理全覆盖。建立分级、分类的绩效目标编报体系，全面开展部门预算项目支出、专项资金及其支出政策绩效目标管理。全年完成中欧班列“长安号”等市级财政重点评价项目19个，涉及资金49.04亿元，评价项目数增长19.6%。加强预算管理一体化系统推广应用，持续更新单位信息，单位口径与指标内容更加准确完整，市本级归档预算单位508个，更新车辆信息4216条，补充录入2.6万余名退休人员信息，确保账实相符。坚持“先有项目、后有预算”，强化跨年度项目支出、政府偿债支出等业务与各年度预算有效衔接，统筹未来财政收支，全年储备项目24213个。坚持综合预算理念，加大预算统筹力度，突出绩效资产审核，预算编制做到“应编尽编”，全口径部门预算编制覆盖率100%。采取预拨方式下达市本级指标1.1万余笔，预算正式批复后下达1.8万笔。加大预算执行力度，完成支付28.6万笔，覆盖率100%。履行财政总会计核算，全面实现单位核算，会计凭证生成完成率95%，排名居全省前列。

【政府采购】 2022年，西安市财政局严格落实“无预算不采购、超预算不采购、不超标准采购”相关规定，区分不同资金来源的情况，规范学校、医院等自有资金及政府专项债资金的采购程序。优化政府采购营商环境，制定推进“互联网+政府采购”行动、创新政府采购交易机制、规范政府采购运行等7项改革举措，通过缩短支付时间、加大绿色产品采购力度等措施，巩固提升营商环境评价成果。加快政府采购信息化进程。5月，在原有货物类电子商城基础上，优化电子卖场交易模式，开设“定点服务”专区，将办公家具、会计服务、物业保洁保安等11类服务项目纳入线上交易，电子卖场交易规模大幅提升。10月，选取部分区（县）、社会代理机构开展电子化交易试点，政府采购项目逐步推行“不见面开标”、电子化评审。全年全市电子卖场成交2.51亿元，交易量为2021年的3倍。全年全市政府采购规模174.51亿元，节约财政资金11.77亿元，节约率6.75%。

【财政监督】 2022年，西安市财政局加强财政有效监督，开展市级部门（单位）和各区（县、开发区）2020年度决算、2021年度和2022年度预算公开情况专项检查，共检查3019个部门和单位，提升全市预决算公开工作质量。开展会计信息质量检查，从全市20家市级储备粮承储企业中，选取西安西粮实业有限公司、西安方兴粮油储备贸易有限公司等7家企业，开展2021年度市级储备粮承储企业会计信息质量检查。在全市范围内开展地方投融资平台调研和行政事业单位会计监督检查，重点检查行政事业单位73家，调研地方金融机构14家。开展直达资金专项检查，对市住建局、市教育局、市民政局以及雁塔区、莲湖区、长安区、高陵区、高新区、曲江新区财政局等9家单位开展2021年度直达资金专项检查，确保直达资金真正发挥效益。开展重大政策监督检查，完成财政部陕西监管局对全市“三公”经费和专项转移支付重点检查及问题整改工作。

（严嘉恒）

税　务

【概况】　2022年，西安市税务局认真落实中共中央办公厅、国务院办公厅印发的《关于进一步深化税收征管改革的意见》，各项税收工作取得长足发展。全年组织各项收入4041.88亿元（含西咸新区），比上年下降0.6%。其中，税收收入1554.6亿元，下降7.6%（扣除留抵退税因素后增长6.5%）；社保费收入1091.48亿元，增长14.9%；非税收入1389.97亿元，下降2.9%；工会经费5.83亿元，增长4.7%。收入规模在15个副省级城市中排名保持第9、增速第6位，还原扣除留抵退税后税收增速排名第3。得到省部级领导批示表扬35次，纳税人缴费人满意度位列全国15个副省级城市第3，27个省会城市第6。退税减税、税收网格化管理试点、“三通体系”、税务管家、税警派驻联络机制等亮点工作，得到总局和省领导肯定批示。

【税费政策】　2022年，西安市税务局出台《扎实稳住经济的一揽子税收政策实施措施》，包含加大新的组合式税费政策支持力度、促进扩大投资、促进乡村振兴、稳工业经济、稳社会就业、稳小微企业、稳外资外贸、转执法方式等8个方面33项政策实施措施。持续开展组合式税费支持及延续执行政策梳理，新出台政策19条，延续执行政策23条，合计42条。丰富面向自由贸易区西安片区和综合保税区的政策组合和探索试点，创新开展全国首家陆路“启运港退税”政策试点。成功争取关中综合保税区一般纳税人资格试点，实现全市4个综合保税区试点政策全覆盖，有效破解区内企业增值税抵扣不充分、出口货物不退税等难题，将跨境电商零售免税和海关特殊区域加工贸易保税等政策整合成政策优惠大礼包，为不同经营模式的出口企业提供涉税问题解决方案。抓好小微企业所得税、研发费用加计扣除、设备器具税前扣除、支持基础研究等优惠政策的贯彻落实，通过后台提取符合条件的企业名单，一对一、点对点做好政策宣传辅导。强化对2022年延续实施的政策（3岁以下婴幼儿照护专项附加扣除、疫情防控和复工复产等政策）的宣传辅导力度，提高政策投放的针对性并不折不扣落实。全市为527万人落实费用减除标准及税率调整政策，为97万人落实专项附加扣除减税政策，其中5.7万人享受3岁以下婴幼儿照护专项附加扣除。10月1日起，居民换购住房个税退税政策实现第一时间落地，办理全省首笔退税业务。

留抵退税　聚焦“快退、狠打、严查、外督、长宣”的“快准稳好”退税目标，建立留抵退税“四化同步”（税惠快捷化、监管数智化、服务集成化、管理协同化）、六税两费［资源税、城市维护建设税、房产税、城镇土地使用税、印花税（不含证券交易印花税）、耕地占用税和教育费附加、地方教育附加］“不来即享”、缓缴税费“一键办结”机制，联合稽查、

表7　2022年西安市分税种收入情况统计表（含西咸新区）

项　目	累计收入/万元			增减率/%	所占比重/%
	收入额	上年同期	增减额		
一、税务部门税收收入	15545978	16819249	-1273271	-7.6	100.0
其中：中央级	7429109	7892615	-463506	-5.9	47.8
地方级	8116869	8926634	-809765	-9.1	52.2
1. 国内增值税	5318080	6755802	-1437722	-21.3	34.2
2. 国内消费税	582944	369144	213800	57.9	3.7
3. 企业所得税	4247918	4126353	121565	2.9	27.3
4. 个人所得税	1756910	1670104	86806	5.2	11.3
5. 资源税	33423	32208	1215	3.8	0.2
6. 城镇土地使用税	155916	163494	-7578	-4.6	1.0
7. 城市维护建设税	572053	576702	-4649	-0.8	3.7
8. 印花税	245859	236580	9279	3.9	1.6
9. 土地增值税	647844	557773	90071	16.1	4.2
10. 房产税	501491	502030	-539	-0.1	3.2
11. 车船税	142956	133025	9931	7.5	0.9
12. 车辆购置税	378739	595866	-217127	-36.4	2.4
13. 耕地占用税	179233	105842	73391	69.3	1.2
14. 契税	781566	992784	-211218	-21.3	5.0
15. 环境保护税	897	1285	-388	-30.2	0.0
16. 其他税收	149	257	-108	-42.0	0.0
二、出口退税	-1108890	-687480	-421410	61.3	
三、海关代征	399095	530638	-131543	-24.8	

表 8　2022 年西安市社会保险费收入情况统计表（含西咸新区）

项　目	收入额 / 万元	上年同期 / 万元	同比增减额 / 万元	增减率 / %	所占比重 / %
社会保险费	10914783	9500668	1414115	14.90	100.00
1. 企业职工基本养老保险费	5893273	5144276	748997	14.60	53.99
2. 城乡居民基本养老保险费	54282	55324	-1042	-1.90	0.50
3. 机关事业单位基本养老保险费	1301857	1355622	-53765	-4.00	11.93
4. 职工医疗保险费	3133431	2493045	640386	25.70	28.71
5. 城乡居民基本医疗保险费	214078	192707	21371	11.10	1.96
6. 失业保险费	235233	189231	46002	24.30	2.16
7. 工伤保险费	82629	70463	12166	17.30	0.76

表 9　2022 年西安市非税收入情况统计表（含西咸新区）

项　目	收入额 / 万元	上年同期 / 万元	同比增减额 / 万元	同比增减率 / %	所占比重 / %
一、非税收入	13899744	14307570	-407826	-2.90	100.00
1. 教育费附加	243081	245100	-2019	-0.80	1.75
2. 地方教育附加	162031	163414	-1383	-0.80	1.17
3. 文化事业建设费	3386	-1	3387	-338700.00	0.02
4. 残疾人就业保障金收入	85633	70122	15511	22.10	0.62
5. 水利建设基金	124538	119263	5275	4.40	0.90
6. 水土保持补偿费收入	19731	14685	5046	34.40	0.14
7. 防空地下室易地建设费收入	16515	38834	-22319	-57.50	0.12
8. 其他中央项目收入	3216	2809	407	14.50	0.02
9. 其他省级项目收入	6390	31258	-24868	-79.60	0.05
10. 国有土地使用权出让收入	11550868	12990482	-1439614	-11.10	83.10
二、工会经费	58276	55675	2601	4.70	/

督审、纪检多部门协力护航留抵退税，全年退税减税缓税 442.22 亿元，其中留抵退税 293.48 亿元。纳税人对落实留抵退税工作满意率为 95.96%。

出口退税　精准落实国务院常务会“进一步加大出口退税支持力度，促进外贸平稳发展”的指示精神，围绕总局“保险赔款视同收汇、加工贸易企业进项税额抵扣、离境退税政策拓展”3 项新政，全面落实“三减”（减资料、减事项、减纸质证明）、“三加”（加力度、加方式、加便利服务）、“三提速”（提速退税办理、提速退运通关、提速实地核查）措施。全市办理出口退免税 109.78 亿元，比上年增长 61.42%。平均办理时间压缩至 5 个工作日内，其中一类、二类出口企业正常出口退税平均办理时间压缩至 3 个工作日内。

“六税两费”减免　持续优化大数据云平台功能，“六税两费”减免政策落实工作按局、所、人、户、税进行任务归集，实现退抵税全流程智能化监控，既防范应享未享风险又严控违规享受风险，确保抵退税全程又快又准。全年办理“六税两费”减免 16.14 亿元，惠及纳税人 45.39 万户。

【税收征管】　2022 年，西安市税务局开展分析监控，主动堵漏增收，实现税收平稳入库。坚持“税费皆重”理念，推动各项社保费、非税收入规范化征收。持续抓好增值税发票全链条风险快速反应机制运行工作，处置高级风险票种核定业务 2883 户次、发票领用业务 1429 户次、增版增量业务 180 户次。推进增值税专用发票电子化扩围试点，电子专票开具面、接收面实现所有区（县）局全覆盖。抽取并下发核查各类疑点数据 29163 条，更正数据 676 条，补缴税款 158 万元。围绕营业收入、营业成本、利润总额、资产总额等 8 个指标，借助大数据云平台、金三系统，按周开展异常数据分析和核实更正申报，汇算期间共计下发各类疑点数据 8 批次 8915 户次，提升申报准确率。补税金额增长 44.7%，退税金额增长 41.4%，实现汇算人数和质量“双丰收”。全面规范个税查账征收管理，全员全额明细申报率 98.5%。分阶段、有梯度地加强消费税管理。从终端消费成品油往上追溯中游、上游企业，排查购进非成品油化工品管理风险，对 2 户中游经销企业、42 户终端消费疑点企业调查核查，8 户移交稽查，进一步排除非成品油化工品消费税风险。利用车辆识别代码与增值税发票系统的机动车销售统一发票数据进行匹配，完成“一车多票”风险数据核查 15 批次，涉及数据 80 余条。完成土地增值税清算项目 100 个，清算补缴（含核定）税款 30.28 亿元，是上年的 4 倍，清算项目数和补税额均创新高。完成反避税立案 3 户、结案 3 户，补缴企业所得税并利息、滞纳金 692.96 万元。加强高收入行业及人群监管，对全市近 4 年市场主体登记股东变更信息开展 4 轮数据分析，建立全量和重点人群“两大清册”，总数据量 15 万条。分 3 批（次）向区（县）局推送典型疑点信息，追缴税款 4955 万元。对 2021 年度收入情况再次核查整改 98 人，补缴税款 1291 万元。组织对年收入在 100 万元以上未汇算自然人和年收入 50 万元以上异常汇算自然人，分类开展催报催缴，入库税款及滞纳金 6764 万元。

【纳税服务】　2022 年，西安市税务局

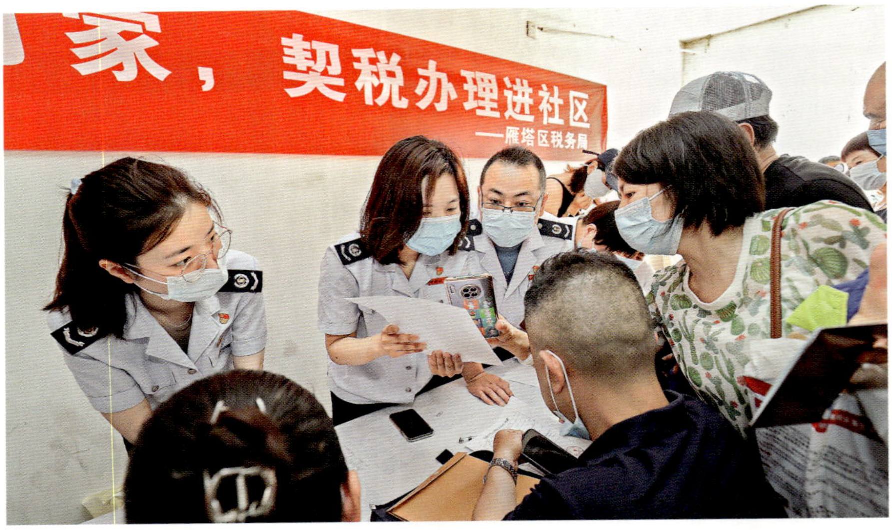

2022年6月30日，西安市雁塔区税务局到西京社区为业主办理契税缴纳业务
（市税务局　供图）

开展“便民办税春风行动”，5大类20项126条服务举措落地见效。邀请人大代表、政协委员等“走流程、听建议”83人次，开展“一把手走流程”202次，解决问题70个，优化流程14项。开展“秦税倾情倾力，愿您非常满意”入户宣传，推送政策“红利账单”，上门辅导解难。在全系统实施办税缴费7×24小时“服务不打烊”制度。与市工商联共同制定《2022年助力小微市场主体发展“春雨润苗”专项行动方案》，助力小微企业发展。组建社保税费缴纳“红石榴”专家服务团队、设置社保非税“红石榴”窗口等。市、县两级联合人社、医保等经办部门共开展“红石榴·陕先锋”活动80余次。多部门紧密配合，为纳税人、缴费人提供便捷高效的税费服务。巩固完善“税务管家”服务举措，建立省、市、县（区）三级重点建设项目服务清单，为146个省级重点项目、334个市级重点项目、197个县（区）级重点项目提供个性化、便利化的管家式服务。深化税务管家服务范围，对接央企进陕项目42个，人大代表政协委员所在企业13户，拟上市企业11户。税务管家推送政策4178条，培训宣传辅导1739次，针对企业个性化需求协助办理税务事项554个，办理税务享受事项468个。有354万人（次）参与税务服务评价，99.71%评价“非常满意”。

【减税降费】　2022年，西安市税务局与市财政局等部门联合制定落实退税减税制度措施。实现退税退费当天审批，当天到账。完成5批（次）4509户高新技术企业资格认定税务复核，与财政等部门联合做好非营利组织免税资格、公益性群众团体公益性捐赠税前扣除资格的认定管理，持续释放政策红利。深化“税银”互动。“税银贷”累计放款916.46亿元，12.36万户（次）纳税人从中受益。落实国际税收协定。非居民企业享受税收协定待遇57户次，合计减免税款4159.13万元；办理1户境外投资者以分配利润直接投资暂不征收预提所得税优惠政策，延迟滞纳税款金额1100万元。全年开具《中国税收居民身份证明》119份，涉及20个国家，减免税3.14亿元。

【依法治税】　2022年，西安市税务局推动《西安市税费保障条例》的修订。与市人民检察院签订《健全工作机制加强检税合作框架协议》，在3个跨区域稽查局设置税警联合办公室，打造税警协作一体化网络。提升协税、护税合作质效，形成工作联动、风险联防、问题联治、成果联创的共治格局。严格按照规定做好政府信息公开依申请办理工作，全年收到依申请公开事项14件，均在规定期限内妥善办理完毕。通过行政执法信息公示平台及时公开重大违法案件，主动公开纳税信用A级纳税人名单、欠税公告、行政处罚等信息。全年发布各类信息6000余条，比上年增长51.29%。下发《非强制性执法试点工作方案》，通过构建合法性、立体化的机制体系，推动税收执法从经验式向科学精确执法转变，实现执法力度与执法温度并存。依法办理复议诉讼案件，扎实落实《涉税争议前置处理办法》，稳妥推动“枫桥式分局”建设，成立27个公职律师涉税争议咨询调解中心，设立22个办税厅“税费争议调解室（岗）”，实现争议前置，解决同行政复议、行政诉讼等纠纷解决方式有机衔接、相互协调，最大限度地保护纳税人缴费人合法权益。全年办理行政复议案件83件，办理行政诉讼案件9起，将128件涉税争议事项化解在基层。

【税务稽查】　2022年，西安市税务稽查系统立案检查存在疑点的留抵退税企业45户，全部查结，挽回各类税款损失合计9000多万元。曝光4起典型案例，位列全省第一。受理“双随机、一公开”案源215件，涉及成品油、水泥制造、房地产开发和广告传媒等行业，实现自查税款入库224.55万元，查补税款、滞纳金、罚款433.38万元，完成率100%。受理涉税举报案件477户，已结案221户。全年全市稽查系统受理案源3763户，查补稽查收入12.47亿元，比上年增长41.14%；入库收入6.63亿元，比上年增长360%。全年办理重大税务案件10余件。

【税务宣传】　西安市税务局出台《西安市税收法治宣传教育第8个五年规划（2021—2025年）》，推进税收普法宣传工作。与各级主流媒体建立沟通联络机制，开展“走进税收一线”“媒体问新政”等主题采访和新闻发布活动，组织“走访两会代表委员”“税企共话退税减税”“税法进校园”等主题宣传。全市税务系统在《人民日报》、中央电视台等各级主流媒体宣传1136篇（次），比上年增长69%。西安“两微”共吸引20.9万人关注，推送信息5050条，内外网站累计发布工作动态信息3721条。利用网站、“两微”平台等宣传阵地以及各级主流媒体，开展增值税留抵退税相关税收政策宣传，通过电话视频、微信短信、面对面进行辅导，纳税人学堂辅导331.29万人（次）。通过“税企交流掌上通”平台向全市纳税人缴费人推送78项组合式税费支持政策学习资料，向117.37万户次纳税人“点对点”定向推送36项政策提醒；发布纳税人学堂培训视频15期。印制《2022年组合式税费支持及延续执行政策汇编》等各类税费政策宣传册等共计55.7万份，在全市办税服务场所发放。

【信息管税】　2022年，西安市税务局搭建市局标准化综合客户端，推动税收执法风险信息化内控监督体系建设。在全省率先实现缴费全程“网上办”、房产交易涉税业务全流程标准化。推行“无纸化＋网上申报”“问题导向＋提醒服务”“流程简化＋容缺办理”等高效管理机制。承接省局大数据创新试验西安基地建设，高质量打造纪检监督、企业所得税等多个“样板间”。有序推进数电发票试点，成功开出陕西省首张数电发票。对广告传媒、房地产等行业，开展“双随机、一公开”监管，大力推进征管质量控制“两级三中心”建设，保障“5C+5R”落实，多轮治理10余万条疑点数据，基础征管质量不断提升。

（李　梅）

金融监管

【金融风险防控】　2022年，西安市出台《西安市金融风险突发事件应急预案》《西安市防范化解重大金融风险问责办法》等文件。市金融工作局会同市财政局建立完善市财政金融风险化解委员会制度体系，开展养老领域非法集资大排查大整治专项行动，健全完善防范化解地方金融风险体制机制。发挥省、市两级金融风险大数据监测预警平台功能，先后组织属地核查高风险企业130家，列入异常处理39家，整改13家，注销3家。成功举办“西安市防范金融风险创意短视频大赛”，建成“西安市防范金融风险宣传教育基地（新城基地）”，组织各成员单位开展现场宣传活动116场，发放资料300余万份，发送警示教育短信110万条，切实提升群众金融风险防范意识。银保监部门在全辖范围内开展内控合规管理专项大排查，及时消除金融安全风险隐患。加强与住建、人民银行西安分行等部门协作联动，化解重点房企融资风险。开展人身险市场乱象治理，集中整治“代理退保”黑产乱象。制定银行保险机构重大案件督导工作规程，规范案件管理。强化与纪检监察、公安、宣传等部门的信息共享和工作协同，提高监管合力，杜绝监管真空。

（高　丹　魏　毅）

【货币政策】　2022年，中国人民银行西安分行营业管理部落实稳健货币政策，及时成立金融支持稳增长工作专班，统筹安排金融支持疫情防控和稳增长工作。落实国务院稳住经济大盘工作会议精神，提出金融稳增长15条具体措施。引导辖区内金融机构对接全市抗疫保供重点名录企业融资需求，办理授信金额总计305.56亿元。全市金融机构本外币存款余额31763.11亿元，新增3253.09亿元，比上年增长11.41%，比上年提高1.95个百分点；本外币贷款余额32247.14亿元，新增2835.89亿元，比上年增长9.64%，比上年下降4.39个百分点。引导金融机构加大对科技创新、高端装备制造、绿色金融及普惠小微领域信贷投放力度，全年再贴现金额366.77亿元，创历史新高，支持重点领域和薄弱环节的票据贴现利率较同期同档次票据下降25～35个基点。辖区使用再贷款发放的普惠小微、涉农贷款利率低于5.5%。

【外汇管理】　2022年，西安市外汇管理部门畅通政策传导，提升中小微外贸企业服务水平，组织开展跨境金融政策落地增效“金六月”专项活动，走访涉外企业64家，召开银企座谈会79场，推进辖区贸易投融资自由化便利化。全力支持中欧班列“长安号”高质量发展，以跨境金融服务平台“长安号”场景为主体，成功申请成为全国4家“跨境金融＋区块链”特色领域试点。依托陕西自贸试验区和“秦创原”平台，常态化推进跨境金融创新，指导辖区银行业金融机构开展资本项目数字化试点服务，聚焦政策创新、业务创新和数字赋能，推动辖区银行加大跨境金融服务和产品创新力度，培育发展市场采购、离岸转手买卖、跨境电商等外贸新业态、新模式，有效激活辖区市场主体活力，激发外贸转型升级新动能。

【反洗钱工作】　2022年，中国人民银行西安分行营业管理部持续完善反洗钱监管机制，完成238家金融机构反洗钱分类评级，开展法人机构洗钱风险自评估工作，持续推动法人机构建立自评估指标体系。强化对重点房地产机构监管走访、反洗钱培训。加强金融机构重点可疑交易报告指导管理，开展打击治理洗钱违法犯罪三年行动。组织开展“反洗钱警钟长鸣”“反洗钱知识校园行”等主题宣传活动，提升宣传辐射面和穿透力。

（魏　毅）

【银行业监管】　2022年，西安市银行业监管部门持续巩固防风险长效机制，完善金融风险防控体系。强化与纪检监察、公安、宣传等部门的信息共享和工作协同，提高监管合力。会同地方金融监管局建立台账，按季度排查、监测和共享风险分析处置情况。与人行西安分行、地方金融监管局签署挤兑风险联防联控合作备忘录。组织排查不良资产真实性，摸清真实风险底数。指导机构加强负债质量管理，限制同业业务规模扩张，强化流动性风险管控。指导机构运用清收、核销、重组等传统处置手段，探索地方政府出资处置、批量转让处置等创新模式，全年处置不良贷款319亿元。持续化解金融机构风险，有效化解城商行投资业务、理财业务等重点领域风险。开展创新业务稽核调查，及时纠正创新业务不规范行为。按照机构真实风险水平，一行一策制定风险处置措施，推动12家农村中小银行机构优先制订恢复与处置计划。组织辖内村镇银行开展3轮重点领域风险排查。协助地方政府推动解决相关法人机构风险问题，争取地方党委政府的工作支持。在全辖范围内开展内控合规管理专项大排查，及时消除金融安全风险隐患。

【保险业监管】　2022年，西安市深化存款保险制度建设，制定并印发《金融机构存款保险标识管理指引》《地方法人银行机构跨区域风险防范化解协调机制实施细则》，推进问题机构年内现场核查全覆盖和第三轮投保机构现场核查全覆盖，摸清投保机构风险底数。开展人身险市场乱象治理，联合公安、市场监管部门印发通告、打击违法犯罪行为，集中整治“代理退保”黑产乱象。深化中介机构“多散乱”治理。发挥监管硬约束与窗口指导软约束的双重作用，深化乱象整治、清虚提质。加快机构案件处置，开展陈案积案处置攻坚行动，全年案件审结数量超过前两年案件审结数量的总和。严厉打击违法违规金融活动，对128家次保险机构开展现场检查，依法合规进行行政处罚8432.6万元。约谈投诉数量较多、投诉处理不到位保险机构，严肃查处侵害消费者合法权益行为，压实机构消保主体责任，提高机构初访化解水平。

（杨宏燕）

【地方金融监管】　2022年，西安市印发《关于进一步做好我市地方金融领域消费者权益保护工作的通知》和《关于进一步强化地方金融组织监督管理，防范化解地方金融风险的通知》，推动地方金融行业环境持续优化。按照《地方金融组织审核工作手册》，高质量、高效率开展审核服务工作，审核五类地方金融组织设立、变更事项80件，验收审核4家P2P转型设立小额贷款公司，通过审批或备案小额贷款公司、融资担保公司、典当行、融资租赁公司、商业保理公司共338家，注册资本总额951.35亿元，业务规模总计1538.73亿元，不良率各项风险指标长期维持较低水平。组织开展地方金融组织调研、座谈40次，组织地方金融组织统计工作培训4场次，参训人员400人次。

（高　丹）

审　计

【概况】　2022年，西安市审计机关依法履行审计监督职责，开展审计和审计调查项目731个，查出违规问题金额110.55亿元，促进财政增收节支和盘活、拨付资金102.83亿元，移送问题线索166件，为全市推进“六个打造”奋斗目标和九项重点工作提供有力审计保障。

市审计局起草《中共西安市委审计委员会关于加强区（县）党委审计委员会工作的意见》，建立完善市委审计委员会领导批示抄清督办制度，推动审计委员会决定事项和审计领域重大事项落细落实。出台《西安市审计局关于加强内部审计工作的意见》和《西安市内部审计工作报备管理办法》，举办全市国有企业内部审计培训暨经验交流会，组织市级部门、企事业单位内审人员参加以审代培，推动内审工作质量进一步提高。各区（县）审计局结合工作实际，制定议事协调、审计整改等方面的规定，把加强党的全面领导的部署要求进一步细化、实化、制度化。及时请示、报告和报备重大事项，向市、区（县）党委审计委员会呈报《审计要情》、工作专报等重要文稿89件，及时反映审计中发现的重大问题，认真分析原因，提出建议、意见，为促进经济社会高质量发展发挥重要参谋智囊作用。

【重大政策落实情况跟踪审计】 2022年，西安市审计局组织对全市2019—2021年招商引资政策落实和项目落地情况进行专项审计调查，揭示违规收取企业履约保证金6656万元、虚报投资额210亿元、应追缴未追缴已向企业兑现的补贴资金3094万元和企业欠缴国有建设用地使用权出让价款25亿元等突出问题。对市本级和4个区（县、开发区）设立的7支政府投资基金进行审计，重点关注基金管理运行及效益情况，针对审计查出的4大类11个问题，从加强政府投资基金出资管理、健全政府投资基金绩效评价体系等方面提出4条建议。组织开展全市2020—2022年地方政府专项债券专项审计，覆盖125个单位、219个项目，涉及资金845.32亿元，揭示问题和风险隐患22个。对2022年财政直达资金开展专项审计调查，抽审项目365个、资金98.07亿元，发现直达资金分配、拨付、使用、绩效、监管5个方面14个问题，涉及资金10.48亿元。

【财政审计】 2022年，西安市审计机关开展预算执行审计179个，西安市审计局对市本级和12个市级部门单位预算执行及其他财政收支、3个区（县）财政收支管理使用情况开展审计，对95个市级一级预算部门单位2021年度预算执行及财政财务资料进行全覆盖审计，延伸单位42个，审计资金116.71亿元，及时揭示预算编制不精准不规范、预算收入执行不到位、财政支出分配管理不合理、专项资金管理不到位、违规使用财政资金等问题，提出审计建议41条，促进相关单位深入贯彻落实过紧日子要求，强化预算管理，优化支出结构，提高财政资金使用效益。

【民生审计】 2022年，西安市审计局组织对全市新冠疫情防控资金和捐赠款物开展专项审计，指出未付代付疫情防控费用、医废垃圾转运收集和集中隔离点管理不规范、捐赠资金分配使用不及时和捐赠信息公开不准确等6大类问题，促进建章立制4项，助力打赢疫情防控阻击战。开展全市医疗保险基金及“三医联动”改革专项审计调查，揭示915家医疗机构违规多结算医保基金1093.67万元、22家社区卫生服务中心全科医生人数配备不足、基层医疗机构设备闲置床位使用率低等问题，提出审计建议4条。组织对全市粮食购销领域开展专项审计，发现应急成品粮储备及供应网点不足，储粮企业储备粮超标准损耗、库存数量不实等问题125个，已整改122个，整改率97.6%，出台规范性管理制度172项；承储企业将国有股红利14.65万元全额上缴国库，退还41.14万元挪用资金；移送问题线索18件，50人被问责，有力促进筑牢粮食安全防线。对2021年度西安市自然灾害应急救助和灾后重建情况开展专项审计调查，延伸10个区（县）和3个开发区，发现挤占应急救灾专项资金，超标准、超范围发放补助（救助）资金，灾后重建移民安置项目管理不到位，财务管理不规范等问题，提出3条审计建议。对全市2020—2021年采暖季天然气补贴情况进行审计，涉及10家燃气企业、21家集中供热企业、天然气补贴金额8.07亿元，审计核查的居民小区自备锅炉民生供气补贴、燃气锅炉供暖民生部分补贴，核减率分别为12.22%、15.47%，促进财政增收节支4537.7万元。

2022年，西安市审计人员在鄠邑区葡萄产业扶贫基地了解残疾人就业保障金筹集管理使用和相关政策落实情况 （市审计局　供图）

【农业农村审计】 2022年，西安市审计局对4个区（县）耕地保护情况开展专项审计，揭示政策措施落实、资金管理使用、项目建设管护等方面突出问题11个，涉土地面积488.91公顷、资金3.85亿元。关注高标准农田建设、农村人居环境整治、乡村产业发展和易地扶贫搬迁后续扶持情况，开展临潼区乡村振兴政策落实和资金管理使用情况审计，查出4类12个问题，促进拨付高标准农田建设资金3049万元、兑付无害化户厕提升改造补助资金719万元。

【政府投资审计】 2022年，西安市审计局组织对全市2022年省级重点建设项目推进情况开展专项审计调查，涉及建设项目191个、总投资6610.37亿元，围绕建设项目计划编制、开工建设、资金筹集管理、项目进度等情况，指出项目进展缓慢、程序不完善、建设资金未到位等4大类10个问题，提出4条审计建议。开展第十四届全运会暨残特奥会市执委会经费收支审计、奥体中心建设项目竣工决算审计，全面审查建设资金筹措管理使用和项目管理、工程质量情况，查出施工单位多计工程款6.7亿元，建设单位多计设计费、建设管理费、监理费等3231.44万元等问题，客观评价投资效益，为场馆项目竣工验收提供依据。

【资源环境审计】 2022年，西安市审计局聚焦提升生态质量，对全市工业固体废物处置情况开展审计调查，以工业固体废物生产收集、贮存运输、处置利用等环节为重点，抽查15个区（县、开发区）、121家企业，发现5大类39个问题，提出4条建议。对西安经济技术开发区领导干部实施自然资源资产离任审计，重点关注大气、水、土壤等自然资源的开发利用和保护改善情况，查出5大类25个问题。市审计局按照省审计厅安排，完成2019年至2021年承担的周至县、旬阳市、宁强县秦岭生态环境保护审计全覆盖查出问题整改落实情况专项审计，核查各类问题90个，其中现场检查拆除违建或五乱问题生态修复点位15个，矿山治理点位14个，垃圾填埋场5个，污水处理厂8个。根据省审计厅安排，对咸阳市秦都区黄河流域生态环境保护开展专项审计，揭示湖长制政策落实不到位、饮用水水源地保护不到位和行政执法不严等7大类31个问题，提出理顺管理机制、严格依法行政、认真抓好整改等审计建议，为推动全省黄河流域生态环境高质量发展作出积极贡献。

【经济责任审计】 2022年，西安市审计局修订市经济责任联席会议议事规则，制定《西安市2022年经济责任审计工作方案》，组织开展经济责任审计业务培训，区分不同领导职务职责要求，明确审计内容和重点，指导分类设定评价指标、拟定问题定性定责原则，规范审计结论文书。全市审计机关共开展领导干部（领导人员）经济责任审计项目133个，其中党委政府主要领导干部19个，揭示经济责任履行中的突出问题和风险隐患870个，审慎客观作出审计评价，推动依法用权、廉洁用权、规范用权。

【企业审计】 2022年，西安市审计局关注保障中小企业款项支付条例及相关政策措施落实情况，开展市本级2020—2022年清理拖欠中小企业账款工作专项审计调查，涉及资金3137笔、19.36亿元，审计期间推动相关单位和企业清偿欠款1137笔、7.12亿元，偿还率37%，促进西安市营商环境不断优化。对市工业合作联社及其所属企业资产状况进行专项审计调查，发现1328.09万元应收款长期未清收、1486.94万元股权投资长期未清理，部分企业资产闲置、资产流失或被无偿占用、私设“小金库”等3大类17个方面的问题，认真分析原因，提出6条审计建议。

【专项审计】 2022年，西安市审计局对市级行政事业单位房产现状开展专项审计调查，涉及504家单位827处房产，组织123家市级一级预算单位召开工作推进会，现场核查72家单位93处房产、9宗独立土地管理使用情况，客观揭示房产闲置、收益损失等4大类44个问题和风险，提出5条针对性审计建议，为盘活闲置房产资源、保障国有资产安全提供重要参考。市政府主要领导2次批示有关单位限期彻底整改，建立长效机制。常务副市长担任整改工作专班组长，主持召开专题会议，推进审计查出问题整改工作。对全市2020—2021年度军民融合推进情况开展专项审计调查，针对制度建设、专项资金管理使用等4个方面的12个问题，提出6条审计建议，推动军民资源互通共享、军民融合深度发展。在市级重要商品储备情况专项审计调查中，延伸11家承储企业，查出制度不完善、监管不到位等问题，提出4条审计建议，促进重要储备商品在发生重大自然灾害、公共卫生事件等关键时刻及时投放，有效应对市场波动。对2020—2021年度西安市退役军人事务领域项目推动情况专项审计调查，发现个别区（县）向已死亡人员发放抚恤补助金，未及时发放义务兵优待金、自主就业经济补助金等问题，涉及金额3509.05万元，提出4条审计建议。

【审计整改】 2022年，西安市审计局加强对审计发现问题整改落实情况的跟踪推进，组织对96个整改到期审计项目的整改情况进行跟踪检查，已整改问题781个，整改完成率83%，促进上缴财政资金8.51亿元、盘活资金16.34亿元、拨付资金66.02亿元，被审计单位采纳审计建议338条，制定和完善规章制度38项，有力促进相关行业、系统、领域规范管理和改革发展。按照市委、市政府工作要求，持续跟进督促上级审计机关审计反馈问题的整改落实，审计署对西安市党政主要领导干部审计发现的70个问题，已整改完成68个，制定完善规章制度38项；中央预算执行和其他财政收支审计发现涉西安市的46个问题，已整改完成38个，制定完善规章制度30项；省审计厅对西安市开发区融资平台及金融类公司资产负债损益专项审计调查指出的50个问题，已整改完成22个，整改工作成效明显。

【审计信息化建设】 2022年，西安市审计局编制西安市金审工程三期建设方案，上报省审计厅并得到批复，完成项目招标采购工作。完成审计信息化国产化终端的适配和客户安装部署，全局配发165台国产化终端，替代率75%；同步开展行政办公子系统试运行。反馈结果表示，国产化终端及新系统使用情况良好。完成预算全覆盖数据采集分析，采集全市101个一级预算单位的财务数据共计2.16千兆字节；分析处理生成12张目表标准表，共计7.8千兆字节，提供给各审计组审计使用。协助6个审计组完成23个被审计单位数据采集转换，其中协助自然灾害应急救助和灾后重建情况审计组实施数据分析工作，采集原始数据420千兆字节，分析形成疑点156个，生成结果表3张。

（张良忠）

统　计

【概况】 2022年，西安市统计部门围绕全市高质量发展和九个方面重点工作，统筹完成国民经济各行业各领域统计调查50余项，组织实施社情民意调查9项。依法依规审批市水务局、高新区、国际港务区等单位4项部门统计调查制度，报批陕西省统计局《西安市部门统计报表制度》等9项地方统计调查制度，编印《2021年统计年报和2022年定期统计报表制度》《西安市地方统计报表制度（2021年统计年报和2022年定期统计报表）》。高质量开展第五次全国经济普查专项试点，印发《西安市第五次全国经济普查专项试点工作实施方案》，编印《西安市第五次全国经济普查专项试点资料汇编》，明确职责分工，全面开展“地毯式”单位清查。

【统计数据质量】 2022年，西安市统计局加大全过程数据质量管控，严把一套表调查单位入退库关，加大对专业统计数据的审核核查力度，推行全部“五上”单位数据质量自查，提高统计数据质量。组织开展专项核查工作，严格执行统计数据质量核查制度，完善9个专业数据质量评估办法。西安调查队加强数据质量管控，修订和完善各专业工作规范20余项，为调查工作的规范化开展提供制度保障。加强辅调员管理，强化一线调查员和辅调员的业务考核、奖惩制度，先后4次核实更新和补充完善信息管理台账，做好人员调整预案，制定应急反应机制，建立辅调员与正式干部一对一应急AB角，保障源头数据质量。住户调查实行“四不两直”（不发通知、不打招呼、不听汇报、不用陪同接待，直奔基层、直插现场）暗访检查，发挥统计监督效能，提升统计数据质量。

【国家调查统计】 2022年，国家统计局西安调查队坚持疫情防控和统计调查两手抓，确保疫情期间数据不断、质量不降。坚持三级审核制度，高质量完成全市城乡一体化住户收支、居民消费价

2022 年 6 月 1 日，西安调查队在西咸新区沙河村开展夏粮实割实测

（西安调查队　供图）

格、房地产价格、工业生产者价格、采购经理、粮食产量、畜牧业调查、农民工监测、月度劳动力调查等常规统计调查任务。建立房价、房租研判机制，准确把握房地产市场变动趋势。制定西安调查队数据质量评估办法，定期召开数据质量评估联席会议，规范和监督数据采集、汇总、报送流程，确保数据质量。完成 2022 年西安市文明城市模拟测评，对 16 个区（县、开发区）的 1100 户居民家庭进行入户调查，对 14 个区（县、开发区）的 246 个点位进行实地考察，详细记录存在问题，撰写调查报告 3 篇。

【部门统计】 2022 年，西安市统计局主动适应新形势新要求，加强政府综合统计与部门统计的协同联动。出台《进一步加强和完善部门统计工作的意见》，修订《西安市部门统计工作考核办法》，将统计工作情况纳入全市年度目标责任考核内容，对 40 个市级部门统计工作情况进行量化评价。组织开展市级部门统计调查项目自查清理工作，依法依规审批《西安市再生水利用统计调查制度》《西安市河湖长制满意度调查制度》等 4 项调查项目，并及时向社会公示。各部门认真执行《部门统计报表制度》，完善部门统计工作体系，强化统计人员配备，及时提供国民经济核算、营商环境监测、行业预判分析所需的部门资料。编办、民政、税务、市场监管等部门积极配合名录库维护更新等工作。市财政局对第五次全国经济普查给予经费保障。在贯彻落实中央统计决策部署各项工作中，发改、工信、商务、住建等部门持续加强统计法律法规学习宣传落实，研究建立防惩统计造假责任体系，有效推动统计督察整改工作任务落地落实。

【统计改革创新】 2022 年，西安市统计局围绕国家和陕西省重大统计部署，坚持把改革创新贯穿到统计工作全过程，着力打造“西安统计样板”。先后完成第五次全国经济普查专项试点、企业电子统计台账试点 2 项国家级任务，为全国、全省统计改革提供可复制可推广的“西安经验”。强化地方统计制度创新，实施西安市直报单位工业及能源统计、重点零售和餐饮企业假日经营情况等 9 项地方统计调查，开展服务消费零售额试算和月度服务业生产指数编制，完善全市四大能源品种消费核算，编制全市自然资源资产负债表和能源平衡表，多项工作走在全国城市前列。

【统计基层基础】 2022 年，西安市统计局夯实统计业务基础，实施农村统计基础工作专项行动、基本单位名录库“清零行动”，全市核实处理部门数据 23.4 万条，面向基层开展业务培训 65 次。西安调查队定期开展数据质量检查，及时反馈存在问题，并跟踪督导检查落实情况，不断规范基层基础工作。采取实地走访与电话抽查、重点指导与日常培训、调研走访与督导检查相结合方式，现场实地检查指导调查户 200 余户、企业 50 余家，组织 500 余家企业全面开展基础工作自查，进行 300 余次项目点及中介门店的现场调查指导工作，走访 18 个重要采价点落实跟采督导，完成 3 个区（县）畜牧业调查、6 个区（县）粮食调查专业规范性检查。（市统计局西安调查队）

【统计监测服务】 2022 年，西安市统计局围绕全市高质量发展和九个方面重点工作，加强统计监测和分析研判。开展“三新”经济（楼宇经济、街区经济和总部经济）、支柱产业、生产性服务业等 19 项派生产业数据测算，加强县域经济、乡村振兴、绿色发展等 12 项综合监测，推进数字经济、民营经济等数据试算，开展全市芯片产业链企业调研分析，为全市重点工作提供丰富的统计数据。围绕高质量发展，配合市委组织部、市发展和改革委完善高质量发展评价体系，推动 28 个市级部门补齐数据缺口，整理归集区（县、开发区）近 3 年指标数据，探索开展指数试算，完成基本公共服务满意度和公众生态环境满意度调查，为正式测算奠定基础。统筹完成国民经济各行业各领域常规统计调查 50 余项。巩固地区生产总值统一核算改革成效，完善区县季度、年度生产总值统一核算办法，编印《西安市及分区（县、开发区）国民经济核算历史资料》。第一时间成立服务全市稳经济工作专班，开展全市稳增长工作调研，启动复工复产监测和企业生产经营情况快速调查，按月实施 375 家重点企业（项目）监测和重点领域经济发展趋势分析。聚焦反映党的十八大以来西安经济社会发展成就，组织编撰《数说西安这十年》以及专题系列报告 14 篇。编印《横向对比》《经济运行监测》等各类统计产品 1.5 万余份，报送统计信息 202 期、领导专报 124 期。

【统计监督】 2022 年，西安市统计局全面完成国家统计督察整改、统计造假不收手、不收敛问题专项纠治及统计造假屡禁难绝专题调研等重点工作，与市委巡察办建立统计监督与巡察监督协作配合机制，加强与市纪委监委、市委组织部的工作协调，将统计监督结果作为各级领导班子、领导干部考核以及换届考察内容，深化统计监督与其他监督的贯通协同。出台《防范和惩治统计造假弄虚作假责任制和问责制实施办法（试行）》，在全市开展清理纠正工作，各级统计机构均建立违规干预统计工作记录制度，全面压实防惩统计造假责任。

【依法治统】 2022 年，西安市出台《进一步加强和完善部门统计工作的意见》，市统计局制定《西安市部门统计报表制度》，印发《西安市部门统计工作考核办法》等工作制度，多措并举多方协作形成齐抓共管工作格局。与市委巡察办联合印发《关于建立市委巡察机构与市统计局工作协调机制的意见》，先后 5 次向市委巡察办提供 22 家市级单位、1 个区（县）和 2 个国有企业在统计造假等方面的意见。将统计造假、弄虚作假纳入区（县）换届考察和全市年度目标责任考核内容，做好统计机构主要负责人任免调动共同考察。组织全市统计系统做好领导干部违规干预统计工作台账记录，在全市各级各部门开展清理纠正违反统计法律法规文件和做法工作，清理纠正5份文件。加大统计执法检查力度，与市市场监管局首次开展联合“双随机”执法，全市核查企业3130家、执法检查企业2089家。成立西安市统计执法队，创新以“数据核查+执法检查”“专门执法+专业执法”相结合的模式，常态化开展执法检查，全年市局直查、抽查企业142家，其中立案查处5家、责令整改3家、行政处罚4家。

【统计信息化建设】 2022年，西安市统计局统筹推进网络安全管理和信息化建设，制定《数据安全管理办法》等制度规范，开展“网络安全日”活动，扎实推进统计网络安全整改工作。推广应用统计业务管理平台，新建人口普查数据库管理系统。启用首批“数字员工”，实现投资项目比对、名录库数据更新自动化，统计工作效能明显提高。

（张 叶）

价格管理

【概况】 2022年，西安市发展和改革委员会扎实做好重要民生商品保供稳价，围绕自给率、储备量等重点指标任务，完善调控机制，加强运行调度，强化重点企业保供，平抑市场价格波动，CPI上涨2.2%。4次启动价格联动机制，发放价格临时补贴3700余万元，惠及特殊困难群众近80万人（次）。出台疫情防控期间停车收费减免政策，落实减免停车收费金额2.5万元。着力推进城区公共管网供水价格改革，进一步优化水价结构，适度调整污水处理收费标准。加快推进天然气价格改革工作，修订完善天然气上下游价格联动机制，调整天然气配气价格分类。持续推进转供电环节加价治理，为1405个终端用户清退多收电费272.284万元。组织开展违规涉企收费专项整治行动，公布市政府定价的经营服务性收费、行政事业性收费和政府性基金、行政审批中介服务事项收费目录清单，明晰收费项目和收费标准。

（薛 举）

【价格监测调控】 2022年，西安市发展和改革委员会落实中央、陕西省粮油、副食品、工农业生产资料等29项监测报告任务，监测品种800余个，上报监测数据12万余条。完善应急价格监测制度，元旦、春节、五一、十一等重大节日时期，协调市区（县）监测点联动，增加监测频次，加强市场巡查。新冠疫情防控期间，根据省发展和改革委紧急部署，启动三级联动应急价格监测机制，组织全系统价格监测人员，坚持每日开展7大类22种重要商品应急价格监测，向市疫情防控指挥部报告市场价格监测情况。每月通过市发展和改革委官方网站发布月度市场重要商品价格监测情况分析，引导消费和市场预期。在全国价格监测质量考核中获得满分。

【价格改革】 2022年，西安市发展和改革委员会持续稳妥推进资源性产品价格改革。

天然气价格改革 印发《关于完善天然气上下游价格联动机制的通知》《关于我市居民用管道天然气终端销售价格有关问题的通知》，在保持居民用气价格稳定的前提下，修订完善全市天然气上下游价格联动机制，调整配气价格分类，增加供暖用气类别。及时启动非居民用气上下游价格联动，印发《关于我市天然气非居民用气销售价格联动调整的通知》《关于联动调整2022—2023年度冬季非居民管道天然气终端销售价格的通知》，疏导上游采购成本上涨影响，保障城市天然气安全稳定供应。

水价改革 市发展和改革委印发《关于我市城区公共管网供水价格有关事项的通知》。综合考虑疫情影响、国家稳经济政策要求及财政负担、社会承受能力、城市经济发展及行业健康发展需要等多方面因素，在居民一阶和非居民终端水价保持不变的基础上，理顺水价结构，提高污水处理费，明确损坏水表更换主体，缩小特种用水范围，将特种用水纳入非居民超定额累进加价制度管理，水价改革工作有序推进。

生活垃圾处理收费改革 按照市政府明确的生活垃圾处理水系数法收费方式改革方向，调研全市生活垃圾处理实际运行状况、收费情况、发展方向；配合市城管部门，加强与财政、水务、税务、司法、审计等部门沟通，及时解决城镇生活垃圾处理改革方面过程中遇到的收费性质变更、收费方式转变、收费票据使用等方面存在的问题，为全面推进城镇生活垃圾处理收费改革奠定良好基础。

【民生价费调整】 2022年，西安市聚焦新冠疫情期间民生保障总要求，扎实推进九个方面重点工作，努力保障和改善民生。

重要民生商品保供稳价 制定印发《关于持续推进重要民生商品保供稳价工作的通知》，提出自给率、生猪存栏量、储备规模等24项任务清单，明确时限，实行季度督导调度，向国家和省发展和改革委报送重要民生商品保供稳价工作情况，受到国家和省发展和改革委两级通报表扬。加强重点时段保供稳价工作落实，密切关注春节、国庆等重点时段重要民生商品市场价格运行情况，及时提请市政府召开专题会议安排部署产供储销各环节有关工作；加强猪肉储备调节，对1100吨冻猪肉临时储备轮库出售，增加市场供应；制定印发《关于进一步健全我市社会救助和保障标准与物价上涨联动挂钩机制的通知》，及时启动价格补贴联动机制，阶段性降低启动条件，扩大保障范围，全力保障困难群体基本生活。全年向保障对象发放价格临时补贴3700余万元，惠及特殊困难群众近80万人（次）。

完善教育收费政策 落实国家教育“双减”政策，制定印发《关于加强我市义务教育阶段线下学科类校外培训收费监管的通知》，规范收费行为，减轻中小学生校外培训负担；落实陕西省《关于进一步做好中小学校课后服务工作的通知》；做好2022年秋季中小学校及普通高校收费公示；启动全市公办幼儿园保教费收费标准调整相关工作；完成4所公办高中住宿费收费标准的制定以及47所民办中等职业学校及民办技工学校收费标准并抄送备案。

规范交通行业价格 出台《关于我市公路客运燃油附加费标准有关问题的通知》，进一步完善燃油附加费与成品油价格联动调整公示制度，并根据成品油价格变动情况，10次调整全市公路客运燃油附加费标准；结合国家人口政策变化，制定印发《关于调整儿童乘坐城市公共交通工具免票政策的通知》。

推进停车收费价格改革 为解决疫情期间停车收费问题，制定印发《关于疫情防控期间阶段性减免停车收费的通知》，指导区（县）落实停车收费减免政策，调解处理相关投诉222件，落实减免停车收费金额2.5万元，切实为民纾困解难；组织开展全市停车资源普查和停车设施供需情况调研，形成《西安市机动车停车收费模式优化调研报告》；推进《西安市机动车停车服务收费管理办法》修订工作，优化停车类区域划分、明确特定区域划定原则，缩短停车计费时长，让利于民。

推进物业服务收费管理办法落实 配合做好《陕西省物业服务管理条例》执法检查和管理领域专项法治督察工作，解决物业投诉咨询8件，推进《西安市物业服务收费管理办法》政策平稳落实。

加强经济适用房价格管理 落实《关

于妥善解决遗留经济适用住房项目价格管理相关问题的通知》，为经济适用住房价格核算提供依据。完成东城豪庭C区经适房、中宝达•理想时光限价商品房价格核算和一房一价公示工作；参与完成保障性租赁住房项目评定和公共租赁住房租金标准制定。

夯实价格基础性工作　服务政府定价决策，扎实开展成本调查和监审工作。完成7大行业19个成本监审（调查）项目，对接201个监审对象。企业上报成本48.67亿元，核定成本27.2亿元，核减不合理成本费用21.47亿元，平均核减比例44.12%。建立农产品成本调查工作年度考评机制，完成调查数据1.6万余条，形成调查结论12个，提出涉农建议11条，为政府涉农问题决策提供科学支撑；推进价格认定综合业务平台和调解站点建设，做好价格认定工作。

【价格争议调解】　2022年，西安市发展和改革委员会开展价格争议调解试点工作，各级价格认定机构积极加强与法院、司法机关互联互动，不断提升调解技能，深化调解领域和工作站点，加大工作宣传，有效发挥“调价格之争、解民生之忧”行政调解职能。有9个认定机构完成调解组织、调解员入驻法院人民调解平台对接，实现诉前委派调解工作。设立价格争议调解处理工作站260个，有专兼职调解员310名，成功调解价格争议纠纷65件，累计成功调解136件，涉及金额167.94万元。办理涉案财物价格认定2245件，涉案金额6273.63万元，其中涉黑案件11起，涉案金额730.66万元。（张学辉）

【价格监督执法】　2022年，西安市市场监督管理局开展疫情防控、节假日等重要时段价格专项检查9次，查办价格违法行为78件，疫情防控期间价格监管工作突出，被省局全省通报表扬。组织殡葬收费检查，检查有关单位86个；联合开展农资市场、夏粮收购专项整治，检查市场主体336户次；联合组织全市教育收费检查，抽查检查各类教育机构729个。持续推进物业服务管理领域专项治理，牵头组织核查处理群众反映问题150多个。牵头开展涉企违规收费联合督导检查，联合制定转供电环节电价行为常态化监管方案，核查涉企违规收费线索17条。298个部门完成自查自纠，检查收费单位1310个，查办有关案件19件，责令清退有关涉企违规收费302.6673万元，进一步规范涉企收费行为。（宋东明）

市场监督管理

【概况】　2022年，西安市新登记市场主体43.8万户，累计在册市场主体289.69万户，比上年增长7.68%，实现“扩增量、保存量、提质量”预期目标。全年查处各类违法案件4396件，移送司法机关21件，代表国家市场监管总局查办一起跨省生产销售有毒有害食品重大案件，涉案金额上亿元，受到总局通报表扬。责令清退有关涉企违规收费302.67万元，查处反不正当竞争、反垄断执法案件23件，比上年增长近1倍。捣毁传销窝点121个，教育遣散传销人员550人（次）。受理消费者诉求27.4万件，为消费者挽回经济损失1858万元。开展食品安全“守查保”专项行动和药品、特种设备、工业产品质量安全专项整治行动，查改各类问题隐患3.9万个，确保食品、药品和特种设备安全责任事件“零发生”。编制完成《疫苗质量安全突发事件应急预案》《药品安全突发事件应急预案》《特种设备事故应急救援和报告及调查处理应急预案》《食品安全事件应急预案》等8个部门应急预案。市市场监督管理局被省市场监管局评为特种设备安全监管先进单位，药品安全专项整治做法在国家药品监管局会上交流并被省药监局转发推广，产品质量安全监管工作被市场监管总局通报表扬。“12315”指挥中心受理大厅被授予第20届“陕西青年‘五四’奖章集体”，西安市被国务院食品安全办授予“国家食品安全示范城市”，食品安全“两个责任”落实工作经验被国务院食安办推广。

【市场主体登记】　2022年，西安市登记各类市场主体43.8万户，比上年下降12.56%。其中，内资企业7561户，下降5.08%；私营企业14.69万户，增长11.13%；外资企业737户，下降35.12%；农民专业合作社502户，下降38.93%；个体工商户28.23万户，下降21.32%。截至年底，全市累计在册各类市场主体289.69万户，增长7.68%。其中，内资企业5.25万户，增长11.76%；私营企业75.78万户，增长14.09%；外资企业6619户，增长7.49%；农民专业合作社1.01万户，降低0.09%；个体工商户207万户，增长5.46%。全市市场主体投资活跃度15.12%，活跃度位居前列的依次是：西咸新区（33.97%）、经开区（15.95%）、航空基地（15.05%）、高陵区（13.81%）、未央区（13.72%）。

【商事制度改革】　2022年，西安市市场监督管理局深化商事制度改革，按照“企业开办”“知识产权创造、保护和运用”“市场监管”3项指标，推动《西安市2022年优化营商环境重点任务清单》《贯彻落实全国深化“放管服”改革着力培育和激发市场主体活力电视电话会议重点任务分工方案》等127项工作任务落地落实。制定《市场监督管理局培育壮大市场主体激发市场活力若干措施》《扶持个体工商户发展联席会议

表10　2022年西安市法人单位和市场主体个数统计表

项　　目	绝对量/户
期末法人单位	449385
1. 按机构类型分	
企业法人	428892
机关、事业法人	4928
其他法人	15565
2. 按产业分	
第一产业	6177
第二产业	103203
第三产业	3400058
3. 按注册类型分	
内资	447532
港澳台商投资	679
外商投资	1174
累计在册种类市场主体	2896858
新登记市场主体	437983

说明：市场主体数据来源于市市场监管局，含西咸全域

制度》《支持个体工商户转型企业工作实施方案》，释放市场主体活力。出台《关于对新技术新产业新业态新模式实行包容审慎监管的实施意见》，累计在册各类新经济市场主体16.19万户，注册资本1.69万亿元。

优化企业开办手续，建立健全企业开办“一网通办”平台，将相关企业开办信息“一表采集”，实现“集成办”，与12个省（区、市）的30个市（区、县）实现“跨省通办”。推广电子营业执照应用，实现新设立企业同步生成电子营业执照。探索“一业一证”和“证照联办”改革，实现企业开办、食品经营、药品零售等12个涉企许可事项“证照联办”审批模式，全市办理涉企经营许可改革事项9.48万件，其中审批改备案1.75万件、实行告知承诺1.45万件、优化审批服务6.28万件。出台《市场监督管理局关于推进“信用+市场监管”工作进一步提升监管效能的实施意见》，探索推进“通用型”+“专业型”信用风险分类管理。依托陕西省企业风险分类管理系统，对全市80.62万户企业实施通用型信用风险科学分类。其中，评估信用风险低（A类）企业33.78万户、信用风险一般（B类）企业38.33万户、信用风险较高（C类）企业6.42万户、信用风险高（D类）企业2.09万户，并进行动态更新。

【网络交易监管】 2022年，西安市市场监督管理局推进互联网证据研究试点，建设全国首个互联网电子数据证据管理系统，创新建立特别监管账号池，突破“私号公用”困境，集成PC端、移动端取证场景“一网通取”模式，实现全程可追溯。开展2022年网络市场监管专项行动，检查网络交易经营者6384个（次），督促平台删除违法商品信息210条，抽查网售“一老一小”用品55批（次），发放提醒告诫函和消费提醒倡议函2500余份，查办相关违法案件37件。推进“电商点亮”工作，梳理点亮21.24万条数据，督促网络交易经营者5.54万个（次），在线检查2.36万个（次），实地核查721个（次）、平台5个（次），发现问题236个。开展监测取证，监测重点时段参与促销店铺4.18万家、商品501.47万件；网站5.68万家，获取线索84条。开展定向监测17次，获取线索及主体数据813条（次）。转发线索24个批（次），1052条（次）。完善网络经营主体数据库，更新辖区内平台3个，交易类网站76个，非交易类网站1746个，网店1.46万个，微信公众号4974个，小程序3095个，App 51个。在线取证167次，保存证据页面1466个。参与执法线下取证，总数据量11万亿字节。

【广告监管】 2022年，西安市建立整治虚假违法广告联席会议制度，修订《整治虚假违法广告联席会议工作制度》和《医疗美容广告专项整治“清风行动”工作方案》，发挥联席会议作用。围绕药械、医疗、房地产、金融、教培等10个方面开展重点领域广告专项整治，查办广告案件161起，行政罚没470.62万元。及时处理平台涉嫌违法广告线索，对西安地区传统媒体、互联网、户外三大类商业广告实施全时段、全覆盖动态监测，日平均广告监测线索近30条（次），处理平台涉嫌违法广告线索8100余条（次），查看率、移交率、办结率均为100%。指导省美业协会和市医美协会发布医疗美容广告行业倡议书。与陕西广电融媒体中心等5家重点媒体建立对接协调制度，通报广告监测情况，加大广告审核力度，净化媒体广告市场环境。

【合同监管】 2022年，西安市市场监督管理局加强合同行政监管，参与制定市住建局装饰装修工程施工合同和共有住房买卖合同示范文本。开展全市住房租赁领域利用不公平合同格式条款侵害消费者权益专项整治，全市市场监管部门出动执法人员654人（次），检查房屋租赁、中介企业705户（次），处理住房租赁领域合同纠纷42件，约谈企业7户（次）。

【反垄断工作】 2022年，西安市加强公平竞争审查及反垄断工作，初步建立公平竞争审查和垄断行为举报处理和回应机制。开展滥用行政权力、限制竞争专项执法行动，破除地方保护和行政性垄断。加强民生领域反垄断执法，查办民生领域违法案件4159件，全市联动销毁侵权商品255种415吨；依法对13家水泥企业垄断行为作出行政处罚，罚款4.51亿元。结合落实省局反垄断工作专项安排，开展垄断行为线索征集工作，调查涉嫌反垄断案件2件，核查涉嫌垄断行为线索3起。

【反不正当竞争】 2022年，西安市建立公平竞争审查工作联席会议制度，市市场监督管理局牵头联席会议成员单位联合印发《关于贯彻落实〈公平竞争审查制度实施细则〉的通知》。出台《市场监管领域重大违法行为举报奖励实施细则》，督促相关部门对违反公平竞争审查标准的文件进行整改。建立价格监测与价格监管联动协作机制，严厉打击不明码标价、哄抬物价、价格欺诈等行为。加大反不正当竞争、反垄断执法力度，组织开展2022年反不正当竞争专项执法行动、医疗卫生领域商业贿赂和医药价格违法专项整治，聚焦民生消费、商品要素市场、商业营销、新产业新业态领域热点、焦点问题，立案查处反不正当竞争案件23件，案件数比上年增加1倍。

【打击传销】 2022年，西安市结合常态化开展扫黑除恶专项斗争、“平安西安”建设、文明城市创建等部署，制定印发《2022年打击整治传销专项执法行动实施方案》，组织开展打击网络传销专项执法行动。全市捣毁传销窝点121个，教育遣散传销人员550人（次）；组织开展直销企业专项检查，检查有关市场主体327户，发现整改问题39个，列入经营异常名录46户。

【消费者权益维护】 2022年，西安市出台《创建放心消费示范单位工作程序指导意见》，编制《基层消费维权实用手册》，为处理消费者投诉提供依据。8月26日，成立西安市消费者权益保护委员会。9月，成立西安市消费纠纷人民调解委员会，实现消费纠纷源头化解，减少群众维权成本。发起“无理由退换货”倡议，参与实体店208家，线下无理由退货2828件，退货金额422.69万元。

市市场监督管理局收到“12315”平台咨询投诉举报27.4万件，比上年增长32%，为消费者挽回经济损失1858万元，投诉按时办结率99.8%，举报按时核查率99.2%，均高于全国平均水平，通过“12345”承办工单4.9万件，均按要求及时流转。在全市行业协会和连锁企业推行“消费维权工作站”建设，向20家行业协会和多个大型企业授牌，推动消费维权社会共治。市市场监督管理局与市老龄健康协会、市律师协会签订三方战略合作协议，在居民社区设立老年消费维权服务站，实现老年人就近维权常态化。创建省级放心消费示范单位4家、市级放心消费示范单位54户、区（县）级示范单位1.23万户。开展“放心消费在西安”主题宣传、“‘3•15’国际消费者权益日”系列宣传活动，开展普法教育宣传201次，滚动播放宣传片、消费警示提示1800次，播放公益广告1.3万条（次），发布各类消费警示提示12篇，发布新闻稿件70余篇（次），微信朋友圈、微博公众号点击量过百万。灞桥区市场监管局制作的《送你一朵小红花“3•15”专题宣传片》被国家市场监管总局向全国推送。

【质量强市建设】 2022年，西安市推

进质量强市建设，调整市质量强市工作推进委员会成员单位，健全“大质量”工作机制。开展质量监测分析，编制《西安市质量状况分析报告》和《西安市质量状况白皮书》，西安市 2021 年公共服务质量总体满意度首次超过全国平均水平，比 2020 年提升 31 位。围绕提升重点产业链发展水平，开展质量提升行动，实施品牌带动计划，新增省、市质量奖和提名奖 20 个。聚焦企业质量管理急难愁盼问题，开展“业务帮企、技术助企”活动，开展帮扶活动 777 次，提出工作建议 512 条，培训企业质量管理人员 2200 余人，惠及企业 1700 余家。

【计量管理】 2022 年，西安市市场监督管理局新建社会公用计量标准 13 项，全市社会公用计量标准总数达到232项，提升产业发展、医疗卫生、节能减排、环境保护等计量供给能力和服务能力。编制《物联网秤远程校准规范》《裂隙灯显微镜校准规范》陕西省地方计量技术规范两项。加强重点领域计量监管，开展商品量计量专项检查，净含量抽查 98 批（次），抽样合格率 94%；商品过度包装检验 42 批（次），平均抽样合格率 83%。开展燃气安全计量专项检查，全市法定计量检定机构检定可燃气体检测报警器 4932 台，在城镇燃气安全整治“百日行动”中，检查液化石油气充装站 13 家，检查压力表、可燃气体检测报警器、灌装秤等计量器具 284 台（件）。对疫情防控计量器具开辟绿色通道，网上受理并完成检定计量器具 2.92 万台（件）、服务计量器具使用单位 1550 家。开展“业务帮企、技术助企”服务活动，联合市计量院，成立医疗和装备制造、民生计量、交通计量 3 个服务队，服务企业 61 次。引导涉粮、涉水及其他民生领域 62 家企业开展诚信计量自我承诺，签订“诚信计量承诺书”，并向社会公示。

【标准化工作】 2022 年，西安市加强地方标准制修订工作，及时征集地方标准立项项目 110 项，向省局申报、批准立项 70 项，发布西安市地方标准 36 项。发布新冠疫情防控西安市地方标准8个，为全市疫情防控、复工复产等工作提供标准技术支撑。推进各类标准化试点示范项目建设，指导国家红豆杉种植标准化示范区通过国标委第三年终期验收评估，鄠邑区种植养殖生态循环标准化示范区等 4 个省级农业标准化试点示范区和蓝田县山王村农村人居环境整治标准化试点等 2 个省级人居环境整治标准化试点，通过省局终期评估验收；西安金堆城钼业股份有限公司承担的钼金属氧含量系列化学标准样品试点被国标委列为全国第一批国家标准样品试点项目。推进服务业标准化试点建设，新亿杰物业清洗保洁公司、市总工会养老护理院、紫薇物业公司、荣华养老（曲江）、陕西海普睿诚律师事务所 5 个国家级服务业标准化试点通过国家考核组验收；未央区行政审批服务局、雁塔区医疗保障经办中心被国标委新确定为国家级社会管理和公共服务标准化试点。推进标准自我声明公开和企业对标达标工作，全市 2598 户企业自我声明公开标准 3.08 万个、52 个社会团体自我声明公开团体标准 126 个。开展“百城千业万企对标达标”专项提升活动，全市各类企业发布对标结果 4482 个、编制对标技术方案 268 个，发布对标结果数量居全国第 7 位，发布对标技术方案数量居全国第 4 位。

【认证认可】 2022 年，西安市获得管理体系、产品、服务领域有效认证证书 3.91 万张，占全省 65%，获批认证主机构 21 家。市市场监督管理局印发《关于开展强制性产品认证专项检查与便民检测等相关活动的通知》《关于开展强制性产品认证监督检查工作的通知》等文件，组织开展机动车、电动自行车、家用燃气灶具、消防产品等强制性产品认证检查，检查生产销售企业 793 家，整改 13 家。做好市政府采购绿色建材试点城市申报，全市绿色产品获证组织 27 家、证书 43 张；落实自愿性认证监督检查，组织开展 2022 年认证从业机构获证组织监督检查，检查认证获证组织 151 家，整改 11 家。组织小微企业管理体系认证质量提升行动，编印《小微企业应用 ISO9001 提升质量管理行业指南》，32 家企业获得管理体系认证。发挥市中小企业服务中心平台优势，举办 9 期质量公益课堂，开展培训 37 次，帮扶企业 168 家。利用“6•9 世界认可日”“有机产品认证宣传周”“绿色产品宣传周”“检验检测机构开放日”等时机，开展进园区、进企业、进机构宣传活动。

【检验检测】 2022 年，西安市取得资质认定检验检测机构 739 家，占全省 35%。西安纤维纺织品监督检验所牵头制定的 2 个国家标准 GB/T 41418—2022 和 GB/T 41564—2022 获得国家市场监督管理总局（国家标准化管理委员会）批准发布，解决间位芳纶和对位芳纶纤维混合物定量分析难题，填补国内空白；为全市中小学校检测校服并开展技术咨询活动，免费检测校服 2000 余批。西安产品质量监督检验院发出检验报告 1.23 万份，合格率 99.9%，发现产品质量问题 311 条，通过扩项和 CNAS 复评审 5 次，新增 1184 个参数检验资质。西安特种设备检验检测院完成各类特种设备检验 11 万余台，压力管道 1841.33 千米，96333 班组被陕西省总工会授予“2022 年陕西省‘五一巾帼’标兵岗”称号。西安市质量与标准化研究院开展各类质量、标准化科研项目 6 项，培养标准化专家 2 人，研制省、市和团体标准 50 项，主动服务企业 354 家。西安市食品药品检验所新增化妆品检验参数 85 项、食品检测参数 867 项，药品检测参数 1 项，为年度目标 9.5 倍，具备检验参数增至 7 类 5624 项。

【特种设备、重点工业产品监察】 2022 年，西安市加强特种设备、重点工业产品监察。“特种设备三年行动”收官，检查安装起重机械“双限位”装置 1.34 万台，拆解保养鼓式制动器电梯 2.57 万

2022 年 10 月 29 日，市市场监管局在未央区汉城湖游乐场开展特种设备质量安全检查 （市市场监管局 供图）

台，排查机械式停车设备3.2万台。组建10个市级应急救援队、39个区（县）级救援队、245个企业级救援站，保障电梯困人救援。疫情封控期间，处置电梯应急事件2577起，未发生延误救援事件。保障市场监管城镇燃气安全，督促完成3800千米市政公用燃气管道检验和4700个报废气瓶去功能化处置，推动全市35家液化气充装站建立追溯系统，抽查企业277家、设备2236台件，查出隐患和问题874个，其中重大隐患和问题28个，均督促完成整改。全面完成3.96万家餐饮场所可燃气体报警器安装督导，完成率100%。对电线电缆等8类企业开展全覆盖隐患排查与治理，排查生产企业100家，发现86家企业存在4大类373个质量安全隐患问题，为企业提出建议意见373条。对15家涉危企业开展监督检查，排查各类问题9大类24个，消除质量安全隐患。对30家液化石油气充装企业134个罐开展检测，实现快速检测、快速处理。全年工业产品质量抽查2651批（次）、合格率95.05%，特种设备抽查8552台（件），全市19万部机电类特种设备总体安全稳定，未发生特种设备安全事故。西安市市场监督管理局被省局表彰为2022年度特种设备安全监管先进单位。

【食品安全监管】 2022年，西安市建立食品药品安全委员会综合协调制度，出台《全面加强药品监管能力建设若干措施》，编印《西安市食品安全监管必备口袋书》《食品安全制度汇编》《国家食品安全示范城市复审资料汇编》《复审大事记》《食品安全“两档一承诺”手册》等。推进食品销售风险分级工作，全市7.62万家食品销售单位被评定风险等级，其中A级6.95万家、B级4987家、C级313家、D级1337家，评定率100%。开展2022年餐饮质量提升工作，完成7.44万家餐饮单位食品安全风险等级评定，5.24万家餐饮单位实现“明厨亮灶”，全市餐饮从业人员培训比例80.5%；完成食品抽检6.2万批（次），合格率96.43%。采取早抽样、早检验、早处置措施，在8个大型农贸市场开展食用农产品“凌晨快检”行动，实行夜间作业制，全年完成快检12.08万批（次），合格率98.84%，保护市民“菜篮子”安全。开展食品安全“守底线、查隐患、保安全”专项行动暨加强作风建设切实解决群众反映强烈突出问题专项整治，排查企业15.7万户，覆盖率100%；发现风险问题3.3万户，完成处置3.26万户，处置率99.99%。查办食品领域案件355件，代表国家市场监管总局查办1起跨省生产销售有毒有害食品重大案件，捣毁生产窝点2个、销售窝点2个，查扣物品总重近3吨，涉案金额上亿元，受到总局通报表扬。实行万名干部联系食品生产经营企业，食品安全“两个责任”得到有效落实，国务院食安办推广西安经验。完成国家食品安全示范城市复审工作，西安市蝉联“国家食品安全示范城市”。

【药品安全监管】 2022年，西安市有药品零售企业6432家（零售连锁门店2476家，单体药店3956家），医疗卫生机构7123家（三级医疗机构46家），各级疫苗调拨单位17家，集中式接种门诊524家，中药材专业市场和中药材城乡集贸市场3家。加强药品生产企业日常监管，检查药品生产企业和医院制剂室38家（次），发现缺陷项140项，并做好督促整改落实。实施集采中标药品质量监管，检查涉及中选药品经营和使用医疗机构295家、药品零售企业670家。全市上报药品不良反应报告7360例，其中严重报告1166例，严重报告比例15.8%，符合省中心不低于8%的要求。加强39家三级医疗机构（不含军队医院）药品质量监督检查，现场检查39家（次），责令整改16家（次）；对全市1家市级疾病预防控制中心、24家涉及疫苗接种的三级医疗机构开展质量安全监督现场检查35家（次），其中通过检查7家（次），基本符合要求9家（次），限期整改19家（次），检查覆盖率100%，整改完成率100%。建立疫情期间动态库存监测机制，每日重点监测35家药械批发和零售连锁企业13种疫情防控医疗器械产品购进和库存情况，建立药械物资运输配送和工作人员“快速通道”，督促零售药店“能开尽开”，确保居民药械物资无缝对接、“零距离”无障碍供应。开展零售药店购销环节专项整治，出动执法人员3600余人（次），检查零售药店2366家（次），责令整改75家（次），立案查处97家（次）。全市药品流通使用领域安全监管整体情况良好，药品安全问题及时发现、妥善处置，无漏报、瞒报情况，未出现伤害100人以上或出现死亡病例Ⅲ级以上药品安全事件。

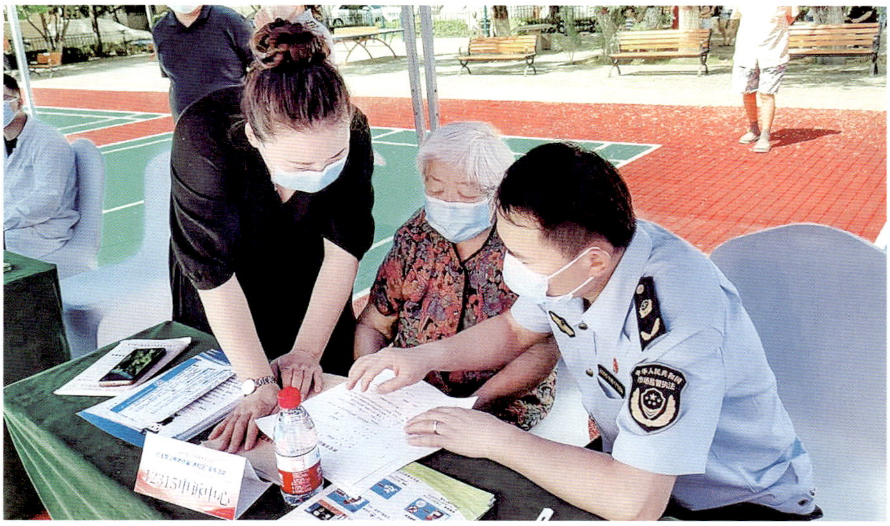

2022年7月12日，市市场监管局开展食品安全“守底线、查隐患、保安全”专项行动暨加强作风建设切实解决群众反映强烈突出问题专项整治

（市市场监管局 供图）

【化妆品安全监管】 2022年，西安市市场监督管理局关注化妆品监管领域群众反映强烈突出问题，检查流通领域化妆品经营使用单位4100余户，发现问题线索56条。开展化妆品“线上净网 线下清源”专项整治，对国内主流交易平台（淘宝、京东、1688、天猫、国美、苏宁、微店）内经营者进行监测，监测全市网络交易主体9.13万家。检查线下化妆品经营单位2500余户，检查线上化妆品经营者297户、电子商务平台经营者13户；抽取化妆品样本200余批（次），监测并移交涉嫌违法违规销售化妆品线索122条，责令整改企业62户；查处线上案件11起，罚没款3.5万余元，线下案件5起，罚没款5.5万元，移交公安机关案件1件。加强化妆品不良反应监测，全市建立监测哨点40家，初步建立起以医疗机构监测哨点为主的监测体系。10月12日，市食品药品检验所（西安市药品不良反应监测中心）开发的“西安市化妆品不良反应填报系统”上线运行。以“安全用妆，携手‘童’行——关注儿童用妆安全”为主题，开展化妆品安全科普宣传活动，发放宣传资料300余万份。

【医疗器械安全监管】 2022年，西安市市场监督管理局加强国家集中带量采购中选医疗器械产品质量监管，以配送企业和使用单位为重点，采取年度覆盖检查和随机抽查相结合方式，开展国家集采中选医疗器械产品专项检查，对全市三级以上医疗机构和相关配送企业开展现场检查，发现问题全部整改。开展药品安全专项整治和药品安全放心工程，全市检查第一类医疗器械生产企业41家、医疗器械经营企业1.01万家、医疗器械使用单位868家，责令整改119家，移交违规线索37件、案件线索15件。

【市场综合执法】 2022年，西安市市场监督管理局印发《关于推行市场监管综合行政执法标准化工作的意见》《市场监管综合行政执法标准化工作实施方案》，完成行政处罚《程序规范》《文书规范》《人员规范》编制和发布，协调推进执法系统平台原型建设。印发《综合行政执法与刑事司法衔接相关规定》，完善市场监管部门与司法机关之间案源共享及检验鉴定结果互认等制度，共建行刑衔接食品检验实验室，开通涉刑案件检测绿色通道。对接市公安局物流寄递犯罪侦查支队，初步搭建物流行业行刑衔接平台。推进“西安都市圈”执法协作机制建设，完成《西安都市圈市场监管执法协作协议》和价格执法、打击传销和规范直销、消费者权益保护、食品安全、知识产权保护、特种设备监管、药械化质量监管7个方面协议签订，初步构建域内全链条执法协作基础。印发《轻微违法行为不予行政处罚清单》《轻微违法行为减轻行政处罚清单》2项清单，梳理减轻行政处罚事项6大类19条，不予行政处罚事项7大类53条，累计从轻、减轻、免予处罚各类市场主体187户，为8家企业办理分期缴纳罚款，金额917余万元。

围绕群众关心热点难点问题，开展“民生领域案件查办‘铁拳’行动”，打击食用油掺杂掺假、声称减肥壮阳等食品非法添加、医疗美容领域虚假宣传、粮食购销领域计量违法、电梯超期未检、面向未成年人开展“无底线营销”等10类违法行为，查办“铁拳”行动10项重点领域案件939件，罚没1305.78万元，被省局评为工作成绩突出集体。推进重点专项整治行动，开展粮食市场秩序专项整治、常态化扫黑除恶斗争、打击治理电信网络新型违法犯罪、“扫黄打非”、面向未成年人无底线营销食品、涉水领域腐败、“天价”月饼及蟹卡蟹券等10余项专项整治行动，全年督导检查18家国有粮企和32个基层粮库2轮19次，完成巡察整改任务8项，查办案件13件，罚没5.7万元。组织涉老诈骗摸底排查和执法检查2443轮（次），为消费者挽回经济损失3.88万元。现场核查电信涉诈市场主体4批（次）22户，报送异常名录信息6批（次）1万余条，打击治理电信诈骗工作受到市联席办通报表彰。全年市市场监管局系统查办案件4396件，比上年增长76%，罚没4787.22万元，移交司法21件，发布典型案例2期11件。

（宋东明）

知识产权保护

【概况】 2022年，西安市市场监督管理局（市知识产权局）加大知识产权保护力度，先后出台《西安市知识产权行政保护实施方案》《西安市知识产权保护专项行动实施方案》等9个文件。健全知识产权保护体系，与市商务局、市司法局、关中海关以及公安、法院、检察院等相关部门签订知识产权保护协作备忘录，形成行政、司法相互贯通的保护格局，增强知识产权纠纷多元化解能力。依托西安市知识产权信用服务系统和“知信通”微信小程序，通过“双随机、一公开”抽查检查，并在国家企业信用信息公示系统向社会公示，提升知识产权信用监管水平。融入秦创原建设，举办首届秦创原高价值专利大赛西安分赛，开展“西安知识产权运营转化系列对接活动”11场，开放专利许可1000余项，转化成果100余项。加强全市软件正版化管理，完成软件正版化核查考评和年度核查问题整改落实。推进版权交易，入驻店铺500余家，汇聚商品2.3万余件，实现交易额1400万元。制定《“4•26”知识产权宣传周活动方案》，6大主题视频文案在西安发布、人民网、凤凰网等主要媒体进行宣传。新增国家级知识产权示范企业4家、优势企业51家；全市获得第23届中国专利奖26项、陕西省专利奖75项，均创历史新高。西安市被确定为国家知识产权强市建设试点示范城市。

【知识产权强市建设】 2022年，西安市市场监督管理局（知识产权局）出台《促进知识产权创新发展工作举措》，推动西安国家知识产权强市示范城市建设。提请市委常委会、市政府常务会专题研究部署示范城市建设，专题调研指导知识产权工作。推动西安市政府与省知识产权局联合印发《示范城市建设工作方案》，构建共建机制。出台促进创新15条措施和扶持市场主体发展措施。落实重大政策措施受到省政府通报表彰。

【知识产权创造】 2022年，西安市知识产权创造成果数量持续增加。在专利方面，全市获授权专利5.8万件，占全省总量73.1%。其中，发明专利1.71万件，比上年增长21.9%；实用新型专利3.68万件，下降20.2%；外观设计专利4116件，增长4.1%。在商标方面，全市商标申请量9.21万件，下降10.5%；商标注册量6.55万件，下降20.0%；商标有效注册量43.54万件，增长14.7%。完成第二批“西安老字号”“西安名吃”认定工作，新增55家“西安老字号”和57家“西安名吃”。在版权方面，全市

2022年9月20日，市市场监管局在西北工业大学举行高价值专利培育项目签约仪式
（市市场监管局 供图）

有10家版权工作服务站，新获批成立陕西书海网络科技有限公司版权工作服务站、智秦数字出版集团有限公司版权工作服务站，版权工作服务站登记版权作品3.5万件，比上年增长53.5%。在地理标志方面，全市登记地理标志保护产品10个、农产品地理标志保护产品13个、地理标志商标6个，核准使用地理标志专用标志企业15家，地理标志保护产品年产值20亿元。

【知识产权快速维权】 2022年，西安市加强知识产权快速维权体系建设，推进知识产权维权援助工作站建设，新设立秦创原等维权援助服务站13家，超额完成年度目标任务30%，总数增至63家，推进知识产权保护工作向基层延伸。设立中国（陕西）知识产权维权援助“一带一路”涉外维权西安分中心，为西安企业海外知识产权保护提供支撑。

【知识产权执法】 2022年，西安市市场监管系统开展知识产权执法行动981次，出动执法人员2883人（次），立案查处商标侵权案件84件，办结100件，涉案金额61.83万元，罚没款99.55万元，挽回经济损失60.5万元，移送司法机关1件。开展“剑网2022”“冬奥版权保护”“青少年版权保护季”等专项行动，立案查处奥林匹克标志、官方标志和特殊标志等违法案件9件，办结8件，涉案金额4.16万元，罚没款14.95万元，挽回经济损失2万元，移送司法机关1件；立案查处其他知识产权案件5件，办结6件，涉案金额6.57万元，罚没款23.22万元。11月10日，举行全国侵权假冒伪劣商品集中统一销毁行动陕西省分会场启动仪式，集中销毁西安市查获的假冒伪劣商品50余吨，涉及食品药品、服装鞋帽、进出口商品等30大类、120多个品种，货值1500余万元。西安市“双打”工作被评为全省优秀等次。市知识产权局知识产权保护处被国家知识产权局、公安部联合授予2021年度全国知识产权系统和公安机关知识产权保护工作成绩突出集体。

【知识产权服务】 2022年，西安市提升知识产权服务水平，建成西安知识产权运营服务平台，汇聚20余家高校、130余家服务机构，发布可运营专利6000余件。建成技术与创新支持中心3家、国家级和省级知识产权信息公共服务网点10家、专利导航服务基地12家。西安市知识产权保护中心拓展预审服务可受理分类号，促进陕西“秦创原”创新发展，向国家知识产权局申请增加国际专利分类号51个、外观设计国际分类号17个。持续推进公益服务“入园惠企”，选派特派员102人，服务企业380余家。发布《西安市知识产权公共服务事项清单》，开设业务“直通车”，优化营商服务环境。 （宋东明）

信用体系建设

【信用监管】 2022年，西安市贯彻落实《国务院办公厅关于加快推进社会信用体系建设构建以信用为基础的新型监管机制的指导意见》，以信用监管手段推动社会治理体系和治理能力得到提升。在掌握信用信息、综合研判信用状况基础上，以公共信用综合评价结果为依据，要求相关政府部门结合部门行业管理数据，不断优化行业信用评价模型，对监管对象进行分级、分类，根据信用等级高低采取差异化监管措施。市住房和城乡建设局公布180家预拌混凝土及预拌砂浆企业2021年度信用评价等级。市交通局评定出道路旅客运输AAA级企业23家、AA级企业66家、A级企业9家、B级企业1家。市人社局评价482家用人单位，其中1062家被评为A级、3752家被评为B级、10家被评为C级。市农业农村局对生产经营主体实行信用评价、落实差异化监管措施。市市场监管局将全市全量企业分为信用风险低（A类）、信用风险一般（B类）、信用风险较高（C类）、信用风险高（D类）四类。市税务局开展2022年纳税信用评价工作，纳税信用级别分为A、B、M、C、D五级。市卫生健康委员会在医疗机构自主申报基础上，结合正面信息和负面信息对医疗机构进行信用评级，级别由高至低分为A、B、C、D、E 5个等级，作为相关机构“诚信单位”评定推荐依据之一。市住建局对存在违规行为的31家住房租赁企业信用计分情况采取公示、发出交易风险提示等措施。市物业管理行政主管部门根据年度信用记分结果，每年评定物业服务企业及其项目经理信用等级。物业服务企业及项目经理信用等级分为甲、乙、丙、丁4个等级。市科技局根据信用记录对项目承担单位和科研人员等责任主体进行信用评级，分AA、A、B、C四类管理。市住建局将信用等级评为A的评估机构纳入“红名单”，信用等级评为D级，经整改仍为D级或是不整改的评估机构，纳入“黑名单”，同时将“红、黑名单”推送“信用中国（陕西）”平台，实现信息共享，依法面向社会提供查询服务。

【信用管理制度建设】 2022年，西安市社会信用体系建设领导小组办公室印发《西安市2022年社会信用体系建设工作要点》，从社会信用体系建设法治化规范化、完善信用信息共享服务、发挥信用体系基础性保障作用等方面明确要求。市级相关部门结合工作职能，加强信用管理制度建设。市市场监管局印发《西安市市场监管领域推进企业信用风险分类管理进一步提升监管效能实施方案》，对本行业领域实行信用评价，落实差异化监管措施。市住房保障和房屋管理局、市科技局先后出台《西安市物业服务企业及项目经理信用信息管理办法》《西安市科技计划诚信管理办法》，对物业服务企业、科技计划项目相关责任主体落实差异化监管措施。

【公共信用信息平台建设】 2022年，西安市级信用平台进行升级改造，完成联合惩戒系统、信用中国（陕西西安）、信用信息公示及新建证明事项告知承诺系统、政务诚信评价、分级分类监管、重点人员评价、信用资产开放平台、信易批、信易游、i西安信用模块建设。平台完成等保三级测评。

【信用服务】 2022年，西安市各级主管部门持续做好信用修复工作，为企业修复相关信息，重视失信主体修复权益，加强信用修复信息归集共享和协同联通，推动实现信用修复“一网通办、结果互认”，全年完成信用修复4502条。贯彻国家、陕西省关于“信易贷”工作部署，在“陕西中小企业融资服务平台”搭建“西安市旗舰店”，西安市信用办组织各区（县、开发区）动员企业进行注册。

【守信激励和失信惩戒机制】 2022年，西安市加强守信激励和失信惩戒机制建设，确立“公示即惩戒”的原则。年底归集各类信息1.8亿条，公示各类信息361.2万条，完成企业信用信息核查9735家，个人信用核查1325人。将各行业主管部门依法依规推送的信用承诺书及履约状况纳入市场主体信用记录，对承诺不实者依法予以惩戒并纳入信用记录的信用信息，进行公示共享。

（张　璇）

综 述

【建设历程】 西安是古丝绸之路的东方起点，也是丝绸之路经济带的重要枢纽。2013年，共建“一带一路”倡议的提出和推进，把西安推向国家对外开放的前沿。西安成为推进“一带一路”建设的核心区域和重要节点城市，也是国家扩大向西开放的前沿。通过“一带一路”建设，西安着力构建陆海内外联动、东西双向互济的开放格局，打造内陆改革开放高地。

2013年9月，“丝绸之路经济带城市圆桌会”在西安举行。意大利、伊朗、乌兹别克斯坦等9个国家的城市代表共同通过《共建丝绸之路经济带西安宣言》，就城市间的合作发展达成协议。11月，“长安号”国际货运班列从西安港始发，解决新亚欧大陆桥20多年来“通而不畅”的问题。2014年3月，西安市正式获批国家跨境贸易电子商务服务试点城市，成为“一带一路”共建国家和地区的相互联系相互沟通的中介和桥梁。10月，西安市依托综合保税区正式启动跨境出口业务，并开放网上试点平台。第十九届中国东西部合作与投资贸易洽谈会暨丝绸之路国际博览会、“一带一路”海关高层论坛、丝绸之路旅游部长会议暨第七届联合国世界旅游组织丝绸之路旅游国际大会、上合组织经贸部长会议等重要展会先后在西安召开。2017年2月，西安航空基地综合保税区经国务院批复正式设立。这是我国中西部地区首个以航空制造产业为发展特色的综合保税区。3月，国务院印发《中国（陕西）自由贸易试验区总体方案》，中国（陕西）自由贸易试验区获批，标志着西安进入“自贸时代”。2020年12月，司法部批复成立的西安“一带一路”国际商事争端解决中心挂牌成立。2021年9月，莫斯科—西安—阿拉木图第五航权货运航线正式开通，这是陕西首条链接“一带一路”共建国家和地区的第五航权货运航线。2022年，西安市制定《“十四五”建设“一带一路”综合试验区实施方案》，确定“十四五”期间西安推进“一带一路”综合试验区建设的“总体目标”。

通过“一带一路”建设，西安与65个“一带一路”共建国家和地区建立商贸往来，与33个国家的40个城市结为友好城市，友城数量位居全国副省级城市前列。中欧班列（西安）常态化运行17条干线，辐射范围覆盖亚欧大陆全境，累计开行16054列，运输货物411.7万吨。西安国际航空枢纽建设不断创新开拓，跻身全国枢纽机场第9名，累计开通全货运航线42条，其中国际航线23条，构建起面向“一带一路”、辐射全球的货运航线网络。“一带一路”国际商事法律服务示范区建设加快推进，集诉讼、仲裁、调解等“一站式”多元化的国际商事法律服务格局加速形成。欧亚经济论坛作为西北地区唯一的高层次、机制化的大型国际会议，成为国家“一带一路”建设的重要平台和“向西开放”的战略窗口。发起成立UCLG（世界城地组织）亚太区旅游委员会并在西安召开第一届会员大会，为构建“人类命运共同体”贡献西安力量。

【顶层设计】 2022年，西安市编制出台《“十四五”西安建设“一带一路”综合试验区实施方案》（市办发〔2022〕1号），促进基础设施互联互通，扩大双向贸易投资，深化国际产能合作。印发实施《中欧班列西安集结中心建设方案》，成立推进中欧班列西安高质量发展工作专班，建立省市区联动、跨部门协作工作机制。按照国家“一带一路”办关于开展中欧班列集结中心示范工程建设评估工作安排部署和陕西省要求，编制完成《中欧班列西安集结中心示范工程建设自评估报告》，上报省“一带一路”办。与世界500强德国博世力士乐集团签署《共建“一带一路”中欧合作产业园战略框架协议》。爱菊集团探索形成“中欧班列＋海外园区＋原粮进口”的内陆地区粮食进口贸易新模式。西安再次当选世界城地组织联合主席城市，市长李明远成功连任世界城地组织联合主席。做好对外贸易提质增量和对外开放水平提升，推进开放载体建设，中欧班列（西安）开行4639列，比上年增长20.8%，运送货物411.7万吨。中欧成为连接中亚、西亚、南亚，辐射欧洲腹地的国际物流大通道。 （开放合作处）

【“一带一路”综合试验区建设】 2018年12月，西安市获批建设“一带一路”综合试验区，出台《西安建设“一带一路”综合试验区实施方案（2019—2021年）》，明确综合试验区建设的“路线图”和“时间表”。围绕贸易投资便利化、营商环境提升等关键领域先行先试，推动127项改革试点任务全面落地，累计形成520项创新案例，其中26项创新成果得到国务院和相关部委通报肯定。围绕打造丝路科创中心目标，加快推进科技创新发展，累计设立17只秦创原科创系列基金、总规模超过101亿元。丝路金融中心建成投用中欧班列“长安号”数字金融综合服务平台，7家银行上线10余种金融产品，向28家企业提供融资服务，累计授信金额6.8亿元。“通丝路”跨境电子商务人民币结算服务平台接入CIPS（人民币跨境支付系统）标准收发器，成为西北地区首家部署CIPS标准收发器的电商平台，实现交易额4000余万元。2022年，西安市制定《“十四五”建设“一带一路”综合试验区实施方案》，提出推进“一带一路”综合试验区建设的指导思想，确定“十四五”期间西安推进“一带一路”综合试验区建设的“总体目标”。“一带一路”商贸物流中心建设迈上新台阶，

2022 年，西安丝绸之路申遗成果展示　　（行中道　摄影）

全年对"一带一路"共建国家和地区进出口额为970.5亿元，比2013年增长4倍。"一带一路"亚欧陆海贸易大通道与西部陆海新通道建设提质增效，中欧班列"长安号"全年开行4639列，比上年增长20.8%，开行量、货运量、重箱率3项核心指标稳居全国前列。科技人文交流中心建设取得新进展，国家批复支持西安建设综合性科学中心和具有全国影响力的科技创新中心。（席会东）

【"空中丝绸之路"建设】 2022年，西安市推动全市深度参与建设"空中丝绸之路"，争创西安市标志品牌。新开通客运航线2条、全货运航线4条，累计开通国际客运航线80条、全货运航线42条，初步形成"丝路贯通、欧美直达、五洲相连"的国际航线网络格局。

【"一带一路"课题研究】 2022年，西安市发展和改革委员会开展《"一带一路"国际产能合作法律风险防范》课题研究，从投资准入、绿色发展、金融财税、争端解决等方面开展对策研究，推动建立"一带一路"境外风险防控机制。围绕"推动共建'一带一路'高质量发展"，会同市级相关部门开展调查研究，梳理汇总相关信息，撰写完成西安市推动共建"一带一路"高质量发展总结报告。围绕"关于深度融入'一带一路'大格局，打造活力迸发的内陆改革开放高地"选题，开展调查研究，形成专题调研报告报送国家有关部门。（开放合作处）

区域合作

【概况】 2022年，西安市聚焦"一带一路"政策、规则、标准"软联通"、国际文化传播"心联通"，推进共建"一带一路"高质量发展。争取并成功举办中国—中亚民间友好论坛、"一带一路"媒体合作论坛、金砖国家农业部长会议等重大外事活动，举办第六届丝绸之路国际博览会暨中国东西部合作与投资贸易洽谈会、丝绸之路国际艺术节、丝绸之路国际电影节、全球硬科技创新大会、首届世界城地组织亚太区旅游委员会会员大会等10余场重大国际交流活动，发布《西安宣言》，正式启动教育培训计划、减贫惠农计划，获"2022年度中国最具影响力会展城市"。持续推动"中国+中亚五国"外长第二次会晤涉陕成果落地，陕西省代表团赴哈萨克斯坦、乌兹别克斯坦开展交流访问，宣介党的二十大精神、陕西省新时代十年发展成就，并为"中国—中亚综合农业科技示范园区"哈萨克斯坦示范园授牌，为"中国—哈萨克斯坦传统医学中心"及阿拉木图分中心挂牌。

【"一带一路"投资合作】 2022年，西安市在"一带一路"共建国家和地区非金融类直接投资额2.71亿美元，主要投向马来西亚、老挝、印度尼西亚等国家和中国香港地区，涉及制造业和批发零售业等5个行业大类。"一带一路"共建国家和地区对外承包工程完成营业额6.41亿美元，占全市对外承包工程完成营业额的42.03%；新签合同额23.78亿美元，占全市对外承包工程新签合同额的39.69%。新签劳务人员合同工资总额1255.81万美元，比上年增长172.41%，累计新派各类劳务人员1297人，期末在外人数6782人。通过举办丝绸之路国际博览会暨中国东西部合作与投资贸易洽谈会、"一带一路"人工智能大会、"一带一路"国际商事法律服务圆桌会议、"一带一路"国际交通研讨会、丝绸之路国际数字化及智慧旅游博览会等活动，扩大招商引资，加强与"一带一路"共建国家和地区经济合作。中俄、中哈、中吉等国际合作园区相继建设，西安半导体国际合作产业园加速推进。西安港引进多个国内外行业龙头企业，"一带一路"临港产业园建设完成，入园企业11家。中欧班列"长安号"创新开行跨里海、黑海班列，国际运输干线达到17条。全年实际使用"一带一路"共建国家和地区外资7.82亿美元，新设外商投资企业187家。（高望祖）

【地方交流合作】 2022年，西安成功连任世界城地组织联合主席城市，市长李明远当选世界城地组织（UCLG）联合主席。国际友好城市数量不断增加，分别与尼泊尔杜利凯尔市、哈萨克斯坦阿斯塔纳市签署发展友好城市关系意向书，在"一带一路"倡议下，开启经贸、人才培训、基础设施建设等多领域合作，友城数量达到39个，位居全国副省级城市前列。以"赓续传统友谊，深化民间合作"为主题的中国—中亚民间友好论坛在西安市举行，来自中国和哈萨克斯坦、吉尔吉斯斯坦、塔吉克斯坦、土库曼斯坦、乌兹别克斯坦等国的200余位嘉宾出席主论坛及配套举办的第五届中国—中亚地方合作论坛。中国—中亚民间友好论坛发表《西安宣言》，以友好城市建设充实中国与中亚五国友好关系内涵，在特色现代农业、丝绸之路考古、教育、传统医学等领域加强合作与交流，持续做好丝绸之路遗址保护利用。

【国际争端解决新平台】 2022年，西安市"一带一路"国际商事法律服务平台上线，致力为"一带一路"企业和个人提供集咨询、查询、申请、预约、办理于一体的全业务全过程服务，启动首批19项向自贸试验区协同创新区的事权下放（委托）。陕西自贸试验区贸易形成改革创新案例96个，3项在全国复制推广。"一带一路"国际商事法律服务示范区成功调处1起涉外著作权侵权纠纷案，系西安首例运用"融解决"理念，由法院与涉外仲裁机构联合调解，为解决知识产权领域的国际商事纠纷提供示范。

【丝绸之路经济带建设联席会议】 2022年9月14日，主会场设于西安的西北五省（区）政协助推服务丝绸之路经济带建设第三次联席会议成功举办。会议完善协同向西开放的区域协商合作平台，形成《西北五省（区）丝绸之路经济带建设推进情况及意见建议》《关于共同推进建设丝绸之路国家文化公园的提案》《关于加强西北地区寒旱农业合作，提升食物安全保障能力的提案》《关于协同推进亚欧陆海贸易大通道高质量发展的提案》等事关西北地区共同发展、达成广泛共识的联合提案，对于推进西北五省（区）加快实现更高合作水平、更高投入效益、更高供给质量、更高发展韧性。（席会东）

设施联通

【概况】 2022年，西安市加快中欧班列、国际航空、西安国际港务区等基础设施建设，推进与“一带一路”共建国家和地区设施联通。中欧班列“长安号”开行量、货运量等再创新高，连接区域与经济专列不断拓展，处于全国领先水平。国际航线稳步推进，西安咸阳国际机场三期扩建工程取得重大进展。西安国际港务区创新服务模式与运行机制，提供金融与税收优惠政策，为企业做好服务。

【中欧班列“长安号”开行量再创新高】 2022年，西安市打造中欧班列西安集结中心示范工程，加快西安陆港型国家物流枢纽建设。加快推进中欧班列（西安）中转集拼场站项目、中欧班列西安集结中心集拼货运通道拓宽改造及集卡分拨场站项目、国际多式联运智慧物流枢纽信息平台项目、国际港务区临港产业园项目、集结中心周边多式联运项目及西安综合保税区A8仓库项目建设。中欧班列“长安号”开行量达到4639列，比上年增长20.8%。其中，欧洲方向开行3974列（去程1971列，回程2003列）；中亚方向开行665列（去程517列，回程148列）。中欧班列“长安号”累计开行16054列，运输货物411.7万吨。根据中欧班列运输协调委员会统计资料，西安中欧班列开行数量、货运量、重箱率3项核心指标位居全国第1，成为全国中欧班列高质量发展典范。中欧班列“长安号”国内往返图定运行线达到22条，创新开行跨里海、黑海班列，国际运输干线达到17条，实现欧亚地区主要货源地全覆盖。其中，3月首开中老班列；4月开行西部陆海新通道班列；6月开行中越班列。形成西向中欧班列、东向铁海联运班列、南向中老、中越班列的相互接续，使东西向亚欧陆海贸易大通道与南北向西部陆海新通道在西安实现集结交汇、深度融合，中欧班列网络布局进一步优化。5月30日，中欧班列“长安号”（西安—塔什干）中兴通信出口专列发车仪式暨中兴通讯西安铁运枢纽中心揭牌仪式在西安国际港站举行。9月16日，中欧班列“长安号”国际运邮专线首发仪式在西安国际港站举行。全省有381家企业通过中欧班列“长安号”进出口货物，比上年增长5.2%。详见表11。

【西安国际航空枢纽建设】 2022年，西安市印发《“十四五”西安建设“一带一路”综合试验区实施方案》，推进西安国际航空枢纽建设，建设以航空运输为基础，航空枢纽保障、临空先进制造、临空高端服务三大产业为支撑的临空经济示范区。加快推进西安咸阳国际机场三期扩建工程、银西高铁与T5航站楼轨道交通连接工程、邮政快递枢纽集群项目、西安蓝田通用机场、国产民机产业发展基地等项目建设，建设联通“一带一路”内外衔接顺畅、流动高效的国际多式联运核心枢纽。西安咸阳国际机场国内外通航点235个，国际（地区）航线97条、通航城市80个。11月22日上午，全长3800米、宽45米的西安咸阳国际机场三期工程飞行区北二跑道顺利贯通。

【西安国际港务区物流枢纽建设】 2022年，西安国际港务区创新“物流+贸易+产业”发展模式，加快建设“一带一路”临港产业园，带动上下游企业聚集。建设集集装箱运输、冷链物流、期货交割、大宗商品、整车运输等功能于一体的中欧班列西安集结中心港口功能区，铁路场站功能提升改造基本完成，集装箱中心站三线束、爱菊铁路专用线、12条国际铁路货运线改造、64万平方米集装箱堆场投入使用，西安铁路集装箱中心站成为全国第一个拥有3束6线的场站，集装箱作业到发线达到18条，可满足中欧班列长安号年开行10000列的功能需求。利用大数据区块链技术，为企业提供订舱、报关、金融等一站式、一票制国际联运全程服务，实现远程组织发运。累计引进世界500强企业30余家、中国500强企业和中国民营500强企业10余家。中欧班列“长安号”数字金融综合服务平台为企业提供融资贷款100余笔、57.2亿元，已启动二期建设。全年开行跨境电商专列198列，跨境电商交易额35.1亿元，比上年增长40.4%。兑现启运港退税政策，在西安港开展出口业务的企业可以享受和海港、河港一样的退税政策，降低企业成本。实行“一企一策”，为陕汽、比亚迪、法士特等企业提供综合物流解决方案，助力企业拓展国际市场。（全富生）

贸易畅通

【概况】 2022年，西安市对“一带一路”共建国家和地区进出口970.5亿元，比上年增长40%；跨境电商交易额144亿元，比上年增长46.4%。服务进出口贸易额9.9亿美元，比上年增长110.7%；服务外包合同金额38亿美元，比上年增长49.6%。新设8个境外商务代表处。对外承包工程新签合同59.9亿美元，比上年增长101.7%。一系列推动外贸稳定工作受到国务院办公厅督查激励通报。详见表12。

【“一带一路”服务贸易】 2022年，西安市与“一带一路”共建国家和地区服务进出口总额9.9亿美元。相继获批文化、中医药、人力资源、地理信息4类5个国家级特色服务出口基地，建成中欧、中哈、中俄3个境外服务贸易促进中心，成为推进服务贸易创新发展重要载体。自2020年8月获批国家全面深化服务贸易创新发展试点城市以后，在商务部统一业务平台新增注册服务贸易企业160家，注册企业总数1000余家。科大讯飞、东航赛峰等一批国际公司落户西安，易点天下、陕鼓集团等一批本土服务贸易企业走向全球，“西安服务”品牌竞争力和影响力大幅提升。（高望祖）

【“一带一路”口岸建设】 2022年，西安市航空口岸新开通西安—大阪、西安—阿拉木图、西安—圣彼得堡、西安—塔什干4条国际全货运航线，全货运航线累计达到42条，其中国际货运航线23条，“向西开放、向东集散、辐射全球”的航空网络初步形成。货邮吞吐量

表11 2019—2022年中欧班列“长安号”开行列数及货运量一览表

年度	开行列数/列	货运量/万吨
2019	2133	180.2
2020	3720	281.1
2021	3841	287.3
2022	4639	411.7

表12 2022年西安市“一带一路”贸易情况一览表

项　目	数　量	同比增长率/%
进出口额/亿元	970.5	40
跨境电商交易额/亿元	144	46.4
服务进出口贸易额/亿美元	9.9	110.7
服务外包合同金额/亿美元	38	49.6
对外承包工程新签合同/亿美元	59.9	101.7
货邮吞吐量/万吨	20.63	-47.9

20.63万吨，比上年下降47.9%，国际货量5.62万吨，比上年下降25.56%。国际旅客43780人（次），比上年减少49.4%。中欧班列"长安号"开行4639列，运送货物总重411.7万吨。西安铁路集装箱中心站完成集装箱运量40.6万标准箱。西安港进境粮食指定口岸进口粮食2.15万吨；整车进出口9834辆（整车进口27辆，整车出口9807辆）。

（韩　薪）

资金融通

【概况】　2022年，西安市拓展国内外资金融通渠道，加强资金融通，推动建设多元化融资体系。与65个"一带一路"共建国家和地区建立商贸往来，中欧班列"长安号"辐射范围覆盖亚欧大陆45个国家和地区。在"一带一路"共建国家和地区累计设立企业94家，设立机构35家。全市有36家银行416个分支机构开展跨境人民币业务，范围辐射全球149个国家和地区，驻市金融机构206家。中欧班列"长安号"数字金融综合服务平台全年为企业提供融资贷款57.2亿元。

【资金融通制度创新】　2022年，西安市提升投资贸易便利化水平，推动金融领域开放创新，促进"一带一路"资金融通，促进产业链增长，优化金融债务结构，降低融资成本，拓宽融资渠道，发挥金融效能以支撑产业链高质量发展。（陕西）自由贸易试验区西安经济技术开发功能区搭建全省首个出口信用促进平台，设立全省首个境外发债融资租赁公司，创新"云税贷"纳税信用融资新模式，园区内的普汇中金完成全国首单医药制造行业融资租赁资产跨境转让人民币结算业务，打通境外资金投资境内医药行业融资租赁资产的资金入境通道，为融资租赁行业的再融资提供新的模式和途径。

【人民币结算服务平台建设】　2022年，"通丝路"跨境电商人民币结算服务平台自上线以来，通过站点累计认证企业250多家，累计实现交易额4000余万元，覆盖陕西80%以上县域地区，进出口品类涉及装备制造、工业品、农产品等10余种，产品种类200余种，出口国家涉及印度、美国及数十个"一带一路"共建国家和地区。被纳入《中国（陕西）自由贸易试验区"十四五"规划》后，"通丝路"平台以提升跨境贸易数字化服务能力为突破口，助推陕西跨境贸易数字化转型，创新跨境电子商务人民币服务业务模式，构建跨境人民币流通新应用场景，开展数字货币结算试验。西安建成全国首家"硬科技支行"，"数字人民币西安通"成为全国首个上线运营的数字人民币官方信息平台。五矿（西安）加工制造和期货金融产业园落户西安国际港务区，填补西部地区黑色金属期货交易空白。光控财金（陕西）先进制造投资基金成为全国首个地方直投"一带一路"绿色股权投资基金。陕西与"一带一路"共建国家和地区发生人民币跨境收付占比超全国平均水平20个百分点。陕西首笔中国—印尼双边本币结算机制（LCS）业务落地。获批跨国公司本外币一体化资金池等3项政策试点，持续推进跨境贸易和投融资便利化。

【自贸区跨境金融结算模式创新】　2022年，自贸试验区西安区域在全国率先开展国际保理美元融资业务试点，为企业节省融资成本3%以上；依托"通丝路"跨境电子商务人民币结算服务平台，为小微企业将特色产品推向全球提供便利；中欧班列"长安号"数字金融综合服务平台向33家企业提供融资业务，累计授信金额20亿元。（郭　琦　席会东）

【丝路金融中心建设】　2022年，西安市制定"一带一路"建设规划和实施意见，完善跨境金融服务。发挥西咸新区、高新区等重要金融功能承载区功能，加快金融机构聚集。已建成13家总部型、功能性机构，容纳金融高端人才9600人。推动金融业高质量发展扶持资金奖补工作，给予9类41项符合奖补标准项目奖补金额2238.1万元。全市新落户金融机构6家，累计有金融机构206家。制定出台《西安市2022年加快数字人民币场景拓展应用工作方案》，上线全国首个数字人民币官方信息平台——"数字人民币西安通"小程序，落地首个市级部门数字人民币工资津贴发放场景，扩大政府端试点场景应用。推动申建西安国家科创金融改革试验区，印发《关于加快推进西安科创金融改革创新发展的指导意见》，提出推动科创金融发展24项举措，先行探索创建工作。（魏　毅）

科技文化交流

【概况】　2022年，西安市发挥区位、科教、医疗、文化、旅游等优势，传承和弘扬丝绸之路友好合作精神，拓展交流渠道，开展科技交流、学术往来、人才培养、医疗援助等活动，推进中外人文交流；通过"一带一路"媒体合作论坛、丝绸之路国际博览会等平台，推动共建国机制化交流。西安国家版本馆设立丝绸之路版本展。西北大学、长安大学等驻西安高校，有序开展"一带一路"相关科技、文化、教育和人才培养工作，各级组织展开人文交流合作，推动共建国家民心相通。

【交流平台枢纽建设】　2022年，"一带一路"媒体合作论坛在西安举行，就深化媒体互联互通、共同讲好"一带一路"故事、加强共建"一带一路"媒体合作展开讨论。第六届丝绸之路国际博览会暨中国东西部合作与投资贸易洽谈会在西安国际会展中心举办，吸引70多个国家和地区客商参会，签订合作项目2309个，其间策划举办"指尖上的丝绸之路——2022丝路妇女论坛"、2022年丝绸之路教育合作交流会等18项丝绸之路人文交流重要活动。第八届丝绸之路国际艺术节以"共谱和平之曲　高唱丝路欢歌"为主题，吸引泰国、日本、阿根廷等29个国家参与，举办文化艺术活动58场（次），展出优秀艺术作品近500件（套），惠及观众399万余人，网络总点击量突破1680万人（次）。2022年"东亚文化之都"10周年西安音乐会在线上开启，向东亚友好国家传递西安热情，奏响文化之都友谊交响曲。第九届丝绸之路国际电影节期间，"金丝路奖"竞赛单元收到来自90个国家及地区的1598部影片报名参评，180部中外优秀影片在陕西省41家线下影院展映466场，发放1万张免费观影券，87部影片线上免费观看。"一带一路"陕西2022世界女子国际象棋大师巅峰赛在西安举办，6位国内选手以及来自印度、格鲁吉亚、保加利亚、阿塞拜疆、以色列、哈萨克斯坦的6位国际象棋大师共同参赛。

【科技交流合作枢纽建设】　2022年，西安高新区科技创新局参加中国—南非跨境孵化器科技创新合作交流会，双方分别以西安海创联才工坊和南非科技创新港为建设载体，聚焦重点合作领域进行挖掘。西北大学与乌兹别克斯坦"丝绸之路"国际旅游与文化遗产大学共同建设"中乌科技考古与文化遗产保护国际联合实验室"，聚焦科技考古与文化遗产保护。西北大学协办联合国气候变化大会中国角CCUS（碳捕获利用与封存）边会，分享中国CCUS新政策、新行动、新进展及CCUS国际经验，介绍应对气候变化和生态文明建设中国实践。西北农林科技大学推进"一带一路"农业合作，设在哈萨克斯坦、乌兹别克斯坦和白俄罗斯等国家的海外农业科技示范园后续建设工作全面展开。西安市丝路科学城建设取得新进展，打造具有全球影响力的硬科技创新高地，彰显中国气韵的"一带一路"国际科学交流中心。

【文化交流合作枢纽建设】　2022年，

2022 年，西安国家版本馆设立丝绸之路版本展　（行中道　摄影）

展演等文化交流在“一带一路”建设中发挥重要作用。《兵马俑与古代中国——秦汉文明的遗产》大型文物展作为纪念中日邦交正常化 50 周年的重要文化交流活动在日本东京开展，展品年代上启西周下至东汉，涉及石器、青铜器、金器、玉器、秦简等各类重量级文物，一级文物占比 20%，日本民众通过文物了解中国古代历史文化。“丝路琉光——从地中海到长安的古代玻璃艺术”展览在西安举行，时间从公元前 16 世纪至公元 14 世纪，地域跨越古埃及、西亚、中亚、东亚各地，以玻璃艺术反映东西方文明交流互鉴。西安歌舞剧院的舞剧《门》和西安战士战旗杂技团的杂技剧《如梦长安》在韩国第 15 届济州海比奇艺术节上演大受好评。俄文版“诗说中国”丛书出版交流会在西安举行，从古典诗歌角度解读中国文化不同侧面，推动中华文化的国际传播。中国（陕西）—乌兹别克斯坦经贸合作及文化旅游推介会在西安举行，西北大学丝绸之路考古合作研究中心首席科学家王建新教授和乌方商会代表分别作主题推介，促进中乌文旅交流合作。“丝路丹心——黄文弼与丝绸之路”特展在西北大学博物馆开展，聚焦黄文弼在西北大学任教期间的工作成果、西北大学考古学专业发展历程和王建新教授带领西北大学丝绸之路考古团队走出国门、走向中亚后的考古成果展示。中国和乌兹别克斯坦联合发行丝绸之路考古邮票，邮票邮折发行仪式在西北大学举行。西安浐灞丝路国际文化艺术中心项目完工，成为中国与丝路共建国家文艺作品交流展示中心，为西安进一步融入“一带一路”大格局提供助力。西安市“一带一路”中国跆拳道国际公开赛入选 2022 中国体育旅游精品项目，获评精品赛事。

【教育与人才培养交流合作枢纽建设】 2022 年，西北大学承办“汉语桥”云游古都汉语文化体验营，在全球疫情的特殊时期支持海外青少年学习汉语和中国文化。西安理工大学进行“汉语桥——从长安到西安”活动，对海外学生进行云端实景中文教学和中国文化体验直播。长安大学获批首个国别区域研究人才支持计划项目，申报的“中国—东盟交通基础设施国际化人才培养项目”，采取中外双导师联合培养模式培养具有全球视野的国际化复合型人才，助力交通运输工程“一流学科”建设。西安航空职业技术学院参与“一带一路”职教联盟，为共建国家提供航空类职业教育解决方案，来自越南、巴基斯坦等国家 189 名学生报名参加西航组织的“中文 + 焊接技能体验之旅”线上夏令营。西安国际港务区制定“新陆港人”海外人才计划，吸引更多海外人才，发挥中欧班列（西安）集结中心的辐射带动作用，加强“一带一路”共建国家和地区的人文交流、人才引进。（殷　玉）

【医疗援助与医疗合作枢纽建设】 2022 年，西安市持续推进健康丝绸之路建设，全面启动丝路卫生健康命运共同体行动计划，依托西安交大第一附属医院与新加坡、日本、比利时、英国等国大学开展交流合作，承担中非对口合作医院机制项目 3 个，上线“丝路卫生健康命运共同体国际大讲堂”系列讲座。推动中医药“走出去”，与俄罗斯、哈萨克斯坦、匈牙利、捷克等国签订战略合作、人才培养等合作协议 19 个，西安中医脑病医院以“优秀”等次通过首批国家中医药服务出口基地复审。开展海外“春苗行动”，向苏丹和马拉维捐赠抗疫物资及 89 台抗疫医疗设备。与“一带一路”共建国家和地区开展医学交流合作，举办全球健康国际研讨会、国际医学大会、中国—捷克—尼泊尔多边医学学术会议等活动，推动“一带一路”共建国家和地区间的医学交流、政策沟通。开展医疗援助合作，市中医医院第 36 批援苏丹医疗队完成援外任务；西安中医脑病医院与哈萨克斯坦阿斯塔纳医科大学、纳扎尔巴耶夫大学医学院三方联建的哈萨克斯坦西安国际中医诊疗康复中心接诊患者 4000 余人（次）。

（席会东　殷　玉）

【浐灞《驼铃传奇》】 2022 年 3—10 月演出《驼铃传奇》，以“一带一路”为主线，挖掘大唐传统文化，追寻驼队丝绸之路上的踪迹，以正能量传播西安最辉煌历史时期的文化传奇。整场演出分为序幕“岁月再现”及“送君千里”“狼道遇险”“异国风情”“祥雨洗尘”“迎郎归来”“华夏盛世”7 幕剧情。全年演出 199 场，接待观众 32 万余人（次）。演出获美国 TEA 年度杰出成就奖和 IAAPA 铜环奖之最佳现场表演奖。（高　阳）

2022 年 8 月 15 日，《驼铃传奇》在浐灞生态区华夏文旅大剧院演出
（华夏文旅集团　供图）

开放型经济

责任编辑 冯冠杰

招商引资

【概况】 2022年，西安市克服新冠疫情等影响，采取招大引强与延链补链结合，一批高能级项目成功签约，一批重大招商项目建成投用，全市招商引资水平呈现稳中有进良好势头。全年实际引进内资4371.83亿元，比上年增长38.43%，完成全年计划的123.6%，提前2个月超额完成全年计划任务，占全省比重29.4%。实际利用外资101.50亿美元，比上年增长16.48%，完成全年计划的100.97%，占全省比重83.18%。全市外商直接投资（商务部口径外资，简称FDI）11.73亿美元，比上年增长119.47%。全年新设外商投资企业247家，比上年增长11.76%。全市19条重点产业链招引合同项目246个、总投资3027亿元，分别占全市签约的35.2%、36.1%，其中总投资超过100亿元的产业链11条，分别为半导体及集成电路产业链、乘用车（新能源）产业链、太阳能光伏产业链、智能终端产业链、生物医药产业链、航空产业链、重卡产业链、增材制造产业链、钛及钛合金产业链、航天产业链、输变电装备产业链。全市"三步走"探索产业链招商新路径经验做法，受到省政府主要领导批示表扬，并在全省推广。

【招商引资改革】 2022年，西安市投资合作局研究制定《关于聚焦产业壮大深化改革创新 奋力谱写全市招商引资工作新篇章的意见》等制度机制，依托秦创原开展科技招商，积极探索资本招商，搭建平台创新展会招商，为全市重大项目招引提供"纲"和"目"。西安市成立市委深改委招商引资改革专项小组，3次召开全体会议，制定印发《关于深化改革创新 突破瓶颈制约 进一步加强招商引资工作的若干意见》，明确各级各部门抓招商的任务清单、工作职责，合力破解全市招商引资瓶颈难题，打通项目招引落地各环节堵点、难点。着眼招大引强，与中国企业评价协会联合举办"2021中国新经济企业500强发布会"，探索与新经济500强企业和各类高端智库、专业机构平台，开展多领域、专业化的招商合作和产业研究，开展"三个500强"落户情况跟踪统计，推动"一企一策"招商。着眼创新理念，开展《西安市投行思维招商课题研究》，借鉴其他城市经验，分析全市开展投行思维招商的现状及制约因素，提出对策、建议。着眼因地制宜，分析全市现有8个开发区和37个二级产业园发展现状及招商对策研究，强化对园区招商引资的分类指导。着眼吸引总部，协调编订《西安市商务楼宇等级划分要求》《等级评定评分细则》等行业标准，开展全市商务楼宇等级评定，夯实总部经济发展载体基础。

表13 2022年西安市签约重点招商项目一览表

序号	项目名称	投资企业名	总投资/亿元	项目来源地
1	比亚迪新能源乘用车零部件二期扩产项目	比亚迪汽车有限公司	150	广东
2	奕斯伟硅产业基地补充协议及二期项目	西安奕斯伟材料科技有限公司	110	北京
3	三一西部智能制造中心项目	三一重型装备有限公司	65	湖南
4	"丝绸之路"中车轨道交通产业基地项目	中车大连机车车辆有限公司	60	辽宁
5	年产1万吨航空航天精密合金项目	深圳市大富方圆成型技术有限公司	30.8	广东
6	乐士源特种小动力电池及储能电池项目	江苏乐士源新能源科技有限公司	30	江苏
7	汽车内外饰系统及车身轻量化系统等汽车零部件生产项目	宁波拓普集团股份有限公司	30	浙江
8	西安彩晶TFT液晶显示材料产业化项目	无锡邦杰电子新材料有限公司	15	江苏
9	中国林业西安国际港木材交易中心项目	中国林场集团有限公司	50	北京
10	中远海运物流西安国际港丝路总部项目	中国海运（集团）总公司	10	上海

【项目签约引进】 2022年，西安市坚持内引外联协调用力，扩大市级在谈重点招商项目储备，全市新增在谈项目数量、规模均创历史最高水平。新增在谈重点项目1018个、总投资16437亿元，比上年同期均增长2倍以上；转签约项目473个、总投资7406.5亿元，比上年同期均增长1倍以上。在谈重点项目623个、总投资10813亿元。瞄准先进制造业强市建设目标，强化产业项目招引，全市新签约产业类合同项目698个、总投资8377亿元，分别比上年增长41.3%、22.3%，其中签约工业合同项目285个、总投资3309亿元，分别比上年增长78.1%、54.3%，分别占全市签约的40.8%、39.5%。招商引资项目在全市重点建设项目中的占比逐年提升，对全市投资拉动贡献与日俱增。在西安落户的世界500强榜单企业及其分支机构已

2022年2月16日，西安市举办“遇见新西安”系列招商活动启动仪式暨产业项目集中签约大会（市投资合作局　供图）

达251家。推动市政府与比亚迪达成战略合作协议，成功签约比亚迪新能源乘用车零部件二期扩产项目、西安硅产业基地项目（二期）、中兴智能终端研发生产项目、西安化合物半导体芯片项目、三一西部智能制造中心项目等一大批工业项目，为全市产业发展积蓄后劲。详见表13。

【招商引资平台建设】　2022年，西安市投资合作局优化招商活动，叫响“遇见新西安”招商品牌。开展以“1+7+N”系列招商活动，展现西安发展新优势，推介发展新机遇，持续提升省、市、区联动投资促进活动平台的影响力、吸引力。2月16日，在“遇见新西安”系列招商活动启动仪式暨产业项目集中签约大会上，签约项目212个、总投资2756亿元，在全国媒体中受到高度关注。深化“老朋友、新合作”活动成果。组织全市招商部门赴辖区内央企、国企、链主企业及签署战略合作协议等重点企业开展调研拜会，深挖项目潜在资源、拓展合作领域，累计走访企业1090家，梳理投资线索105个，在谈项目61个，签约落地项目44个，经验做法受到省政府主要领导、分管领导批示和表扬。强化“产业投资合作年会”影响力。第六届丝绸之路国际博览会暨中国东西部合作与投资贸易洽谈会期间，邀请来自17个国家和地区740余名客商到西安洽谈合作，举办以“新西安　新机遇　新合作”为主题的2022年西安市产业投资合作年会，邀请商务部投资促进事务局作为本届年会的指导单位，首次发布《遇见新西安》宣传片，全网点击量超300万次，举办城市发展合伙人聘任仪式，配套开展市级投资促进活动6场、区级投资促进活动61场，在更高层次、更广范围构建合作交流新通道，扩大投资西安的“朋友圈”和影响力。丝博会期间，签约合同项目449个，总投资6161.88亿元，总投资比上年增长13.3%，签约总额全省第一。营造“亲”“清”政商关系，以“长安共此时”为品牌，组织日资企业合作交流会、台资企业合作交流会、韩国企业家沙龙等活动，举办“亲清零距离”政企早餐会3场，创新政企日常沟通新机制，营造亲商、稳商、安商良好氛围。

【招商引资服务保障】　2022年，西安市投资合作局研究制定《2022年稳外资“八新”工作举措》，修订出台总部、外资、重大项目进资3类奖补政策，惠企政策覆盖面和吸引力显著提升。加强政策梳理解读，编制《关于积极应对疫情影响助企惠民补齐短板确保一季度国民经济恢复性增长的若干措施（加强招商引资）实施细则》《西安市支持总部企业发展“拨改投”项目申报指南》，汇编《投资西安政策一本通》，健全集成高效、便捷易懂的招商引资优惠政策体系，为精准招商、招大引强提供目标参考和政策保障。组织西安市总部企业奖励授牌仪式，累计兑现外资和总部奖励7800余万元。开展外资和总部奖励政策登门宣讲活动9场（次），释放政策红利，支付“拨改投”专项资金1600余万元，有效发挥财政政策的激励引导作用。一季度，严格落实防疫政策，协调重点外资企业700余名员工返岗复工，促进产业链和供应链稳定。全年开展“走百企、访千户”外资企业大调研活动，对全市2100家外资企业实施全局各处室分片包干，通过电话联络、邮件联系、实地走访等多种形式，送政策、送服务、送信心，开展调查研究，助企纾困解难，促进以商招商、以外引外。

【招商队伍建设】　2022年，西安市投资合作局强化专业能力建设，贯彻落实“管行业就要管招商、管产业就要管招商”原则，明确市政府3个驻外办事处和市级有关部门承担招商任务的具体机构，细化任务清单、联动机制、考核标准，凝聚招商引资合力。采取“线上+线下”方式，推行产业链课堂、实地产业研修、云端课堂“三个课堂”。举办西安市“专业引领·链接未来”产业链课堂，由链主企业技术骨干、产业链专班专家围绕全市重点产业链进行授课。依托新加坡国立大学苏州研究院举办2022年西安市产业招商高级研修班，组织学员进园区、进企业进行互动式、沉浸式教学。常态开展招商引资云讲堂10期，累计培训3500余人次。举办全市招商引资系统业务比武交流，聚焦“我有什么、我要什么”进行投资环境演示推介、项目包装演示推介，增设突出贡献奖和招商引资重大项目奖，对招商引资工作贡献突出的单位兑现专项奖励资金210万元。

（呼延如琪）

对外及对港澳台经济贸易

【概况】　2022年，西安市（含西咸新区直管区企业）进出口贸易总额4474.1亿元，比上年增长0.8%。其中，出口总值2801.5亿元，增长17.3%，高出全国5.4个百分点；进口总值1672.6亿元，下降18.4%。在进出口总值中，加工贸易进出口2419.8亿元，下降4%，占进出口总值的55.3%；一般贸易进出口1400.2亿元，增长33.3%，占进出口总值的32%；保税贸易进出口总值445.9亿元，下降17.4%，占进出口总值的10.2%。全市新增贸易往来的国家和地区11个，总数达到213个。排名前五分别为韩国、中国台湾地区、东盟、欧盟、美国，进出口总额分别为879.8亿元、704亿元、596.1亿元、586.5亿元、329.6亿元。有进出口实绩的外贸企业3207家，比上年增长10.4%。对外承包工程新签合同额59.9亿美元，比上年增长101.6%。新签劳务人员合同工资总额1255.81万美元，比上年增长172.41%。实际利用外资101.50亿美元，比上年增长16.48%。外商直接投资11.73亿美元，比上年增长119.47%。世界500强企业开办企业或设

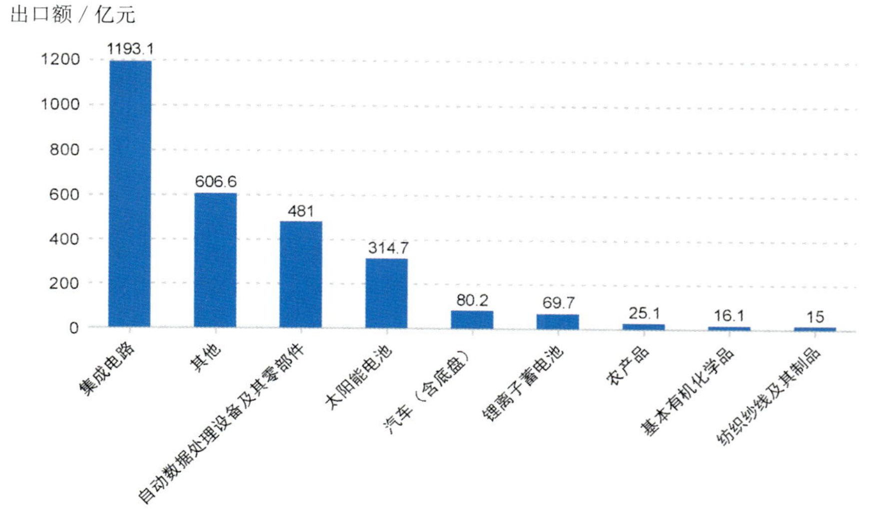

2022 年西安市主要出口商品情况示意图

立分支机构 251 个，比上年末净增 5 个。新设外商投资企业 247 家，比上年增长 11.76%。实现跨境电商交易额 144 亿元，比上年增长 46.4%。全国首个陆路启运港退税试点落地西安。全市推动外贸稳定和创新发展工作受到国务院办公厅督查激励通报；市商务局被陕西省商务厅评为 2022 年度稳外贸工作先进单位。

（朱晓航）

【出口贸易】 2022 年，西安市出口总额 2801.5 亿元，比上年增长 17.3%。出口主要商品：机电产品 2484 亿元，增长 13.3%，占全市出口总值的 90.4%。其中，集成电路 1193.1 亿元，增长 7.8%；自动数据处理设备及其零部件 481 亿元，增长 2.6%；太阳能电池 314.7 亿元，增长 36.1%；汽车（含底盘）80.2 亿元，增长 63%；锂离子蓄电池 69.7 亿元，增长 31%。其他主要出口商品包括农产品 25.1 亿元，增长 18.4%；基本有机化学品 16.1 亿元，增长 2.9%；纺织纱线及其制品 15 亿元，下降 23.9%。二手车出口试点企业出口 449 台，比上年增长 143%，出口金额 1299.7 万美元，比上年增长 242%。

【进口贸易】 2022 年，西安市进口总额 1672.6 亿元，比上年下降 18.4%。进口主要商品：机电产品 1058.1 亿元，下降 29.6%，占全市进口总值的 64.8%。主要包括集成电路进口 619.5 亿元，下降 28.5%；自动数据处理设备及其零部件 106 亿元，下降 19.6%；半导体制造设备 60.5 亿元，下降 67.1%。其他主要进口商品包括煤及褐煤 949.3 万吨，增长 3.1%；铁矿砂 634.9 万吨，增长 8.9%；大豆 85.4 万吨，增长 18.6%；未锻轧铜及铜材 16.6 万吨，增长 3.2%；铜矿砂及其精矿 8.6 万吨，增长 20.8%。

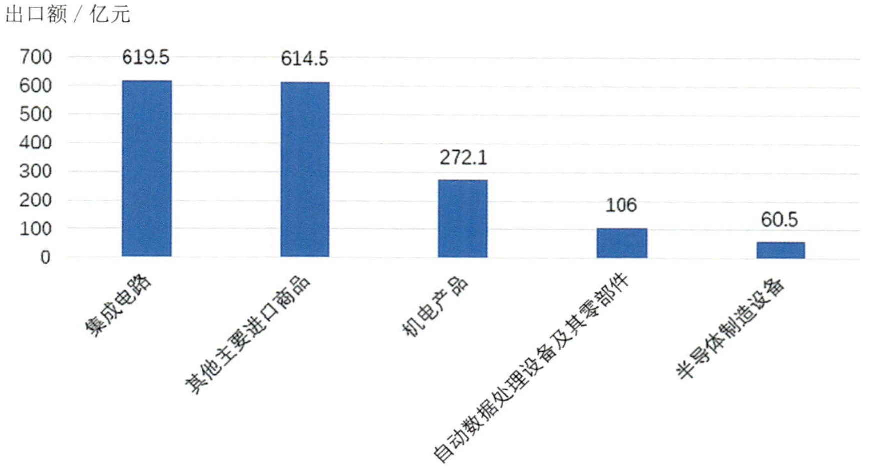

2022 年西安市部分进口商品情况示意图

【服务贸易】 2022 年，西安市申报服务贸易进出口额 14.85 亿美元，比上年增长 27.2%，连续 2 年保持高位增长。其中，知识密集型服务贸易爆发式增长，进出口额为 8.95 亿美元，比上年增长 76.9%，占全市服务贸易 60.2%；电信、计算机信息服务进出口额 3.86 亿美元，技术服务 2.88 亿美元，专业和管理咨询服务、研发成果转让和研发服务、金融服务、知识产权服务等领域稳步发展。有服务贸易业务往来的国家（地区）达 94 个，比上年度增加 11 个，国际市场稳步拓展。进出口前三大市场分别为新加坡（3.4 亿美元）、美国（3.1 亿美元）、巴基斯坦（1.8 亿美元）。 （韩　薪）

【服务外包】 2022 年，西安市服务外包合同金额为 38.2 亿美元，比上年增长 49.56%；执行金额为 26.5 亿美元，比上年增长 16.77%。其中，离岸服务外包合同额 17.1 亿美元，比上年增长 115.5%；执行额 9.66 亿美元，比上年增长 48.85%。服务外包产业实现快速增长，知识密集型服务在服务外包业务结构中占据主导地位，以软件信息服务、研发设计为代表的知识密集型服务外包成为服务外包业务结构的主体，转型升级效果明显。开拓 RCEP（区域全面经济伙伴关系协定）等国际市场取得显著成效，服务外包业务涉及的国家和地区达到 48 个，离岸执行额实现大幅度增长，企业面向 RCEP 等国际市场业务发展迅猛。企业整体实力增强、龙头企业增多，业务贡献大的龙头企业数量比上年增加 6 家。

【稳外贸举措】 2022 年，西安市在“强支持、畅通道、引增量、促创新、稳主体、拓市场、聚合力”7 个方面提出具体举措，提升对外贸易规模和质量，稳住外贸基本盘。市商务局克服疫情影响，建立纾困解难应对机制，大力发展外贸新业态模式，帮助企业拓展市场，加快进口平台建设，扎实推进对外贸易提质增量和对外开放水平提升，促进外贸创新发展，培育外贸新支点，外贸业绩稳步提升。

（高望祖）

【外贸稳定和创新发展获国务院督查激励通报】 2022 年，西安市编制推动外贸稳定和创新发展成效明显城市申报书，全面梳理展示外贸工作成绩亮点。6 月 9 日，国务院办公厅下发《关于对 2021 年落实有关重大政策措施真抓实干成效明显地方予以督查激励的通报》，西安市作为全国 10 个市（区）之一，被评为“推动外贸稳定和创新发展成效明显的地方”。

【外贸新业态发展】 2022 年，西安市依托跨境电商综合试验区优势，指导成

2022 年 1 月 7 日，铁路作业人员为中欧班列抗疫保供返程专列进行分离作业
（西安日报社　供图）

立西安跨境电商联盟，规范行业组织聚合发展，建成开放西安跨境电商综试区展示中心。打造中欧班列“长安号”跨境电商全国集结中心，完成菜鸟出口货物测试运行，开通菜鸟跨境电商专列；新开通 2 条跨境电商线路，引进美新国际物流、配播等跨境电商及直播企业 5 家。全年开行跨境电商专列 198 列，发运跨境电商等高货值货物 9900 余柜，是上年发运量的 1.6 倍。打造“跨境电商 + 直播”新模式，引进直播类项目 11 个，建设直播间 50 间，引进直播类人才 200 名，形成“跨境电商 + 直播”生态圈，相关市场主体突破 1816 家，全年实现交易额 144.27 亿元，增长 46.42%。其中，出口 127.9 亿元，比上年增长 45.95%；进口 16.37 亿元，比上年增长 50.2%。跨境电商展示中心、零售进口退货中心仓、邮政跨境电商产业园、碑林跨境电商产业园等建成投运。全市 23 家企业通过租用、合资、自建等方式在海外设立 63 个海外仓，总面积 50.3 万平方米，覆盖 37 个国家。搭建保税维修工单核销辅助管理系统，落地全省首单国际起落架保税维修业务。全市有 4 家开展保税维修业务的企业年进出口额达 1000 万元以上。

【进口贸易促进创新示范区建设】 2022 年，西安市按照商务部要求，组织开展进口贸易促进创新示范区建设运营工作。产业项目方面，引进中林、中远海、山东港、五矿、陕林、陕投等央企国企资源，打造集集装箱运输、冷链物流、整车运输、期货交割及大宗商品交易等功能于一体的中欧班列（西安）集结中心港口功能区，加快建设世界一流内陆港。招商引资方面，依托蜜芽集团打造知名国货品牌直播中心；引进今日头条（微距繁星）打造全省首个抖音海外版直播基地；围绕中央商务区着力培育直播电商新赛道，引进杭州配播科技、武汉声量融合等 14 家龙头直播电商企业，打造集国内直播、跨境直播、短视频制作、主播培训为一体的直播电商生态圈，已建设直播间 50 余间；依托斯克赛德（陕西）、源发等企业，打造外贸综合服务平台和外贸企业聚集区。加快建设金属、粮食、木材、冷链、整车等大宗商品交易中心，全年大宗贸易交易额超 1200 亿元。专业平台方面，中欧班列“长安号”全年开行进口班列 2151 列。其中，欧洲方向 2003 列，中亚方向 148 列。运送货物总重约 190 万吨，主要进口品类包括木材、粮食、化工品及设备等。

【国家加工贸易产业园建设】 2022 年，西安市出台《加快推进西安市国家加工贸易产业园建设的实施意见》，从发展目标、区位布局、主要任务、组织保障等方面对“一园三区”建设做好顶层设计。作为首批国家级加工贸易产业园和第二批加工贸易梯度转移重点承接地，紧抓“一带一路”建设、区域全面经济伙伴关系协定等叠加机遇，推动加工贸易量质齐升，成为全市和全省对外贸易高质量发展的核心支撑。全年加工贸易进出口总值 2419.8 亿元，下降 4%，占全市进出口总值的 55.3%。其中，出口 1579 亿元，增长 11%；进口 840.8 亿元，下降 23.5%。实现加工贸易与重点产业融合发展，形成以电子信息、汽车、航空制造、装备制造、生物医药等为主导的加工贸易产业集群，占全市 19 条重点产业链的 1/4，全省 23 条重点产业链的 1/5。全市外贸前 10 强中，加工贸易企业占据一半，对工业贡献度达 44.5%。不断延长加工贸易产业链，推动加工贸易相关产业由生产型向生产服务型转变，构建以产品制造为核心的发展模式。
（韩　薪）

【外贸企业增长】 2022 年，西安市制定《商贸企业和个体工商户培育提升行动实施方案》，出台《关于深化外经贸合作推动创新发展实施措施》《加快推进西安市国家加工贸易产业园建设的实施意见》，开展稳主体、保主体行动，对新增外贸市场主体、外贸企业转型升级、外贸产品技改和研发、开拓国际市场、保税物流发展、加工贸易、跨境电商等企业，扩大政策覆盖面，加强对企业的支持保障。搭建平台，开展外贸新模式新业态、RCEP 贸易协定等培训，筹建 RCEP 企业服务中心，助力外贸企业应对国际经贸变化。组织企业参加进博会、服贸会、广交会，举办 2022 欧亚经济论坛经贸合作博览会暨中国（陕西）进出口商品展，帮助企业拓订单稳市场，有业绩的外贸企业 3049 家，年度净增 144 家。
（高望祖）

【综合保税区建设】 2022 年，西安市 5 个综合保税区实现进出口贸易值 2912.04 亿元，比上年同期下降 9.92%，占陕西省 7 个综合保税区进出口贸易值的 99.03%，占全市进出口贸易值的 66.49%。其中，西安关中综合保税区进出口贸易值 1619.77 亿元，比上年下降 2.4%；西安综合保税区进出口贸易值 137.63 亿元，比上年下降 12.3%；西安高新综合保税区进出口贸易值 1048.38 亿元，比上年下降 22.5%；西安航空基地综合保税区进出口贸易值 24.06 亿元，比上年增长 342.9%；西咸空港综合保税区进出口贸易值 82.2 亿元，比上年增长 84.2%。
（韩　薪）

境外经济技术合作

【境外投资】 2022 年，西安市对外投资额（非金融类直接投资）2.96 亿美元，比上年下降 33.92%，占全省对外投资总额（4.1 亿美元）的 72.2%，新设企业 17 家，增资企业 8 家。对“一带一路”国家和地区投资主要投向马来西亚、老挝、印度尼西亚、泰国等国家，投资额 1.059 亿美元，主要涉及制造业、批发和零售业等行业。有 3 个跨国并购项目，比上年增加 2 个，并购类项目协议投资额 3600 万美元，主要涉及通用设备制造业、矿产资源开发、石油和天然气开采业等行业。经市政府同意，在新加坡、美国、加拿大、老挝、南非、白俄罗斯、德国等国家和地区新设成立驻外商务代表处。

【对外承包工程】 2022年，西安市对外承包工程新签合同额59.91亿美元，比上年增长101.66%，完成营业额15.26亿美元，比上年下降35.98%。其中，“一带一路”共建国家完成营业额6.41亿美元，占全市对外承包工程完成营业额的42.03%；新签合同额23.78亿美元，占全市对外承包工程新签合同额的39.69%。主要承包工程分布在马来西亚、孟加拉国、新加坡、秘鲁、安哥拉等国家，西北电力设计院在电力能源、中铁一局和华山国际在基础建设等行业工程领域，新签项目稳步提升。

【对外劳务合作】 2022年，西安市新签劳务人员合同工资总额1255.81万美元，比上年增长172.41%，新派各类劳务人员1297人，期末在外人数6782人。外派人员主要分布在日本、吉尔吉斯斯坦、新加坡、安哥拉、几内亚等国家和地区，派出人员主要从事制造业、建筑业、服务业、加工业等行业工种。

（韩　薪）

自贸试验区西安区域

【概况】 2022年，中国（陕西）自由贸易试验区西安区域（以下简称“自贸试验区西安区域”）新增市场主体43835家，比上年增长32.2%，注册资本1577.39亿元，比上年增长29.7%。其中，内资企业26203家，注册资本1528.11亿元；外商投资企业164家，注册资本69534.62万美元；注册资本亿元以上企业有93家。引进东航、南航等14家航空公司区域总部，芬兰航空、大韩航空等15家外航办事处及法国赛峰飞机起落架深度维修等77个临空产业项目，临空经济规模突破155亿元；引进菜鸟国际、极兔国际、叮当快药等3家估值过百亿元全球独角兽企业，引进杭州配播、武汉声量、陕西微聚等14家龙头直播电商企业，打造集国内直播、跨境直播、短视频制作、主播培训为一体的直播电商生态圈。中欧班列长安号跨境电商全国集结中心建设提速，在全国率先开展跨境电商散货铁路集拼业务。菜鸟跨境电商西北区域保税仓和西北首家菜鸟中心仓投入运营。全年开行跨境电商专列198列，跨境电商交易额35.1亿元，比上年增长40.4%。

【自贸试验区发展战略规划】 2022年，西安市加快建设投资贸易便利、高端产业聚集、金融服务完善、人文交流深入、监管高效便捷、法治环境规范、辐射作用突出的国际高水平自由贸易试验区，形成与国际投资贸易通行规则相衔接的制度创新体系，营造市场化、法治化、国际化的营商环境。加快政府职能转变，开展“行政效能革命”，深化商事制度改革，实施“证照分离”全覆盖试点。深化投资领域改革，实施外商投资准入负面清单管理制度，吸纳优质外资进入自贸试验区，鼓励跨国公司在自贸试验区设立地区总部、研发中心、销售中心、物流中心和结算中心。加快金融创新步伐，争取金融产品和服务创新试点优先政策；吸引境内外金融机构区域总部、功能性总部入驻自贸试验区；探索与自贸试验区相适应的本外币账户管理体系。探索人文交流模式，打造“一带一路”沿线最具影响力的科技资源聚集和技术成果交易中心；推进面向“一带一路”共建国家的教育培训基地建设；推动中医药、中华传统餐饮、工艺美术、西安老字号、非物质文化遗产等相关企业和优质资源“走出去”。加快高端产业集聚培育，深化产业链、创新链“双链融合”，在电子信息、高端制造、会议会展、临空临港、文化旅游、医养健康等特色优势领域系统谋划创新突破，以集成改革促产业发展。加强组织实施保障，推出更多可复制、可推广的改革试点经验；加强改革整体谋划，开展自贸试验区政策及理论前瞻性探索和应用性研究；与各联盟片区在创新成果复制推广、政务服务等方面协同创新，形成更多务实合作成果；发挥好西安区域的辐射带动作用，将西安区域的制度创新经验、开放平台等优势资源向西部省市推广，推动西部大开发战略深入实施。

【自贸试验区营商环境】 2022年，西安市聚焦企业诉求，持续优化营商环境，提升投资贸易自由化便利化水平。关中海关通过开辟绿色通道，非接触式办公等方式，助力“陕西制造”化妆品首次出口美国；西安港获批全国首个内陆港口启运港退税试点资质，率先实施“铁路快速通关”业务，推出集拼业务“先报关、后装箱”模式改革，集拼出港企业通关时效提高2—3天；全市第二个公用型保税仓、全省唯一一座海关实时联网监管的保税仓库成功获批并在浐灞生态功能区设立；在航空口岸开展机坪“直提直装”新模式，实现国际货物24小时“随到随提、随到随装”。持续提升政务服务效能，高新功能区探索实行证照联办“五个一”新模式，在全省率先开展市场主体歇业备案业务；西咸新区对符合支持条件的企业“免申即享”，大力推行全程网办；浐灞功能区率先开展“不见面开标、电子保函”招投标模式，完成“不见面开标”项目69个，实施“投标电子保函”项目45个。创新金融服务模式，建成全国首家“硬科技支行”，探索推出“技术交易服务贷”“高新贷”等差异化特色信贷产品，为60多家硬科技企业提供6亿元专属科技信贷额度；推进中欧班列“长安号”数字金融综合服务平台项目二期建设，为企业提供融资贷款57.2亿元；丝路国际保理平台发放国际保理美元融资款2200万美元。持续优化法治环境，西安仲裁委员会整体搬迁入驻“一带一路”国际商事法律服务示范区，“一站式”国际商事法律服务要素体系初步建成。

【自贸试验区制度创新】 2022年，中国（陕西）自由贸易试验区西安区域（含西咸新区）紧盯自贸试验区《进一步深化改革开放方案》（2.0版），107项试点任务已阶段性完成35项，完成率32.71%，按计划将于2024年年底前完成。培育形成91项创新案例，其中国家级创新成果7项，入选省商务厅简报案例20项，其中获得省政府领导批示肯定案例10项。13项创新案例入选2021年陕西省“最佳实践案例”，占全省的87%。累计形成598项创新案例，其中33项得到国务院和相关部委通报肯定，66项创新成果在全省复制推广，形成全省“最佳实践”案例22项，形成复制可推广的西安经验。

（韩　薪）

【自贸区跨境金融结算模式创新】 参见第115页“‘一带一路’建设”同题条目。

【中心片区】 2022年，西安市发挥自贸试验区中心片区示范引领作用，围绕贸易投资便利化、金融领域开放创新等方面进行探索。融入和建设黄河流域自贸试验区联盟、新亚欧陆海联运通道自贸试验区联盟，推进区域协同发展，协同开放。推进建设丝路科创中心和金融中心，以秦创原创新驱动平台为引领，推进“一带一路”科技创新行动计划，争取更多重大科技基础设施布局西安。争取国家丝路金融开放政策，加快金融要素聚集，创建国家科创金融改革创新试验区，做好数字人民币试点工作。支持本地优势企业开展跨境融资，完善跨国公司跨境资金集中运营管理，争取本外币资金池业务试点，为“走出去”企业境外股权并购提供境内资金支援通道。建设贸易金融服务、跨境电商综合服务、能源类特色供应链合作等20多个功能性平台，探索总结的服务型制造发展新模式、“两头在外”保税维修、多式联运“一单制”、互联网+进口快件派送、检测检验认证等创新经验在全国复制推广。发挥自贸试验区第五航权政策优势，先后开通首尔—西安—河内等4条第五航权客货运航线。推动多式联运“一单制”改革，制定陕西“单一窗口”航空物流公共信息平台建设方案。

【西安国际港务区片区】 2022年，西安国际港务区片区聚焦“建设世界一流内陆港、打造‘双循环’核心枢纽”目标，加快港产、港贸、港城融合发展。围绕建设中欧班列西安集结中心，实施舱单归并、货站前移等20多项创新举措。建设进口贸易促进创新示范区，探索形成《西安爱菊集团开拓内陆地区粮食进口贸易新模式》《锁定优质矿源，畅通关键节点，构建老挝稀有矿产进口闭环供应链》等内陆地区具有代表性的进口贸易创新案例。向海关总署争取，将飞机起落架维修业务相关产品及其零部件纳入综保区第二批维修目录，在综保区内落地首单增值税一般纳税人资格试点业务。西安港成功获批全国首个内陆港口启运港退税试点，探索中欧班列（西安）铁路联运提单融资新模式，赋予铁路提单物权属性，进口商仅凭铁路提单即可信用贷款。中欧班列“长安号”常态化运行国际干线拓展至17条，“长安号”开行量达到4639列，开行量、货运量、重箱率3项核心指标位居全国第1。中国（西安）跨境电子商务综合试验区建设成效显著，中国邮政速递物流西北（西安）航空电商物流中心项目一期建成投用，在德国法兰克福等地设立9处海外仓，在全国率先开展跨境电商散货铁路集拼业务。港务区片区全年实现生产总值204.29亿元，比上年增长8.1%；固定资产投资533亿元，增长18.3%；社会消费品零售总额419.64亿元，增长9.8%；规模以上工业增加值增长11%；进出口贸易额约260亿元，增长16%；实际引进内资402.13亿元；实际利用外资16700万美元；一般公共预算收入32.7亿元，增长22.1%。 （行中道）

国际经贸促进

【概况】 2022年，西安市国际贸易促进工作卓有成效，外贸总量4474.1亿元，位列全国副省级城市第10位，其中出口以17.3%的增速位于全国副省级城市第2位，实现贸易顺差1128.9亿元，比上年增长248.64%。进出口规模全年保持正向增长，月均保持在300亿元以上，单月最大增幅28.90%。全市外贸依存度达到38.95%，高于重庆、成都等西部其他城市，位列15个副省级城市第9位。全年有进出口实绩的企业达到3207家，比上年增加10.4%，以外商投资企业和民营企业为主。外商投资企业进出口2578.6亿元，下降8.8%；民营企业进出口总值1602.4亿元，增长22.5%；国有企业进出口189.5亿元，下降21.1%。对“一带一路”共建国家进出口970.5亿元，增长40%；对签订《区域全面经济伙伴关系协定》的其他国家进出口1768.9亿元，下降1.2%。 （韩　薪）

【国际商事认证】 2022年，西安市强化涉外商事法律服务职能，开展国际商事认证。推进政务服务标准化建设，成立一体化政务服务工作专班，重新梳理进驻市政务服务中心的业务事项，细化相关办理程序和所需资料，实现业务全程网办。推出便利化服务措施，实现免费邮寄、自主打印、不见面办公等商事认证工作，开展容缺办理业务、开通电子发票等举措，为194家企业开通自主打印功能。全年办理一般原产地证3802份，优惠原产地证706份，商事证明书566份，代办领事认证205份，出境ATA单证册2份。

【国际商事争议解决】 2022年，西安市贸促会成立商事法律专家委员会，发挥专家“参谋智囊”作用，共同搭建商事法律公共服务平台。为外贸企业在线解答相关政策法规、业务办理、涉法咨询1000余次。

受理外资企业商事法律服务，全年办理4个批（次）12家17件。举办RCEP政策解读及应用线上培训会涉法培训交流研讨会、2022年出证认证业务线上培训班、企业涉外投资服务与法律风险防范交流会、疫情影响下涉外企业投资与贸易法律风险应对学术研讨会、知识产权争议商事调解规则解读与应用线上培训会、商事调解多元化解纠纷实务培训会6场，提高外贸企业依法经营能力。

【自由贸易协定（FTA）服务】 2022年，西安市围绕提升自由贸易协定（FTA）服务，在自贸试验区范围内开展资本项目收入支付便利化试点，简化外汇资金流入汇兑手续，便利企业跨境投资资金运作，有效降低企业交易成本。推进外债登记管理改革，快速落地实施非金融企业多笔外债共用一个外债账户政策。中行自贸支行获批跨境人民币结算示范行，上线启动本外币账户一体化管理平台。推出“科创票链通”融资服务模式，构建“科技企业创新能力评价体系”和“秦创贷科技金融服务体系”。建成全国首家“硬科技支行”，区内聚集各类金融机构326家。规范奖补流程，统一审核标准，对赴境内参展团组拨付奖补资金96万元。组织西安企业参加2022第四届广州世界农业食品博览会、第20届中国—东盟食品糖酒博览会、第7届世界石油天然气装备博览会暨买家见面会、2022世界地理标志产品博览会等会展活动，帮助企业开拓国内外市场。加强与境内外商协会、投资机构及企业的联系，为外贸企业搭建贸易投资平台。通过门户网站、公众号、企业群等共发布预警信息1157条，收集整理并发布招商引资相关政策18条。 （孙　涛）

海关监管

【概况】 2022年，西安地区隶属海关（西安咸阳机场海关、西安车站海关、西安邮局海关、关中海关）共监管进出口货运量253万吨，征收关税11.8亿元，监管入出境航空器2351架（次），监管各类进出境国际邮件共141.7万件，中欧班列“长安号”开行4639列。打击洋垃圾、象牙、濒危野生动植物及“水客”、涉枪涉毒等走私违法犯罪活动。推广“铁路进出境快速通关”业务模式，大幅缩短边境滞留时间。试点实施“ERP联网+快审审核”模式；全面推广自助打印和“智能审核”；优化属地查检，设立鲜活易腐农食产品查检绿色通道。推行全程无纸化监管通关模式，实现跨境电商商品通关“零滞留”。

【海关查验】 2022年，西安地区隶属海关开展“国门利剑2022”“口岸危险品综合治理”百日专项、“国门绿盾”“清邮”等行动，打击走私，守牢国门生物安全第一道防线。西安咸阳国际机场海关打击洋垃圾、象牙、濒危野生动植物及其制品走私违法犯罪活动，截获各类濒危野生动植物及其制品27批（次）、查获管制刀具20把、违禁印刷品53份、安全准入情事761起。西安车站海关监管绿豆进口210批，检出假高粱5批（次），检出首例中欧班列输入性鼠类。西安邮局海关在进境邮件中查获大量违禁物品，首次查获涉赌类物品、检疫性有害生物芒果八星天牛。查堵禁止进出境出版物702本。关中海关加强检验检疫，查发不合格进口工业品及进口食品共96批，首次检出禁止进口的旧医疗器械。检验鉴定出境危险货物包装3898批、检出不合格46批。落实食品安全“四个最严”要求，聚焦新备案企业及首次出口食品，守好进出口食品安全红线。加强对进境木质包装、供港澳活牛、粮食等高检疫风险货物监管，严格对进境观赏鱼、出口饲料等开展国门生物安全监测和风险监控，有效防范外来有害生物入侵。

【缉私工作】 2022年，西安海关缉私局严厉打击“水客”、涉枪涉毒等走私违法犯罪。摧毁一个走私奢侈品货源的“水客”团伙，查获名包、名表等奢侈品581件。打掉一个陕西籍实施“套代购”的走私团伙。立案侦办14起走私枪支配件案，查获仿真枪17支，弹夹9个，枪支零配件20余件。侦办14起走私毒品案，查获咖啡因制剂101瓶、疑似冰毒7.89克（毛重）、大麻软糖172.46克、国家精神管制类药品三唑仑47片。

【海关服务】 2022年，西安车站海关与港务区、铁路等部门建立联席会议机制，召开“缓堵保畅”工作会议16次，协调解决问题13个。推动全国首个陆路启运港退税试点落地，为全国2.2万家企业签发10.1万票启运港退税报关单，货值436.4亿元。推广“铁路进出境快速通关”业务模式，大幅缩短边境滞留时间。成立中欧班列节假日通关值守工作专班，实行7×24小时预约通关，累计加班600余人（次）。保障中欧班列“长安号”开行4639列，运送货物总重411.7万吨。

【自贸试验区、综保区通关】 2022年，西安咸阳机场海关牵头实施“国际货物24小时机坪‘直装直提’”，企业通关效率提高100%，被评为2021年中国（陕西）自贸试验区“最佳实践案例”。西安车站海关创新提出“一次进境、一次检测”进口摩托车单车认证监管新模式，大幅缩短通关时间。关中海关推进自贸创新案例“加工贸易云报核系统”落地实施。引导企业利用“企业集团加工贸易监管模式”“出境加工”等政策，拓展新兴监管模式降低企业经营成本。受理西安浐灞国际会展公司设立公用型保税仓库，利用会展业政策优势，提升自贸发展水平。支持“保税维修”新型业态发展，申报“C919配电箱系统”保税维修需求。做好综保区发展绩效评估工作，西安高新综合保税区成为全省首个获得全国和中西部（含东北）双A类区域，关中综合保税区进出口总值排名全国第10位。助推全国唯一农业特色保税区杨凌综合保税区通过验收，正式封关运行，首票货物顺利入区。

【减税降费政策落实】 2022年，关中海关落实“十四五”期间减免税政策，对国家政策扶持明显的集成电路、飞机制造产业等，主动上门“送政策、送服务”。审核减免税货物4.28亿美元，增长10.59%；减免税款2.95亿元，增长10.91%。试点实施“ERP联网+快审审核”模式，审核时间由3个工作日缩减到2分钟。审签出口原产地证书1.6万份，企业实现关税享惠3.9亿元。推动RCEP落地见效，在全国全省开展RCEP专题授课，签发西安海关首份中国—柬埔寨自贸协定原产地证书。全面推广自助打印和“智能审核”，自助打印原产地证6169份，自助打印率提高25个百分点。办理政策性退税24票，退还企业税款121.22万元。

2022年，关中海关工作人员进行危化品属地查检　　（西安海关　供图）

【海关助力外贸企业】 2022年，西安地区隶属海关主动送政策上门，向企业宣讲海关总署、西安海关促进外贸保稳提质多项措施，开展专题调研，了解需求困难，着力推进“问题清零”。西安咸阳机场海关牵头构建空空中转、卡车航班、铁海空联运等监管模式，运用“云擎”大数据分析平台，日均查检快件图像量比上年提升40%，压缩快件通关时间30%以上，无异常快件从企业申报到海关放行进入“读秒时代”。西安车站海关严格落实海关总署关于取消申报时需提供的第三方服务事项清单，减少企业申报时所需提交的单证数量。指导企业用好陆路启运港退税试点政策，企业办税时间由之前的1个月缩短至2—3天。西安邮局海关坚持“5+1”通关保障模式，实现国际邮件随到随验、随验随放。通过指导企业规范申报等举措进一步压缩货物通关时间，全力保障通关顺畅。关中海关优化属地查检，设立鲜活易腐农食产品查检绿色通道，实施优先查检和“5+2”预约查检，保障出口农食产品通关、签证畅通，快速放行供港澳活牛、出口水果466批，货值8995万元。帮扶特色商品扩大出口，助力水果、羊肉泡馍、擀面皮等特色商品开拓多元化国际市场。完善暂时进境文物监管服务工作机制，到场实施转关监管，保障首批暂时进境文物顺利办展。

【支持跨境电商新业态发展】 2022年，西安咸阳机场海关支持跨境电商零售进口“1210”（网购保税进口）模式清单申报量首次突破100万单大关，比上年增长170%。推动全省首家跨境电子商务零售进口退货中心仓在西咸空港综合保税区落地，帮助企业延伸拓展经营版图。西安车站海关创新跨境电商B2B出口“散货集拼”海关监管新模式，变“整柜申报”为“散货理货后再申报”，从根本上解决“一票查验整柜甩货”的痛点，大幅减少企业经济和时间成本。规范跨境电商商品出口监管流程，推动“电子关锁”智慧监管，减少企业等待时间和短倒费用，推行全程无纸化监管通关模式，实现跨境电商商品通关“零滞留”。

（刘　祎）

功能区建设

责任编辑 冯冠杰

西咸新区

综 述

【基本情况】 西咸新区位于西安、咸阳两市建成区之间，区域范围涉及西安、咸阳2市所辖7县（区）23个乡镇和街道办事处，包括沣东新城、沣西新城、秦汉新城、空港新城、泾河新城5个组团。规划控制面积882平方千米（西安部分224.84平方千米，咸阳部分657.16平方千米），分为西咸新区直管区和西安（西咸新区）—咸阳共管区。其中，西咸新区直管区规划面积715.83平方千米（西安街镇：建章路街道、三桥街道、王寺街道、斗门街道、高桥街道、马王街道、大王街道；咸阳街镇：上林街道、钓台街道、正阳街道、窑店街道、渭城街道、周陵街道、底张街道、北杜街道、太平镇、永乐镇、崇文镇、高庄镇）；西安（西咸新区）—咸阳共管区规划面积166.17平方千米（仅咸阳街镇：陈阳、泾干、双照、南位）。有常住人口135.3万人。其中，直管区103.6万人（城镇人口75.8万人，农村人口27.8万人；城镇化率73.2%），共管区31.7万人。有户籍人口110万人，其中直管区87.3万人，共管区22.7万人。

2022年，西咸新区重点抓好国家级新区、秦创原总窗口和西咸一体化核心承载区建设。西咸新区直管区生产总值（GDP）624.85亿元，比上年增长3.5%。固定资产投资（不含农户）增长13.1%；规模以上工业增加值增长9%。社会消费品零售总额388.79亿元，下降4.7%。城镇居民可支配收入29209元，增长3%。农村居民可支配收入17427元，增长4.2%。一般公共预算收入95.04亿元，增长12.2%。引进内资902亿元，实际利用外资8.82亿美元。在册市场主体571579户，占全市19.7%。其中，企业97254户，个体工商户473656户，农民专业合作社669户。

【基础设施建设】 2022年，西咸新区实施479个城建项目，完成投资418.53亿元。新建市政道路60.54千米、雨污水管网60.54千米。建成公共停车场13处、停车位5890个，公共充电站55处、充电桩1577个。建成18个“15分钟便民服务圈”，金湾文化公园等16个新建公园向市民开放。启动建设总长度51.9千米的5条新区与西安中心城区互联互通道路，其中科技二路西段建成通车。机场三期完成投资80.3亿元，新开通全货运航线4条，启动冷链国际综合枢纽产融园等项目建设，开馆运营全国首个临空会展中心。地铁16号线一期实现试运行，智轨示范线1号线达到通车运营条件。西安国际足球中心完成主体结构施工，中国国际丝路中心大厦施工至63层，新中心新轴线新开工面积240万平方米。太平遗址入选陕西重要考古发现，秦文化博物院升格为陕西省历史博物馆秦汉馆。

【生态治理】 2022年，西咸新区作为陕西省唯一试点区域获批“首批国家气候投融资试点区”，秦创原生态环境导向开发（EOD）模式项目入选全国“第二批生态环境导向开发（EOD）模式试点项目名单”。加强大气污染防治，空气质量优良天数228天，全国首个臭氧污染防治“抓点示范”项目——西咸新区VOCs“绿岛”共享喷涂中心建成投用。加强水环境治理，推动80%行政村完成农村生活污水治理，渭河、泾河水质达到地表水Ⅱ类标准，沣河、太平河、新河和昆明池水质达到地表水Ⅲ类标准。加强生态体系修复建设，新增城市绿地357.35万平方米，新建绿道225.19千米，斗门水库北池建成蓄水。推进“碳达峰碳中和西安行动”，新推广海绵城市240万平方米、中深层地热供热345万平方米，新建成绿色建筑450万平方米。

【民生保障】 2022年，西咸新区做好巩固脱贫攻坚成果与乡村振兴衔接工作，建立巩固脱贫成果长效机制，无新增贫困和返贫情况发生。建成千亩“吨粮田”

表14 2022年西咸新区直管区主要经济指标统计表

指标名称	单 位	数 量	同比增长率/%
地区生产总值	亿元	624.85	3.5
#第一产业	亿元	43.24	4.4
#第二产业	亿元	256.79	15.4
#第三产业	亿元	324.82	-4.6
固定资产投资（不含农户）	亿元	—	13.1
社会消费品零售总额	亿元	388.79	-4.7
城镇居民可支配收入	元	29209	3
农村居民可支配收入	元	17427	4.2
一般公共预算收入	亿元	95.04	12.2

说明：#为其中项

2022年9月1日，西咸新区第二小学、第二初级中学投入使用
（西咸新区管委会　供图）

示范方3个，完成202个村集体经济组织换届，新增村集体经济50万元以上示范村（社区）4个、100万元以上示范村（社区）3个。全年城镇、农村居民可支配收入分别比上年增长3%和4.2%。新增城镇就业10137人，失业率控制在4%以内。筹建公租房1265套、保障性租赁住房32205套。坚持教育优先发展，“名校+”学校突破100所，新投用学校26所、新增学位2.5万个。陕西省人民医院西咸院区投用，新区公共卫生中心加快建设，建成4所街镇卫生院。新区康养福利中心和5个镇（街）综合养老服务中心、6个社区养老服务站等项目加快建设，获批“国家级服务业标准化试点”和“全国示范性老年友好型社区”。

（席维东）

体制机制创新

【概况】　2022年，西咸新区认真贯彻习近平总书记关于发挥西咸新区作为国家创新城市发展方式试验区的综合功能的重要指示要求，进一步落实中共西安市委、西安市人民政府《关于支持西咸新区创新体制机制推动高质量发展建设创新城市发展方式试验区的若干意见》精神，制定《西咸新区及各新城职能和机构优化调整实施方案》并召开管理体制机制改革动员大会，启动管理体制机制优化调整工作。突出国家级新区先行先试优势，全面深化体制机制改革，创新优化行政管理职能，通过优化管理层级、完善运行机制、创新园区管理、深化人事改革，构建系统完备、科学规范、运行高效，具有“西咸特色”的行政管理体制。稳步推进各项国家级、省级试点任务建设，完成8类126项改革任务。中国（陕西）自由贸易试验区、全面深化服务贸易创新发展试点等国家级试点建设成效明显，新增自贸创新案例48项，其中7项被国家和陕西省复制推广，4项被陕西省评估认定为首创型。

【管理机制改革】　2022年，西咸新区坚持“压缩”与“优化”并举，全面提升管理效能。全面统筹管理直管区范围内19个街（镇）经济发展和社会管理职能，将原有“新区—新城—镇街”三级管理模式，调整优化为“新区—新城经济发展”+“新区—镇街社会治理”两级管理模式，坚持“大部制”和扁平化的原则，新区本级仅内设机构20个。改革后，新区及5个新城管委会内设机构减少80个，比改革前减少54.1%，企业化管理的下属管理服务机构减少46个。坚持“加法”与“减法”并举，推动新城瘦身强体。在权责清单1812项社会事务类中，新区行使1810项、街镇行使393项，新城不再行使；在权责清单和政务服务事项清单中涉及的经济发展类事项，新城分别行使3143项、469项，占比分别为91%、86%。推进新城剥离事项流程再造，采用“授权窗口即办一批、下放街镇实施一批、首席代表入驻一批、全程网办一批”等方式，确保实现“全区通办”和改革后“企业群众办事体验不降”目标。坚持“园办”与“公司”并举，促进秦创原创新建设。出台《秦创原总窗口特色产业园区管理体制机制意见》，明确秦创原总窗口10大特色产业园区开发运营实行“新区统筹协调、新城具体负责”，各新城自主确定开发运营模式，既可采取“园办+公司”联合运营管理模式，也可采取园办或者平台公司单独运营管理模式，鼓励引进社会专业化产业园区运营公司开发经营。按照“市场化选聘、契约化管理、差异化薪酬、市场化退出”原则，建立秦创原总窗口特色产业园区特聘人才“揭榜挂帅”机制，重点选聘急需紧缺的招商运行、金融投资、资本运作、科技创新等高层次人才，着力打造一支懂经济、懂市场，会招商、会服务的“野战部队”。坚持“全聘”与“严考”并举，深化人事制度改革。机构职能优化调整后，持续做好人事制度改革“下半篇”文章，实行定岗位、定职级、定贡献、定薪酬，推行全员聘用制、绩效考核制、末位调整制、浮动薪酬制。对新区、新城管委会中层及以下干部推行全员聘用，对行政事业人员进行转聘分流。建立入“池”管理制度，将连续2年在部门年度考核中排名末位、年度考核不称职、所承担任务指标连续3个季度在全市排名末位等6种不适应岗位需求的员工，纳入“蓄水池”管理。

（席维东）

【西咸新区改革案例获年度地方全面深化改革典型案例】　2022年，西咸新区编制的“建好秦创原总窗口，推动创新驱动发展”案例入选中国经济体制改革杂志社主办的“中国改革2022年度地方全面深化改革典型案例”名单。该案例聚焦西咸新区作为国家级新区，深入实施创新驱动发展战略，以建好秦创原创新驱动平台总窗口为抓手，持续推动创新驱动发展不断做实见效成势的好做法，重点聚焦体制机制改革、优化创新生态、加强聚集创新资源、建立健全成果转化体系和大力推进协同创新5个方面。指出秦创原是一个概念，肩负着科技成果转化，建设共性技术研发平台，实现校地校企合作，创新人才教育培养，推进政产研深度融合等科创重任。重点介绍西咸新区作为秦创原总窗口，围绕产业链部署创新链、围绕创新链布局产业链，坚持“企业主体、人才主力、市场主导、政府主推”联动发力，从载体、政策、资本、人才等方面，进一步加大改革创新力度和深化协同创新的举措。并对其主要做法：推进体制机制改革、持续优化创新生态、加速聚集创新资源、完善孵化转化体系、大力推进协同创新等进行阐释。

2022年，西咸新区贯彻落实《秦创原创新驱动平台建设三年行动计划（2021—2023年）》，立足立体联动“孵化器”、成果转化“加速器”、创新链—产业链融合“促进器”的定位，建好、用好秦创原，推动创新驱动发展不断做实见效成势，推动高质量发展迈出更大步伐。截至年底，新增科技型中小企业2137家，比上年增加140%；新增国家级高新技术企业490家，增加120%；完成登记技术合同交易额135.02亿元，增加30%；引进重点项目213个，成果转化企

业 305 家，初步形成秦创原现象、营造秦创原生态、探索秦创原模式、打造秦创原板块。（行中道）

营商环境建设

【概况】 2022 年，西咸新区始终将优化营商环境作为“一号工程”，以市场主体和社会公众满意度为导向，积极作为，靠前谋划，打造市场化、法治化、国际化一流营商环境。新区优化营商环境工作成效显著，市场活力大幅提升，新区市场主体总量突破 57 万户，总数、增速、投资活跃度等 6 项指标均居全市第一。打造企业全生命周期服务体系、工程项目审批制度改革等 36 项营商环境创新案例先后在全国、全省复制推广。

【行政审批改革】 2022 年，西咸新区深化商事集成注册改革，将企业开办涉及多部门的设立登记、刻制印章、申领发票、参保登记、公积金缴存 5 个审批事项整合为 1 项审批，实行“一个环节、一次办理”，实现在新区开办企业“办事环节最少、流程最优、用时最少”。自商事集成注册系统运行以来，办件 2 万余户，企业开办最快 2 小时办结，同时为辖区 5 万余家企业免费刻制印章 27 万余枚。通过“西咸政企通”平台“一对一”个性化服务，为企业精准画像、“点对点”推送政策。优化政策兑现申报模式和审批流程，搭建线上服务专区，提供全程在线办理服务，通过“一张政策清单、一份申报指南、一套办理流程”，实现政策兑现“全区可办、一网通办、秒速直达、公开透明”。优化工程建设项目审批流程，推行“极简极速”审批改革、基于风险等级的分级、分类审批改革，全面推行社会投资项目“拿地即开工”“报装即接入”“完工即投用”“交房即交证”，通过“一套流程管项目”模式，实现政府和社会投资项目全流程审批分别在 58 个和 28 个工作日内办结，切实解决企业工程建设项目审批“流程多、环节杂、时间长”等难点、堵点问题。围绕企业、个人全生命周期，深入推进“一件事一次办”改革，集成多个部门、多个事项融合为一个“审批套餐”，实现企业群众办事“一个套餐跑一次”。不断完善对企服务机制，通过“西咸政企通”平台在线受理、助企联络员入企收集、特邀监督员社会监督、“12345”热线工单以及“好差评”系统反馈等方式，优化企业反馈诉求便利通道，实现企业诉求“24 小时接诉即办”“双周动态清零”。

【企业服务】 2022 年，西咸新区举办企业家座谈会 80 余场，为企业开展服务 1 万余次，解决企业诉求 1600 余项，持续为企业提供精准、高效服务，及时解决企业难题，让企业安心经营、放心投资、专心创业。兑现奖补资金 4.44 亿元，其中“免申即享”兑现 2.36 亿元，普惠政策 100% 实现“不来即享、网上可办”。政务服务网“一件事一次办”专区上线“一件事一次办审批套餐”108 个，为企业群众办事效率不断提升，“好差评”群众满意率 99.8%。

【人才引进】 2022 年，西咸新区加快省级人才发展改革试验区建设，印发《西咸新区建设省级人才发展改革试验区打造秦创原人才聚集高地三年行动计划（2022—2024）》，锚定“55311”人才工作战略目标（培育引进秦创原重点产业链技术研发、企业管理、国际贸易等行业高层次人才 500 名左右，聚集秦创原创新创业人才 50000 名左右，培育 300 名科技经纪人、建设 100 支“科学家 + 工程师”队伍和 100 支“新双创”队伍，推动各类人才聚集西咸，聚合秦创原总窗口），提出 4 个方面 27 条具体举措。出台《关于打造秦创原人才聚集高地进一步支持人才创新创业的若干措施》，兑付个人贡献度奖励 156 万元，建成各类人才房 1237 套。创新设立“秦创原”6 类人才认定体系，同步出台秦创原创新人才奖励支持措施，首批认定秦创原创新人才 133 人，组建 66 人的科技经纪人队伍，39 支“科学家 + 工程师”队伍获批省级“科学家 + 工程师”队伍，组建 32 支“新双创”队伍。全力推进“三个大市场”建设，秦创原人才大市场于 6 月揭牌成立。优化升级人才政策，增加购车购房补贴、机场免费贵宾通道服务、企业引才补贴等，形成 6 个方面 41 条政策。引入今日人才、汇丰人力等各类人力资源服务机构 11 家，开展“才聚秦创原 就业在西咸”系列直播带岗活动 7 场次，参与企业 37 家，提供就业岗位 1530 个。加快秦创原人才大市场和西安国际人才港建设，布局离岸创新基地，打造海内外高层次人才创新创业基地。成立西咸人才集团，打造 4 支高层次人才服务队伍，建成高端人才公寓 567 套，首批高层次人才入住秦创原金湾人才公寓。（席维东）

产业发展

【概况】 2022 年，西咸新区全面推进产业集群化发展。电池技术世界领先、全球单体最大、产能最高的隆基绿能高效单晶电池生产基地投产，创维智能电子产业园、秦创原·秦川集团高档工业母机创新基地（一期）、三一智能装备有限公司智能制造产业园、西安 ABB 电力电容器有限公司、陕西数字医药产业园等一批优质项目加快建设。全年规模以上工业总产值 528.03 亿元，比上年增长 20.4%。印发《秦创原总窗口特色产业园区布局总体方案》，谋划布局十大特色产业园区，加强新区对重大产业发展和生产力布局的有效统筹。印发新区推行“亩均论英雄”改革工作要点，推动规模以上工业、服务业亩均效益评价，提升单位土地面积产出效益。出台《西咸新区加快先进制造业和现代服务业深度融合发展的若干政策措施》《西咸新区关于以新业态新模式引领新型消费加快发展的实施方案》等政策，促进产业融合发展。

【产业体系建设】 2022 年，西咸新区紧扣陕西省 23 条、西安市 19 条重点产业链，建设秦创原十大特色产业园区，印发《秦创原总窗口产业布局总体方案》，突出先进制造业、制造业数字化转型升级和数字产业化方向，着力构建“1 带 + 10 园区”，用以承载“3+7+N”的产业布局（“1 带”指依托新轴线新中心打造秦创原总窗口·新轴线总部经济带；“10 园区”分别是：西咸新区·沣东先进制造产业园、西咸新区·沣东统筹科技资源改革示范园、西咸新区·沣西人工智能产业园、西咸新区·沣西数字经济产业园、西咸新区·秦汉自动驾驶产业园、西咸新区·秦汉大健康产业园、西咸新区·空港自贸蓝湾产业园、西咸新区·空港临空经济产业园、西咸新区·泾河双碳光伏产业园、西咸新区·泾河两链融合示范园；“3+7+N”的产业布局是光伏、氢能、智能网联汽车 3 条主导产业链，打造新能源、数字经济、人工智能、先进制造、临空经济、自动驾驶汽车、大健康 7 大产业集群，同时培育生物医药、新材料、数控机床、现代金融等 N 个特色产业）。

【招商引资】 2022 年，西咸新区引进省际内资 902 亿元，实际利用外资 8.82 亿美元，总量分别列西安市开发区第 1 位、第 3 位。全年签约 213 个项目，总投资 2411.85 亿元，其中工业项目 67 个，投资额 987.91 亿元，工业投资额占比 40.96%。引进世界 500 强企业 18 家、中国 500 强企业 24 家、行业龙头企业 77 家，有 50 亿元以上项目 15 个、10 亿元以上项目 74 个，引育“链主”企业 28 家，新设立外资企业 88 个，新引进落户投资规模 5 亿元以上的产业链重点项目 30 个，一批重大项目先后落地。

【项目建设】 2022年，西咸新区大力推进重点项目每周调度、领导包抓、条块齐抓、督导考核等“四项机制”，创新开展手续办理冲刺、建设清障攻坚、“一对一”服务、全域排查盘点等“四个行动”，出台《西咸新区应对疫情影响支持重点项目建设扩大有效投资奖励政策》。实施48个省级、97个市级、433个区级重点项目，分别完成投资623.55亿元、1062.12亿元、2005.96亿元。发行政府专项债项目53个，发行规模194.91亿元；获批中央预算内资金10.33亿元，专项债和中央预算内资金规模均居西安市首位。投放7个政策性开发性金融工具项目，数量列西安市首位。（席维东）

秦创原建设

【概况】 2021年3月30日，中共陕西省委、陕西省人民政府在西咸新区召开大会，集全省之力打造秦创原创新驱动平台，并将“秦创原总窗口”设在西部科技创新港和西咸新区。秦创原创新驱动平台聚集高校、院所、企业、金融、区域等各类创新资源，坚持企业主体、人才主力、市场主导、政府主推，聚焦科技成果孵化转化产业化，建设立体联动“孵化器”、成果转化“加速器”和两链融合“促进器”，打造市场化平台、共享式平台、开放型平台、综合性平台。

2022年，秦创原总窗口新增科技型企业1033家，是上年的1.8倍。其中，科技成果转化企业305家，是2.5倍；入库科技型中小企业2137家，是2.4倍；认定高新技术企业490家，是2.2倍；技术合同交易额135.02亿元，是1.3倍；高技术产业产值增长30%。新增孵化器15个，专业服务机构32个。新增基金7只，总规模61亿元，累计17只107亿元。

【科技成果产业化】 2022年，西咸新区承办高校院（所）“三项改革”项目集中路演启动仪式和系列路演23场，推介项目、团队104个，32个项目成立法人实体，110个科技成果项目在总窗口落地转化。建成并运营秦创原路演中心。征集国企、民企各类技术需求236项，以“揭榜挂帅”形式发布技术需求45项，配合企业对接高校实施关键核心技术攻关22项。新增西安电子科技大学国家大学科技园等17个高校科学技术转化平台和蜂鸟智造中试基地等11家小试、中试基地。认定国家级科技企业孵化载体1家、省级9家。“全省孵化产业数据一张网”完成搭建，数据共享服务平台实现陕西省36家国家级孵化器、23条重点产业链“链主”企业信息汇集。发布光伏、智能网联汽车产业规划和“两链”融合图谱。为陕重公司、陕汽集团、西安商汤公司3家车企颁发陕西省首批5张自动驾驶车辆路测牌照，搭建3D人脸识别、自动驾驶接驳小巴、无人配送车等人工智能应用场景。沣东立体联动“孵化器”总基地揭牌成立，签约6家地市飞地孵化器、2家高校技术研究院、8家高校科技成果转化平台。沣西成果转化“加速器”示范基地引入西安交通大学国家技术转移中心等10余个成果转化及创新平台、20余家专业服务机构。西部云谷获批陕西省首批“科创中国”创新基地。泾河两链融合“促进器”示范基地构建以隆基中央研究院、陕煤研究院泾河新城新能源产业基地等为主的新能源共性技术研发平台，以陕汽西部新能源智能商用汽车创新中心为主的智能商用车创新平台，以及以西电人工智能示范基地、中星量子科技产业园为主的信息技术产业平台。累计创建12家市级“三器”示范平台。

【科技创新项目引进】 2022年，西咸新区签约落地三一智能装备有限公司智能制造产业园、西部超导泾河新城研发生产基地等170个项目，总投资2015.15亿元，其中5亿元以上产业链重点项目29个，总投资额561.1亿元。全球单体最大、产能最高的光伏电池生产基地隆基绿能西咸新区高效单晶电池项目投产，硅太阳能电池效率26.81%，再次打破世界纪录，成为全球龙头企业。西电国家大学科技园、同济大学技术转移中心、北京燕园未来科教创新谷、陕西有色金属集团联合创新中心钼材分中心研发基地等重大科创平台先后落地，新增同方丝路等省、市级新型研发机构9家创新联合体7家；新增新型辐射探测材料与器件工程研究中心等市级工程研究中心企业3家。

【科技型企业培育】 2022年，西咸新区制定出台《西咸新区科技型企业培育管理办法》《西咸新区科技创新平台引进培育支持办法》，健全科技型企业“登高—升规—晋位—上市”全周期培育链条。陕西华威科技股份有限公司等4家企业入选第四批国家级专精特新“小巨人”企业，累计7家。西安巨浪精密机械有限公司等19家企业入选2022年省级专精特新中小企业，累计37家。陕西源杰半导体科技股份有限公司、陕西亿海石化有限公司入选陕西省第一批“链主”企业；航天亮丽电气有限责任公司获得省创新产品开发隐形冠军；陕西三毅有岩材料科技有限公司获得省制造业单项冠军。陕西股权交易中心科技创新专板秦创原专区上线企业20余家，源杰半导体于12月21日在科创板上市，成为总窗口首家科创板上市公司。新登记市场主体等6项指标在全市各区（县、开发区）中排名第1位。

【秦创原科创服务体系建设】 2022年，西咸新区制定印发《关于进一步规范秦创原总窗口“上原”项目（企业）管理工作的若干措施》，明确总窗口“上原”项目标准，规范入库项目投资流程。制定发布陕西省首个科创服务标准暨首个秦创原标准——《秦创原总窗口科创服务体系建设标准》。秦创原综合服务中心累计受理业务1.5万项。秦创原科创服务体系不断完善壮大，建成5个新城中心和17个园区“秦创小站”。秦创原综合服务平台与秦创原e站实现互设窗口和功能联通，与全市20个区（县、开发区）及7个市级部门实现信息互通。知识产权检察保护中心、知识产权巡回审判庭、知识产权司法保护中心等功能性服务平台先后揭牌。启动秦创原·青

2022年7月25日，隆基中央研究院建成投用　　（西咸新区管委会　供图）

禾计划，接力“春种基金”，为科技型中小微企业提供精准解决方案。秦创原“四贷促进”金融服务站、秦创原总窗口科技金融服务中心相继揭牌。累计设立17支秦创原科创系列基金，总规模超107亿元，为250余个项目投资20.41亿元，通过直接、间接形式带动相关基金返投新区资金46.37亿元；新发行科技金融产品32款，累计达89款，为企业投放贷款5.89亿元，是上年的2.6倍。新出台“揭榜挂帅”制科技项目管理、科技服务示范机构培育、科技企业孵化载体管理支持、创新载体建设等多项政策，加快推进先进制造业和现代服务业融合发展、支持智能网联汽车产业等专项政策，精选汇编包含138条内容的秦创原总窗口政策包，开展政策宣讲60次，实现省内重点高校院所全覆盖，累计兑现秦创原支持政策资金6.3亿元。93个科创载体完成建设934万平方米。

【秦创原总窗口协同创新联动】 2022年，西咸新区出台《秦创原总窗口地市/产业园区协同创新基地建设方案》，与西安市7个园区和孵化器共建首批协同创新基地；落地咸阳市彬州市、延安市宜川县、安康市汉阴县等秦创原总窗口工作联络处3家。“秦创原安康创新飞地孵化园”项目于9月29日开工建设，占地2.33公顷。成立秦创原总窗口科创产业发展联盟，发布《秦创原“入原”企业自律倡议书》，为科创产业发展提供支撑。国家军民两用技术交易中心（陕西）、陕西电子信息创新产业联盟、陕西省智能机床创新中心、陕西省液流储能创新中心等在总窗口集中落地。秦创原创新促进中心与秦创原发展股份有限公司签署《合作备忘录》，形成双周一次推进会的协商机制。谋划推进建立全省秦创原创新促进中心联席会议机制。统筹西咸新区和西安交通大学的优势资源，实施“校招共用”模式，谋划建设创新港人才池、项目池、资金池及“三池”对接机制。（席维东）

新城建设

【概况】 西咸新区规划控制面积882平方千米，常住人口135.3万人，包括沣东新城、沣西新城、秦汉新城、空港新城、泾河新城5个新城及能源金融贸易区。沣东新城位于渭河以南，沣河以东，因地处沣河东岸而得名，规划面积159.3平方千米，有常住人口50.4万人；沣西新城位于渭河以南，沣河以西，因地处沣河西岸而得名，总规划面积143平方千米，其中直管区面积130.4平方千米，有常住人口31.8万人；秦汉新城位于渭河以北，泾河以南，北接西安咸阳国际机场，南临高铁北客站，总规划面积302.84平方千米，其中直管区面积180.36平方千米，有常住人口13.09万人；空港新城位于西咸新区北部，总规划面积144.18平方千米，有常住人口8.21万人；泾河新城位于西咸新区北部，总规划面积133平方千米，其中直管区面积102平方千米，有常住人口31.8万人；能源金融贸易区位于西咸新区核心区域，总规划面积41.5平方千米，分为能源金贸片区（27平方千米）和国际文教园片区（14.5平方千米）2个片区。

【沣东新城】 2022年，西咸新区沣东新城实现地区生产总值215亿元。固定资产投资643亿元，比上年增长11%；规模以上工业增加值完成36.53亿元，增长7.8%；地方一般公共预算收入31.07亿元；引进内资460亿元，实际利用外资3.58亿美元。新增市场主体65326户，市场主体总量突破20.3万户。引进航空工业自控所智能传感产业基地、中国水电建设集团十五工程局有限公司总部等世界500强企业5家，引进中化蓝天中蓝金冷化工新材料项目、君实生物小分子创新药物研发中心等全国500强企业4家，引进青松科技总部、云想科技中西部总部等行业龙头企业19家，引入汇隆新能源锂电池新材料生产基地、航天云网西安工业互联网技术研发中心、西安建工集团秦创原总部等重点产业链及总部项目。完成规模以上工业总产值192.8亿元，增长11%；完成工业投资51.32亿元，增长73.3%。新增“五上”（规模以上工业、有资质的建筑业、限额以上批发和零售住宿餐饮业、房地产开发经营业、规模以上服务业）企业102家，新增规模以上工业企业18家。新增限额以上商贸企业36家，新增外贸企业20家。电子商务交易额80.2亿元，规模以上文化企业营业收入增长17%。11个省级、25个市级、73个新区级重点项目分别完成投资98.3亿元、251.96亿元、373.2亿元。同力重工非宽体自卸车及全路面矿用车生产基地、日立能源全球电容器及电能质量产品生产基地新基地投产。6月25日，秦创原立体联动孵化器总基地揭牌，西安交通大学、西北工业大学等6所高校和商洛市等市6家飞地孵化器入驻。2个秦创原特色园区按照“五个一”（每个园区编一个发展建设规划、建一个运营管理团队、搭一个行之有效的管理运营体制、出一个园区招商政策、列一个园区重点招商对象名册）机制建设推进，西电科技园、环普产业园等项目加速建设。新增国家级高新技术企业243家、科技型中小企业862家、科技成果转化企业76家，获批国家级专精特新“小巨人”企业3家、省级专精特新中小企业11家，储备科技成果转化项目80余个，落地华研计量总部、普利美“飞行器动力系统及关键材料”、浪潮龙鑫翊坤“5G科研实验室”等优质科研项目。组建“科学家+工程师”队伍8支、科技经纪人49人，“新双创”团队6个，新增国家级、省级众创空间4个。建成陕西省立体联动孵化器数据共享服务平台和服务中心，陕西省知识产权保护中心交付使用。西安中心城区与西咸新区首条互联互通道路科技二路建成通车，昆明路—连霍高速辅道、阿房一路、红光路按计划实施，西户铁路（沣东段）完成改造并投入运营，地铁16号线“一站一方案”按计划实施，昆明池智轨投入试运营。西安国际足球中心主体结构及建筑工程施工全部完成，国际丝路中

表15　2022年西咸新区各新城主要经济指标一览表

指　　标	沣东新城	沣西新城	秦汉新城	空港新城	泾河新城	能源金融贸易区
地区生产总值／亿元	215	147.1	145.43	56.97	58.73	—
固定资产投资同比增长率／%	11	14.9	11.2	14.9	17.3	15
规模以上工业增加值／亿元	36.53	9	147.41	4.77	14.18	—
一般公共预算收入／亿元	31.07	20.77	15.04	15.73	12.487	—
引进内资／亿元	460	427.8	402	337	433.5	99.44
实际利用外资／亿美元	3.58	1.79	2.63	1.5	1.01	0.472
新增市场主体／户	65326	30705	37585	32911	17538	13000

心大厦施工至63层（270米）。斗门水库北池完成蓄水，形成水面533.33公顷，南池工程全面启动。国土空间规划“三区三线”方案通过审批，建成新城资源规划智慧“一张图”信息平台。编制完成《天台路沿线及车城片区改造提升三年行动方案》，推进西三环片区城市更新工作计划。11宗安置性商品房项目开工建设，建设安置房16300余套，建设面积257万平方米。实施营商环境“六个一”（树牢一个理念、完成一系列清单、建立一组平台、突破解决一批重点难点问题、打造一个品牌、形成一批成果）专项行动，开展“营商环境集中提升月”“政企早餐会”等活动，稳经济“23条”政策兑现6100万元，惠及767个企业（项目）。主要水系水质稳定达标（沣河Ⅲ类、太平河Ⅳ类、斗门水库水质良好），空气质量综合指数等指标位西咸新区第一位。4所新建学校投入使用，3所三级医院正在施工建设，文旅融合示范区学校、西安医学院一附院沣东院区项目启动，陕西省中医药研究院项目部分楼栋完成封顶。自贸沣东功能区新增注册企业5036家，服务贸易额9400万美元。“探索国际教育创新发展新模式”成为陕西省年度唯一入选的国家级服务贸易创新发展试点“最佳实践案例”。自贸服贸产业园获批省级服务贸易示范园。积极打造十里沣河文旅带，引进陕西文学馆、基泰集团沣东文旅融合项目。2022年中央电视台“七夕”晚会顺利录制；举办西安消夏旅游季启动仪式，华侨城欢乐海岸摩天轮启动；接待游客超700万人（次）。昆明池七夕公园获“省级文明旅游示范单位”称号。全面推行“一套机构，两块牌子”的“园区＋公司”管理模式。完成市政基础设施业务整合，推进物业、农业、文旅等领域国企改组，强化“管委会＋集团”在经济发展中双轮驱动作用。成立5个产业园区综合党委，为园区非公企业和社会组织提供优质服务，建强基层战斗堡垒。开展安全生产三年行动巩固提升活动，推进自建房安全隐患排查等专项整治工作，做好防汛防灾，深入开展“矛盾大排查、积案大化解、源头大治理”等专项活动，扎实推进债务化解、土地出让和“保交楼”工作。

【沣西新城】 2022年，西咸新区沣西新城实现地区生产总值147.1亿元，比上年增长9.2%；固定资产投资完成366.6亿元，增长14.9%；规模以上工业增加值9亿元，增长27.4%；全社会消费品零售总额增速5.9%。完成一般公共预算收入20.77亿元，增长12.62%；新增“五上”企业41家，净增市场主体30705家。新增科技成果转化企业65家、瞪羚企业7家。全年获批高新技术企业163家（含1家国家复核中企业），其中首次认定高新技术企业152家（含1家国家复核中企业），新增科技型中小企业548家、其他科技型企业95家，65项科研成果转化落地，实现技术合同交易额34.2亿元。组建“科学家＋工程师”队伍11支、科技经纪人10人、“新双创”队伍团队数量4支。引进孵化器3家、新型研发机构5家，培育新区级共性技术研发平台2个，组建小试中试基地3个。招引落地10个国企项目，促成8个国企创新中心与高校合作成果转化项目。建设科创载体项目13个，完成主体建设250.71万平方米。陕西源杰半导体科技股份有限公司一期建成投产，并成为总窗口首家在科创板上市企业；陕西泰丰盛合实业发展有限公司入选全国民营企业500强。陕西省首条自动驾驶道路开放测试路段在沣西投用，运营路线24.9千米。建设产业园区、标准厂房等科创载体250.71万平方米。设立10亿元中金财投沣西节能环保“双碳”（陕西）基金。获批秦创原总窗口“两链融合”项目6个；打造“6+9+N”科技成果转化“生态雨林”系统。引进内资427.8亿元，实际利用外资1.79亿美元。签约重点项目46个、总投资447.03亿元。引进总投资10亿元以上项目10个、1亿元以上项目4个；引进世界500强企业3家、中国500强企业4家、行业龙头企业7家，年纳税额1000万元以上的总部企业8家、年纳税额200万元以上的中小企业21家。三一西部智能制造中心、中国农业发展银行西安科技中心等一批项目签约落地。9个省级项目、27个市级项目、62个新区级项目完成投资占比分别为年度计划的165.5%、134.3%、136.3%。三一重装西部智能制造基地、秦川集团高档工业母机创新基地、沣云智造园、海辰云和医药生产基地、中国联通西安数据中心二期、中国电信陕西公司云计算（陕西）基地二期等一大批重点项目开工建设；曹家滩创新中心、联东U谷、每一天总部、浙商银行科研中心等项目加快推进；源杰半导体生产基地、西工大智能飞行器产业化示范基地、西北工业大学无人系统技术研究院等项目建成投运。组织创新港A板块、联东U谷、沣翼现代智造园、源杰半导体等9个项目参加省、市、新区观摩活动，展示新城重点项目建设成果。131个城建项目年度投资58.35亿元。新建成市政道路17.04千米、雨水管网17.03千米、污水管网17.18千米、天然气管网10千米。加快推进互联互通，阿房一路互联互通项目西段部分建成，东段项目完成管线施工，桥梁桩基施工70%。启动建设保租房6000间，筹集保租房2872间，新业雅居200套人才公寓交付。建成停车场2处（车位566个）、公共充电站8座（充电桩280个）、公厕2座。推进便民生活圈建设，新设政务服务便利店2个、便民设施47项。沣西新城污泥处置项目建成试运行，缓解全市污泥处置压力。沣西一小南校区、沣西第五学校、新沣和园配套幼儿园等学校建设持续加快。国家推进EOD模式试点，成为全国首个将EOD理念引入省级创新驱动总平台的试点项目。空气优良天数186天，沣河、新河水质稳定达到Ⅲ类标准，实施重污染天气差异化管控，完成159家工业企业减排措施清单修订。推广绿色建筑408万平方米、装配式建筑160万平方米、海绵城市74.5万平方米，建成清洁能源供能项目206.95万平方米，报批2项海绵城市省级地方标准。新增城市绿地48.84万平方米，建成公园1个、口袋公园3个。推行“一窗式”综合受理，率先在新区完成“综合窗口”改革，实现1360项入驻事项100%综合窗口受理，平均节省群众等待时间40%，提高办件效率35%。推进“标准地”改革，新区首宗“标准地”在沣西落槌。常态化实施“交房即交证”，西部科技创新港高端人才生活基地二期、万科大都会云境等新建商品房业主实现“一手交钥匙，一手拿房本”。向新城89家企业、7名高层次人才集中兑现1.83亿元，连续6年累计兑现10.55亿元。着力推进各类安全生产专项治理，开展检查646次，排查隐患4400项，治理4382项，停产、停业整顿31家，约谈警示55家，未发生较大生产安全事故。组织修订总体预案、自然灾害类、安全生产类等10个应急预案，开展应急演练12次。推广高楼应急安全逃生智联系统，举办西安市2022年“高楼应急安全逃生智联系统”现场观摩会。新增城镇就业2033人，建成7个公有化村卫生室，2家托育园正在建设，西安交通大学附属创新港医院建成。持续做好5座农村污水站运维管理及70余处坑塘生态改造，不断改善农村人居环境。

【秦汉新城】 2022年，西咸新区秦汉新城实现地区生产总值（GDP）145.43亿元，比上年增长5.4%，固定资产投资比上年增长11.2%，完成规模以上工业总产值147.41亿元，比上年增长10.6%，实现一般公共预算收入15.04亿元，同口径增长6.7%，引进内资402亿元，实际利用外资2.63亿美元，新增市场主体37585家。优化招商工作机制，全力招大引强，引进内资402亿元，利用外资2.7亿美元。签约50亿元以上产业项目2个、10亿元以上产业项目13个、行业龙头企业13家、500强企业6家。中茂碲化镉薄膜光伏研发生产项目、秦创原燕园未来科教创新谷项目、红星美凯龙西北总部智慧商业项目等多个重大项目签约落地。新增市场主体37673户。健全领导包抓机制，加快推进重点项目建设。5个省级重点项目、16个市级重点项目、66个新区级重点项目分别完成投资21.9亿元、99.7亿元、346.5亿元。发布自动驾驶和大健康产业园发展规划，组建大健康产业园管理服务办公室、自动驾驶产业园管理服务办公室，建立“部门+园办+公司”开发模式。自动驾驶产业园起步区开工建设，落地产业项目8个。大健康产业园规划编制完成，引进社会投资项目9个，签约企业23家。秦创原•渭河科创带综合规划编制工作取得阶段性成果，引进新经济领域企业40家，新增科技成果转化企业35家，完成科技型中小企业评价入库356家。加快文旅融合发展，统筹秦咸阳城遗址、西汉帝陵遗址群等文物遗存保护利用，策划大汉紫道、秦风汉韵、梦回汉邑等重点文旅项目，打造“穿越千年时空之旅”的秦汉历史文化长廊。新增影视文化企业29家，《无翅飞翔》《瓜熟蒂落》《大秦赋》3部影视剧获陕西省精神文明建设“五个一工程”奖。实现旅游收入26亿元，增长16%。国土空间规划“三区三线”划定工作全面完成，《秦咸阳城遗址保护总体规划》获批公布。陵召中心小学、秦风幼儿园交付使用，陕西省人民医院西咸院区开诊。空气质量优良天数256天，可吸入颗粒物平均浓度降至43微克/立方米。新建城市绿地57万平方米，完成3个口袋公园建设，建成一级绿道34.5千米、社区绿道25千米。全力防范化解房地产领域风险，销号延期交付风险项目5个。出台安全生产监管65条具体举措，加大隐患排查整治力度，安全生产形势平稳。

2022年12月28日，陕西省人民医院西咸院区整体交接暨综合门诊开业仪式在西咸新区举行　（西咸新区管委会　供图）

【空港新城】　2022年，西咸新区空港新城实现地区生产总值56.97亿元，固定资产投资比上年增长14.9%，规模以上工业增加值4.77亿元，一般公共预算收入10.28亿元，引进内资337亿元，实际利用外资15220万美元，新增市场主体32911户。开工建设西藏航空西安运行基地、陕建三建总部基地等一批总部项目，加快建设康龙化成生物医药研发项目、环球印务扩产暨绿色包装智能制造工业园、西咸空港光电子产品产研工业园等一批龙头项目，建成梅里众诚动物疫苗生产基地、东航物流西北临空产业园、南航西安分公司运营基地等一批重点项目。68个新区级重点项目完成投资345.42亿元。持续优化营商环境，向辖区企业兑现资金超23亿元；争取上级专项资金16.9亿元，增长339%。签约秦创原陕药集团生物制品（疫苗）项目、吉宁汽车零部件研发制造项目、佰鸿再生医学产业园项目等55个，总投资328亿元，项目签约数量、投资额分别增长139%、104%，其中引进世界500强、中国500强企业8家，招引行业龙头企业18家。西安咸阳国际机场三期扩建工程启动供油工程建设，建成贯通首条智能化检测系统跑道，T5东航站楼主体结构封顶，提前60天完成既定任务，投资80亿元，累计投资188亿元。自贸区新增注册市场主体14789家，其中新增企业4602家，增长400%。培育形成创新案例12项，累计形成54项，多项案例在全国、全省推广复制。西咸空港综合保税区首次跻身全国百强，排名第99位，上升17位。进出口总额82.2亿元，增长84.2%。其中，进口47.9亿元，增长164.9%；出口34.3亿元，增长29.1%。启动陕西省首家国际邮件、商业快件、跨境电商“三关合一”邮政互换局，建成陕西跨境电商国际快件产业园，投运西北首家菜鸟国际中心仓，实现国际快件当日到货、当日审单上线。创新开展“国际采购+自营运输”全链商贸模式，跨境电商进出口完成1179万单，交易额19.96亿元，分别增长91%、231%。空港口岸国际快件总单量全国排名第6位、全省排名第1位。依托秦创原先导区优势，新增科技型中小企业134家，累计高新技术企业47家。建成投用临空智慧云港、西安临空产业港，自贸蓝湾一号产业园商业板块提前50天主体结构封顶，建成各类创新载体140万平方米，招引入驻企业180余家。获批设立“上合组织工业互联网促进中心”；航天九院771空港园区等4个园区获批秦创原首批重点园区；西咸新区民航科技创业孵化基地被评为市级创业孵化示范基地；国睿一诺药物安全平台、中南高科西安临空产业港等4个项目被列入秦创原成果转化“加速器”省级示范项目、市级双创基地、两链融合“促进器”。开馆运营全国首个以“临空”命名的西安临空会展中心，举办中国西部国际装备制造业博览会、中国会展产业展洽会等10场（次）全国性展会，吸引超过15万人（次）参观，聚集一批知名会展企业注册落户。与西安交通大学附属中学合作办学，建成12年一贯制空港实验学校。北杜铁塔、司家庄秦陵安防工程获国家文物局专项资金全额支持。实施“幸福回迁”3年行动，开工建设回迁安置房3626套，交付1334套；建成安置房10132套，安置面积超过100万平方米。

【泾河新城】　2022年，西咸新区泾河新城实现地区生产总值58.73亿元，比上年增长9.2%；固定资产投资比上年增长17.3%；财政一般公共预算收入12.487亿元，增长56.7%；规模以上工业增加值14.18亿元，增长19.1%；引进内资433.5亿元，实际利用外资1.01亿美元；新增市场主体17538户；主要经济指标在新区排名第1位。投资127亿元的隆基中央研究院、投资116亿元的西安第三代化合物半导体芯片与器件产业化项目、投资61亿元的陕煤研究院新能源核心材料一体化研发生产基地等33个产业项目签约落地，总投资额675亿元。其中，百亿级项目2个；先进制造业项目20个，占项目总数61%，总投资451亿元，占总投资额67%。先进制造业项目数量和投资额占比均超过60%，为打造“西安先进制造业新高地”提供有力支撑。签约落地隆基年产100

吉瓦单晶硅切片及50吉瓦高效单晶电池项目，总投资452亿元，达产后年产值1200亿元，实现税收62亿元，是全球最大的光伏产业研发生产制造基地。省级、市级、新区级重点项目分别完成年度投资计划的142%、140%、141%，手续办结率、开工率均达100%。隆基中央研究院、隆基1.5吉瓦单晶电池中试线、隆基绿能光伏产业园项目一号厂房、创普斯磷酸铁锂项目分别建成投产。先后承担省、市级开工仪式主会场3次，省、市、新区主要领导观摩调研15次。新增科技型中小企业253家，获批省级专精特新中小企业2家，新增"瞪羚企业"4家，引进培育各类人才2826人。建立秦创原（泾河）科技人才·企业服务中心，智慧信息化平台"泾彩Online"上线运行，建成交付创新空间载体176万平方米。积极推进科技成果转化，新增科技成果转化企业19个、科技成果转化项目15个、关键核心技术攻关项目28个，隆基中央研究院项目、陕汽西部新能源智能商用汽车创新中心项目、西部超导泾河新城研发生产基地项目等科研项目先后获得国家、省市科技创新奖项，西安华晟复材科技有限公司获"2022第十一届中国创新创业大赛"全国总决赛二等奖，隆基自主研发的硅太阳能电池效率达26.81%，再次刷新世界纪录。新增城市绿化面积83万平方米，泾河水质稳定达到地表水Ⅱ类标准。基础设施配套建设加快推进，3所新建校园建成投用；西安交通大学附属泾河医院主体封顶；泾河新城体育中心、茯茶镇金茯坊商业街开放运营；文化艺术中心开工建设，并作为西北地区唯一作品入选2023年36个"值得期待的建筑"榜单。

【能源金融贸易区】 2022年，能源金融贸易区完成固定资产投资144.3亿元，比上年增长15%。新区级重点项目投资118.8亿元，新增注册企业1800余家，引进内资99.44亿元，实际利用外资0.47亿美元，新增市场主体1.3万家。培育形成新区级创新案例10项，"产创融通"综合服务平台等5项创新案例入选2022年陕西省制度创新案例，其中1项被评为陕西自贸试验区"最佳实践案例"，在陕西省推广。大西安新中心新轴线开工面积120万平方米，秦创原·金湾科创区建设全面加快，陕建丝路创发中心、绿地国际能源金融中心等重大总部基地项目进展顺利。完成金湾科创区三期、文教园片区规划编制，启动金湾科创区市民中心方案设计国际竞赛。引进科技成果转化企业15家、科技型企业65家。同方丝路未来创新研究院获批省级新型研发机构，区内陕西氢易能源科技有限公司等7家企业获得基金投资，西部轻研材料科技有限公司项目落地。实施城建计划项目58个，建成市政道路10千米，新增绿化面积36.52万平方米，完成一、二级绿道13千米，建成绿地广场及口袋公园3个，建成公共停车场2处，新增停车位2960个。城市内涝点应急改造提升项目完成，防汛重点点位网格化管理体系形成。建成西咸新区第二初级中学等高品质学校3所，阳光荟商业项目运营，西咸妇幼医院、新区公共卫生管理中心、上林卫生院加快建设。推进市政设施、园林绿化等10个领域专项整治，持续推进"三改一通一落地"工作。

（席维东）

开发区

综　述

【开发区主要经济指标】 2022年，西安市有高新技术产业开发区、经济技术开发区、曲江新区、浐灞生态区、国际港务区、阎良国家航空高技术产业基地及国家民用航天产业基地等7个开发区，总面积1782.7平方千米，以电子信息、汽车、航空航天、高端装备、新材料新能源、食品和生物医药、大数据/云计算、现代物流、文旅产业为主，是全市产业最集中、创新最强劲、开放最充分、经济最活跃的地方。全年实现生产总值5840.01亿元（不含航空基地），占全市的47.8%；社会消费品零售总额2060.85亿元（不含航空基地），占全市的44.4%；一般公共预算收入291.27亿元，占全市的35%；税收收入247.25亿元，占全市的40.9%；一般公共预算支出359.31亿元，占全市的22.8%。

【开发区改革】 2022年，中共西安市委、西安市人民政府印发《关于推进开发区高质量发展的指导意见》，制定开发区与所在区（县）"权责利"清单，建立航空基地与阎良区"政区合一"管理体制。推行"管委会+产业园区"发展模式，对航天基地以运营模式创新推动园区化发展的做法进行提炼，在全市进行推广。曲江新区构建全链条文旅融合产业生态。经开区设立经发控股集团，增强企业竞争力。浐灞生态区编制《产业园区运营管理参考手册》，提升综合发展水平。全面优化开发区内设机构和领导职数设置，推动开发区"编制管理"向"员额管理"转变，着力为开发区松绑减负，全市开发区内设机构和领导职数分别精简58.5%和37%。出台开发区领导班子薪酬分配、薪酬总额两个管理办法，开发区运行更趋高效，剥离移交社会事务、发展模式创新、人事管理和绩效考核改革有序推进。《西安市优化开发区运行机制推动高质量发展裂变释能》入选"中国改革2022年度地方全面深化改革典型案例"。

（齐凡荣）

【开发区招商引资】 2022年，西安市各开发区根据自身区位优势、产业特色，瞄准世界500强跨国公司和国内行业50强，实现"碰撞"式招商向"敲门"式选商转变。坚持园区招商与企业招商相结合，强化产业支撑功能，依托产业、主导产品进行定位，挖掘潜在资源，拓展招商引资特殊渠道。开展以聚集上下游产品、降低综合配套成本、拉长产业链、培育优势支柱产业为主要内容的产业集群式招商。建立招商引资指标评估体系，根据开发区产业、企业入驻条件、标准、承载力，科学遴选投资项目。全年引进投资超百亿元产业项目3个，分别为总投资150亿元的比亚迪新能源乘用车零部件二期扩产项目、总投资110亿元的西安硅产业基地（二期）项目和总投资30亿美元（约合201亿元）的三星M-FAB项目。全年外资直接投资7.49亿美元（不含航空基地），占全市的63.8%。在西安落户的世界500强榜单企业及其分支机构已达251家。

【开发区项目建设】 2022年，西安市开发区242个市级重点项目完成投资2226亿元。比亚迪20亿瓦时、12亿瓦时动力电池项目陆续投产，创造"当年签约、当年竣工、当年投产"的"高新速度"；三星二期二阶段项目满产；投资17亿元的法士特智能工厂项目树立高新区工业互联网和智能化工厂新标杆，投产以来实现过亿产值。西安国际港务区"一带一路"临港产业园建设完成，入园企业11家，康佳智能家电总部、京虹、硕达等9家企业投产运营，康佳丝路科技城、汇芯未来信息技术应用创新产业基地项目开工建设。落地西部超导医工科技、联东U谷·医工科技创新港等10亿元以上的重大项目，布局国内首家超导重离子加速器研发和产业化基地；打造中小企业科技研发区域中心，引进汇芯国家级5G创新中心等优质研发企业11家，以及香港恒星联、深圳华晟物联等企业研发中心，面向"一带一路"的现代产业体系逐步形成。

【开发区产业发展】 2022年，西安市开发区聚焦电子信息、汽车、航空航天、高端装备、新材料新能源主导产业和大数据/云计算、现代物流、文旅产业等重点产业领域，促进产业集群化发展。

实施“链长制”，推动产业链上下游研发、生产、服务企业集聚。培育行业领军企业，高质量推进上市公司产业园建设，以“政策＋土地”组合拳，使创新资源和资本要素加速集聚融合。培育“专、精、特、新”企业，促进产业向价值高端发展。实施先进制造业强市战略和支柱产业倍增计划，打造电子信息、汽车、航空航天、高端装备、新材料新能源、食品和生物医药等6大千亿级产业集群，促进重大产业项目和优势资源向开发区聚集。培育壮大人工智能、增材制造、机器人、大数据、卫星应用等5大新兴产业，布局量子科技、类脑智能、深海深空、前沿新材料等一批未来产业，通过新兴产业和未来产业规模化发展，释放开发区经济增长潜能。

【开发区科技创新】 2022年，西安市争取重大科技基础设施在开发区建设布局，推动大型仪器设备开放共享，服务区域经济发展。参与秦岭国家实验室创建，推动高精度地基授时系统、国家超算（西安）中心等重大科研设施建成投用。发展新型研发机构，支持开发区申建技术创新中心、产业创新中心和工程研究中心等国家级、省级创新平台。结合重点产业和优势领域，组织整合产、学、研和资本资源，建设具有集成赋能能力的专业化众创空间和孵化器。开发区累计建成市级以上重点实验室362个，工程技术研究中心499个，高新技术企业突破1万家。

【社会事务剥离移交】 2022年，西安市稳步推进开发区剥离社会事务工作，印发《开发区剥离移交社会事务工作方案》，指导经开区和未央区完成试点工作，西咸新区、高新区、航空基地、国际港务区先后完成有关工作。此次“去行政化改革”，其工作宗旨是“分批移交、先易后难、权责一致、稳妥推进”，第一批移交以社区、小区为依托，选择较易移交的养老服务、物业管理、灵活就业人员失业登记、城乡居民医保个人待遇办理等社区事务，上沿至区级单位的窗口事项和部分综合执法事务。未央区接收工作从5月底开始，11月初结束。未央区和经开区首先签订社会事务移交承接框架协议，专班工作人员走进社区梳理需要移交的内容，移交事务多次扩展，最终确定经开区41项社会事务移交未央区管理，双方对41个社区176个小区涉及30万人的事务展开交接。浐灞生态区的社会事务移交工作分3次进行，有47个社区移交给未央区和灞桥区。航天基地区域内社区（除206社区、六院社区）所涉及的12大类40项社会事务由航天基地移交至长安区管理。其他开发区与相关行政区签订框架协议，有序推进。全年开发区剥离移交社会事务2902项，相关市级部门同步调整完善业务管理机制，助力开发区集中精力抓好经济发展。

【差异化考核】 2022年，西安市改进考核方式，对开发区实施“一区一策”差异化考核，效能结果导向更加突出。强化发展贡献、对标一流、岗位绩效考核，开展重点指标季度监测考核，激励各开发区争先进位、创先争优。把产业发展等工作情况作为开发区领导班子和领导干部考核评优重要标准，让“出彩者出众、有为者有位”。改变开发区领导班子薪酬分配制度，使开发区薪酬总额与经济发展、财政收支相匹配，人员薪酬与考核结果、奖惩激励相挂钩，树立“以绩效论英雄、凭贡献定薪酬”的鲜明导向。

【推动开发区高质量发展工作会议】 2022年5月10日，西安市召开推动开发区高质量发展工作会议，落实中央和省委、省政府关于推进开发区高质量发展的要求，全面部署推动开发区高质量发展工作，以开发区率先高质量发展引领带动全市高质量发展。会议通报开发区机构改革任务落实和抓开发区运行机制优化提升工作进展情况，就《推进开发区高质量发展的指导意见》作出说明。市委、市人大、市政府、市政协主要领导出席会议；市级有关领导，西咸新区党工委书记、管委会主任，市级相关部门和各区（县、开发区）主要负责人参加会议。各开发区作表态发言。

（行中道）

西安高新技术产业开发区

【概况】 西安高新区是1991年3月国务院首批批准成立的国家级高新区之一，2006年被科技部确定为要建成世界一流科技园区的6个试点园区之一，2015年8月，国务院批复同意西安高新区建设国家自主创新示范区。2017年4月，陕西自贸试验区挂牌，高新功能区作为陕西自贸试验区面积最大、以特殊监管区区外保税等通关模式创新为特色的核心片区启动建设。2020年6月，科技部批复同意全国首个“硬科技创新示范区”启动建设。2021年，启动建设由中央创新区、生态文创区和硬科技产业区3个片区组成的丝路科学城。西安高新区位于西安市西南部。成立之初，面积2.7平方千米，经过31年的发展，尤其是2018年，成功托管来自雁塔区、长安区、鄠邑区、周至县的12个街（镇），面积1079平方千米，辖区常住户籍人口和从业人员130余万人。

2022年，西安高新技术产业开发区统筹新冠疫情防控和经济社会发展，“四个高新”（实力高新、科创高新、品质高新、幸福高新）建设全面提速，聚焦实体经济特别是先进制造业，着眼产业链、创新链布局，实施先进制造业三年行动，打好产业基础高级化、产业链现代化攻坚战，推动经济规模和效益双提升。完成《高新区国土空间规划（2020—2035年）》阶段性成果编制、上报及审定。地区生产总值（GDP）3104.3亿元，比上年增长10.1%，在全市占比27%，单位地区生产总值产出强度25.3亿元/平方千米；完成全社会固定资产投资1600亿元，增长17%；实现规模以上工业总产值增长23%，高于全市9.1个百分点；规模以上工业总产值4397.89亿元，全市占比47.86%，增长41.5%；规模以上先进制造业总产值4176.25亿元，全市占比54.6%，增长46.7%；工业投资完成458.17亿元，全市占比36.5%；实现社会消费品零售总额606.08亿元；实际利用外资45.43亿美元，实际引进内资1250.59亿元。外贸进出口总额实现3140亿元，全市占比70%，全省占比65%。一般公共预算收入完成158.88亿元。签约项目154个，总投资2426.63亿元。举办“2022全球硬科技创新大会”“2022全球创投峰会”“秦创原

表16 2022年西安高新技术产业开发区主要经济指标统计表

指标名称	单位	数量	同比增长率/%
地区生产总值	亿元	3104.30	10.1
一般公共预算收入	亿元	137.67	12.7
税收收入	亿元	125.20	11.5
一般公共预算支出	亿元	168.97	20.3
固定资产投资（不含农户）	亿元	1600	17.0
规模以上工业增加值	亿元	—	23.0
社会消费品零售总额	亿元	419.64	9.8
规模以上服务业营业收入	亿元	268.67	31.8

表 17　2022 年西安高新技术产业开发区龙头企业一览表

序　号	企业名称	序　号	企业名称
1	比亚迪汽车有限公司	27	西安华科光电有限公司
2	三星（中国）半导体有限公司	28	西安西古光通信有限公司
3	西安众迪锂电池有限公司	29	空气化工产品（西安）有限公司
4	西安中兴通讯终端科技有限公司	30	西安双特智能传动有限公司
5	西安比亚迪电子有限公司	31	西安西电电力系统有限公司
6	中国石油集团测井有限公司	32	西安特来电智能充电科技有限公司
7	西安克瑞斯半导体技术有限公司	33	西安蓝晓科技新材料股份有限公司
8	三星环新（西安）动力电池有限公司	34	西安庆安制冷设备股份有限公司
9	西安法士特汽车传动有限公司	35	陕西巨子生物技术有限公司
10	西安杨森制药有限公司	36	西安中熔电气股份有限公司
11	西安紫光国芯半导体有限公司	37	信泰电子（西安）有限公司
12	美光半导体（西安）有限责任公司	38	西安泰力松新材料股份有限公司
13	施耐德电气设备工程（西安）有限公司	39	西安中财型材有限责任公司
14	特变电工西安电气科技有限公司	40	西安力邦制药有限公司
15	延锋汽车内饰系统（西安）有限公司	41	秀博瑞殷（西安）电子材料有限公司
16	西安瑞联新材料股份有限公司	42	住化电子材料科技（西安）有限公司
17	西安铂力特增材技术股份有限公司	43	陕西华秦科技实业股份有限公司
18	西安奕斯伟硅片技术有限公司	44	西安盛赛尔电子有限公司
19	力成半导体（西安）有限公司	45	拓尔微电子股份有限公司
20	陕西嘉禾生物科技股份有限公司	46	陕西斯瑞新材料股份有限公司
21	金堆城钼业股份有限公司	47	西安百事可乐饮料有限公司
22	西安高科新达混凝土有限责任公司	48	金花企业（集团）股份有限公司
23	兄弟机械（西安）有限公司	49	博思格建筑系统（西安）有限公司
24	中煤科工西安研究院（集团）有限公司	50	西安青松光电技术有限公司
25	西安巨子生物基因技术股份有限公司	51	西安金波科技有限责任公司
26	西安高科幕墙门窗有限公司		

高技术产业高质量发展大会”等国际化活动。

【招商引资】　2022 年，西安高新技术产业开发区实际引进内资 1250.59 亿元，完成全年任务 186.84%；实际利用外资完成 45.43 亿美元，其中外商直接投资完成 30385 万美元，完成 100.5%，比上年增长 14.4%，全市占比 44.7%。新签约合同项目 154 个，总投资 2426.63 亿元，其中投资超百亿元产业项目 3 个，分别为总投资 150 亿元的比亚迪新能源乘用车零部件二期扩产项目、总投资 110 亿元的西安硅产业基地（二期）项目和总投资 30 亿美元（约合 201 亿元人民币）的三星 M-FAB 项目。举办“西安高新区 2022 年一季度重点项目集中签约”“遇见新西安”系列招商活动启动仪式暨西安市产业项目集中签约大会等重大招商活动 8 场次，第六届丝绸之路国际博览会暨中国东西部合作与投资贸易洽谈会签约合同项目 86 个，投资总额 1607.83 亿元。

【项目建设】　2022 年，西安高新技术产业开发区坚持“项目为王”导向，实施重点项目倍增行动，集中开工项目 149 个，总投资 2768.8 亿元，集中竣工项目 115 个，推进 90 个市级重点项目完成年度计划投资 120%，在全市重点项目观摩测评中列全市第 1 位。比亚迪 20 亿瓦时、12 亿瓦时动力电池项目陆续投产，创造“当年签约、当年竣工、当年投产”的“高新速度”；三星二期二阶段项目满产；投资 17 亿元的法士特智能工厂项目树立高新区工业互联网和智能化工厂新标杆，投产以来实现过亿产值；比亚迪众迪锂电池成为高新区第 7 家过百亿企业；诺瓦电子、海康威视、天承生物、大勤医药等主导产业项目，以及秦创原集成电路产业加速器、先导院南区等科技创新平台项目正全力推进主体建设。

【产业发展】　2022 年，西安高新技术产业开发区持续壮大现代产业体系规模，外引内培“建链、补链、强链”，形成光电子、智能制造、汽车、新能源新材料、生物医药 5 大先进制造业，集聚一批行业骨干龙头企业（见表 17），成为支撑西安实施“先进制造业强市”战略的支柱力量。服务业增加值 1803.15 亿元，比上年增长 5%，“五上”企业新增 65 家。形成以现代金融、信息服务、研发设计、检验检测、现代物流、会议会展 6 大生产性服务业为支撑的现代服务业体系。有高成长、硬科技企业 116 家，加快布局人工智能、增材制造、大数据 / 云计算等战略性新兴产业，引进排名前 100 的人工智能、互联网、无人机、机器人企业 15 家。

【企业孵化】　2022 年，西安高新技术产业开发区实施企业梯度培育专项行动，加快培育专精特新中小企业，新登记各类市场主体 2.28 万户，累计在册市场主体超 19 万户。在科技部火炬中心发布的

"企业创新积分制首批试点国家高新区创新积分500企业数据"评价中，申请企业2911家，居首批试点国家高新区第1位，72家企业入选"创新积分500企业"，列首批国家高新区前3位。企业创新积分制运行成效显著，入库企业5000余家，实现常态化企业积分服务。通过企业积分制培育高新技术企业1000余家、科技型中小企业2000余家。

【开放型经济和非公有制经济】 2022年，西安高新技术产业开发区完成进出口总额3140亿元，占全市70%，占陕西省65%。新增外贸市场主体169家。有实绩进出口贸易企业1136家，外贸前20强中，生产型企业占据8家，包括美光、三星、力成、迈科、杨森制药、西电国际等龙头企业，从商品结构来看，进口商品主要集中在高附加值、高技术含量的电子信息产业，半导体产业（半导体生产设备及原材料）在区内进口贸易中占据主体地位，进口占比接近90%。全年服贸增速10%，完成服务贸易总额5.7亿美元，占全市40%左右，增速超过20%。软件外包和商业流程外包是体量最大的服务贸易行业。西安高新技术产业开发区软件园聚集全省90%以上的软件行业企业，包括东软、博彦科技、中软国际、文思海辉、佰钧成等10家中国十大服务贸易领军企业。举办各类文化贸易领域交流培训活动，包括"如何玩赚东南亚独立站电商"主题线上沙龙、陕西省文化企业"抱团出海"研讨沙龙等。完成跨境电商交易额34.88亿元，占全市24%，比上年增长34%。业务模式以B2B为主，主要进口市场为德国、意大利等，进口商品涉及领域包括日化、美妆、母婴、轻奢类商品。主要出口市场为东南亚、欧美、非洲地区，"一带一路"共建国家如土耳其、印度等也正在成为跨境电商出口的新兴市场，出口商品涉及领域包括植物提取物、传感器类电子器件、农副产品、服饰家具等。自贸试验区建设形成30项制度创新案例，其中《陕西自贸试验区积极探索服务型制造业发展新模式》在国务院自由贸易试验区部际联席会议简报上刊发，并作为典型案例在全国自贸试验区线上培训会上精讲分享。西安高新技术产业开发区综合保税区在海关总署对全国137个综保区发展绩效评估中列第22位，成为西北首个且唯一"双A"综合保税区。

以《陕西省"十四五"发展中小企业推动民营经济高质量发展规划》《西安市"十四五"民营经济（中小企业）发展规划》为统揽，完善政策扶持体系，助力企业降本减负。健全完善民企负责人任主席、政商联席会定期协商等制度；持续健全"亲商助企"机制，解决涉企诉求1200项。优化"苗圃—孵化器—加速器"全链条式创业孵化体系，形成孵化与人才、资本、科技、政策等交流互通的全要素服务网络，建成各类创新孵化载体183个，总面积1016万平方米；建设光电子信息先导院、交叉信息核心技术研究院及科大讯飞人工智能研究院等创新研发平台，着力构建"企业—高校—院所"创新研发服务体系，受理、审核3800余家企业6900项申报事项；依托"民企转贷""贷款担保"等基金设立及金控集团参与投资等方式，为民营企业提供融资担保40亿元以上。支持1147家（次）企业获批中央和省、市专项资金20.27亿元，创新推出"专精特新信易贷""首信贷"等信用融资产品，授信500余家中小型企业，授信总额32.8亿元。

【园区建设】 2022年，西安高新技术产业开发区重点实施丝路软件城、丝路科学城"双城"大开发、大建设。草堂污水厂二期、国际社区东岸污水厂一期建成完工，第二污水处理厂二期扩建设备安装，6座110千伏变电站施工快速推进。建成市政道路68千米，在建47千米，建成雨污水管网136千米。建成"四好农村路"35条72千米。地铁6号线（小枢纽）、8号线、15号线、有轨电车试验线全面展开。高新至鄠邑高速复合通道、秦渡大桥、京昆高速改扩建等项目有序推进。锦业路、科技八路等8条道路被评选为"全市最佳道路"。建成开放综合性公园、口袋公园34个。新增城市绿地86万平方米。开放共享停车位3142个，开放30所学校操场。启动建设乡村振兴示范村10个、改造村10个、提升村60个，梳理项目466个，完成407个，完成投资3.13亿元。52家企业签约"万企兴万村"乡村振兴战略合作协议，3年规划投资额2.2亿元。新增20个便民服务点。成立新时代文明实践所12家，打造村级文明实践站111家，评选区级示范村12个。组织农业科技特派员活动，开展技术培训与推广109场（次），技术服务282场（次）。

【科技创新】 2022年，西安高新技术产业开发区研究与试验发展（R&D）经费支出占地区生产总值7.5%，科技进步贡献率75%；新增上市企业10家；新增科技型中小企业4607家，比上年增长40.3%；新认定国家高新技术企业2060家，增长36.1%，国家高新技术企业5008家，全市占比51.6%；技术合同交易额实现1100亿元，增长65%；转化科技成果项目103个。创新推广"一院一所一校"模式，成立全省首个陕西实验室——空天动力陕西实验室。新增陕西省新型研发机构10家，数量占全省45%，居全市第1位。支持建设西安市秦创原"三器"示范项目62个。支持半导体先导中心、巨子生物、华秦新能源、铂力特等11家企业建设西安市创新联合体，数量占全市50%，居全市第1位。支持星河北斗、西安爱生、诺瓦星云等5家企业建设西安市共性技术研发平台，占全市100%。支持易恩电气、中科立德2家企业获陕西省"揭榜挂帅"技术攻关类项目立项，占陕西省33%。在2022全球硬科技创新大会上发布"西安硬科技十大突破"，多项填补国内空白，实现进口替代的硬科技成果及代表性企业上榜，发布金融应用场景、政策应用场景、孵化应用场景、企业应用场景、区域应用场景、改革应用场景等创新积分制6大应用场景。与多家金融机构签署"共建硬科技金融创新服务中心"合作协议，与朱雀投资、弘毅投资、清科创

2022年5月20日，高新区永安渠海绵城市公园建成开园（高新区管委会　供图）

业、盈科资本、深圳全景网签署合作协议共建硬科技企业上市（西安）服务基地。成立全国首家硬科技领域专业仲裁机构——硬科技仲裁院，打造兼具区域特色与品牌特点的创新仲裁法律服务，加强知识产权保护。服务培育技术经理人300余人，比上年增长30%，转化科技成果项目100个。

【人才引进】 2022年，西安高新技术产业开发区引进西安市高层次人才100人、海外高层次人才36人，认定高新区硬科技创新人才2200余人，地区优秀和实用储备人才1.1万人，新获批国家和省市级博士后科研工作站14家、见习基地64家，吸纳见习生1000余人；申报获批国家和省、市级人才项目130余个，争取项目资金6200余万元；获批“西安市青年人才就业奖”1500余人，争取资金1592万元（全市占比超40%）。发布《高新区秦创原人才发展战略》及配套政策，同步形成“人才改革创新区10条政策”，制定完善《人才公寓管理办法》《人才项目评审细则》《青年人才驿站管理办法》，印发派送“人才政策包”，不断完善人才政策体系，提升政策知晓度和惠及面。成立海外招才引智联盟，授牌11家海外人才工作站，实施紧缺人才培养专项，线上、线下培养培训重点领域人才4.5万人（次）。依托丝路人才大市场，在陕西省率先启动高校引才活动，举办“幸福高新 职等你来”系列引才活动140场，打造“24小时不打烊”云人才市场。

【环境保护】 2022年，西安高新技术产业开发区空气质量优良天数239天，可吸入颗粒物平均浓度44微克/立方米，未发生大环境污染和生态破坏事件。沣河梁家桥断面、潏河潏入沣断面水质为Ⅲ类，太平河高新出境断面、皂河富鱼路断面水质为Ⅳ类。与上年相比，潏河潏入沣断面水质有所好转，沣河梁家桥、皂河富鱼路、太平河出高新3个断面水质无明显变化。建成集中式污水处理站3座，新增日污水处理规模1700立方米，铺设污水管网45千米，新增污水治理行政村6个。

【社会事业】 2022年，西安高新技术产业开发区深入践行以人民为中心的发展思想，坚持在发展中保障和改善民生，以“幸福高新”建设为抓手，推进惠民项目建设，落实惠民举措，持续增进民生福祉，不断提升人民群众幸福指数。

卫生体系日趋完善 加快公共卫生体系建设，高新区人民医院（市第一医院）于10月10日开诊；新建、改扩建5个街道卫生院、4个社区卫生服务站。建立常态化卫生应急物资保障、储备和配送机制。形成以区级疾控为中心、14家社区卫生服务中心和152个村卫生室为基底的三级疾病预防控制网络。为65岁以上老年人免费体检44248人（次），儿童和孕产妇健康管理60276人（次），传染病及突发公共卫生事件报告率、突发公共卫生事件调查处理率均为100%。

教育教学成果丰硕 新建投用高新区第四学校等6所学校，新增学位4800个；完成14所学校新优质成长计划、7所学校民转公；发布《高新区教育高质量发展行动方案》，被教育部确定为“第一批‘央馆虚拟实验’规范化应用试点区”。培养省市区级学科带头人、教学能手、骨干教师、卓越型教师525人；立项国家级“十四五”重点课题4项、省市级课题330项；获陕西省基础教育教学成果奖9项，参与申报国家级教学成果11项。

文旅产业融合发展 以“文化+科技”为发展方向，加速传统文化产业数字化转型，创建文旅特色品牌。着力打造秦岭八村、仪祉湖水利风景区等多个项目，带动文旅产业发展。培育高新数字创意产业园等4个产业园区。争取各级文旅产业奖补资金4104.2万元。区内9个基层文化服务中心获“陕西省公共文化服务高质量发展示范镇（街）”称号。

惠民工程建设提速 住房保障加快建设，在建人才保障住房项目10个17985套，新入市商品房（含安置性商品房）项目52个43586套358.13万平方米。持续推进三级养老服务设施建设，完成4个街道养老服务中心建设，新建11所社区养老服务站。完善交通体系，完成有轨电车道梁架设4000米，车站主体完工12座；优化开通公交线路4条。稳定就业，新增就业2.3万人，发放创业担保贷款6710万元，兑现各类补贴补助4778万元，为农民工追讨工资9165万元。 （鱼春婷）

【西安生产服务型国家物流枢纽获批建设】 2022年11月18日，国家发展改革委印发《关于做好2022年国家物流枢纽建设工作的通知》，位于西安高新区和西安经开区境内的西安生产服务型国家物流枢纽等25个国家物流枢纽被纳入2022年度建设名单。该枢纽由西安高新区和西安经开区2个片区组成，毗邻电子信息、汽车、装备制造等生产制造基地，总占地3.27平方千米，服务对象包括华为、比亚迪、陕汽、隆基、杨森等知名制造企业，有效发挥支撑引领实体经济发展效能。片区之间通过绕城高速和国道连接，区内仓储配送、公铁（空）联运设施完备。按照国家物流枢纽建设原则，该枢纽依托高新和经开2个片区周边硬科技先进制造业聚集优势，坚持以国家战略为导向，强化区域带动作用，以“数字化供应链服务平台建设”为核心，突出“两链融合、多式联运、数智赋能、通达全球”的特色，统筹构建国际物流、新能源汽车与装备制造物流、科技装备物流、汽车装备物流、生产加工物流、城市配送物流和应急物流7大功能区，服务实体经济高质量发展，促进西安快速融入全国统一大市场建设和全球供应链。

【西安高新综保区进入全国A类行列】 2022年，海关总署公布2021年度综合保税区发展绩效评估结果，西安高新综保区在全国参评的137个综保区中位列A等，在中西部地区和东北三省参评的57个综保区中位列A等，实现陕西省综

2022年10月10日，高新区人民医院（西安市第一医院）正式开诊
（高新区管委会 供图）

保区全国排名A类“零”的突破，也是西北地区唯一获评“双A”的综保区。报告显示其规模效益、质量效益、开发利用、辐射服务、业态创新5类一级核心指标均高于全国平均水平，其中“开发利用”指标全国综合排名第8位、“进出口总值占其所在省（区、市）同期进出口比重”指标全国综合排名前5位。聚集三星电子、空气化工、住化电子、三星物产等一批世界500强行业领军企业，发展形成以半导体产业为主导，国际物流和服务贸易为支撑的产业布局，有数十家半导体产业链上下游企业，其中90%以上为外资企业，产业人口1.5万人。（行中道）

西安经济技术开发区

【概况】 西安经济技术开发区成立于1993年，2000年被国务院批准为国家级开发区，2002年获批国家级出口加工区，2017年获批中国（陕西）自由贸易试验区经开功能区，2020年获批西安关中综合保税区。全区总规划面积272平方千米，横跨未央、高陵、临潼3个行政区，常住人口55万人，由中心城区、高铁新城、泾渭新城、渭北新城4个区域板块和陕西自贸试验区西安经开功能区、关中综合保税区2个功能园区组成，形成“一河两岸、四区两园”的空间发展格局。先后获得国家新型工业化产业示范基地、国家新材料高技术产业基地、国家中小企业创新创业特色载体等14项国家级称号。

2022年，西安经济技术开发区紧扣九个方面重点工作，全面落实“四新”战略和打造国际一流创新型经济技术开发区的奋斗目标，稳增长、促改革、调结构、优环境、惠民生、保安全，有效推动全区经济运行稳中向好。完成生产总值1125.01亿元，比上年增长6.5%，占全市比重9.8%，每平方千米9.25亿元的产出强度列全市第1位，用全市1.15%的土地面积贡献全市9.79%的生产总值；完成规模以上工业总产值2137.3亿元，增长8.5%，其中实现规上工业增加值423.76亿元，增长10%；实现服务业增加值529.82亿元，增长1.4%；完成外贸进出口总额550亿元，增长28.5%；一般公共预算收入53.97亿元，增长6%。见表18。

表18　2022年西安经济技术开发区主要经济指标统计表

指标名称	单　位	数　量	同比增长率/%
地区生产总值	亿元	1125.01	6.5
一般公共预算收入	亿元	36.50	6.0
税收收入	亿元	31.76	2.7
一般公共预算支出	亿元	46.61	-21.3
固定资产投资（不含农户）	亿元	340.90	18.0
规模以上工业增加值	亿元	423.6	10.0
社会消费品零售总额	亿元	378.38	-5.3
规模以上服务业营业收入	亿元	343.62	-0.9

【招商引资】 2022年，西安经济技术开发区坚持招大引强理念，聚焦11条重点产业链条，深入开展精准招商、产业链招商、全员招商，组织策划招商引资活动23场，在第六届丝绸之路国际博览会暨中国东西部合作与投资贸易洽谈会经开区招商引资推介会上，签约高品质项目63个，金额1044.6亿元，成果合同项目总额排名开发区第2位。加强主动向外意识，开展驻外招商工作，设立驻深圳、北京、苏州招商办事处，拜访华中集车辆、港华能源等重点企业300多家。引进入区项目151个，总投资825亿元。其中含100亿元以上工业项目1个、50亿元以上项目4个、30亿—50亿元项目1个、10亿—30亿元项目25个，以及海螺水泥西北运营结算中心、山东能源西北矿业公司、厦门国贸等世界500强区域总部项目。实际利用外资26.05亿美元，其中直接投资（FDI）1.04亿美元；新设外资企业43家，完成总额排名开发区第2位，新设外资企业数、合同外资2项二级指标排名开发区第1位，形成“招商部门+行业主管部门+园区管理机构”的全员招商氛围。

【项目建设】 2022年，西安经济技术开发区坚持“项目为王”理念，注重大项目引领、大项目带动，研究制定《推进“亩均论英雄”综合改革的实施方案》《2022年度市级重点项目建设计划》等多个方案，保障项目全力推进。健全服务反馈机制，深化服务模式，细化服务节点，定期召开调度会，对项目建设、手续办理方面的集中问题实时进行跟踪解决，全力推进项目建设。新开工市级重点项目25个，完成市级重点项目投资608亿元，占年度计划116%，为稳经济大盘提供有力支撑。

【产业发展】 2022年，西安经济技术开发区按照西安市“先进制造业强市”战略部署，加快构建现代产业体系。截至年底，累计入区企业8.36万家。其中“五上”企业1323家、规模以上工业企业253家，工业产值占全市近三分之一，形成汽车、装备制造、新材料新能源、电子信息等成规模、成体系、具有一定优势和特色的产业集群。

汽车产业　形成以陕汽集团、吉利汽车为龙头的商用汽车、新能源汽车整车制造，以康明斯发动机、汉德车桥、德仕零部件等企业为领军的汽车零部件产业集群，产品涵盖商用汽车、新能源汽车、乘用车、特种车、发动机、底盘系统、制动系统、尾气处理系统、空调系统、冷却系统、汽车电子零部件、内饰件等，实现产值674.13亿元。

2022年5月，吉利汽车自动化生产车间建成投产　（经开区管委会　供图）

新材料新能源产业　新材料领域在院地合作新模式的有效带动下，形成以有色金属材料为主、多领域协同发展的特色产业体系，汇聚石油炼化高分子材料、复合材料领域的延长、天元合成和澳秦等企业以及电子材料领域的彩晶光电等企业。产业产品应用于航空航天、舰船、石油化工、核电、生物医药、军工等领域。新能源领域主要有太阳能光伏产业和风电产业，聚集隆基乐叶、隆基绿能、捷力风能等企业，在太阳能光伏、风电装备领域优势突出。完成产值866.15亿元。

高端装备制造产业　装备制造产业以金属制品制造、通用设备制造、铁路、船舶、航空航天和其他运输设备制造，电气机械和器材制造，仪器仪表制造等制造领域为主，主要包括中车永电、永电捷通、西门子、西航莱特、庆安、陕西建设机械、博世力士乐、ABB等企业。完成产值327.98亿元

电子信息产业　初步形成以华天科技、华弈微电子、龙腾半导体为主的产业集群，主要从事高端集成电路封测技术研发，半导体功率器件生产和封装测试。产品应用于电动车、汽车电子、5G基站、物联网、家用电器、消费电子等行业领域。完成产值52.4亿元。

【外向型经济发展】　2022年，西安经济技术开发区有隆基乐叶、陕汽进出口等外贸实绩企业400余家。出台《经开区稳经济促发展二十七条政策措施》《促进高质量发展三十六条政策》，对降低外贸企业运行成本、跨境电商、服务贸易等方面给予支持，拨付隆基乐叶、天隆科技等企业设备采购、贷款贴息等资金4100余万元，组织80余家企业申报国家和省、市项目资金5000余万元，获得1370万元资金支持。组织企业参加进博会、高交会等经贸活动，推动隆基乐叶新增德国、巴西、南非等10余个国际销售地，支持天隆科技自主研发的猴痘病毒核酸检测试剂盒获得欧盟安全合格认证，产品销往西班牙、沙特阿拉伯、韩国等10余个国家。完成进出口总额550亿元，比上年增长28.5%，保持快速增长态势。

【营商环境建设】　2022年，西安经济技术开发区全面实施政务服务周末“不打烊”，推出首批35项“不打烊”事项。在全市率先实施企业歇业休眠制度，全面推行“2334”工作法、“四从四全”链式服务，在企业开办领域实现全流程3小时办结，施工许可办理时限最快压缩至2.4个小时。709项政务服务事项实现“一站式”办理。推出1067项政务服务事项跨地区办理，办件2.5万件，39个事项纳入“全市通办”事项清单，办件1500余件。启动全区消费券发放工作，发放消费券12.95万张，核销政府资金786.4万元。出台稳经济促发展“27条”、促进高质量发展“36条”、《支持企业复工复产复业政策》，向51家复工、复产、复业企业拨付稳增长资金500多万元，向329家企业兑现资金2673万元。组织企业申报国家商业银行中长期贷款，通过审核20个。获批政府专项债30亿元，为区内企业争取贷款近60亿元。新增市场主体总量2万户，比上年增长14.9%，市场活力持续恢复。

【城市建设】　2022年，西安经济技术开发区以建设国家中心城市的一流工作标准，把便民、惠民、利民的理念贯穿城市规划建设管理全过程。完成《经开区国土空间分区规划》《高铁新城19.8平方公里国土空间详细规划单元导则》初步方案，同步开展中心区、高铁新城、泾渭新城、渭北新城重点片区详细规划及城市设计、综合交通专项规划编制工作，并形成初步成果。完成48条道路坚强电网电力沟道，11条配套道路以及泾渭路人行过街天桥建设工作。完成雨润市场北门等6处停车场3200余个停车位的建设任务，并全部投入使用；建成并投运10个集中式充电场站，完成充电桩建设250个。新建和提升口袋公园、绿地广场5座，新增城市绿地20万平方米。

【科技创新】　2022年，西安经济技术开发区紧抓秦创原建设，实施秦创原建设“九大工程”，10家单位入选“三器”试点、4家获批建设区域示范平台，创建秦创原“三器”平台建设试点企业30家。深化产业链创新链融合，国家中小企业创新创业项目获评优秀档次，深耕“两链融合”加速产业聚集创新经验获省政府主要领导肯定批示，新增省级及以上创新平台10个。加快成果转化，深化西北有色院2.0模式，孵化落户新材料企业39家，落地科技成果转化项目70个，培育技术转移示范机构2家。加快孵化载体建设，建成西北有色院稀有金属材料专业化众创空间、陕西省燃气产业研发与孵化基地，培育科技型中小企业入库1319家，新增高新技术企业328家。建设多层次专业化空间，规划布局新材料、汽车、航空动力3项产业聚集区各333.33公顷，布局一批“小而精、小而美”专业园区；优化创新生态环。获得陕西秦创原“科学家＋工程师”项目立项17个，落地创新基金规模115亿元，储备上市后备企业52家。发力数字经济产业，举办秦创原数字经济生态论坛，发布《数字经济三年行动方案及十大数字经济应用示范场景》，多项产业创新中心项目入区，与百度智能云数字经济研究中心等多个行业领先企业形成战略合作关系。

【人才引进】　2022年，西安经济技术开发区持续加强高层次人才引进，申报高层次人才40余人，认定高层次人才22人，其中8人被认定为国家级领军人才（占全市36.4%），14人被认定为地方级领军人才（占全市11.7%）。积极推进“人才＋项目”工作，为入选2021年“西安英才计划”人才发放资助经费248万元，为入选2021年度青年项目人才发放资助经费47.5万元。协助西安市委人才办完成首批“西安英才计划”支持项目年度考核评估，发放资助经费162万元；组织企业申报2022年度“西安英才计划”各类人才项目21个；开展人才礼遇工作，春节前夕对80名驻区院士专家、国家级高层次人才及A、B、C类高层次人才进行走访慰问，为高层次人才送去慰问金；落实高层次人才子女就学政策，协助24名区内高层次人才及团队核心成员子女解决入学资料，并进行走访慰问。做好省级人才计划入选专家省财政资助经费发放工作，发放资助经费208万元。

【环境保护】　2022年，西安经济技术开发区生态环境综合质量排名显著提升。聚力打赢蓝天保卫战，优良天数246天，优于全市平均水平55天，第三季度获得市级奖励资金600万元，是全市该季度唯一获得空气质量考核奖励的开发区。持续推进碧水保卫战，渭河经开段稳定达到地表水环境质量标准Ⅲ类标准，泾河入渭等4个水质考核断面均达到且部分优于考核指标；渭滨水源地水质达标率100%；紫薇湖、西安湖、文景公园湖、城运公园湖等主要水质指标达到地表水环境质量标准Ⅳ类标准，优于Ⅴ类水的标准要求。有力推进净土保卫战，持续开展涉重金属企业排查整治，动态更新《土壤污染重点监管单位名录》，严格开展土壤重点单位隐患排查、自行监测、监督性监测及信息公开，辖区土壤环境持续稳定。

【社会事业】　2022年，西安经济技术开发区新建、改扩建学校6所，新增学位7350个，同步完成5所新建学校的“名校＋”委托管理工作，实现新建学校高起点起步。制定区级《规范民办义务教育发展工作实施方案》《关于“公参民”学校转制工作的实施方案》等方案文件，

全面推进经开“公参民”学校转制工作，完成2所学校公办性质办学批复、1132名教师转制考试、8241万元的运转经费拨付保障等工作。稳步推进公共文化项目，开元大剧院建设进展顺利推进。全力推动奖励扶持政策落地，兑现奖补资金300余万元，为文化企业加快发展提供有力保障。规上文化企业实现营业收入42.2亿元。4所医院项目正加快建设，中心医院经开院区年底前全面运营。逐步剥离社会管理事务职能，完成与未央区12类41项社会事务整体移交工作。深入推进社会治理和平安经开建设工作，社会大局保持稳定，人民群众获得感、幸福感更加充实、更有保障。

【行政审批改革】 2022年，西安经济技术开发区结合机构改革和社会事务剥离实际，全面实施行政许可事项清单管理。按照“全覆盖、分类准、责任清”的原则，将依法设定的权责事项全部纳入清单管理，完成新一轮权责事项梳理和更新发布。前台受理和后台审批人员，组建专兼职代办服务团队，制定“一企一策”服务计划，按节点指导帮助企业做好手续办理。推行项目“首问负责、一次告知、容缺受理、告知承诺、限时办结”。全面推动政务服务事项向大厅集中，实现专区无差别的综合窗口“一站式”办理。巩固发挥“办不成事”反映窗口、“跨区通办”窗口、“周末不打烊”窗口等专区专窗“兜底式”服务功能，切实解决群众办事难题。

（程　鹏）

【富春集团两项目落户】 2022年9月21日，富春控股集团中央厨房供应链产业园及汽车零部件产业园项目落户西安经济技术开发区，项目将加强产业集聚效应，推动相关产业链延链、补链、强链，为产业转型升级和区域经济社会高质量发展注入新动能。

中央厨房供应链产业园项目位于经开区渭北新城，总投资12亿元，规划包括品牌中央厨房、多温区冷库、食材加工及分拣中心、产品展示中心、区域集中配送中心、办公楼配套等组成。项目以“中央厨房+智能冷链配送中心”为核心，高标准打造西北“一带一路”港口品牌，建成后将成为国内乃至国际标杆性央厨冷链供应链产业园。

汽车零部件产业园项目位于经开区泾渭新城，总投资10亿元，规划由汽车制造企业总部基地、汽车零部件制造中心、汽车供应链运营中心组成，依照经开区区域总体发展规划和产业转型发展的需要，围绕汽车、汽配产业，建设现代化、数字化、智能化汽车及零部件创新服务示范基地。

（行中道）

西安曲江新区

【概况】 西安曲江新区位于西安市东南部，核心区总规划面积51.5平方千米，全区常住人口40万人（含大明宫遗址区范围内人口），是陕西省、西安市确立的以文化、旅游为主导产业的开发区，全国首批2个国家级文化产业示范园区之一，先后被评定为国家级生态区，国家级文化和科技融合示范基地，中国（西安）跨境电子商务综合试验区创新示范先行区，国家文化出口基地，全国首个区域性、多景点整体晋级的国家AAAAA级旅游景区，获中国人居环境范例奖。西安曲江新区坚持文化立区、旅游兴区、产业强区，探索形成“文化+旅游+城市”的发展新模式，成为全国文旅深度融合发展的先行军和示范者。管理大明宫国家遗址保护区、西安城墙景区、楼观生态文化旅游区、渼陂湖水系生态文化旅游区等发展板块，曲江文化产业集团、西安旅游集团、西安演艺集团、临潼旅游投资集团、曲江文控公司、曲江金控集团、华商传媒集团等市场化集团公司，控股曲江文旅、西安旅游、西安饮食、人人乐股份、华仁药业、世纪金花等上市公司平台。先后打造大雁塔北广场、大唐芙蓉园、曲江池遗址公园、大唐不夜城步行街、西安城墙南门广场、大明宫国家遗址公园、杜邑遗址公园等一系列享誉国内外的文化新地标，辐射带动小雁塔、碑林、易俗社、兴庆宫·东市、汉长安城未央宫等历史文化片区，管理面积超430平方千米。

2022年，西安曲江新区坚持文化立区、品质兴区、产业强区，聚焦文旅深度融合，充分发挥开发区引领带动作用，努力打造全市文旅融合高质量发展示范区和新时代品质生活样板区。实现一般公共预算收入42亿元，一般公共预算支出34.42亿元；固定资产投资308.3亿元；引进内资580亿元，外资4.19亿美元；实际利用外资直接投资1.62亿美元，完成年度任务的137%；争取中央、陕西省资金11.6亿元，完成年度任务的385%；外贸进出口总额超6.3亿元，增速66.8%，完成年度任务的107%。主要经济指标见表19。

【招商引资】 2022年，西安曲江新区持续深化“放管服”改革，优化营商环境，在全市首批启动市场主体歇业制度，发布两批81项政务服务“一证（照）通办”事项清单，积极打造首批陕西省营商环境创新示范区。出台《曲江新区稳经济20条措施》，设立10亿元商贸服务业纾困基金，发起设立“陕西省文化企业风险补偿基金”，引导和促进金融机构为文化企业提供资金支持，为700余家文化企业提供担保超4.5亿元，全力稳住经济基本盘。在全市设立首个营商环境书记邮箱，进一步提升优化曲江新区营商环境，维护各类市场主体合法权益。新增服务业企业53家，资质建筑业企业1家、房地产开发经营企业3家，净增限额以上商贸企业35家。净增规模以上文化企业32家，规模以上文化企业全年营业收入118.95亿元。完成科技型中小企业入库235家，认定国家高新技术企业106家，完成技术合同交易额0.8亿元，引进海外高层次人才7人。引进并签约50亿元以上项目1个，10亿元及以上省际合同项目12个、1亿元及以上省际合同项目5个。储备上市后备企业17家，完成年度任务的170%。

【项目建设】 2022年，西安曲江新区持续强化“项目为王”理念，积极扩大有效投资，全力推进项目建设高质量开展。新开工项目开工率100%，62个市级重点项目完成投资194.9亿元，完成年度投资任务108.2%。小雁塔历史文化片区文商旅融合发展初见成效，占地12公顷的国内第4座“太古里”成功落地，安仁坊遗址展示馆及安仁·驿馆于5月

表19　2022年西安曲江新区主要经济指标统计表

指标名称	单　位	数　量	同比增长率/%
地区生产总值	亿元	305.47	0.2
一般公共预算收入	亿元	42.00	7.0
税收收入	亿元	35.83	2.3
一般公共预算支出	亿元	34.43	-21.9
固定资产投资（不含农户）	亿元	308.3	-7
社会消费品零售总额	亿元	121.56	-1.6
规模以上服务业营业收入	亿元	159.55	-4.6

1 日对外开放；碑林历史文化街区项目有机更新加速推进，碑林博物馆改扩建项目全面开工建设；西安文化科教园“三横一纵”路网建成通车，现代化产城融合示范区拉开空间骨架；西安文化 CBD 国际文化商业中心、东三爻安置小区、曲江第二学校加速推动，区域发展迈入快车道；杜陵遗址保护区及其南侧区域发展框架协议完成签约，全面启动区域开发建设；曲江万人综合体育竞技馆建成投用，曲江电竞产业园配套区主体封顶，西安文旅中心项目进行主体施工。全国首个以阿尔茨海默病照护为主题特色的医养项目——西安鹏瑞利知智照护家园落户曲江楼观生态文化旅游度假区。

【城市建设】 2022 年，西安曲江新区积极完善交通基础设施，新安路等 3 条市政道路建成通车，文化运动公园等 6 个公园及绿地广场建成开放，新增城市绿地 30.91 万平方米，建成电力沟道 10.14 千米。全力推进电网攻坚项目建设，建成投运 110 千伏雁南变，开工建设 110 千伏雁翔变等 3 座变电站。提升城市防汛能力，完成慈恩西路、芙蓉东路、雁塔南路等 8 处积水点改造工程。以“智慧停车”破解“停车难”，通过运用地磁计时、信息化管理等方式，曲江停车的含“科”量、含“智”量不断提高，公共车位停车效率持续提升。全面开展生活垃圾分类示范创建活动，不断建立、健全全方位的宣教体系、全流程的分类体系和精细化的闭环管理机制，创建国家级示范单位 1 个。8 月 9 日，曲江新区首个医养结合项目——西安市中医医院曲江院区正式开诊。8 月 19 日，曲江新区管委会入选全国公共机构生活垃圾分类和资源循环利用示范工作重点单位。10 月 28 日，曲江新区与雁塔区签订《社会事务剥离移交承接框架协议》，确定曲江新区移交雁塔区社会事务 15 类 64 项。12 月 28 日，全市首家水域应急救援示范基地在曲江新区大唐芙蓉园内建成运营，有效填补辖区水域救援力量空白。

【文化产业】 2022 年，西安曲江新区持续优化文旅产业结构，壮大新兴产业整体规模，打造文旅产业新增长极。主动融入秦创原总窗口平台，推动科技赋能传统文化产业，成功申报秦创原立体联动“孵化器”，新增 3 家省级文化和科技融合示范基地，打造“文旅 + 科技”融合发展的新引擎。探索开创“电竞 + 泛娱乐”的全新业态模式，成功举办 2022 英雄联盟、王者荣耀、和平精英职业联赛等顶级职业赛事，WE 俱乐部战队入驻曲江电竞中心，曲江万人电竞中心建成投用，填补西北电竞场馆空白。深耕数字文创赛道，与上海文交所合作搭建“国家级版权交易保护联盟链”，成为西部首家国家级数字文创规范治理生态矩阵联盟成员，西安易俗社有限公司入选全国版权示范单位。积极探索文旅文博领域数字化转型新路径，曲江数字文创接入国家级版权交易保护联盟链，利用“长安 IN”文旅数字平台，打造一百零八坊元宇宙 App，与大秦帝国、“杋空间”等联合开发数字藏品，助力西安构建“文旅 + 数字”产业发展格局，西安城墙管委会“数字化助力西安城墙文物保护和文化遗产传承”入选文旅部公布的 2022 年文化和旅游数字化创新实践十佳案例。西安曲江国际会展集团获批加入国际会议中心协会，曲江会展硬件水平、服务水平及运营能力均达到国际一流标准。

【文旅融合】 2022 年，西安曲江新区积极推进文化旅游产业供给侧结构性改革，全力打造契合市民游客需求的文旅产品，提升文旅消费能级。以撬动消费为核心，发放总额近 1500 万元文旅消费券，覆盖区内文化、旅游和商业场所，全面提振文商旅消费活力。积极推出西安城市观光车、“古城慢享”观光线、“长安十二时辰”风情街等一批文旅新产品，开创“有序露营”模式，推出“入夏帐篷节”，打造全市首个“飞盘文化主题”运动基地，进一步带动精致露营微度假经济，不断促进消费市场回暖。整合演艺资源，打造“大型文旅演艺 + 小剧场 + 街头表演 / 行为艺术”的演艺产品体系，推出大唐芙蓉园全新沉浸式演艺“寻梦 · 芙蓉里”，带领游客体验“极致唐潮”。高水准举办西安戏剧节、国际舞蹈节、国际音乐节、第九届中国秦腔艺术节、第九届丝绸之路国际电影节等活动，满足群众文化艺术需求，提振文化市场消费活力。加快推动树屋、华尔道夫等国际高品质酒店建设，打造高品质酒店集群，持续扩大优质文旅产品供给。“走出去”战果持续扩大，湖北楚文化产业园、湖北武当山五龙宫景区、海南海瑞文化公园、温州雁荡山等一系列外拓项目持续落地。与大型文化央企——紫荆文化集团结成深度战略合作伙伴，共同打造央地合作新样板。3 月 30 日，西安曲江海洋极地公园、中科大西 · 九号宇宙入选“2021—2025 年全国科普教育基地第一批认定名单”。4 月 13 日，《西安演艺集团深化改革发展研究报告》被写入《陕西文化发展报告（2022）》。4 月 15 日，西安演艺集团青年实验戏剧团揭牌成立。4 月 24 日，曲江书城和嘉汇汉唐书城入选全国“年度最美书店”。8 月 25 日，易俗社文化街区入选第二批国家级夜间文旅消费集聚区。8 月 31 日，曲江文化产业集团获评“全国文化和旅游系统先进集体”。11 月 5 日，大唐芙蓉园入选中国非物质文化遗产保护协会公布的 2022 年全国“非遗”与旅游融合发展优选项目名录。11 月 8 日，大唐芙蓉园获评省级夜间文旅消费集聚区。12 月 27 日，曲江文化产业集团入选第十四届“全国文化企业 30 强”名单，成为西部唯一 11 年蝉联该奖项的文化企业。旅游业综合收入 381.42 亿元，接待市民游客超 8000 万人（次）。

【文艺精品创作】 2022 年，西安曲江新区坚持“深入生活、扎根人民”的创作理念，围绕讴歌“新时代、新思想、新气象”，创作推出更多增强人民精神力量的优秀作品，更好满足人民群众精神文化需求。党的二十大献礼影视剧《梦

2022 年 6 月，第九届中国秦腔艺术节在易俗社文化街区举行
（曲江新区管委会 供图）

想城》《走向胜利》进入中央电视台排播期，影视剧《功勋》《装台》、广播剧《黑色沃土》、话剧《路遥》等文艺精品获第十六届精神文明建设“五个一工程”奖。电影《鸟语人》、话剧《红箭红箭》、儿童剧《火印》《遇见星海》、杂技剧《战魂——第三战队》入选国家艺术基金项目，儿童剧《二十四个奶奶》港澳地区巡演交流项目成功入选 2022 年度内地与港澳文化和旅游交流重点项目。

（魏增辉）

【“长安十二时辰＋大唐不夜城”唐文化全景展示创新实践入选国家文化和旅游最佳创新成果】 2022 年，国家文旅部面向全国启动“2022 年度文化和旅游创新成果推荐工作”，“长安十二时辰＋大唐不夜城”唐文化全景展示创新实践成功入选。展示区位于陕西省西安市曲江新区，以构建“一轴·两市·三核·四区·五内街”的街区整体格局，推动建筑、艺术、商业、科技的全面提升，打造室内外盛唐文化主题风貌，实现可知、可感、可触摸、可品鉴的沉浸式唐文化体验中心。将文化 IP 与旅游要素结合，创造传统商业综合体到文商旅融合发展的新模式，让游客在此“做一回唐潮人”：“观一场唐风唐艺、听一段唐音唐乐、演一出唐人唐剧、品一口唐食唐味、玩一回唐俗唐趣、购一份唐物唐礼”。涵盖唐食荟萃、百艺手作、文化宴席、沉浸演艺等多种业态，集全唐空间游玩、唐风市井体验、主题沉浸互动、唐乐歌舞演艺、文化社交休闲等于一体。以唐元素为主线，作为体验西安唐文化首选之地，也是“网红”打卡地，相继推出不倒翁小姐姐、李白、杨贵妃等人物 IP，同时致力于打造“中国年”系列活动等传统文化节庆，不断丰富展示区的唐文化沉浸式氛围。在文商旅业态联动的基础上，增添“长安十二时辰”主题街区，带来全景式、全天候、全时段的唐文化沉浸式深度体验。室内的长安十二时辰主题街区市井文化与室外的大唐不夜城、大雁塔、大唐芙蓉园的皇家气象，实现优势互补，在创意创新中，增强群众的“文化自信”，使文化 IP 成为引领城市“微景区”的市场风向标，迅速获得市场的广泛追捧和好评。整个展示区融入商业、休闲、娱乐、体验等多种元素，以文商旅到商旅文深度融合为导向，以服务游客为中心。依托互联网、大数据、云计算、物联网等先进信息技术，创新打造沿街商业矩阵，形成集老字号、非遗展示、时尚潮流等为一体的创新型智慧街区。大力推动数字经济与文旅产业深度融合，打造出新业态、新模式下的盛唐文化体验地，不断提高展示区的综合管理和运营能力，促进地域旅游经济，拉长拓宽旅游产业链条，实现将大型城市综合体焕新升级为文化商业新地标的重要转变。

（行中道）

西安浐灞生态区

【概况】 西安浐灞生态区位于西安东北部，是全国首个以生态命名的开发区、国家级绿色生态示范城区、生态文明先行示范区，是全国绿化模范单位及年度生态文明建设典范开发区，肩负着建设西安国际化大都市东部新轴线、对外开放大通道的重要历史使命。浐灞生态区规划总面积 129 平方千米，集中治理区 89 平方千米。根据第七次全国人口普查结果公布，辖区常住人口 55 万人。浐灞生态区始终以打造“山水林湖生命共同体”为目标，坚持生态先行发展，城市精细规划，实施“两河四岸”综合提升整治工程，累计建成水域面积 1200 公顷、绿地面积 1000 万平方米，形成以浐河、灞河为核心的生态景观和城市功能轴线。

2022 年，西安浐灞生态区加速构建现代化城市格局，实现区域发展质效双增，疫情防控精准高效，支柱产业更加凸显，产城融合快步推进，对外开放持续深化，营商环境更加优化。完成生产总值 343.96 亿元，比上年增长 6%。固定资产投资突破 402 亿元，增长 0.1%。重点项目完成投资 355 亿元；省、市级重点项目 37 个，1—10 月，23 个在建项目累计完成投资 300.56 亿元，占年计划 102.28%。社会消费品零售总额 433.21 亿元。利用外资 2.2 亿美元，实际引进内资 305 亿元。新增“五上”企业（规模以上工业企业、限额以上批发零售住宿餐饮企业、有资质的建筑业企业、房地产开发经营企业、规模以上服务业企业）57 家，其中限额以上服务业企业 8 家；限额以上商贸企业 35 家，净增 30 家。主要经济指标见表 20。

【规划编制】 2022 年，西安浐灞生态区全面建设“城市东大门核心区”，编制分区国土空间规划。制定《西安浐灞生态区加快推进秦创原创新驱动平台建设发展的若干政策》，成立秦创原·浐灞产业要素专业服务机构联盟，围绕打造全市秦创原战略重要支点，以陕西科技创新谷建设为龙头，加快浐灞腾讯云大数据中心、数字出版基地建设，推进半导体装备制造项目达产。落实《西安浐灞生态区惠企政策“免审即享”实施方案》，首批 14 项“免审即享”事项开始实施。制定《关于提升文旅产业链高质量发展的若干政策措施》及《申报指南》，出台《西安浐灞生态区加快创新驱动引领高质量发展若干政策（试行）》《会展业扶持暂行办法》《关于进一步加快文化产业发展的若干措施》等文件，设立产业扶持基金，扶持奖励各类会展、会议、节庆赛演、公司设立、平台构建，鼓励企业做大做强，推动产业集聚发展，以建设“中西部第一会展品牌”为目标，以做实做强现代服务业为主攻方向，夯实会展业主导地位，推动总部、科创、文旅融合发展。

【招商引资】 2022 年，西安浐灞生态区狠抓招商活动质效，精准对标优质项目。引进 500 强企业或行业龙头企业投资项目 4 个，50 亿元以上项目 1 个，10 亿元以上项目 6 个。开展 2022 西安浐灞生态区投资环境推介会、陕西江苏商会投资考察等活动 26 场，签约西安医学院总医院、西安商贸物流集团、复兴综合开发等项目 24 个，总签约金额 239 亿元。市级重点项目中交二公局三公司总部基地落地建设，完成投资 1 亿元。积极开展“老朋友、新合作”系列活动，走访企业 50 余次，与中国水利水电第三工程局、中粮贸易、水发神农集团等区内重点企业展开深入交流，不断提供政策支持，加大助企纾困力度，联合西安金融控股有限公司为中陕核工业集团精矿进口业务提供 5000 万元融资担保，促成 1 亿元国际大宗商品交易订单。

表 20　2022 年西安浐灞生态区主要经济指标统计表

指标名称	单　位	数　量	同比增长率 / %
地区生产总值	亿元	343.96	6
一般公共预算收入	亿元	25.15	11.0
税收收入	亿元	19.41	1.8
一般公共预算支出	亿元	27.30	-3.0
固定资产投资（不含农户）	亿元	402	0.1
规模以上工业增加值	亿元	—	-9.8
社会消费品零售总额	亿元	433.21	-5.0
规模以上服务业营业收入	亿元	42.77	20.2

【城乡建设管理】 2022年，西安浐灞生态区联合新城区、灞桥区推进幸福路北延伸线工作，聚焦“打造城市东大门核心区”，延展城市骨架，收储土地133.33公顷，同步启动上庄片区城市更新。完成冯家滩村、黄家坡村回迁安置，加快草北社区、八家堡村等6个安置楼建设，5个开工安置项目加快建设。新增城市绿地15万平方米、建设提升5座口袋公园和绿地广场5项指标任务均提前完成，林荫大道建设以及既有104千米绿道、1300万平方米城市绿地均稳居全市前列。香槐六路跨灞河桥工程获省市政金奖示范工程。建设区级疾病防控中心，引入西安医学院总院等3家三甲医院，设立3个社区卫生服务中心；新建15个社区养老服务站，1个公办示范性养老院。新建、改扩建学校11所，新增学位10410个。推进灾害风险普查，建设“双预控”监管平台，完成15个行业104家“一图两清单”编制，浐灞二路社区获评“省级综合减灾示范社区”。新建10个变电站，成立300人应急处突队伍，实现快速响应。制定安全管理60条具体举措，成立9个安全专业委员会，聚焦重点行业，排查整治隐患2360处。

【区域品牌建设】 2022年，西安浐灞生态区以会议会展为核心，以西安国际生态会展城为依托，举办第六届丝绸之路国际博览会暨中国东西部合作与投资贸易洽谈会系列投资活动，签约西安医学总医院、西安商贸物流集团总部、水发浩海集团等24个项目，总签约额239亿元。高规格举办第六届陕西国际科技创新创业博览会、第五十七届中国高等教育博览会、第十四届西安车展、第十六届中国西安茶业博览会、第十六届中国西安国际科学技术产业博览会暨硬科技博览会等重大活动15场，展览面积43.8万平方米，接待观众63.72万人（次）。会展中心获中国钢结构金奖，欧亚论坛博览会获中国会展品牌博览会金奖。

建设创新数字科创品牌 以“打造西安设计之都浐灞承载区”为目标，发挥资源优势，全力建设现代服务业聚集地和承载地，高品质建设数字经济示范区，规划面积4.5平方千米，总投资50亿元，包含陕西科技创新谷、长安大学科技园、数字科技研学城等项目，陕西科技创新谷项目总投资16亿元，将建设产业技术创新、科技企业孵化、集成化检测等创新功能中心，建成后将引用专业人才800人，年产值20亿元，成为城市东部中心企业培育创新谷。自贸区2项案例获评全国最佳，传播力指数位居全国前七。城市科创聚集成势，技术合同交易额超34亿元，新增国家高新技术企业167家，增幅371%，稳居全市第一。

2022年7月，西安浐灞丝路国际文化艺术中心建设项目竣工
（浐灞生态区管委会 供图）

创响浐灞特色文旅品牌 全市首座和田玉博物馆运营，华夏文旅创建4A级景区，《和你在一起》获全国县级融媒优秀作品一等奖，实现旅游收入45.08亿元。依托《驼铃传奇》等精品旅游演艺资源，重点打造“旅游演艺”产业链；策划开展“候鸟之约”浐灞观鸟季全媒体直播活动，开启城市生态形象国际营销，联合《人民日报》、人民视频等60多家中央、省级、市级主流媒体平台，联动世界城地组织亚太区、巴基斯坦电视台、《中希时报》等多家海外媒体平台和国际组织，面向全球同步直播，线上观看量2780万人（次）；开展各类文旅营销200余场（次），打响湿地观鸟生态文旅品牌。西安浐灞丝路国际文化艺术中心全面建成并投入使用，作为西安领事馆区的商业文化艺术的配套区域，国际文化艺术中心将成为西安实施“一带一路”倡议的重要人文交流基地，上演国内外大型演出50余场（次）。

亮化生态环境品牌 坚持生态底色，高举绿色发展大旗，推动增绿、减污、治水、降碳协同发展，新增16万平方米城市绿地，充分发挥浐河、灞河两河四岸地理优势及生态优势，构建天蓝水绿的生态环境体系、低碳环保的生态人居体系、循环高效的生态产业体系。上线环境智慧监管平台，加密布设13个空气监测站，建设清洁供热、新能源充电站场等示范项目，做实叫响“区域能源示范区”。建成雁鸣湖公园、西安世博园、桃花潭公园等南北合理布置的生态公园，总面积666.67公顷，湿地面积达到1533.33公顷，浐河、灞河地表水全年长期稳定在地表Ⅲ类水质以上。

【对外贸易交流】 2022年，西安浐灞生态区不断完善构建开放格局。依托陕西自贸试验区浐灞功能区和“一带一路”商务中心商咖区，积极探索与国际互通新模式。聚焦打造“一带一路”开放高地，三大平台资源联动，推动哈萨克斯坦、马来西亚总领馆进驻，领事馆区签证国别超20家，覆盖全市可办理国别的87%，依托浐灞综合服务大厅，打造领事馆区涉外综合服务大厅，设立外籍人士“一站式”服务窗口，提供针对外籍人士的社会融入服务。

完成新备案外贸企业55家，新增外贸市场主体12家，完成年度任务120%。进出口贸易总额增速7%，高于全市5.1个百分点。完成服务贸易1300万美元，增长107%；服务外包6325万元，增长3倍。“通丝路”跨境电子商务人民币结算服务平台开通运行，为陕西省企业走出去搭建便捷通畅的“人民币网上丝绸之路”。高规格举办中俄农业合作线上交流会，深化尼日利亚中非电商合作，引入跨境企业13家，跨境电商交易额突破6000万元，完成年度任务300%，优质资源聚集浐灞。中医脑病医院通过商务部首批国家中医药服务出口基地复审，“通丝路”完结首笔大宗铬矿业务，城市外向水平大幅提高。

【西安金融商务区建设】 2022年，西安金融商务区始终遵循“一核、两带、三片区”（一核：金融商务核心区，重点建设金融机构、大型企业和泛金融机构总部。两带：灞柳西路灞河景观展示带和桃花潭浐河景观展示带。三片区：北片区为区域配套服务平台，形成区域政务中心、文化中心和投资服务中心；东片区为金融配套服务平台，重点建设商务配套、商业娱乐、金融博览、公寓和住宅等配套设施；西片区为金融后台服务平台，重点建设金融后台服务机构和创新研发中心）的总体空间规划布局。坚持绿色发展理念，多方位打造高端金融区，引进中国银行全球客服中心等各类金融项目300余家，西安金融商务区成为国家服务业综合聚集区，灞柳基金小镇聚集190余家基金企业，被列为全国16家知名基金小镇之一，入选《西部大开发“十三五”规划》百家特色小镇。通过创建金融合作交流平台，实际引进内资44.37亿元，实际利用外资4750万元，引入金融中介、新兴中介、金融中介3家，举办金融论坛2场。完成5个项目策划包装，引入西部证券浐灞营业部、秦农银行浐灞支行、浐灞兰博基尼酒店项目；组织完成农业风险管理专家咨询委员会成立大会、西安浐灞生态区暨西安领事馆区投资环境推介会等招商推介活动。

【生态环境建设】 2022年，西安浐灞生态区秉承生态立区宗旨，聚焦生态文明建设，系统开展河道生态体系维护、公园运营、三河一山浐灞河绿道品质提升，提升修复滨河岸线及城市生态廊道12千米，完成“三河一山”PPP项目现场竣工验收；建成灞河西路西侧2.5千米景观林带，优化提升灞河廊道生态功能。完善环境监测站点管控范围标识警示标牌体系建设，提升生态环境工作信息化水平，建成重点区域环境空气质量监测网。全面建成西安首个配有液冷超充先进设备的汽车充电场站，雁鸣湖充电站、城市广场充电站分别获西安地区“三星优选场站”和“最美场站”，建成投运干热岩和污水源供热面积184万平方米。推进绿色建筑，新建项目全部实行绿色建筑审核，浐灞三路公租房建设项目取得全区首个近“零能耗”建筑设计认证。全力推进第十二污水处理厂PPP项目建设，全区污水日处理能力提升到83万吨，中水回用率90%，居全市前列。浐河、灞河及人工湖水系水质均稳定达到地表水Ⅲ类，全年超四分之一时间，多条河流水质达到Ⅱ类，浐灞河幸福渠水质提升效果创历史之最。大气环境位列开发区上游，生物多样性指数逐年攀升，植物及鸟类种群数量由232种增至447种，累计增长92.7%。

【浐灞国家湿地公园】 西安浐灞国家湿地公园地处西安东北部灞河入渭口三角洲区域，为国家AAAA级旅游景区，是西安浐灞生态区乃至西安市湿地系统的重要组成部分，该湿地公园总规划面积581公顷，建成区域占地面积313.33公顷，其中水域面积160公顷。

2022年，西安浐灞国家湿地公园先后获“陕西省平安景区”“中国体育旅游精品景区”“2022—2027年生态区科技类科普教育基地”“2022—2026年西安市科普教育基地”等多项荣誉称号。依托“世界湿地日”“爱鸟周”“野生动物保护法宣传月”等重要节点开展宣传活动，普及保护湿地的科学知识和法律法规。注重加强未成年人生态道德教育，联合高校及中、小学校进行宣传活动，向学生宣传湿地知识，教育未成年人从小形成保护自然资源的意识。充分发挥湿地公园生态文明科普宣教的作用，通过建立湿地科普馆，打造湿地特色文化，进一步吸引广大人民群众走进湿地、认识湿地、保护湿地，提高广大干部、群众对湿地保护工作的认识，合力推动湿地保护事业的发展。 （李卓轩）

西安国际港务区

【概况】 西安国际港务区是陕西省、西安市为打造内陆改革开放新高地而设立的经济先导区，是省、市打造向西开放前沿、深度融入共建“一带一路”大格局的重要窗口和平台，是陕西自贸试验区核心片区和第十四届全国运动会主场馆所在地，先后7次被写入国家战略。园区位于西安主城区东北部灞渭三角洲，西临灞河、东望骊山、北依渭水、南接浐灞，辖区面积89.89平方千米，生态环境优美、区位交通便捷、辐射带动优势明显。

2022年，西安国际港务区深入贯彻落实习近平总书记来陕考察重要讲话重要指示精神，聚焦“建设世界一流内陆港、打造‘双循环’核心枢纽”目标，高质量建设中欧班列（西安）集结中心，加快港产、港贸、港城融合发展，园区各项工作亮点纷呈、突破跨越、成绩显著，主要经济指标稳居全市前列。实现生产总值204.29亿元，比上年增长8.1%；固定资产投资533亿元，增长18.3%；社会消费品零售总额419.64亿元，增长9.8%；规模以上工业增加值增长11%；进出口贸易额约260亿元，增长16%；实际引进内资402.13亿元；实际利用外资16700万美元；一般公共预算收入32.7亿元，增长22.1%。主要经济指标见表21。中央级媒体刊（播）发园区宣传报道1316篇，中央电视台报道39条，11次登录《新闻联播》，西安港影响力持续扩大提升。

【“长安号”运营】 2022年，中欧班列“长安号”开行4639列，比上年增长20.8%，在全国72个开行城市中居第1位，运送货物411.7万吨，增长43.3%，重箱率100%，货运量、重箱率等核心指标稳居全国第一。提前1个半月完成4000列开行目标，自7月起连续6个月单月开行超过400列，屡创全国历史新高，11月开行642列，比上年同期增长102.5%。新开辟中欧班列干线（西安经圣彼得堡至德国）、跨里海黑海线路和中越国际货运班列线路（西安—河内），常态化运行的国际干线拓展至17条；新开行“武西欧”“十西欧”“粤陕”等集结班列，“长安号”西欧系列集结线路扩展至18条；与重庆联合开行海防—西安—阿拉木图新线路，使东西向亚欧陆海贸易大通道与南北向西部陆海新通道在西安集结交汇、深度融合。开行全国唯一境内外全程时刻表中欧班列，西安—德国仅需9.8天；全国首个陆路启运港退税试点实施达效；在全国率先开展跨境电商散货铁路集拼业务；中亚方向全国率先市场化运行，脱离政府补贴。

【国际陆港口岸建设】 2022年，西安集装箱中心站成为全国第一个拥有3束6线的场站，国际集装箱作业到发线达到18条，可满足每年1万列开行需求。12条国际铁路发运线完成改造，爱菊粮食铁路专用线及64万平方米集装箱堆场投入使用。加快建设总投资206亿元的18个集结中心支撑项目，“一带一路”木材交易中心、“一带一路”海铁联运中心等6个项目建成投用，“一带一路”金属交易中心、“一带一路”冷链

表21 2022年西安国际港务区主要经济指标统计表

指标名称	单位	数量	同比增长率/%
地区生产总值	亿元	204.29	8.1
一般公共预算收入	亿元	32.68	22.1
税收收入	亿元	22.67	16.3
一般公共预算支出	亿元	55.38	5.3
固定资产投资（不含农户）	亿元	533	18.3
规模以上工业增加值	亿元	—	11.0
社会消费品零售总额	亿元	419.64	9.8
规模以上服务业营业收入	亿元	268.67	31.81

2022 年 4 月 13 日，中欧班列“长安号”跨里海、黑海班列在西安国际港站首发
（国际港务区管委会　供图）

交易中心等项目正在加快建设，完成供地 19.47 公顷。西安车站海关铁路运输货物税收入库收入 30.46 亿元，占西安总关区的 47.1%，超 136 亿元；实现铁路运输收入 23.33 亿元，贡献税收 3109 万元。

【招商引资及重点项目建设】　2022 年，西安国际港务区积极承接东南沿海产业转移，推动国家级加工贸易承接转移示范地申报，“一带一路”临港产业园建设完成，入园企业 11 家，康佳智能家电总部、京虹、硕达等 9 家企业投产运营，康佳丝路科技城、汇芯未来信息技术应用创新产业基地项目已开工建设。积极融入全省秦创原平台，以西安国家医学中心建设为契机，主动谋划医工科技新兴产业，落地西部超导医工科技、联东 U 谷·医工科技创新港等 10 亿元以上的重大项目，布局国内首家超导重离子加速器研发和产业化基地；积极打造中小企业科技研发区域中心，引进汇芯国家级 5G 创新中心等优质研发企业 11 家，以及香港恒星联、深圳佳晟物联等企业研发中心，面向“一带一路”的现代产业体系逐步形成。积极打造“一带一路”电商创新中心品牌，以国货崛起为契机，建设“丝路电商中心”，大力发展“跨境电商 + 直播”新业态，引进菜鸟国际、极兔国际、叮当快药 3 家估值过百亿全球独角兽企业，引进蜜芽集团打造知名国货品牌直播中心，引进“今日头条”，打造全省首个抖音海外版直播基地，以及杭州配播、武汉声量等龙头直播企业 30 余家，构建集国内直播、跨境直播、短视频制作、主播培训为一体的直播电商生态圈，互联网产业交易额 2200 余亿元，约占全市 40%。夯实中欧班列“长安号”跨境电商全国集结中心，引进菜鸟全球非空转运中心、基华物流全国铁路智慧集拼中心等项目，开行跨境电商高质量班列 198 列，比上年增长 61%。新注册外贸企业 60 家，进出口贸易额 260 亿元，增长 16%。在建设招商局、华润、中电建、中粮等十大总部基础上，再引进中石化、国家电网、农行数字化等总部项目，打造中欧班列（西安）集结中心中央商务区。深入推进“北跨”渭河战略落地实施，按照“统一规划、片区联动、功能互补”原则，深化与高陵区合作，形成交通路网体系、7 条跨渭河通道和渭河疏浚及两岸概念规划设计竞赛成果，完成渭河南岸综合治理涉及的 506.67 公顷土地征收工作，积极拓展“一带一路”科技创新和国际产业合作发展空间。

【营商环境建设】　2022 年，西安国际港务区培育创新成果 15 项，着力保障粮食供应安全案例获评国家级创新案例；中欧班列贷、AI 制图、“一次进境、一次检测”进口摩托车单车认证监管新模式 4 项案例得到省级领导批示。全市首家营商环境服务中心试运营，牵头建设西安市智能审批平台；大力推进“互联网 + 政务服务”，149 项涉企事项实现清单管理与服务方式改革，上线“企业专属网页”，为企业提供定制化服务；推行“网格化”帮代办机制，结合企业分布划分 23 个网格，实现区域全覆盖、事项全覆盖；国际港务区金融服务专区运行，首批进驻 9 家金融单位推出金融产品 28 个，提高服务实体经济质效。利用大数据区块链技术，搭建班列综合服务平台，企业足不出户就可实现线上订舱、报关等一站式、一票制国际联运全程服务。“长安号”数字金融综合服务平台为企业提供融资 57.2 亿元，跨境人民币结算突破 600 亿元。以第二国际商事法庭为核心的“一带一路”国际商事法律服务示范区高效运营，引进陕西云德、合恒等律师事务所，律师事务所营收突破 1.3 亿元；加快建设西安国际仲裁中心，西安仲裁委员会顺利搬迁入区。

【城乡建设】　2022 年，西安国际港务区纺渭路、漕渠路、港安路、林溪路等 31 条约 23 千米市政配套道路建设加快推进；水流路跨灞河桥、西阎快速路跨铁路桥开工建设；提前完成 8.3 千米坚强电网攻坚电力沟道建设整体任务；110 千伏筑高线跨郑西、大西高铁及纺渭路、秦汉大道的旧线杆拆除工作顺利完成；完成对园区 199 千米的市政和县乡道路的给排水、电力管沟、路灯、信号灯、路面等设施进行日常巡查管护。完成绿地面积 42 万平方米，新建及提升改造绿地广场 2 个、口袋公园 1 个。

推动全市“万千行动”，选派 28 名乡村顾问，在全市率先实现“全覆盖、无空白”，选树“美丽党建”示范村 2 个，创建“美丽庭院”示范户 105 户，组建城乡学校共同体 2 个，待遇入卡率 100%，排名全市第一。巩固拓展脱贫攻坚同乡村振兴衔接成果，组建防返贫预警监测队伍，对区内 28 个行政村 1.9 万农户开展常态化走访排查工作，实现返贫致贫风险早发现、早干预、早帮扶。

【生态建设】　2022 年，西安国际港务区新建绿地面积 42 万平方米，栽植乔木 1.8 万株，绿道建设长度 26 千米，着力打造“公园陆港”。灞河国际港务区段水质稳定达到Ⅲ类水标准，被评为“全省幸福河湖”；“三河一山”绿道养护管理工作被评为“优秀”等次；完成创建省级节水型居民 2 家、节水型学校 1 家；复核节水型公共机构 2 家。扎实开展三大污染防治攻坚战，建成投用智慧环保网格化指挥中心，筑牢生态保护屏障。生态环境质量提升方面上报亮点工作 35 项，国家级媒体《中国环境报》及省、市级媒体正面报道 36 次。

【社会事业】　2022 年，西安国际港务区引入全部西安市“五大名校”，深入实施“名校 +”工程，组建“名校 +”共同体 3 个，新建成投用中小学、幼儿园 10 所，新增学位 5000 余个，教学评价改革工作被省教育厅作为典型案例在全省推广；交大一附院国际陆港医院项目即将竣工投用。严格按照“四最”标准（最好的地段、最好的规划设计、最好的建筑质量、最好的配套设施），加快安置房建设，新合新苑二期、杏园新居等 5 个安置项目完工，新陆新居一期主体封顶，安置房建设成为全市样板。筹集建设保租房 8250 套。　　（蒋　旭）

西安阎良国家航空高技术产业基地

2022 年 8 月 12 日，航空基地参加第三十届中国西部国际装备制造业博览会
（航空基地管委会　供图）

【概况】 西安阎良国家航空高技术产业基地位于西安东北部，距市中心 50 千米的阎良区，辖区内无乡镇和街道办事处托管。辖内园区包括航空核心制造园，规划 40 平方千米，重点发展整机制造、大部件制造和零部件加工；蒲城通用航空产业园，依托蒲城通用机场和低空空域资源，规划 20 平方千米，重点发展通用飞机的整机制造、零部件加工、飞行员培训、航空俱乐部等通用航空产业项目。规划控制面积 14.67 平方千米，其中城市建设用地 14.5 平方千米，有户籍人口 0.98 万人，常住人口 2.17 万人。

2022 年，西安阎良国家航空高技术产业基地围绕建设总体目标，紧扣九个方面重点工作和十大攻坚要求，优化工作制度，不断探索创新，扎实推进各项工作，取得较好成效。实现地区生产总值 55.82 亿元，比上年增长 9.3%；第二产业收入 41.69 亿元，增长 10.2%；第三产业收入 14.13 亿元，增长 7.2%；固定资产投资（不含农户）增长 57.7%；规模以上工业增加值增长 8.6%；社会消费品零售总额 1.11 亿元，增长 9.5%；规模以上服务业营业收入 9.68 亿元，增长 -16.4%。主要经济指标见表 22。

【招商引资】 2022 年，西安阎良国家航空高技术产业基地充分利用装备表面处理中心园、先进制造园等产业平台，发挥园区虹吸效应和延展特性，招商引资项目规模持续扩大。印发《西安航空基地 2022 年促消费稳增长工作方案》，拟定《西安航空基地商贸服务扶持办法》，综合保税区、航空产业园两手抓，引进中国航发西控公司、泰金工业、斯瑞新材、苏州万泰等一批央企、上市公司项目入驻园区。搭建对外合作和数字经济平台，布展 2022 西部数字经济博览会、第三十届中国西部国际装备制造业博览会。引导企业专精特新发展，新增 4 家省级专精特新企业，2 家国家级专精特新“小巨人”企业。落实清欠工作，向 23 家中小企业偿还欠款 562.84 万元。举办“政策解读面对面”、两化融合等 10 场培训会，下拨省、市奖补资金 2596 万元。获批 2022 年专项债券项目 8 个，额度 8.8 亿元。航空城·智汇谷获批为政策性开发性金融工具项目，争取中国农业发展银行基金 8500 万元。审批通过中长期贷款项目 14 个，拟发放贷款金额 40.74 亿元。审批通过设备购置与更新改造贷款贴息项目 6 个，拟发放贷款金额 20.39 亿元。组织申报 2023 年专项债券储备项目 8 个，项目总投资 44.48 亿元，专项债券资金申报金额 10.3 亿元。修订印发《航空基地先进制造业企业上市培育工程“银鹰工程”实施管理办法》，加速培育鼓励企业挂牌上市。争取市级军民融合政策奖励 1120.03 万元。办理增值税留抵退税 3.89 亿元；积极落实国企减免房租政策，减免 92 户中小微企业房租 632.41 万元；落实落细金融支持企业政策，中小微企业获得各类融资 9.42 亿元。面向中小企业政府采购项目占同期预算总额规模 73%，远超市级中小企业占比份额 40% 的要求。

【营商环境建设】 2022 年，西安阎良国家航空高技术产业基地不断深化行政审批制度改革，统计航空基地区域政务服务事项清单 346 项，按照剥离 104 项社会事务管理职能任务，剥离调整 57 项，调整后区域政务服务事项 289 项。租赁厂房的工业项目所有报建审批全环节审批时限由 80 个工作日压缩为 24 个工作日，审批时限压缩率 70%，申报材料由 13 份减少到 6 份，材料精简率 53.8%。推出政务服务“一键通”，只需拨打“一键通”专机号码，即可实现 300 余个政务事项咨询、进度查询、投诉反馈等服务。全力做好“12345”热线回复、退红拆违、土地清闲等专项工作。建立航空企业人才服务专员队伍，开展招才引智“敲门问需”行动，结合“五个摸清”制定“服务企业摸底表”，点对点精准对接重点企业 80 家，宣传落实惠企业政策。全力做好劳动人事争议调解工作。接待各类劳动争议咨询、来访 100 余次，受理各类劳动争议投诉 60 余起，涉及 335 人，金额 453 万元，处置化解“12345”市民热线反映问题等 80 余起。

【项目建设】 2022 年，西安阎良国家航空高技术产业基地重点产业发展全面提质增效，27 个市级重点建设项目总投资 216.8 亿元，年度计划投资 48.55 亿元，完成投资 53 亿元，占年计划的 109.2%。项目手续办结率 100%，新开工

表 22　2022 年西安阎良国家航空高技术产业基地主要经济指标统计表

指标名称	单　位	数　量	同比增长率 / %
地区生产总值	亿元	55.82	9.3
一般公共预算收入	亿元	2.12	38.7
税收收入	亿元	1.89	44.0
一般公共预算支出	亿元	4.63	24.3
固定资产投资（不含农户）	亿元	—	57.7
规模以上工业增加值	亿元	—	8.6
社会消费品零售总额	亿元	1.11	9.5
规模以上服务业营业收入	亿元	9.68	-16.4

率100%。高效响应全面高质量推进项目建设年工作，梳理完成3批次37个攻坚项目，全年第一、二批次开工率100%。围绕民机园、先进制造园、装备表面处理中心园等9个重点自建园区，按照“建设一栋、交付一栋”的原则，产业社区快速构建，制订园区交付计划，强化要素保障和服务协调。印发《阎良区（航空基地）工业项目入区评审办法》，规范评审提升项目质量，组织评审安宇迪、泰格尔等36个项目，强化依法依规审批，做好政府项目管理，审批政府类投资项目7个。

【园区建设】 2022年，西安阎良国家航空高技术产业基地高质量推进教育工作。全面完成航空基地第一初级中学新优质学校成长计划各项任务，优化提升学校图书馆、劳技教室、书法教室、历地教室、科技活动教室建设，建立“一体两翼”课程体系，成功将该校打造成办学特色鲜明、办学成效明显、社会声誉良好的“新优质学校”。辖区所有公办学校均获得市级教育质量提升奖励，其中1所小学获得“示范带动奖”、2所幼儿园获得“提质创优奖”，教育教学质量不断提升。航空基地第一小学通过市级艺术教育示范学校验收，航空基地第一初级中学通过市级科技教育特色学校验收。基地第一幼儿园团支部获“陕西省‘五四’红旗团支部”。推进航空小镇建设，航空小镇成功获批“陕西省第一批特色小镇”称号，是陕西省第一批9家特色小镇中唯一产业类小镇。编制印发《西安航空基地关于推进开发区高质量发展实施方案》。配合市发展和改革委完成绩效评价体系调研，优化开发区绩效评价体系指标。组织完成商务部2022年陕西航空经济技术开发区考核评价工作。乡村振兴服务中心项目和清河雅苑二标段2个项目通过住建部对陕西省全国房屋市政工程安全生产治理行动的督导考核（陕西省抽查8个项目，西安市抽查4个项目，航空基地抽查2个项目）。环保用电监控系统污处设施异常报警检查处置率100%，稳居全市第一。企业应急绩效提升快速推进，航空基地皓森精铸公司获批省生态环境厅评定的西安市唯一“重污染天气重点行业绩效分级A级企业”。创新大道延伸段工程获陕西省“市政金奖示范工程”。民机产业园获批西安市秦创原“三器”示范平台称号，蘭园、表面处理中心园等项目获“西安市文明工地”称号。

【科技创新】 2022年，西安阎良国家航空高技术产业基地加强平台建设，强化成果转化全面聚焦打造立体联动“孵化器”、成果转化“加速器”和两链融合“促进器”三大目标，充分发掘特色，强化包装策划，搭建市级秦创原“三器”示范平台5个。发挥西安航空科技创新服务中心立体联动“孵化器”作用。西安航空大数据中心完成二期升级，“航科数票”供应链金融综合服务平台助力企业融资2亿元。5月，建成航空产业融合创新中心，入驻航空供应链配套企业5家，引进创新创业科技人才30人，举办“智慧航空才聚阎良”座谈会、“聚链协同 筑梦航空”西安阎良航空供应链基础配套园机载交付中心签约大会等产业交流活动。筹备首届中国空天科技创新周、无人机大会、智胜空天无人机大赛等活动。与航天基地、富阎产业园合作共建优化科技成果转化承载空间，构建“研发在航天、制造在富阎”发展格局。

【企业孵化】 2022年，西安阎良国家航空高技术产业基地入库科技型中小企业288家，完成年度目标任务107%；推进科技成果转化项目37项，完成年度目标任务106%；举办科技成果转化活动5场，引进海外高层次人才6人，均提前完成目标任务；搭建市级“三器”示范平台5个；培育省级“科学家+工程师”队伍1个。实施科技型企业“登高、升规、晋位、上市”4大工程，政策引导与精准服务双管齐下。邀请航空领域资深行业专家走进辖区60家重点科技型企业，助力企业提升核心竞争力。联合西安企业资本有限公司、西安电子结算中心及银行、担保机构，以西安航空大数据中心为平台，利用人民银行供应链融通系统，促进科技与金融深度融合，于4月完成“航科数票”金融服务业务平台建设并投用，帮助企业融资2亿元。西安航空科技创新服务中心有限公司被西安市科技局认定为市级技术转移示范机构，授予“秦创原·西安市立体联动孵化器”称号。

【人才引进】 2022年，西安阎良国家航空高技术产业基地全力打造技术经理人、“科学家+工程师”、“新双创”队伍，强化技术转移服务人才要素保障，加大“三支人才”队伍培育力度，强化智力支撑。西安金航新材料技术开发有限公司的“高温合金反重力调压成形工艺创新”团队入选省级首批“科学家+工程师”队伍。联合阎良区委组织部、基地人才中心加快推进高层次人才认定，推动“西安英才计划”青年人才项目入选，设立“航空产业人才导师工作室”，认定西安高层次人才2人，组建2个“航空产业人才导师工作室”，聘请首批5位“航空产业人才导师”，举办“一起共成长”人才导师进企业“HR讲习营”活动，组织“载梦高飞赴青春之约”青年人才交流活动，实施24小时“金牌人才服务专员”，搭建“政校企”招聘平台。依托航空人才空中洽谈会、航空基地人才热线等平台，组织“智造航空智享人才”航空产业人才系列活动，发布企业专栏招聘信息148条、招聘直通车37期，发布岗位近7000个，收集简历超4000份。城镇新增就业539人，完成目标的107.8%。开展“带岗进校引校进企”等特色招聘活动19场，提供就业岗位3575个。辖区见习基地达到47家，见习岗位达到278个，为109名大学生提供见习机会，拨付相关补贴40余万元。审批高校毕业生招录补贴企业12家、社保补贴企业19家、用工补助企业5家，补贴345人，补贴金额140余万元。认定D类人才12人、E类人才23人；开展职称申报，完成初级、中级、高级工程系列职称初审53人；完成2名西安市首席技师、7名西安市创业导师推荐申报工作。西安航空科技企业孵化器获评国家和谐劳动关系创建示范工业园区，成为全省唯一上榜工业园区。

（唐　秋）

【西安易宝人工智能数据服务产业基地项目落户】 2022年10月19日，阎良区、西安阎良国家航空高技术产业基地与深圳易宝软件科技有限公司举行合作签约仪式，由易宝软件公司重点推出的西安易宝人工智能数据服务产业基地项目落户西安航空基地，助力辖区制造业数字化转型、网络化协同、智能化变革，助推辖区产业提质增效、焕发新机。西安易宝注册资金5000万元，作为易宝软件西北区域总部，负责人工智能数据服务产业基地建设及运营。项目一期位于西安航空基地创新创业园研发楼，规划办公区域5000平方米，配套宿舍3000平方米，餐饮服务1000平方米。项目建成后，西安易宝依托项目平台联合西安交通大学、西北工业大学、西安电子科技大学等高校建设OCR光学字符识别、自然语言处理等人工智能开发使能平台，面向工业互联网、无人驾驶、飞行手册、工业品数据库、工业安全数字方案、环境测绘应急救援、网络安全等领域开展数据采集、清洗、标注、分析等数据服务、解决方案，促进“数字+产业”深度融合发展。

【航空基地企业联合会智能制造创新中心揭牌】 2022年9月15日，西安市国家航空产业基地企业联合会智能制造创新中心揭牌仪式在西安阎良国家航空高技术产业基地举行。智能制造创新中心项目以助力航空先进制造提档升级为目标，结合产品研发管理、生产工艺管理、营销数字化、生产计划与生产调度、项目化制造成本管理、生产制造执行管理、设备管理等应用场景，开发八大主要协同实训与展示服务。正式运营后，将通过场景预演、模拟训练、方案制定等方式为企业提供个性化服务，帮助企业提升经营管理水平和运营效率。（行中道）

西安国家民用航天产业基地

【概况】 西安国家民用航天产业基地成立于2006年11月，是陕西省、西安市人民政府联合中国航天科技集团公司建设的航天科技产业和国家战略性新兴产业聚集区，是西安建设国际化大都市、国家级中心城市的功能承载区。2010年6月26日，被国务院批复为国家级陕西航天经济技术开发区。西安航天产业新城位于西安东南，南依秦岭北麓，北接西安主城，自然景观宜人，交通条件优越，人力资源丰富，文化底蕴深厚。

2022年，西安国家民用航天产业基地完成生产总值396.98亿元，比上年增长8.8%，增速居全市开发区第2位，总量居开发区第4位。规模以上工业增加值增速20.0%；民间投资增速18.5%；固定资产投资增速5.5%；服务业增加值增速0.4%。一般公共预算收入15.52亿元，增长43.3%，一般公共预算支出21.99亿元，增长47.0%。实际引进内资206.6亿元；实际利用外资3.2亿美元。进出口总额增长20%，新增外贸企业12家，超额完成年度任务。新增规模以上工业企业9家、规模以上服务业企业9家。主要经济指标见表23。

2022年12月9日，隆基绿能达产盛典暨庆祝西安隆基乐叶年产值超百亿活动举行
（航天基地融媒体中心 供图）

【体制机制改革】 2022年，西安国家民用航天产业基地完成机构改革，将原有的22个内设机构和11个事业单位压缩为15个内设机构和10个管理服务机构，精简率24.25%。实施运行机制优化提升，创新实施“管委会+公司”发展模式，形成的经验做法先后2次受到市委主要领导批示表扬，并在全市推广。推进社会事务剥离回归主责主业，分别与长安区、雁塔区签订《剥离移交承接框架协议》。

【产业发展】 2022年，西安国家民用航天产业基地被评为陕西省“亩均论英雄”综合改革评价领跑者园区。获批全国首批、西部首家国家地理信息服务领域特色服务出口基地。实施航空航天产业倍增计划，航天产业产值增速比上年超过15%。航天六院、航天五院西安分院等8个“国家队”为空间站、火星探测、探月工程等国家重大任务做出坚强保障，星际荣耀、银河航天等40多家商业航天企业实力位居全国前列。隆基绿能获全球光伏企业20强（综合类）第1位，西安隆基乐叶年产值突破100亿元。西安荣耀终端有限公司落户秦创原·荣耀科技园，总建筑面积4.5万平方米，项目总投资35亿元，入驻3500名研发人员，是荣耀全国最大的研发中心。有15家外包企业、供应商设立办事处以上的工作机构。举办中国新经济企业500强发布会。

表23 2022年西安国家民用航天产业基地主要经济指标统计表

指标名称	单　位	数　量	同比增长率/%
地区生产总值	亿元	396.98	8.8
一般公共预算收入	亿元	15.52	43.3
税收收入	亿元	10.49	16.5
一般公共预算支出	亿元	21.99	47.0
固定资产投资（不含农户）	亿元	—	5.5
规模以上工业增加值	亿元	—	20.0
社会消费品零售总额	亿元	101.98	-3.3
规模以上服务业营业收入	亿元	—	0.4

【招商引资】 2022年，西安国家民用航天产业基地构建形成统分结合的招商机制。推深做实“链长制”，确定13个产业主攻方向，开展敲门行动。签约项目27个，投资197亿元，项目领域涉及航天、新能源、智能终端及软件领域等。实际引进内资206.6亿元，实际利用外资3.2亿美元。

【营商环境建设】 2022年，西安国家民用航天产业基地围绕“审批最少、流程最优、效率最高、服务最好、企业获得感最强”目标，统筹推进新一轮营商环境改革。新登记市场主体3221家，其中新登记企业2201家，比上年增长8.5%。深化审批制度改革，完成所有政务服务事项“应进必进”，提升线上政务服务能级，实现全程网办比例91.8%，承诺时限压缩比例90%以上；设立“办不成事”窗口，推行“周末不打烊”服务，持续提效服务质效；健全代办服务体系，全年为54个重点项目提供帮代办服务。实现企业开办全流程“3小时内”办结，将企业简易注销公告时间由45天压缩至20天，建立企业歇业休眠制度；深化工程建设项目审批制度改革，推行“标准地+承诺制”，分阶段核发施工许可、区域评估；完善金融服务体系，推出纾困贷业务，发放贷款1650万元；推出

“税务管家”服务，企业纳税时间压减至68小时以内；创建“审管联动”系统平台，获评全市年度审批服务系统“十佳”创新案例。设立全市首家知识产权联合保护工作站；开展知识产权保护行动，走访企业120余家，调查办理知识产权案件线索12件，规范经营主体76家。举办“专利转化融资专场沙龙”，搭建中小微企业交流平台。

【项目建设】 2022年，西安国家民用航天产业基地承担市级重点项目60个（含子项79个），总投资1577.02亿元。市级重点在建项目38个，完成投资377.1亿元，占年度计划的119%。组织省、市重大项目观摩活动5次，观摩项目15个，总投资387.32亿元。总投资3.34亿元的西安航天基地公共卫生服务中心项目建成竣工。10个科技园封顶54栋楼宇。征集申报2023年市级重点项目53个（含子项61个），总投资898.54亿元（含前期项目），年计划投资200.08亿元。

【园区建设】 2022年，西安国家民用航天产业基地新一轮国土空间规划“三区三线”划定。划入城镇开发边界的建设用地总规模48.63平方千米，在全市开发区率先完成过渡性控制规划编订，国土空间详细规划获得省优秀城市规划设计二等奖。完成蕉村、夏殿村回迁安置；羊村、高望堆村回迁安置选房工作启动；强力推进北里王村、西北村、新旧寨子、西曹兆寨中兆、东兆余等村安置楼建设。完成3座110千伏变电站、3.9千米电力沟道等建设任务。国家高速包茂（G65）陕西境曲江至太乙宫段改扩建工程项目（航天基地段）于11月8日开工建设，航天城综合场站建设完成并投入使用。实施9条次支路建设，建成停车位1230个、新能源汽车充电基础设施153个、错时共享停车场2处。获得省级生活垃圾分类示范区、西安市生活垃圾分类工作先进集体荣誉称号。受理各渠道案件1.9万件，处置结案率99.96%。航天基地第一净水厂投运，处理污水657.32万吨。

【科技创新】 2022年，西安国家民用航天产业基地构建“1+10+13+N”（“1”是超算西安中心，“10”是由107栋研发大楼组成的10个科技园，“13”是13条产业链主攻方向，“N”是1168家产业链招商靶向企业）创新体系，推进科创航天建设，构筑科创新高地。

10个科技园牵引创新大提升 西北唯一的国家超算中心建成，成为全省乃至我国中西部“最强大脑”。获批陕西省秦创原创新驱动先进计算产业创新基地、西安市秦创原先进计算产业创新基地、秦创原总窗口协同创新基地。全省唯一的“物联网产业基地”落户秦创原航天物联网科技园和新能源科技园。全国最大的航天液体动力综合性展览馆“航天液体动力展示中心”在航天六院新区落成。航天六院作为主依托单位获批国家航天局液体火箭发动机数字化研发创新中心，西安航天发动机有限公司获批陕西省航天液体动力先进特种工艺工程技术研究中心。丝路慧谷集团、荣耀科技园、科强研究院等8家单位获批2022年西安市秦创原“三器”示范平台。

产业链创新链加快融合 北方长龙通过深交所创业板上市审核，长远电子等4家企业获批国家专精特新“小巨人”企业，大地测绘、天和激光等8家企业入选陕西省专精特新中小企业名单。规模以上工业研发投入强度2.86%，是全市强度的1.5倍。新增国家级众创空间1家，省级众创空间3家。拥有国家级重点实验室3个，国家级企业技术研发中心4个，国家级创新中心1个，国家地方联合工程研究中心2个，院士工作站10个。完成技术市场合同交易额56.6亿元；举办产学研金活动5场，参与推进科技成果就地转化项目36个；培育技术转移示范机构2家。认定229家高新技术企业，累计培育科技型中小企业490家、高新技术企业480家。

【人才引进】 2022年，西安国家民用航天产业基地以“人才＋项目”引进模式，引进培育高层次人才15人，引进D、E类人才973人（D类人才260人，E类人才713人），认定5人为引进的海外高层次人才。通过实地走访荣耀、陕煤集团、诺维北斗等区内重点产业人才聚集单位，梳理航天产业人才存量及结构特征，研究编制《航天产业人才白皮书及急需紧缺人才目录》。签订《西安市人才发展基金合伙企业（有限合伙）有限合伙协议》。协调解决重点涉军单位一线骨干人才子女入学难题。举行“弘扬航天精神、勇担时代使命，建设世界一流航天新城”人才主题活动。开展“人才助力·十个航天”“创新发展·人才赋能”等系列招聘品牌活动101场，266家（次）企业发布招聘岗位1092个，招聘人数4799人；创新开展“直播带岗”、“人才集市”、高“薪”名企进校园等招聘活动，策划组织线上、线下招聘活动70场，涉及企业2369家（次），提供招聘岗位2.2万个；新增就业1039人。新增就业见习单位11家，累计认定见习单位77家，开发见习岗位1711个，完成任务159%，留用率84%，发放就业见习资金140.165万元。

【生态建设】 2022年，西安国家民用航天产业基地“绿满航天”建设提质加速，率先在西安市完成区（县）层级温室气体排放清单报告。优良天数255天，在全市开发区排名第一位；2.5微米以下颗粒物浓度为42微克／立方米，在全市开发区排名第1位；10微米以下颗粒物浓度为71微克／立方米，在全市开发区排名第1位，连续3年完成空气质量指标年度任务。新增绿地35.9万平方米，改造提升绿地13.5万平方米，提前完成10个口袋公园和绿地广场的新建与提升任务。“星河运动公园”被西安市城市管理和综合执法局评为“最美公园”。

【社会民生】 2022年，西安国家民用航天产业基地牢固树立“以人民为中心”理念，以实际行动抓好工作落实，不断提升人民群众生活的获得感、幸福感。年度履行教育职责评价督导考核获得A级，公众满意度居全市第1位，2个典型案例被教育部推广。新增中小学4所，新增学位4800个；新组建“名校＋”5个、“名师＋”17个，优质教育资源总量不断扩容。课后服务融合区域特色，中小学课后服务实现全覆盖。在全市率先开展美育工作室遴选推荐工作。“走进国家超级计算西安中心暨校企联动”主题科普活动获评2022年陕西省全国科普日优秀活动。建成1所疾控中心。新增3个社区养老服务站，新增养老床位150张。开展义诊、义剪、科普宣传等志愿活动300余场。筹集建设保障性租赁住房3219套，超额完成年度任务（3000套）。超额完成就业年度量化指标。初步解决天浩上元郡多年积压问题，解决康桥悦蓉园、融创揽月府四期延期交房问题。

（王　媛）

【百吨级发动机单台试车创新纪录】 2022年12月10日，航天科技集团六院130吨级泵后摆液氧煤油发动机在抱龙峪试验区第4次不下台试车取得成功。本台发动机累计完成4次2100秒试车，单台累计工作时长超8倍任务时间，刷新我国百吨级系列液氧煤油发动机2050秒的单台最长试车纪录。标志着130吨级泵后摆发动机研制进入新阶段，拉开泵后摆系列发动机由研制转向交付的序幕，为我国某型火箭后续研制工作打下坚实基础，向着载人高可靠飞行的目标全力冲刺。

（行中道）

数字经济

责任编辑 胡 永

综 述

【数字经济规模】 2022 年，西安市拥有大数据企业 400 余家，人工智能企业 300 余家，各类软件及信息服务企业 2600 家。国家超算（西安）中心一期、未来人工智能计算中心一期建成投用，西安国际互联网数据专用通道和“一网通办”总门户建成使用，重点区域 5G 信号连片覆盖，市级政务服务事项网上可办率 95.93%。全市认定市级数字经济示范区 5 家、示范园 10 家、示范平台项目 64 个；推荐评选省级示范区 5 家、示范园 7 家、示范平台项目 44 家。全年数字经济规模为 5249 亿元，占全市生产总值比重为 45.6%。

【数字经济发展规划】 2022 年，西安市印发《“十四五”数字经济发展规划》，提出以推进数字产业化、产业数字化为主线，以强化数字基建、数据要素、数字技术三大要素供给为基础，重点发展人工智能产业、区块链产业、云计算产业、大数据产业、物联网产业、北斗及卫星互联网产业、未来产业，形成“一域两核三带多点”的数字经济发展空间布局，成为国家数字经济示范区和西部数字经济引领区。其中，“一域”是依托主城区，打造服务业升级域，重点推进服务业数字化转型升级；“两核”是将高新区、航天基地打造成为数字经济产业发展核心区，将西咸新区打造成为数字经济创新发展核心区；“三带”是打造科技研发带、工业转型带和数字丝路带；“多点”是依托周至、鄠邑、蓝田、临潼等农业发展基础雄厚的区域，建设农业数字化发展基地，推动农业数字化升级。

（陈志林）

【数字经济交流与合作】 2022 年，西安市加强数字经济的交流合作，与中国联通集团签订战略合作协议，实施数字政府建设专项行动，在基础网络建设、工业互联网、智慧城市、智慧交通、智慧教育、智慧农村、应急管理、公共安全、公共卫生、国有企事业数字化转型等十大领域深化合作。双方合作建设西安市第五代警务通、5G 政务专网、西安市应急平台、城市体检、数字城投等 10 余个重点项目。高标准举办全球硬科技大会、全球创投峰会、西部数字经济博览会、物联网产业链长三角线上合作交流会等活动。其中，“2022 西部数字经济博览会”聚焦“数字化转型”，以“数字赋能 智享未来——创新驱动经济社会高质量发展”为主题，围绕“会 + 展 + 考察”模式，吸引中国移动、中国电信、部分数字人民币试点机构、华为、阿里云、商汤科技、科大讯飞、维智科技、延长石油、陕煤集团、国家铁路集团、山东能源等近百家企业参展，近 1 万人（次）参展参会。同时还举办 2022 西部数字经济创新发展高峰论坛、全省大数据产业对接会，及数字孪生、数字文化、数字金融、区块链等专业论坛 6 场，组织参会政府代表团和企业嘉宾考察秦创原总窗口，现场达成落地合作意向十余家。

（桑春荣）

2022 年 6 月 16 日，2022 西部数字经济博览会在西安国际会展中心开幕

（市大数据局 供图）

数字基础设施建设

【概况】 2022 年，西安市实施光网支撑能力提升、光网城市质量提升、电信普遍服务质量提升、移动网络覆盖和 IPv6 部署推进等工程，通信基础设施支撑能力和数字化建设水平不断提升。全年新建 5G 基站 6956 个，累计建设 5G 基站 29316 个。互联网宽带用户累计达到 660 万户，移动电话用户 1800 万户，其中 5G 用户 1100 万户。华为云（西北）联合创新中心、百度云计算（西安）中心、阿里云创新中心、腾讯云（丝路）总部等领军企业云中心纷纷落地，云基础设施逐渐完善。超算（西安）中心纳入国家超算体系。在工信部发布的《中国城市数字化转型白皮书》中，西安位列“2022

城市数字化转型百强榜”第12位，比上年提升1个位次。（陈志林）

【宽带和5G网络建设】 2022年，西安市加快宽带网络提速升级，扩大“双千兆”网络覆盖范围，推进光纤及移动网络向自然村延伸，全面推进互联网协议第六版（IPv6）规模部署。西安国际互联网数据专用通道获批并建成开通，西安国家级互联网骨干直联点网间带宽提升至650千兆比特/秒（Gb/s）。围绕西安国家级互联网骨干直联点再扩容，加快“一带一路”共建国家的国际互联网转接点、国际互联网交换中心建设。逐步推进国际互联网数据专用通道向中欧产业园、西安综保区、浐灞金融商务区和西安领事馆区等外向型产业园区（区域）延伸。截至年底，全市光缆线路总长度92.11万千米，新建楼宇光网覆盖率达到100%，累计建设5G基站29316个，基本实现主要城区5G网络连续覆盖。

【算力中心建设】 2022年，西安市加快计算中心和超算中心项目建设，建成未来人工智能计算中心（一期）、国家超级计算西安中心（一期）、陕西空天超算中心等国内领先的计算中心和超算中心，为人工智能关键技术创新提供算力支撑。未来人工智能计算中心总投资19亿元、规划算力为1000P（亿亿次），建成AI算力300P、HPC（高性能计算）算力8P的未来人工智能计算中心（一期），算力设备机房以整机柜方式交付，为西部首家具有公共服务属性的人工智能算力平台，投产算力居全国第2位。国家超级计算西安中心（一期）建成投运，总投资30亿元，采用国产自主C86架构处理器及“中央处理器+加速器”的异构计算模式，每秒运算能力为数十亿亿次，总峰值计算能力180P（亿亿次），成为全国第10个国家级超算中心。建成的陕西空天超算中心，运算能力为1PFlops，每秒能够进行1000万亿次双精度浮点运算，适用于科学工程仿真模拟计算，解决空天动力领域工业仿真软件“卡脖子”难题，填补国内空白。

【云服务设施建设】 2022年，西安市加快云服务基础设施建设，建成未央区凤城八路主节点及西咸分节点2个数据中心，形成市级“一地两中心”架构格局。其中凤八主节点包含396台物理服务器，48台网络设备，包含云计算基础服务（ECS、VPC、RDS等）、中间件服务（EDAS、MQ等）等4大类35项产品服务，提供14000多核CPU的计算资源，以分布式并行处理技术、智能分析处理技术为支撑，面向市直单位提供云计算服务，部署全市各委办局政务应用154项，实现多个委办局应用项目的资源整合、数据归集等；西咸分节点包含221台物理服务器，116台网络设备和安全设备，涵盖云计算基础服务（ECS、IMS、CBR、VPC、RDS、DDS等）、中间件服务（DDM、MQ等）等6大类48项产品服务，承载55个信息化系统，为党政、民生业务提供底层云资源服务和安全支撑。西安电信发挥数字化研发优势，构建数字市场能力底座，以天翼私有云4.0布局市域自有云资源能力池，运营能力达到20000核。（李红娟　陈志林）

数字产业化

【概况】 截至年底，西安市先后获批国家新一代人工智能创新发展试验区、中国软件名城创建试点城市、国家下一代互联网示范城市及国家级云计算服务创新发展试点示范区等，逐步形成集成电路、智能终端、软件和信息技术服务等优势产业集群，引育华为、中兴、中软国际为代表的百余家国内知名企业。2022年，全市电子信息制造业规上工业总产值突破1461亿元，三星、中兴、比亚迪电子、华天等龙头企业带动产业集聚发展。三星闪存芯片二期、奕斯伟硅产业基地、荣耀科技园等支柱产业项目竣工投产，隆基29吉瓦高效单晶电池、“一带一路”临港产业园等重大项目进展顺利。

【人工智能产业】 截至2022年年底，西安市已出台《西安市人工智能产业发展规划》《西安市发展硬科技产业十条措施》《西安市建设国家新一代人工智能创新发展试验区行动方案（2020—2022）》等文件，将人工智能产业发展纳入《“十四五”科技创新发展规划》及秦创原创新驱动平台建设总体规划。依托科教资源和产业基础优势，推动华为、京东、科大讯飞等人工智能领域科技企业与西安交大、西工大、西安电子科大等高校院所加强对接合作。围绕智能感知处理、智能交互、无人驾驶等领域，组织实施人工智能技术攻关、关键核心技术“揭榜挂帅”等项目，累计支持资金2590万元。建成“视觉信息处理与应用平台”等9个“西安新一代人工智能开放创新平台”。建成的国家超算西安中心一期、沣东人工智能计算中心、未来人工智能计算中心，算力峰值分别为180P、230P、300P。未来人工智能计算中心（一期）为西北首个大规模人工智能算力集群中心，与170余家企业、高校以及科研院所孵化出150多个场景化解决方案，联合高校共同研发3个AI大模型。全市人工智能产业以高新区为核心，经开区、航天基地、西咸新区为承载的“一核三区”空间布局，聚集人工智能企业300余家，年产值252亿元。

【区块链产业】 2022年，西安市加快区块链产业化进程，支持区块链技术的引进、研发及试验，开展智能合约技术、多重公式算法、非对称加密算法、分布式容错机制、分布式存储等区块链关键技术研究。拓展区块链在金融、产品安全追溯、供应链管理、社会信用评价、数字资产、电子存证等领域应用场景推广，促进区块链专业服务发展。加快区块链应用标准体系建设，鼓励科研院所、骨干企业参与行业标准制定，构建区块链发展良好生态。6月，成功举办2022西部数博会暨第三届西安区块链产业发展论坛。西安电子科技大学牵头

2022年12月8日，国家超算西安中心一期工程项目竣工验收
（市大数据局　供图）

申报的“区块链技术应用与评测教育部工程研究中心”获批立项建设，成为该校第4个获批建设的教育部工程研究中心。依托全国首家区域区块联盟链底层平台——西安城市区块链底层基础平台，促进产业与“区块链+应用”共融、共建、共促、共进，提升数字西安“信手上链”软实力，助力全市数字经济高质量发展。

【云计算产业】 2022年，西安市推动通信网络、计算资源、数据中心和存储设备等传统信息服务向云计算模式转型。推进大数据、互联网企业和行业龙头企业共建面向特色细分领域的云服务平台，开发定制化云计算服务产品，支持云计算在智能制造、智慧物流、智慧金融、智慧医疗、智慧农业等领域融合发展与创新应用。以头部企业落户带动全市云计算产业发展，其中浪潮西北总部基地项目总投资12亿元，用地面积6.9万平方米，总建筑面积28万平方米，项目建成后主要从事大数据和云计算业务；建设大华西安研发中心项目总投资11.7亿元，占地8.9万平方米，总建筑面积20.23万平方米，项目建成后主要开展人工智能、大数据、云计算、物联网和网络安全等先进技术的研发办公，通过“视频+AI”的模式，开展智能物联网和大数据应用服务。截至年底，全市有华为云（西北）联合创新中心、百度云计算（西安）中心、腾讯云计算（西安）中心、阿里云创新中心等企业云中心，其中华为云（西安）运维中心为华为云全球四大运维中心核心节点，承载华为云中国区全部政企客户集中运维业务。西安获批国家级云计算服务创新发展试点示范区，沣西新城获批国家级云计算服务创新发展试点示范，西安航空大数据中心平台项目获“2022年度分布式云与云边协同创新实践案例”。（陈志林）

【大数据产业】 2022年，西安市深化数据资源在政务服务、智慧城市、社会治理、金融保险、生产制造等重点行业领域创新应用，发展大数据采集和数据资源建设、大数据资源流通和交易、大数据成熟度评估等专业化数据服务。全市规模以上大数据企业实现产值402.35亿元，比上年增长14%。新增规模以上大数据企业69户，总数达到170户。新增认定大数据企业71户，总计273户。大数据企业主要分布在高新区、西咸新区、航天基地，其中高新区148户，占比54.4%。全市有9家企业案例获评2022年省级数字化应用场景典型案例，3家企业示范项目获评工信部2022年大数据产业发展试点示范项目。腾讯、华为、阿里等领军企业布局区域发展中心，促进和带动全市一批生态企业共同发展。（桑春荣）

【物联网产业】 2022年，西安市围绕智能制造、智慧农业、智慧交通、智慧旅游等重点领域，推进物联网相关软硬件的规模化集成应用。结合5G等新技术应用，依托智慧城市建设，加强传感器、摄像头、电子标签等物联感知设备的统筹布局和共建共享。建立基于大数据的物联网连接管理平台、设备管理平台、业务分析平台，统筹现有网络、平台，形成基于底层“万物互联”的框架体系。依据全市《物联网产业链提升方案》，梳理建立全市物联网产业链企业库，制定年度物联网产业重点任务清单，推进航天基地物联网产业园区建设和物联网产业聚集发展。依托高新区产业优势，加速推进全市物联网产业发展步伐，其中高新区实现营业收入超过250亿元，有物联网产业领军人物15人，培育翔迅科技、华经微电子等超亿元物联网企业5家，建成物联网相关技术创新和应用平台11个。（陈志林）

产业数字化

【概况】 2022年，西安市加快推进农业、工业、服务业传统产业数字化转型升级。推动农业数字化发展，阿里云农业大脑——人工智能系统等加速推广应用，周至县智慧农业示范点启动建设，蓝田县获评全国电子商务进农村示范县。发展工业互联网，提升企业数字化管理水平。推进云智能化生产、网络化协同、个性化定制、服务化延伸等融合新模式快速普及。“陕鼓模式”、法士特面向商用车供应链的协同制造服务支撑平台、中兴通讯智能终端等入选优秀案例。加快数字文化、数字旅游、数字惠民等新型服务业发展，“数字+线上体验”文旅产业发展模式逐渐成熟。“唐+”便利店、无人售货车、智慧咨询亭等数字应用落地传统景区，建成易点天下出海产业园等生态平台，推动跨境电商快速发展。

【农业数字化】 2022年，西安市推进云计算、大数据、物联网、卫星遥感、地理信息、人工智能等新一代信息技术在农业生产经营管理中的应用，推动农业数字化发展。推进数字农业体系建设，实施农业物联网示范工程，开展自动化、无人化农业智能装备应用，组织智能节水灌溉、测土配方施肥、病虫害综合防治等精准化作业。推进阎良区数字农业发展、鄠邑区果园农田智慧农作管理示范基地等项目建设，其中西安联通自主研发设计的云端大棚环境控制系统，使鄠邑区裕兴农业科技发展有限公司实现每个大棚50个控制点位智能联动控制，实时掌握大棚内空气温湿度、土壤湿度、光照强度、二氧化碳浓度等数据，缩短每期农作物生产时间3～5天，每年增加生产时长20天，产生经济价值12万元，单棚年节省电费7000余元、人工成本3.6万元，园区总体降本节省费用达20万元；高陵区依托“设施农业智慧综合监测平台”，辐射带动通远、鹿苑街道40公顷、400个温室大棚，实现实时监测大棚内部环境，有效降低农作物种植风险；沣东农博园3万余平方米的智能连栋温室，拥有10个水培床，实现年生长水培蔬菜6茬、产量2000千克，大幅缩短作物生长周期，产量显著提高，实现育苗、种植、采摘全过程数字化、

2022年5月1日，以数据、系统、智能装备为要素的高新区李家岩村智慧农业展示中心建成并对外开放
（高新区管委会　供图）

自动化生产。全市 4 个项目获得省级智慧农业应用示范基地认定，15 个项目获得省级数字乡村优秀成果和最佳案例。

（连悦羽　程丽辉　陈志林）

【工业数字化】　2022 年，西安市加快大数据、人工智能等新一代信息技术与工业的深度融合，推进智能制造，发展工业互联网，提升企业数字化管理水平。围绕汽车、航空航天、装备制造、电子信息等重点领域，推进“机器换人”，推动智能制造单元、智能生产线、智能工厂核心技术工程应用。引导企业应用自主可控信息技术和智能设备，开展数字化车间、智能工厂建设，全面提升数字化能力。推广个性化定制、服务化延伸、云制造、绿色制造等新型制造模式。推广“陕鼓”服务型制造创新发展模式，推动制造企业由提供设备向全生命周期管理、提供系统解决方案和信息增值服务转变。推动中小企业设备上云、数据上云、基础设施上云，加快企业内部各类应用综合集成和云化改造，征集省级中小企业上云上平台项目，全市 10 个优秀项目获得省级小企业上云上平台奖补资金 352 万元。截至年底，全市规上软件和信息服务业企业 260 户，高新技术企业突破 700 户，从业人数 20 万人。

（李　汶　陈志林）

【服务业数字化】　2022 年，西安市加快发展数字丝路、数字文化、数字旅游、数字惠民等新型服务业。加强数字丝绸之路建设，全面推动“长安号”数字化运营水平提升，启动中欧班列“长安号”数字金融综合服务平台二期建设，推动综合服务平台与智慧口岸、数字口岸融合建设。支持 5G、人工智能、交互式虚拟现实等数字技术赋能文化产业发展，推动博物馆、文化馆、图书馆及传统媒体的数字化改造，出版、广告、影视等传统文化产业向互联网、电竞游戏、新媒体等新兴文化产业转型。数字技术赋能传统景点改造提升，“长安十二时辰”大型沉浸式实景街区成为西安火爆旅游打卡地，探索“数字 + 线上体验”，推动兵马俑、秦岭、大雁塔、钟楼、城墙等文化符号 IP 转化，推进高 A 级旅游景区智慧化改造，建设“5G+ 高 A 级旅游景区”，“唐 +”便利店、无人售货车、智慧咨询亭等数字应用纷纷落地传统景区。实施数字惠民战略，完善教育资源公共服务平台、智慧养老信息服务平台，推动人工智能、大数据、物联网、VR/AR 等新一代信息技术在体育领域产品及服务的创新应用，全市二级及以上医院开展“智慧医院”示范建设，挖掘、开发、利用人社数据资源，实现就业、人才社保服务渠道多元化。社会保障卡在交通出行、就医应用等民生服务领域的应用场景，持续提升西安公共服务水平。

（陈志林）

【两化融合发展】　2022 年，西安市工业和信息化局加强两化融合发展，指导航天基地、西安电子科技大学等政产学研机构联合组建西安市创新工业互联网研究院。构建全市工业互联网产业生态供给资源池，面向全国征集各类型工业互联网服务商，为企业建立供需精准对接平台，汇聚工业互联网服务商 101 家。加强两化融合示范项目建设，面向全市征集工信部 2022 年新一代信息技术与制造业融合发展试点示范项目、工业互联网试点示范项目以及工业互联网平台创新领航应用案例、省级数字化应用场景典型案例，陕西化工集团、陕鼓集团和陕西法士特集团 3 个企业项目，分别获评工信部创新领航应用案例、新一代信息技术、制造业融合发展试点示范，西电开关电气公司等 5 家企业项目获评省工信厅数字化应用场景典型案例，为企业争取省级资金 2517 万元，其中工业转型升级专项资金 1277 万元，省工信厅重点产业链物联网“揭榜挂帅”项目支持资金 390 万元，省工信厅重点产业链（物联网）发展项目支持资金 850 万元。提升企业数据管理能力，开展市级两化融合管理体系贯标试点企业评选，申报两化融合管理体系贯标试点企业 261 家，获评 88 家。推广两化融合管理体系标准，加大企业两化融合建设支持力度，给予 26 户贯标企业资金奖励 780 万元。全年新增省级以上智能制造示范工厂和优秀场景企业 22 家，培育工业互联网试点示范项目 15 个，其中国家级 4 个、省级 5 个、市级 6 个。

【工业互联网诊断服务】　2022 年，西安市工业和信息化局开展工业互联网诊断工程，经招标遴选，确定华为技术有限公司中标制造业企业工业互联网诊断服务。华为公司帮助企业明晰发展工业互联网目标和思路，指导企业开展工业互联网建设工作。全年诊断互联网服务规上工业企业 78 户。指导华为公司联合市工业互联网创新研究院，编制《企业工业互联网诊断服务规范》并列入全市地方标准计划。设立资金支持工业互联网建设领域 6 个专题，向符合项目申报条件的陕西重型汽车有限公司等 10 个工业互联网项目给予 772.84 万元的资金支持。

（李　汶）

【绿色建材产业数字化服务平台】　2022 年，西安市绿色建材产业数字化一站式服务平台——商砼之家，获评 2022 年陕西省数字经济典型示范案例。通过互联网、信息化、大数据、云计算等技术贯穿传统产业链，为商砼行业定制采购、调配、生产、运输、泵送、结算、回款、市场、服务、风控、环保、安全、质量、团队 14 个产业数字化场景。平台累计交易规模 49 亿元、优质合作企业 300 家、服务建筑项目 600 个，帮助行业上下游企业降低采购成本 3.51%、物流成本 7.30%，运营效率提升 18.73%。

（陈志林）

数字政府建设

【数字政府服务能力建设】　2022 年，西安市大数据资源管理局搭建市级数据共享交换平台，构建纵向联通国家、省、市、区（县、开发区）平台，横向联通市级各部门的数据共享交换体系，向全

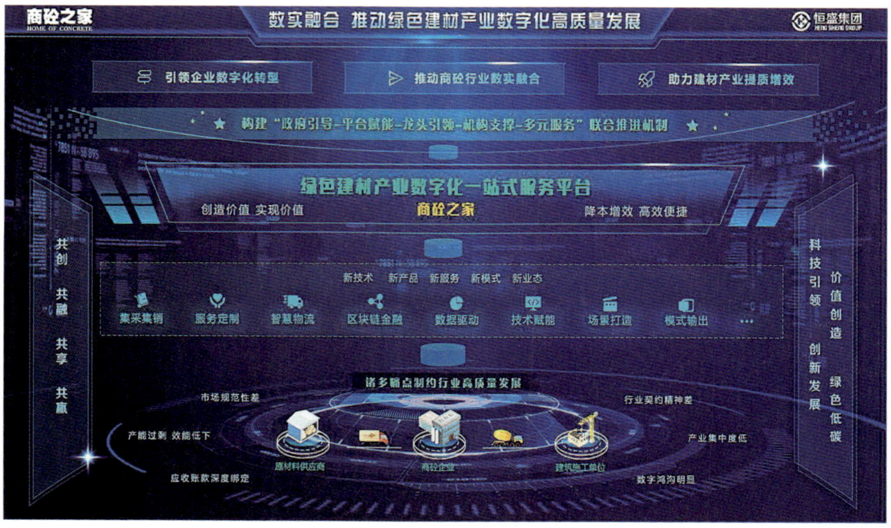

2022 年，西安市绿色建材产业数字化一站式服务平台——商砼之家，获评 2022 年陕西省数字经济典型示范案例。图为平台功能示意图　（市住建局　供图）

市各单位提供数据查询、申请、共享、使用、监管评估等一体化服务。持续完善人口、法人、证照、信用、宏观经济等基础数据库，为政务服务、信用体系建设、秦岭生态保护、城市综合管理、执法监管、社会治理等各类应用场景提供数据支撑。截至年底，归集57个部门、1047项数据资源，建设6个基础数据库和10个专题库，形成数据36.9亿条，累计调用数据接口500余万次、业务接口4000余万次，向社会开放环境质量、经济统计、交通旅游等数据491项。

【政务基础数据建设】 2022年，西安市整合数据资源，加强政务基础数据建设。接入连通市级数据共享交换平台部门65个，优化基础库、主题库数据库模型，开发数据接口102个，继承与省级共享交换平台库表126张（上行73张、下行53张）、下行接口90个，申请国家和省级平台数据资源21项，向17个部门提供数据支撑。归集16个部门、43种电子证照，完成市一体化政务服务平台与省级电子印章系统对接打通，实现省级电子印章系统（政府侧）应用系统在全市分级部署。梳理形成数据交换及服务接口和电子证照标准规范，确定人口库、法人库、电子证照库、信用信息库、宏观经济库、自然资源与空间地理库等6大基础数据库建设标准。

【规范电子数据运行管理】 2022年，西安市大数据资源管理局相继出台《西安市政务数据开放管理办法（试行）》《西安市电子印章管理办法（试行）》《西安市电子证照管理办法（试行）》《政务信息系统打通与数据共享工作实施方案》等文件，规范电子数据运行管理。制定《西安市数据共享交换平台管理办法（试行）》，明确平台使用管理职责分工、账号管理、数据资源编目以及数据资源汇聚、申请、授权、使用、安全管理和监督考评等问题。明确全市政务电子印章、电子证照的管理权限和各单位职责义务，规范电子印章、电子证照的制、发、管、用等全过程。探索政务数据开放，细化和规范数据开放的职责分工、平台建设、日常管理、安全保障等。

【政务信息化建设】 2022年，西安市大数据资源管理局整合对接13个市级部门、52个业务办理系统，搭建全市政务服务统一入口。实现在线办理事项50339件，网上可办率95.93%，全程网办率85%。其中“全城通办”事项389件，“两个免于提交”事项140件。全市政务服务总体指数由2021年的“中”组别提升至“高”组别，“事项覆盖度”首次进入单项指标前10名。落实全省“一件事一次办”改革任务，围绕公民个人和企业法人全生命周期推出20类、200个“一件事一次办”主题应用场景，累计办件48.2万件，平均核减办事环节42%、减少材料80%、压缩时限51%、缩减跑动次数42%，政府行政效能和企业群众获得感实现“双提升”。建设开发“i西安”App，上线政务服务高频事项1075个、累计注册用户1026万人，方便企业、群众“掌上办”“指尖办”。

【政务云体系建设】 2022年，西安市统筹政务云体系建设，建成未央区凤城八路主节点及西咸分节点2个数据中心，形成市级“一地两中心”架构格局，支撑全市各部门重要应用系统。加快网络建设步伐，电子政务内外网和国办专网，提供3.1G互联网出口带宽，覆盖140多个市级党政机关，13个区（县）和8个开发区及所辖街（镇）、社区（村）电子政务网络覆盖率达70%。 （桑春荣）

智慧城市建设

【概况】 2022年，西安市推进新型智慧城市建设，强化智慧城市顶层设计，引导推进城市数字化、信息化、智慧化建设有序发展，建设一个城市大脑、三个基础支撑、三大保障体系、五类智慧应用。结合新型智慧城市建设，加快城市数据融合及产业生态培育，加强对传感器、摄像头、电子标签等物联感知设备的统筹布局和共建共享。建立基于大数据的物联网连接管理平台、设备管理平台、业务分析平台，统筹现有网络、平台，形成基于底层“万物互联”的框架体系，构建“手中有终端、空中有探头、阵地有平台、互联有网络”的多维科技支撑体系。依托社会治理综合指挥信息平台、综治视联网、雪亮工程及“长安e格”移动端App等智慧系统，实现市、区（县）、街办（乡镇）、社区（村）、网格员信息互联互通、“屏对屏”指挥调度，高效率实施城市管理和社会治理。

【智慧城市大脑平台建设】 2022年，西安市上线运行智慧城市大脑综合应用服务平台，整合民生、电力、地方经济发展等领域大数据应用场景内容，融合形成全市统一的智慧城市“一张图”，以数字可视化形式为城市运营管理服务提供分析和决策依据。平台汇聚全市经济、人口等方面多元化数据，开发建设城市经济监测、企业复工复产分析、城市住宅空置分析、人口流动分析以及独居老人监测等6个应用场景。通过网络共享与交换模式，大数据应用场景可向各行业、各领域发展提供基础时空数据支撑，为“智慧西安”建设提供跨部门数据共享服务。

【数字城管建设】 2022年，西安市构建完善“两级监督、两级指挥、三级管理”的一体化数字城管网络运行体系，明晰市、区（县）、街道三级城管部门权责，将城管执法、市容环卫、市政设施、园林绿化、燃气热力等责任网格数字化，打造“感知、分析、服务、指挥、监察”“五位一体”的智慧城管新模式，推进“数字城管2.0”建设。依托GIS系统，通过统一的移动App，实现智能化、自动化派遣案卷，一线执法人员处置完毕即可上传处理结果，实现城市管理案件的全移动处置，大幅提升案件处置效率。全年在数字化城市管理信息系统中更新夏季瓜果销售点174处、公园13处、公厕1826处、蔬菜早市11处、夜市烧烤

2022年，西安市建立数字化服务平台——实景三维西安，实现向各行各业和生产生活提供实景三维数据服务。图为智慧社区系统的功能示意图（市资源规划局 供图）

2022 年 7 月 10 日，西安市数字城管监督指挥中心工作人员依托城市内涝防汛信息系统标注的汛期重点防范点，实时监测防汛数据　　（西安日报社　供图）

10 处、食品摊贩 27 处、保洁员休息亭（城管之家）点 90 处、易结冰路段 290 处、燃气企业及场站点 108 处、供热企业点 37 处、基础地理数据 4 套等专题数据采集和地图标注，更换数字化城市管理信息系统安全设备 3 台。

【城市运行管理服务平台建设】　2022 年，西安市依托数字城管系统建设的城市运行管理服务平台，整合市政公用、市容环卫、园林绿化、综合管理执法等领域数据资源，实现与住建部平台联网互通。城市内涝防汛信息系统作为城市运行管理服务平台的部分模块，通过在全市易积水点位增设雨量监测、视频监控等感知终端，实现城市防汛实时监测预警、资源快速调度，解决城市综合管理“纵向互通、横向互联”难题。基于 GIS 一张图，在全市易积水点位新建 55 路视频监控，展示各点位分布信息与防汛人员关联信息，为重要汛期全市防汛排涝工作提供技术支撑。截至年底，累计接入燃气监测设备 1026 处、换热站 342 处、液位计 92 处、控源截污 13 套、管内流量监测设备 5 套、雨量计 648 处、监测桥梁 2 座、公园视频 4 座 161 路、建筑垃圾视频 27 路，桥梁视频 9 座，其他视频 158 路。　　（陈志林）

【智慧环保平台】　2022 年，西安市建设智慧环保平台，利用空气质量监测站点、工地扬尘在线监测仪、出租车走航、烟火监控、卫星遥感监测等智能感知设备，实现污染问题全方位、全流程、高效率闭环管理。通过监测和分析联网环境数据，实现对空气质量、水体质量、扬尘等实时监控，以及空气质量、水体质量变化研判和大气污染物预警预报、污染溯源等功能。截至年底，智慧环保平台投运接入国省市控环境空气质量自动监测站 262 个、国省市控地表水环境质量自动监测站 51 个、市控工业园区 VOCs 自动监测站、交通污染自动监测站 4 个、道路扬尘自动监测站 126 个、烟火监控点位 467 个、安装 β 射线法工地扬尘监测仪工地 1548 家，建成公路交通污染监测站 2 个、机场交通污染监测站 1 个、铁路货场点交通污染监测站 1 个，初步实现全市重点扬尘污染源全方位、24 小时全天候实时监控，创造扬尘监管“西安模式”。　　（许辉辉）

【城市安全风险综合监测预警平台建设】　2022 年，西安市建设城市安全风险综合监测预警平台，突出城市生命线、公共安全、生产安全和自然灾害 4 大领域，接入 17 个部门（单位）34 个系统和 6 万余路雪亮视频资源，形成上下贯通、实时交互，人防、技防和物防有机融合，安全运行“全监测”，重大预警“全接报”，风险管控“全覆盖”，突发事件“快处置”的智慧应急新模式。建设预警信息发布体系和全市应急广播系统，完成临潼区、长安区、灞桥区等 7 个沿山区（县、开发区）600 余套“云喇叭”应急广播系统设备的铺设并投入使用，实现重点区域全覆盖。建设森林火情预警及救援系统，实现火情实时监测预警、蔓延趋势推演等功能，研发防汛“人盯人”防抢撤系统，实现防汛救灾快速上报、统一部署、迅速处置。接入 23 家重点危化品企业，优化危险化学品企业监测预警系统，提升城市安全风险监测预警信息化、智能化、精准化水平。西安市被确定为全国 18 个“国家城市安全风险综合监测预警平台建设”试点城市之一。　　（陈瑜亮）

【社会治理综合信息平台建设】　2022 年，西安市社会治理综合指挥信息平台横向联通全市综合治理、一网通办、智慧监管、数字城管、智慧环保等信息系统，纵向贯通“市、区（县）、镇（街）、社区（村）、基础网格”的五级网格架构，新增工单延期、智能外呼、综网中心在编人员统计等功能，为各级管理人员提供统计分析、指挥调度、分析研判、考核评比等信息，实现人在格中查，数在网上行，事在平台办。规范全市统一地址和数据标准，完成《社会治理单元空间地址数据规范》市级标准以及《智慧社区建设评估规范》省级标准立项评审，全年新增城六区统一地址库核采编码入库数据 331 万条，累计实现入库楼幢地址数据 69 万条、户室地址 450 万条。在莲湖区桃园路街道、雁塔区等驾坡街道及电子城街道 205 社区，创建统一地址编码精细化治理实际应用试点。（桑春荣）

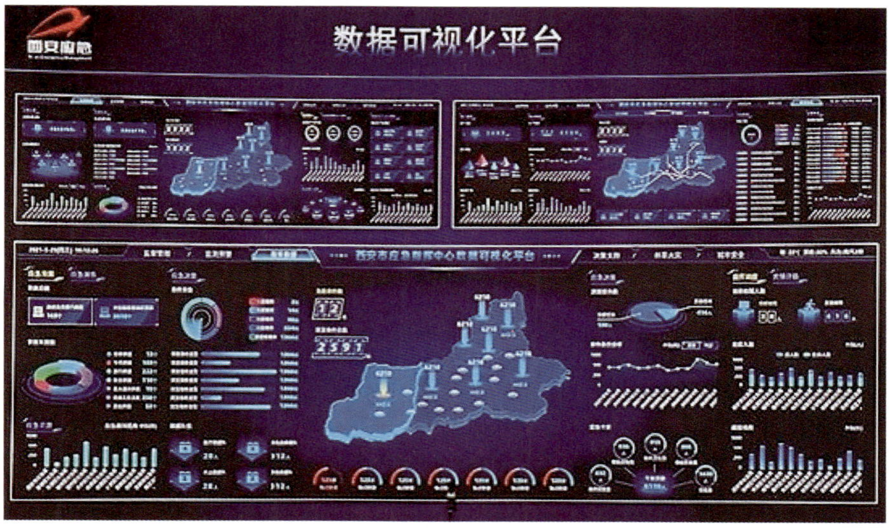

2022 年，西安市完善应急指挥体系数字化平台——城市安全风险综合监测预警平台，提高感知风险、研判风险、应急反应能力。图为可视化数据平台示意图　　（西安日报社　供图）

农　业

责任编辑　胡　永

综　述

【农业稳定增长】　2022 年，西安市农林牧渔业总产值 588.87 亿元，比上年增长 4.1%。全年农林牧渔业增加值 362.06 亿元，扣除价格因素比上年增长 3.8%。其中，农业（种植业）268.48 亿元，增长 3.2%；林业 10.39 亿元，增长 13.2%；牧业 43.24 亿元，增长 3.6%；渔业 1.48 亿元，增长 2.6%；农林牧渔服务业 38.48 亿元，增长 5.0%。全市总播种面积 34.45 万公顷，增长 0.4%；粮食播种面积 25.74 万公顷，比上年下降 0.1%。粮食产量 140.41 万吨、肉类产量 5.1 万吨、奶类产量 13.64 万吨、禽蛋产量 4.72 万吨、蔬菜产量 364.82 万吨、园林水果产量 104.46 万吨，分别增长 -1.1、3.6、-1.6、-1.0、0.6、3.4 个百分点。全市农村居民人均可支配收入 18285 元，增长 5.2%，高出城镇居民 2.0 个百分点。详见表 24。粮食生产实现“十九连丰”，国家 36 个大中城市“菜篮子”市长负责制考核名列第 6，再获优秀成绩。农村改革走在全国前列，创新打造都市现代化农场 15 个、西安乡村空间站 10 个、西安农业景区 7 个，成功创建全国名特优新高品质农产品全程控试点城市。

【农业结构调整】　2022 年，西安市加快发展都市型现代农业，优化“三区一带三基地‘13+6’集群”都市现代产业体系布局，持续推进乳制品、蔬菜、猕猴桃 3 条百亿级和葡萄 50 亿级产业链、3 个优势特色产业集群、5 个省级现代农业产业园、15 个都市现代化农场等产业融合项目。乳制品产业链总产值达 140 亿元，周至猕猴桃以 58.28 亿元再次获中国果品区域公用品牌价值榜猕猴桃类第 1 位。国家级“一村一品”示范村镇达到 20 个，市级以上龙头企业达到 180 家，规范提升农民专业合作社 201 家，市级以上示范合作社达 494 家。创新推动农文旅融合发展，打造“西安乡村空间站”10 个、“西安农业景区”7 个和乡村旅游新场景 10 余个，发布乡村旅游精品路线 24 条（其中推荐省农业农村厅发布线路 16 条，位列全省第 1），乡村休闲旅游业接待人数超过 1500 万人（次），营业收入 11.65 亿元。加快发展现代畜牧业，持续推进阎良、临潼、蓝田等区（县）奶山羊基地建设，加快奶山羊良种繁育体系建设，发展标准化规模养殖。

【农业扶持】　2022 年，西安市依照“三区一带三基地‘13+6’集群”现代农业产业体系，下达耕地地力保护补贴、农机购置补贴、实际种粮农民一次性补贴等扶持资金 2.6 亿元。开展“万千行动”活动，组织 4125 名干部和人才下沉乡村一线，引导 654 家企业与 769 个行政村签署共建协议，撬动社会资本 5.6 亿元投向农业农村领域。建立“政金企”融资对接协调机制，组织金融机构代表、30 家重点龙头企业等，举办“政金企携手　助力乡村振兴”金融服务现代农业产业链沙龙，引导和鼓励金融机构发放支农支小再贷款、再贴现资金近 140 亿元。市农业农村局与工商银行西安分行签署“金融服务乡村振兴战略合作协议”，“十四五”期间，工商银行西安分行为全市农业农村领域提供 200 亿元的融资额度。　（朱美涛　陈志林）

表 24　2022 年西安市农林牧渔业总产值和增加值统计表

项　目	总产值 / 亿元	同比增长率 / %	增加值 / 亿元	同比增长率 / %
农林牧渔业项目	588.87	4.1	362.06	3.8
农业项目	420.47	3.2	268.48	3.2
林业项目	17.10	11.7	10.39	13.2
牧业项目	78.72	4.8	43.24	3.6
渔业项目	2.57	2.7	1.48	2.6
农林牧渔服务业项目	70.01	6.2	38.48	5.0

【农业保险】　2022 年，西安市印发《政策性农业保险工作实施方案》，提高全市农业生产抗风险能力，政策性农业保险涵盖种植业、养殖业、林业等 21 个品种，保费总规模 2.06 亿元，为近百亿元农产品提供风险保障。在实际承保过程中，中央支持政策性农业保险品种有水稻、小麦、玉米等 10 个；省级优势特色产业和品种有设施农业、奶山羊等 3 个；省级支持品种有猕猴桃、仔猪、种公猪等 3 个；省级创新品种有生猪价格指数、樱桃完全成本等 2 个；市级支持品种有葡萄、石榴等 2 个。全年清算 2021 年度并预拨 2022 年度中央、省级、市级保费补贴资金 1.33 亿元，有力保障农民群众的合法权益，促进全市农业生产稳步发展。

【绿色农业】　2022 年，西安市大力推动农业绿色发展，开展优质特色农产品认证登录工作。全市有 94 家企业 107 个绿色食品获得绿色食品标志许可，4 家企业 4 个产品获得有机产品认证，13 个产品获得农产品地理标志保护登记，30 个产品纳入名特优新农产品名录，67 个产品纳入特质农品名录。完成 89 种蔬菜、水果、畜禽产品、水产例行监测，抽检合格率 99.7%。大力推进“两减四提升一巩固一行动”（两减：农药、化肥减量增效；四提升：提升秸秆、畜禽粪污、农膜、农药包装物利用率；一巩固：巩固受污染耕地安全利用率；一行动：开展节水行动），秸秆综合利用率、农膜回收利用率、畜禽粪污资源化利用率分别为 97.3%、86.6%、91.3%；化肥农药使用量实现零增长，利用率为 40.6%。

【耕地“非粮化”整治】 2022 年，西安市印发《关于防止耕地“非粮化”稳定粮食生产实施方案》《关于进一步加强遏制耕地“非粮化”稳定粮食生产措施的通知》《关于统筹做好耕地“非粮化”有序退出和高效利用的通知》等文件。按照三区三线划定统一安排部署，结合永久基本农田核实整改补足阶段成果，划定耕地保护目标 13.5 万公顷、永久基本农田 9.02 万公顷。坚决遏制耕地“非农化”“非粮化”，压茬推进农村乱占耕地建房问题专项整治、土地卫片执法、扫黑除恶常态化等专项行动。向社会发布农村乱占耕地建房问题典型案例 10 起，出具耕地破坏鉴定 38 份，立案查处违法用地行为 53 起，拆除或没收构筑物、建筑物 88.2 万平方米，落实党纪政纪处分 24 人，违法比例降低至 1.39%，行业秩序持续规范。提取粮食产能 134 万千克，落实占补平衡指标 1953.33 公顷、粮食产能指标 2400.70 万千克，保障重点项目占用耕地补充需要。加强节约集约用地，消化批而未供土地 1813.33 公顷，处置闲置土地 370.73 公顷，超额完成闲置土地处理任务。

（朱美涛　魏梦瑶）

【农业综合执法】 2022 年，西安市加大农业综合执法力度，理顺农业综合执法支队内部机构和运行机制，设立“行刑衔接办公室”，建立市、县两级行刑衔接工作机制。开展“农资打假”“农机安全”“动物卫生监督”“种子监管执法年”“护奥运保春耕”“渔政亮剑”“百日执法”等系列专项执法行动，出动执法人员 9823 人次，检查生产经营主体 3363 家次，查办行政处罚案件 155 件（其中市农业综合执法支队直接查办 47 件），罚没款 64.27 万元，无害化处理和销毁没收违法物品 3.1 吨，办案数量比上年提高 297%。联合公安机关组织农产品快速检测集中培训和现场会，开展农资、渔政、农机等领域联合执法 134 次，移送涉刑案件 8 起。组织“‘3·15’集中普法宣传”“放心农资下乡宣传周”“宪法进农村”等系列宣传活动，发放资料 3 万余份，举办现场咨询培训 20 多场（次），接受各类法律咨询 2500 余人（次），维护农业生产经营秩序和农民群众合法权益。

（朱美涛）

种植业

【概况】 2022 年，西安市率先在全国制定《“十四五”提升粮食生产能力保障粮食安全工作方案》，从稳面积、增科技、强基础等方面综合施策，制定并印发《关于〈西安市 2022 年稳产保供蔬菜种植基地〉的通知》。面对 6 至 8 月持续高温干旱，降水量与历年同期相比偏少四至七成，开展小麦抗灾强管百日行动和千名干部包镇进村促春管、保秋粮行动，推广玉米增密度提单产技术和小麦宽幅沟播集成技术模式，累计建成小麦、玉米绿色高质高效创建示范点 50 个。全年粮食播种面积 25.74 万公顷、产量 140.41 万吨，分别比上年下降 0.1%、1.1%；蔬菜播种面积 7.19 万公顷、产量 364.82 万吨，分别比上年增长 1.1%、0.6%；水果种植面积 4.9 万公顷、产量 104.46 万吨，分别比上年增长 0.3%、3.4%。

【粮食生产】 2022 年，西安市印发《关于切实做好 2022 年粮食生产工作的通知》，将粮食种植纳入目标考核，产粮任务分解到区（县）、落实到镇街。面对强秋淋天气的严重影响，组织实施粮食绿色高质高效创建活动，粮食生产实现“十九连丰”，连续 3 年达到 140 万吨以上，平均单产高出全省平均单产 77.3 千克 / 亩。全年粮食播种面积 25.74 万公顷、总产量 140.41 万吨、平均单产 364 千克 / 亩，分别比上年下降 0.1%、1.1%、0.8%。其中，夏粮播种面积 14.02 万公顷、产量 72.48 万吨、平均单产 345 千克 / 亩，分别比上年增长 -0.9%、0.2%、1.2%；秋粮播种面积 11.72 万公顷、产量 67.92 万吨、单产 386 千克 / 亩，分别比上年增长 0.9%、-2.4%、-3.5%。详见表 25。全年粮食作物主要种植小麦、稻谷、玉米、大豆等种类。其中，小麦面积 13.92 万公顷、产量 72.03 万吨、单产 345 千克 / 亩；稻谷面积 170 公顷、产量 1200 吨、单产 345 千克 / 亩；玉米面积 11.16 万公顷、产量 65.94 万吨、单产 394 千克 / 亩；大豆面积 3010 公顷、产量 5900 吨、单产 131 千克 / 亩。种植的小麦品种主要有小偃 22、百农 4199、西农 511、西农 3517、西农 1018、伟隆 169 等；玉米品种主要有郑单 958、榆单 9 号、秦龙系列、中科 11、先玉 335 等。

【蔬菜生产】 2022 年，西安市推进百亿级蔬菜全产业链建设，提档升级蔬菜保供基地 70 家、链主龙头企业 15 家，推进 7 个蔬菜种植示范点基地建设。全年新建设施蔬菜面积 98.07 公顷，提升改造 108.73 公顷，累计建成 66.67 公顷以上蔬菜专业化生产保供基地 6 个、6.67 公顷以上蔬菜专业化生产保供基地 64 个，“菜篮子”产品供应充足，价格基本保持稳定。为增产提效，实施水肥一体化、BGA 土壤调理有机肥等新技术试验、示范和推广，开展标准化蔬菜生产技术培训，举办培训会 300 场（次），培训人员 1.5 万人（次），印发技术资料 5 万份。全年蔬菜种植面积 7.19 万公顷、总产量 364.82 万吨，分别比上年增长 1.1% 和 0.6%。主要种植品种为叶菜类、茄果类、瓜菜类、白菜类，产量分别为 120.12 万吨、72.93 万吨、49.99 万吨、26.39 万吨，占全市比重分别为 32.9%、20%、13.7%、7.2%。总产量位居全省第 2 名。

表 25　2022 年西安市主要农作物播种面积统计表

项　目	绝对量 / 公顷	同比增长率 / %
总播种面积	344507	0.4
粮食	257380	-0.1
#小麦	139187	-0.7
玉米	111640	0.8
棉花	33	-29.2
油料	3880	6.3
蔬菜	71867	1.1
瓜果	9907	2.7
药材	1073	30.8

说明：粮食播种面积数据来源于国家统计局西安调查队

【水果生产】 2022年，西安市园林水果面积4.91万公顷，产量104.46万吨，比上年增长3.4%。其中，苹果3.88万吨、梨1.54万吨、葡萄17.91万吨、桃9.97万吨、红枣1.03万吨、杏2.62万吨、柿子0.6万吨、猕猴桃53.98万吨、石榴4.01万吨、其他水果8.92万吨。新建果业设施大棚41.67公顷，实施老果园设施改造提升57.73公顷。开展果业技术人才培训30场（次），受训果业技术人员2100余人（次），发放技术资料4500余份。开展果树树种种质资源保护，收集保护和引进石榴、李、杏等果树新品种资源30余份，新建石榴品种资源圃1个，引进葡萄、樱桃、桃等水果新品种5个。周至猕猴桃以58.28亿元蝉联中国区域公用品牌猕猴桃类价值排行榜第1。周至县楼观镇周一村猕猴桃种植示范基地被农业农村部认定为全国种植业“三品一标”基地。临潼区石榴种植能手王勋昌在2022年“大国农匠”全国农民技能大赛中获农作物种植二等奖。“户县葡萄”“灞桥葡萄”位列2022年度受市场欢迎的葡萄区域公用品牌20强。

【油料生产】 2022年，西安市实施油料作物提单产行动，将全年3733公顷的油料作物播种面积目标任务分解至各涉农区（县、开发区）。其中，灞桥区67公顷、阎良区53公顷、临潼区587公顷、长安区440公顷、鄠邑区93公顷、蓝田县1673公顷、周至县240公顷、西咸新区567公顷、高新区13公顷。面对气温多变的实际，召开全市2022年夏季粮油生产形势分析会，研判土壤墒情、病虫害防治等情况，采取喷洒农药、把握收割时机等措施，实现全年油料作物播种面积3880公顷、总产量8219吨、平均单产141千克／亩。其中，油菜播种面积3810公顷、产量7975吨、单产140千克／亩；花生播种面积40公顷、产量205吨、单产317千克／亩。油菜种植的主要品种有秦优1618、秦优10、陕油28、陕油0913、秦优12等。

【高标准农田建设】 2022年，西安市出台《关于全面建立耕地保护田长制的实施方案》，建立市、区（县、开发区）、镇（街道）、村（社区）四级田长制，按照不同生态区域立地条件、耕作制度、光热水资源，分类制定建设方案，统筹推进高标准农田建设。通过推行政企合作、国企代建模式，整区域推进、集中连片建设旱涝保收的高产高效粮田，全年新建设高标准农田5200公顷，高效节水示范项目200公顷，完成目标任务的100%。完成投资11782万元，其中中央财政资金6949.8万元，省级财政资金1567.2万元，市级财政配套资金3265万元。截至年底，全市累计建成高标准农田12.87公顷。

【农作物病虫害防治】 2022年，西安市小麦各类病虫防治面积27.43万公顷，防控处置率98.9%，其中统防统治14.57万公顷次，整体防控效果95.2%；玉米病虫防控5.32万公顷，防控处置率达97.7%，其中草地贪夜蛾防控处置率100%。高效植保器械应用面积明显增加，统防统治29667公顷，防治效果90.8%。开展科学安全用药技能线上培训73场，培训人数11730人；线下培训46场，培训人数2303人。

【植物防疫检疫】 2022年，西安市普查作物面积3.12万公顷，设立各类农业检疫性有害生物疫情监测点90个，除李属坏死环斑病毒和葡萄根瘤蚜外，未发现其他农业植物检疫性有害生物发生；对全市苹果蠹蛾疫情传播高风险区域——高速公路服务区周边（除居住区、鱼塘、水源地等外）开展预防消杀工作，作业面积266.67公顷次；组织检疫人员，对辖区内种子市场开展执法检查，先后出动执法人员90人（次），抽查经营门店98家，制种企业2家；办理产地检疫合格证190批次，涉及36个作物，1202个品种，产地检疫种子582.12公顷、苗木42.2公顷，签发产地检疫合格种苗数量2978810.32千克、43628万株。办理调运检疫合格证1090份，涉及866个品种，59个作物，其中种子1174082千克，调运苗木6635738株，草坪215330平方米，繁殖材料7248份，植物产品2155388千克。 （朱美涛）

林　业

【概况】 2022年，西安市围绕落实《关于加快发展林业产业的实施意见》，印发《西安市2022年林业产业发展项目申报指南》，促进林业产业经济发展。全年主要林产品核桃种植面积8859公顷、板栗1151公顷、花椒592公顷，产量分别为34125吨、7841吨、671吨，林业产业总产值119亿元。全年义务植树1200万余株，新增营造林面积320公顷，其中人工造林187公顷，人工更新133公顷。有序推进秦岭国家公园设立工作，扑灭鄠邑区松材线虫病疫情，创造全省县级疫区摘帽纪录。推进国有林场建设，完成全市13个国有林场中欠发达国有林场的现状调查统计。2月22日，根据公布的第三次全国国土调查主要数据公报显示，全市有林地59.41万公顷，其中乔木林地45.27万公顷、竹林地0.02万公顷、灌木林地2.75万公顷、其他林地11.37万公顷，分别占比76.19%、0.03%、4.64%、19.14%。截至年底，全市森林覆盖率达到48.03%，在北方省会城市中位居第1，居全国副省级城市第3位，先后被评为“国家森林城市”和“全国文明城市”。

【森林病虫害防治】 2022年，西安市重点加强松材线虫病风险区和风险点管控，成功扑灭鄠邑区松材线虫病疫情；确定106个风险点，悬挂媒介昆虫松褐天牛诱捕器734套，完成松褐天牛防治面积1905.33公顷。开展松树打孔注药1.78万株，防治面积63.33公顷；飞机防治1640公顷；释放天地昆虫花绒寄甲13万头，阻止媒介昆虫传播。

【林业产业】 2022年，西安市组织苗木花卉示范园评审认定，认定命名市级示范园21个。完成市级林业产业专项资金下达，补助扶持建设项目24个。完成特色经济林提质增效改造2000公顷，建设经济林科技示范点12个，示范推广经济作物1333余公顷，林业产业总产值达到119亿元。

【集体林权制度改革】 2022年，西安市自然资源和规划局积极协调市财政落实公益林生态效益补偿资金6973.49万元、拨付生态护林员补偿资金109万元，切实维护林农合法权益。

【林政资源管理】 2022年，西安市深化林业责任制落实，加强森林资源管理，发布全市1号总林长令，明确林长制年度5方面14条重点工作任务和主体责任，制定《2022年林长制重点工作实施方案》《落实省市总林长会议精神实施方案》《西安市林长制考核方案》《西安市封山禁牧工作实施方案》等文件，全面推行建立市、县（区）、镇（街道）、村（社区）四级林长制体系，设立市级林长6人、县（区）级林长171人、镇（街）级林长834人、村（社区）级林长2657人、护林员1856人，实现涉林区（县）四级林长制全覆盖。建立“林长＋警长”“林长＋检察长”工作机制，创新实施“123456”工作模式（1个公示牌，2个规定动作，3个清单，4项关键指标，5项职责，6项重点工作），召开市林长办主任会议2次，专题会议5次，各级总林长会议8次。全年市级林长巡林 11 次，区县级林长巡林 473 次，镇村级林长实现常态化巡林。布设市级林长公示牌 6 块，区（县）级林长公示牌 13 块，镇街级林长公示牌 102 块，村级林长公示牌 907 块。编制市级“三个清单”（资源清单、问题清单、责任清单）1 份，区（县）级清单 6 份，镇级清单 99 份。全面执行林木限额采伐制度，严格控制森林资源消耗总量，全年市级层面未受理、勘察、公示、发放林木采伐许可证，未发生无证采伐、异地采伐、超限额采伐等问题。开展种苗“双打”专项行动，印发《2022 年打击侵犯林业知识产权和制售假冒伪劣林草种苗专项行动工作方案》，组织执法检查 29 次，检查苗木企业 83 家，查验苗木 117 万余株，未发现违法案件。开展林业检疫复检工作，检查涉木企业 162 家，复检苗木 3294.6 万株，查处违规运输车辆 29 台，阻止外来有害生物传入。（王思颖）

畜牧业

【概况】 2022 年，西安市优化畜牧产业布局和产业结构，转变畜禽生产方式，从养殖场区布局、粪污处理、消毒防疫、现代化设施装备、档案资料完善等方面，按照“一场一策”思路，建成一批品种优良、管理精细、设施先进、防疫到位、环保达标的畜禽标准化养殖示范场，促进和带动全市畜牧养殖技术提升和产业发展。截至年底，全市猪、牛、羊以及家禽等存栏 594.61 万头（只）、出栏 662.88 万头（只）。全年生产肉类 5.1 万吨，比上年增长 4.2%，其中生产猪肉 3.72 万吨、牛肉 0.33 万吨、羊肉 0.11 万吨、禽肉 0.94 万吨，分别比上年增长 9.3%、0.1%、1.3%、-10.7%。生产奶类 13.64 万吨、禽蛋 4.72 万吨，分别比上年下降 1.6%、1.0%。全年禽牧业总产值 78.72 亿元，比上年增长 4.8%。

【畜牧养殖基地建设】 2022 年，西安市根据养殖场区不同技术需求，从品种引进、场区布局、圈舍建设、设施设备、饲养管理及档案记录等方面开展针对性技术指导，提高养殖场标准化生产水平。培育一批智能化程度高、环境优美的美丽生态牧场，带动全市老旧规模养殖场的标准化、智能化、景观化、粪污资源化改造升级。全年新建大型智能化标准奶山羊养殖场 1 家；提升改造牛场 7 家、猪场 5 家、家禽养殖场 2 家、羊场 1 家。

【生猪稳产保供】 2022 年，西安市以全力稳定生猪基础产能为主要任务，落实生猪产能调控政策，积极创建生猪产能调控基地，确保产业持续健康发展，不断提升猪肉供应安全保障能力。全年建成国家级生猪产能调控基地 4 个、省级生猪产能调控基地 3 个。全市年末生猪存栏 32.69 万头（其中能繁母猪存栏 3.83 万头），累计出栏生猪 46.34 万头。

表 26　2022 年西安市主要农产品产量统计表

项　目	绝对量 / 万吨	同比增长率 / %
粮食产量项目	140.41	-1.1
肉类产量项目	5.10	3.6
#猪肉项目	3.72	9.3
奶类产量项目	13.64	-1.6
#牛奶项目	8.55	3.5
禽蛋产量项目	4.72	-1.0
蔬菜产量项目	364.82	0.6
园林水果产量项目	104.46	3.4

说明：粮食及畜牧业产量数据来源于国家统计局西安调查队；# 表示其中项

【畜禽养殖】 2022 年，西安市通过稳定畜牧生产保供应、健全现代奶畜业全产业链、畜禽种业振兴、规模化生产、畜产品质量安全等方面，开展畜禽养殖建设，新建养殖场 1 家，提升改造 15 家。全年存栏猪 32.69 万头、牛 5.29 万头、羊 8.13 万只、家禽 548.5 万只，分别比上年增长 2.2%、0.7%、8.6%、-4.2%；出栏猪 46.34 万头、牛 2.25 万头、羊 6.67 万只、家禽 607.62 万只，分别比上年增长 8.7%、0.6%、3.3%、-10.1%。截至年底，全市规模养殖场达到 379 家，其中猪场 135 家、牛场 113 家、羊 68 家、家禽 63 家。市种公牛站全年生产优质冻精 9.2 万剂，自主培育的后备种公牛特级率达到 90% 以上，种畜禽生产经营企业达到 20 家。

【养殖标准化】 2022 年，西安市开展畜禽养殖标准化示范创建，大力推进畜禽标准化规模养殖由“畜禽良种化、养殖设施化、生产规范化、防疫制度化、粪污无害化”向“生产高效、环境友好、产品安全、管理先进”转型。累计创建标准化示范场 136 家，其中部级 10 家，省级 41 家，市级 85 家。

【畜禽屠宰加工】 截至 2022 年底，西安市有屠宰企业 22 户，其中生猪屠宰企业 15 户，禽类 3 户，牛 4 户。全年屠宰生猪 116.2 万头、鸡 1902.3 万羽、牛 5.2 万头。西安笨笨畜牧有限公司正式营业，填补全市无大型屠宰企业的空白。周至富海肉业有限公司董事长徐军海被评为农业农村部 2022 年度劳动模范。

【兽药管理】 2022 年，西安市持续强化兽药管理，开展企业兽药 GMP（兽药生产质量管理规范）验收、兽药 GSP 认

2022 年 7 月 20 日，市畜牧中心专家赴高陵区悦欣奶山羊农民专业合作社、小艳家庭农场就畜禽养殖污染防治等进行技术指导（市农业农村局 供图）

证（药品经营质量管理规范）和兽药产品批准文号抽样核发，并先后对10家兽药生产企业、24家兽用生物制品经营企业、4家企业兽药批准文号开展现场核查，全年抽检兽药产品35批（次），抽样2家企业兽药产品12批（次）。

【重大动物疫情防控】 2022年，西安市农业农村局坚持人病兽防、关口前移，紧盯冬春冷季、汛期等高风险时段，抓好非洲猪瘟、禽流感、人畜共患病和常见病防治防控。强化畜禽养殖、屠宰、贩运、无害化处理等从业人员动物防疫主体责任，建立布病“群防群控”和狂犬病“免疫进社区”工作机制，实施种畜、奶畜“全域检测”，组织养殖场、规模场开展“大清洗大消毒”。印发《关于开展2022年秋季重大动物疫病防控检查工作的通知》，在全市16个区（县、开发区）123个养殖场（户）集中监测收集全血样品1360份，其中牛全血样品260份，羊全血样品280份，猪全血样品330份，鸡全血样品330份，犬全血样品160份；检测口蹄疫、禽流感、小反刍兽疫、狂犬病等血清学项目17种，非洲猪瘟等病原学检测7种。全年发放各类动物免疫疫苗1028.99万毫升（头份），检测血清学、病原学等样品17147份，其中非洲猪瘟病原学检测5232份，阳性检出率为零。全年共免疫高致病性禽流感1264.9万羽，猪口蹄疫104.4万头，牛口蹄疫13.02万头，羊口蹄疫及小反刍54.71万只，狂犬病31.12万只，解决养殖户各类防疫问题300余次。开展动物疫情巡查20余次，处置各类动物疫情应急突发事件4起，并按照要求无害化处理阳性动物，未发生区域性重大动物疫情。组织人畜共患病宣传，开展“消除人畜共患病 畜间防控显担当”科普宣传活动，下发各类宣传资料300余份，提高群众动物疫情防控意识和能力。

【畜禽养殖污染防治】 2022年，西安市按照源头减量、过程控制、末端利用的治理路径，推广便捷高效的处理技术和设施装备，推动畜禽粪污低成本处理、就地就近还田利用。总结和推广畜禽粪污资源化利用典型案例，发挥示范带动作用。全市畜禽粪污综合利用率91.31%，大型规模养殖场粪污处理设施装备配套率100%。

【饲料生产监管】 2022年，西安市按照《饲料和饲料添加剂管理条例》规定，加大对饲料生产企业产品质量安全和生产安全监管力度。扎实开展饲料质量安全监测抽样，现场检查饲料企业37家，抽检饲料样品67批（次）。（朱美涛）

水产业

【概况】 2022年，西安市紧紧围绕稳产保供、监督管理、质量安全等重点任务，依法治渔、科技扶渔、质量兴渔、品牌强渔，全年完成抽样316个、督导检查57批次、禁渔执法300余次、涉渔案件28起、收缴非法渔具46部（具）、开展宣传活动50余场（次）、救助野生动物12只（尾），生产各类水产苗种6100万尾，累计放流经济物种60余万尾，实现水产品产量1.32万吨、总产值5.27亿元。

【基础设施建设】 2022年，西安市推进水产养殖方式转型升级，发展设施渔业。创建水产健康养殖和生态养殖示范区4个，建成稻渔综合种养面积50.13公顷。在鄠邑、长安、蓝田、高新等区（县、开发区）推广建设陆基圆桶高密度养殖6000余立方米，渔菜共生养殖2000余平方米。

【淡水养殖】 2022年，西安市依托市、区两级技术推广机构，开展渔业生产服务指导，全年发布高温、暴雨、寒冷、降雪、大风降温等极端天气预警25期，制定出台养殖技术指导意见1份，开展病害防治2次，全面完成年度水产品稳产保供任务；积极推进生态健康养殖示范创建，创建市级水产健康养殖和生态养殖示范区4个，新增大水面养殖1处；持续优化养殖品种，先后引进加州鲈、南美白对虾、澳洲淡水龙虾、淡水蓝白鲨等名特优新品种落户西安，特色养殖蓬勃发展，实现渔业增效、渔民增收，促进渔业高质量发展。全市淡水养殖面积增至1015公顷，有养殖主体389家，从业人口1372人。

【水产品引进】 2022年，西安市成功引进“加州鲈”，实现本土化养殖，并成为名特优新养殖主打品种。推广南美白对虾养殖5.27公顷、地热水淡水蓝（白）鲨养殖1.33公顷、澳洲淡水龙虾17.33公顷，年产商品虾180吨。澳洲淡水龙虾孵化能手王旭升获评陕西唯一“大国农匠”并获全国农民技能大赛种养能手类三等奖。

【养殖尾水治理】 2022年，西安市制定《池塘养殖尾水治理专项建设规划（2021—2035年）》，发布《水产养殖尾水处理方案集锦》。采用“三池两坝”和“流水槽+池塘”模式，在长安区、临潼区开展养殖尾水治理试点，全市落实养殖尾水治理主体12家，治理面积140公顷。

【渔政执法】 2022年，西安市农业农村局联合市公安局、市市场监督管理局加大渔政监督管理行刑衔接力度，常态化开展违反禁渔期监督检查。全年开展禁渔执法300余次，检查市场25个（次），办理涉渔案件28起，移送检察院16起（涉案26人），罚款1.18万元，收缴非法渔具46部（具），放生案件收缴渔获物600余千克。开展宣传活动50余场（次）、印发资料3000份。深入实施“清风行动”，不定期督查水生野生动物养殖场、水族馆及海洋馆等重点单位5次，严厉打击无证驯养繁殖、经营利用水生野生动物及其产品的违法行为。救护大鲵10尾、

2022年4月29日，市渔政站对北郊试验渔场进行安全生产检查
（市农业农村局 供图）

猪鼻龟 1 只，无害化处理鳄龟 1 只。联合公检法部门，举行禁渔期违法捕捞案件涉案不起诉人生态补偿放流活动1次。

【渔业安全生产】 2022 年，西安市扎实开展渔业安全生产专项整治三年行动，完善渔业安全生产各项规章制度，制定突发事件应急预案，定期开展督导检查。严格落实养殖主体第一责任人主体责任和行业部门监管责任，组织开展安全生产培训和应急救援演练，常态化开展督导检查 11 次，实现全年渔业安全生产无事故。（朱美涛）

种 业

【概况】 2022 年，西安市大力实施创新驱动发展战略，激发种业创新活力，支持、鼓励和促进辖区科研育种工作。市政府办公厅印发《落实种业振兴实施方案》，从种质资源保护利用、种业创新突破、种业企业扶优、加大良种繁育基地建设和种业监管能力提升 5 个方面发力，推动种业高质量发展，促进农业增效、农民增收。有 23 个农作物新品种通过国家和陕西省品种审定委员会审定和登记，其中西安鑫丰农业科技有限公司选育的“高玉 99”玉米品种通过第四届国家农作物品种审定委员会审定。

【畜禽良种繁育】 2022 年，西安市加大对地方优良畜禽种质资源保护和开发力度，引进、培育、推广畜禽优良品种。全市种畜禽生产经营企业达 20 家。市畜牧技术推广中心种公牛站全年生产优质冻精 9.2 万剂，自主培育的后备种公牛特级率达到 90% 以上，种公牛站获评“国家级动物疫病净化场”。

【渔业苗种开发】 2022 年，西安市积极发展渔业特色种业，推动实施品牌战略，支持陕西鸿海澳龙水产科技有限公司提升澳洲淡水龙虾苗种产能，年产优质苗种 500 万尾，远销安徽、江西、江苏等地；“临潼淡水龙虾”获农业农村部命名，并获评“全国名特优新农产品”。加强西安东大水产综合养殖场与高校科研团队合作，繁育淡水蓝鲨白鲨苗种 10 万尾。全市年生产各类水产苗种 6100 万尾。

【作物种业】 2022 年，西安市优化农业种植结构，开展种业振兴行动。全年完成 2021—2022 年小麦展示品种 32 个，管理、收获及考种示范小麦品种 13 个，筛选出表现较好的品种 10 个；秋播小麦示范展示品种 50 个，其中示范品种 27 个，展示品种 23 个。管理、收获彩色油菜品种 4 个，筛选出较好的品种 1 个；秋播油菜示范品种 8 个，其中普通油菜品种 5 个，彩色油菜品种 3 个。开展种植、田间管理、性状调查、收获及考种示范展示玉米品种 67 个，其中展示玉米品种 43 个，示范玉米 14 个，甜糯玉米品种 10 个。完成海南种植加代材料 506 份，测交组合 400 个，小组合制种 31 个，重点组合制种 3 个；夏播玉米育种材料 963 份，测交组合 400 份；选育出参加陕西省品种比较试验优良组合 2 个，其中 1 个进入区域试验阶段。召开全市番茄品种观摩会，在临潼区设立番茄品种示范展示点，展示普通番茄品种 105 个，樱桃番茄品种 32 个，筛选出表现好的番茄品种 10 个。在蓝田县三里镇磨李村分别建设小麦和玉米品种推广田 66.67 公顷、53.33 公顷，推广小麦、玉米优良品种 7 个；在三里镇王坡村、磨李村建设小麦品种示范展示田 5.33 公顷，示范展示小麦品种 30 个；在汤峪镇高堡村建设高油优质“双低”油菜示范展示田 6.67 公顷，展示示范油菜品种 26 个。引进彩色油菜、观赏向日葵等特色品种进行试验示范，为发展乡村旅游观光产业提供农业品种支撑。

2022 年 3 月 30 日，市农业专家在高陵区调研新品种引进试验示范情况
（市农业农村局 供图）

【种子品质监管】 2022 年，西安市抽检瓜菜、小麦、玉米及油菜种子企业和经营门店 100 余家，样品 218 批（次），代表量 63.48 万千克；强化转基因作物监管监测，抽取辖区内 6 家企业和 17 家门店的 53 个玉米种子样品进行转基因快速试纸条筛查，均未发现转基因成分。完成春、秋播 69 个小麦种子监督抽检样品纯度田间鉴定及全市小麦种子田间质量管理和企业异地制种检查，核查小麦种子“三田”企业 7 家，品种 27 个，检验面积 535.98 公顷。

【“高玉 99”玉米品种培育】 2022 年，西安鑫丰农业科技有限公司培育攻关的“高玉 99”玉米品种，继 2021 年通过陕西省审定，并正式通过国家审核认定。该品种株型紧凑，穗轴红色，籽粒黄色，半马齿形，果穗筒形，长相青秀，持绿性好，秆矮穗大，抗病抗倒，封顶性、丰产性好。（朱美涛）

农田水利

【概况】 2022 年，西安市采取新建标准化示范水库、增加钻井数量、加强农田灌溉频次、修筑水管渠道等措施，加大农田水利建设力度。依托大中型灌区，新建、改造、升级农田水利设施，推广水肥一体化与高效节水灌溉技术，主推“渠井配套 + 灌排结合 + 高效生产”建设模式，完成耕地灌溉面积 14.62 万公顷，其中万亩以上灌区数 25 处（其中 1 万至 5 万亩 21 处、5 万至 10 万亩 2 处、10 万至 30 万亩 2 处）灌溉面积 8.43 万公顷，平均单产达到 364 千克 / 亩，为粮食生产“十九连丰”提供坚实保障。

【农田水利基础设施建设】 2022 年，西安市强化部门协作，组织自然资源、水务等部门开展农田水利项目建设评估联审，通过现场踏勘、结合群众需求等方式，科学编制建设项目内容，提高项目方案的科学性与实用性。全年新打农用机电井 141 眼，衬砌 U 形渠道 99.63 千米，铺设低压输水暗管 96.01 千米、低压输电线路 9.67 千米、10 千伏以下高压输电线路8.73千米，地力培肥4133.33公顷，营造农田林网13.14千米，铺设机耕路110.1千米，其中硬化道路16.71千米。建成生产路87.86千米，新配变压器26台、配电箱34处，技术培训0.49万人（次），实现农田水利建设项目与原有设施、群众需求、计划任务有效衔接，为粮食增产丰收、农业防灾减灾打下坚实基础。（朱美涛）

【农田水库运行管护】 2022年，西安市落实秦岭区域小水电整治省级奖补资金4856万元，整治恢复52座小水电生态，恢复成效获陕西省检查组肯定。建成临潼区零河，蓝田县东风、汤峪，长安区大峪，周至县西骆峪5座标准化示范库，形成区域集中管护、以大带小、政府购买服务等小型水库运行管护机制，高质量迎接省级评估验收，提供可复制、可借鉴小型水库管理体制改革省级样板县创建经验，水库建设运行管理获全省综合评比第1。

【水土保持】 2022年，西安市完成水土流失预防保护面积94.44平方千米，制定治理水土流失目标任务124平方千米，实际完成135.88平方千米，完成率108.8%。其中，工程措施0.13平方千米，林草措施31.31平方千米，封禁治理措施94.44平方千米，其他措施10平方千米。水土流失面积比上年减少12.04平方千米，降低0.72%，水土保持率提高0.15%，年均减少土壤流失量38.71万吨。截至年底，累计完成水土流失治理面积2058.68平方千米，占全市水土流失面积的53.5%。全年完成中央、省、市水土保持综合治理资金2641万元，其中中央资金177万元，省级资金1084万元，市级资金1380万元。推行实施开发区水土保持区域评估和承诺制管理，优化方案审批程序，全年审批生产建设项目水土保持方案510个，其中市级46个，县级464个。核查水土保持扰动图斑407个，征收水土保持补偿费1.05亿元，全面完成2022年度图斑现场核查和整改销号，遥感监管销号进度在全省排名第1。制定《水土保持工作手册》，依托全国水土保持信息管理系统，实现水土保持项目全过程管控。2021年度省级水土保持考核工作按期完成，获得“优秀”等次。

【农村水价管理】 2022年，西安市制定出台农业用水价格试行政策，涉农区（县）结合农村集中供水工程供水、分散设施供水等实际情况，合理确定农村供水基本水价及终端水价。针对使用地下水灌溉，各区（县）采取水管组织与用水户协商定价办法，其中鄠邑区、周至县、蓝田县实行分类水价和累进加价政策，高陵区、阎良区采用地表水灌溉执行大型灌区末级供水价格。完善农业灌溉水价形成机制，由区（县）财政部门牵头制定农业灌溉用水精准补贴与节水奖励试行办法，其中高陵区、临潼区、鄠邑区出台经过试行的精准补贴与奖励办法，临潼区、鄠邑区、阎良区、周至县落实部分精准补贴与节水奖补资金。开展农业水权分配，灌区农业用水实行定额管理，12个中型灌区办理最新电子用水许可证，灞桥区、长安区、高陵区、临潼区、鄠邑区、阎良区、周至县、蓝田县等8个涉农区（县）持续开展农用灌溉机井水权证颁发工作，累计颁发水权证书69255份，覆盖设施灌溉面积14.05万公顷，占全市有效面积比例达到86.1%。稳步推进水价改革覆盖面积，累计完成农业水价综合改革计量设施覆盖面积13.46万公顷，占全市有效面积82.02%，其中纳入改革范畴的12个中型灌区全部安装计量设施，实现从渠首取水口到干、支、斗农渠口取水计量全过程管理。组建农民用水协会，强化水利设施建后管护机制，8个涉农区（县）成立农民用水者协会总会207个、分会357个，协会总会人数4269人、分会人数174438人。（李　健）

农业机械化

【概况】 2022年，西安市农业机械总动力248.79万千瓦，比上年增加0.26万千瓦，拥有拖拉机13031台，其中大中型拖拉机8549台；拖拉机配套农具47199台（套），配套比例1∶3.62；拥有小麦联合收割机4291台，玉米联合收获机3686台；拥有播种机13993台，其中免耕播种机7761台，精量播种机6169台，整地施肥播种机63台；拥有秸秆粉碎还田机6018台，谷物烘干机68台，植保无人驾驶航空器601台，均实现较快增长。完成机耕面积27.58万公顷，小麦机播13.36万公顷，玉米机播11.44万公顷，小麦机收13.56万公顷。小麦机播、机收水平分别达到99.18%、99.11%，玉米机播、机收水平分别达98.06%、90.54%，小麦、玉米两大粮食作物的耕、播、收基本实现机械化。农机经营总收入8.52亿元。

【农机服务组织】 2022年，西安市推进农机化作业服务组织集约化发展，将各类农机化作业服务组织整合为125个，其中拥有农机原值100万元（含100万元）以上的服务组织35个，拥有农机的专业合作社76个，拥有农机修理厂及修理点128个。农机作业服务专业户2.16万个，农机户9.13万人。全年兑付农机购置与应用补贴2429.27万元，受益农户4935户。

【农作物秸秆机械化综合利用】 2022年，西安市重点推广小麦秸秆捡拾打捆、小麦秸秆切碎还田、玉米免耕播种、玉米旋耕灭茬覆盖播种、玉米机械化收获、玉米秸秆饲草加工等秸秆机械化综合利用技术，以用促禁，实现资源进一步利用、环境进一步保护的目标。农作物秸秆机械化综合利用率97.3%。

【农机监理】 2022年，西安市全面落实农机免费管理惠农政策，稳步实施农机安全监管“4323”工程。全年新增注

2022年8月31日，西安市农机事故应急救援演练在周至县楼观台文化广场举行
（市农业农村局　供图）

2022 年 3 月，西安市神禾塬优质粮食生产基地进行春季植保作业

（市农业农村局 供图）

册登记拖拉机、联合收割机 1840 台，注册登记车辆总数 17532 台；新增持证驾驶人 836 人，持证驾驶人总数达 8529 人；注销拖拉机、联合收割机 4017 台。结合农机作业季节性、时段性特点，开展农机安全隐患排查 186 次，排查农业机械 6000 余台、排查农机合作社 33 家；开展农机安全宣传培训 65 场（次），培训农机手 3194 人（次）。 （朱美涛）

农业科技

【概况】 2022 年，西安市以“科技推广、西安先行”为主题，圆满完成第 29 届中国杨凌农业高新科技成果博览会组团参展任务，签约金额 118 亿元，获“稷特奖”21 项。持续强化与西北农林科技大学战略合作，累计推广各类种植规模 12.82 万公顷，中华蜜蜂指导 16.18 万群，乳羊 2.4 万只，平均技术覆盖度 58.52%。全年发布主推技术 30 项，获陕西省农业技术推广成果奖 11 项，争取省级农业科技创新驱动项目 11 项。组织开展农业科技大培训 2275 场（次），培训农民 11.33 万人（次）。 （朱美涛）

【农业科技项目】 2022 年，西安市科技局对 2022 年农业科技计划项目申报指南进行调整，首次设立农业重点产业链关键技术攻关项目，支持科技资金 360 万元，聚焦全市粮食育种、番茄制种、猕猴桃、乳制品等 12 个重点产业链关键技术需求，通过组织高校院所、市级农业科研推广单位和农业龙头企业加强产学研协同创新，形成一批具有自主知识产权的先进农业技术成果，为全市农业高质量发展提供科技支撑。组织市级农业科技项目申报、评审等工作。4 月在西安科技网官方网站发布 2022 年度西安市科技计划项目通知，通过电话、微信工作群等方式指导相关区（县、开发区）、科研院所等单位积极开展线上项目申报工作，审核通过农业技术研发项目 122 项、农业重点产业链关键技术攻关项目 24 项。10 月经过专家评审、实地考察、网站公示等环节，印发《西安市科学技术局关于 2022 年第六批科技计划项目的通知》，投入科技项目经费 768 万元，组织实施农业技术研发、重点产业链关键技术攻关项目 79 项，认定陕西佰瑞猕猴桃研究院有限公司等 3 家单位为农业科技创新园。为加强产学研联合攻关，还由西北农林科技大学牵头实施项目 13 项（其中，重点产业链关键技术攻关项目 3 项，农业技术研发 10 项），以推动杨凌农业科技资源在西安的活化利用。根据陕西省科技厅《关于申报 2022 年度农业农村领域省级科技创新平台的通知》要求，推荐农业农村领域省级科技创新平台 7 个，其中星创天地 1 个，科技示范镇 1 个，科技示范村 1 个，陕西省工程技术研究中心 2 个，陕西省“四主体一联合”校企联合研究中心 2 个。按照《陕西省科学技术厅关于组织申报 2022 年度乡村振兴“绿色通道”项目的通知》要求，积极组织乡村振兴重点帮扶县——周至县开展“绿色通道”项目推荐，对照申报条件向省科技厅推荐西安市开盟果业专业合作社的“秦岭北麓优质杂果新品种引进与生态观光科技示范项目”和西安市聚仙食品有限公司的“西安聚仙猕猴桃初加工标准化生产提升建设项目”等 6 个项目。 （王 春 汪 红）

【农业实用技术】 2022 年，西安市大力推广玉米增密度提单产技术和小麦宽幅沟播集成技术模式，指导建立粮食示范区（点）68 个、面积 15133.33 公顷。其中，阎良区武屯街道杨居村“冬小麦 + 夏玉米两料作物”示范点合计单产 1581.56 千克 / 亩，实现吨半田，玉米单产、吨半田产量均全省第 1。累计推广测土配方施肥技术 28.36 万公顷，水肥一体化技术 9533.33 公顷，推广配方肥用量 21.84 万吨，推广有机肥用量 21.64 万吨。积极示范推广病虫害绿色防控技术，粮食病虫防治面积 32.75 万公顷，防控处置率 98%，防效达 90% 以上。建设蔬菜绿色生产综合技术示范点 37 个，核心面积 30 公顷（大棚）；建成草莓绿色高效生产技术体系示范点 6 个，推广面积 333 公顷。积极强化农情信息服务和技术培训，发布《病虫情报》36 期、《西安土肥信息》22 期、《土壤墒情》26 期，印发生产管理指导意见 30 余份，召开示范推广现场会 35 场（次），开展技术指导 428 场（次），培训 19120 人（次）；广播电视宣传 57 期（次），网络宣传 141 次，发放技术资料 18.3 万份。 （朱美涛）

【农业科技特派员】 2022 年，西安市出台《进一步加强镇街科技特派员工作联络站建设实施方案》《2022 西安市科技特派员工作计划》，着力提升科技特派员组织效能和服务效能。围绕落实《西安市科技特派员助力乡村振兴行动计划（2021—2025）》，建立镇（街道）科技特派员工作联络站 118 个，选派市、县（区）两级科技特派 473 名（其中市级 236 名，县（区）级 237 名），实现周至、蓝田所有行政村和其他涉农区（县）、镇（街道）特派员科技服务全覆盖。选聘 50 名具有高级技术职称特派员组建“11 产业技术服务团”，对全市粮食、猕猴桃、葡萄、蔬菜等产业给予指导服务，开展技术指导与培训活动 3884 场（次），服务农户 5 万余人（次），服务村集体经济组织、农业企业、农民专业合作社等新型农业经营主体 800 余个，推广新技术 483 项，引进新品种 736 个，免费发放技术手册 5 万余册，初步形成市、区（县）、镇（街道）纵向协同，科技、农业农村等部门横向联动，多方参与、多元合作的工作格局。10—11 月，组织区（县）科技管理部门召开 2 次科技特派员备案工作培训会，宣讲特派员登记备案的重要性及必要性，解决备案流程操作的难点，动员各区（县）结合自身资源优势，深挖全市农业科技人才资源，登记备案自然人特派员 1730 人，超额完成省科技厅下达的登记备案任务。充分利用媒体宣传报道科技特派

员服务体系建设情况及服务典型，向陕西省科技特派员公众号、创新西安公众号、区（县）管理部门公众号等媒体推送系列宣传稿16篇，联络《陕西日报》《陕西农村报》等省级媒体，分别在临潼、蓝田、周至等区（县）就猕猴桃技术指导、科技特派员服务全覆盖、特派员联络站助力乡村振兴等进行宣传报道。

【农村科技示范户培育】 2022年，西安市科技局根据《西安市农村科技示范户培育及认定管理暂行办法》要求，明确市级农村科技示范户培育条件和程序，落实示范户具体培育措施，先后在蓝田、阎良、临潼、周至、鄠邑等区（县），实地抽查30%示范户，现场核实种植面积、上年收入、示范带动作用等情况，认定王彩苗等120户为2022年度西安市农村科技示范户，并给予每户3000元的奖励资助。围绕加快促进科技赋能乡村振兴和畅通农业研发成果转化渠道，在灞桥区、临潼区、长安区、鄠邑区等区（县）举办农业产学研对接活动9场，与当地政府、企业签订成果转化协议，开展技术培训、田间现场指导等活动，强化高校技术在农业生产中的实际应用，延伸农业科技链条。7月，依托临潼区举办“科技兴农，电商助农”甜桃采摘、“特派员服务活动之石榴自动采摘机制作方案研判”等活动，聚焦甜桃、石榴等农产品种植新模式和数字经济新业态，开展电商助农活动，创新农产品销售平台。9月，依托周至县举办秦创原·周至县产学研协同创新对接活动暨陕西省科技特派员服务团产业帮扶周至研讨活动，围绕周至猕猴桃老园改造、生产能力提升开展专题调研及技术研讨。

（王　春　汪　红）

【农业科技培训】 2022年，西安市农业农村局开办“农机云课堂”8期，在线学习人数超10万人（次）；拍摄制作发布“农机短视频”66条，“西安农机”官方账号累计浏览量超210万人（次）；策划组织“农机田间课堂”10次，开展线上线下培训80场（次），培训农机化人才队伍10800人（次）。

【第29届中国杨凌农高会】 2022年9月，西安市以“加快科技创新，推进农业进步”为主线，采用“实体展区＋云上展区”相融合的展示方式，借助实物造型、鲜活产品、展板图文、视频影像等形式，组织2个市级部门、1个开发区、8个涉农区（县）、65家企业、135种产品参展第29届中国杨凌农高会。与杨凌示范区、西北农林科技大学签订深化农业科技推广共建秦创原农业板块战略合作框架协议。签约项目37个，涉及资金118亿元，签约金额为历届最高。申报后稷奖56项，获奖21项，其中后稷奖18项、后稷特别奖3项，获奖率37.5%，获奖项目占总获奖项目数量的12%。西安市葡萄研究所申报的葡萄新品种“户太10号”、西安丰园果业科技有限公司申报的新杏品种“丰园29”、陕西鼎兴生态农业科技有限公司申报的庞子牌猕猴桃分别获得“后稷特别奖”。

（朱美涛）

农业产业化经营

【概况】 2022年，西安市积极探索创新农业社会化服务的业态、模式、机制，有效降低生产成本，提升质量效益，促进农业规模化、集约化、专业化生产，形成一批可复制、可推广的示范典型。截至年底，全市社会化服务主体达到2166家，其中农民专业合作社1143家、农村集体经济组织420家、农业服务企业251家、各类农业服务专业户333家，其他服务组织19家；纳入中国农业社会化服务平台管理638家。

2022年9月15日，第29届中国杨凌农业高新科技成果博览会西安展馆

（市农业农村局　供图）

【农业龙头企业】 2022年，西安市依据《农业产业化重点龙头企业认定和运行监测管理细则》有关规定，开展年度市级农业产业化龙头企业认定监测工作，新增认定市级农业产业化龙头企业36家，新认定企业资产总额27.9亿元，带动农户5.6万户。截至年底，全市市级以上龙头企业180家，其中国家级12家，省级60家，市级108家，经营性收入750亿元。全年申报省级农业产业化联合体3个，推广农业产业化联合体发展模式典型案例5个，带动农户6560户。

【家庭农场培育】 2022年，西安市开展示范家庭农场创建工作，新增家庭农场60家，培育市级示范家庭农场20家，省级示范家庭农场9家。家庭农场名录管理库录入累计3140家（其中省级示范家庭农场168家，市级示范家庭农场133家），灞桥区成蹊姐家庭农场、西咸新区秦汉新城成巧睿家庭农场、周至县荣臻家庭农场入选第二批陕西省家庭农场典型案例。

【农民专业合作经济组织】 2022年，西安市扎实推进新型农业经营主体提升行动，完成高质量发展农民合作社201家，带动农户4.65万户、脱贫户1533户。全市创建国家级示范社24家、省级示范社94家、省级百强社35家、市级示范社341家，落实中央财政资金250万元、省级830万元、市级300万元，支持274家农民专业合作社高质量发展，有力促进脱贫户群众增收。

【农村专业合作社经营模式创新】 2022年，西安市不断创新和优化“合作社＋农户”经营模式，持续推进粮食规模化经营，粮食产量和收益实现“双增长”。其中，长安区长丰农机专业合作社创新土地托管模式，先后实现1.0版本“合作社＋托管员＋农户”模式、2.0版本“合作社＋集体经济组织＋农户”模式、4.0版本“合作社＋村集体经济组织＋农户”“保底＋分红”模式的创新和优化。其中，4.0版本“合作社＋村集体经济组织＋农户”“保底＋分红”模式：村集体经济组织推动土地集中连片，群众享受每亩地700元保底收益，夏粮收益超过保底收益部分按照农户、合作社 4 ∶ 6 的比例分配，合作社免费耕种一茬秋粮玉米，作为补充收益。阎良区金丰公社创新粮食生产“七统一”大田托管服务模式，由村股份经济合作社将农户零散的土地集中整合起来连片种植、统一管理，金丰公社为农户提供全产业链种植托管服务，先后经历基础版本“金丰公社＋村股份经济合作社＋农户”模式、小飞人版本“金丰公社＋小社长（村级服务站）＋农户”模式、加强版本“大田托管服务中心＋村级托管服务站＋农户”模式（即托管服务中心负责实施统一测土、统一良种供应、统一配方肥供应、统一机耕和机收、统一病虫害防治、统一订单收购、统一贫困户帮扶等 7 环节，村上成立托管服务站负责动员农户参与大田托管，农民得到土地租金费用和村集体收益分红）。

【“公司＋农户”服务模式创新】 2022 年，西安市充分挖掘农业科技潜力，将农业公司发展与服务农户深度融合。陕西汇丰源农业科技发展有限公司创新实施“农资＋农技＋农机”三位一体“点餐式”服务模式，农户可根据自身需求进行“点餐式”服务，小麦、玉米两料作物比农户传统种植每亩节省投资 150 元、亩均增产近 100 千克，化肥和农药年使用量减少 20% 以上，引领小农户进入现代农业发展轨道；中化现代农业（陕西）有限公司创新“互联网＋农户”高效托管新模式，促进村集体和农民增收，具体即以农户有机衔接为主线，积极培育壮大服务主体，拓展服务领域，创新服务模式，提升农业生产社会化服务水平。 （朱美涛）

农产品质量建设

【概况】 2022 年，西安市全面贯彻落实“四个最严”要求，深入推进“治违禁 控药残 促提升”三年行动，划分农产品质量区域层级网格 2139 个，有 1935 家企业纳入市级追溯平台，重点监管主体数量 948 个；开具食用农产品合格证 1307421 张，完成农产品定性检测 31.16 万批次，定量检测 18639 批次，检测合格率 99.7%。逐步实现农产品质量安全从“有效监管”向“高效治理”转变。

【监管体系建设】 2022 年，西安市按照“区域定格、网格定人、人员定责”思路，持续深化农产品质量安全网格化监管模式应用，划分一级网格 1980 个、二级网格 145 个、三级网格 13 个、四级网格 1 个，建立起“横向到边、纵向到底、上下贯通、立体覆盖”的农产品质量安全监管机制；有 1935 家企业纳入市级追溯平台，可追溯农产品 1100 余个，共打印追溯标签 108923 枚。有 12 个涉农区（县、开发区）实现食用农产品达标合格证制度全覆盖，向农业合作社、企业累计开具食用农产品合格证 1307421 张，附带上市产品 109168.16 吨。加快“智慧监管”App 项目建设，有 553 家主体完成信息注册和审核，配备农残速测设备 50 台、手持式巡查机 120 台、智能终端机 92 台。

【“三品一标”建设】 2022 年，西安市无公害农产品、绿色食品、有机农产品和农产品地理标志（简称“三品一标”）建设取得新突破。全年完成 29 个绿色农产品认证、3 个有机农产品认证，纳入名特优新农产品名录产品 16 个，纳入特质农品名录产品 66 个，新增全国农产品全程质量控制技术体系试点主体 11 个，通过良好农业规范认证主体 31 个，纳入全国生态环保优质农产品包装标识生产应用试点主体 45 个，周至猕猴桃被列入 2022 年省级地标保护工程。

【种植业产品质量安全】 2022 年，西安市农业农村局按照《2022 年西安市农产品质量安全监测方案》要求，扎实开展农产品质量安全风险监测和监督抽查。配合农业农村部、省农业农村厅完成种植业农产品质量安全例行监测、监督抽检 6 次，畜禽产品例行监测、监督抽检 11 次，开展市级农产品质量安全例行监测 4（次）。完成农产品定性检测 31.16 万批（次），定量检测 18639 批次，检测合格率 99.7%。

【畜产品安全】 2022 年，西安市加强畜产品安全管理，强化产地检疫、屠宰检疫、调运监管。累计免疫高致病性禽流感 1382.87 万羽次、新城疫 1310.33 万羽次、猪口蹄疫 109.61 万头次、牛口蹄疫 8.35 万头次、羊口蹄疫 32.16 万只次、奶牛双价口蹄疫 4.82 万头次、羊小反刍兽疫 23.82 万只次、狂犬病 32.2 万只、猪瘟 109.61 万头。应免畜禽免疫率 100%，畜禽群体免疫率常年保持在 90% 以上，免疫抗体合格率 70% 以上。全年未发生重大动物疫情。

【水产质量安全】 2022 年，西安市持续开展水产养殖用投入品三年整治和“治违禁、控药残、促提升”三年专项行动，强化养殖生产环节水产品质量安全监管。全年督导检查养殖生产场户 32 批（次），抽检鱼样 125 个。配合农业农村部、陕西省完成市场流通环节水产品抽样 35 个；市本级养殖生产环节抽检鱼样 146 个、饲料 26 个、水样 26 个；配合省级苗种疫病筛查抽样 3 个，水产品兽药残留监测合格率 98% 以上。组织全市 75 名渔业官方兽医参加水产苗种检疫线上培训考试，成功举办西安市第三届水产检测技能竞赛。

【农资市场整顿】 2022 年，西安市农业农村局等 7 部门印发《2022 年全市农资打假和监管工作要点》，召开农资打假专项行动动员部署会，先后组织开展农资打假保春耕、秋季农资市场专项执法、“放心农资进乡村、质量兴农保安全”下乡进村宣传等行动。全年出动执法人员 1653 人（次），执法车辆 156 台（次），检查门店 700 余家，发放宣传资料 3.2 万份，举办现场咨询培训 45 场（次），接受群众现场咨询 1.5 万人（次）。

【全国名特优新高品质农产品全程控试点城市创建】 2022 年，西安市以创建农产品全程质量控制技术试点为抓手，累计培育全国名特优新农产品 30 个、特质农产品 67 个、全国农产品全程质量控制技术体系实施主体 63 个，获得国家良好农业规范认证生产经营主体 31 个，发展生态环保优质农业投入品生产应用主体 41 个、生态环保优质农产品包装标识生产应用主体 45 个，制定全程质量控制管理标准体系 13 个，全面完成创建量化目标任务，成功创建全国名特优新高品质农产品全程控试点城市，成为全国首个完成整建制创建的副省级城市。试点期间探索建立的“政府引导、主体培育、机构支撑、市场推动”的“西安模式”，被农业农村部农产品质量安全中心在全国推广。

【食用农产品“治违禁 控药残 促提升”行动】 2022 年，西安市农业农村局按照《西安市食用农产品“治违禁、控药残、促提升”三年行动实施方案》《西安市农业农村局关于进一步做好食用农产品“治违禁控药残促提升”三年行动工作的通知》的要求，聚焦问题较为突出的 11 种农产品，实施食用农产品“治违禁 控药残 促提升”三年行动，加快解决违法使用禁限用药物问题，全面提升农产品质量安全治理能力和水平。截至年底，全市重点监管主体数量 948 个。 （朱美涛）

工　业

责任编辑　胡　永

综　述

【工业稳定增长】　2022年，西安市规模以上工业增加值比上年增长13.9%，高于全国10.3个百分点，高于全省6.8个百分点，增速在15个副省级城市和9个中心城市中排名第1；拉动GDP增长1.8个百分点，工业增加值占生产总值比重21.2%，比上年提高1.6个百分点。规模以上工业企业完成总产值9190亿元、营业收入9364.3亿元，分别比上年增长23.4%、32%。新增比亚迪汽车和三星公司2户产值超千亿元企业，众迪锂电池、吉利汽车、西安乐叶3户产值超百亿元企业，超百亿元企业累计13户。新增规模以上工业企业179户。兑现市级产业惠企奖补资金4.5亿元。成立比亚迪助企服务工作专班，协调解决土地文勘、水电气生产要素、市政配套建设、物流运输、其他各类保障等5大类30余个问题。全市工业和信息化系统干部到规模以上工业企业和重点工业项目现场5800余人次，收集各类需求事项1800余件。走访企业6500余次，协调解决企业生产要素保障、市场开拓、流动资金等问题。　（李　汶）

【政策规划】　2022年10月，西安市出台《西安市“十四五”工业和信息化发展规划》《2022年西安市重点产业链招商若干政策》《关于加快建设先进制造业强市的实施意见》等文件，提出至2025年底实现产业强、企业强、创新强、品牌强、融合强的发展目标，全方位提高工业和信息化发展水平。在经济规模方面，工业增加值占GDP比重为25%，规模以上工业增加值年均增速8%，工业投资年均增速8%；在创新能力方面，规模以上工业企业战略性新兴产业总产值占工业总产值比重为50%，市级以上企业技术中心630家；在中小企业方面，规模以上工业企业数2000家，新增专精特新中小企业400家，工业品牌培育试点示范企业20家；在绿色发展方面，单位工业增加值二氧化碳排放量下降16%，单位工业增加值能耗累计降低15%。电子信息制造、汽车、航空航天、高端装备、新材料新能源制造、食品和生物医药六大支柱产业，产业规模15100亿元，年均增速21.2%，跻身全国一流的先进制造业基地。　（陈志林）

表27　2022年西安市规模以上工业企业主要经济指标统计表

分　组	营业收入/亿元	同比增长率/%
按企业规模分		
大型企业	7014	37.4
中型企业	1598	15.5
小型企业	1708	8.7
微型企业	71	-26.0
按轻重工业分		
轻工业	1231	36.9
重工业	9160	26.2
按主要行业分		
农副食品加工业	120	6.2
食品制造业	103	2.0
化学原料及化学制品制造业	216	9.6
医药制造业	255	10.4
非金属矿物制品业	334	-7.7
金属制品业	229	11.2
通用设备制造业	221	9.4
专用设备制造业	337	6.6
汽车制造业	2154	42.4
铁路、船舶、航空航天和其他运输设备制造业	753	21.1
电气机械和器材制造业	2020	63.7
计算机、通信和其他电子设备制造业	2112	25.1
电力、热力生产和供应	438	9.8

【产业链提升】　2022年，西安市六大支柱产业总产值7652.81亿元，比上年增长27.9%，占规模以上工业总产值比重83%。电子信息、汽车、航空航天、高端装备、新材料新能源、食品和生物

表 28　2022 年西安市规模以上工业主要产品产量统计表

项　目	单　位	绝对量	同比增长率 / %
发电量	亿千瓦小时	176.95	5.7
小麦粉	万吨	22.75	-4.4
饮料	万吨	189.15	-6.3
乳制品	万吨	44.71	-17.9
汽车	万辆	125.63	96.7
# 基本型乘用车（轿车）	万辆	33.50	60.4
运动型多用途乘用车（SUV）	万辆	80.10	209.9
载货汽车	万辆	10.15	-40.8
# 新能源汽车	万辆	101.52	277.7
智能手机	万台	3113.92	-32.4
3D 打印设备	台	389	76.0
交流电动机	万千瓦	252.87	-8.7
变压器	万千伏安	7795.31	16.0
城市轨道车辆	辆	548	45.7
充电桩	个	210359	72.1
单晶硅	万千克	385.23	133.3
多晶硅	万千克	48.84	-82.0
电力电缆	万千米	15.08	-41.5
光缆	万芯千米	1102.66	11.8
光纤	万千米	864.94	6.9
电子元件	亿个	43.29	-17.1
集成电路	亿块	57.66	-10.7
集成电路圆片	万片	601.60	67.8
锂离子电池	万个	2433.68	11.7
民用无人机	架	39	-51.3
汽车用发动机	万千瓦	526.37	-34.5
气体压缩机	万台	491.40	-10.9
太阳能电池	万千瓦	1966.48	27.5
移动通信基站设备	万块射频模块	138.23	173.0

说明：# 表示其中项

表 29　2022 年西安市规模以上工业企业经济效益统计表

项　目	单　位	绝对量	同比增长率 / %
企业单位数	个	1706	—
# 企业亏损数	个	426	4.4
营业收入	亿元	9364.30	32.0
利润总额	亿元	573.80	45.0
利税总额	亿元	775.90	0.1
应收账款	亿元	2310.50	19.3
产成品	亿元	502.20	6.3
亏损企业亏损额	亿元	80.30	-6.0

说明：# 表示其中项

医药 6 大支柱产业，产值增速分别为 9%、56%、15%、27.8%、31.4%、14.5%。全国先进制造业百强市排名跃升 8 位，位居全国第 12 名。航空产业集群入选全国先进制造业决赛优胜集群。制定 2022 年支柱产业壮大和产业链水平提升行动方案，全年目标任务量化为 82 项具体指标，细化形成月度任务清单。建立提升办统筹、责任单位负责、工作专班推进、区（县、开发区）落实、“链主”企业主导、专家服务团支撑的“六维”工作推进机制，以及月调度推进、季总结通报、年考核验收的“三维”工作督导机制。19 条重点产业链采取“链主带动 + 链长推动 + 市场化运行”模式和“1155+N”（每条产业链围绕“一套”提升工作目标及“一个”产业链全景图谱，完善“五个方面”协调督导机制和“五个一”工作机制，动态发布“链主”企业、延链补链强链重点领域、可招引的头部企业、可对接的投行基金等“N 张清单”）运行机制，每月逐项核对任务完成情况，每季度分批次与各区（县、开发区）召开任务推进专题会。举办“西安先进制造领军人才培养工程—青岛行暨第六期先进制造业企业家培训班”，组织全市 50 位先进制造业企业家前往青岛观摩学习；开展“开发区走进陕鼓”活动，举办首期“先进制造领军人才培养工程—推广‘陕鼓模式’企业家培训班”；举办“西安—胶东经济圈先进制造业企业协作对接暨产业招商会”，形成 496 项合作需求和意向。

【工业企业创新】　2022 年，西安市获批国家级企业技术中心 2 家、省级制造业创新中心 4 家、省级企业技术中心 22 家，为 223 户企业争取省级创新项目支持 6617 万元，市级技术创新项目 1362 项，8 户企业获得首台（套）重大技术装备项目政策支持。参与省级“揭榜挂帅”项目 62 个，新增省级技术创新企业 2 户、市级技术创新示范企业 31 户。新增省级质量标杆企业 9 户、省级工业品牌培育示范企业 8 户，认定市级质量标杆培育企业 38 户、工业品牌培育企业 22 户，认定 57 个工业产品为“陕西工业精品”。新认定制造业单项冠军企业国家级 5 户、省级 23 户，推荐法士特等 19 户企业的 29 项产品（作品）申报 2022 年中国优秀工业设计奖。

【工业企业投资】　2022 年，西安市 225 个先进制造业及研发平台项目完成投资 1371.3 亿元，占全年计划投资 118.6%，工业投资增速 25.5%，高于全省 16.8 个百分点。列入省级重点工业投资计划项目 58 个、总投资额 2175.6 亿元，当年计划投资 539.5 亿元，完成投资 729.3 亿元，占全年计划投资 135.2%。加强新增产能项目动态管理，梳理比亚迪、三星、隆基等新增产能项目 54 个，新增产值 500 亿元以上。　（李　汶）

表 30　2022 年西安市规模以上工业企业综合能源消费量统计表

项　目	绝对量 / 吨标准煤	同比增长率 / %
规模以上工业综合能源消费量	6232780	5.8
按主要行业分		
# 农副食品加工业	38732	-36.1
石油、煤炭及其他燃料加工业	8079	-20.0
化学原料和化学制品制造业	257121	4.3
非金属矿物制品业	324614	-8.9
黑色金属冶炼和压延加工业	12254	-46.5
有色金属冶炼和压延加工业	70183	15.0
通用设备制造业	26991	1.9
专用设备制造业	28423	9.2
汽车制造业	233945	12.8
铁路、船舶、航空航天和其他运输设备制造业	29710	13.8
电气机械和器材制造业	256614	25.9
计算机、通信和其他电子设备制造业	620935	9.4
电力、热力生产和供应业	3825488	7.7

表 31　2022 年西安市规模以上工业企业主要能源消费量统计表

项　目	单　位	绝对量
原煤	万吨	869.58
汽油	万吨	1.37
柴油	万吨	8.61
天然气	亿立方米	16.81
用电量	亿千瓦时	131.68

【支柱产业扶持政策】　2022 年，西安市出台六大支柱产业扶持政策，对于符合注册时间、投资比例、设备场地等条件的企业和项目，给予不同额度的补助或奖励。其中，新建外地引进或本地企业实施的工业项目，给予补助最高不超过 500 万元；新招引工业企业，给予 1 年租金补贴；新招引设备采购额不低于 1000 万元的企业，给予每户企业补贴最高不超过 2000 万元；在西安市设立研发中心、开放式创新平台并达到一定规模，且纳入秦创原创新平台的知名企业，给予最高不超过 3000 万元奖励；引进一个固定资产投资不低于 1000 万元的产业链配套企业，给予引进单位或机构最高不超过 100 万元奖励；固定资产投资额不低于 1000 万元的技术改造项目，给予奖励最高不超过 2000 万元；介绍引进符合支柱产业的工业项目，给予 10 万元经费奖励；制造业企业技术改造项目，给予最高不超过 2000 万元奖励；属于新兴产业，全年主营业务收入超过 3000 万元且较上年增长 30% 以上的企业，给予最高不超过 300 万元奖励。　（陈志林）

【工业园区发展】　2022 年，西安市县域工业集中区实现工业总产值 3276 亿元，营业收入 3188 亿元。全市新型工业化产业示范基地开发建设面积 281 平方千米，实现工业总产值 8245.91 亿元，累计发展省级及以上小型微型企业创业创新示范基地 33 家，市级以上小微基地 46 家。

【企业纾困解难】　2022 年，西安市工业和信息化局制定印发《关于做好当前工业企业疫情防控工作的通知》《关于进一步科学精准做好当前工业企业和工业园区防疫工作的通知》，组织人员到园区一线，为 600 余户企业宣传疫情防控相关政策，协调企业生产经营中防疫物资短缺、医疗救治、原料运输受限等问题。成立驻厂包抓工作组，“一对一”包抓服务全市医药企业，加强与陕西省工业和信息化厅联动，通过省级平台为本土药企协调解决原材料供给、融资困难等问题。　（李　汶）

电子信息产业

【产业发展】　2022 年，西安市电子信息行业经济发展呈稳步增长态势，半导体及集成电路行业成绩突出，规模处于国内第一梯队，凸显世界级领军企业聚集效应，产业带动效果显著。依托三星、美光、中兴等龙头企业，发展高端芯片、智能手机、新型电子元器件等产品，加快相关配套产业发展；围绕军工电子、汽车电子、工业电子、电力电子等领域，发展大功率 LED 照明芯片、卫星通信设备、工业软件等；以信息产业园及临空智慧云港为承载，结合新一代信息技术产业发展趋势和行业需求，做大集成电路、智能终端、新型显示、军工与行业电子设备等电子信息硬件产业；依托西飞航电等航空电子类企业，发展航空机载设备、地面监测设备、导航飞控等产业；承接三星、中兴等龙头企业产业溢出，发展电子信息产业，构建全市南部高新技术产业带。全年电子信息产业实现规上工业总产值 1461 亿元，比上年增长 9%。　（李　汶　陈志林）

【重大项目建设】　2022 年，西安市助推电子信息产业集群协同发展，重大项目稳步推进。三星二期项目保持满产运行，一二期项目合计产量 26 万片 / 月。奕斯伟一期一阶段项目实现产能 30 万片 / 月，一期二阶段项目顺利启动，购置和安装调试设备，签约落地奕斯伟硅片第二工厂项目。比亚迪高端智能终端项目一期（组装）项目竣工，实现部分运营投产，抢抓推进二期（零部件）项目建设。中兴智能终端二期项目正式竣工投产。

【聚合电子信息产业链】　2022 年，西安市工业和信息化局按照《关于进一步提升产业链发展水平的实施意见》，对光子、半导体及集成电路、智能终端、传感器 4 个产业链实施“1155+N”推进机制，配合陕西省开展省级“链主”企业申报认定工作，调研 4 个产业链“链主”企业。完成奕斯伟、唐晶量子、美光、陕西电子、三星 5 户企业（半导体及集成电路产业链）重大项目国家“窗口指导”认定。举办第十一届 APEC 技展会——集成电路产业中小企业发展论坛、芯耀长安 •“链”接未来——西安市半导体及集成电路产业链投资推介会、陕西—京津冀半导体及集成电路产业链合作交流会、全省汽车整车与芯片企业交流对接会等系列活动。联合省级产业链专班组织半导体及集成电路、智能终端、太阳能光伏、新型显示、传感器等企业金融培训。

【软件服务业】 2022年，西安市工业和信息化局组织征集首版次软件产品项目，全市16个优秀软件产品获得省级首版次软件产品奖补资金405万元。全国软件百强企业华为、中兴、中软国际、浪潮、海康威视、东华软件、浙江大华、软通动力、东软集团等均在西安设立研发机构。全市软件和信息技术服务业营业收入2219亿元。其中中软国际、中兴新软件营业收入为136.8亿元和33.1亿元，分别增长15.7%、13.1%。 （李 汶）

【半导体产业】 2022年，西安市半导体产业快速发展，拥有半导体与集成电路相关科研机构20余家，学历教育机构12个，从业人员近6万人。在支撑产业链方面，拥有奕斯伟、理工晶科、唐晶量子、吉利电子化工等70余家企业。依托半导体集成电路产业集群入选第一批国家战略性新兴产业集群发展工程优势，加快半导体核心产业链中集成电路的IC设计、IC制造和IC封装测试等关键环节发展。在IC设计方面，全市拥有中兴克瑞斯、华为、紫光国芯、拓尔微等半导体设计企业120余家，产品覆盖通信、存储器、物联网等领域；在IC制造方面，拥有三星、西岳电子、卫光、派瑞等晶圆制造企业8家，其中三星在全国晶圆制造业中规模最大，晶圆制造最高水平产品为12英寸14纳米级存储器；在IC封装方面，拥有三星、华天、力成、华羿等13家企业，有测试与分析中心10个。全年半导体产业规模达到1700亿元，居全国第4位。 （陈志林）

【服务企业】 2022年，西安市工业和信息化局包抓高新区工业企业经济运行、工业投资、新增规模以上企业入库等工作，走访调研99户规模以上工业企业和园区。服务指导工业园区和重点企业疫情防控工作。协调省级、市级地震部门解决三星（中国）半导体有限公司接入地震预报信息系统诉求，防止高端设备受到地震影响造成宕机损失。帮助西安卫光科技有限公司协调江阴市工信局及江阴市疫情防控部门，开辟企业生产原材料保供运输通道，确保企业正常运转生产。 （李 汶）

【陕西电子信息集团有限公司】 2022年，陕西电子信息集团有限公司辖属一级企业23家，在职员工3万余人，主要从事雷达及配套设备制造、通信设备制造、导航终端制造、计算机软硬件及外围设备制造、软件开发、电子专用设备制造、电子元器件制造、半导体照明器件制造、数据服务、物联网设备制造、大数据服务、云计算设备制造等业务，属于中国电子信息百强企业。全年实现营业收入220.1亿元，比上年增长11.59%。 （陈志林）

汽车制造业

【产业发展】 2022年，西安市生产汽车125.63万辆，比上年增长96.7%，占全省和全国产量分别为93.8%、4.6%，位居15个副省级城市第4位。其中，新能源汽车101.52万辆，比上年增长277.7%，占全市整车总产量80.8%，占全省和全国新能源汽车产量分别为99.5%、14.38%。新能源汽车产量份额比位居全国第1，每生产7辆新能源汽车，即有1辆“西安造”，获称“新能源汽车产量第一城”。全国重型商用车销售67.2万辆，比上年下降52%，其中陕西汽车集团有限责任公司销售10.31万辆，比上年下降41.41%，占全国销量15.3%，位居行业第4位。全年汽车产值首次突破2000亿元大关，达到2173.12亿元，比上年增长56%。

全市汽车制造业形成重型卡车和新能源乘用车两大产业集群。有规模以上汽车企业90余家，其中整车企业有陕西汽车集团股份有限公司、比亚迪汽车有限公司、西安吉利汽车有限公司3家，从业人员10万人；有陕西法士特汽车传动集团有限公司、西安众迪锂电池有限公司、三星环新（西安）动力电池有限公司、西安康明斯发动机有限公司等零部件企业。主要涵盖重型卡车、乘用车、新能源汽车、变速器、发动机、动力电池、传动轴、车桥、汽车空调、内外饰件等产品，产业链持续延伸，产品覆盖面逐步扩大。

【产业政策规划】 2022年，西安市结合前期印发的《西安市汽车产业发展规划（2018—2025年）》《西安市汽车产业链发展推进方案（2018—2025年）》《关于推进汽车产业发展的若干政策意见》《关于加快推动新能源汽车产业高质量发展的实施意见》等文件，出台《西安市乘用车（新能源）产业链提升方案》，成立乘用车（新能源）产业链提升工作专班，抢抓新能源汽车发展机遇。通过实施壮大整车“增链”、新能源汽车“强链”、研发创新“补链”、重点领域“延链”、供应链“稳链”五大工程，不断扩大产业规模。采取每月专题汇报方式，全力推进陕汽扩能、比亚迪新能源汽车零部件产业园、西安康明斯迁建、比亚迪西安研发中心等项目建设。截至年底，全市汽车产业拥有超千亿元企业1家，超百亿元企业3家。 （李 汶）

【产业布局】 2022年，按照《西安市现代产业布局规划》，西安市合理布局区域汽车产业发展重点，做大、做强汽车支柱产业。经开区重点围绕卡车及零部件、新能源汽车等领域，形成以陕汽、吉利等企业为龙头的渭北汽车产业集群。高新区围绕新能源汽车、智能网联汽车、汽车零部件等领域，形成以比亚迪、西沃客车、法士特、三星环新等企业为龙头的高新汽车产业集群。西咸新区依托宝能、同力重工等龙头企业，形成新能源汽车制造、专用汽车生产、新能源汽车配套等三大产业集群。富阎产业合作园区以三秦汽车零部件制造项目为引领，重点发展新能源汽车配套产业，建设高质量新能源汽车零部件聚集区。鄠邑区突出汽配产业园高端化发展，主动承接高新区汽车产业配套。阎良区、高陵区围绕服务陕西重汽、吉利汽车，重点发展传动与电子等关键零部件产业，延伸汽车零部件配套产业链。

【产业链建设】 2022年，西安市依托汽车产业链供应链联盟编制《陕西省汽车产业链名录》，绘制《陕西省汽车产业链布局图》《西安市汽车产业链布局图》，搭建“陕西汽车”“西安汽车产业”信息服务平台，构建汽车供应链企业库、产业链设备共享库。联盟有链长企业4家，理事长单位1家，秘书长单位1家，副理事长单位7家，常务理事单位4家，理事单位30余家。组织汽车产业链相关学习、交流、对接等活动50余场，分享相关政策咨询200余条，行业资讯400余条，推介供应链企业300余次，发布人才信息100余条，发布供需信息50余条，推广园区招商信息50余次。宣传推介联盟企业情况和优势产品，促进汽车整机企业及相关供应链企业相互了解，吸引外部优质汽车企业，关注和促进西安汽车产业发展。 （陈志林）

【科技创新】 2022年，西安市辖域内车企持续加大研发投入，比亚迪汽车有限公司推出搭载高效发动机和DM-i系统的“秦”“宋”系列超级混动新能源车型，性能卓越，市场份额高。陕西汽车集团股份有限公司利用新能源商用车核心制造技术，研发推出插电式混合动力港口车、增程式环卫车、混合动力压缩式垃圾车等新能源特种车，投放应用于环卫、物流、矿区等场景，产品与服务认可度持续攀升，订单与销量比上年增长超3倍。吉利汽车西安工厂是吉利汽车集团占地面积最大，集数字化、自动化、智能化、柔性化于一体的4.0智能制造基地，成为吉利全球首个全架构、全能源、全车系智能“黑灯工厂”，实现焊接、喷涂自动化率100%，生产星越LHi-P、Smart精灵1号等新能源汽车。法士特自主研发生产AT、AMT、S变速器、液力缓速器和新能源产品的关键核心技术达国际领先水平。（李　汶）

【比亚迪汽车有限公司】　2022年，比亚迪汽车有限公司在西安地区辖属超过20家公司，主要从事新能源汽车的研发、制造、销售等业务，产业链延伸至锂电池、云轨交通、半导体等，形成包括乘用车、商用车、电机、动力电池、汽车金融、轨道交通等较为完整的产业链，在职员工9万余人。全年在西安地区生产汽车100.8万辆，比上年增长145.4%。其中新能源汽车产量99.5万辆，比上年增长270.4%。整车产值1362.52亿元，比上年增长219.72%，为西安市新增1家千亿企业，比亚迪对全省汽车产量贡献率从40.5%上升至75.3%。

【陕西汽车控股集团有限公司】　2022年，陕西汽车控股集团有限公司下辖陕西汽车集团股份有限公司、陕汽集团商用车有限公司、陕西重型汽车有限公司等100余家参控股子公司，业务涵盖整车、专用车、零部件和后市场四大板块，主要从事全系列商用车和汽车零部件制造的研发、生产、销售及汽车后市场服务。截至年底，在职员工2.76万人，资产总额760亿元，位居中国企业500强第236位，以350.65亿元的品牌价值上榜“中国500最具价值品牌榜”。在清洁能源与新能源、智能网联商用车领域处于行业领先地位，具备新能源商用车系统集成及核心零部件开发能力，拥有国内第一张重卡自动驾驶测试牌照，是全国智能网联汽车领域国家高端装备制造业标准化试点企业。高速公路智能重卡实现量产，L4级自动驾驶在港口等场景实现示范运营。陕汽在阿尔及利亚、肯尼亚等15个“一带一路”共建国家建成本地化工厂，产品远销海外100多个国家和地区，出口量保持行业前列。全年实现营业收入507.12亿元。

【西安吉利汽车有限公司】　2022年，西安吉利汽车有限公司在陕西省有2个整车工厂和1个发动机工厂，主要从事汽车零部件的设计、研发、生产、销售及售后服务等业务，布局博越、银河L7、星越L等战略产品。累计引入一级配套供应商28家，二级配套供应商36家，年配套额突破40亿元。吉利汽车西安制造基地位于经开区泾渭新城，占地150.73万平方米，建筑面积70万平方米。包括冲压、焊装、涂装、总装四大工艺车间及配套的管理中心、物流中心、生活配套区等。基地依托吉利汽车最先进的CMA平台和工艺水平，生产线全部采用世界领先、高自动化的工艺设备，建成集数字化、自动化、智能化、柔性化于一体的整车生产基地。总投资200亿元，生产整车30万辆。全年实现营业收入178.02亿元。

【陕西法士特汽车传动集团有限责任公司】　2022年，陕西法士特汽车传动集团有限责任公司主导产品为商用汽车变速器，应用于重型车、大客车、中轻型卡车、工程用车、矿用车和低速货车等各种车型，被国内外150多家主机厂的上千种车型选为定点配套产品，市场保有量1100万台。法士特形成年产销汽车变速器120万台、齿轮5000万个和汽车铸锻件20万吨的综合生产能力。依托秦创原创新驱动平台资源，先后建成年产能20万台高端系列变速器的法士特高智新数字化智能工厂、法士特智能制动产业基地和法士特液力缓速器轻量化智能工厂，实现传统制造向智能制造的转变，生产效率提高70%以上，能源消耗降低14%，人均产值提高5倍。自主研发生产的AT、AMT、S变速器、液力缓速器、轮边减速机、混合动力和纯电汽车传动系统等新能源产品的关键技术和核心技术已达到国际领先水平，为商用车升级换代提供全新优化配置。发布法士特新能源产品“蓝驰”品牌，抢抓新能源汽车产业升级机遇。跻身中国汽车工业30强、国际国内汽车零部件“双百强”行列，拥有核心技术专利3200余项。全年营业收入132.1亿元，出口创汇1.4亿美元。（陈志林）

2022年9月19日，陕西法士特汽车传动集团有限责任公司主题为“绿色传动 智赢未来”的第四届“科技创新周”活动在西安开幕，发布法士特新能源产品“蓝驰”品牌（陕西法士特汽车传动集团有限责任公司　供图）

航空航天产业

【产业发展】　2022年，西安市依托阎良航空高技术产业基地和国家民用航天产业基地，发展航空航天支柱产业。航空产业基地辖属航空核心制造园和蒲城通用航空产业园，其中航空核心制造园规划面积40平方千米，重点发展整机制造、大部件制造和零部件加工；蒲城通用航空产业园规划面积20平方千米，依托蒲城通用机场和低空空域资源，重点发展通用飞机整机制造、零部件加工、飞行员培训、航空俱乐部等通用航空产业项目。航天产业基地总规划面积86.65平方千米，重点打造“2+4+2”现代产业体系，布局航天、新能源新材料两大主导产业，智能终端、大数据与云计算、卫星应用、物联网4个新兴产业，研发设计、软件及信息服务2大生产性服务业，形成火箭箭体设计、火箭发射、卫星应用、推进系统、遥感应用等方面的全产业链体系。实现从研制火箭液体发动机到卫星有效载荷，覆盖多个领域，贡献中国航天科技产业三分之一的力量。成立首个“丝路国际商业航天产业联盟”，构建商业航天全产业链1条，吸引银河航天、星际荣耀、中科天塔、艾可萨等40余家商业航天企业“落户”。全年航空航天产业产值比上年增长15%，有规模以上航空航天器及设备制造企业90家，实现营业收入633.72亿元、利润34.92亿元，投入研发费用19.06亿元，上缴利税51.17亿元。（唐　秋　王　媛）

【产业布局】 2022年，西安市依托航空基地，以西飞、西航、631所等企业为龙头，重点发展飞机制造、航空发动机及零部件生产、机载计算机等航空产业，推进临潼航空扩展区、蓝田通用机场和通用航空产业园建设，打造航空产业集群。航天基地以航天六院、航天五院西安分院等企业院所为龙头，重点发展航天运载动力、北斗行业应用集成系统，打造航天高科技产业聚集区。富阎产业合作园区以西飞民机“新舟700”整机制造项目为龙头，推动航空上下游产业聚集，构建现代化民用航空产业链，打造全国知名的国产民用支线飞机产业基地。阎良区围绕服务保障驻区军工航空单位研制生产，聚焦航空主导产业延链补链，发展以飞豹、嘉业、驰达为代表的航空配套产业，加快聚集大飞机关联产业和航空配套企业。西咸新区依托空港新城，以东航赛峰、东航技术等企业为引领，建设西部飞机维修全产业链基地，发展飞机拆解改装、航空培训等服务业务。高新区以西安飞行自控所、航空计算机所、千山电子、中航电测等企业为依托，发展航空电子、机载设备及零部件生产。（陈志林）

【航空产业】 2022年，西安市制定出台《西安航空基地关于加快航空及先进制造业发展若干政策》，多维度扶持企业高质量发展。围绕航空产业核心，构建“1航空航天+13条细分支链”的研究体系，形成专业链条报告和龙头企业分布地图，丰富航空产业链研究成果。提升蒲城产业园配套运营环境，保障入驻企业基本飞行需求，基地入区通航企业飞行16619.98小时，占西北地区飞行小时总数的51.93%。策划和包装蓝田无人机科技产业园项目，推进项目总平图、效果图设计，有效提升产业聚集度。建设培训实验室、智能制造集中展示平台，完成集群自身发展、公共交流活动、实体项目3大类10小项内容建设，通过陕西省工业和信息化厅集群项目验收。梳理航空产业链上、中、下游重点企业876家，其中航空基地本地成长企业116家，国内重点关注企业379家，其他龙头企业381家。明确“航空基地+蓝田飞地”双片区工作目标，加大机场功能完善、通航运营、研发制造、文旅研学、园区开发等五大重点领域推进力度，截至年底，蓝田机场项目累计完成投资8.11亿元，占计划总投资的86.28%。（唐 秋 李 汶）

【航天产业】 2022年，西安市依托国家民用航天产业基地发展航天产业，发挥航天六院、航天五院西安分院、航天九院十六所、兵器206所等行业龙头技术及市场优势，以新一代运载动力、卫星载荷、北斗导航为抓手，全方位保障国家大型空间基础设施建设、载人航天、深空探测等重大科技工程顺利实施，成功保障神舟系列、长征系列、火星探测、月球探测等重大型号任务完成，提升航天产业核心技术和关键基础产品自主保障水平。形成以航天高端装备及节能环保两大产业发展方向为主的航天技术应用产业集群，成长出以航天源动力、航天华阳、航洁化工等具有自主核心技术和行业影响力的标杆企业，多个项目填补国内空白，广泛应用于石油、化工、煤炭、电力、消防、机械、环保、交通等国民经济领域。4月，航天基地率先出台国内首个系统性支持商业航天发展9个方面专项政策，引导培育技术创新、产品成熟的商业航天企业，支持落地一批应用示范效果明显的场景应用。航天基地发挥空间有效载荷、运载动力等商业航天产业链的“顶端优势”，拉动通、导、遥卫星应用系统、终端快速发展，与新一代信息技术融合，形成具有浓厚民商用氛围的航天产业新发展格局。全国唯一的西安卫星测控中心落户航天基地；全国最大的卫星有效载荷研制与产业化项目——中国空间技术研究院西安分院新区启动运营；全国首个地理信息工程国家重点实验室在西安测绘研究所挂牌；中科院国家授时中心“卫星导航与授时基准系统”实现部分建成，并在北斗全球组网任务中发挥重要作用；中科遥感西安空间信息科技产业园持续加强与丝绸之路经济带沿线各国合作；西安电子工程研究所北斗行业解决方案在公安、交通、海洋渔业、防灾减灾等领域广泛应用；中煤航测遥感局“中煤领航导航定位服务平台”和诺维北斗公司“北斗车载终端”，分别成为西北地区首个通过交通部认证的运营平台和列入交通部序列的北斗兼容车载产品；银河航天成功发射自主研制的6颗低轨宽带通信卫星，组成全国首个低轨宽带通信试验星座，成为卫星互联网领域第一家独角兽企业；西安中科宇航参与研制的“力箭一号”运载火箭在中国酒泉卫星发射中心成功首飞，顺利将6颗卫星送入预定轨道。航天基地先后获得“国家级民用航天产业基地”“国家北斗产业园区”“西安卫星应用产业基地”“国家级陕西航天经济技术开发区”等荣誉。（王 媛）

【产业合作交流】 2022年，西安市加强航空航天产业交流合作，全年先后举办西安—景德镇、西安—汉中、西安—成都、西安—沈阳、西安—哈尔滨、西安—长三角6场主机单位对接活动，60余家企业与西飞、成飞、商飞、黎明等14家主机厂所和发动机厂对接市场合作。围绕航空电子、航空智能制造、航空机电系统等细分领域，举办秦创原航空智能制造高端论坛、秦创原·航空智能制造产学研协同创新对接会、秦创原·航空机电系统成果转化对接会等科技成果转化活动5场，促进军民融合步入快车道。筹备航空产业高峰论坛和西安航展，初选完成高峰论坛合作单位名单。5月，海宁（西安）航空航天产业对接会成功举行，30多家陕西省航空航天企业参会，推动两地资源优势互补。举办产业投资合作年会，航天基地成功签约卫星荷载产业园项目（C区）、环保型节能印刷核心装备产业化建设项目、综合电子装备研发与智能制造平台建设项目、优信二手车再制造工厂及一站式工厂店项目4个项目，总签约金额62亿元。（唐 秋 陈志林）

【中航西安飞机工业集团股份有限公司】 2022年，中航西安飞机工业集团股份有限公司（简称“中航西飞”）实现营业收入376.6亿元、研发投入3.09亿元，分别比上年增长15.17%、30.31%，净利润5.23亿元。中航西飞隶属于中国航空工业集团有限公司，是国家大中型军民用飞机科研生产基地，主要从事大中型飞机整机及航空零部件等航空产品的研制、批产、维修及服务，主要产品有大中型运输机、轰炸机、特种飞机等，承担ARJ21、C919、AG600等国内外大中型民用飞机机体部件设计、制造、配套与服务，与欧洲空中客车公司、美国波音公司以及中国商用飞机有限责任公司、中航通用飞机有限责任公司等国内外航空公司拥有长期而稳定的合作关系。

【西安航天发动机有限公司】 2022年，西安航天发动机有限公司主要从事常规液体火箭发动机、新一代液氧煤油发动机、姿控发动机、空间推进系统的研制生产，是国家唯一的大型液体火箭发动机研制生产单位和航天液体动力核心产品及任务配套中心。公司研制生产北斗工程、探月工程、载人航天工程、火星探测所需火箭发动机，被批准成立国防科技工业增材制造中心、特种工艺加工中心、焊接工艺技术中心等，拥有机械加工、焊接、铸造、锻造、钣金成形、表面工程、热处理、电加工、装配试验及计量理化、检测等国内专业最为齐全的液体火箭发动机研制和生产保障条件。全年实现营业收入44.64亿元，比上年增长17.47%，研发投入6.2亿元，利润总额4.9亿元。（陈志林）

高端装备制造产业

【产业发展】 2022年，西安市出台《西安市高端装备产业发展专项规划和倍增计划》，聚焦六大支柱产业，打造高端装备产业集群，重点发展电力装备、专用通用装备、轨道交通装备。全市高端装备产业规模以上工业总产值1299.41亿元，比上年增长27.8%。全年新增国家级专精特新“小巨人”企业39户、省级专精特新中小企业124户，新增国家级制造业单项冠军企业5户、省级制造业单项冠军企业23户，新增制造业及生产性服务业上市企业11户。引导企业加快技改提升，为500余户中小企业申请奖补资金1.4亿元，促进企业技改投入资金15亿元。帮助中小企业融资，争取中央和陕西省融资业务奖补资金8765万元，新增担保企业12781户、资金307.43亿元。（李　汶）

【产业布局】 2022年，西安市高端装备制造产业为六大支柱产业之一。经开区以博世、西门子、中车永电、ABB、日立、三菱、中钢西重、中交西筑、陕煤重工、长庆机械总厂、鑫隆石油等企业为龙头，发展轨道交通装备、输变电装备、专用通用装备等。高新区以西电、特变电工、陕鼓、法士特为依托，形成以电力、热工、传动等为重点的动力装备制造产业集群。西咸新区依托中车西安车辆厂，发展地铁轻轨、特种轨道车辆整车制造以及关键核心零部件，加快工程及养护机械、轨道交通车辆维修等产业化；依托泾河新城西北安全应急产业园，发展安全应急等制造业产业集群。航天基地以轨道交通装备制造为重点，完善轨道交通装备产业链，打造西安市轨道交通信号装备制造产业高地。航空基地以航空锻造旋压装备、环保装备、能源装备为主要发展方向，形成具有航空特色的高端装备制造产业集群。富阎产业合作园区以莱德物联网智能燃气设备生产基地、光德高中压智能阀门制造基地、银石高端制造产业园等项目为引领，发展应急设备、智能仪器设备类高端装备制造。莲湖区依托西电集团、法士特、庆安公司等龙头企业，重点发展电力装备制造产业和通用装备制造业。阎良区发挥航空高端制造等优势，依托中铁长安重工、嘉业航空等企业，发展轨道交通装备等高端装备制造及相关配套产业。临潼区依托陕鼓、标缝等行业大型企业“退城入园”，建设渭北临潼工业新城，形成以动力设备系统、特种机电设备、输电线路钢管结构件、冶金重型装备、包装容器、数控机床、精密合金等为重点的高端装备制造业。（陈志林）

【扶持政策】 2022年，西安市出台《支持企业协同发展补助专题》奖补政策，加大高端装备制造业政策支持力度。加强与中央和省级部门联系，加快推进首台（套）重大技术装备推广应用，全年为8家企业争取补助资金1377万元。组织多场全市2022年工业领域中小企业发展专项资金申报指南等部分国家、省、市三级政策宣讲，推荐23户企业参与2023年省级首台（套）重大技术装备评选，预计拨付资金1321万元。提升本地制造业企业协同发展水平，向通过企业协同发展审查的43家企业下发奖补资金1752余万元。向全市获得国家级荣誉的4家企业和省级荣誉的15家企业发放补助资金1620万元。鼓励企业依托智能制造评估评价公共服务平台，开展智能制造评估评价工作。全市有17个行业、53家企业完成自评，其中二级以上企业40户。

【服务重点企业】 2022年，西安市工业和信息化局围绕输变电装备、轨道交通两条重点产业链建设，调研西电集团、陕鼓集团、西安中车长客、西安中车永电等重点龙头企业，帮助解决生产经营中的困难和问题；支持西电集团建设具有全球竞争力的世界一流企业，配合市土地储备交易中心、西电集团、莲湖区人民政府三方签订《中国西电集团有限公司所属部分企业搬迁及国有土地收购储备补充协议》；成立陕鼓专班，牵头起草支持陕鼓集团高质量发展若干措施，并于5月6日开展《推广“服务型制造”打造“千亿陕鼓”助力产业强市建设》专项活动，举办“推广陕鼓模式”企业家培训班、开发区“走进陕鼓”等活动；加强与西安中车长客、西安中车永电两家轨道交通产业链链主企业沟通，围绕健全轨道交通装备产业链，开展轨道交通产业链需求对接配套会5次，征集和发布全市部分龙头企业配套需求，搭建企业沟通交流平台。

【合作交流】 2022年，西安市搭建企业合作交流平台，完善、稳固全市高端装备产业链。组织陕鼓动力、中车永济等7户企业参加工信部与中央广播电视总台联合推出的《智造中国》大型融媒体直播活动。8月，举办第30届中国西部装备制造业博览会，参观6万余人（次）。组织企业参加中国（西安）国际3D打印博览会暨高峰论坛、上海进博会、珠海国际航展等系列展会和展览，鼓励企业将展会作为平台和窗口，加强自身宣传与交流合作，加快“走出去”步伐。（李　汶）

【陕西鼓风机（集团）有限公司】 2022年，陕西鼓风机（集团）有限公司（简称“陕鼓集团”）营业收入300.43亿元。集团拥有陕鼓动力和标准股份2家上市公司、28个海外机构、37个运营工厂，主要从事透平机械的研发、制造、成套销售和服务业务。传统产品有轴流压缩机、能量回收透平装置、离心压缩机、离心鼓风机、通风机共5大类，主导产品为轴流压缩机和能量回收透平装置，其中大乙烯三机、大空分机组、大合成氨三机、大型硝酸机组、压缩空气储能、风光直驱/多能互补、顺酐市场领域等技术处于国际领先或先进水平。以AV100系列为代表的陕鼓核心产品轴流压缩机全球累计销量2600余台（套），工业流程能量回收装置全球销量1200余台（套），市场占有率居全球第1。创新研制的全球最大、技术最先进的工业用AV140轴流压缩机组达到国际先进水

2022年5月6日，西安市在陕鼓集团临潼工作区举行主题为“推广陕鼓模式 深化服务型制造 助力产业强市建设”启动仪式大会（市工信局 供图）

平。研制拥有自主知识产权的全新型“3H轴流＋离心”复合式10万Nm^3/h等级空分装置配套压缩机组，各项运行指标达到国际同类机组先进水平。截至年底，陕鼓集团万元产值能耗为3.71千克标准煤，累计回收及输出的装机总功率为24.07吉瓦，约等于年减排二氧化碳1.56亿吨。

【西安中铁工程装备有限公司】 2022年，西安中铁工程装备有限公司（简称“西安中铁装备”）年产盾构机40台、地铁管片3万环、RPC应急疏散平台板15万块，产值为20.5亿元。主要从事隧道掘进机、隧道成套化施工设备、地铁管廊成套装备及构件、装配式建筑结构等产品研发制造和技术服务业务的高端装备制造企业。2022年8月，在第六届丝绸之路国际博览会上，自主研发制造的国内最大直径敞开式TBM，开挖直径9.03米、整机长度230米、整机重1900吨，曾入选央企十大“国之重器”的“彩云号”盾构机模型参展。 （陈志林）

新材料和新能源产业

【产业发展】 2022年，西安市新材料、新能源产业规模以上企业实现工业总产值945亿元，比上年增长28.4%，其中新材料年产值286亿元，新能源年产值659亿元，分别比上年增长53%和20%。全年生产充电桩210359个，单晶硅385.23万千克，多晶硅48.84万千克，锂离子电池2433.68万个，太阳能电池1966.48万千瓦，分别比上年增长72.1%、133.3%、-82.0%、11.7%、27.5%。全市形成4条新材料新能源产业链，其中在熔铸与加工环节，钛及钛合金产业链企业在技术、装备、规模上处于国内领先地位，形成“钛铸锭—钛加工材—钛合金材—钛复合材—钛材深加工产品”产业链条；陶瓷基复合材料产业链企业在技术水平、研发能力、产能规模、市场占有份额等方面具有国内领先优势，初步具备较为完整的产业链；太阳能光伏产业链以隆基绿能为龙头企业，形成覆盖单晶硅片、单晶电池片和组件、地面电站及分布式光伏电站全产业链。氢能产业链以华秦新能源、陕鼓集团、隆基氢能科技、延长石油集团和陕汽集团等企业为代表，覆盖制氢、储运、加氢站建设、储能消纳等领域。

（李 汶 陈志林）

【产业布局】 2022年，西安市在新材料领域，以经开区为核心，形成稀有金属新材料产业集群及材料行业用装备制造产业集群，重点发展钛锆镁合金、高性能金属多孔材料、高性能金属复合材料、特种精密铸造金属材料、高/低温超导材料等。以航空基地和航天基地为核心，形成空天新材料产业集群，发展陶瓷基、金属基、硅基、轻质高强合金和碳碳复合材料。以高新区为核心，形成光电能源新材料产业集群，发展新一代硅基半导体材料、化合物半导体材料、动力电池材料、太阳能光伏材料、人工晶体材料等。以高新区和经开区为核心，形成3D打印新材料产业集群及生物应用新材料产业集群，发展高质量增材制造钛、镁、铝及其合金和不锈钢、高温合金粉末，扩大高分子粉末、陶瓷粉末、光敏树脂、高分子丝材、生物医用高分子材料、可再生生物医用材料、表面生物学改性材料、人体植入器械等。新能源领域，以航天基地为依托，形成光伏材料产业园。以经开区为依托，形成西安太阳能光伏装备制造基地；建设风电产业基地。以高新区为依托，形成西安太阳能光伏产业创新研发基地。以西咸新区沣西新城为依托，形成西安地热能综合利用开发示范基地。

【重点项目建设】 2022年，西安市新开工多个新材料建设项目。天幕节能环保型高端建筑新材料项目，占地面积5.3万平方米，总投资6.27亿元，亩均投资强度783.75万元，项目建成后将成为西部最大的、具有自主创新能力的高端门窗研发中心，形成年产39.5万平方米高端门窗生产能力。华秦科技新材料园项目，建设面积13.5万平方米，总投资10亿元，主要建设隐身材料、伪装材料、防护材料生产车间、检验检测中心、中试厂房、学术交流中心及配套设施等，购置材料制备设备、检验测试设备等354台（套），项目建成后，能加快高温隐身技术、先进伪装技术、高效热阻技术及重防腐技术工程化进程。国家先进稀有金属材料技术创新中心及高性能钛合金制品生产项目，占地面积36.67万平方米，总投资60亿元，依托西部地区丰富的钛、锆、钼、铌、铍等稀有金属资源储备，集聚整合稀有金属产业链和创新资源，将其建设成为国家先进的稀有金属材料技术创新中心和高性能钛合金制品生产基地。

【隆基绿能科技股份有限公司】 2022年，隆基绿能科技股份有限公司（简称“隆基绿能”）主要从事单晶硅棒、硅片、电池和组件的研发、生产和销售，以及光伏电站的开发、建设及运营等业务。全年营业收入首次突破1000亿元，达到1289.98亿元，比上年增长60.03%；归属于上市公司股东净利润148.12亿元，比上年增长63.02%，其中归属于上市公司股东扣除非经常性损益的净利润为144.14亿元，比上年增长63.31%。全年实现单晶硅片出货量85.06吉瓦，其中对外销售42.52吉瓦，自用42.54吉瓦；单晶组件出货量46.76吉瓦，其中对外销售46.08吉瓦，自用0.68吉瓦。以超过46吉瓦组件出货量位列全球第1，实现“三连冠”。

【西部超导材料科技股份有限公司】 2022年，西部超导材料科技股份有限公司（简称“西部超导”）实现销售收入42.27亿元，比上年增长44.41%，其中高端钛合金、超导产品、高性能高温合金分别比上年增长30.56%、160.85%、78.38%。归属于母公司的净利润为10.80亿元，比上年增长45.65%。西部超导是国内领先、国际先进的超导材料、超导磁体、高端钛合金、高性能高温合金创新研发生产企业。形成超导锭棒、线材、磁体的全流程生产基地，以及国家高端钛合金材料和高性能高温合金的主要研发和生产基地。在超导磁体领域，是全系列高品质单晶硅用超导磁体的设计生产制造商，典型产品应用于能源、医疗、科研等关键领域，填补多项国内空白。在高端钛合金领域，是国家航空、航天、发动机、舰船用高端钛合金棒丝材的技术引领者和领先供应商。在高性能高温合金领域，填补发动机、核电、燃气轮机用高性能高温合金的国产化空白。截至年底，西部超导总资产113.06亿元，较年初增长29.09%，归属于母公司的净资产59.97亿元，较年初增长11.86%。

【西安中车永电捷力风能有限公司】 2022年，西安中车永电捷力风能有限公司实现产值57亿元，利润7944万元，科研投入4613万元。产品涵盖双馈、笼型、永磁直驱、永磁半直驱、传动链等五大技术平台，实现600千瓦～20兆瓦功率等级产品全覆盖，具备全系列风力发电产品研发及配套能力。推进“风力发电机＋”和“系统＋”业务转型，由单一的风力发电机部件供应商向传动系统供应商转变。20兆瓦海上半直驱风力发电机和10兆瓦高压空水冷双馈风力发电机在德国汉堡重磅首发，首台GWHV12中速永磁传动链、7.XMW直冷双馈风力发电机、10.XMW海上半直驱风力发电传动系统等新机型相继下线。具备年产各类型风力发电机5000台的生产能力，入选2022年陕西省100强企业排序榜单，位列第68。 （陈志林）

食品和生物医药产业

【产业规模】 2022年，西安市有生物医药产业规上企业103家，实现产值290亿元，比上年增长19.5%。其中医疗器械实现产值100亿元，比上年增长25%。基本形成原材料加工—医药研发—生产制造—医药服务较为完整的产业链条。全市具备一定规模的化药企业有78家，中药企业81家，生物制品企业5家，原料药企业27家，医疗器械企业583家，药包材企业40家，药用辅料企业10家，保健品企业163家。其中，高新技术企业107家，专精特新企业17家，瞪羚企业10家，专精特新“小巨人”企业6家。全年食品加工业产值257亿元，新增食品生产企业70家、食品经营许可8800家、销售预包装食品备案9300件、小餐饮11000家、药品零售50家、第三类医疗器械130家。

【生物医药产业布局与集群建设】 2022年，西安市以再生医学、基因测序等高精尖技术为引领，形成以创新药研发、医药制造领域为主的高新区，以“航天+生物医药”“人工智能+生物医药”的航天基地，以基因检测、细胞治疗领域为主的西咸新区等三大产业集群。高新区依托集贤园和草堂基地，重点发展现代中药、化学药、生物药、医疗器械、康养旅游等领域。航天基地聚集和合医学检测、洁伦医药、翼展电子科技及西安九州通医药等生物医药企业10余家，涵盖生物工程技术、生物制品研发、医疗器械设计与制造及数字化医疗等产业方向。西咸新区将生物医药作为特色产业纳入“3+7+N”产业布局，聚集陕西数字医药产业园、大健康科技产业园、秦创原陕药生物制品（疫苗）项目、康龙化成西安生物医药研发项目，落地空军军医大学、大健康产业园等重点项目。截至年底，高新区有生物医药企业4120家，其中工业百强企业2家，GMP认证企业26家，上市企业9家。生物医药产业规模突破600亿元，位居中西部国家高新区前列。

【重点项目建设】 2022年，西安市持续推进国际医学制剂中心项目，总投资15亿元，占地面积6.69万平方米，主要用于中医药品、保健品的研发和生产，每年生产片剂17280万片、胶囊21600万粒、颗粒剂17280万袋、口服液432万瓶、丸剂180T、保健食品及其他2000吨，年处理中药材量1000吨，实现产值10亿元。年产2.2万吨乳制品生产线建设项目，总投资5亿元，占地面积10.2万平方米，总建筑面积10.08万平方米，主要建设生产车间、原料成品库、宿舍办公楼及500吨/日鲜羊奶处理能力的羊乳粉生产线，预计年生产各类羊乳粉2.2万吨，产值12亿元，上缴税金4500万元。 （陈志林）

【产业转型发展】 2022年，西安市工业和信息化局制定《西安市食品和生物医药产业专项规划（2021—2025）》。组织和申报省级化学仿制药质量和疗效一致性评价奖励项目，全市争取省级奖励1720万元。9月21日，参加陕西省白酒产业高质量发展座谈会，梳理西安酒厂有限公司存在的困难和问题，协调对接市人社局、市商务局、浐灞生态区管委会落实解决措施和办法，推动白酒企业转型升级。指导西安爱菊粮油工业集团有限公司成功申报全市“一带一路”十大代表企业。推荐石羊农业集团股份有限公司及其下属企业代表全市食品行业，参加第十一届APEC技术交流暨展览会。提升全市食品企业技术创新能力，调研婴幼儿配方乳粉企业8家，帮助企业解决多个困难，向省工信厅反馈本级暂无法解决的困难和问题15个。 （李　汶）

【西安天隆科技有限公司】 2022年，西安天隆科技有限公司（简称“天隆科技”）实现营业收入48.3亿元，净利润19.1亿元，分别比上年增长87.2%、63.2%。主要从事核酸检测、分子诊断领域仪器试剂的研发生产及整体方案提供，产品覆盖磁珠法核酸提取仪、基因扩增仪、实时荧光定量PCR仪等大型自动化核酸工作站，配套提取和检测试剂品种有数百种，获得80余个中国医疗器械注册证（备案证），得到180余个欧盟、美国、韩国等国际医疗器械注册及权威认证，产品销往全球100余个国家及地区，应用于临床诊断、疫情防控、食品安全、科学研究等领域。

【西安爱菊粮油工业集团有限公司】 2022年，西安爱菊粮油工业集团有限公司（简称“爱菊粮油”）实现营业收入8.52亿元，持续保持良好发展势头。主要从事食用农产品加工出售、新鲜蔬菜批发零售、新鲜水果批发零售等农副食品业务。截至年底，爱菊粮油在国内外初步建成占地总计400余公顷的三大园区。在哈萨克斯坦推广“订单农业”种植模式，实现种植小麦、油料作物10万公顷，实现哈萨克斯坦农产品物流加工园区粮油仓储能力30万吨。拥有世界先进的瑞士布勒专用面粉生产线、日本佐竹专用大米生产线、油脂精炼罐装生产线，可年加工面粉30万吨、大米10万吨、食用油55万吨。中央厨房拥有日加工100万个馒头的世界先进机械化生产线以及面条、快餐、食品烘焙等生产线，可日加工主食品200吨。拥有雪花粉、高筋粉、中筋粉、专用粉等40多个品种与规格的面粉；拥有五常稻花香、一号香米、超级小町等30多个品种与规格的东北系列大米；拥有葵花籽油、菜籽油、亚麻籽油等40多个品种与规格的食用油，为全国主食加工业重点示范企业。 （陈志林）

2022年12月24日，西安爱菊粮油工业集团有限公司在北哈萨克斯坦州的哈萨克斯坦农产品物流加工园区被授牌“中国—中亚综合农业科技示范园区”
（西安爱菊粮油工业集团有限公司　供图）

输变电及控制设备制造业

【产业规模】 2022年，西安市输变电及控制设备制造业产量总体保持稳中有进。全年生产直流电动机14.13万千瓦、交流电动机252.87万千瓦，分别比上年增长13.4%和-8.7%；高压开关板1.67万面、低压开关板1.3万面，分别比上年增长62.2%和23.8%；变压器7795.31万千伏安、电力电缆15.08万千米、绝缘制品2.36万吨、电力电容器5216.33万千乏、高压开关设备(11万伏以上)6.51万台，分别比上年增长16%、-41.5%、12.2%、-19.9%、23.5%。 （陈志林）

【重大项目产品】 2022年，西安市输变电及控制设备制造企业向世界容量最大的柔直背靠背工程项目——粤港澳大湾区电网目标网架的广东电网直流背靠背东莞工程，提供GIS、HGIS两种型号产品19个间隔，工程4回进线、6回出线及母线、分支母线共计2300米。向中国第6个背靠背工程——闽粤联网工程提供3台500千伏单柱电抗器、1台中性点并联电抗器、9支±150千伏穿墙套管、3组BP11/13特高压交流滤波电容器装置。向国家重大工程的白鹤滩水电站提供左、右岸32个间隔气体绝缘金属封闭开关设备（GIS），1台发电机断路器成套装置（GCB），16台制动开关（GEBS）及附属设备。向陕北—湖北±800千伏特高压直流工程陕北站提供5台±800千伏换流变压器、5台±600千伏换流变压器、24个间隔800千伏GIS、6288米GIL管道母线、4套换流阀及阀控设备。为首条跨海高铁——福厦高铁项目提供漏缆产品69千米、低压力缆243千米。向东南亚第一条高铁——印尼雅万高铁提供贯通地线产品78千米。

【市场经营】 2022年，西安市输变电及控制设备制造企业深化与电网、电源及陕西省属大型企业客户关系，稳定国网市场集中投标中标率，保持特高压项目组合电器中标率领先地位。“五大六小”电力集团框架招标中标量比上年增长超过3倍。保持国铁集团铁路线缆市场占有率领先优势，中标众多个新能源项目，运维检修及服务业务持续增长，业务向整站运维、整站安装、设备集成等方向转型。中标智利KILO直流输电工程总包创国际业务单项签约额历史新高。发电机断路器产品首次走出国门，成功中标孟加拉国核电站项目。

【输配电装备科技创新】 2022年，西安市输变电及控制设备制造企业围绕国家“双碳”目标，全面提升“技术领先”核心竞争力，研发投入比上年增长24%。承担国家级重大研发项目13项，制定和修订国际、国家标准23项，完成国家行业技术鉴定新产品53项，国际领先30项。入选国家能源领域首台（套）重大技术装备13项、国资委《中央企业科技创新成果推荐目录（2022年版）》4项。成功申报陕西省绿色输变电装备重点实验室，牵头组建陕西省输变电装备共性技术研发平台。实现多项“卡脖子”重大技术突破，170千安等系列发电机断路器设备、世界最大单柱容量柔直换流变压器首台（套）应用。国内首支±800千伏柔性直流穿墙套管在国家首个特高压多端直流示范工程和世界首个特高压柔性直流工程昆柳龙直流工程应用。成功研发世界首台35千伏和220千伏20赫兹低频变压器、首台国产真空有载分接开关用真空灭弧室。国内首创550千伏GIS三相整间隔全形态出产方式并实现工程应用。开展126千伏、252千伏GIS平台型产品标准化设计与研制，推进变压器、电抗器等设计优化和技术标准化。完成海上风电用±550千伏直流GIS、系列环保型套管等26项海上风电设备研制，完成基于国产化大容量IGCT器件的配网电力电子变压器、高压级联储能装置、柔性直流工程用IGCT换流阀、东数西算工程用数据中心中压直供直流电源等新产品技术攻关。

【输变电产业数字化升级】 2022年，西安市输变电及控制设备制造企业——西电集团入选陕西省第一批输变电装备产业链“链主”企业，西电西容、西电西材入选第4批国家级专精特新“小巨人”企业名单，累计入选企业6家。推进产线数字化智能化升级，西电宝鸡电气获2022年度国家级智能制造优秀场景，西电避雷器获评“省级智能工厂”，西开有限电气测控产品线获评“省级智能车间”。打破输变电行业常规工业园设计形式，首次将超级工厂厂房设计理念引入输变电行业。以“一朵云、一张网、六中心”为智慧园区规划框架，以“集约高效、绿色低碳、智慧智能”为原则，以“智慧能源中心、仓储物流中心、智慧服务中心、智慧办公中心、数据中心、智能制造展示中心”为载体，聚力打造数字化、智能化、智慧化、绿色低碳的输变电装备智能制造示范基地、智慧综合能源示范基地和“双碳”产业培育基地。

【西电集团】 2022年，西电集团资产总额491亿元，拥有60多家全资及控股子公司，其中大中型生产制造骨干企业19家，省级及以上专精特新企业6家，控股上市公司3家，金融公司2家，研究院所2家，总从业人员1.3万人，属于集科研、开发、制造、服务、贸易、金融于一体的大型企业集团。向国家第一条330千伏～1100千伏交直流输电工程、“三峡工程”、“西电东送”等重点工程项目提供成套输配电设备，并为80多个国家和地区提供可靠产品和优质服务，在全球市场建立“XD”品牌良好声誉和市场形象。经企业改革，隶属于中国电气装备集团。全年实现营业收入180.06亿元、净利润6.12亿元，分别比上年增长26.98%、12.55%。（夏 雨）

2022年10月20日，西电集团举行西开电气为三板溪水电站改造工程提供行业首创且以三相整间隔全形态出产550千伏GIS产品发运仪式 （西电集团 供图）

电力工业

【电力行业发展】 2022年，国家电网

表 32　2022 年西安市用电量统计表

项　　目	绝对量 / 亿千瓦时	同比增长率 / %
全社会用电总计	531.11	8.5
全行业用电合计	382.98	6.5
第一产业	3.00	6.3
第二产业	182.35	7.7
第三产业	197.64	5.5
全行业用电分类		
农、林、牧、渔业	7.40	8.7
工业	165.58	7.7
# 制造业	139.36	11.9
建筑业	17.08	7.3
交通运输、仓储和邮政业	25.85	4.3
信息传输、软件和信息技术服务业	17.19	16.2
批发和零售业	49.29	2.9
住宿和餐饮业	10.22	-1.5
金融业	1.47	-1.3
房地产业	28.30	6.6
租赁和商务服务业	4.62	12.9
公共服务及管理组织	55.97	5.4
城乡居民生活用电合计	148.12	14.1
城镇	105.05	13.6
乡村	43.08	15.4

说明：本表数据为市供电局、西咸新区供电局合计数

西安供电公司担负西安市 11 区 2 县电网建设运营和供电服务工作，供电区域面积 9870 平方千米，用电客户 466.27 万户。下设区（县）供电公司 8 家、城区网格化供电分公司 5 家，开设城市营业厅 14 个、城区中心供电所 25 个、乡镇供电所 122 个。全年发电装机总容量 265.63 万千瓦，比上年增长 1.29%。全网发电量 1006512 万千瓦时，比上年增长 7.98%，其中大唐灞桥热电有限公司发电量 72740.73 万千瓦时，大唐灞桥电厂新机组发电量 305632.2 万千瓦时，大唐户县第二热电厂发电量 330145.8 万千瓦时。截至年底，西安地区 35 千伏及以上变电站 301 座、容量 4015.97 万千伏安。35 千伏及以上公用变电站 214 座、容量 3461.21 万千伏安，其中 330 千伏站 18 座、110 千伏站 156 座、35 千伏站 40 座。西安地区 35 千伏及以上线路 602 条、6165.27 千米，35 千伏及以上公网线路 501 条、5558.25 千米，10 千伏公网线路 2763 条、15672 千米，公网配变 27899 台。全年完成售电量 461.21 亿千瓦时，迎峰度夏期间电网最大负荷 1144 万千瓦，较历史最大负荷增长 21.3%，最大日用电量 2.27 亿千瓦时，比上年增长 22.04%，电网保持安全平稳运行。全社会用电量累计 472.43 亿千瓦时，比上年增长 8.35%，其中第一产业用电量 2.46 亿千瓦时，比上年增长 6.48%；第二产业用电量 163.28 亿千瓦时，比上年增长 7.93%；第三产业用电量 172.30 亿千瓦时，比上年增长 4.81%；城乡居民生活用电 134.39 亿千瓦时，比上年增长 13.86%。工业用电量 150.12 亿千瓦时，比上年增长 8.05%。

【电网建设】　2022 年，国家电网西安供电公司取得电网项目前期核心手续 144 份，为“十三五”期间年均数的 4.23 倍。电网建设投资完成 42.83 亿元，投产 32 项主网、1724 项配网基建工程，是上年的 2.43 倍，占“十三五”全部投资的 43.92%。新增变电容量 400.2 万千伏安，是上年的 4.6 倍。10 千伏“N—1”通过率、联络率分别提升至 52%、64%。330 千伏中心变辗转 15 年开工，西郊变电站历时 10 年建成投产，“330 千伏进城”布局实现重大突破。

【农电管理】　2022 年，国家电网西安供电公司实施 184 项、1.46 亿元农村电网提升工程，完成 10 个乡村电气化项目，消费帮扶 468 万元，消纳光伏扶贫电量 950 万千瓦时，结算电费 335 万元，转付补贴 504 万元。细化新建小区充电设施建设及验收标准，推动解决居民充电桩报装难题，新建集中充换电站 70 座、居民充电桩 1.7 万个，实现电能替代 5.8 亿千瓦时。

【电力保供】　2022 年，国家电网西安供电公司在疫情防控等关键时期，高效运转“1+5+13”保电指挥体系，超 800 名关键岗位人员 24 小时驻岗值守，常态化实施 191 家防疫一线单位及全市党政机关、敏感用户提级保电。严格落实疫情等特殊时期“欠费不停供”政策，所属 128 家供电营业厅 365 天“不打烊”，完善助力小微企业和个体工商户用电减负纾困措施，对困难企业设立 6 个月电费缓缴期并免收滞纳金。全时段运转“1+15”组织体系、“四横五纵”协同联动机制，应用“营配舆”联动、发电车“顶峰补缺”等创新举措，成功应对第 7 次创历史新高、最大 1144 万千瓦的高温极端负荷考验，首次实现“迎峰度夏不限电”目标。（陈　峰）

【大唐陕西发电有限公司】　2022 年，大唐陕西发电有限公司实现营业收入 288.03 亿元，净利润 -3.52 亿元，分别比上年增长 31.20% 和 91.81%，累计上缴税费 11.54 亿元。在役煤电装机占陕西电网统调煤机 54.8%，在关中区域占比 80%。负责管理省内 9 个地市共计 24 家基层企业、3 家专业公司，资产总额 711 亿元。在役在建总装机容量 2167.05 万千瓦，其中在役机组容量 1815.05 万千瓦（煤电 1611 万千瓦、水电 69 万千瓦、风电 84.8 万千瓦、光伏 50.25 万千瓦）；在建装机容量 352 万千瓦（火电 132 万千瓦、水电 32 万千瓦、光伏 188 万千瓦）。现役机组年发电量 750 亿千瓦时，年供热量 4634 万吉焦，承担省内 25 个区（县）、176 家重点工业单位、110 万名城市用户采暖供热重任，供热面积 1.2 亿平方米，占全省总集中供热面积的 30% 以上。

【大唐灞桥热电厂】　2022 年，大唐灞桥热电厂是西安市东部地区重要的电源支撑点和全市最大的热电联产企业，在册职工人数 965 人，供热能力达到蒸汽 400 吨 / 小时，热水 1.18 万吨 / 小时，供热半径 7.9 千米，供热采暖面积 2775 余万平方米。担负着西安地区军工、纺织、学校、医院、制药等 260 余家企事业单位的生产用气、约 36 万户居民的冬季采暖及部分用户的夏季制冷任务。全年发电 37.83 亿千瓦时，供热量 790.27 万吉焦；工业总产值 16.93 亿元、营业收入 18.26 亿元，分别比上年增长 25.73% 和 28.49%，利润 5598.65 万元。（陈志林）

建筑业

责任编辑　胡　永

综　述

【建筑行业稳步增长】　2022年，西安市建筑业总产值6001.23亿元，产值增速11%以上，现价增加值增速11%以上。其中，全市建筑业总产值占陕西省比重59.5%左右，省外产值占总产值49%左右。增加值占全市生产总值比重14%以上，占比连续7年稳居全国副省级城市第一。全市有建筑施工总承包和专业承包企业1393家，其中二级以上企业1089家；从事建筑业活动平均人数1056716人，其中二级以上企业992017人；全员劳动生产率56.79万元／人。全年建筑业用电量17.08亿千瓦时，比上年增长7.3%。见表33。

2022年9月15日，西安市举办智能建造与新型建筑工业化协同发展现场观摩会启动仪式暨高峰论坛　（市住建局　供图）

【建筑业审批制度改革】　2022年，西安市住房和城乡建设局深化工程建设项目审批制度改革，印发《2022年西安市工程建设项目审批制度改革提升工作方案》，对标最优目标，制定26条改革措施，建立基于风险的分级分类审批制度，细化“审批场景”，再造审批流程，将工程建设项目类型从10类增加到13类，全流程审批总用时按不同类型分类控制在6至60个工作日内。“打造网上中介服务超市”“区域评估”“标准地＋承诺制”等一批工程审批的先进做法在全省推广。全面推行分阶段办理施工许可证，工程项目由5类细化为13类。其中工业类项目和小型低风险项目审批时限分别压减至20个和6个工作日内，使审批流程更加精准、审批协同更加高效，企业满意度评价工作成效显著。“办理建筑许可”指标在陕西省营商环境考评中稳居首位，在全国评价中位列标杆。“移动端微政务审批平台”和“中介服务超市规范办理建筑许可”2个案例入选《优化营商环境百问百答》并在全国推广。深入推进区域评估，共出让20宗“标准地”，运用区域评估成果完成审批项目53个。聘请40家企业为“工建改革体验官”，分别赴5地开展观摩体验活动，对西安工建改革现状提出意见、建议，推动改革纵深发展。

表33　2022年西安市建筑施工企业基本情况统计表

	单　位	绝对量
企业单位数（施工总承包和专业承包）	个	1393
#二级以上企业	个	1089
从事建筑业活动的平均人数	人	1056716
#二级以上企业	人	992017
建筑业总产值	亿元	6001.23
#二级以上企业	亿元	5780.67
全员劳动生产率（按总产值计算）	万元／人	56.79

说明：#表示其中项

【住建领域复工复产】　2022年，西安市成立全市建筑业稳增长工作专班，公布《西安市住建领域稳增长二十条措施》，实行“一书一表两清单”工作模式，建立稳增长“五项机制”，先后11次召开工作调度会，分析研判形势、安排部署任务，“一对一”包抓服务企业81家。成立住建领域复工复产工作专班，印发疫情防控指南等政策措施，出台复工复产指引和强化建筑企业生产运行保障等文件，推行施工现场分区管控，强化人员管理6个闭环，保证疫情防控和稳就业稳增长工作“两手抓、两不误”。截至 3 月底，全市 255 个省、市级重点续建项目全部复工，复工率 100%；109 个省、市级新开工项目已开工 67 个，开工率 61.47%。年底前，109 个省、市级新开工项目全部开工。

【智能建造试点】 2022 年，西安市出台《关于推动智能建造与新型建筑工业化协同发展实施方案》，建立市级联席会议制度，将市住房和城乡建设局等 15 个市级部门作为成员单位，制定并上报《西安市智能建造试点实施方案》，并积极争取全国试点。成功举办 2022 年西安市智能建造与新型建筑工业化协同发展现场观摩会暨高峰论坛，线上参与人数突破 320 万人（次），为推动建筑业高质量发展发挥示范引领作用。

（张　睿）

勘察设计

【概况】 2022 年，西安市住房和城乡建设局制定《西安海绵城市建设设计文件编制深度与审查要点》《养老服务设施建筑设计标准》等政策技术和标准。强化施工图审查，优化施工图审查平台，梳理系统存在问题，优化改善功能，进一步提升审查效率。全年审查施工图 471 项、建筑面积 4135 万平方米。代办工程建设项目 700 个，梳理 45 项工建领域中介服务事项，入驻网上中介超市工建类中介机构 618 家，完成中介服务交易 273 笔，交易总金额 10780.15 万元。

【建筑施工图电子化审核】 2022 年，西安市住房和城乡建设局打造联合审图平台，审批数据电子化实行线上联合审图，联合审图项目 586 个。持续推动工程建设项目审批管理系统与省级投资项目在线审批监管平台、省气象平台、电力系统深度融合，实现与市级“多规合一”空间规划信息平台、施工图审查云平台、中介服务超市等 21 个业务系统信息共享，制作部门电子签章 190 个，发放施工许可证电子证照 1454 个，工建审批管理系统累计访问网上办事大厅用户 17033 个（次），办理项目 4684 个，办理事项 13468 个，上线项目数和办件量“双量”居全省第一。

【建筑节能与科技】 2022 年，西安市住房和城乡建设局制定《西安市 2022 年绿色建筑和装配式建筑发展提升工作细化实施方案》《西安市绿色建筑建设“四清一责任”工作机制实施方案》，优化更新《西安市建设项目装配式建造技术方案评审工作指南（2022 年版）》。建立绿色建筑建设开工、在建、验收、备案项目 4 个清单。绿色建筑竣工项目 248 个，面积 2032.90 万平方米，占比 91.52%；新开工装配式建筑项目 392 个，面积 2434.82 万平方米，占新开工面积比例 39.77%；成功举办第七届西安市建筑业绿色施工示范工程现场观摩活动，观摩人数 301.85 万人（次），再创历史新高，有力推动绿色建造方式转型升级；打造城乡建设绿色发展示范项目，西咸新区沣西新城总部经济园综合能源供应站、陕西能源绿色建筑产业园（4# 宿舍、5# 办公楼）、中国西部科技创新港高端人才生活基地小户型住宅、三一云城一期项目，灞桥区金泰东郡项目一、二（二段）地块 20 号楼和高新区高新·天谷雅舍幼儿园等 6 个项目成功获批，成为西安市首批示范项目。

2022 年 7 月 19 日，2022 年度西安市勘察设计监管工作会议召开

（市住建局　供图）

【勘察设计管理】 2022 年，西安市住房和城乡建设局按照 2022 年市政府工作报告中“大力发展设计产业，打造设计之都”的要求，梳理全市勘察设计企业基本情况。向行业企业赠送法律汇编和技术标准，组织专业技术培训。制定下发《关于加强勘察设计监管工作的通知》，指导西咸新区、国际港务区开展建筑师负责制试点。发挥专业人才优势，组织大型设计企业百名设计师参与驻镇街活动，组织有能力的设计企业参与自建房鉴定工作。加强勘察设计变更管理，督促建设单位、设计单位依法变更。加快项目策划生成，增加上线图层至 350 张，通过“一张蓝图”合规性审查完成项目策划生成数 2013 个，实现策划生成项目 207 个。推行分阶段限时联合验收，将政府投资和社会投资工程项目联合验收时限分别控制在 8 个、5 个工作日内，联合验收项目 300 个。

【建设工程消防设计管理】 2022 年，西安市住房和城乡建设局完成事权范围内建设工程消防设计审查 81 项，消防验收 105 项，验收备案 17 项，组织召开各类技术审查、论证、研讨会议 49 场次。实现全市 21 个区（县、开发区）建设工程消防设计审查验收监督管理全覆盖，规范消防审验监管程序。全力做好养老机构消防审验问题和安全排查摸底工作以及信息反馈、共享，为全市 102 家养老机构提供技术服务。配合市消防安全委员会制定《西安市工程建设领域消防安全大检查工作方案》，全力做好党的二十大召开期间消防安全工作。组织编制《城市地下综合管廊消防技术标准》，并已被列入省住建厅、省市场监管局《2022 年陕西省工程建设标准立项计划》。强化建设工程消防技术专家动态监管措施，规范技术活动，组织开发“建设工程消防验收专家抽取程序”，涵盖全省专家库各类建设工程消防技术专家 166 人。编制《建设工程消防验收现场评定技术指导手册》《西安市建设工程竣工验收消防查验报告》《人员密集场所设计疏散优化研究》。组织消防现场评定 24 个项目，其中 8 个项目通过验收。修订《西安市建设工程消防设计审查验收文件归档业务指南》，完成 184 个项目、5193 盒档案整理工作。在消防审验全阶段，为企业解答各类问题 1000 余次，向 90 个项目提供技术服务。编印《西安建设消防》通讯，完成 5 期，免费发放 1500 本。

（张　睿）

建筑工程

【概况】 2022年，西安市在建项目1827个，其中在线监测项目1514个，手续不全313个。市、区两级协同发力、同频共振，组织检查在建项目4268次，排查整治安全隐患9501处，下发整改通知单1474份，责令停工整改项目85个，警示约谈企业202家，处罚金额291万元；检查项目1.68万次，其中西安市住房和城乡建设局领导带队检查116次、项目271个，下发通报270余份，排查整治隐患3.5万处，下发整改通知单6900余份、警示提示函13份，责令停工整改项目380个，警示约谈企业940家次，累计处罚超5000万元，住建领域总体安全生产形势平稳可控。

【施工许可证办理】 2022年，西安市住房和城乡建设局牵头拟定《关于办理基坑部分建筑工程施工许可证的通知》，探索实施划分“基坑部分”和“建筑整体”两个阶段核发建设项目施工许可。下发《关于推进“四电”改革及“全程网办”相关工作的通知》，要求各区（县、开发区）自11月1日起，全量生成电子证照，并全面落实“全程网办”不低于85%的总体目标。全市（含西咸新区）共办理建筑工程施工许可手续1030个。其中房建类项目728个，审批面积4860.52万平方米；装饰装修类175个，审批面积128.3万平方米；市政类项目127个，长度17.78万米。

【建筑装饰施工规范】 2022年，西安市住房和城乡建设局督导区（县、开发区）住建局装饰装修监管工作，开展现场检查对接27次，移送问题8个；考评安全生产标准化建筑装饰施工企业67家。印发《关于开展2022年度建筑装饰幕墙企业资质动态考核的通知》，采用“双随机、一公开”方式，监管检查建筑装饰、幕墙公司资质标准及市场行为事中事后企业165家，受理办结各类投诉116起；开展建设工地扬尘和挥发性污染物检查469人（次），发出督办单65份；配合市机关事务服务中心勘察楼堂馆所装饰工程现场50次；指导区（县、开发区）高标准完成行业管理中线索摸排，扎实推进扫黑除恶专项斗争工作常态化开展。制定《西安市建设领域夏季挥发性有机物污染防治专项行动方案》，向各级建设主管部门、各建设工地提出污染防治具体要求。制定完善挥发性有机物管控作战图，推进挥发性有机物防治与扬尘污染防治常态化、同步化检查巡查。执法检查施工现场使用材料，采取随机抽查、现场封样方式，委托第三方检测单位，检测工地使用量较大的油漆、涂料、胶黏剂产品和可能涉及挥发性有机物（VOCs）排放建材。组织“防治臭氧、保卫蓝天、绿色建造、文明施工、共创宜居幸福西安”倡议活动，发放“建设工程臭氧污染和VOCs防治知识”宣传资料4600余份，有效推进挥发性有机物面源管控。

【施工质量安全检测】 2022年，西安市住房和城乡建设局组织全市26个监督机构、600余名监督人员开展房屋建筑和市政工程复工安全检查、安全生产专项整治、“危大工程”安全生产交叉执法检查、检测机构排查整治等8轮督导执法检查，督查全市房屋建筑和市政基础设施项目694项，发现并整改到位各类隐患3100余起。抽查全市在建工程项目建筑起重机械使用安全管理，下发督办函12份，检查全市118家检测机构，发现并整改问题558条，实施行政处罚39.5万元，有效传导质量安全监管压力，建筑企业质量安全意识显著提升。抽查全市21家监督机构的履职情况，召开警示教育集中约谈会3次，约谈7家属地监督机构和28家建设、施工、监理企业主要负责人，督促属地监督机构进一步增强质量安全意识，全面排查隐患、全程监督整改。开展全市住建领域“防风险、促安全、护稳定”专项整治行动，以及房屋建筑和市政工程安全生产治理行动，强化建筑施工领域“危大工程”风险管控，抽查全市659项房屋建筑和市政基础设施项目，督促隐患整改1835起，协调处置浐灞河隧道工程漏水事故和南三环与长安南路跨线桥西侧桥台后挡墙开裂舆情事件，从源头上消除安全事故隐患。下达安全督办单269份，提出行政执法建议13份，累计罚款21万元。4月至8月在全市开展建设工程检测机构专项整治行动，拉网式专项治理118家检测机构，邀请业内专家综合评定优秀检查机构33家，停业8家，及时向不合格检测机构下发限期整改通知单，督促整改问题558条，行政处罚超资质承揽业务行为检测机构3家，并在全市通报。完善全市文明工地评审专家管理办法，优化专家库人员组成，评定市级文明工地229个、推荐上报省级文明工地233个项目（含西咸新区项目及各类观摩工地）。

【工程建设执法监察】 2022年，西安市住房和城乡建设局制定《西安市住房和工程建设执法监察队执法案卷管理办法》《西安市住房和工程建设执法监察队行政执法全过程记录办法》《西安市住房和工程建设执法监察队音像记录和文字记录衔接规定》。规范工程建设执法监察工作，全年查处违法项目38个，处罚金额208万余元，已处罚项目全部做到事实清楚、证据确凿、裁量恰当、程序合规，无一例行政复议或上诉案件。

【建筑工程劳保统筹基金返还退费】 2022年，西安市住房和城乡建设局为施工企业办理劳保费返还项目2280个，分30批次申请共计24.07亿元。为建设企业办理9个项目退费，分3批申请共计2067.60万元。 （张 睿）

2022年9月16日，市建设工程质量安全培训班在幸福航空总部基地中心项目现场教学 （市住建局 供图）

建筑行业管理

【概况】 2022年，西安市住房和城乡建设局开展扬尘综合整治专项行动，加强“两类企业”（预拌混凝土、预拌砂浆生产企业）扬尘监管，夯实“两类企业”抑尘措施。安装扬尘在线设备171家，联网接入市生态环境局监控平台，办结市生态环境保护委员会下达督办单事项37份，有力配合扬尘治理工作。检查“两类企业”扬尘治理484家（次），其中查出问题要求现场整改26家，下发督办单25份，及时安排检查人员复核督办企业整改事项，确保各项问题整改到位。大力优化重点企业运输结构，引导“两类企业”公转铁落地，促进企业降本提质增效。全市“两类企业”铁路货运量480万吨，更换新能源运输车辆55台，“两类企业”安装和使用北斗卫星3928台。

2022年11月18日，举行2022年西安市文明工地暨施工扬尘防治现场观摩会
（市住建局　供图）

【建设工程招投标管理】 2022年，西安市住房和城乡建设局制定《关于加强房屋建筑和市政基础设施工程招标投标活动档案管理工作的通知》和《西安市房屋建筑和市政基础设施项目工程总承包招标投标导则》，建设完成房屋建筑和市政基础设施项目智慧移动交易系统。发布《关于进一步规范评标专家交易场内行为的通知》，规范评标专家进入交易场所工作秩序，加强评标专家标前行为管理，明确评标专家在交易场内限制活动区域，实现评标专家场内活动规范管理。通过研制工程项目资料自助下载平台，实现招标人和代理机构线上自助下载资格预审文件、招标文件、投标文件、控制价文件等资料，提升建筑工程交易系统全流程电子化服务质量。加快工程建设项目招投标领域电子保函应用，引导招投标行业主体参与方规范使用电子保函，督促招标人（招标代理机构）在招标文件中予以明确，缓解和减轻企业经营性负担。针对秦创原秦汉大健康产业园西区一期（南区）、西安东站站前西广场综合枢纽一期工程EPC、航空智能装备制造产业园施工工程等中标金额为亿元以上的项目，及时将项目招投标信息发布在陕西采购与招投标网站，加强全过程管理，确保项目合法合规。

【工程造价管理】 2022年，西安市住房和城乡建设局采集、统计和发布人工成本信息4期、城市住宅造价信息2期、远郊区（县）材料价格信息10期。配合省造价服务中心修编装配式建筑工程消耗量定额、价目表。在工程建设造价行业开展“双随机、一公开”活动，重点检查20家造价咨询企业咨询合同、项目实施方案、成果文件三级管控体系、计价规则成果文件编制、上传监测数据等113项内容，发现问题15项，下发整改通知3份，并限期整改完毕。推进工程造价管理平台建设，完善工程计价依据发布机制，加强工程造价数据积累，为建筑市场各方主体提供真实、客观、快捷的工程造价信息服务。

【建筑材料质量管理】 2022年，西安市住房和城乡建设局督促指导全市推广使用预拌砂浆230万吨，督促指导预拌混凝土企业生产预拌混凝土4500万立方米。7月，督导各区（县、开发区）住建管理部门排查全市171家“两类企业”；8月，组织行业专家22个批次、340人抽查“两类企业”150家，抽取专家库专家成立2个督导组，分区域督导检查“两类企业”质量安全整治工作。

【建筑监理】 2022年，西安市审核监理企业453家，其中规模以上监理企业53家，承揽工程监理业务合同额61.19亿元，企业经营收入累计达到47.3亿元。开展建筑业企业执业活动“双随机、一公开”检查，在市场主体库中随机抽取10家监理企业，检查企业市场行为、人员配备、质量把控、造价进度控制、安全生产管理等52大项、100余条小项内容，发现并反馈问题60余项，下发通报1份，督促企业整改到位。全年获得国家级优质奖项20项、省部级优质奖160项（含省级文明工地）、市级优质奖136项（含市级文明工地）。

（张　睿　陈志林）

【建设工地和“两类企业”扬尘治理】 2022年，西安市住房和城乡建设局印发《2022年住建领域生态环境质量提升实施方案》《蓝天保卫战工作方案》《大气污染防治攻坚方案》，建立住建领域扬尘污染监控项目名录，常态化组织9个督导组开展督导检查1214次、检查项目3926个，下发督办单289份，约谈排名靠后的区（县、开发区）住建局27家次。升级在建工地扬尘和“两类企业”的1286套监测设备，基本实现实时监控全市重点扬尘污染源，推动扬尘监管实现人防向技防转变。

【建设行业培训】 2022年，西安市住房和城乡建设局举办以《新型冠状病毒感染防控方案（第九版）解读》《城市TOD模式发展研究及探讨》为课题的“西安建设大讲堂”活动。组织召开各类培训参与人数65546人（次），其中一线农民工免费培训参加人数61568人（次），干部培训参加人数3660人（次），工地扬尘治理培训参加人数318人（次）。组织西咸新区等10个区、468个项目开展《陕西省建筑工地复工期间新型冠状病毒感染疫情防控暨施工安全指南》线上培训。

【住建领域根治欠薪工作】 2022年，西安市住房和城乡建设局转办至相关区（县、开发区）住建管理部门，协助人力资源和社会保障部门查处农民工工资欠薪线索案件63起，涉及人员2373人，涉及金额4317万元。检查全市建设工地（含“两类企业”）4866个（次），下发落实保障农民工工资八项制度督办单44份，相关区（县、开发区）住建管理部门均已完成整改。（张　睿）

商贸流通

【概况】 2022 年，西安市积极应对疫情对消费市场冲击影响，促进消费增长，策划组织“乐享生活、嗨购西安”促消费、稳经济系列活动。市商务局先后举办第三届西安国际啤酒节、首届直播购物节、年中好物节、双品网购节、金秋嗨购节等 620 余场主题促销活动。开展新能源汽车补贴活动，补助车辆 65879 辆，补助资金 16049.7 万元，拉动汽车消费 110 亿元。开展绿色家电消费补贴活动，发放消费补贴 2200 万元（市财政 2000 万元，陕西银联 200 万元），惠及消费者 48616 人（次），企业配套让利 5500 余万元，直接带动家电消费 2.7 亿元。协调市城管局支持大型商业体利用门前广场开展促消费活动，支持 160 家企业开展户外促销活动。

（运行处 商贸处 体系处）

表 34 2022 年西安市国内贸易统计表

项 目	绝对量 / 亿元	同比增长率 / %
限额以上企业（单位）消费品零售额	2438.47	-3.5
# 通过公共网络实现的商品零售额	759.46	10.1
按经营地分		
1. 城镇	2421.71	-3.5
2. 乡村	16.76	-2.5
按消费类型分		
1. 餐饮收入	103.14	-14.4
2. 商品零售	2335.33	-2.9
粮油、食品类	185.40	0.4
饮料类	39.45	-7.9
烟酒类	58.59	-0.4
服装、鞋帽、针纺织品类	194.52	-25.0
化妆品类	77.81	-7.0
金银珠宝类	62.82	-5.6
日用品类	109.12	-3.9
五金、电料类	2.48	-10.2
体育、娱乐用品类	41.84	26.9
书报杂志类	22.01	4.6
电子出版物及音像制品类	0.02	-54.1
家用电器和音像器材类	163.24	2.9
中西药品类	83.63	7.4
文化办公用品类	97.45	4.6
家具类	22.26	-4.0
通信器材类	87.56	-1.1
石油及其制品类	280.01	-0.9
建筑及装潢材料类	10.98	-10.9
机电产品及设备类	8.78	22.9
汽车类	765.75	-0.2
其他类	21.62	-25.9

【消费品零售】 2022 年，西安市社会消费品零售总额 4642.11 亿元，比上年下降 5.2%，其中限额以上企业（单位）消费品零售额 2438.47 亿元，下降 3.5%。限额以上单位商品零售额中粮油、食品类比上年增长 0.4%。服装、鞋帽、针纺织品类比上年下降 25.0%，化妆品类比上年下降 7.0%，金银珠宝类比上年下降 5.6%，日用品类比上年下降 3.9%，体育、娱乐用品类比上年增长 26.9%，书报杂志类比上年增长 4.6%，家用电器和音像器材类比上年增长 2.9%，文化办公用品类比上年增长 4.6%，家具类比上年下降 4.0%，通信器材类比上年下降 1.1%，石油及其制品类比上年下降 0.9%，建筑及装潢材料类比上年下降 10.9%，汽车类比上年下降 0.2%。电子商务交易额 6235 亿元，比上年增长 11%。获评 2022 年全国供应链创新与应用示范城市。出台《国际消费中心城市培育创建三年行动方案》，明确创建“三都四城”西安消费品牌，打造历史文化之都、时尚购物之都、国际美食之都、国际旅游名城、国际教育名城、国际会展名城、世界赛事名城。净增限额以上商贸企业 487 家，引进各类品牌首店 139 家，新增商业面积 40 万平方米。举办第三届西安国际啤酒节、首届直播购物节、年中好物节。组织重点商贸企业开展“嗨购西安”主题促销活动 620 余场，发放 1.6 亿元汽车消费券、2200 万元家电消费补贴。

（朱晓航 运行处）

【商贸市场保供应】 2022 年，西安市推动构建市、区、街道、社区四级物资保供责任体系。每日监测全市大型蔬菜批发市场供应情况、重点防疫物资（口罩、消毒液、酒精等）生产和库存情况，医用物资（医用防护服、口罩、隔离衣）每日储备和消耗情况、邮政快递行业邮件收寄投递情况、水库库容和日供水量情况，形成《生活服务组每日工作开展情况报告》报市疫情指挥部。生活服务组指导区（县）和保供企业完成应急保供预案，组织保供企业加大储备和供应，确保重要民生商品不断档、不空架。在大型电商平台仓储、大型品牌连锁超市仓储、农产品批发市场仓储、团购电商仓储、生活物资 B2B 仓储、餐饮中央厨房仓储、粮食生产储备仓储、肉类生产加工储备仓储、品牌连锁便利店仓储、生鲜仓储配送、物流配送、餐饮冷链仓储配送、主食加工冷链仓储等 13 个行业领域，确定全市生活物资重点保供仓储基地，通过政企联动，发挥重点保供仓储基地在物资调运储备、物流配送等方面优势，确保生活物资供应有序稳定。制定《西安市商务局应对新冠疫情市场保供工作方案》《突发疫情状态下西部欣桥农产品物流中心封场转移工作应急预案》，出台《关于保障蔬菜等生活必需品供应奖补政策的通知》，督促欣桥、新北城、朱雀等 6 家大型蔬菜批发市场加大货源采购与储备力度，确保市场肉菜供应充足，价格稳定。加强蔬菜市场监测和分析研判，实行日报制度，做好市场数据统计、分析。

（商贸处　运行处）

【商贸市场监测】 2022 年，西安市商务局市场监测样本企业 117 家，监测企业覆盖 11 区 2 县，涵盖批发、零售、餐饮等主要流通行业，监测商品包括 59 大类 155 个品种。落实“黄金周”“小长假”市场监测任务，加强生活必需品、应急商品等 8 个专项日常监测。全年上报省商务厅和市委、市政府市场运行分析 40 篇。

（运行处）

【县域商业体系建设】 2022 年，西安市结合全市县域商业体系建设现状，研究制定《西安市商务局等 17 部门关于印发加强县域商业体系建设促进农村消费实施方案（2021—2025）》，从完善商业体系基础设施、推进农业产业高质量发展、加强农产品流通网络建设、丰富农村消费市场、规范农村市场秩序 5 个方面明确建设目标和内容。建立县域商业体系建设项目库，征集项目 110 个。指导周至、蓝田完成县城商贸服务中心

2022 年，西安市加强商圈建设，图为百亿级商圈——行政中心商圈俯瞰图
（西安日报社　供图）

2 个，乡镇商贸中心 13 个，村级便民商店 177 个，县级物流配送中心 3 个，公益性农产品批发市场 3 个。（体系处）

【商圈建设】 2022 年，西安市围绕培育建设国际消费中心城市，实施商圈建设行动计划，推动多层次城市商圈体系建设，商业架构逐步拉大，由单核向多心、两层级向四层级（社区级、区域级、城市级、都会级）转变。制定《西安商圈商业街区建设方案（2023—2025 年）》，推进传统核心商圈转型升级为“组团型”商圈。实施“1+6+28+N”，即由 1 个国际消费中心（钟楼国际消费中心）为引领、6 个城市商业中心（商圈）为主、28 个次级区域商圈为支撑、多个社区便民商圈为辅形成的城市商圈体系。全市共有重点商圈 48 个，其中 500 亿级商圈 2 个，为“钟楼—大南门”商圈、“小寨—大雁塔”商圈；百亿级商圈 10 个，分别为高新科技路商圈、行政中心商圈、西咸三桥商圈、浐灞会展商圈、口岸国际贸易商圈、原点中心商圈、临潼国际旅游度假商圈、幸福林带商圈、电视塔商圈、大兴商圈。“钟楼—大南门”商圈、“小寨—大雁塔”商圈分别进入赢商网大数据全国“商圈商业力”排行榜前 30 名。

【步行街建设】 2022 年，西安市加强示范步行街建设，引导企业因地制宜实施微更新、微改造，采取提档升级、“腾笼换鸟”方式盘活闲置商业资源，提升商业功能和品质。以个性化、差异化、品质化为方向，坚持“以街带圈、以圈兴街”联动模式，通过打造新场景、引进新业态、创建新模式等措施，完成长

2022 年 2 月 3 日，长安十二时辰主题街区游人如织　（陕文投集团　供图）

安十二时辰、老菜场、叁伍壹壹、易俗社、大唐西市步行街和四海唐人街等一批特色街区改造提升任务，建成国家级示范步行街1条、省级示范（试点）步行街3条、市级示范步行街14条。

【夜间经济】 2022年，西安市制定《2022年西安市创建示范商圈、试点（示范）步行街、夜间经济示范街区活动实施方案》，太奥广场、悦天地步行街、WEYOUNG168街区、长安十二时辰主题街区、万象天地步行街区等5个街区被评为西安市夜间经济示范街区。周至水街和永兴坊夜间经济建设项目通过验收。召开推进夜间经济高质量发展座谈会，研究破解发展难题，市级5部门联合出台促进户外经济、夜间经济6条措施，有效应对疫情影响，激发消费市场活力。以钟楼—大南门、小寨—大雁塔2个都会级商圈为核心，以10个较为成熟的城市级、25个区域级商圈和80条步行街、110个大型商业综合体、20个景区开放夜游业态为载体，覆盖城乡、产品多元、特色鲜明的夜间经济空间体系基本形成。擦亮夜演、夜游、夜市三大“夜西安”夜间经济品牌，初步打造形成10个多业态、高品质的夜间消费聚集区、26个夜间消费地标、100个夜间消费网红打卡地。

【创建一刻钟便民生活圈】 2022年，西安市出台《一刻钟便民生活圈无接触配送设施建设方案》，建立联合协作机制，推进试点区建设，明确“十四五”期间建成不少于150个高品质一刻钟便民生活圈。各区（县、开发区）按照《西安市一刻钟便民生活圈试点城市建设目标任务分解表》明确任务指标，对照《西安市一刻钟便民生活圈评价标准体系》，筛选确定46个高品质一刻钟便民生活圈重点培育计划。8月，各区（县、开发区）对前期纳入重点培育计划的一刻钟便民圈进行自评，申报高品质一刻钟便民生活圈36个。10—11月，市商务局委托陕西中商联商业研究院专家团队，对各区（县、开发区）推荐申报高品质一刻钟便民生活圈进行验收，评定27个高品质一刻钟便民生活圈。老菜场、叁伍壹壹等4个社区商圈入选商务部全国一刻钟便民生活圈典型案例。（商贸处）

【春节期间蔬菜市场供应】 2022年，西安市商务局加强市场监测调控，应对蔬菜市场价格波动，保障春节期间蔬菜市场供应。1月24—28日，组织冬春蔬菜储备企业与重点连锁超市等投放企业进行“点对点”对接，在全市设立252个储备菜投放点，开展政府储备蔬菜投放，投放9个品种1.06万吨蔬菜，投放菜品价格低于市场零售价15%，有效调节和稳定春节前蔬菜市场价格。

【安全风险排查】 2022年，西安市商务系统制定《2022年商贸领域安全生产和消防安全工作要点》，对全年安全生产重点工作、核心问题、阶段任务进行部署。结合全市“防风险、除隐患、保安全、迎盛会”专项整治行动，持续开展常态化检查，巩固提升安全生产专项整治三年行动成果。市商务局组织7个督导组以及依托第三方机构组成专家组，督导检查商贸企业533家，排查整治商贸行业安全风险隐患246项。加大风险源头管控力度，压实企业安全生产主体责任，印发《商贸领域安全生产风险分级管控和隐患排查治理双重预防机制建设实施方案》，推进9个方面重点工作，指导区（县、开发区）商务主管部门有序推进81家大型商业综合体构建双重预防机制。制定下发《2022年商贸行业“安全生产月”活动方案》，围绕“遵守安全生产法、当好第一责任人”，通过商场、超市、加油站门前LED显示屏、宣传栏宣传安全生产知识，营造安全稳定社会氛围。组织安全生产第三方服务机构对临潼区商务行业开展安全生产专题培训。指导经开区汉神购物广场开展消防应急演练，提升商贸企业应急处突能力。

（运行处）

2022年春节期间，西安市政府在超市投放储备菜 （市商务局 供图）

住宿餐饮业

【概况】 2022年，西安市采取发放消费券、举办云上购物节等促消费举措，提振消费信心。全市住宿和餐饮业增加值157.21亿元，比上年增长5.8%。主营业务收入200万元以上住宿业企业有400余家。全年餐饮收入103.14亿元，比上年下降14.4%。西安饭庄、老孙家、德发长、春发生、同盛祥5家企业的核心制作技艺被列为陕西省非物质文化遗产名录，同盛祥饭庄的牛羊肉泡馍制作技艺和老孙家饭庄的羊肉泡馍制作技艺均被列入《国家级非物质文化遗产名录》。全市住宿和餐饮业主要集中在老城区的钟鼓楼、回民街，曲江新区的大雁塔、大唐芙蓉园、大唐不夜城周边等区域。

【住宿业】 2022年，西安市有限额以上住宿业企业482个，营业额62.68亿元，其中旅游酒店营业额38.16亿元。有星级酒店72家，其中五星级16家、四星级25家、三星级30家、二星级1家。全市酒店市场主要集中在老城区、曲江新区、高新技术开发区等区域。全年新开业酒店42家，其中36家为高端酒店；在建五星级酒店项目有4家，分别为西咸新区国际科创商务广场项目及A5地块项目（含五星级酒店）、长安航旅酒店集群项目（二期）（五星级）、西安浐灞生态区自贸中心建设项目万枫酒店（五星级）、西安高新区鸿景国际（含五星级酒店）。10月10日，陕西省星级饭店从业人员服务技能竞赛暨全国竞赛选拔赛在西安启动，来自全省的12支代表队同场竞技，设置前厅服务、客房服务、中餐服务和西餐服务四大项目，在考核选手基本业务知识的基础上，注重对选手的沟通协调能力、突发事件应对能力的考查，更加满足消费者的新需求，推进全省旅游饭店业高质量发展。

（行中道）

【早餐示范工程】 2022年，西安市在营放心早餐网点1350个。自2月复工后，由315个网点逐步恢复到1350个网点，其中按一刻钟便民圈要求，在各行政区及开发区新增放心早餐网点430个。

【“西安老字号”和“西安名吃”】 2022年4月，西安市商务局举办第二批“西安老字号”“西安名吃”认定活动，认定“西安老字号”和“西安名吃”商家分别为55户、57户。其中“西安老字号”涵盖陕西融通军民服务社、西安秋林、陕西宾馆、西安钟楼饭店、西安古旧书店、穆堂香、麦里金、老蜂农、志宽、喜神、东亚饭店、新中华元宵、浣花溪、西安中旅国际旅行社、藻露堂等品牌；“西安名吃”涵盖锦翔炝锅鱼、大厨小馆葫芦鸡、德懋恭水晶饼、叁宝烤肉、军军绿豆糕、老金家水盆羊肉等商家。经2次认定，“西安老字号”和“西安名吃”总数分别为99家、108家。新认定的112家企业，年销售额亿元以上企业13家。委托第三方机构和知名专家学者举办品牌示范店评选，评选119家品牌示范店并进行授牌表彰。

（陈志林　商贸处）

【行业促进与服务】 2022年，西安饭店与餐饮行业协会配合有关部门做好疫情防控工作，帮助企业复工复产。向政府相关部门反映行业和重点企业的情况和诉求，调查并撰写报告10多份，为政府决策提供依据。发出餐饮业防疫抗疫倡议书，爱心捐赠倡议书，复工复产倡议书，文明餐桌倡议书，节约粮食、反对浪费倡议书，禁塑倡议书等。配合市商务局完成2022年西安市地方标准制修订项目申报和第四届中国质量奖申报。组织召开银企对接会10多场，帮企业解决资金3000多万元。走访企业100多次，调动各类资源，帮企业解决实际问题。带领会员企业赴福州、秦皇岛学习交流，寻找好食材。加强与省外协会联系，寻求机遇、探讨开拓市场商机。（张丽虹）

【西安饮食股份有限公司】 2022年，西安饮食股份有限公司拥有20家分公司、17家子公司，大小门店网点130多个，全年实现营业收入4.85亿元，比上年下降6.65%。11月5日至10日，公司组织旗下西安饭庄、老孙家饭庄、德发长酒店、同盛祥饭庄4家老字号品牌参加在上海举办的第五届中国国际进口博览会，西安饮食老字号“非遗”大师现场展示陕西风味小吃、牛羊肉泡馍、特色花样饺子等，并展演老字号“非遗”技艺，成为展区美食打卡网红地。该公司是西安旅游集团有限责任公司控股的上市公司，主要以餐饮服务、食品加工为支柱产业，多为百年历史老店、大店、名店、特色店和“中华老字号”。曾获得中国餐饮30年卓越企业奖、中国十大餐饮品牌、改革开放40周年全国饭店餐饮业功勋企业等多项荣誉，有11家餐饮企业被认定为“中华老字号”。（陈志林）

粮油储备和流通

【概况】 2022年，西安市贯彻落实粮食安全党政同责要求，统筹做好疫情防控期间粮油保供稳市，健全完善粮食储备安全管理体系，提升粮食应急保供能力，强化粮食购销监管，保证全市粮食市场运行平稳。全年收购粮食88.31万吨。

【粮油购销】 2022年，西安市发展和改革委员会安排部署粮食收购，落实粮食收购网点103个，腾并仓容33.89万吨，校验仪器168台，落实收购资金7.01亿元，培训收购人员403名，做到“有仓收粮、有人收粮、有钱收粮”。落实国家粮食收购政策，优化收购流程，提升现场服务，让农民卖“放心粮”“舒心粮”，全年收购粮食88.31万吨。完成10万吨市级储备小麦、7500吨市级储备食用油轮换任务。

【粮油储备管理】 2022年，西安市发展和改革委员会贯彻落实粮食储备安全管理体制机制改革要求，压茬推进改革重点工作，市、县两级涉改企业全部完成政策性职能和经营性职能分开改革任务。优化调整储备布局，新增区级储备小麦5000吨，指导5家规模以上面粉加工企业建立社会责任储备13100吨，推动形成政府储备与社会责任储备有机结合、互为补充的承储体系。市财政局启动市级储备粮补贴标准调整机制，将市级储备小麦保管费用由每年每吨90元提高到110元，调动企业承储积极性。结合粮食购销领域专项整治要求和储备管理工作实际，制定完善储备粮管理各项配套制度，修订完善《西安市储备粮管理办法》，修订草案按程序报送市司法局立法审查，先后制定印发《关于进一步优化布局结构加强储备粮管理增强我市粮食安全保障能力的实施意见》《西安市市级储备粮轮换管理办法》《西安市市级储备粮承储库点选定办法》《西安市市级储备粮质量安全管理办法》《西安市市级储备粮仓储管理办法》《西安市市级储备粮年度考核办法》《西安市市级储备粮质量检查扦样检验规定》等7项制度，构建以《办法》为主干、以配套制度为支撑的“1+X”制度保障体系。

【粮油重点项目建设】 2022年，西安市推进粮食仓储设施项目建设，制定全市新一轮优质粮食工程五年实施方案，明确“十四五”期间工作重点任务和实施内容。持续推进仓储设施在建项目建设，周至县应急物资及粮食储备设施和西安福豫粮食仓库有限公司泾阳储备库两个重点项目分别完成投资1800万元和5127万元，分别占总投资额的52%和59%，并获得省级粮食专项资金补助609万元。组织完成2022年粮食发展专项资金的项目征集、项目初审、专家评审、实地考察等工作，确定专项资金补助项目3个，下达补助资金294.62万元，提升全市粮食仓储设施条件和粮油质检能力。指导高陵区、临潼区加快粮食应急保障中心建设项目前期手续办理工作。

【粮油保供】 2022年，西安市督促粮油应急保障企业严格落实疫情防控政策，确保企业正常运转，指导企业满机能生产，保障粮油产品充足供应。协调粮油应急保障企业建立直供机制实行点对点供应，为长安、雁塔等疫情重点区域协调落实1000吨粮油产品，解决粮油供应最后100米问题。制定《积极应对疫情影响助企惠民补齐短板确保一季度国民经济恢复性增长粮油保供企业奖补政策实施细则》，对疫情防控期间承担粮油保供任务的企业进行奖补，确定奖补企业7家，下达奖补资金300万元。

【粮油应急保障】 2022年，西安市新增125个粮食应急供应网点，总数达到456个，实现城乡、街办全覆盖。发挥粮油监测网点“岗哨”预警作用，针对全市疫情防控形势，加大粮油市场监测频次，6次启动日监测日报告制度，收集汇总上报各类监测信息6000余条。制定印发《西安市粮食应急保障企业管理细则》，明确企业申报条件、程序、日常管理和监督等内容，规范粮食应急保障企业管理。组织编制《西安市粮油供应网点建设专项规划（2023—2035年）》，为粮油供应网点持续发展明确方向和目标。

【粮油流通监管】 2022年，西安市按照《粮食流通管理条例》开展执法检查，通过“双随机、一公开”抽查、专项检查、日常检查等方式开展政策性粮油库存检查，粮食流通统计制度执行情况，问题整改“回头看”，夏、秋两季粮食收购市场监督检查等5次检查，规范粮食流通市场秩序。处理上级部门转办的6起投诉举报案件，提高案件线索核查办理工作质效，维护粮食经营者利益。

【爱粮节粮宣传活动】 2022年，西安市发展和改革委员会围绕“保障粮食供给，端牢中国饭碗”主题，开展形式多样的爱粮、节粮宣传活动。在成熟社区、繁华街道、放心粮油店设置宣传展台30余个，制作宣传展板130余块，悬挂宣传横幅30余条，发放宣传手册和宣传资料10000余册，接待群众现场咨询5000余人（次）；在市、县两级储备粮承储库点和456家粮食应急供应网点张贴宣传海报1200余张；向市民推送宣传短信30万条；举办爱粮、节粮宣讲5期，深入宣传国家粮食安全形势、节粮减损等知识，营造爱粮节粮良好社会氛围。

（刘　杰）

2022年10月10日，西安市发展和改革委工作人员赴爱菊粮油工业集团检查粮油储备和安全生产工作

（市发展和改革委　供图）

成品油销售

【概况】 2022年，西安市有在营加油站498座。其中，重点企业中石油、中石化、延长壳牌三大公司共有加油站307座（中石油公司加油站142座、中石化公司加油站54座、延长壳牌公司加油站111座），占全市在营加油站总数的61.6%；其他社会加油站191座，占全市在营加油站总数的38.4%。市商务局加强成品油流通管理，落实《陕西省成品油零售经营资格审批管理办法》，依法、依规办理全市加油站零售资质审批业务，规范市场经营秩序，保障全市成品油供应。全年成品油销售149万吨，比上年下降14%，其中汽油108万吨、柴油41万吨。

【成品油市场监测】 2022年，西安市商务局做好成品油市场监测统计，加强成品油零售行业管理，每月按时收集汇总成品油零售经营企业进、销、存经营数据，形成《成品油零售监测数据统计表》，重大节假日每日统计中石油、中石化、延长壳牌3家重点企业进、销、存情况，及时掌握全市成品油供应保障情况。

【成品油安全管理】 2022年，西安市商务局加强成品油流通行业安全监督管理，在节假日、重大活动前安排部署安全生产相关工作，组织加油站开展安全隐患排查和整改，督促成品油零售经营企业落实安全主体责任。按照全市大气污染防治工作安排部署，加强对加油站油气回收设施日常使用情况的监督检查，夏防期间，制定卸油作业管控措施，根据臭氧污染防控不同等级，启动相应措施。组织全市有条件的加油站开展夜间加油促销活动，促进夜间经济发展。全年检查加油站280座次，向区（县、开发区）发送移送单38份，对加油站规范使用油气回收设施、严格落实大气污染防治相关要求起到有效监督作用，减少挥发性有机物排放。

（韩　薪）

再生资源回收

【概况】 2022年，西安市建成并投入使用再生资源交易市场1个，再生资源分拣中转中心（站）41个，再生资源回收服务点1560个。实地抽查废品收购站315家，下发问题移送单13份，督办单1份，均跟踪办结。清理取缔再生资源回收体系外废品收购站153家。重点回收企业有西安市物资回收利用总公司、陕西隆兴物资贸易有限公司、陕西朝辉再生资源利用有限公司、西安悦鲲环保科技有限公司、陕西秦光节能科技有限公司、陕西新耐德科工贸有限公司。西安市被生态环境部确立为无废城市试点

2022年，西安市加强废旧物资循环利用体系建设，图为新建成的高新区再生资源回收网点

（市商务局　供图）

城市，被国家发展改革委确定为废旧物资循环利用体系试点城市。（韩　薪）

【西安市物资回收利用总公司】　2022年，西安市物资回收利用总公司招纳合作伙伴15人，新开设回收服务网点10个，完成新城区大件垃圾清运20余次，实现垃圾减量、资源化1000余吨，开展各类宣传和招商活动56场，普及人数达1500人。再生资源资讯平台在提供行业信息资讯服务方面走在全国同行前列。拥有公众号、视频号、抖音、快手等传播媒介账号25个，通网粉丝数超45万人，广告及会员服务费收入33万元，再生资源信息小程序注册用户超8万人，视频号日均直播8场（次），累计观看人数达600万人（次）。注册“百中标讯”、冀东水泥、中基建设、陕建云采、中核工业等9个网上采购平台，寻求新商机。通过网上平台参与钢材采购项目竞价51次，实现销售收入1450万元。

（杨　骏）

二手车交易

【概况】　2022年，西安市商务局加强二手车流通行业监管，开展二手车市场主体备案和车辆交易登记管理，规范交易行业秩序，畅通汽车流通渠道，扩大汽车消费需求，促进二手车行业健康有序发展。全市备案二手车流通企业236家。其中，二手车交易市场27家；经销企业195家；二手车拍卖企业1家；二手车鉴定评估机构18家。全年交易二手车25万辆，实现交易额160亿元。

（体系处）

【二手车信息采集】　2022年，西安市商务局协调车管、税务等部门，整合信息资源，指导二手车企业采集交易车辆信息，核对机动车交易双方当事人或代理人身份证明，采集原机动车所有人和现机动车所有人身份证号码、电话号码、住址等信息，录入“西安市公安局二手车交易信息管理平台”，做到二手车来源可追溯、去向可查询。

【二手车跨省通办】　2022年，西安市取消二手车限迁政策，促进二手车自由流通，拉动消费。按照《陕西省商务厅陕西省公安厅国家税务总局陕西省税务局关于推进二手车交易登记跨省通办便利二手车异地交易的通知》文件精神，推进实施二手车异地交易登记跨省通办，要求企业按照通知要求，优化规范服务流程，为消费者提供便利服务。

【二手车行业监管】　2022年，西安市商务局加强日常业务监管，每月对二手车经营企业进行现地指导。重点检查西安公诚、石桥车城、西安鱼化、西安华亿、西安马腾空等较大规模二手车交易市场，指导二手车交易市场及经营主体加强内部管理，依法依规进行二手车交易，引导企业诚信经营。落实安全生产制度，围绕安全组织机构、安全制度建立、安全措施落实等情况进行督导检查，强化企业安全生产意识。了解企业经营情况特别是生产经营中遇到的困难和问题，引导二手车交易市场硬件设施升级改造，完善市场服务功能，为消费者提供二手车交易、转移登记、纳税、保险等一站式服务。对二手车市场和经销企业进行安全检查12次，对经销企业进行“双随机”检查20家。（韩　薪）

供销合作

【概况】　2022年，西安市供销合作联社基层组织体系不断夯实，农业社会化服务能力持续增强，联合社治理机制更加完善，为农服务综合水平有效提升。疫情防控期间设立100多个固定供应点和20多个流动配送点，组织车辆70余台，开通“线上下单、线下配送”服务，为群众提供24小时生活物资配送服务，供应各类生活物资3.52万吨，被省供销总社授予“抗疫保供贡献奖”。在全省、全国供销合作社系统综合业绩考核中相继被评为“2022年度全省供销合作社系统综合业绩考核优胜单位一等奖”“2022年度全国供销合作社系统综合业绩考核优胜单位一等奖”。

【供销改革】　2022年，西安市出台《西安市人民政府办公厅关于印发加快推进供销合作社高质量发展实施方案的通知》，从加快农业生产资料供给服务创新、传统经营服务模式创新等方面，明确12项主要任务，设立每年2000万元的供销合作社改革发展专项资金。市供销合作联社联合市财政局印发《西安市供销合作社改革发展专项资金管理办法》和《2023年项目申报指南》，为供销合作事业高质量发展提供资金保障，推动供销社综合改革落实落地。

【基层供销社建设】　2022年，西安市供销合作联社在长安引镇南寨东村、王莽三官堂村等村镇建成农村综合服务社星级社25个。先后接待全国总社、省社和市人大对本市综合服务社建设情况的督导调研。全系统综合服务平台不断健全，累计建成基层社经营服务网点95个，庄稼医院133个。临潼区供销联社以社企共建方式投资350万元，建设1000平方米生鲜分拣配送中心项目，采取“公司+专业社+基地+配送中心+生鲜直通”方式，通过统一采购、统一配送将专业社基地生产的生鲜农产品，以快递直通车直供企事业单位食堂。

【西安蔬菜直通车惠民工程】　2022年，西安市供销合作联社缩减农产品流通链条，组织实施“西安蔬菜直通车惠民工程”，发展蔬菜零售网点118个，蔬菜集配中心5个，线上服务平台5个，以低于市场15%以上的价格销售“地产蔬

2022年，西安市供销合作联社实施“西安蔬菜直通车惠民工程”，图为蔬菜零售网点
（市供销社　供图）

菜”和“惠民菜”，全年销售650万千克，缓解农民卖菜难和市民买菜贵的问题。

【为农服务】 2022年，西安市供销合作联社组织系统内企业、农民合作社参加“丝博会”“农高会”等各类农产品展会，举办推介活动5次，宣传推介西安名优特色农产品，拓宽销售渠道。长安区子午供销社联合子午街办举办“聚乡村振兴之力展生态发展之美”农产品助销直播活动，吸引上千人在线观看，现场销售樱桃、蜂蜜、鸡蛋等农产品500余单。创新为农服务模式，为农业经营主体提供“耕、种、防、收”系列化托管服务，托管面积6666.67公顷，年社会化服务面积30000公顷次，托管土地的小麦高出周边麦田每公顷1500千克左右。

【社有企业经营管理】 2022年，西安市供销合作联社开展企业未上岗人员清退专项整治，重点整治无正当手续入职、无正当理由休长假、无正当理由长期不在岗、虚报冒领等情形，并对企业招录人员实施市社备案制度。开展社有企业清产核资及法律尽职调查，规范社有资产处置，定期审计，确保社有资产保值增值。稳定资产经营，开展自营业务，通过重组供销社4家企业，成立西安供销集团有限责任公司，以市场化运作方式，围绕统筹城乡新需求，在农产品流通、特色电子商务等方面扩展新的经营业态和服务内容，开展“钟楼”品牌线上销售、“中国猕猴桃网”电商平台运营等“数字供销”业务；正在建设集农产品销售、涉农电商培训、涉农直播创业企业孵化于一体的农产品直播基地，总面积为2200平方米，总投资1000万元；探索开展保供仓、冷藏仓、中央大厨房等项目，盘活社有资产，完善农产品流通基础设施。 （杨　骏）

盐业经营

【概况】 2022年，西安市加强食盐销售管理，货源供应充足，全年食盐销量稳中有升，其中无碘盐销售份额增长较快。开展食盐消费及补碘宣传，加大对本行政区域内食盐定点企业的“双随机、一公开”检查力度，建立市级部门食盐监管联动机制，形成食盐监管工作合力，维护食盐市场秩序。政府食盐储备足额到位，质量安全。强化节假日食盐供应保障，适时下发《关于保障节日期间食盐供应安全的通知》《关于做好常态化疫情防控期间食盐稳定保障工作的通知》等文件，密切关注春节、疫情防控期间食盐供应，健全应急机制，保证全市食盐市场供应安全、价格稳定。开展“5·15”防治碘缺乏病日宣传活动，通过设立咨询台、悬挂宣传横幅、发放宣传材料、实物介绍等形式，向群众普及碘缺乏病防治知识，增强群众食盐安全意识。

【落实食盐加碘政策】 2022年，西安市指导食盐定点批发企业落实国家关于规范未加碘食盐管理保证合格碘盐供应的有关要求，确保合格碘盐覆盖率在90%以上。规范未加碘食盐供应，申报并公示未加碘食盐供应点52个，满足特殊人群需要。加强对未加碘食盐供应点的管理，明确供应范围、供应渠道及销售标识等，确保未加碘食盐管理正规有序。开展加碘食盐覆盖率随机性巡查，引导商家合法经营。

【食盐安全专项检查】 2022年，西安市常态开展盐行业安全专项检查，赴临潼区、高陵区、鄠邑区、中盐西安盐业有限公司，对盐行业管理、未加碘食盐供应、食盐定点批发企业安全生产等工作进行检查。在全市范围内开展盐行业安全风险隐患梳理排查，重点督导食盐定点批发企业贯彻落实国家盐业法规政策、碘含量不达标等情况，确保食盐质量安全及供应安全。

【疫情防控期间食盐供应】 2022年，西安市工业和信息化局在全市疫情防控期间制定下发《关于保障全市疫情防控期间食盐市场供应的通知》，要求区（县、开发区）盐业主管部门及各食盐定点企业完善保障措施。及时将雁塔区部分长期封控、缺乏食盐供应的区域信息传递至食盐定点批发企业，做好保供企业、区（县）物资保障部门、大型商超之间的桥梁纽带，指导中盐西安盐业有限公司、长安区盐业公司、阎良区盐业公司等企业按防疫要求做好食盐配送，确保全市封控期间食盐保障不断档。做好全市食盐定点企业服务保障，在疫情发生初期，协调市商务局将中盐西安盐业有限公司纳入市级民生保障企业名单，确保配送人员及车辆顺畅；协调交通运输部门，为阎良区盐业公司疫情期间购进盐品开具绿色通行证；各区（县、开发区）盐业主管部门主动对接商务、交通等部门，做好区（县）盐业公司通行保障工作。 （王茁屹）

烟草专卖

【概况】 2022年，西安市烟草系统克服疫情因素影响，实现税利44.6亿元，比上年增长6.7%。卷烟零售综合毛利率14.3%。人均卷烟配送效率比上年提高16.9箱。严打各类涉烟违法行为，查处各类涉烟违法案件3035起。成立电子烟监督管理机构，落实“1+2+N”电子烟监管制度体系（“1”指《烟草专卖法实施条例》，“2”指《电子烟管理办法》及电子烟国家标准，“N”指相关政策性文件），电子烟管理步入法治化、规范化轨道。国家烟草专卖局科技成果鉴定和科技项目立项均实现零的突破。

【烟草专卖管理】 2022年，西安市烟草专卖局开展“长安剑—2022”等4次卷烟市场专项整治，查处各类涉烟违法案件3035起，其中50000元以上案件

2022年3月31日，灞桥区烟草局联合公安、市场监管部门开展电子烟清理整治专项检查，图为检查组在华阳城某商店进行检查 （郭　鑫　摄影）

235起，比上年增长50%，公安机关刑拘47人、逮捕19人、法院判刑20人。推动卷烟打假打私工作，全市破获案值百万以上涉烟网络案件9起，比上年增长125%，4起案件分别达到特大、二级、三级、四级案件标准。专卖稽查支队获“全国卷烟打假工作先进集体”称号。构建电子烟常态化监管新格局，依法办理电子烟零售许可462户。开展“打击涉烟违法犯罪强化电子烟监管专项行动”，“5·5”制售假冒电子烟案涉案实物超千万元。常态化开展保护未成年人免受烟侵害工作，《法治日报》对此进行专题报道。开展合理布局规划方案“回头望”，统一基层单位弱势群体、优抚对象零售许可放宽条件、办理流程。开展专卖管理岗位大练兵，比学习、比体能、比素质，打造业务精、守纪律、作风硬的专卖队伍。强化行政执法监督，印发《行政处罚“首违不罚”事项清单》《轻微违法案件快速处理程序规定》。开展规范经营、物流配送、新入网卷烟零售客户初始档位评定专项检查，启动案件核查492起。结合“纪念烟草专卖法施行30周年”，开展“八五”普法宣传工作。

【卷烟营销】 2022年，西安市烟草专卖局坚持供需双侧协同发力，完善货源保障机制，探索批零网配，依靠数据研判市场、精准供应市场的能力不断提升，经济运行保持在合理区间，卷烟零售综合毛利率14.3%。聚焦85个三级共育品规开展宣传促销活动93场。与陕中烟开展线上直播、开口营销、擂台赛、主题陈列、数据分析“两讲三赛”等创意活动，省产重点培育品规销量比上年增长46.5%。全面提升市场信息监测网络运行质量，获全国卷烟市场直测工作先进典型征文活动一等奖，1名职工被评为行业优秀信息员。优化雪茄烟产品供给，雪茄烟在销规格达到43个，建成雪茄终端75户。推进“iST丝路情”流通品牌建设，建成加盟终端50户、合作终端10户。投入386万元资金加快终端建设进程，新建新现代终端456户、提升普通终端4068户，其中513户开通“丝路通”系统，288户安装使用“店小二”系统。推动农网提质升级，开展“最美乡村终端”建设，评选“形象美、功能优、成长快、特色显”的乡村终端29个。信用体系实现线上运行和结果运用，98%的卷烟零售客户被评为信用等级A级。

【卷烟物流建设】 2022年，西安市烟草专卖局加强物流对标分析及结果应用，强化制度管理，主要物流指标实现“一平三增一提升”，人均卷烟配送效率比上年提高16.9箱。制定《物流业务外包实施细则》，推进异型烟分拣线劳务外包，为减员增效奠定基础。提升雪茄烟物流保障能力，形成“随到、随订、随拣、随送”配送模式。加强残损烟内控管理，将残损率指标纳入考核，实行“分级处置、排名奖惩、下游监督、处置翻倍”的管控措施，依托QC活动对致残点工艺设备进行优化，卷烟残损率降低至0.0222‰。深化绿色物流，扩大绿色包装应用范围，二代缠绕式可降解膜高速包装占到总量的5%。配送车辆全部应用新能源送货车辆，园区电费比上年下降4.93%。以园区管控要素网络化和数字化为抓手，开展智慧物流园区建设规划与应用研究，安管系统建设顺利推进，智慧园区第二阶段建设开局起步。（付海婧）

电子商务

【概况】 2022年，西安市实现电子商务交易额6235.2亿元，比上年增长11.14%，占全省电子商务交易额的65.04%，其中电子商务网络零售额925.48亿元，占全省电子商务零售额的57.35%。限额以上企业网络零售额实现759.66亿元，比上年增长10.1%，占限额以上消费品零售额的31.1%，比上年提高4.1个百分点，增速高于社会消费品零售额15.3个百分点。企查查数据显示，全市电商企业数量仅次于深圳、上海，以12.68万家位列北方城市第1、全国第3。西安高新技术产业开发区、西安国际港务区、西安市祥沣医药电子商务产业园3家单位参加商务部电子商务示范基地综合评价。陕西佳帮手集团控股有限公司、易点天下网络科技股份有限公司通过商务部电子商务示范企业综合评价。陕西黄马甲物流配送股份有限公司、西安陕鼓动力股份有限公司通过商务部数字商务企业综合评价。

【直播电商】 2022年，西安市电商直播73.1万场，比上年增长24.4%；吸引消费者观看740885.3万人（次），比上年增长39.9%；参与直播的商品网络零售量1.2亿件，实现网络零售额85.9亿元。全市有较大规模的电子商务直播企业249家，其中年销售额超亿元的企业13家、年销售额过千万元的企业71家、年销售额超过500万元的企业33家。详见表35。

【跨境电商】 2022年，西安市依托跨境电商综合试验区，成立西安跨境电商联盟，建成开放西安跨境电商综试区展示中心。打造中欧班列长安号跨境电商全国集结中心，完成菜鸟出口货物的测

表35 2022年西安市直播店铺和企业排行一览表

排名	店铺名称	直播平台	累计网络零售额/万元
1	可复美旗舰店	淘宝直播	60137.5
2	佳帮手官方旗舰店	淘宝直播	56696.2
3	联想众信授权专卖店	京东直播	36889.2
4	联想授权旗舰店	京东直播	21384.9
5	六只兔子内衣店	淘宝直播	16001.9
6	可复美官方旗舰店	抖音直播	15975.8
7	光威京东自营旗舰店	京东直播	15651.3
8	腾讯视频旗舰店	淘宝直播	15210.0
9	联想电脑办公京东旗舰店	京东直播	14837.3
10	万宝龙京东自营专区	京东直播	12555.2
11	supor 苏泊尔惠林专卖店	淘宝直播	11595.6
12	可复美京东自营旗舰店	京东直播	10667.6
13	万唯教育旗舰店	淘宝直播	10347.4
14	彩虹星球合作社官方旗舰店	抖音直播	9132.0
15	可丽金化妆品旗舰店	淘宝直播	8451.8
16	佳帮手居家日用专营店	淘宝直播	7588.1
17	佳帮手官方旗舰店	抖音直播	6590.2
18	洁仕宝旗舰店	淘宝直播	6106.0
19	佰诺兮企业店	淘宝直播	6030.6
20	乐乐趣京东自营官方旗舰店	京东直播	5721.8

试运行，开通菜鸟跨境电商专列；新开通2条跨境电商线路，引进美新国际物流、配播等跨境电商及直播企业5家。全年开行跨境电商专列198列，发运跨境电商等高货值货物9900余柜，是上年发运量的1.6倍。打造“跨境电商+直播”新模式，引进直播类项目11个，建设直播间50间，引进直播类人才200名，形成“跨境电商+直播”生态圈相关市场主体突破1816家，全年实现交易额144.27亿元，增长46.42%。其中，出口额127.9亿元，增长45.95%；进口额16.37亿元，增长50.2%。跨境电商展示中心、零售进口退货中心仓、邮政跨境电商产业园、碑林跨境电商产业园等建成投运。全市23家企业通过租用、合资、自建等方式在海外设立63个海外仓，总面积50.3万平方米，覆盖37个国家。

（电商处）

【电商快递协同发展】 2022年，西安市邮政管理局加快电商快递协同发展，全市网络直播、电商直播等企业1.26万家，电商快件突破4亿件，占比快递服务企业业务量超50%。加强农村寄递物流体系建设，引导鼓励EMS、顺丰、中通等企业与灞桥区、周至县、蓝田县等区（县）政府开展农产品电商寄递合作，以猕猴桃、樱桃、甜瓜、石榴等农特产品为重点，打造“农产品+电商+快递”发展模式，培育“一县一品”快递服务农业项目，提高农民收入，服务乡村振兴战略。全年猕猴桃寄递量3654.3万件，甜瓜寄递量670.7万件，樱桃和石榴寄递量均200万件，带动农产品销售10亿元，促进果区人均年收入过万元，周至猕猴桃项目获“全国快递服务特色农产品金牌项目”。西安邮政公司完成农村电商、营业普服、渠道转型各项重点指标，创收3158.39万元，比上年增长10.06%。畅通工业品下行渠道，打造“自营+撮合”“流量+效益”平台运营模式，批销交易额1668万元，完成年度计划102.34%。多渠道推动农产品上行渠道，激活惠农服务生态，创新农产品线上线下融合发展模式，农产品交易额实现3610.24万元，比上年增长125.68%，规模和增幅均全省排名第一。推进“邮乐小店+社群”和“邮乐优鲜+社区”营销，成为全省首家完成邮乐零售计划的企业，交易额1093万元，完成年度计划131.69%。

（王君霞　何丽蓉）

【农产品电商平台建设】 2022年，西安供销社系统强化农产品电商平台建设，先后打造长安丰益、临潼惠农和蓝田盛农等5家涉农电商企业，指导周至县18家涉农企业进驻全国扶贫832电商平台，全年实现电商销售额28亿元。

（杨　骏）

【电商促销】 2022年，西安市商务局以“乐享生活·嗨购西安”为主题，先后举办网上年货节、第四届双品网购节、“‘3·15’放心购”、数字人民币专项补贴、“6·18”年中好物节、金秋云上购物节等12场次电商节庆促消费活动，《西安借力网上年货节打造节庆消费提质升级版》被商务部信息化简报刊发。开展直播带货，举办“醉美长安城·直播惠民生”直播带货节，实现单场5小时5183万元销售额。举办网络达人直播西安行动、金秋云购西安专场直播、网销品牌直播大赛等直播活动，促进线下实体、线上转型融合发展。（电商处）

物 流 业

【概况】 2022年，西安市按照《全面推进枢纽经济门户经济流动经济发展工作方案（2020—2022年）》，加强国家物流枢纽建设、物流示范园区创建、口岸功能提升、供应链体系建设。落实《西安市加快推进新时代对外开放补充政策》，支持物流企业做大做强和物流重点项目建设。落实《西安市扎实稳住经济若干政策措施》，支持国家物流枢纽重点项目建设和国家物流枢纽牵头运营企业、国家冷链物流星级企业加快发展。通过构建完善的政策体系，充分释放政策效能，推动全市物流业高质量发展。全市规模以上物流业营业收入突破1000亿元。货运总量达29160.58万吨。其中，铁路货运量2973.7万吨，公路26166.28万吨，航空20.6万吨。

【西安陆港型国家物流枢纽】 2022年，西安陆港型国家物流枢纽具备一类铁路口岸、二类公路口岸、进境粮食指定口岸、进口肉类指定口岸、整车进口口岸，形成较为完备的口岸体系。西安国际港务区创新铁路用地开发建设模式，与中国五矿、中林、中远海、山东港、陕投、陕林、中铁集等央企国企合作，完善港口功能，高标准建设中欧班列（西安）集结中心港口功能区。实现互联网产业交易额2210亿元，比上年增长6.25%；跨境电商交易额35.1亿元，增长40.4%；大宗贸易营收规模1230亿元，增长17%；开行跨境电商高质量班列198列，增长61%；实现进出口贸易总额260亿元，增长超16%。长安号数字金融综合服务平台为企业提供融资贷款90余笔52.5亿元，有效解决中欧班列（西安）相关企业融资难、融资贵问题。

【西安空港型国家物流枢纽】 2022年，西安空港型国家物流枢纽完善基础设施，提升服务功能，推动枢纽协同联动，融入国家物流枢纽网络。西安咸阳机场三期扩建工程完成投资75亿元，累计完成投资185.58亿元，总投资进度达到37.4%，交付项目用地800公顷。中国邮政速递物流西北（西安）航空电商物流中心、长安港跨境电商园、东航临空产业园等12个物流园区建成投用，落户顺丰、四通一达、美团等物流电商企业200余家，各类型仓储资源80万平方米。新规划落地卡车航班中心、圆通航空智慧供应链、空港冷链产融园等补短板枢纽重点项目，完善航空物流功能。累计开通运营10条国内卡车航班专线，面向省内各地市和国内各主要城市开通20多条空公快递专线。开拓货运中转航线，累计搭建10余条国内中转快线。

【西安生产服务型国家物流枢纽】 2022年11月，国家发展改革委印发《关于做好2022年国家物流枢纽建设工作的通知》，西安生产服务型国家物流枢纽入选国家建设名单。枢纽位于西安高新区和西安经开区内，毗邻电子信息、汽车、装备制造等生产制造基地，服务对象包括华为、比亚迪、陕汽、隆基、杨森等知名制造企业，枢纽与周边生产制造、商贸等产业高效协调、联动发展，协同推进物流基础设施网络与产业组织体系建设，发挥支撑引领实体经济发展效能。

【物流企业】 2022年，西安市规模以上物流企业突破1500家，新增AAAA级以上物流企业8家，其中AAAAA级企业2家，AAAA级企业6家，AAAA级以上物流企业达到65家，A级以上物流企业达到204家，物流企业规范化、规模化、专业化和社会化创新发展水平进一步提升。重点物流企业中有AAAAA级物流企业14家，分别是：西安国际陆港保税物流投资建设有限公司、西安自贸港建设运营有限公司、中外运物流西北有限公司、陕西医药控股集团派昂医药有限责任公司、陕西卡一车物流科技有限公司、西安国际陆港多式联运有限公司、陕西延长石油物流集团有限公司、中国铁路西安局集团有限公司（西安铁路局）、中铁物资集团西北有限公司、陕西煤业化工物资集团有限公司、陕西鸿盛实业集团有限公司、西安顺丰速运有限公司、陕西通汇汽车物流有限公司、陕西商储物流有限公司（陕西商业储运总公司）。其中，西安自贸港建设运营有限公司是西安陆港型国家物流枢纽建设运营主体单位，也是中欧班列“长安号”的运营平台公司，负责西安至中亚五国、俄罗斯和白俄罗斯等地区国际班列的运营，年营业收入45亿元，比上年增长40%。

（吕军科）

【冷链物流】 2022年，西安市有各类冷链物流市场主体1000余家，各类冷链运输车辆2000余台，冷链仓储（冷库）面积100万平方米，其中医药恒温阴凉库面积40万平方米，主要分布在国际港务区、西咸新区沣东新城和经开区；生鲜冷藏冷冻库面积60万平方米，主要分布在未央区、经开区、西咸新区的沣西、沣东及空港新城、高新区和周至县，仓储、加工、配送等冷链物流综合服务水平在西北地区位居首位。西安供销社系统构建城乡冷链物流体系，推进冷链物流基础设施和配送服务体系建设，建成西安果品冷库等15个冷库，规模达4.2万立方米，拥有10辆便民蔬菜运输车。

（吕军科　杨　骏）

会展业

【概况】 2022年，西安市有大型专业会展场馆5个，总建筑面积144.48万平方米，全年举办会展活动256场。其中大型展会有第六届丝绸之路国际博览会暨中国东西部合作与投资贸易洽谈会、2023欧亚经济论坛发展研讨会、欧亚经济论坛经贸合作博览会暨中国（陕西）进出口商品展2022年系列活动。在疫情窗口期，举办西安国际车展、茶博会等展会，引进举办中国高教展、母婴童发展峰会、会展产业展洽会等展会，签约9个展会项目。围绕建设国际会展名城目标，编制《西安会展业鼓励类产业类型汇编》《西安市会议会展企业疫情防控与管理运行作业指导书》，开展会展活动疫情防控演练，受到商务部认可并在全国做经验交流。举办西安会展大讲堂、2022会展产业中高级人才培训班和中国（西安）会展教育与人才发展论坛等行业活动。成立西安市会议酒店协会，认定会议型酒店75家。先后获“2022创新会展城市奖”“2022年度中国最具影响力会展城市奖”，2022欧亚经济论坛配套博览会获评“2022年度中国品牌展览会金奖”。

（会展处）

【西安国际会展中心】 2022年，西安国际会展中心展览馆办展面积40.8万平方米，承接各类展会活动14场，接待展商、观众近60万人（次）。接待各类会议活动20场次，接待与会代表、观众6万余人（次）。举办第六届丝绸之路国际博览会暨中国东西部合作与投资贸易洽谈会、中国高等教育博览会、2022第十四届西安车展、2022年中考招生咨询会、第十六届中国西安国际茶产业博览会、2022陕西植保信息交流暨农药械交易会、2022第16届中国西安国际科学技术产业博览会暨硬科技产业博览会、2022西部数字经济博览会、2022第12届中国西部国际物流产业博览会暨第6届中国（西安）智慧交通博览会等大型会议展览。获得《中外会展》杂志社授予的2022中国会展业荣耀场馆和2022年全国会展业金五星奖及全国会展工作委员会授予中国会展品牌场馆奖等荣誉。

【西安高新国际会议中心】 2022年，西安高新国际会议中心使用厅11个，线上会议室2个，净展面积8000余平方米。受疫情影响，实际营业195天，接待会议及宴会69场（次）。其中包括“四个高新重点项目建设动员大会”“高新区重点项目集中签约仪式”“2022全球硬科技大会”等政务型会议5场、“三星电子研究所晋升培训”“柳林酒业品牌发布会”“招商银行经济论坛”等市场型会议6场，婚宴商务宴58场（次）。

【西安临空会展中心展览馆】 2022年，西安临空会展中心展览馆办展面积11万平方米，承接各类展会活动10场，接待全国展商、观众近14万人（次）。举办“房车时代·2022首届西安房车旅游文化博览会”“西安第11届梦乡动漫展”“小车神英雄赛”“崩坏3线上音乐会”“2022第三十届中国西部国际装备制造业博览会”“2022会展产业展洽会（西安）”“2022西安会展大讲堂”“西安应急救援大会”“中国（西安）会展产业教育与人才发展论坛”“欧亚经济论坛经贸合作博览会”等大型会议展览。获得“中国会展荣耀场馆”、“中国新锐会展场馆”、绿地酒店旅游集团“攻坚克难”奖等荣誉，成为西安会展技能人才公共实训基地和西咸新区会展行业协会会长单位。

【第57届中国高等教育博览会】 2022年8月4—6日在西安举办，以“校地聚合·产地融合：高质量发展”为主题，由“展览展示”“会议论坛”“特色活动”“高端发布”“云端推送”五大板块组成，设置6大展区，展览展示面积8万平方米，参会高校1000余所、参展企业近千家，举办40余场会议论坛和系列活动，12位院士、300余名高校领导出席，1000余位专家学者参会。通过现代教育高端装备展示、教学改革成果推介、高等教育学术交流等活动，推动西安教育链和人才链、产业链、创新链有机衔接。

【第六届丝绸之路国际博览会暨中国东西部合作与投资贸易洽谈会】 2022年8月14—18日在西安举办，总展览面积3480平方米，设西安形象、先进制造业、战略性新兴产业、现代服务业、文化旅游业、对外开放（中欧班列）、西咸新区等7大板块。通过“西安整体形象展示+产业链重点展示”，实现“构建以先进制造业为主导、战略性新兴产业为引领、现代服务业为支撑、文化旅游业为特色的现代产业体系”的展区设计搭建布展目标，集中展示西安国家中心城市建设和西安现代产业体系建设、19条重点产业链发展成就，助推招商引资。升级中心官方网站、欧亚经济论坛网站，开通中心微信公众号及视频号、优化欧亚经济论坛公众号及视频号，建立中心“两站四号六平台”立体化宣传发布平台体系。利用研讨交流、招展推介、参会学习等多种时机，做好西安会展及欧亚经济论坛全媒体、多媒体平台宣传工作。发放欧亚经济论坛宣传册4000余册。

【2023欧亚经济论坛发展研讨会】 2022年11月25日在西安召开，主题为“非凡十届·展望未来”，邀请欧亚经济论坛副秘书长王开文等20多位专家学者以“线上+线下”方式共同参与，围绕上合组织元首理事会内容，谋划论坛务实长远发展，启动2023欧亚经济论坛筹备工作。与会嘉宾回顾论坛发展情况，听取秘书处关于2023欧亚经济论坛的筹备思路，围绕进一步发挥论坛平台作用、促进区域合作、服务地方经济，以及2023欧亚经济论坛主题、内容设置等方面展开交流研讨，提出多项工作建议及举措。

【欧亚经济论坛——2022产业链发展峰会】 2022年12月15日以线上形式举办，主题为“产业赋能·链接未来”，采取“1+4”模式，由1场主旨论坛和4个产业链高质量对话构成。主旨论坛以“产业赋能·链接未来”为主题，4个产业链高质量对话分别聚焦乘用车（新能源）、太阳能光伏、生物医药、钛及钛合金4个产业链。国内外相关商协会代表、产业链相关专家、重点产业链龙头企业代表、产业链配套企业代表，围绕产业链

2022 年 12 月 19 日，欧亚经济论坛配套博览会——陕西（西安）跨境电商专题展在西安临空会展中心开幕

（市博览事务中心 供图）

现状、发展规划、壮大举措等深入探讨、建言献策，助推产业链高质量发展。

【欧亚经济论坛经贸合作博览会暨中国（陕西）进出口商品展 2022 年系列活动】 2022 年 12 月 19—21 日，采用“1+2+1”［“1”即欧亚经济论坛经贸合作博览会暨中国（陕西）进出口商品展，“2”即陕西（西安）跨境电商、第四届中国碳交易市场发展 2 场专题展，“1”即论坛配套博览会云上展］模式在西安举办。吸引包括比利时、德国、法国等国际展团，陕西汽车控股集团有限公司、陕西煤业化工集团有限责任公司、中国银行等 55 家 500 强企业及行业龙头企业参展，现场达成意向成交额 9.74 亿元，现场签约金额 5.58 亿元。

欧亚经济论坛经贸合作博览会暨中国（陕西）进出口商品展　总展览面积 2.1 万平方米，设置进口商品、外贸商品及服务、区域重点产业三大板块。来自 25 个国家的 310 余家展商参展，其间举办专题研讨活动、经贸对接会、产品推介会、直播营销等多种形式的经贸活动。

陕西（西安）跨境电商专题展　以“换道超车新赛道　内外合作新机遇”为主题，以“中欧班列‘长安号’跨境电商专列”物流体系为特色，展览面积 4200 平方米，吸引 70 家企业及协会参展。现场同步举办 1 场高峰论坛、4 场分论坛和“陕西跨境电商选品大赛”，展会现场意向交易金额达 1400 万元。

第四届中国碳交易市场发展专题展　以“聚智合力·碳策未来”为主题，展览面积 2000 平方米，设碳达峰碳中和高耗能、节能改造、碳金融服务等 3 大展区，来自省内外的 61 家企业及机构参展参会，其中省外企业 47 家。现场同步举办第四届碳交易市场发展论坛，23 位重要嘉宾发言交流，200 名相关产业嘉宾参会。达成《温室气体资源减排项目林业碳汇开发合作》《绿电 & 双碳背景下售电公司发展研究》《大型公共建筑智慧用能管理系统建设》《碳中和经济发展联盟》以及《智碳云低碳经济生态平台》5 项成果。

论坛配套博览会云上展　采取“多场景、强流量”的新业态，实现供采双方精准对接，有效促进贸易成交。吸引访客 59.54 万人次，页面访问量 74.31 万次，云上序厅、3D 展厅获点赞 8.28 万个，完成线上贸易配对会 126 场，达成意向采购金额 1350 万元。（白　宾）

居民生活服务业

【托育服务】 2022 年，西安市有托育机构 686 所，比上年增加 329 所；累计托位数 4.39 万个，增加 1.52 万个；每千人口拥有托位数 3.3 个，实际入托人数 2.1 万人。创建星级示范机构 114 所，其中五星级示范机构 31 所、四星级示范机构 44 所、三星级示范机构 39 所，市财政给予一次性奖励补助 358.14 万元。发展普惠托育机构 40 所，市财政给予补助 160.38 万元。（王程伟　李　响）

【养老服务】 2022 年，西安市有各类养老服务设施 2636 个。其中，养老院 143 个；镇街综合养老服务中心 83 个；社区养老服务站 1055 个；农村互助幸福院 1355 个。发布《西安市养老服务扶持政策措施清单》，明确 7 类 34 条扶持优惠政策，市财政累计投入各类养老服务建设和运营补助资金 3.7 亿元。建立经济困难老年人服务补贴制度，每年为 0.38 万名生活困难失能老年人发放护理补贴 98 余万元，为 2.9 万名农村失能、贫困老年人发放生活补助 145 余万元，为 28 万名特殊困难老年人购买意外伤害保险 560 余万元，为 72 万名老年人发放高龄保健补贴 5.6 亿元。培育养老服务类社会组织，指导各区（县）通过公益创投、政府购买服务等方式，先后实施老年人探访、老年助餐、心理慰藉等为老服务项目 2000 余个，涌现出“一元关爱”“爱心余额宝”等公益服务模式。全面放开养老服务市场，不断简化行政审批流程，全市民办养老机构（含公建民营）占 89.5%，社区养老服务设施社会力量运营率 51.3%。打造城市社区“15 分钟养老圈”，城市社区养老服务覆盖率 86%，农村互助幸福院覆盖率 85.8%。西安市养老服务工作获国务院通报表彰，西安入选国家积极应对人口老龄化重点联系城市。（市民政局）

【家政服务】 2022 年，西安市商务局依托市家政行业协会准确摸排家政企业面临的困难，通过抖音平台组织电商直播带货实操培训，拓展家政企业市场向多元化迈进，开展春风行动帮助家政公司和家政人员面对面网络招聘。全年开展线上、线下培训 20 余次，受训人员 6000 人（次），会员参训单位 140 家。联合市妇联印发《关于开展巾帼家政示范单位评定及等级划分的通知》，评选“西安市巾帼家政示范单位”，规范巾帼家政示范单位管理水平，提升家政服务质量。（商贸处）

【美容美发】 2022 年，西安市有美容美体店 6000 余家，有美发店 7000 余家，有美甲美睫店 3800 余家，相关从业人员 25 万余人，与上年相比，均有不同程度下降。短视频营销带动中大型连锁增量业务，门店通过线上直播、短视频触达消费者，将线下服务转换为商品售卖，暂时缓解部分困难。从线下到线上，行业整体在变革创新。西安美容美发化妆品业协会联合研发行业专属线上平台——西西奥美，解决门店获客难、推广难问题。结合行业协会优势整合资源，提高线下门店整体服务管理能力，帮助门店快速恢复市场竞争力。

（西安美容美发化妆品业协会）

【家电维修业】 2022 年，西安市家电维修服务市场中签约单位有 148 家，社会维修单位有 55 家（不含二手交易及回收、流动的单一从业人员，但包括已知的以家庭为单位，且没有注册单位名称的经营者）。主要维修制冷空调器具、清洁器具、厨房器具、通风器具、取暖熨烫器具、个人护理器具、娱乐器具等电子产品和音像娱乐类、信息技术类等电子产品。有规模以上修理企业8家，营业收入1.58亿元。国美在西安市场的退出，促使46家服务单位停业转行。格力撤掉西安服务中心，一次性解散120名从业人员。（韩　薪）

商务服务业

【法律服务】　2022年，西安市依托市政务服务中心建成市公共法律服务中心，推出公证、仲裁等法律服务便民利民惠民举措135条，律师担任企业法律顾问提高到7426家、比上年增长20.77%，全年指派和承办法律援助案件17394件，各法律服务机构办理律师代理案件110587件、司法鉴定案件27370件、公证事项96193件，案件总量再创历史新高。设立西安仲裁委员会知识产权仲裁院秦创原工作站、知识产权纠纷调解室，成立融商法律服务创新中心和自贸区公共法律服务中心，助推秦创原创新驱动平台建设“软实力”不断增强。（贺　萌）

【人力资源服务】　2022年，西安市人力资源服务机构总数达2872家，人力资源服务业实现营收421.3亿元，服务用人单位81.7万家（次），帮助实现就业、择业和流动2080.7万人（次）。市人社局审批办理人力资源服务行政许可687家、备案662家。3月，西安市人力资源服务产业园被商务部、人社部联合认定为国家首批人力资源服务出口基地。（王　晨）

【科技服务业】　2022年，西安市有规模以上科学研究和技术服务企业469家，科技服务业增加值806.33亿元。认定科技服务业示范机构两批共22家，累计建成科技服务业示范机构45家；科技金融服务全市企业725家次，贷款额33.6亿元。建立镇（街道）科技特派员工作联络站118个，实现周至、蓝田所有行政村和其他涉农区（县）镇街特派员科技服务全覆盖。开展技术指导与培训活动3884场（次），服务农户5万余人（次），服务村集体经济组织、农业企业、农民专业合作社等新型农业经营主体800余个，推广新技术483项，引进新品种736个，免费发放技术手册5万余册。登记备案自然人特派员1730人。认定王彩苗等120户为2022年度西安市农村科技示范户，并给予每户3000元的奖励资助。（王　春　汪　红）

【广告业】　2022年，西安市市场主体经营范围中涉及广告经营业务的有6.3万家，其中规模以上企业190家。广告产业集中度偏高，互联网广告业务收入主要集中在规模以上企业，三人行传媒集团股份有限公司是全市广告业唯一主板上市公司。组织广告企业参加陕西省首届公益广告制作大赛，获得第1名，3人获“陕西省技术能手”称号。8月11—13日，第59届西安广告标识办公印刷/LED光电照明产业博览会在西安国际会展中心举办，设开幕式、2022中国标识行业发展高峰论坛、2022设计策划高端讲座、抖音营销专题培训、2022第二届喷印技能大赛、企业会6个环节，围绕丝绸之路经济带发展的宏伟构想，实现多业联动、产能互补。（宋东明）

【拍卖业】　2022年，西安市拍卖企业拍卖1035场（次），金额144.1亿元。其中房地产42亿元，机动车0.4亿元，文化艺术品0.7亿元，产权6亿元，无形资产9亿元，其他86亿元。市商务局完成拍卖企业年度核查工作，核查拍卖企业63家。其中，合格50家，整改7家，不合格6家。利用拍卖企业年审契机，对企业拍卖许可申请、变更、注销等事项政策、流程进行一对一政策宣讲。（体系处）

【会计代理】　2022年，西安市备案代理记账机构1981家，从业人员7606人，代理户数13.43万户，代理记账业务收入10.68亿元。对25家会计师事务所开展行业自律检查，共抽查执业报告231份（涉及注册会计师126名），其中年度审计报告133份、专项审计报告77份、验资报告21份，与法定代表人、注册会计师谈话44人次，完成检查工作底稿345份，形成检查意见书25份。组织召开惩戒委员会，对存在违规问题的7家会计师事务所和9名注册会计师按照惩戒办法实施行业惩戒。其中，对7家会计师事务所和8名注册会计师进行训诫，对1名注册会计师进行通报批评。

【税务代理】　2022年，西安地区涉及税务代理的税务师事务所有215家，从业人员2520人，其中执业税务师1200人。其中5A级授牌分支机构6家、3A级税务师事务所7家、2A级税务师事务所12家、A级税务师事务所45家，行业自律检查合格率95.48%，执业税务师年检合格率98.81%。市税务部门加强涉税中介服务管理，组建涉税中介“业务支撑专家团队”，加强“违规代理”等行为整治。优化监管检查方式，自动推送风险提示信息，涉税低风险提醒民企规范自查。规范涉税检查前置流程，以非接触式风险应对为主，最大限度降低对企业影响。优化信用管理，完善新办民营企业纳税信用复评机制，助企“增信减负”。探索行政合规，提供“菜单式”指导服务，降低企业纠错成本。通过组合式监管，规范税务代理活动。

【资产评估】　2022年，西安地区有资产评估机构129家，执业评估师会员952人，从业人员2000余人，服务于国有企业改革、资本市场、文化产业、科技成果转换、乡村振兴等各个领域。监管部门联合行业协会，抽取西安建华资产评估有限责任公司、西安科信无形资产评估事务所、西安安澜房地产资产评估有限公司等16家公司开展2022年度资产评估机构执业质量联合检查，聚焦机构内部治理、专业胜任能力、风险防范机制、质量控制体系、项目质量等5个方面，重点查处无证经营、挂名执业、违规提供报告、超出胜任能力执业等严重违法违规行为，着力规范资产评估行业秩序，发出“自律惩戒决定书”9份。（行中道）

【工业设计】　2022年，西安市加快工业设计发展，着力打造“设计之都”，推动制造业由大变强，全年投入工业设计研发费用227亿元。全市有中航工业第一飞机设计研究院、中航西飞民用飞机有限责任公司、中国重型机械研究院股份公司、西安陕鼓动力股份有限公司、陕西法士特齿轮有限责任公司等5户国家级工业设计中心，西安航天动力研究所、陕西法士特齿轮有限责任公司工业设计中心、西安陕鼓动力股份有限公司能量转换透平设备设计中心、中航西飞民用飞机有限责任公司工业设计中心、西安航空制动科技有限公司工业设计中心、中国重型机械研究院股份公司冶金重型装备工业设计中心、西安电子科技大学创新工业设计研究中心等14户省级工业设计中心。根据加快建设先进制造业强市相关支持政策，对获得国家级、省级工业设计中心的企业分别给予100万元、50万元资金奖励。加快工业设计中心建设，推动工业设计集聚发展，整合内外部工业设计资源，促进形成以企业为主体、市场为导向的工业设计创新体系。（路　晨）

金 融 业

责任编辑 胡 永

综 述

【金融业发展规模】 2022年，西安市实现金融业增加值1236.92亿元，比上年增长6.5%，占地区生产总值的10.77%。金融机构人民币存款余额3.14万亿元，比上年增长12.01%；人民币贷款余额3.21万亿元，比上年增长10.06%。保费收入540.04亿元，比上年减少1.89%。证券交易额7.25万亿元，比上年增长23.37%。全市有金融机构206家，其中银行业机构56家，包括外资银行6家；保险机构71家；证券期货业机构243家。有地方金融组织338家。其中，小额贷款公司43家，融资性担保公司56家，典当企业97家，融资租赁公司109家，商业保理公司33家。有上市公司100家，其中境内上市公司62家，境外上市公司38家。详见表36。

表36 2022年西安市金融数据统计表

项 目	单 位	绝对量	同比增长率/%
期末金融机构数	家	206	—
#外资金融机构数	家	22	—
不良贷款率	%	1.08	—
期末金融机构本外币存款余额	亿元	31763.11	11.4
#住户存款	亿元	14611.48	20.8
非金融企业存款	亿元	11650.18	5.9
机关团体存款	亿元	4052.29	4.1
财政性存款	亿元	200.07	-23.9
非银行业金融机构存款	亿元	1212.40	-0.6
期末金融机构本外币贷款余额	亿元	32247.14	9.6
#住户贷款	亿元	9097.30	4.8
非金融企业及机关团体贷款	亿元	23141.42	11.7
非银行业金融机构贷款	亿元	0.17	-96.0
期末金融机构人民币存款余额	亿元	31428.29	12.0
#住户存款	亿元	14505.38	20.9
非金融企业存款	亿元	11443.84	7.3
机关团体存款	亿元	4048.17	4.1
财政性存款	亿元	199.94	-23.8
非银行业金融机构存款	亿元	1211.50	-0.6
期末金融机构人民币贷款余额	亿元	32053.67	10.1
#住户贷款	亿元	9097.04	4.8
非金融企业及机关团体贷款	亿元	22956.00	12.3
非银行业金融机构贷款	亿元	0.17	-96.0

说明：本表数据来源于市金融工作局和中国人民银行西安分行营业管理部，除金融机构数外，其余均不含西咸新区；#表示其中项

【资本市场建设】 2022年，西安市制定印发《关于促进股权投资行业发展的若干措施》《西安市打造创投生态十项举措》等文件，提高政府资金撬动社会资本能力。市金融工作局深化“交易所直通车”机制，分别与市税务局、消防救援支队、市场监管局等部门，建立“税务管家”“消防安全建设合作”“拟上市企业知识产权能力提升服务协商”工作机制。构建分层次上市培育机制，建立上市后备企业数据库，分层次培育415家入库企业。开展“上市登门行”活动，走访德银股份、华秦科技等企业41家。开辟企业上市“绿色通道”，采取“一对一”政府工作专班、“一门通办”机制方式，专题处置30余家企业、痛点和难点问题76项。修订《西安市鼓励企业上市挂牌融资奖励办法》，企业“通过基础设施REITs融资”和“在北交所上市”纳入鼓励政策体系，兑现上市挂牌融资奖励9622.85万元。成功举办“2022全球创投峰会”，评选出“未来之星TOP100”“龙门榜TOP20”企业。新增境内外上市企业12家（境内9家、境外3家），再创历史新高。

【优化金融营商环境】 2022年，西安市出台《金融支持西安市经济稳增长工作实施细则》《关于进一步做好疫情期间金融服务保障工作的通知》《关于印发金融支持重点产业链高质量发展实施方案的通知》等政策措施，设立财政奖补资金1.1亿元，引导驻市金融机构创

新金融产品和服务模式，扩大全市重点产业领域融资规模。西安市金融工作局构建“地方金融风险监测预警及监管服务平台，融资对接、金融顾问服务，金融政策和产品服务、重点企业（项目）、企业融资需求台账”，简称“一个平台、两项服务、三本台账”融资服务机制，成立由82名金融机构专业人才组成的金融顾问团，累计白名单入库企业875家，服务企业473家。举办中小微企业融资服务“春风行动”及涉文旅产业、现代农业、商业贸易、重大基础设施等全市性融资对接活动8场（次），举办各类培训活动48场、融资对接活动174场，实现融资需求2535.8亿元。开展“百家助万企·融资服务登门行”活动，走访服务企业5256家，解决融资需求270.84亿元。获批“2022年度国家普惠金融示范区”，“构建良好金融生态　打造一流营商环境”“聚焦打通普惠金融发展堵点，为中小微企业打造‘保姆式’金融服务体系”2项典型经验在全国和陕西省推广。

2022年5月15日，市金融工作局与市公安局联合在社区开展防范和打击非法集资宣传教育　（市金融工作局　供图）

【金融助力乡村振兴】　2022年，西安市制定印发《2022年西安市深化农村金融服务　助力乡村振兴工作要点》，组织开展9场（次）涉农融资对接活动，引导金融机构加大乡村振兴支持力度。推动农户信用等级评价结果应用，完成391个行政村“整村授信”，已授信91534户、39.25亿元，已用信7199户、10.01亿元。推动脱贫人口小额信贷，新增小额信贷2011户、8639.51万元，发放小额信贷23746户、4.4亿元。

（高　丹）

【人行西安分行营管部】　2022年，中国人民银行西安分行营业管理部优化产业链创新链融资服务，通过“供链融通”平台融资132亿元。落地全国首单商业性银行“银担贴”业务，实现涉农小微企业融资2000万元。建立受疫情影响企业贷款展期续贷对接专项机制，全市99%以上银行网点实现提供简易开户服务目标，本外币合一结算账户体系试点银行减免支付手续费1.7亿元。加大拒收人民币行为打击力度，完成数字人民币农村地区和农业领域试点，率先实现全省数字人民币缴纳非税收入和社保费。继续执行总行两项直达工具政策，牵头建立“西安市银行业金融机构民营小微尽职免责自律机制”，成立全市首家“四贷促进”金融服务站。完成个税汇算清缴退税、增值税留抵退税等各类退税510.3亿元。探索地方国库集中收付代理银行资格认定行政许可审批，创新“线上+线下”巡查模式，推动储蓄国债有序发行。组织“‘3·15’消费者权益日”“普及金融知识　守住‘钱袋子’”等集中性金融知识宣传活动。与陕广新闻《丝路金融》栏目合作，录制多期金融知识宣讲短视频。举办“预防金融诈骗　共建金融健康”金融知识讲座。聚焦“一老一小”、农村居民、残障人士等重点人群，探索在行政村建设首批30个“金融消费权益保护服务站”。建立西北首家残疾人金融教育示范基地，推动金融知识纳入校本课程。（魏　毅）

银　行

【概况】　2022年，西安市共有56家银行机构，1家汽车金融公司，1家消费金融公司。在12月27日发布的“中国金融中心指数”排名中，西安综合竞争力在全国31个金融中心中居第13位，在副省级城市中位列第7位。辖域金融机构通过投贷联动模式为各类涉农经营企业新增融资6.48亿元。科学研究和技术服务业新增贷款51.14亿元，增速比上年提高27.64个百分点。截至年底，普惠小微企业贷款余额1957.78亿元，比上年增加412.90亿元、增长26.73%，高出各项贷款增速16.67个百分点。涉农贷款余额3217.05亿元，比上年增加376.42亿元、增长13.25%，高出各项贷款增速3.19个百分点。加强投诉处理回访，约谈超期处理投诉金融机构，妥善处置各类投诉3045笔，办结率99%。

（魏　毅）

【工行西安分行】　2022年，中国工商银行西安分行辖属支行20家、郊区（县）支行7家。截至年底，本外币存款余额3145.49亿元，比上年增加127.34亿元，增长4.22%；本外币各项贷款余额2654.68亿元，比上年增加267.45亿元，增长11.52%。投放普惠金融贷款139.41亿元，比上年增加44.32亿元，客户数比上年增加2735户。加大国家乡村振兴重点帮扶县金融支持力度，各项涉农贷款余额170.94亿元，比年初增加37.91亿元。结合金融领域6个方面风险点，

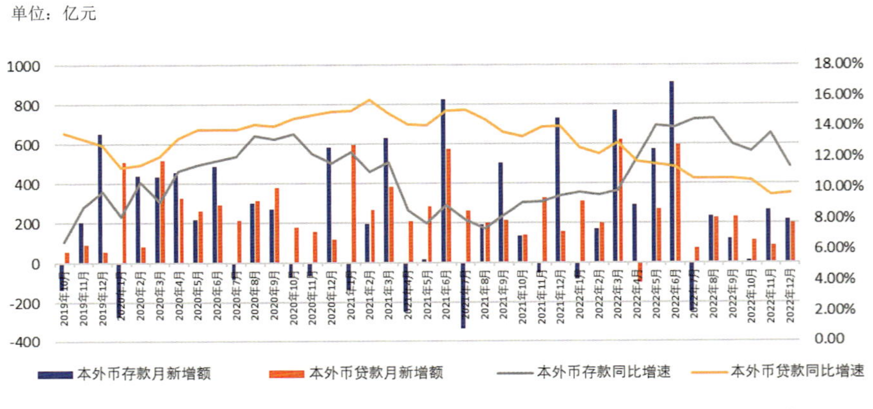

2019年10月至2022年12月，西安市本外币存贷款各月新增及同比增速图

按季度调查大宗贸易，先后下发涉及房地产、建筑行业、民营企业、政信业务、大宗贸易、光伏用地等风险提示单11份。加强潜在风险化解，纳入公司贷款加强管理名单74户、涉及金额17.36亿元，化解潜在资金风险金额2.7亿元。向辖属县域人民银行报送可疑交易报告10份，被人民银行采纳1份，协助公安机关立案2次。（周博闻）

【农行西安分行】 2022年，中国农业银行股份有限公司西安分行辖属二级分行1家（中国农业银行陕西自贸试验区西安高新分行），一级支行17家。截至年底，本外币存款余额1885.37亿元，比年初增加206.38亿元，增幅12.29%。本外币各项贷款余额1736.70亿元，比年初增加238.38亿元，增幅15.91%。加大实体经济重点领域和薄弱环节信贷支持力度，主动做好“保交楼、保民生、保稳定”金融服务，法人贷款投放突破1100亿元，全年净增193亿元。新增贷款全力服务科技创新和制造业转型升级，其中制造业和战略性新兴产业贷款比上年分别增加43.8亿元、27.9亿元。积极支持绿色低碳发展，推动绿色信贷增量扩面，绿色信贷比上年增加56.7亿元。大力发展普惠金融，持续落实“减费让利”政策，普惠型小微企业法人贷款余额比上年增加22.5亿元。（刘极伟）

【中行陕西省分行】 2022年，中国银行陕西省分行在西安地区辖属支行12家（含省行营业部）、郊县支行5家。截至年底，在西安地区实现净利润35.85亿元，比上年减少5.36亿元，下降13.01%；本外币存款余额4589.23亿元，比上年增加234.18亿元，增长5.38%；本外币各项贷款余额3090.77亿元，比上年增加186.81亿元，增长6.43%；不良余额20.55亿元，比年初增加13.43亿元；贷款不良率0.71%，比上年上升0.43个百分点。投放普惠金融贷款148.31亿元，比上年增加58.32亿元，客户数比上年增加2925户。实施普惠金融利率优惠政策，降低企业融资成本，新投放平均加权利率4%，比上年下降16个基点，科技金融贷款利率比上年下降50个基点。加大国家乡村振兴重点帮扶县金融支持力度，各项涉农贷款余额合计300.42亿元，年底比年初增加66.63亿元。结合金融领域6个方面风险点，先后下发涉及房地产、政信业务、大宗贸易、光伏用地等12项风险提示。加强潜在风险化解，纳入公司贷款加强管理名单143户、涉及金额92亿元，化解潜在资金风险金额15.82亿元。加快地方政府隐性债务化解，成功全额收回隐债置换贷23.92亿元。上报可疑交易报告5477份，上报率27.39%，被中国人民银行接收、立案28份。配合中国人民银行进行《开展促进金融健康专项行动》《老年人金融素养跟踪调查研究》等调研工作。反洗钱内控机制建设获得中国人民银行肯定，在金融监管工作会议上作为先进代表发言。（鲍　赓）

【建行陕西省分行】 2022年底，中国建设银行股份有限公司陕西省分行在西安辖属二级行12家，其中省分行营业部1家、城区二级支行10家、郊区支行管理部1家。分行在西安地区坚持对外构建以深化客群经营为代表的创新服务体系、对内构建以促进员工全面发展为主体的内部治理体系，抓改革、优服务、争市场、控风险，主营业务实现高位再攀升，成为西安地区规模最大的国有商业银行。全年实现净利润60.06亿元，比上年下降0.51亿元，降幅0.84%。本外币存款余额3902.4亿元，比上年末增加306.43亿元，增幅8.52%；本外币各项贷款余额3261.11亿元，比上年末增加453.69亿元，增幅16.16%。不良贷款余额11.1亿元，比上年末增加2.1亿元，增幅23.36%；不良贷款率0.34%，比上年末提升0.02个百分点。（江思恩）

【交行陕西省分行】 2022年，交通银行股份有限公司陕西省分行辖属西安同城支行网点（包括分行营业部）49家，离行式自助银行14家。截至年底，在西安地区有各项人民币贷款余额1406亿元，比上年增加76亿元、增长19.89%。全年投放729亿元，比上年增加118亿元，债券主承销规模123亿元。持续加大对重点领域和产业升级资源倾斜，制造业贷款余额为184.86亿元，比上年增加48.9亿元，增长36%；绿色信贷贷款余额174.6亿元，比上年增加35亿元，增长25.1%；战略性新兴产业贷款余额234.31亿元，比上年增加133.45亿元，增长146.87%；涉农贷款余额124.53亿元，比上年增加12.54亿元。“两增”（增加小微贷款总量和增加小微企业获得贷款的比重）口径小微贷款余额85.56亿元，比上年增加28.53亿元，增长50.03%；个金资产业务规模335亿元，比上年增长16.86%，位居系统内第2位，同行业市场第4位，市场占比提升43个基点。客户数为6333户，比上年增加1980户，增长45.49%。人民币各项存款时点余额1719亿元，比上年增长277亿元；人民币各项存款日均余额1548亿元，比上年增长164亿元，存款规模、增量均创历史新高。存贷利差率2.27%，其中存款平均利率2.03%，比上年下降11个基点；对公存款成本率1.8%，比上年下降14个基点；储蓄存款成本率2.33%，比上年下降9个基点。新签约代发单位数1905户，比上年增长48.81%；代发个人有效客户13.97万户，比上年增长2.99万户；代发留存率19.26%，系统排名第3。活期存款增量76.33亿元，增量占比46.56%。（赵凡迪）

【邮储银行陕西省分行】 2022年，中国邮政储蓄银行陕西省分行在西安地区辖属一级支行15家、二级支行28家。全年向西安地区实体经济投放贷款802亿元，占各项贷款75%以上。打造邮储银行特色“产业链贷”典型模式，向猕猴桃全产业链发放贷款28.1亿元。落地小微易贷政务、科创场景模式，服务专精特新及科技型企业2600户、发放贷款250亿元，成功入选首批“秦科贷”合作银行。加大小微企业支持力度，普惠型小微企业贷款比上年增长21%，高于全行各项贷款平均增速11个百分点。与秦创原创新促进中心签订战略合作协议，定制6大类产品在秦创原总窗口综合服务平台上线。开展专精特新中小企业专项金融服务，与工信部门对接业务，召开融资推介会10余场。参与市内基础设施建设、公共交通、水利、新能源等重点项目建设，绿色贷款余额150亿元，比上年增长56.97%。持续丰富“小微易贷”、小额“极速贷”等线上产品，线上化“两小”贷款余额超220亿元，“小微易贷”业务比上年增长146%。聚焦“村、社、户、企、店”五大客群，加强融资e客户引荐、打造综合服务示范社、活跃合作社“广覆盖”等协同发展，全年实现融资e贷款净增4.8亿元。围绕农业特色产业，搭建多个金融服务场景，向特色产业投放贷款100亿元。获评“陕西省先进集体”“陕西银行业百行进万企”融资对接工作先进单位、陕西地区“精准扶贫特别贡献奖”、邮储银行总行“脱贫攻坚先进单位”等称号。（陈志林）

【中信银行西安分行】 2022年，中信银行股份有限公司西安分行辖属二级分行5家，同城支行网点（包括分行营业部）28家，其中2家自贸区支行。中信银行西安分行稳中求进，实现拨备前利润9.84亿元。本外币各项存款余额865.04亿元，年底比年初增加149.07亿元，比上年增长20.82%；本外币各项贷款余额771.5亿元，年底比年初增加53.84亿元，增长7.5%；不良贷款余额3.29亿元，不良贷款率0.43%，年底年初持平。落地总行首笔保障性租赁住房专项票据、首笔民营专精特新并购贷款，首笔资管代销、首笔欧元内保外债业务、省内首笔美式期权外汇套保业务等多项新产品，“科创e贷”被省银保监局选定为普惠金融试验田项目。获评中信集团“优秀协同区域分会奖”，零售板块、风险板块、运营条线、信息技术条线获总行“十佳”荣誉。（康　琳）

【民生银行西安分行】　2022年，中国民生银行股份有限公司西安分行辖属二级分行3家，同城支行网点（包括分行营业部）23家和社区支行62家。本外币存款余额774亿元，比上年增加14.2亿元、增长1.9%；本外币各项贷款余额818.8亿元，比上年下降37.3亿元、降低4.4%；余额存贷比106%。不良贷款余额19.07亿元、比上年增长7.99亿元，不良贷款率2.4%、比上年上升1.01个百分点。全年投放各项贷款513亿元，实现表内外融资731亿元，向省重点企业、重点项目发债97亿元，投资省地方债36亿元，提供全流程金融服务专项债项目26个。审批绿色环保、乡村振兴、先进制造、教育医疗等优先支持行业贷款150亿元，向“一带一路”、西部大开发等国家重点项目投放贷款30亿元。普惠小微贷款余额215亿元，比上年增加28亿元、增长14.8%，小微信用贷款占比6.3%，比上年提升4个百分点，小微贷款平均利率比上年降低0.28个百分点。向陕西重型汽车有限公司、陕西汉德车桥有限公司等制造企业投放贷款46亿元，投放供应链贷款14亿元，服务链上中小微企业580户。向15家专精特新企业授信46.85亿元，北交所专精特新重点客户投放贷款2.38亿元。投放绿色信贷22.7亿元，绿色信贷余额40亿元，比上年增长33%。为西安新市民发放贷款113.6亿元，支援其创业就业和安居消费。批发和零售业贷款比上年增长15.9亿元，交通运输、仓储和邮政业贷款增长3.29亿元，住宿和餐饮业贷款与年初持平。为59名客户、75笔贷款消除征信逾期记录，为9278户小微企业实施延期还本，对应贷款本金159.6亿元；实施延期支付贷款利息1.21亿元，对应贷款金额34.9亿元；向14451户小微企业实施阶段性返还贷款利息5201万元，为7439万户小微企业发放抵扣贷款利息小微红包588万元，为小微企业和个体工商户降费226万元，持续推广无还本续贷政策，业务覆盖95%以上存量客户。（常晓旭）

2022年5月31日，西安银行举行2021年度股东大会暨第六届董、监事会换届选举大会（西安银行　供图）

【光大银行西安分行】　2022年，中国光大银行股份有限公司西安分行辖属二级分行4家，同城支行网点（包括分行营业部）30家和社区支行22家。截至年底，实现净利润13.23亿元，增长47.75%。人均净利润118.97万元，比上年增加38.95万元，增长48.68%。本外币存款余额758.60亿元，比年初增加90.87亿元，比上年增长13.61%。负债结构持续优化，核心存款占比91.01%，比年初提高1.54%。本外币各项贷款余额664.33亿元，比年初增加41.27亿元，增长6.62%。不良贷款余额2.94亿元，比年初增加1.84亿元，增幅168.41%，不良贷款率0.54%，比年初增长32%。基础性信贷余额540.80亿元，比年初增长34.58亿元。普惠贷款增速23.33%，比各项贷款增速超出18.37%；制造业贷款增速63.63%，制造业中长期贷款增速43.25%，绿色信贷增速109.69%，民营企业贷款增速17.55%。全年向50家上市后备企业提供授信22亿元，落地陕西省先进制造投资基金18.51亿元。便民缴费服务平台“光大云缴费”交易金额突破百亿元大关，达到137.65亿元，新增缴费项目63项。其中电费、有线电视、社保缴费等实现全省覆盖。深入推进供应链场景建设，敏捷、高效响应链上企业需求，累计搭建供应链金融项目38个，服务供应链客群480余户。（毛梓铭）

【西安银行】　2022年，西安银行下辖包括总行营业部、9家分行、10家区域支行和12家直属支行等177个营业网点，控股2家村镇银行，参股比亚迪汽车金融有限公司。资产规模4058.39亿元，贷款总额1896.88亿元，存款总额2803.60亿元，实现归母净利润24.24亿元，不良贷款率1.25%，拨备覆盖率201.63%，资本充足率12.84%，能满足各项业务提速发展要求。加强顶层架构设计，组织董事会和监事会换届；优化经营组织架构，新设二级部“票据中心”；增资比亚迪汽车金融公司12亿元，与比亚迪汽车公司联手打造全国资本规模最大的持牌汽车金融公司，加速助推形成西安新能源产业集群。向省市重点企业及项目发放贷款近100亿元，向制造业提供资金支持99.1亿元。助民增收贷款余额超过5亿元，涉农贷款余额超过91亿元。获省政府“金融机构支持陕西经济发展先进单位”、中国《银行家》“最佳金融创新奖”等多项荣誉，入选英国《银行家》“全球银行品牌价值500强”，《“十四五”背景下中小银行普惠金融差异化发展模式研究》获陕西银保监局重点调研课题一等奖，中国金融政研会组织的“非凡十年　人民金融”征文活动获评一等奖。（闫秋池）

【渤海银行西安分行】　2022年，渤海银行股份有限公司西安分行辖属同城支行网点7家。实现净利润7.73亿元，各项存款余额144.52亿元，各项贷款余额322.98亿元，不良贷款余额3.22亿元，不良贷款率控制在1%以内。（刘　美）

【长安银行】　2022年，长安银行西安域内辖属网点65家，其中一级支行19家，二级支行31家（不含一级支行营业室），小微支行15家。地区辖属机构实现贷款余额（不含贴现）769.83亿元、存款余额808.40亿元、营业收入18.42亿元、报表利润（不含互联网金融）5.85亿元、考核利润10.53亿元，分别比上年增长24.04%、17.27%、16.49%、303.76%、63.00%。（朱晨茜）

【成都银行西安分行】 2022年，成都银行股份有限公司西安分行辖属同城支行网点（包括分行营业部）6家。实现净利润5.99亿元、本外币存款余额191.84亿元、本外币各项贷款余额428.93亿元、不良贷款余额0.7亿元，分别比上年增长 84.01%、23.34%、24.8%、-64.85%，不良贷款率0.16%，比年初下降0.42%。（党佳琦）

【东亚银行西安分行】 2022年，东亚银行（中国）有限公司西安分行下辖分行1家，同城支行网点2家。实现净利润-239.43万元，比上年增加9.73亿元，亏损减幅99.75%。本外币存款余额53.20亿元、本外币各项贷款余额31.50亿元、不良贷款余额8.40亿元，分别比上年增长46.65%、13.64%、-3.59%。不良贷款率26.67%，比年初下降4.77%。（刘 欣）

【华夏银行西安分行】 2022年，华夏银行股份有限公司西安分行辖属二级分行3家，同城支行网点（含营业部）26家。实现净利润9.01亿元、本外币存款余额346.58亿元、本外币各项贷款余额330.73亿元，分别比上年增长30.08%、5.17%、-2.92%。不良贷款率为1.57%，比年初下降1.66%。（李 莎）

【宁夏银行西安分行】 2022年，宁夏银行股份有限公司西安分行辖属7家网点（含分行营业部），资产总额100.41亿元、负债总额98.62亿元、本外币存款时点余额89.38亿元、本外币贷款余额100.87亿元，分别比上年增长4.09%、3.08%、7.41%、2.75%。实现净利润1.08亿元，不良贷款1.69亿元，比上年减少2642.88万元；不良贷款率1.67%，比上年下降0.32%；普惠小微企业贷款14.9亿元，比上年增加2.99亿元；户数1065户，比上年增加357户。（左君伟）

【平安银行西安分行】 2022年，平安银行股份有限公司西安分行辖属二级分行1家（咸阳分行），同城支行网点（包括分行营业部）17家和社区支行2家。实现净利润6.71亿元、本外币合计各项存款余额584.35亿元、本外币合计各项贷款余额581.86亿元，分别比上年增长-63.47%、14.84%、16.97%。不良贷款5.63亿元，比年初增加4.78亿元，不良贷款率为0.97%，比年初上升0.80%。（刘芙嘉）

【陕西秦农银行】 2022年，陕西秦农农村商业银行股份有限公司下辖营业部1家，一级支行20家，全资控股农商银行2家（蓝田和周至），营业网点451个。实现净利润18.61亿元、各项存款余额2919.94亿元、各项贷款余额2166.35亿元、不良贷款余额44.84亿元，分别比上年增长12.58%、14.44%、10.87%、-5.34%。不良贷款率2.07%，比年初下降0.35%。（熊梓琪）

【兴业银行西安分行】 2022年，兴业银行股份有限公司西安分行下辖分支机构77家，其中西安同城支行（包括分行营业部）24家、社区支行32家，异地二级分行（包括分行营业部）5家、同城支行2家、县域支行2家、社区支行12家。实现净利润11.70亿元、本外币存款余额1161.31亿元、本外币各项贷款余额752.05亿元，分别比上年增长9.86%、7.76%、17.91%。不良贷款余额10.74亿元，比年初增加3719.1万元。不良贷款率1.43%，比年初下降0.2%。（李 恒）

【浙商银行西安分行】 2022年，浙商银行股份有限公司西安分行辖属二级分行1家（咸阳分行），同城支行网点（含分行营业部）10家。各项贷款余额411亿元（监管口径）、各项存款余额510亿元（监管口径），分别比上年增长28%和9%。不良贷款率为0.27%，比年初下降0.07个百分点。（杨宝平）

保 险

【概况】 2022年，西安市有保险机构71家，比上年增加1家。其中，财产险机构32家；人寿险机构39家；保险专业中介机构258家。保费收入572.74亿元，比上年增长6.1%，其中财产险收入130.40亿元；人身险收入442.34亿元。赔款给付支出178.01亿元，比上年增长11.4%，其中财产险给付支出79.58亿元，人身险给付支出98.43亿元。详见表37。

【中国人保财险西安分公司】 2022年，中国人民财产保险股份有限公司西安市分公司实现总保费38.65亿元，比上年增长30%，占比全市财险市场份额为24.82%。辖属22个区（县）级机构、21个乡镇营销服务部，从业人员3200余人。向经济发展提供4.67万亿元额度的风险保障，涵盖全市大部分行业。处理保险赔案35.9万件，支付赔款23.66亿元，受益农户3.53万户。上缴西安市税收3.87亿元（含代征），比上年增长5.34%。公司开办险种26个，为14.04万公顷三大粮食作物、65.38万头生猪、1.14万公顷特色农产品等提供风险保障。承保“石羊集团”及“草滩牧业”两大农业龙头企业政策性养殖险业务，实现政策性保费1844万元，比上年增

2022年9月14日，2022丝路农金论坛暨第二届农商银行董事长圆桌会在西安国际会议中心举行（秦农银行 供图）

表 37　2022 年西安市保险业数据统计表

项　目	单　位	绝对量
期末保险机构数	家	71
财产险	家	32
人寿险	家	39
期末保险专业中介机构	家	258
本期保费收入（含本级）	亿元	572.74
财产险	亿元	130.40
人身险	亿元	442.34
# 寿　险	亿元	233.29
健康险	亿元	96.80
意外险	亿元	11.83
本期赔款给付支出（含本级）	亿元	178.01
财产险	亿元	79.58
人身险	亿元	98.43

说明：本表数据来源于市金融工作局，不含西咸新区

加 1376 万元，带动商业险保费 2054 万元。向 20491 家农户提供 6.15 亿元风险保障额度。支持车险消费市场发展，为 86.64 万台车提供风险保障。深化警保合作，警保联动处理交通事故数量超 9 万件，交警巡逻 4 万余次。与市交警支队共建 48 个集装箱式“马路学堂”、高速公路设置安全提示牌，增强广大市民交通安全意识。向 630 万名城乡居民提供大病补充报销服务，已服务 34.95 万人（次），报销金额 7.95 亿元。推出“惠民保”产品，参保人数 30 万人、保费 3020 万元。向 7 家企业提供风险保障 3.45 亿元；助力固碳增汇，为 8.28 万公顷森林提供风险保障 6.83 亿元；推进实施新能源汽车险，为 9.44 万辆新能源车提供风险保障 1393.89 亿元；环污险为 12 家相关企业提供风险保障 0.34 亿元。服务秦创原，为高新技术企业提供风险保障 2.27 亿元；办理全市首台（套）、特种设备、首批次材料等保险业务，提供风险保障 574 亿元；向专精特新科技企业雇主责任险、高新技术企业财产一切险提供风险保障 1221.37 亿元；服务“一带一路”倡议落地，出口信用保险提供风险保障 2132.74 万元；为中欧班列“长安号”提供货物运输风险保障 14.81 亿元。推动政府救助保险业务发展，为陕西省 1240 个新建、扩建、改建、拆除及在建房屋建筑和市政基础设施工程项目提供 244.31 亿元风险保障，支付赔款 1809 万元，理赔案件 448 起，受益单位 142 家；为纾困解难企业生产经营情况，向 1453 家企业提供风险保障 83.49 亿元。与西安市应急管理局签订战略合作协议，共同推进应急领域安责险业务，在 6 月安全生产月中联合开展应急演练 8 次。

（王盼盼）

【中国人保人寿险西安分公司】 2022 年，中国人保人寿保险股份有限公司西安市分公司实现总保费 5.34 亿元，比上年增长 -14.83%。向 215 家单位提供意外健康保险服务，商业保险赔案总量 7533 件（次），支付赔款 2030.82 万元。重大疾病保险服务 78 人（次），支付赔款 501.32 万元。经办商业医疗保险，办理门诊、住院结算服务 2438 人（次），支付赔款 486.82 万元。

（张雪婷）

【中国人寿保险西安分公司】 2022 年，中国人寿保险股份有限公司西安分公司辖属 16 个区（县）支公司和 58 个营销服务部，有员工 800 余人，营销员近 5000 人。向 140 万名个人客户和 2000 多个团体客户提供保险服务。实现总保费 52.8 亿元，占比全市寿险公司市场份额为 16.7%，完成消费帮扶任务 14.7 万元。涉农小额保险业务覆盖 10 家下属机构，其中 7 家机构乡村振兴业务年保费规模超过 3 万元，保费达到 357 万元，比上年增长 10.12%，保障人群近 10 万人，赔付资金 153 万元。承办西安市国际港务区城乡居民医疗保险，办理门诊、住院结算共服务 1344 人次，结算支付 630.93 万元。服务临柜客户 10.5 万余人（次），处理各类保全业务 116.8 万件，处理各类赔案 14.4 万件，赔付金额 5.2 亿元。

（周明非）

【太平洋财险西安中心支公司】 2022 年，中国太平洋财产保险股份有限公司西安中心支公司辖属 15 家支公司，在岗员工 183 人，实现西安市区（县）营业网点全覆盖。实现保费 7.24 亿元，比上年增长 5.41%，占比全市财产险公司市场份额为 4.86%，支付各类赔款 3.99 亿元。强化农村金融服务能力，推进农业保险扩面增品，5 家支公司因地制宜推出种植及养殖保险，为农户支付赔款 653 万元，助力乡村，振兴农业，提质增收。

（王　蓉）

【太平洋人寿西安中心支公司】 2022 年，中国太平洋人寿保险股份有限公司西安中心支公司在职劳动合同内勤员工 178 人，劳动合同外勤员工 102 人，劳务派遣外勤员工 22 人，外勤 1939 人，合计内外勤 2241 人。实现保险业务收入 27.20 亿元，比上年增长 56.54%，占比全市寿险公司市场份额为 6.75%。主要销售险种有乐享百万、安享百万、鑫享事成（庆典版）、长相伴（庆典版）、金佑人生、金诺人生、个人意外伤害保险等。理赔总金额近 1.08 亿元，其中重疾赔款 5274.31 万元；住院医疗费用赔款 2094.26 万元；门诊医疗 511.34 万元；伤残费用 40.18 万元；死亡赔款 2831.79 万元。

（傅　燕）

【平安财险陕西分公司】 2022 年，中国平安财产保险股份有限公司陕西分公司在西安地区辖属 1 家中心支公司、13 家支公司。全年在西安地区实现保费 80.2 亿元，比上年增长 11.0%；综合成本率 95.1%，比上年降低 1.7 个百分点。为 256 万名客户提供 21.34 万亿元风险保障，赔款 47.2 亿元；缴纳税款 11.58 亿元，比上年增长 7.42%，连续多年获省级 A 级纳税人称号；向海外工程项目 1868 名工人提供 39.4 亿元风险保障；向 90 多家企业提供环境污染责任险，涉及近 2 亿元保险保障；助力秦创原平台建设，向 11 家高新技术企业提供重点新材料首批次应用综合保险保障 45 亿元；为 600 多家建设施工企业，1020 个施工项目提供风险保障 330 亿元；向参与危险化学品生产、金属冶炼、加油加气站等高危行业，提供风险保障 138.2 亿元；推进投标保证、关税保证、工程履约保

证、农民工工资支付保证等保险业务，为6000多个项目提供风险保障近9亿元；提供居民个人及家庭保障，承保家庭保单129万件，比上年增加28万件。向6万家小微企业、个体工商户提供超600亿元风险保障，理赔4690笔，赔付金额超2380万元。向48.07万名农户提供108.6亿元风险保障，涵盖三大主要粮食作物以及生猪等58个品种。建成“三农”服务队伍518人，开展“乡风文明100行动”，捐赠资金及党建升级物资43.1万元，新增党建共建点12个，惠及农户3619户。（白宇晨）

【新华人保西安中心支公司】 2022年，新华人寿保险股份有限公司西安中心支公司辖属11家支公司，2家营销服务部，管理团队162人，销售团队4900余人。实现保费32.34亿元，比上年增长5.14%，占全市寿险公司市场份额的7.89%，完成理赔32525件，理赔金额2.24亿元；承接《西安市2022年计划生育家庭综合保险》，已为28.81万人（次）、10.9万个家庭提供意外身故、疾病身故、意外伤残、意外伤害医疗、疾病住院、重大疾病保险服务，完成理赔2200余件，支付赔款近600万元。践行“保险+公益+志愿”模式，志愿者团队100余名成员开展各类爱心志愿服务活动10场，服务时长275.5小时。连续第6年为全市31000名环卫工作者每人赠送10万元保额人身意外伤害保险保障1份。（张文倩）

【华夏人保陕西分公司】 2022年，华夏人寿保险股份有限公司陕西分公司在西安地区辖属50个营业网点。全年实现总保费134亿元，占全省寿险市场份额的11%。所辖营业网点解决就业人口3785人，贡献税收4736万元，服务客户90.19万人（次），提供风险保障1648亿元，赔付金额2.77亿元，满期给付保险金额22.38亿元。截至年底，“安心保”产品已累计承保188.27万元，覆盖598家小微企业、人群13382人，风险保额65.9亿元，赔付84人（次），赔付金额34.82万元。（殷宇晴）

【太平养老陕西分公司】 2022年，太平养老保险股份有限公司陕西分公司在西安地区有职工52人，其中合同制销售团队14人，代理人19人。全年在西安地区养老金业务受托新增缴费5.94亿元，养老金管理资产余额55.5亿元。企业年金单一受托计划实现首单突破，计划规模超2亿元。保险总保费952万元，比上年增长740%，新增承保人次14.96万人、新增保险金额266万余元。理赔案件5842件，支付赔款891.05万元；医疗保险理赔服务931人次，提供医保结算服务3927次，结算支付293.67万元；专属商业养老保险产品保费119.2万元，件数203件。12月，个人养老金业务正式落地，当月保费2.9万元，数量18件。（申向博）

【民生人寿陕西分公司】 2022年，民生人寿保险股份有限公司陕西分公司在西安地区辖属分公司、中心支公司等合计10家，在职员工108人，销售人员242人。全年在西安地区实现总保费2.09亿元，比上年下降4.61%。营业支出2.65亿元，提供普通意外伤害风险保险服务326人（次）、医疗健康保险服务922人（次）；商业保险理赔案1302件，支付赔款1179.38万元；重大疾病保险服务近89人（次），支付赔款596万元；身故保险服务52件，支付赔款313.15万元。（李 江）

【华泰人寿陕西分公司】 2022年，华泰人寿保险股份有限公司陕西分公司在西安地区辖属2家支公司，内勤员工36人，外勤员工431人。全年在西安地区实现总保费2487.12万元，比上年增长141%。收入2641.35万元，支出3719.78万元。客户数量1017人，商业保险理赔案总量17件、理赔金额200574.69元，赔付件数比上年增长-5.56%，赔付金额比上年增长313.91%。（白宇昕）

【农银人寿陕西分公司】 2022年，农银人寿保险股份有限公司陕西分公司在西安地区设立支公司和营销服务部28家。全年在西安地区实现总保费13.83亿元，比上年增长7.19%，占比全省寿险公司市场份额为1.59%。向117家单位提供意外健康保险服务，商业保险赔案总量1571起，支付赔款2870.85万元。大病保险实现全省覆盖，理赔服务116人次，支付赔款1298.85万元。经办地区城乡居民医疗保险，办理门诊、住院结算服务7630人（次），结算支付2477.95万元。（白 云）

【百年人寿陕西分公司】 2022年，百年人寿保险股份有限公司陕西分公司在西安地区辖属营销服务部5家，内勤员工86人，外勤销售人员782人。全年在西安地区实现总保费15.07亿元，比上年增长4.02%，占比全市寿险公司市场份额为3.51%。赔付支出1.53亿元，其中全年商业健康意外赔付1814起，赔款支出330万元，死伤医疗给付支出4267万元，满期给付支出2682万元，年金给付支出8052万元。（陈冀飞）

【安诚财产险西安中心支公司】 2022年，安诚财产保险股份有限公司西安中心支公司辖属4个支公司和2个营销服务部，在职员工61人。实现保费收入0.87亿元，比上年增长-1.6%，占比西安市产险公司市场份额为0.58%。向219家单位提供意外健康保险服务，商业保险赔案总量5000起，支付赔款4500万元。（唐国琪）

证券期货

【概况】 2022年，西安市有证券公司3家、分支机构197个，其中西部证券、开源证券、中邮证券3家法人机构，总资产1629.15亿元，比上年增长21.44%，净资产、净资本分别为488.43亿元和403.92亿元，营业收入、净利润分别为49.08亿元和8.65亿元；有期货公司3家、分支机构40个，其中迈科期货、西部期货、长安期货3家法人机构，总资产99.55亿元，比上年增长4.99%，净资产、净资本分别为21.21亿元和12.50亿元，营业收入、净利润分别为4.99亿元和0.4亿元；有证券投资者开户数556万户，交易总额9.54万亿元，期货代理交易额6.02万亿元。详见表38。

【西部证券股份有限公司】 2022年，西部证券股份有限公司总资产911.66亿元，比上年增长13.62%；净资产270.29亿元，比上年减少0.58%；实现营业收入21.49亿元，比上年减少43.24%，实现净利润4.44亿元，比上年减少66.94%。母公司口径实现财富管理业务收入8.35亿元，比上年减少19.38%；信用业务收入4.93亿元，比上年减少3.78%；投行业务收入3.27亿元，比上年减少28.89%；自营业务收入6.43亿元，比上年减少61.43%；资产管理业务收入0.90亿元，比上年增加156.70%。

【开源证券股份有限公司】 2022年，开源证券股份有限公司总资产528.98亿元，比上年增长45.19%；净资产156.20亿元，比上年增长0.28%；实现营业收入22.78亿元，比上年减少6.43%，实现净利润3.93亿元，比上年减少20.69%。经纪业务收入5.52亿元，比上年减少

表 38　2022 年西安市证券及期货业数据统计表

项　目	单　位	绝对量
一、境内上市公司情况		
期末境内上市公司	家	57
总股本	亿股	915.39
# 流通股本	亿股	783.34
总市值	亿元	12264.53
本期证券市场筹措资金	亿元	977.45
二、证券经营机构情况		
期末拥有证券公司	家	3
期末证券分支机构	个	197
期末投资者开户数	万户	556.00
本期证券交易总额	亿元	95408.82
三、期货市场情况		
期末拥有期货公司	家	3
期末期货分支机构	个	40
本期期货代理交易额	亿元	60184.05
期货公司平均注册资本	亿元	5.4

说明：本表数据来源于市金融工作局

4.04%；自营业务收入 2.15 亿元，比上年减少 49.13%；投行业务收入 7.20 亿元，比上年增长 0.38%；资产管理业务收入 1.12 亿元，比上年减少 29%；利息净收入 5.75 亿元，比上年增长 15.58%。年度债券业务执业能力被中证协评价为 A 类的 23 家券商之一。

【中邮证券有限责任公司】　2022 年，中邮证券有限责任公司总资产 187.99 亿元，比上年增长 5.75%；净资产 60.96 亿元，比上年下降 1.28%；实现营业收入 5.20 亿元，比上年下降 21.68%，实现净利润 0.36 亿元，比上年下降 82.38%。经纪业务收入 0.84 亿元，比上年下降 23.33%；资管业务收入 1.52 亿元，比上年增长 65.05%；投行业务收入 0.65 亿元，比上年下降 39.34%；利息净收入 1.11 亿元，比上年下降 63.36%；自营业务收入 1.03 亿元，比上年下降 4.17%。获得转融通业务资格。

【迈科期货股份有限公司】　2022 年，迈科期货股份有限公司注册资本 3.28 亿元，下设 10 家分支机构（分公司和营业部）、1 家子公司。总资产 25.24 亿元，比上年下降 13.07%；净资产 6.79 亿元，比上年增长 0.31%；营业收入 2.18 亿元，比上年减少 37.24%；实现净利润 0.23 亿元，比上年减少 25.84%。获得 2022 年国家网络安全宣传周活动“先进单位”称号；投教作品《育儿与投资》《二十四节气与小麦期货》获得“2022 年郑州商品交易所投教先锋风尚团队奖”；投教案例《二十四节气与小麦期货》入选中期协 2022 年期货投资者教育优秀案例；获得桐柏县毛集镇人民政府颁发的“乡村振兴突出贡献奖”。

【长安期货有限公司】　2022 年，长安期货有限公司注册资本 4.93 亿元，下设 13 家分支机构（分公司和营业部）、1 家子公司。总资产 23.46 亿元，比上年增长 16.43%；净资产 6.19 亿元，比上年增长 1.81%；实现营业收入 1.65 亿元，比上年减少 25.34%；净利润 0.20 亿元，比上年减少 20%。获得陕西省打击和处置非法集资工作领导小组办公室“防范非法集资短视频大赛优秀奖”，西安金融商务区管理办公室“抗击新冠疫情表彰”，郑州商品交易所“期权仿真交易大赛优秀组织奖”“全国大学生金融模拟大赛优秀组织奖”，大连商品交易所“优秀人才培育奖”“投教挚友”称号，陕西证券期货业协会“优秀会员”“优秀投教会员单位”“投资者教育保护工作优秀投教产品”及“投资者教育保护工作优秀投教人员”。

【西部期货有限公司】　2022 年，西部期货有限公司注册资本 8 亿元，下设 12 家分支机构（分公司和营业部）、1 家子公司。总资产 51.16 亿元，比上年增长 12%；净资产 8.3 亿元，比上年增长 -0.08%；实现营业收入 1.28 亿元，比上年增长 8%；实现净利润 25 万元，比上年增长 159%。获得大连商品交易所“2022 年度优秀会员”，上海期货交易所“松林杯”投资者保护动画作品大赛优秀组织奖和作品奖。　（王雨虹）

其他非银行金融机构

【小额贷款公司】　2022 年，西安市有小额贷款公司 43 家、资产总额 72.55 亿元，负债总额 3.47 亿元，所有者权益 69.08 亿元。实现营业收入 1.84 亿元，实现净利润 0.32 亿元；发放贷款笔数 6211 笔，发放贷款金额 41.62 亿元。年末贷款余额 55.33 亿元。

【融资担保公司】　2022 年，西安市有融资性担保机构 56 家、资产总额 412.02 亿元，负债总额 92.3 亿元，所有者权益 319.72 亿元。实现担保业务收入 11.46 亿元，实现净利润 -66.34 亿元。担保金额 820.33 亿元，其中融资性担保金额 769.34 亿元，非融资性担保金额 50.99 亿元。

【典当行】　2022 年，西安市有典当行 97 家、资产总额 27.60 亿元，负债总额 1.16 亿元，所有者权益 26.44 亿元。实现营业收入 1.59 亿元，实现净利润 4186.87 万元；发生业务笔数 19684 笔，典当总额 35.57 亿元，典当余额 17.31 亿元。

【融资租赁公司】　2022 年，西安市纳入银保监监管名册的融资租赁公司 109 家。根据全省融资租赁企业信息管理系统，报送月度数据的企业 60 家，资产总额 786.61 亿元，融资租赁资产总额 549.81 亿元。

【商业保理公司】　2022 年，西安市纳入银保监监管名册的商业保理公司 33 家，报送月报的企业 33 家，资产总额 187.68 亿元，净资产总额 73.78 亿元，应收账款余额 89.61 亿元，保理营业收入 9.21 亿元。　（李星星）

综 述

【旅游业恢复增长】 2022年，西安市出台《关于积极应对疫情影响助企惠民补齐短板确保一季度国民经济恢复性增长的若干措施》《西安市全力应对疫情影响推动一季度文化旅游业恢复性增长的八条措施》等文件，帮助市场主体纾难解困。累计兑付市级旅游发展专项资金9986万元，暂退旅行质保金6475万元，惠及企业主体741家。

【旅游接待】 2022年，西安市文化和旅游局紧抓假期等重点时段，通过打造精品线路，开展长三角、珠三角实地宣传促销，发放旅游消费券等方式吸引游客，促进旅游复苏。深化历史文化穿越之旅、乡村度假体验之旅等旅游线路配套提升，开拓国内市场，巩固国内游、周边游市场。西安大雁塔、西安古城墙、大唐芙蓉园、华清宫、秦岭野生动物园、华山、陕西历史博物馆、骊山等成为热门旅游景点。全年共接待国内外游客2亿人（次），比上年下降13.71%；综合旅游收入2030亿元，下降16.98%。

【文旅融合】 2022年，西安市文化和旅游局发布25条精品旅游线路，推出滑雪游、露营游、休闲游、乡村游、本地游、周边游等新产品业态，开展“城中度假·别样旅居”文旅直播带货，成为文旅新的增长点。紧抓假日重点时段，集中开展系列营销宣传及惠民促消费活动，端午、五一、中秋、国庆等节假日，西安市均位列全国十大热门旅游目的地城市，并入列2022年全国露营活动十大热门城市。

【全域旅游】 2022年，西安市文化和旅游局串联旅游景区、文化街区、文创园区、特色社区，优化“吃住行游购娱”要素，打造全域旅游新场景，延长旅游产业链、消费链，优化提升夜宴、夜游、夜购、夜娱、夜宿、夜演等消费场景，做精夜游经济，持续打造“长安夜·我的夜”夜游品牌。白鹿原影视城、嘉会坊、华清宫等7家单位获省级夜间文旅消费聚集区。7月，西安市夜游景区门票订单量环比增长138%，出游人次环比增长165%。

【旅游人才队伍建设】 2022年，西安市聚焦人才培养，增强文旅产业发展后劲。加强文旅产业人才培养，完善文旅人才梯队。建立专家咨询机制，遴选100名文化旅游领域的专家学者，组建西安文旅智库，参与全市文旅行业重大政策规划制定、重要项目评审、业务培训辅导等活动，提高产业发展的科学性、前瞻性。实施培训提升工程，坚持“旺工淡学”，开办“文旅云课堂”，邀请院校专家线上培训景区、旅行社、乡村旅游从业人员1.3万人（次），提升从业人员素质，稳定服务品质。开展竞赛评选活动，围绕提升行业服务水平和窗口形象，组织开展“最美景区评选”“西安金牌导游大赛”“星级饭店从业人员服务技能竞赛”，评出5家“最美景区”、10名“十佳金牌导游”、13名“金牌导游”，西安星级饭店代表队在“2022年陕西省星级饭店从业人员服务技能竞赛”中获团体赛一等奖。（高 阳）

旅游资源

【概况】 2022年，西安市有A级旅游景区98家，其中AAAAA级5家、AAAA级27家、3A级及以下66家；有旅行社653家，其中有出境资质的旅行社65家；注册导游员2万余人；星级饭店89家，其中五星级15家、四星级26家。西安市广仁寺文化景区被批准为AAAA级旅游景区。大唐不夜城、“长安十二时辰”主题街区等成为热门景区。（高 阳）

【秦始皇帝陵博物院】 位于西安市临潼区，国家AAAAA级旅游景区。是一座以秦始皇兵马俑博物馆为基础，以秦始皇帝陵遗址公园（骊山园）为依托的大型遗址博物院，和以秦始皇帝陵及其众多陪葬坑为主体，基于考古遗址本体及其环境的保护与展示，融合教育、科研、游览、休闲等多项功能的公共文化空间。上年度新发掘的器物，2022年已修复完整的有金骆驼、银骆驼、金舞袖俑、镶嵌琉璃的铜扁壶、玉鼎、银猎犬等。6月11日上午，2022年文化和自然遗产日陕西省主会场活动在秦始皇帝陵博物院举行，当日首次对外公布刚刚修复完成的出土于秦陵百戏俑坑的“28号俑”。2022年，秦始皇帝陵博物院接待游客36万人（次）。

【华清宫文化旅游景区】 位于西安市临潼区华清路38号，AAAAA级旅游景区。是唐代封建帝王游幸的别宫。华清宫背山面渭，倚骊峰山势而筑，规模宏大，建筑壮丽，楼台馆殿，遍布骊山上下。景区内集中唐御汤遗址博物馆、西安事变旧址——五间厅、唐梨园遗址博物馆等文化区和飞霜殿、环园和禹王殿等标志性建筑群。2022年6月9日起至8月31日，华清宫景区对全国应届中、高考生实行门票免费优惠。2022年，接待游客12.32万人（次）。

【大雁塔·大唐芙蓉园景区】 位于西安市雁塔区，AAAAA级旅游景区。大雁塔坐落于大慈恩寺内，又名“慈恩寺塔”。唐永徽三年（652年），玄奘为保存由天竺经丝绸之路带回长安的经卷佛像主持修建大雁塔，最初5层，后加盖至9层，再后层数和高度又有数次变更，最后固定为现今的7层塔身，通高64.517米，底层边长25.5米。大唐芙蓉园是一个全方位展示盛唐风貌的大型皇家园林式文化主题公园，建有紫云楼、仕女馆、御宴宫、杏园、芳林苑、凤鸣九天剧院、唐市等许多仿古建筑，是中国最大的仿唐皇家建筑群。2022年，接待游客217万人（次）。

【碑林·城墙历史文化景区】 由碑林博物馆和城墙景区组成，AAAAA级旅游景区。碑林博物馆，位于西安市碑林区三学街15号，占地面积3.19万平方米，陈列面积0.49万平方米，主要以孔庙、碑林、石刻艺术室和石刻艺术馆等组成，是一座以收藏、研究和陈列历代碑石、墓志及石刻造像为主的地方专题性博物馆。城墙景区以西安古城墙为主题，集护城河、环城林带（包括城河外沿）、顺城路四位于一体的环城风景区。景区总规划面积为453.08万平方米，其中护城河61.16万平方米，环城林带192.01万平方米，城墙35.91万平方米，顺城路164万平方米。西安城墙包括护城河、吊桥、闸楼、箭楼、正楼、角楼、敌楼、女墙、垛口等一系列军事设施，构成严密完整的军事防御体系。东西南北四面均开设城门，东名“长乐”，西名“安定”，南名“永宁”，北名“安远”。2022年，接待游客43万人（次）。

【大明宫国家遗址公园】 位于西安市新城区自强东路585号，AAAAA级旅游景区。2010年10月1日建成开放。规划范围南至自强路，北至重玄路及玄武路，东至太华南路，西至建强路，总占地面积3.84平方千米，是西安市最大的城市中央公园。延续唐代大明宫的历史格局，由南向北沿丹凤门—含元殿—宣政殿—紫宸殿—玄武门—重玄门为中轴线，分为殿前区、宫殿区、宫苑区三大区域。2022年2月，大明宫国家遗址公园获陕西省文明旅游示范单位荣誉称号。全年接待游客20.55万人（次）。

【大唐不夜城】 位于西安市雁塔区的大雁塔脚下，北起大雁塔南广场，南至唐城墙遗址，东起慈恩东路，西至慈恩西路，街区南北长2100米，东西宽500米，总建筑面积65万平方米，是全国唯一一条以盛唐文化为背景的大型仿唐建筑群步行街。大唐不夜城以盛唐文化为背景，以唐风元素为主线，建有大雁塔北广场、玄奘广场、贞观广场、创领新时代广场四大广场，西安音乐厅、陕西大剧院、西安美术馆、曲江太平洋电影城等四大文化场馆，大唐佛文化、大唐群英谱、贞观之治、武后行从、开元盛世等五大文化雕塑，是西安唐文化展示和体验的首选之地。2022年1月24日，大唐不夜城重新对外开放。4月30日，“长安十二时辰”主题街区在西安大唐不夜城曼蒂广场正式开街，标志着历经2年多精心策划打造的全国首个沉浸式唐风市井生活街区向广大市民游客正式开放。全年接待游客80万人（次）。

【汉城湖水利风景区】 位于西安市西北，原为团结水库（古漕运明渠）。库周以水文化和汉文化为主题的园林景观面积68.73公顷。集防洪保安、园林景观、水域生态、文物保护和都市农业灌溉于一体。景区内，依据汉长安城文化遗存，以汉文化为主题，在6.27千米水面的两岸建设七大不同主题片区，设计建设24组雕塑，29处历史文化广场，14座游船码头及8座跨湖桥梁等景观，是西安最大的汉文化主题公园和西安北部最大的水景观。2022年获评国家水利风景区高质量发展“十大标杆景区”。全年接待游客115万人（次）。 （李 黛）

2022年，汉城湖水利风景区获评国家水利风景区高质量发展“十大标杆景区”。图为2月16日拍摄的景区风貌 （郝钟毓 摄影）

旅游规划建设

【文旅规划】 《西安市“十四五”文化和旅游发展规划》于2021年11月印发，提出全力推进少陵原—白鹿原文旅融合创新示范园区、曲江杜邑文化科技产业园区、奥体中心轴线灞河左岸上庄片区建设，打造小雁塔历史文化片区、碑林历史文化街区、易俗社文化街区、西咸沣东文化中心续建项目、长安唐村·中国农业公园等一批文化产业园区。

2022年，西安市按照《“十四五”文化旅游发展规划》总体部署，立足区域特色，持续推动构建“一核两廊八板块”发展格局，坚持“点、线、面”结合，促进全市各区域文旅产业均衡、协调发展。全市文化旅游重点项目86个，其中续建项目32个、新开工项目16个、前期项目38个，总投资1698.98亿元。陕西考古博物馆、鄠邑天桥湖景区、浐灞保利大剧院、曲江万人竞技馆等一批文旅新空间建成开放。“长安十二时辰+大唐不夜城”、西安城墙“数字化保护”案例分别入选全国文化和旅游最佳创新成果和十佳案例，白鹿原影视城2022年入选国家旅游科技示范园区。白鹿原影视城、嘉会坊、华清宫等7家单位获省级夜间文旅消费聚集区。蓝田县灞源镇、鄠邑区栗峪口村、蓝田县葛牌村入选2022年省级乡村旅游示范村镇。

【旅游专项资金申报】 2022年，西安市文化和旅游局起草《2022年省文旅厅支持西安文旅产业稳增长项目申报指南》，牵头开展2022年陕西省文化旅游厅支持西安文旅产业稳增长项目申报工作。2022年省级旅游发展专项资金下达西安市资金2950万元，补助项目103个。起草《2022年西安市旅游发展专项资金项目申报指南》，做好2021年度新增规上旅游企业、支持旅游配套设施建设及“一事一议”重大文旅项目3个类型项目的申报、评审等相关工作。2021年度新增规上旅游企业1个（奖励资金5.57万元）、补助“支持旅游配套设施建设”项目4个（补助资金228.87万元）、“一事一议”重大文旅项目2022年城市观光车项目运营及推广费用（补助资金860万元）下达至相关区（县、开发区）。

【旅游重点项目建设】 2022年，西安市有重点文旅项目86个，总投资1698.98亿元。其中，续建项目32个；

新开工项目16个；前期项目38个。年度计划投资268.68亿元，完成投资313.17亿元，达到年计划投资的111.78%。持续策划推出一批招商项目，太古集团小雁塔项目正式落地西安。落实省、市关于推进高质量项目建设的工作要求，汉长安城遗址保护项目列入国家“十四五”规划，并与大熊猫国家公园科普宣教和基础设施建设项目共同列入国家和省发展和改革委“十四五”文化保护传承利用工程储备库；确定纳入陕西省“五个一批”高质量文化旅游项目99个，总投资1908.74亿元。碑林历史文化街区、小雁塔片区和浐灞高品质酒店群项目列入陕西省百亿级稳住经济大盘项目清单。

【文旅项目招商】 2022年，西安市文化和旅游局向陕西省文化旅游厅推荐报送丝路欢乐世界、西安阎良·中国航空文化博览园（一期）项目、西安文旅中心等5个第六届丝绸之路国际博览会暨中国东西部合作与投资贸易洽谈会重点文旅推介项目。完成2022年度文旅招商项目征集工作，并形成招商项目库，经区（县、开发区）上报和筛选，共征集项目23个。文旅项目签约11个，项目总投资额263.8亿元。 （高　阳）

【小雁塔历史文化片区改造项目】 该项目东起长安北路、西至朱雀大街，南起体育场北路，北至友谊西路，投资金额81.37亿元。规划周期为4年（2017—2021年），区域内含小雁塔、荐福寺、西安博物馆、西安宾馆。2021年4月30日，小雁塔公园景观提升工程完成，正式对外开放。西安太古里是此项目的重要部分。2022年3月4日，太古地产宣布与西安曲江新区管理委员会下属国企西安城桓文化投资发展有限公司合作发展西安太古里项目，年底文勘已进入收尾阶段。

【未央宫遗址公园提升项目】 项目位于汉长安城未央宫遗址区，总体实施面积8.58平方千米，投资金额48.59亿元。重点实施遗址区文物修缮、文化展示说明、基础设施完善、园林景观提升、交通游线设置、服务配套设施、出入口游服中心和李下壕民俗街区等七大系统工程，规划“一园、三门、两入口、一通道”的总体布局。项目一期已于2021年8月31日建成开园。2022年，未央宫遗址公园提升项目二期进行景观绿化提升、园区道路建设、配建设施提升、遗址保养修缮、片区民宿改造等工程，10月建成开放。

【“一带一路”文化交流中心项目】 项目位于国际港务区灞河东路以东、灞渭大道以西、港丰路以北、港兴四路以南，总占地218.06公顷，总建筑面积29.32公顷，总投资65亿元。分为南、北2个地块，南地块为文化交流中心（长安乐），位于港丰路以北至港兴二路以南区域，规划建设电影院、多功能剧场、音乐厅、歌剧院以及传媒中心；北地块为城市展示中心（长安云），位于港兴三路以北至港兴四路以南区域，规划建设科技展示中心和规划展示中心等。2022年底，项目主体、外立面、外部照明及绿化广场等已全面完成，进入砌体装修和内部装修阶段。 （李　黛）

旅游业态

【文化体验游】 2022年，西安市坚持文化赋能，以文铸魂，持续深入挖掘西安文化旅游资源禀赋和产业优势，着力构建特色化、品质化、现代化的文旅消费格局。不断将沉浸式文旅体验贯穿于景区整体规划之中，演艺、文创、雕塑等多样元素不断迭代，沉浸式体验亮点突出、多元业态融合出圈，“长安十二时辰”主题街区平均每天吸引上万名游客前来观光，特色文旅街区和文化演艺，不断吸引市民游客前来打卡，激发着文旅消费新潜力。

精品线路：

博物馆奇遇记　陕西历史博物馆—西安碑林博物馆—西安博物院—西安半坡博物馆—汉阳陵博物馆。

盛唐文化之旅　大明宫国家遗址公园—大雁塔·大唐芙蓉园景区—大唐不夜城—长安十二时辰文化街区—华清宫。

大汉文化体验游　汉长安城未央宫遗址—汉阳陵博物馆—西安汉城湖景区—昆明池·七夕公园。

秦风文化体验游　秦始皇帝陵博物院—秦二世陵遗址公园—大秦文明园。

明清文化体验游　西安钟鼓楼—高家大院—西安城墙—书院门文化街区。

【乡村民宿游】 2022年，西安市文化和旅游局聚焦农业、文化和旅游相融合，加快乡村旅游高质量发展。强化政策保障，在《西安市扎实加强文化建设促进文化和旅游产业融合发展三年行动方案（2020—2022年）》《西安市促进文化旅游融合发展补充政策》《关于支持乡村旅游发展的实施意见》等文件中，明确对乡村旅游示范创建、项目建设、规划编制等奖补扶持政策，不断增强乡村旅游发展动能。推行“四个一”工程（一区一创新、一村一品牌、一宿一线路、一户一特色），加快乡村旅游产品迭代升级。推出长安唐村·中国农业公园、鄠邑区胡家庄村、周至水街等一批农文旅深度融合的新典型，增强乡村旅游吸引力。以“千年古都·常来长安”城市品牌为引领，聚合“美好长安”“源来周至·常来常安”“诗画鄠邑·品质新区”“美美与共·日暖玉城”等区（县）品牌，打造高传播力的乡村旅游宣传矩阵，扩大乡村旅游影响力。蓝田县塘子村入选第四批全国乡村旅游重点村。建成陕西省文化旅游名镇2个、旅游特色名镇14个、乡村旅游示范村28个，有3条线路入选全国乡村旅游精品线路。

精品线路：

灞桥“樱桃采摘”体验游　樱桃谷景区—白鹿仓景区—同尘酒店—白鹿原马术俱乐部—鲸鱼沟竹海景区。

蓝田“田园风光”休闲游　西安—灞河大道—蔡文姬纪念馆—玉川酒庄—千亩荞麦花海—白鹿原影视城—汤峪温泉。

周至“秦岭山水”探索游　秦岭国家植物园—沙河水街—黑河国家森林公园—厚畛子古镇—老县城村。

【研学知识游】 2022年，西安市成立“西安旅游协会·教育研学分会”，市文化和旅游局、市文物局联合主办“品读长安　研学赋能”西安市研学旅行推广活动，进一步整合文化、旅游和文物资源，推出研学课程和研学活动，提升青少年的知识技能、开阔他们的眼界，培养独立能力与创造精神，完善研学旅行产品供给体系，促进研学与科技、人文、历史、文物等领域的深度融合。

精品线路：

“汉韵·‘非遗’”研学游　西安—参观茯茶文化产业园—参观汉高祖刘邦长陵—美丽新农村刘家沟村—西安。

“航空体验”飞翔游　动力三角翼飞行体验—亲子游—北屯梨园风光—荆山塬万亩桃园—石川河栎阳湖风景区—阎良甜瓜文化馆。

【休闲度假游】 2022年，西安市文化和旅游局以微度假为抓手，丰富西安文旅产品，促进文旅消费与发展，繁荣本地游，拓展周边游，加快西安旅游从观光游向休闲、度假等业态转型。举办“无微不至”微度假旅游节，以住宿为核心，嵌入购物、美食、主题娱乐、时尚休闲等相关的要素设计，为市民游客提供时间短、路程短、体验性强的旅游产品。

精品线路：

阎良千年相枣林下油菜花海—泾河新城泾干街道—高陵泾渭湿地公园。

浐灞湿地公园—西安世博园—渭河

生态景观公园—三河一山绿道。

石川河栎阳湖风景区—临潼“最美环山公路”—骊山天文台—渭河河堤路沿线。

【红色教育游】 2022年，西安市文化和旅游局深入挖掘红色文化内涵，加强红色资源保护利用、推进红色旅游品质升级、健全红色旅游基础设施，加大红色旅游资源整合，提升红色旅游服务质量，推进红色旅游适度多元发展。各项政策措施相互联系、有机结合，形成推动红色旅游高质量发展的强大合力。

精品线路：

西安革命公园—八路军西安办事处纪念馆—西安事变纪念馆—临潼华清池五间厅—西北人民革命大学旧址博物馆—高陵区通远村“红色熔炉”新时代党性教育基地—葛牌镇区苏维埃政府纪念馆。

西安烈士陵园—蓝田胡达明烈士墓—汪锋故居纪念馆—临潼许权中烈士纪念馆—临潼王泰吉烈士纪念馆。

（高　阳）

旅游促销

【概况】 2022年，西安市文化和旅游局叫响做实“千年古都　常来长安”主题形象，策划举办“中国年·看西安”“春游长安正当时”春季文旅活动、2022西安消夏旅游季、2022秦岭生态旅游季、西安研学旅行季等系列促消费活动，发放文旅消费券5000万元，带动消费1.8亿元，持续增强壮大微旅游、微度假的新动能。打造“长安夜·我的夜”夜游品牌。举办“长安夜·我的夜”第三届夜游嘉年华，融合夜景夜演夜秀夜购夜宴夜跑、贯通景区街区园区社区与商圈，参与主办“关中文旅大集”，强化与关中平原城市群旅游联动，深化与渭南、宝鸡、汉中等城市文旅产业合作。

【旅游演艺产品】 2022年，西安市有各类旅游演艺题材，涵盖历史文化、红色文化和丝路文化等，演艺类型包括实景演艺、舞台剧、主题演艺等。创排《山河无恙》《滚烫的年华》《守护者》等18部新剧，完成《长恨歌》《梦长安》《驼铃传奇》提档升级。

《长恨歌》 整场舞剧全长70分钟，由“杨家有女初长成”“一朝选在君王侧”“夜半无人私语时”“春寒赐浴华清池”“骊宫高处入青云”“玉楼宴罢醉和春”“仙乐风飘处处闻”“渔阳鼙鼓动地来”“花钿委地无人收”“天上人间会相见”10幕组成，通过山水风光、古典乐舞、诗歌旁白、高科技灯光音响及特效等表现手法，充分展示大唐盛世的恢宏气象和千古绝唱的爱情传奇，让观众穿越时空隧道，领略一千多年前发生在骊山脚下，华清池畔的凄美爱情故事，感受浓郁的盛唐文化气息。2022年12月，2022冬季版冰火《长恨歌》在西安临潼华清宫景区恢复常态化演出。

2022年3月31日，升级版《梦长安》首演现场　（市文旅局　供图）

曲江新区《梦长安》 2022年3—10月演出。以盛唐礼仪文化为主题的旅游文化演出，是感受西安历史与大唐文化的首选，是体会中华传统文化、西安地域文化、城墙特色文化、古礼迎宾文化的佳所。演出融合13朝古都的历史与丝绸之路沿线的人文风情，营造出天下长安的雄浑壮阔，通过观演可以感受到西安作为世界千年古都、东方永恒之城的气概。全年接待场次49场，接待观众0.4万人（次）。

曲江新区《梦回大唐》 2022年全年演出。以现代艺术的手法，配以全新的视听效果，表现绚丽多彩与大气恢宏的盛唐歌舞文化。集盛唐风情、歌舞精粹、绚丽奇幻、神秘刺激、狂欢多彩于一体，充满梦幻与诗意，带来动感与大气、华贵和美艳的无与伦比的艺术享受。全剧演出时间为60分钟，共分6幕。分别是“梦幻霓裳”“梦邀秦王”“梦浴华清”“梦萦西域”“梦游曲江”“梦回大唐”。全年接待场次67场，接待观众0.97万人（次）。

曲江新区《大唐追梦》 2022年4—10月演出。以诗仙李白为人物贯穿，以《将进酒》词牌为基调，通过场景、故事的演绎和各类新技术的运用，从内容上尝试将观众的心境与剧中的实景相衔接，在游船幻境中完成超现实的视觉体验。全剧分“繁华长安”“丽人行·画中情”“丝路印象”“曲江盛宴”4幕。全年接待场次25场，接待观众0.55万人（次）。

曲江新区《鼓》 2022年全年演出。以沉浸式舞台剧的叙事方式，讲述唐长安一天赋少年历经考验成长为一代传奇鼓师，在玄宗千秋寿宴上大放异彩的故事。剧目通过强烈代入感的情景、具有矛盾冲突的剧情、丰富饱满的人物塑造，引领观众浸入皇音雅秀的华美梦境中，品味盛唐宫廷音乐魅力。剧目通过全新的编曲和兼具故事性与娱乐性的呈现方式，在绚烂黑科技的加持下，让“千年活化石”以全新编创形式再次焕发出新的生机。全年接待场次124场，接待观众0.7万人（次）。

曲江新区《寻梦芙蓉里》 2022年全年演出。将唐朝仕女文化与绘画艺术、美学艺术、诗歌艺术、饮酒文化、礼仪文化5大文化特征相融合，在大唐芙蓉园仕女馆，为观众制造一个深入解读唐代女性文化的机遇。通过还原唐仕女学习、交流、娱乐、生活等场景，赞颂唐朝女子可似芙蓉、似青竹的开放洒脱自由主义精神。以“沉浸式戏剧+演艺+体验”的形式，“视、听、触、嗅、味”相融合的创新观演方式，深挖唐仕女文化内涵，引出绚烂多彩的大唐女性文化，展示大唐女子的服饰妆容及文化娱乐生活，通过文化演艺、文化展示、文化传承实现文化自信、文化复兴。演出通过芙蓉酒肆、芙蓉画坊、芙蓉衣肆、芙蓉庭院4场空间场景的调度转换，带领观众体验行进式、多动线的互动演出体验。全年接待场次101场，接待观众0.72万人（次）。

浐灞《驼铃传奇》 2022年3—10月演出。以“一带一路”为主线，深入挖掘大唐传统文化，追寻驼队丝绸之路上的踪迹，以正能量传播西安最辉煌历史时期的文化传奇。整场演出分为序幕“岁月再现”及“送君千里”“狼道遇险”“异国风情”“祥雨洗尘”“迎郎归来”“华夏盛世”7幕剧情。全年接待场次199场，接待观众32万余人（次）。该演出获美国TEA年度杰出成就奖、IAAPA铜环奖最佳现场表演奖。

碑林区《大唐女皇》 2022年1—12月演出。以女皇武则天14岁选侍入宫至67岁登基称帝期间的历史故事为情节，将武则天这位传奇女皇的前半生贯穿整部演出，重现贞观至天授初年大唐王朝快速崛起、国泰民安的盛世辉煌景象，也展现出疆场恶战的硝烟滚滚和战马嘶鸣。全剧由“秀女待选”“私闯文德殿”“征战”“二圣临朝”“登基”5个篇章组成。全年接待场次49场，接待观众23737人（次），每场最高接待600人（次）。该演出获中国旅游总评榜陕西分榜最具影响力文创演出、荣耀陕西旅游文化产品奖、最具影响力唐文化剧院餐厅、文娱节目西安市著名商标、霓裳羽衣舞荣获首届陕西舞蹈“荷花奖”金奖。

临潼区《复活的军团》 2022年全年演出。以秦始皇兵马俑的考古历史研究成果和湖北云梦竹简真实史诗为依托，借鉴故事片的跌宕起伏，通过沉浸式转场观演的方式、声光电的渲染、大型舞台机械设备的加持和专业演员的深情演绎，讲述秦王嬴政“以战止战”的战争史诗、两个秦代小兵“舍小家为大家”的家国情怀，深度诠释普通秦人的责任与担当，呈现一个关于秦历史、秦文化和秦人精神的演出盛宴。全年接待场次481场，接待观众18.5万人次。该演出4次被央视报道，数十次被省、市媒体报道，获西安市“文化产业示范基地”“工人先锋号”“青少年教育基地”“中小学生实践教育基地”，临潼区“爱国主义教育基地”“文旅人才实训基地”“新时代文明实践基地”，以及西北大学“艺术创作基地”等荣誉。

蓝田县《二虎守长安》 2022年全年演出。大型历史战争剧，演出包含火爆、水爆、飞车特技、汽车漂移、激烈枪战，主要讲述1926年杨虎城、李虎臣将军誓死守卫西安城的故事。全年接待场次398场，接待观众10.7万人（次）。

蓝田县《黑娃演义》 2022年全年演出。以陈忠实先生《白鹿原》小说改编，突出反映关中本土文化和地域特色，以观众全景、全境、全程参与的大型实景电影拍摄体验剧。全年接待场次4323场，接待观众10.3万人（次）。

蓝田县《魔法公主》 2022年4—10月演出。改编于格林童话故事《莴苣姑娘》，融合歌剧、魔术、马戏、戏剧、舞蹈、杂技、装置等多种艺术形式渲染故事情节，借用世界领先的魔法表现形式增强代入感和互动体验，让观众感受欧洲风情，体验善恶交锋，顿悟人生哲理。全年接待场次136场，接待观众2.9万人次。

蓝田县《夜谭·白鹿原》 2022年全年演出。以白鹿精灵传说和白灵的传奇故事为设计灵感，以白鹿原独特的台塬、山谷、湖面、树林为画布，以声、光、水、雾、电和多媒体投影为画笔，组成国内最先进的“光影+演艺+艺术装置”立体融合的沉浸式艺术空间，让游客在梦幻般光影中游玩的同时沉浸于美轮美奂的演艺场景中。全年接待场次199场。

【节会参展推介】

“5·19”中国旅游日宣传推广 2022年，西安市文化和旅游局以“5·19”中国旅游日为契机，承办2022年“中国旅游日”陕西省分会场活动；举办2022“中国旅游日”西安市分会场活动——西安文旅惠民推介暨新城文旅惠民月发布仪式，推出33项主题活动，17项优惠福利；联合西安旅游协会在抖音平台开展“5·19”中国旅游日文旅惠民特卖直播活动。

参加京津冀文化旅游线上推介会 参加陕西省政府主办的“2022陕西—京津冀文化旅游宣传推介会”(线上)，以“美丽西安 中华文明标识之旅”为主题，从3个篇章分享千年古都的人文魅力，推荐“古城漫步之旅”“秦风唐韵之旅”“文化遗产之旅”“浪漫欢乐之旅”和“全运活力之旅”5条经典线路。

关中文化旅游推广活动 7月1—2日，联合关中平原城市群部分市（区）和重点文旅企业在大唐不夜城开展2022“关中文旅大集”系列推广活动，推出“自驾车·畅游关中”“乘火车·漫游关中”“坐大巴·乐游关中”3大主题活动和相关线路产品。为市民游客的出行提供更为优质、便捷的选择，进一步促进区域合作，共同打造关中平原城市群文旅品牌。

西安秦岭生态旅游推广活动 举办2022年西安秦岭生态旅游季活动，推出“趣秦岭”6大主题53场活动、“乐秦岭”118个打卡地、“赏秦岭”5条精品线路、“嗨秦岭”百日惠民福利，打造亲山近水都市慢生活，提升市民、游客的旅游体验。

“无微不至·近享长安”2022西安微度假旅游节 推出以“住宿+体验”为主题的6类共40项微度假主题产品，10处特色民宿集群，5处高品质酒店群，4条历史文化穿越线路和3项惠民主题活动。通过西安文旅之声、腾讯、新浪、搜狐4大平台线上同步直播，观看量达到94万次，互动943条，点赞6.5万个。

“长安夜·我的夜”第三届夜游嘉年华系列活动 推出“4D沉浸式”光影新体验15处，“3D耶时光”夜间新场景近百项，“2D微度假”夜游新线路14条，策划夜间文旅活动50余项。指导新城、高陵、碑林、莲湖等区（县）策划举办夜游嘉年华系列区域夜间文化旅游活动。

2022年消夏旅游季启动仪式 2022年，西安市进一步推动消夏避暑旅游资源开发，延伸消夏文旅产品供给，激发夏季文旅市场消费潜力，策划推出自然一夏、活力一夏、清凉一夏、美味一夏、求知一夏、悦耳一夏、细品一夏7大主题93项活动，推荐55个具有露营、休闲、运动、亲水、演艺、民俗、避暑等丰富文旅业态的消夏旅游场所，让广大市民游客尽享夏日长安的美好时光。

“心动西安”文旅活动 按照线上与线下有机结合的方式开展，邀请9位陕西籍艺人作为心动西安推荐官，10位达人作为心动达人推荐官，共同为西安宣传，并推出《西安人的生活与歌》宣传片。开展“心动全民优惠券”专项活动，设立百万级平台，全面覆盖“吃、住、行、游、购、娱”文旅6要素，累计曝光3420万（10月1—7日），发布视频数900多条。 （高 阳）

【旅游商品开发】 2022年，西安市旅游商品企业推出制作精良、内涵深厚的旅游商品，兵马俑、大雁塔、城墙、陕西历史博物馆等热门景点设立各具风格的文创店，研发并推出多种热门文创产品。以秦兵马俑为创意灵感设计开发出“秦亲宝贝”、兵马俑纪念券和兵马俑手办；以唐仕女俑为原型设计开发出“唐妞”；以大雁塔为设计灵感设计开发出“塔宝”；以西安城墙为原型设计开发出“城墙味道冰淇淋”，包含尺子、笔、橡皮等文具的城墙文创系列；陕西历史博物馆推出日历、香囊、唐宝贝等一系列文创产品。“遇见长安”系列盲盒、十七帝丝巾、长安泥塑、剪纸和皮影等新文创产品受到游客喜爱。蓝田玉、碑林字帖以及临潼石榴、黄桂柿子饼、黄桂稠酒、西安腊牛羊肉、甑糕、陕西锅盔等成为西安旅游热门商品。（李 黛）

【春季旅游促销】 2022年，西安市文化和旅游局组织结合疫情防控要求和文旅发展，组织开展“艺心战疫 情满长安”线上新春书画展6项新春惠民重点活动。通过中央、陕西省、西安市主流和自媒体广泛宣传。组织“春游长安正当时”2022西安春季文化旅游活动线上启动仪式，策划“春日烂漫赏花游”“回归自然踏青游”“律动健康休闲游”“乐享生态采摘游”“常来长安文化游”5大主题，推出雁塔国际樱花节等17项重点活动，赏花、踏青、休闲、采摘等23条主题精品线路和近百个春游打卡点，拍摄制作“春日踏青赏花”“都市潮玩打卡”“穿越时空文化”等西安春季游主题线路产品视频，推广西安春季之美。指导雁塔、新城、灞桥、高新等区（县、开发区），策划举办雁塔国际樱花节、灞桥樱桃采摘文化旅游节等10余项重点活动。

【西安文博旅游城市探访系列活动】 2022年，西安市文化和旅游局策划文物网红打卡地评选、西安城市文物网红定向赛、“周秦汉唐·遇见新西安”文博国潮雅集、拍摄西安文博旅游宣传片、丈量大遗址徒步活动、“遇见长安，让文物活起来”视频拍摄和线上互动、西安文物主题文创文艺作品大赛、不可移动文物微展览、百所博物馆与百所学校文教共建活动、西安文博旅游智慧地图等多项活动，推出世界遗产、博物寻宝、汉唐风华、长安古韵、革命文物等5条西安文博主题线路，历史文化、考古遗址、革命纪念、综合地志、自然科技、人文艺术等8类70余个文博点位。活动通过新浪微博、腾讯新闻、西安文旅之声和陕西广电融媒体（同步分发至全省107个“爱系列”App）4个平台直播，全网累计观看量83.2万人（次），点赞28万个。 （高　阳）

旅游管理

【概况】 2022年，西安市文化和旅游局检查经营单位13305家次，开展双随机抽查363次，办结案件124件，办结投诉1084件；办结案件70件，罚款82.1163万元，没收违法所得43976.85元，移交公安机关刑事案件1件。查办一批在全国、陕西省有较大影响的案件，为全市文化旅游市场繁荣发展提供坚强保障。

【旅游酒店管理】 2022年，西安市文化和旅游局加强对全市旅游酒店管理。组织调研酒店市场现状，争取陕西省文化和旅游厅政策对星级饭店补贴235万元。参照陕西省星级评定委员会模式，成立新一届星级评定委员会和星级评定委员会。加大对辖区内星级饭店的检查力度，对星级饭店新冠疫情防控、进口冷链食品、消防安全、燃气安全、食品安全等项工作抽查，发现问题及时整改。

2022年，广仁寺文化景区获评国家AAAA级旅游景区　　（市文旅局　供图）

全市有星级饭店72家，其中五星级16家、四星级25家、三星级30家、二星级1家。

【旅行社管理】 2022年，西安市文化和旅游局落实旅行社保证金暂退100%政策，创新性简化审核手续，优化办理流程，加快办理速度，为全市310家旅行社暂退保证金6435万元。开展旅行奖补工作，完成2021年度旅行社国内过夜游客接待量前3名奖励共计450万元。制定2023年旅行社纾困补助政策，对纳税关系所在地为西安市的旅行社总社，奖励2022年度国内到西安过夜游客接待量前50名旅行社，共计440万元。截至年底，全市有旅行社678家，其中国内社614家、出境社64家。

【导游管理】 2022年，西安市加强导游的管理和培训。运用在线培训平台，对全市18029名执业导游开展旅游职业技能提升、诚信服务、文明带团培训。创新“以赛促训”的培训方式，组织举办2022年金牌导游大赛和导游培训。通过培训、交流、实践、技能比拼等形式，25名导游入围决赛，最终评选出十佳金牌导游。大赛获胜选手列入西安市2022—2023年度网红导游培育对象，并量身定制培育计划，全方位包装设计、全媒体宣传推广、多渠道风采展示，代言和宣传西安文化旅游，提升西安文化旅游行业形象。

【旅游市场监督管理】 2022年，西安市文化和旅游局着力提升旅游市场服务质量，坚守安全生产底线，开展安全生产专项整治三年行动、“防风险、除隐患、保安全、迎盛会”专项整治行动和打击整治养老诈骗专项行动，组织全市文旅文物领域开展二十大前后安全生产大排查，开展2022年西安市旅游突发事件综合演练和网络安全风险评估工作。充分发挥文化旅游广电舆论宣传阵地作用，牢牢把握政治方向、舆论导向，严格执行新闻宣传请示报备和审核制度，加强对外交流活动管理，严格演出节目审查把关，确保文化安全。全市旅游市场安全、平稳、有序发展。开展旅游包车专项检查工作，确保旅游团队安全用车；督导检查全市星级饭店安全隐患整改；全年对星级饭店和旅行社安全生产检查40余次，旅游市场未发生安全生产事故。

【旅游景区评定与管理】 2022年，西安市文化和旅游局狠抓A级景区恢复开放稳增长和A级景区疫情防控、安全、创文等工作，实现A级景区“应开尽开”，A级旅游景区安全无事故，创文顺利通过检查。完成全市A级旅游景区、旅游度假区2022年度复核工作，广仁寺文化景区获评国家AAAA级旅游景区，爱菊健康文化体验园景区、欢乐谷·玛雅海滩景区获评国家AAA级旅游景区，按程序取消9家（灞渭桥车游湿地景区、西安华南城景区、灞桥生态湿地公园、白鹿原葡萄主题公园、长安万华山景区、陕西秦岭大坝沟景区、鄠邑万华山朝阳景区／太平深谷景区、钟馗故里民俗文化旅游景区、西安石羊农庄生态休闲观光园）AAA级旅游景区的质量等级。

【文旅行业社会信用体系建设】 2022年，西安市文化和旅游局根据陕西省文化和旅游厅《关于开展严重失信主体认定工作有关事项的通知》，印发《西安市文化和旅游行业2022年社会信用体系建设工作要点》，健全完善信用信息归集、共享、应用等信用服务制度和信用修复机制。全面应用“全国旅游监管服务平台”

和“信用中国（陕西西安）”监管平台的业务协同，提高信用监管信息化水平。组织 20 个区（县、开发区）文化旅游行政主管部门线上学习《陕西省社会信用条例》，推动全市社会信用体系建设依法合规高质量发展。

【旅游安全管理】 2022 年，西安市加强旅行社团队旅游用车安全管理，制定下发《关于开展旅行社团队旅游用车安全专项检查的通知》《关于做好旅游包车有关事宜的提醒函》，在全市范围内开展为期半年的旅行社团队旅游用车安全专项检查。推动各区（县）与旅游企业签订安全生产责任书，督导旅游企业自查自纠、整改隐患、堵塞漏洞。组织开展文旅行业燃气安全排查整治、文旅行业“防风险、除隐患、保安全、迎盛会”专项整治行动、安全隐患排查和自建房安全隐患排查整治“百日攻坚”行动、汛期安全排查整治、文旅文物领域安全生产大排查行动等 20 余次。全年排查经营场所 1.5 万家（次），排查整治安全隐患 950 处，整改 710 处，关闭企业 4 家，停产整顿 5 家。强化应急处置机制，开展旅游突发事件救援综合演练和冬季消防应急疏散演练，提高全市文旅领域应急处置能力。

【旅游服务质量提升系列活动】 2022 年，西安市文化和旅游局组织开展“金口碑—星服务·新风尚”西安市星级饭店评选活动暨消费季系列营销活动。评选出“金口碑—星服务·新风尚”22 家最佳星级饭店和 15 家优秀星级饭店。组织开展 2022 年西安市星级饭店从业人员服务技能竞赛暨全省、全国竞赛选拔赛活动，4 个星级饭店和 24 名选手分获团体、个人奖，优秀选手全部推荐参加全省选拔赛。在全省选拔赛上，西安市获得团体一等奖和优秀组织奖，20 名选手获得个人奖名次。（高 阳）

旅游公共服务

【概况】 2022 年，西安市文化和旅游局围绕优化提升全市文化旅游市场环境，不断提高文化旅游服务质量水平，全面开展政务服务清单梳理，推行旅行社告知承诺制审批，所有行政审批事项网办、“最多跑一次”办均实现 100%，办理时间均压缩至法定时限的 30% 以内。成功举办西安市第一届文化市场综合执法岗位练兵技能竞赛活动，组织所有执法人员进行学习培训。

2022 年 5 月 1 日，西安城市观光车试运行（市文旅局 供图）

【“智慧旅游”建设】 2022 年，西安市文化和旅游局修订完成《智慧景区等级划分》（DB6101/T 3116—2021）、《智慧旅行社等级划分》（DB6101/T 3117—2021）2 个西安地方标准。新评定智慧景区 3 家、智慧旅行社 7 家，全市智慧景区、智慧旅行社总量达到 38 家。对 2021 年评定的 8 家智慧景区和 2 家智慧旅行社落实奖励资金 465 万元。“长安十二时辰 + 大唐不夜城”唐文化全景展示创新实践案例成功入选文化和旅游部 2022 年度文化和旅游最佳创新成果（全国仅 3 例），西安城墙“数字化助力西安城墙文物保护和文化遗产传承”案例入选文化和旅游部 2022 年文化和旅游数字化创新实践十佳案例。

2022 年认定西安智慧景区智慧旅行社名单

一、智慧景区（3 家）

（一）二星级智慧景区

昆明池·七夕公园

白鹿原影视城景区

（二）一星级智慧景区

西安博物院

二、智慧旅行社（7 家）

（一）二星级智慧旅行社

西安任我行之旅国际旅行社有限公司

西安春秋国际旅行社有限公司

陕西文化旅游股份有限公司

西安百仕通国际旅行社有限公司

陕西旅业控股集团有限公司

（二）一星级智慧旅行社

陕西易美旅游股份有限公司

西安璟源国际旅行社有限公司

【城市观光车试运行】 2022 年“五一”期间，“西安城市观光车”正式亮相开启试运行。巴士线路串联起西安城市地标性旅游景点和人气型时尚文化街区，带给游客更丰富多元的旅游体验。“西安城市观光车”统一选用双层观光巴士，外观以大雁塔等西安标志性旅游元素进行装饰，车内一层为“共享体验区”，设有陕西文创、各地土特产、古装服饰等，二层为“观光体验区”，车上还设有行李放置区和残疾人轮椅区。首期开通线路为“大雁塔景区—大明宫国家遗址公园”，该线路以“唐文化”为主轴线，大致以南北方向穿越西安城区，全程运行时间为 1.5 小时，全线共设置 12 个观光站点。乘车期间，乘客可享受金牌讲解、定制饮品等个性化服务，并且在车票有效期内可不限次乘坐车辆。

【旅游厕所革命】 2022 年，西安市文化和旅游局不断提升旅游厕所管理和服务水平。下发《西安市文化和旅游局关于推进旅游厕所革命 2022 年重点工作的通知》，明确年度重点工作、工作标准及方式方法，统筹安排旅游厕所管理维护工作。完善全国旅游厕所系统内厕所信息，核实已录入系统的厕所信息、统计全市 AAAA 级以上旅游景区内未纳入系统管理的厕所信息并报送省文旅厅申请修改完善。按照市人居办关于 2022 年农村人居环境整治工作要求，明确乡村旅游景区厕所管理的工作要求，对已纳入全国旅游厕所系统内的乡村旅游示范村旅游厕所建设管理情况进行系统摸底，掌握一手资料。结合 2022 年市级旅游发展专项资金项目申报工作，对华夏文旅海洋公园及水世界内 10 座旅游厕所进行等级评定，指导景区按照等级旅游厕所标准，完善设施、提升服务水平。

（高 阳）

房地产开发经营

【概况】 2022年，西安市贯彻落实中央关于房地产调控决策部署，坚持“房住不炒”定位不动摇，加大以保租房为主的住房保障体系建设力度，出台“5·28”“11·19”等调控政策，突出居住属性，精准支持刚性和改善性住房需求，在保租房、安置性商品房的集中开建带动下，房地产开发投资较快增长。受疫情、房企资金持续紧张和市场观望情绪等影响，新建商品房销售市场活跃度较低，交易量减少，商品房销售呈下降态势。全市房地产开发投资2585.39亿元，比上年增长6.5%，增速比上年提高13.5个百分点。详见表39。

2022年11月2日，市住建局赴长安区、浐灞生态区万科·雁鸣湖等6个项目检查商品房销售、工程建设进展情况 （市住建局 供图）

【商品房开发与销售】 2022年，西安市新增房地产开发企业112家，在库企业1044家。房地产新开工面积2250.41万平方米，比上年下降15.1%；商品房累计供应面积2276.7万平方米（26.7万套），下降3.5%；商品房累计网签销售面积1516.2万平方米（16.9万套），下降33.5%；新建商品住宅价格指数环比累计上涨2.0%，副省级城市排名第3，70个大中城市排名第7；商品住宅网签均价15510元每平方米，上涨9.3%。

（张 睿）

表39 2022年西安市房地产开发和销售主要指标及其增速统计表

项 目	绝对数	单 位	同比增长率 / %
房地产开发投资	2585.39	亿元	6.5
住宅	1822.65	亿元	4.5
房屋施工面积	16320.01	万平方米	-4.7
住宅	10878.79	万平方米	-7.9
新开工面积	2250.41	万平方米	-15.1
住宅	1346.84	万平方米	-26.8
房屋竣工面积	690.57	万平方米	55.7
住宅	511.15	万平方米	41.8
商品房销售面积	1666.87	万平方米	-10.2
住宅	1385.70	万平方米	-12.3

【土地出让】 2022年，西安市全面推行“标准地＋承诺制”的土地供给模式，完成62宗349.51公顷的“标准地”出让任务，“标准地”出让比例为全年工业用地出让总数的76.5%，完成新批工业用地40%按照“标准地＋承诺制”方式出让的改革任务。全市（含西咸新区）招拍挂市场全年成交各类建设用地1872.30公顷，土地出让金1183.94亿元，分别在15个副省级城市列第2位和第5位。其中，市级招拍挂市场成交土地21宗约96.27公顷、金额142.6亿元。

【土地二级市场交易】 2022年，西安市自然资源和规划局将土地二级市场线下交易窗口迁移至市不动产登记中心北大厅，设立1个土地二级市场交易事项办理窗口，为市场交易主体提供“一站式”便捷服务。建成全市土地二级市场线上交易平台，并于7月底正式上线运行。全年办理建设用地使用权转让65宗、面积144.61公顷、金额7.67亿元；

办理建设用地使用权抵押 198 宗、面积 920.35 公顷、金额 214.68 亿元。

（王思颖）

房地产中介和租赁服务

【概况】 2022 年，西安市有房地产中介门店 2950 家、从业经纪人 2.4 万余人。住房租赁管理平台已建成住房租赁企业端、经纪机构端、区级审核端、市级监管端、网站服务端、微信服务端、租金监管端，并建立从企业开业申报到合同网签的全流程网上办服务功能；与 17 家住房租赁企业及 2 家社会平台（58 同城、贝壳找房）建立系统对接端口，实现房源发布主体核验、房源核验码核验、房源数据推送、合同网签数据推送等功能。平台共申报通过住房租赁企业 448 家，已培育规模化、专业化住房租赁企业 16 家，累计挂牌房源 17204 套（间），累计租赁合同网签 88392 笔，住房租赁服务平台各项功能不断得到完善。鼓励支持市、区两级成立国有住房租赁企业，已成立市级国有住房租赁企业——西安安居集团和 13 个区（县）级国有住房租赁企业。 （张　睿）

【房地产中介行业服务规范地方标准】 2022 年，西安市房地产中介行业协会在市住建局、市场监督管理局、标准化研究院、市消协的支持下，牵头制定及申报《西安市中介行业服务规范》地方标准立项工作；参与《西安市房地产存量房买卖合同》《西安市房屋中介服务合同》示范文本的拟定工作，促进房地产中介市场合同规范，维护消费者合法权益。

【房地产经纪人在职培训】 2022 年，西安市房地产中介行业协会加强建设职业化的经纪人队伍，定期召开经纪人大讲堂系列活动，邀请行业专家、政府相关业务负责人、法律专家为房地产经纪人员进行法律业务知识培训，对接中国房地产经纪人学会，鼓励和服务经纪人报考全国经纪人资格证。疫情防控期间，邀请行业知名培训机构针对提升门店店长管理能力，开展多次线上业务培训；邀请理事单位博硕律所及永乐金服给会员做精彩法律及金融类专业线上讲座。

【房地产中介行业自律组织建设】 西安市房地产中介行业协会成立于 2021 年 5 月 20 日，坚持理事会议事制度，依照《西安市房地产经纪行业职业规范》开展工作。截至年底，有会员单位 34 家，涵盖全市房地产中介行业头部企业及平台机构，行业代表作用突出。全年围绕重大制度决策召开理事会 9 次，推进事项全部在协会官方微信公众号公布，议事程序、决议内容公开透明。协会信用管理委员会开会 3 次，对行业突发事件及行业纠纷做出内部处罚意见。在市消协协助下成立中介行业消费维权工作站，开始受理“12315”及行业投诉，积极缓解矛盾，将纠纷解决在一线。（田　洁）

【二手房交易】 2022 年，西安市二手房累计交易面积 630.1 万平方米（6.5 万套），比上年下降 27.0%，在副省级城市居第 6；二手住宅交易均价 12546 元每平方米，上涨 0.7%。二手住宅价格指数下降 2.3%，副省级城市排名第 6 位，70 个大中城市排名第 19 位。

2022 年 7 月 27 日，西安市房地产中介行业标准化建设座谈会在市质量与标准化研究院召开 （市房地产中介协会　供图）

【住房租赁制度建设】 2022 年，西安市不断加强住房租赁市场的建设与管理，出台《培育和发展住房租赁市场的实施意见》进行顶层设计，制定 3 年试点《总体实施方案》和各年度试点《实施方案》按阶段推进。出台《西安市租赁住房筹集实施细则》《关于改建租赁住房规划审批指导意见》《改建租赁住房建设审批意见》《关于进一步加强对配竞自持租赁住房管理的通知》等多个政策规定，加强房源筹集管理。出台《西安市支持住房租赁市场发展财政资金补助和奖励办法》《试点奖补资金申请审核指引》，规范资金使用和管理。出台《西安市住房租赁资金监管实施意见（试行）》（获住建部认可，并向全国推广）、《西安市住房租赁企业信用信息管理办法》及一系列规范住房租赁市场的相关文件，对住房租赁市场培育和发展进行规范，初步形成符合西安实际的制度体系。

【住房租赁试点城市建设】 2020 年，西安市入围中央财政支持住房租赁市场发展试点城市，试点期内获得中省财政支持资金 26.4 亿元。截至年底，对 57 个租赁住房项目进行财政资金奖补，全部下达至各区（县、开发区），实际拨付至企业监管账户的资金 22.915 亿元，占全部奖补资金的 86.8%，拨付率位列第二批试点城市前列；筹集新改建租赁住房项目 98 个，房源 63102 套（间）。其中新建项目 44 个，房源 43510 套（间）；改建项目 54 个，房源 19592 套（间）。盘活社会闲置房源 10.4 万套（间）。最大限度发挥中省资金使用效益，鼓励房地产公司、租赁企业等新建改建各类租赁住房，有效增加租赁市场房源供应。加大政策宣传和市场引导力度，发挥存量住房使用效率，加强引导社会各类闲置住房盘活租赁住房。重点支持产业园区配建租赁住房，国际港务区利用临港产业园区配套用地建设人才公寓项目，面向园区产业工人提供租赁房源 377 间；建行“CCB 建融家园・沣东普洛斯产业园公寓”项目，新增 105 间宿舍型长租公寓。2022 年，新增新改建项目 42 个，房源 21186 套（间），其中新建 15 个，房源 7315 套（间）。改建 27 个，房源 13871 套（间），盘活社会闲置房源 48268 套（间）。

【住房租赁市场监管】 2022 年，西安市加强住房租赁市场监管，推进住房租赁信用管理体系建立，严格落实《西安市住房租赁企业信用信息办法》，指导区县强化住房租赁信用管理，定期公布住房租赁经营主体信用信息，形成守信联合激励、失信联合惩戒的管理机制，4月份向社会公布第一批31家租赁企业信用信息记分处理情况。通过日常工作指导等形式，持续对区（县）住建部门工作人员进行租赁业务督导。年内对所有奖补项目进行实地勘察，下发租赁监管相关通知2次，发函移交违规线索31份，推动住房租赁市场持续健康平稳发展。持续推进资金监管，通过督导检查推动租赁资金监管，不断优化资金监管业务流程，全年有租赁资金监管试点银行15家，签订资金监管协议企业284家，累计监管资金入账1786.13万元，资金监管工作逐渐步入正轨。加大住房租赁市场乱象整治工作，指导区（县）做好平台房源核验、租赁合同网签备案、企业开业信息申报和资金监管等日常管理工作，排查涉及住房租赁业务的企业1021家，赴租赁企业经营场所实地检查39家共计42次，根据投诉纠纷线索约谈租赁企业15家共计17次。积极处理纠纷投诉，通过“12345”市民热线、人民网、“互联网+督查”平台、电话等多种投诉渠道受理投诉纠纷，及时协调处理，其中通过“12345”市民热线平台、人民网平台受理完成81件，其他部门各类转办件完成80件，做到件件有回音，事事有落实。

【住房租赁政策宣传】 2022年，西安市房屋租赁管理部门通过《西安日报》《西安晚报》《华商报》发布风险提示、宣传住房租赁政策6次，通过官方网站、微信公众号发布风险提示、宣传住房租赁政策4次，通过陕西二套都市热线等栏目宣传3次，参加华商报“我为群众办实事”系列民生热线活动，投放3500块小区电梯广告宣传租赁政策，刊印5000册住房租赁指导手册。（张 睿）

房地产市场监管

【概况】 2022年，西安市分别于5月28日、11月19日出台《关于调整商品住房交易政策有关问题的通知》《关于支持刚性和改善性住房需求有关问题的通知》房地产调控政策，运用金融、行政等多项政策工具，支持各类人才、多子女家庭及各类居民的合理住房需求，提振市场信心，促进房地产市场平稳健康发展。在全国率先制定针对防范延期交房问题专项政策——《关于防范商品房延期增量问题的工作措施》，按照严把“企业自有资金关”“房屋销售资金关”和“工程建设关”的思路，从出让规定、项目建设、预售许可、预售资金监管、房屋交付、信用管理6个方面提出13项要求，防范房地产开发企业经营风险外溢。

【房产交易管理】 2022年，西安市提升商品房预售资金监管工作的规范性，出台《西安市商品房预售资金监督管理办法》，发布《西安市商品房预售资金监管实施细则》，遏制预售资金被挪用等市场乱象。规范各区（县）房地产交易业务办理标准，理清各区（县、开发区）项目清单，推动房地产联排项目手续办理工作。分批处置四层以下低密度住宅项目遗留问题，完成20个项目建设审批手续恢复工作，涉及房屋1367套26.2万平方米，企业回笼资金20亿元。加强房地产交易业务指导，建立市区协同机制，培训、督导检查30余次；落实“房住不炒”精神，受理存量房购审申请5.1万件。加强房地产经纪行业信用体系建设，出台《西安市房地产经纪信用信息管理办法》，召开“西安市存量房买卖合同、房屋中介服务合同（买方）（卖方）示范文本”专家论证会。持续升级便民服务措施，在西大街房产交易大厅设置厅外“全年无休”自助查询区、存量房网签自助办理区、免费代办服务点、“办不成事”窗口，开通“绿色通道”2000余次，办理房源挂牌审核3.8万件，资金监管5万余件，接待办事群众60余万人次，房屋交易业务总量占全市50%。启用西安市房产交易服务大厅（浐河西路），全市“一中心、四辐射”的房产交易业务全覆盖的便民服务格局初步形成。发布商品房及二手房监测报告24期、动态信息专报9期、二手房网签情况及住宅销售价格变动情况10期。

【房屋征收】 2022年，西安市住房和城乡建设局完成《西安市国有土地上房屋征收评估报告鉴定管理办法》《西安市房地产价格评估专家委员会专家管理办法》起草工作。组建“西安市房地产价格评估专家委员会”，规范全市房屋征收评估鉴定工作，维护绝大多数被征收人的合法权益。完成《2022年度西安市国有土地上房屋征收计划》的征集，结合计划落实情况及时组织各区及开发区召开“全市国有土地上房屋征收工作推进会”，起草下发《关于进一步规范国有土地上房屋年度征收计划编制工作的通知》。对809库及周边改造项目、胡家庙粮油仓库及周边改造等11个项目进行依法征收，涉及征收户数6772户，房屋建筑面积84.29万平方米，占地面积452666.62平方米，比上年增加39.78万平方米，增幅89.4%。推广“阳光征收”信息系统，实现征收全过程网上管理、信息实时公开和自助查询，通过征收信息系统备案审核协议共6000余份，有效解决以往征迁过程中补偿标准不统一、项目推进迟缓等问题。实现和不动产登记中心信息系统联调功能，通过征收信息系统向不动产登记中心推送被征收人信息，一键注销不动产证。

【房地产市场秩序管理】 2022年，西安市住房和城乡建设局牵头做好恒大、延期交房、专项借款、自建房安全隐患排查整治、审计反映问题整改等5个市级专班工作。排查经营性自建房8.35万栋，其他类自建房97.47万栋，组织安

2022年8月2日，西安市国有土地上房屋征收工作推进会在市住建局召开
（市住建局 供图）

全鉴定2.3万栋，所有危险房屋均采取相应解危措施，经验做法获省委主要领导批示肯定。督促98个延期交房项目陆续交付42个、4.8万套住房，追回资金24.31亿元，处置资产变现项目26个、14.7亿元。“保回迁”过渡费和拆迁补偿款“双费”发放动态清零，安置房项目建设加快推进。

【房地产执法监察】 2022年，西安市组建住房和工程建设执法监察队，制定《西安市住房和工程建设执法监察队执法案卷管理办法》《西安市住房和工程建设执法监察队行政执法全过程记录办法》《西安市住房和工程建设执法监察队音像记录和文字记录衔接规定》等制度，强化内部管理，严格规范管理执法。全年查处违法项目38个，处罚金额208万余元，对处罚的项目做到事实清楚、证据确凿、裁量恰当、程序合规，无一例行政复议或上诉案件。起草并下发《西安市住房和城乡建设局关于进一步加强违法建设治理工作的通知》，全市查出68个未取得施工许可擅自施工在建项目。依据台账，累计督导检查施工项目253个（次）。 （张　睿）

2022年6月，浐灞生态区上庄公租房小区内的红色物业标识

（西安日报社　供图）

物业管理

【概况】 截至2022年年底，西安市有住宅小区8586个，其中商品房小区3122个，“三供一业”小区1740个，保障性住房小区127个，“三无小区”418个，其他小区3179个（企事业单位家属院、大中院校家属院、业主自管小区、公房小区），其中1162个成立业委会（物管会）（业委会463个、物管会699个），覆盖率13.5%。全市物业企业1551家、从业人员10万余人，推行社区物业党建联建，成立党组织的物业企业450家。

【物业服务管理】 2022年，西安市开展城市居民用电户表改造工作，至12月31日，已核销724个合表小区，并继续推进。严格落实《西安市物业服务企业及项目负责人信用信息管理办法》，向社会公布物业信用信息排名前50的企业及24家扣分低于基础分的企业名单，进一步规范物业服务企业行为。市住建局作为“物业服务管理领域整治”牵头单位，开展物业服务管理领域整治工作。市、区两级住建部门在全市物业小区开展监督检查1489次，检查小区2540个，发现问题696个，对52家物业企业项目负责人进行约谈，31家物业企业进行信用扣分，并对其中5家物业企业进行罚款，罚款金额8.2万元。

【物业服务领域工作联系机制】 2022年，西安市组建全市物业服务领域信访专班，统筹协调市级相关部门，指导属地住建部门，对群众反映的问题采取分类受理、日常督导、联合检查、事后回访的方式，一事一销号，确保群众诉求得到有效受理。市纪委监委联合市住建局、市中院共同研究制定《关于建立全市物业服务管理领域治理工作联系机制的意见》，就依法稳妥化解物业纠纷，建立调解前置程序，健全协调对接工作机制进行规定。10月18日，市中院、市住建局举办“全市物业服务管理领域治理工作联系机制协议签约仪式”，为积极推进深层次社会治理，配强法律服务力量，有效促进全市物业行业法治、健康、有序发展。工作机制建立后，市中院法官在全市物业管理业务培训会上就物业管理法律知识和案例分析进行专题讲座，为物业服务提供法律依据。

【物业行业评估标准确立】 2022年，西安市建立物业行业评估标准，培育第三方评估市场。主导申报的《物业服务质量评估技术规范》，5月完成西安市地方性标准立项，在26个物业小区进行评估试点数据采样，形成评估机制调研报告。

【维修资金的归集、使用与管理】 2022年，西安市住房和城乡建设局制定出台《西安市住宅专项维修资金专户管理办法》《西安市住宅专项维修资金专户银行考评体系及标准》《西安市住宅专项维修资金存储管理规定》，规范维修资金专户管理，提高专户管理银行服务质量。11月17日，实施维修资金网上系统分户计息工作，完成2021年度维修资金专户计息工作，业主利息分配综合收益率2.77%，比2020年度业主综合收益率提高0.16个百分点。西安市本级维修资金归集16.5亿元，归集项目2397个，归集户数14.19万户，其中通过线上交存6.49万笔，金额7.87亿元，占同期归集金额的47.71%；使用拨付1.15亿元，使用项目517个。归集维修资金257.92亿元，归集项目4608个，归集户数205.98万户；使用拨付6.95亿元，使用项目3854个。

【住宅专项维修资金电子票据推广使用】 2022年4月1日，西安市住宅专项维修资金电子票据试运行。业主通过试点银行线上和主办行网点，均可开具维修资金专用电子票据。6月20日，西安市全面启用维修资金电子票据，20家专户银行均可开具维修资金专用电子票据。全年开具住宅专项维修资金电子票据95368张，金额10.96亿元。

【“红色物业”创建】 2022年，西安市物业主管部门按照市委组织部、市民政局、市住建局联合印发的《西安市“红色物业”创建行动实施方案》，制定全市“红色物业”创建标准。全市已创建6个“红色物业”街道，90个“红色物业”企业、打造309个“红色物业”小区，推动建立基层党组织领导下社区居委会、业主委员会、物业服务企业协调运行机制，持续规范物业企业管理，提升物业从业人员服务意识。 （张　睿）

公路运输

【概况】　2022年，西安市交通重点项目完成投资167.14亿元，争取国家、省级资金15.33亿元。外环高速南段建成通车，外环高速大环线实现全线贯通。中心城区交通优化提升行动圆满收官，3年来累计打通“断头路”59条、建成次支路120条，建设公共、临时和错时共享泊车位分别为2.46万个、4.55万个、11.49万个。联合咸阳市、渭南市、铜川市、商洛市、杨凌示范区5地，创新组建“西安都市圈交通基础设施互联互通联盟”，西安交通基础设施建设步入新阶段。持续减免出租车承包费和服务费12轮、2.21亿元，疫情3年来累计减免金额达5.89亿元，减免总金额、覆盖车辆和减免时长在全国同行业中位居前列。全市有道路旅客运输经营业户104户，其中班线客运24户、旅游客运80户；营运客车4868辆，其中班线1437辆、旅游3431辆。客运等级站50个，其中一级站7个、二级站5个、三级站1个、便捷式车站37个。开通客运班线281条，其中省际线路60条、市际线路107条、县际线路9条、县内班线105条。通村线路149条，141个乡镇班车通达率100%，1746个行政村班车通达率100%。有道路货物运输经营业户2.44万户，其中普通货运2.37万户、货物专用运输业445户、大件运输147户、危险货物运输92户。载货汽车6.07万辆，其中普通货车5.69万辆、危险货车3815辆。货运站场9个，其中一级站4个、二级站3个、三级站2个。道路运输完成货运量2.62亿吨，货运周转量380.59亿吨千米。　（张佳祥　付林豪）

2022年2月28日，西安外环高速南段建成通车　（市交通局　供图）

【综合交通建设】　2022年，西安市聚焦加快建设国际性综合交通枢纽城市目标，推动交通重点项目加速实施。机场三期、西十、西康高铁3个续建项目加速推进，西安东站和西延高铁西铜段开工建设，“米”字形高铁线网主骨架全面落地。包茂高速曲江至太乙宫段改扩建项目开工建设，京昆高速改扩建工程右半幅建成通车，外环高速南段建成通车，外环高速大环线实现全线贯通，“二环十二辐射”高速路网加速形成。210国道西安过境公路、东临路、107省道鄠邑段改造提升3个市级项目顺利启动，既定开工项目全部落地，全市综合立体交通网步入加快形成新阶段。

【公路养护工程】　2022年，西安市完成42.37千米养护大中修工程、山区14处上边坡治理及新建大湾隧道工程，实施交通标志标线优化提升工程63.22千米，整治长陡坡路段13.25千米，打造二类养护应急保障中心2处，普通干线81处水毁公路修复养护工程全部完工。国省干线公路养护工程关键指标抽检合格率96.7%、一般指标抽检合格率94.2%、总体抽检合格率94.8%，环比提升3%。

【公路环境整治】　2022年，西安市集中整治提升路侧环境，加大新设备、新材料、新技术应用，全年购置并配备综合养护车、综合除雪车、电动清扫车等机械设备69台，累计配备各类养护机械510台，设备总功率1.77万千瓦。在秦岭高海拔路段采用铣刨重铺养护方案，践行全寿命周期养护新发展理念，全市普通干线公路路面质量指数PQI达到88，总体优良路率90.7%，综合质量效益评价达标路段占99%以上，公路次差路率0.8%。

【路政管理】　2022年，西安市按照“定

2022 年，周至县尚九路通过全省“十大最美农村路”初选，周至县入选全国“四好农村路”创建单位
（市交通局 供图）

路段、定人员、定责任”三定制度制定月巡查工作计划，落实“日巡查、日报告”制度，及时发现并制止涉路违法行为。巡查国省干线公路里程 7.4 万余千米，出动巡查车辆 800 余辆（次），出动执法人员 1500 余人（次）；联合多部门开展路域环境治理，整治非公路标志牌 637 块、摆摊设点 1194 处；排查桥梁安全隐患 214 座次。开展国省干线公路建筑控制区建筑物、构筑物排查行动，按照“逐户排查、一户一档、摸清底数、动态管理”原则，锁定具体位置、建设时间、占地面积等基础信息，形成 3 类 5294 户监管台账，安排专人跟踪管理。

【公路通行费收入】 2022 年，西安市公路收费中心带领各收费站严格执行收费政策，围绕扫黑除恶整治收费秩序、疫情防控阻断病毒传播等行业重点工作为突破口积极部署收费工作，超额完成全年征收任务，收费 6011 万元。严格执行节假日免收小型客车通行费、绿色通道、救灾物资车辆免费通行等国家惠民惠企政策，实实在在为群众减负，全年免收通行费 14.61 万元。

【公路治超】 2022 年，西安市召开市级超限超载联席会议 2 次，检测车辆 50 余万辆，查处超限车辆 146 辆，卸（分）载货物 5500 余吨，超限率稳定控制在 2% 以内。8 个超限检测站实现电子抓拍系统全覆盖，配合完成 1 处非现场执法系统建设前期工作。交通运输执法部门与公安交警部门建立“公路治超路警联动”“交通违法联合处置”机制，探索多部门联动执法新路径。

【农村公路】 2022 年，西安市农村公路“路长制”组织机构及运行机制领跑全省，“四好农村路”省级示范县全覆盖，全市农村公路技术状况指数 79.59、优良占比 86.8%。245 个新增国省道及农村公路灾毁重建项目和养护工程项目全部完工，“以奖代补”建设项目完成投资 2.23 亿元、完成率 195.3%，建设质量合格率 95%、关键指标合格率 96.7%。出台《西安市“四好农村路”建设考核办法》，指导周至县入选全国示范县确定创建单位，灞桥区成功创建省级示范县，涉农区（县）省级以上示范县实现全覆盖，率先在全省实现“区域示范引领”转向“全域达标提优”。农村公路“路长制”机制及运行效果领跑全省，长安区长安大道、周至县尚九路、临潼区灞临路、鄠邑区甘曹路 4 条农村公路通过全省“十大最美农村路”初选。

【运输企业安全监管】 2022 年，西安市交通运输局 84 名干部包抓“两客一危”运输企业、客运站场 123 家，公交企业 12 家，水路运输企业 8 家，对企业开展全面督导检查；完成 3445 台车辆检查，5690 名驾驶员警示教育考核，143 家企业安全评估，251 条班线线路风险路书。排查问题隐患 780 多条，立案调查企业 4 家，行政处罚 4 家，筑牢安全防线。积极推广使用“互联网 + 监管”系统，梳理更新监管事项清单 66 项。紧盯行业安全生产，构建重点营运车辆动态监管与服务体系，部署在 10 余家重点企业应用。推进交通运输“证照分离”改革，监管数据覆盖率不断提高。

【汽车维修】 2022 年，西安市有机动车维修企业 3153 家。其中，一类企业 205 家、二类企业 780 家、三类企业 2168 家。执法四大队重点对城六区整车维修企业进行质量信誉考核工作，开展汽修行业星级企业评选活动，评选出 6 家星级汽修企业。持续推进汽车维修电子健康档案工作，截至年底，全市有 1159 家各类型汽车维修企业对接电子健康档案系统，向陕西省电子健康档案系统上传维修档案数据 94 万条。在陕西省交通行业职业技能大赛汽车维修工职业技能竞赛中，2 名队员分别获得比赛第 2 名和第 5 名，1 名队员获得“优秀选手”称号，执法四大队获得“最佳组织奖”。

【驾驶员培训管理】 2022 年，西安市有驾培机构 130 家。其中，一级驾培机构 12 家、二级驾培机构 40 家、三级驾培机构 78 家。11 月 15 日，西安市交通运输局会同市公安交警部门展开驾培计时系统和考试系统对接工作，推进西安市驾驶培训监管服务平台与交警部门建设车驾管驾驶人考试报名监管系统有效衔接，对 114 家驾培机构进行质量信誉考核。积极打造“明星驾校”和西安驾培行业特色服务品牌。复核教练员数据库入库教练信息，入库教练员 2682 人，入库教练车 2714 台。加强行业督导检查，净化驾培行业市场，暂停 23 家驾培机构培训业务。

【交通宣传】 2022 年，西安市以“路政宣传月”“秦岭保护宣传周”“安全生产月”等专项活动为契机，采取线上线下联动、传统新型互动、固定流动齐动等方式，深入社区、企业、村镇、路段大力宣传路政治超法律法规、政策规定和工作动态。全年出动路政执法人员 300 人（次），巡查车辆 54 车（次），发放宣传资料 3000 余份，设立固定宣传点 10 处，LED 宣传标语 58 条，悬挂宣传横幅 20 条，宣传展板 25 块，《陕西交通报》《西安晚报》《华商报》等媒体报道 25 篇。 （付林豪）

铁路运输

【概况】 2022 年，中国铁路西安局集团有限公司管内线路覆盖陕西全省，辐射甘肃、宁夏、内蒙古、山西、河南、湖北、四川、重庆8个省、自治区、市，在全国路网中具有承东启西、连接南北的重要作用。管内有陇海、宁西、宝中、西平、宝成、西康、襄渝、阳安、包西、太中、浩吉、神大、黄韩侯、西安枢纽北环线等26条普速线路和徐兰、大西、西成、银西4条高速铁路，总营业里程6426.0千米，其中高速铁路1048.1千米。线路总延展长度1.41万千米，其中高速铁路正线2237.02千米，普速铁路正线1.14万千米。道岔9305组，其中正线道岔4024组。配属机车1395台，配属客车1677辆，配属动车133列163标准组。

【交通企业改革】 2022年，中国铁路西安局集团有限公司按照企业改革三年行动任务要求，修订集团公司决策“三重一大”事项实施细则，完善党委会、董事会、总经理办公会议事规则，分领域健全集团公司制度，加强企业治理体系和治理能力。完成房建生活一体化改革，精简机关部门管理机构，优化站段、非运输企业机构设置，管理效能不断提升。稳妥推进厂办企业改革，确保队伍稳定。实施客货兼职、货装一体等58项劳动组织改革举措，推行变配电所、给水所无人值守，整合计量化验业务，332名机车乘务员“客转货”，挖潜岗位用工898人。加大科技创新，推动10个重点科研成果转化应用，完成16个降本增效信息化项目，推广工业机器人、智能存储库等先进工装。

【运输生产】 2022年，中国铁路西安局集团有限公司货运方面，坚持挺进陕北、主攻大宗，扩大煤炭万吨重载列车，开展电煤保供专项行动，中长协履约率达到104%，完成煤炭运量2.5亿吨、比上年增长26.5%，浩吉线输送7549万吨、比上年增长95.4%。增开32个集装箱办理点、16个砂石料卸车点，集装箱运量比上年增长51%。做好货运业务集中办理，依托95306系统升级，成立货运服务中心，货运改革稳步推进。服务共建“一带一路”高质量发展，改造提升西安国际港站集结能力，全年开行中欧班列4639列，比上年增长21%，全面提升运输效率，对16条线路实施货车提速至时速90千米，优化调整车流径路，实施编组站区域互保，贯通机车交路7条，优化乘务交路8条，完成旅速48.9千米、比上年提高7.9%。客运方面，坚持“保防疫、保稳定、快反应、控支出”，灵活应对市场变化，精准实施“一日一图”，“点对点”开行学生专列、务工专列、定制服务列车，完成客运发送量4868万人。对接市场需求，扩大动集开行范围，增开达州、靖边等方向动集，“复兴号”动集动车组加密开行至10个地市91个区（县）。改造提升6个客运站房，升级7对公益性“慢火车”，开展机车、客车文明化整治，推行定期票、计次票等新型票制，旅客出行体验持续改善。全年完成运输总收入650.77亿元、比上年增长15.3%；完成货物发送量3.41亿吨、比上年增长26.8%，货运收入585.94亿元、比上年增长25.7%。

【铁路建设】 2022年，中国铁路西安局集团有限公司把项目制管理贯穿建设全过程，统筹基建、技改、大修投资，确定扩能提质重点项目1320项，全部落地见效，其中西安东、安康车辆段检修流程再造等476项技改，隧道病害整治、站场设备设施等844项大修，按期竣工投用。同步推进路网功能补强建设，西安站改配套设施、工程克缺全部完成，咸铜、梅七电化改造竣工开通，西户铁路改造提升顺利实施。深度介入西延、西康、西十新建高铁，西安东站、西延高铁西铜段、康渝高铁陕西段开工，延榆鄂高铁前期工作取得积极进展，陕西“米”字形高铁逐步成型，“十四五”规划重点项目高效推进。主动对接政府、企业，建成22条专用线、形成4946万吨能力，改造14个货场、扩充堆场能力268%。全年完成固定资产投资202.9亿元，其中基本建设投资147亿元、技改项目投资17.4亿元、大修项目投资38.5亿元。

陇海线第一阶段集中修施工 2月26日，陇海线第一阶段集中修施工（含枢纽北环线）全面展开，4月6日结束。工务系统安排25支队伍参与施工，安排40个天窗，完成陇海线正线线路清筛136.066千米、更换轨枕8.976千米、铺设无缝线路62.077千米、更换道岔68组、道岔清筛63组，北环线线路清筛17.086千米、更换道岔18组。

西康高铁全线首孔箱梁浇筑完成 3月29日，西康高铁铁铜沟1号特大桥10—11跨32米现浇简支箱梁完成浇筑。这是西康高铁全线完成浇筑的首孔箱梁。该桥位于秦岭南麓低中山峡谷区，为跨越铁铜沟，连接燕子坡隧道和白家凹隧道而设计，全长567米，孔跨式样为17孔32米简支箱梁，箱梁设计为单箱单室、等高结构，跨度为32.6米，中心梁高3.035米，梁顶宽12.6米，箱梁底宽5.5米，设计混凝土方量为316.1立方米，均采用支架现浇法浇筑。

西十高铁陕西段主体工程施工 3月31日，西十高铁陕西段漫川关福银高速立交特大桥32号墩边跨支架1号桩基灌注完成，西十高铁陕西段正式进入主体工程施工阶段。该特大桥连接天竺山三号隧道和漫川关车站，全长1423米，共有桩基1203根。主跨采用56米三线连续梁跨越福银高速公路，桥梁所处地形复杂，多数桥墩高度均在30米以上，最大墩高76米，是全线重点工程之一。西安至十堰高速铁路是陕西“米”字形高

2022年2月26日，陇海线集中修更换轨枕　　（韩二飞　摄影）

铁网中重要一“捺”，途经西安、商洛、十堰三市，接入已建成的武汉至十堰高铁。新建正线长255.7千米，设计速度为350千米/小时，计划于2026年开通运营。其中陕西段总长169千米，沿途设西安东、蓝田、商洛西、山阳、漫川关5站。西十高铁开通后，西安至十堰实现1小时到达，西安至武汉铁路运行时间由5小时缩短至2.5小时左右。

西安南站机备线货场正式开通 4月2日，西安南站机备线货场正式开通。为满足砂石骨料运输需求，集团公司将西安南站闲置的机务折返段线路改造为装卸车基地，在原机务折返所新建2条尽头式装车线。线路改造后，机1线240米，有效货位13车；机2线260米，有效货位15车；货台196米，日卸车能力50车100箱，年到卸110万吨。西安南站砂石骨料战略基地的建成，对促进集团公司货运增量及以货补客具有深远意义。

包西线集中修施工完成 5月9日，包西线集中修施工完成。延安工务段共投入机械车70余台，更换长轨38.14千米、更换道岔岔芯40组、线路大机捣固360.83千米、钢轨大机打磨220千米、道岔大机打磨105组、更换轨枕1333根。补充石砟2.68万立方米、更换大胶垫3.87万块、焊缝打磨226处、轨距精调29.489千米、隧道病害整治21座、更换桥梁步行板2440块。

西康、宝中两线集中修 7月8日至8月6日，西康、宝中两线集中修全面开工。西康线集中修完成线路机捣104.95千米、更换桥枕13000余根、清挖翻浆400余孔、隧道衬砌挂网喷浆5座。宝中线集中修完成铺设无缝线路32.7千米、线路大机捣固136千米、更换钢轨11.4千米、道岔大机捣固92组、道岔清筛20组、钢轨打磨93.1千米、配置轨枕3120根、线路成段改道4.333千米、曲线拨移4条。

西户铁路改造提升项目全线拉通 9月30日，西户铁路改造提升项目全线拉通。7月正式开工建设，70天完成阿房宫南、马王、五竹、户县4个车站的站房建设和26.3千米的线路换枕、换轨以及线路拉通工作。对全线30余处平交道口采取上跨公路桥、下穿立交涵洞的方式进行改造，增设8处下穿立交涵洞、人行天桥，确保铁路行车和村民出行安全。拆迁房屋3.8万平方米，美化西户铁路站房及沿线周边环境。

2022年12月15日，西安东站开工建设，图为施工现场　　（贾智炜　摄影）

高铁信号设备安全专项整治全面完成 10月10日，集团公司高铁信号设备安全专项整治施工全面完成，涉及集团公司管内徐兰、大西、西成、银西4条高铁75个站场。利用60个施工天窗，出动700余人（次），完成46套列控软件仿真，18组大号码道岔报文修改，8站52个股道分割和双端发码功能改造，将1260个无绝缘轨道电路调谐区纳入区间占用检查，为16个站增加CTC发车进路预告功能。

西安东站开工建设 12月15日，西安东站建设进入正式施工阶段。该站位于西安高铁东城中央商务办公核心区，是集高铁、普铁、地铁、公交于一体的特大型综合交通枢纽，车场总规模13台27线，其中西渝高速场5台9线，西武高速场4台8线，西康普速场4台10线，预留城际场，还配套设置动车运用所、走行线、普速存车场等设备设施。建筑总规模为39.4万平方米，其中站房10万平方米。站内引入西安地铁5号线、12号线、15号线、21号线4条城市轨道交通线路，与西安市绕城高速、三环快速路、210国道等主要交通通道衔接。

【安全管理】 2022年，中国铁路西安局集团有限公司投入安全生产费10.58亿元，实施122项工程化整治任务，消除安全风险隐患。开展春秋检和集中修，组织线路清筛608千米、更换钢轨584千米，推进35处小半径曲线和70条客车径路无缝化改造，电务联锁换装85站，打造8条标准线、151个标准化站场。坚持变防为治、源头治理，刷方减载800万立方米、接长明洞27座，消除279个防洪点，实施65项防洪预抢工程和260处水害复旧，成功应对21轮强降雨考验。路地联动治理安全环境，栽设封闭网、限高架、轨枕墙，拆除道口26个，消除封闭网口221个，公铁并行防护设施、公跨铁桥梁全部移交，时速120千米以上线路实现全封闭。未发生高铁和旅客列车一般C类及以上责任事故，行车事故、设备故障和路外伤亡事故比上年分别下降54%、31%、45%，水害数量下降66%，实现第18个安全年。

【节假日旅客运输】 2022年，中国铁路西安局集团有限公司加强运力保障，积极做好节假日旅客运输。

春节旅客运输 1月7日至2月15日，完成为期40天的春运工作，发送旅客1159.3万人（次），比上年增运379.9万人（次），增长48.7%，恢复至2019年的83.6%，其中10天单日发送超过35万人（次），高铁旅客发送量超2019年同期水平。为满足旅客的多元化出行需求，集团公司开行西安至秦岭定制服务列车。春运期间，开行西安至华山、延安、华州、韩城、柞水等6个方向定制服务列车22列。

“五一”假期运输 4月28日至5月5日，发送旅客117.6万人（次）。其中4月30日发送旅客22.7万人（次）；货物发送量完成50.1万吨，比上年增长25.4%；运输收入完成14.7亿元，比上年增长1.3%。5月2日分界口交接车1107列、5月3日分界口交换车570列，均创新高；新丰镇车站5月3日办理车38339辆，刷新历史纪录。集团公司灵活掌握省内外各地疫情政策和客流变化，坚持“以变应变、以快制快”，及时调整直通、管内运力供给，严格执行“一日一图”，动态优化列车开行，满足旅客出行需求。管内各客运站严格落实属地化疫情防控要求，把好进站、上车、出站三道关口，做好售票厅、候车室等场所消杀工作。

暑期铁路旅客运输　7月1日至8月31日，公司完成为期62天的铁路暑运，发送旅客1321.5万人（次），日均发送21.3万人（次），完成旅客票价收入18亿元。其中，直通发送556.1万人（次）；管内发送765.4万人（次）；高铁线路发送893.9万人（次）；普速线路发送427.6万人（次）。精心服务保障省运会，完成222批次、3万余名涉赛人员运输任务。定制服务列车开行52列，创收617.8万元。针对7月下旬至8月上旬疫情控制较好、客流逐步恢复的情况，充分调动西宝、西汉、西康、西榆等方向运力，重联11对客流较好的直通动车组，加开成都方向高峰线1对、西宝高峰线11对、大荔高峰线5对。对客流较好的陕北方向，在6对动集动车组重联开行的基础上，增开动集动车组高峰线2对、普速高峰线1对。

国庆假期运输　9月28日至10月8日，集团公司狠抓安全，强力保通保畅，持续挖潜提效，实现多项运输生产指标创新高。旅客发送量完成183.4万人（次）；货物发送量完成1109.2万吨，日均装车15971车，10月1日至7日连续刷新装车纪录，10月7日装车16431车，再创新高。紧盯西安站、西安北站、宝鸡站、汉中站等客运站作业环节，加强乘降组织，确保旅客列车安全正点。加强与国铁集团及相邻局集团公司对接，合理运用分界站通过能力，保证车流输送进度和机车接续到位，分界口日均交接1100.9列，比上年增加396.2列，增长56.2%。

【首趟越南河内中欧班列开行】　2022年8月23日，装载41车石棉的货运班列从西安国际港站驶出，向南经广西凭祥口岸出境，最终抵达越南首都河内，这是陕西开往越南的首趟中欧班列。该班列由中铁集装箱运输有限责任公司所属的中铁国际多式联运有限公司与西安自贸港建设运营有限公司共同合作开行，全程2384千米。（张宏学）

【西户铁路改造提升项目竣工投运】　2022年11月1日，西户铁路改造提升项目竣工通车。该项目作为陕西省首条市域（郊）铁路改造示范项目，北起阿房宫南站，与地铁5号线阿房宫南站接驳，向南止于户县站，共设阿房宫南、昆明池、五竹站，户县站、马王站5座车站，全长25.63千米。建设期间坚持“花小钱、办大事”理念，重点对沿线轨道工程、路基、电力、通信、信号等实施整治提升。作为积极响应国务院《关于推动都市圈市域（郊）铁路加快发展的意见》、合理利用铁路富余运能对老旧铁路改造提升实现公交化开行客运列车的示范性工程，西户铁路运营初期单日开行客车8对，单程运行时间25分钟，最小行车间隔1小时10分钟，客运票价采用与西安地铁“同网同价”模式。截至年底，运送乘客12.1万人（次），单日最高客流达5835人（次），增强鄠邑区、西咸新区与中心城区的联系，实现客货两用功能。（彭启昕）

【防洪防灾综合管理平台研发成功】　2022年2月，经中国铁路西安局集团有限公司工务部综合验收，陕西国铁科技研发公司自主研发的铁路防洪防灾综合管理平台经过全面测试，将在全路正式推广使用。该平台是在完善提升原有铁路监控系统的基础上，通过引入新技术、新架构，搭建起拥有GNSS北斗监测系统、泥位监测系统、渗压监测系统、雨量监测单元、土壤水分监测单元、拉线式位移监测单元、高清视频监控单元共7个子项目的综合应用平台。本项目根据各防洪区域可能发生的洪灾性质，采用国内先进的多种监测监控技术和设备，对滑坡、泥石流、水害等洪涝灾害进行实时监测和及时报警。经过多年研发改进及试运营，该平台受到行业内客户一致好评，在安康、宝鸡、汉中等多个工务段推广应用。陕西国铁科技研发公司已与各单位签署959万元的合作项目。（张宏学）

航空运输

【概况】　2022年，西安咸阳国际机场完成航班12.5万架（次）、旅客1355.8万人（次），货邮20.6万吨，分别恢复至2019年的36.2%、28.7%和54.0%。在年初停航1个多月的情况下，旅客量排名从全国第57追至第9，5—8月，连续单月排名全国第6。春运期间（1月17日至2月25日），西安咸阳国际机场起降航班1.13万架（次）、运送旅客128.9万人（次），运输货邮1.7万吨。“五一”期间（4月30日至5月4日），西安咸阳国际机场起降航班1088架次、运送旅客10.1万人（次），运输货邮1708吨。国庆期间（10月1—7日），西安咸阳国际机场起降航班2627架（次）、运送旅客28.6万人（次），运输货邮3205吨。

【机场建设】　2022年，西安咸阳国际机场全力推进各项建设工程。

西安咸阳国际机场三期扩建工程　航站区工程：航站楼主楼4月30日冲出“正负零”、6月29日混凝土主体结构封顶、9月23日T5航站楼首根金属屋盖钢结构完成吊装、GTC及轨道预留项目冲出“正负零”；北三、南一、南

2022年11月22日，西安咸阳国际机场三期扩建工程国际飞行区北二跑道顺利贯通（民航西北地区管理局　供图）

二、南三指廊主体结构完工；信息中心、能源站锅炉房、东货运库国际、国内货站主体结构封顶。飞行区工程：北二跑道顺利贯通，东西货运机坪通过行业验收，飞行区工程 J2、J3 临时联络道第一阶段和 E、F 滑行道不停航施工完成，南道口主体结构完成。配套工程：2 号制冷站改造提前完工，南工作区公安、联检用房顺利封顶，西货运国内货站主体结构完工，2 号 110 千伏变电站实现带电试运行。截至年底，航站区、飞行区、配套工程累计完成总工程量的 38.5%、33.3%、29.2%，完成投资 203.6 亿元。

西安咸阳国际机场三期轨道预留工程 完成南北咽喉段主体施工，咽喉区回填完成总工程量 31%，城际、高铁仰拱及衬砌施工完成总工程量 95%，车站主体已基本完成，完成投资 8.95 亿元。

西安咸阳国际机场三期扩建雨水外排工程 主要开展顶管及井体结构等施工，顶管累计完成 4600 米，完成总工程量 63%；井体完成 10 座，剩余 2 座正在施工，累计完成总工程量 93%。累计投资 4.95 亿元。

西港服务园区 开展桩基及主体结构等施工，受天气等因素影响，土方及桩基工程略有滞后，桩基累计完成 297 根，完成总工程量 35.9%，累计完成投资 2.48 亿元。

【航线运营】 2022 年，西安咸阳国际机场运营航线 317 条，通达航点 194 个，其中国内通航点 169 个，航线 292 条，国内通达性排名全国第 1；国际通航点 25 个、航线 25 条，国际（地区）航线完成航班 0.2 万架（次）、旅客量 4.2 万人（次）、货邮 5.6 万吨。

【民航空中管理优化】 2022 年，西北空管局全区保障各类飞行 151 万余架（次），比上年减少 61.98%，航班正常率 93.98%，比上年上升 6.1%。完成冬（残）奥会、C919 试飞、二十大等各项重大保障任务。完成兰州、西安管制区优化调整，空域资源进一步改善。推进西安、兰州、西宁机场扩建空管工程及 7 部雷达等重点项目的施工建设。通过自主设计大数据“红船模型”及航班唯一标识计算规则，开展语音识别引擎应用测试，完成图形化航行通告系统云化部署，初步构建空管数据应用体系，扎实推进“运行一盘棋、安全一张网、指挥一块屏、运维一平台、数据一个湖、全局一理念”的智慧空管建设理念。

【安全监管】 2022 年，民航西北地区管理局及各监管局全年在民航行业监管执法信息系统和机场安全监管系统中制定年度行政检查计划 7420 次，实施日常行政检查 9408 次，临时性检查 2021 次，下发整改通知书 1992 份，实施行政处罚 26 起，行政约见 11 起。

【西部机场集团】 2022 年，西部机场集团有限公司管辖陕甘宁青四省（区）21 个机场，形成以西安咸阳国际机场为核心，银川、西宁机场为两翼，14 个支线和 4 个通用机场为支撑的机场集群。集团围绕航空主业布局业务链、延伸价值链，涉及航空物流、酒店餐饮、广告媒体、信息技术、免税经营等多个领域，形成多元化、板块化、规模化协同发展格局。集团下属全资及控股企业 42 户，总资产 516 亿元，员工 1.8 万人。完成航班 21.7 万架（次）、旅客 2189.7 万人（次）、货邮 25.3 万吨，分别恢复至 2019 年的 39.5%、31.0% 和 50.4%。春运期间（1 月 17 日至 2 月 25 日），集团各机场保障航班 2.6 万架（次）、旅客 262.2 万人（次）、货邮 2.5 万吨；“五一”期间（4 月 30 日至 5 月 4 日），集团各机场保障航班 1809 架（次）、旅客 15.8 万人（次）、货邮 2514 吨；国庆期间（10 月 1—7 日），集团各机场保障航班 3423 架（次）、旅客 34.9 万人（次）、货邮 3999 吨。全年安全生产形势保持平稳，圆满完成党的二十大安保及重要专包机保障任务 63 架（次），未发生安全责任事故，顺利实现第 19 个航空安全年。创新机场生产运行工作模式，建设应用值班日志系统，上线西安咸阳国际机场地勤 GOCS 航班运行决策系统、支线机场航班管理及运行调度系统等，提高航班保障的智能化水平。

【西安咸阳国际机场】 2022 年，西安咸阳国际机场股权优化完成。3 月 31 日，西安咸阳国际机场公司召开股东大会，一致同意中国航空机场投资有限公司、法兰克福机场集团（亚洲）有限公司通过公开挂牌、签署股权转让协议等方式对外转让各自所持的西安咸阳国际机场股份。西安咸阳国际机场由中外合资的股份有限公司变更为国有全资股份有限公司。6 月，西安咸阳国际机场三期扩建工程口岸项目可行性研究报告获得陕西省发改委批复。新开通全货运航线 4 条。

西安—大阪全货运航线开通 3 月 28 日，一架满载着 47 吨货物的波音 B767-300F 全货机自西安咸阳国际机场飞往日本大阪关西机场，标志着西安至大阪全货运航线正式开通。西安—大阪全货运航线由顺丰航空执飞，每周计划两班。去程货物主要为防疫物资、跨境电商包裹；返程货物以食用水生动物、集成电路为主，全年货量达 5000 吨左右。

西安—阿拉木图全货运航线开通 6 月 5 日，一架满载 50 吨高附加值货物的全货机自西安机场直飞阿拉木图国际机场，标志着西安至阿拉木图全货运航线顺利开通。西安—阿拉木图航线由顺丰航空执飞，计划每周 1 班，预计全年运输国际货邮达 1500 吨左右。西安至阿拉木图航线的开通促进陕西与中亚地区双边贸易，拓宽中哈两国空中贸易通道，促进“一带一路”共建国家的经贸往来、

2022 年 3 月 31 日，西安咸阳国际机场股份有限公司股份转让协议在西安签署
（民航西北地区管理局　供图）

为区域发展注入新动能。

西安—塔什干全货运航线开通　6月24日，一架满载着21.5吨高附加值货物的B757—200飞机从西安咸阳国际机场飞往塔什干，标志着西安至塔什干全货运航线正式开通。本条全货运航线由土耳其航空与圆通航空合作运营，运输货物主要为跨境电商和电子产品等高附加值货物，每周执行4班。借助土耳其航空在塔什干机场运力优势，打造“西安—塔什干”全货运航线后程向欧洲、中东、北非等地区的洲际接续格局，并形成联程全球能力，对畅通“一带一路”沿线主要经济城市贸易流通具有积极意义。

西安—圣彼得堡全货运航线开通　6月29日下午，一架搭载29吨手机、移动终端设备等高附加值产品的全货运飞机从西安咸阳国际机场飞往6000千米外的俄罗斯圣彼得堡。将进一步拓宽中西部地区与俄罗斯经贸往来，增强西安国际航空枢纽辐射能力。

2022年6月29日，一架搭载29吨手机、移动终端设备等产品的全货运飞机从西安咸阳国际机场飞往俄罗斯圣彼得堡　（西咸新区管委会　供图）

【东航西北分公司】　2022年，东航西北分公司完成运输总周转量5.58亿吨千米，国内航线完成运输总周转量5.38亿吨千米，旅客运输量374.5万人（次）；国际航线完成运输总周转量1914.71万吨千米，旅客运输量0.6万人（次）；港澳地区航线完成运输总周转量70.68万吨千米，旅客运输量0.5万人（次）。调离飞机15架，调入飞机3架，新引进飞机12架，调入和新引进飞机均为A320neo机型，新开通西安—天津等航线。完成高校学生返乡包机，援吉林、上海、西藏医疗包机和全国两会代表保障等重大航空运输保障任务。3月20日，完成MU2271西安—长春陕西省赴吉林省支援医疗队一行265人和1117件/1.43万千克物资医疗运输包机保障任务。4月3日，完成MU7130西安—上海援沪一行179人包机保障任务。8月15—16日，完成运输310名医护人员，868件/1.1万千克行李及医疗物资赴西藏抗击疫情保障任务。

【长安航空】　截至2022年年底，长安航空有限责任公司以西安为枢纽累计开通航线126条，通航城市76座，累计运输旅客1226.75万人（次）。全年飞行7898架（次），飞行逾1.63万小时，旅客运输量87.95万人（次）。多次高质量完成重大运输保障任务，5月执行陕西援沪医疗队返陕包机（运输178名医疗队员）；8月执行陕西援琼医疗队往返包机（运输1569名医疗队员）等任务；疫情防控期间累计完成陕西省重大运输保障任务、复工复产人员、返乡大学生、滞留旅客等61班包机任务。11月16日，长安航空保障国际分流航班突破300架（次），保障旅客近4万人（次）、行李近6.3万件，占西安咸阳国际机场国际分流航班保障总量的40%。全年新开航线13条。详见表40。

表40　2022年长安航空新开航线表

时间	航线明细
2021/22冬航季	贵阳—海口、贵阳—厦门、贵阳—福州、贵阳—杭州、三亚—成都
2022夏航季	西安—南昌—宁波、北海—郑州、西安—库尔勒—喀什、西安—玉林—海口、长沙—天津、西安—长春
2022/23冬航季	长沙—济南、西安—阿勒泰

【幸福航空】　截至2022年年底，幸福航空有限责任公司拥有25架“新舟60”飞机，5架波音737-800飞机，共执飞航线32条、航点30个。全年安全运行1.29万小时，起落7407架（次）。计划航班7561班，承运旅客57.27万人（次），正常航班6762班，航班正常率89.43%。幸福航空自贸保税大厦新AOC启动试运行，AOC航班监控系统正式启用，自主研发的生产运行网正式上线运行。幸福航空新官网正式上线，集客票预订、航班状态查询、产品销售、服务保障等功能于一体。7月14日至8月10日，由国产“新舟60”客机执飞的JR1595航班（阿勒泰—喀纳斯），共执行10次阿勒泰机场疫情防控物资的转运包机任务，运输防疫物资2424千克。

【西北国际货航】　2022年，西北国际货运航空有限公司开通西安—上海浦东、石家庄—杭州、西安—广州、西安—曼谷4条航线。全年执行航班866班，安全飞行2028小时，货运量1.2万吨，主要承运快件、电商货物、集电设备、农产品等货物。全年实现收入1.32亿元（含航线补贴）。5月5日，维修部顺利完成B757飞机引进以来首次1A检。8月，民航西北地区管理局批准通过公司新版“维修许可证”并颁发证书。8月29日，公司B2869飞机从西安咸阳国际机场起飞，首次在泰国曼谷素旺那普机场平安降落，标志着公司国际运行正式启动。11月21日，公司顺利取得西北辖区首家121部航空公司国际运行资质。

【中飞通航】　截至2022年年底，中飞通用航空有限责任公司运营飞机近40架，包括ARJ21、新舟60、B300、赛斯纳560XL、赛斯纳550、运12、赛斯纳208、小鹰700/500、R44、AC311A等多种机型。全年安全飞行3212：46小时/2232架次。其中，公司运营飞机飞行2012：21小时/1152架次；租机飞行1200：25小时/1080架次。7月27日，公司接到陕西丹凤县应急救援申请，使用一架直升机支援受灾人员转移工作，共飞行2：48小时/23架次，救援42人。

（刘秋雅）

邮政·快递

【概况】 2022年，西安市邮政行业寄递业务量10.37亿件，比上年增长1.73%。其中，快递业务量7.77亿件，下降1.29%；邮政寄递服务业务量2.6亿件，增长11.95%；邮政行业业务收入138.63亿元（不含邮政储蓄银行直接营业收入），增长36.57%。快递业务收入84.97亿元，增长0.94%；邮政寄递服务业务收入3.28亿元，与上年基本持平。全市快递投递量12.28亿件，增长3.06%，日均投递量336.34万件，日均业务量212.80万件，日均收投量合计549.14万件。全市进口邮件1.52亿件（袋），日均进口41.64万件（袋），最高峰值日进口72万件（袋）；出口邮件7828.34万件（袋），日均出口邮件21.45万件（袋），最高峰值日出口45万件（袋）。旺季服务期间，最大滚存量为20余万件（袋）。详见表41。

表41　2022年西安市邮政行业发展情况一览表

指标名称	单　位	2022年12月		同比增长率/%	
		累计	当月	累计	当月
一、邮政行业寄递业务量	万件	103712.30	9545.38	1.73	21.84
1. 快递业务	万件	77670.24	7017.46	-1.29	22.43
其中：同城	万件	19889.79	1621.72	-17.49	1.28
异地	万件	57629.87	5381.59	6.09	30.85
国际/港澳台	万件	150.57	14.16	-41.45	-20.99
2. 邮政寄递服务	万件	26042.07	2527.92	11.95	20.23
二、邮政行业业务收入	亿元	138.63	12.91	36.57	71.97
其中：快递业务	亿元	84.97	8.03	0.94	28.40
邮政寄递服务	亿元	3.28	0.36	-3.14	33.92

说明：邮政行业业务收入中未包括邮政储蓄银行直接营业收入

【邮政网点建设】 2022年，西安市设有邮政普通服务局、所306个，其中区（县）级及以上城市网点163个，乡、镇及乡镇以下网点143个（含2015年空白乡镇补建网点38个）。全市设有邮件代投点4516个，其中自提点660个，代投点3856个，覆盖1740个行政村。全市区域内城区、农村地区邮政普遍服务平均服务半径分别为2.49千米、6.58千米。

【邮政普遍服务】 2022年，西安市邮政管理局全年办理行政审批（含备案）事件99件。全市设置邮政普遍服务投递段道数量756条，农村投递段道308条，其中汽车投递段道19条，其余289条农村段道以电动三轮车为主要运输工具。建制村投递打卡比率98.59%，指导监督员检查邮政及快递网点433处，走访用户194人（次），全年执法检查出动537人（次）、检查189个网点。其中出动67人（次）、监督检查邮票发行网点135处。核对和完善建制村306个普服网点信息，组织“扫黄打非”执法检查132人（次），检查邮政企业71人（次）、快递企业61人（次）、邮政快递收寄场所67处、接办目录5个。组织2轮机要通信专项检查，覆盖全市9个机要网点。指导企业有效提升实名收寄率，无信息邮件下降比例超93%，邮政企业日均实名率99.5%以上。邮政营业网点电子化运行率100%，38个空白乡镇网点全部按要求开办业务，营业服务达标率100%，网点营业时长达标率100%，营业网点落实收寄验视和实名制度收寄率100%，未出现违规收寄问题和收寄安全事故，平信丢损率低于0.9‰，给据邮件丢损率低于0.09‰，城市外勤关键节点扫描率、建制村投递频次实际打卡率累计99%以上，党报党刊县（区）级以上当日见报，建制村保持正常通邮。

【邮政综合服务】 2022年，西安市邮政管理局持续推动邮政综合服务平台建设，提升“互联网+政务”水平。在警邮合作方面，办理交通警察管理部门70个网点快递收寄业务7325笔，实现业务收入18.87万元。警医邮合作方面，在市区电子城、方新村、韩森路3个邮政网点铺设“自助体检机”，实现更换驾驶证业务一站式办理，属省内首例，警医邮驾驶员自助体检办理业务2144笔。税邮合作方面，邮政企业进驻各地办税大厅，办理寄递税务资料、增值税发票、涉税凭证资料等多项业务，实现寄送快递5.90万件，收入53.19万元。政邮合作方面，邮政企业进驻全市24个政务大厅，业务实现“线上+窗口”办理，重点完成线上平台对接及“信报箱”业务，全面辅助线下邮寄业务，全年寄递票据证明类业务8.61万件，收入94.47万元。

【快递业务发展】 2022年，西安市取得快递业务经营许可证企业115家，备案分支机构45家、网点4721个，末端营业网点8877个，快递行业从业人员约2.3万人。同城快递1.99亿件、异地快递5.76亿件、国际/港澳台150.57万件，比上年分别增长-17.49%、6.09%、-41.45%，分别占比全部快递业务量25.61%、74.20%、0.19%，比重分别上升-5.03%、5.16%、-0.14%，业务收入分别占比全部快递业务收入15.36%、50.45%、5.77%。备案运营智能快件箱4156组，智能快件箱投递快件9210.8万件，占比全部投递快件7.5%。快递分拨中心日均处理量10万件以上11个，快递企业共配备全自动分拣设备25条，快递末端配送车辆1.44万台，快递运输服务汽车2882辆，计算机1.21万台，手持终端1.44万台。

【快递行业管理】 2022年，西安市相继出台《关于一刻钟便民生活圈试点城市建设实施方案的通知》《西安市加快推进农村寄递物流体系建设实施方案》《关于做好基层快递网点参加工伤保险工作的通知》等文件，进一步促进邮政快递业健康发展。市邮政局落实国家助企纾困措施及政策，指导寄递企业及时享受减税降费政策红利，寄递企业减税降费金额1亿元。加强邮政快递市场监管，下发责令改正通知书36份，行政约谈9次，立案行政处罚12笔，处罚金额35.8万元。受理快递业务经营许可申请实地核查法人企业18家，办理25家分支机构变更、作废，审核快递末端备案及撤销申请2662家。受理“12345”市民热线投诉工单5.83万件，办结率100%；受理12305申诉工单4147件，办结率100%。

2022年8月12日，西安国际邮件互换局暨中国（西安）邮政跨境电商产业园建成揭牌仪式在西咸新区空港新城举行 （西咸新区管委会 供图）

【物流园区建设】 2022年，西安市持续推进跨境电商及快递物流产业园建设。8月，西安国际邮件互换局暨中国（西安）邮政跨境电商产业园在西咸新区空港新城建成投产运营，标志着陕西省首个国际邮件、商业快件、跨境电商“三关合一”的海关监管场地正式建成启用，预计年均通关业务量2000万余件，进出境货邮吞吐量5000余吨，服务各类跨境电商和贸易企业100家以上。11月，京东物流“亚洲一号”西安智能产业园2期正式启动运营，具备日均分拣包裹140万件、最高240万件的能力，实现陕西省域内95%京东自营订单当日或次日送达，市域乡镇及行政村京东快递服务覆盖率100%。圆通快递西北分拨处理中心（圆通航空智慧供应链中心）项目和申通快递西安分拨处理中心项目，分别计划投资3亿元和2亿元扩建增产。

【邮政企业与快递公司互惠合作】 2022年，西安市邮政企业与民营快递公司形成集收寄、处理、运输、投递于一体的“邮快合作体系”，临潼区、周至县和蓝田县3家邮政分公司，利用邮政普遍服务营业场所、生产处理场地、邮运、投递网络及自提点建设，依靠“两中心一站点”（县级中心+乡镇中心+村级综合便民服务站）边远山区运营优势，延伸三级物流运输路线。代投快递10万余件，比上年增长300%。扩建鄠邑区、临潼区、阎良区、周至县、高陵区马家湾等5处仓储配送场地，扩建面积3500平方米。依托邮政支局（所）和电商仓配点，建成140个乡镇中心。建成农村邮政综合服务站1181个，行政建制村覆盖率84.75%，代投业务加载率85%以上。培育“一市一品”农特产品进城项目2个，农产品销售额16.86亿元，农特产品业务服务乡镇41个、服务农户4890户。

【快递行业重大风险防范】 2022年，西安市邮政管理局围绕防范化解风险隐患，遏制重特大事故，强化源头治理，紧扣邮件快件处理场所安全管理规范化。完成邮政快递业生产作业场所安全风险排查整治、邮政快递业个人信息安全治理、党的二十大寄递安保等重点工作。加大快递市场清理整顿、安全风险排查、消费者投诉申诉处理等力度，建立健全政府、企业、网点、员工四级安全责任体系，发挥部门联合执法检查合力，全面落实快递企业收寄验视制度，快件实名收寄率稳定保持在99.5%以上，所有法人快递企业和分拨中心安检机全部配备到位，基本实现航空和高铁邮件快件寄往重点地区、重点部位、重大活动所在地，以及国际/港澳台地区过机安检100%全覆盖。快递企业完成传送带连接

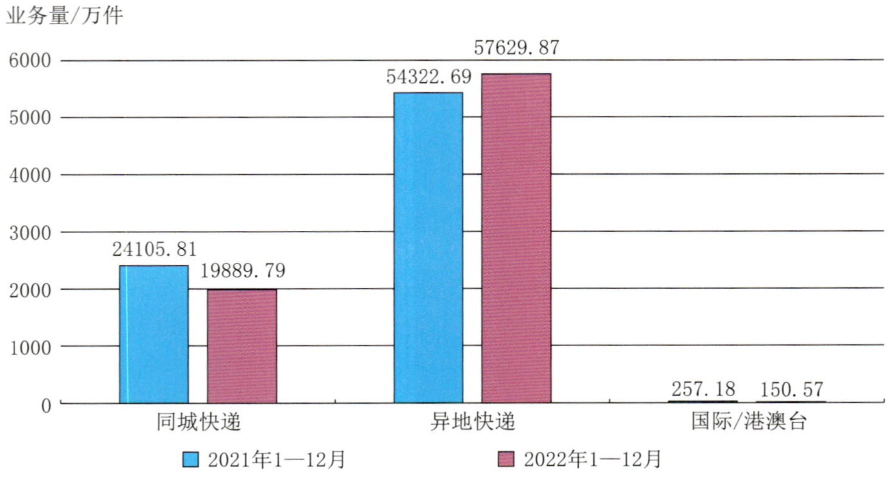

2021—2022年西安市分专业快递业务量累计比较图

2022年8月，小寨电信营业厅爱心驿站，工作人员教老年人使用手机
（市邮政管理局 供图）

处堵缝22处，加装隔离设施6处，增添安全警示标识11处，人车分流改造3处。组织开展邮政快递领域个人信息安全治理专项行动，联合市检察院查办利用个人信息违法犯罪活动，办理泄露个人信息案件1起。

【快递员权益保障】 2022年，西安市邮政管理局根据《关于做好快递员群体合法权益保障工作的意见》精神，争取市级专项财政资金335.4万元。引导邮政快递企业加大培训力度，相关企业组织快递员技能提升培训7141人（次）。联合市总工会、市邮政业安全发展中心、市邮政快递业工会联合会、市快递行业协会，先后组织走访慰问活动20余次，投入慰问物资和资金超21万元，设立快递员爱心驿站、关爱站等服务阵地81处。组织快递员免费体检和义诊覆盖1.4万人（次），先后为1000余名快递员开展上门体检服务，定期免费为全市快递员开展法律咨询和心理健康服务。推动建立快递行业职工医疗互助保障计划，鼓励企业为快递员建立多层次保障体系，1550人纳入职工互助保障计划。联合市人社局等单位成立工作专班，合力督促企业为快递员办理工伤保险，全市参加社会保险人员突破2万人，优先参加工伤保险快递员5652人，实现快递从业人员保险全覆盖目标。推动快递电动三轮车“亮尾靓箱”工作，美化靓化快递电动三轮车1000辆。在快递企业中推广“一盔一带”安全守护行动，全面提升快递员群体的获得感、幸福感和安全感。

【快递行业绿色发展】 2022年，西安市邮政管理局联合陕西省标准化研究院、西安外事学院物流学院等12家单位（公司）起草制定《西安市快递绿色包装技术规范》。全市寄递企业采购使用符合标准包装材料比例98.7%，规范包装操作比例96.29%，使用可循环快递箱（盒）9.2万个，回收复用瓦楞纸箱数量1479.67万个。抽样检查品牌寄递企业总部和营业网点12家，现场检查和封存检测样品70份、包装袋1050个。

2022年9月16日，中欧班列“长安号”国际运邮专线首发仪式在西安国际港站举行
（国际港务区管委会 供图）

【快递业“两进一出”工程推进】 2022年，西安市邮政管理局成立农村寄递物流体系建设工作专班，引导快递企业加强与电信企业、电子商务网点、农村客运组织等合作。全市实现“村村通快递”行政建制村1919个，建立邮快合作村级邮政快递服务点1241个、村级寄递物流综合服务站1238个，区（县）级共配中心9个，建制村快递通达率为65%，快递服务覆盖率为100%，农村快递寄收量突破1.2亿件。支持寄递企业对接制造企业，西安顺丰、陕西京东等快递公司，向三星半导体（西安）有限公司、西安华为技术有限公司、陕西重型汽车有限公司等企业签订协议2万余份，协助各类企业寄递快件超4000万件。鼓励寄递企业主动服务和融入“一带一路”建设，促进中欧班列“长安号”运邮常态发展。8月，西安邮政国际业务公司开通西安—曼谷货邮航线。9月，中欧班列“长安号”（西安—马拉舍维奇）运邮首班测试，每周开行1至2班，通达欧洲20余个国家。全市寄递企业通过西安国际港务区中欧班列“长安号”运邮运货194个集装柜，重量3880吨。

（王君霞）

【中国邮政西安分公司】 2022年，中国邮政集团有限公司西安市分公司（简称“邮政西安分公司”）辖属15个区（县）分公司、315个邮政普遍服务网点（城市网点165个、乡镇农村网点150个）、邮储网点220处。在职员工（含寄递事业部）6135人，设置邮路343条、总里程2.68万千米。拥有邮运车辆530辆，服务面积1.01万平方千米。全年实现业务收入15.37亿元，比上年增长12.42%，利润2766万元。寄递事业部利润亏损比上年减少2112万元。金融业务实现收入8.8亿元，比上年增长14%，存款余额规模突破600亿元大关，位列全国省会城市第4位。新增时点余额67亿元、价值存款52亿元，分别比上年增加33亿元、13.2亿元。截至年底，金融客户规模为361.5万户，新增有效客户9.8万户。全面完成中邮保险3项指标计划，中邮长期期缴占比60%，比上年提高22个百分点。理财收入25亿元，代理保险收入1.4亿元，车险和简易险业务新增保费1269.24万元。高效基金销量8亿元、标准保费增加151亿元，分别比上年增长200%、30%。寄递业务收入4.59亿元，比上年增长16.13%。其中，特快业务收入1.84亿元、政务市场收入6144.67万元、医药市场收寄快递收入326.92万元、快包业务收入1.87亿元、国际业务收入8469.71万元，分别比上年增长40.61%、37.61%、155.95%、1.06%、12.33%。现费业务收入2816.69万元，比上年增长52.51%。完成“三关合一”转场，获得政府跨境电商奖励200万元，中欧班列长安号创收5060.27万元。中韩专线往返装载货率90%以上，创收2493万元。主抓18个省级重点项目，创收1.33亿元，比上年增长5.8%。线上平台“月月有活动　周周上新品”活动，实现收入1356.76万元。实现报刊业务政务图书流转额416.11万元、校园报刊流转额2140.86万元、平时性收订流转额2146万元。建设相关数据项目46个，使用客户数据25.56万条，走访客户30.15万户，发放社保卡2945张。投入重点领域建设资金1891.23万元，组建、迁址、升级改造揽投部17个，先后向文景直投集包中心、咸宁直投中心和17个揽投部配置环形自动分拣机、胶带机、顶扫设备、自动分拣等设备，快包自提率84%，位列全省第1。参加“陕西省邮政金融营销数据建模竞赛”，获得优胜团队第3名。乡村振兴工作取得新突破，全年建成农村邮政综合服务站1184个，行政建制村覆盖率84.6%，村级收投服务站覆盖率100%。实现惠农收入1.93亿元，比上年增长12.2%。银行业务覆盖合作社718户、对公152家、代发8家，打造综合服务示范社5家。扩建仓储配送场地5处，建成乡镇级仓配中心32处，“中邮E通”应用行政建制村覆盖率84.75%。鄠邑区—涝峪、周至县—板房子2条线路实现交邮合作。农产品交易量、寄递量、融资E贷款分别比上年增长78%、8.3%、106%。县乡邮路逐日班、建制村投递周五班率均为100%，农村投递汽车化段道率30%。邮政周至县分公司获得政府农村电商配套资金270万元。（何丽蓉）

通信服务业

中国电信西安分公司

【市场经营】　2022年，中国电信西安分公司坚持“以客户为中心”和“员工第一”的理念，加快全面建设一流企业步伐，各项业务稳中向好，公司发展实现新突破。电信业务总收入64.4亿元，服务综合满意度连续3个季度保持同行业第1。固定电话用户214万户，移动电话用户590万户，宽带接入用户337万户，iTV用户275万户。上缴税金3788.56万元，提供社会就业岗位6000多个，从业人员6345人，平均年龄为38.3岁，专科以上学历占全部从业人员92%。拥有高技能人才488人、集团高素质专业工程师认证398人，技术类专家80人，其中ABCIS（人工智能、大数据、云计算、开源软件、网信安全）专业人数达到70%。

2022年8月24日，中国电信西安分公司深入蓝田县受灾区域现场抢修故障光缆
（中国电信西安分公司　供图）

【客户服务】　2022年，中国电信西安分公司服务政企客户，保障会议161场，保障电路9016条，投入保障人员2254人次。签约智慧社区3086个，可投入使用小区1105个，签约小区占比全市小区约30%，覆盖小区户数260.8万户。提供“为爱添翼•适老敬老”服务，建设“爱心翼站”点位117个。实现14.5万中小企业宽带及专线平均资费再降10%目标。投资建设智慧小区，利用“互联网+物业+服务”模式，延伸为民服务渠道，实现小程序发布实时报修故障、缴纳业务费用等目标。提升营销渠道服务能力，5G用户份额、用户分流比为陕西省第1。

【网络安全】　2022年，中国电信西安分公司在重要节点、重大活动期间，出动巡查人员1.34万人（次），出动车辆3345台（次），巡检光缆10.99万千米，巡检网络设备2.98万台（次），保障重要基站2660个，保障重要线路991条。完成冬奥会、APEC技博会、防汛抗旱等重要通信保障任务58次。领受完成蓝田县、周至县水毁区域云网建设通信设施灾后重建任务。向云中台、“云网数业安”及政企领域调配346人，全方位研究覆盖和建设灞桥区、港务区、高新区、长安区等区（县）5G站点31个。协同配合市公安局网安支队、市反诈中心、市委网信办、市发展和改革委围绕涉案涉诈侦查、“挖矿”治理、国家网络安全周宣传等专项工作治理，彰显央企担当。

【服务民生】　2022年，中国电信西安分公司全面落实中小微企业纾困解难工作，减免中小企业房租711.67万元，清理中小微企业欠款1.05万笔、金额3.29亿元。助力政府科技抗疫，完成省、市疫情防控码“两码合一”“120”“12345”热线等紧急支撑任务。接受电信陕西分公司专项任务60项，安排部署68项。组织智慧社区助力抗疫活动297场，举办党建翼联活动126场（次）。下发疫情防控文件130余份，召开会议20余场，报送疫情防控信息日报338次，发布疫情快报20余次。信息化赋能乡村振兴，消费扶贫支出447.43万余元。被中国国防邮电工会授予“丝路云帆工作室”“示范性劳模和工匠人才（职工）创新工作室”，获得市工信局颁发的5G智能AGV解决方案创新应用奖和陕西电信公司授予的一码通专班“北京冬奥会和冬残奥会通信保障突出贡献集体”等荣誉。

（李红娟）

中国移动西安分公司

【市场经营】　2022年，中国移动西安分公司牢记网络强国、数字中国、智慧

2022 年 11 月 5 日，中国移动西安分公司响应国家“适老服务”号召，开展多样化适老、助老特色服务（中国移动西安分公司 供图）

社会职责使命，加快发展 5G、云计算、物联网等通信新技术，推动“智慧城市、数字西安”建设，促进企业转型升级和改革创新，收入规模和增长能力实现新突破。服务个人客户 852 万人，市场占有率 55.5%；服务家庭客户超 235 万户，市场份额超 40%。5G 资费客户 550 万户，年净增客户 18.6 万户，带动客户份额提升 0.4 个百分点。紧盯家用宽带 4 类场景，连续 2 年净增超 40 万户，宽带份额提升 3.2 个百分点。开展“沿街商铺大会战·万线齐发”攻坚活动，企业宽带净增 10.14 万户。组织专线大会战、行业 PK 赛，专线收入份额提升 6.6 个百分点，增量份额达到 100%，实现行业第一目标。政企市场中标份额行业领先，政企收入增量份额、通服收入增量贡献、DICT 业务占据政企市场收入比例均高于 50%。

【客户服务】 2022 年，中国移动西安分公司秉承“客户为根，服务为本”理念，坚持“以客户为中心”，打造“心级服务”品牌口碑。开展服务直播 44 场，获得客户点赞分享超 500 万次；组织总经理接待日百余场活动，解决客户问题近千件，问题现场解决率 98.9%，满意度 99.96%；设立“老年人爱心台席”27 个，无障碍通道 27 个；举办服务文化类活动 10 余场，走进 100 多个小区为客户提供手机及宽带义诊服务，上门检测网络逾千次，惠及两万余客户家庭。组织保护客户权益“阳光行动”，加快构建侵害群众利益问题治理机制，以电子协议为抓手持续规范营销行为，电子协议签署率 90.8%，不知情定制投诉显著降低；构建基于企业微信平台的私域运营体系，常态化开展平台客户线上互动活动，平台有效客户 20 余万户，客户活动参与率提升 4 个百分点、满意度提升 3 个百分点。

【网络安全】 2022 年，中国移动西安分公司加大网络基础设施投资，迅速推动 5G 网络规划和建设，5G 基站规模超 1.4 万站，实现核心城区 2.6+700 兆双频组网、乡镇以上区域 700 兆连续覆盖，持续扩大 5G 网络领先优势，跻身中国移动集团 5G 建设劳动竞赛 46 个重点城市前十名，获得“卓越品质奖”。优化网络结构，新增机房 85 个，新增启用机房 77 个。落实“宽带中国”要求，加快全光纤网络建设，宽带端口覆盖超 95% 的家庭，初步实现“客户所需、端口可达”目标。聚焦客户感知需求，大幅提升无线网络、有线网络质量，提升无线网络、家用宽带上网质量满意度，确保网络便捷、高效和安全。

【通信保障与数字乡村建设】 2022 年，中国移动西安分公司深入落实“断卡”行动、“长城 2 号”行动等工作部署，协助公安机关打击犯罪团伙 40 余个，抓获犯罪嫌疑人 100 余名，破获案件 150 余起，涉案金额 600 余万元。担负重要时间节点、重大活动期间通信保障任务 60 余次，完成山区防汛应急保障任务 30 余次，收到市政府相关单位表彰和感谢信 28 次。以“数智化”赋能乡村振兴工作，创建“一县一示范镇”，打造杨凌五泉镇文化旅游小镇、蓝田县大王村数智示范村等 11 个乡村振兴数智标杆项目。搭建数字乡村统一平台，赠送公共区域摄像头，协同村委会打造数字乡村示范村，建成标准村 771 个。（宋长骄）

中国联通西安分公司

【市场经营】 2022 年，中国联通西安分公司深入落实中国联通“强基固本、守正创新、融合开放”战略，持续激发基层责任单元活力，着力提升科技创新能力、网络支撑能力、高品质服务能力、渠道发展能力，不断开拓高质量发展新局面。对辖属的 20 个区（县）分公司均实行总经理负责制。持续完善人才战略布局，着力培养高层次科技创新人才及行业专家队伍，实施校园招聘“千人引进计划”，90% 以上校招生配置在科创岗位，公司科创人员占比 39%。实现主营业务收入 32.08 亿元、利润 7.56 亿元。获评“陕西省劳动关系和谐企业”。

2022 年 6 月 4 日，中国联通西安分公司开展智慧助老进社区活动（中国联通西安分公司 供图）

【客户服务】 2022年，中国联通西安分公司落实高品质服务行动计划，建立“一线吹哨、部门报到”工作机制，优化内部协同联动服务体系。建立首个集“基础服务、创新服务、差异服务”于一体的客户关爱数字化智能生活馆，提供差异化关爱服务。落实“银龄专享”服务计划，通过优化厅堂服务、打造专属产品、联动社会力量等方式，多措并举助力老年群体跨越“数字鸿沟”。在工信部满意度测评中排名行业第一，有效申诉率压降速率行业第一。

【网络安全】 2022年，中国联通西安分公司加大网络安全基础设施建设规模，扩大信号覆盖范围，增强网络信号稳定性和安全性。新增5G网络共享基站4683座，人口覆盖率89%。新建4G网络L900基站1422座，实现共享小区27107个，人口覆盖率99%。新建宽带端口29.3万线，累计达到227万线。新增千兆网络端口76.2万线，累计达到156万线，城市住宅覆盖率85%，覆盖政企楼宇2359栋、双优楼宇430栋，实现汇聚节点Pe-OTN全覆盖目标。

【通信保障与助力乡村振兴】 2022年，中国联通西安分公司完成重点时间节点以及陕西省、西安市森林防火、防汛演练等37次通信保障任务，彰显央企担当。投入防疫资金180余万元，足量发放防疫物资。采取网络帮扶、科技帮扶、消费帮扶等方式，投入专项资金30万元助力乡村振兴工作，采购脱贫地区农产品109.3万元。打造鄠邑区城傅村“数字乡村+平安乡村+直播”发展模式，被多家媒体宣传报道。自主设计、研发、交付的数字大棚控制系统，成功应用于西北地区最大花卉生产基地“鄠邑区裕兴农业园”。（黄　欣）

无线电管理

【概况】 2022年，西安市在册登记设置无线电台单位共157家，各类无线电台站4.73万个，其中广播电视台31个，公众移动通信基站3.18万个，超短波无线电台站8311个，微波台236个，卫星地球站7个，业余电台6991个。主要服务于地铁、广播电视、三大运营商、铁路、民航、气象、公安、抢险救援、厂矿企业、宾馆饭店、物业管理等行业和单位。

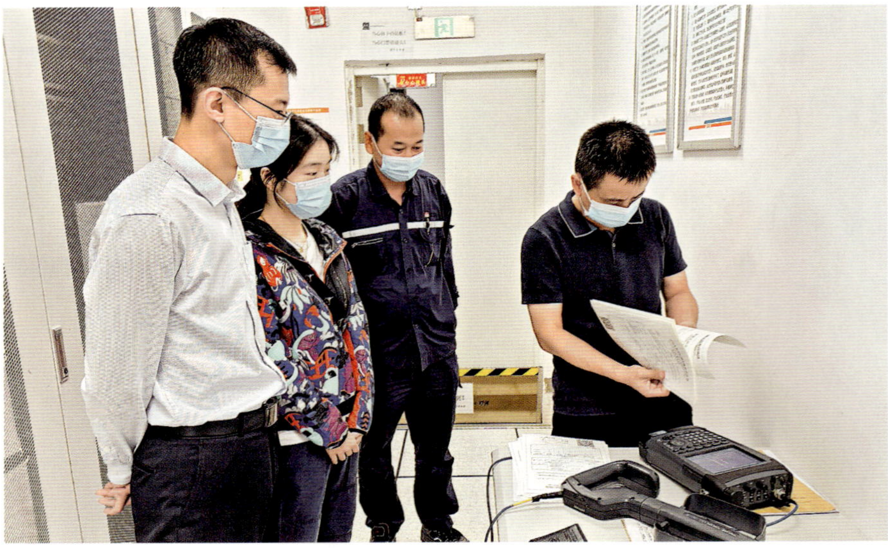

2022年10月18日，市无线电管理部门工作人员在西安地铁开展“双随机、一公开”执法检查（市无线电管委会　供图）

【频率台站管理】 2022年，西安市无线电管理委员会办公室审批通过西安大安化工公司、西安航天弘发实业公司等4家单位无线电频率许可6个。完成市轨道交通集团公司5号线、6号线、14号线及中国移动陕西公司、中国移动西安分公司等15家单位台站申请，许可各类无线电台（站）9006个，其中5G基站7687个。全年收缴频率占用费347.75万元。陕西省业余电台呼号指配275个，其中西安有164个。

【无线电监测】 2022年，西安市无线电管理委员会办公室根据省无线电管委会办公室转发工信部无线电管理局《关于开展3400～3600 MHz频段专项监测工作的通知》要求，组织开展专项监测，累计监测80余小时。严厉打击非法使用GPS干扰设备保障航空飞行安全专项行动，全面摸清、掌握辖区内无人机无线电反制设备设置情况。监测时长7000余小时，完成监测月报12份。排查处理中国飞行试验研究院、西北民航、西安比亚迪公司等单位无线电干扰事件14起。

【监测设施建设】 2022年，西安市无线电管理委员会办公室积极推进城北监测站和临潼、阎良固定监测站升级改造，充分发挥新一代移动监测车功能，全力筹划秦岭高山监测站建设。建成西安北郊老三届大厦、临潼区、阎良区固定监测站3个，与省监测站共用市区东西南北方向固定监测站4个，移动监测车2辆，手持监测设备10套。

【无线电监督检查】 2022年，西安市无线电管理委员会办公室按照《陕西省无线电管理机构打击治理“黑广播”“伪基站”违法犯罪专项行动工作方案》要求，加大打击治理“黑广播”“伪基站”工作力度，严厉打击非法用频设台行为，联合公安部门查处“黑广播”案件6起。按照省无线电管委会办公室《关于开展无线电管理“双随机、一公开”监督检查的通知》要求，随机抽取8名行政执法检查人员和54家经营主体或单位开展“双随机、一公开”工作，出动人员197人次，检查销售实体店铺数量36家，检查销售设备数量252台，检查设台单位18家，设备数量92台。停止经营主体2家，纠正违规销售行为经营主体3家。

【无线电管理宣传】 2022年，西安市无线电管理委员会办公室采取专项工作部署会、走访机关单位等方式，向市市场监督管理局、市人防办、市住建局等部门宣传《无线电管理条例》（简称《条例》）法定职责，督促各部门重视和支持无线电管理工作。在西安咸阳国际机场组织“提高认识，加强监管，保护民航用频安全”主题宣传活动，采取座谈交流、设置咨询台、悬挂宣传横幅、播放宣传视频、发放《条例》单行本和宣传彩页等方式，加强同民航系统在无线电干扰排查和无线电宣传等方面的合作。提高公众对无线电管理工作知晓度，在《西安日报》发表文章1篇，“西安无线电管理”微信公众号推送宣传信息29条；组织召开宣传会议2次，现场宣传2场，走访单位17家，发放宣传彩页1.3万余份，发放《条例》单行本4000余册。（罗拉浩）

城市规划

【概况】 2022年，西安市编制完成《西安市国土空间总体规划（2021—2035年）》，上报审查。全力推进国土空间规划体系制度建设，构建全市“三级三类”（“三级”为市级国土空间规划、县级国土空间规划、乡镇级国土空间规划；“三类”为总体规划、专项规划、详细规划）国土空间规划体系；指导区县、镇街开展国土空间总体规划编制。加快西安都市圈规划编制，成立资源规划西咸分局，将西咸新区纳入全市资源规划“一盘棋”统筹；编制《关中城市群核心区城市轨道交通线网规划》。编制成片开发方案31个，上报省级待批方案14个，市级审核17个。高标准完成20个实用性村庄规划试点编制工作，创新性提出5类11型分类标准，完成全市村庄分类完善优化工作。出台《西安市实用性村庄规划编制指引及成果规范》，进一步规范实用性村庄规划编制技术标准。“三区三线”（“三区”是指城镇空间、农业空间、生态空间三种类型的国土空间；“三线”分别对应在城镇空间、农业空间、生态空间划定的城镇开发边界、永久基本农田、生态保护红线3条控制线）划定成果获得自然资源部批复，纳入国土空间规划“一张图”平台。

【西安都市圈规划编制】 2022年，西安市自然资源规划部门围绕西咸互联互通、西安—咸阳一体化、西渭融合发展三大战略，成立资源规划西咸分局，编制《西安—西咸新区基础设施互联互通规划》，将新区纳入全市资源规划“一盘棋”统筹。主动对接咸阳、渭南两市资源规划部门，建立国土空间规划对接协调机制，形成对接事项工作清单，实现“三区三线”划定成果衔接，推动三市空间一体化发展。编制《关中城市群核心区城市轨道交通线网规划》，构建24条共1155千米城市轨道交通网络，规划联系道路23条，改造道路6条，新增跨渭河通道6条，推动“1小时通勤圈”建设，筑牢西安都市圈同城化发展根基。

【重点项目规划编制】 2022年，西安市自然资源规划部门协调推进市级《排水（雨水）防涝综合规划》《“十四五”综合交通发展规划》等8个专项规划编制。加快保障西安东站、西延、西康、西十高铁等重大工程。集中攻坚122座变电站（第一批65座建成投运26座、在建31座、未进场8座；第二批57座出具站址初审意见32个、核发用地预审和选址意见书5个）及配套351条电力沟道、5G基站、液化天然气（LNG）应急储备调峰等项目建设，建立市政管线“一张图”平台，补测补绘地下管线，构建地下管线全链条规划管理体系。

【详细规划编制】 2022年，西安市自然资源规划部门构建国土空间详细规划“单元导则+地块详则”两层级编制体系，将城镇开发边界内按照行政区划、结合社区及“15分钟生活圈”划分406个单元，并编制形成单元导则初步成果。制定详细规划技术标准与准则、详细规划管理规定、过渡期推进建设项目实施指导意见、用地兼容与土地混合使用指引等制度文件，进一步加强详规编制和管控。制定出台《西安市在城乡建设中加强历史文化保护传承的实施意见》《西安市居住区配套设施配建指南（试行）》，推动城市历史文化保护传承与人居环境建设的相协调、相统一。

【资源规划督察执法】 2022年，西安市自然资源规划部门针对督察反馈问题整改持续用力，完成796个问题整改工作。压茬推进农村乱占耕地建房整治、卫片执法检查等整治专项行动，立案查处违法用地行为53起，认定城乡规划违法建设1299处，拆除构筑物、建筑物2.32万平方米，没收构筑物、建筑物85.89万平方米，责令退还土地4.49公顷，罚

2022年4月22日，市资源规划局召开地下管线管理推进会，持续优化“一张图”和地下管网信息平台数据共享工作 （市资源规划局 供图）

没款1588.78万元，落实党政纪处分24人。年度违法占用耕地比例降至2.71%，低于15%问责标准，较上年明显下降。

（魏梦瑶）

城市更新

【概况】 2022年，西安市抢抓作为第一批城市更新试点城市契机，扎实做好城市更新工作。贯彻实施《西安市城市更新办法》，初步探索历史文化保护活化类、城乡生态修复及城市功能完善类、产城融合发展类、微更新微改造等多种城市更新实施模式。围绕“探索城市更新统筹谋划机制”“探索城市更新可持续模式”“探索建立城市更新配套制度政策”等方面，实施城市更新行动。省考目标任务“新开工6328套城改房”提前半年完成；9月底，提前完成“5000套城改房基本建成”的目标任务。棚户区改造项目完成投资30.26亿元，为全年目标任务的3倍。8个片区改造工作全部启动，全面完成年度目标任务。《中国建设报》以“棚改‘改’出古城幸福景”为题、《城乡建设》杂志以“推进安置房建设、实现安居优居”为题，宣传报道西安市棚户区改造工作经验。被评为2021年度全省保障性安居工程建设工作先进单位。

【城市更新工作体制机制建设】 2022年，西安市推进城市更新工作体制机制建设。在西安市城中村（棚户区）改造事务中心新设立城市更新规划处、城市更新工作处2个处室，负责城市更新规划、计划、试点及协调推进有关工作，同时指导各区、开发区加快构建城市更新体制机制，明确区级城市更新牵头部门，“市城市更新工作领导小组决策、市城中村（棚户区）改造事务中心统筹协调、市级相关部门各司其职、区级具体操作实施”的城市更新工作体制机制初步建立。构建城市更新“1+N”政策体系，不断完善全流程工作路径，扩充城市更新的政策“工具箱”。出台《西安市城市更新基金设立方案》《西安市既有建筑改造消防设计审查技术指南（试行）》《关于推进城市更新片区文物手续办理的通知》《城市更新片区（项目）纳入年度计划工作程序（试行）》等配套金融财税、建筑消防审验、文物手续办理等政策和程序性文件。同时，研究城市更新实施细则、技术导则和分类指引，逐步完善配套政策的技术支撑；组织开展城市更新单元划分、单元策划等专题研究，进一步细化重点环节的指标体系、分类清单；结合项目推进问题梳理。

【城市更新规划编制实施】 2022年，西安市编制《西安市“十四五”城市更新规划》，并研究制定《西安市城市更新试点片区划定暂行程序》和《城市更新片区调查评估指导意见（试行）》，进一步完善城市更新配套工作程序。通过沟通协调，住建部科技与产业化发展中心与市政府签订《关于共同推进西安市城市更新的战略合作框架协议》。提早谋划并开展城市更新片区（项目）储备工作，下发《关于征集西安市2022年度城市更新片区（项目）的函》，明确纳入计划片区标准、程序和要求，贯彻落实住建部关于“拆除比例、拆建比例和居民就地、就近安置比例”等红线要求，同时按照《西安市城市更新办法》要求，严格计划报批编制程序，形成《2022年城市更新年度计划（送审稿）》，包括16个重点实施片区（项目）和16个前期片区（项目）。纳入年度实施计划的16个重点实施片区（项目）中10个为更新片区，其中8个为前经市政府批准的试点片区，2个为新申报片区，6个为微更新项目，除市政府研究调整计划的1个片区外，其余项目均启动实施。

【棚户区改造遗留问题处置】 2022年，西安市城中村（棚户区）改造事务中心针对中央巡视组反馈的21个回迁慢问题进行整改，指导涉及区、开发区更新区级工作专班和六定工作方案，组织召开全市“回迁慢”工作推进会1次、市级专题调度会3次，给涉及区和开发区发放各类督办函、提醒函10份，报市级分管领导以个人名义给有关区和开发区主要领导发送提醒函6份，同时强化督导频次，每周督促上报进度，进一步夯实区级主体责任。截至年底，6个项目完成回迁安置工作，1个项目完成部分回迁安置，8个项目安置楼建设有序推进。国家信访局督办的西姜村项目完成回迁安置；住建部督办的陆家寨村和荣家寨村项目正按计划推进。指导做好市政府《关于进一步做好城中村（棚户区）改造项目遗留问题处置工作的通知》等一系列处置遗留问题政策的落实，协调相关部门完善具体细则和工作程序，项目手续办理进度整体加快。按照“尊重历史、依法依规”的原则，对全市符合处置遗留问题条件的城中村（棚户区）改造项目进行梳理，配合市资源规划部门全部纳入处置遗留问题范围。中央巡视反馈的“办证难”问题整改涉及的10个城中村（棚户区）改造项目安置房全部完成办证工作。市管棚户区改造安仁坊以西、乐居场项目纳入处置遗留问题办证程序，促进市管棚户区改造项目收尾工作。

【国家棚户区改造计划项目实施】 2022年，西安市城中村（棚户区）改造事务中心组织对西咸新区涉及国家棚户区改造计划项目进行摸底统计，建立整体工作台账。特别是对其中逾期回迁项目，按照“四清一责任”工作机制，落实整改措施和完成回迁时限。严格落实《三年攻坚行动方案》，指导涉及区和开发区更新41个项目六定工作方案，严格执行“每月检查督落、每季考核通报、专题协调推进、全程挂账销号”工作制度。9个长期未开工项目中，6个项目正在通过调整计划的方式落实整改；32个长期未回迁项目中，6个项目完成回迁，21个项目安置房建设有序推进。

【城市更新重点项目建设】 2022年，西安市城中村（棚户区）改造事务中心成立稳增长工作专班，建立清单推进、督导检查、信息报送、工作例会等工作

2022年7月5日，未央区“团结片区”城市更新项目中38栋安置楼如期完工交付 （西安日报社 供图）

机制，切实推进重点项目建设。将九个方面重点工作任务涉及的 8 个城市更新片区，优先列入年度城市更新计划，指导各区、开发区完善《2022 年月度任务清单》，加快调查评估、方案策划、论证、公示等工作，并积极筹措资金，启动规划、征收等手续办理前期准备。获批国家城镇保障性安居工程建设激励金 2000 万元。协同市财政局设立 100 亿元城市更新引导基金，采用“母子基金 + 直接投资”运作模式，通过市场化方式发起设立，重点支持全市城市更新项目建设，优先支持更新年度实施计划内的项目。多措并举筹集资金，争取和盘活各类资金 102.75 亿元。其中，棚户区改造补助资金 0.57 亿元，16 个项目发行棚户区改造专项债券 50.75 亿元，占全市发债总量 161.91 亿元的 31.34%。通过调整 16004 套棚户区改造安置房任务，盘活中央、陕西省补助资金 1.7 亿元。西咸新区 9989 套新增棚户区改造新开工可争取中央、陕西省补助资金 1.44 亿元。对 2017 年以前 7 个列入计划项目以调整安置方式盘活政策性银行贷款 48.29 亿元。

【片区更新及微更新改造】 2022 年，西安市城中村（棚户区）改造事务中心加快片区更新及微更新改造。新城区幸福林带片区进一步开展园林景观提升，建成运营图书馆、文化馆、小剧场。雁塔区沙滹沱片区依托隋唐长安城的规划框架，进一步优化策划规划方案。雁塔区西等驾坡片区、漳浒片区和灞桥区三殿片区立足片区实际，推进规划调整、土地报批等手续办理。未央区未央大学城片区已完善产业策划，对接片区控规报审事宜。经开区泾渭新城汽车工业创新片区已立项并完成概念性规划设计方案和片区内人行天桥建设，城市道路、绿化、广场等提升改造正陆续推进。浐灞生态区上庄片区优化灞河沿岸城市景观，惠泽居等 3 个老旧小区外立面提升改造，开展文化产业调研，推进长安书院建设。6 个微更新项目中 3 个项目完成建设内容，已转入招商和运营管理阶段，其余项目正按计划加快改造提升各项工作。 （郭　帅）

【老旧小区改造】 2022 年，西安市城中村（棚户区）改造事务中心实施老旧小区改造项目 85 个、建筑面积 98 万平方米，惠及居民 1.03 万余户。多渠道筹集改造资金，申请中央、陕西省改造资金 1.57 亿元；积极引导企业、产权单位（原产权单位）、专业经营单位等社会力量及居民参与改造，共同出资 144 万元；发行地方政府专项债券或一般债券 8520 万元。改造后的小区，基础设施得到完善，居住功能得到提升。对雁塔区明德门北区、未央区枣园安居小区等一批示范项目进行重点宣传，加强政策解读，明确改造对象、条件、标准和范围，获得广大群众的支持和理解。同时，创造性地开展项目“两验一评”工作（由建设单位组织街办、社区、业委会等单位联合进行竣工验收，开展居民满意度测评），及时整改群众关心的问题，查漏补缺，提升改造效果。市住建局完成 2021 年以前老旧小区改造任务结算工作，核拨市本级补助资金 42.7 亿元；完成加建电梯 68 部，核拨市本级补助资金 1020 万元。

【城市体检】 2022 年，西安市住房和城乡建设局坚持“先诊断后治疗，无体检不更新”的行动路径，精准查找城市建设和发展中的短板与不足，及时采取针对性措施加以解决。探索建立地方特色指标体系，城市体检确定 92 项体检指标，其中 65 项指标为住建部发布的规定动作，14 项为省住建厅新增指标，13 项为西安特色指标。宏观层面，重点查找生态宜居、健康舒适、交通便捷、整洁有序、多元包容、创新活力等 8 个方面的问题和短板；中观层面，通过“市—区—街道—社区”四级联动的方式进行“深度体检”；微观层面，聚焦民生“痛点”“难点”“热点”问题，探索城市畸零空间、口袋公园等各类微观空间的专项体检。编制《2022 年城市体检评估工作实施方案》，多渠道邀请市民参与，完成问卷调查 2.3 万余份。收集、整理各相关单位开展城市体检指标信息，找出城市发展的弱项、短板，提出“城市病”治理对策建议，根据体检存在问题要求相关单位制定工作措施，并进行整改，确保城市体检结果落地见效。完成《西安市城市体检信息平台》建设，进入试运行阶段。 （郭　帅　张　睿）

【城市更新基金设立】 2022 年 6 月 8 日，西安市财政局印发《西安市城市更新基金设立方案》，按照“政府引导、企业发起、社会参与、片区合作”的原则，采用“母子基金”架构搭建，由西安财金公司发起设立母基金规模超过 100 亿元的城市更新基金。旨在结合西安市城市更新总体规划，统筹全市范围内城市更新项目资源，联合中央和陕西省、西安市大型国有企业及社会资本根据区域（项目）建设需求合作设立各类子基金，配套支持城市更新项目建设，激发市场主体参与城市更新活动的积极性。积极探索“区域子基金 + 城市更新 + 产业导入”相结合的运行模式。截至年底，完成立项子基金 8 个，计划出资 44.1 亿元，子基金规模合计 245 亿元。 （郭　帅）

2022 年 9 月 7 日，位于幸福林带的西安市新城区图书馆、文化馆开放
（市城改事务中心　供图）

市政设施建设

【概况】 2022 年，西安市城建计划安排投资总规模 1166 亿元，完成投资 1190 亿元，为年度目标任务的 102.06%。市本级城建资金投入 213.89 亿元，比上年增长 24.85%，撬动全市投资 1190 亿元，重点保障轨道交通、电力沟道建设以及“三改一通一落地”等民生公用工程，完善城市次支路布局、加快推进坚强电网配套电力沟道项目等建设任务，支持城市综合能级提升以及城市建设质量稳升。全年安排市政建设项目 476 项，计划投资 219 亿元。截至年底，完工 259 项，在建 212 项，完成投资 155.7 亿元，较上年增长 10 个百分点。

（张　睿　严嘉恒）

【重点项目前期规划】 2022年，西安市住房和城乡建设局出台《西安市城市管网老化更新改造建设实施方案》《西安市排水（雨水）防洪排涝规划》《西安市排水（污水）工程专项规划（2020—2035）》《西咸新区与西安主城区互联互通道路基础设施项目建设推进方案》《西咸新区（泾河新城）与高陵区交通互联互通规划建设实施方案》。通过组织二环路、三环路扩能提升设计方案竞赛以及西安城东片区规划竞赛，依据专家评审意见选取优胜方案。完成“西安市污水处理提质增效三年行动（2019—2021年）”成果收集整理和上报考核工作。按照既定排水规划，梳理雨污水管网建设项目299项，制定《西安市排水建设项目库》，要求相关部门和单位制定2023—2025年分年度建设计划。基本摸清全市既有住宅小区排水管道状况，涉及20个区（县、开发区）的159个街办和1324个社区，排查完成7635个既有住宅小区、园区，排查出2782个小区、园区排水管道存在雨污合流、错接混接等问题。

【市政重点工程及道路建设】 2022年，西安市住房和城乡建设局安排全市九个方面重点工作次支路项目建设任务76项，完工116项，完工率153%。电网电力沟道项目完成267条路段155.79千米。国办督查项目“樱花二路及周边市政道路建设项目”包含樱花二路、沣经四路、居安路3个项目，于5月10日全面完成。昆明路皂河桥加宽工程，于7月30日建成通车。高质量推进主城区与西咸新区“6+1”互联互通项目：陈之路—科技二路年底建成通车；昆明路—连霍高速辅道提前进场施工。北辰大道与绕城高速互联互通工程，于6月14日提前1个月开工建设，完成年度投资4.1亿元。5个快速路项目高效运营。完成快速路PPP项目绩效评价工作方案编制和报审工作，实施首次和4个季度运营期绩效评价；联合市城管部门理顺PPP项目挖占手续办理程序；完成预付费工作；持续督导桥梁、道路安全监测和窨井盖排查治理。主城区与西咸新区“6+1”互联互通项目高质量推进。

【公共停车场建设】 2022年，西安市住房和城乡建设局开工建设公共停车位21244个，占全年任务106%；中心城区建设公共停车位7712个，占全年任务154%；建设临时停车场81处，P+R停车场7处；兑现2批公共停车场奖补资金。依据城市总体规划和综合交通体系规划，编制完成《西安市城市停车设施专项规划（2021—2035年）》，并报市政府审议。

【综合管廊建设】 2022年，西安市住房和城乡建设局开工建设世纪大道、科创大道等13条地下综合管廊项目，建成综合管廊主体16千米，完成投资7.2亿元。开展幸福路北延伸综合管廊、高新区云水二路等3条综合管廊的前期准备和幸福林带连网成片综合管廊项目的策划包装工作。印发《关于进一步加强全市综合管廊安全隐患巡查整治工作的通知》，要求各区县、西咸新区、各开发区住建部门做好辖区内综合管廊的安全隐患巡查整治工作，确保综合管廊运营安全。

【海绵城市建设】 2022年，西安市住房和城乡建设局按照市人大常委会《2022年立法工作计划》，起草《西安市海绵城市建设条例（草案）》，经广泛征求意见、市司法局审查、市政府常务会研究通过，提交市人大常委会审议。指导小寨海绵PPP项目公司加强海绵设施的定期维护，组织巡查和安全检查，消除隐患，制定应急预案，加强防汛演练，暴雨季节全时值班。组织专家咨询委员会，每月前往区（县、开发区）指导海绵城市工作开展。截至年底，全市新增海绵城市改造服务面积35平方千米。（张　睿）

【污水处理】 截至2022年年底，西安市（含西咸新区）已建成城市污水处理厂45座，日处理能力达到403.1万立方米，其中，西安市37座（投运33座、试运行4座），日处理能力达到378.6万立方米；西咸新区8座（投运7座、试运行1座），日处理能力达到24.5万立方米。全年，全市（含西咸新区）城市污水集中处理量为11.11亿立方米，有机污染物（COD）削减量36.67万吨，氨氮削减量3.49万吨，达标率100%，设施平均负荷率83%。其中，西安市处理量10.82亿立方米，达标率100%，设施平均负荷率82.99%；西咸新区处理量2941.05万立方米，达标率100%，设施平均负荷率53.72%。（李　健）

【城市地下市政基础设施建设】 2022年，西安市住房和城乡建设局出台《西安市加强城市地下市政基础设施建设实施方案》。推动成立由市政府主要领导任组长，分管领导任副组长，市级各相关单位、各区（县）政府、西咸新区管委会、各开发区管委会主要负责人为成员的市城市地下市政基础设施建设工作领导小组，统筹协调全市城市地下市政基础设施建设工作。印发《关于推进城市地下市政基础设施建设近期工作的通知》，进一步细化时间节点任务安排、建立工作联络机制，加快推进年度各项任务落实。截至年底，排查发现各类地下设施隐患475处，完成整改470处，正在整改5处。（张　睿）

【城市供水】 2022年，西安市新增城市日供水能力20万立方米，主城区日供水能力240万立方米，有力保障夏季高峰用水需求。实现富阎并网供水，富平群众20万人喝上优质黑河水，城市供水对“西安都市圈”国家战略的支撑和保障作用不断增强。西安市水务局加快推进子午水厂一期、沣东水厂及沣皂水源地迁建，西南郊水厂一期二阶段建成通水，编制《西安市城市供水“十四五”规划》。按照水质监测相关要求，对地下水、地表水源水水质坚持日检、周检、月检工作；季度检测88项；出厂水按照每日不少于1次的9项检测，周检21项，月检按常规42项，季度按106项全分析

2022年9月，建设中的北辰大道与绕城高速互联互通项目　（市住建局　供图）

开展检测工作。城市供水水质合格率保持在99.9%以上。二次供水国家级标准化试点建设取得新成果，填补全国二次供水标准化建设空白。持续推进城乡供水一体化建设，蓝田、周至4处农村规模化供水工程开工，高新区城乡供水一体化加快建设，全市建成农村供水保障工程80处，受益人口32.59万人。临潼西泉集镇供水站获评省级规范化供水工程，阎良区率先实现城乡供水一体化。

西安市城市管理和综合执法局指导各区（县、开发区）摸清排水管道现状底数和混接、破损、渗漏等问题，列出任务清单、制定治理计划、建立“四清单一责任”工作机制。完成排水管道改造17.97千米，排查整治市政排水管网混接点57处，疏通排水管道5200千米，清淘收水井52.2万座次，创建污水零直排小区125个。修编印发《城市防洪排涝应急预案》，组织开展多轮次应急演练，落实城市排水防涝设施巡查维护制度，组建5582人的城市防汛应急抢险队伍，配足警示隔离设施、抽排设备、应急车辆等防汛物资。推进“西安市市政排水管网大数据平台”建设，实现排水管网在线监测与可视化管理。汛期主城区先后经历28次降雨天气（其中9次为强降雨），均及时启动应急响应，妥善应对处置，未发生人员伤亡和重大财产损失事故。（李　健　张　鑫）

【城市供电】 2022年，国家电网西安供电公司担负西安市11个区2个县供电服务工作，供电区域面积9870平方千米，用电客户466.27万户。下设区（县）供电公司8家、城区网格化供电分公司5家，开设城市营业厅14个、城区中心供电所25个、乡镇供电所122个。西安市全社会用电量472.43亿千瓦时，比上年增长8.35%。其中，第一产业用电量2.46亿千瓦时，增长6.48%；第二产业用电量163.28亿千瓦时，增长7.93%；第三产业用电量172.30亿千瓦时，增长4.81%；城乡居民生活用电134.39亿千瓦时，增长13.86%。工业用电量150.12亿千瓦时，增长8.05%。联合市发展和改革委、住建局等部门，实施合表小区、临电小区改造“一户一表直供清零行动”，改造51个居民小区双电源，更换54万个电能表。因地制宜建成25个中心供电所，设置49个网格化抢修驻点，居民客户供配电设施改造升级投资9.43亿元，全口径用户平均停电时长压降40%。

国网西安供电公司率先在全省试点居民“刷脸办电”“房产+电力”联合过户，小微企业办电时长保持在15个工作日以内，“网上国网”绑定用户超230万户，全年新增供电用户17.8万户、容量476.7万千伏安，节约客户办电成本超过2亿元，营商环境评价“获得电力”指标排名全省第一。全力配合市政府清理转供电加价，与市大数据局联合制定“95598”“12345”服务热线融合实施细则，建成1.3万个居民“微服务群”，覆盖全部电力客户，全年供电服务投诉下降76%。（陈　峰）

【城市供气】 2022年，西安市天然气年供应量35.1亿立方米，日最大供气量3300万立方米，天然气管网总里程1.49万千米。全市有管道天然气企业15家，燃气管道（含立管）总长度2.74万千米，天然气居民用户数442万户，非居民用户数1.68万户，天然气门站22座、调压站37座、加气站91座，管道天然气销售量34亿立方米。有液化石油气供应站点193座，液化石油气年用气量约10万吨。改造老旧燃气管道28.87千米、用户设施1.38万户，完成市政燃气管道建设60千米。

西安市城市管理和综合执法局持续开展燃气安全“百日行动”“清查行动”“执法行动”“敲门行动”，强力推进燃气老旧管道更新改造以及用户端金属波纹管更换工作，排查整治燃气安全隐患5.11万处（其中，使用环节隐患4.91万处），改造老旧燃气管道28.87千米、老旧用户设施1.38万户。督导全市餐饮场所全部安装可燃气体报警器。督促燃气企业开展入户安检，完成8.84万户商业用户安检2轮（次）。开展燃气安全执法检查6226次，处罚70次，处罚金额50.03万元，查处餐饮经营场所使用不合格燃气具307家、未安装燃气报警器344家，要求进行整改。组织燃气行业从业人员培训4489人（次），实现燃气从业人员全员持证上岗。打击违规供应气源企业22个，公开通报执法典型案例13起。

【城市供暖】 2022—2023年采暖期，有84家集中供热企业向用户提供服务，市城管执法局统筹安排集中供热工作，组织供热企业提前完成供热设施检修维护，做到如期开栓供热。全市集中供热面积3.49亿平方米，持续推进“直管到户”工作，新增“直管到户”用户169家，增加供热面积1976万平方米，较上一供热期增加1591万平方米，增长4.8%。有供热机组1312台（包含燃气锅炉、污水源热泵机组等），热交换站4362个。所有集中供热热源形式转变为天然气、电厂余热与新能源供热。非集中供热用户采取自备锅炉或电热等多种方式取暖。所有集中供热企业全部完成“煤改气”工作。（张　鑫）

【秦华燃气集团】 截至2022年年底，企业资产规模57亿元，已建成投运门站及高中压调压站50座；拥有高、中、低压管网9500千米，占全市燃气总管网里程的60%；服务居民客户320万户，占全市总居民客户数73%；服务工商客户1.4万户。燃气销售量完成22.59亿立方米，代输气量2亿立方米，企业供气规模23亿立方米，其中冬季供气量18.23亿立方米，占全市冬季用气量的60%。发展居民客户11.5万户、工商项目1200项，完成居民物联网表更换40.86万块。实施天然气城市气化三期工程，开工建设228项市政燃气管道，建设市政燃气管道62千米，完成投资8700万元。加大“智慧燃气”实施力度，确定75个数据指标，包括GIS管网矢量数据、SCADA等系统实时数据和场站视频监控数据，积极融入城投智能运行中心（IOC）平台建设。（陈韦丞）

2022年8月汛期期间，西安市市政人员进行排水抢险作业
（市城管执法局　供图）

园林绿化

【概况】 2022年，西安市城市管理和综合执法局修订《城市园林绿化精细化管理标准》，发布施行《城市园林绿化乔木栽植技术规程》《西安市城市园林绿化绿地草本植物栽植技术规程》；组织编写《城市园林绿化工程设计规范》《西安市城市园林绿化节约型园林建设指南》2个城市绿地建设地方行业标准。全年新增城市绿地面积705万平方米，改造提升绿地面积248万平方米，栽植乔木37万余株。春秋季绿化补栽乔木和大灌木2.2万余株，补栽灌木和草坪、地被117.5万平方米；完成乔木修剪整形、抹芽134万余株，修剪绿篱和草坪9890万平方米；清理绿化垃圾25万余立方米。西安市代表陕西省参加第十三届中国（徐州）国际园林博览会，被表彰为“第十三届中国（徐州）国际园林博览会表现突出城市”；市城管局被表彰为“表现突出单位”。

【城市公园和绿地广场建设】 2022年，西安市以乡土树种为主，注重苗木种类、色彩的搭配，形成层次突出、大气简约、错落有致的城市景观带，同时注重城市绿地的功能性建设，增加坐凳、景观灯等便民措施，为市民提供良好休憩游览场地。永安渠海绵城市公园、奥体中央公园、仪祉湖水利风景区等8座城市公园和心影公园、延北公园、观飞小公园等一批口袋公园和绿地广场建成对外开放，提高公园服务半径覆盖率，增强公园绿地普惠性，方便群众就近游园。截至年底，全市新建和改造提升绿地广场、口袋公园154个，为年度任务的154%。

【城市绿道和立体绿化建设】 2022年，西安市着眼为广大市民提供更多的休闲、运动空间，开展市级、区级、社区级绿道建设，连接贯通各个园林绿化节点和旅游场所，形成城乡公共绿地空间网络，构建连续完整的生态基础设施体系，改善市民居住体验。截至年底，全市建成绿道381千米，其中社区绿道299千米，为年度任务的299%。坚持因地制宜，推进具备条件的建筑进行屋顶绿化，鼓励居民实施窗台、露台绿化美化，打造绿色生态的城市立体空间。全市完成屋顶绿化10.52万平方米、垂直绿化1.3万米。

【街景布置】 2022年，西安市城市管理和综合执法局在城市增绿中突出“彩化”和“美化”，增加开花乔灌木、草本花卉和彩色叶树种的栽植。以点—线—面（城市主要节点—城市主干道—城市主要区域）结合的方式推进城市街景布置，因地制宜，充分利用地形地貌，在市区主干道、重要文化文物场所、旅游景点、城市公园和广场进行花卉布置，打造景观节点，布置鲜花大道46条。

【城市绿化成果保护】 2022年，西安市城市管理和综合执法局依法依规最大限度保护城市绿地。强化绿地管理监督，对绿化审批事项开展事中事后监管，对接相关部门，按照绿化行政审批事项进行现场核查；规范落实绿地占用管理工作，严格查处毁绿占绿事件。全年对照审批核查绿地占用事项38件，无超挖、超占情况发生；多渠道收集并核实占绿损绿案件线索60余件，全部办理完结。指导加强城市绿地外来入侵物种普查和重大林业有害生物防治。根据天气和季节变化，在市城管局官方网站公布《西安园林植保信息》12期，普及各类病虫害防治信息，保护绿化成果。（张　鑫）

2022年4月27日，仪祉湖水利风景区开放　（市城管执法局　供图）

公共交通

城市公交

【概况】 2022年，西安市按照“疏主干、填空白、优接驳”思路，新开调整公交线路66条，填补20条道路73.6千米服务空白，实现公交行驶里程4.2亿千米。开通社区巴士12条，有效解决157个小区居民通过公交快速到达地铁站问题。优化调整44条公交线路，改造、迁移不合理公交站点92处，创新开通航天基地网约公交线路。裁撤缩减与地铁重复的公交线路125.4千米，撤销重复站点153个，改向地铁空白区域延伸，城市公共交通整体运效得到明显提升。全市有公交企业14家，其中市公交集团及其控股企业3家，非市公交集团公交企业11家；有公交车辆9272辆，其中新能源及天然气清洁能源车辆占全市公交车辆的100%；有常规公交线路418条，线路长度7423.05千米。公共汽电车进场率76.48%。

【城区公交营运】 2022年，西安市城区公交客运量7.77亿人（次），实现营运收入6.85亿元，行驶里程3.76亿千米，中心城区公交站点500米覆盖率100%，营运车辆9272辆。针对早、晚高峰客流较为集中的现状，各公交企业采取增配运力，加密发车班次、增开区间车等调度措施，确保市民公交出行。城市公交呈现出以轨道交通为骨干，公交与地铁“鱼骨式”横向接驳、两端延伸、填补空白的特点。（付林豪）

【公交线网优化调整】 2022年，西安市新开公交线路18条（其中社区巴士线路11条），调整公交线路48条，新开调整公交线路共66条，详见表42。

（高利艳）

【中心城区交通优化提升三年行动】 2022年，西安市中心城区交通优化提升三年行动圆满收官，累计打通“断头路”59条、建成次支路120条，建设公共、临时和错时共享泊车位2.46万个、4.55万个、11.49万个，建设P+R停车场36处、推广ETC智慧停车场172处。积极打造“安全上学路”和“畅达就医路”两路工程，完成129所学校和12所医院周边交通综合整治，行车难、停车难有效缓解。

【出租汽车运营】 2022年，西安市有出租汽车1.72万辆，营运企业67户。

表 42　2022 年西安市新开公交线路一览表

序号	线路序号	起终点	线路长度 / 千米
1	S1 路	春临五路公交调度站—登高路黄渠头二路口	7.4
2	S2 路	灞业大境—长乐坡	2.3
3	S3 路	万象春天—会展中心	4.5
4	S4 路	中南紫云集—明光路元朔大道口	4.5
5	S5 路	恒大江湾—三家庄	6.2
6	S6 路	金石路长沣路口—锦业路丈八一路口	3.8
7	S7 路	大庆路枣园南路口—丈八北路科技路口	6.5
8	S8 路	杏园路公交调度站—玉祥门	6.5
9	S9 路	浐河—浐河	5
10	S10 路	云水一路天谷八路口—锦业路丈八四路口	5.8
11	S11 路	航天大道神舟六路口—金滹沱	6.5
12	345	航天公交停保场—大兆公交调度站	10
13	101	长乐公园西门—中海凯旋门	14.5
14	368	西安北站南广场—尚稷路草滩八路口	12.5
15	343	堰渡大道三堰路口—国际医学中心	10
16	沣西 2 号线	鱼化寨地铁口—西部云谷	25
17	沣西 3 号线	沣河森林公园地铁站—西部云谷	7.5
18	沣西 6 号线	沣西文化公园地铁站—西部云谷	6

市区有巡游出租汽车 1.55 万辆，经营企业 48 户；市郊五区二县有巡游出租汽车 1779 辆（其中阎良区 223 辆、临潼区 600 辆、长安区 19 辆、鄠邑区 250 辆、高陵区 260 辆、蓝田县 210 辆、周至县 217 辆），经营企业 19 户。在市区巡游出租汽车中，吉利甲醇车 8120 辆，比亚迪电动车 7337 辆。许可网约车平台 14 家，办理网约车运输证 2.47 万辆（其中纯电动车 2.06 万辆，燃油车 3827 辆，混合动力车 264 辆）。市区巡游车单车日均营运 24.9 个乘次，全职网约车日均订单 12.8 单，巡游出租汽车日均客运量 56.3 万人（次），网约车日均客运量 34.6 万人（次）。出租汽车行业“爱心车厢”志愿团被评为 2021 年度全国四个 100“最佳志愿服务组织”，“爱心车厢”志愿服务项目获陕西省第一届志愿服务项目大赛“二等奖”。

【出租汽车监管】　2022 年，西安市持续开展安全生产标准化建设工作，巡游车企业标准化创建完成率 93%；行业年度审验工作参审率 100%，初审合格率 98%。强化电子监管工作力度，全面加大行业监管水平，教育整改违规车辆 6067 起。响应交通运输部“阳光行动”号召，要求网约车平台公告计价规则、收入分配规则；督导平台及运力公司落实安全生产、矛盾化解、疫情防控、违规处理等责任，行业整体监管效能有效提升。

2022 年 1 月，西安市出租汽车“爱心车厢”在新冠疫情期间服务市民就医出行
（市交通局　供图）

【出租汽车宣传】　2022 年，西安市通过 1.5 万辆出租汽车 LED 智能顶灯和 500 余个出租车停靠点的夜间 LED 显示屏大力宣传全市各项重点活动。宣传分别以“社会主义核心价值观”“喜迎二十大”等为主题展开，累计循环播放各类宣传广告 51 条，累计播放时长 1000 余小时。继续推动官方微信订阅号“西安 TAXI”建设，不断完善公众号的各项功能，及时更新驾驶员求职招聘信息，全年发布文章 109 篇，点击量 32 万余次，粉丝 6 万余人。（付林豪）

城市轨道交通

【概况】　截至 2022 年底，西安市运营地铁 1 号线、2 号线、3 号线、4 号线、5 号线、6 号线、9 号线、14 号线 8 条线，共有车站 173 座，总里程 279 千米，运送乘客 7.69 亿人（次），日均客运量 210.63 万乘次，单日最高 344.72 万乘次（3 月 4 日），线路高峰小时最小发车间隔为 2 分 15 秒，城市轨道交通客运分担率达到 57.6%。

市轨道交通集团统筹推进建设、运营、投资、开发等工作。地铁 6 号线二期和 4 号线西安站建成通车，西户铁路改造提升项目提前投运，地铁 5 号线雁鸣湖站保障性租赁住房项目开工建设，资源开发实现收益 1.67 亿元，完成投资 262 亿元，占年度计划投资的 113%。统筹安全、质量、进度，优化施工设计，创新工艺工法，确保 6 号线二期、4 号线西安站按期建成通车。充分利用铁路富余运能开展老旧铁路改造，提前完成西户铁路改造提升任务。1 号线三期秦都站—宝泉路站区间成功下穿徐兰高铁，创造国内地铁盾构施工首次成功穿越高铁无砟道床路基段先例。10 号线一期杏渭路站—水流路站高架区间上跨转体桥成功跨越国铁运营线路。10 号线绳刘村站、1 号线三期珠泉路停车场开展绿色车站、海绵城市专项设计试点，15 号线府祝区间试点应用“盾构通过 + 扩挖成型”技术，稳步推进“智慧城轨”“绿色城轨”建设。地铁 4 号线获西北地区轨道交通项目首个“詹天佑奖”。12 月底，1 号线三期 7 座车站全部封顶，进入安装装修阶段，区间实现“洞通”“轨通”“电通”；2 号线二期 4 座车站全部封顶，3

座车站开展安装装修；8 号线 24 座车站主体结构封顶；10 号线一期 17 座车站全部封顶，渭河、泾河公轨合建桥完成下部结构施工；15 号线一期 5 座车站主体结构封顶。（彭启昕）

【轨道交通规划投资】 2022 年，西安市住房和城乡建设局出台《西安市轨道交通沿线综合开发规划（2020—2025）》《2022 年西安市 TOD 综合开发工作要点》《西安市轨道交通沿线综合开发实施计划》《西安市 TOD 综合开发工作领导小组工作方案》。完成 14 个地块出让，实现资金筹集 20.56 亿元，在建 7 条线路累计完成投资 233.63 亿元，占年度计划的 112.27%，“市区共建”局面初步打开。（张　睿）

【轨道交通项目融资】 2022 年，西安市轨道交通集团拓宽融资渠道，到位资金 347.81 亿元。其中，财政资本金 109.5 亿元；银行贷款 138.57 亿元；政府专项债、融资租赁及留抵退税 72.55 亿元；西户铁路改造提升等 2 个项目申报国开基金 7.19 亿元。扎实推进《2020—2025 年城市轨道交通建设资金筹集方案》落地实施，首次实现筹资地块出让收入 20 亿元，有力保障项目资金需求。因发行 20 亿元绿色企业债开创西北地区同期限企业债利率历史新低，西安市轨道交通集团被中央国债登记结算公司评为“全国优秀企业债发行机构”。

【轨道交通运营服务】 2022 年，西安市轨道集团紧盯市民群众出行需求，着力打造“Ai 畅行”服务品牌。率先在全国轨道交通行业推出全线网智慧安检系统，持续优化扫码乘车服务，乘车码与成都、郑州、广州等城市实现互联互通。积极推进西安—杨凌同城化、一体化，开行西安—杨凌市域列车，打造以西安为中心的“一小时通勤圈”。18 次调整列车运行图，最短行车间隔压缩至 2 分 15 秒，运行图兑现率 99.997%，列车正点率 99.98%，轨道交通占全市公共出行分担率达到 57.5%，日均客运量、客运强度与出行强度等关键指标持续位于全国前列。运营分公司第 10 次蝉联陕西顾客满意度测评公共交通行业第 1 名，小寨站被评为“全国青年文明号创建示范点”，北大街站获“陕西青年‘五四’奖章”。

【轨道交通商业资源开发】 2022 年，西安市轨道集团探索新媒体资源开发，提前研究 8 号线等后续新线广告媒体技术方案，在大雁塔站打造西北首个地铁站内直播间，实现城市形象传播、便民服务、公益传播、文化共建等多项功能。完成 57 个站点民用通信 5G 网络升级改造，进一步提升地铁站内通信质量。引入自助鲜花机、自助驾驶员体检机等商业设备，拓展地铁资源经营服务品类，实现资源经营收入 1.67 亿元。

【轨道交通技术创新】 2022 年，西安市轨道交通集团围绕 10 号线一期泾渭公轨合建桥的地质特性、结构特点、运维技术，组织开展 32 个专题科研，填补西北地区公轨合建桥空白。对标关中平原城市群发展规划和西安都市圈规划，以多网融合、互联互通和资源共享为目标，修编完善《关中城市群核心区城市轨道交通线网规划》，完成西安都市圈多层次轨道交通规划研究初稿编制，深入开展四期建设规划研究，完成规划配套的居民出行调查。分别与中铁西安局、中车永济等企业签订合作协议，有效补强轨道交通产业链，夯实“四网融合”的发展基础。

【地铁 6 号线二期开通运营】 2022 年 12 月 29 日，西安地铁 6 号线二期开通运营。作为一期工程的延伸，是西安地铁二期建设规划最后一个项目。该项目起于 6 号线一期工程终点站西北工业大学站（不含），东至纺织城站，全长 19.5 千米，设车站 17 座（含换乘站 6 座），与 6 号线一期共用车辆段、停车场和主变电站。因沿线分布大唐西市、钟鼓楼、明城墙、兴庆宫公园等著名景点和西安交通大学、西安理工大学等高校，历史人文气息浓厚，文教元素双重加持，被誉为“古都人文线”，施工期间采用“隔离桩 + 静压桩 + 钢拱架”等新技术，较好地解决下穿明城墙、老城区的施工文物保护难题。建成通车后，新增运营里程 20 千米，全市轨道交通线网总里程达到 279 千米，位居全国第 12 位，进一步完善轨道交通网络功能，满足城市交通快速发展的需要。

【地铁 4 号线西安站建成投运】 2022 年 9 月 25 日，西安地铁 4 号线西安站开通运营。该站总面积 1.11 万平方米，设置于西安火车站铁路股道地下，因受火车站改扩建影响延后建设。车站主体与丹凤门广场综合交通枢纽统一规划、统一设计、同步实施，采用“快速进站厅”设计理念，实现地铁与国铁间便捷换乘。其作为全网首座“先隧后站”和“边运营、边建设、边调试”的车站，主要采用天窗施工、隔离施工、监控施工等方式，保证工程质量和施工进度。截至年底，累计进站客流 42.2 万人（次）、出站客流 44.09 万人（次），体现出丹凤门广场综合交通枢纽的铁路、地铁、公交、出租、私家车“五位一体”功能，客流疏导效益显著，改善城市交通环境。（彭启昕）

2022 年 9 月 25 日，西安地铁 4 号线西安站开通运营　（申　立　摄影）

城市管理

【概况】 2022 年，西安市城市管理和综合执法局全面抓好园林绿化、环境卫生、市容秩序和综合执法等方面工作落实，推动城市管理科学化、精细化、智能化水平持续提升。组织开展“城市管理进社区，服务群众面对面”活动，5000 余名城管执法队员包抓进入 692 个社区和 4954 个小区，紧扣燃气安全隐患排查、垃圾分类、防范养老诈骗等城市管理重点工作，利用社区宣传栏、市民公开信、微信工作群、电子屏、问询台等，采取发传单、讲案例、播视频等方式，向社区居民、商户积极宣传城市管理领域爱绿护绿、垃圾分类等相关知识以及《西安市城市管理综合行政执法条例》《西安市城市市容和环境卫生管理条例》等法规，宣传城市管理领域法律法规900余次，参与人员10.43万人(次)，发放宣传彩页23.8万份。结合疫情防控实际，支持沿街商户及摊贩在不影响行人交通安全和通行的情况下规范出店、占道经营，设置临时占道摊群点396处；会同商务部门支持大型商业综合体设置户外促销160处。

【城建法规制定审核】 2022年，西安市住房和城乡建设局制定《2022年推进法治住房建设工作要点》。处理诉讼复议事项91项，审核把关规章制度30余项、信息公开958项，监督审核行政执法案件56项。根据市人大常委会2022年立法工作计划要求，将住房建设1部法规列入立法制定项目、3部法规列入立法调研项目。《西安市海绵城市建设条例（草案）》通过市政府审议，已报市人大常委会审核；3部立法完成调研，为下一步立法调研工作打下坚实基础。严格落实规范性文件审查备案制度，审核《西安市房屋建筑和市政基础设施工程施工总承包企业信用评价管理办法》《西安市国有土地上房屋征收评估报告鉴定管理办法》《西安市保障性租赁住房资格审核及分配暂行规定》《西安市房地产经纪信用信息管理办法》4部行政规范性文件。承办行政案件91件，其中诉讼案件76件，行政复议15件，结案76件，胜诉68件。完善行政处罚裁量标准，制定《西安市住房建设领域行政处罚裁量基准》《西安市住房建设领域轻微违法行为不予行政处罚清单》，对房地产市场管理、建筑市场管理等14个方面、257项行政处罚条目的违法行为进行区分细化，进一步推进执法工作合法有序规范开展。审核各类市政基础设施项目8项，组织召开方案设计专家评审会14次，现场调研踏勘9次。

【市政设施排查维护】 2022年，西安市城市管理和综合执法局强化城市道路桥梁维护管理，修补沥青路面136.8万平方米、人行道54.3万平方米，排查城市道路1.11万条（次），清除影响交通安全的死树198株，扶正加固危树189株，修剪影响视线和遮挡交通标志的树木2900余株，消除隐患878处。完成兴庆坊东口、含元路、安邸立交等10处积水点整治，5.5千米道路无障碍设施建设和33条道路自行车道改造，建设人行过街设施6座。开展道路空洞隐患排查整治，排查道路2339条，治理塌陷隐患132处。完成咸宁路空洞病害和东三环广运大桥横梁病害抢修工作，其中处理空洞并修复路面1.3万平方米、完成广运大桥7处横梁开裂的病害抢修，并于9月底放行通车。牵头组织开展全市窨井盖隐患排查治理专项行动，摸排各类窨井盖27万余个，整治破损井盖6882个，更换及补挂防坠网5.5万个。加速推进城市道路照明维护改造，完成东三环穆将王立交辅道、东三环安邸立交辅道等31条道路照明安全隐患整治，延兴门西路、延兴门二路等18条道路照明改造。巡查道路6.15万条次，修灯1.35万盏，处理回路亮灭灯故障1977处、灯门1659处；处理电缆故障1160处；清洗路灯1.27万余套，擦洗箱变107台，油饰灯杆210基；全年平均亮灯率99.24%，设施完好率99.64%。

【城市清洁行动】 2022年，西安市城市管理和综合执法局在城管系统组织开展"城市清洁行动"，全面巩固提升城市精细化管理成果，集中整治全市城市道路、园林绿地、建筑工地、公共区域、"城市家具"等方面存在的问题。出台《西安市开展城市清洁行动提升精细化管理工作水平实施方案》，通过明察暗访、实地查看、业务评价、树优评差等方式，在市容环境、市政设施、园林绿化、执法宣传4大类项目中，每月选定1个主题，开展全市范围内最佳和最差评选活动。全年开展城市精细化管理工作综合考核6个月，召开3次互比互学现场观摩会，开展最佳、最差路段评选活动6次，分别评选最佳路段118条、最差路段120条。

【市容秩序综合整治】 2022年，西安市城市管理和综合执法局开展非法占道经营专项整治活动1.6万次，出动执法人员30万余人次；清理取缔非法占道经营户16.1万户，查处违反门前"三包"责任制商户3.4万余户，暂扣违法工具5699件。每月联合辖区交警、街办等部门开展集中整治，重点解决机动车人行道乱停乱放、占压盲道等问题，催挪人行道违停车辆54.2万辆（次），张贴《违法停车告知单》20.09万车（次），发放宣传资料1.5万份。组织开展共享单车整治月活动，出动执法人员2.2万人（次），规范摆放共享单车15.2万辆，清理违规停放单车375万余辆（次）。完成《西安市户外广告和牌匾标识设置专项规划》编制，组织开展户外广告及牌匾标识集中整治，检查临街商户及企业11.6万家（次），整治隐患271处。

【环境卫生治理】 2022年，西安市城市管理和综合执法局常态化组织开展"市政道路大冲洗，环卫设施大擦洗"活动；建立健全城市环境卫生管理网格制，定期开展暗访检查，及时督促整改问题。开展"大冲洗、大擦洗"活动220余次，出动环卫保洁工作人员500余万人(次)，出动保洁机械36万余台（次）。开展养老诈骗野广告清理活动，清理各类野广告65万余个。巩固提升"厕所革命"成果，新建、改造提升公共厕所169座，其中城镇新建公厕42座，改造提升56座；农村新建公厕21座，改造提升50座。组织开展公共厕所集中整治，提升卫生质量和内外颜值。扎实做好扫雪除冰工作，印发《城市道路桥涵、公园绿地广场扫雪除冰工作手册》，加强除雪物资储备（储备融雪剂1.6万余吨、推雪板4万余把、专业除雪车辆512辆、各类除雪设备1396台），完成雨雪冰冻天气应急处置工作，保障城市道路安全。

【违法建设治理】 2022年，西安市城市管理和综合执法局结合自建房安全专项整治工作，组织开展违建拆除整治行动。拆除整治违法建设1802处446.4万平方米（含自建房违法建设22处1.3万平方米），其中拆除1067处44.2万平方米，整治735处402.2万平方米。

（张　鑫）

【房屋安全管理】 2022年，西安市开展经营性自建房"百日行动"和"回头看"活动，并成立长效监管机制。全市经营性自建房中有C级9709栋，其中1175栋被列入近期整体征迁计划，停止用作生产经营场所；采取安全技术措施观察使用（部分采取工程解危措施）8689栋、施工中29栋、未开工2栋。有D级危险房屋206栋，采取停止使用、封存警示、人员搬离、工程拆除等措施。排查97.47万栋其他自建房，初步判断存在安全隐患5458栋，除2453栋不再使用无须鉴定（主要为山区闲置老旧房屋）外，完成其余房屋鉴定工作，其中鉴定为C级661栋、D级718栋，均采取相应管控措施。全年未发生既有房屋使用安全责任事故。组织开展房屋市政工程安全生产治理行动和"防风险促安全护稳定""防高坠防坍塌"等专项治理行动，检查项目1.68万个（次），排查整改隐患3.5万项，行政处罚5000余万元。全年房屋市政工程生产安全事故起数、死亡人数，比上年分别下降14.29%、13.33%。西安市住房和城乡建设局向各房屋鉴定机构下发倡议书，签订承诺书，倡议严格按照国家和行业的标准规范开展鉴定工作；推行房屋安全鉴定倡议价，比原价格降低 50% 以上。召开全市设计和检测单位动员部署会，公布 26 家“设计 + 检测”自建房鉴定联合体，将全市房屋安全鉴定机构扩充至 43 家，专业人员增加至 5130 人。7 月 4—15 日，开展鉴定报告抽查和房屋现场复核工作，复核鉴定报告 1852 份，现场复核 926 栋房屋，对 23 份鉴定报告和 97 户房屋现场结论提出异议的，均完成整改。编印《西安市城镇既有房屋抗震隐患排查技术规程》《西安市城乡居民自建房加固技术导则》《房屋安全使用管理典型案例和相关法规汇编》；联合相关科研院所、高等院校编写《西安市房屋建筑安全隐患排查技术导则》等技术要点并发放至各区（县）。全年组织开展 5 次自建房安全专业培训，千余人参训。完成西安市第一次全国自然灾害综合风险普查房屋建筑和市政设施调查。调查房屋 279.74 万栋，面积 10.05 亿平方米；调查市政道路 2878 条 3476.81 千米；调查市政桥梁 565 座 172.40 千米；调查供水厂站 152 座，供水管线 2807 条 3162.56 千米。西安市自然灾害综合风险普查工作被国务院、陕西省普查办通报表彰。

（张　睿）

2022 年 11 月，灞桥区生活垃圾无害化处理热电项目机组并入国家电网

（市城管局　供图）

【建筑垃圾处置管理】　2022 年，西安市在沣西新城和莲湖区新建 2 座建筑垃圾资源化利用企业，全市有建筑垃圾资源化利用企业 28 家（其中固定式 27 家，移动式 1 家），年处理建筑垃圾能力 2691 万吨。有建筑垃圾清运企业 174 家，清运车辆 14339 台，全部符合全密闭智能环保要求。市城管执法局鼓励拆除垃圾在外环高速、绕城高速、鄠周眉高速建设等重点道路施工项目中应用，资源化利用率 70%。利用堆山造景、土地修复、河道整治、山体修复、复耕还田、绿化种植等项目，解决工程渣土消纳处置问题，工程渣土和工程泥浆综合利用率达到 85% 以上。鄠邑区和西咸新区排查整治建筑垃圾乱堆乱倒问题点位 93 处，排查整治存量建筑垃圾 168 处。

【生活垃圾处置管理】　2022 年，西安市全面建成“5+4+1”（生活垃圾焚烧厂 5 座、厨余垃圾处理厂 4 座、固体废弃物综合处置场 1 座）现代化生活垃圾末端处理体系，清运处置生活垃圾 363.12 万吨，其中厨余垃圾清运处置 23.98 万吨。建成投运灞桥生活垃圾焚烧厂和固体废弃物综合处置场，前期建成的 4 个生活垃圾焚烧厂、4 个厨余垃圾处理厂和固体废弃物综合处置场飞灰一区均安全稳定运行。随着 5 座生活垃圾焚烧厂陆续投入运行，全市生活垃圾处置模式由无害化卫生填埋转变为无害化焚烧处置，日均生活垃圾焚烧能力 1.2 万吨，已具备生活垃圾“零填埋、全焚烧”能力。蓝田、高陵、鄠邑、西咸 4 座生活垃圾焚烧厂均达到 AAA 等级，AAA 等级焚烧厂占比位居全国第 1。7 座生活垃圾填埋场，6 座进入封场准备阶段。持续优化生活垃圾收运体系，其他垃圾转运站整合减少到 131 座。推进农村生活垃圾治理，4597 个自然村生活垃圾有效治理比例 91.7%，秦岭地区农村生活垃圾无害化处理率达到 96.3%。

市城管执法局加快落实桶边引导机制，推行定时定点投放、分类投放引导、公示承诺等垃圾分类制度，组建 1.94 万人的引导员和 1.22 万人的督导员队伍，并加大垃圾分类执法力度，作出行政处罚 2240 起，分类投放准确率较上年大幅提升。持续开展垃圾分类示范创建工作，未央区、航天基地入选垃圾分类省级示范区，全市省级示范区达到 8 个；新增垃圾分类市级示范单位 81 个，总数达到 623 个。

【城管综合执法】　2022 年，西安市城市管理和综合执法局在全市城管系统组织开展“三个一”活动（一次执法纪律教育活动、一次执法作风整治活动、一次舆情处置培训活动），持续加大对城管执法队伍和执法人员不文明、不规范等行为查处力度。查处群众投诉举报问题线索 28 件，发出督办单 19 份，实地督办 11 次，召开案审研判和推进会 13 次，查实问题线索 7 件，处理 15 人次。组织开展行政执法案卷评查工作，自查处罚案卷 1 万多份，集中抽查 110 份，规范全市城管执法领域城管执法行为，提高行政案件办理质量。持续推进“双随机、一公开”监管，统筹编制年度抽查计划，对秦华燃气经营许可重点监管，对 13 家集中供热企业经营服务质量随机监督检查，对 7 家重点排水用户重点监管，对 20 家排水用户监督检查，检查结果均上传省“双随机、一公开”平台公示。加快完善城管系统社会信用体系建设，向全国信用信息共享平台（陕西西安）报送信用信息 4213 条，其中行政许可信息 3458 条，行政处罚信息 755 条。

（张　鑫）

【城建档案接收保管和利用】　2022 年，西安市住房和城乡建设局完成《西安住房和城乡建设纪事（2016—2020）》编制工作。参与草拟和发布列入省工程建设地方标准的《建设工程消防验收文件归档标准》。制定《西安市城建档案馆馆藏档案著录信息错误修正制度》《西安市城建档案馆网络与信息安全事件应急预案》。接待工程项目咨询近 3000 人（次），为近 1600 个项目提供指导服务，完成项目入库 1176 个、单位工程入库 2678 个，房建工程档案对应接收面积 561.83 亿平方米。接收工程声像档案项目 296 个，入库照片 1.83 万张，视频 57 小时，光盘 327 张。档案利用量较上年增长 11.25%，查档窗口接待 1420 人（次），电话查档 851 人（次），声像档案利用 20 次，档案内部利用 135 次；查档利用档案 1.45 万卷，其中电子档案 1.36 万卷，占比 93.7%；复印文字 5894 页、图纸 828 张；刻盘、拷贝档案 1.27 万卷 83.1 万页；完成档案证明 1134 份。持续推进馆藏档案电子化工作，完成馆藏档案扫描 3.7 万卷 456.35 万页。

（张　睿）

乡村振兴

责任编辑　冯冠杰

脱贫攻坚成果巩固

【概况】　2022年，西安市全力推进脱贫群众稳定增收和脱贫地区持续发展，实现巩固拓展脱贫攻坚成果同乡村振兴有效衔接。“两不愁三保障”和安全饮水核心指标全面提升；全市义务教育阶段脱贫户学生无一人失学辍学；脱贫人口基本医保参保率100%；农村危房改造继续实施，脱贫户住房安全得到有效保障；饮水安全持续提升，农村供水保障达到饮水安全“四项基本标准”。脱贫人口人均纯收入达到1.66万元，比上年（1.46万元）增长2010元，增幅13.8%。

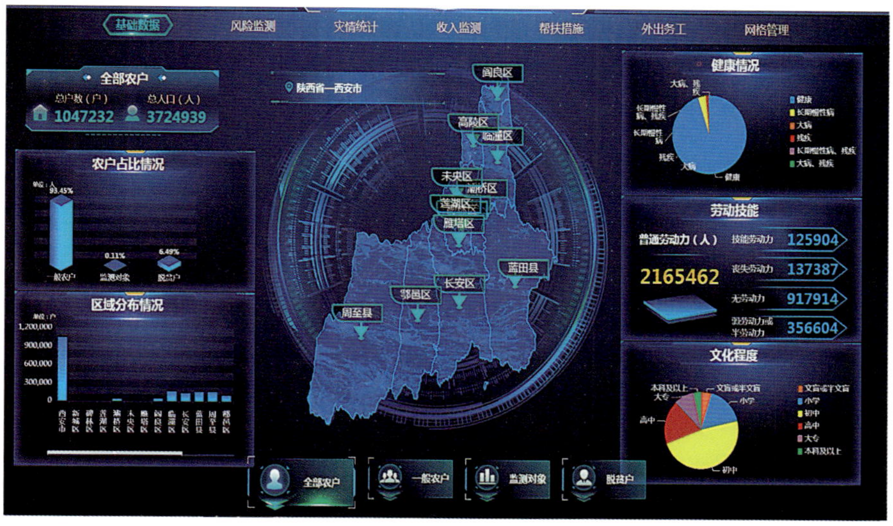

截至2022年年底，西安市防返贫监测系统截屏　（市乡村振兴局　供图）

【防返贫动态监测和帮扶】　2022年，西安市调整市级防返贫动态监测和帮扶工作专班，制定《工作导则》《工作指南》《流程图》，细化19个承担预警监测、28个承担巩固脱贫成果任务市级部门的主要职责。防返贫监测帮扶“139”工作法、“六个一推进机制”，受到陕西省乡村振兴局通报表扬。

强化动态管理　严格落实“2531”动态监测帮扶机制，落实“周统计、月通报、季调度、半年小结、全年总结”5项要求，运用好日常排查、随机抽查、点对点核查、集中排查“四种手段”，每月与行业部门进行预警信息筛查。全年新增监测对象182户659人，累计1220户3915人。

落实精准帮扶　逐户明确帮扶责任人，实行结对帮扶，根据监测对象的风险类别、发展需求，落实精准帮扶措施，做到早介入、早帮扶、早见效，确保返贫致贫风险得到有效化解。全年监测户已落实帮扶措施3039个，户均享受政策2.5个，帮扶措施落实率100%，未出现返贫致贫现象。

严格消除风险　按照收入持续稳定不达半年以上不消除、“两不愁三保障”及安全饮水没有持续巩固不消除、返贫致贫风险消除不稳定不消除、整户无劳动能力不消除的“四个不消除”要求，规范风险消除程序，稳定消除风险。全年消除风险27户84人，累计818户2712人，风险消除率70.4%，位居陕西省第1位。

【衔接资金和项目管理】　2022年，西安市争取中央和省财政衔接补助资金2.52亿元，比上年增加4980.2万元；市级财政落实衔接资金3.87亿元，与上年持平；安排成果巩固与有效衔接项目581个，项目开工率100%，资金支出进度98.03%，高于全省平均水平。研究制定衔接资金项目全流程管理办法，建立项目联评联审和联合督导机制，通过召开项目联评联审会等，把好资金使用关口。开展项目资金使用管理专项督导检查，实施第三方审计监督评价，切实加强财政资金日常管理。及时下达拨付中央、省级、市级预算资金，开展项目资金使用管理县际专项交叉检查，实施第三方审计监督评价，加强财政资金日常管理。开展扶贫项目资产清查摸底、扶贫项目资产后续管理“回头看”，全面摸清资产底数和现状。7194个扶贫项目资产，资产原值41.2亿元，基本实现账账相符、账实相符，每个资产有“身份证”、有“管理员”、有“监督员”，有效提升扶贫项目资产管理水平。

【产业帮扶】　2022年，西安市持续推进产业帮扶，制定印发《促进脱贫群众增收二十条政策措施》和《应对疫情影响“稳两业促增收”六条措施》，因地制宜加快发展壮大猕猴桃、葡萄、食用菌等乡村特色产业，集体经济经营性收益5万元以上的村达88.24%；持续壮大产业主体，新增家庭农场59家，规范运行的农民专业合作社6889家，国家级示范社24家。高效保障产业帮扶各项政策措施落到实处，新增小额信贷2033户8746.81万元；开展各类农业科技培训1528场，推动农科技术服务到户到田。

【就业帮扶】　2022年，西安市扩大岗

位供给，鼓励支持各类人力资源服务机构、劳务经纪人面向脱贫劳动力开展劳务输出，全市12.27万名脱贫劳动力外出务工。积极开发公益性岗位，发挥就业帮扶基地、创业孵化基地等载体的带贫作用，广泛吸纳脱贫劳动力转移就业，保障脱贫群众就地就近就业，搬迁群众务工人数达到上年务工总数的101.86%；通过发放农村自主创业担保贷款，开展脱贫劳动力技能培训，引导返乡农民工回乡就业创业。

【教育帮扶】 2022年，西安市持续改善办学条件，投入使用新建、扩建中小学及幼儿园116所，新增学位10.5万个。深化“名校+”工程，加快提升公办薄弱学校办学质量，组建完成城乡学校共同体24个，推进基础教育均衡发展。完成2021年度乡村振兴教育脱贫成果评估。成立巩固拓展教育脱贫攻坚成果同乡村振兴有效衔接“百日督帮”工作专班。落实控辍保学、送教上门等政策要求，全市义务教育阶段无一人辍学，失学教育资助制度实现“三个全覆盖”（所有学段全覆盖，公办民办学校全覆盖，家庭经济困难学生全覆盖），义务教育阶段脱贫户学生无一人失学辍学。

【健康帮扶】 2022年，西安市全面落实定额资助参保政策，共资助10.79万人2677.03万元，脱贫人口基本医保参保率100%；落实基本医疗、大病保险、医疗救助“三重保障”制度，补偿1.35万人（次）1.57亿元，“三重保障”报销比例80%以上。健全完善市、县、镇、村四级医保经办服务体系，建立乡镇医保服务站186个、村医保工作室3141个。持续落实30种大病专项救治和住院先诊疗后付费政策，做好重点人群和脱贫人口家庭医生签约服务，加强高血压、糖尿病、肺结核、严重精神障碍4种慢性病规范管理。

【定点帮扶和社会力量帮扶】 2022年，西安市持续开展定点帮扶，调整派出358支驻村工作队、1179名驻村干部，实现乡村振兴“五类村”驻村帮扶力量全覆盖。全面深化驻村帮扶工作，扎实开展“走读式”驻村干部等问题的专项治理，推动由“选优派强”向“管训促用”转变，不断强化驻村帮扶工作实效。动员社会力量，大力推进“万企兴万村”行动，组织民营企业参与巩固拓展脱贫攻坚成果，助力乡村振兴。搭建社会力量参与乡村振兴需求项目库，已入库项目300个。动员4115名干部人才下沉乡村振兴一线，引导478家企业与569个村签署共建协议，推动各类资源要素向乡村加速聚集、深度融合。深化苏陕协作，印发《2022年苏陕协作工作要点》，建立苏陕协作工作责任台账，从产业带动、就业支持、消费帮扶等方面，推动苏陕协作不断升级，争取苏陕协作省级资金1640万元，安排项目13个，新增引进落地投产企业5家。持续开展苏陕协作消费帮扶，向太仓等东部地区销售周至县农副产品2.27亿元。通过苏陕协作渠道转移农村劳动力就业1091人。周至太仓创新产业园新增引进落地投产企业5家，实际到位投资3.69亿元。继续开展省内区域对口帮扶工作，深化结对关系、加大帮扶力度，组织全市9个帮扶团对口帮扶陕南3市9个区（县）巩固拓展脱贫攻坚成果，直接投入帮扶资金4550万元，实施项目31个，带动1.5万户农户增收。

【重点地区和重点人群帮扶】 2022年，西安市在全面抓好省级重点帮扶县的基础上，确定蓝田县为市级重点帮扶县，并争取周至县1个镇8个村和蓝田县1个村列入省级重点帮扶镇和重点帮扶村。制定出台重点帮扶县36条支持政策，投入两县衔接资金占全市总量的56%，市级派驻工作队占全市总数的75%。

推动挂牌督办县摘牌 成立由18个市级部门组成的挂牌督办工作专项小组，制定全市支持周至县政策落实任务清单和周至县挂牌督办工作方案以及任务、责任、工作“三个清单”，实行县级领导包抓、部门负责、专项推进工作机制。周至县自查认领10个方面53项任务，投入国家和省、市各类支持资金3.15亿元，挂牌督办周至县高质量通过省级验收、顺利摘牌。

搬迁社区后续扶持 印发《2022年易地搬迁后续扶持“乐业安居”专项行动工作方案》，争取省级易地搬迁后续扶持专项资金125万元。搬迁群众务工人数达到3001人，完成上年务工总数的101.86%。19个易地搬迁安置点全部实现社区服务场所全覆盖。着力推广“居住簿”制度，为搬迁群众就近提供管理事项“一站式”服务。易地搬迁后扶工作经验得到上级肯定并在全省交流。

（李景霖）

【农业农村人才培育】 2022年，西安市通过集中授课、生产实践、观摩学习、帮扶指导等方式，突出粮食、蔬菜、果树、电子商务和新型经营主体等领域，举办高素质农民培育40期，累计培育高素质农民2320人，完成全年目标考核任务的116%。临潼区农民科技教育培训中心被中央农业广播电视学校评为2022年高素质农民培育提质增效百佳校；王卫花、崔新仓、宁选朝、李小柯4人被省现代农业培训中心和省农业广播电视学校聘为“陕西省高素质农民培育省级名师”。农业农村人才培育在省农业农村厅考核中再度位列优秀等次。

（朱美涛）

农村改革

【农村“三变”改革】 2022年，西安市深化农村“三变”（资源变资产、资金变股金、农民变股东）改革，通过资源整合、要素集聚、产业绑定、平台推动，实现集体资源资产的保值增值。出台《西安市推进“三变”改革发展壮大新型农村集体经济工作方案》《全市村干部补贴与集体经济收益挂钩奖励暂行办法（试行）》等文件，编制《西安市镇（街道）国土空间规划编制导则（试行）》《西安市农村集体经营性建设用地入市的流程》等，涉及村集体经济组织的资源整合、项目培育、市场对接和产业发展等多个方面。开展集体资产清查工作，全年清查各类资产509.1亿元，其中经营性资产158.4亿元，非经营性资产350.7亿元。对新增和变化的集体资产及时调整账务，纳入清产核资系统，实现在线全程管理。成立西安农业投资（集团）有限公司，开启农产品商贸物流平台、产业投融资平台、农业秦创原平台、金融服务平台、城乡融合发展平台、乡村振兴帮扶平台、“一带一路”开放合作平台7个平台，成为西安“三农”投融资开发运营总平台。区（县）、西咸新区、开发区成立白鹿原现代农旅投资集团有限公司、高陵源田梦旅游开发公司等16个国有农业（乡村振兴、农旅）投资公司。截至年底，全市集体经营性收益1000万元以上的有20个村，占全市行政村总数1%，主要集中在碑林区、莲湖区、雁塔区、高陵区和西咸新区。经营性收益50万～1000万元的村（社区）284个，占全市行政村总数13%；收益50万元以上的富裕村（社区）有304个，占比13.49%。

【农村宅基地改革】 2022年，西安市建立健全市、区县、镇街、村4级管理体制和工作机制，制定规范农村宅基地审批管理、保障农村村民住宅建设用地、开展农村闲置宅基地和闲置住宅盘活利用试点示范、规范村民住宅用地农转用审批等政策文件。确定高陵、长安、鄠邑3个区为省、市盘活利用试点区，在全市选择70个村作为试点示范村，在完成宅基地基础信息调查摸底、规划编制、历史遗留问题处置、确权登记颁证4项基础工作的基础上，全面推进农村宅基地改革试点。鼓励村集体经济组织和农户盘活利用闲置宅基地和闲置住宅，发展符合乡村特点的乡村旅游、餐饮民宿、文化体验等新业态，全市累计盘活利用闲置宅基地和闲置住宅5900多宗。创新形成"零散出租""内部盘活""分割盘活""自主盘活"4种盘活模式。启动部分村庄更新建设项目，探索实现整村自愿有偿退出宅基地新路径。截至年底，全市完成宅基地基础信息调查工作，宅基地信息化管理平台建成投用；全面完成村庄"多规合一"规划编制；排查历史遗留问题5050个，化解4171个，化解率82.6%；颁发"房地一体宅基地确权登记证书"1.26万宗，颁证率85%。

【承包地后续管理】 2022年，西安市印发《关于夯实农村土地承包仲裁工作责任的通知》，组织涉农区（县）签订《农村土地承包仲裁工作责任书》，以夯实农村土地承包仲裁工作责任。依托四级产权交易体系，鼓励农民加快土地经营权向村集体和新型农业经营主体流转。开展农村土地承包经营权证发放到户排查整改、工商企业拖欠农民承包地流转费排查整改，坚持农村土地承包地关系稳定并长久不变政策，以农村土地二轮承包台账为基础，对符合条件的85.7万农户颁发确权证书，有效维护进城落户农民土地经营权益，进一步规范提升全市农村承包地管理工作。

【农村资产核查】 2022年，西安市坚持按照清查核实、公示确认、建立台账、审核备案、汇总上报、纳入平台管理"六步法"开展清产核资工作，全面完成年度任务。清查各类资产总计509.1亿元，其中经营性资产158.4亿元，非经营性资产350.7亿元，并及时调整新增和变化的集体资产账务，纳入清产核资系统，实现在线全程管理。全市2254个行政村（社区）全面消除集体经济"空壳村"，收益5万元以上的行政村（社区）占比达到88.24%。 （朱美涛）

乡村规划

【乡村振兴政策体系完善】 2022年，西安市先后出台《2022年全面推进乡村振兴重点工作实施方案》《关于加快推进乡村人才振兴的实施方案》《西安市促进农村居民收入稳定增长工作方案》《关于加强"清单制""积分制"应用持续推进乡村移风易俗工作实施方案》《关于做好全省乡村振兴战略实绩考核暨省级通报问题整改的通知》《关于整治防范中介机构违规提取扶持新型农业经营主体项目费用自查自纠的通知》《2022年推进乡村振兴战略实施情况的报告》等文件，系统推进农村经济建设、文化建设、政治建设、社会建设、生态文明建设，乡村振兴制度框架和政策体系健全完善。 （朱美涛）

【村庄规划编制】 2022年，西安市编制《西安市实用性村庄规划编制指引及成果规范》，为实用性村庄规划编制提供思路性、方向性、技术性引导。在国家"集聚提升、城郊融合、特色保护、搬迁撤并、其他类"5大村庄类型基础上细化成二级分型，形成具有西安特色的"5类11型"村庄分类体系，全面完成城镇开发边界外1473个行政村类型划分工作，进一步明确全市村庄发展定位和思路。有序推进"多规合一"的实用性村庄规划编制，完成20个市级试点编制，在村庄建设上形成适度集聚和有机离散互补的发展模式。 （李景霖）

乡村产业

【概况】 2022年，西安市粮食生产实现"十九连丰"，70家"菜篮子"基地和41家农业产业链主企业保供能力全面提升，重要农产品生产稳定、供应充足。巩固衔接工作进展顺利，消除风险824户2716人，未出现返贫致贫现象。都市农业现代化水平不断提升，"三区一带三基地13+6集群"产业布局、3个优势特色产业集群、5个省级现代农业产业园和10个都市现代化农场等产业融合项目持续推进。开展万千行动、与你"乡"约，助力乡村振兴。"万名干部人才下乡村"和"千企联千村"有机联动，4125名干部和人才到乡村一线贡献才智、干事创业，654家企业与769个村签署共建协议，撬动社会资本5.6亿元投向农村。236名市级科技特派员累计开展活动3493场次，服务群众近4万人。 （朱美涛）

【乡村产业培育】 2022年，西安市发展和改革委员会争取省级县域经济高质量发展专项资金1.25亿元，全力支持周至县、蓝田县、长安区、鄠邑区、高陵区等五个区县的首位产业发展培育和县城建设。推动高陵、阎良、西咸国家城乡融合试验区结合片区工作做实做细，42个重点项目建设有序推进。深化拓展"太仓—周至"协作，下达周至县省级苏陕协作资金1640万元。争取中央、陕西省资金1920万元支持蓝田、周至9个以工代赈项目。积极做好省级农村产业融合发展示范园第一批认定和第二批创建工作，推荐周至县申创第四批国家农村产业融合发展示范园。加大易地扶贫搬迁后续扶持力度，多举措发展安置点后续产业，多渠道促进搬迁群众稳定就业。 （薛 举）

【休闲农业】 2022年，西安市创新农业和文旅融合，推进休闲农业产业发展。把农田按景观、景区打造，将村庄作为产业的配套功能服务区，开发村庄可利用空间和资源。推动并形成多种类型的农业规模化生产案例或都市现代农业项目，形成以蓝田峪口荞麦花海、长安神禾塬万亩优质粮食生产基地、长安十里蛤蟆滩稻花乡里、鄠邑曲水稻乡等为代

2022年3月，西安灞桥区鹿走沟现代农业示范园春季景观
（市农业农村局　供图）

表的西安农业景区。开展各类休闲农业活动，促进“农业＋文旅”融合发展。高陵区举办“长安夜·我的夜”2022消夏旅游节；蓝田县举办“绿色蓝田‘杏’福有你”大杏采摘节；灞桥区举办灞桥葡萄云品鉴直播推广活动；阎良区举办年阎良甜瓜产业文旅节等。以“春赏花、夏纳凉、秋采摘、冬农趣”为主题，先后发布休闲乡村特色游、休闲农业乡村游、采摘休闲度假游、休闲观光体验游等精品线路24条，其中陕西省农业农村厅发布线路16条，位列全省第一。全市休闲农业年接待人数超过1572万人（次），经营收入11.65亿元。鄠邑区胡家庄村入选“中国美丽休闲乡村”，蓝田县获评“全国休闲农业重点县”。

【农业产业融合发展】 2022年，西安市紧扣产业振兴目标，依托优势资源，推进乡村产业融合发展。持续推进阎良关中奶山羊、周至秦岭猕猴桃、西咸新区泾河新城茯茶等3个国家级优势特色产业集群建设，集群产值累计达101.85亿元。稳步推进长安、蓝田等省级现代农业产业园建设，累计建设市级现代农业产业园（都市现代化农场）15个。开展市级农业产业化重点龙头企业认定监测，新认定市级龙头企业36家，市级以上农业产业化重点龙头企业累计达180家，其中国家级12家、省级60家、市级108家。新增省级农业产业化示范联合体3家，市级以上农业产业化示范联合体达50家。阎良区关山街道获批省级“一村一品”重点镇建设。（朱美涛）

乡村建设

【概况】 2022年，西安市研究制定乡村建设行动推进方案、“百村示范、全域推进，高标准建设、高质量发展”乡村建设示范村创建工作方案，确定“两带五片区”总体布局（秦岭北麓环山带、渭河两岸发展带、白鹿原片区、骊山洪庆片区、浐灞河片区、泾河片区、石川河片区），凝聚各方之力，率先打造出“秦岭八村”等一批乡村建设示范村。陕西省秦岭山水乡村建设现场培训会暨“四沿三建”行动启动仪式在西安市举行，国家乡村振兴局领导莅临调研时给予充分肯定，并在中央电视台介绍推广西安乡村建设工作经验。

【农村基础设施建设】 2022年，西安市农村公路总里程1.06万千米，涉农区（县）实现“四好农村路”省级示范县全覆盖，行政村公路通畅率、硬化率均达100%，30户以上自然村100%通硬化路，建制村通客车率100%。新建或改造农村供水保障工程80处，农村集中供水率99%，自来水普及率99%。农村地区供电可靠率99.8%，综合电压合格率99.8%，配电自动化覆盖率84%。全域建成县、乡、村三级物流网络体系，建制村快递通达率65%，快递物流覆盖率100%。全市行政村实现4G网络和光纤网络全覆盖。完成4375户农村低收入群体等重点对象实施抗震改造。

【农村公共服务建设】 2022年，西安市争取并获批“国家积极应对人口老龄化重点联系城市”。涉农区（县）普惠性幼儿园覆盖率90%，农村义务教育学生营养改善实现全覆盖。社区卫生服务中心、乡镇卫生院均已建成发热门诊/诊室。涉农区（县）县级医院胸痛、卒中、创伤、孕产妇、儿童及新生儿救治等“五大中心”建设实现全覆盖。农村社区服务中心覆盖率10.67%，片区化中心覆盖率31.42%，互助幸福院覆盖率85.8%。（李景霖）

【农村人居环境整治】 2022年，西安市持续改善农村人居环境，突出农村厕所革命、生活污水垃圾治理、村容村貌提升等重点工作，大力实施“百村示范、千村整治”、村容村貌、环境卫生、基础设施、清洁田园、管护机制“6大提升工程、22项行动”。农村生活垃圾得到有效治理自然村占比达91.7%，生活污水治理率达到50.2%；建制村道路全部实现硬化、通客车；农村网络实现全覆盖；农村自来水普及率达到99%以上；农村电力入户率和自然村通动力电均达100%；创建培育美丽村庄657个，美丽村庄片区12个，文明村镇1116个，美丽庭院示范户9万余户，农村人居环境显著提升。蓝田县入选全国旅游乡村重点县、周至县入选2022年“四好农村路”全国示范县、长安区长安大道获全国美丽乡村路称号。

【美丽乡村建设】 2022年，西安市制定印发《西安市新一轮农村人居环境整治提升行动方案》，全面推进农村人居环境整治提升五年行动，大力实施“百村示范、千村整治”提升工程，整市推进“花园乡村”建设，100个村已达建设标准。农民日报（中国农网）、“全国人居办”公众号均曾推广其经验。长安区全域建设“花园乡村”入选陕西省首批乡村振兴典型案例。

【农村户厕建设】 2022年，西安市扎实开展农村户厕改造行动，持续健全户厕管护长效机制，新改建卫生厕所1.52万座，完成全年任务的101.5%；农村户用卫生厕所普及率达92.9%。灞桥区、阎良区、周至县先后开展省级户厕后期管护示范县创建，临潼区成功入选省级“首厕过关制”试点县，灞桥区户厕智能管护平台入选陕西省改厕“十大典型”模式。陕西文明网、陕西农村网、“全国农村人居环境”公众号等多家媒体专题报道西安市改厕经验成果。

【乡村空间站创建】 2022年，西安市坚持以人民为中心，统筹推进乡村发展、乡村建设、乡村治理，推动资源、资产、资金向村集体集中，开发村庄可利用资源和空间，将村庄作为产业功能性配套区，试点探索“乡村空间站”建设，旨在消除因人口减少而对乡村建设行动是否有存在必要性的质疑，破解乡村建设行动“为谁建、建什么、怎么建、谁来建”和乡村产业建设用地不足等难题，实现“三变”改革“三资”集中成果运用、乡村产业发展和乡村建设的务实落地贯通，蹚出一条以产定建、产村融合、三产融合的发展新路径。全年投入财政资金2000万元，打造宜居宜业宜游“乡村空间站”10个。（朱美涛）

乡村文化

【概况】 2022年，西安乡村文化繁荣发展，“西安因你而美”主题文明实践活动成效显著。打造10个区（县）新时代文明实践示范中心、100个镇街新时代文明实践示范所、1000个社区农村新时代文明实践示范站（点、岗），为市民群众提供高标准文明实践活动阵地。开展移风易俗行动，开展陈规陋习专项整治行动，减轻农民人情支出负担。广泛推广积分制，开展“婚育新风进万家”等文明实践活动，推动形成文明乡风、淳朴民风、良好家风。在全市打造30个文明乡风示范村镇。实施文化惠民工程，农村基层综合性文化服务中心（含图书室）建设实现涉农区（县）全覆盖，累计建成1770个。（朱美涛）

【文明示范村镇建设】 2022年，西安市确定30个2022年度“乡风文明示范村镇”，9个村被评为陕西省“美丽乡村 文明家园”建设示范村。培育区（县）级以上文明村1088个、文明乡镇28个。形成“灞桥八礼”文明传递、“蓝田新婚礼”移风易俗等“一所一站一品牌”138项。实施10个新时代文明实践示范中心、

2022年9月23日，蓝田县举办中国农民丰收节庆祝活动
（市农业农村局 供图）

100个示范所、1000个示范站“十百千”示范工程，对首批共100家“十百千”示范单位进行授牌。（李景霖）

【中国农民丰收节】 2022年，西安市采取“线上+线下”的方式，举行第五届中国农民丰收节“庆丰收·迎盛会——西安村歌嘹亮、唱响乡村振兴城乡融合发展”活动，高歌咏唱乡村振兴，展现新时代农民精神风貌和乡愁乡情、村风民趣，现场推介发布“西安农业景区”“西安乡村空间站”，表彰乡村工匠、十佳农机能手、十佳合作社和家庭农场，充分展示乡村产业、乡村建设、乡村治理新成就，营造上下共庆丰收的浓厚氛围。活动直接带动农产品销售7232万元、意向签约8.1701亿元、覆盖100.1314万人。（朱美涛）

【第四届关中忙罢艺术节】 2022年5月23日，第四届关中忙罢艺术节在鄠邑区石井街道蔡家坡村启幕，同时，终南戏剧节、终南生态艺术项目、社区艺术项目三大板块、九大主题的系列文化活动相继开展，将不同题材和形式的演出活动、文艺展演等搬到秦岭脚下的乡野当中，做到真正把舞台搭在田野上。麦客主题摄影作品错落在麦田之中，形态各异的壁画艺术与乡村完美融合，各色艺术项目在田野空间塑造新美学意境。市民打卡鄠邑“微度假”，“休闲旅游在鄠邑”已成为“诗画鄠邑 品质新区”日益响亮的文旅品牌。（行中道）

乡村治理

【概况】 2022年，西安市持续优化完善乡村治理体系建设局际联席会议机制，大力推广“积分制”“清单制”等典型治理经验，深化试点示范创建，1镇5村被认定为第二批陕西省乡村治理示范村镇。全市累计创建国家级示范村9个，省级示范镇2个、示范村13个。

【农村“三资”治理】 2022年，西安市在全市范围内开展农村“三资”（货币资金、资产和资源）专项治理。出台《关于开展清理农村集体经济合同规范农村集体“三资”管理专项治理工作方案》，建立“党委统筹谋划、纪委监督推动、农业农村部门具体落实，司法、物价、审计、自然资源等部门分工协作”的工作机制，以“清理规范农村集体经济合同、构建农村集体资产监管运营体系、规范农村集体资源开发利用”3项任务为重点，在全市涉及农村集体“三资”管理的16个区县、西咸新区、开发区同步推进。研究制定《西安市清理农村集体经济合同规范农村集体“三资”管理专项治理工作细则（试行）》，构建起市、区（县、西咸新区、开发区）、街（镇）、村四级联动的工作格局，形成各部门齐抓共管、协同推进的整治合力。全市16个区（县、西咸新区、开发区）181个街镇2335个涉农行政村（农村社区）共收集农村集体经济合同5.53万份（资源类合同3.84万份、资产类合同1.14万份、资金类合同2238份、建筑工程类合同1223份、其他类合同2078份）。其中灞桥区作为试点，收集合同1750份，完成整改纠错1668份，增加集体经济收入2712.62万元，实现集体增收益、群众得实惠。坚持边清理、边治理、边规范、边建设，区县、西咸新区、开发区开展街（镇）农村集体资产监管运营服务中心建设试点，全面实现村财街（镇）管和财务在线管理服务。阎良区联合秦农银行阎良支行建成关山街道农村集体资产监管运营服务中心，设立资产监管岗位2个、产权交易岗位2个、金融服务岗位1个。（朱美涛）

【法治乡村建设】 2022年，西安市深入推进农村普法工作，对全市基层2246名“法律明白人”进行专题辅导培训。各级人民调解组织受理民间矛盾纠纷20047件，化解率98.10%。全市所有村、社区100%配备法律顾问。全市综治视联网系统实现市、区（县）、街（镇）、社区（村）四级联网贯通。全年侦办涉农村恶势力犯罪团伙3个；侦办农村9类涉恶案件185起，破案97起，农村地区社会治安环境良好。（李景霖）

2022年，西安市临潼区代王街道山任村获批第二批全省乡村治理示范村
（市农业农村局 供图）

综　述

【区域战略格局】　2022年，西安市紧紧抓住共建“一带一路”、新时代推进西部大开发形成新格局、黄河流域生态保护和高质量发展等重大战略机遇，按照国家关于区域协调发展的战略部署，着力推进国家中心城市、西安都市圈、关中平原城市群建设，形成“一心一圈一群”共同赋予的区域战略格局，以建设国家中心城市为内核，以推进西咸一体化、西渭融合为突破，巩固西安都市圈发展成果，有序推进西汉、西商、西宝、西康融合，不断拓展西安在关中平原城市群以及西北区域的发展辐射范围；以与周边城市间“点对点”的突破带动区域“点线面”的协同发展，着力推进西安与周边区域间基础设施互联互通、创新协同高效、产业分工协作、改革开放协同推进、生态环境共建共治、公共服务共建共享、文化传承发展、城乡深度融合，促进区域协调高质量发展。

【西部大开发形成新格局】　2022年，西安市推进西部大开发形成新格局工作领导小组加强谋划，全面推进相关工作。先后制定印发《新时代推进西部大开发形成新格局的贯彻落实方案》《西安市新时代推进西部大开发形成新格局2022年工作要点》《西安市落实〈陕西省西部大开发“十四五”工作举措〉重点任务分工》等，推进工作落实。对西安市西部大开发重点项目前期工作相关情况进行梳理总结，争取中央预算内投资70万元，支持周至优势特色产业（猕猴桃）集群及服务平台建设项目开展西部大开发前期工作，并按要求推进西部大开发重大项目前期工作专项问题的整改。

【推进黄河流域生态保护和高质量发展】　2022年，西安市黄河流域生态保护和高质量发展领导小组切实加强组织领导，推进相关工作落实。印发《西安市黄河流域生态保护和高质量发展规划》，制定年度工作要点，推动各项任务落细落实。积极组织申报重大区域发展战略建设（黄河流域生态保护和高质量发展方向）项目，泾河新城工业集聚区污水处理厂工程获得2021年中央预算内5000万元资金支持，阎良石川河流域农村生活污水连片整治项目获得黄河流域生态保护和高质量发展项目前期工作专项补助（省级预算内基建资金）资金80万元支持。全力推进《黄河流域生态环境警示片》披露问题整改，制定印发《西安市黄河流域生态环境突出问题整改方案》，成立整改工作专班，召开整改工作推进会，2021年度黄河生态环境警示片指出问题均完成整改并通过省级验收销号，2022年度黄河生态环境警示片指出问题整改有序推进。

【西安与更多城市协调发展】　2022年，西安与更多城市在协调发展方面开展有效合作。

西渭融合　5月22日，西安与渭南召开推进融合发展工作会议，研究确定推进西渭融合发展的制度安排。6月，两市联合印发《推进西渭融合发展党政联席会议制度》。

西商融合　西安与商洛围绕飞地园区、产业融合、创新创业、康养旅游、教育医疗、生态环保等重点领域谋划一批合作事项。

西汉协同　2月3日，西安与汉中召开深入推进《汉中主动融入西安都市圈　推动西安汉中协同发展框架协议》落实座谈会，对推动框架协议细化落实进行交流。

西康合作　2019年起，西安与安康开展区域对口帮扶，截至年底，两地市、区党委政府开展互访交流活动62次，召开联席会议86次，流转土地增减挂钩节余指标133.29公顷，实施民生工程27个，在产业合作、劳务协作、消费帮扶等领域不断深化合作，探索合作新途径，健全完善合作机制，共同推动两地高质量发展。

西宝合作　西安市政府、宝鸡市政府签署《推进高质量发展战略合作协议》，双方围绕优势产业、重大交通设施、公共事业等加强协作，确定26个重大合作项目。　（张霖之）

关中平原城市群

【概况】　关中平原城市群规划范围包括陕西省西安、宝鸡、咸阳、铜川、渭南5个市，杨凌农业高新技术产业示范区，商洛市的商州区、洛南县、丹凤县、柞水县，山西省运城市（除平陆县、垣曲县），临汾市尧都区、侯马市、襄汾县、霍州市、曲沃县、翼城县、洪洞县、浮山县，甘肃省天水市及平凉市的崆峒区、华亭市、泾川县、崇信县、灵台县和庆阳市区等，面积10.71万平方千米，常住人口3863万人，地区生产总值1.59万亿元，分别占全国的1.12%、2.79%和2.14%。

截至2022年年底，关中平原城市群各成员城市均派员入驻关中平原城市群区域合作办公室，并在西安浐灞商务中心集中办公，由西安市发展和改革委员会、西安浐灞生态区管理委员会共同负责运行保障。关中平原城市群区域合作办公室积极发挥平台服务纽带作用，在推进关中平原城市群政务服务“跨省通办”、文旅融合发展、住房公积金协同发展等方面工作中取得丰硕成果。举办关中平原城市群协同创新发展圆桌论坛，围绕创新驱动发展、产业链和创新链双链融合、科技和产业协同等进行交流，促进城市群协同创新。关中平原城市群

2022年8月25日，关中平原城市群14市（区）政务服务“跨省通办”合作签约仪式在西安举行
（市发展和改革委　供图）

发展基础较好、发展潜力较大，在国家现代化建设大局和全方位开放格局中具有独特战略地位。

【关中平原城市群协同发展三年行动计划】　2022年，关中平原城市群区域合作办公室加快推进关中平原城市群协同发展，促进各成员城市之间合作互动，起草制定《关中平原城市群协同发展三年行动计划（2023—2025年）》。从共促优势产业协作、深化科技领域合作、共促交通能源基础设施互联互通、深入推进文旅融合发展、积极推进“一带一路”建设、推进生态环境共建共治、推进公共服务开放共享等7个方面提出25项重点任务，发布140个重点项目。在深化科技领域合作方面，开展科技人才交流合作，加大“科技经纪人”“科学家+工程师”等创新型人才和团队培养；加快推进创新平台建设，吸引国内外知名企业、高校、科研机构、科技组织等在关中平原城市群设立研发中心、实验室和分支机构；强化秦创原示范引领作用，深化关中平原城市群成员城市与秦创原合作交流，支持鼓励成员城市在秦创原总窗口设立特色离岸、飞地孵化器。

【文旅融合发展】　2022年，关中平原城市群区域合作办公室全方位推介关中平原城市群各成员城市的历史、民俗、“非遗”等特色文化，全面展示关中平原城市群形象和各地文旅资源，策划制定关中平原城市群“非遗”古韵之旅、追寻红色之旅、黄河生态之旅等6条精品旅游线路，制作关中平原城市群文化旅游宣传片，在陕西省夏季文旅消费季暨“关中文旅大集”系列推广活动启动仪式上正式发布和播放。

【优化营商环境】　2022年，关中平原城市群14市（区）持续优化营商环境，方便群众和企业异地办理业务。区域合作办公室全面梳理政务服务事项，推出第二批政务服务“跨省通办”事项，包含个体工商户、内资企业及分支机构、农民专业合作社的设立、变更、注销登记事项和排污许可等10项，累计实现“跨省通办”政务服务事项39项。西安市行政审批局制定印发《关于进一步规范“跨地区通办”窗口运行的通知》，组织各区（县）、西咸新区、各开发区政务服务中心全面设立“跨地区通办”窗口，全年办理涉及关中平原城市群“跨省通办”事项2024件。

【住房公积金跨区域合作】　2022年，西安市为满足关中平原城市群群众多样化的住房公积金需求，通过合作先行先试，促成西安渭南住房公积金跨区域合作。6月24日，两市签订《西安渭南住房公积金融合发展合作协议》，随后，将合作范围逐步扩展到其他成员城市，起草形成《关中平原城市群住房公积金协同发展合作协议》，制定《关中平原城市群住房公积金协同发展实施方案》。

（张霖之）

西安都市圈发展

【概况】　西安都市圈规划范围包括西安市全域（含西咸新区），咸阳市秦都区、渭城区、兴平市、三原县、泾阳县、礼泉县、乾县、武功县，铜川市耀州区，渭南市临渭区、华州区、富平县，杨凌农业高新技术产业示范区，面积2.06万平方千米。2022年2月，国家发改委批复实施《西安都市圈发展规划》，这是继南京、福州、成都、长株潭都市圈发展规划之后，国家批复的第5个都市圈发展规划，也是西北地区唯一获批的都市圈发展规划。同年3月25日，省政府正式印发实施该规划。

2022年，西安都市圈地区生产总值突破万亿元，生产总值达到1.45万亿元，占全省生产总值（3.28万亿元）的44.26%。西安市印发《西安市加快国家中心城市建设行动方案（2022—2023年）》，加快推进一批重大项目建设，都市圈核心辐射支撑能力显著增强。西咸新区进入全面代管后，一体化工作取得显著成效，西安市主城区与西咸新区互联互通“6+1”市政道路建设有序推进。西户铁路开始载客试运营，加快西安与咸阳市、渭南市、西咸新区交通互联互通。西安咸阳国际机场三期扩建工程全面实施。《西安都市圈市域（郊）铁路规划》启动编制。秦创原创新驱动平台对西安都市圈建设的牵引力不断增强。西咸新区发布秦创原总窗口10大特色产业园区、升级版优化营商环境政策以及完善人才支持奖励系列政策，为企业发展注入新动能。中欧班列长安号辐射带动作用显著提升，开行国际线路17条、“+西欧”集结线路18条，在25个国家和地区布局70个“海外仓”。“通丝路”跨境电商人民币结算服务平台在全国复制推广。自贸试验区改革创新持续深化，形成创新案例83个，其中2个案例被商务部在全国复制推广。西安、渭南、铜川城市水环境质量状况平均改善排名跻身全省前列；西安都市圈内碳达峰、碳中和工作积极稳妥推进，西咸新区成功入选国家首批气候投融资试点城市。推动西安市11所优质学校与咸阳40所学校结对帮扶。西安市5所医院牵头组建的医联体辐射至咸阳地区9家医疗卫生机构。西安、咸阳实现电子社保卡跨地区领用，西咸新区在西安市内实现参保缴费、社保关系转移接续。推动都市圈各市（区）政务服务平台互通共享，西安、渭南两市公积金业务实现同城化。详见表43。

【西安都市圈建设机制】　2022年，西安市依照《西安都市圈发展规划》，联合咸阳市、铜川市、渭南市、杨凌示范区召开“四市一区”座谈会，会同圈内各兄弟城市制订行动计划，建立都市圈发展党政联席会议制度，提升西安对都市圈，对西北发展的辐射带动能力，稳步推进西安都市圈高质量发展。

建立健全工作推进机制　按照“省级统筹、市级负责、区（县）级落实”模式建立工作机制，西安市会同“三市

表 43　2022 年西安都市圈名地区国内生产总值统计表

序号	地　区	生产总值 / 亿元	数据来源
1	西安市全域（含西咸新区）	11486.51	《2022 年西安市国民经济和社会发展统计公报》
2	咸阳市秦都区	463.06	秦都区人民政府 2023 年《政府工作报告》
3	咸阳市渭城区	327.97	2022 年渭城区国民经济和社会发展统计公报
4	咸阳市兴平市	312.00	兴平市人民政府 2023 年《政府工作报告》
5	咸阳市三原县	248.87	三原县人民政府 2023 年《政府工作报告》
6	咸阳市泾阳县	124.29	泾阳县人民政府 2023 年《政府工作报告》
7	咸阳市礼泉县	*180.38	（2022 年陕西省统计年鉴中 2021 年礼泉县生产总值为 172.13 亿元，结合礼泉县人民政府 2023 年《政府工作报告》4.8% 当年增长率计算得出）
8	咸阳市乾县	188.82	乾县人民政府 2023 年《政府工作报告》
9	咸阳市武功县	184.5	武功县人民政府 2023 年《政府工作报告》
10	铜川市耀州区	148.58	铜川市耀州区 2022 年国民经济和社会发展统计公报
11	渭南市临渭区	514.96	渭南市统计局
12	渭南市华州区	115.76	
13	渭南市富平县	222.70	
14	杨凌示范区	166.61	2022 年 1—12 月全省及各地市主要经济指标
合计	西安都市圈	14504.63	—

说明：* 为基于相近年份公开数据计算值

一区”，共同建立西安都市圈党政联席会议制度、功能组团领导建设方案，提出成立都市圈一体化发展办公室和国土空间规划协调组等“一办八组”，建立推进工作机制，明确主要职责，为西安都市圈建设提供有力组织保障。

建立都市圈组团发展工作机制　扎实推进《西安都市圈发展规划》实施，加快推进西安都市圈功能组团建设，统筹制定高陵泾河新城三原、空港新城咸阳经开区、杨凌武功周至 3 个组团建设领导小组组建方案和建设方案，建立功能组团发展工作机制，12 月 29 日联合印发《西安都市圈功能组团建设领导小组组建方案》《西安都市圈组团建设方案》。

【《西安都市圈建设行动计划》编制】　2022 年，西安市根据《西安都市圈发展规划》和省发展改革委关于都市圈建设有关会议精神，市发展改革委会同咸阳市、铜川市、渭南市、杨凌示范区发改部门和相关市级单位研究起草《西安都市圈建设行动计划》，报请三市一区政府各相关部门同意，12 月 8 日西安市政府审议通过后，即报西安市委审定。

【综合交通体系建设】　2022 年，西安市组织“四市一区”发改、交通、住建部门，以及陕西省轨道交通集团召开西安都市圈综合交通体系建设工作对接会，谋划征集梳理一批 2023 年综合交通体系建设重点项目，重点推进 46 个重大项目建设，加快完善“1 小时通勤圈”。2 月 8 日，同省发展和改革委围绕功能组团体制机制建设、产业布局、互联互通、园区合作等情况开展实地调研，配合省发展和改革委共同完成西安都市圈功能组团推进机制研究成果，妥善提出《加快推进西安都市圈现代化综合交通体系建设的实施意见》和《2023 年推进西安都市圈建设重点工作任务》。启动《西安都市圈市域郊铁路规划》编制工作，西安主城区与西咸新区互联互通市政道路建设顺利推进，科技二路市政道路于 2022 年 12 月 31 日正式通车。机场三期工程完成投资 76.32 亿元，航站楼主体钢结构封顶。地铁 6 号线二期开通运营，全市地铁运营总里程达到 279 千米。

【金融业支持都市圈建设项目】　2022 年，西安市积极对接国家开发银行陕西省分行，围绕都市圈建设重点领域，征集一批重点项目工程，形成《开发性金融服务西安都市圈重点建设项目清单》，列入项目 359 个，总投资 1000 亿元。

（张霖之）

西咸一体化

【概况】　2022 年，西安、咸阳两市联合印发《推进西咸一体化发展党政联席会议制度》，召开推进西安—咸阳一体化发展党政联席会议，签署《加快推进西咸一体化发展合作备忘录》，组建 8 个一体化工作推进专班，建立联络员信息报送制度，形成常态化对接推进机制。西咸新区与咸阳市举办加快推进西咸一体化发展签约大会，共同签署《咸阳市—西咸新区战略合作框架协议》《共建秦创原总窗口合作框架协议》《协同创新发展合作协议》《临空经济协同发展战略合作协议》《推进交通基础设施互联互通的合作协议》《关于咸阳市替代热源供热管网建设的合作协议》，西咸一体化发展迈上新台阶。

【科技创新一体化】　2022 年 11 月，西安、咸阳两市科技部门签订《推动协同创新　带动错位发展合作协议》，提出共建科技创新平台等 5 个方面合作内容。大力推进“三项改革”，秦创原总窗口与 11 所高校院所签约科技成果转化平台 15 个，新增科技成果转化企业 223 家。支持沣东立体联动孵化器总基地建设，入驻 6 个地市飞地孵化器、8 所高校科技成果转化平台和33家企业。

【产业发展一体化】 2022年，西安、咸阳两市结合产业基础和发展优势，编制完成两市产业链图谱、产业链招商图谱。两市工信部门签订《工业一体化协同发展合作协议》，明确7项协议事项，合力推进产业发展一体化进程。7月，西咸新区空港新城与咸阳经开区联合印发《西安都市圈临空组团建设方案》，签订《自贸区协同创新发展合作协议》，临空经济融合发展取得新进展。

【生态环保一体化】 2022年，西安、咸阳两市加强危险废物与固体废物协同处置，开展秋冬季空气质量会商研判，研判结果及时共享，共同应对重污染天气。西安市生态环境局与西安文理学院联合成立生态西安研究院，组织开展环保一体化课题研究。两市公安交警部门共同研究高排放柴油货车禁限行措施，对构建高排放柴油货车禁行一体化框架进行有益探索。

【基础设施一体化】 2022年，西安市启动《西安都市圈市域郊铁路规划》《西安市城市轨道交通第四期建设规划》编制，编制完成《关中城市群核心区城市轨道交通线网规划》。印发《中心城区—西咸新区基础设施互联互通规划》，西安主城区与西咸新区互联互通市政道路建设顺利推进，科技二路市政道路已于12月31日正式通车。机场三期2022年完成投资76.32亿元，航站楼主体钢结构封顶。地铁1号线三期计划2023年通车运营，地铁16号线一期预计2023年上半年通车运营。西户铁路已于11月1日开通运营，成为全省首个利用既有铁路富余运能开行公交化客运列车线路。

【城市建设一体化】 2022年7月，西安西南郊水厂一期二阶段建设项目并网供水，新增城市供水能力20万吨/日，项目二期一阶段工程正在加紧建设，建成后将西咸新区纳入供水范围。斗门水库北池主体及配套工程建成运营，南池已于9月开工建设，建成后将向沣东、沣西提供生活生产用水，每年可向西安城市生态水系补充生态水1456万立方米。沣东新城与西安主城区供水管网实现连通，沣西新城、沣东新城、秦汉新城、空港新城供水管网与咸阳供水管网实现连通，城市供水一体化建设取得成效。

【公共服务一体化】 2022年，西安、咸阳两市制定中小幼结对帮扶和西咸"名校+"教育联盟工作方案，遴选11所优质学校和40所中小幼学校，开展西安—咸阳优质学校教育联盟和中小幼结对帮扶工作。9月，西安市一体化政务服务平台正式上线，西咸新区与西安市平台实现互通、数据共享。电子社保卡申领实现西安—咸阳跨地区领用。省人民医院西咸院区12月正式开诊，省中医药研究院综合实验楼、门诊楼等一期工程12月完成主体结构封顶，西安医学院一附院沣东院区项目通过省发改委员可研批复，西安交大附属泾河医院主体结构12月完成封顶。

【遗留问题解决】 2022年，西咸新区与咸阳市共同梳理对接问题22项，其中14项销号、5项达成共识正在推进，剩余3项正在沟通协商。9月，西咸新区与咸阳市举办加快推进西咸一体化发展签约大会，双方签署《咸阳市—西咸新区战略合作框架协议》，其中包括11个移交协议和5个专项协议，遗留问题解决取得突破。

【西安—咸阳一体化发展党政联席会议】 2022年5月17日，西安市和咸阳市召开推进西安—咸阳一体化发展党政联席会议，认真落实陕西省推进西安—咸阳一体化发展领导小组会议精神，总结西安—咸阳一体化工作推进情况，共商合作发展大计。

【推进西咸一体化发展签约大会】 2022年9月8日，西咸新区管委会与咸阳市人民政府举办加快推进西咸一体化发展签约大会，双方共同签署战略合作框架协议和《咸阳市—西咸新区战略合作框架协议》《共建秦创原总窗口合作框架协议》《协同创新发展合作协议》《临空经济协同发展战略合作协议》《推进交通基础设施互联互通的合作协议》《关于咸阳市替代热源供热管网建设的合作协议》等系列合作协议，合力推进一体化发展进程，互利共赢，共同建设西安都市圈一体化发展先行示范区。

（张霖之）

西渭融合发展

【概况】 2020年10月，西安市政府代表团到渭南市考察并召开座谈会，签署《西渭融合重点项目合作框架协议》，西渭融合发展正式启动。

2022年5月，西安市、渭南市召开推进融合发展工作会议，研究确定推进西渭融合发展的制度安排，强化市域协同、创新引领、区域联动，在交通互通、产业互动、资源开放、服务共享等方面深化合作。举行西渭住房公积金融合发展签约仪式，西安、渭南两市住房公积金实现互认互贷。召开富阎产业合作园区发展有关问题协调会议，形成《关于富阎产业合作园区发展建设情况的报告》。渭南市15名优秀年轻领导干部赴西安市跟岗交流，深化两市交流合作。

【西渭融合发展制度建设】 2022年，西安市、渭南市加强融合发展制度建设。6月，西渭两市联合印发《推进西渭融合发展党政联席会议制度》，联席会议下设1个办公室和6个专项组，形成联席会议研究决策、办公室统筹协调、专项工作组分类对接工作机制。印发《西渭融合发展重点事项清单》，明确西安至渭南城市轨道、西渭公路互联互通、富阎产业合作、渭南国际现代物流等12个重点事项。编制完成西渭东区国土空间用地规划方案及起步区控制性详细规划，为西渭融合发展奠定基础。

2022年5月22日，西安、渭南两市在西安市召开西渭融合发展工作会议
（市发展和改革委　供图）

【西渭住房公积金融合发展签约仪式】 2022年6月24日，西渭住房公积金融合发展签约仪式在西安举行。西安、渭南两市共同签署《西安渭南住房公积金融合发展合作协议》，两市将在住房公积金同城化发展长效机制、数据共享、互认互贷、政策研究、人才教育培养等方面展开跨区域深度合作。

【国土空间规划编制】 2022年，西安市按照西渭融合发展总体布局和国家、陕西省、西安市关于国土空间规划编制的总体安排，全面加强与渭南市统筹衔接，积极落实国家相关战略要求，按耕地和永久基本农田、生态保护红线、城镇开发边界的优先序，统筹划定“三区三线”。9月，西安市“三区三线”划定成果获得自然资源部正式批复，切实保障西安市与渭南市基础设施互联互通，做到耕地应保尽保、永久基本农田应划尽划、生态保护红线总体稳定、城镇开发边界节约集约，为西渭融合发展构建空间基础。

【创新发展合作】 2022年，西安市秦创原创新驱动平台建设工作领导小组办公室将富阎新区纳入成员单位，建立工作梳理报送、协同推进机制，以富阎新区和富阎产业合作园区为重点，推进秦创原信息共享，成果转化。秦创原创新促进中心与渭南市达成共建秦创原总窗口协同创新基地意向，相关工作正在有序推进。两市科技局多次对接沟通，形成《西渭融合发展科技创新合作框架协议》，从持续深化飞地孵化模式、持续加强城校企合作、持续完善成果转化体系、持续推动科创人才交流、持续探索区域协同创新、建立两市科技会商机制等方面达成合作意向。富阎融合双创园、富阎新区莱德智造产业园先后分两批被认定为西安市秦创原“三器”示范平台立体联动“孵化器”（第二批）、两链融合“促进器”（第三批）。秦创原创新促进中心与渭南市达成共建秦创原总窗口协同创新基地意向，相关工作正在有序推进。2022第六届丝博会富阎新区投资环境说明暨重点项目签约仪式成功签约16个项目，签约金额203.44亿元，同期富阎产业合作园与秦创原发展股份集团有限公司签订战略合作协议。

【基础设施联通】 2022年，西安市《关中城市群核心区城市轨道交通线网规划》将地铁17号线纳入线网方案，并完成17号线预可行性研究。京昆高速改扩建（西安境）项目全线公路界桩埋设、土地勘界、附着物登记工作全面完成，建设用地交付完成217.07公顷，计划投资15亿元，完成投资17.4亿元。西安都市圈环线高速公路北段项目、107省道阎良过境公路项目、108省道渭河特大桥及引线工程、西阎快速路项目稳步推进。

【产业优势互补】 2022年8月，西安、渭南两市工信局召开推进氢能和燃料电池汽车产业发展专题座谈会，研究推进氢能和燃料电池汽车产业发展工作。9月，两市发展和改革委召开西渭氢能产业链融合发展工作会议，研究确定氢能产业链建设融合发展具体领域。推动隆基绿能科技股份有限公司与渭南市政府签订战略合作框架协议，促成与渭南石化、蒲城石化光耦合制氢合成甲醇项目落地；推进陕西旭强瑞清洁能源有限公司与西安交大战略合作，在韩城市经开区成立氢能与低碳技术研究院，开启氢能产业“西安研发、韩城制造”的首个“飞地模式”尝试。

【公共服务共享】 2022年，西安、渭南两市举办西渭融合发展人才联合网络招聘会，参会企业366家，发布招聘岗位7153个，招聘人数11948人，投递简历5010份。推进西渭两市社保卡融合发展，已实现两地社保卡业务办理互联互通，群众可持渭南社保卡在西安任意社保卡服务窗口办理社保卡相关业务，基本实现跨市补换社保卡。主动推进社保卡（电子社保卡）在两地人社业务经办中的应用推广，群众可持渭南市社保卡在西安市就业创业、人事人才、社会保险服务、劳动关系等方面进行自助查询、缴费以及待遇领取。两市住房公积金跨市互信互贷工作全面落实落地。截至11月6日，西安住房公积金管理中心已受理并办结渭南市住房公积金缴存职工异地贷款93笔，发放贷款6066万元，两市住房公积金互认互贷工作开展顺畅。

【富阎产业合作园区】 2022年，《富阎一体化发展建设总体规划（2020—2035年）》通过陕西省发改委专家评审会评审，西安、渭南两市同意将规划内容纳入国土空间规划。《园区“十四五”规划和二〇三五年远景目标纲要》印发执行。园区建立“1+2+1+N”规划体系，明确“1+4+1”现代产业体系，确定“一心两带五园”产业功能布局。民机基地项目规划展厅建成开放，西飞民机研发中心全面开工建设，国产支线飞机新舟700（MA700）配套设施建设项目（含生产配套区、机场）纳入年度需中央加大建设用地保障力度的国家重大项目清单。园区配套设施进一步完善，启动建设“六横四纵一桥一河两网”，计划建设道路（含富辰八路大桥）6条，2.4千米的金粟大道富阎连接线项目力争尽快实现通车。富阎融合双创园建成投运，富阎生态林、富阎樱花园建成开放。园区第一家酒店（融翼谷品质酒店）签约入区。富阎城市运动公园和富阎第一小学、富阎第一初级中学全面开工建设。 （张霖之）

对口支援协作

【概况】 2022年，西安市巩固拓展脱贫攻坚成果，推进乡村全面振兴，加强苏陕、津陕在西安市的对口支援协作。探索苏陕协作新模式，制定印发西安市《苏陕协作工作要点》，对全市苏陕协作工作进行安排部署，推动全市苏陕协作工作落细落实。江苏省新增援助周至县省级苏陕协作资金1580万元，支持周至县安排项目12个，其中产业类项目11个，非产业类项目1个。争取津陕对口协作资金600万元，指导周至县申报2023年津陕对口协作项目资金700万元。

【苏陕协作】 2017年1月，国务院扶贫办明确江苏省苏州市太仓市与陕西省西安市周至县在“十三五”期间结对携手奔小康，周至县成为西安市唯一一个东西部对口扶贫协作单位。2022年，苏陕协作协议分解到西安市的干部人才交流、协作资金项目推进、劳务协作转移就业、消费帮扶、苏陕“区中园”建设等指标，均高质量完成，其中西安市劳务协作、消费帮扶、援助资金项目推进等多项指标跻身全省前三名。太周创新产业园为陕西周至与江苏太仓合作共建的“区中园”项目，依托集贤园区基础设施优势，借助太仓高新技术开发区产业引导优势，打造东部产业转移和新兴产业的承接地。截至年底，江苏省援助周至县省级苏陕协作资金10055万元，支持项目102个，其中产业类项目82个，非产业类项目20个，巩固拓展周至县脱贫攻坚成果，助力周至县乡村振兴工作。

【津陕对口协作】 2022年，西安市争取津陕对口协作资金600万元，支持广济镇污水处理厂（二期）及配套管网项目建设。赴周至县督导检查周至县沙河河道生态修复提升工程等津陕对口协作项目实施情况，加快推进项目建设。指导周至县申报2023年津陕对口协作项目，争取津陕对口协作资金700万元，支持周至县楼观镇农业产业强镇建设项目。积极配合做好津陕对口协作工作成效图片摄影采访活动，展示津陕对口协作成效。 （张霖之）

生态环境

责任编辑 胡 永

综 述

【生态环境规划】 2022年，西安市依据《西安市“十四五”生态环境保护规划》（简称《规划》）设定的4大类23项环境保护指标，结合年度重点工作，编制印发《2022年生态环境质量提升工作细化实施方案》《2022年蓝天碧水净土保卫战工作方案》。围绕《规划》提出的至2025年细颗粒物（PM2.5）年均浓度下降10%、空气质量优良天数比例74%、森林覆盖率不低于48.03%等约束性指标，为实现《陕西省秦岭生态环境保护条例》和《规划》目标，全年重点推进14条峪口峪道整治、治理水土流失面积30平方公里等7项秦岭生态环境修复任务；加强水生态环境修复，完成提升全市污泥处置能力2800吨/日、监管城市污水处理率96.8%、县城污水处理率89%以上等4项环境整治任务；强化协同控制，完成推进施工工地扬尘精细化管控、组织夏季VOCs治理专项行动（6—9月）等8项大气污染防治攻坚任务；强化风险防控，完成推进受污染耕地安全利用率达到92%、启动江村沟生态环境修复等8项资源循环利用任务；创新发展理念，完成推广新能源汽车及充电桩（站）配套建设、推动城镇新建民用建筑中绿色建筑面积占比达到70%以上等4项绿色低碳发展任务；加强能力建设，完成建立全市扬尘污染源综合管控指挥平台、搭建医疗废物处置中心医疗废物信息化管理系统等4项监管能力提升任务。（陈志林）

【生态环保督察反馈问题整改】 2022年，西安市对照中央生态环境保护督察反馈问题和陕西省生态环境保护督察反馈问题整改方案，制定《西安市贯彻落实第二轮中央生态环境保护督察报告整改方案》，逐一明确整改责任单位和验收单位。对第二轮中央生态环境督察报告反馈问题建立整改台账，每周调度整改情况，对陕西省生态环境保护督察反馈问题整改持续跟踪督办。现场核查长安区、蓝田县、西咸新区、临潼区督察问题整改情况。第二轮中央生态环境保护督察反馈问题中，需要整改的8项具体任务全部完成。（许辉辉）

【生态保护补偿机制】 2022年，西安市出台《西安市秦岭生态环境保护区综合性补偿暂行办法》《西安市森林生态效益补偿标准动态调整方案》《西安市湿地生态补偿暂行办法》和《西安市饮用水水源地生态补偿暂行办法》，以此为基础制定《西安市生态转移支付办法》，形成全市生态保护补偿机制“1+4”政策体系。归集并向相关区（县）下达2021年生态保护转移支付资金11420万元，其中市级纵向负担8997万元，区（县）横向负担2423万元。（严嘉恒）

【环境信访】 2022年，西安市生态环境局执行环境信访工作制度，全年受理信访投诉2516件。其中，市委、市政府督察室转办人民网地方领导留言42件（市委书记留言33件，市长留言9件）；市政府市政网督转办件4件；市信访局转办件6件；国务院“互联网+督办平台”转办件1件；市人大常委会信访办转办件1件；“12345”市民热线综合服务平台（电话）转批投诉363件；“12369”微信和网络平台投诉2099件。信访投诉均按期回复并全部办结。

【生态环境法规建设】 2022年，西安市制定印发《西安市生态环境局行政规范性文件制定和管理办法》《西安市生态环境损害赔偿工作考核办法（试行）》《关于建立生态环境损害赔偿与检查公益诉讼衔接机制的实施意见（试行）》等文件，明确行政规范性文件合法审核流程，建立线索移送、案件磋商衔接、诉讼衔接等制度，推进生态环境损害赔偿工作。全年筛查生态环境赔偿案件线索工作3次，排查案件线索48件，启动符合赔偿条件的案件8件，已办结3件，剩余5件正在磋商。全年行政诉讼案件1件，比上年下降87.5%，行政复议案件7件，连续3年保持在个位数以内。推动“双随机、一公开”监管工作，逐步推进分级分类监管，强化行政执法与刑

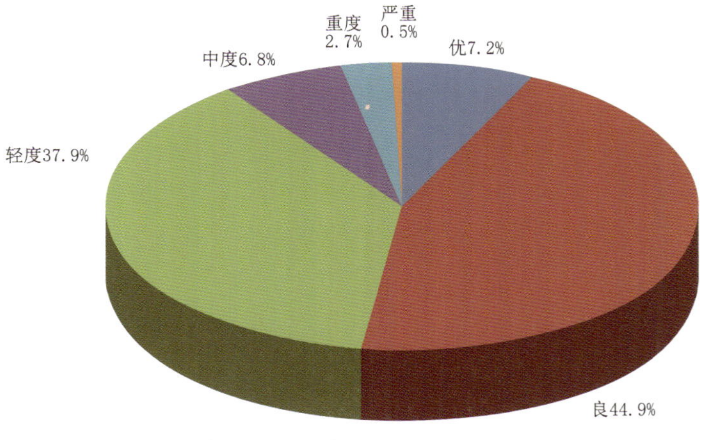

2022年西安市环境空气质量分级比例图

2022 年 6 月 2 日，陕西省“6·5”环境日主题宣传活动启动仪式在西安市渭河整治广场举行（市生态环境局 供图）

事司法衔接。推进“放管服”改革，加快重点项目环评审批手续办理，优化审批流程，压缩环评审批时限，实施“一站式、全程式”服务制度。建立“西安市企业环境信用评价系统”，制定下发《关于进一步做好 2022 年度行政许可和行政处罚信息“双公示”工作的通知》，公示信息 1800 余条，审核 160 余家企业环境信用修复申请，为全市各项评选活动审核 1000 余家企业生态环境保护信息。市生态环境局生态环境行政执法在全市评估活动中被评定为“优秀”等次。

【生态环境宣传教育】 2022 年，西安市生态环境局开展环境保护宣传教育实践活动，在微信公众号首发自制环境保护公益宣传片《长河入梦》《幸存者》，推文阅读量超 10 万次；制作的公益宣传片《熊孩子》被市委宣传部评为“西安市优秀外宣品”；报送的《全过程、各平台、多方式，西安市生态环境宣传教育工作风起“云”涌——2021 年“西安生态日”系列线上宣传活动成效》被授予市宣传思想文化工作创新竞赛“二等奖”；报送的《“西安生态日”系列线上宣传活动》被陕西省生态环境厅获评“2022 年陕西省优秀公众参与案例”，视频短片《幸存者》被市委文明办组织的“西安因你而美”公益广告征集展示活动评为视频类“一等奖”；“2022 西安生态日宣传片”登上抖音同城榜第 5 位，播放量 244.9 万次；有奖猜灯谜活动累计曝光量 330 余万次，14 万名网友访问和参与答题活动；绿色生活擂台赛收获网友点赞 122 万次。组织“地球一小时”活动，协调全市标志性建筑准时熄灯，被“地球一小时”活动主办方——世界自然基金会（WWF）列为支持单位。组织“6·5”环境日宣传活动 13 项，其中省生态环境厅、省教育厅、西安市人民政府等联合主办的 2022 年陕西省“6·5”环境日主题宣传活动启动仪式在西安市渭河整治广场举行。开展生态环境宣传教育“六进”活动、“生态西安，童享碧蓝”系列环保主题漫画宣传，入校宣传 6 次，发放主题手绘漫画 2000 册，发放主题书包、徽章 500 余个，组织生态环境宣传教育“六进”活动 1737 余场。各级媒体围绕西安市生态环境刊发稿件 14000 余篇。“从这里看见美丽中国·陕西西安”宣传片被生态环境部微信公众号推送。以 183690 分位列全省生态环境宣传报道第 1 名。（许辉辉）

生态环境质量

【概况】 2022 年，西安市生态环境质量总体稳中向好，水环境质量逐年提升，6 个国家地表水考核断面（简称国考断面）连续 3 年达标率 100%，全年发现和督促整改大气污染问题 2000 余个，未发生生态环境污染事件。4 个国考城市集中式饮用水水源地连续 3 年水质达标率 100%。大气环境质量受气候等主客观因素影响，关中地区大气质量整体向好形势出现逆转。声环境质量逐步提高，按照道路交通噪声强度等级划分为一级，总体水平评价为好，变化趋势为污染程度减轻。

【大气环境质量】 2022 年，西安市优良天数 190 天，PM2.5 浓度 52.2 微克 / 立方米，重污染天数 10 天。大气环境质量优于东西两邻的渭南（优良天数 190 天，PM2.5 浓度 66 微克 / 立方米，重污染天数 40 天）和咸阳（优良天数 184 天，PM2.5 浓度 55 微克 / 立方米，重污染天数 13 天）。

【水环境质量】 2022 年，西安市国家考核断面水质连续 3 年优良率 100%，省级生态补偿断面水质达标率 100%，纳入国家考核的 4 个城市集中式饮用水水源地连续 3 年水质优良率 100%。全市 21 处重点河湖、43 个考核断面中，42 个断面达到或优于考核要求，达标率 97.7%。秦岭区域 10 个饮用水水源地，黑河金盆水库、引湑（xù）济黑调水工程、田峪水源地 2022 年水质达到Ⅱ类标准，提前 1 年实现水质改善目标。秦岭区域 58 个峪口，扣除不具备监测条件峪口，9 至 12 月峪口水质达标率分别为 85.7%、90.9%、100%、100%。全市 21 处城市黑臭水体实现长治久清，无新增城市黑臭水体。详见表 44。

【声环境质量】 2022 年，西安市区域环境噪声网格布点 200 个，实际监测 200 个，昼间平均等效声级 54.4 分贝，比上年降低 1.8 分贝。按照城市区域环境噪声总体水平等级划分为二级，总体水平评价为较好，变化趋势为污染程度减轻。全年昼间噪声监测点次达标率 100%，夜间噪声监测点次达标率 92.5%。全年道路交通噪声路段布点 200 个，实测点位

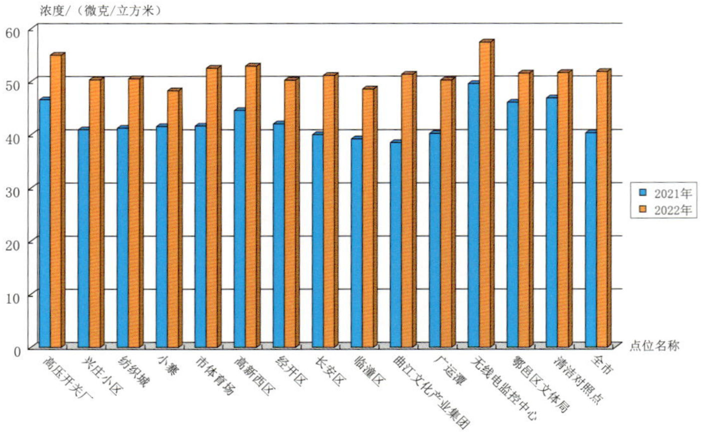

2021 年、2022 年西安市国控监测子站颗粒物 PM2.5 年平均值对比图

表 44　2022 年西安市省控及以上监测断面水质评价结果一览表

断面名称	功能区划分类别	上年同期	本年类别
渭河横桥	Ⅳ	Ⅱ	Ⅱ
天江人渡	Ⅳ	Ⅲ	Ⅱ
耿镇桥	Ⅳ	Ⅱ	Ⅱ
新丰镇大桥	Ⅳ	Ⅲ	Ⅲ
沙王渡	Ⅳ	Ⅲ	Ⅲ
灞河口	Ⅳ	Ⅱ	Ⅱ
三郎村	Ⅳ	Ⅲ	Ⅲ
梁家桥	Ⅳ	Ⅲ	Ⅱ
三里桥	Ⅳ	Ⅲ	Ⅲ
农场西站	Ⅳ	Ⅲ	Ⅳ
黑河入渭	Ⅲ	Ⅱ	Ⅱ
涝河入渭	Ⅳ	Ⅲ	Ⅱ
新河入渭	Ⅳ	Ⅲ	Ⅲ
临河入渭	Ⅳ	Ⅳ	Ⅳ
文涝路	Ⅳ	Ⅲ	Ⅲ
太平河入皂	Ⅳ	Ⅲ	Ⅳ
贾家滩	Ⅳ	Ⅱ	Ⅲ
西兴隆	Ⅳ	Ⅲ	Ⅲ
田峪口	Ⅱ	Ⅰ	Ⅰ
西铜桥	Ⅲ	Ⅱ	Ⅱ
马东村	Ⅲ	Ⅱ	Ⅱ
石川河入渭	Ⅳ	Ⅲ	Ⅲ

说明：地表水环境评价执行《地表水环境质量标准》（GB3838—2022）和《地表水环境质量评价办法（试行）》

表 45　2022 年西安市功能区噪声监测结果一览表

功能区	时段	达标点次	监测点次	监测点次达标率 / %
1 类区（居民、文教区）	昼间	24	24	100.0
	夜间	21	24	87.5
2 类区（居住、商业、工业混杂区）	昼间	28	28	100.0
	夜间	28	28	100.0
3 类区（工业集中区）	昼间	20	20	100.0
	夜间	20	20	100.0
4a 类区（交通干线道路两侧区）	昼间	4	4	100.0
	夜间	4	4	100.0
4b 类区（铁路干线道路两侧区）	昼间	4	4	100.0
	夜间	1	4	25.0

200 个，监测道路总长 924.076 千米，平均路宽 23 米，平均大型车流量 124 辆 / 小时，中小型车流量 1245 辆 / 小时，道路交通噪声等效声级 66.0 分贝，道路交通噪声比上年降低 2.7 分贝。详见表 45。　（许辉辉）

【土壤环境质量】　2022 年，西安市按照耕地土壤环境质量类别，将全市耕地划分为优先保护类、安全利用类、严格管控类，分别占全市耕地总面积的 99.46%、0.53%、0.01%。根据夏玉米种植地监测数据显示，全市土壤养分平均值分别为有机质含量 20.2 克 / 千克、有效磷含量 23.3 毫克 / 千克、速效钾含量 196 毫克 / 千克、有效锌含量为 1.42 毫克 / 千克、有效铜含量为 1.73 毫克 / 千克、有效铁含量为 48.24 毫克 / 千克、有效锰含量为 20.88 毫克 / 千克，pH 值为 7.8。全市土壤重金属含量整体处于安全范围内，其中铅、镉、汞等重金属含量均未超标。　（朱美涛　陈志林）

【环境影响评价】　2022 年，西安市审批建设项目环评文件 883 件。其中，环境影响报告书 49 件，环境影响报告表 834 件；核发辐射安全许可证 469 件。其中，新办 257 件，重新申请 106 件，延续 45 件，变更 61 件，注销辐射安全许可证 14 件；核发危废经营许可 14 件，放射源转让审批 133 件，放射源转入转出备案 54 件，审核江河、湖泊新建、改建或者扩大排污口项目 5 件。统筹推进全市“三线一单”（生态保护红线、环境质量底线、资源利用上线，环境准入负面清单）落地应用。印发《西安市“三线一单”分区管控方案》，修改完善《西安市区域空间生态环境评价“三线一单”研究报告》，持续跟进“十四五”有关规划、国土空间规划等修订调整情况，适时动态更新“三线一单”成果。推动“三线一单”在政策制定、环境准入、园区管理领域落实。加强生态环境保护源头宏观管控，紧抓数据跟踪评估、动态更新调整，配合陕西省生态环境厅统一数据平台建设，实现“三线一单”成果共享共用。在环境准入、选址选线等方面，市生态环境局为西户铁路改造项目、西延铁路、周至黑河护滩工程、西北妇幼保健院、西气东输二线高陵压气站至永乐门站天然气管道与分输门站建设项目、高新至鄠邑高速复合通道工程、蓝田县塞峪供水工程、泾河高陵段综合治理工程（泾渭公路桥至泾河入渭口段）项目（堤防工程）等 60 余个项目提供指导。

（许辉辉）

秦岭生态环境保护

【概况】　2022 年，西安市聚焦“思想到位、整治到位、修复到位、保护到位”，统筹加强秦岭生态环境保护工作。秦岭西安段东西长 166 千米，南北宽 20 ～ 70 千米。秦岭生态环境保护区域分为核心保护区、重点保护区、一般保护区和建设控制地带，涉及灞桥区、临潼区、长安区、鄠邑区、蓝田县、周至县、高新区管委会，合计 55 个镇（街道）、1 个景区管理局、502 个行政村，总面积 5903.83 平方千米，占全市行政区划面积 54.91%，人口 55 万人。实施工程造林 286.67 公顷，防治美国白蛾面积 2400 公顷。各级媒体正面报道秦岭保护工作信息 2923 篇。

【秦岭生态保护长效机制】　2022 年，西安市相继出台《西安市秦岭生态环境保护约谈制度》《西安市秦岭生态环境保护综合执法工作制度》《秦岭生态环境保护专项整治行动方案》《秦岭区域水环境质量巩固提升工作方案》《西安市乡村旅游发展总体规划》等文件，加大“五乱”打击力度，全面提升秦岭区域1445户农家乐品质。建成“1+7+N”（1个市级平台，7个沿山区（县、开发区）子平台，N个行业监管平台）“数字秦岭”综合监管平台，初步实现地理时空资源管理系统、网格化监管系统、综合业务监管系统、指挥调度系统“四应用”。完善“横向到边、纵向到底”四级网格管理机制，聘用1240名网格员借助无人机、摄像头，常态化开展网格巡查。其中，专职网格员336名，兼职网格员904名。强化秦岭区域违法线索发现和查处，排查秦岭区域10家AAAA级旅游景区违法建筑物（构筑物）。开展“2022清风行动”，打击整治破坏秦岭野生动物资源违法犯罪专项行动，全市办理涉林行政案件3起。小水电整治成效获陕西省秦岭区域小水电整治“回头看”检查组肯定。

（刘　佳）

2022年9月26日，西安市秦岭北麓长安段综合整治后的雨后景色

（市秦保局　供图）

【“生态+”绿色融合发展】 2022年，西安市陆续出台《西安市生态保护转移支付办法》《西安市秦岭生态环境保护综合性补偿办法》《西安市森林生态效益补偿标准动态调整方案》《西安市湿地保护补偿办法》《西安市饮用水水源地生态补偿办法》等文件，完善生态保护补偿机制。开展市级生态文明建设示范镇、村创建，完成蓝田县、航天基地、航空基地3个生态文明建设示范区及周至县厚畛子镇“两山”基地创建规划评审与推荐上报，审查鄠邑区、周至县、临潼区及西咸新区上报的16个市级生态村创建资料并完成市级联合复核、命名。探索生态保护与绿色发展有机融合，创新提出“生态+乡村、旅游、产业、文艺、康养”模式，让保护成果直接惠及秦岭保护区域群众。引入以农业、旅游、教育为核心的荣华数字康养中心农旅综合项目，启动60个美丽乡村建设项目，推进15个美丽村片区建设，打造“秦岭八村”“关中忙罢艺术节”等乡村旅游，创新文旅产品，将生产与生活、城市与乡村、艺术与自然汇聚融合。

（刘　佳　许辉辉）

【秦岭北麓综合整治】 2022年，西安市制定印发《关于贯彻落实秦岭国家公园创建方案工作方案》《划定风险区找准风险点实施精准防控决胜美国白蛾歼灭战的实施方案》等文件。陕西省《秦岭生态环境保护突出问题2022年动态台账》涉及西安市问题32个，其中中央生态环境保护督察反馈涉秦岭问题4个，截至年底已完成整改28个（备案销号23个、正在备案5个），正在整改推进4个。全年受理群众举报问题线索91件（省级转交下发办理66件、市秦岭保护办有奖举报渠道受理25件）。其中，按照“双核查”结果，属实12件，部分属实1件，不属实66件，正在研判3件，非秦岭保护范围内9件。省秦岭生态环境保护委员会办公室暗访反馈问题线索21件，经对接核实属实或部分属实问题线索14件，10月8日前已全部完成整改。完成14条峪口峪道治理，如期实现“48峪”全治理目标；治理修复9座矿山，治理总数69座，占需要治理修复85座矿山的81.17%。启动年度森林、草原、湿地调查监测工作，编制完成大熊猫国家公园周至分局基础设施建设项目专项方案，配合完成公益岗位统计、矛盾问题处理、人员机构调研、评估验收、现地核查等。召开全市重大林业有害生物防控工作会，山林防治面积2400公顷次，未发现美国白蛾虫态，撤销鄠邑区松材线虫病疫区，获得陕西省林业局奖励资金500万元。

（刘　佳）

2022年5月23日，第四届“关中忙罢艺术节”在位于秦岭山脚下的鄠邑区石井街道蔡家坡村开幕

（市秦保局　供图）

【秦岭生态环境执法】 2022年，西安市各级公安机关严打涉秦岭生态环境违法犯罪，开展“2022清网清套清夹”“查隐患、破火案”“清风”“昆仑”等专项行动，持续深化秦岭“五乱”整治成效。开展治安巡查1376次，与各级相关行政部门开展联合检查253次，与地方网格员联勤、联动671次，上报日志1211份，发现处置问题59个，救助国家级保护动物18只。侦办涉秦岭“五乱”案件28起，涉野生动植物案件16起，打击处理60人，涉案价值300余万元。

（邱　春）

【秦岭环境保护宣传】 2022年，西安市利用报纸、网络、电视、广播等媒介，加强秦岭生态环境保护宣传教育。组建“退役军人秦岭生态卫士先锋队”“驴友穿越路线垃圾清理突击队”等志愿者队伍，动员社会参与秦岭生态保护。开展第9个秦岭生态环境保护周、新修订《陕西省秦岭生态环境保护条例》颁布施行日宣传活动和秦岭生态环境保护进学校、进机关、进社区、进企业、进乡村、进单位活动。在西安生态日、国际生物多样性日、世界环境日等节点组织主题宣传活动。截至年底，中央级媒体正面报道西安市秦岭保护工作信息278篇，省市级媒体报道1428篇，其他媒体报道1217篇。（刘　佳）

土地资源保护

【概况】　2022年，西安市印发《2022年土壤污染重点监管单位名录》，整改完成139宗地块用途变更为“一住两公”用地且已核发建设工程规划许可证历史遗留问题，规范建设用地土壤环境监管工作，查明土壤环境污染风险状况。强化土壤污染源综合防控，全面排查整治涉重金属矿区固体废弃物，排查行业企业涉镉等重金属情况。排查重点排污单位地下水渗漏污染防治效果，防范化解地下水污染风险。

【土壤环境监管与保护】　2022年，西安市印发《耕地土壤环境监测实施方案》《2022年耕地土壤污染防治工作方案》《2022年土壤污染重点监管单位名录》，强化农用地和建设用地土壤环境监管，调查完成土壤污染状况地块400余宗。加快优先保护类耕地集中区域现有重点行业企业提标升级和技术改造，排查与管控受污染耕地土壤周边重点行业企业，纳入土壤污染重点监管单位名单企业63家。加大农业农村污染治理，整治完成32个行政村生活污水治理和17处农村黑臭水体任务，改厕11916座，完成率102.3%。加强畜禽养殖场粪污设施建设，全市规模畜禽养殖场粪污处理设施配套率100%，畜禽养殖粪污综合利用率90%。强化农用地土壤监管保护，累计推广水肥一体化技术土地面积9533.33公顷，推广配方肥用量21.84万吨、有机肥用量21.64万吨。完善农膜回收体系，在农业园区、蔬菜生产基地以及农膜使用量大的区域设立农膜等农业废弃物回收网点37个，提升改造回收网点10个，建立新型地膜试验示范点10个，推广应用生物降解膜50余吨，建立生物降解膜应用示范点10个，农膜总体回收率达到86.6%，“白色污染”得到有效控制。（许辉辉）

【水土保持】　参见第160页“农业”同题条目。

水资源保护

【概况】　2022年，西安市护城河、浐灞国家湿地公园等11个湖池生态补水8580万立方米。全市6个国考断面水质达标，黑河入渭、灞河口达到Ⅱ类水质，水环境质量改善排名全省第1。建成开放鄠邑区水生态保护警示教育中心。汉城湖水利风景区获评首批国家水利风景区高质量发展“十大标杆景区”，皂河入选中央环保督察整改成效典型案例。

【水功能区划编制】　2022年，西安市全面启动《西安现代水网建设规划》，组织编制《西安市水资源空间规划》，完成《西安市水利基础设施空间规划》《西安河库大典》编制。逐一建档核查全市3666个取水项目、5.8万个取水口情况，推进取用水信息化管理、规范化运行。按照《西安市“十四五”水务发展规划》，落实用水总量和用水效率“双控”要求，继续实施引汉济渭输配水西安支线工程，建立“以流域内河流水系为骨架，以跨区域引调水工程为经络，以大中型水库为水源核心”的供水保障网络。至2025年，全市新增城镇供水能力将达到每天189.3万吨，农村自来水普及率将达到99.85%，农村集中供水率将达到99.94%。加快引汉济渭输配水南干线和白鹿原调蓄水库工程建设，新建扩建水厂17座、农村饮水安全工程442处，改造规模化供水工程30处，年增调引水量6.6亿立方米。

【水源工程建设】　2022年，西安市印发《全市11座重点水库工程建设计划》，展开金井水库、杨家沟水库、车村水库、冯家湾水库、泥峪河水库等重点水源工程前期工作。重大区域性调水工程——引汉济渭西安支线、红旗水库综合治理、斗门水库南池开工建设。加快推进引蓝济李、李家河输水总干渠复线、西安子午水厂一期、西南郊水厂、灞河水厂五大输配水管网工程。引汉济渭秦岭输水隧洞全线贯通，引汉济渭二期工程与黑河引水系统并线连通，一批关键性、支撑性、节点性工程取得重大突破，“外引内调、多源互济、循环通畅”的现代水网动脉初具雏形。（李　健）

【饮用水源地保护】　2022年，西安市出台《西安市城市饮用水水源污染防治管理条例》《西安市黑河饮水系统保护条例》《西安市禁止运送有毒化学物品车辆经108国道黑河流域段通行暂行规定》和《关于加强秦岭北麓西安段饮用水水源保护的实施办法（试行）》《西安市饮用水水源地生态补偿暂行办法》《西安市饮用水水源地生态补偿水质监测考评细则》《西安市渭河流域水生态环境保护“十四五”补偿实施方案》等法规文件，强化饮用水源地环境监管，摸底统计全市94个乡镇级集中式饮用水水源相关信息。详见表46。划定黑河金盆水库、石砭峪水库、李家河水库、岱峪水库等区（县）级及以上集中式地表

表46　西安市市级城镇集中式生活饮用水水源地一览表

序号	所在县、区	水源地名称	水源类型
1	西咸新区	西北郊水源地（备用）	地下水
2	经开区	渭滨水源地＊	地下水
3	西咸新区	沣、皂河水源地＊	地下水
4	灞桥区	灞、浐河水源地＊	地下水
5	浐灞管委	东北郊段村水源地（备用）	地下水
6	周至县	黑河金盆水库饮用水水源地＊	河流
7	周至县	西安市引湑济黑调水工程饮用水水源地	河流
8	周至县	田峪水源地	河流
9	长安区	沣峪水源地	河流
10	长安区	石砭峪水源地	河流
11	浐灞管委	浐河水源地	河流
12	蓝田县	李家河水库	河流
13	周至县	就峪饮用水水源地（调剂水源）	河流
14	鄠邑区	甘峪水库饮用水水源地（调剂水源）	湖库
15	蓝田县	岱峪水库饮用水水源地	湖库

说明：1.＊为国家重点监管地级以上城市集中式饮用水水源。
2.因道路中断等原因，1月饮用水源地均未监测；4月浐河水源地、就峪饮用水水源地未测；9月甘峪水库饮用水水源地未测；东北郊段村水源地为备用水源，不参与达标率计算

2022年3月22日，西安市第30届“世界水日”暨35届“中国水周”主题宣传活动启动，市民在地铁站领取再生水知识漫画宣传页 （郝钟毓 摄影）

96.96%。建成并投运沣西、临潼、阎良等5个污泥处置项目，新增污泥处置能力1200吨/天，达到2800吨/天以上，无害化处置率达90%以上，优于省考指标，污泥处置难题得到历史性解决。

（许辉辉 李 健 严嘉恒）

【全域执法治水】 2022年，西安市扩编水政监察支队，探索建立“水行政执法+检察公益诉讼”协作机制，出动执法人员5.46万人（次），集中开展取用水、地热水、违法采砂整治行动，地铁、建筑施工降水专项执法，查实违法采砂196起，立案查处康乐园、航天常青苑违法取用水等案件，持续规范全市3666个取水项目、5.8万个取水口取水行为。

（李 健）

饮用水水源地10个。设立黑河、李家河等重要水源地专职保护机构，专项负责水源地各类污染风险源监督检查、水质监测分析、环境污染隐患应急管控和水源地生活污染源处置等工作。成立市公安局黑河分局，专职保卫黑河水源地和供水渠道安全。按期完成85个纳入生态环境部整治清单和17个省生态环境厅交办的环境问题整治，秦岭范围内水源环境得到有效改善。持续性开展水质季节性异常分析、保护区污染源调查、规范化建设调查、藻毒素分析以及富营养化水平研究。健全饮用水水源地环境监管机制，落实水生态环境保护补偿有关规定，全市21条河流、43个断面被纳入补偿考核范围。全市国家断面水质和4个城市集中饮用水水源地考核均实现连续3年优良率100%。8月，市黑河水源地环境保护管理总站被中共中央、国务院表彰为全国“人民满意的公务员集体”。

【黑臭水体整治】 2022年，西安市推进黑臭水体治理和雨污管网建设错接、混接点改造及污水处理厂建设提标改造，加强工业企业污染防治，控制入河污染物排放，巩固现有黑臭水体整治成效。城市黑臭水体实现长治久清、动态清零，皂河长安段九污上游1.2千米重度黑臭水体整治入选中央生态环境保护督察整改成效典型案例。加快区（县）农村污水和农村黑臭水体治理项目实施，召开工作调度推进会3次，现地督导检查4次，完成国家监管农村黑臭水体整治4处，省级监管农村黑臭水体治理2处。加强排水设施维护管理，完成管道疏通4038.74千米、管道清淤8784立方米，整治雨污混接点57处。

（许辉辉 陈志林）

【水资源监管及节约】 2022年，西安市用水总量21.34亿立方米，比省考指标节约16%。启动国家典型地区再生水利用配置试点，年置换新鲜水资源2968.2万立方米。使用陕西省7%的水资源量，支撑全省33%人口用水，贡献全省36%的经济总量，用水总量考核连续8年超额完成。实施地下水超载治理，封停自备井120眼，压减地下水2136万立方米，全市深层地下水位比上年上升4.55米，位列全国大中城市前列。实施国家节水及黄河流域节水控水行动，强化用水总量和强度双控，全市1600余个单位纳入用水直报统计，实现1万立方米以上工业和服务业计划用水全覆盖。全面推进国家节水型城市建设，创建省级节水示范单元149家，超年度任务192%。灞桥区、未央区被中省分别授予“县域节水型社会建设达标县（区）”，西安交大、沣西新城管委会被评为“全国公共机构水效领跑者”，西工大等4所高校入选“全国首批节水型高校典型案例”，入选全国的数量为陕西省历年最多。

（李 健 朱晓航）

【污水污泥处理处置】 2022年，西安市深化重点流域水污染治理，排查整治入河排污口，建立异常排污问题调度制度。印发《2022年全市涉水排污单位专项执法检查工作方案的通知》，开展全市城镇污水处理厂、重点涉水企业、工业聚集区污水处理厂等领域专项执法检查，抽查各类涉水排污单位3700余家。全力保障污水污泥处理处置资金，全年结算2021年第四季度及2022年第一、二季度污水污泥处理服务费13.7亿元。新建扩建及提标改造污水处理厂7座，新增污水处理能力14.5万立方米/天，达到403.1万立方米/天，处理率

地质矿产资源保护

【概况】 2022年，西安市自然资源和规划局印发《打击“洗洞”盗采金矿专项整治行动工作方案》，加快推进秦岭矿业权退出补偿工作，退补矿权资金4.52亿元。组织辖属长安区、临潼区、鄠邑区、蓝田县、周至县5区（县），按照自然资源部下发底数排查废弃矿权3个，排查废弃洞口28个，完成封堵28个。自行排查废弃金矿矿权9个，历史民采点6个，合计排查出金矿洞口115个，其中需永久封堵洞口112个，完成封堵112个，完成率100%。完成秦岭地区6个历史遗留矿山、2个有责任主体矿山共72.47公顷生态修复治理任务。

【矿业权监督管理】 2022年，西安市自然资源和规划局印发《关于做好砖瓦用黏土矿检查和调研工作的紧急通知》，组织临潼分局、长安分局实地检查辖区内所有砖瓦用黏土矿。组织召开黏土矿安全生产视频调度会、砖瓦用黏土矿监管工作专题会，听取相关单位关于黏土矿督导检查和涉矿违法线索核查处置等情况汇报。加强矿业权日常监督检查，多次实地查看砖瓦用黏土矿开发利用监管情况，发现问题立行整改，杜绝安全事故发生。推动解决地热水、矿泉水管理权限问题，向省自然资源和规划厅移交西咸直管区内已有地热水、矿泉水采矿权办理采矿许可证延续手续，保障企业正常运营。

【砂石弃渣管理】 2022年，西安市自然资源和规划局加强砂石弃渣管理，重点协调解决引汉济渭二期输配水工程建设砂石料和弃渣问题。多次召集涉及问

题区（县）召开专题会议，听取对引汉济渭二期工程砂石料和弃渣的使用及堆填等问题意见建议。报经省、市政府研究审定，经过数次协调，砂石弃渣问题得到解决，引汉济渭二期工程项目建设西安段顺利实施。（王思颖）

河流综合整治

【概况】 2022年，西安市加力推进引汉济渭二期工程车村水库建设、红旗水库溢洪道及下游河道综合治理工程、引蓝济李引水工程等重点项目，财政预算市级水利发展专项资金9亿元。完成6个中小河流治理项目及41个水毁防洪工程，治理长度8.71千米，完成投资2.4亿元，超年度投资20%，治理成效获陕西省综合评比第1名。

（李　健　严嘉恒）

【河湖管理】 2022年，西安市深入实施河湖长制，发布总河湖长令，召开年度河湖长制联席会，促进河湖长制从“有名有责”向“有效有能”转变。按照河湖岸线保护与利用规划编制指南，编制完成市县166个“一河（湖）一策”方案，2200名河湖长巡河履职12万次，发现解决问题2269个。完成灞河、沣河健康评价工作，复核确定30个河湖长制市级示范镇街、18个市级示范河湖，向省河长制办公室推荐的3个省级示范河湖均通过省级初验。曲江新区曲江池、灞河国际港务区段、沣河西咸新区段（G108国道至3号橡胶坝段）3个河湖被命名为“陕西省幸福河湖”，获全省河湖长制考核优秀等次第1名，全面深化河湖综合治理经验入选水利部典型案例。

【河道治理】 2022年，西安市依托推进实施的10个方面66个年度治水重点项目，加快河道整治、疏浚清淤、水毁修复工程进度。2月，市水务局组织河湖长处、水防处和水防中心3个部门成立河道问题图斑核查小组，出动无人机120余架（次），航拍飞检核查水利部推送的282处遥感疑似碍洪、“四乱”（乱占、乱采、乱堆、乱建）问题图斑点位。全域排查51条河流，发现相关问题210个，拆除废弃桥墩、临河房屋18处260余平方米，清理围占河道鱼塘3.27万平方米，清理阻水片林1.3万平方米。开展河库漂浮物清理专项行动，清理垃圾3600立方米。解决河湖“四乱”问题62个，其中严重阻水问题47个，一般阻水问题15个。全年消除河流河道隐患87处，重点河段清淤16.1万立方米，修复水毁工程67处。（李　健）

2022年4月27日，西安市举办2022年森林草原火灾扑救综合应急演练

（西安日报社　供图）

森林资源保护

【天然林保护修复】 2022年，西安市启动《秦岭北麓天然林保护与修复规划（2021—2035）》编制工作，着手编制市属森林经营单位林地保护利用规划方案。针对天然林保护修复的目标、任务、资金、责任“四到县”管理工作，成立市级考核小组，全面督查周至县、鄠邑区、长安区等8个区（县）或单位的森林管护、生态效益补偿等情况。8月29日，市天然林保护修复中心挂牌成立，明确天然林保护修复工作职责、目标与任务。市自然资源和规划局开展全市天然林资源现状调查，完成全省天然林保护重点区域专项调研，抽查的高陵区及周至县天然林保护修复省级复查通过验收。全年市自然资源和规划局拨付使用天然林保护资金29.53万元，森林资源培育资金226.37万元，森林资源管理资金143.48万元，森林生态效益补偿资金147.34万元，植被恢复工程造林286.67公顷，基本消灭宜林荒山。（王思颖　陈志林）

【古树名木保护】 2022年，西安市依照第3次古树名木资源普查成果，挂牌保护散生古树名木1225株，树立石碑保护古树群6个、名木群2个，新增认定古树名木212株，其中一级保护古树19株、二级保护古树46株、三级保护古树147株。全市超过千年树龄的代表性古树名木有周至县终南山古楼观历史文化景区“老子手植银杏”，树龄2600余年；临潼区城东胡王小学“胡王汉槐”，树龄2300余年；蓝田县辋川镇白家坪村“王维手植银杏”，树龄约1200年；黑河国家森林公园玉兰花谷景区八斗河村“中国玉兰王”，树龄超过1200年。截至年底，全市登记建档古树名木15044株，累计开展古树繁育树种44种，播种繁育成活2271株、扦插成活579株、嫁接繁育成活20株，移植繁育成活的古树名木幼苗1756株。

【植树造林】 2022年，西安市完成周至县中央财政造林补助项目200公顷、秦岭北麓恢复植被工程造林286.67公顷，组织全民义务植树活动，完成义务植树1200余万株工作量，全市基本消灭宜林荒山。

【森林病虫害防治】 参见第156页“农业”同题条目。

【森林资源督查执法】 2022年，西安市自然资源和规划局开展森林资源督查工作，邀请国家林草局西北调查规划院相关人员现地督导疑似图斑核查，核查完成率100%。整改完成2018—2021年森林督查和打击毁林专项行动查处案件，组织“回头看”，完整保存案件资料，信息录入陕西省森林督查系统。按照“案件查处到位、林地回收到位、追究责任到位”要求整改，下发国家林草局驻西安专员办挂牌督办蓝田县违法占用林地和毁林开垦案件整改通知，确保按时销号，整改到位。（王思颖）

自然保护地保护

【概况】 2022年，西安市获中央财政3年（2022—2024年）20亿元及陕西省6亿元生态文明建设工程专项资金支持，成立国土整治和生态修复中心，开工建设子工程项目23个。组织自然保护区卫星遥感监测疑似问题点位核查，督促各自然保护区管理机构及主管部门现场核查、依法整改并按程序销号。涉及“绿

盾”2017—2020年自然保护区问题台账及遥感监测反馈疑似问题线索150个，已销号143个，销号率95.33%，其中涉及秦岭区域57个问题点位全部完成整改并销号。 （王思颖 许辉辉）

【林草湿地资源监管保护】 2022年，西安市自然资源和规划局联合市财政局、市生态环境局、市水务局、市城管执法局印发《西安市湿地补水工作协调机制（试行）》。启动年度森林、草原、湿地调查监测工作，组织全市12个区（县）和3个直属事业单位调查监测样地73个。编制印发《西安市湿地保护规划（2021—2030）》《国土空间生态修复规划》《西安市湿地生态补偿办法（试行）》。5月启动《中华人民共和国湿地法》宣传月活动，6月27日组织全市湿地资源保护管理培训会。开展全市湿地资源调查规划项目，编制完成《西安市湿地资源调查报告》。

【整合优化自然保护区域】 2022年，西安市印发《关于建立以国家公园为主体的自然保护地体系实施方案》。市自然资源和规划局组织各区（县）林业主管部门和辖属分局，结合上报预案成果、国土空间规划和“三区三线”划定工作，调整自然保护地内符合政策的稳定耕地、重大规划项目和其他矛盾等问题5处，上报4个风景名胜区整合优化预案编制及数据，并按省级评审反馈意见进行修改完善。 （王思颖）

【山水林田湖草沙一体化修复工程入选国家项目】 2022年，陕西秦岭北麓主体山水林田湖草沙一体化保护和修复工程项目经财政部、自然资源部、生态环境部组织国家级竞争性专家评审，入选“十四五”期间第二批山水林田湖草沙一体化保护和修复工程项目。项目总投资50.24亿元，2022—2024年将累计争取中央和省级资金26亿元（其中中央20亿元，省级6亿元）。年内中央下达重点生态保护修复治理资金6亿元全部预拨西安市秦岭沿线区（县）和部门。 （严嘉恒）

【秦岭国家公园创建】 2022年，西安市自然资源和规划局推进秦岭国家公园创建工作，制定印发《关于贯彻落实〈秦岭国家公园创建方案〉的工作方案》，初步完成公益岗位统计、矛盾问题处理、人员机构调研、评估验收、现地核查等工作。编制完成大熊猫国家公园周至管理分局基础设施建设项目专项方案，多个建设项目进场施工。秦岭国家公园范围内居住人口、景区景点等工作正在进行。 （王思颖）

生物多样性保护

【概况】 2022年，西安市野生动植物资源丰富，全市有野生植物138科、681属、2224种，其中经济价值较高的有1200余种，山货特产主要有猕猴桃、板栗、核桃、花椒、山杏、漆树、杜仲、黑木耳、桂皮、松香等。有野生动物资源548种，其中兽类55种、鸟类177种，包括大熊猫、金丝猴、扭角羚秦岭亚种、鬣羚、大鲵、黑鹳、白冠长尾雉、血雉、金鸡等珍稀动物。加强秦岭沿线野生动植物资源多样性保护，秦岭全域接入“雪亮工程”摄像探头2600个，实现秦岭北麓西安段峪口全覆盖。公安部门到涉林区（县）督导检查3轮，侦办破坏野生动物资源刑事案件86起，抓获犯罪嫌疑人91人，查获野生动物102头（只）、野生动物制品15千克，清缴狩猎工具14件。 （邱 春）

【野生动植物资源普查】 2022年，西安市完成第一轮野生动物资源普查，查明全市辖域内分布野生动物548种，其中国家一级重点保护野生动物20种，二级重点保护野生动物73种，并在陕西省域内发现新记录的乌灰鸫、黑喉潜鸟、棕顶树莺，为建立全市野生动物资源数据库提供基础依据。启动全市首次开展的野生植物植被资源普查工作，成立市、区（县）级林草种质资源普查工作领导小组，编写《西安市林草种质资源普查指导手册》。抽调专业技术人员190名，成立普查工作队35支，在秦岭林区布设普查样线220条，平原区设样点603个。围绕植物识别、树木形态描述、腊叶标本采集制作、样线布设、林草种质普查数据采集App操作、DNA标本采集保存等内容，开展普查技术培训11场（次），培训人员350余人（次）。截至年底，全市共记录维管植物138科、681属、2224余种，采集植物标本1834号、7336份，拍摄植物照片4.35万张，初选优良单株246株，优良林分58块，为全市野生植物植被资源普查奠定数据基础。 （陈志林）

【野生动植物保护】 2022年，西安市建立野生动物疫情监控和野生动物救治体系，推进野生动物救护及科普宣教中心项目建设，开展野生动物收容救护和疫源疫病防控工作，在全市范围内设立81个野外监测点站，出动104名监测人员按照线路巡查、定点观测和群众举报3种方式，巡查巡护辖区野生动物繁殖地、停歇地、迁徙通道，日监测30余种5000余只迁徙动物动态变化，收容救护野生动物800余只（头），治愈放生120余只（头）。采取摸清资源家底、探索建立保险理赔补偿机制和强化科普宣传3项措施，加大野生动植物保护力度，全年发生野生动物致害事件238起，查验理赔231起17.5万元。 （王思颖）

【生物多样性保护宣传】 2022年，西安市生态环境局利用公众号、微博、网站等媒介，组织第8个秦岭生态环境保护宣传周普法活动和2021年国际生物多样性日主题宣传活动，会同省生态环境厅开展第三届秦岭生态小卫士西安赛区选拔赛活动。在秦岭四宝科学公园举办“西安市2022年国际生物多样性日”主题宣传活动，普及生物多样性保护知识，发出保护生物多样性倡议。 （许辉辉）

【野生动植物保护执法】 2022年，西安市开展“清风行动”“清网清套清夹”“黄金狙击”“网盾行动”等专项行动，多部门联合执法，从严打击破坏野生动

2022年5月20日，西安市在秦岭四宝科学公园举办“2022年国际生物多样性日”主题宣传活动 （市生态环境局 供图）

植物违法活动。通过全面巡查排查和加大案件侦破力度，全年1.56万名执法人员督导检查涉野生动植物场所6162处，联合办理涉野生动植物案件34起，抓获犯罪嫌疑人30人，没收涉案野生动物172只(头)，收缴放飞野生鸟类420余只，收缴销毁野生动物制品15千克。采集全市涉林基础信息，摸清辖区野生动植物资源、涉林重点单位、重点人员等情况，全年增加涉林基础信息3.6万余条，为有效遏制破坏野生动植物资源违法犯罪活动提供新的支撑。（邱　春）

节能减排

【概况】　2022年，西安市落实《西安市“十四五”生态环境保护规划》，全年完成主要污染物减排量9742.67吨，单位GDP二氧化碳排放量比上年降低5.39%，完成目标任务的138%。审批建设项目环评文件883件，核发辐射安全许可证469件，排查生态环境赔偿案件线索48件，审核160余家企业环境信用修复申请，公示行政许可和行政处罚信息1800余条，受理生态环境信访投诉2516件，组织生态环境宣传教育“六进”活动1737场。（许辉辉）

【节能政策扶持】　2022年，西安市印发《“十四五”循环经济规划》，严格节能审查，坚决遏制违规“两高”项目。加强136家企业用能管理，考核159家用能单位节能指标完成和节能措施落实情况。严控非电用煤，加强散煤源头管控，巩固散煤治理成效，清洁取暖试点城市建设顺利收官。加快新型能源项目建设，引热入西（北线）项目立项取得结论性进展，新建新能源汽车充电场站102个、充电桩2916根。推进国家屋顶分布式光伏发电试点区（县）建设，分批下达分布式光伏发电项目补贴。联合补贴核销企业18家、线下实体门店100家，按照消费者购买新机价格给予分档补贴，每个用户累计享受不超过5件，每台补贴不超过1000元，合计发放绿色家电消费补贴2200万元。（薛　举　陈志林）

【工业节能减排】　2022年，《西安市工业节能条例》生效实施。全市工业能源消费结构持续优化，规模以上工业综合能源消费量比上年增长5.8%，单位工业增加值能耗下降7.1%，超额完成年度下降4%的任务。组织新增重点用能单位专项节能监察、未完成双控指标任务专项节能监察五批次，监察企业98家，发现存在问题企业40家，督促完成整改27家，要求限期整改13家。全市开展“能效领跑者”遴选工作，组织62家企业参加工信部节能诊断服务活动。经区（县）初审，市级复审，向省工信厅推荐5家企业申报2022年度节能技术装备产品。入围省级绿色制造名单企业32家，其中绿色产品4家，绿色工厂25家，绿色园区1家，绿色供应链管理企业2家。入选国家绿色制造名单企业23家，入选数量连续6年稳居全省第1。组织112家重点用能工业企业开展全市能耗双控考核，其中纳入省考企业5家，市考企业107家，考核率100%。组织全市107家企业考核，提交完整数据企业104家，因搬迁和关停等不符合考核条件企业2家，合并考核企业1家。经企业自评、专家评审和现场核查，超额完成等次5家（95分以上）、完成等次57家（80～95分）、基本完成等次34家（60～80分）、未完成8家（60分以下），分别占比104家考核企业数量的4.80%、54.81%、32.69%、7.7%。全市通报考核结果，“一对一”帮扶未完成任务企业，提升工业企业能效，实现绿色高质量发展目标。

2022年6月13日，举行西安市2022年节能宣传周暨公共机构节能宣传周启动仪式（西安日报社　供图）

【交通节能减排】　2022年，西安市推动绿色场站建设，更新改造智能公交候车亭1600多个，增设爱心座椅、电子监控摄像头、液晶显示屏等设施设备，通过显示屏提供本站情况、当天日期、天气情况、线路起始终点、车辆途经到站等便民信息服务。制定《西安市公交与地铁衔接优化调整方案》，采取“调、撤、缩、减、补”等方式，新开调整公交线路62条（不含1条网约车和定制公交）。调整现行公交线路44条，改造、迁移不合理公交站点92处，裁撤和缩减与地铁重复公交线路125.4千米，撤销重复站点153个，新开通常规公交7条，填补秦岭大道、建业三路、天谷四路等37处公交服务空白区域。开通创新四路12条社区巴士，解决157个居民小区公交快速衔接地铁站点问题。开通网约公交线路1条，设置虚拟站点22个，涵盖16个产业园和写字楼及5个住宅区，与地铁4号线形成动态衔接。更新纯电动新能源巡游出租汽车9辆、合规网约车4395辆。拥有新能源或清洁能源公交车辆9272辆，新能源和清洁能源公交车比例为100%，新增或更新出租车、公交车新能源比例为100%。以“三河一山”环线绿道中浐灞河、渭河、沣河已建成的河堤路和S107环山旅游路为基础，规划建设集骑行、步行、观光、休闲等多功能于一体的生态慢行系统1条，串联103个生态节点和42个人文历史遗址，规划建设109个休憩驿站。贯通开放新建绿道381千米，其中核心段74千米实现无障碍通行，沿线39个驿站建成并对市民开放。建成公共自行车服务站点1943个，无桩站点6136个，投入使用公共自行车约7.9万辆，累计使用量4.36亿人(次)，绿色出行比例76.8%，绿色出行服务满意率85.53%，城市公共交通机动化出行分担率63.6%，服务范围覆盖中心城区及各开发区，服务面积550平方千米。（刘舒娇）

【建筑节能减排】　2022年，西安市城镇民用绿色建筑竣工项目248个，面积2032.90万平方米，绿色建筑占新建民用建筑面积的91.52%。装配式建筑项目开工392个，面积2434.82万平方米，占新开工面积的39.77%。常态化核查在建项目55个，下发整改通知单5份、督办单2份、工作提醒函1份。举办第七届建筑业绿色施工示范工程现场观摩活动，观摩人数301.85万人（次）。打造城乡建设绿色发展示范项目，西咸新区沣西新城总部经济园综合能源供应站、陕西能源绿色建筑产业园（4#宿舍、5#办公楼）、中国西部科技创新港高端人才生活基地小户型住宅、三一云城一期项目，灞桥区金泰东郡项目一、二（二段）

地块20号楼，高新区高新·天谷雅舍幼儿园6个项目获批为全市首批示范项目。引导全市7家企业申报陕西省新型墙体材料产品认定，累计获批认证企业13家。获批“国家清洁取暖试点城市”和“国家装配式建筑范例城市”之后，累计完成城镇既有建筑节能改造项目1396个，改造面积1893.65万平方米；完成农村既有建筑节能改造任务43.5万户，新开工装配式建筑超5000万平方米。累计申报绿色施工创建项目800余个，其中700多个项目被授予“绿色施工示范工程”，100多个被评为“优良等级”，建设超低能耗建筑面积26万平方米。构建公共建筑能耗监测平台，发挥“互联网+”建筑能耗动态监测功能，动态接入500余栋建筑，监测点位4万多个。

（刘舒娇　陈志林）

【公共机构节能减排】　2022年，西安市印发公共机构节能减排《“十四五”规划》《碳达峰实施方案》等文件，制定《非工重点用能单位暂行管理办法》，组织3100余家公共机构参加年度节能考核工作。创建15家“节约型公共机构”和62家“公共机构节水型单位”，完成41家复核单位验收和通报。4个案例入选国家机关事务管理局公共机构能源资源节约示范名单，其中“优秀案例”2个，“典型案例”2个。经逐级申报、部门复审、社会公示等程序，3家公共机构获评全国生活垃圾分类和资源循环利用示范工作重点单位。持续组织“节约型机关”三年创建行动，抽查验收303家单位申报工作，实现市级部门验收和资料核查全覆盖，区（县、开发区）实地抽查率33%，市、区（县、开发区）总体审核通过率94.7%。指导西安思源学院、西安职业技术学院成功创建国家级“节水型高校”和市级“节水型高校”。

（刘舒娇）

【碳排放管理】　2022年，西安市加快碳交易市场基础建设，筛选更新全市碳排放重点企业名单，督促重点排放企业，严格按时间节点做好碳排放数据填报工作，提升碳排放数据质量管理水平。编制完成西安市2020—2021年度温室气体排放清单编制工作，举办2022年“绿色低碳，节能先行”节能宣传周启动仪式，发放低碳日倡议书，开展线上低碳日知识竞赛答题活动。做好西咸新区气候投融资试点工作，指导西咸新区试点评审，深挖国家气候适应型城市建设试点亮点和特色。8月，西咸新区成功入选国家首批气候投融资试点城市。

【污染减排】　2022年，西安市生态环境局围绕主要污染物总量减排目标推进工程减排。制定《2022年主要污染物总量减排及碳排放降低实施方案》，将减排任务分解至21个区（县）政府、开发区管委会和16个市级部门，明确2022年全市重点减排项目、责任单位和完成时限。全年化学需氧量、氨氮、氮氧化物、挥发性有机物重点工程减排量分别为5.67万吨、3920吨、4497吨、1320吨，分别完成全年目标任务的4430%、6533%、238%、100.4%。

（许辉辉）

污染防治

【大气污染防治】　2022年，西安市围绕重污染天气消除、臭氧污染防治、柴油货车污染治理三大目标。印发《大气污染防治集中攻坚方案》，提前1个月启动秋冬季集中攻坚行动，9月1日至12月31日，收获74个优良天气日，比上年同期增加34个。实施差异化管控，重污染天气应急减排项目清单纳入4467家工业企业、3021家施工工地、470.5万辆移动源。开展绩效分级，现场评审8家B级及以上和引领性企业、16家C级企业，上报省生态环境厅B级及以上和引领性企业6家。印发《西安市2022年臭氧污染防治管控方案》，每月全覆盖检查加油站油气回收设施，累计检查加油站266座（次），发送整改函、移送单33份，均已整改完毕。截至年底，全市长期使用低挥发性有机化合物含量涂料和末端燃烧法工艺的汽修企业101家，完成水性涂料源头替代汽修企业81家，提前超额完成任务。夏防期持续高温少雨时段，全市未出现重度臭氧污染天气。抓好柴油货车污染治理，深化调整运输结构，5家火电企业“公转铁”运输比例70%，比上年增长6%。累计淘汰国三标准及以下柴油车726辆，完成年度工作目标。推广电动化车辆替代现有建筑垃圾、生活垃圾清运燃油车，配备新能源生活垃圾收运车224台。实施黑加油站点专项整治，累计查处黑加油站点13处，查处流动加油车17辆，查获油品12.52吨，行政拘留7人。组织机动车排气污染联合执法1016次，检测车辆83910辆，查处超标车上路322例、冒黑烟2024例、货车走禁行37570例。全市使用清洁能源餐饮单位35348家，安装油烟净化设施餐饮单位25343家。全市噪声功能区昼间达标率100%，比上年提高3.2%。夜间达标率92.5%，比上年提高47.3%。

（许辉辉）

【生活污水和垃圾污染处理】　2022年，西安市新建、扩建、提标改造第二污水处理厂二期、第九污水处理厂、鱼化工业园污水处理厂等7座，城市污水处理能力达到403.1万立方米/天，处理率96.95%，排名全国副省级城市前列。截至年底，全市有生活垃圾无害化处理设施12座，其中生活垃圾填埋场7座，生活垃圾无害化焚烧厂5座。厨余垃圾处理厂4座，设计日处理能力14670吨。城市生活垃圾全部采用焚烧和卫生填埋方式实行无害化处理。全年检查垃圾消纳场所7处，发现并整改违规问题4处。增配农村生活垃圾收集设施18917个、村内收集车1331辆、街镇转运车46辆，新增移动式压缩站9座，农村生活垃圾有效处理率91.7%。（李　健　许辉辉）

【危险废物监管】　2022年，西安市生态环境局严把危险废物环境管理准入关，利用“固体废物信息管理系统”，实现危险废物全过程管理。全年申报登记固体废物2830家，计划备案危险废物2128家。开展严厉打击危险废物环境违法犯罪专项执法行动，全市检查企业3568家，出动执法人员10246人次，办理涉危废案件16起，罚款298万元，向

2022年，西安市空气质量优良天数达到190天　　（市生态环境局　供图）

公安移送案件线索 2 个。

【移动源污染防治】 2022 年，西安市生态环境局加强移动源污染防治和监管工作。常态化开展机动车路抽检执法，联合公安、交通运输等部门，在重点路段、绕城高速服务区设置执法点位，路面抽检车辆联合执法检查，联合检查管控高速过境柴油货车。不定期上门抽测重点行业大户单位，检测各类机动车 8.93 万余辆，查处超标车 322 辆。规范提升机动车排放检验机构监管水平，从严落实《机动车排放定期检验规范》《汽车排放定期检验信息采集传输技术规范》，印发《关于明确 2022 年度排放检验机构重点工作的通知》，督导检验机构落实规范要求，完善 IM 制度运行。通过与省级排放检验监管平台对接，实现实时传输全市机动车排放检验数据。机动车排放检验机构共检测机动车 1261017 辆，检测合格率 98.9%。综合整治非道路移动机械污染，推进高排放非道路移动机械限制使用政策调整意见征集和风险评估。开展非道路移动机械淘汰摸底调查、走访调研和专家论证，印发《西安市国一及以下排放标准非道路移动机械淘汰更新实施方案》，制定《非道路移动机械环保号码注销细则》，稳步推进淘汰更新工作。探索非道路移动机械监管手段，开展电子标签服务试点，提升非道路移动机械监管能力和科技水平。检查非道路移动机械使用单位 6700 家、机械 3.2 万余台，查处未编码登记和超标机械 411 台。 （许辉辉）

【固体废物污染防治监管】 2022 年，西安市印发《一般工业固体废物环境管理工作指南》《关于做好一般工业固体废物管理台账有关工作的通知》《关于加强我市一般工业固体废物产生单位环境管理工作的通知》等规范性文件，加强一般工业固体废物污染环境监督管理，督促企业建立健全责任制度，完善台账管理，落实污染防治要求。按月调度全市城镇污泥流向、用途、用量等重点数据。市生态环境局对照黄河流域生态环境警示片指出的污泥问题，督促责任企业严格落实整改措施，配合市黄河流域生态保护和高质量发展领导小组办公室、市水务局，督导核查中涉及问题的 6 家企业，现场勘察和查看污泥处置台账，参与问题企业整改情况市级验收和省级验收销号工作。印发《2022 年西安市塑料污染治理工作要点》《关于开展 2022 年塑料污染治理督导检查的函》，召开市级部门塑料污染工作推进会议。督导检查全市一般工业固废、危险废物（含医疗废物、非城镇污泥外其他种类污泥、有害垃圾暂存点）、重金属污染防治、尾矿库等环境管理工作，督促产污企业规范落实环境管理要求。统计调查 2021 年全市化学品环境国际公约管控物质情况，组织“回头看”检查国际公约管控物质履约情况。收运处置医疗废物 4.87 万吨，医疗废物安全处置率 100%。收运处置涉疫医疗废物 1.82 万吨，安排涉疫医疗废物垃圾处置资金 4919.99 万元。其中，市级专项资金预算支出 1678.8 万元，预算调剂安排 2568.16 万元，生态环境领域补助区（县）扣缴资金 673.03 万元。 （许辉辉 严嘉恒）

【污染防治综合治理】 2022 年，西安市财政局支持污染防治经费支出 97.75 亿元。其中，节能环保 84.05 亿元；农林水 7.09 亿元；自然资源利用与保护 6.61 亿元。农村生活污水治理、柴油车排放污染治理、补助区县网格化管理、城区污水污泥处理处置、城乡居民煤改洁、生活垃圾分类及处理、医疗废物收运处置、林业改革发展等项目得到市级重点支持。

【无废城市建设】 2022 年，经生态环境部审核，西安市入选“十四五”期间无废城市试点名单，市财政局配合市生态环境局开展试点工作，持续推动固体废弃物源头减量和资源化利用，实现固体废物减量化、资源化、无害化。

（严嘉恒）

生态环境监管

【概况】 2022 年，西安市发生一般等级突发环境事件 6 起，建立固定污染源台账 25 类、3 万余个，全市网格员巡查污染源 110.7 万余家（次），发现污染问题 19.46 万余起。划分三级网格 206 个，1200 多名网格员组成网格巡查队伍，智慧环保前端感知系统监控全市 219 个街办、乡镇、开发区园办空气质量。智慧环保指挥中心实现 206 万余小时值，审核数据入库率 95%，数据合格率 90%。处置自动监测站异常状况 710 余起，烟火监控系统发现火点 12543 处，遥感监测发现环境疑似点源问题 6675 个（次），智慧环保指挥调度平台派发调度任务 11685 起，工地扬尘自动监控管理系统录入工地 1567 个，实现联网工地 1549 个，判定二级及以上超标事件 19294 次，发送二级及以上告警短信 76514 条，处理工地申诉 5155 条。组织专项执法行动 15 项，出动执法人员 51466 人（次），检查排污单位 22957 家（次），行政处罚环境违法行为 984 起，收缴罚款 4665 万元，查封扣押违法排污单位 11 家，办理按日连续处罚案件 1 件。

【环境质量监测】 2022 年，西安市强化科技支撑，发挥智慧环保指挥调度平台“中枢”作用。通过分析空气监测站、水质监测站、工地扬尘在线监测仪、遥感卫星影像、烟火监控等前端感知系统数据，对数据异常、污染持续偏高、问题突出的区域，经过“自动告警 + 人工筛选”形成具体任务，派发至相关网格（部门）限时办理，采取审查处置报告、现场核查等形式跟踪办理情况，确保发现的各类环境问题处置到位。全年派发各类调度任务 11685 起，全部整改处置到位。加强工地扬尘污染监管，启动全市工地扬尘自动监控管理系统，11 月底完成试运行，12 月 23 日完成项目总验收。通过预警提醒、督促整改、全面考核等机制，有效推进工地扬尘精细化管控，录入平台工地 1567 个，联网工地 1549 个，设备平均在线率 90%。通过扬尘设备监控管理平台判定二级及以上超标事件 19294 次，总体较平台运行初期下降 95.34%，发送二级及以上告警短信 76514 条，处理工地申诉 5155 条，辅助环保负责人完成超标整改工作。将工地扬尘在线监测、道路扬尘监测、出租车走航监测的实时监测数据整合至扬尘设备监控管理平台并公示，打造扬尘监管“西安模式”。

【环境污染实时监测】 2022 年，西安市智慧环保前端感知系统稳定运行，实现全市 219 个街办、乡镇、开发区园办空气质量监控全覆盖；44 座地表水质自动监测站实现全市主要的 19 条河流和 3 个湖泊水质全流域实时监测；8 套有机废气在线监测系统，有效监督 3 家排污企业达标排放；激光雷达走航车完成走航观测作业 65 次，实现精准溯源；指挥中心资源平台在原有基础上扩容各类设备 40 余台，提升系统储存及计算能力。升级智慧环保综合指挥平台，规范化整治全市 1400 余处重点扬尘源，设置路边监测点 100 个，重点监测 19 条渣土通道及重点区域道路扬尘情况。市智慧环保指挥中心依时间节点完成空气站 190 万余小时值、水站 9 万余小时值、有机废气 7 万余小时值审核及发布工作，审核数据入库率 95%，数据合格率 90%。处置异常状况空气自动监测站情况 340 余起，水质自动监测站 260 余起、有机废气监测站 80 余起、软件平台 20 余起、云计算平台 10 余起，95% 以上故障均于当日解决。4 月烟火二期项目建设竣工，实现全市 4300 平方千米涉农区域露天焚烧全天候、全覆盖监控。环保烟火监控系统共发现火点 12543 处，全部火点均第一时间下发办结。每日、每周通报各区（县）、街镇焚烧情况，组织“三夏”“三秋”专项行动，及时向西安市生态环境

2022 年 3 月 30 日，西安市智慧环保综合指挥中心实时显示各类环境监测数据
（翟小雪　摄影）

局大气处、市生态委办、空气质量会商组提供相关数据，发挥通报、督办、督察和约谈机制作用。

【辐射安全监管】　2022 年，西安市严格安全许可准入，重视闲置放射源收贮，从源头上消除辐射环境安全隐患。组织涉核与辐射工业专项执法检查，抽查企业 187 家，发现违法问题企业 21 家。在党的二十大召开期间，市生态环境局专项安排辐射安全管理工作，实行每日“零报告”制度，采取企业自查、下属分局核查、市局抽查相结合的方式，严格监管射线装置以及放射源使用、贮存和运输活动，确保全市辐射环境总体安全可控。

【建设项目环境管理】　2022 年，西安市加强建设项目大气面源和噪声污染环境管理，安装建筑垃圾处置项目及消纳场所扬尘监测设备 44 处，检查各类建设项目 8631 个，发现并整改扬尘污染问题 534 处，检查建筑垃圾清运车辆 21663 台（次），发现并整改违规车辆 80 台（次）。检查各类工地、企业和物流园区 6700 家（次）、机械 32136 台（次），查处未编码登记和超标机械 411 台（次），抽测机械 12048 台（次）。

【环境执法监察】　2022 年，西安市出动执法人员 51466 人次，检查企业 22957 家（次），行政处罚 984 起环境违法行为，收缴罚款 4665.09 万元；办理查封扣押案件 11 起，办理按日连续处罚案件 1 起。实行轻微违法免罚制度，办理免于处罚案件 14 起。配合保障完成监督帮扶工作，汾渭平原强化监督定点帮扶重点督办问题企业全部完成整改。体检式指导帮扶环境管理能力欠缺排污单位，推行全程说理式执法，全年组织各类送法入企宣传活动 10 次，开展帮扶 1000 余次。实施分类差异化监管，拓展非现场监管手段，纳入监督执法正面清单单位 138 家，对清单内企业执行非现场执法 1483 次。开展执法大练兵活动，以实战为主线，培养执法领军人才和业务骨干。市生态环境局莲湖分局、长安分局、高新分局获得“陕西省生态环境保护执法大练兵表现突出”集体荣誉，4 名执法人员获得“表现突出”个人荣誉，选送案例获省执法大练兵非现场竞赛比武一等奖。

【环境应急处置】　2022 年，西安市围绕“防风险、除隐患、保安全、迎盛会”要求，组织开展全市危险化学品安全隐患排查、汛期突发环境事件隐患排查、安全生产百日行动等专项活动，防范化解风险隐患，压实企业安全主体责任，打击各类非法违法行为，坚决遏制重特大安全事故发生。按照《西安市“十四五”流域突发水污染事件环境应急“南阳实践”工作方案（2021—2025）》要求，编制发布《西安市突发水污染事件应急预案》。对全市 5 条河流、11 个水源地制定“一河一策一图”环境应急响应方案。发生的 6 起一般等级突发环境事件（交通事故引发 5 起，极端气象条件诱发 1 起），均按照突发事件处置“五个第一”要求完成处置，未对全市环境造成明显影响。

【环境监测网格化管理】　2022 年，西安市划分 206 个三级网格，成立由 1200 多名网格员组成的巡查队伍，全域覆盖不间断巡查。通过摸排建立工地、餐饮、工业企业、散乱污企业、排污口、饮用水水源地保护区和渣土车停车场等共计 25 类 3 万余个固定污染源台账。在日常巡查中，网格员发现环境污染问题，即责令现场整改并将整改结果上传网格化管理平台。现场无法立即解决的问题，上报二级网格转至区（县）相关部门或街办处置，由一级网格审核、督办、统计、考核办理结果。全年全市网格员巡查污染源 110.7 万家（次），发现污染问题 19.46 万余起，人均发现污染问题 148.95 起。制定《网格化管理考核办法》，将考核指标纳入平台，依据平台统计工作数据客观考核。市、区两级分别设立专项奖励资金，根据考核成绩百分比兑现奖惩，专项用于网格化管理和基层网格员绩效奖补。

【生态环境遥感监测】　2022 年，西安生态环境遥感监测系统利用卫星遥感监测范围大、无盲区、成本低等技术特点，实现技防代替人防。全年通过遥感监测发现各类环境疑似点源问题 6675 个（次），通过指挥调度平台将发现问题下发或移交至相关部门，实现闭环处置。7 月，西安遥感监测管理系统获第五届数字中国建设峰会优秀应用案例，并在大会做成果展示。　（许辉辉）

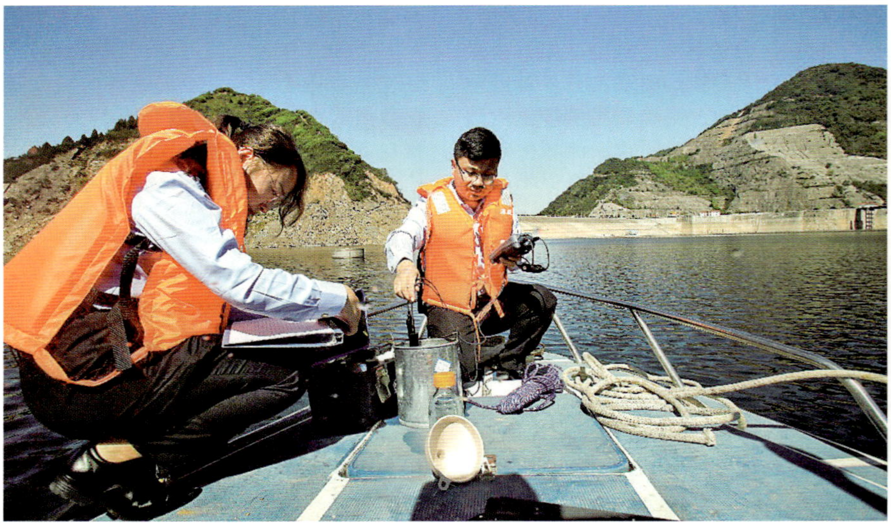

2022 年 9 月 28 日，黑河水源地环境保护管理总站工作人员进行水样采集监测
（市生态环境局　供图）

综 述

【科技政策】 2022年，西安市出台《支持科技企业创新发展若干措施的通知》，提出至2024年科技工作发展目标，加快完善支持科技型中小企业创新发展的培育体系，推动政策、项目、资金、人才等要素向科技企业集聚，加力加速秦创原创新驱动平台建设，助力科技创新支撑高质量发展。西安市科技局对2022年度新出台政策进行整理，编印《2022西安科技创新政策汇编》。启动《西安市科技进步条例》修订工作，参与起草《陕西省西安—咸阳一体化创新驱动发展规划（2022—2025）》和《西安—兰州区域科创中心建设方案》等政策文件，科技政策体系不断健全完善。

表47 2022年西安市科技工作统计表

名 称	单 位	绝对量
全面实施市级科技计划项目数	项	5862
全年技术合同成交额	亿元	2881.30
高价值发明专利数	件	27588
国家级高新技术企业数	个	10431
# 当年新认定的高新技术企业数	个	4841
市级科技企业孵化器、众创空间数	个	170
# 当年新认定的孵化器、众创空间数	个	19

说明：科技数据来源于市科技局；# 表示其中项

【科技型企业发展】 2022年，西安市推动科技事业高质量发展，秦创原平台建设稳步推进，创新名城品牌影响力逐步彰显，科技型企业数量爆发式增长。入库科技型中小企业数量突破1.2万家，比上年增长超过43%；国家高新技术企业数量突破1万家，增长超过40%；12家上市企业中有11家为科技型企业；研发投入继续增加，投入结构进一步优化，由创新策源向企业主导转变，企业投入占比45.69%，科研机构投入占比42.3%，企业成为全市研发投入第一主体，占比创历年新高。

【科技计划与实施】 2022年，西安市科技计划项目围绕秦创原“一总两带”（以西咸新区为总窗口，向东南横跨高新区、长安大学城、航天基地的“秦创原科技创新示范带”，向东北横跨经开区、渭北新城、阎良区的“秦创原先进制造业示范带”）总格局，以促进两链融合加强需求端科技成果转化能力为主线，围绕产业链部署创新链、围绕创新链布局产业链，促进科技与经济紧密结合和协同发展，强化基础研究能力建设，夯实企业创新主体地位，全面提升科技策源能力，提高科技创新服务能力水平，营造更好的创新创业生态环境。组织实施创新能力强基计划、创新链条引领计划、科技平台和人才支撑计划、创新生态环境建设计划、重大科技创新与秦创原创新专项计划五类计划，投入市级财政科研资金85056.21万元。其中，市创新能力强基计划投入市级财政科研资金20747.4万元；市创新链条引领计划投入市级财政科研资金31658.87万元；市科技平台和人才支撑计划投入市级财政科研资金4271.2万元；市创新生态环境建设计划投入市级财政科研资金10410.9万元；市重大科技创新计划与秦创原创新专项计划投入市级财政科研资金17967.84万元。

【科研机构】 2022年，西安市持续提高科研机构的创新能力和科研实力。推进高精度地基授时系统、国家分子医学转化科学中心等重大科技基础设施建设，筹建国家超算（西安）中心。建设西部科技创新港，吸引国内外知名高校、科研院所、顶尖企业的研发机构入驻西安，引进一批国际国内知名的研发机构落户西安。引进和建设一批省级、市级重点实验室、工程实验室、工程技术（研究）中心等，搭建研发设计众包众创平台。陕西省年度认定的新型研发机构有10家，包括铂力特、陕西空天动力研究院、陕西电子信息研究院、陕西光电子先导院、西安高新医疗器械技术转化服务平台等。截至年底，西安市有各类科研机构460个。在全球科研城市100强榜单中，西安位列第29位。

【科技投入】 2022年，西安市落实《支持科技企业创新发展若干措施》，鼓励行业龙头企业、链主企业开展产业创新研究，外商投资设立研发中心，支持优势企业设立西安全球研发中心，促进研发组织在规上工业企业实现全覆盖。全年研究与试验发展经费投入601.08亿元，比上年增加47.41亿元，增长8.56%，占陕西省经费投入（769.55亿元）的78.11%；经费投入强度为5.23%，高于全省（2.35%）2.88个百分点，高于全国（2.54%）2.69个百分点。西安规模以上工业企业研究与试验发展经费投入211.28亿元，比上年增长10.25%。西安规上工业企业经费投入强度1.77%，高于全省0.77个百分点。

2022 年 7 月 28 日，举行西安市科普讲解大赛 （市科技局 供图）

【科技金融】 2022 年，西安市科技局出台《加强金融支持科创企业健康发展若干措施的通知》，市科技局、市财政局联合出台《发挥科技金融支撑作用支持科技企业健康发展若干措施的通知》《西安市科技金融服务工作站管理办法（试行）》《西安市技术产权资产证券化（票据化）试点工作指引（暂行）》《西安市科技金融融合业务工作指引补充细则》。认定西安市科技服务业示范机构 2 批共 22 家，累计建成西安市科技服务业示范机构 45 家；科技金融服务全市企业 725 家次，贷款额达到 33.6 亿元。

【高新技术产业发展】 2022 年，西安市以光电子、汽车、智能制造、生物医药、新能源新材料为重点，聚力建设国家自主创新示范区、国家硬科技创新示范区，打造世界领先高新技术产业园区。全面创新改革试验区，强化产业技术创新，高标准抓好国家硬科技创新示范区、国家新一代人工智能创新发展试验区建设。构建“一带十园”（“一带”，即秦创原总窗口·新轴线总部经济带；“十园”即十大特色产业园区），布局光伏、氢能、智能网联汽车 3 条主导产业链，打造新能源、数字经济、大健康等 7 大产业集群，培育生物医药、新材料等若干特色产业，以高端装备制造业为核心的先进制造业数字化升级，以新能源、自动驾驶为重点的战略性新兴产业布局逐渐成形。

【科技普及】 2022 年，西安市科普工作按照国家和陕西省的统一部署，印发《西安市贯彻〈全民科学素质行动规划纲要（2021—2035 年）〉实施方案》（市政发〔2022〕8 号），建立西安市科普工作联席会议制度，组织开展科技之春、科技活动周、科普日等主题的系列科普活动，传播科学思想，提高全民科学素质，推动全市科普工作广泛开展。支持市级科普惠农计划项目 11 个、区（县）级科普惠农计划、涉农特色科普活动项目 37 个，组织涉农区（县）的 44 个基层农村科普组织开展技术培训、专题讲座、新品种推广及各类农村科普活动共 145 场（次），受益农村群众 2.08 万人（次）；制作推广 7 类种植养殖科普视频，播放量 3 万余次。

“科技之春”宣传活动 3 月 25 日，第三十届“科技之春”宣传月活动启动，活动期间组织动员社会各界力量进农村、进校园、进企业、进社区、进机关，创新开展科技志愿服务，举办群众性科普活动，促进科学普及与科技创新协同发展。全市共开展重点活动 178 项，举办科技报告会、座谈会、研讨会 89 场（次），科技集市、街头宣传咨询 24 次，实用技术培训 43 期，青少年科技教育活动 46 场，培训农民 2.4 万人（次），发放宣传资料、图书 15 万份（册），受益市民 160 万余人。加强主题科普参与体验活动和技术技能培训，将科普与生活、生产相互交融，活动取得实效、民众获得实惠。

科技活动周 5 月 21 日，以“走进科技 你我同行”为主题的陕西省暨西安市科技活动周在西安经开区隆基绿能智慧能源展览馆启动。活动周期间，围绕秦创原创新驱动平台科技创新成果展示、科技支撑美好生活体验、公共科技资源开放等内容，举办西安市科普讲解大赛、科普视频展播、科普知识竞答等主场活动；各区（县、开发区）开展科技下乡、科普讲座、科技创新大赛、科普成果展览、科研场所和高新技术企业开放、主题展板巡展等 50 余场系列活动。周至、蓝田、鄠邑、临潼等区（县）组织开展西安市科技特派员助力乡村振兴集中服务活动，400 余名科技特派员深入生产一线，面向农业龙头企业、农村集体经济组织、合作社、家庭农场、种植养殖农户等服务对象，采取线上、线下服务相结合的方式，组团开展新技术新品种试验示范推广、农业适用技术专题培训和标准化技术指导等服务，帮助农户提升标准化生产技术水平，把科技创新的动能扩散到田间地头。

科普日活动 9 月 15 日，以“喜迎二十大，科普向未来”为主题，开展全国科普日主场示范活动、六大基层科普联合行动等线上、线下活动 210 余项。党政机关、企事业、高校中小学、农村社区等共 800 余家单位，9000 余名科技专家、科普工作者和科技志愿者参与活动，发放科普书籍和宣传画册 6000 余册，各类宣传资料 2 万余份，现场接待群众体验咨询 3 万余人，直接或线上间接参与 12 万余人（次）。活动期间，省、市、区（县）23 家新闻媒体开展采风，跟进报道，刊登各类报道稿件 70 余件、信息 270 余条。

第 19 届“学术金秋”活动 9—11 月，西安市科协举办以“建设科技创新平台助力西安高质量发展”为主题的第 19 届学术金秋活动。活动共设 1 个主会场，86 个专题分会场，围绕突出基础前沿和交叉融合，服务学科发展、培养创新人才；突出科技经济深度融合，服务西安经济高质量发展；突出国内国际科技资源的有机融合，开展国际交流与合作等方面专题探讨。 （王 春）

秦创原创新驱动平台建设

【政策体系】 2022 年，西安市围绕秦创原创新驱动平台建设，相继出台秦创原建设 3 年实施方案总窗口专项政策、《西安市创新投资基金设立方案》等政策措施，发布《“科学家 + 工程师”队伍认定管理办法》《科技成果转化中试平台（基地）管理办法》等实施细则。印发 4 方面 54 条政策的《秦创原创新驱动平台建设政策包（2022 修订版）》。在 2022 全球硬科技创新大会上，集中发布《西安市关于进一步支持秦创原创新驱动平台建设的若干政策措施》《西安市支持科技企业创新发展若干措施》《西安市“人才 + 高校 + 企业”协同创新基地建设管理办法》《“西安青年人才驿站”工作实施方案》等 6 项政策。各区（县、开发区）结合自身实际出台配套政策措施，全市秦创原建设“1+N”政策体系基本形成。

【秦创原总窗口建设】 2022 年，西安

2022 年，秦创原创新驱动平台总窗口新增科技型企业 1400 余家

（西咸新区管委会　供图）

市加强秦创原总窗口建设，秦创原总窗口示范效应明显，陕西省电子信息创新产业联盟、省机床创新中心等多个省级平台相继落地。沣东立体联动孵化器总基地、沣西成果转化加速器总基地先后揭牌运营，秦创原光伏创新中心（隆基中央研究院）建成投用。引进新经济领域企业 240 家、完成率 120%，创建省级以上众创空间 5 家、完成率 125%，培育瞪羚企业 31 家、完成率 155%。17 家企业纳入省级上市后备企业库，源杰半导体在科创板挂牌。规范科创载体建设标准和统计口径，加快建设秦创原科创生态岛、临空产业园等载体 93 个，总面积 2217 万平方米。通过翻建、扩建、增容、腾笼换鸟等方式，对总窗口现有各类载体进行盘点优化，建成投用 934 万平方米、完成率 105.1%。

【研发机构】　2022 年，西安市围绕秦创原创新驱动平台建设，紧盯规模以上工业企业，实施研发组织覆盖计划、研发投入提升计划和研发体系建设计划。全社会研发投入强度保持在 5% 以上，企业研发占比 45.69%，成为研发投入第一主体。围绕 19 条重点产业链，发挥链主、龙头带动作用，累计建成共性技术研发平台 11 个。鼓励企业联合高校院所建设创新平台，支持建设沣东立体联动孵化器总基地、西安电子谷等“三器”示范及特色平台项目 142 个，建成陕西高端机床创新研究院、大飞机创新原等研发平台 65 个，其中创新联合体 22 个，新型研发机构 32 个，共性技术研发平台 11 个。推动企业科技创新，布局建设一批工程技术中心、工程技术研究中心、制造业创新中心和企业技术中心。截至年底，累计建成市级以上研发平台 1100 个。

【高新技术企业】　2022 年，西安市发挥高新技术企业主体作用，推动秦创原创新驱动平台建设。三一智能制造中心、西部超导等 170 个项目签约落地、总投资 2015.15 亿元，其中 5 亿元以上产业链重点项目 29 个，总投资额 561.1 亿元。全球单体最大、产能最高的光伏电池生产基地隆基绿能西咸新区高效单晶电池项目投产，硅太阳能电池效率 26.81%。航天基地国家超算（西安）中心建成投运，雁塔区未来人工智能计算中心算力达到 300P，位列全国第 2。资本板块逐渐成形，陕股交秦创原专区上线 20 余家新区企业，源杰半导体 12 月 21 日正式在科创板上市，成为总窗口首家科创板上市公司。截至年底，全市有国家级高新技术企业 10431 家，培育入库科技型中小企业 12663 家，全市技术合同成交额突破 2881.3 亿元。

【科技人才队伍建设】　2022 年，西安市落实中共陕西省委、陕西省人民政府《关于进一步加强人才工作大力推进秦创原创新驱动平台建设的实施意见》，加大秦创原创新驱动平台人才支持力度，壮大技术经理人（科技经纪人）队伍和“科学家 + 工程师”队伍。持续推进“千人百企”工程，支持高校院所科技人员围绕产业创新需求，承接企业难题招标和研发委托，每年择优引导支持千名科技人员服务百家企业需求合作项目。依托西安科技大市场，优化校地合作，选聘重点高校科技管理人员兼任相应职务，助力高校科技成果转化。建设“西安青年人才驿站”平台，平台上线累计入站大学生 2 万余人，“就业奖”申请人数 6700 人，人才驿站乐业补贴申请人数 1.2 万人，发放补贴 3000 万余元。相继举办全球硬科技创新大会、全球创投峰会、西安国际创业大赛、中国（西安）创新挑战赛等重大赛事峰会，吸引大项目、好项目和高端人才落地西安。

（方　炬　席维东）

科技平台建设

【概况】　2022 年，西安市科技大市场继续深化设备共享服务平台建设，挖掘企业需求和资源，推进大型科研仪器开放共享，发挥科研设施与仪器对科技创新的服务和支撑作用。全年平台新增录入大型共享科学仪器设备 809 台 / 套，累计收集共享仪器设备 15800 台 / 套。其中，高等院校 21 所，共享设备 5183 台（套）；科研院所 95 所，共享设备 5654 台（套）；企业 204 家，共享设备 4936 台（套）。多次走访西安电子科技大学、西安交通大学等高校，确定平台间的数据通信接口规范、账号信息同步、数据展示等相关内容，并完成 10 家第三方服务机构，10 家省、市重点实验室和工程技术中心加盟仪器设备共享服务平台。

截至年底，西安市有全国重点实验室 7 个、国家重点实验室 24 个，陕西省重点实验室 168 个，西安市重点实验室 168 个。市级工程技术研究中心 345 个，市级及以上众创载体 285 个，国家备案众创空间 78 个，国家级科技企业孵化器 26 个。陕西省科技厅公布的 2022 年度陕西省新型研发机构认定名单中，有 22 家新型研发机构入选，其中 10 家研发机构位于西安高新区，占首批认定企业超 45%。

2022 年，西安建设全国有影响力的科技创新中心，构建“一核一圈一带”（“一核”即西安综合性科学中心核心区，“一圈”即以西安都市圈为中心的协同创新生态圈，“一带”即面向“一带一路”的丝路科技创新合作带）空间布局。以丝路科学城（西安科学园）为核心区，打造具有全球影响力的硬科技创新策源地、具有前沿引领性的新兴产业衍生地和“一带一路”顶尖人才首选地。

【国家级平台载体】　2022 年，西安市稳步推进国家授时中心、分子医学转化科学中心项目建设，航天基地国家超算（西安）中心建成投运。雁塔区未来人工智能计算中心算力达到 300P，位列全国第 2 位，算力填充率 98.3%，助力 260 家创新主体实现智能化升级。空天动力研究院成为陕西省建设陕西实验室的依托单位。西北工业大学科技园被科技部、教育部评为全国首批未来科技产业园。国家级碑林环大学硬科技创新街区正式授牌，累计孵化企业2300家。建设市级以上孵化载体51个，国家级孵化载体数量达到104个，位列副省级城市第6位。

【国家新一代人工智能创新发展试验区建设】 2022年，西安市推进人工智能创新平台建设，加大人工智能产业创新链项目布局，举办各类人工智能活动，多措并举助力国家新一代人工智能创新发展试验区建设。支持西北首个大规模人工智能算力集群中心“未来人工智能计算中心”、西北最大的人工智能综合体验中心商汤科技西安研究院、国家超算西安中心等人工智能重大平台建设，国家超算西安中心正式纳入国家超算体系，未来人工智能计算中心一期建成AI算力300P、HPC算力8P的人工智能计算中心。已拥有视觉信息处理与应用国家工程实验室、智能感知与图像理解重点实验室等人工智能相关国家级研发平台11个、省部级平台36个。立项支持人工智能核心技术攻关项目和场景应用示范项目49个，重大技术攻关集群项目2个，重大应用场景示范项目4个，支持经费2070万元。高标准举办2022全球硬科技创新大会系列活动，召开2022国家新一代人工智能创新发展试验区工作推进会和人工智能产业联盟第三届理事会，市科技局、雁塔区人民政府、华为技术有限公司联合举办“2022昇腾AI创新大赛全国总决赛暨秦创原（中国）人工智能开发者大会”和“西安未来人工智能计算中心产业推介会”活动，指导浐灞生态区举办2022秦创原·丝路国际人工智能产业高峰论坛。各人工智能试验区建设亮点纷呈：高新区编制《“四个高新”建设项目清单》，持续推进科大讯飞西安“AI+”产业加速中心、华为鲲鹏生态创新中心、中科创达丝路总部暨西安市人工智能产业园、西安人工智能研究院等项目建设，加速“AI+”新动能形成。经开区推动区内人工智能研发设计平台和智能应用企业深化合作，强化汽车、装备制造、新材料、新能源等制造业与人工智能技术协同创新与融合发展。搭建人工智能与机器人创新展览展示馆，聚集星展通信、安森智能、天隆科技、达升科技等经开区骨干企业，大力发展工业机器人、服务机器人、特种机器人，构建集基础研究、应用研究、示范应用、产品制造与技术服务于一体的人工智能产业聚集区。航天基地在空间数据、无人机、智慧物流、智慧能源等人工智能领域集聚起一批创新企业，人工智能相关企业从87家增长到112家。西咸新区编制出台《秦创原总窗口特色产业园区布局总体方案》，将人工智能列入新区3大主导产业，规划布局10平方千米的西咸新区人工智能产业园。发挥沣东新城智能计算中心和开放创新平台优势，以寒武纪等龙头企业，布局上游芯片设计、中游芯片中试制造及下游芯片封测产业链，发展智能芯片；新建西咸新区人工智能产业园、西咸新区无人小巴自动驾驶测试项目、西电人工智能创新发展基地、星速人工智能科技创新制造产业基地、罗普特人工智能产业基地、达闼智能机器人西部产业基地、寒武纪西部总部项目等重点项目8个，累计完成投资2.4亿元。

【国家硬科技创新示范区建设】 2022年，西安高新区深化体制机制改革，以系列创新平台建设为抓手，做强硬科技创新型产业集群，聚力硬科技技术攻关，构筑硬科技创新示范样板，推进国家硬科技创新示范区建设。创新推广西北有色院、光机所、西北工业大学“一院一所一校”模式，通过“一院一所一校”模式累计培育300余家科技型中小企业、50余家高新技术企业、10家上市挂牌企业，其中5家企业登录科创板。成立全国首家硬科技领域专业仲裁机构——硬科技仲裁院，打造兼具区域特色与品牌特点的创新仲裁法律服务，促进硬科技领域公平竞争和良性发展。成立全国首家精准服务硬科技企业、促进硬科技技术发展的银行专业机构浦发银行西安高新区硬科技支行，与工商银行、中国银行、招商银行等金融机构共建硬科技金融创新服务中心，打造政、银、企深度合作的创新示范。发布《关于深入实施秦创原人才发展战略加快推动“四个高新”建设的实施意见》《关于进一步吸引优秀人才促进秦创原建设和重点产业发展若干政策》等人才新政。加速高能级创新平台建设，以构筑重大科技基础平台为重点，规划建设丝路科学城，集聚阿秒光源、高精度地基授时系统、国家先进稀有金属材料技术创新中心等一批高能级创新平台，形成“新型研发机构—科学园—科学城”的多层次创新平台体系。围绕大科学装置等科技基础设施平台建设，争取国家30年低息政策性支持贷款资金70亿元以上。支持龙头企业联合高校院所共建创新联合体，新启动建设西电宽禁带半导体国家工程研究中心、陕西空天动力创新中心等院地所地校地融合平台，新增市级以上创新平台128家，累计省级以上创新平台186家，其中国家级17家。聚焦主导产业，做强硬科技创新型产业集群，落地先进光子芯片柔性制造平台、西安奕斯伟硅产业基地等一批高质量项目，西安高新区已成为全球规模最大的闪存芯片生产制造基地。抢占新赛道新优势，形成百万产能、千亿产值的新能源汽车产业集群，高新区汽车产业产值增速160.3%。推进西安电子谷立体联动孵化器、光电子先导院先进光子器件工程创新平台、中兴新软件5G车路协同设备研发及应用推广平台等一批秦创原“三器”平台项目建设，累计投入市级支持资金3110万元。硬科技企业社区获批西安市秦创原IP示范园区建设项目，发布“西安硬科技十大突破”，支持企业开展科技研发与创新。载人航天、探月探火、深海深地探测、超级计算机、卫星导航、量子信息、核电技术、大飞机制造等取得重大成果，涌现出“启明920”人工智能加速芯片、集成电路用12英寸硅单晶抛光片和外延片、全新一代可折叠人工晶状体等一批全球首创、全国首个“高新造”硬核技术和产品。攻破关键核心技术158项，获国家科技奖励35项。

【2022全球创投峰会】 2022年9月17—18日，2022全球创投峰会在西安举

2022年9月18日，2022全球创投峰会在西安开幕　（窦翊明　摄影）

办。峰会以“科创驱动发展，产业链接未来”为主题，深度诠释产业链、创新链、资金链融合，以“一主四专三对接”（1场主论坛及开幕式、4场主题活动，3场对接会）的全新会议结构，全方位服务全市科创企业发展，推动秦创原创新驱动平台建设，打造具有国际竞争力的西部投资高地。会间现场发布《西安市打造创投生态十项举措》和《2022西安未来之星TOP100》《2022龙门榜TOP20》《2022投资西安十佳投资机构》榜单，举行市政府与北交所战略合作协议、市金融工作局与投资机构战略合作协议签约仪式。相关企业签署共建“硬科技企业上市（西安）服务基地”暨首批合作投资机构、市创新投资基金与首批拟参投子基金管理机构合作协议。

【秦创原·2022西安国际创业大赛】2022年5—9月，由科技部火炬中心、陕西省科学技术厅指导，西安市人民政府主办，西安市委人才办、西安市科学技术局（西安市外国专家局）及西咸新区管理委员会共同承办的秦创原·2022西安国际创业大赛举行。大赛以“汇聚全球资源 打造创业之都”为主题，以“秦创原总窗口”为主赛场，围绕秦创原创新驱动平台科技型企业孵化、科技成果落地转化、高端人才引进和19条重点产业链布局需求，挖掘吸引一批在电子信息技术、汽车、航空航天、高端装备、新材料新能源、生物医药、人工智能、5G技术、增材制造（3D打印）、机器人、大数据与云计算等领域具有较高创新水平，具备较强核心技术与市场竞争力，拥有完全知识产权的优秀创新创业项目。其间征集到来自国内外的420个项目，历经初赛、复赛、总决赛的多轮比拼，最终40个参赛项目获奖。其中“变频无线超声刀系统”与“半球谐振陀螺—高精度导航领导者”项目分别获得初创组和成长组特等奖；“航空航天先进复合材料构件成型装备产业化”“微瓦级微型化雷达及模拟信号链芯片”等6个项目分别获得初创组和成长组一等奖；“磁悬浮真空熔炼技术”“Ⅲ-Ⅴ族化合物半导体激光芯片外延材料生长关键技术开发”等12个项目分别获得初创组和成长组二等奖；“一次性电子内窥镜产业化”“纯固态芯片级硅光子激光雷达”等20个项目分别获得初创组和成长组三等奖。同时同步组织12场赛事专题培训、项目招商落地及科技金融政策宣讲活动和近30场大赛项目投融资对接活动等系列赛事服务配套活动。组织近30家双创载体和园区与100余个意向落地项目进行精准服务对接；对接浦发银行与近300个项目进行金融业务沟通，其中持续对接意向项目120个，开展业务合作项目33个，审批投放贷款项目1个，发放贷款6720万元；联系对接70余家投资机构与235个项目进行意向沟通。

（邢晨静 孙旭青）

科技成果

【概况】 2022年，西安市科技成果转化“三项改革”（职务科技成果单列管理、技术转移人才评价和职称评定、横向科研项目结余经费出资科技成果转化）任务持续推进，“一院一所一校”模式不断开花结果。西北有色金属研究院通过成果转化累计组建高新技术企业41家，已有3家企业上市，4家企业进入新三板，建设省级以上创新平台56个，已形成国家稀有金属领域最大的产业集群。西安光机所累计投资孵化企业406家，一半以上落户在西安。西北工业大学科技成果转化“三项改革”试点孵化57家掌握关键核心技术的企业，铂力特、华秦科技上市科创板。组织开展产学研金协同创新活动138场，推进科技成果就地转化项目574个。

2022年，面向西安高校院所科技成果就地转化联盟单位，征集转化科技成果项目信息143项；面向高校院所及企业，征集成果项目信息101项，均已入库展示。入库第七届中国创新挑战赛（西安）硬科技发展专题赛技术创新需求130项，并与秦创原e站对接对企业需求进行筛选，为企业做好后续的跟踪服务。开展秦创原技术经理人产学研合作对接工作，通过组织技术经理人深入高校院所、企业，挖掘科技成果62项、技术需求100项，并通过经理人全流程服务和组织对接活动，促进成果与需求的交流对接。

改变服务模式，开展科技政策线上直播，全年举办各类直播活动50场，观看量达137541人（次）。直播涉及研发投入、企业财务、上市及合作金融机构融资产品等内容，传递西安市科技、金融、工信等政策资讯，发挥西安科技大市场服务中心资源聚集的平台效应，为科技成果就地转化提供政策支持。

【技术合同交易】 2022年，西安市技术合同成交数64430项，技术合同成交额2881.3亿元，比上年增长30.41%，连续10年实现年均百亿元增长。不断加大宣传推广力度，优化办事流程、提高服务质量，保证技术合同惠企服务政策有效落实，为全市404家企事业单位的648项技术合同办理免税手续，涉及技术合同成交额23.07亿元，向陕西省科技厅报送免税技术合同说明40份，办理企业登记信息变更45项。全年技术合同免税工作累计帮助企业减免税1.34亿元，增长33%。组织召开大额技术合同认定复审专家会9期，为22家企业31份大额拟免税的技术合同进行专家复审工作，涉及技术合同成交额3亿元。区（县、开发区）开展联动活动15次，组织技术合同认定登记专题线上、线下培训23场。对2021年381家符合条件的技术输出方奖励单位和14家技术合同认定登记机构进行事后补助奖励兑现，支持2884.07万元。完成市技术合同认定登记机构和企业从旧的“全国技术合同网上登记系统”到新的“全国技术合同管理与服务系统”变更及数据迁移，彻底解决技术合同登记机构存在的重复登记注册等难题。

2022年5月17日，西安光机所先进光学元件试制中心工作人员在操作机器人抛光机

（西安日报社 供图）

【科技成果转化】 2022年，西安市推

出一系列举措，加快推进科技成果转化。指导秦创原西安科技金融服务平台举办科技成果转化项目融资对接会1场、科创项目融资路演7场、西北工业大学专场项目融资对接会1场、秦创原·2022西安国际创业大赛优选项目融资对接系列活动7场，有72个优质项目参与融资路演，涉及信息技术、生物医药、高端装备制造、新材料等行业。指导陕西省创业投资协会举办秦创原科技企业投融资对接会暨秦创原科技成果转化系列活动8场，涉及航空航天、医疗器械、农业、新能源、高端装备制造、电子核心、互联网等行业。

围绕区域产业特色和创新需求，结合高校院所重点学科和专业特色，认定陕西科技大学、西安长峰机电研究所为市级科技成果转化示范高校院所。在年度西安市秦创原创新驱动平台建设专项项目中，设立“科技成果转化示范高校院所建设项目”，支持探索实施“赋予科研人员职务科技成果所有权或长期使用权”、建立概念验证中心、深化推广“一院一所”模式，探索人才培养“双导师制”等4个方向。全年立项6项，支持专项资金1800万元。出台《西安市科技成果转化中试平台（基地）认定管理办法（试行）》，认定“有色金属新材料成果转化中试基地”和“IVD创新科技成果转化中试平台”为市级科技成果转化中试平台（基地），支持其围绕优势主导产业及重点产业链，充分发挥中试平台（基地）在科技成果转化过程中的支撑服务作用，加快科技成果转化为现实生产力。围绕秦创原创新驱动平台建设，支持西北工业大学国家大学科技园成果转化“加速器”省级示范样板项目建设，支持交叉信息核心技术研究院（西安）有限公司等5家单位成果转化“加速器”特色载体项目建设，通过竞争构建科技成果产业化平台，实现科技成果与企业需求高效对接、创新产品与市场需求无缝链接，为科技成果产业化加力加速，支持资金1000万元。

2022年，投入经费552万元，重点围绕全市19条产业链，从涵盖先进制造与自动化、能源与节能、农医化工环保、新材料、电子信息5大类300余个项目中，甄选出155个项目进行立项支持。依托科技成果就地转化示范高校院所，遴选出10个技术创新性强、成熟度高及本地转化和产业化前景良好的项目，给予1000万元资金支持。鼓励大学科技园服务高校成果转化，促进孵化企业加快创新发展，12个技术源于驻市高校，发展潜力强的项目获得资金支持360万元。推进产学研协同创新，鼓励校企人才团队以项目为纽带开展联合攻关，33支“科学家＋工程师”队伍建设获得资金支持495万元。支持企业吸纳高校院所成果奖补项目和重大应用场景示范项目（其他产业）3项，支持资金136.8万元。

搭建驻市高校院所与企业对接交流平台，全年依托区（县、开发区）组织开展秦创原项目路演等产学研金协同创新对接活动138场，推进科技成果就地转化项目574个，兑现产学研金协同创新活动和校友经济活动奖补资金290万元。

【技术市场融资】 2022年，西安市推广做强“技术交易信用贷”等创新产品，在签约4家驻市银行（浦发银行、中国银行、兴业银行和招商银行）基础上，新增交通银行、成都银行、重庆银行等3家试点合作银行。全年技术交易信用贷累计服务企业贷款73家次，出具推荐函金额3.21亿元。推动技术产权资产证券化（票据化）业务落地。组织专项政策交流宣讲会5场，征集西安市技术产权资产证券化（票据化）受托管理机构5家，进行专家评审，选定受托管理机构。完成首批融资企业的尽职调研。

【获陕西省科学技术奖励情况】 2022年，陕西省科学技术奖励项目共268项（人），其中最高科学技术奖2人，创新驱动秦创原奖4人，自然科学奖32项，技术发明奖16项，科技进步奖212项，国际科学技术合作奖2人。西安有关单位主持完成获奖项目（通用项目）共202项（人），获最高科学技术奖2人，创新驱动秦创原奖4人，自然科学奖30项，技术发明奖11项，科技进步奖153项，国际科学技术合作奖2人。详见表48、49。 （何媛源　汪　红）

表48　2022年西安市获陕西省最高科学技术奖、创新驱动秦创原奖、国际科学技术合作奖情况一览表

序号	获 奖 人	所在单位
	陕西省最高科学技术奖获奖人员（2人）	
1	邱爱慈	西北核技术研究所
2	赵铱民	中国人民解放军空军军医大学
	陕西省创新驱动秦创原奖（4人）	
1	李振国（创新驱动秦创原杰出贡献奖）	隆基绿能科技股份有限公司
2	张之翔（创新驱动秦创原贡献奖）	西安凯立新材料股份有限公司
3	王文斌（创新驱动秦创原贡献奖）	陕西斯瑞新材料股份有限公司
4	杨新元（创新驱动秦创原贡献奖）	西安奕斯伟硅片技术有限公司
	国际科学技术合作奖获奖人员（2人）	
1	高霞（Malgorzata Anna Garstka）	西安交通大学
2	霍迪（Dieter Heinz Hermann Hoffmann）	西安交通大学

表49　2022年西安市获陕西省科学技术奖励一等奖获奖项目一览表（通用项目）

序号	项目名称	主持完成单位
	自然科学奖（12项）	
1	装配界面与连接性能的主动设计理论与方法	西安交通大学
2	面向增材制造的材料—结构—工艺特征融合高性能设计理论与方法	西北工业大学
3	大数据知识工程理论、方法及重大应用	西安交通大学
4	金属结构材料变形与损伤载体的萌生与演化规律	西安交通大学
5	河流潜流带生态——水文作用机理及水生态健康评价	西北大学
6	水致黄土灾变与滑坡机理研究	西安交通大学

续表 49

序号	项目名称	主持完成单位
7	高活性低成本水分解制氢催化剂的结构设计及作用机制研究	西安交通大学
8	表皮异常增殖中免疫反应及其与代谢综合征的关系	西安交通大学
9	光场的空间调控及与微纳结构相互作用	西北工业大学
10	复杂目标多视角高光谱联合感知与智能识别的理论与方法	西北工业大学
11	高熵合金的跨尺度强韧化及其对复合材料的界面调控作用	西安工业大学
12	时频调制阵列系统多维优化模型与目标检测方法	西安电子科技大学
	技术发明奖（7 项）	
1	仿秦岭箭竹叶微纳结构疏冰蒙皮	西北工业大学
2	高性能管 / 板构件形性缺陷调控精确塑性成形技术及应用	西北工业大学
3	新能源系统低压侧故障精准检测与开关高效分断关键技术及应用	西安交通大学
4	大型薄壁航空结构件的高效精密加工技术及应用	西安交通大学
5	新型 OLED Red-Prime 材料创制及其产业化技术应用	陕西莱特光电材料股份有限公司
6	硅基三维集成电路关键技术及应用	西安电子科技大学
7	智慧城市中网络安全关键技术	西安电子科技大学
	科学技术进步奖（23 项）	
1	电动商用车整车关键技术研究、系列产品开发及其产业化	陕西汽车集团股份有限公司
2	废水厌氧资源化的菌间高效协同关键技术与应用	西安建筑科技大学
3	共价交联乙烯基类聚合物关键技术及应用	陕西科技大学
4	功能分子材料创新研制与应用	西北大学
5	火星探测大口径天线关键技术及应用	中国电子科技集团公司第三十九研究所
6	锂动力电池极薄铜箔用电极制备关键技术与应用	西安泰金工业电化学技术有限公司
7	连续直拉单晶硅棒生产制造关键技术创新与应用	隆基绿能科技股份有限公司
8	钢管混凝土桥梁的结构理论与技术创新	长安大学
9	不孕不育精准化诊治关键技术创新与临床应用	西北妇女儿童医院（陕西省妇幼保健院）
10	肝硬化背景下复杂肝癌转化治疗的理论创新与应用推广	西安交通大学
11	呼吸系统肿瘤精准外科关键技术研究与应用	中国人民解放军空军军医大学
12	口腔种植复杂骨缺损的关键治疗技术创新与应用	中国人民解放军空军军医大学
13	富烃凹陷形成理论创新与油气勘探应用	西北大学
14	航空用大梯度变截面高强铝合金铸件成型控性技术	西安超晶科技有限公司
15	高烈度区装配式混凝土结构关键技术及工程应用	陕西建工集团股份有限公司
16	胃肠癌恶性表型关键分子调控机制及临床应用	中国人民解放军空军军医大学
17	白癜风黑素细胞损伤的关键机制与治疗新技术	中国人民解放军空军军医大学
18	智能网联车载系统及其测试关键技术与产业化应用	长安大学
19	引汉济渭超长深埋秦岭隧洞施工关键技术及应用	陕西省引汉济渭工程建设有限公司
20	高性能离心泵及其系统的关键技术及应用	西安理工大学
21	城市雨洪过程模拟与调控关键技术及应用	西安理工大学
22	燃煤发电机组瞬态过程高效灵活清洁协同的能势动态匹配技术及应用	西安交通大学
23	大型化工介质离心压缩机关键技术及其在高端装备中的应用	西安交通大学

科技创新

【概况】 2022 年，西安全面深化科技体制改革，科技创新在创新研发、成果转化、企业培育、生态营造等方面取得明显成效，创新名城品牌影响力逐步彰显。成功争创西安综合性国家科学中心和科技创新中心。西安在国家创新型城市创新能力评价中位居全国第 6 位、西部第 1 位。西安市新增市级以上重点实验室 45 个，累计建成市级以上重点实验室 362 个、工程技术研究中心 499 个。全社会研发强度达 5.18%，高新技术企业突破 1 万家，技术合同成交额超 2600 亿元。在世界知识产权组织发布的 2022 全球创新指数排名中，西安位列全球第 22 位；《自然》杂志发布“全球科研城市 100 强榜单”，西安排名位居第 29 位。获批建设综合性科学中心和科技创新中心，成为继北京、上海、粤港澳大湾区之后，全国第 4 个“双中心”定位的城市。

【科技创新项目】 2022 年，西安市“一总两带”示范引领作用明显，科创项目投资进一步加大。陕西电子信息创新产业联盟、省级机床创新中心、省级液流储能创新中心等科技公共服务平台落地总窗口，以秦创原 • 上市企业园、国家先进稀有金属材料技术创新中心、国家自主可控新材料产品研发和绿色制造基地、航空产业两链融合示范区、先进计算科技园为代表的一批科创平台、产业园区加快建设，在秦创原两带（科技创新示范带、先进制造业示范带）上初步见效成势。截至年底，秦创原总窗口累计为科技企业提供 14903 项科技服务，梳理总结企业各类需求共 19 类 1270 条，需求办结率 99.3%。

【高新技术企业培育】 2022 年，西安市科技局根据《西安市国家高新技术企业培育库工作细则》，建立全市国家高新技术企业培育库。全年采取“线上 + 线下”相结合的方式开展 80 场（次）的政策宣讲会和专题培训会，对高新技术企业的申报流程、申报条件、省网系统申报的实际操作方法、所得税享受减免以及企业认定过程中涉及的知识产权、成果转化、研发投入占比等重点、难点问题进行详尽解读，多角度、全方

2022 年 6 月 10 日，西安碑林环大学硬科技创新街区建设启动大会上，碑林区政府与 14 所高校、3 个科研院所签订“创新街区共建协议”（碑林区志办 供图）

位为企业提供政策指导，让企业能够用好用活科技创新政策，提升自主创新意识和创新能力。全年净增高新技术企业 3291 家，总数 10431 家，比上年增长 46.09%。

【“科创西安”活动】 2022 年，西安市科技局围绕“6+5+6+1”现代产业体系（电子信息、汽车、航空航天、高端装备、新材料新能源和生物医药 6 大支柱产业集群；人工智能、5G 技术、增材制造、机器人、大数据与云计算 5 大新兴产业；现代金融、现代物流、研发设计、检验检测认证、软件和信息服务、会议会展 6 大生产性服务业；推进文化旅游产业转型升级）创新创业需求，统筹龙头企业、科研院所、各类众创载体多维度组织开展“科创西安”活动，依托会议论坛、专业赛事等形式，挖掘出一批优质项目团队和创业企业，推动政产学研金服用等各类产业创新要素深度融合发展。活动征集到 137 份申报材料，其中申报主体活动 94 个，申报系列活动 43 个。通过相关专家重点围绕申报单位能力、活动实施可行性、活动目标及绩效 3 大维度 8 项指标进行书面评审、资料复核，有 117 个活动纳入“科创西安”活动管理体系。举办“2022 西安碑林环大学硬科技创新街区系列活动”“2022 年秦创原科技企业投融资对接会”“科创中国·西安学会智创园”揭牌仪式暨秦创原（科创西安）创新合作发展高峰论坛等主体活动 32 场，“2022 倍格硅巷春季渠道推介会”“西安软件园双创载体发展与创新研讨沙龙”“初创企业 CEO 创业培训系列微课堂”等系列活动 18 场，吸引社会各界参会代表达 70 万人（次），其中院士 21 人（包含 2 名国际院士），国际嘉宾 22 人，各类政府部门代表、专家学者、投资人、企业高管、行业协会负责人等 1800 人。

【2022 全球硬科技创新大会】 2022 年 9 月 16—20 日，举办以“硬科技·推动高质量发展”为主题的 2022 全球硬科技创新大会，围绕硬科技属性，强化企业创业新主体地位，突出科技成果转化，聚焦建设秦创原使命担当，壮大支柱产业和产业链水平提升。会间举办 12 场活动，围绕支柱产业壮大和产业链水平提升，组织开展“智能制造、数字经济、航空”等系列专业论坛，邀请业内专家学者对话交流，展示供需成果。同时强化“新西安、新机遇、新合作”，突出以会招商，组织“西安科学园高能级创新平台、先进稀有金属材料技术创新中心、秦创原新材料产业园”等一批硬科技领域合作项目签约，涉及新能源、新材料、半导体、创新平台建设等领域，着力推进科技、金融、产业、人才等硬科技发展要素的有机结合与落地，促进创新链和产业链深度融合发展。未央区政府分别与西安工业大学、长安大学、陕西科技大学签订“校地合作共建秦创原战略合作框架协议”。碑林环大学创新产业带管委会与西北大学、陕西省“四主体一联合”体外诊断创新校企联合研究中心签订智慧健康平台建设等项目。

【第七届中国创新挑战赛（西安）硬科技发展专题赛】 2022 年 12 月 13 日，科技部指导，科技部火炬中心联合省科技厅、市政府主办，市科技局、西咸新区、西安高新区、航天基地共同承办的第七届中国创新挑战赛（西安）硬科技发展专题赛落幕。大赛以西安市 19 条重点产业链为基础，依托西咸新区、西安高新区、航天基地等开发区以及西安市硬科技产业资源，经过 10 个月的产业调研、企业调研、现场交流、技术需求挖掘、解决方案梳理等环节，通过秦创原总窗口专场、硬科技示范区专场、空天产业专场等现场活动与常态化活动相结合、揭榜挂帅与揭榜比拼相结合、线上云对接与线下需求对接会相结合，遴选并公开发布 130 项技术需求，征集解决方案 235 项，有 34 家大专院校及科研院所和 190 余家科技型企业精准对接，签订意向合作协议 80 项，合同金额 1.07 亿元。15 个团队获得大赛优胜奖，30 个团队获得大赛优秀奖。

【第 37 届西安市青少年科技创新大赛】 2022 年 9—12 月，市科协、市教育局举办以“科技引领未来 青春铸就梦想”为主题的第 37 届西安市青少年科技创新大赛，各区（县）和市培育儿童协会 2 万余名师生、318 所学校参赛。大赛评选出青少年科技创新成果竞赛奖、科技辅导员科技教育创新成果竞赛奖、青

2022 年 12 月 15 日，举行第七届中国创新挑战赛（西安）硬科技发展专题赛颁奖仪式（西安日报社 供图）

少年科技实践活动比赛奖、少年儿童科学幻想绘画比赛奖等奖项，并遴选推荐148个优秀项目参加第37届陕西省青少年科技创新大赛。

（王 春 孙旭青 邢晨静）

科技人才

【概况】 2022年，西安市科学技术局（外国专家局）抢抓国家“3+N”人才平台建设机遇，加快设立西安市人才发展基金，建设西安国际人才港，高质量组建西安人才集团，新增40家国际科技合作基地。争取科技部引智经费2961.1万元。其中专项引智项目14个，支持经费1994.1万元；个人类项目26个，支持经费769万元；支持西安眼得乐医疗科技有限公司获批国家“外国专家重点支撑计划”项目1个，支持经费120万元。实施市级引进海外高层次人才智力项目56项，支持经费1500万元，引进海外高层次人才107人。

【外国专家服务】 2022年，西安市全年完成外国人来华工作许可通知、工作证办理、变更、延期等业务1895人（次），其中办理外国人来华许可（A类）52人次，签发《外国高端人才确认函》1份（陕西法士特齿轮有限责任公司）。结合重点区域、重点项目、重点企业，举办线上、线下各类培训6次，参训企业300余家、500余人（次）。市科技局（外国专家局）被科技部外专司评选为“2022年度国家外国专家宣传工作先进单位”，获“第二十届中国国际人才交流大会·最佳组织奖”。

【曲江新区首个“外国专家书屋”揭牌】 2022年6月29日，西安曲江新区首个“外国专家书屋”举行授牌仪式，旨在通过书屋之设，做好外国专家联系和服务，加深在华外国专家对中国科技政策、环境的认识，推动吸引外籍人才政策、政务服务和学习、工作、生活环境建设的提升，在为外国专家、外籍友人和留学生提供更多的工作学习、文化交流服务和体验的同时，讲好中国故事、传播好中国声音，全面、立体、真实展示发展中的中国。书屋共有近2000册图书，书目有900种，包含英文、俄文、法文、西班牙文、日文、阿拉伯文等多国语言。

（解 潇）

【西安交通大学李飞获2022年度“陈嘉庚青年科学奖”】 2022年12月20日，陈嘉庚科学奖基金会网站公布2022年度“陈嘉庚科学奖”获奖项目和“陈嘉庚青年科学奖”获奖人名单，授予西安交大电信学部李飞教授“陈嘉庚青年科学奖”。李飞为西安交通大学电子科学与工程学院教授，主要从事铁电、压电材料与器件方面的研究工作，在弛豫铁电单晶高压电效应的起源、高性能压电材料的开发、新型压电器件的研制等方面取得一系列具有国际影响力的创新性研究成果。研究成果入选2020年度中国科学十大进展，获得2020年美国陶瓷学会Ross Coffin Purdy Award、2020年IEEE Ferroelectrics Young Investigator Award、2015年国家自然科学二等奖（5/5）等荣誉。

【西安电子科技大学两位教授获第十七届“中国青年科技奖”】 2022年11月12日，在温州举行的2022世界青年科学家峰会上揭晓第十七届“中国青年科技奖”并举行颁奖仪式，西安电子科技大学教授杨丽、刘英获“中国青年科技奖”，杨丽还同时获得“中国青年科技奖特别奖”。

【西北工业大学创业团队获国际比赛一等奖】 2022年11月4—6日，以“绿色发展”为主题，鼓励青年充分利用科技、数字技能，以绿色、包容和可持续的解决方案应对气候和生物多样性带来挑战的第五届“青年创客挑战赛”以线上开展的方式在北京举行。赛事是由联合国相关机构举办的国际创业比赛，有毕业于清华大学、上海交通大学、牛津大学、剑桥大学、普渡大学、麦吉尔大学、杜克大学、加州伯克利大学等国内外知名高校的60余位创客参加。西北工业大学自动化学院“食铁兽科技团队”从世界各地100多支队伍中脱颖而出，获决赛一等奖。

（李 黛）

科技合作交流

【区域合作交流】 2022年，西安市开展多场产学研金协同创新活动，为众多高校院所与科技企业开拓区域科技合作交流空间。6月16—17日，在西安高新区举办“鹏翔长安‘链’接未来”——秦创原·两链融合对接会系列活动，来自西安与深圳的科技企业、高校院所分别就科技成果重点项目和技术需求进行介绍，对领域发展共性问题和研究方向展开探讨交流，进一步推进西安与深圳两地优势资源对接，实现两地共赢发展。7月18—20日，组织区（县、开发区）等科技主管部门、产业园区、企业和高校以及金融机构赴深圳举办“鹏翔长安‘链’接未来”——秦创原·产业运营培训班和对接活动，发布科技成果、技术需求2项，10家企业、开发区等代表与深圳参会企业、研究院、金融机构等针对具体项目进行对接。对加强两地创新要素配置与区域合作及秦创原创新驱动平台建设提供帮助。征集年度跨区域协同创新城市企业技术输出和技术需求，协助举办第三届跨区域协同创新合作年会，推荐路演项目9个，分会场签约项目2个；协助举办黄河流域（上游）城市科技成果转化对接会，征集科技成果和技术需求共计26个，路演项目2个。

【境外科技合作】 2022年，西安市科学技术局（外国专家局）新认定芯派科技韩国研发中心、英国西安商会、罗马尼亚莱姆金森工实业有限公司3家海外科技交流合作工作站，依托西安市驻海外优势科技企业和机构，为国内引进专业人才搭建桥梁，为国内外企业的技术交流创造机会，搭建平台6家。新认定“西安市国际科技合作基地”40家，总数114家，其中西北大学的丝绸之路考古与文化遗产保护研究国际合作基地，依托西北大学文化遗产学院，推动科技部“中国—中亚人类与环境‘一带一路’联合实验室”建设，以中乌合作为基础，中亚考古研究为核心，推动整个丝路沿线人类文明与环境变迁的系统研究。

【科技金融创新合作】 2022年，西安市不断建强完善“政银保担投”业务联动机制，定期召开合作金融机构工作联席会议，交流工作情况、存在问题。新增中国农业银行、中信银行、中国工商银行、平安银行、西安财金担保等4家银行及3家担保公司。稳步推进科技保险贷款，引导保险公司降低保险费率，推荐贷款企业15家，推荐贷款金额6480万元。市科技局联合区（县）科技行政部门、银行、担保机构和金融机构举办政策宣讲培训会，开展线上培训会39场，观看人数5.7万人（次）。科技金融促进工程补助政策兑现共计支持359家单位，支持金额合计8916.62万元，有效落实科技金融政策惠企利企功能。科技基金群体系围绕科技成果转化、生物医药、光电芯片、新材料、智能制造等重点领域，累计设立天使、创投等不同阶段市场化子基金11支，子基金目标认缴总规模累计75.9亿元，实缴总规模累计71.65亿元（其中引导基金累计实缴10.2亿元），实现财政出资放大倍数7.02倍。科技基金群通过“直投+子基金投资”的直接和间接方式累计投资项目420个（在投项目237个）、累计投资金额54.89亿元，带动本地产业总投资1345.65亿元，带动本地就业31090人，带动本地税收15.14亿元，投资西安本地项目数量占比53.57%。

（解 潇 汪 红）

教　育

责任编辑　姬娟妮

综　述

【教育改革】　2022年，西安市规范治教，深化优质均衡，着力改革创新，聚焦教育公平，教育改革发展成效显著。《西安市“十四五”教育事业发展规划》编制完成，秋季开学安全如期投用新建、扩建学校116所，新增学位10.5万个，确保全市学位需求。一大批“新优质学校”全面提升，大班额治理效果明显。10所新建学校积极创建省级标准化高中，12所学校申报创建省级示范高中，普通高中骨干体系建设进一步完善。全年招聘教师7015名，引进市级以上荣誉获得者207名、正高级教师2名、高级教师53名，博士、硕士研究生1702名，教师队伍结构进一步优化。教师、校园长培训交流不间断。完成首批15所优质高中学校与中职学校普职“名校+”组建。中高职“3+2”五年贯通培养模式达到全覆盖。各职业院校与500余家企业开展校企合作。市属2所高职学校进入陕西省高职“双高”建设单位，2所中职学校被认定为陕西省“高水平”示范校。详见表50。

【五育并举教育体系】　2022年，西安市加强五育并举教育体系建设。

德育教育　评选表彰市级“三好学生”2139名、“优秀学生干部”407名、“先进班集体”657个，为中小学生树好身边榜样。充分发挥文博单位在传承和弘扬中华优秀传统文化、长效开展“四史”宣传教育、培育和践行社会主义核心价值观方面的重要作用，6家博物馆和6所学校开展馆校共建活动。评选100名“西安市新时代好少年”。开展“学习新思想　做好接班人”主题活动，引导全市广大中小学生坚定不移听党话、跟党走。推进中小学研学实践教育。评选中小学生研学实践教育基地20个，拨付研学旅行补助资金345万元，支持学校开展研学实践教育。市教育局被评为2022年度陕西省德育工作先进集体。

体育教育　完成初中学业水平体育与健康考试工作，考试人数92753人。招收体育特长生学校共65所，涵盖田径、足球、武术、击剑、游泳、健美操等15个大类，基本形成“一校一品”“一校多品”的教育教学改革特色。创建全国青少年校园足球特色学校18所、全国足球特色幼儿园27所。在陕西省第十七届运动会上，学生运动员以444枚金牌、213.5枚银牌、217枚铜牌，创造历史最好成绩。

美育教育　在陕西省第十七届中小学生艺术展演活动中，获一等奖86个、二等奖52个、三等奖37个。5支队伍参加全国第七届中小学生艺术展演。完成2021年市级中小学艺术示范校评审工作，申报创建市级艺术教育示范学校28所。命名西光实验小学等32所学校为西安市艺术教育示范学校。

劳动教育　印发《西安市中小学生劳动教育实践基地创建工作方案》，认定陕西科学技术馆等30家单位为中小学劳动教育实践基地。创建陕西省大中小学劳动教育实践基地8个、市级中小学劳动教育研究中心2个，市级中小学劳动教育实验学校2个，劳动教育实效持续提升。劳动教育做法被教育部在全国宣传推广。

环保教育　印发《2022年西安市教育系统秦岭生态环境保护宣传教育工

表50　2022年西安市教育基本情况统计表

项　目	单　位	绝对量
学校数		
研究生培养单位	所	43
普通高等学校（本专科）	所	63
普通中学	所	517
小　学	所	1174
在校学生数		
研究生培养单位	万人	17.76
普通高等学校（本专科）	万人	83.56
普通中学	万人	52.16
中　学	万人	93.63
毕业学生数		
研究生培养单位	万人	3.95
普通高等学校（本专科）	万人	21.73
普通中学	万人	15.01
小　学	万人	12.28
学龄人口小学入学率	%	100.00
学龄人口中学入学率	%	100.00
小学（六年）巩固率	%	101.32
初中（三年）巩固率	%	102.31

说明：本表数据来源于市教育局；学龄人口数据、小学（六年）巩固率不含西咸新区

作实施方案》，积极开展环保科普主题系列教育实践活动，切实增强师生生态文明意识、环保意识，培养学生健康文明的行为习惯和生活方式。指导教育系统积极开展形式多样的节约用水宣传周教育活动，提升教育系统广大师生节水意识。

【师资建设】 2022年，西安市招聘中小学、幼儿园教师7015名，其中博士、硕士研究生1702名，占比24.3%，教师队伍结构进一步优化。组织全市教师、校园长参加“国培计划”培训1700余人（次）、参加省级培训4600余人（次）。市财政列支4000万元用于校园长教师培训。制定《教师专业素质提升计划》和《校园长能力提升计划》，培训校园长教师20万人（次）。印发《西安市关于加强新时代基础教育教师队伍骨干体系建设的实施意见》，对新一轮“三级三类”（省、市、县三级；教学名师、学科带头人、教学能手三类骨干）骨干教师体系建设进行10年规划。组织优秀教师评选活动，评选出市级基础教育教学能手710名，6名教师进入“2022年陕西省乡村优秀青年教师培养奖励计划”，其中1名教师入选国家级奖励计划。择优遴选5112名校长教师参加交流轮岗，其中教育特派员110人、跟岗学习103人、校长轮岗197人、“三区”人才50人、西咸校长交流60人、教育援藏6人、“名校+”交流4586人，进一步缩小城乡、校际办学差距。突出骨干教师交流，“名校+”交流教师中骨干教师达2145人，占比46.8%，加快推动优质学校先进教育理念、教学方法和管理经验进农村学校、薄弱学校。完成2021年度正高级教师市级初评及推荐工作。完成880名中小学高级教师职称评定、1710名中等职业学校教师职称过渡工作。开展公办普通中小学、幼儿园和教师进修学校教师资格定期注册工作，认定高级中学、中等职业学校及中等职业学校实习指导教师资格合格共11321人。

【教育督导】 2022年，西安市有序开展市本级政府履职及对区（县）政府履职评价工作，开展教育经费政策落实情况督导检查。开展县域义务教育优质均衡学校达标监测，推进县域义务教育优质均衡发展暨学前教育普及普惠督导评估认定。督促指导各区（县、开发区）建立问题台账，加大统筹协调力度，切实整改到位。开展幼儿园办园行为督导评估整改工作。推进责任督学挂牌督导创新区创建工作，推进教育督导协作区机制，加强督学队伍建设，确定165人为第四届西安市督学、22人为第一届西安市特约督学。启用教育督导综合管理平台，提高教育督导信息化水平。开展义务教育质量监测工作，完善西安特色监测评价体系。

【教育科研】 2022年，西安市成立陕西省科学教育研究中心西安分中心，开展“促进学校科技创新与科学教育发展”“西安好课堂助力名校+系列活动之教育评价创新”“西安市心理健康教育教学研究中心教育教学”等研讨活动，线上观看达40万余人（次）。研制的《义务教育阶段学科作业设计指南》《“好课堂”质量评价规范》获列陕西省地方标准制定立项计划，《学前教育幼儿发展指标》《义务教育学生发展指标》获列西安市地方标准制定立项计划。开展地方课程、地方教材及教辅资源研究省级课题申报工作，在学校申报，区（县、开发区）推荐的基础上，经市级评审，向陕西省教育厅报送3个研究课题，其中1个课题被省教育厅批准立项2022年度研究课题。举办《“西安好课堂”质量评价参考标准（试行）》解读会，会议通过线上、线下方式同步播出，共35万余人线上参会。

2022年6月，曹岳“名师”研修共同体赴白河县送教　　（市教育局　供图）

【教材教辅管理】 2022年，西安市对全市各中小学校本课程教材和进校园课外读物开展排查，排查学校3635所（其中幼儿园1909所、小学1170所、初中334所、高中167所、中职院校55所），对发现的问题教辅教材全部停止使用并封存。向陕西省教育厅推荐省教材委员会专家委员人选36名，发挥专家学者对教材建设的咨询指导与审查把关作用，推进高质量教材建设。

【学校建设】 2022年，西安市教育局编制《西安市“能力提升”2021—2025项目规划》，规划期内涉及854所学校改造项目，面积121.9万平方米，规划资金42.7亿元。年度下达155所学校“能力提升”项目，改造面积17.6万平方米，竣工105所。对146所学校8.5万平方米因暴雨造成的危漏校舍进行维修。完成25所“两类学校”校舍改造，达到国家相关标准。

【校园安全管理】 2022年，西安市教育局印发《2022年稳定安全工作要点》，坚持每月召开校园安全例会，结合季节气候特点和校园安全工作规律，加强预防学生溺水、交通安全、消防安全、疫情防控、极端天气防御等工作，实现校园安全工作全领域、全时段、全人员覆盖。组织指导学校通过安全教育课、专题讲座、主题班队会、宣传栏、校园广播、致家长一封信等形式，不断深化安全宣传教育。实现校园安全“四个100%”（专职保安员配备、封闭化管理、一键式报警和视频监控、护学岗配备）全覆盖。

【校园食品安全管理】 2022年，西安市建立健全市、区（县）、学校三级食品安全网格化管理体系，指导区（县、开发区）学校实行大宗食材公开招标、集中定点采购，规范学校食堂食品储存、加工，落实校园长配餐制度。全市3407个校园食堂，“明厨亮灶”覆盖率100%，“互联网+明厨亮灶”覆盖率达83%。义务教育享受营养改善计划学生49.19万人。市教育局与市卫健委等部门开学前联合开展“守底线、查隐患、保安全”校园食品安全大检查。创建市级中小学健康学校 300 所，全市累计健康学校 1130 所，建设率达到 55%。

【语言文字工作】 2022 年，西安市对公共场所用语用字情况进行检查，进一步营造和谐健康的语言生活环境。印发《关于推进落实学前儿童普通话教育工作的通知》，围绕“学前儿童逐步具备基本的普通话交流能力”的标准，推进幼儿园语言文字规范化达标。组织开展全国第 25 届“推广普通话宣传周”，加大国家通用语言文字宣传力度。组织参加全国第四届“中华经典诵写讲”大赛，对“诵读中国”经典诵读作品 142 件和“笔墨中国”汉字书写作品 2135 件进行评审，择优推荐省教育厅参加全国竞赛。开展社会人员普通话水平测试工作，升级人脸识别测试防作弊系统，提升测试服务水平，共测试 3200 余人。（吕 叶）

学前教育

【概况】 2022 年，西安市有幼儿园 2005 所，在园幼儿 40.99 万人，其中公办园 1094 所，在园幼儿 22.06 万人，占比分别为 54.56% 和 53.82%；普惠性幼儿园 1919 所，在园幼儿 39.11 万人，覆盖率保持在 90% 以上。组织开展学前教育中层管理人员远程网络培训、幼儿园保育员专业规范知识远程网络培训、幼儿园骨干教师专业技能提升远程网络培训等 11 个项目培训，培训教师、园长 4.4 万余人（次）。

【学前教育普惠资源】 2022 年，西安市教育局对标西安市“十四五”教育事业发展规划中学前教育普惠发展目标，统筹兼顾、科学测算下达区（县、开发区）全年指标任务，组织指导区（县、开发区）进一步稳结构、优布局、扩资源，推动辖区学前教育普惠资源扩容增效，公办园及在园幼儿占比持续巩固在 50% 以上。印发《关于做好 2022 年普惠性民办幼儿园认定管理有关工作的通知》，对普惠性民办园认定及管理工作进行部署。新认定普惠性民办园 25 所，覆盖率持续巩固在 90% 以上。下达学前教育建设发展资金 2000 万元、扶持普惠性民办园发展资金 3162 万元，支持学前普惠资源加快提升质量。

【优质学前教育资源】 2022 年，西安市教育局完善“提升软件水平、优化硬件支撑、双向奖补鼓励”三位一体等级创建闭环机制，完成《西安市幼儿园等级评估标准》修订、2021—2023 年幼儿园等级创建梯队库建库工作，与市卫健委、市市场监管局联合遴选、更新全市学前教育专家库。顺利完成 33 所省级示范园复验迎检、15 所拟创建省级示范园园所市级初验。有序规范组织开展市一级园评估验收工作，认定市一级幼儿园 35 所，市二级幼儿园 81 所、市三级幼儿园 70 所，优质学前教育资源覆盖率在 65% 以上。详见表 51。

【提升办园水平】 2022 年，西安市教育局启动第二轮质量提升“345”工程（以改革为动力，以创新为突破，以项目为抓手，聚焦重点任务，通过 4 年持续精准施策，努力实现学前教育内涵优、质量优、队伍优、资源优、保障优），统筹谋划印发《西安市学前教育质量提升计划（2022—2025 年）》及 4 项配套文件，促进全市幼儿园规范办园水平的整体提升。遴选家园共育示范基地 80 所、游戏改革试点园 21 个，以点带面加快课程和教研改革步伐。开展第二届幼儿园保育专业技能大赛，遴选推荐 106 名市级获奖选手参加省级大赛；开展幼儿园游戏活动案例、游戏化集体教学活动案例大赛，遴选优秀游戏活动案例 105 个。积极组织“第十一个学前教育宣传月”活动。开展“去小学化”教育研讨等 3 类活动。创建省级学前试点示范基地 24 所。在省教育系统经验交流中，浏览量达 20.18 万次。详见表 52。

【办园行为监管】 2022 年，西安市教育局相继印发《关于进一步加强幼儿园规范办园行为四级督查工作机制的通知》《关于开展幼儿园规范办园“四级督查”月重点内容督查工作的通知》，构建立体化监管体系，加强办园行为监管。

（吕 叶）

【学前教育宣传月】 2022 年 5 月 20 日，西安市 2022 年学前教育宣传月活动正式启动。宣传月期间，碑林区、长安区、西咸新区作为省级幼小衔接实验区面向全省进行工作成果线上视频展示。围绕幼小衔接主题开展“幼小衔接，西安在行动”专题培训活动。通过专家解读《幼小衔接教育教学集体活动》《“去小学化”教育研讨活动》《“去小学化”家园共育活动》等培训，引导家长尊重幼儿学习兴趣与需要，支持和配合幼儿园“去小学化”工作。（李 黛）

表 51 2022 年西安市一级幼儿园一览表

序号	区县 / 开发区	幼儿园名称
1	新城区	西安市实验小学第一幼儿园
2	碑林区	西安市碑林区盐店街幼儿园
3	莲湖区	西安莲湖大成幼儿园
4	莲湖区	西安莲湖德佰紫云溪幼儿园
5	雁塔区	西安市雁塔区爱普儿幼儿园
6	临潼区	临潼区新丰中心幼儿园
7	长安区	长安区郭杜街道国色天香幼儿园
8	长安区	长安区杜曲街道希望之星幼儿园
9	高陵区	西安市高陵区张卜中心幼儿园
10	鄠邑区	鄠邑区第三幼儿园
11	蓝田县	蓝田县孟村镇中心幼儿园
12	蓝田县	蓝田县第二幼儿园
13	周至县	周至县广济镇中心幼儿园
14	周至县	周至县司竹镇中心幼儿园
15	西咸新区	西咸新区沣东新城和乐明雅保利金香槟幼儿园
16	西咸新区	西咸新区秦汉新城第四幼儿园
17	经开区	西安经开领先幼儿园
18	浐灞生态区	西安市浐灞第三幼儿园
19	航天基地	西安航天城第三幼儿园
20	航天基地	航天城领秀长安绿泡泡幼儿园
21	航空基地	西安航空基地第二幼儿园
22	航空基地	西安市阎良区思源第六幼儿园

表 52　2022 年西安市创建“陕西省学前教育试点示范基地”一览表

试点示范基地项目	序号	试点示范基地名称
陕西省幼儿园文化建设试点示范基地（7 所）	1	空军西安蓝天幼儿园
	2	西安市未央区陕西师范大学锦园幼儿园
	3	西安市碑林区西铁第二幼儿园
	4	西安市新城区实验幼儿园
	5	西安石油大学幼儿园
	6	西安市浐灞第二幼儿园
	7	灞桥区第二幼儿园新纺分园
陕西省幼儿园课程建设试点示范基地（7 所）	1	西安市莲湖区远东实验幼儿园
	2	中共陕西省委机关幼儿园
	3	西安高新区第二十一幼儿园
	4	西安经开第一幼儿园
	5	西安市未央区明园幼儿园
	6	西安市碑林区幼儿园
	7	火箭军工程大学幼儿园
陕西省幼儿园家园共育试点示范基地（5 所）	1	西安市阎良区第一幼儿园
	2	西安航天城第一幼儿园
	3	西安市长安区美伦天成幼儿园
	4	西安高新区第十幼儿园
	5	西安市雁塔区嘉祥第三幼儿园
陕西省乡镇村级幼儿园一体化管理试点示范基地（5 个）	1	西安市临潼区铁炉中心幼儿园——铁炉街道 5 所幼儿园
	2	西安市阎良区关山中心幼儿园——关山镇 9 所幼儿园
	3	西咸新区沣东新城西凹里幼儿园——西凹里 6 所幼儿园
	4	灞桥区狄寨街道中心幼儿园——狄寨街道 3 所幼儿园
	5	高陵区泾欣园第一幼儿园——泾欣园周边 8 所幼儿园

义务教育

【概况】　2022 年，西安市有小学 1174 所，在校生 936312 人，教职工 54302 人，专任教师 53347 人，生师比 17.55。其中，民办小学 75 所，在校生 106981 人，教职工 6073 人。小学入学率 99.99%，6 年巩固率 101.32%，小学毕业班毕业率 99.81%。小学平均班额 42.3 人。有初中 349 所，在校生 347611 人，教职工 17357 人，专任教师 14394 人，生师比 13.08。其中，民办普通初中 21 所，在校生 41023 人，教职工 7631 人。初中入学率 100%，3 年巩固率 102.31%，毕业率 99.12%。初中平均班额 44.8 人。组织开展初三毕业班教师中考备考培训、教师职业素养线上培训、学校中层管理人员能力提升培训等 8 个项目培训，培训教师 3.2 万余人（次）。

【“双减”工作】　2022 年，西安市全面贯彻落实中央、省“双减”工作精神及部署要求，加强作业管理。义务教育学校在作业公示、作业管理办法、作业时间控制、不给家长布置作业或让家长布置作业等 11 项国家“双减”管理监测平台考核指标持续巩固在 100%。遴选推广作业管理与设计优秀案例 826 个。切实减轻学生校外培训负担。严格规范办学行为，不再审批新的学科类校外培训机构。对资质不全、占用国家法定节假日、休息日组织学科类培训，超前超范围培训及存在严重安全隐患的培训机构，坚决予以整改取缔。严肃查处违规广告行为，拆除机构违规广告 396 家。校外培训机构总数从 2196 家压减至 1030 家，并实现资金监管全覆盖。严查机构隐形变异，累计排查 26758 家，查处隐形变异机构 306 家。对“爆雷”“冒烟”机构（已经或者即将发生卷款跑路的机构）通过消课、转课、退还学费等方式，积极稳妥化解退费矛盾。提升学校课后服务水平，义务教育学校实现课后服务“应开尽开”，按照每周开展 5 天、每天至少开展 2 小时的“5+2”课后服务模式，开展体育、艺术、科技、劳动等丰富多元的课后育人活动，在校内满足学生多样化学习与成长需求。义务段开展课后服务学校数 1283 所，覆盖率 100%；参与课后服务学生 1060833 人，参与率 89.19%。落实“5+2”模式，课后服务时间达标率 100%。

【义务教育优质均衡发展】　2022 年，西安市投入资金 3.22 亿元，对第二批 215 所“新优质成长学校”从办学条件、内涵发展、教科研等方面进行全方位提升，努力提升校长领导力、教师专业水平、学生核心素养，优化学校育人方式、课堂教学方式，不断扩大优质教育资源。遴选确定第三批 170 所有一定办学基础且有提升空间的公办义务教育学校，打造更多的“新优质学校”。大班额占比继续下降，义务教育阶段班级中 56 人（含）以上大班额数 47 个，比上年减少 63 个，占班级总数 0.16%，减少 0.23 个百分点。

【义务教育招生入学】　2022 年，西安市教育局严格落实国家、省义务教育招生入学工作政策要求，在规范民办义务教育发展、38 所学校“民转公”、严格控制民办义务教育在校生规模占比的政策背景下，统筹谋划，压实各区（县）、各开发区主体责任，做好招生入学服务。秋季开学义务教育学校招生 285988 人，比上年增加 15452 人。民办学校招生 28542 人，民办小学、民办初中招生人数占招生总人数比例分别为 10.3%、9.5%，分别下降 6.5%、15.5%。与往年相比，交叉区域入学矛盾、随迁子女入学矛盾及接待协调中心咨询人数均有所减少，义务教育招生入学工作总体平稳有序。

（吕　叶）

【第二届中小学“中华经典诵写讲”诗词大会】　2022 年 6 月 16—17 日，西安市第二届中小学“中华经典诵写讲”诗词大会暨颁奖典礼在雁塔区第三中学举办。全市 1200 余所中小学校参加初赛、复赛和选拔赛，参与人数达 100 万余人，小学组、初中组、高中组 3 个学段 106 支学校代表队和 106 位指导教师、424 名学生选手以及 36 位教师参加市级竞赛。灞桥区东城第三小学和陕西师范大学大兴新区小学获得小学组一等奖，西安铁一中分校和西安滨河学校获得初中组一等奖，陕西省西安中学和西安高新第一中学获得高中组一等奖，来自蓝田县玉山中学的教师李晓佳和西安未央锦园小学的教师高俊获得教师组一等奖。

【第二届中小学课堂教学创新大赛】 2022年11月2—4日，西安市第二届中小学课堂教学创新大赛市级决赛举行。全市有1671所中小学校开展校级赛课。通过区（县）复赛推荐，有378所小学、194所初中参加市级决赛。市级决赛采用"腾讯会议+实堂直播"方式，分现场教学、说课和专家问答3个环节，按学段学科分组进行。208名教师获市级一等奖并推荐参加省级决赛，295名教师获市级二等奖、414名教师获市级三等奖、219名教师获市级优秀奖。

（李　黛）

普通高中教育

【概况】 2022年，西安市有普通高中168所，在校学生173981人，比上年增加12495人，增幅7.74%；招生63743人，增加6534人，增幅11.42%；专任教师13250人，增加316人，增幅2.44%；专任教师学历合格率99.51%；生师比13.13。有10所新建学校创建省级标准化高中，12所学校申报创建省级示范高中，普通高中骨干体系建设进一步完善。持续深化课堂教学改革，开展全市课堂教学创新大赛，其中一等奖12人，占陕西省总获奖人数41.3%。举办第六届教师微课大赛，评选出优秀单节微课作品9059个、学科系列微课程186个、数字故事480个。

【高中学籍管理】 2022年，西安市高中学籍管理落实"一校一码、一生一号、人籍一致、籍随人走"工作要求，坚持市、区（县）、学校分级负责、属地管理、学校为主的管理体制，落实《中小学生学籍管理办法》《陕西省普通高中学生学籍管理办法》《西安市普通高中学生学籍管理制度》等要求，印发《西安市教育局关于报送西安市2022年普通高中学校毕业生信息库有关工作的通知》《西安市教育局办公室关于做好2022年普通高中学籍建立工作的通知》等，切实做好学籍管理各项工作。夯实各区（县、开发区）、普通高中学校以及市现教中心工作职责，指导各单位、部门严格按照中招录取结果，做好高一新生注册、信息核准检查、电子学籍接续等工作。指导各区（县、开发区）和普通高中学校严格按照普通高中毕业证发放程序，做好毕业证信息登记、验印、整理、核对等工作，完成毕业证验印工作。指导各区（县、开发区）和普通高中学校严格落实"十项严禁"和"八项不准"要求，规范招生入学和学籍注册程序，强化学生学籍信息审核监管。要求各区（县、开发区）教育局切实履行管理责任，采取检查、抽查和专项督查等方式，加强日常监管，规范和细化普通高中学校学籍管理工作。

【高考综合改革】 2022年，西安市、区（县）成立两级高考综合改革工作领导小组，形成责任明确、齐抓共管的工作格局。深入推进"1+9"高考综合改革实践模式，以育人方式改革为主线，扎实推进校舍条件提升、教师编制保障、教师培训培养、新课程新教材实施示范区和示范校骨干体系建设、课堂教学改革、精品示范课程建设、加快优质特色发展、联合高校协同育人等9项重点工作。组织编印《西安市高考综合改革政策解读50问》，123所学校探索选课走班，106所学校开展"学生生涯规划指导"。创建优质学科基地330个，创设精品示范课程468个，"新高一"平稳实施新高考综合改革。

【新课程新教材改革】 2022年，西安市教育局研究拟定的《普通高中新课程新教材实施国家级示范校建设工作三年规划（2022—2025年）》，获得教育部课程中心"可作为国家级示范区示范文本"的评价。指导西北工业大学附属中学、西安高新第一中学、西安市铁一中学等3所国家级示范校制定示范校建设工作3年规划，探索、创新、实践普通高中新课程新教材实施的有效经验。组织各示范校参加专题培训5次，听取30余场报告。在3所新课程新教材实施国家级示范校、13个市级示范区和28所市级示范校的基础上，省教育厅再命名西安普通高中新课程新教材实施省级实验区10个、实验校32所，逐步完善层级清晰、推动有力的工作体系，发挥西安市作为普通高中新课程、新教材实施国家级示范区在全省、全国的示范引领作用。

【新课程教材教师培训】 2022年，西安市教育局组织开展普通高中新课程新教材高一年级学科教师全员培训、市级线下骨干培训、《普通高中教科书·艺术》教材培训等，20个区（县、开发区）普通高中相关人员参加培训研修活动，人教社组织2期新课程教材线上培训，参训12609人（次）。组织开展市级普通高中新课程教材骨干教师线下培训，参训860余人（次）。组织参加普通高中新课程新教材新高考专项培训，分学校课程规划与课程体系建设、普通高中学生发展指导、普通高中选课走班管理3个专题，有1063位学员参训。组织实施新高考综合改革专题培训、定制培训、新高一年级教师全员远程培训等3项预备培训，各区（县、开发区）管理人员、教研员及高中管理人员、普通高中学校校长、班主任、高中一年级学科教师等15750人（次）参训。　（吕　叶）

【西安市与日本小浜市举办青少年"虚拟互访"活动】 2022年9月，西安市委外事工作办公室与小浜市文化交流课共同举办"友好城市　共享未来"中国、日本友城青少年线上"虚拟互访"活动。西安外国语学校及小浜市若狭高中高二

2022年12月10日，西安市教育局组织普通高中校长进行"科教兴国战略方针指导下的学校教育变革"培训交流　（市教育局　供图）

年级共 13 名学生参加此次活动。中国、日本青少年通过手绘图片、PPT 等方式进行自我介绍，通过 PPT 演示、播放视频等多种形式就“中日高中生学校生活”“我所在城市的文化习俗”“城市名胜古迹”等话题进行交流，分享各自的梦想和人生规划。为青少年参与两市友好交流活动、拓宽国际视野搭建平台。

【西安高新一中在国际地理奥赛地区选拔赛中获佳绩】 2022 年 11 月 5 日，第十九届国际中学生地理奥林匹克竞赛中国大陆地区选拔赛举行。该次竞赛有来自 27 个省、自治区、直辖市的近 300 所中学参加。西安高新第一中学教育集团 2024 届同学获得 3 枚金牌、7 枚银牌、10 枚铜牌。西安高新第一中学焦奕萱、王嘉栋、张梓墨 3 名同学获得金牌并进入国家集训队，学校获“优秀团队奖”。（李 黛）

中等职业教育

【概况】 2022 年，西安市有高等职业学校 2 所，有具备学历教育招生资质的中等专业学校 53 所，其中公办中职学校 20 所（含市属中职学校 7 所）、民办学校 33 所。职业高中年度招生 26864 人，比上年增长 14.98%；在校学生总数为 68744 人，增长 5.77%；专任教师 4472 人，增加 705 人，增幅 18.72%；生师比 15.37 人。积极推进职业教育高质量发展，培育优势特色专业，2 所市属高职院校获批进入第一批陕西省“双高计划”名单，其中西安铁路职业技术学院获批进入省“双高计划”高水平高职学校 B 类拟建设单位名单，3 个专业（群）进入陕西省高水平专业 B 类；西安职业技术学院获批进入省“双高计划”高水平专业群拟建设单位名单，2 个专业（群）进入省高水平专业群建设单位。西安实验职业中等专业学校与西安市机电职业技术学校合并，成立西安实验职业中等专业学校，西安市机电职业技术学校注销，陕西华夏职业学校、西安旅游烹饪职业学校停止招生。各区（县、开发区）除曲江新区外均有中等职业学校，中等职业学校在校学生总数为 78264 人，教育部门管理的中等职业学校招生计划数为 24559 人，实际招生数 27327 人，招生计划完成率 112%。中等职业学校设有农林牧渔、装备制造、交通运输、医药卫生、电子与信息、财经商贸、文化艺术、旅游、教育与体育等专业大类，239 个专业，专业点数 814 个，基本涵盖经济社会发展的各个方面。中等职业学校中专业课教师占专任教师 50.03%，“双师型”教师占专业课教师 62.13%、占专任课教师 31.65%。全市中职毕业人数 19816 人，就业人数 17720 人（含升学人数），直接就业人数 7879 人，升学人数 9841 人，总就业率为 89.42%。

2022 年 5 月 8 日，西安市职业教育活动周正式启动。图为中餐烹饪专业学生技能展示 （市教育局 供图）

【职业学校示范创建】 2022 年，西安市 17 所中职学校列入市级示范中职学校创建单位的评估认定序列。西安旅游职业中等专业学校、高陵区职业教育中心被认定为陕西省高水平示范校。学生获得中职技能大赛国赛一等奖 1 个、二等奖 2 个、省级一等奖 22 个。19 所中等职业学校进入教育部“1+X”证书制度试点单位，1151 名学生获得相应技能等级证书。加强中高职衔接，36 所中职学校与 16 所省内高职院校开展 31 个专业的“3+2”联合办学，深化产教融合，校企合作，市教育局会同西安市发展和改革委员会、西安市人力资源和社会保障局开展 16 个市级高水平专业化产教融合实训基地建设。（吕 叶）

【西安与咸阳职业教育校校合作】 2022 年，西安市与咸阳市开展职业教育校校合作，9 月 22 日，西安市 7 所职业教育学校与咸阳市 7 所职业教育学校举行校校合作集中签约仪式。签约学校涉及航空、交通、卫生、旅游等专业领域，双方在专业建设、师资交流、资源共享、教科研团队共建等方面进行深度合作，对推动西安—咸阳职教一体化发展、两地技术技能人才培养、职业教育高质量发展发挥积极作用。

【民办中等职业学校招生培训】 2022 年 5 月 19 日，西安市民办中等职业学校招生培训会在西安教育融媒体中心举行。各区（县、开发区）33 所民办中职学校校长及负责人参加培训会。分别从提高政治站位、改善办学条件、加强师资队伍建设、强化规范管理、杜绝各类隐患等 7 个方面对民办中职院校提出具体要求；就中职学校如何有效利用线上、线下宣传载体做好招生宣传工作进行专门培训。市教育局相关负责人与 33 所民办中等职业学校签订《西安市民办中学职业教育规范办学承诺书》。（李 黛）

特殊教育

【概况】 2022 年，西安市有特殊教育学校 15 所，比上年增加 1 所。在校学生 3562 人，增加 69 人，增幅 1.98%；招生 661 人，增加 58 人，增幅 9.62%；教职工 509 人，增加 15 人，增幅 3.04%；专任教师 384 人，增加 17 人，增幅 4.63%。民办特殊教育学校 1 所，与上年持平。全市有专门学校 1 所，在校学生 9 人，减少 7 人，降幅 43.75%；教职工 42 人，专任教师 32 人。市教育局严格落实教育部残疾儿童少年入学监测工作，对 292 名残疾儿童少年进行摸底、科学评估、分类安置，义务教育安置率达到 100%，完成速度和质量在省监测系统排名第 1 位。

【特殊教育学校建设】 2022 年，西安市推进《西安市基础教育提升三年行动计划》，优化全市特殊教育学校布局。9 月 1 日，灞桥区润智学校和阎良区润心学校建成开学，全市特殊教育学校达到

15 所。全年下拨资金 3000 多万元，下拨中央、陕西省特殊教育补助经费 310 万元，为推进特殊教育发展和质量提升提供资金保障。

【融合教育体系建设】 2022 年，西安市在残疾学生就读普通中小学校建立资源教室 9 所，建立融合幼儿园 14 所，全市建立资源教室中小学 198 所，融合幼儿园 64 所，超额完成“三年行动计划”建设 43 所融合幼儿园的指标任务。

（吕　叶）

民办教育

【概况】 2022 年，西安市全力完成调控任务，有民办普通高中 27 所，在校生 24863 人，比上年减少 140 人，降幅 0.56%。民办义务教育学校由 146 所压减至 106 所，在校生由 24.46 万人压减至 10.51 万人。惠及学生 13.86 万人，为家长减轻学费负担 17.1 亿元。

【民办义务教育】 2022 年，西安市对照省域民办义务教育在校生规模不超过 5%、县域不超过 15% 的调控目标，制定印发《西安市规范民办义务教育发展实施方案》。按照停批一批、转公一批、压减一批、关停一批、购买一批“五个一批”思路，停止审批设立新的民办义务教育学校，确定 38 所“公参民”学校全部转公，规范 48 所学校校名，核减民办招生计划 7386 个，停办 3 所不达标学校，购买公办学位 4.7 万个。强化资金保障，市财政 3 年补助 10 亿元用于规范民办义务教育发展。出台《西安市“公参民”义务教育学校转公办学校教师安置实施意见》，稳妥做好教师安置，确保队伍稳定。

【民办非学历高等教育机构】 2022 年，西安市有民办非学历高等教育机构 9 所，学生 2025 人、教职工 258 人，主要开设酒店管理、JAVA 开发、口腔医学技术、医疗器械工程、生物制药工程、眼视光学技术、导游旅游服务、电气工程等专业。市教育局加强民办非学历高等教育机构管理，规范办学行为，对其办学情况进行全面检查，检查内容包括党建思政、法人治理、办学条件、招生宣传、教育教学、师资队伍建设、师生权益保障、财务管理、安全稳定等方面，年检结果经专家组研究确定后向社会公布。

（吕　叶）

【西安欧亚学院】 西安欧亚学院是以管理、经济学科为主，艺术、文学、教育、工学等协调发展的国际化应用型普通本科高校。校园占地面积 64.07 公顷，总建筑面积 29.53 公顷。

截至 2022 年年底，学校设有 10 个二级学院，本科及高职专业共 58 个，有全日制在校生 20000 余名。学校有教学、科研仪器设备总值 16934.85 万元，校内实验（训）室、实训场所 161 个，设备 8275 台（套），其中专业实验室 95 个，基础实验室 29 个，实习场所 5 个，实训场所 32 个。图书馆馆藏图书 222.37 万册，中外文电子图书 258.48 万册。学校与华为、中兴通讯、SAP、浦发银行、金蝶等 700 余家知名企业建立稳定的校企合作关系，形成从教学到就业全过程的合作模式，学生学习基于岗位的课程体系，并通过合办专业、订单培养、双师授课、小学期制、工作室制等途径，帮助学生获得丰富的职前历练，以便适应全球化的工作环境。

【西安培华学院】 西安培华学院是西部首家拥有学士学位授予权的全日制民办普通本科高等学校。2018 年获批陕西省“一流学院”建设单位。学校建有高新、长安、郭杜、铜川 4 个校区。学校占地面积 117.2301 万平方米，校舍建筑面积 67.83 万平方米。

截至 2022 年年底，学校设人文与国际教育学院、智能科学与信息工程学院、建筑与艺术设计学院、医学院、会计与金融学院、传媒学院、马克思主义学院、体育学院、女子学院 9 个二级学院和艺术教育中心、信息中心、图书馆等教学辅助单位；4 家附属医院。设有本科专业 36 个，专科专业 14 个，工学、医学、管理学、经济学、法学、教育学、文学、艺术学多学科协调发展。有国家级一流本科专业建设点 1 个，陕西省一流专业建设点 9 个，陕西省一流本科课程 13 个。与西北大学、延安大学等院校签署联合培养硕士研究生协议，设有“西北大学—西安培华学院电子与通信工程研究生联合培养示范工作站”；与国内多所同类院校联合发起成立“未来大学联盟”，和 10 所院校试行课程置换学分互认，形成优势互补、资源共享的开放式办学格局。

【西安外事学院】 西安外事学院是教育部批准成立的普通本科院校。学校占地 161 公顷，建筑面积 80 公顷。

截至 2022 年年底，学校开设 44 个本科专业，形成以文学、艺术、教育、管理、经济、工学、医学、农学等多学科协调发展的学科专业体系，有 10 个专业入列省级“一流专业”。与全球 25 个国家和地区的 200 余所院校、机构建有学术交流及人才培养合作关系，开设中外国际班，以本升硕、硕博连读等方式，为学生开辟本、硕、博全层次的学业晋升通道，大力培养硕士、博士层次人才。先后入选教育部首批“全国党建工作示范高校”、首批“‘一站式’学生社区综合管理模式建设试点院校”、首批“全国创新创业典型经验高校”、数据中国“百校工程”培育院校，为中华优秀传统文化古琴传承基地。

【西安翻译学院】 西安翻译学院是陕西第一所获批国家级一流本科专业建设点的民办高校。在“2022 软科中国大学排名”中位列全国民办高校第 14 位、陕西民办高校第 1 位。

截至 2022 年年底，学校下设英文学院、亚欧语言文化学院、教育学院、国际商学院、文学与传媒学院、艺术与设计学院、信息工程学院、高级翻译学院、护理与康复学院、体育学院、马克思主义学院、创新创业学院及继续教育学院 13 个二级学院和公共艺术教育中心。开设本科专业 37 个，专科专业 27 个，涵盖文、经、管、工、艺、法、教育、医学等 8 大学科门类。翻译专业获批 2019 年度首批国家级一流本科专业建设点，成为 2021 年新增 2 个国家级一流本科专业建设点，有 3 个国家级一流专业建设点。有校级专业综合改革试点项目 9 个，校级特色专业 8 个，校级精品课程 39 门，校级教学团队 21 个，校级教学名师 25 名，校级人才培养模式创新实验区 7 个，校级实验教学示范中心 5 个。（李　黛）

普通高等教育

【概况】 2022 年，西安市有普通高等学校（本专科）63 所，其中“985 工程”建设学校 2 所，“211 工程”建设学校 5 所（含空军军医大学），另有西安美术学院、西安音乐学院、西安体育学院等专业特色类高校。在校学生 83.56 万人，毕业生 21.73 万人。研究生培养单位 43 所，两院院士 60 余人，在校学生 17.76 万人，毕业生 3.95 万人。全面推动高等教育特色发展、内涵发展。支持西安文理学院建设高水平城市大学，西安文理学院获批“陕西省四主体一联合非开挖水平定向勘察智能装备校企联合研究中心”和“西安市植物逆境生理与生态修复技术重点实验室”，获批国家自然基金项目 5 项。西安汽车职业大学、西安电子信息职业大学被陕西省教育厅批准为普通本科学士学位授予单位。深化市属高校校企合作、产教融合人才培养新模式，新申报“1+X”证书制度试点 3 个。持续落实中共西安市委、西安市人民政府关于西安交通大学城市学院转设有关事宜。获批西部地区人才培养特别项目地方创新子项目首批试点项目 1 项。组织推荐西安外国语大学 5 名学生参与国家留学基金委赴法国、泰国、意大利联合国教科文组织实习生合作项目，拓展国际组织人才培养渠道。承办“中国—中亚民间友好论坛”教育和青年交流分论坛，发布“中亚五国”留学生教育培训计划项目相关内容。11 月 10—13 日，第八届中国国际“互联网 +”大学生创新创业大赛举办，西安交通大学获金奖 9 项，位居全国高校第 4 位。（吕 叶）

【西安交通大学】 西安交通大学是教育部直属重点大学，“七五”“八五”重点建设单位，首批进入国家“211 工程”和“985 工程”建设学校。有兴庆、雁塔、曲江和中国西部科技创新港 4 个校区，占地面积 333.33 公顷，各类建筑总面积 400 万平方米。

截至 2022 年年底，学校涵盖理、工、医、经、管、文、法、哲、艺等 9 个学科门类，设有 32 个学院（部、中心）、9 个本科书院和 3 所直属附属医院。学校 17 个学科进入世界学术机构前 1%，5 个学科进入前 1‰，工程学进入前 1‱。有在编教职工 6635 人，其中专任教师 3789 人。师资队伍中入选院士、杰青等国家级各类重大人才工程 545 人次，获评国家级各类创新团队 51 个，为国家作出突出贡献并享受政府特殊津贴专家 450 名，国家级教学名师 11 名。有学生 54760 名，其中本科生 22407 名，研究生 29285 名，留学生 3068 名。学校 61 个专业入选国家级一流本科专业建设点，获国家级教学成果奖 78 项，入选教育部虚拟教研室建设试点 11 个，建成国家级一流本科课程 129 门，拥有 8 个国家级教学（人才培养）基地、12 个国家级实验教学示范中心（含虚拟仿真实验教学中心）、9 个国家级教学团队，获“全国百篇优秀博士论文奖”27 篇、提名奖 46 篇。

【西北工业大学】 西北工业大学隶属于工业和信息化部，是国家“双一流”建设高校，“七五”“八五”重点建设单位，首批进入国家“211 工程”建设学校，2001 年进入“985 工程”，2017 年进入“一流大学”建设高校（A 类）行列，是“卓越大学联盟”成员高校，是“一带一路”航天创新联盟发起高校。学校占地面积 310 余公顷。

截至 2022 年年底，学校设有航空、航天、航海和国际教育学院、教育实验学院、西北工业大学伦敦玛丽女王大学工程学院等 27 个学院。机械工程、材料科学与工程、航空宇航科学与技术 3 个学科入选国家第二轮“双一流”建设学科。材料科学、工程学、化学、计算机科学、物理学、地球科学、数学 7 个学科进入 ESI 国际学科排名前 1%，其中材料科学、工程学进入前 1‰。有学生 3.7 万余名，教职工 4300 余人。有 70 个本科专业，39 个硕士学位一级授权学科，27 个博士学位一级授权学科。建有 10 个国家级重点实验室，8 个国家级工程研究中心，4 个国家级国际科技合作基地。

【西安电子科技大学】 西安电子科技大学是教育部直属重点大学，位列国家“双一流”“211 工程”，入选“2011 计划”“985 工程优势学科创新平台”，是中国最早的 2 所国防工业重点军事院校、教育部批准设立的研究生院校之一。学校总占地面积 263 公顷，校舍建筑面积 142.33 公顷。

截至 2022 年年底，学校设有二级教学科研机构 26 个，开设 65 个本科专业；有 10 个博士后科研流动站，15 个博士学位授权一级学科，27 个硕士学位授权一级学科。全日制在校生 37837 人，其中本科生 22438 人、硕士生 12666 人、博士生 2733 人。学校有专任教师 2600 余人，其中博士生导师 700 余人、硕士生导师 1500 余人；有两院院士 3 人，欧洲科学院外籍院士、俄罗斯自然科学院外籍院士 1 人，双聘院士 17 人；聘有 2 位院士担任学院院长，4 位院士担任学院名誉院长。

【陕西师范大学】 陕西师范大学是教育部直属重点大学，国家首批“双一流”建设高校、“211 工程”国家重点建设高校，“985 工程”优势学科创新平台建设高校和国家培养高等院校、中等学校师资和教育管理干部以及其他高级专门人才的重要基地。学校占地面积 186.67 公顷，建有长安、雁塔 2 个校区。

截至 2022 年年底，学校设有 25 个学院（部）、1 个基础实验教学中心和民族教育学院（预科教育）。学科门类涵盖哲学、经济学、法学、教育学、文学、历史学、理学、工学、医学、管理学、艺术学、交叉学科等。有 1 个国家“双一流”建设学科（中国语言文学），2 个陕西省“双一流”建设学科，4 个国家重点学科，23 个博士学位授权一级学科，37 个硕士学位授权一级学科，1 个博士专业学位授权点，20 个硕士专业学位授权点，18 个博士后科研流动站。化学、材料科学、农业科学、社科总论、工程学、计算机科学、环境 / 生态学、植物与动物科学、临床医学等 9 个学科进入 ESI 国际学科排名前 1%。学校有全日制在校生 29467 人，其中本科生 18506 人、硕士研究生 8996 人、博士研究生 1965 人。有 71 个本科专业，其中国家一流本科专业建设点 40 个，陕西省一流专业建设点 6 个。

【长安大学】 长安大学是教育部直属重点大学，国家首批“211 工程”重点建设大学、国家“985 工程优势学科创新平台”建设高校、国家“双一流”建设高校。学校有南、北两大校区，建有太白山、梁山、渭水 3 个教学实习基地，校园面积 249.67 公顷。

截至 2022 年年底，学校有 9 个一级学科博士点，1 个专业学位博士点，33 个一级学科硕士点，19 个硕士专业学位授权类别。有 9 个博士后科研流动站。工程学、地球科学、材料科学、环境科学与生态学、社会科学总论、化学等 6 个学科进入 ESI 国际学科排名前 1%。有 86 个本科专业，其中 50 个专业入选“双万计划”国家级、省级一流本科专业建设点，23 个专业通过国家工程教育认证。有中国科学院、中国工程院、新加坡工程院院士 4 人，教授、副教授 1400 余人，博士生导师 392 人、硕士生导师 1151 人。拥有承担国家重点研发计划、国家重大工程项目的各类杰出人才逾百人。有全日制本科生 2.5 万余人，博士、硕士研究生 1.2 万人，来华留学生 1700 余人。

【西北大学】 西北大学是教育部与陕西省共建高校，国家“双一流”建设、国家“211 工程”建设院校。学校有太白校区、桃园校区、长安校区 3 个校区，总占地面积 157.33 公顷。

截至 2022 年年底，学校有 24 个院（系）和研究生院、1 个中外合作办学机构、1 个直属附属医院、7 个非直属附属医院。设有 88 个本科专业，其中 37 个专业入选国家级一流本科专业建设点。有 24 个博士学位授权一级学科、37 个硕士学位授权一级学科、18 个专业学位授权类别、

24 个博士后科研流动站。有地质学、考古学 2 个国家“双一流”建设学科，1 个一级学科国家重点学科（涵盖 5 个二级学科），4 个二级学科国家重点学科和 1 个国家重点（培育）学科。有教职工 3100 余人，其中中科院院士 4 人，双聘院士（教授）5 人，国际科学史研究院院士 1 人，发展中国家科学院院士 1 人，俄罗斯自然科学院外籍院士 1 人。在校生 2.8 万余人，其中本科生 1.35 万余人、研究生 1.39 万余人、国际学生 600 余人。

【西安文理学院】 西安文理学院是 2003 年经教育部批准，由西安市政府主办、省市共建、面向全国招生的全日制普通本科高校。学校有高新、太白和关中书院 3 个校区，校舍建筑面积 50 公顷。

截至 2022 年年底，学校设有 14 个二级学院，1 个继续教育学院、1 个关中书院。50 个本科专业，涉及文学、理学、工学、教育学、管理学、经济学、法学、历史学、艺术学等 9 大学科门类，逐步形成师范教育、智能制造、文化创意、电子信息、生物化工、商贸物流、社会治理、康养服务 8 个专业群。有国家级众创空间 1 个、一流专业建设点 1 个、一流课程 1 门；省级一流专业建设点 12 个、重点学科 4 个、精品课、精品资源共享课、思政示范课、一流课程等高层次课程 53 门、教育教学成果奖 27 项、教育教学改革研究项目 31 项；市级一流专业建设点 13 个、一流重点建设学科 14 个。有教职工 1100 余人，具有副教授及以上职称的专任教师 400 余人，硕士及以上学位占比 80% 以上；外聘两院院士 3 人。有全日制本科生 1.3 万人。

2022 年 7 月 19 日，西安文理学院学前教育专业正式通过教育部师范类专业二级认证（西安文理学院 供图）

【西安铁路职业技术学院】 西安铁路职业技术学院是西安市政府主办的全日制普通高等职业院校。截至 2022 年年底，有教职工 670 余人，具有硕士、博士学位 445 人，教授、副教授 190 人，“双师型”教师 315 人，占专业教师比例达 71%。其中享受国务院政府特殊津贴专家 1 名、全国优秀教师 2 名、陕西省普通高校教学名师 4 名、全国行指委、教指委副主任委员或委员 19 名。学校教师主持或参与国家职业教育专业教学资源库 5 项、专业教学标准 8 项，获全国优秀教材一等奖 1 本，省级优秀教材一等奖 1 本、二等奖 3 本。

学院紧贴轨道交通行业，以校企合作、工学结合为切入点，实行订单培养、工学交替“2+1”（2 年基础理论学习 +1 年顶岗实习）的人才培养模式，形成具有轨道交通专业特色的虚实结合的实践教学体系。建设有国家级轨道交通“双师型”培养培训基地、轨道列车智能运行与维护系统虚拟仿真综合实训基地等校内实训基地 105 个，在中国铁路西安局集团有限公司、西安市轨道交通集团有限公司等企业设立校外实习基地 183 个，毕业生“双证书”获取率 80% 以上。学生参加全国职业院校技能大赛等各级各类专业技能大赛累计获得省部级及以上奖项 570 余项。

学院服务“一带一路”建设和中国高铁“走出去”战略，开办合作办学专业 5 个，在校生 760 人，其中留学俄罗斯圣彼得堡交大学生 138 人，27 名学生获硕士学位，2 名学生攻读博士学位。

【西安职业技术学院】 西安职业技术学院为西安市政府主办的综合类全日制高职院校。截至 2022 年年底，有机电工程学院、电子信息工程学院、现代商学院、生物与医药学院、健康护理学院、大数据应用学院（动漫软件学院）、学前师范学院、建筑与轨道交通学院、基础课教学部、马克思主义学院、继续教育学院等 11 个教学单位，教职工 500 余人，在校生 1.3 万余人。

学院开设高职专业 48 个，涉及装备制造、电子信息、财经商贸、交通运输等 11 个专业大类，其中动漫制作技术为国家级骨干专业、省级一流专业建设项目，建筑工程技术为中央财政支持建设专业，动漫制作技术、建筑工程技术 2 个专业群获批省级高水平专业群建设。拥有 2 个省级培育高水平专业群，5 个校级重点专业群，3 个校级特色专业群。培育电气自动化技术、建筑工程技术、电子信息工程技术、物流管理、电子商务等省级一流专业 6 个，建设机电一体

2022 年 4 月 29 日，西安铁路职业技术学院的学生进行接触网验电接地实操（市教育局 供图）

化技术、会计等省级重点专业 5 个，省级专业综合改革试点项目 3 个。

【第 57 届中国高等教育博览会】 2022 年 8 月 4—6 日，第 57 届“中国高等教育博览会”在西安国际会展中心举办。博览会以“校地聚合·产教融合：高质量发展”为主题，推出展览展示、会议论坛、特色活动、高端发布、云端推送等 5 大板块，展览展示面积 8 万平方米，就业服务活动 1 万余平方米，设置实验室及科研仪器设备类、信息化及智慧教育类、实训及机电类、医学教育及健康类 6 大展区。参展企业近千家，展位数近 3500 个，参会高校千余所。其间还举办“第一届中国高校就业育人大会”“第二届校长论坛”“第四届教师教学发展与创新人才培养论坛”“‘碳达峰、碳中和’与生态文明建设论坛”等一系列会议论坛。 （李 黛）

【第八届中国国际“互联网 +”大学生创新创业大赛】 2022 年，西安市组织实施第八届中国国际“互联网 +”大学生创新创业大赛萌芽赛道市级初赛活动，共 345 名学生、103 名指导教师参赛。评出创新潜力奖 20 个、优秀奖 20 个、鼓励奖 10 个，20 个“我敢闯、我会创”优胜奖。西安市 7 个项目入选省级创新潜力奖，并推荐参加国家级比赛，最终 1 个项目夺得国家级创新潜力奖。

（吕 叶）

继续教育

【概况】 2022 年，西安市推进西安市全民终身学习体验基地遴选创建和社区教育课程资源开发，遴选创建西安市全民终身学习体验基地 19 个、社区教育课程资源 50 门，开设服务市民学习的各类课程 2381 班（次），服务市民 121.8 万人（次）。推进和提升社区教育学院、街道社区教育学校、社区教学点服务质量，发挥社区教学示范点的示范引领作用，完善社区教育电子地图。优化完善“西安市全民终生学习网”网络平台，建立城乡共享、开放便捷的终生教育数字化学习共享平台，多渠道扩大终生教育资源供给，以满足不同群体多元化学习需求。

【全民终生学习活动周】 2022 年，西安市教育局组织举办“百姓学习之星”“终生学习品牌项目”遴选活动周。活动周开幕式线上观看人数达 15 万人（次）。遴选认定 2022 年西安市“百姓学习之星”30 名、“终生学习品牌项目”15 项，其中 8 人获得省级“百姓学习之星”称号、3 个项目获得省级“终身学习品牌项目”称号；2 人获得国家级“百姓学习之星”称号、1 个项目获得国家级“终生学习品牌项目”称号。详见表 53、表 54。 （吕 叶）

【西安开放大学】 该学校前身为 1979 年创建的西安广播电视大学，2020 年底正式更为现名，是西安市政府主办的服务全民终生学习的新型高等学校。

截至 2022 年年底，开设开放教育本、专科专业 69 个，成人教育专业 39 个。有在籍学生 7.5 万余人，累计培养学历教育人才 23 万多人，非学历年培训达 100 万人（次）。在开放大学系统率先推出全民智慧学习体验中心，构建智慧学习体系，并全面应用于学历教育常规教学以及非学历教育培训，构建全民终生教育体系，形成具有西安特色的社区教育（老年教育）发展模式。率先探索创建省、市干部教育网络培训模式和汉语国际教育与西安文化传播新模式。

（李 黛）

表 53 2022 年西安市“百姓学习之星”一览表

序号	推荐区（县）或（单位）	姓 名	性 别	单 位
1	高陵区	崔新仓	男	西安市高陵区天天农产品农民专业合作社
2	碑林区	李智华	女	陕西智慧力量教育科技公司
3	新城区	康芳琴	女	西安新城区社区学院
4	长安区	胡晓莉	女	陕西四端教育咨询有限公司
5	鄠邑区	杜锡莹	男	西安丰园果业科技有限公司
6	西安开放大学	周光瀛	男	西安航天动力机械有限公司
7	碑林区	王志宁	女	西安市第九医院
8	未央区	王峥嵘	女	西安欣苗食用菌生态开发专业合作社
9	西安开放大学	黄云娜	女	陕西五环实业（集团）有限责任公司
10	长安区	黄建军	男	陕西省民族管弦乐学会葫芦丝埙陶笛专业委员会
11	西安职业技术学院	马康利	女	西安职业技术学院
12	雁塔区	刘 琦	女	西安旅游职业中等专业学校（退休）
13	长安区	雷小英	女	陕西双娇影视文化传媒有限公司
14	西咸新区	王伟国	男	陕西崇文书院
15	鄠邑区	阙宏志	男	西安市鄠邑区人民法院大王人民法庭

续表 53

序号	推荐区（县）或（单位）	姓　名	性　别	单　　位
16	碑林区	张小蔚	男	西安市碑林区张家村街道办事处
17	鄠邑区	白稳厚	男	陕西省鄠邑教师进修学校
18	莲湖区	周建玲	女	西安市莲湖区桃园路街道劳动一坊社区
19	新城区	武　峰	男	西安市新城区中山门街道万达社区
20	西安文理学院	常　瑾	女	西安文理学院
21	长安区	高　远	女	陕西西安儿童心理素质教育专业委员会
22	阎良区	孙迎仙	女	西安先洁家政服务有限公司
23	浐灞生态区	王　娟	女	西安市浐灞第七幼儿园
24	周至县	任齐斌	男	西安市周至县四屯镇东风小学
25	浐灞生态区	李　群	女	西安市浐灞生态区绿地生态城社区
26	西安文理学院	马斌惠	男	西安文理学院
27	经开区	张晓佩	女	西安经济技术开发区御湖社区
28	曲江新区	马鹏波	男	西安市曲江第三中学
29	临潼区	曹雅婷	女	西安市临潼区文联
30	航天基地	李　焱	女	西安国家民用航天产业基地神舟五路社区

表 54　2022 年西安市“终生学习品牌项目”一览表

序号	推荐区（县）或（单位）	品牌项目名称	主办单位
1	西安开放大学	西安市家庭教育“双百计划”公益活动	西安开放大学
2	鄠邑区	“135 同心圆”工作法为社区教育插上“互联网 +”的翅膀	西安市鄠邑区人民路社区
3	西安职业技术学院	“晨读护航”铸就终身学习	西安职业技术学院
4	新城区	百姓家门口的社区学校	新城区社区学院
5	长安区	传承民族文化，弘扬书法艺术——长安区书协书法进校园活动	长安区书法家协会
6	莲湖区	育享课堂	莲湖区红庙坡街道办
7	临潼区	西安市临潼区高素质农民培育项目	西安市临潼区农民科技教育培训中心
8	碑林区	共建区域特色馆藏，传播本土特色文化	碑林区图书馆
9	航天基地	神舟五路社区——芳华拾光	西安国家民用航天产业基地神舟五路社区
10	浐灞生态区	王娟家长课堂	浐灞第七幼儿园
11	蓝田县	打造银龄驿站　推动全民终身学习	蓝田县蓝关街道天鹅湖社区
12	西安文理学院	教师培训项目	西安文理学院
13	国际港务区	陆港讲堂	西安国际港务区铁一中陆港小学
14	曲江新区	曲江二小“智慧家长学校”	西安市曲江第二小学
15	灞桥区	家园携手，润禾成长	灞桥区狄寨街道第二幼儿园

历史文化名城保护

责任编辑 姬娟妮

政策措施

【《西安历史文化名城保护规划（2020—2035年）》】 2021年2月26日，西安市人民政府印发《西安历史文化名城保护规划（2020—2035年）》，对规划范围、保护原则、保护目标、保护体系、保护策略和保护内容进行明确，规定市域历史文化遗产保护、历代都城遗址遗迹保护、历史城区（老城）保护、历史地段保护、历史建筑保护、不可移动文物保护、非物质文化遗产保护7大类保护内容和保护要求。2022年，西安市自然资源和规划局将上年公布的《西安历史文化名城保护规划（2020—2035年）》中所有保护要素按各区（县、开发区）边界线进行分解，以“四图一清单”（历史格局图、现状遗存图、保护范围图、展示利用图、保护清单）的形式下发，用于辅助辖区内历史文化名城保护相关工作，掌握各类历史文化遗产要素的分布情况和保护要求，为组织策划城市更新和文旅产业项目提供依据。

【制度建设】 2022年，西安市组织多部门调研评估，对《西安历史文化名城保护条例》进行修订。编制完善《西安历史城区（明城墙内）保护提升城市设计与控规》，编制下发《西安市在城乡建设中加强历史文化保护传承的实施方案》。组织编制北院门与七贤庄历史文化街区保护规划和传统村落保护发展实施导则，完成传统村落的资料收集、现场踏勘等现状调研工作。《西安市城市更新办法》于1月1日施行，规定在城市更新范围内涉及优秀近现代建筑和历史文化街区、名镇、名村的，城市更新工作应当符合有关法律、法规和保护规划的要求，不得损害历史文化遗产的真实性和完整性，不得对其传统格局和历史风貌构成破坏性影响。

【历史文化保护传承体系论证】 2022年，西安市以彰显历史文化价值为目标，保护承载中华文明、体现地域特色的代表性载体。为建立分类科学、保护有力、管理有效的城乡历史文化保护传承体系，开展西安历史文化保护传承体系调研论证。7月26日，西安市自然资源和规划局配合市政协、市人大、市委统战部对临潼区华清宫遗址、鸿门宴遗址，蓝田县吕氏乡约、葛牌镇、华胥陵等历史文化资源保护、研究和利用情况进行实地调研。9月6日、9月19日，围绕西安市国土空间总体规划中构建城乡历史文化保护传承体系部分的意见建议召开座谈会。9月8日，对明清钟楼历史地段易俗社片区、北院门历史文化街区洒金桥片区、三学街历史文化街区碑林片区，开展新时期历史文化名城保护工作调研论证。

【历史文化遗产保护传承与空间规划重点实验室建设】 2022年，西安市城市规划设计研究院联合西安建筑科技大学共建“历史文化遗产保护传承与空间规划重点实验室”。实验室以推进“多规合一”、实现国土空间规划与历史文化保护管理有机融合为目标，针对西北地区历史文化空间价值认知较弱，历史文化空间资源利用有待提升，历史文化空间管控不够完善等国土空间规划领域的关键技术难题，在历史文化资源综合评估、历史文化遗产保护管理、历史文化空间传承规划等方面开展理论研究和科研实践，搭建历史文化保护管控融入国土空间高质量发展的顶层设计框架。

（宋 慧）

遗址遗迹保护

【概况】 2022年，西安市组织进行《秦咸阳城遗址保护规划》《杨官寨遗址保护规划》《秦东陵保护规划》《半坡遗址保护规划》《北杜铁塔保护规划》《沙河古桥遗址保护规划》《东马坊遗址保护规划》《司家庄秦陵保护规划》等规划的编制报审。《秦咸阳城遗址保护总体规划》经省政府常务会审议后于2022

2022年8月13日，汉长安城未央宫遗址二期项目粗具雏形（西安日报社 供图）

年7月1日批准公布。《八路军西安办事处旧址保护规划》《西安事变旧址之张学良公馆、杨虎城将军纪念馆规划》《西安钟鼓楼保护规划》《大明宫遗址保护规划修编》《汉长安城遗址保护总体规划修编》《东岳庙保护规划》已申报第二批市级文物保护专项资金支持，陆续启动规划编制工作。（宋 慧）

【汉长安城遗址保护】 汉长安城遗址位于西安市西北部，包含城址区、建章宫区域、礼制建筑区3部分，总规划保护面积75.02平方千米。

部省共建汉长安城大遗址保护特区 2022年9月，部省合作共建汉长安城国家大遗址保护特区联席会议在西安召开并签署《国家文物局和陕西省人民政府推进汉长安城国家大遗址保护利用合作协议》。按照会议要求，市文物局组织未央区、汉长安城遗址特区管委会、汉文化发展公司共同研究拟定未来5年汉长安城遗址保护发展工作计划；按照突出最新考古成果、突出活化展示利用、突出分区分类调控、突出文物保护与城乡建设和谐发展的总体思路，完成《汉长安城保护总体规划》修编的初稿并通过专家评审；提出涵盖考古研究、文物保护、规划编制、展示利用等方面专家的大遗址保护专家智库；按照“一院多馆”思路提出汉长安城遗址博物院选址建议；参考太平遗址模式，以央地、省地、校地协作的模式建立汉长安城遗址考古工作新模式。

渭河古桥遗址厨城门一号桥回填保护工程 渭河古桥遗址共发掘3组7座古代桥梁遗址。除厨城门一号桥遗址以外，其余桥梁遗址在发掘后均由渭桥考古队进行考古发掘现场的保护性回填，因厨城门一号桥遗址体量巨大，未列入文物保护展示工作计划，中央、省级文物部门要求汉长安城遗址保管所对该考古发掘现场实施分阶段回填保护。2022年8月中旬，市汉长安城遗址保管所对该笔经费补充进行政府采购，9月下旬签订施工合同，10月签订监理合同补充协议，开始施工。

汉长安城城墙西北角遗址保护修缮及围栏防护工程 2022年，汉长安城遗址保管所提请对该工程北侧保护方案四方变更，并将变更后的工程方案上报。7月，陕西省文物局原则同意对方案的变更，同时提出修改意见。10月，修缮工程开始施工。（郑 哲）

【大明宫遗址保护】 大明宫遗址位于西安市太华南路，是中国保存最为完整的皇家宫殿遗址，总面积3.4平方千米，平面略呈南北长方形，北半部平面呈梯形，南半部为横长方形，宫墙周长7.6千米，四面共有11座门。南部为前朝，自南向北以含元殿、宣政殿和紫宸殿为中心组成；北部的内廷中心为太液池。2022年，西安市围绕文物保护、文旅融合、研究转化及文化交流4个方面推进大明宫遗址区文物保护。

2022年，西安市围绕文物保护、文旅融合、研究与专业及文化交流4个方面推进大明宫遗址区文物保护。图为6月12日拍摄的大明宫俯瞰图

（曲江新区管委会 供图）

文物保护 完成《唐长安城大明宫管理规划》修编，《大遗址保护管理体系》编制，启动《大明宫遗址区保护规划》修编。完成含元殿保护设施保护修缮工程验收资料整理工作；玄武门日常养护工程竣工验收；完成唐大明宫大福殿遗址汛期抢险修缮工程、唐大明宫御道广场1号展示窗遗址抢险加固工程。完成《大明宫西宫墙南段砖瓦窑址保护加固设计方案（核准稿）》，取得市文物局批复意见，进行加固工程。根据国家文物局批复意见，完成青霄门和麟德殿遗址点保护展示提升设计方案编制工作。科学制定年度监测计划并实施，完成对含元殿遗址沉降监测3次，麟德殿沉降监测3次，丹凤门、砖瓦窑、麟德殿遗址展示窗三维激光扫描变形监测1次，麟德殿遗址东西侧鼓胀监测5次，并完成相关数据分析图表。完成土遗址预警监测体系建设，为预防性保护奠定基础。

文旅融合 统筹推进大华博物馆、炕底寨、文化交流中心、文化场景营造、导视系统提升、智慧景区建设、游客中心提升7个文旅项目策划提升方案；组织编创大明宫主题曲并在QQ音乐平台发布，组织策划大明宫文旅宣传片，编制旅游服务品牌创建10余项专项计划并推进落地实施。完成《大明宫旅游服务品牌创建策略》。统筹公园制定“首席惊喜制造官”机制。进行园区交通工具唐代宫廷文化风格改造提升。

研究转化 完成《唐代宫廷饮食资源开发研究》《海内外唐代研究成果》等课题；深化唐大明宫复原研究并完成数字建模；进行文物数字中心策划编制。联合公园开展讲解词培训，完成课题成果转化。以《海内外唐代研究成果》、文物数据、考古数据、文保数据等海量资料为基础，建立基于该库的管理利用相关系统，构建大明宫历史文化数据库，建立面向全球的唐历史文化数字展示服务互联网平台。编辑《云里凤城宫阙飞——大明宫保护利用纪实》，完成大明宫遗址文物保护、文旅融合、研究展示及文化交流等方面资料的收集和图片选辑以及文稿编写。

文化交流 建立公益产品和服务体系，完成NTF数字藏品和IP虚拟数字人运营慈善筹款项目2个公益产品的设计包装和推广，提升基金会资金募集能力，扩大基金会影响力。策划实施“丹凤门”数字藏品公益活动，在数字平台发售获得一致好评。联合省、市文物局，利用国际古迹遗址日、国际博物馆日等特定节日，加强“走进大明宫”“大明宫讲堂”等品牌活动影响力，举办8场有影响力的活动。（任彤晖）

【明西安城墙保护】 城墙位于西安市中心区，墙高12米，顶宽12～14米，底宽15～18米，轮廓呈封闭的长方形，周长13.74千米。2022年，西安市坚持开展文物本体保护，国家预防性保护试点城墙西南区域保护工作全面实施，城墙管委会在全国预防性保护工作推进会上作经验介绍。21号马面修缮等4项工程通过省、市验收，含光门地下防渗工程获评陕西优秀文保工程；33号等4处马面险情得到控制，设计方案通过国家文物局审批，转入有序推进抢险加固施工前期准备阶段；缪子成像无损探测、青砖散水试验取得初步成果。《西安城墙遗产保护与研究丛书》入选国家出版基金资助项目；《城垣类建筑遗产墙体变形监测技术规范》经省文物局审核，上报国家文物局；《西安城墙古砖鉴别及仿古砖制作标准研究》结题，课题研究成果应用于城墙保护实际工作。明城墙保护管委会与长安国际信托签署战略合作协议，完成勿幕门、文昌门、和平门、建国门门楣标识展示，以金融“活水”赋能文化遗产保护。国际古城墙（堡）联盟吸纳第5家成员单位马六甲古城入盟。（王荣庆）

【大遗址保护利用课题研究】 2022年，西安市自然资源和规划局就汉城遗址保护利用课题展开一系列研究，邀请专家召开大遗址保护利用专题座谈会2次；撰写研究报告《关于大遗址保护利用问题的再思考——以汉长安城遗址为例》；起草《关于争取将西安市列入国家大遗址保护与利用试点城市的建议》；向国土空间规划局领导请示有关大遗址保护利用支持政策。通过以上措施，为国家文物局和陕西省人民政府合作共建汉长安城国家大遗址保护特区协议签署做好基础工作。

【工业遗产保护利用】 2022年，西安市自然资源和规划局按照市政府《推动西安市工业遗产保护利用 打造“生活秀带”工作方案的通知》文件要求，开展工业遗产信息化清单及数字化档案建设研究工作。按照全面普查，应收尽收的原则，结合既有成果及相关资料，对全市工业遗产进行系统梳理与筛选。在此基础上，从厂区、建筑2个层面对各遗产点的信息进行记录。参考先行城市案例，分类展开清单及数字化档案建设。初步统计确认全市工业遗产点82处，拟定三级数字化档案的成果内容，完成82处工业遗产清单及19处一级档案建设。（宋　慧）

历史城区和历史建筑保护

【历史城区（老城）复兴】 2022年，西安市开展历史城区（老城）复兴工作。范围为环城路外侧红线（立交或环岛处以主线外侧红线为边界）以内区域，即明城墙以内区域，保护面积11.32平方千米。提出加强历史城区风貌整体管控，运用城市设计手段保护和延续历史城区整体格局和特色风貌，保护城市历史文化遗存，延续城市历史文脉；保护中华文化基因，将历史城区打造成为传承历史、彰显特色的鲜活载体。

表55　2022年西安市第一批历史建筑一览表

序号	建筑名称
1	西铁分局检察院办公楼
2	陕西省人民出版社办公楼
3	西安交通大学钱学森图书馆
4	西安建筑科技大学历史建筑群
5	西北光电仪器厂E型楼、办公楼（4栋）
6	华山机械厂办公建筑（3栋）、厂区木质水塔
7	长安学巷过街楼2座
8	西安高压电瓷厂
9	西安仪表厂
10	西安市第四军医大学附属医院内科楼门楼
11	兴庆宫公园沉香亭
12	陕西省中医院北楼
13	陕西历史博物馆
14	唐华宾馆
15	兵马俑一号俑坑展厅
16	西北政法大学礼堂
17	陕西省团校主楼
18	西安体育学院教学楼
19	长安大学本部主教学楼
20	西安市卫生学校主楼
21	西安中共西北党校旧址
22	西安建筑设计研究院办公楼
23	国营西北第六棉纺织厂行政楼
24	陕西老钢厂建筑群
25	西安西电开关电器厂行政楼
26	华峰面粉厂磨粉机楼
27	西安市人民体育场门楼
28	西安电视塔
29	西安钟楼饭店
30	丝绸之路群雕

【北院门和七贤庄历史文化街区保护规划编制】 2022年，西安市自然资源和规划局开展北院门和七贤庄历史文化街区保护规划编制。组织北院门历史文化街区历版规划梳理及实施成效评估；结合卫星影像和土地三调数据，完成北院门历史文化街区的保护范围和建设控制地带范围的校核工作，基本掌握街区现状。开展七贤庄历史文化街区资料收集、现场踏勘等调研工作，汇总基础资料，初步建立规划框架。

【历史文化街区保护标志牌设立】 2022年，西安市开展并完成三学街、北院门和七贤庄等3片历史文化街区立碑工作。其中，北院门4处，分别位于大麦市街入口处、许士庙街入口处、大皮院街入口处、钟鼓楼广场；三学街3处，分别位于书院门路入口处、碑林博物馆入口处、安居巷入口处；七贤庄1处，位于八路军西安办事处纪念馆入口处。碑体上刻有该历史文化街区名称、简要介绍及街区示意图，并刻有二维码，方便市民游客深入了解街区历史文化。

【第一批历史建筑测绘建档挂牌】 2022年，西安市自然资源和规划局组织对已公布的历史文化街区和历史建筑开展挂牌保护和测绘建档工作。完成8处历史建筑测绘建档，其余22处历史建筑建档测绘及历史建筑保护标准牌的设计工作进入制作和挂牌阶段。详见表55。（宋　慧）

名镇名村保护

【历史文化名镇名村申报】 2022年，西安市自然资源和规划局按照陕西省住

表 56 2022 年西安市第一批传统村落一览表

序号	村庄名称
1	长安区太乙宫街道办事处东堡村
2	长安区子午街道办事处杜角镇村
3	长安区子午街道办事处百塔寺村
4	临潼区穆寨街道办事处穆柯寨村
5	临潼区仁宗街道办事处仁宗村
6	周至县厚畛子镇老县城村
7	周至县竹峪镇兰梅塬村
8	周至县哑柏镇七曲村
9	蓝田县葛牌镇石船沟村
10	蓝田县灞源镇青坪村
11	蓝田县灞源镇沟口村
12	西咸新区秦汉新城窑店街道办事处刘家沟村

房和城乡建设厅《关于印发〈陕西省2022年城乡历史文化保护传承工作方案〉的通知》要求，对全市历史村镇组织详细摸查评估后，8月25日，将周至县厚畛子镇和蓝田县青坪村申报为第五批省级历史文化名镇名村。12月22日，上述镇村分别被陕西省人民政府批准公布为第五批省级历史文化名镇和名村。

【传统村落保护】 2022年，西安市在对传统村落文化资源进行调查研究的基础上，建立传统村落档案，确定保护对象，划定保护范围并制定保护管理规定，提出传统资源保护以及村落人居环境改善的措施，编制传统村落保护发展规划，做好全市传统村落保护发展和管理基础工作。

【3个村庄纳入全国第六批传统村落名录】 2022年，西安市挖掘村庄历史人文典故和自然资源优势，组织专业力量，严格甄别细选。在抓好蓝田县石船沟、周至县老县城、秦汉新城刘家沟村3个传统村落修旧如旧、外朴内雅保护发展基础上，推荐临潼区穆柯寨村、仁宗村和周至县兰梅塬村3个村庄纳入全国第六批传统村落名录；推荐临潼区穆柯寨村、仁宗村，蓝田县青坪村、沟口村4个村庄纳入第四批陕西省传统村落名录。

（张　睿）

【公布首批12个市级传统村落名录】 2022年，西安市住房和城乡建设局会同市文旅局、市自然资源和规划局、市农业农村局、市财政局、市乡村振兴局等部门调查推荐，依据村落传统建筑评价指标体系、村落选址和格局评价指标体系、村落承载的非物质文化遗产评价指标体系等评选条件，确定并公布第一批西安市传统村落名录。长安区、周至县、蓝田县分别有3个村入选，临潼区有2个村入选，西咸新区有1个村入选。详见表56。

（李　黛）

文物保护

【概况】 2022年，西安市全面开展文物普查调查。全市有全国重点文物保护单位58处（表57），省级文物保护单位107处，市（县）级文物保护单位263处。有2项6处世界遗产，分别是1987年秦始皇陵及兵马俑坑和2014年“丝绸之路：长安—天山廊道的路网”跨国申遗项目（其中西安有5处）。有博物馆134座，登记在册文物点3246处，其中遗址类987处。

西安市文物局研究制定《西安市关于让文物活起来　扩大中华文化国际影响力的实施方案》，组织编纂《送你一个长安——西安市博物馆文化创意产品选集》。落实中宣部、国家文物局“博物馆之城”建设部署，完成《西安“博物馆之城”建设总体规划（2022—2035年）》报审稿编制工作，紧扣博物馆登记准入、终止退出、日常管理、专项资金监管等重点领域和关键环节，研究制定《关于进一步加强博物馆管理的指导意见》。

【重大考古发现】 2022年，西安市考古发掘以配合基本建设考古发掘为主，保障民生类省市重点项目进度。聚焦西安地区的主要学术课题，围绕文明探源、国家起源、都城考古等重大问题，引入人骨、动植物考古、GIS系统等科技力量，推进考古研究。市考古院考古发掘主要分布于长安区、高新区、碑林区、航天基地、经开区、雁塔区、未央区、新城区等基本建设项目或土地储备前置类项目较为集中的区（县、开发区）。远郊区（县）主要在高陵、蓝田、临潼、阎良、鄠邑。重点项目如国家电网建设项目、团结村片区更新改造项目等都取得发掘成果。承担考古发掘项目67项，累计揭露古遗址90650平方米，发掘各时期墓葬7008座、灰坑2002座，出土各类文物17000余件。

隋唐长安城朱雀大街五桥并列等遗址　遗址位于西安小雁塔西北角，北临友谊西路，西临朱雀大街。考古发现隋唐长安城朱雀大街、外郭城第七横街、横穿朱雀大街的水渠及渠上5座桥梁基址、朱雀大街东侧水沟及其上2座桥梁基址、安仁坊西北墙角、角门及其外侧水渠上的涵洞遗址。出土各类文物350余件，包括陶器、釉陶器、唐三彩、瓷器、铜器、铜钱、铁器及建筑构件等。发掘揭露出朱雀大街遗址残宽达101米，根据发掘的朱雀大街中桥位置及与东侧水沟边界的测量，推算朱雀大街的实际宽度为130米（不含路沟），与《长安志》等文献记载及近年社科院考古所西安唐城队在明德门附近的考古推测数据相近。对于隋唐长安城形制布局及礼仪制度的研究具有重要意义。

隋唐长安城东北角夹城及十王宅遗址　遗址位于西安市新城区胡家庙街道办，融创西安壹号院内西南部，东距金花北路240米，西临北四合窑路，北距华清西路600米，南距长缨西路500米。发掘区域东西长10米、南北长55米，清理面积550平方米。发现遗迹包括十王宅东坊墙，十王宅东坊墙与加城墙间道路，十王宅北坊墙与北城墙间地面，十王宅东、北坊墙外的排水沟，外郭城北城墙。出土板瓦、手印砖残块、瓷器、三彩残片、铁斧、铜钱等器物29件。有助于厘清夹城墙建造的前后顺序，明确该区域建筑布局与地形的变化。

西咸新区空港新城北城村墓葬群　位于西咸新区北杜街办，北城村、后村旧址，自贸大道以东，景平大街以南。001地块发掘墓葬、灰坑等遗迹167处，出土器物50件（组）。墓葬以北朝墓为主，唐墓少量。遗址以北朝—隋唐时期为主。002地块发掘墓葬40座，包括北周、唐代及唐以后各时期，出土器物412件（组）。其中唐墓M21根据出土墓志可知墓主为游骑将军守右监门卫中郎上柱国神鸟县开国男段怀彦，为褒国公段志玄之孙，段瓘之子。对研究隋唐时期著名的段氏家族提供新材料。004地块共发掘11座十六国时期墓葬，34座北朝时期墓，墓葬朝向均为东向，出土器物175件（组）。新发现的十六国时期墓

表 57　西安市全国重点文物保护单位一览表（58 处）

序号	名　称	时　代	性　质	公布批次及公布时间
1	半坡遗址	新石器时代	古遗址	第一批（1961-3-4）
2	丰镐遗址	西周	古遗址	第一批（1961-3-4）
3	阿房宫遗址	秦	古遗址	第一批（1961-3-4）
4	秦始皇陵	秦	古墓葬	第一批（1961-3-4）
5	西安碑林	汉—近代	石窟寺及石刻	第一批（1961-3-4）
6	汉长安城遗址	汉	古遗址	第一批（1961-3-4）
	兆伦铸钱遗址	汉	古遗址	
7	大明宫遗址	唐	古遗址	第一批（1961-3-4）
8	大雁塔	唐	古建筑	第一批（1961-3-4）
9	兴教寺塔（包括兴教寺其他建筑物）	唐	古建筑	第一批（1961-3-4）
10	小雁塔	唐	古建筑	第一批（1961-3-4）
11	西安城墙	明	古建筑	第一批（1961-3-4）
12	蓝田猿人遗址	旧石器时代	古遗址	第二批（1982-2-23）
13	西安事变旧址	1936 年	革命遗址及革命纪念建筑物	第二批（1982-2-23）
	张学良将军公馆	西安市碑林区		
	西安事变指挥部	西安市新城区		
	新城黄楼	西安市新城区		
	西京招待所	西安市新城区		
	杨虎城将军纪念馆	西安市莲湖区		
	高桂滋公馆	西安市碑林区		
	华清池五间厅	西安市临潼区		
14	杜陵	汉	古墓葬	第三批（1988-1-13）
15	西安清真寺	明	古建筑	第三批（1988-1-13）
16	八路军西安办事处旧址	1936—1946 年	革命遗址及革命纪念建筑物	第三批（1988-1-13）
17	灞桥遗址	隋—元	古遗址	第四批（1996-11-20）
18	隋大兴、唐长安城遗址（包括青龙寺遗址）	隋、唐	古遗址	第四批（1996-11-20）
19	姜寨遗址	新石器时代	古遗址	第四批（1996-11-20）
20	仙游寺法王塔	隋	古建筑	第四批（1996-11-20）
21	华清宫遗址	唐	古遗址	第四批（1996-11-20）
22	水陆庵	明	古建筑	第四批（1996-11-20）
23	西安钟楼、鼓楼	明	古建筑	第四批（1996-11-20）
24	公输堂	明	古建筑	第五批（2001-6-25）
25	康家遗址	新石器时代	古遗址	第五批（2001-6-25）
26	老牛坡遗址	新石器时代—商	古遗址	第五批（2001-6-25）
27	西汉帝陵（霸陵）江村大墓	西汉	古墓葬	第五批（2001-6-25）
28	栎阳城遗址	战国—汉	古遗址	第五批（2001-6-25）
29	香积寺善导塔	唐	古建筑	第五批（2001-6-25）
30	八云塔	唐	古建筑	第五批（2001-6-25）
31	东渭桥遗址	唐	古遗址	第五批（2001-6-25）
32	鸠摩罗什舍利塔	唐	古建筑	第五批（2001-6-25）
33	重阳宫祖庵碑林	元—清	石窟寺及石刻	第五批（2001-6-25）
34	西安城隍庙	明、清	古建筑	第五批（2001-6-25）
35	易俗社剧场	1917 年	近现代重要史迹及代表性建筑	第六批（2006-5-25）
36	明秦王墓	明	古墓葬	第六批（2006-5-25）

续表 57

序号	名 称	时 代	性 质	公布批次及公布时间
37	昭慧塔（高陵塔）	唐	古建筑	第六批（2006-5-25）
38	长安圣寿寺塔	唐	古建筑	第六批（2006-5-25）
39	长安华严寺塔	唐	古建筑	第六批（2006-5-25）
40	大秦寺塔	宋	古建筑	第六批（2006-5-25）
41	秦东陵	战国	古墓葬	第六批（2006-5-25）
42	西峪遗址	新石器时代、秦、汉	古遗址	第七批（2013-5-3）
43	鱼化寨遗址	新石器时代	古遗址	第七批（2013-5-3）
44	窦皇后陵	西汉	古墓葬	第七批（2013-5-3）
45	凤栖原西汉家族墓地	西汉	古墓葬	第七批（2013-5-3）
46	建章宫遗址	汉	古遗址	第七批（2013-5-3）
47	薄太后陵	汉	古墓葬	第七批（2013-5-3）
48	圜丘遗址	隋、唐	古遗址	第七批（2013-5-3）
49	蓝田吕氏家族墓地	北宋	古墓葬	第七批（2013-5-3）
50	敬德塔	北宋	古建筑	第七批（2013-5-3）
51	大学习巷清真寺	元—明	古建筑	第七批（2013-5-3）
52	杨官寨遗址	新石器时代	古遗址	第七批（2013-5-3）
53	二龙塔	唐	古建筑	第八批（2019-10-7）
54	户县化羊庙东岳献殿	元、清	古建筑	第八批（2019-10-7）
55	革命公园	1927 年	近现代重要史迹及代表性建筑	第八批（2019-10-7）
56	葛牌镇红 25 军军部旧址	1935 年	近现代重要史迹及代表性建筑	第八批（2019-10-7）
57	东马坊遗址	战国至西汉	古遗址	第八批（2019-10-7）
58	中渭桥遗址	秦至唐	古遗址	第八批（2019-10-7）

葬均为长斜坡墓道土洞墓，墓室放置陶俑、牛车、甲马等典型十六国时期器物；北朝墓葬均为长斜坡墓道，墓室近圆形，墓内葬多人，其中一座北朝时期土洞墓出土“太始”年号纪年砖。

该墓群具有完整围沟，内墓葬分布有序、排列整齐，有明显的规划布局。可能是北朝时期前所未见的大型族葬地或具有某类特殊身份人群的集中丧葬地。该墓群是北朝时期墓葬考古发现中所罕见的，对研究北朝时期的墓葬形制演变、墓地规划设置和相关祭祀制度及该时期人群构成、民族交汇融合具有重要意义。

【文物修复保护】 2022 年，西安市文物局完成可移动文物修复 253 件（组），建立保护修复档案 253 份。包括陶器 221 件（组）、砖志 14 件、青铜器 16 件、木器 4 件、玉器 1 件（组）、瓷器 2 件、金器 2 件、银器 1 件、铁器 1 件、铅器 1 件，文物涉及空港新城、华山厂、华润国际、航天十幼、东三爻安置小区等考古发掘工地。考古发掘现场文物保护，揭取保护壁画 5 处、21 平方米。完成考古发掘出土重要文物的现场保护和整体提取工作，包括空港新城、航天新城旧寨子、小雁塔历史文化片区改造项目花木公司地块、高新区比亚迪、地铁 8 号线等工地。

【革命文物】 2022 年，西安市新增 3 处不可移动革命文物，60 件（套）可移动革命文物，全市有不可移动革命文物 32 处，可移动革命文物 1248 件（套），其中国保 4 处，省保 14 处，市（县）4 处。实施蓝田特支革命旧址保护维修项目，完成杨虎城止园别墅旧址保护维修项目及工程验收工作，完成八路军西安办事处旧址 4 号院工字房保护维修工程。对杨虎城止园别墅等 8 处、11 个点位的不可移动革命文物进行日常监测。实施西安事变纪念馆基本展陈“历史的转折——西安事变史实陈列”提升改造工程。八路军西安办事处纪念馆推出革命文物精品展陈“团结的大会　胜利的大会——中国共产党第七次全国代表大会专题展”等。市文物局与延安革命纪念地管理局签订《革命文物保护利用协议》，举办全市大学生红色经典诵读比赛，全市 15 所高校、142 部作品近千名选手参赛。推出革命文物红色研学教育活动，打造“互联网 + 革命文物”线上、线下教育平台，全景式、立体式、延伸式展示宣传革命文物。

【文物执法与安全】 2022 年，西安市推进文物安全直接责任人公告公示制度落实，全年开展文物安全督察检查 200 余次，其中市文物局领导带队检查 30 余次，市文物局会同公安、消防等部门检查 20 余次；推进文物安全监管平台项目建设，完成《西安市文物安全突发事件应急预案》修编。市文物局联合公安部门开展“秦鹰—2022”全市打击防范文物违法犯罪专项行动、田野文物安全巡查联合行动。开展首届全市文物行政执法案卷评查活动，印发《重大文物行政执法决定法制审核规定（试行）》、重大执法决定法制审核目录清单，开展全市文物行政执法调研，组织各类执法培训 100 余人（次）。开展法治政府建设示范创建，印发《西安市文物局关于在公民中开展法治宣传教育的第 8 个五年规划（2021—2025 年）》。开展安全生产、消防安全、文物安全专项活动，法人违法治理 2 年行动。开展黄河流域生态环境问题整改工作、“今冬明春”火灾防控工作、安全生产消防安全大检查暨“防风险　除隐患　保平安　迎盛会”专项行动、“守护三秦”消防百日攻坚行动、“安全生产月”活动及汛期文物安全隐患排查与整治工作等。市文物局会同消

防部门研究市消防安全标准制定，联合印发《西安市博物馆和文物建筑消防安全标准化管理规则》。（刘佳琪）

非物质文化遗产保护

【概况】 2022年，西安市有国家级非物质文化遗产项目12项（其中1项为人类非物质文化遗产），详见表58，省级非物质文化遗产项目101项，市级非物质文化遗产项目229项；有国家级代表性传承人9人，省级代表性传承人72人，市级代表性传承人285人。13个区（县）建立区（县）级名录项目和代表性传承人名录，形成国家、省、市、区（县）四级名录体系。创建“关中文化（西安）生态保护实验区”，对有重要价值和鲜明特色的文化形态进行整体性保护，使纳入“关中文化生态保护区”的“非遗”项目和基础设施不断完善、功能日趋完备，推动全市非物质文化遗产的保护与传承工作高质量发展。

【国家级“非遗”项目保护评估】 2022年，西安市文化和旅游局根据《陕西省文化和旅游厅关于开展国家级非物质文化遗产代表性项目保护单位履职尽责情况评估和调整工作的通知》，组织相关区（县、开发区）文化和旅游行政部门开展国家级非物质文化遗产代表性项目保护单位履职尽责情况评估。按照文化和旅游部非物质文化遗产司的意见，反复修改和沟通并做出相应的情况说明，最终在相关区（县）审核并提出处理建议的基础上，市文旅局按照有关规定和程序对报送的8家国家级“非遗”代表性项目保护单位进行审核和评估，评估结果全部合格，建议保留项目保护单位资格。

【获得2022年省级以上“非遗”项目资金补助】 2022年，西安市文化和旅游局推荐蓝田普化水会音乐、眉户曲子2个国家级“非遗”代表性项目申报2022年度国家级非物质文化遗产代表性项目保护补助经费，经过最终评审，蓝田普化水会音乐和眉户曲子分别获得25万元和57万元的经费补助。推荐周至竹马、华夏财神故里祭祀活动等18个省级非物质文化遗产代表性项目申报2022年度省级非物质文化遗产代表性项目保护补助资金，经过最终评审，户县漆画、戏剧盔帽制作技艺等11个“非遗”代表性项目获得共计88万元的经费补助。

【第六批国家级“非遗”代表性传承人推荐】 2022年，西安市文化和旅游局按照文化和旅游部和省文旅厅关于开展第六批国家级非物质文化遗产代表性传承人推荐申报工作要求，经区（县）文化行政部门推荐，市文化和旅游局审核，同意推荐马松胜为国家级“非遗”项目楮皮纸制作技艺省级代表性传承人、吕晓亮为国家级“非遗”项目吕氏乡约乡仪省级代表性传承人，申报第六批国家级非物质文化遗产代表性传承人，上报陕西省文化和旅游厅审定。

【申报第七批省级“非遗”项目】 2022年，西安市文化和旅游局推荐37项“非遗”项目参加申报第七批省级非物质文化遗产代表性项目，经第七批省级非物质文化遗产代表性项目评审委员会审议，在全省12个市、区以及省直部门推荐申报的202个项目中，选出第七批省级非物质文化遗产代表性项目推荐项目95项，其中西安市“非遗”代表性项目21项。

表58　2022年西安市国家级非物质文化遗产项目一览表

序号	非物质文化遗产名称	级　别	入选批次
1	西安鼓乐	世界级、国家级	第一批
2	秦腔	国家级	第一批
3	蓝田普化水会音乐	国家级	第一批
4	楮皮纸制作技艺	国家级	第二批
5	户县曲子	国家级	第二批
6	中华老字号同盛祥牛羊肉泡馍制作技艺	国家级	第二批
7	牛郎织女传说	国家级	第二批
8	高陵洞箫艺术	国家级	第三批
9	民间信仰（迎城隍）民俗	国家级	第四批
10	马明仁膏药制作技艺	国家级	第四批
11	关中民居营造技艺	国家级	第五批
12	规约习俗（吕氏乡约乡仪）	国家级	第五批

【申请创建“关中文化（西安）生态保护实验区”】 2022年，西安市通过创建“关中文化（西安）生态保护实验区”，对有重要价值和鲜明特色的文化形态进行整体性保护，使纳入“关中文化生态保护区”的“非遗”项目和基础设施不断完善。创建申请已经省文旅厅批复同意。

【“非遗”项目展示】 2022年2月2—6日，西安市文化和旅游局主办的“云赏‘非遗’·匠心传艺”线上年文化展示活动举行。活动以网站、微信、微博、抖音等新媒体为载体，在线上用视频和图片展现精彩纷呈的“非遗”项目，通过“Hi元宇宙”平台为网友免费发放40000份“非遗”NFT数字艺术品，让“非遗”在数字技术支撑下焕发出新的活力。通过“非遗”数字文创艺术品发放、精彩直播、短视频、海报等形式，使观众在新春佳节线上欣赏“非遗”作品艺术。3月，市文旅局联合“西安鼓乐”项目保护单位省艺术研究院共同举办第十四届西安鼓乐艺术节活动。以“千年鼓乐　奏响长安”为主题，围绕“六大乐社独立展演、鼓乐新剧发布”两部分为核心，通过云上集合演出形式展开，通过西安发布、搜狐直播、陕西广电网络、国家文化公共云、中国移动、抖音、喜马拉雅等媒体向全国观众直播，参与人数200万人。

【“非遗”资源宣传与转化】 2022年，西安市文化和旅游局以“文化和自然遗产日”为契机，开展“非遗”展示活动。6月11日，“文化和自然遗产日”陕西省“非遗”购物节暨西安“非遗”宣传展示活动在市易俗社文化街区举行。现场集中展示陕西各市、县的30项“非遗”工坊及传统“非遗”类项目。线上精选10个传统“非遗”项目及乡村振兴产品进行视频推广，累计播放量8.3万次。制作H5互动小程序，拉近优秀传统文化与网友间的距离。邀请流量明星主播及“非遗”保护专家进行直播，直播观看总量106.1万人（次）。联合电商平台搭建线上推广专区进行销售，累计销售1500单。开展“寻‘非遗’踪迹，品‘非遗’成果”“话‘非遗’传承，赏匠心文化”“购‘非遗’好物，助乡村振兴”等线上活动，让老字号、传统工艺类、传统医药类等“非遗”项目代表性传承人入驻京东、淘宝、拼多多、东家等平台进行线上“非遗”产品销售，实现“非遗”资源转化。

（高　阳）

文化场馆

【概况】　2022年，西安市有公益性文化（群艺）馆14个，其中市级群艺馆1个、区（县）级文化馆13个；群众艺术馆2个；文化站185个，村（社区）综合性文化服务中心2797个，农村文化礼堂341个。全年组织文艺活动5628次。有公共图书馆15个，其中市级图书馆1个，区（县）级图书馆14个，“24小时社区自助图书馆”20个，图书馆藏量935.2万册件，书刊文献外借61.3万人（次）。有博物馆167个，全年举办展览614场，参观人数867万人（次）。市级图书馆新馆、美术馆——长安书院公共文化服务中心主体建成，中国国家版本馆西安分馆开馆。通过开展县域图书馆、文化馆总分馆制建设，建成图书馆总分馆制总馆13个，分馆（服务点）88个，文化馆总分馆制总馆13个，分馆（服务点）106个。

【中国国家版本馆西安分馆】　2022年7月30日，中国国家版本馆西安分馆开馆，是中国国家版本馆“一总三分”的分馆之一。坐落于西安市鄠邑区，总建筑面积8.25万平方米。收藏的版本达209万册，有数字资源160TB，核心功能为典藏、展示、研究和交流。结合陕西文化特色，设置2个展览。其中“赓续文脉　踔厉前行——中华文化经典版本展（西部篇）”展出以西部为主的中华文化经典版本1743种，“楮墨遗珍　万里同风——丝绸之路版本展”展出600种展示丝绸之路的展品。该馆按照全面覆盖、门类齐全、突出重点、体现特色的原则，重点典藏彰显中华优秀传统文化、革命文化和社会主义先进文化的各类出版物版本、印刷版本、特殊版本、数字版本和外国版本。

【西安图书馆】　2000年10月26日，西安图书馆成立，该馆位于西安市经济技术开发区，总占地面积3万平方米，建筑面积1.5万平方米。图书馆大楼内部有计算机网络管理、视频监控系统、闭路电视、语音、中央空调等完善的综合智能系统，是一所读者服务体系较为完善、各项服务功能基本完备的城市中心图书馆。全年365天开放，年到馆读者110万人（次）。有各类文献资源429万册（件），读者服务窗口27个、阅览座位1200余个。开办18个分馆，14个服务点，5个24小时自助图书馆。其中加入集群化信息管理平台的10个区（县）图书馆和分馆、服务点有10个，分别设立在社区、学校、机关等单位。

2022年7月30日，中国国家版本馆西安分馆举行开馆暨展览开幕式

（市文旅局　供图）

【西安市群众艺术馆】　1957年，西安市群众艺术馆成立，该馆位于西安市文艺北路197号。该馆总面积9130平方米，其中群众文化活动场所占地面积7300平方米左右。设立1000多平方米的“非遗”展出厅，展品达40大类上万件，是西北乃至全国收藏品种最多的“非遗”展馆之一。同时该馆汇集西安地区的民间艺术家及艺人1000多人。常年举办各类艺术培训，一大批艺术骨干从这里走向社会。在社会上产生广泛影响的活动有红五月音乐会、夏日广场文艺演出、社区文艺调演、惠民演出、安志顺打击乐团、《话说西安》百姓大讲堂、民族民间文化和“非遗”展演及“非遗”进校园等。“红五月音乐会”载入《中国音乐大词典》。2021年，该馆正式升级为国家级文化场馆。

【文化馆】　2022年，西安市有文化馆14个，其中高陵区文化馆、鄠邑区文化馆为国家级文化馆。

高陵区文化馆　1953年，高陵区文化馆成立，该馆位于高陵区文体路体育场内，是具有独立法人的公益性事业单位。集培训室、多功能小剧场、非物质文化遗产传习所、图书阅览室、公共文

2022 年 4 月 11 日，西安博物院"古都西安"二、三展厅开放
（西安博物院　供图）

化服务"110"4 个资源库、文化展厅（包括历史文化、非物质文化遗产、民间生活印迹、红色文化 4 大板块）于一体，为群众免费提供文化服务和活动、展览、培训场地。2021 年，该馆正式升级为国家级文化场馆。

鄠邑区文化馆　1950 年，鄠邑区文化馆成立，该馆主要承担群众文化活动业务指导、文艺活动组织、文化交流、"非遗"保护及基层文化建设等工作，面积 5750 平方米，全年免费开放。馆内展示鄠邑区国家、省、市级"非遗"保护项目 26 个，历史、近现代及当代人物 246 人，收藏鄠邑名人字画作品 106 幅。以区文化馆为中心，建立网点式区馆、镇站、村室三级联动模式，开展各项公共文化服务。2021 年，该馆正式升级为国家级文化场馆。

【西安博物院】　西安博物院位于西安市碑林区友谊西路 72 号，总占地面积 16 万平方米，建筑面积 1.6 万平方米，2007 年 5 月 18 日对外开放。由博物馆、唐荐福寺遗址、小雁塔 3 部分组成，是一座集文物收藏、科学研究、社会教育、园林休闲于一体的地方综合性博物馆。国家一级博物馆、全国 AAAA 级旅游景区、全国古籍重点保护单位、全国科普教育基地。2022 年，西安博物院策划展出原创性展览《花月醉雕鞍——大唐金乡县主展》，实施基本陈列展陈改造提升方案。完成"博物馆主体建筑照明""环境调控系统项目""博物馆玻璃幕墙维修项目""博物馆中央大厅石材地图改造项目"等方案编制，并通过专家论证。4 月 11 日，历经 5 个月提升改造的西安博物院基本陈列"古都西安"二、三展厅开放，1100 余件（组）西安博物院馆藏文物精品分多主题在 1300 平方米的展厅展出。5 月 18 日，十五周年特展"丝路琉光——从地中海到长安的古代玻璃艺术展"开幕。结合第 46 个国际博物馆日主题"博物馆的力量"，同步开展线上、线下联动纪念活动。西安博物院获"2022 年度西安智慧景区"称号，入选 2022 年度全国热搜博物馆百强榜单。

【西安美术馆】　西安美术馆位于西安南郊曲江文化新区核心地带，占地面积 1.7 万平方米，2009 年 9 月 28 日开馆。是陕西省、西安市重点文化产业建设项目，具有艺术作品展览、艺术研究、艺术品收藏、美术教育等功能。开馆以来，举办"方力钧——从符号到解析展览""1991 圣地亚哥中国美术创作研讨会二十周年回顾与展览""中国写实画派油画五周年特展"等 50 余场大型艺术展览，涉及国、油、版、雕、摄影、新媒体等各个艺术领域。2022 年 3 月，西安美术馆"冲决藩篱·星星世界"公共教育研究项目入选 2020—2021 年度全国美术馆优秀项目公示名单。　（李　黛）

群众文化

【概况】　2022 年，西安市开展"我为群众办实事"实践活动，举办西安市文化科技卫生"三下乡"，市、县"三下乡"成员单位组织 200 余名文艺工作者、医疗和科技专家，为农民群众开展文艺演出、农技咨询、科普展览、医疗义诊、普法宣传等服务活动，捐赠扶持项目、资金及物资价值累计近 7600 万元。举办"与时代同行，为人民抒怀"——纪念《在延安文艺座谈会上的讲话》发表 80 周年西安文艺界座谈会。举办第九届中国秦腔艺术节。组织全市党员干部集中观看话剧《共产党宣言》。新华书店曲江书城和嘉汇汉唐书城被中国书刊发行业协会主办的"首届全民阅读大会"评为"年度最美书店"。

截至年底，全市有音乐厅 2 座、剧院剧场 32 个、电影院 147 家、博物馆 134 座、实体书店 2300 多家、文艺院团 131 家，各级别文物保护单位 428 处，艺术表演团体 16 个。全年举办各类展会活动 256 场，其中举办国际性展会活动 24 场、全国性展会活动 87 场，参展、参会 155 万人（次）。（史　帆　高　阳）

【公共文化服务体系建设】　2022 年，西安市加强公共文化服务体系建设，长安书院项目建设加快推进，建成以西安图书馆、市群艺馆为核心，联通 13 个区（县）的公共图书馆、文化馆 2 个数字服务平台，碑林区图书馆、文化馆新馆进行主体施工，周至县图书馆和文化馆、莲湖区图书馆新馆主体已经建成。新城区、未央区入选第二批陕西省公共文化服务高质量发展示范区创建名单。新城区解放门街道、雁塔区等驾坡街道、高新区庞光街道、西咸新区渭城街道被命名为陕西省第二批公共文化服务高质量发展示范街道。全市有镇（街）文化站 184 个，村（社区）基层综合性文化服务中心 2797 个，建成农村文化礼堂 341 个，公共图书馆、文化馆覆盖率达到 100%，"三馆一站"免费开放达 100%。

【千场戏剧惠民演出】　2022 年，西安市文化和旅游局开展"戏曲进乡村"演出活动，上架文化惠民平台各类剧目 150 余部，组织惠民演出 1400 余场（次），发放"文化惠民卡"10000 张，组织各剧团编排秦腔、舞蹈、诗歌、群口快板、相声、小品等内容丰富的演出剧目，深入农村、企业、学校、集镇，将文化惠民活动送进千家万户。　（高　阳）

【公益电影放映】　2022 年，西安市组织实施全市农村电影放映工程，优化城乡放映点布局，规范放映流程，细化放映标准和规模，建立一套完整的电影公益放映标准体系。全年放映公益电影 34440 场，累计观影人数共 1421955 人（次），放映完成率达 100%。加大公共文化服务供给侧改革，在高陵区、鄠邑区、蓝田县、周至县等区（县）推广试点 20 个。10 月 28 日，《人民日报》（海外版）刊发"让农民看到更多好电影"，报道市农村电影放映经验。　（史　帆）

【"云享文化　健康过年"活动】　2022 年春节期间，西安市文化和旅游局组织开展"我们的中国梦"春联剪纸线

2022年4月23日，在第十六届“西安读书月”启动仪式上，小朋友们朗诵传统经典诗词 （尚洪涛 摄影）

上创作展示活动、“长安常安 为你歌唱”迎新年西安云上群众合唱音乐会、“西安最美领读人”云上好书推荐活动、“同心同声，你我同行”2022“长安诗会”云上展播、“云享文化·品味经典”西安文化名人名家新春线上大讲堂活动、“欢乐过大年 温暖在长安”2022年西安云上村晚、“走进云端 乐享文体”文体公益课堂等活动，活动采取线上直播、录播的形式进行，线上参与318万人（次）。

【第十六届“西安读书月”活动】 2022年4—5月，西安市文化和旅游局在全市公共图书馆开展第十六届“西安读书月”全民阅读系列活动共146项，以丰富市民群众的精神文化生活，培养“好读书、读好书”的良好习惯。

【2022红五月音乐会活动】 2022年，西安市文化和旅游局以“喜迎二十大 奋进新征程”为主题，组织各区（县、开发区）文旅部门层层动员，开展合唱、独唱、音乐诗朗诵和音乐公益课堂云授课、红色歌曲云联播、音乐作品云展播等表现形式的红五月音乐会活动近百场。区（县、开发区）合唱专场通过国家公共文化云、省公共文化云、西安文旅之声等平台进行广泛传播，线上参与300万余人。

【西安市第二届市民文化艺术季活动】 2022年9—11月，西安市文化和旅游局开展第二届市民文化艺术季系列活动。全市各区（县、开发区）同步开展，重点围绕“全民共舞·活力西安”“全民阅读·书香西安”“全民同唱·乐响西安”“多姿多彩·绘影西安”“文化共享·艺蕴西安”“美轮美奂·时尚西安”6大主题，策划推出20项重点活动，127项系列主题活动。活动启动仪式，通过西安文旅之声公众号、陕西公共文化云、西安广电网络（爱系列PPT）、新华社现场云、抖音、新浪新闻直播，总曝光量70.43万次。活动后续共有35家媒体报道。

【2022西安市群众广场舞大赛】 2022年，西安市广场舞大赛在各区（县）文旅局、西咸新区、各开发区文旅部门组织初赛、推荐的基础上，于9月底组织全市群众广场舞决赛，并通过现场录制的方式，在陕西公共文化、西安文旅之声公众号、爱奇艺、新浪微博、陕西广电融媒体“爱系列”App平台、原点新闻等平台进行视频云展播，累计观看人数计132万人（次）。 （高 阳）

文学艺术

【概况】 2022年，西安市一批优秀作品获奖。作家钟法权撰写的《张富清传》和陈仓撰写的《月光不是光》分获第八届鲁迅文学奖报告文学奖、散文杂文奖。阿莹长篇小说《长安》获第六届长篇小说年度金榜等奖项。长篇纪实文学作品《国家至上》获得第十六届精神文明建设“五个一工程”优秀作品奖。西安美术学院“家乡美：乡村振兴油画作品展”、西安音乐学院歌曲《托起梦想的太阳》小型剧（节）目和作品创作项目、西安交响乐团唐诗交响吟诵音乐会入选国家艺术基金年度资助项目传播交流推广项目。

艺术精品项目扶持。《郝家桥》等戏剧作品、《守护者》等影视作品、《路遥别传》等文艺类图书入选陕西省委宣传部《2022年度陕西省重大文化精品项目入选名单》。秦腔《守护者》《滚烫的年华》、原创音乐剧《山河无恙》等一批优秀舞台剧成功首演。儿童剧《遇见星海》、杂技剧《战魂：第三战队》入选国家艺术基金2022年度大型舞台剧和作品创作资助项目，话剧《红箭 红箭》、儿童剧《火印》《二十四个奶奶》等巡演入选国家艺术基金年度传播交流推广项目。

【文学作品创作出版】 2022年，西安文学创作出版不少新品力作。长篇童话《去贝加尔》、中篇小说集《丫丫的城》、长篇小说《五陵原风雨》等在太白文艺出版社出版。散文集《追影记》在陕西人民出版社出版。《大山深处的回响》在陕西旅游出版社出版。全媒体图书《诗中游长安》由西安出版社出版，以数字化和全媒体方式探索出版新途径。

【影视制作】 2022年，西安市影视作品取得丰富成果。电影《结伴前行》获得公映许可证，《回马破冰》通过国家电影局一审并获得龙标，《告别的年代》《一百五十秒》《秦岭山下土窑村》等完成制作，其中电影《一百五十秒》获第十六届青年电影展产业放映板块“创新制作”、微尘时代“微助力”和直接调色3项大奖。重大理论文献纪录片《红星耀陕甘》获陕西新闻奖电视专题一等奖。广播剧《北斗闪闪》《我家就在黄河岸》在央广播出，抗疫宣传片《爱的问候》、第九届中国秦腔艺术节宣传片《大秦正声》等作品获得社会广泛认可和好评。广播剧《黑色沃土》入选中宣部第十六届精神文明建设“五个一工程”作品。

【音乐】 2022年，西安市出台《西安推动原创音乐发展的八大措施》，先后举办“2022西安麦田音乐节”“2022年西安众神复活音乐节”“国潮音乐嘉年华·西安站”“首届西安石榴原创乐队音乐季”等多场音乐活动，加强“音乐之城”建设，助推西安本土原创音乐市场发展。“歌从黄河来”合唱音乐会在西安音乐厅举办，媒体直播总点击量超过114万次。西安交响乐团与中国爱乐乐团等联合上演《江山如画》系列交响音乐会。西安自创音乐IP“西安人的歌”系列作品，《西安人的歌——2022新春演唱会》《西安人的歌——我是青春》《西安人的歌·怎么一下就老了》《西安人的歌——一乐千年》等，在省市媒体及哔哩哔哩、优酷等多个平台播出，全网年度累计总传播量近30亿次。西安音乐学院创作《托起梦想的太阳》小型剧（节）目和作品创作项目、西安交响乐团唐诗交响吟诵音乐会入选国家艺术基金2022年度资助项目传播交流推广项目。

【戏曲舞蹈】 2022年，西安市有戏曲剧团10个，歌舞团、轻音乐团2个。创作出秦腔历史剧《昭君行》、现代剧《生命的绿洲》、舞台剧《一个人的考场》、大型交响组歌《伟大的征程》等戏曲舞蹈新作。举办“第九届中国秦腔艺术节”，西北33个剧团70余台秦腔在艺术节期间演出；举办第七届西安国际儿童戏剧展演和第十一届西安戏剧节等活动，推动戏剧事业发展。9月17日，大型新编秦腔历史剧《李白长安行》在中央电视台戏曲频道《九州大戏台》播出。在陕西省文联文艺“六进”志愿服务活动暨第九届小戏小品展演活动中，西安市戏剧家协会获49个奖项。

2022年，西安市舞蹈行业呈现出多元态势，专业舞蹈、民间舞蹈、群众舞蹈、少儿舞蹈各具特色。西安市艺术学校、西安小天鹅艺术团、群众艺术馆、青少年宫、区（县）文化馆等机构开展儿童舞蹈培训及演出活动。全年主要大型舞蹈剧有《醒狮》《李白》《昭君》等。10月4日晚，杨丽萍作品2022版舞剧《孔雀》西安站首演。12月9日，舞蹈诗剧《只此青绿》西安站开演，引发观看热潮。

【美术书法】 2022年，西安市开展各类美术书法活动、学术讲座、展览（包含各区（县）美协及各专委会）256次，参与人数53283人。义务书写春联10050副，美术作品28554幅，浏览点击量共计12万余次。开展5期“西安美协大讲堂”，线上、线下受众用户近万人。西安中国画院举办“喜迎二十大·丹青谱新篇”庆祝中国共产党成立101周年主题展览。第九届中国秦腔艺术节期间，西安中国画院组织“美术中的秦腔”主题展。全年美术书法协（学）会创作书画作品入选国家级展览赛事18人（次），入选省级展览赛事179人（次），入选市级展览赛事近千人（次）。西安市书法家协会先后举办“为人民服务 到群众中去——纪念延安文艺座谈会80周年书法作品网络展”等40余场展览赛事。

【贾平凹《秦岭记》出版】 2022年，贾平凹长篇笔记小说《秦岭记》由人民文学出版社出版。全书共有55个章节，由3大部分组成。第一部分《秦岭记》，由31个章节组成，以人格化的手法，赋予大秦岭的山石草木以灵性，通过它们讲述不同的故事。第二部分《秦岭记》外编一，由17个单独章节组成，主要讲述发生在大秦岭主峰太白山及其周边的世事。第三部分《秦岭记》外编二，收录作者7篇跟此小说主题相关的各自独立的旧作。

【6部作品上榜第十六届“五个一工程”入选作品名单】 2022年10月30日，中宣部第十六届精神文明建设“五个一工程”入选作品名单正式进入公示期，全国共97部作品入选，由西安市文艺单位创作出品、参与联合出品的电视剧《功勋》《装台》，话剧《路遥》，电影《柳青》《秀美人生》，广播剧《黑色沃土》6部作品分别入选特别奖和优秀作品奖公示名单，作品门类之广、入选数量之多，创下近年来全市文艺精品生产的最好成绩。 （李 黛）

【《国家至上》获第十六届“五个一工程”奖】 2022年，赵韦创作、陕西人民出版社出版的《国家至上》获中宣部第十六届精神文明建设“五个一工程”奖。该书以中国航天科技集团第四研究院成立60年发展历程为核心，讲述中国最大固体火箭发动机研制基地组建、发展、壮大过程，记录、反映中国科技工作者冲破技术封锁、攻克道道难关，自主研发“护国重器”的艰辛历程与辉煌成就。 （省志办）

【电影《长安·长安》西安杀青】 2022年6月，“一带一路”主题电影《长安·长安》在西安杀青。影片由国际知名导演、奥斯卡评委、奥斯卡最佳外语片提名奖获得者纳基斯·阿贝耶担任监制及编剧，国家一级导演张忠执导，知名媒体人史佳担任制片人，知名演员曹骏、陈思思、阿丽玛领衔主演，由中央广播电视总台国际在线联合西安港文体产业发展有限公司出品、陕西蝴蝶效应娱乐传媒有限公司承制。全片以《中伊25年全面合作协议》签订为大背景，以中欧班列“长安号”为载体，讲述留学生阿雅娜和中国青年桑加尔之间发生的一段感人至深的故事。

【《功勋》《装台》获中国电视金鹰奖“优秀电视剧奖”】 2023年11月6日，第31届中国电视金鹰奖颁奖典礼在长沙落幕，西安市文化影视单位创作出品、联合出品的电视剧《功勋》《装台》获得金鹰奖“优秀电视剧奖”，并成为国家广播电视总局“理想照耀中国——庆祝中国共产党成立100周年”展播活动剧目。《功勋》取材于首批8位“共和国勋章”获得者的真实故事。《装台》改编自第十届茅盾文学奖获得者、著名作家陈彦的同名小说。

【5部作品入围中国电视剧飞天奖】 2022年10月27日，第33届电视剧“飞天奖”正式公布入围名单，曲江文化产业集团下属公司共有《大秦赋》《大浪淘沙》《功勋》《装台》《理想之城》5部作品入围。《大秦赋》由曲江文化产业集团及旗下大秦帝国公司、上海腾讯企鹅影视文化传播有限公司出品。《功勋》由曲江文化产业集团旗下曲江影视集团联合出品。《大浪淘沙》由曲江文化产业集团旗下演员丫丫影视参与出品。《装台》由曲江文化产业集团旗下曲江影视集团联合霍尔果斯贰零壹陆影视传媒有限公司、西安电影制片厂有限公司等出品。《理想之城》由曲江文化产业集团旗下风投公司参与投拍。

【第九届中国秦腔艺术节】 2022年6月13—24日，第九届中国秦腔艺术节在西安举办，来自西北五省区的33个剧团集中演出70余场优秀剧目。秦腔经典剧《三滴血》作为开幕演出，此后，70余台秦腔大戏、3D秦腔电影《三滴血》在秦腔艺术节期间在各大剧场和影院上演。

2022年10月27日，电视剧《大秦赋》入围第33届电视剧“飞天奖”，图为《大秦赋》剧照 （西安日报社 供图）

2022 年 2 月 19 日，话剧《主角》在西安人民剧院首演。图为话剧《主角》剧照
（尚洪涛　摄影）

有 30 余位中国戏剧梅花奖得主精彩演出。通过戏曲名家“走进群众”、名团“走进校园”、名剧“走进影院”、秦腔艺术高峰论坛等系列活动，运用“传统艺术＋现代科技”手段、采用“线上＋线下”展演方式，全方位展示秦腔传承发展的丰硕成果。这届秦腔艺术节受到社会各界的广泛关注，中央、陕西省、西安市 43 家媒体对活动进行跟踪报道，全国 1400 万网友收看在线直播，活动美文的阅读点击量接近 2 亿次。

【第十一届西安戏剧节】　2022 年 2 月 21 日，第十一届西安戏剧节正式开幕，持续 3 个月。戏剧节以“不逐光，创造光”为主题，安排国内各类型优秀剧目 12 部，题材涉及地方人文、名著改编、悬疑惊悚、社会观察、剧场实验、剧院互动等多个类别。戏剧节展演剧目分为“先锋领地”“原力主场”“星河即望”“观潮远岸”四大单元，全方位彰显中国本土戏剧、原创戏剧强大的生命力。《让我牵着你的手》《哈姆雷特》《红与黑》《世界旦夕之间》《我是月亮》《枕头人》《白兔子红兔子》等高口碑剧作在陕西大剧院上演。

【话剧《主角》在西安人民剧院首演】　2022 年 2 月 19 日，话剧《主角》在西安人民剧院首演。该剧取材于作家陈彦的同名小说《主角》，讲述主人公忆秦娥随着改革开放的步伐，从配角成长为主角的曲折经历。该剧是继话剧《白鹿原》《平凡的世界》之后的一部现实主义作品，也是陕西人艺“茅奖三部曲”系列演出活动之一。先后入选文化和旅游部“庆祝中国共产党成立 100 周年舞台艺术精品创作工程重点扶持作品”“2021 年度陕西省重大文化精品项目”。

【原创秦腔历史剧《昭君行》首演】　2022 年 7 月 19 日，2022 年度陕西重大文化精品项目、西安易俗社大型原创秦腔历史剧《昭君行》在易俗大剧院正式首演。全剧分序幕、望月、出塞、求归、渡心和尾声共 6 幕，以铸牢中华民族共同体意识为主线，歌颂民族团结，展现“昭君精神”从历史走向未来，从延续民族文化血脉中汲取前进的力量。（李　黛）

新闻出版

【概况】　2022 年，西安市加强对新闻、出版、印刷、发行行业的监督管理。加强对报纸、期刊、内部资料性出版物的事中、事后监管。一批优秀书刊获得各类奖项。陕西科学技术出版社出版的“中国史前遗址博物馆”丛书（23 册）获得第五届中国出版政府奖图书奖提名奖，长安大学的《交通运输工程学报》获得期刊奖提名奖。一批优秀选题入选国家主题出版重点出版物。3 种选题入选中宣部公布的 2022 年主题出版重点出版物选题，分别是图书选题陕西人民出版社的“纪录小康工程”丛书和《守边》、音像电子出版物选题陕西科学技术出版社的《VR 视界——红色文化体验馆》。未来出版社出版的《揭秘超级工程》入选中宣部出版局等单位公布的 2022 年向全国青少年推荐百种优秀出版物名单。
（李　黛）

【图书期刊】　2022 年，西安地区 16 家图书出版单位共出版图书 14300 余种，其中新版 5769 种、再版重印 8558 种。出版一批宣传阐释中共创新理论，讴歌新时代的精品图书。《纪录小康工程省级丛书专项项目（陕西卷）》《守边》《西迁大先生》《VR 视界——红色文化体验馆》4 个项目入选中宣部主题出版重点出版物。《百年中国儿童戏剧文献资料汇编系列》《延安时期中国共产党自身建设经验研究》《继往开来谱新篇——迈向高质量发展的乡村振兴之路》等 38 种选题入选“十四五”时期国家重点出版专项规划。《守望家园——生物多样性保护我们在行动》《多卷本〈中华茶史〉》《铸魂——延安时期中国共产党意识形态建设的历史经验研究》等 16 个项目入选国家出版基金资助项目。《国家战略：延安脱贫的真正秘密》《河西走廊：西部神话与华夏源流》《丝绸之路上的体育交流与发展》《西京故事（插图本）》4 部图书入选丝路书香工程项目。《中国埙乐文化》《中国戏曲典藏：百年易俗社》《丝绸之路上的中国音乐文化》等 6 个项目入选中华民族音乐传承出版工程精品项目。《揭秘超级工程》入选中宣部出版局向全国青少年推荐百种优秀出版物。《延安干部团：到革命最需要的地方去》等 3 篇文章入选“期刊主题宣传好文章”。以口述史、纪实文学、党史人物传记、理论研究、文献整理汇编等红色图书为重点，先后出版《革命文物红色故事　延安延安》《百年党史　百年故事》《延安精神与新中国的辉煌》等主题出版物。策划出版《种业中国》《大儒张载》《诗词里的古都》《长安画派》等一批富有陕西地方特色的出版物。开展示范阅读活动 8000 多场（次），线上、线下吸引群众 3000 万余人（次）。

2022 年，西安地区公开发行期刊有 231 种，其中党政群部门主办 21 种，科研机构、高等学校主办 137 种，企事业单位主办 55 种，独立杂志社主办 18 种。《女友》《收藏》《美文》《新闻知识》等期刊深受读者欢迎。

【印刷发行监管】　2022 年，西安市开展“正道 2022”集中行动、“新风 2022”集中行动，清理危害青少年健康成长的淫秽色情、暴力恐怖等出版物及信息，共检查出版物市场、店档摊 430 个（次）。文化执法部门等职能部门联合开展行动 118 次，检查书画店（摊点）153 家、书画市场 20 次。侦办刑事案件 11 起，刑事拘留 37 人；行政案件 10 起，行政拘留 15 人。收缴非法出版物 1435 册，收缴各类非法宣传品 1.2 万余份。开展主题出版物及中小学重点教材教辅印装质量检测，抽检图书 547 个品种、1466 册，单个品种质量合格率为 99.15%，批质量均合格。受理内部资料准印证行政许可 265 件，不予许可 15 件，发出整改提示 29 次，查处违规编印内部资料案件

2 起。4702 家出版物发行单位参加年度核验，通过核验 4382 家，暂缓核验 33 家，不予核验 287 家。实现出版物销售总额 157.28 亿元，比上年增长 8.43%。

（省志办）

【媒体融合】 2022 年，西安市印发《关于加快推进媒体深度融合发展的工作方案》，多措并举支持主流媒体加快融合发展。推动西安广播电视台改版升级和主持人队伍建设，推动西安发布、原点新闻改版升级。建立媒体联动机制，打通宣传渠道，形成工作合力。开展“我们的新时代”短视频和摄影作品征集活动，浐灞生态区融媒体中心制作的抗疫原创歌曲 MV《和你在一起》获得由中宣部主办的 2022 年全国县级融媒体中心优秀作品春赛一等奖。 （史 帆）

【《西安日报》《西安晚报》改版】 2022 年，《西安日报》《西安晚报》改版。《西安日报》展现“大主题、大格局、大视角”，头版头条围绕西安市委、市政府中心工作，编发主题深度报道；版心采用构图思维清晰、冲击力强的“超屏”美图，展现全市重点工作成效。《西安晚报》突出“小切点、小角度、小细节”，以关注百姓的身边事、新鲜事、暖心事、逸闻趣事和身边“名人”为主，要闻报道民生化，监督报道常态化，文化和生活类内容本地化。 （周 颖）

【一批图书入选年度国家出版基金资助项目】 2022 年，西安市一批图书入选 2022 年度国家出版基金资助项目。这些图书有陕西人民出版社的红色主题出版选题《铸魂——延安时期中国共产党意识形态建设的历史经验研究》《陕甘宁边区农业农税史》、三秦出版社的中华优秀传统文化选题《丝路彩陶·河湟卷》《元稹研究文集·新编元稹考论》、未来出版社的少儿类选题《敦煌壁画中的儿童生活》、陕西科学技术出版社的生态环境保护类选题《守望家园——生物多样性保护我们在行动》、太白文艺出版社的《中国老腔艺术》、陕西师范大学出版总社的《中华茶史》《鄂尔多斯高原历史地理研究》、西北大学出版社的《海外中国哲学研究译丛》、第四军医大学出版社的医学类选题《航空医学临床与鉴定丛书》、西安出版社的秦岭生态类选题《大秦岭蝶类志卷》、西安地图出版社的《我为珠峰量身高——2020 珠峰高程测量亲历记》、西安交通大学出版社的《金属丝电爆炸物理及应用》、西北工业大学出版社的航空类选题《空天推进技术系列丛书（第一辑）》《现代制导火箭设计技术与工程》。西安交通大学出版社的《大数据驱动的机械系统智能故障诊断与预测》《代表流派》入选 2022 年度国家科学技术学术著作出版基金资助项目。 （李 黛）

【西安日报社】 2022 年，西安报业传媒集团（西安日报社）策划聚合直播 1563 场，制作海报、长图、H5 和各类专题图 2011 个（幅），制作、发布视频 1.51 万个。涌现“十万 +”稿件（含视频）3310 篇（条），“百万 +”稿件 517 篇（条），“千万 +”稿件 12 篇（条）。截至年底，集团（报社）有报、网、端、微、号 18 大类 56 个产品，覆盖受众 2025 万人。集团（报社）《“西安发布 App”3.0 建设》《智能音视频管理平台》案例入选“2022 年中国报业媒体融合‘用得好’案例库名录”。

主题宣传、成就宣传、典型宣传 开设专栏专题 172 个，发稿 18.6 万条，总阅读量 39.3 亿次。获得赵超构新闻奖 7 件，陕西新闻奖 15 件，西安新闻奖 36 件；1 人获得陕西省新闻优秀工作者，2 人获得西安市新闻优秀工作者。开设《全力以赴打赢疫情防控阻击战歼灭战》《疫情要防住 经济要稳住 发展要安全》《解读二十条》等专版专题，共发稿 6.49 万条，阅读量 16.8 亿次。

媒体深度融合改革发展 联络、走访基层单位 3071 家，采访报道基层单位、企业、个人 1100 多个，全平台发稿 6000 余条。策划推出“小圆带你看西安”“探寻西安特色书店”“春山新籁·第二季”等大型融媒报道活动，以及《西安发布厅》《贯彻落实市第十四次党代会精神·智囊团专家解读》等产品。年中推出视觉创新产品“iXI’AN”，用镜头抵近基层一线，以美图记录城市发展，摄影主题深度报道发布 13 期，刊发图片 170 余张、海报 40 幅，短视频 7 条。成立“西安·西安”新媒体工作室，以纯市民、纯生活、纯服务、纯市场为基本定位，打造西安最权威最便利的生活服务新媒体。优化升级“西安发布”App，西安发布微信公众号发稿 3476 篇，总阅读量达 1.57 亿次，粉丝量增长率达 33%，200 万余人。西安发布融媒矩阵粉丝 600 万余人，成为陕西地区最具影响力的政务媒体品牌。

强化舆论监督 做强《钟楼下·民生热线》品牌，加大报道力度和刊发频次，刊发 119 期 235 篇稿件，解决民生难题 76 件。采写编发《西安内参》，针对市民群众关注度较高的民生实事和城市建设管理问题，刊发稿件 9 期 55 篇，为政府和相关部门决策提供线索依据。

国际传播力建设 依托西安国际传播中心、西安城市文化传播工作室，向海内外推送西安重点新闻文图视频 1000 余条，访问量近 5 亿次。策划推出“虎年寻虎”“兵马俑文物大展”“全球美食在西安”等栏目和活动；组织留学生和国际友人走进国际港务区、百年易俗社、陕历博等体验参观。

内容审核机制 出台《关于集团记者岗位绩效考核指标的规定》《关于加强短视频内容建设的有关规定》等制度，动态优化全媒体质量考评体系。强化“三审三校”，实行“提级审核”“加频审核”，加强稿件的审核把关；开展“清风行动”“打假治敲”等专项行动。

创新内部管理 加强采编制度建设，优化全媒体质量考评体系，实现全媒体产品形态全覆盖，出台鼓励政策，基本形成全媒体内容生产回报机制。完善稿件考核评价体系，将各级新闻奖纳入采编质量绩效体系，鼓励多出精品。强化考核激励作用，构建“基本工资 + 月度绩效工资 + 年终绩效工资”的薪酬结构。

（周 颖）

广播影视

【概况】 2022 年，西安市影视作品在各地热播，新影视作品数量可观。《鸟语人》等 26 部影片在中央电视台六套黄金档播出，《闪亮的军号》等 8 部影片登陆全国院线。拍摄展现“一带一路”倡议后地区新变化的电影《长安·长安》。多部西安地区出品的广播剧在中央级媒体播出。广播剧《啊，延安》《达西村》《杏林春暖》《曙光曙光》《北斗闪闪》《只此青春向鲁艺》《石光银》《长征少年淬火记》《明灯》等在中央广播电视总台播出，《人大代表风采》《一个人的考场》《爱的火种》《北斗闪闪》《药王孙思邈》等在“学习强国”学习电台播出。电视剧《硬核时代》《空中突击》《天下同心》等主旋律作品陆续在央视等平台和各大卫视播出，电影《音乐家》在央视电影频道黄金时段播出，广播剧《黑色沃土》在央视广播电台播出。

出品的电影电视连续获奖。电影《中国乒乓》《远山花开》《以法之名》《山河无恙》4 部作品入选陕西省重大文化精品扶持项目。电视剧《功勋》《装台》、话剧《路遥》、电影《柳青》《秀美人生》、广播剧《黑色沃土》6 部作品获得中宣部第十六届精神文明建设“五个一工程”奖，电视剧《装台》《功勋》获第 33 届电视剧“飞天奖”优秀电视剧奖、第 31 届中国电视金鹰奖优秀电视剧奖。

（史 帆 李 黛）

【广播影视产业发展】 2022 年，西安市实施融媒体大运营中心制，聚合广播、电视、新媒体、地铁、移动电视等多种资源，深化“大屏小屏联动”融合营销。推出“融媒体传播服务方案”，打造《商务直播间》等一系列经济服务类融媒节目。做强“重大活动服务商”聚合营销。与央视合作推进《诗画中国》《灯火里的中国》等文化项目实施。完成第九届中国秦腔艺术节、首届中国飞盘联赛等10余项重大活动传播工作。成功承办秦创原2022西安国际创业大赛等10多场商务活动。启动“家乡的味道 西安广电线上年货节”活动，形成“新闻+政务服务商务”的运营模式。成功举办2022年媒体融合高质量发展交流会。提升对区（县、开发区）服务能力，形成《聚焦西咸》《魅力浐灞》《宜居西安》等一批反映西安发展的优质栏目。拓展合作空间，与中国建设银行、上海浦发银行等签订合作协议。加强与高校、科研院所、企事业单位合作，吸纳一批战略合作伙伴，与中国传媒大学合作共建实训基地项目顺利推进。完成城市形象资源共享平台“西安音视频资源中心”平台一期建设，形成直播、制作、播出于一体的产业化链条服务模式。

2022年4月29日，唐风市井生活街区“长安十二时辰”落户西安
（市文旅局 供图）

【构建全媒体传播体系】 2022年，西安市以筹建市级融媒体中心为契机，研究制定《西安广播电视台媒体融合发展方案》，改版升级“长安号”，深耕原点新闻，做强“学习强国”西安学习平台，推进传统媒体和新兴媒体在内容、渠道、平台、经营、管理等方面深度融合。建成融媒智汇中心，投用4K超高清演播室。改造完成已有总控、播出机房、上载机房及设备中心机房，完成7个高清频道和1个4K频道播出总控系统建设。原点新闻App发稿量达16万条（次），点击量8亿余次，下载量突破110万人（次），日均年注册用户量增长30%，总注册用户130万余户。“学习强国”西安学习平台累计发稿超3万条，被省学习平台采用8400多条，被中宣部总平台采用3200多条，总订阅数1500万余户，总浏览量近7亿次，各项数据综合评比位列全省地市级平台第1名。榴花直播重大活动70多场，通过人民日报、新华网、央视新闻等新媒体平台推送，累计流量18亿人（次）。

举办“2022西安石榴原创乐队音乐季”活动，推出“长安十二月”系列短视频文化项目，精心制作“长安十二时辰·唐风街区”活动。举办《终南诗赋》名家朗诵晚会。完成“西安因你而美 相约以歌”城市主题歌曲成果展示活动，助推丝路文化建设。举办《2022年丝路城市春晚》，晚会直播在线收看人数达到1.2亿人（次），总点击量近6亿人（次）。《丝路讲坛》《丝路书简》《手中的“一带一路”》等丝路文化精品节目热播。举办丝路频道5周年系列活动，启动“全媒体丝路行”大型融媒采风行活动。丝绸之路电影节、第九届中国秦腔艺术节在《新闻联播》《朝闻天下》播出。

（齐杨萍）

【电影放映】 2022年，西安市有电影放映单位276个，其中电影院147家、放映队152个。全年放映电影117.25万场，电影观众人数1164.67万人（次），电影票房收入38485万元。上映本市生产的院线影片4个。加强对电影行业纾困帮扶，争取中省专项补贴400.29万元；帮助企业推荐申报省级专资项目13个，争取资助资金190万元。市级专项资金对电影项目补助奖励397万元。

（李 黛）

【西安广播电视台】 2022年，西安广播电视台（集团）以迎接中共二十大召开、学习宣传贯彻中共二十大精神为主线，聚焦“着力做大正面宣传、做强广电产业、强化改革创新、打造文艺精品、深化媒体融合、守好意识形态阵地”6个方面重点工作。全年获得各类奖励和荣誉115项，其中国家级奖6项、中央媒体奖6项、省级奖32项。

宣传西安高质量发展新成就 全年开展“深入学习贯彻习近平总书记来陕考察重要讲话重要指示精神”“十九届六中全会”“喜迎党的二十大”“奋进新征程 建功新时代”“创文”等重大主题宣传260余项。开设“中国共产党人的精神谱系”“在习近平新时代中国特色社会主义思想指引下”等全媒体专栏、专题60余项。开展“足迹温暖的回响”“伟大变革西安巨变”主题报道及系列报道。理论宣讲融媒体节目《理论面对面》得到省委宣传部充分肯定。开设“谱写高质量发展新篇章”“推动九个方面重点工作”等专栏45个，组织重大活动宣传88项，摄制宣传片、汇报片、专题片10余部。《每日聚焦》播出232期，跟踪报道城市管理、民生保障等工作领域的难点、痛点、堵点，推动130个问题得到解决。每月拍摄1期城市精细化管理调度会专题片，制作《全市生态环境保护工作调度会专题片》6期，以内参形式督促解决问题。《党风政风热线》播出197期，以建设性舆论监督倒逼难题破解，推动中心工作落实。《你好 我的城》播出273期，成为百姓家门口的“微问政”，架起党和政府与人民群众的“连心桥”。《疫情防控 咱就应该这么做》特别节目播出185期。深耕原创评论《原点视评》和《西安网评》，其中50篇评论被人民网、新华网等新媒体平台转载。《感受浓浓年味 共享小康生活》《多项举措促就业创业 助力节后返岗复工》《第九届中国秦腔艺术节开幕》等9条新闻在《新闻联播》播出，全年在央视发稿62条。

节目全面改版 以4K超高清演播室建成投用为契机，全面推进新闻节目提质改版。《西安新闻》以全新视觉形象和更佳新闻报道赢得社会各界好评。对所有频率、频道改版提升，打造《原点早新闻》《原点午间报》《看西安》《新闻第一线》《西安新闻》《西安直播间》《晚间新闻》等7档新闻节目，提升栏目37个，新开设栏目27个。节目更新率接近30%，5个电视频道改版后节目时长增加到843分钟，提高52.7%。推出《12345》《生活向上》《商务直播间》等一批体现西安发展、关注百姓生活的民生节目和《书香长安》《西安故事》等一批文化特色鲜明的广播节目，打造《丝路文艺》

《电影全色彩》《范儿体育》《金秋生活》等特色栏目，精心排播《中流击水》《山海情》《长征》等一批优秀电视剧和电影。开办《区县时间》《区县联播》栏目。

（齐杨萍）

哲学社会科学

【概况】 2022年，西安市社会科学院（西安市社会科学界联合会、西安市丝绸之路经济带研究院）组织开展《乡村旅游业和乡村振兴融合发展情况调研报告》《新时代秦人精神研究》等8项院内重点课题研究，并分别形成研究报告。围绕全市九个方面重点工作，完成促进西安高质量发展的路径研究、“双碳”目标下西安市减排潜力及路径研究、“双循环”背景下金融支持西安市民营经济高质量发展的路径选择研究等20多项重点课题。进行汉长安城未央宫保护利用、三河一山绿道文化资源挖掘、文旅融合等多项课题研究，完成中国共产党精神谱系、国际化大都市、西安发展报告经济卷、社会卷、文化卷等书籍编撰工作。编发《领导参阅》8期、《西京论坛》6期；推送《西安智库》180篇。市社科院与省社科联、临潼区合作，完成《临潼社区党建引领作用研究》等5项课题研究。哲学社会科学研究成果等级评定工作顺利开展，有220项成果入选，评定一等奖30项、二等奖50项、三等奖140项。获年度“全国社科组织先进单位”和“陕西省先进社科联”称号。详见表59。

【社会科学新著】 2022年，西安市社会科学院（西安市社会科学界联合会、西安市丝绸之路经济带研究院）完成《西安发展研究丛书文化卷》《西安发展研究丛书经济卷》《西安发展研究丛书社会卷》《中国共产党人精神谱系》《西安在中国共产党人精神谱系中的实践与

表59　2022年西安市哲学社会科学研究成果等级评定入选成果（一等奖）一览表

序号	成果名称	成果形式	作　者	单　位
1	二程后学研究	著作	李敬峰	陕西师范大学
2	延安时期马克思主义与中华优秀传统文化的结合	论文	梁严冰	西安理工大学
3	可行能力视角下中国福利水平区域差异、动态演进与结构分解	论文	张文斌，王赟	西安财经大学
4	跨界共融的产业链与供应链双联动协调发展研究	论文	王静	西北政法大学
5	东哥特王国的罗马化	论文	马锋	西北大学
6	理解教学空间	论文	杨晓	陕西科技大学
7	投资职业教育能否促进农村劳动力增收——基于倾向得分匹配（PSM）的反事实估计	论文	祁占勇，谢金辰	陕西师范大学
8	地中海东部折返式研磨石器的初步研究	论文	李成	西北大学
9	法制视域中的国家治理现代化：内在逻辑与外在张力	著作	钱锦宇	西北政法大学
10	科技美术考古学的理论构建	论文	李杰	西安外国语大学
11	明代中期关陇作家群研究	著作	师海军	陕西师范大学
12	陕甘宁边区司法传统的认同研究	著作	潘怀平	西北大学
13	西安市志（1991—2010）	志书	西安市地方志编纂委员会	西安市地方志办公室
14	财政透明度、逆周期调控与政府债务规模	论文	马文涛，张朋	西安交通大学
15	唐代佛教官寺制度研究	著作	聂顺新	陕西师范大学
16	打造具有国际影响力的黄河文化旅游带报告	报告	张燕	陕西省社会科学院
17	丝绸之路经济带建设背景下西部内陆开放新体制研究	著作	马莉莉，黄光灿，等	西北大学
18	西安高新区建设硬科技创新示范区的路径研究	报告	刘颖，冯欢，杜涛，等	西安科技大学
19	古代墓志书法鉴赏	著作	于唯德，吴媛，雷雨	西安工业大学
20	农民工城市资本积累与融入城市能力研究	著作	孔祥利	陕西师范大学
21	中心城市绿色交通发展指数研究：以西安市为例	报告	刘兰剑（负责人）	长安大学
22	秦都邑宫苑研究	著作	徐卫民，刘幼臻	西北大学
23	文化街区媒介意义研究	著作	鲍海波，童妍	陕西师范大学
24	我国要素收入分配结构对经济增长量的影响及其调整对策研究	著作	钞小静	西北大学
25	超越《逻辑哲学论》“正统”之争的三条路径	论文	张学广	西北大学
26	历代关中诗歌辑注	著作	刘峰涛，朱慧玲，张倩，等	陕西师范大学
27	黄河几字弯地区文化协同发展研究	著作	吴峰，等	西安交通大学
28	西安市养老机构发展状况调研报告	报告	李从容，韩青，胡金荣	西安建筑科技大学
29	经济高质量发展法治保障研究	报告	刘蕾（负责人）	西北大学
30	美学与心理学视域中的晚年孙犁	著作	阎庆生	陕西师范大学

贡献》等研究任务。

《西安发展研究丛书经济卷》 西安市社会科学院经济学所编著，西安出版社出版发行。该书将西安开发区高质量发展作为研究重点，围绕西安开发区体制机制建设、创新驱动、科技赋能、对外开放、产业引领等重点领域进行分析研判。全书分为总报告、创新发展篇、特色产业篇、企业创新篇和营商环境篇5大板块，深入剖析现状，提出对策建议。

《西安发展研究丛书社会卷》 西安市社会科学院社会学所编著，西安出版社出版发行。该书总结回顾西安疫情防控的经验、做法，分析存在的不足和短板。从5个部分切入，分别是总报告、政府管理保障篇、基层社会治理篇、社会个体关怀篇、社会秩序恢复篇。

《西安发展研究丛书文化卷》 西安市社会科学院历史文化与旅游研究所编著，西安出版社出版发行。内容紧扣建设“世界人文之都”的宏伟愿景，聚焦西安文化建设与文化发展，从大文化概念入手，涵盖城市精神、文化旅游、文化产业、文化遗产保护、公共文化服务等多个方面，全书分为总报告、重点关注、专家论坛、部门采撷4个板块，解读文化发展面临的问题，为世界人文之都提出学理性阐释和行动方案。

《中国共产党人精神谱系》《西安在中国共产党人精神谱系中的实践与贡献》 西安市社会科学院（西安市社会科学界联合会、西安市丝绸之路经济带研究院）与西北大学合作，共同开展中国共产党精神谱系研究，推出《中国共产党人精神谱系》《西安在中国共产党人精神谱系中的实践与贡献》共25万字的成果。

【重点科研课题】 2022年，西安市社会科学院（西安市社会科学界联合会、西安市丝绸之路经济带研究院）组织开展8项院内重点课题研究，形成《乡村旅游业和乡村振兴融合发展情况调研报告》《新时代秦人精神研究》《双循环格局下西安开发区管理体制机制创新研究》《秦创原打造国际一流创新高地对策研究》《疫情防控常态化背景下的西安韧性城市建设研究》《国内疫情防控措施的经验与借鉴研究》《疫情防控背景下西安舆论引导能力提升研究》《疫情防控常态化背景下社区党建引领作用研究》等8篇研究报告。

市社科院与省社科联、临潼区合作，项目化运作打包新课题5项。完成《临潼社区党建引领作用研究》《临潼区乡村旅游业和乡村振兴融合发展情况调研报告》《渭北工业区改革创新赋能临潼高质量发展对策研究》《临潼韧性城市建设研究》等课题研究。与市委党史研究室联合发布关于《征集“党的百年奋斗重大成就和历史经验”研究成果的方案》，有104个课题获准立项。与市委统战部合作开展统战专项课题研究，有10个课题获准立项。与市法学会合作开展法学专项课题研究，立项7个课题。《关于我市数字经济发展情况的调查与思考》、《在蓝田辋川打造王维辋川别业文化区的建议》、《关于完善博物馆序列强化陕西文化影响力的建议》、“基层社区治理”系列课题等多项成果获市委领导批示肯定。

【社会科学规划基金课题】 2022年，西安市社会科学院（西安市社会科学界联合会、西安市丝绸之路经济带研究院）通过扩大平台、整合资源、凝聚属地社科研究力量，共发布课题指南116个，完成立项课题437项。研究涵盖经济学、管理学、法学、社会学、历史学、教育学等17个学科，重点研究事关西安经济社会发展的热点、难点问题。

《习近平总书记关于共同富裕重要论述及时代价值》 西安电子科技大学王凯主持项目。该研究项目主要包括：习近平总书记关于共同富裕的重要论述继承、丰富和发展马克思主义共同富裕理论，开拓中国特色社会主义政治经济学新境界。从理论价值看，这一重要论述标志着中国共产党对共同富裕的认识达到更高的理论高度，推进马克思主义共同富裕理论的中国化、时代化。从实践价值看，共同富裕是习近平经济思想指导下的伟大实践，回应中国特色社会主义新时代面临的重要理论和实践议题，为实现中华民族伟大复兴提供强大的精神动力和科学实践指引。从世界价值看，破解实现共同富裕中的世界性难题，弥补西方两极分化治理中实践效用不足的短板，为解决人类共同富裕问题提供中国智慧和中国方案。

《构建西安融媒体话语表达体系的路径研究》 陕西师范大学吴胜主持项目。该研究成果提出，要解决制约西安媒体融合深入发展的问题，要继续深化体制机制改革，全面推进“5G+4K+AI”战略，提高大数据系统综合应用水平，加强融合媒体经营运营建设，加速县级融媒体平台建设，不断加强内融外联互动共赢。

《疫情防控常态化背景下西安市大学生就业质量提升路径研究》 陕西科技大学张芸主持项目。该研究成果显示，后疫情时代高校毕业生就业呈现出的挑战表现在：严峻的就业形势增大大学生的就业压力；大学生求职观念与岗位供给有错位；用人单位的核心关注点发生迁移。并提出提升大学生就业质量的对策：宏观层面政府营造公平就业环境并建立大学生就业帮扶政策体系；中观层面高校加强大学生求职经济自主，强化就业指导，提升大学生就业能力；用人单位提供更多的实践锻炼平台，突出能力导向选人机制，建立公平合理的职位晋升机制，让有能力的毕业生得到提拔和重用，实现自身职业价值和社会价值。

《城市更新视域下西安城市文化建设市民参与研究》 陕西省社会科学院颜鹏主持。该研究成果提出，西安城市更新需要从单一的硬件设施改造向经济、社会、文化等多方面的城市综合发展转变，注重对城市多元文化内涵的挖掘，形成市民生活水平升级、人居环境改善、文化软实力提升的发展模式。推动城市更新要突出西安地方文化特色，注重打好西安文化这张牌，更多采用微改造这种“绣花”功夫，使得西安文明得以传承，文化得以延续，城市留下记忆，人们记住乡愁。

《“双循环”背景下金融支持西安市民营经济高质量发展的路径选择》 陕西师范大学吴炳辉主持。西安市在册市场主体类型主要分为个体工商户、内资企业、私营企业、外资企业和农民专业合作社5大类，其中民营企业主要包括个体工商户、私营企业和农民专业合作社3类。研究从普惠金融视角、互联网金融视角和金融科技视角分别提出相应的政策建议。就普惠金融而言，应倡导企业发展文化软实力、大力发展数字普惠金融、助力搭建普惠金融生态链和加强对普惠金融服务主客体的监管。就互联网金融方面，应发挥西安市金融创新的优势，适当降低金融业的准入门槛，加强企业间的互助合作并完善监管体系和法律法规。就金融科技方面，应加强金融政策的支持和引导，加大金融科技的监管力度。

《秦岭的中华文明价值研究》 西北大学曹振明主持。该研究成果提出，秦岭在中华文明的形成发展中占有举足轻重的地位，蕴藏着丰富深厚的中华文明价值。保护和彰显秦岭的中华文明丰富深厚价值、打造秦岭的中国和世界文化名山形象，应当围绕秦岭的“中华民族的祖脉”和“中华文化的重要象征”这一核心主题，综合利用好前期的宣传、机制完善、设施营造、文明发掘、遗产保护等多种措施，以科学的态度对待中华文明丰富多彩的内容。

【社科普及】 2022年，西安市社会科学院（西安市社会科学界联合会、西安市丝绸之路经济带研究院）召开“2022年度社会组织、社会组织党组织及社科普及基地负责人培训会”，由市时代新人宣讲团开展《殷殷嘱托记心间——感恩奋进谱新篇》主题宣讲活动，市委党校教授李清芳作《学习习近平总书记关于党的建设重要论述——加强社会组织党建工作》专题报告，并组织部分社会组织的党支部负责人交流基层党建工作经验。12月9日，召开“市民大讲堂——学习贯彻党的二十大精神专题培训班暨西安市马克思主义学院院长宣讲团宣讲报告会”，西安文理学院教授、马克思主义学院院长、市党的二十大精神宣讲团成员孟英作《全面建设社会主义现代化国家的政治宣言和行动纲领》专题报告，西安铁路职业技术学院马克思主义学院院长、教授，省、市党的二十大精神宣讲团成员景延鹏作《谱写新时代中国特色社会主义更加绚丽的华章》专题报告。围绕全市“六个打造”目标和九个方面重点工作，策划举办“家西安：人文之都”社会科学普及活动，通过自主申报、择优筛选，设立2022年度“家西安：人文之都”系列社科普及活动项目9项，举办“市民大讲堂”社科普及讲座24场。市社科院与市委宣传部、西安电视台等单位联合打造“市民大讲堂”创新形式，创办大型融媒体理论宣讲专栏《理论面对面》，深入区（县、开发区）、部门单位和企业，结合西安高质量发展实践案例开展理论宣讲，栏目形式新颖，受到广泛关注和好评。（李　莹）

档案管理

【概况】　2022年，西安市档案馆“两类档案”（脱贫攻坚档案和疫情防控档案）归集和红色档案资料目录采集，以及第十四届全国运动会档案接收整理取得重要进展。加快馆藏档案开放审核进程，档案开发成果向多层次、多形式、多系列转型，档案查询利用服务优化升级。馆藏档案门类和载体更加丰富。收集涉外婚姻档案757件，增加馆藏门类。截至年底，馆藏档案434个全宗，档案834042卷、896985件，照片档案31438张，数码照片155088张，录音录像档案1089小时，实物档案3776件，资料33015册，电子资料7.5吉字节。接收市第十四次党代会和2022年“市两会”视频（照片）档案41件、52件，接收党史学习教育档案2310件。制定《新冠肺炎疫情防控档案整理方案》，整理编目2020年征集进馆的疫情档案528件、照片档案150件、录像档案16件、实物档案4件、其他档案1175件。制定《票证档案整理方案》，整理馆藏票证档案6大类、3027张。征集中华版本资源图书3173件、音像制品和报纸杂志789件、地图2件。举办“喜迎二十大　档案颂辉煌——西安市红色藏品集萃展”，与国网西安供电公司联合举办“喜迎二十大　档案颂辉煌——赋能发展谱新章”专题展。对1991年形成满30年的档案共计106个全宗8583卷档案进行鉴定，依法依规向社会开放，主要包括城市建设规划、市政工程设施、公共事业、园林绿化、文物保护、环境卫生、财政、税收、金融等政策性文件。

【接收与征集】　2022年，西安市档案馆成立市级机关档案归档移交业务协作组，修订完善《西安市档案馆文书档案接收进馆质量标准与流程》。接收市委宣传部、市委党史办、市政府研究室、市秦岭生态保护局、“三中心”建设指挥部等5家单位电子档案6006件。其中电子文书档案5611件、照片38幅、视频357段。征集反映中华文明印记和陕西地方特色的书籍、音像、门票等各类版本资源2734件，完成馆藏票证档案整理6大类、3027张。

【档案服务利用】　2022年，西安市档案馆推进异地跨馆查询工作，接入全国档案查询利用服务平台，签订陕西省民生档案信息跨馆利用服务承诺书，与厦门市、青岛市等档案馆签订民生档案跨馆利用服务工作协议书，协助利用者完成与福州市、成都市、铜川市等档案馆的跨馆利用查询。修订《西安市档案馆档案利用办法》《西安市档案馆预约查档工作流程》。接待档案利用者4509人（次）、3749家单位，电话咨询2242人（次），提供档案共计9769卷、2324件；回复全国档案查询利用平台、陕西省政务服务网查档申请及咨询共152条，编写利用实例6篇，群众满意率在98%以上。

【档案展览与编辑研究】　2022年，西安市档案馆与市党史研究室合作，举办“新时代新辉煌——西安十年发展成就展”；与民间收藏家首次合作，举办“喜迎二十大　档案颂辉煌——西安市红色藏品集萃展”，展品由馆藏红色档案及8位民间收藏家个人收藏精品组成。与区（县）档案馆联合举办社区档案展览、户外宣传站巡展，用档案颂扬发展成就、服务家庭建档。与国网西安供电公司联合举办“喜迎二十大　档案颂辉煌——赋能发展谱新章”专题展。

编纂出版《建国后西安城墙保护档案史料汇编》《交通大学西迁档案史料选辑》，编印《民国时期筹建“西京陪都”的经过及影响》《习仲勋同志三次挽救和保护西安城墙》2期档案资政参考，完成拍摄《西安古城墙保护侧记》档案微纪录片，改版编印《西安档案》杂志4期。

【重点项目和重大活动档案接收整理】2022年，西安市档案馆完成“十四运”档案清点整理和数字化加工工作，整理编目中华人民共和国第十四届运动会市执委会文书档案永久20847件、定期30年407件，市迎“十四运”建设指挥部办公室文书档案永久2078件；文书档案数字化加工条目著录23811条、扫描图片256344页，整理照片71040张、音视频档案11180件。成立脱贫攻坚、疫情防控“两类档案”归集工作专班，共计接收疫情防控档案17762件、脱贫攻坚档案2663件；同时，接收党史学习教育专题档案2310件。完成整理2020年征集进馆的西安市各界在抗疫期间创作的诗词、书法、绘画等珍贵档案资料及实物，其中，艺术档案528件、照片档案150件、录像档案16件、实物档案4件、其他档案1175件。

【档案文献遗产申报】　2022年，西安市档案馆深挖馆藏资源，加强与高等院校合作，向省档案局申报16个项目，其中10个项目入选陕西省档案文献遗产项目库。西安市档案馆与西安交通大学联合申报的“交通大学西迁档案文献”，入选第五批中国档案文化遗产名录。

【红色档案资源体系建设】　2022年，西安市档案馆按照省档案局对红色档案资料目录数据采集上报工作要求，深挖馆藏红色档案、加强对区（县）档案馆的业务指导与审核工作，如期完成全市红色档案目录数据采集上报工作，共计采集上报红色档案资料目录4258条，其中文书3748条、照片497条、实物13条。（李正鹏）

【档案行业管理】　2022年，西安市档案局在全市一体化政务服务事项提升工作中，对承担的13个市级档案政务服务事项，完善审批流程配置，编写《政务服务事项进驻政务大厅收件指南》，制定印发《西安市档案政务服务事项受理审查标准》，办理政务服务事项109件，办结率100%，好评率100%；对市级机关、企事业单位及下属机构开展省级档案目标管理AAA级认证工作，审核9家，

2022 年 9 月 5 日，西安市档案馆开展档案法宣传，向群众发放宣传册和文创包
（闫　冬　摄影）

通过 2 家；组织 1 期档案业务工作线上培训、1 期会计档案管理培训班，合计 43 天、23 门课程、254 人参加；做好市增值税电子发票电子化报销、入账、归档试点工作，向省档案局推荐 5 家试点单位；组织全市档案人员职称申报工作，6 人评定中级职称、42 人评定初级职称；开展档案科研工作，推荐的 2 个档案科研项目被列入省 2022 年度档案科技项目计划，推荐的 1 人被列入省级档案专家库。

组织全市档案系统全面排查风险隐患，做实、做细档案安全工作；统计上报市 930 家档案机构档案事业统计调查数据，摸底采集市 40 家“老字号”企业档案工作基本信息；制作报送 16 个建设项目档案视频微课，审核推荐的 2 个科技年度档案科技项目被确定为省级科技立项项目；坚持月月督促、督办两类档案、中华人民共和国第十四届运动会档案归集工作以及区（县）档案馆新馆建设滞后等难点、堵点问题，每季督办各单位“十四五”规划重点任务完成情况并随机抽查。（石康桥）

【档案宣传教育】 2022 年，西安市档案局组织全市档案系统参加陕西省档案局“喜迎二十大　档案颂辉煌”主题征文活动，撰写征文 127 篇，1 篇获二等奖、1 篇获三等奖；组织参加“学习习近平总书记关于档案工作、历史学习与研究、文化遗产保护重要论述知识”答题活动，全市 2377 人参加答题；组织开展红色短视频征集活动，各级档案部门共制作 14 个红色档案故事短视频，分别在省、市新媒体平台展播；组织开展国际档案日宣传月活动，“6·9”国际档案日期间，各级档案馆开展各种形式的“喜迎二十大　档案颂辉煌”主题宣传活动。市档案局宣传工作获省档案局颁发的“组织奖”和“先进集体二等奖”，1 人获“先进个人”荣誉。

市档案馆在“西安档案”微信公众号和门户网站开设“礼赞二十大　兰台争先锋”专栏。印发《西安市档案馆“八五”法治宣传教育规划（2021—2025 年）》，明确普法宣传重点内容，优化档案普法工作措施；结合“6·9”国际档案日、“9·5”档案法颁布日等时机，在各区（县）档案馆、街办社区设立户外宣传站，开展档案法治宣传活动。以全景展示兰台人奋进新征程为主要内容，拍摄《领航》MV 视频，被“学习强国”学习平台选播，被市直属工作委员会评为短视频大赛二等奖。（石康桥　李正鹏）

【档案信息化建设】 2022 年，西安市档案馆先后调研灞桥、阎良、未央、莲湖区档案馆，推动实现 3 个区馆与市馆互联互通；开展以婚姻档案目录为突破口的全市民生档案馆际共享试点，接收整理 19 万余条婚姻档案目录。服务全市一体化政务平台建设，完成开放档案数据前置库迁移工作。发挥西安数字档案馆在全省的引领、辐射作用，选派 2 人协助延安市档案馆进行数字档案馆建设。（李正鹏）

党史研究

【概况】 2022 年，中共西安市委党史研究室发挥党史资政育人作用，推进党史学习教育常态化、长效化。编辑出版党史图书 6 册，开展党史“七进”宣讲、党史活动 50 多场次。策划并举办《新时代　新征程——西安十年发展成就展》，共展出 22 场（次），约 4 万人参观。深化中国特色社会主义时间段历史研究，编辑出版《〈中共中央关于党的百年奋斗重大成就和历史经验的决议〉研究成果集》。

【党史图书编辑出版】 2022 年，中共西安市委党史研究室服务全市常态化长效化党史学习教育，编辑出版 6 册党史图书。

《十四运在西安纪实》出版　该书记述中央、陕西省关于第十四届运动会的重大决策部署及其在西安的具体实践，展示西安贯彻落实习近平总书记“办一届精彩圆满的体育盛会”和“简约、安全、精彩”的指示精神，总结西安筹办全国性大型体育赛事、以“十四运”为契机提升城市品质的经验。全书 13 万字，12 月出版。

《“一五”时期西安建设发展纪实》出版　该书反映 1953 年到 1957 年，西安市完成对农业、手工业和资本主义工商业的社会主义改造，提前完成国民经济第一个五年计划，使得现代工业从无到有，蓬勃发展，迅速奠定现代经济基础，加速现代城市建设，成为新中国着手描绘“美丽西安”的缩影。全书 34 万字，12 月出版。

《历史见证——口述西安》（第六辑）出版　该书记述 20 世纪 70 年代初，在原铁道兵配属的建制中，一支由陕西省 1969、1970 届中学毕业生组成的学生连队，不穿军装，由铁道兵统一领导、指挥、调配，在襄渝线陕西段的建设中，发挥作用。他们为三线建设奉献的瑰丽青春，以及他们在襄渝线建设中展现的精神风貌，深刻诠释“爱国奉献、艰苦奋斗、团结协作、勇于创新”的三线精神。全书 12.4 万字，12 月出版。

《西安改革开放地标》出版　该书从 1978 年至 2012 年间西安市重大工程建设项目、重点机构单位、重要地理标志中选取 80 余处（个）具有代表性的标志物，通过图文并茂的形式，全方位、多视角、系统性地展现西安市委团结带领全市人民，解放思想、锐意改革、创新思路、大胆实践，在国民经济和社会发展方面取得的成就。全书 14 万字，12 月出版。

《三秦建设地标（西安卷）》出版　该书以建设年代的先后顺序，精心筛选社会主义革命和建设时期（1949—1978）最具代表性的 25 处建设地标，同时通过延伸拓展形式，详细介绍西安地区在社会主义革命和建设时期发生的重大事件、重大成就、典型人物等，以图文并茂、史料性和可读性相统一的形式

2022 年 10 月 9 日，党员干部参观“新时代 新辉煌——西安十年发展成就展”图片展 （赵 阳 摄影）

展现出西安社会主义建设的成就。全书 19.8 万字，12 月出版。

《西安执政纪事（2021 年卷）》出版 该书以执政党的工作为主线，以执政党的建设为重点，以执政党的决策、领导、活动为主要内容，对 2021 年中共西安市委作出的重大决策、重要会议、重大活动、特色亮点等资料进行收集和编辑，记录西安各级党组织在西安经济、政治、社会、科技、文教、城市建设等工作实践中所取得的经验和成就。全书 81 万字，12 月出版。

【党史编研】 2022 年，中共西安市委党史研究室深化中国特色社会主义时间段历史研究。根据中央和省委党史部门要求，继续对《中国共产党西安历史第三卷（1978—2012）》进行修改。立足工作实际，制定推动党史学习教育常态化长效化工作实施方案。联合市社科院（联），面向全市征集《中共中央关于党的百年奋斗重大成就和历史经验的决议》研究成果，收到成果 104 篇，并组织专家进行评审，评选出获奖名单，编辑出版《〈中共中央关于党的百年奋斗重大成就和历史经验的决议〉研究成果集》。

【党史宣传教育】 2022 年，西安市委党史研究室聚焦“西安党史”品牌建设、服务全市 9 个方面重点工作等开展党史宣教活动。推动“西安记忆”项目。在总占地 15.6 公顷、主馆 3.33 公顷、总建筑面积 29230 平方米的立体空间中，通过图文展板、文物实物、多媒体互动展项、场景复原、沉浸式体验等多种形式，展现 1921 年至 2021 年党带领西安人民谋幸福、谋发展的恢宏画卷。采取市区同步、线下线上展出的形式，举办《新时代 新征程——西安十年发展成就展》。图片展以“五位一体”为脉络，划分 6 大板块，全面反映自十八大以来，市委、市政府带领全市人民在经济、政治、文化、社会、生态文明 5 个方面取得的建设成就和宝贵经验。一共展出 22 场（次），约 4 万人参观。在“古都先锋”“西安党史”微信公众号、“学习强国”西安学习平台、“西安党史网”进行线上展览。推动党史“七进”工作，全年进机关、进学校、进农村、进社区、进企业、进军营宣讲 36 场。拓宽网络载体，构建“一站一刊一号”宣传格局。开通“西安党史网”，开展“西安党史”微信公众号宣传工作。《西安党史（双月刊）》期刊出版发行 6 期，累计印刷 6000 册；公众号发布 32 期，118 篇文章。多篇文章、信息被陕西党史网、“古都先锋”微信平台、“学习强国”西安学习平台及总台采纳。

【革命遗址保护及党史教育基地建设】 2022 年，西安市委党史研究室加大对市级党史教育基地业务指导，先后前往蓝田县孟村镇、葛牌镇，长安区长柞工委纪念馆等地，调研红色资源保护利用情况。审批交大西迁博物馆、西北民大旧址博物馆 2 处市级党史教育基地，并推荐为省级党史教育基地。

【区（县）党史工作指导】 2022 年，中共西安市委党史研究室指导区（县）三卷和开发区史的编写工作，组织开展党史基本著作业务培训。4 月，召开全市党史主任工作会。12 月，召开全市党史干部学习党的二十大精神及党史业务培训会。审核《为和平而来——公谊救护队援华史实展》《宋庆龄与八路军驻陕办事处史实展》《杨虎城将军生平陈列大纲》等 9 个展陈大纲。开展全市中小学党史辅导员指导工作，通过举办专题培训会、赠送党史图书、举办展览等形式，推动党史进校园活动。（张金海）

地方志工作

【概况】 2022 年，西安市地方志系统统筹推进志鉴史核心工作，做好第二轮修志工作总结，谋划第三轮修志工作。加强区（县）地方志工作指导，开展地方志工作专题调研和业务培训，做好三轮修志试点工作。推进年鉴精品工程，完成《西安年鉴（2022）》《西安概览》编纂出版。加大出版、地情资源开发和网络信息化建设，提升地方志工作水平。《西安市志（1991—2010）》获评 2022 年度西安市哲学社会科学研究成果一等奖；多卷本《西安市志（1991—2010）》（卷一总类、卷二基础设施、卷五政治军事、卷七科教文卫）在省志办组织第二轮志书质量评定中，被确定为志书质量优秀成果。

【市志编纂】 2022 年，西安市地方志办公室在二轮修志全面结束，三轮修志工作尚未启动阶段，开展《西安简志》《〈西安市志（1991—2010）〉导读册》编纂工作。《西安简志》规划成书 80 万字，以两轮《西安市志》为蓝本，采用篇章条目体结构，设置总述、地理、都市建设、政治、经济、文化旅游、科教卫体、社会、人物 9 个大篇，下设章节，简要反映上至事物发端、下限至 2020 年之间西安域内（含古代西安及西咸新区）自然、政治、经济、文化、社会的历史与现状，3 月启动，年内完成篇目框架设计及资料收集任务，进入初稿编纂阶段。9 月，《〈西安市志（1991—2010）〉导读册》及志书电子版印制完成并交付使用。此书提取二轮市志的凡例、序言、目录及部分彩页，浓缩二轮志书内容，概括展示西安世纪之交 20 年的发展脉络，为阅读者提供导引。电子版志书与纸质书内容同步，以卡式存储盘随导读册附送，阅读、检索功能完善，携带方便。

【区（县）地方志工作指导】 2022 年，西安市地方志办公室加强对区（县）地方志工作指导。先后组织市区（县）两级参与调研座谈近百人次，形成分区调研报告 13 篇、综合性报告 1 篇。就机构设置和人员配备等与相关区（县）领导沟通协调，灞桥、雁塔、鄠邑、阎良 4

个区分别健全机构设置，加强人员配备。围绕乡镇志、村志编纂要求、工作流程、保障措施等方面，出台《西安市镇（街道）志、村（社区）志编纂指导性意见（征求意见稿）》，印发至各区（县）地方志工作机构。推广长安区村史馆、社区文化馆建设经验，指导阎良区、高陵区推进村落文化红色基因建设。截至年底，各区（县）已建设村史馆、社区文化馆85个。市村史馆建设项目获市宣传思想文化工作创新项目二等奖。

【年鉴编纂】 2022年，西安市地方志办公室加强市级综合年鉴编纂和区县综合年鉴编纂指导工作。完成《西安年鉴（2022）》出版任务。遵循知识性、实用性和精要性原则，编写《西安市地方综合年鉴编纂实用手册》。督促、指导各区（县）启动综合年鉴编纂工作，并为部分区（县）协调解决印刷出版经费和书号。录制《谈年鉴优化篇目设计》《年鉴大事记编写》等操作性较强的年鉴培训视频，组织编纂人员开展线上培训交流。坚持质量与进度并行，指导各区（县）制定综合年鉴编纂实施方案，细化任务、压实责任、落实进度。审阅新城、阎良、周至、鄠邑、碑林、高陵等区（县）年鉴。13个区（县）全部完成2022卷综合年鉴编纂。

《西安年鉴（2022）》出版 12月，西安市人民政府主办、西安市地方志编纂委员会编纂的《西安年鉴（2022）》，由世界图书出版西安有限公司出版。该卷年鉴为总第30卷，主编王鹰。全卷计有类目35个、分目181个、二级分目2个、条目1556个，共150万字，32面彩页。该卷突出记述西安市学习中共十九届六中全会精神、贯彻习近平总书记来陕考察重要讲话精神、举办全国“十四运”等内容，彰显西安年度特色。

《碑林年鉴（2022）》出版 12月，碑林区人民政府主办、碑林区地方志编纂委员会编纂的《碑林年鉴（2022）》由世界图书出版西安有限公司出版。主编聂新华。该卷年鉴设21个类目、150个分目、827个条目，收录152幅图片、31张表格。卷首专题图片设重要会议、区级主要领导工作剪影、建党100周年、疫情防控、“十四运”保障工作、精准扶贫、城区改造、社会治理、社会民生，卷末附人物、辖区学校选录、驻地单位选录、辖区医院选录、附录、文摘、索引。全书63万字。

《未央年鉴（2022）》出版 12月，未央区人民政府主办、未央区地方志办公室编纂的《未央年鉴（2022）》由陕西新华出版传媒集团三秦出版社出版。主编沈桂红。该卷年鉴设24个类目、127个分目、785个条目、6个子目，收录65幅图片、17张表格。卷首专题图片设区政区图、数字未央、荣耀未央、合力共建首善区、礼赞建党百年、服务精彩全运、力促改革创新、驱动产业升级、持续改善民生、共创宜居环境、寻找村落记忆、编辑说明12个板块、71张图片，卷首设目录、英文目录。卷末附附录、索引。全书45.6万字。

《灞桥年鉴（2022）》出版 10月，由灞桥区人民政府主办、灞桥区志办编纂的《灞桥年鉴（2022）》由西安出版社出版。主编史昌孙。该卷年鉴采用分类编辑法，大部分栏目设“类目—分目—条目”三个层次，设31个类目、169个分目、955个条目，收录266幅图片、63张表格。卷首专题图片设荣誉灞桥、数字灞桥、年度热词、新冠疫情防控、脱贫攻坚、聚焦“十四运”、“三河一山”灞桥段建设剪影、文化体育旅游、灞桥印象、活力灞桥、社区文化教育、美丽乡村建设共12个专题。卷末附人物、新任区级领导、先进人物、抗疫先进人物事迹材料、逝世人物。全书73万字。

《新城年鉴（2022）》出版 12月，新城区人民政府主办、新城区人民政府办公室编纂的《新城年鉴（2022）》由世界图书出版西安有限公司出版。主编杨向曦。该卷年鉴设76个类目、32个分目、822个条目，收录116幅图片、24张表格。卷首专题图片设荣耀新城、数字新城、民生、新冠疫情防控、迎“十四运”、城乡建设、军事、建党100周年、科教文卫、重要会议等。卷末附辖区学校选录、驻地单位选录、社区简介、统计公报、文件选目、文件选录、调研成果、索引。全书57万字。

【地情资料开发】 2022年，西安市地方志办公室全年刊发《西安地方志》6期，共184篇稿件，计30余万字。围绕服务乡村振兴，调整栏目设置，在“西安村落”板块介绍市村史馆建设。“学习强国”学习平台转发和引用“非物质文化遗产”“西安风情”栏目《白鹿原泥叫叫》《秦镇米皮制作技艺》等多篇文章，浏览量超100万次。制作12集《“志”说西安这十年》系列短视频，分为数字说西安、图片看西安、大事看西安、专文看西安、人物说西安等大类，共12集，每集时长3～5分钟。在“西安网”“原点新闻”“新浪微博”“今日头条”“悦鉴西安”等网络平台推出后，累计访问量超百万次，得到省市相关领导肯定，所形成的研究报告被省方志办在全省推广。

【地情信息化建设】 2022年，西安市地方志办公室门户网站全面改版。网站首页开辟“学思践悟十九大”“学党史 悟思想 办实事 开新局”“党的十九届六中全会精神”等专题专栏，门户网站累计更新信息918条。“悦鉴西安”微信公众号开辟“区（县）地方志工作巡礼”“西安文脉述略”“西安概览（2022）”“‘志’说西安这十年”专栏，更新“名家志评”“讲好西安故事”“党史学习教育”“《西安市志》党史人物”专栏，运维累计更新信息778篇。推进方志图书资源数字化工作，数字化上传网页版（PDF版）《西安年鉴（2021）》、西安市志（1991—2010）一至八卷和二轮《周至县志》《未央区志》《临潼区志》等区（县）志书和《西安文脉述略》《西安概览（2022）》等地情资料书籍以及《西安地方志》（6期）期刊，总字数1430万字。

2022年，西安市地方志办公室制作12集《“志”说西安这十年》系列短视频，累计访问量超100万次 （市志办 供图）

【"读志用志"系列活动】 2022年，西安市地方志办公室通过开展宣传推广活动、开发多元化方志文化产品、启动志书"六进"（进企业、进农村、进社区、进机关、进学校、进军营）活动等多种形式，开展"读志用志"活动。全面总结二轮修志工作经验，在陕西省、西安市刊物陆续刊登《西安市志（1991—2010）》书评稿件和宣传文章。《西安地方志》开专栏，选登书评4篇；《西安日报》刊登商子雍市志书评《一段西安历史时空的珍贵记录》。向全市公共图书馆捐赠志书，捐赠范围覆盖全市13个区（县）图书馆、市图书馆以及咸阳、商州图书馆。先后到周至县图书馆、阎良区关山镇文体活动中心、党建帮扶社区永松路社区、西北大学长安校区、武警陕西总队某部、西安庆华公司开展送志书及"读志用志"宣传活动。全年发放《西安市志（1991—2010）》140套1120册。4月23日至5月22日，临潼区举办第十六届"西安读书月"暨"4•23"世界读书日评选活动，140组选手参与直播海选，线上观看近20万人（次）。

【《西安概览（2022）》编纂出版】 2022年10月，西安市地方志办公室编纂的《西安概览（2022）》由三秦出版社出版发行。全书分为"魅力西安""现代西安""活力西安""人文西安""愿景西安"5个部分，共1.5万字，配有图片190张，图文并茂、以图为主，选用大量生动鲜活的精彩图照，真实、客观地反映全市围绕"六个打造"，推进九个方面重点工作的务实举措、最新进展和美好前景。

【明隆庆《蓝田县志》（校注本）出版】 2022年10月，由蓝田县地方志办公室组织整理的明隆庆《蓝田县志》（校注本）出版。明隆庆《蓝田县志》由明代监察御史李东编次，蓝田县主簿李玉刊刻，隆庆五年（1571）刊印。全志分上、下2册，共4篇。第一篇治局，含沿革、疆域、山川、建置、祠墓、古迹；第二篇治则，含田赋、户口、物产、礼制、乡约、县俗；第三篇治人，含官师、人物、选举、封爵、隐逸、贞烈；第四篇治迹，含文章、诗赋。整理者在基本保持原志风貌体式的前提下，将繁体字和异体字改为简体字，将原直排版改为横排版，断句加标点符号，生僻处加注释、注解。对原志中比较明显的错误之处，采用"按"的方式添加说明。

【《关中方言词汇与谚语集》】 2022年，西安市地方志办公室组织编纂《关中方言词汇与谚语集》。该书由李云青、李正德编著。内容分为方言、歇后语、谚语、歌谣4部分，共收入条目7000余条。其中，方言类4300余条、歇后语800余条、谚语1500余条、歌谣300余条，地域范围包括西安、铜川、宝鸡、咸阳、渭南及其下属48个县（区、市）。体例完备，收集齐全，被相关学者评价为"具有极其重要的现实意义和很高的学术价值"。年底已完成稿件编辑工作。

【获"坚定文化自信 讲好陕西故事"活动决赛一等奖】 2022年9月27日，由陕西省地方志办公室、陕西省电视台举办的第三届"坚定文化自信 讲好陕西故事"决赛在西安举行。西安市地方志办公室选送、陕西师范大学教师马义泽讲述的参赛作品《她以学问问黄河》获一等奖。《她以学问问黄河》讲述把论文写在中国大地上的"治黄人"——全国人大代表、陕西师范大学教授方兰的先进事迹和感人故事，讴歌为黄河流域水治理和生态保护不懈奋斗的知识分子爱国奋斗精神和拳拳爱乡之情。

【西安市地方志办与西安文理学院签订校政战略合作协议】 2022年12月14日，西安市地方志办公室与西安文理学院签订校政战略合作协议，"西安地方志人才培训基地"在西安文理学院揭牌。市地方志办向学校赠送《西安市志》及地情资料书籍，双方在人才培养、科研合作及培训服务等方面达成合作意向。

（雷开朕）

2022年6月27日，市地方志办到西北大学长安校区图书馆开展志书进学校活动
（市志办 供图）

文化产业

【概况】 2022年，西安市有规模以上文化产业单位730个。其中，文化制造业37个；文化批发和零售业101个；文化服务业592个。规模以上文化产业营业收入717.59亿元，营业利润18.17亿元。营业收入前两位的文化行业分别是创意设计服务（营业收入173.57亿元）和文化传播渠道（营业收入150.04亿元）。共申请省级文化产业发展专项资金2080万元，兑现市级文化产业发展专项资金9396.5万元，奖励文化企业233个，扶持文化产业项目49个。举办"文创点亮生活"2021西安市优秀文创成果展示交流活动，评选认定市级优秀文创产品60件（套）、文创示范店40家。互联网广告服务、游戏数字内容服务、互联网文化娱乐平台等数字化文化产业实现较快增长，增速均超30%以上。全市规上文化企业净增39个，总数达到733家。易点天下、荣信文化2家文化企业在国内主板上市，全市在国内主板上市文化企业达到7家。曲江文化产业投资集团连续10年入选"全国文化企业30强"。在为期3年的陕西省文化产业"十百千"工程中，全省10家领军型文化企业西安市入选7家、100家骨干型文化企业西安市入选36家、1000家高成长型文化企业中西安市有165家。曲江新区国家级文化产业示范区、高新区国家数字出版基地、经开区国家印包基地、国际港务区国家广告产业园等14家"国字号"园区基地聚集效应明显。

西安市文化和旅游局开展"文旅政策进万企"宣传服务月系列活动，宣讲服务业普惠性政策和文旅行业专项政策，帮助文旅企业应知尽知、应享尽享。贯彻国务院“两稳一保”部署要求和市政府扎实稳住经济一揽子政策措施，制定《西安市文化旅游体育产业稳增长促消费十二条措施》，提振文旅市场发展信心。（高 阳 史 帆）

【金融支持文化发展】 2022年，西安市统筹安排资金8972万元，支持公共图书馆、文化馆等公共文化服务设施建设；安排3.8亿元优先支持开元剧场项目建设，着力提高城市文化品位。全年拨付资金2084万元，保障公益性电影放映、支持千场戏剧惠民演出、文化惠民卡发放等文化惠民活动。拨付资金3400万元用于推进公立图书馆、文化馆、博物馆、纪念馆免费开放；拨付市级非国有和行业博物馆事业发展专项资金1104万元，比上年增长10.4%，支持全市45家非国有博物馆和行业博物馆建设运营，打造博物馆之城。拨付市级文化产业发展专项资金2亿元、市级旅游发展专项资金1亿元，支持全市文旅融合发展，培育市场主体。拨付各类文物保护资金9748万元，比上年增长5%。（严嘉恒）

【提振文化产业消费】 2022年，西安市文化和旅游局发展沉浸式文旅体验，增强“长安十二时辰”“密城·白鹿原”“寻梦·芙蓉里”《大剧院：折叠层》等沉浸式项目的科技感、时尚感和吸引力。发展露营经济，实施“西安露营品牌扶持计划”，丰富公园“露营+飞盘”“农场露营+萌宠”“野奢露营+团建”“房车露营+灯光秀”等业态，引领休闲新风尚。发展数字藏品，抢抓区块链、元宇宙新风口，多维度挖掘文旅资源价值，满足时尚消费需求。串联旅游景区、文化街区、文创园区、特色社区，延长旅游产业链、消费链。以国家级、省级夜间文旅消费聚集区为重点，联动老钢厂、大华·1935、老菜场、烟火巷子等板块，优化提升夜宴、夜游、夜购、夜娱、夜宿、夜演等消费场景，做精西安夜游经济。

【文旅产业融合】 2022年，西安市深化文化和旅游跨产业融合，推动曲江电竞产业园、西安曲江文创中心、陕西广播电视发展基地项目等电子竞技、文化创意、文创中心、融媒体产业项目，健全文化产业体系。引导“文旅+”“+文旅”双向驱动，推动文化旅游与商务、体育、农业等多元融合。西安欢乐谷·玛雅海滩项目建成开放，累计接待游客86万人（次）。建成投用的曲江竞技中心，举办第九届丝绸之路国际电影节开幕式。推进西安融创冰雪世界、丝路欢乐世界等多行业融合项目，打造文旅融合的新业态。（高 阳）

【演艺业】 2022年，西安市有艺术表演团体机构16个。其中，话剧、儿童剧、滑稽剧团2个；歌舞团、轻音乐团2个；戏曲剧团10个；曲、杂、木、皮团2个。有艺术表演场馆15个，全年创作首映剧目27个。艺术表演团体演出2900场，全部为国内演出，观众2049.3万人（次）。话剧《主角》、秦腔历史剧《昭君行》、舞台剧《一个人的考场》等新作登上舞台，推动西安演艺事业发展。《姚启胜》《生命册》《遇见星海》《战魂：第三梯队》等优秀演艺作品入选国家艺术基金（一般项目）2022年度资助项目。

【西安曲江文化产业投资（集团）有限公司】 2022年，曲江文化产业集团投资出品的10余部影视剧在中央电视台、各大卫视及网络平台热播，《功勋》《装台》《黑色沃土》3部作品获全国“五个一工程”奖，《大秦赋》《大浪淘沙》《理想之城》5部作品入围中国电视剧飞天奖、金鹰奖。上演国际著名舞剧、音乐剧、话剧等精品演出近600场，“西安交响乐团大雁塔户外公演”、“永远的红楼梦”音乐会、《只此青绿》等优质演艺持续活跃古城，演出场次、运营效益、剧目品质均居全国前列。策划出版陕西、西安文化特色的精品图书和音像制品近1000种，《大秦岭蝶志》《千年古都常来长安》等系列图书入选国家出版基金、中宣部中华文化走出去资源库等国家级项目。以大雁塔·大唐芙蓉园、大唐不夜城等国家AAAAA级旅游景区实施重大文化项目带动战略，开发建设西安文化CBD。实施“文化+”“走出去”战略，借助文化门类齐全、产业链完整及运营经验丰富等优势，进入京津冀、长三角、大湾区，荆州楚文化产业园、邯郸七彩文化城、温州雁荡山旅游综合提升、湖北武当山五龙宫景区等文旅项目陆续落地。（李 黛）

文化交流

【概 况】 2022年，西安市举办2022“东亚文化之都”十周年西安音乐会、第二十届西安国际音乐节、世界城地组织亚太区旅游委员会文化旅游发展研讨会以及世界城地组织亚太区旅游委员会第一届会员大会。举办第九届中国秦腔艺术节、第九届丝路国际电影节，积极筹备第十届中国西部文博会、2022丝路国际旅博会等重大会展活动。举办2022“东亚文化之都”十周年西安音乐会、青少年研学线上交流活动，持续扩大“文都西安”的国际影响力。（高 阳）

【2022“东亚文化之都”十周年西安音乐会】 2022年5月16日，2022“东亚文化之都”十周年西安音乐会于全网上线，累计368.9万人（次）观看音乐会。音乐会由省文化和旅游厅和西安市政府主办。演出活动现场，西安交响乐团及合唱团艺术家先后上演富有中华文化代表性的《华阴老腔》《放马山歌》《初心》《奔向辉煌》等曲目，日本、韩国2个国家也在线上带来本国演奏的交响曲目《凯旋进行曲》和《引子与回旋随想曲》。音乐会还安排由中国、日本、韩国3个国家青年代表引用《中日韩共同常用808汉字》中的汉字创作诗词，并邀请当地著名书法家书写并朗诵。音乐会在中新网、西部网等20多个播出平台同步直播。

【第八届丝绸之路国际艺术节】 2022年9月17—23日，由文化和旅游部、陕西省政府主办的第八届丝绸之路国际艺术节在西安举办。该届艺术节以“共谱和平之曲 高唱丝路欢歌”为主题，采取线上、线下相结合的形式举办，吸引美国、日本、阿根廷等29个国家参与，共举办文化艺术活动58场次，有观众399万余人（次）。由文艺演出、美术展览、线上展播三大板块构成，其中7台国内剧目集中亮相艺术节，包括获“文华大奖”的话剧《主角》、“丝绸之路”为主题的原创穿越音乐剧《丝路之声》、讲述“共和国勋章”获得者黄旭华为国奉献故事的话剧《深海》、讲述厚重青铜文化的舞剧《青铜》、全景式描绘中华民族奋斗历程的民族交响乐《国之当康》，以及彰显“大写意”戏曲美学的越剧《陆游与唐婉》与《五女拜寿》。

【2022“东亚文化之都”青少年研学交流活动】 2022年7月16日，由西安市政府、日本东京都丰岛区共同主办的2022“东亚文化之都”青少年研学交流活动举办。活动以互动答题、线上闯关的形式展开，以青少年寓教于乐的互动活动为载体，通过视频连线让日本东京都丰岛区青少年参与到闯关游戏互动中，认识西安文化、了解西安历史，也让西安的青少年身临其境地感受日本文化的特色，更好地将文化旅游的魅力传向世界。活动设置西安文物定向赛闯关、汉字猜词等活动，通过“虎符”“唐彩绘胡人骑驼俑”“唐三彩胡人腾空马”“秦

2022 年 6 月 11—12 日，西安市大型古装舞剧《门》在哥斯达黎加国家电视台 13 频道黄金时段首播。图为舞剧《门》剧照（尚洪涛　摄影）

兵马俑”等文物让学生深层次地了解文物背后的文化内涵。（李　黛）

【舞剧《门》展演】　2022 年 6 月 11 日，由中国驻哥斯达黎加大使馆、西安市文化和旅游局以及西安演艺集团共同主办的中国与哥斯达黎加建交 15 周年文艺精品展演活动在哥斯达黎加正式启动。6 月 11—12 日，西安市大型古装舞剧《门》在哥斯达黎加国家电视台 13 频道周末黄金时段首播，并于 6 月和 7 月陆续在哥斯达黎加 11 台、15 台、42 台、南方电视台、北方电视台等全国和地方频道播放，覆盖哥斯达黎加观众 270 万（次）。

【“长安依旧夏怡人”线上主题活动】　2022 年 5 月，西安市文化和旅游局与中国驻首尔旅游办事处联合主办的“长安依旧夏怡人”文化和旅游主题宣传活动在线上举办。活动通过中国驻首尔办事处官网、YouTube、Facebook、韩国最有影响力的中韩文网站“纽斯频”“学习强国”学习平台等境内外媒体，向韩国民众全方位展示宣传西安丰富的文化旅游资源。（高　阳）

文化市场管理

【概况】　2022 年，西安市文化和旅游局围绕安全生产、意识形态安全、未成年人保护、知识产权保护、营商环境提升、信用体系建设、文明旅游示范等重点工作领域，开展文化旅游市场各类违法违规问题的专项整治。开展文化市场建设，推动各项监管工作落实见效。2 月，中央宣传部、文化和旅游部、国家广播电视总局公布第九届全国服务农民、服务基层文化建设先进集体评选结果，鄠邑区图书馆、雁塔区文化市场综合执法大队被 3 部门联合通报表彰。

【文化市场综合执法改革】　2022 年，西安市文化和旅游局从完善内部管理制度入手，规范违法线索立案调查程序，推进违法违规案件查办。与市委宣传部联合印发《进一步完善文旅市场综合执法运行机制的实施方案》，优化工作制度、明晰工作职责、厘清责任边界。制定全国首个市级层面的执法检查操作手册，建立行政处罚案件分析会议制度，制定修订《文化市场投诉举报办理工作制度》《“双随机、一公开”监管工作细则》等 14 项执法管理制度。加强配套执法保障，市、区两级执法机构配发综合执法服装和标识 224 套，执法设备 76 套。举办“第一届文化市场综合执法岗位练兵技能竞赛”，推动全市文化市场综合执法队伍的法治化、正规化建设。

【文化市场专项检查】　2022 年，西安市文化和旅游局出动执法人员 8780 多人（次），检查经营单位 13305 家（次）。开展书画市场意识形态安全执法检查，私设“景点”问题专项整治，虚拟货币“挖矿”行为专项执法检查行动，核查虚拟货币“挖矿”线索 3 批（次）46 条。组织多部门联合开展“双随机、一公开”抽查，共抽查 363 次，办结案件 124 件，办结投诉 1084 件。年度“清浊行动”中，办理的 7 个案件被评为陕西省典型案例；2 件案件入选国家文旅部“2020—2021 年度全国文化市场综合执法重大案件”；7 件分别入选省文旅厅“重大案件”“优秀案卷”“规范案卷”。

【文化市场宣传】　2022 年，西安市文化和旅游局利用报纸、电视、广播等媒体和“两微一端”网络新媒体，加大文化经营业主和从业人员的教育培训力度，刊发刊播新闻报道 260 余篇（条），印制发放宣传资料 1.6 万份，滚动播放和展示宣传标语 5000 余条（次），开展现场咨询活动 10 余场。围绕文旅融合、常态化疫情防控、“千年古都·常来长安”品牌塑造等主题，“西安文旅之声”微信公众号共发布稿件 265 篇，总阅读量 227313 人（次）。西安文旅之声官方微博发博数 2244 条，总阅读量 1495 万次。

【文旅行业社会信用体系建设】　2022 年，西安市文化和旅游局印发《西安市文化和旅游行业 2022 年社会信用体系建设工作要点》，健全完善信用信息归集、共享、应用等信用服务制度和信用修复机制。全面应用“全国旅游监管服务平台”和“信用中国（陕西西安）”监管平台的业务协同，提高信用监管信息化水平。组织 20 个区（县、开发区）文化旅游主管部门线上学习《陕西省社会信用条例》，推动全市文旅行业社会信用体系建设依法合规发展。

【文旅行业安全管理】　2022 年，西安市文化和旅游局强化安全工作部署，与 21 个区（县、开发区）文旅部门、9 个局属单位签订安全生产目标责任书，明确 30 项年度全年文旅行业安全生产重点工作。组织开展文化行业燃气安全排查整治、文化行业“防风险、除隐患、保安全、迎盛会”专项整治行动、安全隐患排查和自建房安全隐患排查整治“百日攻坚”行动、汛期安全排查整治工作。累计排查经营场所 15000 余家（次），排查整治安全隐患 950 余处，整改 710 余处，关闭企业 4 家，停产整顿 5 家。

【涉外营业性演出活动监管】　2022 年，西安市文化和旅游局加强涉市域范围的涉外营业性演出活动监管。将相关审批信息及时通报公安机关，做好外国人来华工作管理的协调工作。主动服务企业，对使用外国人演出较多的陕西大剧院、西安音乐厅、秦岭野生动物园、西安普雷浩思酒吧等单位和场所加强法规政策宣讲教育。组织市、区文化市场综合执法机构对重点场所加大巡查力度，出动执法人员 118 人（次），检查 55 处、1083 场（次）营业性涉外演出活动。

（高　阳）

综 述

【医疗卫生机构】 2022年，西安市有医疗卫生机构7412个，比上年增加289个，其中医院387个、基层医疗卫生机构6905个、专业公共卫生机构52个、其他卫生机构68个。医疗卫生机构床位81126张，其中医院75540张、基层医疗卫生机构3841张、每千人口医疗卫生机构床位6.24张。卫生技术人员130391人，乡村医生和卫生员1318人，其他技术人员1754人，每千人口执业（助理）医师3.60人，每千人口注册护士4.57人；每万人口专业公共卫生机构人员4.32人。详见表60。

表60 2022年西安市医疗卫生机构及床位数统计表

医疗机构	机构数/个	床位数/张
总计	7412	81126
医院	387	75540
公立医院	120	48698
民营医院	267	26842
医院中：三级医院	46	40357
二级医院	142	26249
一级医院	126	5082
基层医疗卫生机构	6905	3841
社区卫生服务中心（站）	250	1098
卫生院	151	2718
村卫生室	2736	
门诊部	603	25
诊所、卫生所、医务室	3165	
专业公共卫生机构	52	1382
疾病预防控制中心	16	
专科疾病防治机构（所、站）	1	784
妇幼保健机构（所、站）	14	598
卫生监督所（中心）	16	
其他卫生机构	68	363

【健康西安建设】 2022年，西安市卫生健康委员会坚持牵头抓公共卫生体系完善工作，承担的93项任务均完成年度指标。印发《西安市推动公立医院高质量发展实施方案》。获批省级临床重点专科项目25个。3所市属医院取得全国三级公立医院绩效考核A+或A等级，5所医院位次大幅提升。建立健康西安建设监测评估机制，8类健康细胞建设持续有力推进。推动健康中国行动创新模式试点宫颈癌综合防治项目，被健康中国建设推进办通报表扬。实施“2022—2025母婴安全提升行动”，全市孕产妇、婴幼儿死亡率均保持在较低水平，提前达到国家2030年预期指标要求。西安入选第一批全国婴幼儿照护服务示范城市。

【医疗卫生体制改革】 2022年，西安市健全医疗卫生体制改革组织建设，市、区两级均成立由政府主要负责人任组长的医改领导小组。市委深化改革委员会第7次会议审议通过《西安市关于推动公立医院高质量发展实施方案》。全市获批省级临床重点专科项目25个。3所市属医院取得全国三级公立医院绩效考核A+或A等级，5所医院位次大幅提升。新增市级专业质控中心4个。市卫健委开展卫星医院试点，将莲湖区人民医院、碑林区中医医院作为市红会医院卫星医院。在全市32家公立医院试点开展总药师制度，比上年增加8家。73项卫生健康政务服务事项进一步规范优化，128项政务服务事项进驻市政务服务中心无差别集中受理，进驻比例达92%，位列市级单位前列。改革完善医疗卫生行业综合监管制度，加大打击非法行医工作力度，查处非法行医案件121件、无证行医84件，传染病防治监督4124户，查处案件537件。市政府召开全市深化医改工作推进会和专题会，深入学习推广“三明经验”，对标综合医改试点评估国家反馈问题，建立成员单位“分组包片”模式，持续推进各项医改工作。市卫健委与市财政局对全市2019—2021年度公立医院政府投入、债务化解情况及中央补助资金使用情况和基层在编医务人员补助资金落实情况进行全面核查。稳步推进紧密型县域医共体建设，14家牵头医院与57家镇街卫生院（社区卫生服务中心）建立紧密型县域医共体。西安市被省政府表彰为“2021年度深化医疗卫生体制改革成效明显的地方”。

2022 年 6 月 1 日，西安市红会医院高铁新城院区项目封顶

（市红会医院　供图）

【重点医疗设施建设】　2022 年，西安市 13 个医院项目整体工作推进顺利。省人民医院、市第一医院完工试运营，其余项目装修施工持续推进。西安市红会医院高铁新城院区项目封顶，进入试运行。推进保障性租赁住房（健康驿站）建设工作，建设空港新城、秦汉新城、高陵区、国际港务区 4 个应急工程项目。空港新城项目投用试运行，秦汉新城、高陵区、国际港务区项目全部完工并进入验收阶段。

【卫生信息化建设】　2022 年，西安市卫生健康委员会完善异常故障处置应急工作机制，提高应对突发异常故障的能力。将重要信息资产纳入大数据局“护网 2022”攻防演习范围，未发生网络安全事件。市卫健委与市委网信办对市儿童医院、市人民医院信息系统安全进行抽查，对发现的问题及时整改，网络安全风险通知单及时处理率达 100%。组织各区（县）、市属市管各医疗卫生单位对重要网络系统、关键信息基础设施和网站安全进行自查，严格落实各项网络和数据安全制度要求。以信息系统互联互通、电子病历应用分级及智慧医院分级评价为抓手，加快推进直属单位信息化建设步伐。完成陕西省职业健康工作信息平台网络接入工作。配合陕西省卫生健康委完成市第一医院、市红会医院医疗健康信息互联互通标准化成熟度测评工作。完成政务数据中心信息系统迁移工作。政务服务系统与市一体化政务服务平台对接，完成该系统改造开发、UI 界面改造、接口对接。完成电子证照、批文模板种类和电子印章梳理和收集工作。收集电子证照和批文模板种类 75 个、电子印章 109 个，其中助产机构的出生证电子印章共收集 102 个，市卫健委及其他区（县）公章共收集 7 个。在西安市一体化数据中台进行资源挂载。已完成 20 个资源目录的目录编制、数据归集和资源挂载工作。

【卫生人才建设】　2022 年，西安市加强卫生人才建设。市疾病预防控制中心增加事业编制 30 名，事业编制 343 名；西安急救中心增加编制外聘用人员 36 名，外聘用人员达到 150 名。全年引进人才 744 人，其中博士 27 人，硕士 671 人，本科 46 人。市红会医院郝定均获第六届全国杰出专业技术人才荣誉称号。获授地方级领军以上高层次人才 12 人，享受个人所得税、住房安居、子女上学等方面优惠政策。组建 2022 年中国（陕西）第 10 批援马拉维医疗队，选派 10 人参加医疗队。完成第 36 批援苏丹医疗队任务并选派 1 人参加第 37 批援苏丹医疗队。开展 2022 年住院医师规范化培训招录，卫生系统共选送 206 人参加培训。选派 26 人参加县级骨干、国家县级专科医师暨紧缺人才培训。下达市级继续医学教育项目 896 项。建立市级公共卫生专家库，已入库专家 76 人。

【卫生科技研究】　2022 年，西安市卫生健康委员会获 12 项国家自然科学基金，获资助经费 366 万元，取得近 5 年最好成绩，其中国际合作项目和地区基金项目实现“零”的突破。获陕西省科技进步二等奖 3 项，三等奖 4 项；获陕西省科技项目 140 项，经费 1034 万元，比上年增长 45%；获省卫健委科研项目 12 项，经费 62 万元，比上年增长 87%；获市科技项目 105 项，项目总经费 1187 万元。资助局级科研项目 108 项，总经费 140 万元。市卫健委直属单位申报省、市级重点实验室和干细胞临床研究基地，为科技创新和成果转化提供平台支撑。

（王程伟　李　响）

疾病防控

【概况】　2022 年，西安市坚持常态化防控和局部应急处置相结合，及时调整防控措施，高效统筹疾病预防控制工作。推进新型结核病防治管理模式，制定结核病防治工作重点和绩效考核方案。开展恶性肿瘤数据收集统计分析，加强心脑血管事件报告，疾病预防控制工作取得明显成效。累计建立电子健康档案 1171.05 万份，年内管理高血压患者 74.53 万人、糖尿病患者 24.95 万人，65 岁以上老年人健康管理 85.66 万人。完成健康社区建设 791 个，推荐省级示范社区 295 个，市、县级示范社区 218 个。疫情防控经验做法受到国务院联防联控机制转发推广。

【重点急性传染病防控】　2022 年，西安市现住址累计报告 HIV/AIDS　1.15 万例，其中存活 1.05 万例。全市运行的 7 家戒毒药物治疗门诊在治人数 0.13 万人，年保持率为 80.88%，无阳转。抗病毒治疗比例为 85.1%，HIV-1 病毒载量检测比例为 84.2%，治疗成功率 99.2%。

推进新型结核病防治管理模式，制定结核病防治工作重点和绩效考核方案，组织“世界防治结核病日”现场宣传咨询和义诊活动，启动城市主要地标建筑“亮灯行动”。全市管理活动性结核病患者 0.35 万例，其中病原学阳性患者近 2000 例，病原学阳性患者检出率为 55.4%。成功治疗上年同期管理的活动性肺结核患者近 4000 例，治疗率 95.7%。

全市流感病例累计报告 2.41 万例，全年监测阳性率为 10.82%。布病病例累计报告 90 例，按要求完成流行病学调查和后期随访。疟疾病例累计报告 16 例（按照报告地统计），完成流行病学调查和基因检测复核。推进以出血热疫苗接种为主的综合防控策略，肾综合征出血热年报告发病 619 例，比上年下降 64.95%。手足口病年报告发病 7035 例，上升 2.97%，无死亡病例报告，病原学监测发现优势毒株为 EV71 病毒，所有重症病例均及时处置，调查处置率为 100%。3 家性病哨点医院监测性病 256 例，4 家医疗机构完成国家隐性梅毒早期感染状况调查项目。无狂犬病病例报告。

【慢性病防控】 2022年，西安市管理高血压患者73.22万人，规范管理52.57万人，规范管理率71.81%，血压控制率66.03%；管理糖尿病患者24.47万人，规范管理17.47万人，规范管理率71.37%，血糖控制率65.74%。积极开展恶性肿瘤数据收集统计分析。在6个慢性病综合防控示范区（莲湖区、未央区、碑林区、高陵区、鄠邑区、雁塔区）和新城区开展心脑血管事件报告工作，7家监测点89家医疗卫生机构上报17814例心脑血管监测病例。按照国家和省级要求，督促指导4个国家级慢病综合防控示范区做好创基础工作，指导高陵区开展“万步有约”活动及国家级慢性病综合防控示范区复审工作。组织街道办、社区、企事业单位、学校等在全市范围内开展为期1月的系列宣传活动。组织慢性病综合防控示范区创建及复审工作系统培训。 （王程伟 李 响）

【艾滋病宣传月系列活动】 2022年11月，西安市疾病预防控制中心以公交车、出租车、影院、电梯、公众号为载体，开展为期4周的专项宣传。通过电影映前广告，在各类交通工具、公共场所LED屏滚动播放艾滋病宣传视频、图文，在线有奖问答等形式，引起广大群众对预防艾滋病的重视，倡导健康文明生活方式，主动检测、共享健康。

【地方病麻风病重点项目推进线上培训会】 2022年11月21日，西安市疾控中心举办全市地方病麻风病重点项目推进线上培训会，重点讲解地方病麻风病防治工作进展及存在问题，地方病现症患者治疗及随访管理信息平台数据录入；碘缺乏病及水源性高碘、饮水型氟中毒、大骨节病全覆盖监测相关数据复核汇总；中央基本公卫麻风病项目进展及数据录入、复核等工作。全市16个区（县）地方病麻风病防治人员、重点社区卫生服务中心和乡镇卫生院专干等70余人参加线上培训。 （李 黛）

基层医疗卫生

【概况】 2022年，西安市完成新迁建社区卫生服务中心、乡镇卫生院7个，社区卫生服务站、村卫生室22个；改扩建社区卫生服务中心、乡镇卫生院13个；83个村卫生室完成公有化。按照国家卫健委“优质服务基层行”活动安排和新修订的2022版创建标准，组织社区卫生服务中心、乡镇卫生院开展达标创建活动，创建“基本标准”卫生机构21家，“推荐标准”卫生机构6家，累计164家基层医疗卫生机构达到国家“基本标准”，27家达到“推荐标准”，12家达到“社区医院”标准。

2022年3月，雁塔区杜城社区卫生服务中心投用 （翟小雪 摄影）

【基层卫生服务能力建设】 2022年，西安市针对基层人口多、全科医师人数较少的问题，采取多种方式拓宽培养渠道，加大全科医生培养力度。摸清各区（县）全科医生底数，结合区（县）实际情况提出培训目标和培训计划。组织各区（县、开发区）和在卫健委直管单位遴选290人参加省全科医生转岗培训。加强培训基地建设，市中心医院被批准为国家级全科医生转岗培训基地，第一期完成培训人员103人。 （王程伟 李 响）

【社区诊疗服务】 2022年，西安市设立社区卫生服务中心（站）250个，其中社区卫生服务中心86个、社区卫生服务站164个。社区卫生服务中心人员4916人，平均每个中心57人；社区卫生服务站人员1623人，平均每站10人。主要为居民提供基本医疗服务，包括常见疾病和创伤的诊疗、转诊服务以及必要的住院治疗；计划免疫、健康教育、慢性病管理、孕产妇保健、儿童保健；开展各种形式的健康教育活动，提高社区居民的健康意识和健康素养。全市社区卫生服务中心诊疗248.33万人（次），比上年减少95.97万人（次），出院人数7825人，减少4652人；平均每个中心年诊疗量2.9万人（次），年出院量91人；医师日均担负诊疗8.3人次和住院0.1床/日。全市社区卫生服务站诊疗93.58万人（次），平均每站年诊疗量5706人（次），医师日均担负诊疗7.1人（次）。

【家庭签约医生服务】 2022年，西安市家庭医生签约服务重点对象为老弱病残等特殊家庭成员，实行优先签约、优先服务，愿签尽签、应签尽签。对患慢病病情稳定、遵从医嘱良好的家庭成员，视病情开具4～8周的长期处方，并做好随访工作。做好签约服务与优先便利医疗服务相衔接，畅通家庭成员转诊通道。发挥“互联网+”优势，为家庭成员提供在线健康咨询、预约诊疗、慢病随访等服务。同时，为家庭成员提供基本医疗、基本公共卫生和健康管理服务，重点关注生理和心理健康状况，做到疾病早发现、早诊断、早治疗。

【“优质服务基层行”提升培训班】 2022年7月19—22日，西安市卫生健康委员会在西安宾馆举办2022年全市“优质服务基层行”提升培训班，邀请陕西省、西安市专家对医疗质量管理、护理质量、医技质量等基本医疗和公共卫生服务等重点内容进行授课，部分已经达到推荐标准的机构进行经验介绍和交流，并对2019—2021年全市“优质服务基层行”活动达到国家推荐标准和社区医院标准的22家基层医疗卫生机构进行表彰及授牌。各相关基层医疗卫生机构共260余人参加培训。 （李 黛）

妇幼保健

【概况】 2022年，西安市实施“2022—2025母婴安全提升行动”，孕产妇产前检查率98.99%，产后访视率97.44%，住院分娩率100%。3岁以下儿童系统管理率达95.55%，7岁以下儿童健康管理率97.37%，孕产妇系统管理率达96.98%。全面开展孕产妇高危因素筛查和五色分级标识管理，做到早发现、早预警、早诊断、早干预。实施《西安市艾滋病感染孕产妇所生儿童重点案例评审方案》，艾滋病、梅毒、乙肝病毒母婴阻断传播项目检测率为99.96%，艾滋病感染孕产妇所生儿童用药率为100%，梅毒感染孕产妇分娩活产预防性用药比例在99%以上。取消计划生育技术服务机构设立许可，将婚检审批权限下放至区（县），优化产前筛查机构的审批流程。规范基层医疗卫生机构孕产妇建册，强化首诊医疗机构妊娠风险筛查责任和二级以上医疗机构妊娠风险评估责任。修订《西安市危重孕产妇和新生儿救治与转诊网络建设工作方案》，实现全市15个区（县、开发区）危重孕产妇及新生儿救治中心全覆盖。市药具站共发放避孕药具247万余元，其中避孕套3237件、外用药192件、口服药19件、宫内节育器29件。为周至县贫困地区免费发放儿童营养包6.55万盒。开展儿童近视综合防控工作，建立儿童视力健康电子档案，做好0～6岁儿童眼保健和视力检查，累计检查85.19万人（次）。向236名苯丙酮尿症患儿发放特殊食品3576余件，医保报销费用300.48万元。

（王程伟　李　响）

【生殖健康】 2022年，西安市实施孕妇动态监管，分娩后落实产妇和新生儿及儿童健康管理。对孕产妇健康管理实行分级网络管理，纵向有市级、区（县）级、乡镇级、村级管理机构，横向有助产机构提供业务支撑和协助管理。开展“农村中老年妇女生殖健康促进行动”，为鄠邑区、周至县2个试点区（县）750名农村绝经期取环妇女（45～65周岁）每人补贴200元。举办青春健康提高班暨青春健康师资认证工作评审会，通过青春健康师资认证搭建全市青春健康项目交流平台，储备国家级青春健康师资人才。加强生殖健康教育关口前移，促进青春健康教育进课堂、进家庭，增强中小学校师生、家长对性与生殖健康的科学认知。宣传普及性病、艾滋病预防知识，提高群众的健康意识。

（李　黛）

【两癌筛查】 2022年，西安市组织对45.82万人进行宫颈癌及乳腺癌检查，发现HPV高危3.73万例，检出宫颈癌前病变、微小浸润癌和宫颈浸润癌分别为1530人、106人和256人，治疗率95.40%；检出乳腺癌631人，治疗率99.52%。通过“一站式”服务免费为8.77万名妇女做检查，向6.5万名适龄妇女发放叶酸31.5万瓶。

【生育服务】 2022年，西安市卫生健康委员会审核市级机关、事业单位城市独生子女父母补助金19535人（次），下拨补助金2452万元。发放各类奖励扶助金14917.57万元，其中市级投入1951.94万元。完成省级健康家庭建设示范户150户，市级健康家庭新增26万余户，完成建设率25%的目标任务。参加计生保险家庭9.3万户，总保费508.7万元。举办“优生优育知识大讲堂活动”6场，开展科学生育、养育、教育宣传活动221场，直接参与逾10万人（次）。完成400场青春健康“成长之道”“沟通之道”参与式培训，覆盖1.9万余人（次）。举办计生家庭法律维权线上讲座41场，受益群众8200余人(次)。

（王程伟　李　响）

职业健康

【概况】 2022年，西安市以落实“十四五”职业病防治规划为主线，推进职业健康保护行动。加强职业病防治技术支撑体系建设，开展职业病危害专项治理、推进职业病防治监测项目保质保量完成，加大检查、诊断、鉴定、救治力度，全力预防、控制和消除职业病危害，减少职业病发生，维护劳动者职业健康权益。建立职业病防治联席会议制度，制定落实《西安市职业病防治规划》。报送40家单位为首批省级健康企业示范单位。在各区（县）梳理相关企业底数的基础上，上报涉及职业病危害企业373家，创建健康企业342家，创建率91.6%。各区（县、开发区）确认2724家企业纳入职业病危害专项治理范围。市职业病危害项目申报系统申报用人单位3585家，比上年增加2119家。诊断报告和网络直报职业病13例，职业健康体检机构和职业病诊断机构网络上报岗前、岗间、离岗职业健康体检个案信息23087人。开展放射诊疗机构放射防护管理专项治理，全市1200余家机构纳入治理范围，市级抽查165家，进一步保障相关工作人员健康权益。完成402家放射诊疗机构的基线调查和网报工作。

（王程伟　李　响）

【《中华人民共和国职业病防治法》宣传周】 2022年4月25日至5月1日，西安市卫生健康委以“一切为了劳动者健康”为主题，采取线上、线下相结合的方式，组织开展《中华人民共和国职业病防治法》宣传周活动，以宣传《中华人民共和国职业病防治法》《陕西省职业病防治规划（2021—2025年）》和《推进健康西安行动实施方案》为主要内容，聚焦《中华人民共和国职业病防治法》颁布实施20周年，通过开展主题宣传、现场咨询，普及职业病防治法律法规和健康工作方式理念，提升用人单位职业病防治主体责任及劳动者职业健康保护意识。开展主题宣讲活动104次、咨询活动150次、专题讲座(网络公开课)35次，印发宣传材料88000余份，制作宣传视频46个，制作宣传标语610余份，出动宣传人员1069人（次），宣传受众人数95000余人（次）。

【全市职业健康工作会】 2022年5月12—13日，西安市卫生健康委员会举办2022年全市职业健康工作会，邀请5名省、市职业健康专家，就职业病防治法律法规及用人单位职业卫生监管、职业病防治工作要点、职业健康检查及职业病诊断与鉴定、电离辐射防护及其法律法规、职业卫生行政检查与执法等进行专题授课。全市卫生系统分管职业健康工作负责人及分管职业健康相关科室负责人参加会议。

（李　黛）

老年健康

【概况】 2022年，西安市发放高龄老人生活保健补贴5.09亿元（含西咸新区），发放739.01万人（次）。为65岁以上老年人办理西安市老年人优待证4.5万张。开展打击整治养老诈骗专项行动，检查医疗机构1635家，排查全市

2022年9月29日，志愿者为老年人进行健康咨询服务　　（翟小雪　摄影）

155家养老机构，着手整治问题线索5个。开展“老年健康宣传周”“敬老月”“银龄双百”等形式多样、内容丰富的养老孝老敬老活动。6个社区成功创建2022年全国示范性老年友好型社区。举办市第五届“老年大舞台”、市老年健康教育巡回大讲堂、老年书画展和市第四届老年人体育健身大会等活动，满足老年人多元化的精神文化体育需求。

【医养结合】 2022年，西安市出台《西安市深入推进医养结合发展实施方案》，制定《西安市医养结合项目补助资金管理实施细则》《西安市医养结合床位设置标准》《西安市安宁疗护服务中心建设实施方案》等配套文件，保障市医养结合工作健康持续发展。培育安宁疗护中心、社区医养结合服务中心、老年友善医疗机构等各级各类医养结合项目89个。家庭病床试点扩大到城六区和西咸新区。印发《西安市家庭病床服务管理细则》。基层医疗卫生机构的康复、护理床位占比达32.3%。培训医养结合医护技术人员1540人（次）。238家综合医院、中医医院、康复医院等被命名为陕西省老年友善医疗机构。10家二级以上综合性医院增设老年医学科。

（王程伟　李　响）

【全国示范性老年友好型社区创建】 2022年，西安市在全市开展示范性老年友好型社区创建活动。其中雁塔区等驾坡街道千户社区从居住环境、为老服务、社区活动等多个方面创新举措，不断推进为老服务软硬件建设，建立定期探访、长期照护、健康跟踪、互助服务机制，构建起以居家养老为基础、社区微养为依托、专业服务为补充的社区养老新模式；下大力进行适老化改造，努力改善居住生活环境，为老年人创造便利的出行环境；围绕老年人兴趣爱好，组织开展多种形式的文体活动、评选活动等，积极营造“孝老、爱老、敬老”的浓厚氛围，被国家卫生健康委员会、全国老龄办命名为2022年“全国示范性老年友好型社区”。全市“全国示范性老年友好型社区”达到6个。　（李　黛）

爱国卫生

【概况】 2022年，西安市印发《关于深入开展爱国卫生运动的实施意见》，对爱国卫生工作进行规划部署。全市组织开展第34个爱国卫生月活动，开展户外主题活动60余次，设立宣传咨询点100余处，派发、张贴各种宣传资料51.6万份，发放灭“四害”药具3.5万份、消毒液190余箱，健康教育受益群众达380余万人（次）。组织开展春季、冬季集中灭鼠活动，及时下发病媒生物防制药物。张贴宣传海报1.26万张，发放宣传手提袋2.6万个，宣传资料86782份，制作宣传展板778块，发放灭鼠毒饵21400千克、粘鼠板37800张、鼠饵盒55154件。　（王程伟　李　响）

【《爱国卫生运动的实施意见》印发】 2022年5月，西安市人民政府印发《爱国卫生运动的实施意见》。《实施意见》中提出“到2025年，人均预期寿命达到78.2岁，居民健康素养水平达到25%，国家卫生县城覆盖率保持100%，国家卫生乡镇覆盖率达到25%。生活垃圾无害化处理率城市保持100%、县城达到98%，城镇（县城以上）病媒生物密度控制水平达到C级以上”的总体目标；提出加强公共卫生设施建设，打造健康宜居的人居环境，以及具体的工作举措；要求开展健康知识普及，倡导文明健康绿色环保的生活方式；强化社会健康治理，助推健康西安建设；最后提出具体的保障措施。　（李　黛）

【健康教育宣传】 2022年，西安市人民政府印发《关于推进健康西安行动的实施方案》，在全市范围内开展健康行动，推动将健康融入所有政策，把全生命周期健康管理理念贯穿城市规划、建设、管理全过程各环节。加强妇女、儿童、老年人等重点人群的健康管理，全面加强健康西安宣传，增强职业病防治

2022年5月31日，西安市胸科医院组织义诊团队到曲江黄渠头社区参加“世界无烟日”义诊宣传活动　　（市卫健委　供图）

能力，提升健康教育服务体系建设，推动医养结合高质量发展。市卫健委采取多种方式开展科普宣传：发放健康教育印刷资料4037783份；播放健康教育音像资料100199次、788401小时；更换健康教育宣传栏19280期；开展公众咨询活动4383次，受众263818人（次）；举办健康知识讲座14194次，受众达386511人（次）；开展个体化健康教育1468085人（次）；利用新媒体资源分享健康知识，为“西安公众健康”网络平台提供宣传栏内容；在全市3000辆公交车载电视上连续1个月刊播“控烟公益宣传片”，在黄金时段、显著位置滚动播放；在西安广播电台《健康伴我行》栏目组织2期健康科普节目；由市健康教育所主办的《西安大健康》杂志出刊6期，共印发42000册；由市健康教育所拍摄制作的《健康快车》电视栏目在西安电视台一套全年共计播出52期；由市健康教育所微信发布信息735条，微博发布信息310条，网站发布文章540篇。（王程伟　李　响）

【城市环境卫生治理】　2022年，西安市城市管理和综合执法局常态化组织开展“市政道路大冲洗，环卫设施大擦洗”活动。建立、健全城市环境卫生管理网格制，定期开展暗访检查，及时督促整改问题，共开展“大冲洗、大擦洗”活动220余次，出动环卫保洁工作人员500万余人（次），出动保洁机械36万余台（次）。以养老诈骗广告清理活动为抓手，开展广告清理工作，累计清理各类野广告65万余个。巩固提升“厕所革命”成果，新建、改造提升公共厕所169座，其中城镇新建公厕42座、改造提升56座；农村新建公厕21座、改造提升50座。组织开展公共厕所集中整治，提升卫生质量。（张　鑫）

【无烟西安建设】　2022年，西安市巩固提升国家卫生城市成果，开展常态化的爱国卫生运动，严格执行《西安市控制吸烟管理办法》，全面建设无烟环境。5月，围绕开展“世界无烟日”宣传活动主题开展形式多样的“世界无烟日”宣传活动，在钟楼、大雁塔等100处LED屏及地铁、客运站等交通枢纽播出控烟广告和海报，鼓励市民通过微信、微博打卡拍照、朋友圈集赞、参与微博话题讨论等形式参与互动。发布一系列含视频、公益广告、讲座等形式的控烟媒体传播工具包，通过广播、新媒体等各类渠道进行控烟宣传。强化对场所经营者和志愿者的培训，重点对医疗机构、网吧、餐饮服务单位等场所的无烟标志张贴、控烟制度建立、执行等环节进行指导和培训。组织控烟业务培训会，对卫生健康、市场监管、城市管理等控烟监督管理部门人员进行培训，打造一支业务熟练、作风优良的控烟执法队伍。将违法吸烟投诉举报并入“12345”市民热线，并对热线接线员进行专题培训，提高接听、处理、协调各执法部门对投诉案例受理的效率。将控烟工作纳入日常的检查督导工作中，重点针对群众比较关注的餐饮场所、网吧、公园、医院和宾馆酒店等公共场所，不定期组织开展控烟专项执法行动。举办控烟工作擂台赛，以暗访的形式对多个区（县）和基地开展控烟专项暗访检查，针对控烟暗访专题片曝光的问题进行集中整治，对暗访视频曝光的问题场所及经营者采取教育与处罚措施。（李　黛）

中医药事业

【概况】　2022年，西安市卫生健康委员会争取中央、陕西省、西安市中医药资金1598万元，资金项目27个。制定印发《2022年市级中医药专项资金项目实施方案》，督促各项目实施单位细化方案，按期完成项目建设。筹备2023年市级中医药专项资金，组织申报资金项目24个，申报资金2405万元。修订完善《西安市中医药事业发展专项资金管理办法》。市中医药研究院、市中西医结合研究所项目及10个区（县）中医医院迁（新）建项目建设列入全市公共卫生体系重要工作内容。

【基层中医药建设】　2022年，西安市卫生健康委员会制定印发《西安市创建全国基层中医药工作示范市（县）实施方案（2022—2024年）》，指导各区（县）对照创建任务开展自查提升。安排市级资金180万元，遴选确定18个社区卫生服务中心、镇卫生院中医馆进行改造提升。发挥省级名医传承中心引领示范作用，举办名医大讲堂活动讲座3次，600余人参加活动。启动全国名老中医专家黄雅慧名医工作室建设项目，开展第7批全国名老中医专家（杨震、张晓峰、职利琴、孙银娣）学术经验继承工作，指导蓝田、周至县做好2022年全国基层名老中医药专家王棣洲、宋鸿彦传承工作室建设任务。

【中医药人才培养】　2022年，西安市获批国医大师1人，新增全国中医药专家学术经验继承指导老师1人、继承人6人；12人被确定为2022年省级中医药骨干人才培训对象；推选2名全国中医护理骨干人才，组织申报省级优秀中医药人才研修项目11人。依托市中医医院、市第五医院组建2个市级西学中培训基地，培养西学中人员88人。启动全市中医药骨干人才暨中医学术流派传承项目，培养人才28人。完成1343名中医医术确有专长人员医师资格考核市级审核任务。举办中医药知识和技能培训班，培训基层中医药人员348名。

【中医医疗科研管理】　2022年，西安市卫生健康委员会组织开展中医医院等级评审，完成11家二级中医医院等级复

2022年6月，205所社区中医馆完成提升改造　（西安日报社　供图）

审和 2 家三级中医医院初评工作。印发《冬病夏治穴位贴敷技术备案管理工作实施方案》，完成 37 家市属市管医院审核公示。推进市中医药研究院和市中西医结合研究所建设，完成科研课题申报、立项，基础实验研究、骨干人才培训等任务。开展全市中医药课题申报，确定市级中医药科研项目 19 项，安排下拨科研经费 20 万元。申报获批陕西省中医药“双链融合”中青年科研创新团队建设项目 1 项。

【中医药文化宣传】 2022 年，西安市印发《2022 年中医药健康文化宣传工作方案》。市卫健委、市中医医院被确定为省级中医药健康促进行动项目实施单位，获取项目资金 30 万元。6 月 29 日，在泾河新城茯茶镇开展以“中医国粹传千年，茯满天下通四海”为主题的庆祝中医药法实行 5 周年活动。9 月，在市政府大院举行西安市中医传统保健推进行动启动仪式暨中医传统保健知识讲座活动。筹备第三届国际中医药交流合作论坛，发挥西安市中医药资源、技术等方面优势，深化西安市与“一带一路”共建国家在中医药领域的交流与合作。中医、中西医结合及针灸三学会各专业委员会开展线上、线下学术交流活动，打造“西安中医药论坛”学术品牌，中医学会开展学术活动 60 场，参加人员共计 3 万多人（次）；针灸学会举办 4 期“长安论坛”，分期在线学习人数 1 万余人；“岐黄网”在线学员有 12456 人；中西医结合学会举办不同主题的学术论坛，线上、线下参会人数万余人。举办科技之春、学术金秋、科普日等活动 20 余次，科普讲座 30 余次，基层义诊 10 余次，受益群众 10 万余人（次）。

（王程伟　李　响）

卫生监督

【概况】 2022 年，西安市加强医疗机构依法执业监督检查，查处存在违法行为的医疗机构 434 户，警告 354 户，没收违法所得 5.97 万元，罚款 324.65 万元，吊销许可证 3 家，吊销诊疗项目 1 家，暂停个人执业活动 8 人；查处非法行医“黑诊所”103 户，没收违法所得 21.43 万元，罚款 294.98 万元。

【消毒产品专项整治】 2022 年，西安市卫生健康委员会监督检查消毒产品生产企业 113 户（次），抽查消毒产品 108 个（批、次），责令整改 10 户。监督检查经营使用单位 865 户，抽查消毒产品 520（批、次），责令整改 16 户，责令停止销售不合格消毒产品 22 批次。共查处违法案件 22 起，处罚金额 5.63 万元。根据监督检查发现案件线索，向产品生产企业所在地卫生健康行政部门协查 18 起。在完成监督检查的同时，根据西安实际情况，在零售药店和生产企业抽检抗（抑）菌产品 47 个（批、次）进行违禁物质检测，合格率 94%。

【医疗美容机构专项整治】 2022 年，西安市卫生健康委员会组织开展医疗美容机构专项整治，检查医疗美容机构 106 户（次），查处机构违法行为 8 户（次），行政处罚 8 户（次）。其中，警告 8 户（次），罚款 8 户（次），罚款金额 12.5 万元，没收违法所得 2.67 万元，责令改正 8 户（次）。

【生活饮用水卫生监督检查】 2022 年，西安市卫生健康委员会组织开展 4 次市级水质卫生监督抽检，涉及全市城乡 14 家日供水千吨以上的集中式供水单位和 21 家区（县）发证的二次供水单位，抽检水厂出厂水、管网末梢水 88 份，二次供水末梢水 21 份，抽检合格率 100%。监督检查城乡集中式供水单位 81 户（次），行政处罚 3 户，处罚金额 0.65 万元；监督检查二次供水单位 821 户（次），处罚 34 户，处罚金额 4.42 万元。

（王程伟　李　响）

【打击非法行医工作联席会议】 2022 年 9 月 27 日，西安市召开打击非法行医工作联席会议，通报全市打击非法行医、医疗乱象专项治理行动案件办理情况，介绍碑林区打击非法行医、医疗乱象专项治理行动开展情况，并由市打击非法行医工作联席会议成员单位、相关部门就打击非法行医、医疗乱象专项治理行动相关情况进行研讨交流。市各有关部门负责人参加此次会议。（李　鸳）

医政药政管理

【概况】 2022 年，西安市以推进健康西安建设为指引，在加快构建医疗急救体系，全面加强药政、医政管理，加大基层卫生服务能力建设，提升预约诊疗服务能力，推进医疗服务质量和管理等方面持续深化各项具体举措，加快体制、机制创新，医疗卫生服务能力不断提升。开展常住人口家庭医生签约 353.13 万人，签约管理高血压、糖尿病、肺结核、严重精神障碍患者等重点人群 200.47 万人。

【医政管理】 2022 年，西安市加强三级、二级西医类公立医院绩效考核数据质控，确保达到报送数据真实、规范、准确、完整、及时的要求。发挥病案质控中心、临检质控中心等作用，提升医疗机构病案、临检等质量管理。将三级公立医院绩效考核作为年度市卫健委直属医院目标责任考评重点任务，考核结果作为市卫健委直属单位领导班子和领导干部等次评定的重要参考。市红会医院入选公立医院绩效考核综合类全国百强，市中医医院获评“A+”并排名全国中医类第 26 名。

全面开展健康医院建设。丰富健康医院建设工作内涵，加快医院发热门诊、核酸实验室等基础设施建设，提高医疗服务能力。培育、推广健康医院典型案例，实施健康医院建设管理台账，落实工作季报制度，推动健康医院建设取得成效。

在市红会医院开展卫星医院试点，将医院术后康复功能向基层延伸。在莲湖区人民医院设置市红会医院卫星医院，设置床位 66 张，年收治出院病人 1600 余例。主要承担莲湖区常见病多发病的诊治以及市红会医院出院患者的术后康复工作。缓解三甲医院就诊压力，将优质资源向社区下沉和延伸。市第四医院眼科获批国家临床重点专科，市红会医院国家骨科区域医疗中心通过陕西省评审。市直属医院专科水平（骨科、眼科、妇产科、儿科、中医科、精神科等），在西北地区处于龙头地位，达到国内一流水准。

加快推进县级综合医院项目建设，县级综合医院改扩建项目 9 个，4 个项目已竣工投入使用，5 个正在建设中。采供血能力持续提升。建成投入使用献血屋 2 个，累计建成献血屋 8 个。

组织开展年度医师资格考试报名及综合笔试工作。对网上报名成功的考生进行现场资格审核，审核 11235 名考生报名资格，通过考区、考点资格审核的有 10050 人。组织 7746 名考生参加综合计算机考试，协调疾控、医疗、公安、城管、保密、电力、无线电管理等部门综合治理考场环境，圆满完成西安考区考试工作。

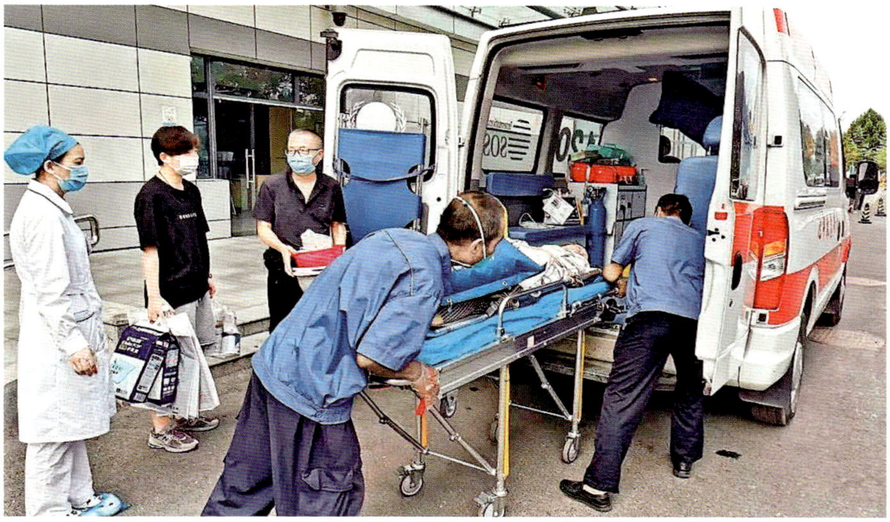

2022 年 8 月 23 日，西安市人民医院航天城院区“120”急救站接诊患者
（市卫健委　供图）

【药政管理】　2022 年，西安市各级各类公立医疗机构药品和医用耗材采购顺利迁移新网，医疗机构基本药物配备使用稳步提升。全年全市药品采购金额 52.09 亿元，比上年增加 4.06%；医用耗材采购金额 49.72 亿元，增加 8.35%。市卫健委规定各级公立医疗机构优先配备使用国家基本药物，市二级以上公立医疗机构及 80% 的基层医疗机构顺利完成药品使用监测数据采集上报工作。有 32 家公立医院开展总药师制度试点工作，比上年增加 8 家。

【医疗急救】　2022 年，西安市卫生健康委员会平安完成省市级党代会、“两会”、高（中）考、丝博会等重大活动医疗卫生保障工作。完成各类大型活动医疗保障和指令性任务 86 次，出动急救车组 280 车（次），安排急救人员参加保障 848 人（次）。从各医疗机构抽调医护人员 293 人、调度人员 130 人、司机 32 人，加强到“120”医疗队伍中，保障急救、转运和调度体系平稳运转。建立平急结合的调度工作机制，在调度应急状态时，分批次支援调度接听工作，保障“120”生命线畅通。落实站点建设工作，建立空军第九八六医院、西安医学院第三附属医院、市第五医院、西安庆华医院、市人民医院航天院区 5 个急救站，筹备陕西冶金医院、市中医医院（曲江院区）、市胸科医院 3 个急救站。全力推进已有调度系统的扩容改造工作。市急救中心将通信系统中继线路扩容至 5 条，将调度座席由 12 个扩充至 24 个（具备接听、调派全功能），建成应急分流接听座席 36 个。加快“西安急救中心调度扩容升级”项目进度，编修《西安急救中心调度扩容升级项目初步设计方案》，全力推进该项目立项、财评、预算申报及招标等重点工作。

【行政审批服务】　2022 年，西安市卫生健康委员会办理政务服务事项 11011 件，其中医疗机构执业登记 6 件、医师执业注册 2576 件、护士执业注册 3592 件、医疗广告等其他类审批事项 4837 件。对西安高新医院、市儿童医院和市第一医院进行全面检查评审，批准其成立互联网医院，开展互联网医疗活动。全市共有 5 家互联网医院，分别是西安市红会医院互联网医院、西安国际医学中心医院互联网医院、西安高新医院互联网医院、西安市儿童医院互联网医院和西安市第一医院互联网医院。

【医疗服务质量与管理】　2022 年，西安市卫生健康委员会多措并举，提升医疗服务质量。督促各医院加装保护患者隐私的设施；在医院候诊大厅设置“一站式”服务中心为患者提供咨询、宣传、导医、翻译等服务，设置母婴室、轮椅、充电宝等便民服务设施；分流医务人员私家车辆，为患者腾出车位；加强停车场管理，减少院门口的拥堵；在院内人流量大、楼层较高的电梯派驻人员，动态调整电梯停靠设置，提升电梯运行效率，减少楼门口的拥堵，改善群众的就医体验。

召开年度临床合理用药规范化培训会暨医院药学质控提升研讨会，对全市医疗机构麻、精药品的管理开展培训。召开医疗机构麻醉药品和第一类精神药品“电子印鉴卡”网络管理培训会议，进一步规范全市麻醉药品和第一类精神药品电子印鉴卡管理。开展医疗机构麻醉药品和第一类精神药品管理问题排查工作，对部分市级医疗机构开展抽查，对问题较为严重的 4 家医疗机构立案查处。

【预约诊疗服务】　2022 年，西安市卫生健康委员会推动医疗机构优化预约诊疗流程，督促医疗机构提供多种形式的预约诊疗服务，使预约放号时间更科学。全年提供预约诊疗服务 1394.12 万人（次）。在高峰时期增设诊室和医生，满足患者就诊的同时控制挂号数量，延长诊疗时间，让医生有更多的时间为患者提供细致的诊疗服务。通过推广诊间结算和移动便捷支付，减少重复排队。

（王程伟　李　响）

2022 年 5 月，西安高新医院互联网医院成立　（高新区管委会　供图）

体育设施

【概况】　2022年，西安市有体育场地36177个。有公共体育场馆、企业投资对社会开放的体育场馆和单体游泳馆61个；在建的体育场馆8个，总投资69.99亿元。西安市体育局加快推进西安市体育训练中心（丝路国际体育文化交流培训基地）项目建设，完成4个训练场馆和3栋高层主体建设，外训交流中心室内精装修完成总工作量的85%，完成机电调试、道路铺设、景观绿化等工作。推进西安体育文化展示中心暨体育博物馆项目建设。组织对西安市军民融合、航空航天等文化展示场馆进行实地走访调研，起草完成项目概念方案。启动西安市水上运动训练基地项目前期筹建工作。考察调研流经西安市灞河水域，并对5段具备水上运动条件的水域进行研究论证，形成项目概念方案初稿。推进全市免费或低收费补助场馆信息化改造工作。4个区（县）共1处大型、3处中小型公共体育场馆完成信息化改造。详见表61、表62。

【全民健身场地设施建设】　2022年，西安市不断夯实“15分钟健身圈”成果，制定下发《2022年西安市全民健身惠民工程实施方案》，充分利用城市闲置空地，布局便民利民的全民健身场地设施。全市共实施全民健身路径250个、多功能运动场10个、室内健身房10个，建成高新区唐城墙遗址公园、人才公园、莲湖区莲湖公园等健身园区和雁塔区孟村社区、未央区馨和居社区2个全民健身示范社区。

【公共体育器材管理】　2022年，西安市发挥“西安体育大管家”平台作用，加快建立健全全市全民健身场地设施信息化管理和预约系统，落实年度清查巡检制度，夯实各方监管责任，及时更新老旧器材，维护损毁设施，确保场地设施安全性、公益性。组织区（县、开发区）开展全面排查2次，依托“西安体育大管家”平台，面向社会常态化开展器材设施线上报修服务，较好地缓解器材设施日常维护管理压力。

【体育场馆低免开放】　2022年，西安市根据陕西省体育局《关于做好2023年公共体育场馆低免开放信息填报工作通知》要求，下发《西安市体育局关于做好2023年公共体育场馆低免开放信息填报工作的通知》，推进涉及足球、篮球、羽毛球、乒乓球等项目的6个综合性公共体育场馆以更方便的时间、更优惠的价格向市民开放。

【西安市人民体育场】　西安市人民体育场位于新城区西五路26号，占地面积9.13万平方米，室内场馆面积5000平方米，室外体育场地面积3.67万平方米，体育设施总面积4.17万平方米。主要承办企业、事业单位运动会和学校运动会，中、小型会展等活动，是西安市城区内全民健身活动中心。场西门全民健身广场的2组健身路径20件健身器械和5副乒乓球台全天免费对群众开放，并免费向群众提供田径场进行晨练。市体育场建于1952年，设施陈旧，2022年7月，西安市人民体育场改造提升工作启动。

【西安奥体中心体育场】　西安奥体中心体育场位于灞桥区奥体大道2020号，占地面积10.6万平方米，建筑面积15.6万平方米，地上5层，拥有6万个座位。2021年建成，并承办全国第十四届运动会开幕式及田径比赛。2022年6月1—5日，体育场及广场公共区域免费供市民群众参观体验，暑期陆续开放游泳、羽毛球、足球、篮球等运动场地。

【西安奥体中心体育馆】　西安奥体中心体育馆位于灞桥区奥体大道2020号，建筑面积10.8万平方米，地上5层，内部设有1.8万个座席。2021年建成，并承办全国第十四届运动会闭幕式。2022年5月19—22日，体育馆承办2022和平精英职业联赛春季总决赛。

2022年11月23日，市民在唐城墙遗址公园全民健身示范园区健身
（市体育局　供图）

【西安奥体中心游泳馆】 西安奥体中心游泳馆位于灞桥区奥体大道2020号，建筑面积10.3万平方米，地上4层，地下1层，有4000个座椅。2021年建成，并承办全国第十四届运动会游泳、跳水、花样游泳比赛项目。2022年7月5日，中国游泳代表团在游泳跳水馆进行训练。

【西安城市运动公园主体育馆】 西安城市运动公园主体育馆位于未央区未央路168号，建筑面积1.8万平方米，地上1层，局部4层，设有观众席7625座。2021年，承办全国第十四届运动会五人制篮球（19岁以下组）、三人制篮球比赛项目。2022年4—6月，先后承办2022西安城市运动公园“李宁杯”青少年足球赛、“五一体育节”活动和“NYBO”篮球赛（西安赛区）以及西安市书画展、陕西省小学生篮球赛等活动。

【西安国际足球中心】 西安国际足球中心位于西咸新区沣东新城，占地18.67万平方米，总建筑面积23.9万平方米，固定座席6万个，能够承接除世界杯开幕式以外的所有国际A级足球赛事。2020年8月13日，西安国际足球中心正式开工建设；2022年3月，西安国际足球中心钢结构工程压环梁成功合龙。

【陕西省体育场】 陕西省体育场位于西安市南二环长安立交西北部，建筑面积9.7万平方米，占地面积4.89万平方米，1954年12月建成，可容纳观众5万人。2012年5月，中国足协确立陕西省体育场为足球项目“中国之队”7个固定主场之一。2021年，省体育场完成翻新改造，并承办全国第十四届运动会足球比赛项目。2022年，省体育场主副场地同时对外开放，免费为市民提供健身跑步场所；6月23日，西安市首届社区运动会高新区分区赛启动仪式在省体育馆举行。

【陕西省奥体中心体育馆】 陕西奥体中心体育馆位于西安市高新区陕西省体育训练中心内。总建筑面积7.24万平方米，观众总座椅5000个，建筑高度40米，地下1层，地上3层。2018年6月29日开工建设，2020年11月12日竣工交付使用。2021年，承办全国第十四届运动会体操、击剑比赛项目。2022年6月24—25日，2022陕西高校招生咨询会在省奥体中心体育馆举行，参加人数1万余人。

【陕西省体育训练中心游泳跳水馆】 陕西省体育训练中心游泳跳水馆位于西安市高新区丈八东路西段311号，总面积1.8万平方米。该馆由游泳、跳水、训练3馆组成，可容纳观众2080人。2021年承办全国第十四届运动会现代五项比赛项目。2022年陕西游泳队在游泳跳水馆进行训练。 （叶卓立）

表61 2022年西安市体育场馆一览表

序 号	场馆名称	座位数/个	备 注
一、大型体育场馆			
1	西安市人民体育场	18000	市、区所属场馆（共7个）
2	西安奥体中心体育场	60000	
3	西安奥体中心体育馆	18000	
4	西安奥体中心游泳馆	4000	
5	临潼区人民体育场	20800	
6	经开区城市运动公园体育馆	8000	
7	西安国际足球中心	60000	
8	陕西省体育场	43000	省级场馆（共3个）
9	陕西省奥体中心体育馆	5000	
10	陕西省体育训练中心游泳跳水馆	6800	
二、中小型场馆			
1	经开泾渭体育中心	—	市、区所属场馆（共24个）
2	临潼区体育馆	—	
3	阎良文体中心体育馆	—	
4	阎良区石川河极限运动中心	—	
5	长安文化中心体育馆	—	
6	周至县文体中心综合馆	1300	
7	周至县文体中心田径场	—	
8	高陵区文体中心体育场	—	
9	高陵区文体中心体育馆	200	
10	碑林区火炬路全民健身中心	—	
11	西安市青少年体育学校乒乓球馆	—	
12	西安市青少年体育学校羽毛球馆	—	
13	西安市青少年体育学校武术馆	—	
14	西安市青少年体育学校体操馆	—	
15	西安市青少年体育学校篮球馆	—	
16	西安市体育运动学校田径场	—	
17	西安市体育运动学校综合馆	—	
18	西安市射击射箭运动管理中心射击射箭馆	—	
19	西安市游泳运动管理中心室内游泳馆	200	

续表 61

序　号	场馆名称	座位数 / 个	备　注
20	西安市游泳运动管理中心室外游泳池	—	市、区所属场馆（共 24 个）
21	伞塔路综合全民健身中心	—	
22	西安市体育训练中心	在建	
23	西咸新区马术场	2500	
24	西咸新区小轮车场	1597	
25	常宁生态体育训练比赛基地	—	省级场馆（共 1 个）
三、校园场馆			
1	高校场馆	93	共 3476 个
2	中小学场馆	3383	

说明：大型体育场馆，指固定座位数 20000 个以上的体育场、固定座位数 3000 个以上的体育馆、固定座位数 1500 个以上的游泳馆；中小型场馆，指规模较小、主要承担基本体育公共服务的体育场馆

表 62　2022 年西安市体育项目经营场所一览表

序号	高危险性体育项目经营场所		在建冰雪运动场馆		其他运动经营场所	
	项　目	数量 / 个	项　目	数量 / 个	项　目	数量 / 个
1	游泳	198	陕西际华园冰雪运动中心	1	动力飞行	1
2	滑雪	4	西安融创冰雪世界	1	无动力滑翔飞行	4
3	攀岩	2	幸福林带银基冰雪世界	1	滑冰	3
4	潜水	1	—	—	—	—

群众体育

【概况】　2022 年，西安市全面构建“15 分钟健身圈”，举办西安市首届社区运动会、2022 中国街舞公开赛、渭河健身长廊第七届自行车联赛、第四届老年人体育健身大会等品牌活动，精心策划“舞动长安”全民健身技能大赛（线上赛），开展 2022 年迎新春居家健身线上赛、西安贺岁祈福线上跑等全市联动活动。市、区两级开展科学健身指导“五进”（进社区、进学校、进村镇、进机关、进工厂）示范活动超 50 次。研究制定《西安市全民健身实施计划（2021—2025 年）》《西安市全民健身工作联席会议制度》《西安市关于进一步加强老年人体育工作的实施意见》《西安市体育社会组织考评办法》《西安市体育协会管理暂行办法》，精心打造未央区馨和居社区、雁塔区孟村社区、阎良区红旗社区、经开区文景东区和文景西区社区 5 个示范社区，社区全民健身服务体系基础进一步夯实。深入落实全运惠民工程，实施全民健身路径工程超 250 个，多功能运动场 15 个，群众健身房 10 个，打造全民健身园区 4 个，“15 分钟健身圈”成效显著。稳步推进“西安健身大管家”平台建设，以平台为支撑，结合各类健身场地设施、体育组织，通过覆盖“云”服务网络，逐步形成“体育组织线下指导 + 智慧平台线上服务”的互补结构，为群众提供差异化、精细化、便捷化服务。

【全民健身】　2022 年，西安市坚持体育惠民，全民健身服务体系全面提升。编制《西安市全民健身实施计划（2021—2025 年）》《西安市全民健身工作联席会议制度》，健全全民健身配套措施。举办西安市首届社区运动会、2022 中国街舞公开赛、渭河健身长廊第七届自行车联赛、第四届老年人体育健身大会等品牌活动，精心策划“舞动长安”全民健身技能大赛（线上赛），开展 2022 年迎新春居家健身线上赛、西安贺岁祈福线上跑等全市联动活动，持续开展各类群众体育活动和区（县）体育品牌活动。全市各类体育组织累计举办全民健身活动 800 项次，参与辐射人数 600 万余人；市、区两级共有 286 个体育社会组织，3 万余名社会体育指导员，近 2000 个体育晨晚练站点，在服务群众日常健身方面发挥明显作用，全民健身组织网络日趋健全。

【青少年体育】　2022 年，西安市借助足球重点城市建设的良好契机，制定印发《关于发展西安市足球特色区县的通知》《西安市足球发展重点城市建设工作（2022—2025 年）》等方案，在全市中小学推广青少年足球项目，以足球项目为引领，普及并促使其他青少年体育项目快速健康发展，顺利获评“十四五”期间第二批国家足球发展重点城市，组织全市 1514 名青少年运动员参加陕西省第十七届运动会，取得良好成绩。参加全国少年儿童跳水锦标赛，全国射击、射箭锦标赛，全国田径大奖赛，全国 U 系列举重冠军赛等赛事，获得 5 个第 1 名、4 个第 2 名、6 个第 3 名。举重运动员龙雪在亚洲举重锦标赛上获得挺举和总成绩 2 项冠军，射击运动员刘宇坤在射击世锦赛上获得 50 米步枪卧射银牌，并获得巴黎奥运会参赛席位。

【老年人体育】　2022 年，西安市体育局参照全民健身示范社区标准，结合养老型社区、养老院建设，在老龄化程度较高的社区突出老年人康养、慢性病康复等服务功能，创建集康养型健身设施、健身组织、健身活动于一体的康养融合示范社区。组织第四届老年人体育健身大会等品牌活动，通过举办广场舞、乒乓球、手杖操等比赛活动，落实全民健身和健康中国战略，践行“全民健身、全民健康、全民幸福”的理念。

【2022 年蓝田县冰雪趣味运动会】　2022 年 2 月 11 日，西安市在蓝田县竹林畔滑雪场举行冰雪趣味运动会，参赛人数 49 人。设雪地拔河、雪地龙舟、雪圈接力赛等多个项目，是西安市冰雪系列活动的首场活动。文旅体育局 1 队获一等奖。

【2022 年西安市伞塔路综合健身中心体育大联欢活动】　2022 年 2 月 15 日，由西安市射击射箭运动管理中心主办，伞塔路综合健身中心承办的西安市伞塔路综合健身中心体育大联欢活动举行，参赛群众 300 余人。活动以“瑞虎闹元宵　健康庆新年”为主题，通过节目表演、现场知识问答、趣味游戏比赛的方式，引导广大市民快乐健身、科学健身。

【2022年灞桥区全民滑雪趣味赛】 2022年2月16日，由西安市体育局主办的西安市冰雪系列活动暨2022年灞桥区全民滑雪趣味赛在白鹿原滑雪场举行。活动设有滑雪、雪地拔河、雪圈接力、冰雪龙舟等4个项目，以“健康快乐过新年，冰雪运动燃起来”为主题，公开招募40多名冰雪运动爱好者参与比赛。冰雪奇迹队获雪地拔河赛第1名，体彩队获雪圈接力赛第1名，灞桥区足球协会队获雪上龙舟赛第1名。个人方面，王小龙、张楠分获男子组、女子组第1名。

2022年6月10日，西安市首届社区运动会在长乐公园开幕。图为社区群众进行太极拳比赛

（西安日报社 供图）

【西安市首届社区运动会】 2022年6月10日至11月，西安市在长乐公园举行首届社区运动会，以“我参与、我健康”为主题，以群众喜闻乐见的体育赛事和体育活动为纽带，推动群众加强交流、促进沟通、增进友谊，增强基层社区党组织的凝聚力、战斗力和号召力，参赛群众132万人。分区赛设球类、素质类、棋类、操舞类、趣味类5个大类，25个项目，由各区（县、开发区）陆续组织实施；总决赛设3人制篮球、5人制足球、乒乓球、羽毛球、跳绳、象棋、围棋、广播体操、广场舞、太极拳、健身气功11个竞赛项目，以及游泳、自行车2个交流项目。新城区、碑林区、莲湖区、雁塔区、灞桥区、长安区、高陵区、国际港务区获评“优秀组织奖”，长安区、雁塔区、未央区、碑林区、鄠邑区、新城区、高新区、阎良区获得“团体总分奖”，临潼区、蓝田县、周至县、西咸新区、经开区、曲江新区、浐灞生态区、航天基地获评“体育道德风尚奖”，新城区咸宁社区、碑林区东关社区等30个社区获评“活力社区”。个人方面，新城区西电设社区孙金鹏、莲湖区臻园社区程高峰等30人获评“党员先锋”，长安区南长安街社区赵子鎔、雁塔区建工路社区吴承谦等20人获评“社区运动之星”，高陵区鹿苑社区任博、灞桥区沁蓝社区李军霞等20人获评“优秀社会体育指导员”。

【2022中国·渭河健身长廊第七届自行车联赛（西安未央站）】 2022年9月29日，2022中国·渭河健身长廊第七届自行车联赛（西安未央站）在汉长安城未央宫国家考古遗址公园鸣枪举行，有约100名选手参加比赛。该次比赛由陕西省体育局主办。联赛是陕西省重点打造的一项自行车品牌赛事。此前，西安市已连续承办6届比赛。沈雨扬、丁力恒、王雪莉、杨峥分别获得男子公路精英组、男子山地公开组、女子山地公开组、男子公路个人计时赛冠军。

【“舞动长安”2022西安市全民健身技能大赛（线上赛）】 2022年11月10—20日，“舞动长安”2022西安市全民健身技能大赛（线上赛）举行。整个赛事由市体育局主办，市社会体育指导员协会协办，西安体育大管家平台支持，各区（县、开发区）选派的57支健身队伍参加。比赛设健身操舞类、武术搏击类、太极气功类、综合类4大竞赛项目，碑林区代表队、未央区代表队、阎良区代表队获“健身操舞类一等奖”；长安区代表队、蓝田县代表队获“武术搏击类一等奖”；雁塔区代表队、碑林区代表队、灞桥区代表队获“太极气功类一等奖”；碑林区代表队、灞桥区代表队、高陵区代表队获“综合类一等奖”；碑林区、周至县、未央区获“团体总分奖一等奖”。

（叶卓立）

表63 2022年西安市群众体育赛事一览表

序号	竞赛活动名称	时 间	地 点	参加单位	运动员人数/人	主办单位	承办单位
1	2022年西安市新春体育大拜年系列活动	1—2月	各区（县、开发区）	各区（县）、街镇	6000	西安市体育局	莲湖区文化和旅游体育局
2	“舞动长安”2022西安市全民健身技能大赛（线上赛）	3—11月	各区（县）、西咸新区、高新区、国际港务区	相关区（县）、街镇	30000	西安市体育局	相关区（县）政府、开发区体育部门
3	西安市首届社区运动会	11月	各区（县、开发区）	公开报名	103.5万	中共西安市委组织部 西安市体育局 西安市民政局	各区（县）政府 各开发区管委会
4	第四届老年人体育健身大会	9—10月	各区（县、开发区）	公开报名	3000	西安市体育局 中共西安市委老干部工作局 西安市卫生健康委员会	西安市老年人体育协会
5	西安市全民健身冰雪系列活动	2月	灞桥区 蓝田县	公开报名	400	西安市体育局	灞桥区文化和旅游体育局 蓝田县文化和旅游体育局

竞技体育

【概况】 2022年，西安市聚焦重点任务，竞技体育取得新跨越。参赛陕西省第十七届运动会，获得11枚金牌、6枚银牌、2枚铜牌；参加全国少年儿童跳水锦标赛，全国射击、射箭锦标赛，全国田径大奖赛，全国U系列举重冠军赛等赛事，获5个第1名、4个第2名、6个第3名。开展全国足球发展重点城市申报工作，接受国家体育总局专家组的资料审查和实地考察，获评“十四五”期间第二批国家足球发展重点城市。制定2022年全国跳水冠军赛暨世界游泳锦标赛、2022年中国跆拳道公开赛、2022年西安马拉松等赛事的实施方案和国家体育总局“体总杯”三大球中国城市联赛参赛方案，安排西安市第十七届运动会各项举办筹备工作，根据实际情况开展后续工作。完成中国游泳代表团103人赴境外参赛回国后的隔离训练保障任务。加快推进国家综合体育训练基地建设，与中国田径协会、国家游泳运动管理中心、中国登山协会、中国轮滑协会签订战略合作协议，与国家体育总局重竞技运动管理中心、中国足球协会达成转训合作意向。详见表64、表65。

2022年8月5日，在陕西省第十七届运动会上，西安选手参加游泳比赛
（市体育局　供图）

【后备人才培养】 2022年，西安市推进体教深度融合，依托新建成的市体育训练中心，与国家田径、游泳、跳水、轮滑、攀岩等项目中心签订战略协议，中国田径协会、中国游泳协会、中国跳水协会分别授予田径项目西安国际训练基地、国家游泳项目西安训练基地、国家跳水项目训练基地，进一步打造国家级高水平体育后备人才基地，借助国家优质资源，加强西安市竞技体育后备人才基地建设，在西安交通大学附属中学、西安市铁一中学、西安市曲江第一中学、国际港务区铁一中陆港学校建立西安市篮球、排球、足球项目竞技体育后备人才基地，并着力将此项工作在全市推广，从而带动全市青少年体育运动发展，不断提升青少年竞技水平。积极推进青少年体育后备人才发展，按照陕西省体育局“选星计划”工作安排，市、区（县）体育、教育部门深入学校开展此项工作，累计参加海选6971人，向省级训练营输送参加测试354人，通过初选151人，参加省级训练营集训50人。

【2022—2023年中国飞盘联赛（陕西西安站）】 2022年8月6日，2022—2023年中国飞盘联赛（陕西西安站）在西安市曲江杜邑遗址公园举办。该次联赛由国家体育总局群众体育司、中华全国体育总会群体部指导，国家体育总局社会体育指导中心、全民健身活动推广与指导委员会、中央广播电视总台体育青少年节目中心、陕西省体育局主办，全国飞盘运动推广委员会、陕西省社会体育运动发展中心、西安市体育局、西安曲江新区管理委员会承办，杭州飞盘文化发展有限公司、西安曲江体育集团有限公司、西安西马汇跑赛事运营有限公司、康连接体育文化集团有限公司运营。西安、宝鸡、延安等地区12支参赛队伍336名运动员参赛。西安体育学院V7战队获冠军，兵马俑-RJM战队获亚军，YUF战队获季军，西安体育学院V7战队获“飞盘精神奖”，YUF战队的刘一晓和YUF战队的刘一曼分别获“最有价值男女运动员”，西安体育学院V7战队的孙京主、黄转转被评为“优秀教练员”。

【参加陕西省第十七届运动会】 2022年8月11日，陕西省第十七届运动会在榆林市体育中心体育馆圆满落幕。西安体育代表团以780.65枚金牌、421.6枚银牌、429.95枚铜牌的成绩获代表团奖牌榜第1名，以444枚金牌、213.5枚银牌、217枚铜牌的成绩获赛会奖牌榜第1名，以219枚金牌、153.5枚银牌、139枚铜牌的成绩获重点项目奖牌榜第1名。西安体育代表团获“体育道德风尚奖”。

【中国—加勒比地区国际象棋团体对抗赛】 2022年12月10—11日，中国—加勒比地区国际象棋对抗赛在chess.com平台举办。该次比赛由国家体育总局棋牌运动管理中心、中国国际象棋协会和苏里南国际象棋协会主办，西安市体育局、西安市人民政府外事办公室、西安市莲湖区人民政府承办，西安市莲湖区文化和旅游体育局协办，西安铭扬文化发展有限公司运营。中国队超快棋对抗赛中以7胜1平获得对抗赛优胜。

（叶卓立）

表64　2022年西安市举（承）办国际、全国体育赛事一览表

序号	竞赛活动名称	时　间	地　点	参加单位	运动员人数/人	主办单位	承办单位
1	2022—2023年中国飞盘联赛（陕西·西安站）	8月6—7日	曲江杜邑遗址公园运动中心	俱乐部	300	国家体育总局社会体育指导中心 国家全民健身活动推广与指导委员会 陕西省体育局	全国飞盘运动推广委员会 西安市体育局 西安曲江新区管理委员会
2	2022中国·渭河健身长廊第七届自行车联赛（西安站）	9月29日	汉长安城未央宫国家考古遗址公园	公开报名	100	陕西省体育局	陕西省航空无线电汽车摩托车运动管理中心 西安市体育局 未央区政府

续表 64

序号	竞赛活动名称	时 间	地 点	参加单位	运动员人数 / 人	主办单位	承办单位
3	中国—加勒比地区国际象棋对抗赛	12 月 10、11 日	西安市莲湖区	邀请加勒比地区选手	8	国家体育总局棋牌运动管理中心 中国国际象棋协会 苏里南国际象棋协会	西安市体育局 西安市人民政府外事办公室 西安市莲湖区人民政府
4	“一带一路”中国·陕西街舞公开赛	6 月 18、19 日	西安市雁塔区	公开报名	456	陕西省体育局	陕西省社体中心 西安市体育局 雁塔区人民政府 曲江新区管委会 陕西省体育舞动协会

表 65　2022 年西安市举办第十七届运动会项目一览表（群众组）

序号	竞赛活动名称	时 间	地 点	参加单位	运动员人数 / 人	主办单位	承办单位	责任部门
1	西安市第十七届运动会（群众组）象棋比赛	7 月 21—24 日	西安市总工会示范职工书屋 2 楼（大土门 56 号土门工人文化宫）	公开报名	130	西安市人民政府	西安市体育局 西安市直属机关工作委员会 西安市文化和旅游局 西安市总工会	西安市社会体育指导中心
2	西安市第十七届运动会（群众组）乒乓球比赛	7 月 26—30 日	市青少年体育学校乒乓球馆（西五路 26 号市体育场内）	公开报名	436	西安市人民政府	西安市体育局 西安市直属机关工作委员会 西安市文化和旅游局 西安市总工会	西安市社会体育指导中心
3	西安市第十七届运动会（群众组）柔力球比赛	8 月 4 日	市体育场篮球馆（西五路 26 号市体育场内）	公开报名	200	西安市人民政府	西安市体育局 西安市直属机关工作委员会 西安市文化和旅游局 西安市总工会	西安市社会体育指导中心
4	西安市第十七届运动会（群众组）武术比赛	8 月 7 日	西安建筑科技大学雁塔校区体育馆（雁塔路中段 13 号）	公开报名	343	西安市人民政府	西安市体育局 西安市直属机关工作委员会 西安市文化和旅游局 西安市总工会	西安市社会体育指导中心
5	西安市第十七届运动会（群众组）台球比赛	8 月 12 日	高格桌球俱乐部（长安北路奥林匹克大厦 A 座 23 楼）	公开报名	156	西安市人民政府	西安市体育局 西安市直属机关工作委员会 西安市文化和旅游局 西安市总工会	西安市社会体育指导中心

体育产业

【概况】 2022 年，西安市体育产业进一步提质增效，场馆建设步伐不断加快，赛事名城建设工作继续推进，研究制定《西安市十四运会场馆赛后运营管理指导意见》，按照赛后利用“一馆一策”的原则，因地制宜开发场馆资源，对场馆无形资产开发利用，增加大型体育场馆群的复合经营效益。市体育局与市文化和旅游局共同起草并下发《2022 年西安市文化旅游体育产业稳增长促消费十二条措施》，统筹推进疫情防控与文旅体发展，加快文旅体市场恢复性增长。同时，市体育局积极帮助有融资需求的体育企业协调对接西安市金融工作局，解决体育企业融资难的问题。

【规范体育市场秩序】 2022 年，西安市持续加大对体育市场的监督管理，推动全市体育场馆和体育项目经营场所安全生产、疫情防控督导检查工作。积极组织开展自建房从事经营性体育项目房屋安全隐患排查、体育行业重点人群重点场所核酸检测工作。深化“放管服”改革，优化营商环境，落实社会信用体系建设，提升一体化政务服务能力，开展“一把手走流程、坐窗口”活动。

【体育产业服务】 2022 年，西安市体育局指导各区（县、开发区）体育主管部门完成 2022 年国家体育旅游示范项目、国家体育旅游示范基地、国庆黄金周体育旅游精品项目、国家体育产业示范单位、示范项目、陕西省现代城市体育综合体等项目申报工作。推荐体育旅游精品赛事 5 个，精品线路 2 条，精品景区 3 个，体育旅游示范基地 2 个，国庆黄金周体育旅游线路 3 条，体育产业示范单位 4 个，体育产业示范项目 3 个，现代城市体育综合体 6 个，不断丰富体育市场，拓展体育消费空间。

【体育市场建设】 2022 年，西安市积极做好市体育消费试点城市相关工作，以西安市人民政府办公厅名义上报 2021 年消费试点城市工作总结至省体育局及国家体育总局，组织 2021 年西安市居民体育消费调查工作。推动西安市中华人民共和国第十四届运动会场馆赛后运营管理。以市政府办公厅名义印发《西安市十四运会场馆赛后运营管理指导意见》，按照赛后利用“一馆一策”的原则，因地制宜开发场馆资源。市政府与陕西省体育局签订《陕西省体育局　西安市人民政府战略合作备忘录》，制定《2022 年启动推进十二项工作》，推进陕西省体育局和西安市人民政府战略合作。做好体育产业市场培育，并为中小企业纾困解难。

【体育彩票】 2022 年，西安市体育彩票销售 34.95 亿元（含西咸新区），总销量居陕西省体彩业界第 1 位，占陕西省体彩总量的 47.19%。体育彩票在售网点 1981 家。市体彩中心接待兑奖彩民 1191 人，累计兑奖彩票 1326 张，其中 10 万元以上大奖 341 张。累计兑付中奖彩票金额 1.06 亿元，代扣代缴个人所得税款 1745.40 万元，实际支付兑奖款 8842.11 万元。 （叶卓立）

人口家庭

【概况】 2022年，西安市常住人口1299.59万人，比上年增加12.29万人。其中，男性人口663.38万人，占51.05%；女性人口636.21万人，占48.95%。性别比为104.27。城镇人口1034.34万人，城镇化率79.59%。出生人口10.81万人，出生率8.32‰；死亡人口9.80万人，死亡率7.54‰；自然增长率0.78‰。

【出生人口】 2022年，西安市受经济发展水平提高、社会价值观变化、生活成本上升、教育压力增大、个人选择多元化等因素影响，三孩政策效果尚不明显，人口增长速度基本与上年持平。市、区（县）政府加大住房、教育和医疗等基本民生投入，缓解家庭生育、养育、教育负担，激发群众的生育意愿和能力。坚持“房住不炒”定位，住房价格趋于稳定。新建和改扩建中小学、幼儿园116所，新增学位10.5万个。医疗保险基本实现应参尽参、应保尽保。重视儿童保健工作，为符合条件的夫妇提供生育津贴、优质的产科医疗服务和相关的保健指导，确保母婴健康和安全。全年出生人口10.81万人，人口出生率为8.32‰；自然增长率0.78‰。

（李 黛）

【婚姻登记管理】 2022年，西安市民政局稳妥推进国务院婚姻登记“跨省通办”试点工作，全年累计办理结婚登记70090对，跨区域办理18030对，办理离婚登记18994对。申报“西安市婚姻登记全程电子化服务规范”地方标准，力求从制度上实现全市婚姻登记服务标准统一。探索婚姻电子证照功能，实现婚姻登记证件电子化，便利群众办证。举办“我们的节日•七夕”主题示范活动，探索集体颁证、特色颁证仪式等多种婚姻登记新形式，打造出公园式、汉唐文化厅等多个特色婚姻登记场所。

【婚俗改革】 2022年，西安市推动婚俗改革，坚持因地制宜，开展“情感驿站”“好家风模范家庭”等创建活动，推广婚俗礼仪公约，推动移风易俗，倡导现代文明简约的婚礼形式和优秀传统文化。运用社工站、婚姻综合服务平台等资源力量，探索“社工+婚姻家庭”、“志愿服务+婚姻家庭”、远程协调等多种服务模式，实现婚姻家庭服务“进社区”“云辅导”。

【殡葬管理与服务】 2022年，西安市稳步推进“惠民殡葬补助和节地生态安葬奖补”及“公民身后一件事一次办”集成改革工作，办理惠民殡葬补助和节地生态安葬奖补共计2917件，发放资金309万元。推动殡葬用地纳入《西安市国土空间专项规划目录清单》，印发《关于进一步规范公墓审批监管工作的通知》，优化公墓审批和监管机制，强化公益属性，规定全市所有经营性公墓划出30%的空间用于公益事业，构建以公益性为主体、营利性为补充、节地生态为导向的安葬服务格局。印发《西安市“十四五”期间全市农村公益性安葬设施建设计划》，计划“十四五”期间，11个涉农区（县、开发区）计划新建农村公益性安葬设施139个。开展全市医疗机构太平间营利性殡仪服务整治行动，巩固深化突出问题整治成果。建成上线“西安市殡葬服务平台”，实现全市所有殡葬服务机构网上预约、线上祭扫，为群众提供规范透明、多样便捷的网络殡葬服务。

（赵瑞瑞）

【家庭状况】 2022年，西安市受人口政策变化，一孩家庭为主，二孩家庭逐渐增加，三孩家庭较少。家庭结构呈现空巢家庭增多、家庭重组现象普遍、“丁克”族流行趋势，年轻人受婚姻观念的变化、学习生活压力等因素影响，结婚意愿普遍降低。全市有家庭户426.96万户，与上年略有下降。全体居民人均可支配收入40214元，比上年增长3.9%。家庭收入比上年有所增长。城镇常住居民人均可支配收入48418元，增长3.2%；农村居民人均可支配收入18285元，增长5.2%。全体居民人均消费支出24051元，比上年下降3.1%。城镇居民人均消费支出27431元，下降4.8%；农村居民人均消费支出15016元，增长3.4%。

（李 黛）

【家庭服务】 2022年，西安市有托育机构686所，累计托位数4.39万个，每千人口拥有托位数达到3.3个，实际入托人数2.1万人。与上年相比，托育机构数增加329所，托位数增加1.52万个，入托人数增加1.2万人。创建星级示范机构114所，其中五星级示范机构31所、四星级示范机构44所、三星级示范机构39所。发展普惠托育机构40所，市财政给予补助160.38万元。审核市级机关、事业单位城市独生子女父母补助金19535人次，下拨补助金2452万元。发放各类奖励扶助金14917.57万元，其中市级投入1951.94万元。完成省级健康家庭建设示范户150户，市级健康家庭新增26万余户，完成建设率25%的目标任务。全市参加计生保险家庭9.3万户，总保费508.7万元。全市各级计生协慰问计生特殊家庭3061户（含28户特难计生特殊家庭），发放慰问金127.57万元。举办“优生优育知识大讲堂活动”6场，开展科学生育、养育、教育宣传活动221场，直接参与10万人（次）。完成400场青春健康“成长之道”“沟通之道”参与式培训，覆盖1.9万余人（次）。3名市级青春健康骨干师资通过国家级青春健康师资认证。开展计生家庭法律维权线上讲座41场，受益群众8200余人（次）。开展“农村中老年妇女生殖健康促进行动”，为鄠邑区、周至县2个试点区（县）750名农村绝经期取环妇女（45～65周岁）每人补贴200元，共发放补贴15万元。

（王程伟　李　响）

【家庭文明创建】　2022年，西安市开展最美家庭寻找活动，揭晓2021—2022年度“崇廉尚德”“绿色家庭”“书香家庭”“孝老爱亲”“科学教子”等各类“最美家庭”390户，推荐第十三届全国“五好”家庭4户，“全国最美家庭”3户，陕西省第十二届五好家庭标兵4户，“五好”家庭16户，“三秦最美家庭”16户，创建“省级绿色家庭示范户”25户，“市级绿色家庭示范户”100户。在群众性活动场所打造家风广场，开设“家庭家教家风”专栏，使家庭教育、家风文化“触手可及”。建立完成社区（村）站点1034个，社区家长学校1972所，指导服务体系覆盖城乡95.6%，命名15个家长学校示范基地，并遴选8家投入民生项目资金，集中优势资源，促进全社会协同育人。启动第三届文明家庭评选，积极推进家庭文明建设和清廉建设。在第十三届全国家庭建设评选中，7户家庭、1个基层单位及1名个人分别获全国“五好”家庭、全国最美家庭及全国家庭工作先进集体和先进个人称号。（陈永超）

【流动人口管理与服务】　2022年，西安市加强流动人口管理与服务，依据《居住证暂行条例》，做好居住证申领、签注、补领、换领和变更，全年制发居住证32万张。居住证实行网上申请办理，为流动人口办证提供便利。打造集事项受理、政策宣传、疑难解答、现场辅导等服务于一体的多功能、多要素的流动便民服务站。组建由党员干部和业务骨干为主体的专员服务队伍，在社区院落、地铁口、商超等流动人口密集区域，提供政策宣传、疑难解答、现场辅导等服务。开展流动人口居住登记，全年登记流动人口64万人（次），核销流动人口78万人。常态化开展居住证办理自查自纠工作。加强租赁房屋治安管理，开展出租房屋登记，全年登记出租房屋33948间，全部签订“治安责任保证书”。（邱　春）

劳动就业

【概况】　2022年，西安市城镇新增就业16.52万人，完成省考目标任务的118%、市考目标任务的114%；失业人员实现再就业36082人，完成目标任务的120%；就业困难人员实现就业5786人，完成目标任务的116%；开展职业技能培训18.3万人（次），完成目标任务的135.56%，全市就业形势基本稳定。

【“就业＋创业”】　2022年，西安市出台《强化稳就业扩就业若干措施》（2022年5月25日印发）、《关于进一步支持大学生创新创业若干措施的通知》（2022年8月30日印发）等政策举措，启动省市协同的就业一体化信息平台建设。突出高校毕业生就业这一重点，组织各类公共招聘活动430场，提供就业岗位90万个；新增就业见习基地477家，发布见习岗位2.87万个，组织上岗见习9491人。举办“不负韶华•国聘行动——西安创新驱动专场”招聘助力高校毕业生就业，提供优质岗位5.1万个，被中央电视台等媒体宣传报道。协助34.1万名农民工有序返岗复工。妥善解决104名随军家属和100余名未就业家属就业问题。新认定市级孵化基地10家，发放创业担保贷款9.25亿元，以创新创业带动就业9.7万余人。为比亚迪、隆基绿能等重点企业提供用工保障服务，累计输送3.8万人（次）。

【高校毕业生就业】　2022年，西安市不断优化高校毕业生就业服务。实施“百万就业见习岗位募集计划”，全市累计建成就业见习基地2335家，发布见习岗位2.87万个，组织上岗9491人，发放生活补贴2860.44万元；新认定市级孵化基地10家，发放创业担保贷款9.25亿元，以创业带动就业超过9.7万人。启动第五届“中国创翼”创业创新大赛西安地区选拔赛、第二届西安女性创新创业大赛等活动，累计举办各类创业竞赛、培训、宣讲等活动430场，提供就业岗位90万个。实施“高校毕业生乐业计划”，对有意愿在西安就业创业的高校毕业生发放“乐业补贴”，累计发放补贴资金超过1亿元。支持企业更多吸纳高校毕业生，向1603家企业发放高校毕业生一次性就业补贴1904.2万元、惠及9521人；审核2502家企业吸纳高校毕业生社保补贴1.07亿元、惠及3.07万人。

【困难群体就业】　2022年，西安市先后出台《关于促进脱贫人口稳岗就业十二条政策措施的通知》《关于扎实推进2022年脱贫人口稳岗就业工作的通知》《关于扎实推进2022年脱贫人口稳岗就业提升行动的通知》等文件，依托苏陕劳务协作和陕南三市就业帮扶合作，加强劳务协作对接，丰富拓展岗位供给、劳务交流、技能培训等协作内容，最大限度促进脱贫劳动力外出务工。全市脱贫劳动力外出务工12.28万人，通过苏陕协作渠道帮扶农村劳动力实现就业2264人（其中脱贫人口实现就业654人）。建立创业孵化示范基地64家，返乡创业示范园区2家，在孵企业1.05万家，带动就业12.36万人。认定社区工厂17家，吸纳脱贫劳动力148人。认定就业帮扶基地26家，吸纳脱贫劳动力213人。开发涉及就地就近就业的保洁员、护林员、护河员等公益性岗位5812个。

2022年，西安市组织各类公开招聘活动430场。图为11月7日，高校毕业生招聘会现场　（雷伟东　摄影）

为返乡农民工、脱贫劳动力发放创业补贴122.5万元，带动就业842人，发放农村自主创业农民创业担保贷款785笔、1.21亿元。

【就业技能培训】 2022年，人力资源和社会保障局大力开展职业技能培训。开展“职业培训进校园”活动，提升高校毕业生就业技能，培训高校毕业生17515人（次）。组织线上公益性培训，参与者有11.73万人（次），全年累计培训18.3万人（次），完成省级目标任务的135.56%。加大养老服务人员培训力度，培训养老服务人员4250人，备案15家职业院校或社会组织作为养老护理职业技能等级评价机构，评价养老护理员2550人（次），发放证书1399个，备案61家职业培训学校开展政府补贴性养老护理员培训。

【和谐劳动关系构建】 2022年，人力资源和社会保障局积极构建和谐劳动关系，妥善处理涉企涉疫劳动合同、工资待遇问题，强化劳动关系跟踪研判和风险防范，及时化解倾向性、苗头性风险隐患。发挥协调劳动关系三方机制作用，开展劳动关系“和谐同行”能力提升3年行动，选树金牌劳动关系协调员126人，打造金牌劳动人事争议调解组织30家；4家企业和1家工业园区被命名为全国和谐劳动关系创建示范企业和示范工业园区。开展根治欠薪行动，检查用工单位8200余家次，巡查在建项目1295次，约谈企业423户次，向社会公布2批次8起典型欠薪案件，向公安机关移送涉嫌拒不支付劳动报酬罪案件28起，为3.87万名农民工兑付工资4.96亿元。处理劳动人事争议仲裁案件3.49万件，仲裁结案率98.75%，调解成功率64.41%。 （王　晨）

【全国和谐劳动关系创建示范企业和工业园区】 2022年9月22日，人力资源和社会保障部、全国总工会、中国企业联合会/中国企业家协会、全国工商联召开全国和谐劳动关系创建示范经验交流电视电话会议，西安市中铁二十局集团有限公司、中国电建集团西北勘测设计研究院有限公司、陕西建工第一建设集团有限公司、西安市热力集团有限责任公司4家公司以及西安航空科技企业孵化器被分别命名为“全国和谐劳动关系创建示范企业”“全国和谐劳动关系创建示范工业园区”。 （李　黛）

收入与消费

【城镇居民收入】 2022年，西安市经济总体保持平稳运行，城镇居民收入实现稳定增长。城镇居民人均可支配收入48418元，比居第2位的咸阳市（42542元）高5876元，比末位的商洛市（29931元）高18487元。从增量看，人均可支配收入比上年增加1487元，比居第2位的咸阳市（1696元）低209元，比居末位的商洛市（1276元）高211元。城镇居民人均可支配收入比上年增长3.2%（名义增速），低于全省（4.2%）1个百分点。在全省10个市中，增速居第10位，较上年下降3位，比居第1位的榆林市（5.0%）低1.8个百分点。详见表66。从收入构成看，工资性收入占比近6成，仍为城镇居民收入主要来源。城镇居民工资性收入、经营净收入、财产净收入

表66　2021—2022年西安城镇居民人均可支配收入情况一览表

指标名称	2022年/元	2021年/元	增量/元	同比增长率/%	构成/%	贡献率/%
人均可支配收入	48418	46931	1487	3.2	—	—
工资性收入	28665	27872	793	2.8	59.2	53.3
经营净收入	2698	2790	-92	-3.3	5.6	-6.2
财产净收入	5500	5344	156	2.9	11.3	10.5
转移净收入	11555	10925	630	5.8	23.9	42.4

表67　2021—2022年西安城镇居民人均生活消费支出一览表

指标名称	2022年/元	2021年/元	同比增长率/%
一、消费支出	27431	28810	-4.8
（一）食品烟酒	7786	7773	0.2
（二）衣着	1375	1725	-20.3
（三）居住	6641	7401	-10.3
（四）生活用品及服务	1842	1864	-1.2
（五）交通通信	2857	2973	-3.9
（六）教育文化娱乐	2804	3300	-15.0
（七）医疗保健	3469	3053	13.6
（八）其他用品和服务	657	721	-8.8

（张　磊）

表 68　2019—2022 年西安农村居民人均可支配收入结构一览表

（单位：元 / %）

指标名称	2019 年	2020 年	2021 年	2022 年	平均增长率
人均可支配收入	14588	15749	17389	18285	7.8
其中：工资性收入	8752	9226	10632	10966	7.8
经营净收入	2416	2652	2702	2932	6.7
财产净收入	326	379	384	411	8.0
转移净收入	3094	3492	3671	3976	8.7

表 69　2019—2022 年西安农村居民各项消费支出情况一览表

（单位：元 / %）

指标名称	2019 年	2020 年	2021 年	2022 年	平均增长率
生活消费支出	12561	12958	14521	15016	6.1
其中：食品烟酒	3197	3626	4202	4318	10.5
衣着	785	789	825	701	-3.7
居住	2902	3142	3437	3567	7.1
生活用品及服务	907	753	826	790	-4.5
交通通信	1489	1632	1826	1923	8.9
教育文化娱乐	1652	1478	1729	1816	3.2
医疗保健	1440	1344	1426	1629	4.2
其他用品和服务	190	195	249	272	12.7
服务性消费支出	3991	3851	4414	4795	6.3

和转移净收入占比分别为 59.2%、5.6%、11.3% 和 23.9%，与上年相比，工资性收入、经营净收入和财产净收入比重分别下降 0.2%、0.3% 和 0.1%，转移净收入比重上升 0.6%。从 4 项收入贡献率来看，工资性收入居首位，对可支配收入的贡献率达到 53.3%，其次是转移净收入，贡献率为 42.4%，财产净收入贡献率为 10.5%，位列第 3；经营净收入对于年度增收贡献率为 -6.2%。

2022 年，西安城镇居民人均工资性收入 28665 元，比上年增长 2.8%。面对疫情冲击、市场需求不足，出台《西安市“十四五”就业促进实施方案》等促进就业、惠企稳岗的支持性政策，强化包括毕业生、农民工、退役军人等在内的就业困难群体帮扶工作，组织实施各层次、多渠道招聘会，支持大学生就业创业，对持续提供稳定岗位的企业缓交或补贴社保支出，支持劳动力灵活就业等多项措施，保障全社会就业水平，提升居民工资性收入。西安城镇居民人均经营净收入为2698元，比上年下降 3.3%。市、县级政府通过落实《西安市扎实稳住经济若干政策措施》，突出惠企业增信心、扩需求增活力、稳产业增动力、保就业增后劲、兜底线增底气等方面，紧盯重点行业、重点区域、重点企业纾困解难。城镇居民人均财产净收入 5500 元，比上年增长 2.9%。随着西安常住居民人口数持续稳定增长，区域内的住宅租金和房屋价格均在高位企稳，居民投资理财意识不断增强，城镇居民财产净收入稳定持续增长。城镇居民人均转移净收入 11555 元，比上年增长 5.8%，对城镇居民增收贡献率大幅提升。退休人员基本养老金年度调整，并普遍在上半年实施、补发到位；年初开始调整工伤保险待遇，不同程度地提高伤残津贴、供养亲属月度抚恤金标准和月度生活护理费等标准；针对最低生活保障及特困供养人员，提供除基础生活费之外的生活消费特别补助；拓宽普通高校毕业生和登记失业青年就业一次性扩岗补助政策受益范围。诸多政策发力，共同保证转移净收入的增长态势。

【城镇居民生活消费】　2022 年，西安城镇居民消费支出 27431 元，比上年下降 4.8%。8 大类消费支出呈现“二升六降”态势。其中，医疗保健类消费比上年增长 13.6%，食品烟酒类消费增长 0.2%；衣着类、教育文化娱乐类和居住类位居下降前 3 位，分别下降 20.3%、15.0% 和 10.3%。年内以食品类为代表的核心居民消费价格指数始终处于温和上涨态势，加上疫情封控与在外堂食等因素的影响，城镇居民食品烟酒类消费微涨 0.2%。持续释放的门诊及住院医疗需求，频发疫情导致的就医需求，影响医疗保健类消费比上年上涨 13.6%。“双减”政策的严格实施扭转上年城镇居民教育类支出增长的态势，共同影响教育文化娱乐类支出比上年下降 15.0%。详见表 67。

【农村居民收入】　2022 年，西安农村居民人均可支配收入 18285 元，比上年增长 5.2%（扣除价格因素，实际增长 2.9%），人均生活消费支出 15016 元，比上年增长 3.4%；与 2019 年相比，3 年收入平均增长 7.8%，其中转移性净收入和财产性净收入平均增速较高，分别为 8.7%、8.0%。居民消费 3 年平均增长 6.1%，其中食品、交通通信、居住消费支出平均增速较高，分别为 10.5%、8.9%、7.1%。农村居民经营和转移性净收入增速相对较高，分别为 8.5% 和 8.3%，拉动可支配收入分别增长 1.3 和 1.8 个百分点，工资性收入增速最低，为 3.1%，拉动可支配收入提高 1.9 个百分点，为拉动收入增长的重要因素。详见表 68。

【农村居民消费】　2022 年，西安农村居民平均消费倾向为 82.1%，比 2019 年

表 70　2022 年西安市物价指数统计表

指数名称	累计比（上年 =100）
居民消费价格总指数	102.2
1. 非食品烟酒价格指数	101.8
服务价格指数	101.2
消费品价格指数	102.9
2. 食品烟酒	103.2
衣着	102.3
居住	100.7
生活用品及服务	100.8
交通通信	103.3
教育文化娱乐	104.2
医疗保健	100.0
其他用品及服务	101.4
商品零售价格指数	103.1
住宅销售价格指数	
新建商品住宅	103.9
二手住宅	100.1

说明：本表数据来源于国家统计局西安调查队。

下降 4 个百分点，消费倾向下降、居民消费行为受疫情影响趋于保守。农村居民 8 大类消费比上年增长趋势与近 4 年总体趋势一致，除衣着和生活用品及服务分别下降 15.0% 和 4.4% 外，其他 6 大类均不同程度增长，医疗保健最高，上涨 14.3%，其余涨幅在 2.8% ～ 9.2%。人均服务性消费支出 4795 元，比上年增长 8.6%，占生活消费支出的 31.9%，为近 4 年最高水平，显示疫情防控期间，农村居民对美好生活的追求带动餐饮、教育文化娱乐、养老保健等服务性消费仍强劲增长，与实物消费双轮驱动，消费水平及结构在持续优化升级。详见表 69。

（李晓宁）

【市场物价】　2022 年，西安居民消费价格（CPI）比上年上涨 2.2%，实现全年 CPI 涨幅控制在 3% 左右的调控目标。8 大类商品和服务价格呈“七涨一平态势”。涨幅最高的是教育文化和娱乐类，上涨 4.2%，最低的是居住类，上涨 0.7%，其余分类价格涨幅在 3.3% ～ 0.8%，医疗保健类价格持平。7 月、8 月、9 月食品价格涨幅均超过价格补贴联动机制标准线（6.0%），3 个月平均上涨超过 8%，市政府高度重视食品价格上行对困难群众生活的影响，及时将价格临时补贴发放到困难群众手中，切实兜牢民生保障底线。猪肉价格波动较大，涨跌幅相差几乎在 ±50% 区间。受全国多地疫情频发、多发影响，鲜菜价格波动起伏较大，最高是 4 月上涨 20.5%，最低是 11 月下降 27.6%。市政府积极拓展货源渠道，加强农产品绿色通道服务保障，确保物流运输通畅，有效应对疫情对市场供应的影响，平均涨幅与上年相比基本持平。鸡蛋、鲜果、粮油类价格涨幅明显。因饲料价格多次上涨，禽类养殖成本显著增加，鸡蛋价格比上年上涨 11.5%；因疫情防控期间，西瓜上市价格与苹果、梨等鲜果售价较上年上涨较多，带动鲜果价格较上年上涨 15.2%；受俄乌冲突影响，源头成本和运输成本增加，以往价格相对稳定的粮食和食用油价格也分别比上年上涨 4.8% 和 5.4%。教育文化和娱乐价格受上年各公办高校调高收费标准影响，上涨 4.2%，拉动 CPI 上涨 0.27 个百分点。受地缘政治冲突等因素影响，国际原油价格持续波动，汽油、柴油价格调价 20 余次，汽油价格上涨 21.5%，柴油价格上涨 23.3%，拉动 CPI 上涨 0.42 个百分点。交通通信类价格上涨 3.3%。疫情影响下，流动人口明显减少，租赁房市场新租率、换租率较低，居住类涨幅仅 0.7%，拉动 CPI 上涨 0.16 个百分点。其他用品和服务涨幅价格上涨 1.4%，涨幅比上年收窄 0.1 个百分点。受药品相关原材料上涨的影响，供货价上调，多种中成药品价格上涨，带动医药保健类价格涨幅由上年 -1.7% 转为持平。详见表 70。

（张学辉　贾海宇）

社会保险

【概况】　2022 年，全力推进全民参保计划，西安市被列为个人养老金制度全国先行城市。截至年底，基本养老保险参保人数 921.23 万人，比上年增加 107.11 万人，其中城镇企业职工基本养老保险参保人数 590.88 万人，增加 62.46 万人。失业保险参保人数 275.55 万人，增加 15.79 万人。工伤保险参保人数 313.95 万人，增加 14.68 万人。医疗保险参保人数 998.12 万人，其中城镇职工基本医疗保险（含生育保险）参保人数 369.22 万人，城乡居民医疗保险参保人数 628.90 万人。

【保险制度改革】　2022 年，西安市推进多层次社会保障体系建设，申请年金备案的企业数突破 170 家。稳定提高社会保障水平，城乡居民基础养老金标准提高至每人每月 188 元。精准落实养老、失业、工伤 3 项社会保险费“降、返、缓、还”等政策，全市阶段性降低失业、工伤保险费 29.66 亿元，发放失业保险稳岗返还资金 10.09 亿元，发放失业保险金、补助金 10.72 亿元，发放农民工一次性生活补助、临时生活补助 5075.32 万元。严抓社保基金安全管理，及时排解风险隐患，先后核查疑点数据 87.84 万条，追回基金 1573.38 万元。

（王　晨）

【医疗保险】　2022 年，西安市全年基本医疗保险基金总收入 374.72 亿元，总支出 216.38 亿元，累计结余 573.91 亿元，其中职工基本医疗保险基金总收入 319.51 亿元，总支出 162.92 亿元；城乡居民基本医疗保险基金总收入 55.21 亿元，总支出 53.46 亿元。医保基金收支平衡，运行稳定。全市有医保定点协议医疗机构 4864 家，定点药店 5662 家。落实国家 DRG 支付方式改革 3 年行动计划，从抓扩面、建机制、打基础、推协同 4 个方面推动 DRG 付费方式在全市落地，139 家医疗机构实际付费，配套政策改革实现 222 种病种按病种付费、17 种按床日付费、12 种日间手术付费。西安市医疗保障管理服务工作受到陕西省政府的表彰。

【大病和慢性病保险】　2022 年，西安市大病保险累计赔付 31.52 万人（次），基金支出 7.9 亿元。1 月 1 日起，全市城乡居民大病保险承办机构由中国人寿保险股份有限公司更换为中国人民财产保险股份有限公司西安市分公司。8 月，市医疗保障经办服务中心印发《关于新增慢性病定点零售药店的通知》，在15个副省级城市中率先全面放开慢性病定点零售药店申请，全市慢性病定点零售药店从250家增至1993家。高血压患者累计享受待遇71.22万人（次），基金支出6458.10万元；糖尿病患者累计享受待遇44.69万人（次），基金支出8338.19万元。（王浩亮）

【城乡居民基本养老保险】 2022年，西安市城乡居民基本养老保险实行同城同待遇（不含西咸新区），全市经办服务统一标准、统一流程，使用全省统一的城乡居民基本养老保险信息管理系统，实现经办业务信息共享。市基本养老保险参保人数921.23万人，比上年增加107.11万人。上调城乡居民基础养老金，西安市城乡居民基础养老金标准从每人每月183元，提高至每人每月188元，新标准从2022年7月1日起执行。

【工伤保险】 2022年，西安市发布调整工伤保险待遇标准的通知，将1至4级伤残职工每人每月分别增加90.74元、85.70元、80.66元、75.61元。增加后，1—4级伤残职工月伤残津贴不足3761.68元的，足额补齐。5级伤残职工每人每月增加70.57元，6级伤残职工每人每月增加60.49元。5至6级伤残职工月伤残津贴不足3038.53元的，足额补齐。切实发挥好工伤保险制度的保障作用，保障工伤职工、供养亲属基本生活。全年办理工伤保险313.95万人。

【失业保险】 2022年，西安市失业保险金标准为1755元/月，保障失业人员在失业期间的基本生活。失业人员在领取失业保险金期间可以同时参加职工基本医疗保险，享受基本医疗保险待遇。在领取失业保险金期满后，不能重新就业，且距法定正常退休年龄不足2年的，可以申请继续领取失业保险金至法定正常退休年龄。继续领取的标准为失业保险金标准的80%。全年办理失业保险275.55万人。

【生育保险】 2022年，西安市生育保险待遇包括门诊生育医疗费用、门诊产前检查限额补贴、住院生育医疗费用和生育津贴。门诊产前检查费用实行每人1000元限额补贴。参保女职工休产假时，按国家规定（国务院《女职工劳动保护特别规定》）的产假天数享受生育津贴待遇。参保女职工享受的生育津贴，以女职工生育或流产时所在用人单位上年度职工月平均工资乘以12（月份）除以365（天数），再乘以产假具体天数，一次性计发。全年办理生育保险340.69万人。（王　晨）

社会救助

【概况】 2022年，西安市巩固脱贫攻坚兜底保障成果，推动社会救助综合改革，保障困难群众基本生活，社会救助兜底保障有力有效，儿童福利和未成年人保护体系持续健全，残疾人福利和流浪乞讨人员救助管理精准实施，分层分类的社会救助体系不断健全。市民政局社会救助处被评为全国社会救助工作先进单位。印发《巩固拓展脱贫攻坚兜底保障成果　推动社会救助事业高质量发展的实施方案》，修订完善《西安市最低生活保障规程》，适度扩大政策保障范围，提高政策可及性。落实《西安市城乡低收入家庭认定办法（试行）》，规范低保边缘家庭认定，提升救助保障精准度。开展惠民救助政策宣传，印制发放宣传资料9万份，做到各类惠民政策公开透明。开展巩固拓展脱贫攻坚成果同乡村振兴有效衔接“百日提升　百日督帮”行动，落实特困人员救助供养排查整治、民政领域兜底保障工作交叉检查、困难群众入户排查，健全完善部门间常态化数据共享比对机制，建立数据比对排查台账，加大防返贫监测预警和动态帮扶，探索形成“1575”（发挥1个平台作用，健全5类救助措施，开展7项专项行动，强化5项工作机制）工作模式，做到“应纳尽纳，应救尽救”，筑牢乡村振兴兜底保障基础。推行政府购买服务，探索“物质+服务”类社会救助模式，开展各类困难群体入户调查、年度复查、公示栏维护、数据维护、政策宣传及人员探访等服务，兜住、兜准基本民生保障底线。拓展完善居民家庭经济状况核对平台，建立与省级、区（县）级核对系统纵向对接，与市级相关部门横向共享机制，实现救助核对一键提交，提升社会救助时效性。上线运行社会综合救助服务平台，构建“123+N”（1是救助数据中心，2是低收入人口数据库和信息核对数据库，3是综合救助管理、防返贫监测预警、社会组织资源链接等主要应用场景；以及面向困难群众、政府机构、社会慈善组织等N个救助服务应用）的综合救助体系，提升社会救助信息化水平，变“被动服务”为“主动服务”，实现“精准救助、高效救助、温暖救助、智慧救助”。全年4次启动社会救助和保障标准与物价上涨联动挂钩机制，新纳入低保保障范围7619人、特困保障范围1098人，累计发放低保特困基本生活保障金、生活补助金、临时价格补贴、春节困难群众慰问金、取暖补助、民政教育资助金12.27亿元。

【最低生活保障】 2022年，西安市修订印发《最低生活保障工作规程》，完善低保工作措施，通过提高低保标准、下放审核确认权限、实施“单人保”、“分类施保”、“渐退帮扶”政策、增加困难家庭财产豁免条件等措施，不断扩大政策保障范围，提高政策可及性，城乡低保对象实现应保尽保、应兜尽兜。截至年底，全市有在册城市低保对象1.35万户1.86万人，累计发放年度保障金2.1亿元，农村低保对象2.91万户7.41万人，累计发放年度保障金6.03亿元。（赵瑞瑞）

【医疗救助】 2022年，西安市医疗保障局实施资助参保政策，全年资助10.79万名困难群众参加基本医疗保险，建档立卡脱贫人口和三类监测人群100%参加基本医保和大病保险。脱贫人口和监测对象累计住院报销4.47万人（次）、2.78亿元，直接救助16.68万人（次）、1.02亿元，防止因病返贫致贫监测预警监测1.66万人。6月，印发《关于进一步做好医疗救助有关工作的通知》，明确在上线全国医疗保障信息平台后，西安的医疗救助费用保障范围、救助标准和医疗救助相关工作职责，实现医疗救助政策与全国医疗保障信息平台有效衔接。7月，市医保局印发《关于全面开展医疗救助专项治理工作的通知》，开展医疗救助政策落实、基金管理、工作推动等方面的专项治理。（王浩亮）

【临时救助】 2022年，西安市先后印发7份文件，完善政策措施、简化办理流程、畅通救助渠道，保障受疫情影响困难群众的基本生活。公布各级24小时社会救助工作电话，对重点人群逐户摸底排查和电话询访，及时对辖区内各类受疫情影响困难群体开展救助帮扶。新冠疫情期间，累计办理省级转办、市级“12345”等各类工单943件，受理“e救助”群众求助信息8万余条。全年实施临时救助5.9万人（次），支出资金4771.91万元。

【教育救助】 2022年，西安市通过建立民政部门教育资助政策，切实保障困难家庭子女就学问题。对低保对象、特困人员、低保边缘家庭中通过普通高考或中考，被国家承认的大学本科和专科院校录取的国家计划内统招生及中专生和技校生，按照每人3000元、5000元、7000元标准给予一次性救助，确保困难家庭子女能够顺利就学。全年为1198名城乡低保对象、特困人员、低保边缘家庭子女和农村执行计划生育政策困难家庭女学生，发放2022年民政部门教育资助资金548.8万元，保证困难家庭大学新生顺利入学。

【流浪乞讨人员救助管理】 2022年，西安市民政局开展“互联网+寻亲”行动，借助电视广播、“全国救助寻亲网”等网络媒体发布传播寻亲信息，严格落实登记、发布公告、采集DNA、人脸比对核查等程序，共成功寻亲314人，完成长期查无信息人员落户安置32人。开展“寒冬送温暖”“夏季送清凉”专项救助行动，配合公安部门开展打击拐卖妇女儿童犯罪专项行动，举办全国第10个“6·19”救助管理开放日活动，发放宣传册1万余份，累计救助流浪乞讨人员5514人（次）。

2022年9月22日，陕西省城市经济学校面向听力残疾人举办“无声咖啡师”公益培训课 （西安日报社 供图）

【慈善事业】 2022年，西安市民政局开展市慈善事业发展现状调研，形成《西安市慈善事业发展调研报告》，研究制定《西安市关于加快推进慈善事业高质量发展的若干措施》。完成第十二届“中华慈善奖”和第三届“三秦慈善奖”候选对象评选、推荐。建立“西安慈善网约车学雷锋志愿者服务队慈善公益基金”等慈善微基金59个，网络筹款5346万元。举办“践行党的二十大精神，同绘共同富裕新图景”公益书画拍卖会，拍出书画作品270幅，募集善款103万元。8月，市慈善会发起“英雄放心，一路走好”众筹项目，为见义勇为牺牲的重庆籍农民工蒋正全家属募集救助金35.73万元。10月，大明宫关爱儿童慈善基金会向西安市慈善会捐赠30万元，用于关爱儿童护眼活动。市慈善会全年募集各类善款14488万元。 （赵瑞瑞）

社会福利

【儿童福利保障】 2022年，西安市民政局落实孤儿、事实无人抚养儿童基本生活保障标准自然增长机制，从1月起，将福利机构集中供养孤儿基本生活最低养育标准和社会散居孤儿基本生活最低养育标准提高至1800元/（人·月）和1500元/（人·月）。开展事实无人抚养儿童生活和教育排查，提高孤弃儿童保障质效。加强收养政策宣传解读，推进未成年人收养登记证电子化，推动收养子女家庭评估标准化建设，研究制定《收养子女家庭评估规范》地方标准，规范未成年人收养登记工作。累计发放社会散居儿童、事实无人抚养儿童基本生活补助金、孤儿教育资助金、临时价格补贴、节日慰问金1293.4万元。截至年底，西安市有儿童服务机构1个，床位数500个。

【残疾人福利保障】 2022年，西安市民政局出台完善困难残疾人生活补贴和重度残疾人护理补贴制度，推动一级、二级残疾人实现重度残疾人护理补贴全覆盖，全市增加1.98万名残疾人纳入补贴范围。推动国家政务服务平台残疾人2项补贴申请网办链接接入西安市政务服务平台，实现残疾人两项补贴申请“全程网办”，保证“一次注册、多点互认、全网通行”，累计发放残疾人2项补贴1.03亿元。指导雁塔区、阎良区推动精神障碍社区康复服务项目，申报建设国家康复服务中心1个，省级康复服务站1个。

【老龄福利】 2022年，西安市60岁以上户籍人口198.88万人，占户籍人口的19.6%，比上年增长0.8%。全市新建社区养老服务站130个、提升改造182个，建成镇街综合养老服务中心42个，推动19个公办示范养老院建设，全市13所敬老院改造提升基本达标。全年享受生活困难失能老年人护理服务补贴2827人（次），使用资金73.50万元。发放农村丧失劳动能力和贫困老年人生活补贴22248人（次），发放资金111.24万元。制定《西安市高龄老人生活保健补贴发放工作方案》，对具有西安市户籍，年满70周岁以上的老年人，依据本人申请，均可享受生活保健补贴。截至年底，累计发放高龄老人生活保健补贴1.54亿元，发放人次222.54万人（次），惠及74.94万名老年人。西安市养老服务工作获国务院通报表彰，西安入选国家积极应对人口老龄化重点联系城市。 （李 黛）

【福利彩票销售管理】 2022年，西安市民政局优化渠道布局，挖掘市场潜力，新设立福彩销售场所34个，新开通便捷终端217台。借助公共交通广告、西安电视台《福从天降》栏目、“西安福彩”自媒体账号等多种渠道，开展福彩宣传。坚持福利彩票公益属性，新建公益驿站58个，完成1066个“公益之声”广播进站的扩容任务。年度完成福利彩票销售额23.73亿元，占陕西省销量的41.94%，筹集公益金7.42亿元。 （赵瑞瑞）

住房保障

【概况】 2022年，西安市出台《关于加快发展保障性租赁住房的实施意见》《保障性租赁住房项目认定指导意见》《企事业单位自有土地建设保障性租赁住房的指导意见》等10个配套政策。争取中央预算内投资4.39亿元（占全市争取保障性安居工程中央预算内资金的84%）；争取中央和省级补贴1.5亿元；8个项目成功发行专项债，评审通过金额52.6亿元。发放公租房租赁补贴4538户，发放租金补贴1287.79万元，发放4540户，完成全年省考目标任务的103.18%。按照市考任务分配要求，分配房源5653户，完成市考目标任务的113.06%。

实现住房公积金增值收益18.13亿元，比上年增长15.62%。全力支持保障房建设，上缴市财政补充资金11.77亿元。累计实现增值收益126.54亿元，上缴市财政廉租房、公租房建设补充资金62.35亿元。 （张 睿 耿朋伟）

【保障性住房管理】 2022年，西安市完成保障房6部门联审报送46批、

119486 户 190090 人，受理 2917 户经适房完善产权业务，完成购置型保障房购房资格复审 1799 户。公开销售经济适用房、限价商品住房、共有产权住房 3282 套房源。推出首批共有产权住房房源，将鸿基新城 24# 地块限价商品房项目剩余房源转为共有产权住房，并组织完成 232 套共有产权住房的公开摇号分配工作。与国家开发银行陕西省分行、建设银行陕西省分行、中国银行陕西省分行、招商银行西安分行、民生银行西安分行、兴业银行西安分行、西安银行等 7 家银行签订 2100 亿元的《支持西安市发展保障性租赁住房战略合作协议》。保障性租赁住房项目多、社会主体广泛参与、社会关注度高，形成较好的良性发展局面。市住房租赁试点任务超额完成。将推送房源纳入保障性租赁住房房源库，并定期发布房源信息。

【公租房管理】 2022 年，西安市新增公租房资格审批数 10688 户；新增受理 ABCD 类人才安居货币化补贴资格申请，共 236 家单位、597 户，发放货币化补贴 844 户、648 万元；完成 5653 套公共租赁住房分配入住等工作；完成 56 户人才公寓选房及入住手续；完成大学生公租房分配 4734 户；签订《商品住房项目集中建设公共租赁住房协议》43 份，收缴资金 18.99 亿元，其中已完成缴纳项目 30 个，收缴资金 17.3459 亿元，分期缴纳项目 11 个，收缴 1.6441 亿元，剩余 2 个项目已签订协议未缴纳资金。签订《城改项目集中建设公共租赁住房协议》4 个，收缴 4858.38 万元；收缴异地配建费 19.4758 亿元。

【共有产权住房项目建设】 2022 年 3 月，西安市住建局下发《关于下达西安市 2022 年第一批单位自建共有产权住房项目建设计划的通知》，批复西安高级中学和中国科学院西安分院 2 家单位自建共有产权住房项目，拟用地共计 14666.67 平方米，建设规模（地面以上住宅面积）3.81 万平方米。推出首批共有产权住房房源。将鸿基新城 24# 地块限价商品房项目剩余房源转为共有产权住房，并组织 232 套共有产权住房的公开摇号分配。 （张　睿）

【住房公积金归集】 2022 年，西安住房公积金管理中心联合市场监管、人社等部门，深挖企业信息资源，住房公积金制度覆盖面持续扩大。统筹归集扩面和助企纾困，扎实推进“双随机、一公开”监管工作，深入企业主动问需“送政策、送服务、送保障”。优化缴存业务办事流程，细化网上业务种类。取消“第三方审计报告等缴存困难证明材料”，减轻企业办事成本，政务服务网“单位缓缴、云 3 网厅签约登记、自主缴交人员账户封存、缴存基数调整”等 18 个服务事项全面上线运行，网上汇缴、补缴办理率突破 90%。截至年底，全市新增缴存单位 12150 个，比上年增长 11.20%；新增缴存职工 34.28 万人，下降 13.99%；新增归集住房公积金 450.30 亿元，增长 16.06%，增速高于全省 4.07 个百分点。累计归集 3244.42 亿元，6.65 万个单位、447.34 万名职工纳入住房公积金制度保障体系。

【住房公积金个贷】 2022 年，西安住房公积金管理中心坚持“房住不炒”定位，落实“一城一策”“因城施策”部署要求，为 65 万户家庭改善住房条件提供支持。截至年底，发放住房公积金个人贷款 4.13 万户、242.23 亿元，比上年增长 28.99%，增速高于全省 28.93 个百分点；提取住房公积金 273.54 亿元，增长 22.05%，增速高于全省 8.77 个百分点。累计发放个人住房公积金贷款 1675.02 亿元，累计提取住房公积金 1890.88 亿元，285 万个缴存职工家庭直接享受公积金制度红利。修订《西安市住房公积金提取实施细则》，优化调整部分提取政策和办理流程，明确已办理公积金贷款的职工群众可提取账户资金，用于支持刚性和改善性住房需求。印发《关于调整个人住房公积金贷款政策有关事项的通知》，提高贷款额度、降低首付比例、优化计算方式等，特别加大对年轻人、新入职员工等群体的支持力度。下调首套个人住房公积金贷款利率，进一步减轻职工群众还款压力。租房提取额达到 18.74 亿元，增长 206.71%；户均贷款额增加 8.14 万元，增长 16.10%。

【住房公积金便民服务】 2022 年，西安住房公积金管理中心充分发挥“网上办、掌上办、指尖办”主渠道作用，推动数字人民币场景拓展应用，试点推行以数字人民币缴存住房公积金。17 个“跨省通办”线下服务网点、6 个线上渠道有效解决职工群众异地办事“多地跑、折返跑”问题。深度融入“15 分钟便民服务圈”，全市设置 186 个服务网点，群众办事更加便捷。创新宣传形式载体，推出惠民政策专题片，公积金制度宣传广度深度不断拓展，群众对公积金政策的知晓度、美誉度不断提升。全年接待办事群众 37.21 万人（次），办理各类业务 46.42 万笔，日均业务量 1934 笔。 （耿朋伟）

【省级示范项目】 2022 年 7 月 1 日，上庄、曹家堡、广运家园、馨悦居、芊域溪源 5 个公租房小区被列为 2022 年度共同缔造“和谐社区 • 幸福家园”省级示范项目。根据《保障性住房小区共同缔造“和谐社区 • 幸福家园”评分标准》，经过市级验收、省级部门实地核查，上庄等 5 个项目根据省住建厅现场打分，综合评分在 90 分以上，共同缔造成效显著，具有良好的示范性。 （张　睿）

【雁鸣湖站保障性租赁住房项目开工建设】 2022 年 6 月 28 日，西安市轨道集团启动地铁 5 号线雁鸣湖站保障性租赁住房项目建设，该项目位于浐河东路以东，东三环以西，云淙巷路以南，占地约 1.51 公顷，计划建成 3 栋 517 套保障性租赁住房。该项目是西安首个住建部推广的轨道交通引领示范保障房项目，也是西北地区首个融合轨道交通站点与保障性租赁住房及配套商业的微型 TOD 项目，项目主要为青年群体量身订制，在满足拎包入住条件基础上，区域设置共享办公区、健身场所等特色空间，通过智能监控、智慧楼宇等科技系统，实现看房、签约、租金缴纳、维修、退租等全生命周期线上服务，打造新青年租住品质新高地。 （彭启昕）

老龄事务

【概况】 2022 年，西安市出台《西安市养老服务高质量发展行动方案》，全市养老服务体系建设成效显著。市养老兜底保障、发展普惠型养老服务、完善社区居家养老服务网络等工作被国务院通报表彰，市民政局养老服务和慈善事业促进处被民政部评为全国养老服务工作先进单位，并在陕西省第五届养老护理员大赛中获团体一等奖和优秀组织奖。

【养老服务政策体系建设】 2022 年，西安市民政局按照《西安市推进养老服务高质量发展行动方案》，先后出台《西安市养老服务市级专项资金管理办法（试行）》《西安市推进养老服务高质量发展支持政策项目申报指南》《西安市街道综合养老服务中心建设和运营实施办法》《西安市社区养老服务站建设和运营实施办法》《西安市家庭养老床位试点工作方案》等，发布《西安市老年人能力综合评估》《西安市养老服务标准助餐服务》地方标准，形成设施建设、服务供给、人才培养、质量提升等一整套政策体系。

2022年10月28日，长安区日间照料中心专业人员为子午美居小区老人开展运动能力评估　（郝钟毓　摄影）

【养老服务设施建设】　2022年，西安市民政局聚焦重点工作，坚持月调度、季分析，三级养老服务设施建设成效明显。西安市有养老机构145个，床位数2.91万张。19个区（县）公办示范性养老院项目已有12个主体建成，新建镇街综合养老服务中心44个、社区养老服务站141个，改造提升社区养老服务站186个。

【养老服务供给】　2022年，西安市民政局聚焦改革创新，优化服务供给，深化公办养老机构改革，开展公办养老机构轮候入住试点、老年助餐服务试点、家庭养老床位试点，签订建床协议489张，推进困难老年人居家适老化改造，全年完成改造1659户。建设“1中心3平台9服务1门户”的全市养老服务信息平台并开展试运行，助推养老服务数字化、智能化发展。举办西安市养老服务合作交流会，搭建政企合作平台，促进养老服务供需对接。

【养老护理人才队伍】　2022年，西安市民政局推动养老护理人才队伍建设，年度完成养老护理员培训4729人，实现全市养老服务从业人员全覆盖。举办西安市第五届养老护理职业技能竞赛，参加陕西省第五届养老护理职业技能大赛，技能组3名选手获得省赛一等奖，职业组7名选手包揽所有奖项，1名护理员获陕西省“五一”劳动奖章，5名护理员被授予“陕西省技术能手”称号。

【养老服务综合监管】　2022年，西安市民政局印发《西安市建立健全养老服务综合监管促进养老服务高质量发展重点工作任务分工》，完善养老服务综合监管制度。完成养老服务领域困难群众救助补助资金问题专项治理，累计排查整改问题40条。开展打击整治养老诈骗专项行动，组建打击整治养老诈骗专项行动领导小组，落实问题线索日报告、周报告制度，行动期间，收到问题线索29条，养老机构纳入红色名单1个、黄色名单1个，下发约谈通知书3份，为群众挽回损失6.5万元。　（赵瑞瑞）

【社区养老站点建设】　2022年，西安市促进养老服务与文化、家政、物业等产业融合，实施“中心带站点”模式，发展一批品牌化、连锁化的养老服务机构，创建出荣华欢乐颂、国药福芯、羽家等社区养老服务品牌，提供满足老年人需求的高质量文娱活动、居家养老等服务。鼓励各区（县）开展老年助餐示范点建设，探索出发展符合实际的助餐模式，其中包括碑林区的“掌上养老院+中央厨房”、新城区的“饭大爷”、莲湖区的“莲新餐厅”、未央区的“长乐餐厅”和高陵区的“高•幸食堂”，为老年人提供质优价廉、方便的助餐服务。　（李　黛）

社区建设

【概况】　2022年，西安市发布《西安市“十四五”城乡社区服务体系建设规划》，强化城乡社区建设顶层设计。印发《西安市民政局关于规范城市社区拆分整合设立有关事项的通知》，全年共拆分过大社区80余个。加强社区阵地建设，新增600平方米以上社区办公阵地93个。截至年底，西安市有社区1453个，社区工作者16103人，社区办公用房面积达到600平方米以上社区769个，全市占比52.9%；室外活动场所在1000平方米以上社区707个，占比48.7%。

【社区自治组织建设】　2022年，西安市构建区—街道—社区三级社会组织支持平台，探索培育孵化、管理服务、经费保障全方位机制，推动社会组织深度参与社区治理。加强基层党组织建设，由社区支部书记邀请社区党委成员、小区党小组党员代表、驻地单位、下沉干部等多方主体联建联动，分析社情民意及群众反映强烈的突出问题、难点问题、重大纠纷，集群智、聚众力、出实招，探讨解决问题的途径和方法，构建起全域覆盖、立体联动、全员参与的协商共治工作机制。培育社区社会组织、指导社区开展社会组织孵化工作。陕西省社会组织孵化基地和西安市大雁塔街道社区社会组织孵化基地建立结对共建关系，由省社会组织孵化基地和第三方机构陕西众益社会组织服务中心共同指导大雁塔社区社会组织孵化基地，累计孵化培育10个社区组织，并撰写《大雁塔街道社区社会组织培育在助推社区基层治理中的实践与探索（2021—2022年）》实务手册，为社区社会组织孵化工作提供样本。　（李　黛）

【社区服务】　2022年，西安市强化城乡社区建设顶层设计，发布《“十四五”城乡社区服务体系建设规划》，明确重点任务，细化保障措施。印发《西安市民政局关于规范城市社区拆分整合设立有关事项的通知》，全年共拆分大社区80余个，新增600平方米以上社区办公阵地93个。印发《西安市民政局关于转发碑林区小区工作基站全面夯实基层基础实施方案的通知》，指导各区（县）、开发区按照“五有”标准设立小区工作基站，建立“站长—楼长—单元长”的“三长”常态化队伍，以及部门包抓、属地包片、党员包干的“三包”应急队伍，构建“一站引领、三长筑基、三包联动”的组织构架，推动党组织建设和基层治理力量向小区和楼栋延伸，助力网格细化、网格员队伍组建工作开展。联合4部门组织“首届社区运动会”，活跃社区群众文化体育生活。

【社区治理】　2022年，西安市民政局制定《关于进一步对有争议区域明确社区服务管理主体的意见》，规范社区服务管理主体，化解矛盾纠纷，实现社区服务管理全覆盖。联合市委组织部、市体育局等4部门组织“首届社区运动会”，活跃社区群众文化体育生活。印发《关于进一步加强村居民委员会公共卫生委员会建设的通知》，全市具备条件的3248个社区（村）均成立公共卫生委员会。

【社工队伍建设】 2022年，西安市按照《关于建立社区工作者职业体系的指导意见》，在社区工作者总量规模保持稳定的前提下，实行员额管理，合理配备社区工作力量。1000户以下的社区配备7～10名社区工作者；1000～3000户的社区配备10～15名社区工作者；3000户以上的每增加300户增配1名社区工作者，原则上不超过20名。社区党组织班子由3～5人组成，最多不超过7人；居委会一般设置5～9人。西安市民政局开展社会工作主题宣传周活动，统筹社会救助专项资金、福彩公益金、社区工作专项资金等3800万余元，推动镇（街）社工队伍建设和“五社联动”项目实施，确定新城、碑林、莲湖、雁塔、未央区为省级“五社联动”试点，全市185个镇（街）社工站实现全覆盖。市民政局和4个区民政局、4个街办被省民政厅评为试点优秀单位。全年累计招聘社区工作者3000余人。分批组织培训社区“两委”干部、社区工作者9000余人。全面提高社区工作者薪酬待遇，从7月起，社区工作者每月薪酬基数由3200元提高至3900元，人均月增资约1000元。

（赵瑞瑞）

社会组织管理

【概况】 2022年，西安市民政局依法登记社会组织5600个（社会团体1608个，民办非企业单位3919个，基金会73个），市本级登记社会组织1630个（社会团体803个，民办非企业单位754个、基金会73个）。全市登记备案城乡社区社会组织10233个，其中登记373个、备案9860个。城市社区社会组织8438个，农村社区社会组织1795个。全市建成社区社会组织支持平台（孵化基地、服务中心、联合会）162个。制定《关于加强社会组织登记管理规范化标准化建设的工作措施》，优化审批流程，新增、变更、注销社会组织203个，核准章程41个、换证补证135个。制定《西安市社会组织综合监管暂行办法》，开展行业协会商会乱收费专项清理整治“回头看”、“僵尸型”社会组织整治、社会组织“双随机、一公开”检查行动，摸排市本级行业协会商会收费情况，公示行业协会商会收费清单256个，排查“僵尸型”社会组织482个，打击处置非法社会组织6个，随机抽查社会组织70个，社会组织年度检查参加率持续提升，社会组织综合监管愈加完善。在社会组织成立登记、章程核准中履行党建协同职责，年度完成四星级以上社会组织党组织推荐上报7家，社会组织党建工作水平整体提升。制定《西安市高质量发展社区社会组织专项行动实施方案》，召开全市社区社会组织培育发展工作会议，确定省级培育发展社区社会组织观察点10个，明确政策扶持路径，强化统筹作用发挥。全市登记备案城乡社区社会组织4184个，建成或在建社会组织孵化基地77个、社会组织服务中心55个，累计投入社会组织培育发展专项资金197万元，社会组织培育发展渐成体系。社会组织培育公益品牌项目9个，完成乡村振兴项目44个，直接投入资金1234.6万元，参与乡村振兴、基层治理的作用凸显。

【社会组织体制机制建设】 2022年，西安市民政局制定《西安市社会组织综合监管暂行办法》等系列政策文件，对登记管理机关、业务主管单位、行业管理部门和公安、财政、审计、税务、物价、金融、组织等职能部门的监管职责进行细化，尤其对社会组织非营利性监督、反洗钱和反恐怖融资、资金监管、重大事项报备、干部兼职任职等监管重难点逐一列出责任清单，明确综合监督具体方法和路径。完善监管工作机制，配套建立党建工作机制、综合执法机制、信息共享机制、社会监督机制、执法保障机制，从制度上补短板、从机制上堵漏洞、从政策上填空白，推动形成“统一登记、各司其职、协调配合、分级负责、依法监管”的监管格局。

【社会组织业务规范化标准化建设】 2022年，西安市民政局坚持把年检年报、抽查检查、等级评估、投诉举报查处、专项整治行动等作为经常性管理的基础工作，规范标准、提高质量。制定《关于加强社会组织登记管理规范化标准化建设的工作措施》，对3个方面14项基础业务进行规范，申报“社会组织登记管理服务规范”西安市地方标准项目，与西北政法大学联合推进建设。审核社会组织年度工作报告1000余份，社会组织年检率逐年上升；对150家市管社会组织进行抽查检查，起草社会组织领域信用风险分级分类办法；委托第三方评估机构进行社会组织评估，评估社会组织409个；开展行业协会商会涉企违规收费专项治理、打击整治非法社会组织、“僵尸型”社会组织专项整治等专项活动。公开全市行业协会商会涉企收费目录，规范行业协会商会涉企收费，减免费用约4亿元；处理非法社会组织举报线索56件，排查处理772家“僵尸型”社会组织。

【社会组织监管】 2022年，西安市民政局会同公安部门建立西安市境外非政府组织管理工作协调小组，与人行西安分行营管部建立监管合作备忘录，在社会组织与境外资金往来和反洗钱、反恐怖融资等方面建立监管机制。完成全市基金会涉外活动隐患排查和金融账户统计，重点对基金会账户建立信息共享和监管机制。坚持依法依规原则，推动基金会行业监督闭环管理，完成26家基金会专项审计，加强对基金会使用慈善财产的监督。在市级社会组织中部署开展安全生产工作，下发安全责任告知书、填报安全检查表，对民政主管社会组织经营活动场所进行专项排查，将房屋建筑安全纳入登记审核的必要条件。

【社会组织违法查处】 2022年，西安市建立民政、公安、网信、税务、市场监管、财政等职能部门与相关业务部门联合执法工作机制，推动社会组织违法查处联动执法。累计先后约谈社会组织负责人47人（次），发放责令整改通知书72份，对179家社会组织作出警告、限期停止活动、撤销登记等行政处罚，有效遏制违规、违法现象的发生，推动市社会组织发展结构由“多不多”向“好不好”转型。

（赵瑞瑞）

区划与地名管理

【概况】 2022年，西安市建立完善行政区划调整动议决策、论证评估、申报审核、组织实施、跟踪评估等工作机制和工作制度，明确细化工作要求。严格规范行政区划调整事项备案、行政区划调整后界线勘定、行政区划图更新等工作。在鄠邑区撤县设区之后，稳妥推进祖庵镇等6个镇改设街道工作，优化鄠邑区行政区划布局。截至年底，全市共辖11个区2个县，135个街道、37个镇，西咸新区直管区内包括咸阳市8个街道、4个镇；全市直接管理的开发区有8个（西咸新区、高新区、港务区、经开区、曲江新区、浐灞生态区、航天基地、航空基地），规划范围涉及新城、灞桥、未央、雁塔、阎良、临潼、长安、高陵、

2022年5月，市民政局、市地名协会举办《地名管理条例》宣讲活动
（市民政局 供图）

鄠邑9个行政区及咸阳市4个行政区（秦都区、渭城区、兴平市、泾阳县）。

【行政区域界线联检】 2022年，西安市民政局按照省民政厅统一安排，印发《西安市民政局关于认真做好第四轮行政区域界线联合检查工作的通知》，完成第4轮勘界联检工作。续签毗邻市县创建平安边界睦邻友好公约，落实平安边界制定的各项措施，健全界线纠纷的调处协作机制，促进预防、调解、教育、管理和服务等各项维护稳定工作措施的落实，未发生因界线走向不清、管理不善而引起的界线矛盾纠纷。按照省民政厅统一部署，制定《西安市第五轮行政区域界线联合检查工作方案》，拟自2023年至2027年，牵头或配合完成与周边6地市（咸阳市、宝鸡市、渭南市、汉中市、商洛市、安康市）的市级边界联检任务，同时启动全市县级、镇级界线联检工作。

【地名文化建设】 2022年，西安市加强地名文化建设，保护传承地名文化。全市累计命名428条具有西安特色的道路名称，相关道路命名工作机制和成效得到上级民政部门和各类媒体的广泛赞誉。开展全市地名文化遗产保护名录认定工作，印发《西安市地名文化遗产保护名录认定工作实施方案》，指导各区（县）政府、开发区管委会全面开展市地名文化遗产保护名录认定工作，已完成县级地名文化遗产保护名录621条，经专家初步评审认定市级保护名录97个。

【地名（项目命名）规范管理】 2022年，西安市开展"大、洋、怪、重"等不规范地名清理整治工作，完成61个不规范地名的更名审批。市民政局与市住建局联合印发《关于加强房地产开发项目命名管理工作的通知》，建立商品房预售前标准名称核准工作机制；与市工改办沟通，将建筑物名称核准纳入工程建设联审内容。开展地名遗产普查，收集信息1865条，完成市级第一批保护名录评审14条。高标准推进国家地名信息库数据质量建设，市、区两级累计核查完善地名信息52488条。申报"深化乡村地名服务、点亮美好家园"试点，周至县被列为民政部试点地区。

【地名标志管理】 2022年，西安市民政局印发《关于路牌不规范用语用字清理整治工作实施方案的通知》，开展道路路牌不规范用字清理整治，年内已更换路牌牌面4100余块。常态化开展城六区路牌保洁维护工作，年度巡查保洁82375块（次），保洁75069块（次），新设补设380块，维修58块。加强门牌管理，按照市域社会治理现代化试点工作要求，承担配合推进数据资源整合共享，严格按照保密规定提供相关单位行政区划数据，动态更新汇总各区（县、开发区）民政系统职责范围内门牌号码情况。

【《地名管理条例》学习宣传】 2022年5月，新《地名管理条例》（简称《条例》）颁布实施，西安市民政局先后召开2次专题会议动员督促宣传贯彻情况，组织各区（县、开发区）参加民政部、省民政厅专题培训3期。召开全市宣传贯彻《地名管理条例》暨地名文化宣讲活动启动现场会，对《条例》宣传贯彻再动员、再部署。市本级共印制发放宣传折页10000份、宣传用鼠标垫1300个、宣传购物袋1300个，各区（县）共印制发放宣传单、宣传册2.8万余份。指导全市各区（县、开发区）成立地名委、地名工作领导小组等协调机制。通过系列活动，提高地名工作的知晓率，促进群众对地名文化保护的思想认同。

（赵瑞瑞）

民族宗教事务

【概况】 2022年，西安市民族宗教事务委员会制定印发《全市民族宗教领域法治宣传教育第八个五年规划（2021—2025年）》《2022年全市民族宗教系统法治建设工作要点》《关于贯彻落实法治政府建设要求的实施方案》。

指导各市级宗教团体制定各宗教中国化工作方案，稳妥推进各宗教中国化进程。制定下发《全市宗教界开展"爱国主义教育周"活动实施方案》，指导市佛协在香积寺承办以"坚持中国化方向，发扬祖师精神，弘扬祖庭文化"为主题的陕西省第九届佛教讲经交流会，指导市道协、市伊协、市天主教爱国会、市基督教"两会"赴富平、照金、宝鸡、汉中、安康等地开展爱国主义教育，组织爱国爱教研修培训，全市五大教中青年宗教教职人员共计70人参加。

【清真食品行业监督管理】 2022年，西安市民族宗教事务委员会印发《关于开展个体工商户有关情况调查摸底工作的通知》，对辖区内的2613家生产经营清真食品类个体工商户有关情况统计摸底。举办西安市清真食品生产经营企业负责人培训班，有39家清真食品生产经营单位及商会代表参加。向各区（县）、清真食品生产经营企业、个体工商户、来访群众发放宣传资料2000余份。

【民族团结进步创建】 2022年，西安市民族宗教事务委员会推荐西安市莲湖区民宗局、西安市新疆籍人员服务管理工作站、西咸新区沣东新城三桥街道三桥街社区、灞桥区纺织城街道办事处4家单位参加省民族团结进步示范单位评选，推荐莲湖区民宗局1家单位参加省妇儿工委先进单位评选。市新疆籍人员服务管理工作站被评为第10批全国民族团结进步示范单位，与莲湖区民宗局共同被表彰为陕西省第2批民族团结进步示范单位。

【民族生产企业发展】 2022年，西安市民族宗教事务委员会完成咸阳泾渭茯茶、西安德富祥、西安贾永信3家企业

2022 年 7 月 1 日，市委统战部、市民宗委举行民族团结进步宣传月活动启动仪式（市民宗委 供图）

2022 年度 9700 万元流动资金贷款第一、第二季度的贴息工作。申报西安德富祥等 6 家企业参加“十四五”全国民族特需用品定点生产企业评定，助力企业适应新业态、推出新产品、占领新市场，民族特需商品定点生产企业呈现“持续恢复、稳中向好、质效提升”的良好态势。

【民族、宗教宣传培训】 2022 年，西安市民族宗教事务委员会以“铸牢中华民族共同体意识，推动各民族交往交流交融”为主题，在全市组织开展第 14 个民族团结进步宣传月活动，举办西安市民族工作成就宣传展，在地铁 4 号线开设为期 1 个月的宣传专列，在公交 300 路和 618 路开设为期 3 个月的宣传专线。与西安交通大学联合主办“铸牢中华民族共同体意识教育系列活动”，在西安市浐灞丝路学校举办启动仪式，开展“中华民族一家亲，同心共筑中国梦”主题宣讲，浐灞丝路学校部分师生和外来民族流动人口子女共 440 余人参加。举办全市各族流动人口民族团结政策法规暨职业技能培训班、“喜迎二十大·推广普通话”民族团结主题演讲活动、“红石榴”志愿者服务活动。以“爱党爱国爱社会主义·与法同行”为主题，在全市宗教界开展 2022 年“宗教政策法规学习宣传月”活动，举办全市《互联网宗教信息服务管理办法》专题培训班，指导西安市道教协会、西安市伊斯兰教协会、西安市天主教爱国会、西安市基督教三自爱国运动委员会和基督教协会举办政策法规培训班。完成 33 名执法人员新式国家行政执法证换证工作，编制市、县两级宗教事务行政许可清单和行政许可电子政务平台办事指南，履行宗教出版物行政许可审批和宗教活动场所改建审核职能。（延 续）

精神文明建设

【概况】 2022 年，西安市委文明办突出学习宣传贯彻党的二十大精神工作主线，以培育和践行社会主义核心价值观为根本，以“西安因你而美”主题文明实践活动为引领，高质量推进文明培育、文明实践、文明创建。开展党的十九届六中全会和党的二十大精神学习宣传和理论宣讲，全年举办习近平新时代中国特色社会主义思想和党的二十大精神常态宣讲报告会等各类宣讲活动 1 万余场次，听众 200 万余人次。开展“永远跟党走”等一系列学习宣传和主题教育，持续深化中国特色社会主义和中国梦宣传教育，推进党史、新中国史、改革开放史、社会主义发展史宣传教育。发挥新时代文明实践和精神文明创建联系群众、服务群众的工作优势，开展“我为群众办实事”实践活动，解决一批群众急难愁盼问题。印发《关于修订印发〈“西安好人”推荐评议办法〉的通知》，推荐 7 人入选陕西省第七届道德模范，3 人入选提名奖，推选发布 20 名第六届西安市道德模范及提名。入选“中国好人榜”4 人、“陕西好人榜”16 人，评选发布“西安好人榜”4 期 143 人（组）。慰问市级以上道德典型 186 人，发放慰问金 31.1 万元；慰问见义勇为好人蒋正全家属，给予慰问金 1 万元。开展志愿者服务，截至年底，在中国志愿服务网累计注册志愿者 143.3 万人、志愿服务队伍 5301 支、志愿服务项目 43885 个，总服务时长 2504 万小时。开展道德典型“学习二十大尚德践初心”主题宣传活动，组建“秦人之星”道德典型宣讲团，开展各类宣讲活动 300 余场。

【全国文明城市创建】 2022 年，西安市委文明办围绕文明城市创建工作主要任务，高质量推进文明创建、文明实践、文明培育深入开展。印发《中共西安市委文明委 2022 年工作要点》《西安市 2022 年创建全国文明城市工作责任分工手册》等文件，组织召开全市文明办主任会议。做好全国文明城市测评迎检工作。加强工作统筹，做好与中央文明办和省委文明办对接。完善顶层设计，每月下发工作提示，对标对表工作任务，做好网报资料收集、整理、准备工作。全年共收集图片资料 2.5 万余张，经多轮筛选，选出 1600 张存入网报资料库，准备正式发文 9 项、部门评价 46 项、数据表格 6 项、图片资料 61 项、说明报告 107 项。组织召开全市文明城市创建培训会，办好专题培训班，指导各部门和区（县、开发区）落实创建任务，推进文明城市创建工作常态化。加强动态管理，紧盯负面清单，落实好责任单位，确保月月有对接，高质量完成 2022 年创文资料申报工作。

【新时代文明实践中心建设】 2022 年，按照中央文明办和省委文明办对新时代文明实践中心建设全覆盖的工作要求，西安市建成新时代文明实践中心 20 个、所 190 个、站 2957 个，覆盖率达到 100%。通过开展“十百千”示范工程，发挥示范引领作用，重点打造 10 个新时代文明实践示范中心、100 个示范所、1000 个示范站（基地、岗），2022 年 8 月，对首批 100 家“十百千”示范单位进行授牌，真正做到群众在哪里，新时代文明实践的触角就延伸到哪里。

顶层设计　印发《关于全面拓展新时代文明实践中心建设的实施方案》《新时代文明实践中心（所、站）建设工作评估标准（试行）》等文件，加强组织领导，推动阵地建设。编印《新时代文明实践中心建设资料汇编》。起草《西安市新时代文明实践中心建设联席会议制度》《关于推进新时代文明实践中心志愿服务挂点联系、结对共建的通知》，统筹协调推进。搭建西安市新时代文明实践中心智慧云平台，创新工作方式，促进精准高效。通报建设进度，认真做好年中评定和年底验收工作。

队伍建设　各区（县、开发区）新时代文明实践中心整合各类资源和社会力量，成立区（县）级志愿服务总队 20 支，组建“8+N”志愿服务队伍 3147 支，其中 20 人以上队伍 1173 支。培育八路军驻西安办事处、西安博物院等新时代文明实践基地 110 家，设置文明实践驿站、特色工作室、小区工作站、服务岗等微阵地687个，组建西安市“秦人之星”道德典型宣讲团，与市急救中心、市社会体育指导中心、西安游客服务中心、市小火柴志愿者服务中心、西安先锋青少年活动指导中心、西安志愿者协会等单位联合打造联动平台。

实践活动　制定《关于西安市“学习贯彻党的二十大精神”文明实践宣讲活动实施方案》，在全市各文明实践阵地及文明单位开展文明实践宣讲活动127场。举办“2022年国际博物馆日西安市青少年文明实践、志愿服务活动”6场。组建西安市文明旅游志愿服务总队及“生命之光·‘救’在身边”文明实践志愿服务队，开展市级公众急救科普志愿服务活动20余场。发挥各级道德模范、身边好人群体榜样作用，成立“秦人之星”道德典型宣讲团，依托新时代文明实践中心、所站开展宣讲活动246场。针对志愿服务队伍全方位培训，组织开展志愿服务培训与孵化783次。

品牌孵化　各区（县、开发区）从“小切口”入手，立足地域乡俗文化、群众所需所盼，打造精品服务项目品牌，形成“蓝田新婚礼”移风易俗、“理响高陵”理论宣讲、“灞桥八礼”文明传递、西咸文明志愿服务大集等新时代文明实践志愿者服务品牌项目1173个。在全省“文明实践看陕西”优秀案例线上征集活动中，“蓝田新婚礼”、未央区初心志愿日等12个案例作品获奖，市委文明办荣获“最佳组织单位”称号。在陕西省第一届志愿服务项目大赛中长安区“青伴夕阳”大学生智慧助老等2个项目获得一等奖，蓝田县“蓝田新婚礼”志愿服务项目、未央区“堂前燕”理论宣讲分获二、三等奖；新城区“心诚服务”、阎良区“红星讲堂”等10个项目获得优秀奖。

【群众性精神文明创建活动】　2022年，西安市委文明办全力推动创文实地测评工作常态化长效化。先后3轮对全市创文实地考察点位进行筛查，确定点位七级责任人，全年共开展创文督导323次，印发《整改通知书》223份，发现并整改问题3314个。指导市“12345”市民热线服务中心，对市民咨询投诉与文明城市创建相关的38类问题进行督导通报16期，通过西安电视台《每日聚焦》栏目，对重难点点位实地走访曝光，推动相关责任部门及区（县、开发区）限期整改。开展7轮全市重点公共场所文明创建自查排名，评选出最美景区、最美背街小巷、最美公园等5类最美公共场所，承办全省文明城市创建工作培训班暨现场推进会，选树莲湖区西北一路背街小巷、灞桥永丰农贸市场、新城区新乐社区新时代文明实践站等一批创建典型。组织拍摄制作2部文明城市宣传片，先后在中国文明网刊播。

推动公益广告提档升级。设计全市统一的规范标志和海报视觉形象应用体系，通过“点线面”放大宣传，推动全市各类创文点位公益广告统一升级。印发《曲江住宅小区公益广告宣传做法》，通过10项具体举措进一步规范全市社区（小区）公益广告刊载刊播工作。

开展群众性创建活动。聚焦市委、市政府中心工作、疫情防控、乡村振兴、“西安因你而美”主题实践活动等内容，指导全市2200多家各级各类文明单位开展群众性创建活动。深化文明交通主题实践活动，先后举办市级“车让人·人守规”主题宣传活动9次、区（县）级18次。开展“2022年交通违法随手拍”有奖举报活动，对评选出的前50名予以现金奖励，奖金共计4万元。联合市教育局、市交通局、市公安局交警支队开展“四创建、四评选”活动，先后评选各类先进典型71个。

【“西安因你而美”主题文明实践活动】2022年，西安市委文明办举办“西安因你而美”主题文明实践活动，系统开展形象之美、空间之美、行为之美3个维度16项文明实践活动，设计“西安因你而美”统一形象标识、活动LOGO和海报视觉形象应用体系；发布“西安因你而美”主题系列宣传片，宣传片相关话题全网点击量累计达8000万次，形成主题引领和品牌效应。举办志愿服务、文明交通、文明旅游、文明礼仪等各类活动350余场，做到“周周有活动、月月有亮点、季季都精彩”，市民通过“西安因你而美”微信小程序参与文明实践活动打卡、点赞、分享，获取文明积分，兑换文明大礼包。开展“点线面”立体宣传（“点”，利用电子屏、电梯广告、展板等形式在机场、车站等人流密集点位进行宣传；“线”，利用地铁、公交车、出租车等交通工具开展宣传；“面”，利用传统媒体和新媒体宣传矩阵开展联合宣传）。以“西安因你而美”为主线拍摄的《诗意文明城》，在中国文明网全国文明城市创建巡礼第5期刊播，展示城市暖意和文明力量。“点线面”同步并进，线上、线下同频共振。

【农村精神文明建设】　2022年，西安市委文明办印发《加强新时代农村精神文明建设助力乡村振兴促城乡融合发展的实施方案》及月度任务清单，对各类阵地、设施、文化、资金和人才等进行优化配置，加强农村宣传文化阵地建设，拓展文化惠民项目，推动农村精神文明建设提质增效。11月15日在西咸新区窑店街道刘家沟村召开全市“美丽乡村文明家园”暨乡风文明建设推进会，推广乡风文明工作中的好经验、好做法，推动农村精神文明建设深入开展。修订《西安市市级文明村镇测评体系（2022年）》，印发各涉农区（县、开发区）贯彻落实。截至年底，全市培育区（县）级以上文明村1088个，文明乡镇28个，占比为66.34%、68.29%，全面完成2022年底超过60%、65%的目标，稳步推进省委文明办要求在“十四五”期间县级以上文明村和文明乡镇占比分别达到60%、75%的目标任务。7月25日在高陵区泾渭街道米家崖村召开全市文明村创建培训现场会。组织开展文明村镇、文明家庭等群众性精神文明创建活动，积极打造乡风文明试点村镇。精心制作蓝田县董岭村、高陵区米家崖村、西咸新区刘家沟村、周至县周一村、阎良区农兴村等9个全国文明村创建短视频，参加全国城乡文明创建巡礼宣传。开展“十星级文明户”、“文明家庭”、文明集市等创建活动，形成良好社会风尚。发挥村民红白理事会、民主评议会、道德评议会、禁毒禁赌会、村民议事会等群众自治组织的教化约束作用，强化教育引导，推动移风易俗工作。蓝田县以《蓝田新乡约》助推乡村振兴，“立约、传约、行约”乡约传承工程已经成为蓝田县巩固拓展脱贫攻坚成果同乡村振兴有效衔接的有力抓手。

【未成年人思想道德建设】　2022年，西安市委文明办印发《西安市全国未成年人思想道德建设工作测评操作手册》，筹备全市未成年思想道德建设暨文明校园创建工作片区推进会，对文明校园采取动态监管，实地督导文明校园创建工作。围绕北京冬奥会、“开学第一课”开展主题思政课教育，选取5所“全国文明校园”围绕爱国、爱党等主题，厚植未成年人红色基因和爱国意识。评选表彰100名西安市“新时代好少年”和50名提名奖，推荐6人入选陕西省“新时代好少年”，4人获得提名奖。

（史　帆）

应急管理

责任编辑　赵　全

综　述

【应急预案体系建设】　2022年，西安市应急管理局以市级总体应急预案为统领，推动“1+47+20+N”应急预案体系建设［1个市级总体应急预案，47个市级专项预案，20个区（县、开发区）总体预案，N个部门应急预案全部编修完成］，30个市级专项预案和20个区（县、开发区）预案印发，204个乡镇（街道）基层预案体系建设全面铺开，社区（村）完成预案修编4268个，基本形成有序衔接、相互联动、横向到边、纵向到底的应急预案体系。所有市级预案录入应急指挥中心平台，形成预案数字化动态管理系统，做到一键查询、随时调用，应急预案“一键通”，制作预案简本及“明白卡”，使精准调度指挥和实施救援更加便捷。

【应急管理制度建设】　2022年，西安市加强和规范应急管理工作。市委办公厅、市政府办公厅联合印发《西安市贯彻落实国务院安委会安全生产十五条措施的60条具体举措》《加强和改进防汛救灾工作实施方案》《关于推进全市基层应急管理体系和能力建设的实施方案》等重要文件，市政府办公厅印发《西安市应急管理专家管理办法》等文件。市应急管理局与市财政局、市国资委等部门联合印发《西安市应急救援队伍调用补偿及补助暂行办法》《关于鼓励国有企业参与应急管理工作的通知》等6项制度文件，建立、健全全市突发事件应急处置机制，为应急管理工作打牢坚实基础。

【应急协同机制建设】　2022年，西安市完成市应急指挥中心平台二期升级改造，平台横向接入整合气象、公安、自然资源、交通、水务、生态等单位的34个信息系统，纵向打通部、省和20个区（县、开发区），实现部门信息系统互联互通、资源共享共用、省市县三级贯通。建设武警西安支队综合信息管理平台，实现军地资源共享。与公安、气象、水务、城管等部门和武警驻军建立常态联络机制，明确应急管理与消防救援深度融合12项工作机制。严格24小时值班值守和信息报送制度，开展“值班工作规范建设年”活动，印发《关于加强重大紧急信息报送工作要求》《进一步加强重大紧急信息报送工作的通知》，完善重大紧急信息报送流程图，初步建成区（县）政府值班室和市级有关部门值班室向市政府总值班室常态化推送视频图像工作机制。全年发布预警257期。

【监测预警平台建设】　2022年，西安市统筹推进城市安全风险综合监测预警平台建设。在实现水、电、气、热、城市内涝感知覆盖的基础上，建设综合性城市安全运行监测预警平台，突出城市生命线、公共安全、生产安全和自然灾害4大领域，接入17个部门（单位）34个系统，初步形成上下贯通、实时交互，人防、技防和物防有机融合，安全运行“全监测”，重大预警“全接报”，风险管控“全覆盖”，突发事件“快处置”的智慧应急新模式。建设预警信息发布体系和全市应急广播系统，完成临潼区、长安区、灞桥区等7个沿山区（县、开发区）600余套“云喇叭”应急广播系统设备的铺设并投入使用，实现重点区域全覆盖。建设森林火情预警及救援系统，实现火情实时监测预警、蔓延趋势推演等功能，研发防汛“人盯人”防抢撤系统，实现防汛救灾快速上报、统一部署、迅速处置。接入23家重点危化品企业，优化危险化学品企业监测预警系统。西安市被确定为全国18个“国家城市安全风险综合监测预警平台建设”试点城市之一。

【应急物资保障体系建设】　2022年，西安市出台《关于健全西安市应急物资保障体系的实施方案》《救灾物资紧急采购供应及快速调拨运输工作规程》《加快推进救灾物资储备体系建设的意见》等文件，完善应急物资保障体系。建立市、区（县）、镇（街道）三级救灾物资储备调拨运输体系，应急物资储备点489个，储备各类应急物资32.6万余件，应急广播2248个，应急物资保障能力有效提升。开发全市统一的应急物资管理调度信息系统，初步实现应急物资管理智能化、数字化。建立应急处置快速响应机制，建成城市服务“15分钟便民服务圈”，确定应急救援装备类、物流运输类、灾后生活救助类等16家企业为第一批应急物资产能保障单位，可扩充代储生活保障、应急装备、防汛抢险、物流运输等应急物资（装备）51种440.28万件（台），年底市本级储备救灾物资计16种8.52万件；各区（县、开发区）储备救灾物资计65种18.35万件，确保应急状态下应急物资“备得足、调得快、用得上”。

【应急救援力量建设】　2022年，西安市命名第二批市级应急救援队伍43支3768人，涵盖特种设备、危险化学品、防汛排涝、森林灭火等8个重点领域。按照救援队伍所在位置区域、救援业务进行分类，明细各救援队伍物资装备，组建镇街（园区）应急管理办公室，绘制全市“应急力量布控联络图”。推进基层应急管理体系和能力建设，全市204个镇（街）、园区成立应急管理办公室，建立9个方面工作制度，875名工作人员到岗实体运行。组建镇（街）、社区（村）应急救援队伍3166支人员52136人。加强航空救援力量建设，推动58个直升机简易起降点勘测、建设和管理工作，联合西北空中应急救援中心打造空中救援“30分钟”响应能力。

2022 年 7 月 28 日，市应急管理局举行突发地质灾害应急演练（黄　磊　摄影）

【应急救援演练】　2022 年，西安市应急管理局组织 22 个市级专项应急预案开展年度应急演练。举办全省规模最大、科目最全、最贴近实战的防汛应急综合演练和全市首次地质灾害应急演练，开展冬季大练兵大演练 118 场。在吸取河南郑州“7・20”特大暴雨灾害救援经验的基础上，积极做好蓝田“8・19”防汛救灾的复盘工作。组织开展森林（草原）防灭火、防汛抢险、突发地质灾害、生产安全事故等各类综合性演练350余场，提升应急抢险救援协同实战能力。

【卫生应急】　2022 年，西安市卫生健康委员会针对自然灾害、事故灾害、公共卫生事件、社会安全事件等，组建由医疗、疾病预防控制等专业技术人员组成的 15 支市级卫生应急队伍。根据陕西省应对办《关于印发陕西省 2022 年新冠肺炎疫情应急处置演练工作方案的通知》要求，“五一”劳动节前后，全市 7 个区（县）组织疫情防控实战演练，市疫情防控指挥部办公室、市疾控相关专家对演练进行现场观摩；其他 14 个区（县、开发区）结合各自实际情况，通过复盘推演的方式检验疫情防控工作方案的实际操作性，确保常态化疫情防控与应急状态的有效衔接。9 月 8 日，市应急局以桌面推演与实战演练相结合的方式组织开展防汛医疗卫生应急救援演练，各区（县、开发区）卫生健康行政部门、市卫健委直属医疗卫生机构分管领导和相关科室线上观摩演练。演练依据《西安市防汛卫生应急预案》，采取现场实战模拟和视频展示相结合的方式，有效检验各部门协同联动、快速处置突发事件的能力。

【应急管理创新成果应用】　2022 年，西安市应急管理局以构建西安特色的应急管理体系为中心，加强科学统筹谋划，组织探索创新、示范先行，在全市应急管理系统部署 20 项管理类、14 项科技类主要业务创新任务，涵盖应急管理、安全生产、防灾减灾等各个方面。优化防汛指挥预警系统、防汛应急广播、制作应急预案“明白卡”、建立健全安全生产行刑衔接工作机制等创新任务在完成年度各项重点任务过程中发挥重要作用。召开“高楼应急安全逃生智联系统”“智慧井盖综合管理系统”“社区设立应急管理服务站”等创新任务现场观摩会，充分调动属地、企业、科研单位多方积极性，推动试点项目由“末梢”变“前沿”，争取早日施惠于群众，服务于企业，提供可复制、可推广的经验模式，打造一批西安特色应急品牌。

【突发事件应急处置】　2022 年，西安市在 7 个法定节假日和重大活动期间，安排应急救援备勤队伍 1 万余人（次），组织队伍定期开展备勤训练、队伍集结、拉动演练，做好重大节日备勤、雨雪汛期及极端恶劣天气应对准备。组建水电保障突击队伍 258 支 25796 人，妥善处置 42 起水电断供抢修事件。圆满处置临潼区“3・21”“11・16”2 次危险化学品道路交通车辆泄漏事件和未央区“4・25”正丁胺危化罐车泄漏事故；及时协调安排应急救援队伍参与鄠邑区、周至县及蓝田县登山失联人员搜救工作。

【应急管理宣传教育】　2022 年，西安市应急管理局组织“安全生产月”“防灾减灾日”等宣传活动 20 余场（次）；与西安电视台合作推出《应急说法》电视访谈栏目，全年播出 12 期；与三大运营商建立预警信息推送机制，推送应急相关信息 9 批（次），发送短信 1.5 亿多条。开展“安全生产知识和能力提升网上专题培训”“百场讲堂进企业、零距离助力企业安全生产”等活动，举办线上培训 6 次，线下培训 13 期，培训人员 5300 余人（次）。市应急管理局开通微信视频号和小程序，发布内容 1402 条，总阅读量 85.3 万次；央视网、新华网、光明网、央广网、凤凰网等媒体平台多频次聚焦西安市应急管理工作，各类媒体全年报道 1900 余篇（次）。市应急管理局先后被评为全国应急管理新闻宣传暨学报用报先进单位、全省应急管理新闻宣传和安全生产月活动先进单位。

【西安国际城市安全高峰论坛暨应急产业博览会】　2022 年 9 月 7—8 日，2022 西安国际城市安全高峰论坛暨应急产业博览会在线上顺利举办。论坛以“提升城市安全管理水平　促进应急产业融合发展”为主题，来自国内应急领域各行各业的 20 余位领军人物就城市安全领域的热点问题展开对话，分享城市安全治理新理念、新模式、新思路。博览会邀请参展企业 83 家，涉及安全生产、智慧应急以及应急救援等八大板块，展示城市安全治理新科技、新成果、新装备，分享安全与应急产业发展新理念、新模式、新思路，促成企业“一对一”对话洽谈 269 次，达成意向协议 12 项、资金额 1.2 亿元。　（陈瑜亮）

自然灾害处置

【概况】　2022 年，西安发生自然灾害 7 起（其中，洪涝灾害 6 起，地质灾害 1 起），比上年下降 46.15%，未造成人员伤亡，直接经济损失 1449.27 万元，比上年下降 99.63%。临潼、长安、鄠邑、蓝田、周至 5 个区（县）不同程度遭受农村民房倒损、道路等基础设施损毁、农作物受灾减产等情况。市应急管理部门面对各类自然灾害，实施立体化防范、标准化治理、产业化推动，不断推进灾害治理体系建设。全市储备救灾物资 183 万件，发放救灾补助 2973 万元，救助受灾群众 1.46 万人，建成应急避难场所 220 处，全力保护人民群众生命财产安全。

【自然灾害综合防治能力建设】　2022 年，西安市自然灾害综合防治能力不断加强。4 月，新修订的《西安市自然灾害救助应急预案》印发施行，明确灾后救助与恢复重建相关规定，健全完善救灾储备物资管理办法。根据《西安市防汛应急预案》等有关规定，编制《西安市暴雨灾害防御指引》，梳理出62条暴雨灾害防御措施。市应急管理局将1小时雨强标准纳入预警信号发布内容，明确以“气象预警信号”为预案响应启动条件。为各区（县、开发区）村组配备卫星电话2192部、安装防汛预警喇叭726个，实现预警喇叭沿山村庄全覆盖、卫星电话村村覆盖。加强应急防汛救灾物资储备，确定16家企业为第一批应急物资产能保障单位，可代储生活保障、应急装备、防汛抢险、物流运输等应急物资（装备）51种440.28万件（台）。开展自然灾害综合风险普查成果应用，建成市级应用平台，归集地质、水务、应急、气象成果35类5.1万项，接入31类实时监测数据，建成自然灾害监测预警分析研判“一张图”。推进综合减灾示范区（社区）创建，灞桥区全国首批综合减灾示范区试点确定的10类44项任务完成，创建“全国综合减灾示范社区”5个、“陕西省综合减灾示范社区”24个。

【发布《社区（村）应急避难场所设置规范》】 2022年10月14日，西安市发布《社区(村)应急避难场所设置规范》。依据灾害风险分布、经济社会发展状况、人口密度和公共资源条件等因素，对社区（村）应急避难场所选址、布局、设施、面积指标和主要技术经济指标、维护等进行规范，与国家、省级应急避难场所建设标准有效衔接，填补全市社区（村）应急避难场所设置标准空白。

【创建“全国综合减灾示范社区”】 2022年，西安市应急管理局出台《综合减灾示范社区创建规范》地方标准，开展综合减灾示范社区创建。12月8日，国家减灾委员会等部门命名全国642个社区为“2021年度全国综合减灾示范社区”。西安市莲湖区红庙坡街道大兴东路社区、雁塔区丈八街道唐沣社区、长安区细柳街道紫薇田园都市社区、长安区郭杜街道居安路第一社区、西咸新区三桥街道和平社区5个社区榜上有名。截至年底，西安市有87个社区被命名为“全国综合减灾示范社区”，创建质量和数量居全省第1。 （陈瑜亮）

防汛抗旱

【防汛救灾责任体系建设】 2022年，西安市以市委办公厅、市政府办公厅名义印发《加强和改进防汛救灾工作实施方案》，构建防汛“五级包抓”责任体系，落实责任人2.38万人，48条主要河流和秦岭北麓主要峪口、83座水库、主城区131个低洼易涝点等防汛重点部位，全部做到定人定责。建强防汛抗旱救援力量，协调落实新疆森林消防和安能集团2支200人队伍驻防西安市，各区（县、开发区）建立防汛应急队伍409支共3.04万人。加强防汛备汛责任机制。针对阶段性雨水情特点，定期组织召开入汛动员会、“七上八下”部署会、“秋霖期”准备会，加强防汛值班，主汛期加密“部门会商+定点叫应”联络频次，做好“常态监控+重点调度”指挥运行，确保组织指挥顺畅高效、信息传递及时有效、调度处置科学合理。 （陈瑜亮）

【防汛应急预案】 2022年6月，《西安市防汛应急预案（2022年修订版）》印发并实施。此次预案修编工作吸取河南郑州“7·20”特大暴雨灾害教训，查漏补缺，针对以往防汛应急预案中预警响应联动不紧密、指挥不明确、预案体系不完整等薄弱环节，综合应急、水务、城管、住建、气象、轨道交通等部门和行业专家的意见，从工作机制、流程等方面进行完善。将1小时雨强标准纳入预警信号发布内容，明确以“气象预警信号”为预案响应启动条件，使气象预警信号和预案响应协同关联，为有序、有力、有效应对雨情、汛情提供遵循。

【汛情隐患排查】 2022年，西安市以“汛期不过、检查不停、整改不止”为要求，开展防汛排查和督导检查，排查发现公路交通领域挡墙受损、路基沉陷等10个问题，妨碍河道行洪的62个问题，轨道交通领域81处隐患，水灾害防御的89处隐患均整改到位。立足防大汛、抗大洪、抢大险，组织编撰《西安市水灾害防御工作手册》，在全省率先完成水库、闸门、淤地坝及1081千米堤防灾害普查，加强205处雨水情监测站（点）维护，督促沿山区（县）完成山洪预警平台维护，非工程措施项目全部完工；长安、蓝田山洪灾害防御能力提升项目10月底完工；4次召开视频监控接入会议，整合接入146路河库视频，为水工程调度提供第一手资料。完成全市水旱灾害风险普查任务，《4条河流洪水超标准分析》《典型小流域淹没图》被列入《全国中小河流淹没优秀图集》，成果排名全省第1。 （陈瑜亮 李 健）

【水灾防御】 2022年，西安市水务局制定《水灾害防御工作要点》，对防御工作进行具体安排。组织修编市级15个重要河库预案，督促各区（县、开发区）修订完善河库防洪预案247个。依托水灾害防御监测预警平台，保持24小时连线，滚动会商研判，为防汛指挥决策提供依据。汛前，67个影响安全度汛的水毁堤防全部修复完工，46座到期水库全部完成安全鉴定，12个影响安全度汛的水毁水库修复项目全部完工，8座病险水库汛期实行空库运行。开展妨碍河道行洪突出问题排查整治，完成纳入水利部台账的64个问题的整治工作。加快2022年市水务系统66项重点工作涉河工程建设进度，25项涉河工程和中小河流治理项目完成建设。开展城区排洪渠道超标准洪水排洪能力复核，督促完成漕运明渠绕城高速桥下隐患点和幸福河长庆湖滨花园段卡口整治，长安区滈河全线治理，蓝田县灞河、流峪河、蓝桥河清淤等河道整治工程，为行洪水留足通道。落实河库坝及山洪防御巡查队伍155支巡查人员2970人。全市储备编织袋40万条、铅丝笼58吨等，与2家供保单位签订供应协议。组织完成重点河流、水库和山洪灾害防御演练33场。 （李 健）

【避险度汛】 2022年，西安市坚持“防范胜于救灾”理念。加强防汛值班，主汛期加密“部门会商+定点叫应”联络频次，做好“常态监控+重点调度”指挥运行，做到降雨期间防汛信息“一日两报”，报送汛情快报58期，启动全市防汛应急响应5次，召开专题视频调度会90余次，确保组织指挥顺畅高效、信息传递及时有效、调度处置科学合理。落实防范措施，研发防汛“人盯人”防抢撤系统，对7620名危险区需撤离人员逐一建立台账，突出常规措施落实和“超常”从严管控确保安全度汛，出动防汛人员16万人（次），转移避险4.3万人（次），封闭峪口858人（次），管控道路227条（次），实现汛期“零”伤亡目标。全年应对汛期20轮降雨过程，未发生人员伤亡和重大险情灾情。 （陈瑜亮）

【抗旱保灌】 2022年夏季，西安市出现连续极端高温天气，特别是6月和8月，高温天气43天，突破1961年以后纪录，黑河金盆水库、长安石砭峪水库、蓝田李家河水库有效库容降至历史同期68%，农田出现重度干旱。全市10个测报点土壤墒情调查，其中5个测报点土壤平均含水率低于60%，作物受旱面积6.05万公顷，零河水库蓄水已低于旱警水位，机井出水量不足1560眼。6月20日，市水务局下发《关于切实做好当前旱灾防御保障供水工作的通知》，把农村供水保障放在抗旱工作首位。启动各类水利设施，在确保人饮安全的前提下，最大范围保证灌溉用水。累计投入机电井2.206万眼、抽水站18处、机动抗旱设备328台，机动运水车22辆、投入人力6.3677万人次，完成抗旱保灌面积11.7万公顷，解决因旱人饮困难6680人。挽回粮食损失13.53万吨、2.28亿元，挽回经济作物损失1.02亿元。（李　健）

气象防灾

【气象灾害预警体系建设】　2022年，西安市委、市政府8次召开常务会、专题会落实《气象高质量发展纲要（2022—2035年）》精神，部署森林防火、内涝防治、智慧农业等气象保障项目建设，推进气象高质量发展。市政府印发《西安市气象灾害应急预案》。市防汛抗旱指挥部和市气象灾害应急指挥部联合编制《西安市暴雨灾害防御指引》。组建西咸新区气象服务中心（西安市生态与农业气象服务中心），探索开发区类气象事业发展新模式。西安市气象局与应急、水务、秦保、农业农村、资规、交通等部门建立完善灾害性天气预报预警联动机制，开展内涝监测预警试点，建设多源卫星森林火情监测系统，开发“轨道交通智慧气象服务系统”等。“党委领导、政府主导、部门联动、社会参与”的气象防灾减灾工作机制更加完善，气象工作基础性、先导性作用进一步凸显。

【气象预报预警】　2022年，西安市气象局新建3部相控阵雷达，实现6部相控阵雷达全市域组网观测，时间精度提高到1分钟，空间精度精细到30米。自主研发微型智能气象站投入应用。新建升级各类监测站83套。建成“天空之眼”实景监测系统20套。引进中科院多波段雷达超时空分辨率无缝融合技术、国家信息中心多源实况融合分析系统。开展相控阵等新型雷达数据深度挖掘和同化应用。研发短临天气监测预警系统、大城市快速循环同化数值预报系统和气象—水文多源融合降水实况分析产品。2项算法（产品）获首届全国气象雷达产品交流大赛一、二等奖。西安都市圈数值预报系统试运行。预警信息覆盖率98%以上。升级完成超融合系统，新建市局—国家超算西安中心200M以太网专线。核心业务系统全部实现本地云化改造。

【农业气象服务】　2022年，西安市气象局分区域、分作物、分时段为农业提供“全链条”伴随式的气象服务。与市农业农村局等部门建立健全常态化联动会商机制，滚动发布2022年“三夏”“三秋”气候趋势预测、农业气象灾害风险预警和精细化专题服务，助农颗粒归仓；聚焦“一县一品”特色经济作物，精细服务周至猕猴桃、鄠邑葡萄、临潼石榴、阎良甜瓜、灞桥樱桃、高陵设施蔬菜、蓝田核桃等产业，做到趋利避害。全年制作发布《生态与农业气象影响评价》13期、《春耕春播气象服务专报》11期、《夏收夏种夏管气象服务专报》6期、《秋收秋种秋管气象服务专报》9期、《粮食作物产量预报》2期，下发气象灾害预警通知47次，保障粮食安全助力乡村振兴。（徐丽娜）

2022年9月19日，市气象局为缓解长安石砭峪水库蓄水短缺进行地面火箭增雨作业（市气象局　供图）

【人工增雨作业】　2022年，西安市气象局聚焦农业抗旱、水资源安全等，与市水务局协调互动，研判金盆、李家河、石砭峪三大水库蓄水保供形势，常态化开展人工增雨作业。9月17—20日，在黑河、李家河及石砭峪库区开展空地一体化人工增雨作业，在人工与自然共同作用下，全市普降小到中雨，局地大雨，全市总降雨量4.2亿吨，经综合评估，此次人工增雨效率达到10%～15%，全市增加有效降雨4200万～6300万吨，有效缓解阶段旱情。根据水源涵养地以及农业抗旱减灾等需求，全年组织飞机增雨作业15架次，飞行作业时间50余小时；组织地面人工作业25次，燃烧碘化银烟条1326根，发射增雨火箭弹219枚。（徐丽娜　李　健）

【防雷安全监管】　2022年，西安市气象局组织开展防雷安全检查2次。制定《关于做好2022年度防雷与升放气球安全监管工作的通知》《防雷安全重点单位防雷安全隐患排查“迎盛会、除隐患、保安全”专项整治行动方案》，完成对全市易燃易爆场所、危险化学品区域防雷安全检查“全覆盖”排查任务。开展防雷资质单位质量考核工作，完成21家防雷资质单位检测资料核查与现场验证。完成全国防雷减灾平台注册登录任务，517家防雷重点单位全部注册，注册率100%，登录率88.53%。实现防雷安全重点单位一企一档。

【气象现代化建设】　2022年，西安市气象局发挥“高影响天气监测预警技术创新中心”作用，融入秦创原创新平台，联合国家超算（西安）中心、西安理工大学等团队开展技术攻关。承担国家自然科学基金重点项目1项，省级科技项目9项，市级5项。1项获中国气象局“十三五”成果认定“良好”等级，1项获省科技进步三等奖，1项通过交通运输部项目评审，3项科技成果实现业务应用。1人获中国气象局西部青年英才、1人聘为正研级高工、1人获评正研级高工、7人入选全省气象高层次科技创新人才。实施“质量提升年行动”，推进监测精密、预报精准、服务精细，加强部门联动，发挥气象防灾减灾第一道防线作用。年底市辖区（县）除有气象局8个（长安、临潼、阎良、灞桥、高陵、鄠邑、蓝田、周至）、国家气象站7个、国家一级农业气象站1个、省级农业气象站1个之外，还有探空站1个、自动土壤水分观测站7个、大气成分观测站1个、酸雨观测站1个、沙尘暴观测站1个、闪电定位观测站1个、大气电场仪站5个、电离层监测站1个、新一代天气雷达站1个、风廓线雷达2个、X波段相控阵雷达6个、激光测风雷达2个、微波辐射计4个，区域自动气象监测站195个。

“西安气象”传播矩阵作用进一步发挥，其中微博关注人数突破 150 万人（次），微博影响力位列全国气象类政务微博前十，并获陕西省委网信办“走好网上群众路线百个成绩突出账号”称号。

【气象依法行政】 2022 年，西安市气象局贯彻“放管服”改革要求，提高行政效能，深化“证照分离”改革全覆盖工作，继续开展工程建设项目审批告知承诺制工作。制定《2022 年气象行政执法监督检查与“双随机、一公开”抽查工作计划》《2022 年度气象行政执法监督检查工作计划》，按照“三项制度”开展执法工作，开展“双随机”执法检查 13 次。10 月 21 日，《西安市气象灾害防御条例》经市十七届人大常委会第四次会议修订通过，12 月 1 日，经省十三届人大常委会第三十七次会议批准，自 2023 年 3 月 1 日起施行。确定《西安市气象灾害预警信号发布规范》《露地大樱桃农业气象服务技术规范》等 2 个市级地方标准立项。2021 年立项的《人工影响天气火箭作业安全管理规范》地方标准提交验收材料。

【气象服务与保障】 2022 年，西安市气象灾害应急指挥部下发各类灾害性天气防御通知 46 件，启动重大气象灾害应急响应 31 次 138 天。短临监测预警系统融入西安市委办公厅、市政府办公厅及市应急指挥中心。“1+N”精细服务“拳头”产品赋能交通、电力、矿业、库区等重点行业精准调度。分区域、分作物、分灾种精细化农业气象服务粮食安全和经济作物。围绕需求做好决策服务，针对关键性、转折性、重大气候事件，制作《重大气象服务专报》44 期。 （徐丽娜）

防震减灾

【防震减灾体系建设】 2022 年，西安市防震减灾工作体制机制更加健全，经市委编办同意，建立西安市防震减灾工作联席会议制度，有效统筹各级相关单位资源力量，防震减灾工作搭建平台。将“西安市地震监测中心”更名为“西安市地震监测预警中心”，增加地震预警相关职能和人员编制，发挥地震预警服务综合减灾效能。市委常委会研究部署防震减灾工作 1 次，市政府党组会研究防震减灾工作 1 次，市政府专题研究防震减灾工作 2 次；市政府印发《关于西安市地震重点监视防御区（2022—2030 年）防震减灾工作实施方案》和任务清单，并将防震减灾工作纳入区（县、开发区）及 18 个市级相关部门目标责任

2022 年 5 月 17 日，市地震局召开西安市 2022 年度防震减灾工作联席会议
（市地震局 供图）

考核。组织协调发改、应急、住建、教育、财政等 12 个部门，对防震减灾工作进行 7 次督导调研或行政检查，推动防震减灾各项工作落实。加大防震减灾行政执法力度。对黑河金盆水库地震监测台网运行情况进行行政检查；对全市 2021 年 5 月以来新建学校、医院和一般建设工程抗震设防要求执行情况进行全面检查，累计检查 616 项。

【地震监测预报】 2022 年，西安市地震监测预警能力建设跃升，全年处理地震事件 4609 起，监测到西安地区发生可定震中地震 18 次。妥善处置 3 次波及西安的有感地震。监测台站建设管理水平全面提高，对全市 30 个地震监测台站进行整改提升，在西咸新区建成 10 座地震监测台站。地震预警技术推广应用全面推进，在 331 所学校开展校园紧急地震信息服务及预警安全科普工程项目建设。地震应急决策技术支撑能力大幅提升，建设西安市地震综合信息服务系统项目。地震科研基础不断巩固，自主研发的热红外应用于地震预测方法申报中国地震局震情会商方法进入验收阶段。3 篇震情分析专题报告被省地震局评为优秀专题报告。地震应急准备能力建设取得新成效，研究制定北京冬奥会、春节、“两会”、二十大等重要时段地震安全保障方案，圆满完成各时段保障任务；组织相关市级部门和区（县、开发区）工作人员 34 名，赴四川汶川地震灾区遗址开展地震现场工作合训及演练；修订《西安市地震局地震灾害应急响应工作预案》，开展地震应急演练，进一步提升地震灾害应对能力。

【地震灾害防御】 2022 年，西安市震害风险防治能力建设取得新进展，市防震减灾工作联席会议办公室印发《贯彻落实〈进一步加强新时代地震灾害防御基础业务建设实施方案〉的措施》，进一步规范震害防御基础业务和提升工作能力。地震易发区房屋设施加固工程建设成效突出，成立 6 个督导组对全市房屋设施加固工作进行督导调研，召开推进会通报情况，推动落实，完成房屋加固工程 89479 栋。采集录入 80532 项，信息采集完成总量位居全国城市前列。依托行业资金开展公共设施加固工作，完成加固 200 余项（处）。活动断层探查与地震危险性评价工作扎实推进，高陵区活动断层探查项目进展顺利。制定《西安市主要活动断层探查与地震危险性评价工作方案》，对全市 6 条主要活动断层开展探查工作，化解城市风险，拓展城市空间。地震灾害风险普查工作有序开展，对全市 18 个区（县、开发区）地震灾害风险普查相关数据资料进行复核、抽查。完成区（县）评估与防治区划基础资料及房屋建筑抽样调查任务的资料收集、汇总和质检，完成市级地震灾害重点隐患调查评估成果报告及分类分级的房屋地震灾害风险评估报告编制等工作。

【防震减灾宣传】 2022 年，西安市地震局探索线上、线下联动宣传新思路、新手段，在重要时间段的科普宣传活动中，利用两报两台、公交地铁等宣传载体和微信、微博等新媒体平台开展防震减灾科普宣传，同步组织社区宣传和综合地震应急演练，受众累计 3700 余万人（次）；开展防震减灾宣传“进党校”活动，为省委党校 2022 年秋季中青年干部培训班、市厅级领导干部党的二十大精神培训班等 8 个班级 300 名学员进行防震减灾知识宣传。1 人获 2022 年度全

国科技活动周活动先进个人。实现科普宣传动员广泛、手段多样、形式创新三个突破。防震减灾科普宣传政策引导不断强化，制订《关于进一步加强防震减灾科普宣传工作的意见》，要求各区县、西咸新区、各开发区以多形式、多途径的方式改、扩、建1所防震减灾科普场所。鼓励社会资本对防震减灾科普工作的投入，按照“谁投入、谁受益”的原则，推动防震减灾科普产业发展。4所学校获评“2022年度陕西省防震减灾科普示范学校”。西安市选手王筱玥获陕西省防震减灾科普讲解大赛第一名、第六届全国防震减灾科普讲解大赛二等奖。

（王江虎）

安全生产监督管理

【概况】 2022年，西安市抓责任落实、专项整治和监管服务，全市安全生产形势持续平稳。出台《西安市安全生产工作考核办法》《西安市贯彻落实国务院安委会安全生产十五条措施的60条具体举措》等，落实安全生产责任机制。组织开展安全生产暨“防风险、除隐患、保安全、迎盛会”专项整治活动，推动安全生产专项整治三年行动成效巩固提升，整治隐患15.9万余处。下达专项资金576万元，提前半年完成秦岭区域内临潼、蓝田尾矿库闭库销号。开展集中执法和专项执法和“双随机、一公开”执法，优化行政审批流程，全程网办事项、最多跑一次事项占比100%。开展安全大检查暨“防风险、除隐患、保安全、迎盛会”专项整治、安全生产百日行动，全年检查生产经营单位2825家，2975次。截至年底，全市发生生产安全事故131起，比上年下降32.8%；死亡129人，下降25.8%。下降幅度为2019年以来最大。详见表71。

【国家安全发展示范城市创建】 2022年，西安市争创“国家安全发展示范城市”，出台《重大安全风险“一票否决”管理办法》《联防联控机制》《防控联席会议制度》《城市重大危险源识别、申报、登记、监管制度》4项安全制度和《城市安全风险分级管控导则》《企业双重预防机制建设实施指南》《事故隐患排查和分级标准》3项安全规范，建立风险辨识评估与监测预警制度，制定《城市风险分级管控和隐患排查治理指南及评判标准》，出台3部应急管理领域地方标准，确保城市安全运行无盲区。开展城市典型风险专项评估和城市安全风险抽样评估，形成《西安市城市安全风险点台账》《安全现状调研与分析报告》《城市安全白皮书》等成果报告8份，为城市安全运行提供有力支撑。聚焦城市公共安全治理体系和治理能力现代化，围绕年度创建工作部署，召开全市创城工作专题会、全市市级部门创建工作推进会、全市创建业务能力提升培训会等大型会议5次，常态化召开周例会、研讨会40余次。制定《西安市国家安全发展示范城市创建工作评价细则（2022版）》，优化创建工作任务量化评价指标101小项774个。组建由41名各行业领域专家组成的安发城市创建专家支撑团队，采用PDCA循环管理思想，构建城市安全管理绩效评价体系，开展28个市级部门和20个区（县、开发区）城市安全管理绩效评价，精准分析城市安全运行中的急、难、险、堵等问题，形成城市安全管理绩效评价与优化提升报告。研究构建点、线、面空间数据融合互通的城市安全风险数据库，开发出城市安全风险管理信息平台，录入3176家安全风险单位信息数据，实现全市安全风险系统辨识、科学评估、动态分级、精准监管、应急处置的全过程信息化管控，完成28个市级部门和20个区（县、开发区）12轮次、280万项创建任务，汇集各级日常安全管理信息4.3万条，全面掌控城市安全源头治理、风险防控、监督管理、保障能力、应急救援与安全状况6个方面基本情况，为城市安全管理工作精准施策提供有力科技支撑。

【安全生产责任机制建设】 2022年6月，西安市出台《西安市贯彻落实国务院安委会安全生产十五条措施的60条具体举措》对安全生产责任实行清单化管理，制定党委政府领导班子及其成员安全生产职责清单、行业部门领导干部责任清单，对部分重点行业领域完善全链条监管责任，对职能交叉和新业态领域明确监管责任。要求企业主要负责人必须严格履行第一责任人的责任，并组织建立本企业全员安全生产责任制。出台《西安市安全生产工作考核办法》，组织召开安全生产各类会议30余次，在国庆期间和党的二十大召开期间，以超常举措抓实保安全工作，建立“严督实查、严抓实改、严防死守、全员备战”工作机制，签订四级安全生产“军令状”。完善道路交通、电动自行车、城镇燃气、自建房等行业领域全链条监管责任，3428家企业建立双重预防机制，771家高危行业企业投保安责险。

【综合行政执法工作机制】 2002年，西安市应急管理局强化建章立制，规范行政执法，推进监管与执法分离、联合执法、案件审理等工作机制。全省首家印发《应急管理综合执法量化评价实施细则》，从20个方面细化综合执法考核评价标准。制定《案件移送制度》《联合执法制度》《行政处罚案件集体讨论工作规则》《“三位一体”执法工作模式指引》和《应急管理行政执法人员行为规范》，通过打造综合执法队伍标准化宣传栏、公示栏，实现执法人员、案件办理、行政处罚“三公示”。落实重大行政处罚案件经过法制审核机构和法律顾问及负责人集体讨论两次审核要求，确保案件办理质量。出台《西安市安全生产行政执法与刑事司法衔接工作实施细则》，召开联席会议，全年办理行刑衔接案件7起。典型执法案例报送工作进度明显提升，全年报送典型执法案例98件，案例报送率、合格率均为100%，在微信自媒体和主流媒体通报典型执法案例4批30起，通报数量、报送数量及超额量均在全省排名第1，得到省应急管理厅通报表扬。修订《推进安全生产分级分类执法的实施意见》，增补市级分级分类至114家，在各区（县、开发区）开展分级分类执法工作，统计分级分类执法企业2679家；开展全市规模以上工贸企业调查摸底工作，统计规上企业1367家，梳理市级执法企业73家。印发《西安市安全生产重点领域交叉执法工作方案》，8月下旬至9月下旬，采取区（县）间交叉执法模式，对应检查不少于10家企业，移交不少于3起案件。上线应急管理举报投诉系统，提高信访举报办理时效，出台《安全生产举报奖励实施办法》，重奖激励举报投诉，明确“吹哨人”制度，办理举报投诉案件500余起，办结率100%；落实举报奖励3起，并在全市范围通报。

表71 2022年西安市生产安全事故统计表

项目	次数/起	死亡人数/人	受伤人数/人	直接财产损失/万元
道路运输事故	88	85	39	168.85
农业机械事故	2	0	2	31
工矿商贸事故	41	44	17	2051.15

说明：统计数据含西咸新区全域

【安全生产监督执法】 2022年，西安市各级应急管理部门通过计划执法、百日执法、交叉执法、精准执法、专家查隐患等模式，按照《2022年度安全生产执法计划》，组织应急管理综合执法工作，检查企业3413家次，发现违法行为3401起，责令停产整顿生产经营单位6家，全市监察执法立案367起。按照全市安全生产百日行动工作要求，开展百日执法专项行动，发现违法行为为2250起，立案查处违法行为197起，行政处罚693万元，停产停业36家，暂扣证照3家。加快“互联网+执法”系统应用，实现执法全过程数字化流转，杜绝随意性，减少自由度。全市录入执法人员600余人，执法企业1500余家。通过系统开展执法检查1088次，发现违法行为1042项，立案75起，处罚107.7万余元，开具执法文书3499份。市级挂牌督办事故3起、重大隐患10起，通报行刑衔接案例5起、典型执法案例14起。强化典型案例引领示范作用，分3批通报共21起典型执法案例，聚焦有限空间、粉尘涉爆、企业主要负责人处罚等重点领域和新《安全生产法》规定领域，倡导全市各区（县、开发区）向重点点位执法倾斜。严格事故责任追究，充分发挥事故调查处理对加强和改进安全生产工作的促进作用，依法开展经开区“5·15”聚泽商务大厦吊顶坍塌事故调查工作，做好浐灞生态区、国际港务区、经开区等事故行政处罚等后续工作，完成行政处罚企业30家次。

【城镇燃气安全专项整治】 2022年，西安市城管执法局开展城镇燃气安全监管。完成3800千米市政公用燃气管道检验和4700只报废气瓶去功能化处置工作，推动全市35家液化气充装站建立追溯系统，抽查企业277家、设备2236台（件），查出隐患问题874个，其中重大隐患问题28个，均督促完成整改。完成39587家餐饮场所可燃气体报警器安装督导工作，完成率100%。与应急管理部门成立4个督查组，开展2轮次专项检查，督查检查15个区（县、开发区），随机抽查和暗访暗查6家燃气经营企业、5家商业综合体物业管理服务企业和58家燃气使用用户，现场发现并督促解决具体问题160项。

【危险化学品专项整治】 2022年，西安市各级应急管理部门对全市危化企业进行摸底排查，督促45家企业依法配备注册安全工程师，6家重大危险源企业调整9名不符合条件的安全管理人员；联合2所大专院校，为企业开展学历和安全技能提升培训。完成全市705家危化企业安全风险评估，对10家新建化工项目进行安全设施设计诊断。对全市危险化学品领域特种设备、防雷电检验检测、危险品运输车辆及专用停车场、废弃危险化学品处置开展全覆盖的排查治理，安全风险得到有效管控。对使用重点监管目录危险化学品的工贸企业进行实地检查3轮（次），指导全市23家危化重大危险源企业全部配备独立的安全仪表系统（SIS系统）和紧急切断装置，治理5家涉及爆炸、火灾危险场所企业完成危险场所搬迁改造和作业现场减人，推动11家企业完成自动化改造，督促2家重点监管化工工艺企业完成全流程反应安全风险评估。根据风险研判，集中对12家油气储存企业，17家气体生产充装企业，45家仓储经营和精细化工、小化工企业开展整治，从源头上消除火灾爆炸事故风险，有效防范生产安全事故。

【工矿商贸安全专项整治】 2022年，西安市各级应急管理部门在工矿商贸领域开展安全生产隐患大排查大整治行动，排查涉粉作业场所人数10人以上的粉尘涉爆和铝加工（深井铸造）企业24家，针对安全风险点整改隐患56项。在工贸重点行业“百日清零行动”中配合宝鸡市应急管理局开展交叉执法检查，检查12家涉粉作业10人以上粉尘涉爆企业，整改安全隐患60项。完成轻工行业重点企业涉有限空间作业排查摸底工作，逐一排查整治腌菜制造、造纸加工等企业，确保重大隐患清零。对26个工业园区进行安全风险评估；在7家年产值百亿元以上的工业企业建立安全生产政企联系点，走进生产一线开展监管，帮助企业查找安全生产问题隐患。

【烟花爆竹专项整治】 2022年，西安市各级应急管理部门在春节等传统节假日节点开展烟花爆竹专项整治。采取昼夜查相结合、重点场所部位突击检查等方式方法，开展督导检查28次，共发现4类问题16项，打击非法销售烟花爆竹点位28处，同时督促各区（县、开发区）组织联合执法等多种方式方法开展执法检查。

【道路交通安全管理】 参见第81页“法治”同题条目。

【综合执法队伍建设】 2022年5月15日，西安市应急管理综合执法支队挂牌成立仪式，6月底，全市涉及改革的市、区（县）两级14支应急管理综合执法单位全部挂牌运行。市级执法支队提升为副局级建制，内设大队为正处级建制，人员编制数从20人增加至35人，增幅达75%；区（县）级执法队伍为副处级、副科级建制，人员总编制数从161人增至211人，全市应急管理综合执法力量得到显著增强。制定《应急管理综合执法“标准化、数字化、精细化”三室一库建设方案》，推进示范引领，建设实现案件办理、询问取证、语音转写、研判指导、案卷评查“一站式”集成的案件办理中心及执法询问室，多次邀请省应急管理厅领导观摩指导，将建设经验在全省进行推广。在全国率先制定《应急管理综合执法队伍标准化建设规范（试行）》，提出综合执法队伍建设人员配置、标志标识、功能布局、制度建设、系统应用“五标准”。组织执法队伍年度轮训，8月至10月底，组织7个区（县）新进执法人员开展为期3个月的跟岗培训。9月下旬和12月中旬，联合陕煤集团、

2022年5月15日，西安市应急管理局举行统一着装暨综合执法支队挂牌成立仪式
（胡　聪　摄影）

西安科技大学、西安建筑科技大学组织2轮（次）3期应急管理综合执法队伍业务轮训班，培训187人（次），多渠道、多角度确保轮训效果。

【安全生产宣传】 2022年，西安市应急管理局推动安全宣传“五进”工作，普及安全知识。举办线下、线上2期《安全生产法》知识竞赛，全市5000余家企业参加线上竞赛答题。采取“游戏+互动+体验”、线上线下同步的方式，组织开展安全宣传“五进”及蓝精灵志愿服务等系列活动20余场。“安全生产月”期间，在全市范围内开展安全生产主题宣讲、事故警示教育、安全知识竞赛、应急预案演练和安全宣传咨询日和应急救援演练等系列活动，组织观看纪录片《生命重于泰山》980余场。开展安全生产“公开课”“大家谈”“班组会”等学习活动765场，开展应急救援演练和知识技能培训近400场，参与“第一责任人安全倡议书”活动2万余人。严格执法与指导服务并重，落实谁执法谁普法要求，在执法检查和督查督导中，向120余家企业发放《中华人民共和国安全生产法》《中华人民共和国行政处罚法》读本3000余册，向一线从业人员发放应急救援包500个。（陈瑜亮）

消防减灾

【概况】 2022年，西安市消防减灾工作坚持“固本拓新”总基调，全面实现基层基础全面夯实、队伍管理高度稳定、能力素质不断提升、实战水平显著增强、消防环境持续优化的工作目标，全年接出警12801起、出动车辆20828辆（次）、出动人员165569人（次），成功处置一系列急难险重任务，得到市委、市政府的充分肯定和人民群众的高度赞扬。

【消防工作机制建设】 2022年，西安市健全“双定期”机制，完善消安委、安委会协同汇报、政府约谈、责任制联考和火灾责任事故挂牌督办等工作机制。市委、市政府先后10余次召开专题会议议消防、定措施、夯责任，探索“支队示范+行业监督+综合监管”的共治机制，推动将行业部门消防工作履职情况纳入年度考核考评内容，形成《关于加强基层消防安全综合治理的措施》《西安市“十四五”消防救援事业发展规划》《西安市消防专项规划（2021—2035）》等制度成果，从根本上拧紧消防管理责任链条，倒逼消防安全责任落实。

【消防基础建设】 2022年，西安市消防救援支队修订《西安市消防救援支队政府采购管理规定资料汇编》，成立采购办公室并实体化运作，规范采购行为、强化风险防控、提升采购质效。新建曲江临潼度假区消防站（特勤站）、阎良区航空六路消防站（特勤站）、长安区兴业四路消防站（一级站）3个消防站，编写《西安市消防救援站优化选址》课题，将124个消防用地落实到国土空间总体规划“一张图”中。推动装备技术革新，参加全省消防救援队伍灭火救援装备革新成果评审活动，获得全省信访救援队伍2022年度装备革新成果评审团体第一名、单项第1名的优异成绩。同时，强化创新成果应用，围绕装备转型升级及专业化装备建设新问题，推动装备建设由数量向质量效能型转变，建立完善装备管理制度，提升装备作战效能最大限度发挥，为构建“全灾种、大应急”体系积累新经验。4个革新装备申请专利。

【火灾调查】 2022年，西安市提升火灾调查应急响应能力和火灾调查工作水平，推动建立适应新时代发展的火灾调查机制。全年出动火警5302起，居住场所火警、室外独立生产设备火灾、交通工具火灾、垃圾及废弃物火灾分别占总数的31.85%、12.54%、9.56%、9.33%；发生亡人火灾20起，移交12起，其余8起均完成火灾原因及延伸调查工作。根据调查实际，市救援支队及时启动火灾调查区域协作机制6次，实地帮扶指导大队进行火灾调查40余次。

【森林防灭火】 2022年，西安市始终坚持“人民至上、生命至上”，压实森林防火安全生产责任。周至、鄠邑、长安、蓝田、临潼、灞桥、未央、阎良、高陵、高新、曲江、西咸12个涉林区（县、开发区），严格落实森林防灭火属地责任，13个国有林场严格落实防火主体责任，西安市应急管理局、市林业局、市秦岭生态保护局、森林警察部门联动联防，加大火源管理，及时清理林下可燃物，加大对林区施工人员和特殊人群的管控力度，落实网格化管理，确保森林防火安全；在主要山区、峪口、林场设立防火检查站175处，瞭望哨112处，配备护林员1324名，全力做好火源管控。开展野外火源治理和查处违规用火行为专项行动，对7个涉林重点区（县、开发区）和2个国有生态林场进行督导检查；对防火检查站、护林员上岗到位情况进行全面检查督导，确保全部进点到位。紧盯元旦、春节等重要时段，及时发布预警信息，抓好森林火灾预防工作。相关区（县）在红色、橙色预警期间及时发布封山禁火令，从严落实封山控峪措施，严守不发生人员伤亡底线。协调新疆森林消防队伍180人驻防；指导组建半专业队伍24支1035人；对全市扑火队伍开展业务培训，时刻保持战备状态，全面作好应急救援准备。成功处置鄠邑区太平峪“4·9”森林火情，24小时扑灭率达到100%。构建秦岭保护综合监控系统，推广“森林防火码”，最大化实现自然灾害风险精准防控。研发森林火情预警及救援系统，部署20个森林防火监测点位，可覆盖秦岭地区1272平方千米林地；系统上线后共收到火情预警信息121条，确认林区真实火情4起，全部在发生初期即予扑灭，未造成损失。

【消防应急演练】 2022年，西安市消防救援支队统筹“消防队伍与社会力量”

2022年4月27日，西安市开展2022年森林草原火灾扑救综合应急演练（黄　磊　摄影）

融合训练演练，开展雨雪冰冻灾害、森林、抗洪抢险、排涝等专业队实战视频拉动演练和骊山索道救援实战演练、总队“三秦使命·2022”和部局“应急使命·2022”跨区域地震救援演练、部局抗洪抢险拉动演练、西安市2022年森林草原防灭火综合应急演练、西安市2022年城市防汛抢险专项应急演练、2022黄河渭河流域跨区域抗洪抢险实战演练、西安市突发地质灾害应急预案演练、油库灾害事故灭火救援实战演练、跨区域地震救援拉动演练、省委市委机关2022年度消防应急演练等多灾种多队伍多部门实战演练活动，使队伍“全灾种”应急救援能力和水平得到全面有效的检验和提升。加速推行救“险”、救“快”、救“早”的“一站多队”灭火救援模式，建立多部门会商研判、预警响应、信息共享机制，深化联勤联动联保协作关系，构建畅通高效的应急指挥机制，着力锻造消防救援精兵劲旅。

【消防执法检查】 2022年，西安市统筹开展消防安全大检查、“守护三秦”百日攻坚、“防风险、保安全、迎二十大”消防安全集中攻坚行动、冬春消防安全专项整治和消防安全专项整治3年行动等15项专项行动，紧盯村（居）民自建房、高层建筑、生产加工、仓储物流、文物古建、老旧小区和城中村等高风险场所和重点区域，动态建立问题隐患和整改措施“两个清单”，采取“一排、二查、三督、四改”等方式，对9080栋高层建筑、173个城中村、1755个老旧小区、121家仓储物流和2.13万栋10人以上经营性自建房进行登记造册和排查治理，督改隐患8.37万处。召开重大火灾隐患摘牌工作推进会，对22家未销案重大火灾隐患单位进行系统梳理，与相关大队逐一签订整改责任书，严明整改要求、夯实整改责任、严格整改举措、推动限期整改。筑牢居民住宅区消防安全屏障，从“责任、组织、防控、保障”4个维度破解治理难题，从“制度规范、资金经费、队伍装备、能力素质”4个方面强化机制保障，在165个街（镇）和12个重点区域挂牌消安委和消防所，在2389个行政村和752个社区成立消防工作领导小组，优化基层消防组织架构，延伸基层消防安全工作触手。236个派出所检查“九小场所”及各类单位9.7万余家，督促火灾隐患或违法行为2.68万处，形成强大监督合力、提升执法效能。

【消防安全宣传】 2022年，市消防救援支队以“提升群众消防安全意识”为主线，开展消防宣传活动。建成投用14座消防主题公园，联合市应急局建设国家级消防科普教育基地，西安地铁市级消防应急科普教育基地挂牌启动，全市科普教育基地实体化运行。组织消防志愿者纵深推进消防宣传“五进”（进企业、进农村、进社区、进学校、进家庭），打造15个消防宣传“五进”试点单位；联合市教育局、市教育电视台开设消防云课堂，拍摄消防宣传“进学校”系列短视频；联合中石油西安分公司在大兴路加油站打造陕西省首家消防主题加油站；策划开展“汉服消防志愿者活动”“传承柳青精神、筑牢农村安全防火墙”“萌娃扛起志愿旗帜”等各类主题宣传活动百余场。政务微信公众号开设原创科普栏目《蓝小西小课堂》；拍摄《守护平安》《长安消防简史》《三秦使命》《印记》《消防志愿同行》及世界杯观赛消防安全指南等系列短片百余部。率先在全省开展“‘119’消防安全月，你的安全我来守护”数字创意联动宣传，利用市区重要商圈、主要交通沿线公共场所的电子屏播发消防安全知识；制作二十四节气及节假日消防主题海报、长图92组，设计线上手绘条漫——《疫情下的西安消防》《城中村消防安全图鉴》《“119”消防宣传月活动纪实》，全面展示西安消防防疫防火、灭火救援、作战训练、队伍形象等多方面工作纪实。与城市特色及街区网红资源跨界联动，打造西安消防“不倒翁”小姐姐、“金甲武士”、临潼“复活军团”、“汉服小姐姐”等特色消防志愿者形象，形成“消防＋旅游”的IP融合宣传效果。在大明宫遗址公园、大唐不夜城、临潼兵马俑等地开展“金甲武士携手火焰蓝　再话消防安全”“古今对话　秦始皇复活军团话消防”“传承千载汉文化　铸就国潮新消防”“云游千年古塔　共话消防安全”“火焰蓝黄骑士”“今非昔比夜未央　城中村消防安全样板间打造”等30余场（次）主题宣传直播活动。其中“金甲武士携手火焰蓝　再话消防安全”“古今对话　秦始皇复活军团话消防”荣登全国微博热搜榜，主题灯光秀入选全国消防灯光秀展。

2022年，央视《朝闻天下》《新闻直播间》等多档栏目刊登西安消防工作动态及出警信息报道29条，《中国应急管理报》及新媒体平台报道6条，陕西电视台《起点新闻》《都市快报》等省级媒体报道210条，展示西安消防良好的形象。市消防救援支队在《澎湃新闻》和《陕西日报》《西部法治报》开设专栏，刊载西安消防各项工作及典型人物、先进事迹展播，在“网易陕西”客户端开设消防专题专栏，发稿900余篇，阅读量超6000万次；拍摄视频“清除火灾隐患　护航春季消防安全”、原创“小火亡人”警示宣传MV《听蓝朋友劝》分别在央视新闻频道和央视新媒体播发，MV累计播放量上亿次。西安“蓝焰志”志愿项目获全国优秀消防志愿服务项目；西安消防官方抖音获2022年陕西省走好群众路线百个成绩突出账号“优秀账号”。

（贾　杉）

2022年11月17日，西咸新区泾河新城消防救援大队在泾河第二学校开展“炫出蓝焰精彩　共筑平安校园”消防安全科普进校园直播活动　（李　明　摄影）

区（县）发展

责任编辑 段亚峰

新 城 区

【概况】 新城区位于西安市城区东北部，跨越明城墙，形成城内城外两部分。东沿铁路专线与灞桥区为界，南以东大街、永乐路、建工路与碑林区、雁塔区毗邻，北连龙首北路与未央区接壤，西以北大街与莲湖区相连。辖区以城墙为界，可以分为城中、城北和城东三大区域，城中区域为东大街、解放路、北大街在内的商贸、金融业聚集区；城北区域主要包括大明宫国家遗址公园等地区；城东区以专业批发市场和军工企业为主。新城区是全省重要的行政中心，是省政府办公所在地。

2022 年，新城区辖西一路街道、长乐中路街道、中山门街道、韩森寨街道、解放门街道、自强路街道、太华路街道、长乐西路街道、胡家庙街道 9 个街道办事处，下辖 108 个社区居民委员会。全区总面积 30.13 平方千米。全区常住人口 62.49 万人，比上年年末增加 0.24 万人。有少数民族 46 个，共 11063 人。出生率 6.72‰，死亡率 6.74‰，自然增长率 -0.02‰。

【经济发展】 2022 年，新城区坚持稳中求进总基调，落实惠企利民政策，保持经济运行在合理区间。推出稳经济促发展 30 条、助企惠民 10 条和金融服务 10 项措施，下拨直达资金 6.6 亿元，助企融资 43.7 亿元，退税减税降费 8 亿元，减免房租 3074 万元。全年新登记市场主体 10830 户，“五上”企业达到 449 家，储备上市企业 10 家，城镇新增就业 18877 人。举办第三届新城全民消费节、第六届新城国际茶文化旅游节等活动，全年接待游客 4568 万人（次），实现旅游收入 370 亿元，易俗社文化街区、永兴坊分获国家、省级夜间文化和旅游消费聚集区。长乐路、长缨路商圈触网转型直播电商，服务贸易增长率、跨境电商交易额排名全市前列。以全新思路引领发展布局，四大板块联动发展基本成势。以链式聚变重组产业版图，17000 平方米的秦创智谷孵化器签约落地，建大科技园晋级省级园区。实施创新企业梯度培育和“双招双引”双轮驱动，高新企业、中小科技企业增至 150 家、222 家。以精准招商汇聚发展动能，成功举办 2022 丝博会、幸福林带上海招商会等推介活动 133 场，引进世界 500 强、行业 100 强企业 6 家，签约项目 25 个，总金额 942.6 亿元。实行重点楼宇政府专员招商，盘活楼宇 63000 平方米。实际引进内资 42.8 亿元，比上年增长 33.4%，实际利用外资 1.36 亿美元，增长 7.3%。详见表 72。

表 72 2022 年新城区经济与社会发展主要指标一览表

指 标	单 位	数 量	同比增长率 / %
地区生产总值	亿 元	672.83	4.3
地方财政一般预算收入	亿 元	16.52	-27.0
地方财政一般预算支出	亿 元	32.98	-3.8
全社会固定资产投资额	亿 元	—	7.0
社会消费品零售额	亿 元	240.90	-4.9
规模以上工业增加值	亿 元	—	7.5
实际利用外资	亿美元	1.36	7.3
实际引进内资	亿 元	42.8	33.4
城镇居民可支配收入	元	56311	3.7

（资料来源：市统计局）

【城市建设】 2022 年，新城区加快城市建设，全方位重塑地区发展新形象。韩南韩北村市政道路完成项目可研、初设、规划审批、施工图设计以及招投标等前期工作，项目已开工建设。新开工老旧小区改造项目涉及 24 个小区、9234 户、161 栋楼，改造建筑面积 62.24 万平方米。完成铁达经九路停车场、东安阳光停车场、建国巷停车场、幸福北路东小寨停车场 4 个公共停车场项目征集任务，停车泊位数 1005 个，完成 1000 个停车场建设年度任务。完成顺城北路、顺城东路、尚勤路、东八路和长乐路等 9 条道路电力沟道建设，建设沟道 4.3 千米。建立 5 个“红色物业企业”，26 个“红色样板小区”，红色物业建设工作取得初步成效。制定生态环境专项行动方案和生态环境质量提升推进方案。加强建筑垃圾管理与资源化利用，引进建筑垃圾资源化利用企业，就地对拆除垃圾粉碎处理，日处理建筑垃圾 3000 吨，再利用率 90% 以上。补栽花灌木 22.15 万株、草坪 6.32 万平方米（包括麦冬）、宿根花卉 511 平方米，整形修剪乔灌木 5.42 万株、绿篱 2.57 万延米，施肥 2634 千克，病虫害防治喷洒农药 3350 千克、树干涂白 3.86 万株。新增停车泊位 5500 余个，新建提升绿地广场和口袋公园 10 个，城区增绿 7.54 万平方米。全年优良天数 229 天，空气质量优于全市平均水平。水环境质量稳中向好，河湖治理成效明显，“一河一湖”“零”排污，黑臭水体“零”增长，市考护城河水质断面监测连续达标。固体废物监管全面覆盖，抓好疫情医疗废物转运处置，组织清运涉疫医疗废物 1200 余吨。加强噪声污染防治，强化重点时段管控。

【社会事业】 2022年，新城区坚持办好群众操心事、烦心事、揪心事。执行各阶段防疫要求，加快医疗机构扩容升级，投资7300万元的全市首家区（县）级公卫中心投入使用。落实稳就业20条措施，组织各类招聘活动47场，发放创业担保贷款6939.9万元、技能培训补贴2575万元。关怀保障困难群体，发放救助补助资金5492.4万元，支付医保基金5.16亿元。多元化救助帮扶，募集慈善物资1278.4万元，发放抗疫民生保障包26万份。“双拥”工作通过省级模范区考评，发放退役军人补助抚恤金9007万元，退役军人优待证“六个办”在全省推广。创建国家义务教育优质均衡发展区、学前教育普及普惠区，教育集团增至28个，4所中小学平稳转公，“名校+”经验在全市推广。新建提升养老服务场所31家，新增养老床位500张，建成区未成年人救护中心，7家托育机构获评市级星级示范，“一老一小”服务保障能力明显提高。在全市率先建成区级“两馆一中心”，搭建完成“15分钟品质文化服务圈”，入围全省公共文化高质量发展先行区。 （新城区政府办）

【幸福路地区投资推介暨项目集中签约仪式举行】 2022年8月12日，新城区举行第六届丝绸之路国际博览会——2022·西安市幸福路地区投资推介暨项目集中签约仪式。该活动以“打造新中心 共享新机遇 成就幸福梦”为主题，签约项目25个，主要涵盖区域总部、文化旅游、商贸商务、大健康、金融服务等产业领域，项目落地将为新城区加快产业转型升级注入更多强劲动力。推介会上展示新城区在人文、资源、产业等方面优越的投资环境，重点推介幸福路地区综合改造项目、幸福林带地下空间公服配套区域、十四街坊综合改造项目等6个重点项目。幸福路地区是“一五”时期规划建设的国家国防与科技领域军工重地，该地区的发展对提升西安整体发展具有重要意义。

2022年10月，新城区易俗社文化街区休闲娱乐广场吸引市民驻足观赏
（张少娜 供图）

【易俗社文化街区获评国家级消费集聚区】 2022年8月16日，文化和旅游部公布“第二批国家级夜间文化和旅游消费集聚区”名单，西安市新城区易俗社文化街区入选。易俗社文化街区于2021年9月对外开放，占地面积5.8公顷。位于西安钟楼东北，东起案板街、南至东大街、西至北大街、北至西一路，整个街区以西安古秦腔剧社——易俗社剧场为核心，由最外围的钟楼书店、钟楼邮局，中间的开放式美食街区、开放式方言广场，包括剧场在内的秦腔文化展示区组成。街区开辟有南侧、东侧等多个入口。其他商业配套设施包含老字号商业街、开放式美食街区等，涵盖文化、餐饮、网红潮牌等多种业态。（远 方）

2022年8月12日，新城区举行第六届丝绸之路国际博览会——2022·西安市幸福路地区投资推介暨项目集中签约仪式
（新城区政府办 供图）

碑林区

【概况】 碑林区位于西安市中心城区东南部，跨越明城墙，形成城内、城外两部分。行政区域东起金花路东沿，与新城区相连；南依南二环，与雁塔区分界；西界，城外抵劳动南路南段，城内至四府街，与莲湖区接壤；北抵西大街东段、辖东大街，城外西起永乐路、东至金花北路，分别与莲湖区、新城区毗邻。碑林区人文底蕴深厚，区域内有西安碑林、明城墙、小雁塔、八仙宫、卧龙寺等旅游景点。商贸繁荣时尚，是全市高端商贸聚集区。科教资源富集，聚集西安交大、西工大等高校及中科院光机所等科研院所，建成国家级孵化器2个、国家文化科技融合示范园区2个，国家级高新技术企业267家。

2022年，碑林区辖柏树林、南院门、长乐坊、东关南街、太乙路、文艺路、长安路、张家村8个街道办事处，98个社区居民委员会。全区土地面积23.37平方千米，男性人口361312人，女性人口373778人。人口出生率6.10‰，死亡率1.82‰，自然增长率4.28‰。有42个少数民族，汉族人口占97.5%，少数民族人口占2.5%。

【经济发展】 2022年，碑林区落实国家、省市各项稳经济政策，制定出台碑林区19条经济发展措施，实施助企纾困、扩大投资、促进消费等一系列措施，全区经济运行稳中向好。全年地区生产总值比上年增长0.1%，总量达1100亿元；城镇居民人均可支配收入增长3.4%左

表 73　2022 年碑林区经济与社会发展主要指标一览表

指　标	单　位	数　量	同比增长率 / %
地区生产总值	亿元	1112.56	0.1
地方财政一般预算收入	亿元	38.97	3
地方财政一般预算支出	亿元	31.02	0.1
全社会固定资产投资额			-19.2
社会消费品零售总额	亿元	478.69	-19.1
规模以上工业增加值			7.2
实际利用外资			
实际利用内资			
城镇居民人均可支配收入	元	55467	3.4

（资料来源：市统计局）

右；一般公共预算收入完成 38.9 亿元，税收占比达 92.9%；退税减税降费 16.4 亿元、减免房租 3559 万元，市场主体增长 7.3%。详见表 73。坚持“项目为王”理念，开展高质量项目建设推进年活动，强化项目要素保障，夯实全流程包抓服务机制，16 个市级和 70 个区级重点项目分别完成投资 66 亿元和 110 亿元以上。泛太国际、星光德必易园等 8 个项目建成投用，区级养老院、市二十六中太乙分校综合楼项目提前开工建设。策划包装储备 2023 年重点项目 98 个，总投资 807 亿元，年度计划投资 87 亿元。招商引资成效明显，建立、健全入区评审、奖励激励等招商机制，开展“老朋友、新合作”线上、线下系列招商活动，楼宇招商、总部招商、产业招商、金融招商“四个招商”经验在全省推广。新引进世界 500 强企业 4 家，新设立外商投资企业 6 家，实际引进内资 35.2 亿元、利用外资 1.35 亿美元。组建 14 个招商专班，联合国际商业地产“五大行”，开展委托招商、精准招商，新增税收亿元楼华尔国际大厦，亿元楼累计达 7 栋，碑林区入选中国楼宇经济（总部经济）标杆城区 30 强。优势产业稳步复苏，连续举办“魅力碑林·嗨购一夏”促消费稳经济系列活动，发放旅游发展专项资金 1017 万元、文旅消费券千万余元，引导短视频、云直播等文旅新业态和“户外经济”“露营经济”等消费新场景健康发展。西安合生汇开业运营，中贸风华宫、西安艾美艺术广场等 12 个文旅项目进展顺利。长安路现代商务聚集区等 4 条街区获评西安市服务业聚集区，陕西动漫产业平台获 2022 年陕西省版权示范园区、西安市第二批文化产业示范园区，建国路老菜场市井文化创意街区入选西安夜游经济特色文旅消费空间。西安碑林跨境电商产业园挂牌开园，全区跨境电商交易额达 4 亿元。

【城市建设】　2022 年，碑林区城市建设坚持区域统筹、因地制宜、连片更新，崇仁东创意园区等城市更新项目进展顺利，中铁十五局等 3 个棚户区改造项目顺利回迁。筹建保障性租赁住房 1569 套。新建绿地广场和口袋公园 3 个、社区绿道 2.1 千米，新增绿地面积 2 万平方米。建设公共停车位 1039 个、公共充电桩 128 个。新建提升自行车道 2 条、市政道路 3 条，全区路网密度 8.59 千米 / 平方千米，在全省率先达到“城市综合交通体系规划标准”。推进园林绿化、清扫保洁、生活垃圾清运及公厕运营管理市场化改革，开展“攻难点、治顽疾、促发展”城市清洁行动，优化升级数字城管平台功能，城市精细化管理效能得到提升。坚持“放管结合”，在保证城市运行秩序的前提下，引导鼓励商贸企业有序开展户外促销活动，推动户外经济和夜间经济恢复发展。健全、完善生活垃圾分类投放设施，强化全过程监管，居民小区生活垃圾定时定点投放率达 98%，“省级垃圾分类示范区”创建成果巩固。抓好生态环境保护督察反馈问题整改落实，一批群众身边的突出问题得到有效解决。常态化开展扬尘污染、臭氧污染等专项整治行动，强化秋冬季大气污染防治攻坚，积极应对重污染天气，全年空气质量优良天数 203 天，比全市多 12 天，二氧化氮浓度下降 11.9%。加强医疗机构、汽修、科研院所等重点单位危废处置管理，强化黑臭水体和疑似污染地块动态监管，全区水土环境质量保持良好。

【社会事业】　2022 年，碑林区解民忧、暖民心，群众福祉持续增进，保障体系逐步完善。坚持稳就业，发放创业担保贷款 4803 万元，城镇新增就业 24466 人。强化困难群众、失业人员救助帮扶，发放失业保险金 2373 万元、失业补助金 1852 万元，减免企业工伤保险费 1955 万元、失业保险费 5066 万元。连续 3 年开展“展翼行动”，建成街道未成年人保护站 8 个、社区儿童驿站 58 个。新建 2 个街道综合养老服务中心、25 个社区居家养老服务站，区级养老院即将建成投用，“嵌入式家庭以床养老服务”荣获“全国居家和社区养老服务改革试点工作优秀案例”。投入 475 万元助力乡村振兴，实施帮扶项目 21 个。推进“新优质学校成长计划”，完成 9 所校园环境改造提升，市八十二中改扩建和五味什字小学新建项目建成投用，新增校舍面积 2.2 万平方米、学位 1270 个。碑林区成功创建省级新课程、新教材改革试验区和“大思政课”一体化建设试点区。省级健康促进区创建工作进展顺利，区公共卫生中心项目建设有序推进。发展文体事业，圆满承办全市首届社区运动会。贯彻落实退役军人优抚待遇政策，发放抚恤补助金 1.1 亿元。创建 4 个高

2022 年 10 月，碑林区建国门东南城墙脚下的建国路老菜场市井文化创意街区入选西安夜游经济特色文旅消费空间　（张少娜　供图）

2022 年 6 月 10 日，科学技术部火炬中心提出以街区为空间形态开展国家级创新街区试点，西安碑林环大学硬科技创新街区被确定为全国首批试点建设街区

（碑林区志办　供图）

品质“15 分钟便民生活圈”，基本民生服务更加便捷完善。社会治理效能提升，建成街道社会工作站 8 个、社区社会工作室 65 个，实施服务项目 598 个，入选“陕西省基层治理创新典型案例”，成为全省首批“五社联动”。助力基层治理试点区，探索“党建 + 社会救助”模式，推行“1+1+N”网格化管理和困难群众保障服务机制，推进“生存型救助”向“发展型救助”加快转变，社会救助网更大更密更有温度。践行新时代“枫桥经验”，打造人民调解碑林“365 模式”，矛盾纠纷调解成功率达 98%，文艺路司法所荣获全省第二批“新时代六好司法所示范单位”。（碑林区志办）

【国家级西安碑林环大学硬科技创新街区启动建设】　2022 年 6 月 10 日，西安碑林环大学硬科技创新街区启动大会以“线上 + 线下”结合的方式在碑林区西安创新设计中心举办，西安碑林环大学硬科技创新街区作为首批国家创新街区试点正式启幕。西安碑林环大学硬科技创新街区是科技部此次确定的首批试点之一，重点在高校集聚型创新街区方向开展试点。碑林区联合市科技局与签约共建的高校院所，规划“一轴三区七大创新圈”空间版图。启动仪式上签署高校 4 项成果转化项目和创新街区 2 项投融资项目。与会领导为“秦创原创新驱动平台立体联动孵化器”揭牌，为街区建设专家咨询委员会专家代表颁发聘任证书。西安市碑林区政府与西安交通大学、西北工业大学等 14 所高校、3 个科研院所签订《创新街区共建协议》，共同推动硬科技创新创业和成果就地转化。启动仪式后，主办方举办秦创原投融资对接会暨“百转 & 千创”——西安碑林环大学硬科技创新街区专场路演、创新街区“大学 +”成果展、高校院所硬科技创新等配套活动。

【碑林区入选国家知识产权强县建设示范区名单】　2022 年 8 月 24 日，国家知识产权局公布首批国家知识产权强县建设示范县名单，西安市碑林区成功入选，成为西北地区唯一获评区（县）。碑林区实施知识产权强区战略和“科教 +”战略，以高水平知识产权创造、运用、保护、管理和服务不断推进科技成果转化和人才创业，发展知识产权密集型产业，加快区域经济社会高质量发展。截至年底，碑林区有效发明专利量 21030 件，万人发明专利拥有量 277.88 件，每百户市场主体有效注册商标量 16 件，近 3 年平均每年完成技术合同交易额 140 亿元。碑林区共创建国家级创新街区、全国创业孵化示范基地、国家知识产权信息公共服务网点、国家知识产权示范高校和试点高校等创新载体和平台 13 个。（远　方）

莲 湖 区

【概况】　莲湖区位于西安市中心西部和北部，东以四府街、琉璃街、北大街、北关正街、龙首村东侧一线与碑林区、新城区接壤；南以南护城河南岸、南二环路西段、科技路西段一线与碑林区、雁塔区毗邻；西以西（安）户（县）铁路线与雁塔区、未央区相连；北以龙首北路、梨园路、古汉城南垣以南一线与未央区接界。莲湖区因明代秦王朱樉在此凿湖注水、广植莲花而得名。辖区留存历代古建筑、古遗迹 125 处，北院门历史文化街区是全市最大的民族聚居区。始建于明洪武十七年（1384 年）的钟楼与全国规模最大的鼓楼遥遥相望，形成晨钟暮鼓的西安文化标识，开远门遗址是古丝绸之路商旅前往西域的出发地。

2022 年，莲湖区辖街道办事处 9 个，社区 142 个。总面积 38.32 平方千米。户籍人口 783412 人，285891 户，男女性别比为 95。人口出生率为 7.52‰，死亡率为 2.07‰，自然增长率为 5.45‰。人口密度每平方千米 20348 人。域内有 43 个少数民族，共 3.55 万人。

【经济发展】　2022 年，莲湖区地区生产总值（GDP）实现 820.29 亿元，占全市比重 7.1%，按可比价格计算，比上年增长 0.2%。其中，第二产业增加值实现 235.80 亿元，下降 1.9%；第三产业增加值实现 584.49 亿元，增长 1.2%。二、三产业结构比为 28.7 ∶ 71.3，三产占比较上年提高 2.3 个百分点。非公有制经济增加值实现 389.15 亿元，占地区生产总值比重 47.4%，占比与上年持平。新增城镇就业 20513 人，城镇失业人员再就业 4202 人。认定 D、E 类人才 1237 人。有法人单位数 63372 户，净增法人单位数 10319 户。专利授权量 1643 件，其中发明专利授权量 179 件。地方财政一般公共预算收入完成 33.64 亿元，扣除留

表 74　2022 年莲湖区经济与社会发展主要指标一览表

指　标	单　位	数　量	同比增长率 / %
地区生产总值	亿　元	820.29	0.2
地方财政一般预算收入	亿　元	33.64	-11.56
地方财政一般预算支出	亿　元	39.28	-0.3
全社会固定资产投资额	亿　元	—	2.8
社会消费品零售总额	亿　元	498.84	-3.8
规模以上工业增加值	亿　元	—	-7.4
实际利用外资	万美元	11950	10.15
实际利用内资	亿　元	40.78	33.27
城镇居民人均可支配收入	元	55430	3

（资料来源：市统计局）

2022年3月，莲湖区在行政审批和政务服务工作中创新推出“无感服务”，让办事企业和群众享受到贴心、精准的服务体验　（莲湖区志办　供图）

抵退税因素后，同口径下降11.6%。地方财政一般公共预算支出39.28亿元，同口径下降0.3%，其中用于教育、科技和文化支出13.62亿元。详见表74。

【城市建设】　2022年，莲湖区制定《城市更新片区年度计划申报工作程序》,《农兴路城市更新片区策划方案》通过市级专家论证，周家围墙村等4个项目顺利回迁安置，惠及群众942户。基础设施有力提升，3个110千伏变电站扩建投运，新增供电能力15万千瓦。新建改扩建市政道路3条，新增公共停车位1370个。项目风险有效化解，统筹推进23个风险房地产项目，按期交房2213套，4个“保交楼”项目全面复工。新增绿地面积3.07万平方米、绿道3.5千米，建设提升口袋公园和绿地广场8个，提升道路绿化景观14条。

【社会事业】　2022年，莲湖区在陕西省首家推行“周末不打烊”服务，首批推出128个高频民生事项，有效解决“上班没空办、下班没处办”难题，在陕西省深化“放管服”改革优化营商环境大会上交流经验。开展各类招聘会91场（次），提供就业岗位17万个。城镇新增就业20513人，城镇居民人均可支配收入比上年增长3.0%。为7033家企业拨付稳岗返还资金2903.1万元、降低失业和工伤保险费1.3亿元。筹建保障性租赁住房3673套，投入使用520套。建成全市面积最大、功能最全的区（县）级公共卫生服务中心。推动区中医医院委托运营，建设社区卫生服务站和家庭医生工作室91个，打造“5+N”（5是指团队5个岗位：1个全科医生、2个护士、1个公卫专干、1个卫健专干和1个健康管理师岗位；N是指除多名健康指导员外，还包括医联体牵头医院、专科联盟或协会医护人员等）家庭医生团队154个，设置家庭病床558张，优质医疗卫生资源实现扩容下沉。新建、改扩建校园5所，新增学位4290个。投入1.2亿元，提升55所校园硬件设施水平。新招录教师220人。深化“名校+”建设，3所学校完成“民转公”，庆安高中成功创建省级示范高中。坚持“五育并举”，创建全国校园足球特色学校43所。建成区级养老机构9家、街道综合养老服务中心7家、社区日间照料中心（居家养老服务站）127家，提供养老床位5297张。引导30家社会资本参与养老产业发展，吸引社会投资2.54亿元，打造省级四星级养老机构2家。常态化开展“养老集市”活动，惠及群众10万人。长安闾里养老服务示范街区受到国务院督查组肯定。维护劳动者合法权益，为698名劳动者挽回经济损失688万元。（莲湖区志办）

【北院门历史文化街区获评国家级消费集聚区】　2022年8月16日，文化和旅游部公布“第二批国家级夜间文化和旅游消费集聚区名单”，莲湖区北院门历史文化街区入选。北院门历史文化街区位于唐长安城的心脏地段，是西安市的中心城区，总面积2.24平方千米，有大小街巷49条，是西安历史文化、风土人情和民族风情最浓郁的核心区域之一，集历史文化、民族饮食、旅游购物、休闲娱乐于一体的全国乃至世界著名的特色旅游消费集聚区。北院门历史文化街区内夜经济发达，普遍经营时间延长到22:00以后，以北院门风情街为代表的主要街区营业时间经常持续到24:00以后，街区夜间消费人群占全天人流量60%以上。

【莲湖区政务服务模式获评“全国法治政府建设示范项目”】　2022年11月28日，中央全面依法治国委员会办公室公布“第二批全国法治政府建设示范地区和项目名单”，“西安市莲湖区推行自然人、法人全生命周期政务服务模式”获评“全国法治政府建设示范项目”，成为陕西省唯一上榜项目。莲湖区在全国率先绘制自然人、法人全生命周期树，即将自然人在出生、学龄、劳动年龄、老年4个阶段涵盖的36个主题、59个事件、200个事项进行梳理，将法人在设立、经营、注销3个阶段涵盖的26个主题、68个事件、489个事项进行梳理，绘制成绿色树状图。对于办事群众，通过查询全生命周期树，可以全面了解所办业务及其关联事项；对于政府部门，绘制全生命周期树改变以表单或部门分类方式梳理事项的传统模式，厘清逻辑关系，为事项整合、流程优化提供支撑。

2022年10月，莲湖区西大街东段北侧的北院门历史文化街区吸引众多游人游览参观　（张少娜　供图）

基于全生命周期服务理念，深化“放管服”改革，推进减环节、减材料、减时限，推出“出生一件事”“企业开办一件事”等“一件事一次办”主题服务193项。推行行政审批“集成快办”改革，实现70%以上审批业务量1小时内办结、企业开办全流程2小时内办结。推行“一证（照）通办”改革，申请人凭营业执照或身份证即可办理关联政务服务事项，“一证（照）通办”事项达219项。

（远　方）

灞桥区

【概况】 灞桥区位于西安主城区东部，东与临潼区、蓝田县接壤，南与长安区为邻，西与雁塔区、新城区、未央区相连，北与高陵区隔渭河相望。南北长32.5千米，东西宽25.9千米。因春秋时期秦穆公称霸西戎，改滋水为灞水并建桥以图东进，故因“灞桥”而得名，境内存有始建于秦汉时期的灞河古桥。区域山水林田湖齐俱，浐灞渭三河穿流汇聚，灞桥生态湿地公园已成为市民休闲消暑主要目的地；半坡遗址、汉文帝霸陵及“灞柳风雪”等旅游景点、文物遗存超350处；白鹿原建成现代农业示范区，“灞桥樱桃”“灞桥葡萄”被评定为国家地理标志保护产品。交通发达便捷，为西安的“东大门”。

2022年，辖街道办事处7个、社区75个、行政村76个，总面积324.3平方千米。年末，有常住人口105.23万人，人口出生率为8.28‰，死亡率为7.57‰，自然增长率为0.7‰。区域内有43个少数民族，共7164人。全区城镇化率98.12%。

表75　2022年灞桥区经济与社会发展主要指标一览表

指　标	单　位	数　量	同比增长率/%
地区生产总值（GDP）	亿　元	663.18	4.5
全年地方财政一般预算收入	亿　元	19.37	10.8
全年地方财政一般预算支出	亿　元	33.87	14.2
全年固定资产投资	亿　元		8.7
全年社会消费品零售总额完成	亿　元	556.86	5.0
全年工业增加值同比增加	亿　元		4.8
全年实际利用外资	万美元	11300	17.3
全年实际引进内资	亿　元	18.81	22.2
城镇常住居民人均可支配收入	元	47114	3.8
农村常住居民人均可支配收入	元	22305	4.3
粮食产量	吨	19780	

（资料来源：市统计局）

【经济发展】 2022年，灞桥区经济承压前行，延续稳的态势，夯实进的基础，巩固好的势头。实现生产总值（GDP）663.18亿元，比上年增长4.5%。按常住人口计算，人均生产总值63022元，增长6.9%。分产业看，第一产业增加值18.96亿元，增长1.6%；第二产业增加值226.20亿元，增长17.6%；第三产业增加值418.02亿元，增长0.2%，一、二、三产业构成比例2.9∶34.1∶63.0。非公有制经济增加值294.74亿元，占生产总值比重44.4%，占比下降5.9个百分点。工业增加值增长4.8%，其中规模以上工业总产值下降2.8%。社会消费品零售总额完成556.86亿元，增长5.0%。实际利用外资11300万美元，增长17.3%；实际引进内资18.81亿元，增长22.2%。详见表75。

【城市建设】 2022年，灞桥区新建、改扩建市政道路2条1.6千米，铺设各类管网3.6千米。新建公共停车场8个，新增停车位1170个。“三区三线”划定成果获批实施，城市建设空间增加19.48平方千米。西安东站、西延高铁西铜段启动建设，国道210、东三环至临潼公路全面开工，灞丰三路、西临高速两侧规划路建成通车，地铁6号线二期开通运营，成功创建“四好农村路”省级示范区。5个电网攻坚项目加快推进，建成供水管网10.1千米、城市绿道5.72千米，新建公园广场7处，新增绿化25.75万平方米。绕城高速周边8个片区安置楼启动建设，改造提升老旧小区21个。灞丰三路、灞瑞一路西延伸段等道路建成通车，水安路、狄寨南路、吕段路完成养护，道路能级效率有效提升。完成韩森东路、长乐路等15处公共停车场建设，新增泊位1356个。园丁小区、席王小区等21个老旧小区改造全面完成。高标准推进灞河左岸、地铁5号线雁鸣湖站等保障性住房建设，筹建保障性租赁住房2538套。地铁6号线实现通车运营，地铁5号线西安东站交通枢纽工程开工建设。拓展绿化美化空间，“见缝插绿”新建公园广场7处，垂直绿化300延米，栽植乔木1.5万株，纺织公园被评选为“西安市最美公园”。在韩森东路、祥云路等多条道路配置新式分类果皮箱640余个。全力降低道路积尘，冲洗道路6500余次。按照“疏堵结合”原则，宽严有度治理占道经营，打造半坡国际广场、纺园三路经营示范点2处。设立3个临时便民停车场，提供435个临时泊位。推进“美丽乡村”行动，改善农村人居环境，梯次推进农村人居环境整治提升，完成户厕改造提升200座，成功创建美丽乡村4个、市级美丽庭院示范村1个，获评陕西省、西安市五美庭院示范户32户。做好乡村道路养护，完成9.8千米公路养护、31

2022年6月15日，西安市首届社区运动会灞桥分区赛在灞桥区航天四院社区正式启动，群众在开幕式上表演节目　　（灞桥区志办　供图）

2022 年 10 月，灞桥区白鹿原·白鹿仓景区举办国庆文化艺术节，在活动中游客与舞狮互动　（张少娜　供图）

处道路水毁修复，被评为“四好农村路”陕西省级示范区。实施农村供水工程，完成水泉子、南枝白村等 5 处农村供水保障项目建设，提高 3 万余名农村群众饮水质量。生活垃圾及时转运、应收尽收，自然村生活垃圾无害化处理全部达标。

【社会事业】　2022 年，灞桥区坚持在发展中保障和改善民生，民生领域财政投入 27.4 亿元，占一般公共预算支出 80.8%。出台稳就业扩就业 17 条措施，开展“家门口就业”服务，举办各类招聘活动 50 余场，组织职业技能培训 6851 人（次），发放创业担保贷款 5845 万元，新增城镇就业 9906 人，超年度目标 24.6%。筹建保障性租赁住房 2538 套，供应保障性租赁住房用地 2.02 公顷，完成年度任务 169%。有各级各类基础教育和职业高中、幼儿园及特殊教育学校 169 所，在校学生 95905 人，毕业生 21218 人。其中，有各类民办学校（机构）8 所，在校学生 22298 人，毕业生 6140 人；有民办幼儿园 48 所，在园儿童 7498 人。全年组织区内企业申报国家、省、市各类科技项目 63 项，列入计划 61 项，争取省、市各类科技经费扶持资金 1034.3 万元。区级科技经费投入 133 万元。培育市区科技示范户 10 户、科技特派员 22 人，授权专利量 2963 件。社区科普大学开展讲座 55 场（次），参与听讲 2000 余人（次）。在“科技之春”宣传月及“全国科普日”宣传月期间开展科普活动 79 项，其中重点活动 20 项，参与科普工作者 4000 余人（次）。成功举办西安市首届社区运动会灞桥分区赛。
（灞桥区志办）

【航天科技产业园项目落户灞桥】　2022 年 2 月 16 日，在“遇见新西安”招商活动启动仪式暨项目集中签约大会上，航天科技产业园项目落户灞桥区。该项目作为西安市航天产业链重要支点，一期占地面积 40 公顷，总投资 35 亿元，将建设航天商业复合材料部件智能化生产线、智能传感器及高端机电装备生产区、人工影响天气科学实验基地及重点实验室等。项目具备自主知识产权高科技产业发展生态系统，建成后促成商业航天、新材料与智能装备等产业链、供应链完整配套，成为国内领先航天高科技产业园和自主创新科技产业新高地。

【白鹿原·白鹿仓景区入选“西安夜游经济特色文旅消费空间”】　2022 年 6 月 9 日，在“长安夜·我的夜”第三届夜游嘉年华活动启幕仪式上，灞桥区白鹿原·白鹿仓景区被授予“西安夜游经济特色文旅消费空间”称号。白鹿仓景区位于距西安市区 1 小时车程的白鹿原上，景区由“一仓三营”组成，分别是白鹿之仓和航空飞行营地、温泉房车营地、运动体验营地。以民俗文化体验为核心，建筑以“匠人木作”为特色，423 栋民俗建筑由专业工匠按照传统建筑方法而建，融合陕北、关中、陕南等风格特色，配合美食、互动、体验、演艺，打造全方位传统民俗文化体验地。景区推出夜经济品牌，开展烟火集市、星空露营、后备箱集市、实景演绎浪潮派对、星秀直播演出等系列活动，丰富夜间文旅消费，为发展夜经济文化注入新潮玩元素。
（远　方）

未央区

【概况】　未央区位于西安城区北部和西部，东至浐河、灞河，与灞桥区为邻；西邻漆渠河，与咸阳市交界；南隔龙首北路，与新城区、莲湖区毗邻；北依渭水，与高陵区、咸阳市隔河相望；西南部与雁塔区、长安区接壤。东西最大距离 21 千米，南北最大距离 15 千米。因境内遗存汉未央宫而得名，是西安市委、市人大、市人民政府、市政协所在地，为西安行政中心。有大明宫国家遗址公园、汉城湖国家水利风景区、汉长安城遗址。

2022 年，辖 10 个街道（另有建章路、三桥 2 个街道由沣东新城托管）、243 个社区、49 个村，土地面积 264.41 平方千米。户籍人口 113.75 万人，常住人口 160.78 万人。出生率 8.42‰，死亡率 7.31‰，城镇化率 100%。男女性别比为 92.4。

【经济发展】　2022 年，未央区实现地区生产总值（GDP）1563.53 亿元，比上年增长 6.5%。其中，第一产业增加值 1.36 亿元，增长 0.9%；第二产业增加值 733.61 亿元，增长 15.7%；第三产业增加值 828.56 亿元，下降 0.2%。一、二、三产业比重为 0.09 ∶ 46.92 ∶ 52.99。非公有制经济完成增加值 865.21 亿元，占地区生产总值 55.3%。人均地区生产

表 76　2022 年未央区经济与社会发展主要指标一览表

指　标	单　位	数　量	同比增长率 / %
地区生产总值	亿　元	1563.53	6.5
地方财政一般预算收入	亿　元	31.18	0.4
地方财政一般预算支出	亿　元	38.34	-1.8
全社会固定资产投资额	亿　元		4.8
社会消费品零售额	亿　元	788.33	-4.7
规模以上工业增加值	亿　元		19.2
外商直接投资	亿美元	423	
实际引进内资	亿　元	39.04	
城镇居民可支配收入	元	52631	3.9
粮食产量	吨	26	

（资料来源：市统计局）

总值 97840 元。实现农业总产值 23039 万元。有规模以上工业企业 175 家，完成工业总产值 1242.08 亿元，实现营业收入 1489.14 亿元，实现税金总额 20.72 亿元，利润总额 60.91 亿元。实现工业增加值 309.85 亿元，其中规模以上工业增加值 294.50 亿元。实现社会消费品零售总额 788.33 亿元，实现限额以上批发业销售额 2063.39 亿元。有区属规模以上服务业企业 79 家，完成营业收入 44.90 亿元。固定资产投资增长 4.8%，其中工业投资增长 60.1%，工业技改投资增长 6.7%，民间投资下降 7.5%。销售商品房面积 200.42 万平方米，下降 2.9%。详见表 76。开展“周三圆桌会”50 余次，会见上海均和集团、绿城集团、粤浦科技等企业 80 多家，百亿级西安财金城市更新基金落户。筹备举办“共建首善之区 共享发展机遇”——未央区重大项目招商推介暨重点项目签约仪式、“商会进未央暨五大片区企业家座谈会”等活动，10 个重点项目集中签约，总投资 232 亿元。实际引进内资 39.04 亿元，实际利用外资 11400 万美元。培育全口径税收超千万元写字楼 6 栋，消化空置面积超 12 万平方米。入选“中国楼宇经济（总部经济）标杆城区 30 强”。

【城市建设】 2022 年，未央区完成纬二十九街、文景路西侧规划路、渭滨街东侧规划路、陕科大北侧规划路、环湖东路北段、启源四路、启源五路等市政道路建设。完成朱宏路（红庙坡路—二环北路西段）330 千伏电力隧道建设项目。推动西航社区 7 个老旧小区改造工作。启动数字城管升级项目，规划建设未央城市“运行管理服务”平台。提升改造绿地广场 1 个，新建 2 个，新建口袋公园 4 个，新增城市绿地 15 万平方米，栽植乔木 1 万株。纬二十九街、文景路西侧规划路等 11 条市政道路建成通车，新增停车泊位 3346 个。高效推进电网攻坚，朱宏路（红庙坡路—二环北路西段）330 千伏电力隧道、中营等 3 座 110 千伏变电站加快建设。新建充电桩 136 个、5G 基站 254 个。加快城市更新步伐，团结板块 38 栋安置楼全部封顶，北四村安置楼主体工程施工，7 个老旧小区改造全面启动。分类制定“一顶四面”U 形管理标准和行业准入负面清单，对 156 条城市道路实行分级管理。全面推进 38 个城中村整治，拆除违法构建物 11.6 万平方米，提升建筑立面 64 万平方米，改造上下水管网 9 万米，修缮村道 13.3 万平方米，新建改建停车场 51 个、活动广场 28 个、便民市场 12 个。

【社会事业】 2022 年，未央区有各类学校 151 所，其中幼儿园 77 所，小学 46 所，初中 15 所（初级中学 6 所，九年一贯制学校 9 所），普通高中 8 所（完全中学 7 所，高级中学 1 所），特殊教育学校 1 所，职业高中学校 3 所，中等技术学校 1 所。各类学校招生 27782 人，其中学前教育招生 6124 人，小学招生 11089 人，初中招生 6903 人，普通高中招生 2730 人，特殊教育学校招生 17 人，职业高中招生 780 人，中等技术学校招生 139 人。各类学校在校生 115052 人，其中学前教育在校学生 19861 人，小学在校学生 67352 人，初中在校学生 18120 人，普通高中在校学生 7081 人，特殊教育在校学生 81 人，职业高中在校学生 2140 人，中等技术学校在校学生 417 人。各类学校专任教师 7540 人，其中学前教育专任教师 1593 人，小学专任教师 3777 人，初中专任教师 1398 人，普通高中专任教师 559 人，特殊教育专任教师 25 人，职业高中专任教师 131 人，中等技术学校专任教师 57 人。打造“十五分钟健身圈”，新增全民健身路径 9 套，室内健身房 1 个，国民体质监测一体机 1 个，多功能运动场 1 个。成立 11 个体育协会，231 个全民健身站点。举办西安市首届社区运动会 11 个项目分区赛、未央“千人千场”乒乓球品牌赛事、未央区体育健身指导“五进”活动。举办 2022 中国渭河健身长廊第七届自行车联赛（西安站）等省级活动。有各类卫生机构 680 个，其中医院 37 个，社区卫生服务中心（站）29 个，村卫生室 44 个，门诊部 103 个，诊所、卫生所、医务室 449 个，专业公共卫生机构 6 个，其他卫生机构 12 个。各类卫生机构共有卫生技术人员 14176 人，其中执业（助理）医师 5229 人。各类卫生机构有病床 7187 张，其中医院有床位 7085 张，社区卫生服务中心（站）有床位 102 张。开工建设区级养老院 1 个，建成街道综合养老服务中心 3 个，社区养老服务站 40 个，提升改造 26 个。引进第三方专业社会组织，开展社会救助入户核查 636 户，为 70 岁以上独居低保老人提供日间照料 116 人次。创新打造“长乐养老”系列养老服务项目，开设“长乐餐厅”助餐点 106 家，服务 50 万人次。发放低保、特困、临时救助等救助补助资金 1900 余万元，惠及 3 万余人。城镇常住居民人均可支配收入 52631 元，比上年增长 3.9%。举办各类网络招聘会 52 场，创新开展“优职服务进社区 乐业未央上秦云”——学习贯彻党的二十大精神惠民生暖民心网络系列等活动，实现城镇新增就业 12972 人。审批发放创业担保贷款 5296.5 万元，解决群众创业资金问题。发放被征地农民养老保险 142242 人次，发放养老金 7062 万元；发放工伤保险待遇 53 万元，一次性待遇 935 万元；发放失业金 2165 万元，失业保险一次性待遇 29 万元，失业补助金 1019 万元。落实失业保险稳岗返还政策，为辖区参保企业发放稳岗补贴 1440 万元、扩岗补助 16 万元。D、E 类人才认定 739 人，其中 D 类人才认定 195 人、E 类人才认定 544 人。（王　锋）

【未央区入选中国楼宇经济标杆城区 30 强】 2022 年 8 月 31 日至 9 月 5 日，由商务部、北京市人民政府联合主办的第十届中国国际服务贸易交易会在北京举行。中国楼宇经济（总部经济）高质量发展评价标准暨评价成果在论坛上发布，未央区入选中国楼宇经济（总部经济）标杆城区 30 强。未央区出台总部经济、楼宇经济、公司注册地及税收关系迁转等激励政策，通过楼宇经济形成功能全面、聚集业态丰富的产业链条，辐射带

2022 年 8 月，中国楼宇经济高质量发展评价标准暨评价成果发布，未央区入选 2022 中国楼宇经济（总部经济）标杆城区 30 强　（未央区志办　供图）

2022年9月19日，2022全球硬科技创新大会——秦创原未央区新材料产业高峰论坛暨“1311”示范工程启动仪式在未央区举办　　（未央区志办　供图）

动经济发展。先后引进国机集团西部研发中心等企业总部6家，总部经济规模不断壮大。成立楼宇经济促进会，制定《三年发展计划》，对商业楼宇和城改底商实施招商推介、梯度培育，打造税收超5000万元楼宇2栋。

【举办秦创原未央区新材料产业高峰论坛】　2022年9月19日，2022全球硬科技创新大会——秦创原未央区新材料产业高峰论坛暨“1311”示范工程启动仪式在未央区举办。来自市级相关部门领导、驻地高校院所代表、科技企业代表、技术经理人协会、金融机构代表参加论坛，共同探讨交流创新思想、创新技术，推动项目合作、产业融合。启动仪式上为西北有色金属研究院“国家级西安稀有金属材料创新中心秦创原—未央分中心”、西安工业大学“秦创原·未央创新促进中心”、长安大学“秦创原·未央绿色智能科技创新研究基地”、陕西科技大学“秦创原·未央技术转移中心”4个创新平台揭牌。授予西北有色金属研究院等7家机构“未央区科技创新智库”称号。未央区人民政府分别与西安工业大学、长安大学、陕西科技大学签订“校地合作共建协议”，推动深度融合发展。

（远　方）

雁塔区

【概况】　雁塔区地处西安市城区南部，东部与曲江新区和浐灞生态区相连；南部和西部邻接长安区和高新技术产业开发区；北以二环路为界，分别连通新城区、碑林区、莲湖区和未央区。东西长23.1千米、南北宽9.9千米。辖区内西有高新区，东有浐灞生态区、曲江新区，南有航天基地4个国家级开发区。因辖区内有闻名世界的历史文化遗产大雁塔而得名。辖区驻有省委、省政协等省级机关。

2022年，雁塔区下辖8个街道办事处、265个社区、19个行政村。总面积152平方千米。常住人口210.93万人，出生率8.69‰，死亡率6.64‰，自然增长率2.05‰，城镇化率100%。有少数民族常住人口21708人，涉及49个少数民族。

【经济发展】　2022年，雁塔区实现地区生产总值3005.56亿元，比上年增长4.5%，在陕西省率先突破3000亿元大关，稳居西部区（县）第1；城镇居民人均可支配收入5.69万元，位居陕西省各区（县）第1；市场主体保有量24.3万户，位居陕西省第1，累计13年居陕西省城区经济社会发展“五强区”之首，位列全国百强区第16位。辖区内5万平方米以上的商业综合体有10家，获评“中国十大商业名区”，特别是小寨商圈被授予全国首批“中国重点示范城区商圈”称号。贯彻落实省委、省政府《关于发展壮大新型农村集体经济若干措施》，通过试点成立8个村集体经济发展公司。以消费帮扶为契机，打造全省消费帮扶示范点，消费帮扶800万余元。上报国家、省、市各类资金补助及奖励项目52批（次），涉及企业172家，落实各类奖补资金1997万元。新增规模以上制造业企业8家，通过认定国家高新技术企业361家，国家高新技术企业总量增加到735家，技术合同成交额完成300亿元，科技型中小企业评价入库599家，企业数量和技术合同成交额位居全市前列。以商贸业建设为切入口，构建现代流通体系，促进消费回补和潜力释放。新增商业综合体3家，新增社区商业网点103家，创建市级高品质“15分钟便民生活圈”试点企业3家。实施消费促进行动，举办系列“雁塔消费季”活动，引导各商贸企业开展促消费活动100余场次，发放汽车消费券344.5万元，拉动新能源汽车销售实现30%增长，带动市场消费近4亿元。以深挖招商资源，强化合作共赢为理念，率先在全市常态化举办政企“早餐会”，与陕西交控、中建丝路签署战略合作框架协议，策划包装重点招商项目37个，投资总需求1050亿元，19个项目在第六届丝博会雁塔区重点片区招商项目推介暨引资项目签约仪式上签约，3个项目在西安市产业年会上签约。招商引资工作考核综合排名全市区县组第3位。实际引进内资32.48亿元，实际利用外资1.06亿美元，新设立外资企业9家。

【城市建设】　2022年，雁塔区优化国土空间规划，消化批而未供土地38.2公顷，供应建设用地80.4公顷。实施20个老旧小区改造，完成潘家庄整村拆除并启动安置楼建设，沙浮沱、漳浒寨、西等驾坡3个片区安置楼建设进度超过年度计划。建成9条市政道路、31条配套路网，新建5个公共停车场、1104个

表77　2022年雁塔区经济与社会发展主要指标一览表

指　标	单　位	数　量	同比增长率/%
地区生产总值	亿　元	3005.56	4.5
地方财政一般预算收入	亿　元	41.13	-11
地方财政一般预算支出	亿　元	44.36	18.1
全社会固定资产投资额	亿　元	—	24.8
社会消费品零售额	亿　元	1066.35	-6.4
规模以上工业增加值	亿　元	—	-0.6
实际利用外资	亿美元	1.06	—
实际引进内资	亿　元	32.48	—
城镇居民可支配收入	元	5.69	3.3

（资料来源：市统计局）

2022 年 11 月，雁塔区电子城街道二〇五所社区居民在翻修一新的社区运动场上锻炼身体
（张少娜　供图）

停车泊位，建成 3 座 110 千伏变电站。拆除、整治违建 130 万平方米，新建提升绿地广场、口袋公园 30 个，建设绿道 4 千米。实施社区重塑计划，拆分组建社区 44 个，撤村建居 22 个，建成小区工作站 922 个。承接开发区社会事务，在全市率先与涉及开发区签订框架协议。

【社会事业】 2022 年，雁塔区抓民生强保障，聚力办好民生实事，推动各项社会事业发展。保民生支出 37.61 亿元，占一般公共预算支出 84.8%。发放稳就业补贴 1360 万元，城镇新增就业 1.47 万人。筹建保障性租赁住房 1607 套（间）。新建、改扩建学校 9 所，新增学位 6750 个，民转公学校 5 所，新增公办学位 9506 个，入选“中国融合教育推进——教师专业能力提升项目”试点区。开工建设“一院两中心”，街道社区卫生服务中心实现全覆盖。招录 90 名卫生专业技术人员，新建、提升 39 家社区养老服务站，新增床位 575 张，等驾坡街道千户社区被命名为全国示范性老年友好型社区。推动居民养老保险覆盖面扩大，城乡居民基本养老保险参保人数 4.75 万人，城乡居民基本养老保险待遇入社保卡率 99.96%。开辟流浪乞讨人员临时救助点，救助生活无着人员 195 人，发放临时救助金 150 余万元。加强文体基础设施建设，全区完成街道综合文化站、社区（村）综合文化服务中心建设实现设置率 100%。

【雁塔区入选首批国家知识产权强县建设试点】 2022 年 8 月，国家知识产权局发布《关于确定国家知识产权强县建设试点示范县和国家知识产权强国建设试点示范园区的通知》，雁塔区入选首批国家知识产权强县建设试点县（区）。雁塔区率先在全市建立公、检、法、市场监管、版权、文旅部门协同配合的区级知识产权全链条保护机制；成立陕西省首个区级知识产权纠纷人民调解委员会，构建知识产权纠纷多元化解机制；投入专项资金，扶持、激励科技型企业科技创新；挖掘区域专利资源，出台西安市第一个区域《知识产权资源分析报告》，发布专利许可开放目录，促进专利成果转移转化。发挥知识产权创新内驱力，助推实体经济高质量发展，为区域经济实现平稳快速增长奠定基础。截至 2022 年 6 月，有效发明专利数 23174 件，占全市的 34.74%，占陕西省的 31.3%，万人发明专利拥有量 113.23 件，知识产权各项指标位居陕西省各区（县）前列。
（胡翠美）

【雁塔区入选首批国家网络安全教育技术产业融合发展试验区】 2022 年 9 月 5 日，在合肥举行的 2022 年国家网络安全宣传周上，雁塔区入选全国首批国家网络安全教育技术产业融合发展试验区。雁塔区发挥科教资源禀赋优势，不断推动网络安全教育技术产业融合发展与社会经济转型升级。先后与西安电子科技大学、西北工业大学、西北大学等高校，360 集团、交大捷普、四叶草等网络安全企业签订战略合作协议；与华为合作，投资 19 亿元，建成并上线算力规模位居西部第一、全国第二的人工智能计算中心；与 360 集团合作，投资 3.2 亿元，建设“国家网络安全产业基地重大基础设施群暨 360 西北区域总部”。（远　方）

2022 年 10 月 19 日，雁塔区等驾坡街道千户社区入选 2022 年全国示范性老年友好型社区
（雁塔区政府办　供图）

阎良区

【概况】 阎良区位于西安市（城区）东北部，东与渭南市临渭区、南与临潼区、西与咸阳市三原县、北与渭南市富平县相邻。南北宽 12 千米、东西长 25 千米。阎良区以古镇阎良而得名。北依荆山，南眺渭水，是历史文化悠久、航空产业聚集、区位交通便捷的宜居宜业之城。区内有航空工业试飞中心、第一飞机设计研究院、西飞公司、中国飞机强度研究所等多家航空企事业单位，聚集陕西三分之一以上航空资源，是集飞机研究设计、生产制造、试飞鉴定、教育培训、旅游体验、交流会展六位一体的“中国航空城”。

2022 年，辖街道办事处 7 个、居民委员会 32 个、村民委员会 73 个。总面积 244.5 平方千米，耕地面积 135.58 平方千米。常住人口 31.04 万人，户籍人

表 78　2022 年阎良区经济与社会发展主要指标一览表

指　标	单　位	数　量	同比增长率 / %
地区生产总值	亿　元	288.53	4.6
地方财政一般预算收入	亿　元	32.21	190.1
地方财政一般预算支出	亿　元	41.92	56.2
全社会固定资产投资额	亿　元	—	52
社会消费品零售总额	亿　元	39.87	26.2
规模以上工业增加值	亿　元	—	7.1
实际使用外资	万美元	15400	11.59
实际使用内资	亿　元	130.19	25.2
城镇居民人均可支配收入	元	47422	3.4
农村居民人均可支配收入	元	19496	4
粮食产量	吨	117759	

（资料来源：市统计局）

口 277886 人，性别比为 100.1。人口出生率 7.7‰，死亡率 7.45‰，自然增长率 0.25‰。人口密度 1269 人 / 平方千米。

【经济发展】　2022 年，阎良区做强农业产业全链条，实现产业发展新突破。做优甜瓜产业链，建好全国最大早春优质甜瓜生产基地，完成甜瓜种植 0.4 万公顷，总产量 20 万吨，新建育苗基地 2 万平方米、农业设施 133.33 公顷，粮食种植面积 1.78 万公顷，产量 11.78 万吨。规模以上工业企业完成产值 126.56 亿元，比上年增长 16.5%，规模以上工业增加值增长 7.1%；工业投资增长 169.3%；工业技改投资增长 109.3%。详见表 78。新增规模以上工业企业 12 家，工业总产值突破 400 亿元，增长 16.5%。建设秦创原陕西航空产业两链融合示范区，同步提升创新平台“硬”支撑和创新能力“软”孵化，国家大飞机创新原启动，航空机载交付中心、电磁和红外测试应用创新中心落地实施，航空大数据中心注册企业 2300 家，航空孵化器获评国家小微双创基地。实施科技企业“登高、升规、晋位、上市”工程，促成专利质押融资 1.07 亿元，“航科数票”线上融资突破 4 亿元，新增科技型中小企业 288 家、高新技术企业 52 家，总数 141 家，科技型企业占比超过 40%。社会消费品零售总额实现 39.87 亿元，增速 26.2%，限额以上单位消费品零售额实现 15.97 亿元，增长 42.6%。进出口总额 38.1 亿元，增长率 16%，新增外贸市场主体 15 家，完成服贸交易额 178 万美元，增长率 100%，完成跨境电商交易额 2000 万元。总投资 230 亿元的 30 个项目启动建设，85 个市区级重点项目完成投资 208 亿元，固定资产投资增长 52%，通过丝博会和珠海航展等平台招商推介 16 场，签约项目 86 个，签约厂房面积 56.9 万平方米，总投资额 252.5 亿元。

2022 年 10 月 20 日，阎良区胜利街与咸铜侯西铁路立交桥建设项目正式通车投用
（张少娜　供图）

【城市建设】　2022 年，阎良区外拓空间、内优布局，“三区三线”初步划定，城镇开发边界新增 12.9 平方千米。西禹高速阎良段改扩建右幅竣工通车，航空城出口连接线加速实施，北部富阎新区产业带初具雏形，空天产业园、地标配套、富阎连接道路加快推进。三四七区安置区完成总工程量的 70%，安芦、新东新西等 7 个安置区加快建设。完成 22 个村组房屋和土地征收，腾出发展空间 242.67 公顷。制约城市发展的 9 条高压线路成功迁改，火车站站前广场建成开放，胜利街下穿立交竣工通车，润天路下穿立交全面打通，试飞院路东延项目启动实施，渭北 330 千伏输变电工程和 17.16 千米电力沟道建成，阎良北 110 千伏等 3 个输变电工程有序推进，区消防站主体建成，航空基地特勤消防站投入运营，空天科普研学基地全面完工，城市展览中心建成开放，乐游城、投研中心、空天产业园等项目加快推进。年丰路下穿通道提升改造项目按期完工通车；人民路综合提升改造项目主干道全线贯通；完成人民路、公园北街、富阎东路等 13 条道路 141 个雨污混错接点改造，其中人民路实现全线雨污分流。保障性住房续建项目 9 栋楼全部进入主体施工阶段，完成 2 栋楼封顶目标。西飞大道道路提升、安全巷“白改黑”、公园北街“白改黑”项目均按期完工通车；实施城区路灯提升改造，改造更换增亮人民路、前进路、凤凰街、公园街等 11 条道路路灯 2232 盏。创建“一街一品”，公园街、倚天路等 6 条特色街区加速建设，缤纷城商业综合体迅速崛起，成为阎良商圈新地标。建成 8 个停车场 440 个公共停车位，完成主城区 19 条重点道路品质提升，33 条主次干道违建全拆除、红线全退回、绿线全退让，一体推进断面优化、步道铺装、绿化景观、制式围墙、基础亮化、路面黑化。按照“一中心、三廊道、多节点，健身设施全域化”规划推进“运动之城”建设。建设 3 条运动廊道，分别为 600 米、700 米、2000 米，布设笼式球场和各类健身设施，提供 8 万平方米运动空间；新建 22 个运动广场，73 个行政村实现全覆盖。

【社会事业】　2022 年，阎良区阶段性降低失业工伤保险费率，为辖区企业减免工伤失业保险费 3559.72 万元。开展援企稳岗护航行动，为 596 家企业拨付稳岗返还资金 833.82 万元。用足各类补贴政策，向驰达飞机、西飞装饰等 31 家

2022年7月20日，大飞机创新原启动仪式在阎良区举行（阎良区志办　供图）

企业发放用工补助等各类补贴173.1万元。精细落实创业担保贷款贴息政策，为38家小微企业、800余名创业者贴息519.49万元。举办各类招聘活动23场，释放就业岗位7360个。工伤、失业保险参保持续扩面，参保人数2.46万人、1.72万人，兑付待遇8354人次1473.05万元。城乡居民养老保险参保11.15万人，发放养老金3.62万人8213.27万元，发放被征地农民补助金和养老金6485人2058万元。新建、改扩建学校8所，新增学位3402个，争创市级优秀"名校+"共同体3个、市级"名校+"共同体2个，认定区级城乡"名校+"共同体2个。市级"名校+"全覆盖，国家义务教育优质均衡发展区创建通过省级督导评估。创建陕西省学前教育试点示范基地2所、市二级园2所、市三级园1所。开展示范学校创建工作，西飞一中被评为全国中小学国防教育示范学校，打造航空班品牌；关山中学被评为陕西省第二批试点优质学校。中医医院一期建成，5家二级以上医院、7个街道卫生院提档升级，11个公有化村卫生室完成提升。推进"三医"联动，区域医共体实现全覆盖，分级诊疗服务水平显著提升。常态化开展药品集中带量采购，294种药品价格平均降幅超50%。改造提升"三无"小区11个，新建、改扩建养老服务场所10个，街道养老服务中心全覆盖。织牢兜底网络，保障各类困难群众8060人，发放资金3516万元。德瑞养老院达到全省养老机构企业标准。新建城市书房2个，新建便民运动场所139处，举办群众性文体活动1754场次。秦汉栎阳城遗址入选新时代百项考古新发现，《寻找秦都栎阳城》专题片在中央电视台展播。

（赵粉花）

【大飞机创新原启动仪式在阎良区举行】 2022年7月20日，大飞机创新原启动仪式在阎良区举行。大飞机创新原是依托秦创原创新驱动平台，由中航西飞联合国内一流高校、科研院所共同建设创新要素聚集、策源能力突出、科技活动迸发的高水平科技创新平台，旨在推进产业链和创新链深度融合，提升原创技术供给能力。在启动仪式上，中航西飞与浙江大学、西安交通大学、西北工业大学、南京航空航天大学、航空工业制造院以及航空工业机载3个事业部签约。

【中国航空创新创业大赛全国总决赛在阎良区举办】 2022年8月27—28日，第六届中国航空创新创业大赛全国总决赛暨第二届中国航空投资峰会在阎良区举办。此次活动以线上形式召开，27个项目在线上进行路演，上万名参会者观看视频直播。第六届中国航空创新创业大赛赛程历时1年，300余个航空创新创业项目经过初审、复赛、决赛3轮角逐，来自航空领域的专家和投资机构评委分别评审出创新组和创业组一、二、三等奖。航空工业成都飞机工业（集团）有限责任公司、重庆摩方精密科技有限公司、深圳市飞思通信技术有限公司3个项目获得创新组一等奖，西安思微传感科技有限公司、北京秩益科技有限责任公司、南京星起源新材料科技有限公司3个项目获得创业组一等奖。（远　方）

临潼区

【概况】 临潼区位于西安市东部，辖区横跨渭河两岸，东接渭南市临渭区，南接蓝田县、灞桥区，西接高陵区、灞桥区、西北接咸阳市三原县，北接阎良区。区内旅游资源丰富，有秦始皇兵马俑博物馆、唐华清宫、秦始皇帝陵、骊山国家森林公园等著名景点。中国科学院国家授时中心位于区内，是"北京时间"发出地。

2022年，辖23个街道，226个行政村、41个社区。总面积915平方千米。户籍人口731672人，242799户，性别比为102。人口出生率7.65‰，死亡率3.84‰，自然增长率3.81‰。人口密度800人/平方千米。区域内有35个少数民族、1800余人。

【经济发展】 2022年，临潼区地区生产总值完成265亿元，固定资产投资完成103亿元。粮食产量38万吨，蔬菜产量55万吨，果业产量8.5万吨，奶类总产5.1万吨，肉类总产1.3万吨。粮食播种面积6.8万公顷，建成高标准农田1667公顷，打造马额村、南张村、郭桥村3个粮食生产绿色高质高效示范基地，

表79　2022年临潼区经济与社会发展主要指标一览表

指　标	单　位	数　量	同比增长率/%
地区生产总值	亿　元	267.08	0.4
地方财政一般预算收入	亿　元	10.22	13.5
地方财政一般预算支出	亿　元	45.04	—
全社会固定资产投资额	亿　元	103	-9.3
社会消费品零售总额	亿　元	57.77	-8.4
规模以上工业增加值	亿　元	—	-3.5
实际利用外资	万美元	4041	—
实际利用内资	亿　元	26.35	—
城镇常住居民人均可支配收入	元	35752	3.2
农村常住居民人均可支配收入	元	18344	3.8
粮食产量	吨	366463	

（资料来源：市统计局）

粮食产量稳居陕西省第4位、西安市第1位。陕西省秋粮现场观摩会在临潼区举行，入选全国主要农作物生产全程机械化示范区名单，是西安市首家上榜区（县）。规模以上工业总产值完成263亿元；规模以上工业增加值增速排名全市第6位，工业投资增长25%，比上年提高55个百分点，财政一般公共预算收入完成10.22亿元税收占比71.23%，提高13.5个百分点；城乡居民人均可支配收入分别增长3.2%、3.8%。围绕食品乳制品、轨道交通、输变电装备、陶瓷基复合材料、重卡5条重点产业链，延链补链强链，新增规模以上工业企业9家，规上工业企业突破百家，培育外贸企业5家、军民融合企业1家。投资0.87亿元实施工业技改项目9个，帮助企业争取上级项目80个。发展乡村游、休闲游，培育露营地、汽车营地等旅游新业态，接待游客2819.78万人（次），旅游收入182.02亿元。依托秦创原创新驱动平台，培育西安交大思源科技股份有限公司、陕西恒远生物科技有限公司等高新技术企业33家、科技型中小企业67家，科技市场合同交易额6.1亿元。14个市级在建重点项目完成投资69.7亿元，91个区级重点项目完成投资87.2亿元。设立12个项目策划包装工作专班，公开遴选12家金融服务和咨询机构，列支1000万元专项资金，包装项目204个，总投资847.45亿元。申请2023年国家专项债项目9个，总投资70.85亿元。实际引进内资26.35亿元、利用外资4041万美元。详见表79。

【城市建设】 2022年，临潼区致力城市更新、建管并重。抓住国土空间规划修编的重大机遇，按照“中优、东融、西联、南控、北跨”发展思路，完成“三区三线”（“三区”指城镇空间、农业空间、生态空间3种类型的国土空间；“三线”指在城镇空间、农业空间、生态空间划定的城镇开发边界、永久基本农田、生态保护红线3条控制线）划定，新增城镇建设用地32.62平方千米。同步编制产业布局、道路交通、医疗卫生等32个专项规划，秦汉大道片区、新区、代新片区等控制性详细规划，初步形成以国土空间规划、“十四五”发展规划为总纲，各行业专项规划和各片区控制性规划为支撑的规划体系。举办城市更新策划方案竞赛活动，完成城市更新一期城市体检评估，实施临潼火车站及姜寨遗址周边片区更新，人民北路建成通车，经二路局部贯通，拓宽东闸口铁路涵洞。完成文化路综合改造工程，加固危桥4座。改造老旧小区4个。新建口袋公园3个，

2022年9月26日，临潼区石榴红生态科技园里果农搬运刚采摘的石榴
（张少娜　供图）

新增城市绿地9.05万平方米。新建公共停车位2030个、充电桩110台。完成电网升级改造项目79个。提升改造秦陵北路夜市，建成垃圾分类示范街2条。兵马俑专用线改扩建项目启动建设，京昆高速改扩建、国道210西安过境公路项目进展顺利。

【社会事业】 2022年，临潼区全力保障基本民生，用于教科文卫等民生领域一般公共预算支出381970万元，占比84.80%。新建、改扩建中小学、幼儿园8所，新增学位2460个，秦汉九年制学校加速建设，铁炉中心幼儿园入选陕西省村级幼儿园一体化管理试点，全区普惠性幼儿园占比96.98%，教育教学质量稳步提升。区公卫中心开工建设，改扩建社区卫生服务中心4家，区中医院整体迁建有序推进。打通群众看病就医“最后一公里”，开展“山区巡回医疗服务”12次，服务群众680人（次），县域医共体基层覆盖率100%。强化重点人群就业保障，减免失业工伤保险费1706万元，发放就业补贴资金869万元、创业担保贷款6063万元，城镇新增就业8019人。出台稳经济38条措施，减税降费及退税缓税缓费12亿元。完善“1+N”社会救助体系，发放最低生活保障金、特困供养金和一次性生活补贴等1.08亿元。区养老院开工建设，新建、改建街道综合养老服务中心4个、社区养老服务站10个。筹建保障性租赁住房1507套，发放廉租住房租金补贴76.21万元，惠及群众189户291人。（马慧贤）

【“提级聘任”监督制度入选中国改革年度案例】 2022年1月18日，“中国改革2021年度案例”名单发布，临潼区“提级聘任”监督制度、创新推进基层全面从严治党入选。临潼区创新提级聘任村（社区）监督员制度，推进全面从严治党向基层延伸，破解基层社会对干部群众问题不愿不敢反映、监督力量薄弱、干部权责不清、权力运行程序不严等原因导致的村级“微腐败”易发多发问题，把监督工作做到群众心里。结合区情实际，从全面从严治党的大局出发，在坚持村（居）监委会主任向村（居）民代表大会负责的基础上，既不增加财政负担，又不增加人员编制，在全区271个村（社区）创新提级聘任村（居）监委会主任为村（社区）监督员，对村（居）监委会的监督业务实施垂直管理，通过制度机制守正创新，群众事让群众知道、让群众监督，将群众关心事晒在群众眼皮子底下，以基层监督治理“小支点”撬动全面从严治党“大杠杆”。

【临潼区3项农产品入选国家级名录】 2022年4月21日，农业农村部农产品质量安全中心公示2022年第一批全国名特优新农产品和2022年第一批全国特质农产品名录，其中临潼火晶柿子、临潼淡水龙虾获“全国名特优新农产品”称号，新华骊优石榴获“全国特质农产品”称号。临潼区建立一整套内陆地区澳洲淡水龙虾工厂化养殖繁育技术体系，年产澳洲淡水龙虾5万千克，并在全国推广合作养殖基地66.67公顷。临潼火晶柿子有1300多年栽培史，是国内优秀的鲜食柿子品种。临潼石榴地理标志认证0.53万公顷，建成高标准优质石榴示范园15个。石榴种植系统被列入《中国重要农业文化遗产保护名录》。（远　方）

长安区

【概况】 长安区地处西安市南部，秦岭北麓。东连蓝田县，西接鄠邑区、高新区，北与雁塔区、未央区、咸阳市接壤，南与安康市宁陕县、商洛市柞水县为邻。区内生态资源丰富，秦岭长安境内面积876平方千米，森林覆盖率36%。秦岭72个峪有24个峪在长安境内。“八水绕长安”中沣、滈、潏、浐4条河流源自或流经长安，河道全长297.52千米。有大、中、小型水库29座。文化积淀深厚，佛教八大宗派中华严宗、法相宗、净土宗、律宗祖庭位于区域内，何家营宫廷鼓乐入选联合国非物质文化遗产名录。

2022年，辖16个街道办事处、232个行政村、84个社区。总面积1588.53平方千米（含移交西咸新区、高新区托管部分），实际面积为1179.64平方千米。常住人口163.59万人，户籍总人口134.78万人。其中，城镇人口68.13万人，乡村人口66.65万人。

【经济发展】 2022年，长安区实现地区生产总值1418.28亿元，比上年增长7.5%。其中，第一产业增加值35.93亿元，增长2.4%；第二产业增加值830.67亿元，增长14.3%；第三产业增加值551.68亿元，下降0.5%。一、二、三产业比重2.5∶58.6∶38.9，人均地区生产总值87056元。非公有制经济实现增加值1001.3亿元，占地区生产总值比重70.6%，提高2.8个百分点。地方财政一般公共预算收入20.98亿元，下降5.6%，其中，增值税下降7.8%，个人所得税下降7.9%，企业所得税下降17.9%。地方财政一般公共预算支出61.02亿元，增长17.6%。其中，一般公共服务支出下降5.0%；科学技术支出下降5.2%；教育支出增长2.0%；文化体育和传媒支出增长5.4%；卫生健康支出增长67.0%；城乡社区支出增长30.9%；社会保障和就业支出增长15.9%；节能环保支出增长23.9%。详见表80。

表80 2022年长安区经济与社会发展主要指标一览表

指　标	单　位	数　量	同比增长率/%
地区生产总值	亿　元	1418.28	7.5
地方财政一般预算收入	亿　元	20.98	-5.6
地方财政一般预算支出	亿　元	61.02	17.6
全社会固定资产投资额	亿　元		-10.4
社会消费品零售额	亿　元	224.48	-2.1
规模以上工业增加值	亿　元		16.2
外商直接投资	亿美元	600	
实际引进内资	亿　元		
城镇居民可支配收入	元	48943	3.7
农村居民可支配收入	元	19733	4.1
粮食产量	吨	171081	

（资料来源：市统计局）

【城市建设】 2022年，长安区支出城市维护建设财政性资金400万元。新增天然气管道15千米、供气总量1.59亿立方米。绿化覆盖率42.87%。空气质量优良天数179天，较上年同期减少64天；综合指数5.37，反弹13.5%。空气质量6项主要污染物呈现“两降四升”。二氧化硫平均浓度7微克/立方米，改善12.5%；二氧化氮平均浓度36微克/立方米，改善2.7%；可吸入10微米颗粒物平均浓度91微克/立方米，反弹8.3%；可吸入2.5微米颗粒物平均浓度51微克/立方米，反弹27.5%；臭氧8小时滑动平均值浓度191微克/立方米，反弹17.2%；一氧化碳平均浓度1.6毫克/立方米，反弹23.1%。

【社会事业】 2022年，长安区有各类卫生机构632个。其中有医院32个、基层医疗卫生机构595个、专业卫生机构4个、其他1个。有各类卫生技术人员9233人，其中执业（含助理）医师3193人。有卫生机构床位7035张。有各种社会福利收养性单位22个、床位数3495张。城市居民最低生活保障家庭数251户341人；农村低保对象6899人，城镇特困供养326人，农村特困供养1428人。居民人均可支配收入37605元，比上年增长4.3%。其中，城镇常住居民人均可支配收入48943元，增长3.7%；农村常住居民人均可支配收入19733元，增长4.1%。城乡居民基本养老保险参保人数38.70万人；基本医疗保险参保人数62.45万人，其中城镇职工基本医疗保险参保人数6.68万人，城乡居民参保人数55.77万人。　（左明新）

【洨河治理入选中央生态环保督察整改成效典型案例】 2022年，洨河“四库联调，清水进城，河园同建，以河代库”治理模式入选中央生态环保督察整改成效典型案例。洨河发源于长安区韦曲街道局连村，全长35千米，自南向北汇入渭河，长安段长8.89千米。由于沿岸工业企业污水乱排，黑臭的洨河水长期影响渭河水质。启动“四库联调”工程，将大峪、许家沟、东沟、小峪4座水库互联互调，实现秦岭北峪清水进城入洨。同时，通过在城区段兴建截污纳管工程，敷设雨污水主管道，整改沿线排污口，让污水全部流入市政污水管道。经过4期建设，长安辖区的西安市第九污水处理厂日均收水量16.5万吨。除收纳长安主城区污

2022年，长安区完成洨河整治，水清岸绿的景象重现　（张少娜　供图）

2022 年 9 月，长安区王曲街道唐村·中国农业公园产业发展项目以农商旅融合类别入选陕西省万亿级文旅产业重点项目（张少娜 供图）

水外，其服务范围涵盖航天基地、曲江新区、雁塔区部分区域共计 100 万人口。

【长安唐村入选陕西万亿级文旅产业重点项目】 2022 年 9 月，《陕西省打造万亿级文化旅游产业实施意见（2021—2025 年）》出台，长安唐村·中国农业公园产业发展项目以农商旅融合类别入选陕西省万亿级文旅产业重点项目。长安唐村·中国农业公园总占地 38 平方千米，是西北最大的农业公园，位于长安区王曲街道南堡寨村，在古村落修复保护基础上，整合区域内以农业旅游、历史文化为核心的生态人文旅游资源，打造集农业、人文和休闲旅游、健康养生、商务会议等多项功能于一体的生态人文旅游名村。建设过程中使用劳动力 3 万人（次）以上，吸纳周边村民及大学生就业 100 人以上，村民收入较平均水平增长 2000 元。（远　方）

高陵区

【概况】 高陵区位于西安市北部，东迄临潼区，南界灞桥、未央两区，西连咸阳市渭城区、三原县、泾阳县，北临阎良区。境域东西长 20.5 千米，南北宽 19.4 千米。因境南有奉正原，原体高隆如陵，故名高陵。泾河与渭河交汇于区内，泾渭分明自然景观显现于境内。

2022 年，高陵区辖 7 个街道办事处、17 个居民委员会、86 个村民委员会。总面积 294 平方千米。户籍总人口 38.4 万人，常住人口 45.63 万人，人口出生率 8.53‰，死亡率 8.23‰，人口自然增长率 1.37‰。城镇化率 67.32%。有汉族、回族、蒙古族、壮族、满族、苗族、哈萨克族、土家族等 33 个民族，少数民族人口 1684 人，占全区总人口的 0.4%。

【经济发展】 2022 年，高陵区地区生产总值完成 388.8 亿元，比上年增长 0.3%。固定资产投资完成 147.6 亿元，增长 38%。社会消费品零售总额完成 191.1 亿元，增长 5.8%。有规模以上工业企业 120 家，完成产值 121.4 亿元，规模以上增加值下降 7.4%。新增规模以上制造业企业 9 家。区属工业投资、工业技改投资分别增长 51.9%、81.6%。入选“2022 年中国西部百强区”。农林牧渔服务业总产值完成 64.85 亿元，增长 2.5%。农业、林业、牧业、渔业、农林牧渔服务业增加值分别为 25.1 亿元、1.07 亿元、7.12 亿元、0.2 亿元、7.5 亿元，分别增长 1.8%、13.5%、19.7%、-16.2%、6.9%。农村居民人均可支配收入 20654 元，增长 6.2%，居全市第 2 位。引进内资 16 亿元、外资 2300 万美元。市级重点在建项目 15 个（含子项目 43 个），总投资 390.8 亿元，年度计划投资 102.2 亿元，完成投资 117.7 亿元，完成年度计划投资任务的 115%。区级重点项目完成投资 177.6 亿元，完成 196 亿元的 90.6%。提速与西安经开区合作共建，深度融入汽车、高端装备制造、新材料新能源产业链，推动新旧动能转换和产业转型升级，开创企业共管、税收共享、责任共担合作新局面。详见表 81。

【城市建设】 2022 年，高陵区主动承接西安北跨战略。与西安国际港务区签订战略合作协议，渭河以南耿镇片区新增城镇开发用地规模 5.47 平方千米，编制《渭河两岸概念规划》，完成《渭河疏浚项目方案》设计，布局跨渭河“一隧八桥”九通道，启动市委党校迁建、安澜酒店及周边配套设施项目，开启“全域开发、分步实施”合作建设工作。“三区三线”划定成果获批启用，新增城镇开发用地规模 40.6 平方千米。地铁 10 号线车站主体全部建成，京昆高速“四改八”项目顺利推进。国道 210 改线一期、东方红路西延等 5 条道路实现通车，启动政法二路、市公卫中心周边市政配套工程。完成南新街、西韩路、泾环北路等 5 条道路提升改造，建成泾渭分明、东环城路等 14 处口袋公园、公共游园，更新道沿、人行道 4 万余平方米，打造 3 条精细化管理示范街区，鹿苑大道成为集功能、绿色、文化、形象于一体的示范轴。整治乱停乱放、乱搭乱建，拆除各类违法建筑、户外广告 20 万平方米。新建公共停车位 680 个，新建改造公厕 18 座。改造雨污管网 11.7 千米，新建改造电力线路 39 千米，新增供热面积 62 万平方米。

表 81　2022 年高陵区经济与社会发展主要指标一览表

指　标	单　位	数　量	同比增长率 / %
地区生产总值	亿　元	388.8	0.3
地方财政一般公共预算收入	亿　元	13.5	9.2
地方财政一般公共预算支出	亿　元	31.09	17.5
固定资产投资额	亿　元	147.6	38
社会消费品零售总额	亿　元	191.1	5.8
规模以上工业增加值	亿　元	—	-7.4
实际使用外资	万美元	2300	9.5
实际使用内资	亿　元	16	7.7
城镇常住居民人均可支配收入	元	45671	4.5
农村常住居民人均可支配收入	元	20518	5.5
粮食产量	吨	122504	

（资料来源：市统计局）

2022 年 7 月，陕西省开展省级数字乡村试点，高陵区作为全国新一轮农村宅基地制度改革试点区，探索数字乡村发展路径 （高陵区政府办 供图）

【社会事业】 2022 年，高陵区持续改善社会民生，多措提升城市面貌。民生支出 24.7 亿元，占一般公共预算支出的 81%。有各级各类学校和办学机构 154 所，其中幼儿园 80 所（含民办幼儿园），小学 58 所，初中 12 所，高中 2 所，中职 1 所，特殊教育学校 1 所，有在校学生 61476 人，教职工 6249 人。投入使用新建、改扩建学校 21 所，总投资 3.4 亿元，新增学位 9330 个。其中幼儿园 4 所，新增学位 1080 个；小学 10 所，新增学位 4500 个；中学 7 所，新增学位 3750 个。创建及复验过关省级示范幼儿园 5 所、创建市一级幼儿园 6 所，市一级以上优质园占比超过 30%，区第三幼儿园被教育部评选为全国足球特色幼儿园。提升医疗卫生服务水平，完成区中医医院迁建项目，启动建设区疾病预防控制中心综合项目，总投资 3.2 亿元。建设区医院“120”急救中心、应急灾害急救指挥中心及胸痛、卒中、创伤中心楼，总投资 3500 万元。深化中医能力建设，区中医医院通过二甲复审，完成市级示范中医馆建设 2 家、省级示范中医馆建设 1 家，申报立项市级中医药科研项目 1 项。卫生人才队伍建设中，建立区卫生专业技术人才专家库，鼓励优秀人才向农村和基层流动。开展家庭医生签约服务，签约 17.48 万人，重点人群签约 11.26 万人，贫困人口签约率 100%。先后举办“一区一品牌”百人太极拳展演、“舞动长安”西安市全民健身技能大赛高陵区分区赛、广场舞展演、西安市社区运动会高陵分区赛活动及各类体育赛事活动 10 余场（次）。以打造城市社区“15 分钟健身圈”为契机，争取市级全民健身工程 8 套，笼式篮球、笼式足球各 1 套，完成区级全民健身路径 6 套。 （尚 耕）

2022 年，高陵区全面启动“高·幸食堂”建设，着力打造高陵养老服务品牌 （高陵区政府办 供图）

【西北首个农村宅基地管理信息系统在高陵区上线运行】 2022 年 6 月 23 日，高陵区召开农村宅基地管理信息系统上线启动仪式暨培训会，西北首个农村宅基地管理信息系统成功上线运行。启动仪式现场演示信息系统农村宅基地基础数据、业务管理、监测监管和共享村落 4 个系统板块，并对全区 7 个街道就系统中宅基地审批办理、执法管理和三权管理 3 大功能进行指导培训。高陵区作为两项试点承担区县，担负全国新一轮农村宅基地制度改革试点任务和探索数字乡村发展路径的重要使命。截至年底，该系统盘活农村闲置宅基地 122 宗，交易金额超过 500 万元。

【高陵区启动运行“高·幸食堂”】 2022 年，高陵区建设“高·幸食堂”老年人助餐送餐点，实现全区 7 个街道老年人助餐点全覆盖。8 个“高·幸食堂”老年人助餐点，其中 1 个依托学校食堂、1 个依托农村幸福院、2 个依托物业食堂、3 个社会力量建设、1 个社区自建。“高·幸食堂”按照统一老年人助餐点标识、统一老年人助餐点制度牌、统一老年人就餐椅、统一设置“长者驿站”、统一老年人送餐车等“五个统一”标准，形成独具高陵特色的老年人助餐服务品牌。 （远 方）

鄠邑区

【概况】 鄠邑区位于西安市西南部，南依秦岭与安康市宁陕县接壤，北临渭水与兴平市隔岸相望，东以高冠河、沣河与长安区毗邻，西以白马河与周至县为界。鄠邑区历史悠久，夏为有扈氏方国，商为崇国，先秦称鄠邑。秦孝公十二年（前 350）迁都咸阳后置鄠县。1964 年改为户县，2017 年撤县设鄠邑区。被称为中国现代民间绘画之乡、中国鼓舞之乡、中华诗词之乡、全国围棋之乡。境内有草堂寺、重阳宫、明钟楼、公输堂等风景名胜。

2022 年，辖 14 个街道（含已被托管大王街道、庞光街道、秦渡街道、草堂街道）、1 个景区管理局，共 255 个行政村、26 个社区居民委员会，土地面积 1279.42 平方千米，户籍总人口 641639 人。有 27 个少数民族，总人口 1293 人。

【经济发展】 2022 年，鄠邑区实现地区生产总值 341.27 亿元，比上年增长 20.8%；第一产业增加值 33.46 亿元，增长 4.7%；第二产业增加值 199.22 亿元，增长 41.9%；第三产业增加值 108.59 亿

表 82 2022 年鄠邑区经济与社会发展主要指标一览表

指 标	单 位	数 量	同比增长率 / %
地区生产总值	亿 元	341.27	20.8
地方财政一般公共预算收入	亿 元	9.04	5.6
地方财政一般公共预算支出	亿 元	40.10	7.2
固定资产投资额	亿 元	—	71.6
社会消费品零售总额	亿 元	49.31	6.9
规模以上工业增加值	亿 元	—	80.3
实际使用外资	万美元	1220	—
实际使用内资	亿 元	12	—
城镇常住居民人均可支配收入	元	28899	3.5
农村常住居民人均可支配收入	元	17453	6.6
粮食产量	吨	199725	

（资料来源：市统计局）

元，增长 2.2%。非公有制经济增加值 244.29 亿元，占地区生产总值 71.6%，较上年提高 7 个百分点。服务业增加值 108.59 亿元，增长 2.2%。规模以上服务业企业营业收入 10.08 亿元，下降 11.3%。固定资产投资增长 71.6%，增速较上年提高 62.5 个百分点。完成农林牧渔业增加值 36.41 亿元，增长 4.7%。粮食、蔬菜、瓜果总产分别为 17.17 万吨、25.75 万吨、4.52 万吨。开展“户县葡萄”全产业链标准化建设，种植面积稳定在 0.44 万公顷，产量 10 万吨，实现销售收入 12 亿元，入选首批省级现代农业全产业链典型县。第二产业实现产值 199.22 亿元，增长 41.9%；规模以上工业增加值增长 80.3%；固定资产投资增长 71.6%；工业投资增长 183.3%。净增规模以上工业企业 9 户，总数达 145 户，实现总产值 1386.93 亿元，增长 156.9%。完成社会消费品零售总额 49.31 亿元，增长 6.9%，增速在 13 个区（县）中排名第 2 位。接待游客 1874.6 万人（次），实现旅游收入 58.2 亿元，分别增长 23.2%、24.8%。举办“遇见新西安，相约新鄠邑”产业项目集中签约仪式，签订先进制造、生物医药等重大产业类项目 9 个，总投资额 146.9 亿元。开展招商引资洽谈 70 余批，达成意向投资项目 30 余个。引进内资 12 亿元，实际利用外资 1220 万美元。详见表 82。

【城市建设】 2022 年，鄠邑区投资 3.85 亿元组织区域路网提升。陕西省首条利用既有铁路改造的西户铁路地铁公交化项目，创造从开工到运营用时仅 3 个月的历史纪录；提前 30 天实现京昆高速改扩建鄠邑段单幅双向通车；S107 环山路鄠邑段改造及西户路、鄠周眉高速建设加快推进；沣京大道、南北七号路拓宽改造项目通过中国市政工程协会 2022 年度市政工程最高质量水平评价；惠丰南路建成通车，惠丰北路提质改造等 10 项重点工程顺利推进。户莱路、八里坪道路全面提升，修复农村破损、水毁道路 23 千米，农村公路通达率 100%。潭滨公园建成开放，画展街艺术街区建设道路改造完工，第 3 批 49 个老旧小区改造顺利完成，新增城市绿地 8.49 万平方米，新建口袋公园 2 个、新能源汽车充电站 3 个。在全市率先聘任 311 户农家乐（民宿）为公益性“民间林长•民间网格”，组建区级保护公益志愿联盟，打造志愿化全民护山新模式。完成太平峪等 8 条峪口峪道整治和东流水矿等 3 个矿山修复治理。成立秦岭保护巡回法庭和陕西省首家秦岭保护综合执法中队。出台《涝河流域生态保护办法》，推进涝河两侧 1000 米范围内工矿用地有序退出，渼陂湖、太平峪河环山路断面水质均稳定达到地表水Ⅲ类以上，涝河入渭河、新河文涝路断面水质稳定达到地表水Ⅳ类以上。第一污水处理厂完成提标扩容，11 个行政村农村污水处理工程顺利完工，建成投用站点 14 座，日污水处理规模 14 万立方米。推进城区雨污分流，城区污水全收集、全处理实现全覆盖，污泥处置实现日产日清。空气质量优良天数 210 天。创建市级生活垃圾示范单位 3 家，区级达标单位 53 家。村收集、街转运、区处理的农村生活垃圾无害化闭环运行处理体系全面建立，农村生活垃圾集中收集率、无害化处理率、有效治理率均达 100%。（董兰清 张鹏飞 冯凯悦）

【西户铁路载客试运营】 2022 年 11 月 1 日，省内首条市域（郊）铁路改造示范项目—西户铁路投入载客试运营。西户铁路建成于 1956 年，以货运为主，同期开行市郊客运列车，长期以来存在功能弱化、资源闲置等问题。西安市对该线路提升改造，公交化开行市域客运列车。开通初期，投用户县和阿房宫南 2 座客运站，列车临时使用中国铁路西安局集团 25G 型客车，并对车厢内部进行优化改造，市轨道集团负责客运服务，中国铁路西安局集团负责调度指挥、行车组织。票制票价采用与西安地铁“同网同价”模式，阿房宫南至户县站全程票价 6 元，票价优惠政策与西安地铁既有线路保持一致。

【天桥湖国际生态区建成开放】 2022 年 4 月 30 日，鄠邑区“秦岭之翼 山水天桥”文旅活动暨天桥湖国际生态区开放启动。天桥湖国际生态区位于 107 关中环线涝河上游，是鄠邑区和西旅集团合作建设的生态旅游区。总占地 89.7 公

2022 年 11 月 1 日，陕西省首条市域（郊）铁路改造示范项目——西户铁路建成并载客试运营。图为列车驶离户县站场景
（张少娜 供图）

2022 年 7 月 30 日，“诗画鄠邑 品质新区·天桥湖国际露营生活节”在鄠邑区天桥湖国际生态区举行（鄠邑区政府办 供图）

顷，其中水域面积 40 公顷，主要包括西岛、东岛、天桥湖及湖畔 3 个区域。生态区致力于打造西安周边最美湖畔休闲露营地、最大规模湖畔轻奢帐篷集群、最美水上运动基地。五一期间，生态区开展“秦岭之翼　山水天桥”系列文旅活动，开设秦岭大集、水上皮划艇、浪漫热气球、湖畔露营、河畔高尔夫等多种游乐项目，40 余家特色商家、数百种特色商品、30 余个文创品牌亮相，活动吸引大量市民游客。4 月 30 日至 5 月 4 日，生态区接待游客 26 万人（次），综合收入 710.43 万元。（远　方）

【社会事业】　2022 年，鄠邑区重点民生支出 5.65 亿元，占一般公共预算支出 82.1%，居民和农民人均可支配收入分别为 22257 元、17453 元，分别增长 5.4%、6.6%，增速位列全市第 1 位。第五幼儿园、第六幼儿园、新区第一学校、西安外国语大学鄠邑区实验小学建成投用，新增学位 3600 个。区中医医院完成整体搬迁，区人民医院感染病科项目完成主体施工，陕西森工医院加速创建三级综合医院，10 所医疗机构获得“陕西省老年友善医疗机构”称号。启动全市足球发展示范区创建工作，举办首届社区运动会。推出“免费培训 + 定向招聘”，新增城镇就业 4329 人，超过年度任务 11 个百分点。全力推进“保交楼”工作，筹建 2389 套保障性租赁住房。完成 4 个街道综合养老服务中心和 5 个社区居家养老服务站改造提升。11 个街道（景区管理局）医保服务站、214 个村（社区）医保服务室全部规范挂牌运行。

（董兰清　张鹏飞　冯凯悦）

蓝田县

【概况】　蓝田县位于西安市东南部，东和南以秦岭为界与渭南市华州区，商洛市洛南县、商州区、柞水县相接；西以库峪河为界与长安区、灞桥区毗邻；北以骊山为界与临潼区、渭南市临渭区接壤，东西长 64 千米，南北宽 55 千米。蓝田县是蓝田玉原产地，以周礼“玉之美者为蓝”而得名，自古据秦楚大道，有“三辅要冲”之称，是关中通往东南诸省要道。境内有上陈遗址、蓝田人遗址等古遗址，有净土宗祖庭悟真寺、水陆庵、王顺山、汤峪温泉等风景名胜。

2022 年，辖 18 个镇、1 个街道办事处、337 个村民委员会、14 个居民委员会。总面积 2006 平方千米，总人口 656918 人（城镇人口 180814 人），202536 户，性别比为 1.08。人口出生率 6.87‰，死亡率 6.23‰，自然增长率为 -0.64‰。

【经济发展】　2022 年，蓝田县落实粮食安全责任制，实施撂荒地复耕复种 310.11 公顷，低效残次林退出 1333.33 公顷，建设高标准农田 866.67 公顷，粮食播种面积 43893.33 公顷。其中，夏粮 24086.67 公顷，产量 10.31 万吨；秋粮播种面积 19806.67 公顷，产量 8.35 万吨。蔬菜种植面积 4133.33 公顷，产量 12.7 万吨。水果种植面积 4566.67 公顷，产量 7.1 万吨。肉类总产 1.14 万吨，禽蛋总产 1.5 万吨，奶类总产 1.64 万吨。发展新型农业经营主体，认定家庭农场 119 家，高质量发展农民专业合作社 226 个。新增入库规模以上工业企业 8 家，新增工业投资 12.48 亿元，投入技改资金 7631 万元。安排省、市重点项目 7 个，增长 75%，投资 39.8 亿元，增长 294%，83 个重点项目投资完成率和开工率均创近年新高。实施省级经济开发区规划，整合县工业园、西北家具工业园，先进制造、食品医药、电子商务等优势产业集聚发展，“一区四园”格局初步形成。落实减税降费优惠政策，落实惠企纾困资金 2.96 亿元，兑现支持工业经济、文旅康养、电子商务发展等“五个千万”扶持资金 3690 万元，发放各类企业贷款 5.99 亿元。新增市场主体 3552 户，增长 10.3%。10 个省市重点在建项目完成投资 55.5 亿元，占年度投资的 102%，101 个县级重点在建项目完成投资 113.9 亿元。健全重大招商引资项目，签约项目 18 个，总投资 294.4 亿元，实际引进内资 12.1 亿元，利用外资 1570 万美元。详见表 83。

【城市建设】　2022 年，蓝田县国土空间规划完成“三区三线”划定，城镇开发边界新增建设用地 602 公顷，第 3 次

表 83　2022 年蓝田县经济与社会发展主要指标一览表

指　标	单　位	数　量	同比增长率 / %
地区生产总值	亿　元	157.01	1.2
地方财政一般公共预算收入	亿　元	5.36	27.8
地方财政一般公共预算支出	亿　元	49.57	-7.8
固定资产投资额	亿　元	—	-8.7
社会消费品零售总额	亿　元	35.8	-14.4
规模以上工业增加值	亿　元	—	-5.4
实际使用外资	万美元	—	—
实际使用内资	亿　元	—	—
城镇常住居民人均可支配收入	元	27595	3.2
农村常住居民人均可支配收入	元	18382	6.2
粮食产量	吨	181747	

（资料来源：市统计局）

国土调查工作获自然资源部表彰。统筹推进城市更新，县门街东延伸片区、陈沟岸片区综合改造项目进展顺利。完成312国道县城段6.5千米安防和绿化亮化，蓝水路改扩建、长坪路雨污分流、迎宾路人行道改造提升全面完工。贯通312国道与灞河大道连接道路5条，建成滋水北路和滋水大桥，西安外环高速南段建成通车。蓝田通用机场、330千伏变电站基本建成，西十高铁加速推进。改造老旧小区13个，新建公共停车位410个、新能源充电桩50个，新增城市绿地2.7万平方米，运行城市文明驿站4座，新建和改造提升公共厕所25座。

【社会事业】 2022年，蓝田县落实稳岗就业政策措施，发放创业担保贷款3583万元，带动就业657人。发放176家企业稳岗补贴215万余元，开展免费职业技能培训3931人，城镇新增就业4436人。有工伤参保单位773家，参保人数22288人；失业保险参保企业483家，参保人数9774人。发放失业补助金586人737977.5元，发放失业金343人824188元。健全“1+N”社会救助体系，发放各类城乡困难群众生活补助资金2.18亿元。发放基础养老金1.82亿元，惠及城乡参保居民11.26万人。落实针对特殊群体的工龄补贴政策，发放特殊群体工龄补贴93.94万元，惠及15872人。发放被征地农民养老补助10190.35万元。投资25.35亿元，实施灾后恢复重建项目35个，完工32个。建成第四幼儿园、第五幼儿园，完成北关小学分校、樊沟小学扩建提质，新增学位1350个，培育新优质学校14所，创建义务教育优质均衡学校38所。建成蓝田厨师博物馆和实训大厅，创办陕西省首个公办全日制家政学校。县妇幼保健计划生育服务中心门诊综合大楼、县病毒检测中心建成投用，县中医医院迁建项目进展顺利，紧密型县域医共体覆盖率100%。（王耀辉）

2022年8月23日，滋水北路及滋水大桥（蓝水路至312国道段）全线建成通车，滋水公园正式开放 （蓝田县政府办 供图）

【白鹿原影视城获国家旅游科技示范园区称号】 2022年12月29日，文化和旅游部发布2022年国家旅游科技示范园区名单，蓝田县白鹿原影视城成为陕西省唯一入选园区。白鹿原影视城景区推出、引进一批集科普、观光、体验、娱乐为一体的旅游产品，成功举办“数字科技 遇见未来”白鹿原影视城科技文旅季等科普活动。夜间旅游科技产品——《夜谭白鹿原》，让游客从单一日间游览，转变为全天候、全季节旅游，丰富游览体验感。全国首例无轨载具科技沉浸式体验项目——《公元一万年》，使用具有高动态范围、高帧率、高分辨率、广色域的史诗级电影影像，让观众在全沉浸氛围中得到视听感官的震撼享受。

【滋水大桥和滋水公园建成开放】 2022年8月23日，蓝田县举行滋水大桥（滋水北路）建成通车暨滋水公园开放仪式。滋水北路及滋水大桥新建工程总投资1.46亿元，主要为道路工程、桥梁工程、市政管网工程、交通工程建设等。道路等级为城市主干路，双向四车道，设计车速40千米/时，路线全长1185米，其中跨越灞河处桥梁长484.1米，宽21米。滋水公园总占地面积23公顷。公园以美玉文化、白鹿文化、滋水文化为主，依托自然水域打造生态绿地景观，在恢复生态环境的同时，结合信息数字化和智慧化设计，展示西安厚重的历史文化。

【塘子村被授予“第四批全国乡村旅游重点村”】 2022年11月15日，文化和旅游部发布《关于第四批全国乡村旅游重点村名单和第二批全国乡村旅游重点镇（乡）名单》，蓝田县汤峪镇塘子村入选。塘子村地处秦岭七十二峪中的汤峪，南依秦岭，北联关中环线。汤峪河自南向北流经村庄，在村庄南侧形成水面达20余公顷的汤峪水库。塘子村南侧关山、老凹沟处于秦岭腹地，山清水秀，植被茂盛，是西安周边居民夏季避暑纳凉佳地。塘子村拥有丰富、高品质的温泉资源，是“大唐三汤”之首石门汤泉所在地。 （远 方）

2022年11月15日，蓝田县汤峪镇塘子村入选文化和旅游部发布的《关于第四批全国乡村旅游重点村名单和第二批全国乡村旅游重点镇（乡）名单》 （张少娜 供图）

周至县

【概况】 周至县地处西安市西部，距离西安市主城区68千米。东与鄠邑区相接壤、南依秦岭主脉与汉中市佛坪县、宁陕县交界；西与宝鸡市眉县、太白县接壤；北凭渭河与咸阳市武功县、兴平市、杨凌区、宝鸡市扶风县相邻。因“山曲为盩，水曲为厔”而得名盩厔，1964年将盩厔简化为周至。自然生态良好，森林覆盖率66.6%，秦岭北麓面积占西安市秦岭北麓总面积41.8%；境内15条河流年径流量10亿立方米，年向市区供水3.05亿立方米，是西安市主要水源地。文化底蕴深厚，有老子讲授《道德经》的“天下第一福地”楼观台、因白居易创作《长恨歌》和隋代佛舍利而扬名海内外的仙游寺、华夏正财神赵公明故里、大儒李二曲等人文史迹。农业特色鲜明，以猕猴桃、苗木花卉、无公害蔬菜为主的农业特色产业形成规模。

2022年2月，周至县骆峪镇向阳村农业现代化科技示范基地村民正在给卷心菜幼苗浇水，向阳村被陕西省科学技术厅评定为2022年度“省级科技示范村”

（张少娜　供图）

2022年，辖街道办事处1个、乡（镇）19个、行政村263个。总面积2945.2平方千米。总人口698388人，其中男性368235人，女性330153人，分别占52.73%和47.27%。户籍总户数194392户，户均人口3.6人。常住人口55.96万人，比上年减少0.03万人，人口出生率9.98‰，死亡率10.02‰；城镇化率30.43%，比上年提高0.19个百分点。

【经济发展】 2022年，周至县农林牧渔业总产值78.66亿元，较上年增长5.8%。粮食播种面积20193.33公顷，减少733.33公顷，下降3.5%。其中夏粮播种面积10993.33公顷，下降8.24%；秋粮播种面积9200公顷，增长2.83%。粮食产量10.55万吨，下降2.13%。其中夏粮5.66万吨，下降4.39%；秋粮4.89万吨，增长0.62%。水果面积22873.33公顷，增长0.47%，其中猕猴桃面积20850.33公顷，增长0.35%，占水果总面积的91.17%。水果产量52.54万吨，增长6.49%，其中猕猴桃产量49.05万吨，增长6.84%；其他水果产量3.49万吨，增长2.05%。猕猴桃产值3.58亿元，占农林牧渔业总产值的42.69%，较上年提高1.62个百分点。蔬菜种植面积5740公顷，增长0.70%；产量23.51万吨，增长3.11%；产值13.02亿元，占农林牧渔业总产值的16.55%，较上年提高0.87个百分点。肉、奶产量分别为9374吨和5442吨，分别增长10.97%和3.28%。蛋产量4991吨，较上年增长0.14%。规模以上工业企业中，化学药品原药824.24吨，下降27.75%；瓦楞纸箱5788吨，增长0.82%；商品混凝土132.92万立方米，增长100.19%；水泥26.02万吨，增长64.02%。具有资质等级的总承包和专业承包建筑企业有18户，实现产值7.45亿元，增长52.98%。签订合同额11.58亿元，增长16.62%。投入3410万元实施苏陕协作项目29个，帮销农产品2.27亿元。发展新型农村集体经济，实施集体经济项目46个，年收益突破5万元的村达72%。发放创业担保贷款1992万元，新增农民专业示范合作社40家、家庭农场10家，高质量通过省级挂牌督办县摘牌验收。详见表84。

表84　2022年周至县经济与社会发展主要指标一览表

指　标	单　位	数　量	同比增长率/%
地方生产总值	亿　元	160.7	4.4
地方财政一般公共预算收入	亿　元	2.89	15.1
地方财政一般公共预算支出	亿　元	50.8794	16.8
固定资产投资额	亿　元	51.3	29.9
社会消费品零售总额	亿　元	32.48	-14.6
规模以上工业增加值	亿　元	—	5.1
实际使用外资	万美元	—	—
实际使用内资	亿　元	—	—
城镇常住居民人均可支配收入	元	26100	3.3
农村常住居民人均可支配收入	元	16727	6.6
粮食产量	吨	105533	

（资料来源：市统计局）

【城市建设】 2022年，周至县加快推进以县城为重要载体的城镇化建设，启动城河商业街、云塔南路改造提升项目，改扩建城区道路5条，新建雨污管道13.77千米，改造老旧小区22个，新增停车位812个，新建公园广场4个、城市绿地2.39万平方米，县城公交开通试运营，周至县获“全省县城建设示范县”。争取省、市支持资金2.9亿元，统筹整合涉农资金3.15亿元，实施项目236个。加快推进乡村建设，提升改造农村安全饮水工程10处，完成农房抗震改造2985户，建成邮政综合服务（场）站185个，新建5G基站114个，周至县被确定为“全省数字乡村建设试点县”。打造10个乡村振兴示范村，建成市级美丽村庄片区2个、美丽村庄20个，创建美丽庭院904户，6个村被评为“2022年陕西省美丽宜居示范村”。建成综合型商贸中心1个，改造提升镇商贸中心2个、新型乡村便利店70家，引进星级酒店2家，141个供销联社村级综合服务社建成投运。

【社会事业】 2022年，周至县实施科技项目4个。其中，市级农业科技项目2个，区域科技创新环境建设项目1个，产学研金协同创新活动奖补项目1个。创建市级科技示范村2个，省级科技示

2022 年 9 月 24 日，西安市猕猴桃评优大赛在周至县举办（周至县志办　供图）

范村 1 个。县属高新技术企业新增 5 家，累计 9 家。科技型中小企业 17 家。骆峪镇向阳村获评西安市唯一“省级科技示范村”。县城实验小学开工建设，改扩建职业学校、中小学、幼儿园 75 所，新增学位 1290 个，创建“名师 +”研修共同体 101 个。新高考综合改革有序推进，义务教育阶段学校课后服务实现全覆盖。有幼儿园 112 所，其中公办 65 所，民办 47 所。在园儿童 17167 人，比上年下降 4.45%。有各类中小学 145 所，其中普通高中 7 所，初中 25 所，小学 111 所，教学点 11 所（不计校数），特殊教育学校 2 所。中小学在校学生 60421 人，比上年下降 3.65%。其中，小学在校学生 34979 人，下降 1.73%；初中在校学生 13935 人，下降 3.56%；高中在校学生 11396 人，增长 1.38%；特教学校在校学生 111 人，下降 9.76%。有中小学专任教师 4341 人，下降 1.18%，其中中学专任教师 1985 人，下降 9.32%。有初中毕业生（含职业初中）5099 人，初中毕业升学率 84.32%，提高 2.26 个百分点。小学学龄儿童净入学率 100%。27 个图书馆分馆、14 个文化馆分馆建成投用，县图书馆总馆藏书量纸质图书 19 万册，电子图书 10 万册，18 个图书馆分馆总藏书量为 9 万册。组织文艺演出 221 场，其中线下活动 163 场，线上 58 场。有健身路径 480 套，实现全民健身路径全覆盖。新建多功能运动场 3 个，新建笼式篮球场 1 个。县医院传染病综合楼主体完工，县中医医院迁建、县公卫中心建设项目加快推进，镇村标准化卫生医疗机构实现全覆盖，创建全国基层名中医工作室 1 个，县人民医院入选国家“千县工程”医院名单。有各类医疗机构 531 个，其中医院 18 个、卫生院 24 个。卫生机构床位 0.28 万张。有各类卫生技术人员 3573 人，其中执业（助理）医师 1136 人。婴儿死亡率 1.91‰，5 岁以下儿童死亡率 4.36‰。产妇住院分娩比例为 100%。率先在全西安市建立县、镇、村三级医保经办体系。新增城镇社区 3 个，养老机构 7 个，在院入住 365 人，有床位 990 张。有城镇低保对象 194 户 347 人，发放低保金 336.11 万元；农村低保对象 7901 户 21546 人，发放低保金 1.67 亿元。1669 户 1690 人享受农村特困人员救助供养，发放供养金 2872.65 万元。参加城乡居民基本养老保险 376572 人，参加城镇职工基本养老保险 30019 人。参加失业保险 4735 人，参加工伤保险 19794 人。发放城乡低保、特困供养金 1.99 亿元，发放残疾人两项补贴 1344.24 万元。参加城乡居民医疗保险 560677 人，参加职工医疗保险 31398 人，参加生育保险 19944 人。

（李　琳）

【周至猕猴桃连续 9 年位列猕猴桃价值排行榜第 1】 2022 年 5 月 10 日，第七届中国果业品牌大会通过线上视频形式召开。周至猕猴桃获 2021 消费者喜爱果品品牌，以 58.28 亿元位列中国区域公用品牌猕猴桃类价值排行榜第 1。周至是世界猕猴桃原产地和最佳优生区，猕猴桃种植面积 2.88 万公顷，占全国的 25%，占全球的 18%，是世界最大猕猴桃生产基地，年产鲜果 55 万吨，总值 60 亿元，果区人均收入超过 1.6 万元，被誉为“中国猕猴桃之乡”。周至出台一系列扶持政策和措施，推进猕猴桃产业标准化、规模化、品牌化发展。周至猕猴桃从业人员超过 30 万人，有 80% 贫困户通过种植猕猴桃实现脱贫摘帽，猕猴桃产业成为周至农民增收致富特色产业。

【周至县剧团《杨门女将》获第九届中国秦腔艺术节“特别推荐剧目”】 2022 年 6 月 24 日，第九届中国秦腔艺术节在西安市落下帷幕。周至县剧团排演的《杨门女将》获第九届中国秦腔艺术节“特别推荐剧目”；剧团演员石燕获“第九届中国秦腔艺术节艺术传承新星”。周至县剧团成立于 1953 年，年演出达 800 余场。《杨门女将》是秦腔传统经典剧目，讲述宋朝将领杨氏一族女眷挂帅出征，歼灭西夏兵将的故事。秦腔《杨门女将》文武并重，角色行当齐备、唱念做打俱全。本次演出阵容庞大，更是把年轻人作为培养对象，舞台呈现、演员表演遵循传统之外，在服装、音乐上都有创新，对剧目进行全方位提升排练。

（远　方）

2022 年 6 月，周至县剧团《杨门女将》获第九届中国秦腔艺术节“特别推荐剧目”。图为剧团在易俗大剧院演出剧照（周至县志办　供图）

新任市级领导

刘海成 男，1969年3月生，在职研究生，中共党员。西安市委常委、西安警备区政委。2022年3月15日，在中国共产党西安市第十四届委员会第一次全体会议上当选为市委常委。

王瑞峰 男，1968年11月生，陕西西安人。大学学历，法律硕士，中共党员。历任渭南市委副书记、市委党校校长、陕西省总工会党组副书记、常务副主席，2022年3月，任西安市委常委、市纪委书记、市监察委员会主任。2022年3月15日，在中国共产党西安市第十四届委员会第一次全体会议上当选为市委常委。

吕来升 男，1974年3月生，山东莱芜人。大学学历，工程硕士，中共党员。历任中国轻骑集团有限公司法律事务部部长助理，济南轻骑摩托车有限公司法律事务部副部长、董事会秘书、副总经理兼法律事务部部长，兵器装备集团济南轻骑摩托车有限公司董事会秘书、副总经理、江门轻骑董事长，兵器装备集团有限公司资本运营部副主任、主任，咸阳市委副书记、市委党校校长，西安市委常委、市政府党组副书记。2022年3月，在西安市第十七届人民代表大会第一次会议上当选为市人民政府副市长。

黄强 男，1970年12月生，研究生学历，文学硕士、工商管理硕士，中共党员。历任中国航空集团公司企业监管部产权事务副经理、经理，法律监管部法律事务经理、法律监管部副总经理，中航集团（国航股份）全面深化改革领导小组办公室副主任，中国国际航空股份有限公司综合保障部党委书记、副总经理，西安市委常委、市政府党组成员。2022年6月，在西安市第十七届人民代表大会常务委员会第二次会议上被任命为市人民政府副市长。

孟浩 男，1976年5月生，陕西绥德人。大学学历，高级管理人员工商管理硕士，中共党员。历任中国银行榆林分行西沙分理处负责人、西沙支行行长，中国银行榆林分行公司业务部主任，交通银行榆林分行党委委员、副行长，党委书记、行长，交通银行陕西省分行党委委员、副行长（其间兼榆林分行党委书记），秦农农村商业银行股份有限公司党委副书记、行长，西安市政府党组成员。2022年3月，在西安市第十七届人民代表大会第一次会议上当选为市人民政府副市长。

张涌 男，1970年1月生，河南新密人。省委党校研究生学历，哲学学士，中共党员。历任西安市水利局办公室副主任，市机构编制委员会办公室综合处（区县处）副处长、综合处（调研督查处）处长，阎良区委常委、组织部部长，市委组织部部务委员、人才办主任，市委副秘书长、市委办公厅主任，西安市委组织部常务副部长，莲湖区委书记、大兴新区（西安土门地区）党工委书记（兼），市政府党组成员。2022年3月，在西安市第十七届人民代表大会第一次会议上当选为市人民政府副市长。

李启全 男，1968年3月生，陕西旬阳人。中央党校大学学历，中共党员。历任安康市汉滨区副区长、区长助理，安康市汉滨区委常委、宣传部部长、区纪委书记，石泉县委常委、副县长、县委副书记、县长、县委书记，安康市委常委、石泉县委书记，西安市政府党组成员。2022年3月，在西安市第十七届人民代表大会第一次会议上当选为市人民政府副市长。

肖琦 女，1972年5月生，山东烟台人。大学学历，公共管理硕士，无党派人士。历任西安经济技术开发区管委会招商中心下设招商二局局长（副处级）、招商中心副主任、招商二局副局长、局长（正处级）、公共事务管理局（人力资源和社会保障局）局长，灞桥区副区长，市供销合作联社主任。2022年3月，在西安市第十七届人民代表大会第一次会议上当选为市人民政府副市长。（李　黛）

先进人物

“全国‘五一’劳动奖章”获得者

李建华 男，汉族，大学本科学历，中共党员，高级教师。省级劳模、全国五一劳动奖章获得者，西安市政协委员，未央区第十八届人大代表。西安经开第一学校理事长、校长，经开二中理事长，经开五小校长，经开二小校长，经开五中校长，经开四幼园长，经开九幼园长，经开一校教育共同体总校长。先后指导培养各级各类骨干教师、学科带头人、教学能手50余人。创立“经发教育”优质品牌。科学规划学校发展，构建名师团队，形成“和谐、凝聚、奋进”的团队文化和独具特色的“经发精神”。疫情防控期间，指挥部署学校疫情防控和志愿者援助服务，慰问参加防疫一线的党员干部，多方筹措疫情防控物资，确保疫情防控落到实处。2022年被授予“全国‘五一’劳动奖章”。

张永爱 女，朝鲜族，博士研究生学历，境外护理学博士、教授。延安大学护理专业及西安医学院临床专业硕士生导师，“全国‘五一’劳动奖章”获得者，陕西省“三秦学者”，省级教学名师，陕西省“‘三八’红旗手”，陕西省黄大年式教师团队负责人（西安医学院护理与康复教师团队）。西安医学院护理与康复学院院长。主持陕西省普通高等学校本科教学工程项目 18 项、科研项目 10 项。获省级教学成果一、二等奖 4 次，省科学技术三等奖 1 次，主编教材 4 部，其中《医学统计分析》教材获省级优秀教材二等奖，发表论文 100 余篇，SCI/SSCI/CSCD 收录 25 篇，获得实用专利 10 项。作为带头人，其 2019 年获批陕西省教科文卫工会系统的职工（劳模）创新工作室，命名为“母婴护理”张永爱创新工作室；作为专业负责人，其所从事专业在国家“双万”计划中获批 2020 年度国家级一流本科专业建设点(护理学)。2022 年被授予“全国‘五一’劳动奖章”。

（董　雯）

王武　男，汉族，中共党员，大学本科学历，执业药师，清华德人西安幸福制药有限公司生产负责人。通过技术革新，实现生产车间双线灌装、双线包装，产量连续多年增长 30% 以上。通过配制工序冷却原水回收利用改造、车间冷凝水回收锅炉利用、提取工序设备管路改造、提取工序板框清洗方案实施、MVR 蒸馏水回收利用、制水设备增加阻垢剂等百余次工艺项目改进，能耗下降 30%，为企业创造经济效益千万余元。优化工艺和设备，确保产品质量合格率 100%。全力保障 8 条生产线连续生产，平均日产量提升达 15 万瓶，确保省重要保供药品生血宝合剂、新冠疫情指定用药热炎宁合剂正常生产与供应。2022 年被授予“全国五一劳动奖章”。（李　黛）

“中国青年‘五四’奖章”获得者

王震　男，汉族，中共党员，博士研究生学历。西北工业大学网络空间安全学院党总支书记，国家保密学院常务副院长、教授。从事智能决策与认知领域的工作，多项成果用于公共安全等领域。潜心教书育人，指导学生参加各类国内外学术和创新创业竞赛并屡次获奖。热衷科普工作，先后在陕西省、江西省、广西壮族自治区的贫困地区 20 余所中小学开展科普讲座，激发青少年对科学的兴趣。2022 年 5 月被授予第 26 届“中国青年‘五四’奖章”。

第 20 届“陕西青年‘五四’奖章”获得者名单

马　坤	西安四叶草信息技术有限公司董事长
王　琪	西安植物园园艺中心副主任
王红伟	西安科技大学采矿工程系副主任
王佳飞	国网西安市区供电公司配网综合技术、配电带电作业专责工程师、高级技师
王登甲	西安建筑科技大学太阳能建筑与环境中心副主任
冯玉荣	西安市常宁新区开发建设局副局长、高级工程师
朱圣棋	西安电子科技大学科研院副院长、教授
安　康（女）	西安市先锋青少年活动指导中心主任
杨晓康	西安赛特金属材料开发有限公司总经理，生物医用钛合金材料国家地方联合工程研究中心主任、高级工程师
沈　超	西安交通大学网络安全学院副院长、教授
张　丽（女）	西安交通大学第二附属医院急诊科主管护师
张　玫（女）	西安华浦水处理设备有限公司总裁
张　肸	西安市公安局交通警察支队秩序处交通规划科科长
张汉宁	西安网算数据科技有限公司总经理、高级工程师
张艳娟（女）	西安市检察院第九检察部主任
张秦鲁	西安金磁纳米生物技术有限公司常务副总经理、副研究员
郑洛彬	西安铁路信号有限责任公司继电器车间信号钳工
赵安安	中航西安飞机工业集团股份有限公司总工程师、副总经理
徐亚东	西北工业大学凝固技术国家重点实验室副主任，辐射探测材料与器件工信部重点实验室主任、教授
谢　飞	西安电子科技大学前沿交叉研究院研究员
窦　晨（女）	西安市西咸沣西第一小学大队辅导员

（省志办）

新闻人物

何小虎　男，中共党员，本科学历。中国航天科技集团有限公司第六研究院西安航天发动机有限公司高级技师，十三届全国青联委员。主要从事液体火箭发动机涡轮泵、燃烧室等关键零部件的生产加工。先后攻克长征五号、七号燃烧室喷管难加工材料铌钨合金/高温合金高效切削问题，申请国际专利 1 项；解决长三乙发动机喷注器架难测量高精度内腔加工问题，合格率由 20% 提升到 100%；解决嫦娥四号动力心脏“主动脉管”汽蚀管流量合格率低等技术难题，助力探月工程、载人航天工程及新一代液氧煤油发动机研制任务的完成，为工厂年节约成本 100 万余元，共申请专利 6 项；获“全国数控技能大赛”第 4 名、第三季《中国大能手》“数控组合”项目前六强等优异成绩。先后获“陕西青年五四奖章”、第 20 届全国青年岗位能手、西安市劳动模范、第 25 届“中国青年‘五四’奖章”、“全国‘五一’劳动奖章”。2022 年入选由全国总工会、中央广播电视总台联合评选的“大国工匠年度人物”。

杨银堂　男，河北邯郸市人，博士，教授，博士生导师。全国模范教师，西安电子科技大学党委副书记。国家杰出青年科学基金和中国青年科技奖获得者，入选陕西省“三五人才”、“教育部跨世纪优秀人才计划”、国家“百千万人才工程”及新世纪“百千万人才工程”，获 2019 年度国家技术发明奖二等奖（第一完成人）。2022 年，杨银堂入选由《科学中国人》杂志社评选的 2022 年度科技人物“影响力科学家”。

郑庆华　男，浙江嵊州人，中共党员，研究生学历，博士学位，二级教授。西安交通大学常务副校长，智能网络与网络安全教育部重点实验室主任，教育部科技委学部委员，教育部大学计算机教学指导委员会主任。国家杰出青年科学基金获得者，国家自然科学基金创新群体负责人。长期从事大数据知识工程的研究，主持承担国家自然科学基金重点项目、“863”计划、国家科技支撑计划、国家重点研发计划项目等 40 余项。建立知识森林原创概念与模型，研制出知识森林构建和推理核心技术，形成大数据知识工程理论与方法，并在国家金税工程、在线教育等领域应用。获国家科技进步二等奖 3 项，国家教学成果一等奖 1 项、二等奖 2 项，省部级一等奖 5 项，中国自动化学会科技进步特等奖。2022 年入选由《科学中国人》杂志社评选的 2022 年度科技人物“影响力科学家”。

魏强　男，中共党员，西安市公安局雁塔分局曲江派出所所长。先后牵头侦办并破获多起黑社会性质案件。在侦办某黑社会性质组织案过程中，带领专案组成员，历时 7 个多月，询问 300 余人，收集证据材料 8 万多页，最终将张某等人违法犯罪事实查清。结合曲江派出所辖区内侵财类案件多发的特点，提出“破案与追赃同步、打击与挽损并重”的工作思路。百余次上街巡查调研，研究划定治安乱点，并亲自带队巡查，强化治安检查。带头推广反诈App，通过线上媒体宣传、线下入户走访强化群众反诈意识，指导刑警队开展“断卡行动”，刑拘涉及电诈嫌疑人17人，冻结、追回涉案资金410万余元。从警20多年，先后立个人一等功1次、二等功2次、三等功5次、6次被评为优秀公务员，曾获全省“人民群众满意的政法干警”、全市“十佳政法干警”等荣誉称号，2021年被评为“平安中国建设先进个人”。2022年被人力资源和社会保障部、公安部授予“全国特级优秀人民警察”荣誉称号。

郭珊珊　女，中共党员，临潼区民政局社会救助科科长。在城镇及乡村设置民政社会救助政策直通车站点，为群众现场解答社会救助政策咨询，了解群众诉求。受邀参加陕西广播电视台农村广播《“三农”热线》节目及陕西新闻广播《乡村振兴谱新篇》栏目，为听众解读社会救助政策及临潼区民政兜底保障工作经验。在脱贫攻坚工作中，创新建立“1+2+N”兜底保障模式（围绕兜底对象“1”人不漏目标，把握最低生活保障、特困人员救助供养“2”个重点，实现分类施保、渐退帮扶、重残重病单人保、临时救助、教育资助、残疾人两项补贴、失能关爱、困境儿童保护等“N”项融合），织密织牢困难群众“六张保障网”，精准有效保障困难群众基本生活。临潼区兜底保障率为98%。临潼区民政局社会救助工作取得优异成绩。2022年被民政部评选为“全国社会救助工作先进个人”。

（李　黛）

张奋战　男，西安市莲湖区市场监督管理局重点食品市场监督管理所党支部书记、所长。他采取“典型示范、学习榜样、以点带面”的方法，督促各市场商户落实法定的责任义务，提高商户的守法经营水平。总结“案前指导、案中介入、案后把关”的三步审案法，严厉查处和打击食品安全违法行为。所管辖的重点市场所连年被评为全局执法办案先进单位，案卷被市、区评为优秀执法案卷，多起案件被作为典型案例在系统推广。2022年8月30日被中共中央、国务院表彰为全国“人民满意的公务员”。

杨震　男，1940年6月生，中共党员，西安市中医医院内科主任医师、教授。他师承名医王新午及麻瑞亭两位老先生。潜心研究相火理论，首倡“相火气机学说”，创新性提出“肝经血热”乙肝病机理论，提出“六型相火”及“治肝五论”，归纳“治肝十法”，经验方40余个，擅用黄元御气机升降学说治疗疑难杂症。从事中医工作60年，始终坚守临床一线，年门诊量万余人次。多次参与指导陕西省麻疹肺炎、出血热、非典、甲流等抗疫工作，亲临一线救治患者。带领团队完成“宣肺达郁汤治疗新冠肺炎恢复阶段的临床研究”，研发院内制剂，对新冠疫情防控起到积极作用，获批发明专利。先后获省部级、市级科技成果奖9项，发明专利3项，研发新药3项、院内制剂10项。成立“杨震全国名中医传承工作室”，创建“黄元御长安学术流派”，传承团队70余人，在全国培养一批德才兼备的省市级名中医和学科带头人。2022年3月29日被人力资源和社会保障部、国家卫生健康委、国家中医药局认定为“第四届国医大师”。

李方　男，1965年11月生，陕西合阳人，汉族，中共党员，本科学历。担任未央区司法局党组书记、局长期间，积极探索新时期做好司法行政工作的新思路、新举措，各项工作成效显著。所带领集体先后获“七五”普法中期先进集体，“未成年社区服刑人员心理、行为教育矫正”全国试点单位等多项荣誉称号。2022年6月15日被人力资源和社会保障部、司法部授予“全国司法行政系统先进工作者”称号。

杨磊　男，汉族，1971年11月出生，中共党员，西安市汉唐公证处党总支书记、主任，一级公证员。他带头创办品牌公益活动“敬老月免费遗嘱公证”，为70岁以上老年人免费办理遗嘱公证，惠及老人超2000人（次）。为弱势群体开辟绿色通道和提供上门服务，深入社区街道，举办数百场法律讲座和服务。率先建立调解与公证相衔接的“一带一路”多元化纠纷解决机制。创新服务模式，为群众提供代办产权证、查询相关资料信息等公证延伸服务，实现办理房产过户、继承遗产、房产抵押等事项一次性完成。制定《不可抗力公证办证规范》，开辟绿色通道，对该类公证事项优先办理、优先出证。2022年6月15日被人力资源和社会保障部、司法部表彰为“全国司法行政系统劳动模范”。

张旋　女，汉族，1984年11月生，大学法学学士，中共党员，西安市纪委监委第十二审查调查室四级调研员。她承办一系列重大疑难复杂案件。办理的原国土资源局局长田某严重违纪违法案、长安区赵某黑社会性质组织“保护伞”案被评为西安市纪委监委“十大精品案件”。带领专案组深蹲杂物库、翻旧卷宗，一举查清中央督导组交办的为黑恶势力团伙充当“保护伞”案。2022年8月31日被中共中央纪委机关、国家监察委员会、人力资源和社会保障部表彰为“全国纪检监察系统先进工作者”。

（省志办）

逝世人物

尹盛平　（1940.9—2022.1.19）　男，山东乳山人。原陕西历史博物馆党委书记兼副馆长、研究馆员、考古领队，陕西师范大学兼职教授、博士生导师。从事文物保护、考古发掘和博物馆管理等工作。先后主持发掘周原遗址扶风县召陈西周大型建筑基址群、扶风县刘家村姜戎墓地、武功县郑家坡先周文化遗址等考古项目。长期从事夏商周考古与先秦史、西周史的教学、研究，对于先周文化、吴太伯奔“荆蛮”等研究，具有独到见解。在《文物》《考古与文物》《人文杂志》等权威核心期刊上发表《先周文化的初步研究》《周原西周宫室制度初探》《周原西周蚌雕人头像种族探索》等论文多篇，出版《西周史征》、《周原文化与西周文明》（《早期中国文明》第3卷）、《西周微氏家族青铜器群研究》、《神权变革一千年》（《中华文明传真》商周卷）等专著。一些文章被《新华文摘》《中国社会科学文摘》全文转载或观点摘编，并先后获陕西省政府优秀社科成果奖二等奖。

张漪湲　（1942—2022.4.19）　女，陕西西安市鄠邑区人，原籍浙江温州，出生于陕西西安。国家高级工艺美术师，首届中国刺绣艺术大师，陕西省工艺美术大师。其作品注重文化内涵与地方特色的结合，注重形式美与色彩的古朴典雅，和谐统一，尤其讲究画面的均衡对称、节奏韵律，使作品更具艺术性。多次在国内外展出、获奖，并畅销10多个国家和地区，曾获“陕西省技艺优胜奖”。秦绣《汉瓦当》《秦俑》《伎乐图》《陶》等作品，受到国内外人士的喜爱，有10多幅作品被西安大唐芙蓉园“芳林苑”宾馆收藏。

孙剑　（1976.10—2022.6.14）　男，陕西西安人，人工智能领域科学家，旷视科技首席科学家、旷视研究院院长、西

安交大人工智能学院首任院长。他带领团队研发包括移动端高效卷积神经网络 ShuffleNet、开源深度学习框架天元 MegEngine、AI 生产力平台 Brain++ 等多项创新技术，提出的“深度残差网络 ResNets”解决深度神经网络训练难的世界级难题。曾获国家自然科学二等奖 1 项，拥有超过 40 项专利；2015 年带领团队获图像识别国际大赛 5 项冠军（ImageNet 分类，检测和定位，MS COCO 检测和分割）；2017 年带领旷视研究院击败谷歌、Facebook、微软等企业，获 COCO&Places 图像理解国际大赛 3 项冠军（COCO 物体检测、人体关键点，Places 物体分割）；2017—2019 年带领团队获得 MS COCO 物体检测世界比赛三连冠。

李夕岚 （1933—2022.7.17） 女，陕西渭南人。中共党员，一级演员，西安三意社著名秦腔旦角表演艺术家。从艺 70 多年，先后主演《白玉楼》《铡美案》《玉堂春》《岳母刺字》《杨门女将》《狸猫换太子》《五典坡》《火焰驹》《卧薪尝胆》《包公三勘蝴蝶梦》《罗汉钱》《白毛女》《红灯记》《红珊瑚》《社长的女儿》《夺印》《母女俩》《沙家浜》《杜鹃山》等百余本（折）古典戏和现代戏。曾被评为陕西省社会主义建设积极分子、陕西省劳动模范和全国“三八红旗手”。1956 年参加陕西省第一届戏剧观摩演出，获演员一等奖；1960 年参加陕西省青年演员会演，获演员奖。

石兴邦 （1923.12.17—2022.10.21） 男，出生于陕西耀县（今铜川市耀州区）。他先后工作于中国科学院考古研究所、陕西省社科院、陕西省考古研究所，是陕西考古事业的重要奠基人之一。曾任第七届全国人大代表。在中国科学院考古研究所工作期间，主要负责西安半坡遗址发掘、长江流域考古调查发掘、关中地区考古调查、长江三峡地区的考古和勘察、下川旧石器文化遗址发掘、陕西临潼白家村仰韶文化遗址发掘等多项工作，还参加《中国史稿（第一卷）》和《中国大百科全书·考古卷》的编写工作。在陕西省考古所任副所长、所长期间，负责重点发掘秦咸阳、凤翔和周原等周秦遗址和李家村、下孟村等原始文化遗存，建立铜川耀州窑、汉阴、绥德等数十个工作站，开展秦俑一号坑的发掘研究、秦陵的勘探研究等工作，完善了陕西省的考古体制，培养出一大批高级研究人员。考古方面主要论著有《西安半坡——氏族部落文化聚落的发掘研究》《半坡氏族公社》《临潼白家村》等专著，主编和参与编纂《中国原始文化论集》等 10 多部（册）。发表《中国新石器时代文化体系及有关问题》等有影响的论文 10 多篇。其学术成就被收入《中国大百科全书》《世界名人录》以及由中国社会科学院编辑出版的《世纪学人百年影像》（社科界院士级学人影集）等典籍中。入选首届“陕西省社科名家”，获“中国第二届考古学大会终身成就奖”，享受国务院特殊津贴。

陆树铭 （1956.8.15—2022.11.1） 男，出生于山东省青岛市，祖籍山东烟台，中国影视男演员。1966 年举家搬迁到陕西，1980 年考入西安话剧院。1988 年，在西安话剧院创作的话剧《苍凉青春》中饰演“二万子”。1989 年，与巩俐、张艺谋等合作出演古装奇幻爱情电影《古今大战秦俑情》，他在片中出演“秦始皇”；同年，在西安话剧院创作的话剧《大潮中的漩涡》中饰演“李板正”。1994 年，在古装剧《三国演义》饰演“关羽”。1995 年，在奇幻古装喜剧片《大话西游之大圣娶亲》中饰演牛魔王。

郝克强 （1929—2022.11.21） 男，祖籍陕西西安，中共党员。1948 年 8 月参加工作，曾任人民体育出版社期刊编辑部主任、《中国体育报》工作组组长、《中国体育报》《新体育》杂志负责人、《新体育》杂志社总编辑。在担任《新体育》杂志社负责人期间，对围棋事业大力支持。1979 年，《新体育》创办“新体育杯”围棋赛，是中国围棋史上第一次由社会赞助方式举办的围棋比赛。1984 年，《新体育》与中国围棋协会、日本棋院联合发起主办 NEC 中日围棋擂台赛，这一著名赛事对中国围棋的崛起和发展影响深远。1985 年，《新体育》与中国围棋协会一起创办《围棋天地》杂志。著有《体坛杂话 50 年》，是其 50 多年发表于各报刊的文章精选，真实记录国家体育事业发展道路上的精彩片段。

刘树棠 （1937.9—2022.12.20） 男，安徽歙县人，中共党员。信息与通信工程专家，西安交大电子与信息学部信息与通信工程学院退休教授，交大西迁老教授。1954 年考入交通大学电力工程系工业企业电气化专业，1958 年随校西迁，并于当年毕业留校。先后在西安交大计算机专业、无线电教研室任教。长期致力于计算机、无线电、网络、信号与系统等方面的科研和教学，开展电子模拟计算机与数字计算机、小型化雷达接收机、飞行器控制系统、单边带通信设备等方面的研制工作。组织、推动西安交大信息领域相关专业“信号与系统”课程的改革与发展。主笔翻译麻省理工学院奥本海姆等所著的《信号与系统》《离散时间信号处理》等教材，一生主笔或作为主要译者翻译图书 20 余本。

万恒麟 （1932.1.2—2022.12.25） 男，江苏吴中人，中共党员。西安交大第二附属医院原泌尿外科主任、主任医师、教授。20 世纪 60 年代，带头建立西安交大第二附属医院泌尿外科，为西北最早的泌尿外科专科之一。1984 年，在西北地区率先开展下尿路腔镜治疗前列腺增生症和膀胱肿瘤。曾任中华医学会泌尿外科分会第二、三、四、五届全国委员，陕西省医学会泌尿外科分会第四届主任委员，陕西抗癌协会常委，陕西省保健局专家小组成员，为《中华泌尿外科杂志》《临床泌尿外科杂志》《陕西医学杂志》及《西安医科大学学报》［今《西安交通大学学报（医学版）》］等编委。

陈国夫 （1940.10—2022.12.25） 男，出生于广东省。1968 年毕业于北京大学。曾任中国科学院西安光学精密机械研究所研究员，瞬态光学技术国家重点实验室（后更名为瞬态光学与光子技术国家

重点实验室）主任。主要从事超短脉冲产生与快速诊断理论与技术研究。参与研制国家第一台变像管扫描相机，为皮秒时间分辨扫描变像管的动态特性测试技术研究作出贡献。系飞秒光学技术研究的主要开拓者之一，为国家飞秒激光技术的发展做出系统的创新性贡献，先后研制成功8种超短脉冲激光器和相关测试系统，推动国家瞬态光学技术研究跻身国际先进行列。20世纪80年代在英国进修期间，其研制成功的锁模染料激光器产生19飞秒的光脉冲，居国际领先水平，并获英国女王接见。

邱关源（1923.6.11—2022.12.29） 男，出生于上海。1947年毕业于西北工学院电机系，先后任教于西北工学院、西安动力学院、西安交大电气工程学院。为西安交大电工电子教学实验中心教授、博士生导师。长期从事电路理论的教学和科研工作，先后编著《电工基础上册》（1965年）、《电路（电工原理）》（1978年）、《网络图论简介》（1978年）、《电路（修订本）上下册》（1982年）、《电路（第三版）上下册》（1989、1990年）、《电路（第四版）》（1999年）等教材，在国内外发表学术论文和教学研究论文近百篇。主编的《电路》系列教材广受好评，在全国700余所高校使用，主编的《电路（修订本）》1988年获“全国高等学校优秀教材优秀奖”。2021年，邱关源原著、罗先觉修订的《电路（第五版）》获首届全国教材建设奖优秀教材一等奖。（李　鸴）

最美退役军人

郝铎　男，汉族，1986年出生，2004年入伍，2006年退役，中铁一局集团新运工程有限公司铺架队队长。他先后参加10余条高铁建设，带领团队高质量完成10830余孔，连起来长达346.56公里的“900吨箱梁”架设任务。探索出“郝氏作业法”，使箱梁架设效率提高三分之一，先后5次创造和刷新全国高铁铺架施工纪录。创新的9项成果得到推广运用，累计为企业节省成本和创造效益2500余万元，实现公司高铁铺架连续14年设备运转“零缺陷”、安全质量“零隐患”、生产组织“零违章”。2022年被评为“全国最美退役军人”。

王魁元　男，汉族，1969年1月出生，1986年入伍，1990年退役，西北工业大学第365研究所飞机装配车间主任。他主持完成10余种型号的产品制造与生产任务，设计和改进多型生产用工装，先后取得30多项技术革新成果，为企业节约高额成本，提高产品批产效率，有效保证产品质量和系统可靠性，并多次阅兵保障任务，为企业、学校和国防建设做出突出贡献。2022年被评为“陕西最美退役军人”。

张家赫　男，汉族，1985年4月出生，2002年入伍，2004年退役，陕西省企业家协会办公室副主任。曾协助警方勇制歹徒身受重伤，经4个小时抢救才最终脱离生命危险。在疫情防控期间主动联系省内外多家企业，多次自费购买医用口罩捐赠给防控一线单位。在向困难住户及孤寡老人捐赠并搬运爱心蔬菜的过程中，受伤导致右脚第五跖骨基底骨折，植入2枚钢钉，直到受伤当天已在一线以志愿者身份连续奋战28天。2022年被评为“陕西最美退役军人”。

杨强　男，汉族，1966年5月生，1983年入伍，1987年退役，陕西天驹投资集团董事长。作为一名参加过对越自卫反击战且多次荣立战功的退役军人，他在企业积极开展扶贫帮困、捐资助学、困难救助、精准扶贫、志愿者服务等工作，招聘下岗职工安置再就业，安置转业、退伍军人和少数民族贫困同胞，设立“爱心基金会”，成立“爱心帮扶小组”，帮助企业员工和社会弱势群体渡过难关，用实际行动积极回报社会和人民。2022年被评为“陕西最美退役军人”。

杨鹏　男，汉族，1982年11月生，2001年入伍，2006年退役，西安曲江大明宫国家遗址公园管理有限公司安全管理中心副经理。他志愿帮扶独居老人，志愿增援抗疫一线。经过军地多岗位磨炼，曾被称为“西安最帅交警”，投身文旅事业和志愿服务，通过自己的努力，助力讲述西安故事、陕西故事。用业余时间学习创作，在端午传统节日期间绘制“金吾卫龙舟庆端午”漫画，打造金吾卫喵动漫IP，收获良好反响。2022年被评为“陕西最美退役军人”。

王澎涛　男，汉族，1978年6月生，1997年入伍，2005年退役，西安航空职业技术学院士官学院副院长兼副政委、党支部书记。他积极参与军事课骨干教师培训，创新“思政立德、荣誉评价”的士官育人新模式。争先创优参加社会实践，赴初、高中开展国防教育并承担军训任务，受训学生2.2万人（次）。在军地共建资源、共享联合育人、军民融合联教联学联训等方面与相关指导学校和同类院校士官学院进行沟通交流，经验互享，共培养高素质空军、陆军定向士官生2300余人。2022年被评为“陕西最美退役军人”。

戚燕杰　男，汉族，1964年4月生，1982年入伍，2003年退役。他是首个在国际航空科学大会ICAS上发表论文的中国空军军官，事迹被载入空工史册，因公负伤致残后，继续努力学习深造，2004年被西安交大破格聘为副教授，2007年获博士学位。发表的《寿命无极限：飞机寿命管理的新概念》系列论文，成为国际航空业界的经典，提出的数学模型“海豚曲线”获国家发明专利并被中国航空博物馆鉴定为历史文物永久收藏。连续献血20年，获“全国无偿献血奉献奖金奖”，中国邮政印制戚燕杰博士抗疫献血套装纪念邮票，中国邮政邮票博物馆作为历史文物永久收藏这套邮票。2022年被评为“陕西最美退役军人”。

（省志办）

表85　2022年西安市退役军人立功受奖（二等功以上）一览表

序号	姓　名	性　别	单　位	立功受奖
1	拜清鱼	男	西安市军队离休退休干部管理服务中心	一等功、二等功
2	张景亭	男	西安市军队离休退休干部管理服务中心	一等功、二等功
3	肖　虹	女	西安市军队离休退休干部管理服务中心	一等功、二等功
4	牛先民	男	西安市杨家村第二军队离休退休干部休养所	一等功（越战战功）

续表 85

序号	姓　名	性　别	单　位	立功受奖
5	刘　鹏	男	西安市二府庄军队离休退休干部休养所	一等功
6	刘渭强	男	西安市二府庄军队离休退休干部休养所	一等功
7	朱兆飞	男	西安市二府庄军队离休退休干部休养所	一等功
8	党小军	男	西安市二府庄军队离休退休干部休养所	一等功
9	曾正中	男	西安市纺织城军队离休退休干部休养所	二等功、国家科技进步二等奖、军队科技进步二等奖
10	赵爱飞	男	西安市军队离休退休干部管理服务中心	四总部荣誉称号、二等功
11	赵荣斌	男	西安市鄠邑区军队离退休干部休养所	中国人民解放军胜利功勋荣誉章
12	牛相成	男	西安市二府庄军队离休退休干部休养所	“抢险灭火战斗英雄”荣誉称号
13	李满庄	男	西安市纺织城军队离休退休干部休养所	二炮优秀装备机关干部、全军“十一五”装备工作先进个人
14	刘景双	男	西安市纺织城军队离休退休干部休养所	空军拥政爱民先进个人、甘肃省“双拥”工作先进个人
15	谢殿武	男	西安市杨家村军队离休退休干部休养所	二等功
16	田进庄	男	西安市杨家村军队离休退休干部休养所	二等功
17	魏宏斌	男	西安市杨家村第二军队离休退休干部休养所	二等功
18	朱军强	男	西安市杨家村第三军队离休退休干部休养所	二等功
19	赵　烨	男	西安市杨家村第三军队离休退休干部休养所	二等功
20	冯俊贤	男	西安市杨家村第三军队离休退休干部休养所	二等功
21	樊维良	男	西安市杨家村第三军队离休退休干部休养所	二等功
22	刘　钧	男	西安市西影路军队离休退休干部休养所	二等功
23	刘一栋	男	西安市西影路军队离休退休干部休养所	二等功
24	田栋英	男	西安市西影路军队离休退休干部休养所	二等功
25	王晓林	男	西安市西影路军队离休退休干部休养所	二等功
26	易志荣	男	西安市西影路军队离休退休干部休养所	二等功
27	吴继恩	男	西安市观音庙军队离休退休干部休养所	二等功
28	张金誉	男	西安市观音庙军队离休退休干部休养所	二等功
29	付本万	男	西安市观音庙军队离休退休干部休养所	二等功
30	叶朝辉	男	西安市观音庙军队离休退休干部休养所	二等功
31	张广世	男	西安市观音庙军队离休退休干部休养所	二等功
32	张进虎	男	西安市观音庙军队离休退休干部休养所	二等功
33	李　华	男	西安市观音庙军队离休退休干部休养所	二等功
34	段智成	男	西安市观音庙军队离休退休干部休养所	二等功
35	葛克宏	男	西安市观音庙军队离休退休干部休养所	二等功
36	高　宁	男	西安市龙首村军队离休退休干部休养所	二等功
37	刘　勇	男	西安市龙首村军队离休退休干部休养所	二等功
38	武中伟	男	西安市龙首村军队离休退休干部休养所	二等功
39	杨中全	男	西安市龙首村军队离休退休干部休养所	二等功
40	张学礼	男	西安市龙首村军队离休退休干部休养所	二等功
41	娄继锋	男	西安市龙首村军队离休退休干部休养所	二等功
42	程忠鹏	男	西安市二府庄军队离休退休干部休养所	二等功
43	焦育忠	男	西安市二府庄军队离休退休干部休养所	二等功
44	高育兵	男	西安市二府庄军队离休退休干部休养所	二等功
45	尉进有	男	西安市二府庄军队离休退休干部休养所	二等功
46	薛汉成	男	西安市二府庄军队离休退休干部休养所	二等功
47	靳多琳	男	西安市昆明路军队离休退休干部休养所	二等功
48	焦德毅	男	西安市昆明路军队离休退休干部休养所	二等功

续表 85

序号	姓 名	性 别	单 位	立功受奖
49	仲伟林	男	西安市昆明路军队离休退休干部休养所	二等功
50	丁 一	男	西安市昆明路军队离休退休干部休养所	二等功
51	刘 震	男	西安市昆明路军队离休退休干部休养所	二等功
52	周发猛	男	西安市昆明路军队离休退休干部休养所	二等功
53	侯忠明	男	西安市胡家庙军队离休退休干部休养所	二等功
54	马献怀	男	西安市胡家庙军队离休退休干部休养所	二等功
55	秦 刚	男	西安市胡家庙军队离休退休干部休养所	二等功
56	沈 承	男	西安市胡家庙军队离休退休干部休养所	二等功
57	王伯良	男	西安市胡家庙军队离休退休干部休养所	二等功
58	赵永平	男	西安市胡家庙军队离休退休干部休养所	二等功
59	曹海潮	男	西安市胡家庙军队离休退休干部休养所	二等功
60	孙则义	男	西安市纺织城军队离休退休干部休养所	二等功
61	董维东	男	西安市纺织城军队离休退休干部休养所	二等功
62	杜远进	男	西安市纺织城军队离休退休干部休养所	二等功
63	庞 平	男	西安市小雁塔军队离休退休干部休养所	二等功
64	范 斌	男	西安市小雁塔军队离休退休干部休养所	二等功
65	杨定友	男	西安市小雁塔军队离休退休干部休养所	二等功
66	闫永强	男	西安市军队离休退休干部管理服务中心	二等功
67	崔文剑	男	西安市军队离休退休干部管理服务中心	二等功
68	胡 文	男	西安市军队离休退休干部管理服务中心	二等功
69	吕再建	男	西安市军队离休退休干部管理服务中心	二等功
70	张安鹏	男	西安市军队离休退休干部管理服务中心	二等功
71	秦家山	男	西安市军队离休退休干部管理服务中心	二等功
72	肖 奕	男	西安市军队离休退休干部管理服务中心	二等功
73	陆 平	男	西安市军队离休退休干部管理服务中心	二等功
74	黄建生	男	西安市军队离休退休干部管理服务中心	二等功
75	谷星林	男	西安市军队离休退休干部管理服务中心	二等功
76	闫永健	男	西安市军队离休退休干部管理服务中心	二等功
77	刘永凯	男	西安市军队离休退休干部管理服务中心	二等功
78	蔡建奎	男	西安市鄠邑区军队离退休干部休养所	二等功
79	石根泉	男	西安市鄠邑区军队离退休干部休养所	二等功
80	王跃文	男	西安市长安区军队离退休干部休养所	二等功
81	史超鹏	男	——	二等功
82	杨驰闪	男	西安市发展和改革委员会	二等功

（杨建季）

集体荣誉

【中国航天科技集团有限公司第四研究院四十一所长征系列运载火箭固体大推力发动机研制团队】 团队共有成员18人，35岁以下青年占比67%。自2010年成立以后，实现固体火箭发动机直径从2米到3.5米，推力从120吨到500吨跃升。通过多项设计、工艺、过程控制方法保证药柱性能一致性，实现对称发动机工作时间的误差小于1.5秒。瞄准世界航天发展前沿和国家运载火箭对于大推力高性能固体发动机的需求，相继攻克并掌握大型发动机壳体分段对接等一系列关键核心技术，推动长征系列首型固体运载火箭CZ-11、首型固液捆绑运载火箭“长征六号”改等型号立项研制，研制成功“世界上具备工程使用能力的推力最大的先进整体式固体发动机”，提升大型固体火箭发动机的技术水平和快速进入空间能力。累计获得授权发明专利52项、发表学术论文百余篇，获国防科技进步奖、军队科技进步奖等科技类奖项10余项。2022年被授予第26届“中国青年‘五四’奖章（集体）”

【西安广播电视台融媒体中心《每日聚焦》栏目组】 《每日聚焦》栏目组通过新闻舆论监督，曝光政府工作推进中出现的各种问题，形成新闻报道与市政府工作同步推进、新闻媒体与督查督办相互联动的新模式。2022年，该栏目组被授予“全国工人先锋号”。

（省志办）

重要文献

在市委十四届四次全会第一次会议上的讲话

中共陕西省委常委、西安市委书记　方红卫

（2022 年 12 月 27 日）

今年是党和国家历史上极为重要的一年，也是西安很不寻常、很不平凡的一年。一年来，市委常委会坚持以习近平新时代中国特色社会主义思想为指导，认真学习宣传贯彻党的二十大精神，贯通落实习近平总书记来陕考察重要讲话重要指示精神，坚决落实党中央决策部署和省委工作要求，完整、准确、全面贯彻新发展理念，团结带领干部群众全面加快国家中心城市建设步伐，高质量发展取得新成效，千年古都加速裂变释能、发轫远航。

——我们聚焦工作主线，把迎接党的二十大召开、学习宣传贯彻党的二十大精神贯穿始终。围绕迎接党的二十大，精心谋划主题宣传，周密部署各项工作，营造了平稳健康的经济环境、国泰民安的社会环境、风清气正的政治环境。把学习宣传贯彻党的二十大精神作为首要政治任务，市委常委会第一时间传达学习，精心组织新闻宣传，市委常委带头集中宣讲，面向全体党员干部开展多形式、分层次、全覆盖的全员培训，推动党的二十大精神家喻户晓、深入人心。坚持学思用贯通、知信行统一，把党的二十大精神和习近平总书记来陕考察重要讲话重要指示精神一体贯彻落实，进一步完善市第十四次党代会部署的任务举措，积极研究推进中国式现代化西安实践的基本特征和实践路径，以实际行动坚定捍卫“两个确立”、坚决做到“两个维护”。

——我们抓实三件大事，高效统筹疫情要防住、经济要稳住、发展要安全。面对多轮疫情冲击，我们坚持“人民至上、生命至上”，坚决打赢疫情防控遭遇战阻击战歼灭战，因时因势优化防控措施，不断提高疫情防控科学性精准性，部分经验做法在全国转发推广，最大程度保护了人民生命安全和身体健康，最大限度减少了疫情对经济社会发展的影响。从年初到岁末，在与病毒斗争的过程中，社会各界倾力支持，市民群众包容配合，一线人员无私奉献，党员干部担当作为，大家越来越自信、越来越从容，汇聚起了守望相助、共克时艰的磅礴力量，彰显了万众一心、众志成城的精神意志，极大提升了千年古都的精气神。面对超预期影响和经济下行压力，我们实施 37 条稳定经济增长一揽子政策和接续措施，1—11 月，累计减税降费 520.2 亿元，新登记各类市场主体 39.4 万户，累计登记 286 万户，经济加快恢复向好。面对内外风险挑战，我们紧盯重要节点、重点领域、重点人员加强安全监管，动态开展风险隐患整治，有力维护了社会大局安全和谐稳定。

——我们紧盯主要矛盾，以九个方面重点工作率先突破带动整体工作跃升。召开市第十四次党代会，科学谋划了未来 5 年“六个打造”奋斗目标，实施了九个方面重点工作，打出了产业带动、创新驱动、开放牵动、项目拉动、政策联动的组合拳，推动经济社会发展质量整体跃升，预计全年生产总值增长 4.5% 左右，规上工业增加值增长 13% 左右，固定资产投资增长 11% 左右，一般公共预算收入（扣除留抵退税因素后）增长 8.6% 左右。

一、聚力壮大支柱产业，产业强市支撑更加坚实

市委常委会坚持产业强市不动摇，突出抓好支柱产业壮大和产业链水平提升，着力增强产业核心竞争力。

一是六大支柱产业发展迈出大步。深入实施产值倍增计划，1—11 月，规模以上支柱产业增长 27.1%，航空产业集群入选全国先进制造业决赛优胜集群。前三季度，规模以上高技术制造业和战略性新兴产业分别增长 26.1% 和 36.6%。1—11 月，工业投资增长 23.8%。先进制造业百强市排名跃升 8 位、位居全国第 12 名。

二是重点产业链优化提升。聚焦 19 条重点产业链，开展延链补链强链行动，截至 11 月底，新增省级以上制造业单项冠军企业 27 户、专精特新“小巨人”企业 39 户、规模以上工业企业 179 户，新增产值过百亿工业企业 3 家、总数达到 13 家，比亚迪汽车、三星电子 2 家产业链龙头企业产值首破千亿，新能源汽车产量增长 2.8 倍、占全国份额 13.8%，集成电路晶圆、单晶组件全球市场占有率排名第 1。

三是重大项目高质量推进。开展“高质量项目建设推进年”活动，坚持“一月一调度、一季一观摩”，截至 11 月底，594 个市级重点在建项目累计完成投资 5356.4 亿元，达到年度计划的 106.9%，其中 225 个先进制造业及研发平台项目完成投资 1220.9 亿元，达到年度计划的 105.6%，三星环新扩能、华天 5G 封装、华为物联网中心等 52 个市级重点产业项目建成或投产。

四是招商引资成效显著。坚持投行思维、链式思维、闭环思维精准招商，深入推进“遇见新西安”“老朋友、新合作”系列招商活动，1—11 月，实际引进内资、利用外资分别增长 28.2%、17.7%，新签约产业类合同项目 501 个、总投资 5863.28 亿元，比亚迪增产扩能、中兴智能终端研发生产、奕斯伟硅产业基地二期等产业项目落地建设。

二、全力推动秦创原做强成势，创新驱动牵引力显著增强

市委常委会坚持创新立市、人才强市，以秦创原创新驱动平台建设为牵引，加快塑造发展新动能新优势。

一是创新生态体系加快完善。加速推进秦创原建设，构建“1+N”政策体系，大力推广西工大“三项改革”和“一院一所”模式，入选首批国家知识产权强市建设示范城市，设立创投、产业2支百亿基金，组建50亿元国资综改基金，预计撬动创新领域项目总投资近2000亿元，1—11月，推进科技成果就地转化项目536个，技术合同成交额达到2350.2亿元、同比增长26.9%，新增上市企业11家，其中科技型企业10家。

二是创新主体持续壮大。强化企业创新主体地位，深入实施创新型企业倍增计划，截至11月底，科技型中小企业突破11000家，预计全年净增国家高新技术企业2000家、总数超过9700家。新增国家重点实验室6个，新获批国家、省级企业技术中心24家，国家超算西安中心一期建成投用，空天动力未来产业科技园成为全国首批建设试点。启动创建国家先进技术创新示范基地。

三是人才磁场效应不断强化。召开市委人才工作会议，全方位提升“引育留用”成效，加快推进“3+N”国家人才集聚平台建设，深入实施“西安英才计划”，组建西安人才集团，建设人才综合服务港、高端人才服务基地（院士驿站）、青年人才驿站等，设立“人才发展基金”，累计引进培育国内外顶尖人才、国家级领军人才及地方级领军人才1100名。

三、深化改革开放增势能，发展活力有效激发

市委常委会坚持借力开放赋能，推进更深层次改革、更高水平开放，加快培育国际合作和竞争新优势。

一是改革攻坚纵深推进。优化提升开发区运行机制，社会事务剥离取得阶段性成效。持续深化“放管服”改革，营商环境28项改革经验在全国复制推广。全面完成国资国企改革3年行动任务，实施西安区域性国资国企综合改革试验，组建农投集团等3家市级平台公司，合并组建陕西轨道交通集团。推进10项“小切口”微改革、10项基层改革重点示范项目，深受市民和市场主体欢迎。

二是开放平台扩能增效。加快西安国际航空枢纽、国家级临空经济示范区建设，优化中欧班列（西安）集结中心功能，在全国率先落地实施陆路启运港退税试点政策，新开通跨黑海、里海线路和中老、中越铁路班列，亚欧陆海贸易大通道与西部陆海新通道在西安实现集结交汇，1—11月中欧班列“长安号”开行4198列、增长19.3%，核心指标稳居全国前列。推动对外交流合作，丝博会、欧亚经济论坛影响力持续提升，“一带一路”国际商事法律服务示范区建设加快推进。

三是对外贸易提质增量。高质量建设跨境电商综试区、国家加工贸易产业园等，大力开展贸易促进专项活动，1—11月，全市进出口总值4072.3亿元、增长1.2%，其中出口总额2551.3亿元、增长17.8%。持续优化外贸结构，1—11月，一般贸易和对“一带一路”共建国家进出口分别增长35.4%、38.6%。

四、统筹推进规划建设服务，城市能级品质持续提升

市委常委会坚持高水平规划引领，完善城市基础配套，推进城市有机更新，加快转变特大城市发展方式。

一是城市空间布局进一步优化。“三区三线”划定成果获批实施，用地空间矛盾有力破解。国土空间总体规划编制初步完成，分区规划、详细规划、村镇规划、专项规划编制加速推进。深入实施“南控、北跨、西融、东拓、中优”空间发展战略，城市发展空间不断拓展。

二是城市综合承载功能不断增强。机场三期、西安东站、地铁三期、西延高铁等进展顺利，蓝田通用机场建成，西户铁路客运专列、西安—杨凌市域列车开通运营，外环高速全线建成通车，地铁6号线二期开通试运营。强力推进电网攻坚，建成投运变电站26座、新增供电能力200万千瓦。启动城市更新片区项目8个，开工老旧小区改造项目85个、惠及群众10326户。

三是区域协同发展迈出新步伐。《关中平原城市群“十四五”实施方案》《西安都市圈发展规划》获批实施。深入推进西安—咸阳一体化进程，中心城区与西咸新区17条互联互通道路工程加快建设，地铁16号线一期空载试运行。有效理顺富阎新区体制机制，推进落实西安至渭南城市轨道、富阎产业合作等12个重点事项，西渭融合发展取得新进展。

五、全面加强宣传思想文化工作，古都魅力更好彰显

市委常委会扎实加强文化建设，加大文物保护力度，推动文化旅游深度融合发展，更好传承中华文明和历史文脉。

一是意识形态工作有序有力。加强党的创新理论最新成果宣传阐释，持续推动习近平新时代中国特色社会主义思想入脑入心。落实意识形态工作责任制，加强阵地建设管理，强化网上正面宣传，建成新时代文明实践中心（所、站）3167个，为高质量发展营造了良好舆论氛围。

二是社会主义核心价值观深入践行。推进社会主义核心价值观项目建设年，深入实施公民道德建设工程，组织道德模范推选发布活动，入选“中国好人”4人、“陕西好人”10人。深化文明城市创建，广泛开展“西安因你而美”主题文明实践活动，群众性精神文明创建活动不断走深走实。

三是文化遗产保护水平进一步提高。坚持保护优先，省部共建汉长安城国家大遗址保护特区深入推进，加快提升秦始皇陵、汉阳陵、大明宫等考古遗址公园保护展示水平，西安霸陵入选“年度全国十大考古新发现”，中国国家版本馆西安分馆落成开馆。强化红色引领，实施八路军西安办事处旧址等红色遗址保护工程，推进西安事变纪念馆等基本陈列提升改造，红色基因得到更好传承。

四是文旅融合发展亮点纷呈。繁荣发展文化事业和文化产业，组建西安市艺术研究院，举办第九届中国秦腔艺术节，话剧《路遥》、电影《柳青》等6部作品获“五个一工程”奖。积极创建国家文化和旅游消费试点城市，加快推进小雁塔历史文化片区等重大文旅项目，“长安十二时辰＋大唐不夜城”唐文化全景展示实践入选全国文化和旅游最佳创新成果，北院门、易俗社文化街区获评国家级夜间文旅消费聚集区。

六、厚植美丽西安生态底色，环境质量稳步改善

市委常委会牢固树立和践行绿水青山就是金山银山的理念，坚决当好秦岭生态卫士，深入打好蓝天、碧水、净土保卫战，努力让山更绿、水更清、天更蓝。

一是秦岭生态环境保护能力明显提高。保持“五乱”整治高压态势，完成48条峪口峪道治理，矿山生态修复稳步推进，小水电站整治成效显著。启动实施秦岭北麓主体山水林田湖草沙一体化保护和修复工程，全面推行林长制，积极参与秦岭国家公园、大熊猫国家公园建设。加强水源地保护，启动编制《西安水网建设规划》，加快谋划建设金井、车村等重点水库，全力留住秦岭来水。持续优化数字秦岭综合监管平台，初步构成“空天地网”一体化监管体系。出台秦岭生态环境保护《转移支付办法》《综合性补偿办法》，探索形成生态补偿机制“秦岭模式”。

二是环境污染防治坚决有力。大气污染管控能力不断提升，露天焚烧、工地及道路扬尘监管“西安模式”初步形成。深化河湖水系综合治理，深入推进农村黑臭水体整治，新建成污水、污泥处置设施10座，6个国考断面水质全部达标。强化土壤污染源综合防控，土壤环境质量保持稳定。皂河入选中央环保督察整改成效典型案例。

三是发展方式加快绿色转型。积极实施碳达峰碳中和西安行动，西咸新区入选国家首批气候投融资试点。加快城市增绿工作，全市新增城市绿地面积509万平方米，建成开放仪祉湖

等4座城市公园，新建提升口袋公园和绿地广场110个。深入开展城市清洁行动，扎实推进垃圾分类，加快建设“无废城市”。

七、切实加强保障和改善民生，人民生活品质不断提高

市委常委会深入贯彻以人民为中心的发展思想，用心用情用力办好民生实事，努力让人民群众有更多获得感、幸福感、安全感。

*一是优先稳就业促增收。*突出高校毕业生、农民工等重点，通过市场化、社会化办法增岗拓岗，组织各类公共招聘近400场、提供就业岗位近90万个，零就业家庭保持动态清零。截至11月底，全市城镇新增就业16.4万人、增长8.0%。前三季度，城镇和农村居民人均可支配收入分别增长3.1%和4.1%。

*二是推动公共服务优质均衡发展。*统筹发展各级各类教育，扎实推进义务教育“双减”，完成38所学校“民转公”、惠及学生13.86万人，新建、改扩建中小学及幼儿园116所，新增学位10.5万个。加快建设健康西安，大力推进公立医院高质量发展，13所三级医院项目建设进展顺利，市第一医院迁建项目建成投用，完成市疾控中心新址建设，新建、改扩建基层医疗卫生机构240个，建立紧密型县域医共体14个。优化全龄化全生命周期服务供给，完善生育支持政策体系，养老服务工作获国务院通报表彰。坚持党建引领，做优、做全网格，强化科技赋能，提升社区管理智慧化水平，基层基础有效夯实。

*三是兜牢民生保障底线。*加强社会救助帮扶，建成运行社会综合救助服务平台，累计保障低保、特困对象10.23万人，临时救助5.6万人（次），发放资金10.16亿元。坚决落实“保交楼、保民生、保稳定”要求，成立工作专班，扎实开展专项借款资金管理、审计问题整改等工作，98个“保交楼”项目平稳有序推进，今年交付房屋48158套。坚持“房住不炒”定位，大力发展保障性租赁住房，共筹建11.23万套，位列全国9个激励支持城市之一。

*四是城乡融合发展更趋协调。*推动巩固拓展脱贫攻坚成果同乡村振兴有效衔接，未出现返贫致贫现象。实行最严格的耕地保护制度，粮食生产实现“十九连丰”。大力提升都市型现代农业产业核心竞争力，市级以上农业产业化龙头企业达到180家，成功创建全国农产品全程质量控制试点城市。实施新一轮农村人居环境整治提升行动，建成美丽村庄76个。

八、扎实推进全过程人民民主，团结奋斗良好局面巩固发展

市委常委会坚持发扬人民民主、推进依法治市，扩大人民有序政治参与，巩固和发展安定团结的政治局面。

*一是支持和保证人大及其常委会依法履职。*充分发挥人大在立法中的主导作用，全年共修订地方性法规2部、废止1部，专项清理地方性法规8部。持续开展秦岭生态保护执法检查，围绕乡村振兴、项目建设、“双减”政策落实等加大视察力度，监督质效明显提升。顺利完成市、区（县）、乡镇人大换届选举工作。

*二是加强和改进政协工作。*充分发挥人民政协专门协商机构作用，围绕秦创原建设、支柱产业壮大等开展专题协商、月度协商、对口协商。围绕秦岭生态环境保护、推动“两链”融合、健全多层次社会保障体系等开展专项监督，提案立案650件、已全部办结。召开市政府和市政协联席会议、开展“委员眼中的新西安”系列宣传活动，充分汇聚奋斗合力。

*三是加强统一战线工作。*着力完善大统战工作格局，完成民主党派和工商联换届工作，与时俱进推动港澳、对台、侨务、外事等工作。召开市委民族工作会议暨全市宗教工作会议，开展铸牢中华民族共同体意识系列教育活动，指导宗教界开展“爱党爱国爱社会主义”主题教育活动，积极促进民族宗教领域安定团结。

*四是扎实推进法治建设。*全面推进依法治市工作，在全省率先建立政府法律顾问列席政府常务会制度，行政复议调处工作受到国务院督导组肯定。深化司法体制配套改革，严格落实防止干预司法“三个规定”，巩固深化政法队伍教育整顿成果，执法司法质效和公信力进一步提升。深入开展“八五”普法，全社会尊法学法守法用法氛围更加浓厚。

同时，加强对工会、共青团、妇联等人民团体的领导，群团组织作用得到更好发挥。支持驻地解放军和武警部队建设，保障退役军人合法权益，军政军民团结大好局面进一步巩固发展。

九、坚定贯彻总体国家安全观，社会大局保持和谐稳定

市委常委会统筹发展和安全，保持“时时放心不下”的责任感，严密防范和有效化解重点领域风险隐患。

*一是政治安全底线全面筑牢。*坚持把维护政治安全摆在首位，深入推进“四大工程”和政治安全专项行动，严密防范敌对势力渗透破坏，扎实开展严打暴恐专项行动，有效防范经济社会领域风险向政治领域传播。

*二是经济金融领域风险有效化解。*深入推进政府隐性债务风险化解和融资平台存量债务处置，全市隐性债务规模呈现下降趋势。坚决落实“保交楼、稳民生”要求，防范化解房地产领域风险，严厉打击非法金融活动，守牢不发生系统性风险底线。

*三是平安西安建设迈向更高水平。*开展安全生产“百日行动”，突出抓好消防、燃气、防汛、危化品、自建房、道路交通等排查整治，截至11月底，全市生产安全事故起数和死亡人数同比分别下降33.89%和32.93%。切实保障粮食安全，入选新一轮“国家食品安全示范城市”。市域社会治理现代化试点不断深化，常态化开展扫黑除恶斗争，严厉打击整治养老诈骗，特别是党的二十大召开前，全市政法系统着力清存量、控增量、解矛盾，安保维稳工作圆满完成，首次实现进京零非访、社会面零清理、重点人员零失控，社会大局总体稳定。

十、纵深推进全面从严治党，风清气正的政治生态进一步巩固

市委常委会坚决扛起管党治党政治责任，认真贯彻落实新时代党的建设总要求，以高质量党建引领高质量发展。

*一是政治建设全面加强。*持续加强习近平新时代中国特色社会主义思想学习宣传教育，贯通落实习近平总书记来陕考察重要讲话重要指示精神，完善贯彻落实习近平总书记重要指示批示工作机制，始终确保各项工作正确政治方向。常态化长效化推进党史学习教育，坚持用延安精神滋养初心、淬炼灵魂。加强政治巡察，高质量完成十四届市委首轮巡察。

*二是党组织政治功能和组织功能不断增强。*持续提升“民有所呼、我有所行”党建品牌影响力，创新开展“万千行动”，4000余名干部人才奔赴一线助力乡村振兴。强化党建引领基层治理，25.4万名党员志愿者下沉社区服务基层。举办全市首届社区运动会，社区党组织组织力和凝聚力有效增强。全力推进新业态、新就业群体党建工作，国企、高校、非公经济和社会组织等领域党建工作得到持续加强。

*三是干部队伍锻造有力。*落实新时代好干部标准，完善干部选育管用体系，运用“三项机制”调整干部1216人。实施年轻干部加速培育行动，选派年轻干部到基层一线经受历练、茁壮成长。扎实开展换届“回头看”，区（县）班子结构进一步优化、整体功能持续增强。坚持论绩效凭贡献，党员干部破解难题、改革创新、狠抓落实的能力水平不断提升。

*四是作风建设专项行动扎实开展。*锲而不舍落实中央八项规定及其实施细则精神，坚决整治形式主义、官僚主义，共查处违反中央八项规定精神问题405件、党纪政务处分644人、组织处理150人。开展“依岗承诺转作风”活动，督促整改民生领域问题900余个、解决发现问题1.6万余个、履行承诺事项18万余件，全市上下人心思干、担当作为的氛围更加浓厚。

五是清廉西安建设深入推进。保持惩治腐败高压态势，聚焦关键少数和重点领域加大查办力度，1—11月，处置问题线索6733件，立案2933件、处分2425人、移送检察机关69人。聚焦教育、医疗、住房等11个领域开展专项整治，查处群众身边腐败和作风问题865件，处分1143人。落实“三个区分开来”，精准运用“四种形态”，其中第一、第二种形态占比95.5%，进一步筑牢党员干部拒腐防变思想防线。

市委常委会深知使命在肩、责任重大，高度重视自身建设。我们始终牢记“国之大者”，深刻吸取秦岭违建事件教训，不断提高政治判断力、政治领悟力、政治执行力，坚定捍卫“国之大者”，坚决做到“两个维护”。我们强化党的创新理论武装，坚持市委常委会会议首要议题制度，及时跟进学习习近平总书记重要讲话重要指示，召开市委常委会会议46次，开展中心组集体学习13次。我们认真贯彻民主集中制，对重大问题、重要事项充分讨论、集体决定。常委同志讲政治、顾大局，一条心干事业、一盘棋抓工作，巩固拓展了风清气正、团结干事的良好局面。

各位委员，市委常委会认为，今年各项成绩的取得，根本在于以习近平同志为核心的党中央领航定向，关键在于省委、省政府的坚强领导，既是全市党员干部群众团结奋斗的结果，也凝聚着全体市委委员、市委候补委员的智慧和汗水。在此，我代表市委常委会，向大家表示衷心感谢！

在看到成绩的同时，我们也清醒地认识到存在的问题和不足：经济恢复向好趋势仍需加强巩固，产业核心竞争力不强，创新潜能释放不够，开放型经济水平不高，生态环境保护任重道远，城乡融合发展不足，城市规划建设管理水平有待提高，民生保障水平与人民群众期盼还有差距，反腐败形势依然严峻复杂，等等。对于这些问题，我们将采取有力举措，认真加以解决。

政府工作报告

——在西安市第十七届人民代表大会第三次会议上

西安市市长　李明远

（2023年2月15日）

各位代表：

现在，我代表市人民政府向大会报告工作，请予审议，并请市政协委员和其他列席人员提出意见。

一、2022年工作回顾

2022年是党和国家历史上极为重要的一年，也是西安发展进程中极不平凡的一年。一年来，我们在省委、省政府和市委的坚强领导下，坚持以习近平新时代中国特色社会主义思想为指导，以迎接党的二十大和学习宣传贯彻党的二十大精神为主线，以习近平总书记来陕考察重要讲话重要指示统领工作全局，完整、准确、全面贯彻新发展理念，积极服务和融入新发展格局，紧紧围绕市第十四次党代会确定的“六个打造”目标，全力做好九个方面重点工作，推动高质量发展迈出新步伐，国家中心城市建设取得新成效。

特别是面对多轮疫情和国际局势等超预期因素影响，我们坚持稳中求进工作总基调，认真落实疫情要防住、经济要稳住、发展要安全重要要求，高效统筹疫情防控和经济社会发展，因时因势优化疫情防控措施，科学精准、以快制快扑灭突发疫情，经验做法被国务院联防联控机制转发推广。稳妥有序实施新冠病毒感染“乙类乙管”，科学高效配置资源力量，多措并举提升医疗救治能力，全力保健康、防重症、降病亡，最大程度保护人民生命安全和身体健康。我们主动作为、综合施策，最大限度减少疫情对经济社会发展的影响，适时出台应对疫情影响、恢复发展经济的《若干措施》，接续制定稳住经济大盘37条政策及配套文件，积极保障企业生产经营和物流畅通，为企业减轻税费负担和增加现金流540多亿元，新设的抗疫恢复、国资综改、创新投资、城市更新等基金带动社会投资3700多亿元，推动全市经济加快恢复、质效提升、动能增强。

——经济大盘稳。全年地区生产总值11486.51亿元、增长4.4%，规模以上工业增加值增长13.9%，两项增速均位居副省级城市第1。固定资产投资增长10.5%，高于全国5.4个百分点，增速位居副省级城市第2。消费市场逐步回暖，网上零售额增长10.1%。新登记市场主体43.8万户，累计在册289.7万户、增长7.7%。城镇新增就业16.52万人。居民人均可支配收入突破4万元，居民消费价格上涨2.2%。地方一般公共预算收入扣除留抵退税因素后增长9.7%，增速位居副省级城市第1。

——发展质量优。三次产业结构调整为2.8∶35.5∶61.7，制造业增加值占比较上年提高1.8个百分点。六大支柱产业产值达到7652.81亿元，增长27.9%。规模以上战略性新兴产业产值占全市规上工业比重达到62%，较上年提高12.1个百分点。比亚迪汽车、三星半导体2家企业产值突破千亿元，新增众迪锂电池、吉利汽车、西安隆基乐叶光伏3家产值过百亿元企业。国家高新技术企业突破1万家，培育入库科技型中小企业1.23万家。新增上市企业12家，总数达到100家。

——内生动力强。917个市级重点项目高效推进，78个高质量产业项目建成投产。闪存芯片、单晶组件市场占有率排名全球第1。新能源汽车产量突破100万辆、占全国份额14.1%，位居全国第1。全社会研发经费投入强度5.18%，位居副省级城市第2。全市技术合同成交额2646.42亿元、增长20%。实际引进内资增长38.4%，外商直接投资增长1.2倍。全市金融机构存贷款余额均突破3万亿元。3项举措入选“中国改革2022年度地方全面深化改革典型案例”。

一年来，我们主要做了以下工作：

（一）完善功能强带动，城市综合能级持续提升。《关中平原城市群建设“十四五”实施方案》《西安都市圈发展规划》获国家批复实施，城市国土空间规划“三区三线”划定成果正式启用，国家中心城市建设步入新阶段。国际性综合交通枢纽建设步伐加快，机场三期工程稳步推进，蓝田通用机场基本建成，西安东站、西延高铁西铜段开工建设，京昆高速西安段改扩建工程、鄠周眉高速公路、210国道过境公路建设进展顺利。轨道交通“米”字形运营骨架网全面形成，地铁6号线二期、西户铁路公交化客运专列、西安—杨凌市域列车开通运营，地铁4号线工程荣获“詹天佑奖”。西安—咸阳一体化进程明显加快，两市共同成立8个工作专班，协同推进规划、基础设施、产业、生态、公共服务等合作任务落实，区域互联互通道路建设有序实施，科技二路市政道路建成通车。市域路网体系不断完善，幸福路北延伸等一批快速路开工建设，外环高速全线建成通车，中心城区交通优化提升3年行动圆满收官，轨道、公交、慢行三网协同增效，我市获评全国绿色出行考核达标城市。城市更新试点工作深入推进，国家新型基础测绘建设西安试点通过自然资源部验收，入选国家智能建造试点城市。电网攻坚成效显著，建成变电站26座、在建31座，新增供电能力200万千瓦。新建充电场站102座、充电桩2916根、5G基站6956个。全面完成秦岭西安段“48峪”综合治理任务，秦岭北麓主体山水林田湖草沙一体化保护和修复工程项目获国家资金支持。斗门水库北池建成蓄水，引汉济渭二期工程与黑河引水系统并线连通，富阎供水工程联网运行，西南郊水厂一期二阶段建成供水，高新二污、沣西沣河等5座污水处理厂建成投用。沣西、阎良等5个污泥处置项目投入运行，污泥处置实现“日产日清”。仪祉湖等8座公园建成开放，新增和改造城市绿地705万平方米。我市获批国家典型地区再生水利用配置试点，西咸新区入选全国首批气候投融资试点，未央区、鄠邑区成功创建国家首批自然资源节约集约示范县，灞桥区获评全国第5批节水型社会建设达标区，汉城湖水利风景区获评国家水利风景区高质量发展“十大标杆景区”。

（二）优化提升产业链，产业升级发展取得新突破。强力推进支柱产业壮大和产业链水平提升，大力实施延链补链强链行动，新增规模以上工业企业179户，新增省级以上专精特新企业163户、制造业单项冠军企业28户，先进制造业百强市排名跃升8位、位居全国第12名，航空产业集群入选全国先进制造业决赛优胜集群。开展促投资专项包抓服务，新签约工业项目数和总投资额分别增长78.1%、54.3%，比亚迪增产扩能、隆基29GW高效单晶电池等重大产业项目落地建设，工业投资增长25.5%。获批建设国家生产服务型物流枢纽，荣获全国供应链创新与应用示范城市和中国楼宇经济最佳范例城市，生产性服务业营业收入4131.8亿元、增长9.1%。文旅产业提质升级，“长安十二时辰+大唐不夜城”唐文化全景展示创新实践入选国家文化和旅游最佳创新成果，北院门历史文化街区、易俗社文化街区荣膺国家级夜间文化和旅游消费集聚区，西安入选2022年度全国热门旅行目的地城市。

（三）深化秦创原建设，创新驱动能力显著增强。获批建设西安综合性科学中心和具有全国影响力的科技创新中心，启动碑林环大学硬科技创新街区国家试点和国家先进技术创新示范基地建设，“空天动力未来产业科技园”成为全国首批未来产业科技园建设试点。重组、新建7家全国重点实验室，国家级孵化载体达到104个，认定西安电子谷等“三器”示范及特色平台67个，科创大厦加速器、沣东立体联动孵化器总基地建成启用，国家超算西安中心一期正式投运，“未来人工智能计算中心”算力位居全国第2，西北有色金属研究院等5家单位入选首批“科创中国”创新基地。出台“十项举措”优化创投生态，大力推广科技成果转化“三项改革”。创建人才综合服务港、高端人才服务基地和青年人才驿站，设立人才发展基金，引进和培养高层次人才8287人。荣获首批国家知识产权强市建设示范城市，全球“科技集群”排名跃升至第22位，全球科研城市百强榜排名上升至第29位。

（四）聚力改革促开放，高质量发展活力加速释放。“放管服”改革不断深入，31项改革创新经验在全国推广。市政务服务中心东厅建成投用、西厅扩能升级，市级政务服务事项实现“应进必进”，行政许可事项做到“清单之外无审批”。一体化政务服务平台升级上线，推出140个“两个免予提交”和115个智能审批事项，全程网办率达到84.7%。“亩均论英雄”“标准地+承诺制”“交房即交证”“招投标全流程电子化”等改革全面推进，“跨省通办”“一件事一次办”“周末不打烊”等改革举措让企业和群众得到实惠。开发区运行更趋高效，剥离移交社会事务、发展模式创新、人事管理和绩效考核改革有序推进。国企改革3年行动高质量收官，国家区域性国资国企综合改革试验深入实施，新组建商贸物流集团、农投集团、人才集团3家市级平台公司，合并组建陕西轨道交通集团，市属国有资本布局更加优化。农村“三变”改革深化实施，清理农村集体经济合同、规范农村集体“三资”管理专项治理等经验做法在全省推广。

“一带一路”综合试验区建设深入推进，中欧班列（西安）集结中心提质增效，西安港扩能优化行动成效明显，全国首个陆路启运港退税试点落地西安，全国首趟境内外全程时刻表班列从西安驶出，“通丝路”跨境电商人民币结算服务平台全面运营，中欧班列一站式综合服务平台上线运行，新开通跨黑海、里海线路和中老、中越班列，亚欧陆海贸易大通道与西部陆海新通道在西安实现集结交汇，“长安号”全年开行4639列、增长20.8%，核心指标稳居全国第1。西安国际航空枢纽、国家级临空经济示范区建设加快推进，新开通2条国际客运航线、4条全货运航线。西安高新综合保税区获评西北地区唯一“双A”等级。全市进出口总值4474.1亿元，一般贸易增长33.3%，对“一带一路”共建国家进出口增长40%。“一带一路”国际商事法律服务示范区建设富有成效，西安仲裁委员会和国内知名法律服务机构入驻运营，“一站式”国际商事纠纷解决体系初步形成。成功举办丝博会、全球硬科技创新大会、全球创投峰会、首届世界城地组织亚太区旅游委员会会员大会等重要活动，荣获“2022年度中国最具影响力会展城市”。哈萨克斯坦总领事馆落地西安，成功连任世界城地组织联合主席城市，新缔结2个国际友好交流城市，西安“国际朋友圈”不断扩大。

（五）统筹城乡促融合，乡村振兴和县域发展扎实推进。建设高标准农田9.42万亩，粮食生产实现“十九连丰”。“菜篮子”市长负责制有效落实，蔬菜种植和生猪产能调控基地稳产保供能力全面提升。我市顺利通过全国名特优新高品质农产品全程质量控制试点创建评审，成为全国首个完成整建制创建的副省级城市。临潼区入选全国主要农作物生产全程机械化示范区，周至猕猴桃蝉联中国区域公用品牌猕猴桃类价值排行榜第1。新增市级以上农业产业化龙头企业36家、农民专业合作社示范社63家，国家级“一村一品”示范村镇达到20个，2家单位入选国家级生态农场。县城建设步伐加快，创新开展“百名设计师进街镇”，启动实施新一轮农村人居环境整治，建成美丽村庄示范片区12个、市级美丽村庄76个。周至县获评全省县城建设示范县，全市涉农区（县）全部创建为省级以上“四好农村路”示范县。“关中忙罢艺术节”成为乡村文化旅游新热点，鄠邑区“文艺赋能乡村振兴”经验被国家乡村振兴局在央视推介，胡家庄村被评为全国美丽休闲乡村、蔡家坡村列为全国“村晚”示范展示点。蓝田县获评全国休闲农业重点县、塘子村入选全国乡村旅游重点村。全面落实防止返贫动态监测和帮扶工作机制，脱贫群众人均纯收入增长13.8%。

（六）聚焦民生补短板，各项社会事业取得新进展。落实稳岗扩就业系列政策，创新开展“家门口就业”服务，高校毕业生等重点群体就业帮扶成效明显。5500余套公租房建成分配，筹建保障性租赁住房11.23万套（间），列入全国9个激励支持城市名单。开工老旧小区改造项目85个，惠及群众1万余户。新建和改扩建中小学、幼儿园116所，新增学位10.5万个，38所“公参民”学校全部转公，“新优质学校成长计划”深入实施，优质教育资源供给更加均衡。国家医学中心、国家区域医疗中心创建工作稳步推进，市第一医院迁建、市中心医院经开院区、市疾控中心等22个重点医院、疾控机构项目建成，升级改造基层卫生服务机构240个，建立紧密型县域医共体14个。推动医保利企便民，在副省级城市中率先放开慢性病定点零售药店范围，大力推动异地就医直接结算，医保经办服务窗口覆盖全市所有镇村。新建镇街综合养老服务中心44个，新建和改造提升社区养老服务站327个，养老服务工作获国务院通报表彰，西安入选国家积极应对人口老龄化重点联系城市。文化事业繁荣发展，中国国家版本馆西安分馆、陕西考古博物馆建成开放，成功举办丝绸之路国际电影节和中国秦腔艺术节，电影《柳青》、话剧《路遥》等6部作品荣获中宣部“五个一工程”奖，电视剧《功勋》《装台》分别荣获“飞天奖”和“金鹰奖”。建成市体育训练中心和曲江万人竞技中心，西安奥体中心体育馆、长安常宁生态体育训练比赛基地工程荣获“鲁班奖”。我市运动健儿在省十七运会上创历史最好成绩。“平安西安”建设持续深入，扎实开展自建房、城镇燃气等专项排查整治，安全生产事故起数、死亡人数大幅下降，西安蝉联“国家食品安全示范城市”称号。

（七）改进作风提效能，政府自身建设不断加强。履行全面从严治党主体责任和“一岗双责”，常态化开展党史学习教育，严格落实中央八项规定及其实施细则精神，党风廉政建设和反腐败工作纵深推进。法治政府建设举措更加务实，常态化落实法律顾问列席政府常务会议制度，行政复议调处及政府信息公开工作分别受到国务院督导组和国务院办公厅肯定，莲湖区推行自然人、法人全生命周期政务服务模式被中央依法治国办命名为全国法治政府建设示范项目。自觉接受市人大及其常委会监督、市政协民主监督和社会舆论监督，提请市人大常委会审议地方性法规草案 5 件、报备规范性文件 4 件，办理人大代表建议 457 件、政协提案 692 件，做到了件件有回复、事事有落实。深入开展作风建设专项行动，坚决整治机关效能、基层负担、营商环境等方面突出问题，大力纠治形式主义、官僚主义，弘扬“勤快严实精细廉”作风。坚持政府过紧日子，节约型机关建设有力有效。积极支持国防和军队改革发展，保障退役军人合法权益。国家安全、妇女儿童、民族宗教、防震减灾、审计、统计、信访、档案、侨务、气象、残疾人、地方志、供销社等工作取得新进步。

各位代表！回顾过去一年的奋斗历程，取得这样的成绩实属不易！这是习近平新时代中国特色社会主义思想伟大指引的结果，是党中央、国务院，省委、省政府和市委坚强领导的结果，是全市人民辛勤付出、团结奋斗的结果，也是各有关方面关心支持的结果。在此，我代表市政府，向全市人民，向各位人大代表、政协委员，向各民主党派、工商联、各人民团体和社会各界人士，表示衷心感谢！向中央驻西安单位、驻西安解放军指战员、武警官兵和消防救援队伍，表示衷心感谢！向所有关心支持西安发展的港澳台同胞、海外侨胞和国际友人，表示衷心感谢！特别要向一线医务人员、公安干警和基层工作者，表示衷心感谢并致以崇高敬意！

同时，我们也清醒地认识到，我市经济社会发展还存在一些问题和短板。主要是，区域辐射带动能力与国家中心城市的定位要求还有差距，经济恢复发展基础还不够稳固，现代化产业体系不完善，资源优势尚未有效转化为现实生产力，对外开放水平不高，民营经济发展不充分，数字经济发展不足，生态环境保护任务艰巨，城市应急管理、社区治理服务、市政建设等方面仍存在薄弱环节，教育、医疗、养老等社会民生领域还有不少短板。对这些问题，我们将认真加以解决，不负时代、不负人民！

二、2023 年工作总体要求和预期目标

2023 年是全面贯彻落实党的二十大精神的开局之年，也是以高质量发展推进中国式现代化西安实践的破题之年，做好全年工作意义重大。当前，世界百年未有之大变局加速演进，国际形势变乱交织，国内需求收缩、供给冲击、预期转弱三重压力仍然较大，但我国经济韧性强、潜力大、活力足，中央稳经济政策效果持续显现并接续加力。特别要看到，西安作为国家中心城市、西北地区龙头城市和关中平原城市群核心城市，正处于战略机遇叠加期、政策利好释放期、综合实力提升期，长期积累的科技创新、先进制造等优势将会持续迸发，文旅带动消费的独特优势正在集聚释放。我们要坚定信心、抢抓机遇，发挥比较优势，强化使命担当，努力在新时代新征程上展现新气象新作为。

今年工作的总体要求是：以习近平新时代中国特色社会主义思想为指导，全面贯彻党的二十大精神，深入落实习近平总书记来陕考察重要讲话重要指示精神，按照中央经济工作会议、省委十四届三次全会和市委十四届四次全会部署要求，坚持稳中求进工作总基调，坚持以新发展理念引领高质量发展，更好服务和融入新发展格局，更好统筹疫情防控和经济社会发展，更好统筹发展和安全，突出做好稳增长、稳就业、稳物价工作，扎实开展“三个年”活动，解放思想、改革创新、再接再厉，奋力谱写高质量发展新篇章，全面推进中国式现代化西安实践迈出坚实步伐。

今年全市经济社会发展的主要预期目标为：地区生产总值增长 7% 左右，规模以上工业增加值增长 10% 以上，固定资产投资增长 11% 以上，社会消费品零售总额增长 10% 以上，地方一般公共预算收入增长 9% 以上，居民收入增长与经济增长同步，城镇调查失业率控制在 5.5% 以内，物价涨幅控制在 3% 左右。

上述目标的确定与我市“十四五”规划目标紧密衔接，既是落实国家和我省推进高质量发展的战略需要，也是作为省会城市支撑全省发展的客观要求，更是市场主体、社会各界和全市人民的发展期望。我们必须主动作为、自我加压、扎实工作，以最大努力实现主要预期目标。

做好今年工作，需要把握好以下方面：

——坚持以党的二十大精神为指引，坚定捍卫“两个确立”、坚决做到“两个维护”，深入学习领会习近平新时代中国特色社会主义思想的核心要义、实践要求，深刻领会“两个结合”的丰富内涵，把握好“六个必须坚持”的世界观和方法论，切实把党的二十大精神落实到中国式现代化西安实践的各方面全过程。

——坚持以建设国家中心城市为引领，抢抓共建“一带一路”、新时代推进西部大开发形成新格局、黄河流域生态保护和高质量发展等重大战略机遇，把西安发展放在全国全省大局中谋划审视，加快“三中心两高地一枢纽”建设步伐，打造宜居、韧性、智慧城市，不断提升对陕西、对西北发展的带动能力。

——坚持以推动高质量发展为主题，落实“六个更好统筹”要求，深入实施扩大内需战略，把恢复和扩大消费摆在优先位置，做好创新顶天立地、改革破立并举、开放内外联动 3 篇大文章，大力发展数字经济、民营经济、开放型经济和县域经济，构建更高水平现代化产业体系，推动经济实现质的有效提升和量的合理增长。

——坚持以八个方面重点工作为突破，锚定“六个打造”奋斗目标不动摇，突出重点领域，抓好关键环节，加强前瞻性思考、全局性谋划、战略性布局、整体性推进，增强政策实施的时效性和精准性，着力补短板、强弱项、固底板、扬优势，以重点工作率先突破带动整体工作快速提升。

——坚持以重点项目带动为抓手，深入开展高质量项目推进年活动，坚持招大引强与招新引优相结合，健全完善项目谋划、储备、开工、建设滚动更新机制，集中优势资源保障市级重点项目建设，大力提升项目建设速度和效能，以高质量项目为高质量发展蓄势赋能。

三、2023 年重点工作任务

（一）加快转变特大城市发展方式，持续提升城市能级品质

增强辐射带动能力。强化国际性综合交通枢纽建设的先导性、基础性作用，协调推进机场三期、西安东站和西延、西十、西康高铁等重大工程，加快鄠周眉高速公路、高新至鄠邑高速复合通道、210 国道西安过境公路等项目建设，启动延西高速西铜段改扩建和城环高速北段联络线工程前期工作，年内京昆高速改扩建、107 省道鄠邑段提升改造等项目竣工通车。实施关中平原城市群协同发展三年行动计划，推动更多政务服务事项跨地区通办，年内实现住房公积金互认互贷。加快建设西安都市圈，以交通互联为先导、以产业协作为基础，逐步疏解转移城市非核心功能，探索推动研发及核心制造在西安、生产配套在周边的一体发展新模式。促进西安—咸阳一体化纵深发展，年内地铁 1 号线三期、16 号线一期开通运营，加快实施 17 条主城区与西咸新区互联互通道路工程。大力促进西渭融合发展，深化西安与商洛、铜川、杨凌等市（区）规划统筹、建设联动、发展融合，促进西安—汉中、西安—安康协同发展。

优化城市空间布局。加快实施“南控、北跨、西融、东拓、

中优”战略，依据“三区三线”划定成果完成国土空间总体规划和详细规划编制报批工作，加强国土规划用途管制。向南严控生态红线，协同建好秦岭国家公园。全面吹响城市“北跨”发展“集结号”，坚持规划引领、交通先行、产业支撑、项目带动，制定实施《西安市“北跨”发展行动方案》，启动北辰大道北延伸、西铜路市政化改造等项目建设，推动各类资源要素、工作力量和项目布局向“北跨”聚集，促进产城融合、板块联动，构建渭河南北呼应的拥河发展格局。向西加快“七个一体化”建设，支持西咸新区创新城市发展方式。大力推进城东片区规划设计和道路提升改造，聚力抓好高铁东城片区规划建设，打开做靓城市“东大门”。中心城区以文物保护为先，实施立体化、社会化、市场化改造优化，实现差别化发展，留住城市烟火气。

推动基础设施提质扩能。加快 6 条在建地铁项目建设，新开通 3 条线路，运营总里程突破 300 公里。开工建设草堂铁路货运专线，启动第二货运北环线前期工作，建成高新区有轨电车试验线，做好轨道交通四期建设规划申报工作。进一步完善快速路网体系，大力推进幸福路北延伸、太白南路、东三环至临潼等快速路建设，做好二环三环扩能提升工程前期准备。统筹推进 2 批电网攻坚项目，年内新开工变电站不少于 40 座、建成 30 座以上，全市安全供电能力力争达到 1400 万千瓦。加快实施引蓝济李、李家河输水复线、西南郊水厂续建等重点供水工程，斗门水库南池年底达到蓄水条件，新增日供水能力 30 万吨。抓好智能建造试点，全域推广新型基础测绘体系试点成果，有序推进综合管廊和海绵城市建设。全年完成城建投资 1200 亿元以上。

稳妥有序推进城市更新。发挥好城市更新百亿元基金作用，加快推进幸福林带及周边更新工作，启动大庆智路、顺城巷崇仁坊、徐家湾等重点片区提升改造，因地制宜实施微更新微改造。持续推进老旧小区改造，实施老化燃气管道改造。开展居民小区、产业园区排水管网排查整治，推进截污纳管，下大力气解决雨污混流问题。持续优化城市供排水建设管理体系，加快形成“一张网、一盘棋、一体化”大水务格局。加强便民商业服务设施网点和无接触配送设施建设。深化城市交通“畅行提速”行动，推进公交场站 TOD 模式综合开发，全年建设公共停车位不少于 2 万个，建设全域智慧停车平台。加强城市精细化管理，常态化开展城市清洁行动，新增绿地不少于 500 万平方米，新建和改造提升公共厕所不少于 210 座。

（二）大力实施产业倍增计划，在建设现代化产业体系上构筑新优势

做大做强支柱产业。依托汽车、电子信息、新材料新能源、航空航天等优势产业，发挥链主企业和龙头企业带动作用，加快培育一批5000亿级先进制造业集群和千亿级现代化产业链。高质量建设国家先进技术创新示范基地，协同构建西汉蓉航空产业带。大力推进隆基 100GW 单晶硅片及 50GW 高效单晶电池项目开工，突出抓好比亚迪新能源汽车产业基地、三一智能制造产业园、奕斯伟硅产业基地等重大产业项目建设，确保诺瓦光电产业化研发基地、隆基光伏产业园等 90 个重点项目建成投产，新增产值 400 亿元以上。大力实施优质中小企业梯度培育工程，开展大中小企业融通创新“携手行动”，新增规上制造业企业 130 户以上。坚持“一链一策”“一企一策”提供服务保障，全力提升产业链整体优势和企业竞争力，推动先进制造业强市建设再上新台阶。

培育发展新兴产业。加快数字服务及技术应用、大数据、人工智能、光子、增材制造等新兴产业集聚发展，鼓励支持新技术、新产品、新业态、新模式布局应用，前瞻布局生命健康、类脑智能、区块链、虚拟现实、氢能与储能、量子信息等一批未来产业。新增省级以上制造业单项冠军企业 10 户以上、专精特新企业 100 户以上。坚持数字赋能，引导企业在西安设立“数字总部”，积极培育数字经济示范园区，举办西部数字经济博览会，国家超算西安中心二期项目交付使用，新建 5G 基站 1000 个以上，全面提升数字基础设施支撑能力。

做强做优生产性服务业。建成 2 个以上市级生产性服务业聚集区，生产性服务业营业收入 4300 亿元。加快发展工业设计、文化创意设计、交通设施设计、建筑工程设计和能源化工设计产业，着力打造“设计之都”。大力发展软件和信息技术服务业，打造“程序员之都”。推进“产业 + 资本”模式，引导形成总规模不低于 1000 亿元的重点产业链基金集群。加快建设生产服务型国家物流枢纽，积极创建商贸服务型国家物流枢纽和国家骨干冷链物流基地。

持续加强产业链招商。坚持投行思维、链式思维、闭环思维，打造专业化招商队伍，围绕 19 条重点产业链实施精准招商，聚力招引一批产业链核心企业和上下游配套企业，工业项目签约额 2000 亿元以上。以共建“一带一路”倡议提出 10 周年为契机，高质量办好丝博会、欧亚经济论坛及配套博览会，策划举办“直通欧盟”招商活动。继续深化“老朋友、新合作”，扎实做好“央企进陕”项目推进工作。强化惠企政策刚性兑现和绩效评估，完善招商引资项目全周期跟踪服务机制，保障项目早落地早达效。全年实际引进内资、实际使用外资分别增长 12% 和 10% 以上，市级重点项目完成年度投资 5500 亿元以上。

（三）发挥秦创原平台效应，加快建设西安综合性科学中心和具有全国影响力的科技创新中心

推动创新资源聚集。高标准制定“双中心”建设实施方案，推动光电子信息、新材料等领域实验室参与全国重点实验室重组，支持西北有色金属研究院争创国家级技术创新中心，争取更多国家重大科技基础设施布局西安。大力推进国家硬科技创新示范区、国家新一代人工智能创新发展试验区、碑林环大学硬科技创新街区和西咸新区秦创原总窗口特色产业园区建设，新增“三器”示范平台 100 个以上。高标准推进国家知识产权强市示范城市建设，着力打通知识产权创造、运用、保护、管理、服务全链条，力争万人发明专利拥有量突破 60 件。复制推广“一院一所一校”模式，支持院、校、所开展基础性应用研究，支撑和促进转化企业做大做强。推广高新区产业技术创新模式，支持搭建更多中试平台，拓展科技成果转移转化路径，全年技术合同成交额保持在 2500 亿元以上。

大力培育创新主体。落实支持科技企业创新发展《若干措施》，鼓励行业龙头企业、链主企业开展产业创新研究，支持优势企业设立西安全球研发中心，鼓励外商投资设立研发中心，力促研发组织在规上工业企业实现全覆盖，全社会研发经费投入强度保持在 5% 以上。大力实施“登高、升规、晋位、上市”四大工程，兑现落实各项激励政策，国家高新技术企业达到 1.1 万家、科技型中小企业突破 1.3 万家，全年新增上市企业 20 家。

打造创新人才高地。加快建设“3+N”国家人才集聚平台，发挥西安人才集团、“人才服务银行”和人才发展基金作用，紧盯重点产业急需紧缺岗位招才引智。加快推进高端人才服务基地、青年人才驿站等平台建设，实施领军人才培养工程，培育壮大技术转移专业化人才队伍。深化职称制度改革，探索向行业领军企业、链主企业下放人才确认和职称评审权限。全方位做好人才服务保障，营造最佳成才用才环境，让每个怀揣梦想者在西安都有施展才华的舞台和奋斗圆梦的机会。

持续优化创新生态。落实“十项举措”打造创投生态，发挥创新投资基金、秦创原春种基金、国家成果转化西安子基金、小微企业融资担保增信基金等作用，为科技企业营造良好融资环境。推动修订《西安市科技进步条例》，完善全市秦创原建设分类考核评价体系，探索建立飞地孵化模式，开展产学研金协同创新活动，促进“科技—产业—金融”良性循环。擦亮叫

响全球硬科技创新大会、全球创投峰会等特色品牌，高标准建成西安科技馆。

（四）聚力深化改革开放，更大激发高质量发展动力活力

深化重点领域改革。持续推进要素市场化配置改革，以“亩均论英雄”和“标准地+承诺制”改革为突破，促进土地、资本、技术等生产要素加速向优质高效领域聚集。大力推进开发区体制机制改革，深化阎良区、航空基地“区政合一”改革，推广经开区和未央区社会事务剥离移交经验做法，鼓励开发区探索实践合作共建新模式和内控增效新机制，推动开发区在全国综合评价中晋位争先。深入开展区域性国资国企综合改革试验，持续加大市属国有企业专业化整合重组力度，进一步调整优化国有经济布局结构，不断完善市场化机制，充分激发国有资本的活力和效益。加快推进财政体制改革，合理划分财政事权与支出责任，调整收入划分办法，着力提高区（县）财政保障能力和水平。

建强做优开放平台。加快建设国际门户枢纽城市，高质量建好西安“一带一路”综合试验区，促进陆港、空港协同发展。加快中欧班列（西安）集结中心建设，深入实施西安港扩能优化行动，持续推进多式联运，积极拓展国际班列干线，保持“长安号”核心指标全国领先，打造世界一流内陆港。加快西安国际航空枢纽、国家级临空经济示范区建设，抢抓机遇拓展国际客货运航线，开通更多中亚直飞国际客运航线，织密“空中丝绸之路”网络。依托跨境电商综试区、进口贸易促进创新示范区、国家加工贸易产业园等平台载体，大力发展高技术含量、高附加值的加工贸易产业。加大外贸主体孵化培育力度，支持企业“走出去”拓展海外市场，全年新增外贸主体400家以上。

提升开放服务能力。对标国际高标准经贸规则，深入开展自贸区制度创新，提升贸易投资自由化便利化水平。积极培育保税维修、离岸贸易等外贸新模式新业态，推动服务贸易创新发展。完善“一带一路”国际商事法律服务示范区功能，培育发展国际商事法律服务产业链生态链。加快西安领事馆区建设，做好哈萨克斯坦总领事馆设立工作，发挥世界城地组织联合主席城市作用，推进更高水平对外开放。

持续优化营商环境。深入开展营商环境突破年活动，着力打造更优政务环境、政策环境、要素环境、法治环境、政商环境。持续提升一体化政务服务能力，深入推进“网上办”“就近办”“掌上办”，加快推进“一件事一次办”集成改革，打造政务服务升级版。深化工程建设项目审批制度改革，实施市场主体成长计划和惠企政策直达快享专项行动，落实好新的组合式税费支持政策。探索开展“综合监管一件事”试点，建立完善守信联合激励制度，依法实施包容审慎监管，清理规范涉企收费，帮助中小微企业纾困解难，为民营经济发展创造更加公平的市场环境，营造尊重和激励企业家干事创业的浓厚社会氛围。广泛开展营商环境创新专项行动，积极争创国家营商环境创新试点。

（五）推进国家文化和旅游消费试点城市建设，彰显世界人文之都独特魅力

坚持文物保护优先。实施中华文明探源工程，加强史前遗址、周秦汉唐都城遗址、帝陵考古调查研究，做好太平遗址、秦东陵、汉文帝霸陵等重要考古发掘。加强文物价值研究阐释和活化利用，高质量建设汉长安城国家大遗址保护特区，加快推进杨官寨考古遗址公园建设，探索建立遗址保护与城市融合发展新模式，持续提升秦始皇陵保护展示水平，做好西安城墙预防性保护。实施革命文物保护展示工程。加快西安碑林博物馆改扩建工程，优化博物馆体系布局，建设高品质“博物馆之城”。

促进文化事业繁荣发展。加强文艺精品创作，做优做强秦腔、西安影视、西安演艺、长安画派等特色文化品牌，推出更多精品力作。建成“一带一路”文化交流中心，打造西安大剧院、开元大剧院等文化新空间新地标。创新实施文化惠民工程，加强图书馆、文化馆、美术馆等公共文化设施建设，支持办好第八届西安国际儿童戏剧展演、西安交响乐团大雁塔户外公演、“村晚”等群众性文化活动。加强非物质文化遗产保护与传承，创建西安关中文化生态保护实验区。

推进文商旅深度融合。发挥文旅特色优势扩大消费，加快建设国际消费中心城市，大力培育“三都四城”品牌，策划组织“西安年”“乐享消费·嗨购西安”等系列活动，让西安文旅消费市场“火”起来。大力发展文化创意产业，支持高品质演艺项目创新升级、接续开发，提高各类文创产品的受众度和品牌影响力。加快碑林历史文化街区、小雁塔历史文化片区等重大文旅项目建设，持续提升大唐不夜城、北院门、钟鼓楼、永宁门等特色板块品质内涵和游客体验感，支持发展沉浸式、数字化文旅新场景新业态，着力打造老城区全域旅游示范区，全年旅游业总收入增长18%。大力实施商圈商业街区建设行动，持续推进钟楼—南门、小寨—大雁塔2个都会级商圈和10个城市级商圈建设，创建不少于10个夜间消费聚集区。鼓励发展直播电商、即时零售等新模式新业态，推动线上、线下融合消费。实施商贸企业“内培外引”工程，全年新增限上商贸企业500家以上。

拓展对外文化交流。叫响做强“千年古都·常来长安”品牌，持续推进沿黄城市带文旅融合发展论坛、关中平原城市群联合营销等活动，办好丝路国际音乐节、国际戏剧节、国际舞蹈节等品牌活动。举办西安国际马拉松赛、西安都市圈自行车赛和大学生足球联赛等系列体育赛事，打造世界赛事名城。主办世界城地组织亚太区旅游委员会旅游局长交流会，办好“石榴花之春”中韩旅游文化交流活动，持续扩大“东亚文化之都”品牌效应，在推动中外文化交流互鉴中体现西安担当。

（六）全面推进乡村振兴，加快构建城乡融合发展新格局

做优做强都市型现代农业。坚决扛起粮食安全政治责任，实施新一轮粮食产能提升行动，加强撂荒地整治利用，新建高标准农田7.5万亩，建设粮食绿色高质高效示范田12万亩，防止耕地“非农化”和基本农田“非粮化”。落实“菜篮子”市长负责制，建设提升设施蔬菜3000亩，打造百亿级蔬菜全产业链。加大农业产业发展专项资金“拨改投”力度，高标准建设农产品物流城，加快构建农产品冷链物流体系。支持建好西安（临潼）番茄种业智慧谷产业园，推动周至秦岭猕猴桃、泾河茯茶等国家级优势特色产业集群发展，争创国家现代农业产业园。

着力建好县城做美乡村。推动全域土地综合整治，以创建县城建设示范县为抓手，以完善县城功能、提升综合承载力为重点，大力推动以县城为重要载体的城镇化建设。按照“5类11型”标准编制实用性村庄规划。聚焦“4项任务”抓好农村人居环境整治，实施乡村基础设施提升工程和基本公共服务提升行动，支持办好乡村特色文化艺术节，打造不少于30个乡村建设示范村，建设一批“望山见水寄乡愁的宜居宜业和美乡村”。

持续深化农村改革。深入推进农村“三变”改革，组建农村产权交易平台，发展农村产权流转交易市场。实施农村集体经济“消薄培强”行动，加快推进高陵区农村宅基地改革和闲置宅基地盘活利用试点，推动农村集体经营性建设用地入市，持续做好宅基地确权登记颁证工作。创建区域性农业社会化服务中心（联盟）2个以上，培育社会化服务组织50家以上。

巩固拓展脱贫攻坚成果。完善落实防止返贫动态监测和帮扶机制，加强易地搬迁后续扶持，巩固提升“三保障”和饮水安全成果，开展常态化督帮工作，坚决守住不发生规模性返贫底线。设立50亿元乡村振兴基金，支持脱贫地区因地制宜发展特色富民产业，增强联农带农能力。实施“万企兴万村”行动，深化太仓—周至协作，支持乡村振兴重点帮扶县发展壮大县域

经济。

（七）持续改善生态环境质量，推进经济社会发展绿色转型

坚决当好秦岭生态卫士。严格落实秦岭生态环境保护条例和规划，深入实施秦岭生态空间治理十大行动，巩固深化峪口峪道综合治理成果，扎实推进秦岭北麓主体山水林田湖草沙一体化保护和修复项目建设。实施水源地水质提升行动，加强生物多样性保护，维护秦岭生态系统的稳定和平衡。落实秦岭生态环境保护补偿制度，探索秦岭生态和文化价值实现路径，坚决守护好中华民族的生态脊梁和中华儿女的精神家园。

深入推进环境污染防治。抓好中央和省生态环保督察反馈问题整改，强力整治我市黄河流域生态环境突出问题。突出源头管控，强化综合治理，持续抓好重污染天气消除、臭氧污染防治、柴油货车污染治理等重点工作。深化河湖长制，持续推进河湖水系保护治理，开工建设2座污水处理厂，抓好国家典型地区再生水利用配置试点。加强土壤污染源头防控。落实生活垃圾“集中分类投放＋定时定点督导”工作机制，加强建筑垃圾全流程管控，建成投运2座污泥处置厂，持续推进固体废物源头减量和资源化利用，打造“无废城市”。

加快绿色低碳转型发展。建立健全碳达峰碳中和政策体系，筹划搭建全市碳积分平台。大力推广使用新能源汽车，建设集中式充换电站60座，鼓励居民家庭安装自用充电桩。严控高耗能高排放低水平项目实施，持续推进分布式光伏发电项目建设，开展绿色建筑创建行动。支持西咸新区开展气候投融资试点。协同推进降碳、减污、扩绿、增长，倡导绿色低碳生产生活方式。

（八）扎实办好为民实事，持续增进民生福祉

大力稳就业促增收。积极落实就业优先政策，大力培育人力资源服务骨干企业，建设就业智慧服务平台，促进高校毕业生、农民工、退役军人等重点群体稳定就业，全市零就业家庭动态清零。支持发展新就业形态，优化创业环境，以创业带动就业，全年城镇新增就业14.5万人。大力整治拖欠农民工工资问题，依法保障劳动者权益。持续推进居民收入倍增计划，围绕“强基、扩中、提低、调节”提升收入水平，扎实促进共同富裕。

办好人民满意教育。编制新一轮基础教育设施专项规划，年内新建和改扩建中小学幼儿园26所，新增学位3.3万个。持续调整优化学校布局，突出抓好薄弱学校提升，支持优质教育资源优先辐射远郊区（县），年内培育“新优质学校”170所。深化教育领域综合改革，完善名师、名校长培养体系，加大交流轮岗力度，促进教师资源均衡配置，推动义务教育优质均衡发展和城乡一体化。持续提升县域高中教育质量和办学水平，加快普通高中教育优质特色多样发展。推进学前教育普惠优质发展。实施高职学校“双高计划”和中等职业学校办学条件达标工程，推动构建现代职业教育体系。支持西安文理学院建设高水平应用型城市大学。

建设高水平健康西安。积极创建国家医学中心和国家区域医疗中心，加快市红会医院高铁新城院区等8所重点医院和19所区（县）级医院、疾控机构建设。大力推动三级医院帮扶支援或托管区（县）医院、社区卫生服务中心，建设紧密型医联体。促进中医药传承创新发展。落实新冠病毒感染“乙类乙管”方案，突出做好老年人、儿童和患基础性疾病群体的防护和救治，守护人民群众生命健康。加强疫情防控救治体系建设，进一步提升应急处置能力，创新医防协同融合机制，构建分级分层分流的传染病救治网络。深入开展爱国卫生运动，加强健康科普工作，做好重点人群健康管理，倡导文明健康生活方式。

促进房地产市场平稳健康发展。坚持“房住不炒”定位，进一步优化住房政策，支持刚性和改善性住房需求，规范发展长租房市场，推动房地产业向新发展模式平稳过渡。持续解决房屋“办证难”遗留问题。坚决打好“保交楼”攻坚战，确保延期项目年内交付80%以上。实施解决“回迁难”问题3年行动，强力推进安置楼建设和回迁安置工作。新筹建保障性租赁住房2万套（间），着力解决新市民、青年人的住房问题。

加强社会保障和服务。深化社会保险制度改革，推进按疾病诊断相关分组付费改革3年行动计划。加强民生兜底保障和社会救助，做好优待抚恤工作。健全基本养老服务体系，积极推进三级养老服务设施建设，着力提升养老服务设施运营和管理水平，探索推动社区适老化改造。落实生育政策，促进人口均衡发展，建设儿童友好城市，创建全国婴幼儿照护服务示范城市。依法保障妇女、未成年人、残疾人等合法权益。

（九）统筹发展和安全，推动市域社会治理现代化

夯实社会治理基础。优化社区设置，深化“五社联动”试点，引导社会力量参与社区服务，建强社区服务阵地。加强基层网格治理，推广未央区“小区工作站＋楼栋长”模式，促进基层减负增效。整治物业管理行业突出问题，广泛开展“红色物业”创建活动。加强社会矛盾调解组织建设，开展“一站式”纠纷调处化解。实施“12345”市民热线扩容提升，及时解决群众急难愁盼问题。推进扫黑除恶常态化，构建立体化、信息化社会治安防控体系，不断增强人民群众安全感。

提升应急响应能力。健全完善应急指挥体系，加快建设城市内涝、水旱灾害和智慧农业等气象监测预警系统，上线运行城市安全风险综合监测预警平台，推广应用地震预警技术。加强综合性消防救援队伍、航空应急救援队伍建设，大力发展社会应急力量，加强基层应急能力建设和消防安全综合治理，提高防灾减灾救灾和突发公共事件处置保障能力。

抓好安全生产工作。深入推进自建房、道路交通、建筑施工、危化品、校园安全、城市运行等重点行业领域风险隐患专项整治，巩固城镇燃气安全排查整治成果，做好防汛抗旱和森林防灭火工作。实施食品安全专项整治行动，巩固深化国家食品安全示范城市创建成果。开展落实企业安全生产主体责任专项行动，依法严厉查处安全生产违法违规行为。加强安全常识宣传教育，提高群众安全意识和自防自救能力，创建国家安全发展示范城市。

防范化解重大风险。建立健全常态化运行监测、风险防控机制，积极稳妥化解政府隐性债务，坚决防范中小金融机构、房地产等领域风险，严厉打击非法金融活动。加快建立网络综合治理体系，依法化解信访突出问题，保持社会大局稳定。

加强国防教育，深化“双拥”共建，完善退役军人服务保障。加强统计工作，做好第五次全国经济普查。支持工会、共青团、妇联等广泛参与社会治理和公共服务，扎实做好民族宗教、外事侨务、气象、档案等工作。

四、全面加强政府自身建设

打铁还需自身硬。我们要始终牢记“三个务必”，把坚持和加强党的全面领导贯穿政府工作全过程，以更大力度推进政府治理体系和治理能力现代化，努力建设人民满意的服务型政府。

进一步强化政治引领。认真学习贯彻落实党的二十大精神和习近平总书记来陕考察重要讲话重要指示精神，深刻领悟“两个确立”的决定性意义，始终牢记“国之大者”，健全完善贯彻落实习近平总书记重要指示批示和党中央重大决策部署工作机制，自觉落实意识形态工作责任制，不断提升政治判断力、政治领悟力、政治执行力，切实增强“四个意识”、坚定“四个自信”、做到“两个维护”。

进一步严格依法行政。严格执行重大行政决策程序规定，推动重点领域、新兴领域立法，深入开展“八五”普法，自觉接受市人大及其常委会监督和市政协民主监督，认真办理人大

代表建议和政协提案。加强基层综合执法队伍建设，坚持严格规范公正文明执法，全面推进行政复议体制改革和行政争议预防调处工作，深化政务公开，争创全国法治政府建设示范市。

进一步提升服务效能。持续深化“放管服”改革，加强数字政府建设，推动政府职能加快转变、行政效能全面提升。深入开展干部作风能力提升年活动，组织“一把手走流程、坐窗口、跟执法、处投诉”，在岗位上践行“勤快严实精细廉”作风。完善容错纠错、正向激励等机制，为担当者担当、为负责者负责，切实让干部敢为、基层敢闯、企业敢干、群众敢首创。

进一步深化廉政建设。严格履行全面从严治党主体责任，加强政府系统党风廉政制度建设，不断提升不敢腐、不能腐、不想腐一体推进的综合效能。严格落实中央八项规定及其实施细则精神，驰而不息整治形式主义、官僚主义。紧盯重点领域加强审计监督、统计监督，强化政府督查。坚持政府过紧日子，从严控制一般性支出，深化节约型机关建设，腾出更多财力用于惠企利民。

各位代表！实干铸就梦想，奋斗开创未来。让我们更加紧密地团结在以习近平同志为核心的党中央周围，高举习近平新时代中国特色社会主义思想伟大旗帜，在省委、省政府和市委的坚强领导下，自信自强、守正创新，踔厉奋发、勇毅前行，全面推进中国式现代化西安实践，奋力谱写西安高质量发展新篇章！

组织机构及负责人名录

中共西安市委常务委员会

（以 2022 年年底在职为准）

书　　记　方红卫
副 书 记　李明远
常　　委　康　军　王晓林　刘海成　马鲜萍（女）　贠笑冬　和文全　吕来升　王瑞峰　杨建强　黄　强
秘 书 长　和文全
副秘书长　孙怀国　蒋　炜　李智平　濮斌锋

市委工作机构

市委办公厅
主　　任　蒋　炜
办公厅副主任　吴立民（兼）　畅新征　陆晓兵
纪检监察组组长　卫志强
市委督查专员　李培荣

市委组织部
部　　长　王晓林
常务副部长　连　智
副 部 长　梁晚晴（兼）　李继红　张　勇　张海舟　宋勇军
部务委员　张　凯　刘　洋　李　伟
纪检监察组组长　许　浩

市委宣传部
常务副部长　廉宏伟
副部长、市新闻出版局（市版权局）局长　杨丽萍
副部长、市委文明办主任　王　辉
市委讲师团团长　杨　斌

市委统一战线工作部
部　　长　贠笑冬
常务副部长　张少纯（正局长级）
副 部 长　李永奇（兼）　孙杏娟（正局长级）　杨社会　李　强

市委政法委员会
常务副书记　常　青（正局长级）
副 书 记　陈　哲（兼）何　林

市委政策研究室
主　任　孙怀国
副主任　严　磊（兼）　王宏武　沈武胜

市委网络安全和信息化委员会办公室
主　任　崔　庆
副主任　袁永君　郑　炜

市委军民融合发展委员会办公室
主　任　张　驰
副主任　施　萍　彭新宁　岳智宏

市委外事工作委员会办公室
主　任　强　盛
副主任　李晓燕　杨　桢

市委机构编制委员会办公室
主　任　梁晚晴
机构编制督查专员　张忠芳（正局长级）
副主任　顾　蕾　马荣敬

市委直属机关工作委员会
常务副书记　王晓军（正局长级）
副 书 记　张军利
纪检监察工委书记　白望绪（副局长级）

市委巡察工作领导小组办公室
主　　任　杨　帆
副 主 任　周教育
巡察专员　孙永涛　任昆明　王晓临　杨瑞云　王　宏

市委老干部工作局
局　长　李继红
副局长　汪虎乾　田利民
陕西省西安老年大学校长　毕　锟

市委社会治理和平安建设工作办公室
主　任　陈　哲
副主任　蒙　斌　梁　慧

市委机要和保密局（市国家保密局）
局　长　刘培宏
副局长　张世教　刘元成

市委党校（市行政学院）
常务副校长　张鹏飞

副　校　长　史晓英　范建军
校务委员　孙新朝　刘崇刚

市委党史研究室
主　任　刘伯雅
副主任　张　瑞

市档案馆
馆　长　吴立民
副馆长　张　帜

西安报业传媒集团（西安日报社）
党委书记、董事长兼社长　张　哲
党委副书记、总编辑兼副社长　程建设
党委委员、总经理　缑发世
党委副书记　杨志宏
党委委员、副总编辑　周　立　朱　玲（聘任制）　吴庚旭
李　华
党委委员、副总经理　李　明

西安市第十七届人民代表大会常务委员会
（以2022年12月为准）
主　　任　韩　松
副主任　卢力群　王凤萍（女）　薛振虎　李宁君　杨宗科
秘书长　韩　强
副秘书长　赵生龙　赵雪荣（女）　张拴仓　刘岳东
委　　员　丁学俊　王　军　王　芳（女）　王武平　王　季
王育选　王学超　王晓红（女）　王晓萍（女）
王海安　王新法　王　蕾（女）　孔令国　刘世天
孙　维（女）　苏俊良　李美芳（女）　连　智
张少纯　张　宁　张庆东　张春莹（女）　张炳淳
张晓晖　周相强　周艳利（女）　周　媛（女）
赵寅科　赵　辉（女）　赵勤鹏　郝东文　胡小煜
侯学东　耿占军　徐　岗　徐　辉　黄云娜（女）
崔锦绣（女）　惠敏莉（女）　廉宏伟　裴建潮
薛林莉（女）　魏大宝珠（女）

市人大常委会办公厅
主　任　韩　强

市人大监察和司法委员会
主任委员　王新法
副主任委员　周艳利（女）

市人大法制委员会
主任委员　张炳淳
副主任委员　王海安

市人大财政经济委员会
主任委员　王武平
副主任委员　王　蕾（女）　胡小煜

市人大教育科学文化卫生委员会
主任委员　侯学东
副主任委员　徐　岗　王晓红（女）

市人大城乡建设环境资源保护委员会
主任委员　王学超
副主任委员　崔锦绣（女）　张　宁

市人大民族宗教侨务外事委员会
主任委员　赵寅科
副主任委员　孔令国

市人大社会建设委员会
主任委员　苏俊良
副主任委员　裴建潮　赵　辉（女）

市人大监察和司法工作委员会
主　任　王新法
副主任　杜维宏

市人大常委会法制工作委员会
主　任　张炳淳
副主任　王海安

市人大常委会预算工作委员会
主　任　王武平

市人大教育科学文化卫生工作委员会
主　任　侯学东

市人大城乡建设环境资源保护工作委员会
主　任　王学超
副主任　张　宁

市人大民族宗教侨务外事工作委员会
主　任　赵寅科

市人大社会建设工作委员会
主　任　苏俊良

市人大常委会研究室
主　任　王晓萍（女）

市人大常委会人事代表联络工作委员会
主　任　张庆东
副主任　王雨涵　赵喜莲（女）

市人大常委会农业农村工作委员会
主　任　王　芳（女）
副主任　郭海顺

西安市人民政府
（以2022年年底在职为准）
市　　长　李明远
常务副市长　吕来升
副市长　杨建强　黄　强　孟　浩　仵　江　张　涌
李启全　肖　琦
秘书长　王建东
副秘书长　黄晓华　段重利　苏继文（回，兼）　张　博
刘新社　张学东　杨佐涛　刘　凯

西安市政府办公厅和政府组成部门
市人民政府办公厅
主　任　王建东

副主任　田　地　王志林　郭　民　蔡君丽
纪检监察组组长　刘援秦（正局长级）
市政府督查专员　姚开慧　鲁　强

市人民政府驻北京办事处
副主任　寻心乐（主持工作）

市人民政府驻上海办事处
副主任　张　琦

市人民政府驻深圳办事处
副主任　杨　霄

市发展和改革委员会（粮食和物资储备局、物流业发展办公室）
主　任（局长）　李西宁
副主任　张海玲（女）　王　凯　张军胜　杨　治
纪检监察组组长　严广运

西安市工业和信息化局
局　长　李初管
副局长　孙远昆　张　顺　郭亚龙
纪检监察组组长　王　晖（女）

市教育局
党委书记、局长　李红雨
党委委员、副局长　王　纲　程军安　刘　红
党委委员、纪检监察组组长　唐世广
党委委员、教育督导室总督学　王小虎

西安市科学技术局（外国专家局）
局　长　李志军
副局长　楼文晓　李建勋　江　霞（女）

西安市住房和城乡建设局（轨道交通建设办公室）
党组书记、局长（主任）　解宁元
纪检监察组组长、党组成员　谢　巍
党组成员、副局长　张彦庆　张小波　雷　涛
保障性住房管理中心主任　闫　明

西安市公安局
党委书记、局长、督察长　李启全
党委委员、特勤局局长　王书钦
党委委员、副局长　周军户　殷　浩　张　炜　马步理
党委委员、纪检监察组组长　杜育峰
党委委员、政治部主任　贾鹏图

西安市民政局
党组书记、局　长　李平伟
党组成员、副局长　孔维龙　崔　智　曹立宏

西安市司法局
党组书记　赵　夏
局　　长　苏国峰
党组成员、副局长　史　伟　张兴平　张成群
党组成员、政治（警务）部主任　孙雅玮

西安市财政局
局　长　王永杰
副局长　阎金平　罗红林　杨　博　白　洁
纪检监察组组长　庄　军

西安市人力资源和社会保障局
党组书记、局　长　卢光文
党组成员、副局长　郑化卫　赵　伟
党组成员、纪检监察组组长　喻惠霞

西安市自然资源和规划局（林业局）
党委书记、局长　冯　涛
党委副书记　焦莉丽（女）
纪检监察组组长　王学军
副 局 长　王　闯　邹　林（女）　姜　颖（女）
副总督察　李　伟
市土地储备交易中心主任　李　社

西安市交通运输局
党组书记、局　长　张　健
党组成员、副局长　李斌科　王　伟　冯　浩　田慧枫
党组成员、总工程师　杨党校
纪检监察组组长　孙增贤
市交通运输综合执法支队支队长　李飞峰

西安市农业农村局
党组书记、局　长　裴靖瑜（女）
党组成员、副局长　李岁会　杨稳胜　吴凤祺　赵向军
纪检监察组组长　刘　胜
党组成员、西安市农业综合执法支队支队长　王富荣

西安市水务局
党组书记、局　长　董兆为
党组成员、总工程师　党占奎
党组成员、副局长　王谷石　惠　强　魏　鹏

西安市商务局［中国（陕西）自由贸易试验区西安管理委员会］
党组书记、局　长　张选民
党组成员、副局长　吴慧娟（女）　陈建锋　麻晓勤（女）
纪检监察组组长　聂　虹（女）
副局长、中国（陕西）自贸区西安管委会副主任　李群刚

西安市投资合作局
党组书记、局　长　黄瑜晖（女）
党组成员、副局长　任　伟　郑芝芳（女）

西安市文化和旅游局
党组书记、局　长　孙　超
党组成员、副局长　余亚军　王　晓　程　锐　赵　锋
纪检监察组组长　王　琢
市文化市场综合执法支队支队长　张西锋

西安市卫生健康委员会
党委书记、主任　樊军荣
党委副书记　王红艳
党委委员、副主任　吕永鹏　张　波　丁　力　杨国梁
党委委员、纪检监察组组长　曹轩玉

西安市审计局
党组书记、局　长　徐琳茹（女）

党组成员、副局长　孔　宏　白永平　姬卫华
党组成员、总审计师　王恭让

西安市城市管理和综合执法局
党委副书记　曹宝利（主持工作）
党委委员、副局长　董埃孝　王　军　杨卫华　张国立
党委委员　王　翔
党委委员、纪检监察组组长　强海滨

西安市生态环境局
党委书记、局长　沈炳岗
党委副书记　李　博
党委委员、副局长　赵学功　顾金龙　惠军民　赵　广
党委委员、生态环境保护综合执法支队支队长　赵元伟
党委委员　梁　朝

西安市统计局
党组书记、局　长　张民伟
党组成员、副局长　李　红（女）　连　鹏（女）

西安市体育局
党组书记、局　长　马　锐（回）
党组成员、副局长　邵　芳　刘　刚

西安市民族宗教委员会
党组书记、主　任　李永奇
党组成员、副主任　李海林　平　丽（回）　王　胜
专职委员　成崇辉

西安市市场监督管理局（知识产权局、陕西省药品监督管理局）
党委书记、局长　郝生旺
党委副书记　李海龙
党委委员、副局长　冯　超　吴　繁　丁景玺　王小青（女）
孟祥东
党组成员、总工程师　张振兴
市场监管综合执法支队支队长　张军社

西安市退役军人事务局
党组书记、局　长　惠应吉
党组成员、副局长　季建斌　闫亚林

西安市应急管理局
党委书记、局　长　姚　涌
党委委员、副局长　陈选良　段胜利　方　博（女）　党晓春
纪检监察组组长　徐　杨
应急管理综合执法支队支队长　刘永峰

西安市人民政府国有资产监督管理委员会
党委书记、主任　刘三民
党委副书记　彭胜利
党委委员、副主任　李宏军　李文长
西安交通投资集团有限公司党委书记、董事长　杜文艺
西安城市发展（集团）有限公司董事长　焦振华

西安市政府研究室
党组书记、主　任　段重利
党组成员、副主任　左　东

西安市信访局（市信访接待中心）
党组书记、局　长　苏继文（回）
党组成员、副局长　郝林杰　宋丰收　段淑娟
信访督查专员　路向东

西安市医疗保障局
党组书记、局　长　冯立文
党组成员、副局长　岳　岚　张　宏

西安市乡村振兴局
党组书记、局　长　张军刚
党组成员、副局长　朱玉荣（女）　刘　斌

西安市行政审批服务局
党组书记、局　长　陈晓军
党组成员、副局长　张新鳌　曾国梅（女）

西安市大数据资源管理局（新经济产业发展局）
党组成员、副局长（主持工作）　刘　鑫（回）
党组成员、副局长　张伟明　孙　伟

西安市金融工作局
党组书记、局长　王　丽（女）
副局长　李　鹏　杨　勇

西安市秦岭生态环境保护管理局
党组书记、局　长　王　健
党组成员、副局长　李朝晖　李君亭　薛亚洲
纪检监察组组长　刘海林

西安市文物局
党组书记、局　长　孙　超
党组成员、副局长　唐　龙　王　菲（女）

西安市人民防空办公室
党组书记、主　任　陈　博
党组成员、副主任　连拥军　邱卫华

直属事业机构

西安市地方志办公室
党组书记、主　任　王　鹰
党组成员、副主任　崔义萍

西安市社会科学院（市社科联）
党组书记、院　长（主　席）　高东新
党组成员、副院长（副主席）　张永强

西安市地震局
党组书记、局　长　张峰虎
党组成员、副局长　邢晴汉

西安住房公积金管理中心
党委书记、主任　王　琦
党委委员、总会计师　张林军
党委委员、副主任　马　涛（回）　郭建文

西安市博览事务中心
主　任　王国根（兼）

党组书记、常务副主任　王宏联
党组成员、副主任　朱　彤

西安市城中村（市棚户区）改造事务中心
党组书记、主　任　刘　强
党组成员、副主任　李根成　袁海林　韩利敏

西安市机关事务服务中心
党组书记、主　任　王晓东
党组成员、副主任　徐海民　南文生

西安广播电视台（西安广电产业集团）
党委书记、台长、董事长　廉宏伟
副书记　马洪良
党委委员、总编辑　解　炜
党委委员、总经理　顾育英
党委委员、副台长　席震宙

市属高校

西安开放大学
党委书记　李　彬
党委副书记、校长　赵丽玲
党委副书记、纪委书记、监察专员　初亚莉
副校长　李福海　张　斌

西安文理学院
党委书记　王育选
党委副书记、院长　陈　刚
党委副书记　李忠良
副 院 长　韩　权（正局长级）
党委委员　范　宏　邬连东　任　晖　刘明利　郭　瑞
　　　　　曹　鸿

西安职业技术学院
党委书记　张　理
党委副书记、院长　闫秀斌
党委委员、副院长　宋　军　符虎刚

西安铁路职业技术学院
党委书记　施利民
党委副书记、院长　赵春平
党委副书记、纪委书记、监察专员　邓　轩
党委副书记　任治军
党委委员、副院长　安学武　熊　奇

其他单位

西安投资控股有限公司
董事长　杜岩岫
总经理　刘　钊

西安市供销合作联社
党组书记　曹忠奎
主　　任　郝东文
党组成员、副主任　肖　刚

中国国际贸易促进委员会西安市分会（西安国际商会）
党组书记、会　长　冉红斌
党组成员、副会长　张庚元
党组成员、副会长　夏　鹏

西安市工业合作联社
党组书记、主　任　徐　龙
党组成员、副主任　段忠明　杨希军

西安商贸物流集团
党委书记、董事长　曹兆民
党委委员、副总经理　胡　玥（女）　雷春龙　冯军伟

西安市工业投资集团有限公司
党委书记、董事长　金　辉
党委副书记、副董事长、总经理　张立伟
党委委员、副总经理　胡治刚　李东升　李广晖
党委委员、纪委书记、监察专员　常以卓（女）
西安市机电化工（轻纺建材）国有资产管理公司党委委员、副总经理　郭　梅（女）

西安城市基础设施建设投资集团有限公司
党委书记、董事长　马胜利
党委副书记、总经理、副董事长　韩红丽（女）
党委副书记、董事　傅　丽（女）
党委委员、副总经理　林少恒　强青军　薛　健
党委委员、纪委书记、监察专员　王　莉（女）

西安水务（集团）有限责任公司
党委书记、董事长　贺瑞林
党委副书记　陈顺利
党委委员、副总经理　孟　哲　张国荣
党委委员、纪委书记、监察专员　张大为

西安银行股份有限公司
党委书记、董事长　郭　军
党委副书记、行长、董事　梁邦海
党委委员、监事长　李富国
党委副书记、董事、副行长　王　欣
党委委员、工会主席　李文琦（女）
党委委员、副行长　张成喆　狄　浩　刘　强
董事会秘书　石小云（女）

西安航空航天投资股份有限公司
党委书记、董事长　王　斌
党委副书记、总经理　马　强
党委委员、纪委书记、监察专员　扈广杰
党委委员、财务总监　王双文
党委委员、副总经理　罗奕凯

西安市安居建设管理集团有限公司
党委书记、董事长　薛建华
党委委员、董事、副总经理　王炜鹏
党委委员、董事、副总经理　李文弟
总会计师　刘　洁（女）
党委委员、副总经理　丁　亮

西安农业投资（集团）有限公司
党委书记、董事长　成　斌
党委副书记、董事、副总经理　李英杰

西安市轨道交通集团有限公司
党委书记、董事长　宋　扬
党委副书记、总经理、副董事长　马　钢
党委副书记、董事　陈　红（女）
党委委员、纪委书记、监察专员　宁春林
党委委员、董事、副总经理　王　超
党委委员、副总经理　杨　军　董红杰　康　佐

西安建工（集团）有限责任公司（混合所有制）
董　事　于　玮　周　伟（女）

中国人民政治协商会议西安市第十五届委员会

主　席　王吉德
副主席　卢　凯　肖西亮　王国根（农工）　陈长春
张华俊（致公）　姜长智（民建）　王晓萍（九三）
邢　欣
秘书长　荀继东
副秘书长　蔺孝民　洪　剑　吴有亭
办公厅主任　荀继东（兼）
研究室主任　任莉娟（女）
委员工作委员会主任　张雪琴（女，民盟）
提案委员会主任　邢宏锋
经济委员会主任　杨国胜
农业和农村委员会主任　肖争光
人口资源环境委员会主任　刘　军
港澳台侨和外事委员会主任　杨　庆
社会法制和民族宗教委员会主任　李健彪（回）
教科卫体委员会主任　陆晓延
文化文史和学习委员会主任　汪　涛

中国共产党西安市第十四届纪律检查委员会

书　记　王瑞峰
副书记　张友社　陈　武　孙宝锋
常　委　杨　帆　王清宇　杨立君　雷晓坤　秦　鹏

西安市监察委员会

主　任　王瑞峰
副主任　张友社　陈　武　孙宝锋
委　员　王清宇

西安市中级人民法院

院　长　赵　雷
副院长　赵海峰　姚建军
纪检组长　张小齐
政治部主任　邓晓宇

西安市人民检察院

检察长　陈　明
副检察长　杜豫苏　同振魁　施文平　韩柏超　温鸿沛
政治部主任　梁根科
纪检监察组组长　赵仲军

西咸新区

党工委书记　杨仁华
党工委副书记、管委会主任　姜建春
党工委副书记　李　娴（女）
党工委委员、管委会副主任　陈　辉　张　渭　艾　晨（女）
杨胜良
党工委委员、纪检监察工作委员会书记　姜志华
管委会副主任　任建民　陈晓雄
党工委委员、沣东新城管委会主任　姚海军
党工委委员、沣西新城管委会主任　陈　默
党工委委员　刘宇斌　贺　键　柳　政
党工委委员、泾河新城管委会主任　张宏伟
党工委委员、秦汉新城管委会主任　周　东
总规划师　梁　东
西咸新区发展集团有限公司党委书记、董事长　王军平
党委副书记、总经理　张　涛
空港新城管委会主任　张　蔚

开发区

西安高新技术产业开发区管理委员会
党工委书记（兼）　马鲜萍（女，回）
党工委副书记、管委会主任　齐海兵
党工委副书记　郭晓辉
党工委委员　史康度
党工委委员、纪检监察工委书记　董明炎
党工委委员、管委会副主任　顾海文　杨　华　王海若（女）
李晓岚（女）
西安高科集团有限公司董事长　张小宁
西安高科集团有限公司总经理　祝社宁
西安高新控股有限公司党委书记、董事长　党发龙

西安经济技术开发区管理委员会
党工委书记　康　军（兼）
党工委副书记、管委会主任　贾　强
党工委副书记　张兴华
党工委委员、管委会副主任　陈　迪　张　俊　杨　军
刘　可　杨　剑
西安经发控股（集团）有限责任公司董事长　彭晓晖
西安经发控股（集团）有限责任公司总经理　席保军

西安曲江新区管理委员会
党工委书记　姚立军（兼）
党工委副书记、管委会主任　王庆华（女）
党工委副书记　李铁军
党工委委员、管委会副主任　常文芝　李耀杰　葛淑英（女）
但华喜　杨　晨
党工委委员，西安演艺（集团）有限公司党委书记、董事长
寇雅玲（女）
西安曲江文化产业投资（集团）有限公司董事长　陈共德（瑶）
西安旅游集团有限责任公司党委书记、董事长　毋文利

西安浐灞生态区管理委员会
党工委书记、管委会主任　孙艺民
党工委副书记、管委会主任　杨　兵
党工委副书记　李新霞（女）
党工委委员、副主任　丁学俊　黄秦政　王永兵　陈　静（女）
马志胜
管委会副主任　谢慧莹（女，锡伯）
党工委委员、纪检监察工委书记　王维祥
西安浐灞发展集团有限公司董事长　樊彦平
西安浐灞发展集团有限公司总经理　赵军虎

西安阎良国家航空高技术产业基地（陕西航空经济技术开发区）管理委员会
党工委书记　牛　恺（兼）
党工委副书记、管委会主任　于海夫（兼）

党工委副书记 郭凤鹏
党工委委员、管委会副主任 仝秀丽（女） 杜崇壮 胡广鑫
王建飞
西安航空城建设发展（集团）有限公司总经理 解晓强

西安国家民用航天产业基地（陕西航天经济技术开发区）管理委员会
党工委书记 牛 恺
党工委副书记、管委会主任 门 轩
党工委副书记 赵 舰
党工委委员、管委会副主任 刘顺利 贺延光 蒋 阳
孟 超 田 农 史晓峰
党工委委员、纪检监察工委书记 童 帅

西安国际港务区管理委员会
党工委书记、管委会主任 孙艺民
党工委委员、管委会副主任 李 翔 杨 祎（女） 范 明
任 社 马选利
党工委委员、纪检监察工委书记 王东伟
西安综合保税区管委会专职副主任 王运动
西安国际陆港投资发展集团有限公司董事长 屈锦薇（女）

富阎产业合作园管理委员会
党工委副书记、管委会主任 胡广鑫
党工委委员、管委会副主任 李 博（回） 夏 清

群众团体

市总工会第十五届委员会
主 席 薛振虎
常务副主席 王 雷
副 主 席 魏大宝珠（藏，女） 薛关文 陈 曦
兼职副主席 夏复山
经费审查委员会主任 王向平

共青团西安市第十八届委员会
书 记 徐 辉
副书记 尤 婷（女） 李显昱（兼） 叶雨桐（女，兼）
周 远（兼）

市妇女联合会
主 席 薛林莉（女）
副主席 曲 歆（女） 魏 军（女，兼） 米 莹（女，兼）

市科学技术协会第八届委员会
主 席 樊代明
副主席 卫军水 马远良 王润孝 朱恪孝 刘建华 李佩成
张传时 耿占军 黄 翔 韩 权 舒德干

市归国华侨联合会第十一届委员会
主 席 杨 庆
副主席 张天琦
副主席（兼） 戴慧敏 禹 燕（女） 陈振茂 常建国
陈 婧（女） 杜 强 邱慧灵
秘书长 张天琦（兼）

市文学艺术界联合会
副主席 刘新锋 王晓锋 张青艳（女） 张龙愿 李伯钧
于孝军 吴克敬 陈兆朋 叶广芩（女） 王西京
侯红琴（女） 方 明 石瑞芳（女） 杜爱民
秘书长 陈兆朋（兼）

市残疾人联合会执行理事会
理 事 长 （缺）
副理事长 荣 亮（主持工作） 何永国

市红十字会第七届理事会
名誉会长 王 浩
会 长 肖 琦
专职副会长 柳 萍（女）
兼职副会长（13 名） 吴智民 王 伟 王庆华（女）
关相林 张忠芳 张 卫 闫秀斌
朱友明 罗红林 王红艳（女）
刘晓民 朱玉荣（女） 张春莹（女）
秘 书 长 李晓东

中国国际贸易促进委员会西安市分会
党组书记、会 长 冉红斌
党组成员、副会长 张庚元 夏 鹏

西安市法学会第四届理事会
会 长 丁 健
兼职副会长 马中林 王利民 刘丹冰（女） 杜豫苏（女）
张乾民 陈辛一 陈瑞龙 单文华 赵 夏
郝福京 宦 洁 郭 捷（女）
秘 书 长 程晓平

民主党派·工商联

中国国民党革命委员会西安市第八届委员会
主 委 王 选
副主委 刘 朋 郝东文 王一凡 薛晓芹（女） 宋彦佳（女）
秘书长 刘凤芹（女）

中国民主同盟会西安市委员会
主 委 吴晓军
副主委 程希文 李美芳（女） 文 静（女） 刘 岗
张凯华

中国民主建国会西安市委员会
主 任 委 员 姜长智
副主任委员 王 季 霍炳男 乔 伟 张晓晖 程乔漉（女）

中国民主促进会西安市委员会
主 任 委 员 杨宗科
副主任委员 梁 倩（女） 王小玲（女） 梁文辉（女）
高杨杰 李东霖

中国农工民主党西安市委员会第十一届委员会
主 任 委 员 王国根
副主任委员 齐 靖（女） 周 媛（女） 肖红亮 段降龙
吕雅丽（女）
秘 书 长 曾 捷（女）

中国致公党西安市第七届委员会
主 任 委 员 张华俊

副主任委员　崔安庆　崔孟娜（女）　张红林　丁学俊
　　　　　　唐小彧
秘　书　长　崔安庆（兼）

九三学社西安市委员会
主　委　王晓萍（女）
副主委　陈　慧（女）　王栓民　李建军　赵勤鹏
秘书长　张　力

市工商业联合会
主　　席　姜长智
党组书记　孙杏娟
副 主 席　刘　宝　韩增健
秘 书 长　马　杰

区（县）

新城区
区委书记　贾轶昊
副 书 记　邓晓东　陈红利（女）
区委常委　郜　义　马连友　周　恒　陈美蓉（女）　杨　珩
　　　　　杨　辉
区人大常委会主任　赵明欣
副主任　邓逢春　谭琳娜（女）　毛　安　柳建民
区　长　邓晓东
副区长　杨　珩　李　浩　郭金虎　李　卓　赵　辉　王方伟
　　　　李枫艳（女）
区政协主席　张　炜
副　主　席　王　超　詹晓东　张建平　崔　洁
区纪委书记、监委主任　陈金鹏

碑林区
区委书记　刘其智
副 书 记　张　帆（女）　张　营
区委常委　乔建宏　黄　华　党　浩　高　难　聂文斌
　　　　　孙崇博（女）　唐　玮
区人大常委会主任　阮　波
副主任　何　文　冯　洁　宋　蓓（女）
区　长　张　帆（女）
副区长　乔建宏　黄　华　朱　敏　张　武　雷景茹（女）
　　　　董晓楠　张敏瑜
区政协主席　周振强
副　主　席　惠　鸣　沈沛兰（女）　鄢清政　张小哲
区纪委书记、监委主任　党　浩

莲湖区
区委书记　马　翔
副 书 记　胡广乐　尤　骁
区委常委　董　旭　周兴鹏　任　奇　杜展鹏　缪宝辉
　　　　　王蓬勃　孙广卫　傅　强　武　蓉（女）
区人大常委会主任　刘永毅
副主任　柏　战　熊　捷（女）　张广宁　武福亮
区　长　胡广乐
副区长　董　旭　傅　强　肖红亮　戴　微（女）　陈晏辉
　　　　宋　刚　尤　健
区政协主席　上官拥军
副　主　席　任　军　刘庆明　阎光辉　万世涛（不驻会）
区纪委书记、监委主任　周兴鹏

雁塔区
区委书记　王　征
副 书 记　王建军　郭向卫
区委常委　郭建荣　刘　军　邓　朋　吴艳玲（女）　潘焕乔
　　　　　周　亚　常海波　焦鸣军
区人大常委会主任　曹　宇
副主任　李占良　吕东国　张苗苗（女）　任佳琳（女）
区　长　王建军　郭建荣　刘　军
副区长　马惠民　王　华（女）　张　伟　聂　虎　郭　俊
区政协主席　贠孝民
副　主　席　朱红斌　冯少林　王春丽（女）　赵亚弟
区纪委书记、监委主任　吴艳玲（女）

灞桥区
区委书记　苗志忠
副 书 记　苏晓梅（女）　李连永
区委常委　李连永　柳春林　周开来　柴艳荣（女）　马学智
　　　　　王　伟　赵宣伟　孟　超　薄盛春
区人大常委会主任　姜　旭
副主任　高　波　朱　列（女）　袁　焱
区　长　苏晓梅（女）
副区长　柳春林　周开来　袁　萍（女）　杜永亮　孙见林
　　　　李刚毅　樊　明
区政协主席　杨联合
副　主　席　周　媛（女）　李养生　张武刚　王志强
　　　　　　张明华
区纪委书记、监委主任　王　伟

未央区
区委书记　刘国荣
副 书 记　王小育
区委常委　王红武　郭军政　张云伟　赵红星　王保静
　　　　　王　静　张水利　张旭华
区人大常委会主任　陈伟华
副主任　袁晓莉（女）　杨双梨　高育强　周　泽（女）
区　长　王小育
副区长　王红武　赵红星　张永辉　侯运生　王　健
区政协主席　杨　军
副　主　席　王惠增　王艳君　赵发宝　连永明　陈　宏
区纪委书记、监委主任　王保静

阎良区
区委书记　牛　恺
副 书 记　于海夫　贺卫涛
区委常委　郭　强　王　飞　钱振龙　潘皓亮　张红花（女）
　　　　　黄晓民　唐　雄　张引良
区人大常委会主任　权利军
副主任　孙晓雷　李小刚　杨玉珍　王　芳
区　长　于海夫
副区长　郭　强　黄晓民　刘建邦　马　辉　张小玉（女）
　　　　郭　鑫　张园林
区政协主席　樊增文
副　主　席　何　彧　王增利　邢继辉　张　旗（女）
区纪委书记、监委主任　钱振龙

临潼区
区委书记　黄　可（回）
副 书 记　苗　吉　侯兵利（女）

区委常委　魏养毅　刘建民　程　默（女）　王加山　孟俊平
　　李子阳　高智鹏　刘新亮（回）　刘　军
区人大常委会主任　胡民升
副主任　张亚林（不驻会）　宁掌珠（女，兼）　王　涛
　　李增红
区　长　苗　言
副区长　魏养毅　孟俊平　高少军　霍炳男　王　鹏
　　薛　凡（女）　张　超
区政协主席　吕新海
副　主　席　杨小妮（女）　王　彬　孙　刚（不驻会）
区纪委书记、监委主任　程　默（女）

长安区
区委书记　吕　强
副 书 记　张　军　王　韬
区委常委　徐　超　冯　楠　李会林　王宝金　姬水峰
　　崔建明　李鹏程　张文川
区人大常委会主任　刘文涛
副主任　黄鸿武　姚小强　邱　宏　葛　莹（女）
副区长　徐　超　崔建明　梁文辉（女）　杨永涛　元伟东
　　吴海军　李立峰
区政协主席　张　军
副　主　席　王栓民　姚旭升　李遵席　苏秀莹（女）
区纪委书记、监委主任　李会林

高陵区
区委书记　张水利
副 书 记　邹晓刚　徐　斌
区委常委　李　斌　王允亮　胡醒亚　张跃进　雷承立
　　周生华（土家）　荆　瑾（女）　陈　灵
区人大常委会主任　张韶辉
副主任　吴兴利（女）　阎红伟　韩亚仙（女）　师文忠
区　长　邹晓刚
副区长　李　斌　张跃进　贾海军　李亚省　薛　霞（女）
　　张敏涛　樊晓峰
区政协主席　刘照河
副　主　席　谭胜利　赵　伟　关　林（女）　唐　伟
区纪委书记、监委主任　胡醒亚

鄠邑区
区委书记　李　化
副 书 记　汪国栋　任　涛
区委常委　舒元华　于　迅　孔维龙　王　值（女）　李　刚
　　姚　勇　管永华　张　博
区人大常委会主任　鱼成龙
副主任　温文强　谢永平　黄会云（女）
区　长　汪国栋
副区长　舒元华　姚　勇　杨战海　郑少华　郑　伟
　　陈鹏飞　崔科峰
区政协主席　李军考
副　主　席　徐词忠　张慎重　李西红（女）　刘小莹（女）
区纪委书记、监委主任　于　迅

蓝田县
县委书记　林　梅（女）
副 书 记　徐　毅　赵　刚
县委常委　苏护强　许小红　卢允涛（女）
　　王　晶（蒙古，女）　王　剑　展云飞　贺新锋
　　张平章
人大常委会主任　吴永平
副主任　穆西锋　陈小马　龚　卫　李宏涛
县　长　徐　毅
副县长　苏护强　王　晶（女）　韩格峰　单　强　毛会霞（女）
　　何　勇　郭丽斌（女，挂职）
县政协主席　胡新志
副　主　席　张均锋　高建周
县纪委书记、监委主任　卢允涛（女）

周至县
县委书记　闻其伟
副 书 记　段军利　李同劲
县委常委　闻其伟　段军利　李同劲　王小勇　高彦周
　　丁　舸　周训良　王丽琼（女）　曹　珂　陶文智
　　刘　鑫　李　峰
县人大常委会主任　朱建平
副主任　刘静萍　任青山　王选良
县　长　段军利
副县长　王小勇　周训良　李西安　刘文博　侯淑艳　王刚利
　　骞　宸
县政协主席　蒋选亮
副　主　席　朱　璇　任兴之　李安济
县纪委书记、监委主任　刘　鑫

（市委组织部）

表 86　2022 年西安市委、市政府重要文件目录一览表

标　题	发文号	发文时间
中共西安市委　西安市人民政府关于给市消防救援支队记集体二等功的决定	市字〔2022〕10 号	2022-01-27
中共西安市委关于追授李钊同志“西安市优秀共产党员”称号的决定	市字〔2022〕86 号	2022-05-13
中共西安市委　西安市人民政府关于表彰 2021 年度全市目标责任考核先进单位的决定	市字〔2022〕93 号	2022-05-19
中共西安市委办公厅　西安市政府办公厅关于建立完善巩固拓展脱贫攻坚成果同乡村振兴有效衔接工作机制的通知	市办字〔2022〕4 号	2022-01-27
中共西安市委　西安市人民政府关于印发《2022 年全面推进乡村振兴重点工作实施方案》的通知	市发〔2022〕1 号	2022-04-29
中共西安市委　西安市人民政府印发《关于深化医疗保障制度改革的实施方案》的通知	市发〔2022〕2 号	2022-02-14
中共西安市委　西安市人民政府关于印发《西安市法治政府建设实施方案（2021—2025 年）》的通知	市发〔2022〕4 号	2022-04-18
中共西安市委　西安市人民政府关于印发《西安市加快国家中心城市建设行动方案（2022—2023 年）》的通知	市发〔2022〕5 号	2022-04-25

续表 86

标　　题	发文号	发文时间
中共西安市委　西安市人民政府关于推进开发区高质量发展的指导意见	市发〔2022〕6号	2022-05-01
中共西安市委　西安市人民政府关于印发《西安市促进中医药传承创新发展实施方案》的通知	市发〔2022〕8号	2022-06-13
中共西安市委　西安市人民政府印发《关于深入打好污染防治攻坚战的工作措施》的通知	市发〔2022〕13号	2022-12-14
中共西安市委办公厅　西安市人民政府办公厅关于印发《西安市灾后恢复重建实施方案》的通知	市办字〔2022〕5号	2022-01-28
中共西安市委办公厅　西安市人民政府办公厅关于印发《西安市高质量项目建设推进年实施方案》的通知	市办字〔2022〕30号	2022-04-30
中共西安市委办公厅印发《关于进一步统筹规范市级督查检查考核工作的实施办法（试行）》的通知	市办字〔2022〕32号	2022-05-16
中共西安市委办公厅　西安市人民政府办公厅印发《关于深入推进抓党建促乡村振兴》开展“万名干部人才下乡村”行动的意见（试行）《关于深入推进抓党建促乡村振兴开展“千企联千村”行动的意见》的通知	市办字〔2022〕37号	2022-05-20
中共西安市委办公厅　西安市人民政府办公厅关于印发《西安市市级议事协调机构规范管理办法》的通知	市办字〔2022〕40号	2022-05-23
中共西安市委办公厅　西安市人民政府办公厅关于印发《加强和改进防汛救灾工作实施方案》的通知	市办字〔2022〕49号	2022-06-15
中共西安市委办公厅　西安市人民政府办公厅关于印发《区县西咸新区开发区和市级部门2022年度目标责任考核指标》的通知	市办字〔2022〕65号	2022-07-18
中共西安市委办公厅　西安市人民政府办公厅关于印发《“西安青年人才驿站”工作实施方案》的通知	市办字〔2022〕67号	2022-07-25
中共西安市委办公厅　西安市人民政府办公厅印发《关于深化城市基层党建引领基层治理实施“六个一”攻坚行动的工作方案》的通知	市办字〔2022〕73号	2022-08-08
中共西安市委办公厅关于印发《西安市第五个纪律教育学习宣传月活动方案》的通知	市办字〔2022〕76号	2022-08-12
中共西安市委办公厅　西安市人民政府办公厅关于印发《西安市市级重点项目观摩测评实施方案》《西安市高质量项目建设成效考核办法》的通知	市办字〔2022〕77号	2022-08-15
中共西安市委办公厅　西安市人民政府办公厅关于印发《西安市“人才＋高校＋企业”协同创新基地建设管理办法》的通知	市办字〔2022〕82号	2022-08-29
中共西安市委办公厅　西安市人民政府办公厅关于印发《西安市新一轮农村人居环境整治提升行动方案》的通知	市办字〔2022〕86号	2022-09-07
中共西安市委办公厅　西安市人民政府办公厅关于印发《西安市人才发展基金设立方案》《西安市人才发展基金管理办法（暂行）》的通知	市办字〔2022〕92号	2022-09-09
中共西安市委办公厅　西安市人民政府办公厅关于印发《西安市创建全国禁毒示范城市工作方案》的通知	市办字〔2022〕135号	2022-12-15
中共西安市委办公厅　西安市人民政府办公厅关于印发《“十四五”西安建设“一带一路”综合试验区实施方案》的通知	市办发〔2022〕1号	2022-01-30
中共西安市委办公厅　西安市人民政府办公厅印发《关于深化新时代教育督导体制机制改革的实施方案》的通知	市办发〔2022〕2号	2022-02-14
中共西安市委办公厅　西安市人民政府办公厅关于印发《西安市规范民办义务教育发展实施方案》的通知	市办发〔2022〕3号	2022-02-16
中共西安市委办公厅　西安市人民政府办公厅印发《关于推进全市基层应急管理体系和能力建设实施方案》的通知	市办发〔2022〕12号	2022-09-09
中共西安市委办公厅　西安市人民政府办公厅印发《关于建立以国家公园为主体的自然保护地体系的实施方案》的通知	市办发〔2022〕13号	2022-09-16
中共西安市委办公厅　西安市人民政府办公厅印发《西安市关于全面建立耕地保护田长制的实施方案》的通知	市办发〔2022〕16号	2022-10-26
中共西安市委办公厅　西安市人民政府办公厅印发《关于在城乡建设中加强历史文化保护传承的实施方案》的通知	市办发〔2022〕20号	2022-12-10
西安市人民政府关于印发《“十四五”科技创新发展规划》的通知	市政发〔2022〕1号	2022-01-10
西安市人民政府关于印发《“十四五”产业发展规划》的通知	市政发〔2022〕2号	2022-02-07

续表 86

标　　题	发文号	发文时间
西安市人民政府关于印发《“十四五”农业农村现代化规划》的通知	市政发〔2022〕3 号	2022-02-16
西安市人民政府关于印发《“十四五”教育事业发展规划》的通知	市政发〔2022〕5 号	2022-03-17
西安市人民政府关于印发《“十四五”卫生健康事业发展规划》的通知	市政发〔2022〕6 号	2022-03-22
西安市人民政府关于印发李明远市长在市十七届人大一次会议上所作《政府工作报告》的通知	市政发〔2022〕7 号	2022-04-06
西安市人民政府关于印发《贯彻全民科学素质行动规划纲要（2021—2035 年）实施方案》的通知	市政发〔2022〕8 号	2022-04-11
西安市人民政府关于深入开展爱国卫生运动的实施意见	市政发〔2022〕12 号	2022-05-30
西安市人民政府关于印发《扎实稳住经济若干政策措施》的通知	市政发〔2022〕13 号	2022-06-02
西安市人民政府关于调整第三届西安住房公积金管理委员会委员的通知	市政发〔2022〕14 号	2022-06-08
西安市人民政府关于印发《“十四五”公共服务体系建设规划》的通知	市政发〔2022〕19 号	2022-09-21
西安市人民政府关于公布古树名木资源补充调查新增古树建档名录的通知	市政发〔2022〕20 号	2022-10-19
西安市人民政府关于印发《“十四五”工业和信息化发展规划》的通知	市政发〔2022〕21 号	2022-10-24
西安市人民政府关于授予蒋正全等 6 人西安市“见义勇为模范”称号的决定	市政发〔2022〕22 号	2022-11-11
西安市人民政府关于聘任市政府法律顾问的通知	市政发〔2022〕23 号	2022-11-15
西安市人民政府办公厅关于印发《西安市创新投资基金设立方案》的通知	市政办发〔2022〕1 号	2022-01-10
西安市人民政府办公厅关于印发《教育领域市以下财政事权和支出责任划分改革实施方案》的通知	市政办发〔2022〕2 号	2022-02-08
西安市人民政府办公厅关于加快发展保障性租赁住房的实施意见	市政办发〔2022〕4 号	2022-02-21
西安市人民政府办公厅关于印发《哲学社会科学研究成果等级评定办法》的通知	市政办发〔2022〕5 号	2022-02-22
西安市人民政府办公厅关于印发《推动智能建造与新型建筑工业化协同发展实施方案》的通知	市政办发〔2022〕6 号	2022-03-02
西安市人民政府办公厅关于印发《促进股权投资行业发展若干措施》的通知	市政办发〔2022〕7 号	2022-03-02
西安市人民政府办公厅关于印发《建立健全养老服务综合监管制度促进养老服务高质量发展重点工作任务分工》的通知	市政办发〔2022〕8 号	2022-03-18
西安市人民政府办公厅关于印发《西安市生产安全事故应急预案（修订稿）》的通知	市政办发〔2022〕9 号	2022-03-22
西安市人民政府办公厅关于印发《西安市贯彻落实〈中国反对拐卖人口行动计划（2021—2030 年）〉实施细则》的通知	市政办发〔2022〕10 号	2022-03-29
西安市人民政府办公厅关于印发《自然灾害救助应急预案》的通知	市政办发〔2022〕11 号	2022-04-08
西安市人民政府办公厅关于切实做好 2022 年粮食生产工作的通知	市政办发〔2022〕12 号	2022-04-08
西安市人民政府办公厅关于改革完善市级财政科研经费管理的实施意见	市政办发〔2022〕13 号	2022-04-11
西安市人民政府办公厅关于印发《在城乡人居环境建设中深入开展美好环境与幸福生活共同缔造活动实施方案》的通知	市政办发〔2022〕14 号	2022-04-29
西安市人民政府办公厅关于印发《2022 年政府工作报告任务分解意见》的通知	市政办发〔2022〕15 号	2022-05-06
西安市人民政府办公厅关于印发《西安市蓝天碧水净土保卫战 2022 年工作方案》的通知	市政办发〔2022〕18 号	2022-06-06
西安市人民政府办公厅关于印发《2022 年重点产业链招商若干政策》的通知	市政办发〔2022〕19 号	2022-06-01
西安市人民政府办公厅关于进一步加强行政调解工作的实施意见	市政办发〔2022〕20 号	2022-06-10
西安市人民政府办公厅关于印发《交通运输领域市与区县财政事权和支出责任划分改革实施方案》的通知	市政办发〔2022〕21 号	2022-06-14
西安市人民政府办公厅关于印发《2022 年度市政府重大行政决策事项目录》的通知	市政办发〔2022〕23 号	2022-06-15
西安市人民政府办公厅关于印发《金融支持经济稳增长工作措施》的通知	市政办发〔2022〕25 号	2022-06-16
西安市人民政府办公厅关于印发《加快推进供销合作社高质量发展实施方案》的通知	市政办发〔2022〕27 号	2022-07-14

续表 86

标　　题	发文号	发文时间
西安市人民政府办公厅关于废止《西安市关于加快推进高品质特色酒店建设的政策意见》的通知	市政办发〔2022〕28 号	2022-07-15
西安市人民政府办公厅关于印发《新时代推进普通高中育人方式改革实施方案》的通知	市政办发〔2022〕29 号	2022-07-20
西安市人民政府办公厅关于印发《2022 年度政府规章制定计划》的通知	市政办发〔2022〕30 号	2022-07-20
西安市人民政府办公厅关于印发《“十四五”就业促进实施方案》的通知	市政办发〔2022〕31 号	2022-07-22
西安市人民政府办公厅关于印发《“十四五”残疾人保障和发展规划》的通知	市政办发〔2022〕33 号	2022-07-27
西安市人民政府办公厅关于印发《供排水设施资产移交划转实施方案》的通知	市政办发〔2022〕34 号	2022-08-01
西安市人民政府办公厅关于进一步规范和加强政策解读工作的通知	市政办发〔2022〕37 号	2022-08-18
西安市人民政府办公厅关于加快推进西安市国家加工贸易产业园建设的实施意见	市政办发〔2022〕38 号	2022-08-19
西安市人民政府办公厅关于印发《西安商贸物流集团有限公司组建方案》的通知	市政办发〔2022〕39 号	2022-08-19
西安市人民政府办公厅关于进一步规范行政执法行为、提升行政执法能力的实施意见	市政办发〔2022〕40 号	2022-08-23
西安市人民政府办公厅关于全面实行行政许可事项清单管理的通知	市政办发〔2022〕41 号	2022-08-26
西安市人民政府办公厅关于印发《政务电子印章管理办法（试行）和政务电子证照管理办法（试行）》的通知	市政办发〔2022〕42 号	2022-08-25
西安市人民政府办公厅关于印发《全面加强药品监管能力建设若干措施》的通知	市政办发〔2022〕43 号	2022-08-25
西安市人民政府办公厅关于印发《进一步支持大学生创新创业若干措施》的通知	市政办发〔2022〕44 号	2022-08-30
西安市人民政府办公厅关于进一步做好高校毕业生等青年群体就业创业工作的通知	市政办发〔2022〕46 号	2022-09-02
西安市人民政府办公厅关于印发《支持科技企业创新发展若干措施》的通知	市政办发〔2022〕47 号	2022-09-07
西安市人民政府办公厅关于加强行政争议预防调处工作的通知	市政办发〔2022〕48 号	2022-09-14
西安市人民政府办公厅关于印发《加快推进农村寄递物流体系建设实施方案》的通知	市政办发〔2022〕49 号	2022-09-16
西安市人民政府办公厅关于印发《加强金融支持科创企业健康发展若干措施》的通知	市政办发〔2022〕50 号	2022-09-16
西安市人民政府办公厅关于印发《促进工业有效投资若干措施》的通知	市政办发〔2022〕51 号	2022-10-08
西安市人民政府办公厅关于转发《市金融工作局市财政局打造创投生态十项举措》的通知	市政办发〔2022〕52 号	2022-10-10
西安市人民政府办公厅关于印发《耕地保护激励奖补暂行办法》的通知	市政办发〔2022〕53 号	2022-10-10
西安市人民政府办公厅关于印发《“十四五”数字经济发展规划》的通知	市政办发〔2022〕55 号	2022-11-01
西安市人民政府办公厅关于印发《陕西西安综合改革试验基金设立方案和陕西西安综合改革试验基金管理有限公司组建方案》的通知	市政办发〔2022〕56 号	2022-11-02
西安市人民政府办公厅关于建立住宅小区行政执法清单制度的通知	市政办发〔2022〕57 号	2022-11-11
西安市人民政府办公厅关于进一步推进“标准地＋承诺制”改革工作的实施意见	市政办发〔2022〕58 号	2022-11-16
西安市人民政府关于做好冬春季防火工作的通告	市政告字〔2022〕1 号	2022-02-07
西安市人民政府关于石砭峪水库灌区幸福河等水利工程管理范围与保护范围的通告	市政告字〔2022〕2 号	2022-02-11
西安市人民政府关于在全市试鸣防空警报的通告	市政告字〔2022〕3 号	2022-08-17
西安市人民政府关于进一步深化预算管理制度改革的实施意见	市政函〔2022〕1 号	2022-01-12
西安市人民政府关于成立大庆智路开发建设工作领导小组的通知	市政函〔2022〕25 号	2022-08-02
西安市人民政府关于成立市消费者权益保护委员会的批复	市政函〔2022〕30 号	2022-08-31
西安市人民政府办公厅关于印发《危险化学品生产安全事故应急预案》的通知	市政办函〔2022〕18 号	2022-04-12
西安市人民政府办公厅关于印发《西安市铁路沿线安全环境整治“双段长”制实施方案》的通知	市政办函〔2022〕19 号	2022-04-13
西安市人民政府办公厅关于印发《地震应急预案》的通知	市政办函〔2022〕20 号	2022-04-14

续表 86

标 题	发文号	发文时间
西安市人民政府办公厅关于印发《突发地质灾害应急预案》的通知	市政办函〔2022〕21 号	2022-04-13
西安市人民政府办公厅关于建立科普工作联席会议制度的通知	市政办函〔2022〕26 号	2022-05-05
西安市人民政府办公厅关于印发《一刻钟便民生活圈试点城市建设实施方案》的通知	市政办函〔2022〕28 号	2022-05-07
西安市人民政府办公厅关于进一步巩固无证幼儿园“清零”成果监管工作的通知	市政办函〔2022〕30 号	2022-05-11
西安市人民政府办公厅关于印发《城市轨道交通运营突发事件应急预案（2022 年修订版）》的通知	市政办函〔2022〕37 号	2022-05-24
西安市人民政府办公厅关于印发《2022 年政务信息系统打通与数据共享工作实施方案》的通知	市政办函〔2022〕42 号	2022-05-31
西安市人民政府办公厅关于印发《抗旱应急预案》的通知	市政办函〔2022〕44 号	2022-06-01
西安市人民政府办公厅关于做好 2022 年高考和初中学业水平考试安全保障工作的通知	市政办函〔2022〕45 号	2022-05-31
西安市人民政府办公厅关于调整西安仲裁委员会第三届委员会部分成员的通知	市政办函〔2022〕48 号	2022-06-07
西安市人民政府办公厅关于印发《自建房安全专项整治工作实施方案》的通知	市政办函〔2022〕51 号	2022-06-14
西安市人民政府办公厅关于印发《十四运会场馆赛后运营管理指导意见》的通知	市政办函〔2022〕62 号	2022-07-13
西安市人民政府办公厅关于成立市专门教育指导委员会的通知	市政办函〔2022〕66 号	2022-07-21
西安市人民政府办公厅关于印发《“菜篮子”商品保障应急预案》的通知	市政办函〔2022〕67 号	2022-07-22
西安市人民政府办公厅关于印发《旅游突发事件应急预案》的通知	市政办函〔2022〕71 号	2022-07-28
西安市人民政府办公厅关于印发贯彻落实陕西省《2022 年深化“放管服”改革优化营商环境工作要点》分工方案的通知	市政办函〔2022〕72 号	2022-08-01
西安市人民政府办公厅关于加快推进西安市国家综合货运枢纽补链强链有关工作的通知	市政办函〔2022〕73 号	2022-07-28
西安市人民政府办公厅关于印发《市政府领导 2022 年度安全生产重点工作责任清单》的通知	市政办函〔2022〕79 号	2022-08-09
西安市人民政府办公厅关于印发《应急管理专家管理办法》的通知	市政办函〔2022〕90 号	2022-09-01
西安市人民政府办公厅关于印发《进一步加强生活垃圾分类工作实施方案》的通知	市政办函〔2022〕91 号	2022-09-05
西安市人民政府办公厅关于成立“标准地 + 承诺制”改革工作领导小组的通知	市政办函〔2022〕98 号	2022-09-23
西安市人民政府办公厅关于成立市集中打击整治危害药品安全违法犯罪工作领导小组的通知	市政办函〔2022〕100 号	2022-09-30
西安市人民政府办公厅关于做好 2022 年国庆假日文化和旅游市场工作的通知	市政办函〔2022〕101 号	2022-09-30
西安市人民政府办公厅关于印发《集中供热事故应急预案》的通知	市政办函〔2022〕102 号	2022-10-09
西安市人民政府办公厅关于转发《市住建局城市居民用电户表改造工作实施方案》的通知	市政办函〔2022〕104 号	2022-10-09
西安市人民政府办公厅关于印发《加快推进农业机械化发展促进主要农作物生产提质增效行动方案》的通知	市政办函〔2022〕106 号	2022-10-11
西安市人民政府办公厅关于建立市防震减灾工作联席会议制度的通知	市政办函〔2022〕107 号	2022-10-13
西安市人民政府办公厅、政协西安市委员会办公厅关于印发《西安市人民政府和政协西安市委员会联席会议制度》的通知	市政办函〔2022〕110 号	2022-10-18
西安市人民政府办公厅关于进一步加强和完善部门统计工作的意见	市政办函〔2022〕111 号	2022-10-20
西安市人民政府办公厅关于印发《金融突发事件应急预案》的通知	市政办函〔2022〕112 号	2022-11-04
西安市人民政府办公厅关于成立市第三次全国土壤普查领导小组的通知	市政办函〔2022〕113 号	2022-10-20
西安市人民政府办公厅关于印发《气象灾害应急预案》的通知	市政办函〔2022〕115 号	2022-10-27
西安市人民政府关于废止《西安市城市地下综合管廊管理办法》的决定	西安市人民政府令第 147 号	2022-03-01
西安市重大行政决策程序规定	西安市人民政府令第 148 号	2022-03-02
西安市城市地下管线管理办法	西安市人民政府令第 149 号	2022-06-28
西安市人民政府关于委托一批行政许可事项的决定	西安市人民政府令第 150 号	2022-08-23

中央级媒体新闻报道题录

表 87　2022 年中央主要媒体报道西安题录选编一览表

序号	媒体名称	报道题目	刊播时间
1	人民日报	跑得多问得多 解决问题办法多	2022 年 6 月 9 日
2	人民日报	留住记忆 增添活力——西安结合老旧厂区特点，推进改造利用	2022 年 7 月 27 日
3	人民日报	李明远：抢抓共建“一带一路”重大机遇 不断提升西安对外开放水平	2022 年 8 月 11 日
4	光明日报	华灯初上，灼灼暖人的烟火气又回来了	2022 年 1 月 24 日
5	光明日报	着力培养国家急需一流人才	2022 年 2 月 15 日
6	光明日报	迎接挑战 探索人才培养新范式	2022 年 3 月 11 日
7	光明日报	为经济增长提供强力科技支撑	2022 年 4 月 19 日
8	光明日报	西安博物院新颜迎宾	2022 年 4 月 14 日
9	光明日报	误传近千年 一朝迷雾散——陕西江村大墓是这样被确认为汉文帝霸陵的	2022 年 4 月 26 日
10	光明日报	秦声秦韵火出圈 千年古城蕴生机——西安曲江新区文旅融合赋能城市高质量发展	2022 年 5 月 9 日
11	光明日报	小小一粒种 牵动万人心——陕西临潼打造番茄产业链	2022 年 5 月 20 日
12	光明日报	传承“西迁精神” 在祖国最需要的地方建功立业	2022 年 5 月 29 日
13	光明日报	盐湖提“锂”——记西安建筑科技大学王磊创新团队	2022 年 6 月 11 日
14	光明日报	中国秦腔艺术节启幕	2022 年 6 月 15 日
15	光明日报	高质量发展动能澎湃——沿着总书记的足迹之陕西篇	2022 年 6 月 23 日
16	光明日报	西安理工大学工程训练中心：创新体系重特色 强基固本育英才	2022 年 7 月 11 日
17	光明日报	坚持“五有”理念 强化产教协同 打造人才培养高地	2022 年 7 月 19 日
18	光明日报	聚焦驻园实践 强化协同共育 创新学前教育人才培养模式	2022 年 7 月 27 日
19	光明日报	西安分馆（文济阁）：汉唐风韵	2022 年 8 月 3 日
20	光明日报	陕西：高质量发展动力澎湃	2022 年 8 月 6 日
21	光明日报	风景的脚步声	2022 年 8 月 6 日
22	光明日报	2022“一带一路”媒体合作论坛举行	2022 年 8 月 10 日
23	光明日报	就业服务贴心暖人	2022 年 8 月 23 日
24	光明日报	“话剧陕军”的审美韵致与文化意义	2022 年 8 月 31 日
25	光明日报	谱写高质量发展新篇章	2022 年 9 月 1 日
26	光明日报	“一把手谈科技文化”建好、用好秦创原 推动创新驱动发展迈出更大步伐	2022 年 9 月 14 日
27	光明日报	用心、用情、用力建好马克思主义理论学科	2022 年 10 月 20 日
28	光明日报	听党指挥跟党走 团结奋斗新征程	2022 年 11 月 10 日
29	光明日报	路名规划的数字赋能与文化内驱	2022 年 11 月 27 日
30	光明日报	走读西安 品味古老而厚重的文化古城	2022 年 12 月 4 日
31	光明日报	家门口服务 接地气宣讲	2022 年 12 月 12 日
32	光明日报	第九届丝绸之路国际电影节将在陕西西安举办	2022 年 12 月 13 日
33	经济日报	云享文化快乐年	2022 年 2 月 12 日
34	经济日报	旅游业要在特色上下功夫	2022 年 2 月 23 日
35	经济日报	陕西实施创新驱动战略有新举措——构建“秦创原”科创平台	2022 年 3 月 20 日
36	经济日报	陕西深挖科教创新资源优势——加快科技成果有效转化	2022 年 4 月 20 日
37	经济日报	新型城镇化取得明显成效	2022 年 4 月 29 日
38	经济日报	秦岭输水隧洞全线贯通——引汉济渭见真章	2022 年 5 月 7 日

续表 87

序号	媒体名称	报道题目	刊播时间
39	经济日报	西安实现所有小区党的组织和工作全覆盖——基层党建夯实城市治理	2022 年 5 月 29 日
40	经济日报	环境治理要让群众更“有感”	2022 年 6 月 11 日
41	经济日报	高质量发展动能澎湃	2022 年 6 月 23 日
42	经济日报	红色基因薪火相传	2022 年 7 月 9 日
43	经济日报	保障消费能力 力促消费恢复	2022 年 7 月 10 日
44	经济日报	创新成果与资本更快对接	2022 年 7 月 10 日
45	经济日报	帮扶残疾人创业圆梦	2022 年 7 月 15 日
46	经济日报	2022“一带一路”媒体合作论坛举行	2022 年 8 月 10 日
47	经济日报	中欧班列高质量开行促共赢	2022 年 8 月 12 日
48	经济日报	产业项目多 科技含量高 招商落地快——西安高新区布局新赛道	2022 年 8 月 14 日
49	经济日报	丝博会展示交流共建“一带一路”成果	2022 年 8 月 15 日
50	经济日报	华秦新能源公司打造氢能创新矩阵——多方协同带来市场先机	2022 年 8 月 30 日
51	经济日报	长安十二时辰主题街区——沉浸式体验大唐气象	2022 年 9 月 4 日
52	经济日报	皓月当空游长安	2022 年 9 月 11 日
53	经济日报	骑行运动怎样才能更“上道儿”	2022 年 9 月 17 日
54	经济日报	古风秦韵有新篇	2022 年 9 月 25 日
55	经济日报	创新城市发展方式路径（团结奋进再创历史伟业）	2022 年 10 月 22 日
56	经济日报	陕西西安城乡融合促发展	2022 年 11 月 9 日
57	经济日报	既要“及时雨”也要“长流水”	2022 年 11 月 17 日
58	经济日报	家门口也有好风景	2022 年 12 月 4 日
59	经济日报	创新潮涌“秦创原”	2022 年 12 月 5 日
60	经济日报	用好清单助农就业	2022 年 12 月 6 日
61	工人日报	西北大地崛起国家中心城市	2022 年 8 月 6 日
62	人民网	新春走基层丨西安：坚守岗位度假日	2022 年 2 月 5 日
63	人民网	西安航空产业加工制造基地项目投产	2022 年 3 月 18 日
64	人民网	西安航天基地：怀揣航天梦 释放“聚变”效应	2022 年 4 月 29 日
65	人民网	陆路启运港退税试点政策落地后 首趟海铁联运班列（西安—北部湾港）发车	2022 年 5 月 1 日
66	人民网	七线共建 西安地铁建设按下“加速键”	2022 年 5 月 19 日
67	人民网	西安：推动夜间经济 释放消费潜力	2022 年 6 月 6 日
68	人民网	西安至阿拉木图全货运航线开通	2022 年 6 月 13 日
69	人民网	首航！陕西新增一条洲际货运航线	2022 年 6 月 30 日
70	人民网	聚焦秦创原建设｜盘点西安高新区的科创“利器”	2022 年 7 月 8 日
71	人民网	稳经济，促发展，西安这么干！	2022 年 7 月 20 日
72	人民网	西安国家版本馆落成	2022 年 7 月 25 日
73	人民网	第 57 届高等教育博览会于 8 月 4 日在西安开幕	2022 年 8 月 4 日
74	人民网	西安：博物馆迎来暑期热潮	2022 年 8 月 13 日
75	人民网	西安入选国家知识产权强市建设示范城市	2022 年 8 月 18 日
76	人民网	西安上演智能无人系统应用“华山论剑”	2022 年 8 月 19 日
77	人民网	首列“西安—河内”中越班列从凭祥出境 与中欧回程班列首次实现无缝衔接	2022 年 8 月 29 日
78	人民网	陕西·西安	2022 年 8 月 31 日

续表 87

序号	媒体名称	报道题目	刊播时间
79	人民网	2022 全球硬科技创新大会在西安举行	2022 年 9 月 17 日
80	人民网	空港新城中南高科·西安临空产业港入选西安市秦创原“三器”示范平台	2022 年 10 月 26 日
81	人民网	西安加快推进 917 个重点项目建设	2022 年 11 月 8 日
82	人民网	西安：40 个重点项目助力制造业高质量发展	2022 年 11 月 11 日
83	人民网	“西安制造”闪耀中国航展	2022 年 11 月 14 日
84	人民网	西安深化“15 分钟政务服务圈”建设	2022 年 11 月 15 日
85	人民网	珠海航展见证西安阎良“航空力量”	2022 年 11 月 16 日
86	人民网	西安：“六个新”举措促文旅市场复苏	2022 年 12 月 14 日
87	人民网	西安快递小哥的第二次千里驰援	2022 年 12 月 18 日
88	人民网	西安位列全球科研城市百强榜单第 29 位	2022 年 12 月 27 日
89	人民网	西安曲江文化产业投资集团 11 年蝉联“全国文化企业 30 强”	2022 年 12 月 30 日
90	人民网（国际版）	聚焦全球发展　深化互联互通　2022“一带一路”媒体合作论坛在西安举行	2022 年 8 月 9 日
91	人民网（人民日报海外版）	西安科研团队攻克氧化铝工业难题	2022 年 11 月 26 日
92	新华网	西安公安交警启动“荧光计划”守护夜间交通安全	2022 年 2 月 21 日
93	新华网	文商旅融合如何唤醒消费活力？——西安“文化 +”街区发展观察	2022 年 4 月 12 日
94	新华网	唐风市井生活体验街区“长安十二时辰”在西安开放	2022 年 5 月 1 日
95	新华网	营收 1.8 亿元 同比增长 302% 特变电工西安电气科技有限公司一季度“开门红”	2022 年 5 月 6 日
96	新华网	培养劳动技能助“双减”	2022 年 5 月 8 日
97	新华网	西安奇点能源盛路通信 750kW/2MW·h 储能系统正式投产	2022 年 5 月 25 日
98	新华网	陕西“秦创原”：创新驱动引领经济发展	2022 年 6 月 19 日
99	新华网	新华全媒 +丨保民生促发展 西安加快建设重点项目	2022 年 6 月 21 日
100	新华网	西安：“夜间经济”推动文旅市场消费新升级	2022 年 6 月 29 日
101	新华网	全球连线丨网络直播助力西安鼓乐传承发展	2022 年 6 月 30 日
102	新华网	西安：让城市交通“畅行提速”　以交通效率提升发展效益	2022 年 6 月 30 日
103	新华网	西安社区运动会提升党组织凝聚力	2022 年 7 月 1 日
104	新华网	“夜经济”升温　点亮古城西安	2022 年 7 月 4 日
105	新华网	西安二手房挂牌价放开？交易量缓慢复苏　挂牌价出现反弹	2022 年 7 月 11 日
106	新华网	人民幸福生活是最大的人权丨“美好乡村计划”用艺术改造乡村	2022 年 7 月 17 日
107	新华网	文明之美看东方丨西安城墙：守护历史　见证今朝	2022 年 7 月 26 日
108	新华网	全国文明城市创建巡礼丨陕西省西安市：诗意的文明城	2022 年 7 月 27 日
109	新华网	在千年古都寻望盛唐气象	2022 年 8 月 26 日
110	新华网	铁路版创意短片舞韵常安　驰向未来带您走进古城西安	2022 年 10 月 12 日
111	新华网	西安建大科研团队在低品质铝土矿焙烧提质理论与技术上取得突破	2022 年 11 月 3 日
112	新华网	西安：40 个重点项目助力制造业高质量发展	2022 年 11 月 10 日
113	新华网	陕西西安：聚焦“智慧交管”　打造“绿色交通”	2022 年 11 月 21 日
114	新华网	记者探访：西安城市更新背后的诗意生活和发展密码	2022 年 11 月 21 日
115	新华网	西安：普法宣传走进建设一线	2022 年 12 月 3 日
116	新华网	西安三星半导体：2022 年产值将破千亿元　持续看好中国市场	2022 年 12 月 8 日
117	中国文明网	陕西西安：打造美丽村庄示范区　探索乡村建设新实践	2022 年 4 月 18 日
118	中国共产党新闻网	西安市总工会新就业形态劳动者学习党的二十大精神活动启动	2022 年 11 月 10 日

统计资料

表 88　2022 年全国 15 个副省级城市常住人口统计表

城　市	年　末	
	常住人口 / 万人	排　位
西　安	1287.30	5
沈　阳	911.80	12
大　连	748.80	14
长　春	908.72	13
哈尔滨	988.50	8
南　京	942.34	10
杭　州	1220.40	6
宁　波	954.40	9
厦　门	528.00	15
济　南	933.60	11
青　岛	1025.67	7
武　汉	1364.89	4
广　州	1881.06	2
深　圳	1768.16	3
成　都	2119.20	1
副省级城市平均规模	1172.19	
西安相当于平均规模百分比	109.8	

表 89　2022 年全国 15 个副省级城市地区生产总值统计表

城　市	绝对量		增　速	
	生产总值 / 亿元	排　位	同比增长率 / %	排　位
西　安	11486.51	10	4.4	1
沈　阳	7695.80	13	3.5	6
大　连	8430.90	11	4.0	3
长　春	6744.56	14	-4.5	15
哈尔滨	5490.10	15	2.5	11
南　京	16907.85	6	2.1	12
杭　州	18753.00	5	1.5	13
宁　波	15704.30	7	3.5	6
厦　门	7802.66	12	4.4	1
济　南	12027.50	9	3.1	9
青　岛	14920.75	8	3.9	5
武　汉	18866.43	4	4.0	3
广　州	28839.00	2	1.0	14
深　圳	32387.68	1	3.3	8
成　都	20817.50	3	2.8	10
副省级城市平均规模	15124.97			
西安相当于平均规模百分比	75.9			

表 90　2022 年全国 15 个副省级城市第一产业增加值统计表

城　市	绝对量		增　速	
	增加值 / 亿元	排　位	同比增长率 / %	排　位
西　安	323.58	11	3.7	3
沈　阳	335.19	10	2.1	11
大　连	563.00	3	3.2	5
长　春	551.32	4	2.1	11
哈尔滨	672.10	1	2.6	9
南　京	315.56	13	3.4	4
杭　州	346.00	9	1.8	13
宁　波	382.00	8	4.1	1
厦　门	29.27	14	1.4	14
济　南	420.50	7	3.1	8
青　岛	478.05	5	2.2	10
武　汉	475.79	6	3.2	5
广　州	318.31	12	3.2	5
深　圳	25.64	15	0.8	15
成　都	588.42	2	3.8	2
副省级城市平均规模	388.32			
西安相当于平均规模百分比	83.3			

表 91　2022 年全国 15 个副省级城市第二产业增加值统计表

城　市	绝对量		增　速	
	增加值 / 亿元	排　位	同比增长率 / %	排　位
西　安	4071.56	10	10.7	1
沈　阳	2885.47	13	3.7	7
大　连	3712.50	11	4.5	5
长　春	2694.97	14	-9.3	15
哈尔滨	1285.00	15	0.6	13
南　京	6069.64	6	1.7	11
杭　州	5620.00	7	0.4	14
宁　波	7413.50	3	3.2	8
厦　门	3233.56	12	3.8	6
济　南	4180.20	9	3.2	8
青　岛	5197.34	8	2.8	10
武　汉	6716.65	4	7.3	2
广　州	7909.29	2	1.1	12
深　圳	12405.88	1	4.8	4
成　都	6404.12	5	5.5	3
副省级城市平均规模	5319.98			
西安相当于平均规模百分比	76.5			

表 92　2022 年全国 15 个副省级城市第三产业增加值统计表

城 市	绝对量		增 速	
	增加值 / 亿元	排 位	同比增长率 / %	排 位
西 安	7091.37	10	1.3	13
沈 阳	4475.13	12	3.5	5
大 连	4155.40	13	3.7	4
长 春	3498.27	15	-1.8	15
哈尔滨	3533.00	14	3.2	6
南 京	10522.65	6	2.2	10
杭 州	12787.00	4	2.0	11
宁 波	7908.80	8	3.8	3
厦 门	4539.83	11	4.7	1
济 南	7426.70	9	3.0	7
青 岛	9245.36	7	4.5	2
武 汉	11673.99	5	2.3	9
广 州	20611.40	1	1.0	14
深 圳	19956.16	2	2.4	8
成 都	13824.96	3	1.5	12
副省级城市平均规模	9416.67			
西安相当于平均规模百分比	75.3			

表 93　2022 年全国 15 个副省级城市规模以上工业增加值统计表

城 市	增 速	
	同比增长率 / %	排 位
西 安	13.9	1
沈 阳	3.1	9
大 连	5.1	3
长 春	-10.1	15
哈尔滨	1.0	12
南 京	2.4	10
杭 州	0.3	14
宁 波	3.8	7
厦 门	4.3	6
济 南	1.6	11
青 岛	3.8	7
武 汉	5.0	4
广 州	0.8	13
深 圳	4.8	5
成 都	5.6	2

表 94　2022 年全国 15 个副省级城市固定资产投资（不含农户）统计表

城　市	增　速	
	同比增长率 / %	排　位
西　安	10.5	2
沈　阳	6.1	7
大　连	6.5	6
长　春	-11.8	15
哈尔滨	-7.6	14
南　京	3.5	12
杭　州	6.0	8
宁　波	10.4	3
厦　门	10.2	4
济　南	3.8	11
青　岛	4.5	10
武　汉	10.8	1
广　州	-2.1	13
深　圳	8.4	5
成　都	5.0	9

表 95　2022 年全国 15 个副省级城市房地产开发投资统计表

城　市	增　速	
	同比增长率 / %	排　位
西　安	6.5	4
沈　阳	-23.1	13
大　连	-16.5	12
长　春	-37.1	15
哈尔滨	-35.8	14
南　京	1.4	7
杭　州	7.2	2
宁　波	2.7	6
厦　门	-0.5	8
济　南	-5.0	9
青　岛	-9.7	11
武　汉	5.5	5
广　州	-5.4	10
深　圳	13.3	1
成　都	7.0	3

表 96　2022 年全国 15 个副省级城市工业投资统计表

城 市	增 速	
	同比增长率 / %	排 位
西 安	25.5	3
沈 阳	30.3	1
大 连	10.5	13
长 春	0.2	15
哈尔滨	19.3	5
南 京	11.0	12
杭 州	21.1	4
宁 波	14.5	10
厦 门	28.0	2
济 南	15.2	9
青 岛	15.5	8
武 汉	19.3	5
广 州	12.6	11
深 圳	19.2	7
成 都	1.2	14

表 97　2022 年全国 15 个副省级城市社会消费品零售总额统计表

城 市	绝对量		增 速	
	零售总额 / 亿元	排 位	同比增长率 / %	排 位
西 安	4642.11	10	-5.2	13
沈 阳	3864.52	11	-3.0	10
大 连	1846.90	14	-3.3	11
长 春	—	—	-14.0	15
哈尔滨	2195.90	13	-7.7	14
南 京	7832.41	4	-0.8	7
杭 州	7294.00	5	5.8	1
宁 波	4896.70	8	5.3	2
厦 门	2665.36	12	3.1	3
济 南	4878.10	9	-4.8	12
青 岛	5891.80	7	-1.4	8
武 汉	6936.20	6	2.1	5
广 州	10298.15	1	1.7	6
深 圳	9708.28	2	2.2	4
成 都	9096.50	3	-1.7	9
副省级城市平均规模	5860.49			
西安相当于平均规模百分比	79.2			

表 98　2022 年全国 15 个副省级城市进出口总值统计表

城　市	绝对量		增　速	
	进出口总值 / 亿元	排　位	同比增长率 / %	排　位
西　安	4474.10	10	0.8	12
沈　阳	1406.56	13	-0.7	14
大　连	4792.10	9	12.8	2
长　春	1107.58	14	-6.2	15
哈尔滨	387.00	15	12.5	3
南　京	6292.13	8	0.3	13
杭　州	7565.00	7	2.7	9
宁　波	12671.30	2	6.3	5
厦　门	9225.59	4	4.0	7
济　南	2208.90	12	13.9	1
青　岛	9117.20	5	7.4	4
武　汉	3532.20	11	5.3	6
广　州	10948.40	3	1.1	11
深　圳	36737.525	1	3.7	8
成　都	8346.40	6	1.6	10
副省级城市平均规模	7920.80			
西安相当于平均规模百分比	56.5			

表 99　2022 年全国 15 个副省级城市出口总值统计表

城　市	绝对量		增　速	
	出口总值 / 亿元	排　位	同比增长率 / %	排　位
西　安	2801.50	9	17.3	3
沈　阳	522.27	13	7.7	11
大　连	2086.70	11	8.0	9
长　春	208.46	14	25.6	1
哈尔滨	136.30	15	-20.4	15
南　京	3827.91	8	-1.8	13
杭　州	5141.00	5	10.6	6
宁　波	8230.60	2	8.0	9
厦　门	4657.39	7	8.2	8
济　南	1431.80	12	22.0	2
青　岛	5361.10	4	9.0	7
武　汉	2153.00	10	11.6	5
广　州	6194.79	3	-1.8	13
深　圳	21944.80	1	-1.8	4
成　都	5005.10	6	13.9	12
副省级城市平均规模	4646.85		3.7	
西安相当于平均规模百分比	60.3			

表 100　2022 年全国 15 个副省级城市进口总值统计表

城 市	绝对量		增 速	
	进口总值 / 亿元	排 位	同比增长率 / %	排 位
西 安	1672.60	10	-18.4	15
沈 阳	884.29	13	-5.0	11
大 连	2705.40	7	16.7	2
长 春	899.13	12	-11.4	14
哈尔滨	250.60	15	45.2	1
南 京	2464.22	8	3.6	5
杭 州	2424.00	9	-10.8	13
宁 波	4440.70	4	3.4	6
厦 门	4568.20	3	0.1	8
济 南	777.10	14	1.5	7
青 岛	3756.10	5	5.1	4
武 汉	1379.20	11	-3.3	10
广 州	4753.61	2	5.3	3
深 圳	14792.72	1	-8.5	12
成 都	3441.30	6	-1.4	9
副省级城市平均规模	3280.61			
西安相当于平均规模百分比	51.0			

表 101　2022 年全国 15 个副省级城市一般公共预算收入统计表

城 市	绝对量		增 速	
	公共预算收入 / 亿元	排 位	同比增长率 / %	排 位
西 安	834.09	11	9.7	1
沈 阳	713.67	12	1.3	10
大 连	669.70	13	0.6	11
长 春	459.69	14	-21.0	15
哈尔滨	262.20	15	-20.8	14
南 京	1558.20	6	0.1	12
杭 州	2451.00	2	8.4	2
宁 波	1680.23	5	5.1	8
厦 门	883.77	10	6.6	4
济 南	1001.10	9	6.8	3
青 岛	1273.20	8	5.5	6
武 汉	1504.74	7	3.7	9
广 州	1854.73	3	5.5	6
深 圳	4012.27	1	-0.6	13
成 都	1722.40	4	5.8	5
副省级城市平均规模	1392.07			
西安相当于平均规模百分比	59.9			

表 102　2022 年全国 15 个副省级城市一般公共预算支出统计表

城　市	绝对量		增　速	
	公共预算支出 / 亿元	排　位	同比增长率 / %	排　位
西　安	1573.13	9	6.7	5
沈　阳	1048.90	13	1.6	8
大　连	991.10	14	1.1	9
长　春	976.67	15	1.1	9
哈尔滨	1065.50	12	7.4	4
南　京	1828.70	7	0.6	11
杭　州	2542.00	3	6.2	6
宁　波	2187.81	6	12.5	1
厦　门	1088.66	11	2.7	7
济　南	1225.60	10	-5.2	15
青　岛	1696.17	8	-0.6	14
武　汉	2227.20	5	0.5	12
广　州	3014.22	2	-0.2	13
深　圳	4997.24	1	9.3	2
成　都	2435.00	4	8.8	3
副省级城市平均规模	1926.53			
西安相当于平均规模百分比	81.7			

表 103　2022 年全国 15 个副省级城市金融机构人民币存款余额统计表

城　市	绝对量		增　速	
	存款余额 / 亿元	排　位	同比增长率 / %	排　位
西　安	31428.29	7	12.0	4
沈　阳	20647.20	11	7.6	14
大　连	18421.50	12	11.4	6
长　春	16767.78	13	9.0	12
哈尔滨	16364.00	14	12.4	3
南　京	48372.91	5	11.1	8
杭　州	67345.23	3	15.3	1
宁　波	30203.75	8	15.3	1
厦　门	15366.21	15	9.3	11
济　南	25589.50	9	11.1	8
青　岛	24166.29	10	12.0	4
武　汉	35274.60	6	6.7	15
广　州	78640.85	2	8.0	13
深　圳	118618.65	1	10.5	10
成　都	51923.00	4	11.3	7
副省级城市平均规模	39941.98			
西安相当于平均规模百分比	78.7			

表 104　2022 年全国 15 个副省级城市金融机构人民币贷款余额统计表

城 市	绝对量		增 速	
	贷款余额 / 亿元	排 位	同比增长率 / %	排 位
西 安	32053.67	8	10.1	9
沈 阳	20600.96	11	8.2	12
大 连	13987.90	15	5.3	14
长 春	17101.49	12	7.6	13
哈尔滨	14304.30	14	4.1	15
南 京	48201.43	5	12.8	4
杭 州	61802.96	3	11.0	8
宁 波	32377.28	7	13.6	3
厦 门	16690.34	13	14.5	2
济 南	25078.00	10	12.2	6
青 岛	26044.73	9	12.0	7
武 汉	43093.94	6	9.5	10
广 州	67883.23	2	12.7	5
深 圳	80441.24	1	8.8	11
成 都	51825.00	4	14.8	1
副省级城市平均规模	36765.77			
西安相当于平均规模百分比	87.2			

表 105　2022 年全国 15 个副省级城市城镇居民人均可支配收入统计表

城 市	绝对量		增 速	
	城镇居民人均可支配收入 / 元	排 位	同比增长率 / %	排 位
西 安	48418	13	3.2	9
沈 阳	51702	12	2.2	14
大 连	51904	11	2.7	12
长 春	43240	15	0.1	15
哈尔滨	43981	14	2.9	11
南 京	76643	4	4.1	4
杭 州	77043	1	3.1	10
宁 波	76690	3	3.8	6
厦 门	70467	6	4.9	2
济 南	59459	8	3.5	7
青 岛	62584	7	3.9	5
武 汉	58449	9	5.7	1
广 州	76849	2	3.3	8
深 圳	72718	5	2.6	13
成 都	54897	10	4.3	3
副省级城市平均规模	61670			
西安相当于平均规模百分比	78.5			

表 106　2022 年全国 15 个副省级城市农村居民人均可支配收入统计表

城　市	绝对量		增　速	
	农村居民人均可支配收入/元	排　位	同比增长率/%	排　位
西　安	18285	14	5.2	9
沈　阳	22352	11	3.2	13
大　连	24759	9	4.2	11
长　春	18919	13	2.4	14
哈尔滨	22260	12	3.5	12
南　京	34664	4	6.0	4
杭　州	45183	2	5.8	7
宁　波	45487	1	5.9	6
厦　门	32323	5	8.1	1
济　南	23844	10	5.6	8
青　岛	27701	8	6.0	4
武　汉	29304	7	7.7	2
广　州	36292	3	5.1	10
深　圳	—	—	—	—
成　都	30931	6	6.2	3
副省级城市平均规模	29450			
西安相当于平均规模百分比	62.1			

表 107　2022 年全国 15 个副省级城市居民消费价格指数（CPI）统计表

城　市	CPI		增　速	
	累计比（上年=100）	排　位	同比增长率/%	排　位
西　安	102.2	7	2.2	7
沈　阳	101.7	14	1.7	14
大　连	102.2	7	2.2	7
长　春	101.9	11	1.9	11
哈尔滨	101.9	11	1.9	11
南　京	102.2	7	2.2	7
杭　州	102.4	1	2.4	1
宁　波	102.3	4	2.3	4
厦　门	101.8	13	1.8	13
济　南	101.4	15	1.4	15
青　岛	102.0	10	2.0	10
武　汉	102.3	4	2.3	4
广　州	102.4	1	2.4	1
深　圳	102.3	4	2.3	4
成　都	102.4	1	2.4	1

说 明

一、本索引采用主题分析法，按照主题词首字汉语拼音（同音字按声调）顺序排列；首字相同，按照第二字音序排列，依次类推。

二、部类名称、分目名称、二级分目等款目名称用黑体字标明。主题词后的阿拉伯数字表示内容所在的页码，数字后的英文字母（a、b、c）表示该页码从左至右的栏别。

三、款目后有“综述”“概况”的于次行缩后壹格排列，其后页码表示内容所在位置。

四、“专记”“大事记”“附录”内容不做索引。

数字首

A

B

C

D

E

F

K

T

W

Y